中国社会科学院创新工程学术出版资助项目

中国社会科学院马克思主义理论
学科建设与理论研究系列丛书

中国特色经济学话语研究

——全国首届马克思主义经济学论坛文集

程恩富　马　艳　主　编

胡乐明　余　斌　副主编

中国社会科学出版社

图书在版编目（CIP）数据

中国特色经济学话语研究：全国首届马克思主义经济学论坛文集／程恩富、马艳主编 . —北京：中国社会科学出版社，2014.2
ISBN 978 - 7 - 5161 - 4392 - 6

Ⅰ.①中…　Ⅱ.①程…②马…　Ⅲ.①经济学—研究—中国
Ⅳ.①F120.2

中国版本图书馆 CIP 数据核字（2014）第 126187 号

出　版　人	赵剑英
责任编辑	赵　丽
责任校对	韩天炜
责任印制	李　建

出　　版	中国社会科学出版社
社　　址	北京鼓楼西大街甲 158 号（邮编 100720）
网　　址	http://www.csspw.cn
	中文域名:中国社科网　　010 - 64070619
发 行 部	010 - 84083685
门 市 部	010 - 84029450
经　　销	新华书店及其他书店

印　　刷	北京市大兴区新魏印刷厂
装　　订	廊坊市广阳区广增装订厂
版　　次	2014 年 2 月第 1 版
印　　次	2014 年 2 月第 1 次印刷

开　　本	710×1000　1/16
印　　张	53
插　　页	2
字　　数	890 千字
定　　价	118.00 元

凡购买中国社会科学出版社图书,如有质量问题请与本社联系调换
电话:010 - 64009791

目　　录

在首届全国马克思主义经济学论坛暨第六届全国现代
　政治经济学数理分析研讨会上的致辞 ……………… 李　捷(1)
关于社会主义政治经济学的若干问题
　——在首届全国马克思主义经济学论坛上的
　　致辞 ……………………………………………… 刘国光(6)
致辞 …………………………………………………… 程恩富(11)
致辞 …………………………………………………… 李　琦(14)
致辞 …………………………………………………… 王洪卫(18)

一　中国特色经济学话语体系

坚持公有制经济为主体与促进共同富裕 …………… 程恩富　张建刚(23)
论公有制在社会主义基本经济制度中的最低限度 …………… 何干强(34)
关于马克思政治经济学研究对象和研究方法的新思考 ……… 颜鹏飞(54)
论马克思主义经济学与经济学诸流派的沟通:以演化
　经济学为例 …………………………………… 胡乐明　刘　刚(64)
"唯物史观"视角下偏好演化及其应用分析
　——基于"生产方式—人的本质—个体偏好"互动
　　演化视角 …………………………………… 周小亮　韩涌泉(78)
论经济全球化背景下中国国际话语权构建 ………………… 李鉴修(95)
马克思经济学基本概念、原理及学科形态的可深化与
　发展研究 ……………………………………………… 赵复斌(104)
论"中国模式"的社会主义特征 ……………………………… 季小江(121)

资源和需要双约束假设的经济学分析

    ——阐发程恩富教授的资源需要双约束理论 ………… 韦镇坤(130)

资源环境产权效率与公平研究的三种主要范式述评

    ——基于马克思经济学的观察视角 ………… 董金明 尹 兴(146)

人力产权研究对劳动者权益理论的传承与超越

    ——兼论马克思主义经济学范畴体系创新 ………… 程言君(157)

论邓小平社会主义科学富裕观 ………… 卢根源(168)

"社会主义本质"之辨

    ——高校教科书对邓小平"社会主义本质"的

    定位不正确 ………… 征汉文(183)

学界关于劳动价值论反常困惑的讨论

    ——与由成本化解理论研究印证劳动价值论的科学性 … 曾永寿(199)

二 政治经济学数理分析

为什么"成正比"是错的？

    ——与王朝科、郭凤芝商榷 ………… 余 斌(221)

用计量经济学方法证实马克思分配理论的

    科学性 ………… 王今朝 龙 斧(231)

马克思两部类扩大再生产模型中的乘数、加速数

    ——基于投入产出分析的方法 ………… 陶为群 陶 川(243)

论列宁的三部类价值转形 ………… 沈民鸣(255)

关于把联合生产导入马克思主义经济学的几项

    基本原则 ………… 张忠任(271)

"看不见的手"和自稳定的市场神话

    ——复杂科学和新古典经济学的实践检 ………… 陈 平(277)

价格总水平上涨的微观机制

    ——货币政策失效 ………… 白暴力 白瑞雪(292)

置盐定理的批判 ………… 薛宇峰(307)

基于劳动价值论的价值函数与商品价值量的决定 ………… 王朝科(340)

劳动生产率与实现的单位商品价值量成正比:一个

　非均衡分析

　　——兼对程恩富、马艳命题的一个证明 …………… 朱殊洋(355)

"均衡价格"(生产价格)向量不等于价值向量:

　与冯金华教授商榷 ……………………… 荣兆梓　陈　旸(369)

三　当代社会主义经济理论

马克思主义所有制理论的时代发展 ………………… 顾钰民(385)

"过度市场化",还是"民生导向的社会主义化"?

　　——浅议现阶段居民收入分配问题的解决思路 ………… 周　宇(399)

所有制结构:马列主义及其中国化理论与实践创新 ………… 赵春玲(410)

土地国有制与经济发展、社会平等和生态文明 ………… 李济广(422)

从马克思主义农业合作制思想看农业合作经济的发展

　方向 …………………………………………… 侯为民(435)

论国有部门的社会性 ……………………………… 沈尤佳(445)

初次分配中劳动者报酬占比变动的决定机理 ……… 王朝科　冒佩华(458)

中国如何跨越"中等收入陷阱":收入分配与库茨涅兹

　假说 …………………………………… 周　文　赵　方(473)

无尽的等待——"倒 U 型假说"批判 ……………… 陈　弘(493)

中国贫富问题浅析 ………………………………… 刘书越(505)

关于加强对原社会主义国家收入分配理论与现实

　研究的思考 …………………………… 丁　军　李世辉(515)

生产与分配:马克思的理论与当代的实践 ………… 赵向文(520)

经济发展与陷阱跨越:一个理论分析框架 ………… 钱运春(531)

包容性增长或共享式增长:基于相对贫困视角下的

　探析 …………………………………… 李炳炎　王　冲(547)

论包容性发展理念的生成 ………………… 任保平　王新建(557)

从生产过剩的视角探索可持续发展的新方向 ………… 卢映西(573)

利润率下降规律视角下的中国经济增长动力

　分析 ……………………… 范方志　鲁保林　胡梦帆(585)

马克思主义产业组织理论及其现实意义 …………………… 田家官(598)

四 当代资本主义经济理论

创建"世元"的可能性和实现路径 ………… 程恩富 王 莘(623)
论当代国际金融垄断资本主义的基本特征 ………… 杨承训(642)
从理论缺陷到实践灾害:新自由主义难逃失灵宿命 ………… 白雪秋(656)
全球金融危机的马克思主义解读
　　——兼论资本主义调整的新方向 …………………… 刘凤义(668)
马克思资本主义金融不稳定思想研究 ……………… 赵英杰(686)
金融的财富分配功能:基于《资本论》的初步理论
　　解释 …………………………………………… 曹 雷(698)
单极结构国际货币体系的支持机制及其启示 ………… 王佳菲(709)
资本论对经济危机原因的考察 ………… 曹永栋 王志民(719)
新古典经济学的"封闭系统"方法论特征 ………… 龙 斧 王今朝(732)
罗默"不公平对待"思想评析 ……………………… 彭五堂(746)
法兰克福学派的非经济分析及其借鉴:分配、
　　分化和认同 ………………………… 舒 展 杨秋乐(756)
经济全球化与民族国家
　　——国外马克思主义研究的理论争鸣 …… 杨 静 陈 亮 陈 霞(765)
新马克思主义视阈下的空间批判与空间命运 ………… 张凤超(776)
试论劳动力资本化与马克思资本批判的历史限度 ………… 任洲鸿(793)
信息革命中发达国家工人阶级的层级化分裂 ………… 孙寿涛(810)
马克思工人合作工厂理论视阈下的蒙特拉贡合作公司
　　研究 …………………………………………… 张嘉昕(827)

在首届全国马克思主义经济学论坛暨第六届全国现代政治经济学数理分析研讨会上的致辞

李 捷*

尊敬的各位专家、老师们、同学们：

在金秋时节，我们大家汇聚在美丽的上海财经大学，以高度的理论自觉与学术自信，为推动我国马克思主义经济学科学研究与理论创新，促进全国马克思主义经济学家之间学术交流与协同创新的深化，共同参加"首届全国马克思主义经济学论坛暨第六届全国现代政治经济学数理分析研讨会"，促进马克思主义经济学的中国化、时代化、大众化。为此，我谨代表中国社会科学院，对本次会议的胜利召开表示热烈的祝贺！对来自全国各地的专家学者，表示热诚的欢迎和诚挚的问候！也对会议主办方之一上海财经大学的精心筹备表示衷心的感谢！

众所周知，党的十六大以来，党中央从实现中华民族伟大复兴的战略高度，推动实施了以马克思主义中国化、时代化、大众化为核心内容的马克思主义理论研究和建设工程，进一步鲜明地昭示了中国共产党坚持马克思主义指导地位毫不动摇的信心和决心。中国社科院响应党中央的号召，在社科院党组的领导下，2009 年制定了马克思主义理论学科建设与理论研究实施方案，不断推动马克思主义理论研究和建设工程的深化发展。国家和中国社科院的马克思主义理论研究和建设工程高度重视马克思主义经济学科学研究与理论创新，马克思主义经济学科学研究与理论创新重在将基础理论研究和重大现实问题紧密结合，创造性地立足于中国特色社会主

---

* 中国社会科学院副院长，著名毛泽东思想研究专家。

义的伟大实践，不断深化马克思主义经济学的理论研究与学术发展上的自主创新，努力创新马克思主义经济学的学术观点、学术方法，实现理论创新、实践创新与制度创新的协同互动，打造具有中国特色、中国风格、中国气派的中国经济学理论体系和学术话语体系。

当前，中国社科院在大力推进当代中国马克思主义经济学的学理化、体系化、国际化和成果转化方面取得了不错的成绩。比如，中国社科院学部委员刘国光和程恩富教授领衔，正在组织编写《中国经济学科百本创新教材》，以及今天我们所研讨的政治经济学数理分析问题的研究，都取得了重要的进展。其中，程恩富、马艳等教授主编的初级、中级和高级《现代政治经济学》三个一百万字的整套教材，已由上海财经大学出版社出版，颇具独创性地深化了马克思主义经济学数理分析这一基本思路。它将数学这一分析工具，有效运用到对马克思主义经济学理论的论证、阐述和发展上，其数理分析程度不逊色于现代西方经济学教材。也可以说我们只要牢牢地把握住马克思主义的中国化、大众化、时代化这样一个主题，我们立足于马克思主义基础学科的学术自信和学术自觉，我们就一定能够超越西方的那些学术理论。

随着国际金融危机的深化和发展，中国经验中国道路为越来越多的人所关注，这就需要我们以高度的理论自觉，学术自信，为推动我国马克思主义经济学科研究与理论创新，促进全国马克思主义经济学家之间学术交流与协同创新的深化，促进马克思主义经济学的中国化时代化大众化，马克思主义经济学只有不断地通过理论创新和学术创新，用中国革命建设和改革发展的深入实践来不断地丰富和推动这一理论创新和学术创新，才能为丰富和发展中国特色社会主义经济理论体系提供坚实的根据。此外，经济全球化时代资本主义经济危机所暴露出的资本主义基本矛盾及其深度调整所呈现的新特点、新趋势，也必将推动马克思主义经济学的创新发展和国际话语权的提升。

坚持和发展马克思主义经济学，首要需要强基固本，确保正确的学术创新方向。努力分清哪些是必须坚持的马克思主义基本原理，哪些是需要结合新的情况进行的理论创新，哪些是必须废除的教条式理解，哪些是必须澄清的错误观点，从中构建马克思主义经济学的理论框架、逻辑体系，充分反映中国经济学人对学术界发展作出的伟大贡献。为此，需要我们坚持马克思主义经济学的基本原理，既要不拘泥于经典作家的一些具体观点而脱离时代，反对以本本主义、教条主义对待马克思主义经济学的创新发展，更要反对盲目崇拜西方经济学鼓吹自由化、私有化等"西化"思想，又要正确合理地借鉴西方经济学中的有效部件，立足于中国实践解决中国问题，这是不断推进马克思主义经济学的中国化、时代化的基点，也是构建中国经济学理论体系和学术话语体系的根本出发点。

马克思主义经济学作为科学体系而不是教条，其生命力就在于不断地与时俱进。中国革命、建设和改革发展的生动实践，为我们马克思主义经济学的自主创新提供了丰厚的土壤，是我们在学术创新和理论探索中不断增强理论自觉和理论自信的基础，也是时代赋予我们不断深化对中国伟大实践规律性认识的重大责任和紧迫要求，中国特色的伟大实践呼唤具有中国特色、中国风格、中国气派的中国政治经济学。无论是革命战争年代、建设时期，还是改革开放年代，始终将马克思列宁主义基本原理、观点、方法植根于中国的具体实际和时代特征之中，大胆吸收和借鉴人类文明的一切有用成果，从而使马克思列宁主义放射出灿烂的真理光芒。

我们知道，新中国成立初期，针对当时照搬照抄苏联模式的做法，毛泽东曾多次提议各级领导干部读苏联的《政治经济学教科书》。毛泽东提倡读这部书的目的，是为了使各级领导干部更多地了解马克思主义经济理论，以便更好地认识与纠正"大跃进"和人民公社化运动中已经发生的一些错误倾向，进一步探索社会主义建设的规律。但与此同时，针对苏联《政治经济学教科书》总是从规律、原则、定义出发解释问题的特点，毛泽东提出了严肃的批评，"规律自身不能说明自身。规律存在于历史发展的过程中。应当从历史发展过程的分析中来发现和证明规律。不从历史发展过程的分析下手，规律是说不清楚的"。他进一步指出，研究问题，要从人们看得见、摸得到的现象出发，来研究隐藏在现象后面的本质，从而揭露客观事物的本质的矛盾。在边读边议的过程中，毛泽东曾发表过许多谈话，比较系统地总结了中国革命和社会主义建设的经验，阐述了社会主义社会发展规律，论述了如何用马克思主义的立场、观点和方法研究社会主义时期的问题。为此，毛泽东曾经指出："任何国家的共产党，任何国家的思想界，都要创造新的理论，写出新的著作，产生自己的理论家，来为当前的政治服务，单靠老祖宗是不行的。"如今，中国特色社会主义创造出举世公认的辉煌成就，为中国经济学理论的自主创新提供了丰厚的创新土壤，"中国经验"、"中国道路"、"中国模式"期待我们创造性地运用具有中国特色的学理逻辑，系统阐释中国革命、建设和改革开放所取得的伟大成果，将这些宝贵经验升华为中国风格、中国气派的经济学理论体系，从而真正使马克思主义经济学更富有生命力、影响力和鲜明的中国特色、时代特色。

深入推进马克思主义经济学创新，要在当前机遇与挑战并存的国际国内复杂形势下增强理论自觉与学术自信，在开放的学术体系中兼收并蓄、兼容并包，并在意识形态多元化、复杂化的现实中增强马克思主义经济学的指导地位。我们知道，当今世界正处于大发展、大变革、大调整时期，抢占发展主动权和价值观的多领域较量正日趋展开并日趋激烈，当前国内一些经济学者依然在鼓吹和炒作落伍的"华盛顿共识"，将资本主义私有化、自由化等教条作为市场经济的普世标准，枉然不顾资本主义经济危机中基本矛盾的全然暴露，视而不见公有制主体与多种所有制在中国社会主义市场经济体制下共同发展所取得的现实成就。事实上，社会主义市场经济理论的提出，既是马克思列宁主义中国化对科学社会主义理论的重大贡献，也为广大发展中国家选择发展道路提供了现实借鉴，在理论上充满了首创精神，在实践上反映了中国经济社会发展的客观规律。这些都显示出我们需要以高度的理论自觉与理论自信，坚持不懈的创新发展马列主义及其中国化经济理论，不断增强马克思主义经济学的话语权与影响力。

经济学作为一门与实践紧密相连的社会科学，需要有完美抽象的逻辑体系作结构支撑，伴随时代化的发展，也需要运用数学工具将抽象的逻辑数理化，尽管这并不能成为判断经济学是否科学的主要标准，甚至是唯一标准。我们欣喜地看到，深化马克思主义经济学及其数理化研究，批判性地吸收借鉴西方经济学的有用成分，已经成为马克思主义经济学创新发展的方向之一。在座的一些专家学者因而产生越来越多丰硕的成果，值得称赞。

近些年来，研讨会对马克思主义经济学中的重大理论问题和重大实践问题的研究、热点难点问题的研究，已经产生了一批具有重大影响的学术成果，作出了突出贡献。但是构建中国特色的社会主义经济理论体系与话语体系这一艰巨任务，要求我们当代经济学人义不容辞地不断深化马克思主义经济学的创新发展。为此，时代热切地呼唤我们以饱满的热情、创新的精神、务实的作风，紧紧抓住马克思主义经济学的自主创新这个重点，不断建设和凝聚一支高水平研究队伍，不断提高研究的针对性、创新性和前瞻性，全面深入推进中国特色的经济学理论体系和学术话语体系这一伟大事业。

最后，我代表中国社科院，再次对各位专家、学者的到来表示衷心的感谢，祝愿各位专家学者在上海与会期间身心健康、愉快，祝愿本届论坛取得圆满成功！

谢谢大家！

关于社会主义政治经济学的若干问题

——在首届全国马克思主义经济学论坛上的致辞

刘国光 *

同志们：上午好！

首先，我向"首届全国马克思主义经济学论坛暨第六届全国现代政治经济学数理分析研讨会"的召开，表示祝贺；并对《海派经济学季刊》创刊十周年和"上海财经大学政治经济学数量分析研究中心"成立，表示祝贺！

我是第三次来到上海财大，前两次是20世纪90年代中期和21世纪初。上海财大马克思主义经济学在学科带头人程恩富、马艳和冯金华教授领军下，与丁晓钦和朱奎等青年骨干一起，为上海和全国乃至世界的马克思主义经济学发展，作出了重要的贡献，值得赞扬和支持。

说到政治经济学的数量分析，我十分赞成。20世纪80年代初，孙冶方、许涤新和我，就共同商议在社科院成立数量经济和技术经济研究所。当然，现在上海财大成立政治经济学数量分析研究中心，是从经济理论层面来进行数理分析和计量分析，视域不同，可以互补。《资本论》是运用数量分析的典范，我们应当继承和弘扬这一优良学术传统。

下面，我就政治经济学的若干问题，谈一些简要的看法。详细的内容，已发表在一个小册子中，会议已发送。

一 关于政治经济学的阶级性和科学性

现阶段，广大人民除了广大工农劳动人民，还包括小部分剥削阶级。

---

* 中国社会科学院特邀顾问，著名经济学家。

应当说，马克思主义和共产党不能代表剥削阶级的利益，只能在一定历史条件下，如民主革命时期、社会主义初级阶段，关怀和照顾一部分剥削阶级（民族资产阶级、合法私营企业主阶层）的正当利益，以团结他们为革命和建设而努力。不能无条件地毫不动摇地毫无限制地支持剥削阶级。绝对不能为了迁就或成全他们的利益而损害劳动人民的利益。贫富差距的扩大，两极分化趋势的形成，就是这种损害的表现。这是同马克思主义的立场与共产党的宗旨格格不入的。政治经济学的社会主义部分，也要贯彻这个立场，处处不要忘了这个问题。

过去对于社会主义经济的研究，一般采用规范方法。学者的注意力集中在社会主义经济"应该怎样"，从给定的前提中合乎逻辑地推出结论。现在研究社会主义经济改革时，当然也不能不关心社会主义初级阶段的经济"应该怎样"的规范，但首先要分析清楚初级阶段的经济"实际上是怎样"的问题，即对客观存在的事实及其内在联系和规律表现予以实事求是的分析和说明。"马工程政治经济学"的教材最早在这方面做了尝试，我希望有关的教材能够在这方面有所改进，比如说尽量科学地分析经济学原理，才能更有效地宣传马克思主义。程恩富等同志编写的初级、中级、高级政治经济学教材对我们在宣传、研究、普及马克思主义方面很有帮助。这些政治经济学教材，比较好的体现了这个改革的精神，可以说这几本教材的水平大大超过了现在流行的一些西方经济学的教材。

二　社会主义初级阶段的主要矛盾和阶级矛盾

当前有一个理论上的疑难问题，就是出现了"内需不足"，"产能过剩"的现象，即国内生产能力大于国内需求，这好像同社会生产落后于社会需要的主要矛盾有点脱节，很需要政治经济学从理论上解释一下。

人民群众日益增长的"需要"，是指生理上和心理上的欲望，还是指有购买能力的需求？如果是前者，即主观欲望，那么社会生产总是赶不上欲望的需要，由此推动社会的发展和人类的前进。如果"需要"是指后者，即有购买能力的需求，那么社会生产和人民消费需求的关系，就要看是什么社会制度了。在资本主义社会制度下，社会生产与有效需求的关系受到资本主义经济基本矛盾的制约，人民有效需求总是落后于不断扩大的社会生产，因此经常发生生产过剩并爆发周期性经济危机。在社会主义社会制度下，公有制经济和按劳分配制度，再加上有计划的调节和综合平衡，一般不应发生有效需求不足和生产过剩问题。但在过去传统计划经济下，因大锅饭、软预算体制，导致短缺经济现象，往往出现有效需求过多而生产供应不足。这是传统计划经济的一个缺陷。但无论如何社会主义社会一般不应发生有效需求不足和生产过剩的与社会主义本质宗旨相扭曲的现象。问题在于现在初级阶段不是完整的社会主义。除了社会主义经济成分外，还允许私企外企等资本主义经济存在和发展，因此资本主义经济规律的作用就渗透到初级阶段社会主义经济中来，发生局部的生产过剩和内需不足的问题。对于在这次世界资本主义周期性经济危机过程中，中国为什么被卷进去，为什么中国在这个危机中表现得比资本主义国家好些，也要从上述道理来解释，才讲得通。

初级阶段的主要矛盾不是阶级矛盾。但是不能否认初级阶段还存在着阶级、阶级矛盾和阶级斗争。在某种条件下还可能激化。当前的许多论述根本不提阶级、阶级矛盾和阶级斗争，变相宣扬阶级消亡和阶级斗争熄灭，这是不正确的。阶级矛盾和阶级斗争仍将"在一定范围内"长期存在。在哪些范围？首先，在政治思想领域和意识形态领域存在，这是很明显的。现在在我国很时髦的新自由主义思潮、民主社会主义思潮、历史虚无主义思潮、普世价值思潮……还有六四风波、新西山会议、零八宪章等事件，不都是阶级斗争在意识形态和政治思想领域的表现吗？其次，在经济领域，不仅在私有企业中，存在着劳动和资本的矛盾，劳动人民受中外私人资本的盘剥压榨，此起彼伏的劳资纠纷；而且在某些异化了的国有企业中，随着工人阶级重新的被雇佣化，也可以看到高管阶层与普通职工的对立。如果政治经济学回避对中国新资产阶级客观存在的两面性做科学的分析，只讲他们是"社会主义建设者"的积极一面（这是对的），不讲他们具有剥削性的一面，甚至回避"新资产阶级"的名称，那还称什么科学？客观地分析初级阶段中的阶级、阶级矛盾和阶级斗争，是马克思主义政治经济学这门科学义不容辞无旁贷的事情。

三 社会主义市场经济是有计划的

马克思主义认为，在共同的社会生产中，国民经济要实行有计划按比例的发展。"有计划按比例"并不等于传统的行政指令性的计划经济。改革后，我们革除传统计划经济的弊病，适应初级阶段的国情，建立了社会主义市场经济体制。但是不能丢掉公有制下有计划按比例的经济规律。政治经济学尤其不能忘记这一点。

党的十四大之所以在改革目标的文字上取消了"有计划"三个字，而由会前的口头解释中讲明这并不意味着取消社会主义的"计划性"，这与当时传统计划经济的影响还相当严重，而市场经济的概念尚未深入人心的情况有关；为了提高市场在人们心中的地位，推动市场经济概念为社会公众所接受，才这样提出来的——删掉了"有计划"三个字，加上"社会主义"四个字极有分量的定语，而"社会主义从一开始就是有计划的"！这样，十四大改革目标的精神就很完整了。我当时就认为党中央这样做用心良苦，非常正确。可是今天对十四大改革目标提法的精神能够真正理解的人却不多了。

在这样的情况下，政治经济学教材重申社会主义市场经济也有"计划性"，很有必要。十七大重新提出"发挥国家规划、计划、产业政策在宏观调控中的导向作用"[①]，就是针对我国经济实践中计划工作削弱和思想意识中计划观念的淡化边缘化而提出的。我们不仅要在实践中切实贯彻十七大这一方针，而且要在理论宣传工作中重新强调社会主义市场经济的计划性，恢复前述十四大关于改革目标的整体精神。这首先是政治经济学教材的任务。

四　关于公有制为主体和收入分配问题

在分析我国贫富差距不断扩大的原因时，人们列举了很多缘由，诸如城乡差异扩大，地区不平衡加剧，行业垄断，腐败，公共产品供应不均，再分配措施落后，等等，不一而足。这些缘由都言之有理，也是必须应对的。但这些原因不是最最主要的。收入分配差距扩大的根本原因被有意无意忽略了。

收入分配不公源于初次分配，而初次分配中影响最大的核心问题在于V、M的关系，即劳动收入与资本收入的关系。这就涉及生产关系和财产关系问题了。财产占有上的差别往往是收入差别最重大的影响因素。即使

[①]　《改革开放30年重要文献（下）》，中央文献出版社2008年版，第1726页。

西方资产阶级经济学家萨缪尔逊都承认，"收入差别最主要的是拥有财富多寡造成的，和财产差别相比，个人能力的差别是微不足道的"。又说"财产所有权是收入差别的第一位原因，往下依次是个人能力、教育，培训、机会和健康"。西方经济学大师的这一说法是科学的。如果用马克思主义政治经济学语言，可以说得更加透彻。分配决定于生产，不同的生产方式、生产关系，决定了不同的分配方式、分配关系。与资本主义私有制生产方式相适应的分配方式是按要素（主要是按资本）分配，而与社会主义公有制生产方式相适应的分配方式则是按劳分配。马克思主义政治经济学历来是这样讲的。在社会主义初级阶段，由于我们在坚持社会主义道路前提下允许一些资本主义因素在一定范围内存在，所以允许同时实行按资本和其他非劳动要素分配，但这种分配方式只能处于从属地位，为主的应是按劳分配。这是由所有制结构以公有制为主体决定了的。

讲清楚了收入差距扩大形成的原因，就可以找到治理途径和政策措施。如个人所得税起征点和累进率的调整，财产税、遗产税、奢侈品消费税的开征，并以此为财源，增强对社会保障、公共福利和改善低收入者生活的支付，等等。但仅仅从分配和再分配领域着手，还是远远不够的，不能从根本上扭转贫富收入差距扩大的问题，还要从所有制结构，从财产关系上直面这一问题。也就是说，我们要从巩固社会主义初级阶段基本经济制度的角度来接触这一问题，强化公有制的地位，发展多种经济成分，同时弱化私有趋势来解决这个问题，才能最终地阻止贫富差距继续扩大向两极分化推进的趋势，实现共同富裕。这就是邓小平所说的"只要我国经济中公有制占主体地位，就可以避免两极分化"，又说"基本生产资料归国家所有，归集体所有，就是说归公有"，"就不会产生新资产阶级"。这是非常深刻的论断。政治经济学教科书不能丢了这个论断。

由于时间关系，我就讲到这里，其他的问题我不讲了。祝我们大会圆满成功！谢谢大家！

致　辞

程恩富[*]

各位领导、同志们、同学们：

大家上午好！

首先，我代表中国社科院马克思主义研究学部向来自全国各地的专家学者、媒体朋友和上海财经大学的师生表示衷心的欢迎，向主办方之一上海财经大学经济学院、马克思主义研究院的负责人和大会工作人员表示由衷的感谢！

按照中国社科院今年马克思主义理论研究和建设工程的规划，中国社科院今年将新开办五个重要论坛，其中包括马克思主义经济学论坛、马克思主义哲学论坛、马克思主义史学论坛和马克思主义国际关系论坛等。中国社科院马克思主义研究学部和马克思主义研究院负责召开前两个论坛。今天，我们这个论坛汇集了国内坚持和创新马克思主义经济学的老中青学者，我们将讨论国内外重大的理论和现实问题。

第一，要对现有的政治经济学教材中存在的一些问题进行讨论，提出改进的思路和方法。

第二，要对现代政治经济学若干重要理论问题进行数理分析。我们专门有一个组来讨论数理分析，这也是全国第六届政治经济学数理分析研讨会。

第三，我们对国内外世界经济理论的新进展必须加大研究力度和深度，以便创新现代政治经济学关于当代资本主义的基本理论。

第四，马克思列宁主义经济学如何中国化、时代化、大众化和国际

---

* 中国社会科学院马克思主义研究学部主任，著名经济学家。

化，也要进行深入探讨。

第五，重点探讨如何构建中国特色的经济学话语体系和学科体系。

第六，我们还要继续探讨经济学领域的马学、西学与国学之间的关系，以及各自的地位和作用。

第七，要探讨现代政治经济学如何指导和渗透到整个理论经济学、应用经济学和交叉经济学的各个学科。我已经陆续组织国内一流的马克思主义经济学教授，与中国人民大学出版社签署出版协议，把中国经济学科所有100多本教材全部重新编写一遍，用中外与时俱进的马克思主义经济理论进行撰写，将来可以翻译出去供全球高校左翼经济学者使用。这在编写体例、基本原理、研究方法和政策思路等方面，同现有的一般教材有较大的区别，从而逐步推动和完成整个中国经济科学的变革和中国经济学的现代化和国际化。有关报刊已在全国征稿，欢迎在座的学者参与。

第八，探讨马列主义以及其中国化的重要理论，主要是关于所有制结构、关于财富和收入分配、关于市场调节和国家调节、关于经济开放和经济全球化的一些重要理论和现实问题。本届论坛已收到近百篇论文，会后还将出版论文集。

下面，我想谈一下如何在学习借鉴人类学术文明成果的基础上，用具有中国特色的经济话语体系来科学解读中外实践、中外道路和中外制度，不断探索出新的理论联系实际的、科学的、开放融通的新范畴和新表述，打造具有中国特色、中国风格、中国气派的经济科学的学术话语体系。这是我们经济学界面临的重大而紧迫的时代任务。

中国社会科学院最近召开了一个研讨会，主题是怎样塑造中国学术话语体系。近日我有机会碰到三位著名的马克思主义哲学家，我问改革以来马克思主义哲学界有哪些新概念，只有一个人回答说是"实事求是"，其他两位一下子没有想起来。应该讲，我们马克思主义经济学界率先在这一方面进行了具体深入的探讨，提出了不少新的范畴和理论。从领袖提出的观点来说，至少有社会主义本质论、社会主义初级阶段论、社会主义市场经济论、先富共富论、公平效率论、科学发展论、阶级矛盾论，等等。从马克思主义经济学界，特别是我领导的开放性的创新大团队来说，以马列主义及其中国化的经济理论为指导，结合和扬弃国外经济理论，实际上我们已经形成了一系列的新范畴和新理论。这里可以轻而易举的说出近20个新范畴和新理论。例如：社会主义三阶段论、经济力系统论、经济关系系统论、公平效率同向变动论、公有制高绩效论、基础与主导型功能性双重调节结合论、知识产权优势论、经济全球化基本矛盾论、资本主义经济危机四因素论、现代阶级结构论、市场型按劳分配主体论、"一府两系"分层分类国有资产管理论、先控后减的新人口策论、国家主导型劳动权益保护论、经济学新方法论体系、经济全球化双重性质论和利弊和不确定论、全球治理试类型论、经济利益核心论等。这些新理论已经体现在我们新编的《现代政治经济学》、《中级现代政治经济学》和《高级现代政治经济学》一套教材之中。这套三个一百万字的教材已发给大家，欢迎使用和提出修改意见。刚才我们"新马派"（创新马克思主义学派）的第一带头人刘国光学部委员高度评价了这套教材，强调"初级、中级、高级政治经济学教材，对我们在宣传、研究、普及马克思主义方面很有帮助。这些政治经济学教材，比较好的体现了这个改革的精神，可以说这几本教材的水平大大超过了现在流行的一些西方经济学的教材"。这既是肯定，又是鞭策。

可见，经济学界经过30多年，特别是最近十几年，在全国马克思主义老中青经济学家的共同努力下，实际在这方面已经做了不少学术创新工作。不仅这次会议，而且以后各类会议，我们还要不断深入讨论学术话语（范畴）体系、学科体系和教材体系，以不辜负党中央和人民的期望。

时间关系，我想就讲到这儿。最后，我预祝大会圆满成功，谢谢大家！

致　辞

李　琦[*]

各位领导、各位专家学者、老师和同学们：

上午好！

在国庆即将来临、举世瞩目的十八大即将召开之际，首届全国马克思主义经济学论坛暨第六届全国现代政治经济学数理分析研讨会在我市召开了，这是我市理论界和学术界的一件盛事。首先，我代表上海市委宣传部祝贺论坛的胜利召开，向莅临会议的各位领导、各位专家学者致以诚挚的问候！

深入研究和大力宣传马克思主义，以创新的理论证明马克思主义的强劲生命力，是我国理论宣传界承担的重要历史使命。围绕这个问题，我想谈两点个人的看法，请大家批评指正。

第一个问题，应当大力宣传和弘扬马克思主义及其中国化最新成果。新中国成立和改革开放以来我国社会主义建设实践证明，只有以马克思主义为指导加强理论建设和坚持理论创新，才能树立正确的舆论导向，从而为经济社会发展提供强大精神动力和有力舆论支持。回顾我国从建立社会主义社会到建设中国特色社会主义的历史进程，我党始终高度重视和加强理论建设，发挥科学理论对社会主义建设事业的指导作用。通过马克思主义基本原理同中国具体实际相结合，我国成功探索出马克思主义"中国化"的道路，实现了两次历史性飞跃，形成了毛泽东思想以及包括邓小平理论、"三个代表"重要思想和科学发展观在内的中国特色社会主义理论创新成果。这些马克思主义中国化的成果，特别是中国特色社会主义理

---

[*]　上海市委宣传部副部长。

论体系的形成，坚定了广大干部群众对中国特色社会主义的信心和信念。正是有了这些理论创新成果的指导，我国才取得了历史性的巨大成就。

宣传和弘扬马克思主义及其中国化成果，要以坚持马克思主义为前提。中国特色社会主义理论体系与马克思主义是一脉相承的。要深入研究阐释我国社会主义基本经济、政治、文化和社会制度的科学内涵和重大意义，划清社会主义基本经济制度同私有化、单一公有制的界限，划清中国基本政治制度与西方政党制度的界限，毫不动摇地坚持和完善社会主义的基本制度。只有正本清源，从马克思主义的立场、观点出发，坚持科学的分析方法，才能更好地研究阐述中国特色社会主义理论体系形成的思想渊源、理论品质、实践基础、丰富内涵和历史意义，才能更好地说服和引导群众、凝聚发展共识。我国改革开放取得巨大历史成就的一条重要经验，就是在实践中我们从马克思主义的立场出发，坚持和完善社会主义基本制度，致力于更快地发展生产力和提高广大人民群众的物质文化生活水平。同样，在理论上，我国的马克思主义经济理论研究和宣传工作也始终紧密结合改革开放和现代化建设的实际，围绕干部群众关心的重大问题进行解答和加强引导，使中国特色社会主义经济理论的成果服务于国家发展大局，体现出旺盛的生命力。

实施马克思主义理论研究和建设工程，是以胡锦涛同志为总书记的党中央，从深入推进马克思主义中国化时代化大众化、坚持和发展中国特色社会主义的战略高度，作出的一项重大决策，也是十六大以来我们党实施的最重大、最基础、最具深远意义的思想理论建设工程。今年6月李长春同志在马克思主义理论研究和建设工程工作会议上的讲话中就指出，"马克思主义理论研究和建设工程，是关系中国特色社会主义事业发展全局的战略工程、生命工程、基础工程"。当前，我市理论和宣传工作正按照中央的要求，坚持马克思主义指导地位不动摇，用发展着的马克思主义指导新的实践；推动理论研究部门和实际工作部门、教育部门和宣传部门的深度结合，推动马克思主义中国化最新成果进教材、进课堂、进头脑。我想，只要站稳立场，坚持用中国特色社会主义理论体系武装自己，发挥社会主义核心价值体系的引导作用，巩固马克思主义思想文化阵地，巩固壮大积极健康向上的主流思想舆论，我们就能有效应对全球化和市场经济条件下理论研究和宣传工作面临的挑战。像今天这样的论坛，以"马克思主义经济学的发展和创新"为主题，我觉得就很有意义、很有作用。

第二个问题，当前理论和宣传工作的重点是要联系我国现代化建设的实践，研究和宣传科学发展观这一马克思主义中国化的最新理论成果。只有深入研究阐述科学发展观的历史地位、时代背景、科学内涵、精神实质和根本要求，大力宣传和贯彻科学发展观，才能增强新时期党的方针政策的凝聚力和向心力。

科学发展观是指导新时期我国社会主义现代化建设的纲领，科学发展观不仅在新的历史条件下继承和发展了马克思主义的发展观，而且进一步丰富和发展了政治经济学理论。一方面，科学发展观从我国初级阶段国情出发，针对我国社会主义经济发展的目的和本质要求进行了系统的阐述，使发展生产力和完善社会主义基本经济制度相结合，坚持了马克思主义的方法论。科学发展观继承了马克思、恩格斯关于人的全面自由发展理论的科学观点，突出了"以人为本"的核心思想，明确了人尤其是劳动人民在现代经济发展中的主体地位，确立了"共享改革发展成果"的社会主义原则，为社会主义生产力和生产关系相互适应的基本规律提供了新的理论支撑，使社会主义生产力发展的动力、手段和最终目的相互统一。另一方面，科学发展观拓宽了中国特色社会主义经济理论的研究视野，丰富了中国特色社会主义经济理论的内涵。科学发展观坚持从马克思主义关于社会有机体的论断出发，提出了全面协调可持续发展的观点。这样，就使中国特色社会主义经济理论的研究视野从单纯的经济领域，拓展到要研究社会生活的各个方面，包括社会经济结构、社会政治结构、社会意识结构、人类社会自身的发展及其与自然生态的关系。科学发展观提出的"统筹城乡发展、统筹区域发展、统筹经济社会发展、统筹人与自然和谐发展、统筹国内发展和对外开放"的发展思路，涵盖了政治、经济、文化等各方面内容，兼顾了发展过程中的经济效益、社会效益和生态效益，强调了我国经济社会发展的全面性、协调性和可持续性。科学发展观继承马克思主义关于生产、分配、交换、消费及其相互关系的理论，提出了"加快转变经济发展方式"、走"资源节约型、环境友好型"发展道路、提高"两个比重"、"促进就业和构建和谐劳动关系"、"发挥市场在资源配置中的基础性作用"、"形成有利于科学发展的宏观调控体系"等重要观点，这对于在社会主义市场经济条件下如何遵循社会主义经济客观运行规律提供了指南，是中国特色社会主义理论体系的创新成果。加强研究和大力宣传这一理论成果，有利于我国避免西方资本主义国家在发展中走过的弯路。

在中央和上海市委的领导下，上海市委宣传部一直着力推进马克思主义中国化时代化大众化，高度重视对党的理论创新成果的宣传普及工作，深入研究宣传中国特色社会主义理论体系、社会主义核心价值体系，研究总结和阐述宣传走中国特色社会主义道路取得的伟大成就和成功经验。我们还根据中央和上海市委的要求，加强对重大理论和现实问题的研究，重视和支持马克思主义经济学的学术研究和理论创新，形成了一大批有价值、有影响的研究成果，并推进我市理论界、教育界与国家级研究机构间的学术交流和合作。这次，由中国社会科学院马研学部牵头，在我市主办首届全国马克思主义经济学论坛，对我市理论研究和宣传工作是一个巨大的促进。今后，我们仍将一如既往地推动和支持我市的马克思主义理论研究和学术交流工作，在全市形成中国特色社会主义理论研究、宣传、教学"三位一体"的开放型组织体系，共同完成我市中国特色社会主义理论体系的重大宣传任务。

近年来，上海财经大学围绕中国特色社会主义经济理论创新，形成了一支高水平的经济学研究团队。他们坚持以马克思主义为指导，立足国情开展理论研究，为我市经济社会发展建言献策，取得了许多优秀的研究成果，展示了马克思主义的理论自觉性和学术自信性。本届论坛由上海财经大学承办，是对其长期以来工作的一种肯定，也是我市的荣誉。希望今后能在进一步推动马克思主义经济理论学术交流方面作出更大的贡献。

在马克思主义及其中国化理论的指导下，在社会各界的共同努力下，我国社会主义市场经济理论创新必将不断推进。我相信，本次论坛将进一步推动我市的马克思主义经济理论研究和宣传，向海内外展示马克思主义经济学发展与创新的最新成果，为中国共产党第十八次全国代表大会的胜利召开献上一份厚礼。

最后，祝参加本届论坛的各位专家学者身体健康！预祝本届论坛取得圆满成功！

致　辞

王洪卫[*]

尊敬的各位领导，各位来宾，老师们，同学们：

大家上午好！值此"首届全国马克思主义经济学论坛暨第六届全国政治经济学数理分析研讨会暨庆贺《海派经济学》创刊十周年"隆重开幕之际，我谨代表上海财经大学，向出席论坛的各位领导、著名学者和来自全国各地的全体与会者，表示热烈欢迎！对论坛的顺利召开，致以诚挚的祝贺和良好的祝愿！

在全国上下喜迎党的十八大召开之际，我校和中国社会科学院联合举办"首届全国马克思主义经济学论坛"，意义重大。随着经济全球化趋势的不断加强和中国改革开放的不断深入，经济领域和社会领域内不断产生各种各样的新情况和新问题，迫切需要我们准确把握马克思主义及其经济学的活灵魂，与时俱进地发展和提高我们的研究能力和理论水平，建设具有中国特色的经济学理论和学术话语体系，这是广大马克思主义专家学者的重要历史使命。我认为，要发展现代马克思主义经济学，关键在于传承基础之上的创新。只有准确理解马克思主义经济学理论、科学进行政治经济学的数量分析以及批判地借鉴现代西方经济学和相关社会科学和自然科学的研究方法，同时结合中外现代市场经济发展的实践，才能使现代马克思主义经济学的学术解释力和实践指导力更科学、更完善。

作为会议主办方之一，上海财经大学具有95年的历史文化积淀，我校历来重视马克思主义经济学的研究和教学工作，已成为国内高校研究马克思主义经济学的学术重镇之一，为国家培养了一批马克思主义经济学学

---

* 上海财经大学副校长。

科带头人和教学科研骨干。近十年来，我校先后成立了"海派经济学研究中心"、以经济学为主的"马克思主义研究院"这两个学校重点研究基地，在经济学院成立政治经济学系。近年又在数理政治经济学研究领域崭露头角。发表了一批具有马克思主义数理分析特色的研究论文，编写了首套《现代政治经济学新编系列教材》，出版了国内外首套《现代政治经济学数量分析研究》系列丛书，并成功地主办了六届全国政治经济学数理分析研讨会。为了推动具有中国特色的理论经济学和"新马克思经济学综合学派"的发展，给该领域的国内外学者提供一个高层次的学术交流平台，我校支持由程恩富和顾海良等著名学者领衔于2003年创办了国内首份研讨新马克思经济学综合学派的期刊《海派经济学》杂志，并于去年年底成为CSSCI来源集刊。为了进一步推动和加强政治经济学的数理和计量研究，"现代政治经济学数量分析研究中心"也将于今天正式揭牌成立。此外，我校还将继续加大力度，支持全球学术团体——世界政治经济学学会设在本校的秘书处和学会会刊《世界政治经济学评论》的编辑部工作。相信上述一系列学术工作，将共同推动我国现代马克思主义经济学的教学与学术创新，促进中外马克思主义经济学家的交流与合作，为繁荣我国哲学社会科学研究作出新的贡献！

学术交流是开展学术研究、推动理论创新的重要基础和保障。今天开幕、为期一天半的论坛，将为广大从事马克思主义经济学理论研究和教育的工作者提供了这样一个交流学术研究、激发学术灵感、磨砺学术思想、完善学术理论的平台。相信大家在交流中一定会迸发新的思想火花，取得新的理论进展。借此机会，我也代表学校表示衷心感谢，并热切希望各位领导和来宾对于上海财经大学办学事业给予一如既往的关心、帮助和支持。

最后，衷心祝愿本届论坛取得圆满成功！祝各位在上海财经大学度过一个快乐、难忘的双休日，谢谢各位！

一

中国特色经济学话语体系

坚持公有制经济为主体与促进共同富裕

程恩富　张建刚*

当前，迫切需要深刻分析不断变化的国内外经济形势，科学总结党的十一届三中全会以来改革开放和现代化建设的基本实践和发展规律，以马列主义及其中国化理论为指导，针对改革开放出现的严峻问题来"调整、充实和完善"社会主义市场经济体制和政策，以便在党的十八大以后进一步推进中国特色社会主义的理论、制度和道路。其中，在经济领域坚持公有制经济为主体与促进共同富裕最为紧迫和重要。

一　邓小平关于实现共同富裕的构想

回顾和对照二十年前邓小平的南方谈话，我们可以看到，南方谈话所提出的某些重大问题还没有得到解决，特别是财富和收入分配的贫富分化趋势仍然存在，继续偏离共同富裕的目标。邓小平讲，社会主义的本质，是解放生产力，发展生产力，消灭剥削，消除两极分化，最终达到共同富裕。走社会主义道路，就是要逐步实现共同富裕。他提出实现共同富裕的途径，就是通过一部分地区有条件先发展起来，先发展起来的地区带动后发展的地区，最终达到共同富裕。他认为避免两极分化的办法之一，就是先富起来的地区多交点利税，支持贫困地区的发展。关于解决两极分化的时机，他认为，太早这样办也不行，太早了会削弱发达地区的活力，还会

* 程恩富（1950—　）生于上海市，中国社会科学院学部委员、学部主席团成员、马克思主义学部主任，世界政治经济学学会会长，研究方向为中外经济学和马克思主义理论。张建刚，1972年生，山西屯留人，经济学博士，中国社会科学院马克思主义研究院副研究员，主要研究领域为社会主义市场经济理论和国外马克思主义经济学理论。

鼓励吃"大锅饭"。他设想,在20世纪末达到小康水平的时候,就要突出地提出和解决这个问题。到那个时候,发达地区要继续发展,并通过多交利税和技术转让等方式大力支持不发达地区。他坚信,中国一定能够逐步顺利解决沿海同内地贫富差距的问题。不发达地区又大都是拥有丰富资源的地区,发展潜力是很大的。

邓小平的"实现共同富裕"的思想,在中国特色社会主义理论体系中具有重要地位。他把"消除两极分化,最终达到共同富裕"看成社会主义的本质属性,把是否实现这一目标当成判断改革开放成败的标准。他讲,"社会主义的目的就是要全国人民共同富裕,不是两极分化。如果我们的政策导致两极分化,我们就失败了;如果产生了什么新的资产阶级,那我们就真是走了邪路了。我们提倡一部分地区先富裕起来,是为了激励和带动其他地区也富裕起来⋯⋯提倡人民中有一部分人先富裕起来,也是同样的道理"。① 邓小平鼓励一部分人、一些地区先富起来,是为了让他们帮忙、带动、激励其他人、其他地区也富起来,最终实现共同富裕。改革开放,就是要把社会主义经济这块"蛋糕"做大,但提高经济效率,做大"蛋糕"只是手段而绝不是目的,把做大后的"蛋糕"分配好才是我们最终的目的。分配"蛋糕"与做大"蛋糕"之间有着紧密的联系,分配的方式、分配的根据和分配的结果都会影响"蛋糕"的进一步做大。过去,我们主要强调按照生产要素在生产中贡献的大小来分配"蛋糕",认为这样有利于做大"蛋糕",这在某种意义上说是对的。当"蛋糕"不足以满足大多数人的需要时,这确实激励了人们做"蛋糕"的热情,提高了做大"蛋糕"的效率。但当"蛋糕"做的已比较大的时候,分配"蛋糕"的结果对做大"蛋糕"的影响就会大大显现出来。这是因为,此时分配的方式和结果的不当,就会造成贫富分化类型的分配不公,影响做下一个"蛋糕"的绩效。进入21世纪以来,我们已经到了要强调分配方式和结果对做大"蛋糕"影响的阶段了,应当强调在分好"蛋糕"的同时继续做大"蛋糕"(2011年2月人民网问卷各阶层两万人中,有98%的人赞成这一提法而不赞成只提"继续做大'蛋糕'")。这也说明科学发展观强调改革成果要为广大人民所分享,是非常正确和及时的。

① 《邓小平文选》第3卷,人民出版社1993年版,第110页。

　　一个时期以来，我国劳动所得占 GDP 的比重持续下降，甚至低于发达资本主义国家，这导致我国消费对拉动经济增长的作用不断下滑。在消费、投资和净出口这三个拉动经济增长的动力中，对于一个经济大国来讲，消费是最主要、最稳定的动力。如果直接关系到民生的消费性内需难以启动，中国经济要想实现长期、快速增长是难以持续的。所以，目前我国已经到了邓小平所说的要"突出和提出"解决贫富分化和共同富裕这个中心问题的时候了。

二　中国所有制结构的变化是导致贫富分化的主因

　　现阶段我国的经济实力和国际影响力都大大增强了。2010 年国民经济规模达到近 40 万亿元，已超过日本，成为世界第二。但是，人均 GDP不到日本的十分之一，按国际货币基金组织统计，2010 年列世界第 95位，与发达国家的差距还是非常大。与此同时，我国收入分配中的贫富分化现象严重，有的指标甚至超过西方资本主义发达国家。我国人民生活水平总体上比过去有很大提高，部分人群、一些地区已经很富。据估计，2009 年我国百万美元以上的富豪人数已达 67 万户，居世界第三；资产超十亿美元的富翁人数仅次于美国，名列全球第二。不过，大部分国民确实富得不够，甚至较穷。于是，一方面内需不足，消费率低且很多年持续下降；另一方面奢侈品市场热销，居世界第二。一方面大款大腕不断涌现，文物、艺术品收藏风风火火；另一方面城乡贫困人群生存艰难，缺乏体面生活。反映贫富差距之一的基尼系数，"改革开放前为 0.25，1992 年突破了 0.4 的国际警戒线；世界银行估计，2010 年已达 0.48，如果加上灰色收入、隐性收入、漏计的高收入，估计现在已大大超过 0.5，远远超出资本主义的发达国家和许多发展中国家"①。基尼系数为 0.5 是一个什么概念呢？这意味着最穷的 50% 的人只占有总收入的 12.5%，最穷的 57.7%的人收入在平均水平以下，最富的 10% 的人占有总收入的 27.1%。收入分配的不公，必然导致财富占有上的更大不公。收入上的累积效应加上财富的累积效应，使得中国当前的财富占有上出现极大不公平，"世界银行

---

　　①　刘国光：《是"国富优先"转向"民富优先"，还是"一部分人先富起来"转向"共同富裕"？》，《探索》2011 年第 4 期。

报告显示，美国是 5% 的人口掌握了 60% 的财富，而中国则是 1% 的家庭掌握了全国 41.4% 的财富"。① 倘若这些统计资料是准确的话，那么，表明中国的财富集中度已远远超过了美国，成为全球两极分化严重的国家。

造成财富和收入分配中贫富分化趋势越来越严重的原因很多。这些原因包括城乡差距扩大、地区发展不平衡加剧、公共产品供应不均、再分配调节不力、腐败泛滥、地下经济涌现等。这些因素都加剧了财富和收入分配的分化，我们必采取措施综合应对。但这些原因并不是最主要的。造成财富和收入分配不公的最根本原因，是所有制结构发生了的根本性变化。著名经济学家刘国光教授讲得对："收入分配不公主要源于初次分配。初次分配中影响最大的核心问题是劳动与资本的关系。按照马克思主义观点，所有制决定了分配制；财产关系决定分配关系。财产占有上的差别，才是收入差别最大的影响因素。改革开放以来，我国贫富差距的扩大，除了前述原因外，所有制结构上和财产关系中的'公'降'私'升和化公为私，财富积累日益集中于少数私人，才是最根本的。"②

三十多年来，我国所有制结构发生了重大变化，大致可分为三个阶段。第一阶段（从 1978—1991 年）：由单一公有制的计划经济向以公有制主体，多种所有制经济共同发展的社会主义市场经济转化，公有制经济（特别是国有经济）比重逐渐下降，非公有制经济比重不断上升，迅速发展。1978 年我国的所有制结构是单一公有制，几乎是一统天下的局面。1991 年工业总产值 26625 亿元，其中国有 14955 亿元，集体 8783 亿元，城乡个体工业 1287 亿元，它们的占比分别为 56.17%、32.99%、4.83%。这一阶段，公有制经济仍然占据绝对主导地位，国有企业和集体企业的工业产值合计占工业总产值的 89.16%。第二阶段（从 1992—2000 年）：非公有制经济迅猛发展，公有制经济比重大幅下降，主要集中到关系国计民生的重要经济领域。1992 年春邓小平在视察南方后，包括三资企业在内的私有制经济掀起了一个新的发展高潮。经过近 10 年的发展，非公有制经济比重超过了公有制经济，国有经济丧失了绝对主导地位。以工业领域为例，1992 年工业总产值 34599 亿元，其中国有经济、集体经济、私有

---

① 夏业良：《中国财富集中度超过美国》，《商周刊》2010 年 6 月 21 日。

② 刘国光：《谈谈国富与民富、先富与共富的一些问题》，《中国社会科学报》2011 年 10 月 25 日第 10 版。

经济分别占工业总产值的 51.52%、35.07%、5.80%。而 2000 年 85673.66 亿元的工业总产值中，国有经济和集体经济，分别只占 23.53%、13.90%，二者加起来占比为 37.43%。而与此同时，非公有制经济的占比达到了 62.57%。以上统计数据表明，在这一时期，公有制经济（特别是国有经济）比重不断下降，非公有制经济（特别是私有经济）比重不断上升，迅速发展。第三阶段（2001—2010 年）：随着国有企业改制和国有经济战略布局的调整，国有经济在整个国民经济中所占的比重大幅下滑，这一比重已经和西方发达国家中的国有经济的比重相近。2001 年工业总产值为 95448.98 亿元，其中国有企业工业产值、集体企业工业产值分别占 18.05%、10.53%，二者加起来占比为 28.58%。此后，国有和集体企业的工业产值占比逐年下降。2009 年全国规模以上工业企业中，公有制企业（包括国有企业和集体企业）的工业总产值为 5.52 万亿元，占到规模以上工业企业总产值的 10.07%。城镇就业人员中，公有制企业就业人员为 7038 万人（国有企业中 6420 万人，集体企业中 618 万人），占城镇就业人员的 22.62%。① 单从数量来看，非公经济已在我国国民经济中占有主导地位，绝大多数人也主要是在非公企业中就业。

以上这样一种所有制结构和就业结构必然决定财富和收入分配中劳动所得份额越来越少，而资本所得份额越来越多。工资收入对于绝大多数劳动者来说，是最主要的收入，财产性收入对于他们来说是微乎其微（在股市、楼市不景气的情况下，甚至是负的）。2009 年年底共有 3197.4 万个体户和 740.2 万户私营企业，也就是说有大约 3937.6 万户家庭除了劳动所得外，还有很大一部分的非劳动所得，这样的家庭只占到全国约 3.88 亿家庭中的 10.1%。个体户主要以家庭为单位，通过使用自有生产资料从事生产经营活动，他们的所得中劳动所得实际所占比重较大，与社会平均收入水平差距不是太大。而私营企业主的总收入中，资本所得所占比重较大，这样的家庭只占到全国总家庭数中的 1.9%，这些家庭的总收入水平是大大高于社会平均水平的。除此之外，还有其他一些类型的非公企业的大股东以及高管人员的总收入，也是大大高出社会平均水平很多。我国 90% 多以上的家庭收入的来源主要是劳动收入，这样一种格局今后也不可能有大的改变。

---

① 根据《2010 年中国统计年鉴》计算所得。

劳动所得不断下降，资本所得不断上升是导致收入分配两极分化的主要原因。从 1997 年到 2007 年，中国劳动者报酬占 GDP 的比重从 53.4% 下降到 39.74%；企业盈余占 GDP 比重从 21.23% 上升到 31.29%，而在发达国家，由于劳动人民的不断斗争，劳动者报酬占 GDP 的比重大多在 50% 以上。第二次世界大战以后，西方发达资本主义国家劳动收入份额经历了一个上升过程。1952 年，美国的劳动收入份额只有 61%，20 世纪 70 年代末上升到了 68%，之后虽有所下降，但一直都维持在 65% 左右。1955 年日本的劳动收入份额只有 40%，此后不断上升，从 20 世纪 70 年代中期到 90 年代末期一直维持在 55%。① 我国劳动收入份额的持续下降，是我国内需难以启动的最主要的原因，继续发展下去会严重制约我国经济增长。

三 完善社会主义基本经济制度才能促进共同富裕

既然我国贫富差距的扩大和两极分化趋势的形成，主因是由于所有制结构上发生了质的变化，那么，要改变当前的现状，必须重视公有制经济的地位和作用，不断壮大国有经济，振兴集体经济，实行公私经济共进，改变"劳穷资富"，才能从根本上加以遏制。同时，也必须运用社会主义市场经济制度中的财政政策、税收政策、货币政策、财富和收入分配政策等手段，以及教育、医疗、养老、保险等制度安排，对财富和收入分配进行国家综合调节，才能逐步推进全体人民的共同富裕。

（一）国有经济在促进共同富裕中承担重要职能

早在 1993 年 9 月，邓小平在关于分配问题见于记载的最后一次谈话中，就非常坦诚而语重心长地指出："十二亿人口怎样实现富裕，富裕起来以后财富怎样分配，这都是大问题。题目已经出来了，解决这个问题比解决发展起来的问题还困难。分配的问题大得很。我们讲要防止两极分化，实际上两极分化自然出现。"如何防止两极分化呢？小平同志强调，"只要我国

---

① 程恩富：《面对各种挑战，继续坚持和完善社会主义经济体制和机制》，《国外理论动态》2011 年第 12 期。

经济中公有制占主体地位，就可以避免两极分化"。① 公有制经济在防止两极分化中承担重要职能，只要我们保持公有制和按劳分配为主体，贫富差距就不会恶性发展到两极分化太严重的程度，可以控制在合理的限度以内，最终向共同富裕的目标前进。否则，两极分化、社会分裂是不可避免的。

为什么公有制经济为主体就能够防止两极分化呢？我们认为有这样几个理由：第一，由于公有制企业中，生产资料不是对劳动者进行剥削的手段。劳动者主要根据在生产过程中劳动贡献的大小来参与分配，他们所得到的报酬的差距就比较小。同时和非公有制企业相比，没有了生产资料所有权的经济剥削，他们可以得到比私有制企业中的劳动者更高的收入。从统计数据显示，国有企业中员工的工资普遍高于其他类型企业员工的工资水平。第二，公有制企业中的利润不是被个人所占有，而是集体或国家所公有，这样有利于集体或全体社会成员来分享经济发展的成果。对于国有企业来说，除了用于扩大再生产之外，上交的利润使得国家有更大的能力提供更多的公共产品和服务，有更大的能力进行转移支付来帮助低收入群体，有更大的能力调控经济（如稳定物价，这对于低收入群体来说更重要）。对集体企业来说，他们的利润为集体共有，除了用于扩大再生产之外，可以直接改善本集体成员的住房、交通、医疗、教育等物质和文化生活，提高集体中全体成员的生活质量。第三，公有制经济为主体的产权结构决定了以按劳分配为主体的分配结构。按劳分配的性质和方式比按资分配的性质和方式，更有利于维护财富和收入分配上的公平正义。这是由于，虽然劳动的能力、质量和绩效会有一定的差距，但这种差距是在一定的范围之内的，劳动者所得差距也一般在几倍范围之内，而对资本的占有所造成的差距却可能成百十倍，从非公企业的内部和国民收入的初次分配中便形成了贫富两极分化。第四，公有制经济的存在对私有经济起到了一定的限制和制约作用，防止了财富和收入的过度集中。在国家调节有序的条件下，公有制企业使得市场竞争比较理性，市场价格比较平稳，避免暴利行业的长期存在。公有制企业的高工资也具有一定的示范效应，进而增加非公有制企业员工在工资谈判中的能力。

当下有一种错误观点很值得我们警惕。个别自由派知名经济学家撰文认为，不改革国有经济的性质便无法实现共同富裕目标。其逻辑是这样

① 《邓小平文选》第 3 卷，人民出版社 1993 年版，第 149 页。

的：国有企业效率差，国有经济会滋生腐败和产生垄断，因而国有经济的存在影响了法治市场经济制度的建立，而法治市场经济制度是有利于实现共同富裕的。接此逻辑，就应该对国有经济进行撒切尔首相叶利钦总统式的私有股份化的改制，就应该让国有经济所占比重越小越好，因为这样越有利于市场竞争、越有利于市场经济制度中"法"的精神——保护私有者的利益，一个完善的法治的市场经济制度就建立了，人们的共同富裕的梦想就实现了。这里，令人感到可笑、可悲、可叹的是，一个被无数经济学家所承认，甚至资产阶级经济学家都不否认的事实，即私有化市场经济制度会产生两极分化，却被某些社会主义国家中的经济学家所颠覆和"创新"，胡诌什么私有制市场经济制度有利于实现共同富裕目标。这些言行打着通过"非国有化"或"民营化"或"市场化"实现共同富裕的幌子，恰恰正在背弃广大劳动人民的利益，正在把中国引向严重两极分化的境遇，正在把中国推向社会动荡的灾难局面。

为了实现共同富裕，我们必须坚持党的十五大报告明确提出的"坚持公有制为主体，多种所有制共同发展"的社会主义初级阶段基本经济制度，必须毫不动摇地发展和壮大国有经济。国有经济要控制国民经济命脉，在能源、交通、通信、金融、军工等关系经济命脉和高盈利的重要键行业领域中，国有经济应该有"绝对的控制力"、"较强的控制力"，要不断增强国有经济的控制力、影响力和竞争力，这样才能发挥社会主义经济制度的优越性，促进全社会的共同富裕。

（二）集体经济在农村促进共同富裕中起着决定性作用

集体经济是公有制经济的重要组成部分，对实现共同富裕具有重要作用，特别是在农村地区起到了决定性作用。集体经济能促进共同富裕实现的机理，前面已有论述，这里不再赘述。下面主要就一些实际事例，来谈一下集体经济和合作经济在发展农村经济，实现农村居民生活水平提高中的作用。在今天的中国，有几个村庄很引人注目，它们是江苏的华西村、河南的南街村和刘庄、北京的韩河村等，这些村都很富，但令人深思的是，这里富裕的不是少数人、不是几个能人和村干部，而是全体村民、所有家庭。这些村庄何以能快速发展起来，何以能实现家家富裕、人人幸福的现代新型和谐农村社会呢？答案就是，这些村庄所具有的共性——一个好的带头人，一个坚强的基层党政班子，一个不断壮大的集体合作经济。

　　农村共同富裕的实现程度与村里的集体经济的壮大息息相关。笔者在山西等地的调研发现，凡是村里有集体企业，村庄的整体面貌就比较好，居民的生活水平普遍较高，村里的健身、医疗、学校、文化等设施比较健全，人们的精神状态也非常饱满；凡是没有集体企业的，村里的生活差距比较大，少数人生活得很富裕，而大多数家庭生活却提高很慢，还有少数家庭生活极度困难。有个例子对比鲜明，在山西长治县有两个相邻的村庄，两个村都有小煤矿，一个村在 20 年前就把煤矿承包给了一个江苏的老板，另一个村并没有把煤矿承包给个人，而一直由村里集体来经营。20 年以后，把煤矿承包给江苏老板的村庄变化不大。煤矿给村里带来的收益很有限，除了上交的一小部分利润外，村里基本上得不到什么好处，煤矿上也基本不雇本地人，因为江苏老板担心煤矿出事后，本地人要闹事，所以煤矿上雇的人都是外地人，本村的人只好都外出打工。而那个由集体经营煤矿的村庄却发生了天翻地覆的变化。村里硬件设施全部更新，道路通了，路灯安了，建了新的学校、新的公园、新的文化健身设施，还为每个家庭盖了两层小楼。该村还建立了各项福利制度，孩子上中小学的钱全免、上大学的学费村里负责出，60 岁以上的老人每月 100 元的养老金，每年定期给全体村民进行体检，每年的五一节、中秋节、元旦、春节都要按人头发放米、面、油、肉等食品。这个村的居民幸福感很高，对村干部很满意，对党的政策很拥护，真正过上了全面小康的生活。因此，要落实邓小平关于农村和农业的社会主义改革和发展 "两次飞跃论" 的方针，积极发展农村集体经济和集约经济，加强农村集体层的经营和管理，组织农民走共同富裕的新路子。[①]

（三）注重提高劳动收入份额是促进共同富裕的重要举措

　　劳动收入是 90% 以上家庭最主要的收入来源，这在西方资本主义市场经济下已是如此，在社会主义市场经济下更是如此。因此，要提高居民的收入，特别是中下收入居民的收入就必须从提高居民的劳动收入入手。目前，我国的劳动收入只占到 GDP 的 40% 左右，大大低于西方发达资本主义国家，这表明我国劳动收入份额还有很大的提升空间。过低的劳动收

---

　　① 　参见徐惠平《社会主义新农村集体经济和合作经济模式》，《海派经济学》（季刊）2006 年总第 13 辑。

入份额也意味着需求不足、生产过剩，所以，提高劳动收入份额具有非常大的迫切性。那种认为提高工资，会降低中国产品出口竞争力，因而反对提高工资的观点是错误的。只要我国的工资增长率不高于劳动生产率的增长率，便不会对成本产生大的影响，不会影响我国的产品出口竞争力，实际上长期以来，我国普通职工，尤其是私有企业职工的工资增长率是明显低于劳动生产率的增长率和国民生产总值增长率的。社会主义国家的出口竞争力主要应依赖自主创新和自主知识产权，而不应主要依赖劳动者收入长期不正常提高来实现低工资类型的低成本竞争。

要提高我国劳动收入份额，必须发挥政府和工会的作用，严格实施最低工资制度和八小时工作制，建立合理的工资增长机制。政府要积极维护劳动者的权益，通过立法、建立维权机构，直至对侵犯职工利益的行为起诉的手段来保障劳动者的权益。要加强工会在劳资谈判中的作用，建立工资形成的劳资共决机制。要立法让职工工资增长实现指数化，实行"四挂钩"机制，即职工收入增长同当地物价、企业劳动生产率、利润率和高层管理人员收入增长同步挂钩。

实现劳动收入份额的提高，长期来看，必须提高经济效率。要提高我国的经济效率，必须转变经济增长方式。传统的经济增长方式是高积累、高投资，这必然导致新增价值分配中资本收入份额较高，而劳动收入份额较低。因此，我国应逐渐转向高附加值的产品和产业，促进产业结构升级，从而实现劳动收入份额的提高。今后，我国要把提高劳动收入份额上升到一个经济发展战略和构建和谐社会的高度来认识，以确保我国经济持续健康发展，不断推动共同富裕的实现程度。

（四）发挥好国家在收入分配中的调节作用

社会主义基本经济制度决定社会主义国家调节包括分配在内的调节体系要比西方国家重要。解决收入分配的两极分化问题，是一个系统工程，需要国家采取多种手段，运用多种政策，建立多种制度，持续进行有利于提高劳动者收入提升的调整和改革。

近几年来，我国开始强调民生，强调发展成果要与人民共享，这就是解决贫富分化问题的一个好开端。国家发挥收入分配的调节作用可以从两个方面来做，一是增加劳动者的收入；二是减少劳动者的支出。要增加劳动者收入，我们可以从以下方面着手。首先，要改革收入分配制度，规范收入分配秩序，增加劳动所得，控制资本所得，不但强调二次分配的公平，更要强调一次分配的公平。其次，加大转移支出的力度，特别是对低收入者、困难群体要给予更多支持；同时也要加大东部地区向中西部地区的扶持力度，也要加强对边疆地区、民族地区、革命老区的转移支付；加强城市对农村的支持、工业对农业的反哺。再次，加强立法和执法，保护农民工等体力劳动者的利益，确保最低工资法和加班加薪等保护劳动者利益的法律得到落实。最后，制定就业优先的政策，积极发展微小企业，鼓励企业多雇用员工。就业是民生之本、收入之源，增加就业就是增加收入，就是为社会贡献。减少劳动者的支出，主要就是要构建更加完善的社会保障体系，增大社会保障范围和力度，增加对医疗、养老、教育、住房等民生方面的补助。简言之，国家要运用财政政策、税收政策、货币政策、分配政策等手段，对财富和收入分配进行综合调节。

参考文献

［1］《邓小平文选》第 3 卷，人民出版社 1993 年版。

［2］刘国光：《谈谈国富与民富、先富与共富的一些问题》，《中国社会科学报》2011 年 10 月 25 日第 10 版。

［3］程恩富：《面对各种挑战，继续坚持和完善社会主义经济体制和机制》，《国外理论动态》2011 年第 12 期。

［4］徐惠平：《社会主义新农村集体经济和合作经济模式》，《海派经济学》（季刊）2006 年总第 13 辑。

［5］李炳炎：《劳动报酬随劳动生产率同步提高的初次分配制度研究》，《学习论坛》2011 年第 10 期。

论公有制在社会主义基本经济制度中的最低限度[*]

何干强^{**}

由全民所有制和劳动群众集体所有制构成的生产资料社会主义公有制，是我国社会主义经济制度的基础。公有制占主体地位，是社会主义基本经济制度的基本规定。在多种所有制经济并存的历史条件下，只有做大做强公有制经济——国有经济和集体经济，毫不动摇地坚持公有制的主体地位，才能使中国特色社会主义的旗帜显示出科学社会主义的光芒。

公有制占主体地位，这不是抽象的规定，而是现实的，可以用经济统计指标表现出来的。可是，到底应当如何科学地判断公有制在所有制结构中的最低限度或"底线"？至今尚无明确的统一标准，国家统计局公布的有关经济统计数据也存在某种含糊性。这对于全国人民及时掌握所有制结构现状，维护新中国宪法的权威，巩固和发展社会主义基本经济制度，维护国家和民族经济安全，都相当不利。本文拟在马克思主义指导下，对这个问题做些深入的探讨。

一 反映所有制结构状况的几种统计指标

目前，分析中国生产资料所有制结构的现实状况，依据的经济统计指

* 本文为作者主持的国家社科基金一般项目《〈资本论〉宏观经济分析方法及其中国化研究》（项目批准号：11BJL007）的阶段性成果。

** 何干强，南京财经大学经济学院教授，研究领域侧重于系统地研究马克思主义政治经济学的基本原理和方法，推动当代中国经济学的理论构建，促进政治经济学对建设有中国特色的社会主义经济的理论指导。

标主要有下述三种。

1. 用全国第二、第三产业企业法人单位的总实收资本中不同所有制投入的资本所占比重来表示

根据 2005 年公布的第一次全国经济普查主要数据公报，"实收资本：是指企业投资者实际投入的资本（或股本），包括货币、实物、无形资产等各种形式的投入。实收资本按投资主体可分为国家资本、集体资本、个人资本、港澳台资本和外商资本等"；"2004 年末，全国第二、第三产业 325.0 万个企业法人单位的实收资本总额为 18.2 万亿元。在全部企业法人单位的实收资本总额中，由国家投入的资本 8.7 万亿元，占 48.1%；集体投入的资本 1.4 万亿元，占 7.9%；个人投入的资本 5.1 万亿元，占 28.0%；港澳台投入的资本 1.3 万亿元，占 7.3%；外商投入的资本 1.6 万亿元，占 8.7%"①。详见表 1。

表 1　　　2004 年末全国第二、三产业企业法人单位实收资本来源构成　（单位:%）

	实收资本	国家资本	集体资本	个人资本	港澳台资本	外商资本
合计	100	48.1	7.9	28.0	7.3	8.7
国有企业	100	98.9	0.7	0.3	0	0.1
集体企业	100	3.3	88.2	7.8	0.5	0.2
股份合作企业	100	12.1	24.9	62.1	0.6	0.3
国有联营企业	100	93.3	3.6	2.9	0.1	0.1
集体联营企业	100	5.5	74.2	19.8	0.3	0.2
国有与集体联营企业	100	45.6	50.2	4.2	0	0
其他联营企业	100	19.8	26.9	48.4	1.2	3.7
国有独资公司	100	98.5	0.7	0.3	0.3	0.2
其他有限责任公司	100	36.2	15.1	47.2	0.5	1.0
股份有限公司	100	52.0	8.4	32.5	2.6	4.5
其他内资企业	100	10.7	27.1	57.6	2.7	1.9

① 国务院第一次全国经济普查领导小组办公室、中华人民共和国国家统计局：《第一次全国经济普查主要数据公报（第一号）》（http：//www.stats.gov.cn/zgjjpc/cgfb/t20051206_402294807.htm）。

续表

	实收资本	国家资本	集体资本	个人资本	港澳台资本	外商资本
私营企业	100	0.4	1.8	97.3	0.3	0.2
港澳台商投资企业	100	10.3	3.8	3.7	73.9	8.3
外商投资企业	100	7.6	4.3	3.2	14.5	70.4

资料来源：本表引自《第一次全国经济普查主要数据公报（第一号）》"表8不同企业实收资本来源构成"（http：//www. stats. gov. cn/zgjjpc/cgfb/t20051206_ 402294807. htm）。

由表1可知，全国公私企业实收资本的比重为：（48.1% +7.9%）：（28.0% +7.3% +8.7%） =56% :44%。

根据2009年公布的第二次全国经济普查主要数据公报，"2008年末，我国第二、第三产业企业法人单位（不含行政事业单位和个体经营户）的实收资本总额为34.0万亿元，比2004年末增加15.8万亿元，增长87.1%。在全部企业法人单位的实收资本总额中，国家资本11.4万亿元，增加4.6万亿元，增长67.4%；集体资本1.0万亿元，与2004年末持平；法人资本8.7万亿元，增加4.1万亿元，增长88.0%；个人资本7.8万亿元，增加4.5万亿元，增长138.4%；港澳台资本2.1万亿元，增加1.0万亿元，增长87.9%；外商资本3.1万亿元，增加1.7万亿元，增长125.6%"。[①] 这次公布了我国第二、第三产业作为统计对象的企业法人单位实收资本数额及其增加状况。可以看到，这段期间个人、港澳台、外商实收资本增长幅度明显高于国家、集体的公有制实收资本。但是，这次公报没有像第一次那样，明确公布各种所有制的实收资本占总额的比重。对此，国家统计局主要负责人在总结第二次全国经济普查的有关会议上做了补充，在谈到这次普查"查清了主要经济结构"时指出，到2008年末，"企业实收资本中，国家资本占33.4%，集体资本占3.0%，法人资本占25.5%，个人资本占22.9%，

① 国务院第二次全国经济普查领导小组办公室、国家统计局：《第二次全国经济普查主要数据公报（第一号）》（http：//www. stats. gov. cn/tjfx/fxbg/t20091225_ 402610155. htm）。

港澳台资本占6.1%，外商资本占9.1%"。① 但是，这样表述所有制结构有一定的含糊性，因为统计公报指标把法人资本解释为"法人以其依法可支配的资产投入企业形成的资本金"②，而其中的法人可以理解为包括公私所有制在内的投资主体共同投资构成的企业组织，所以，它不是一个直接能表明实收资本所有制性质的概念。因此，对法人资本还必须进行所有制结构的进一步划分。

由于缺乏第一次全国经济普查那样明确公布的有关数据，这里只好对2008年末的所有制结构，做粗略的估计。参考第一次全国经济普查统计数据曾显示的2004年末国家、集体资本在法人实收资本中的比重状况③；考虑到从2005年到2008年末国有、集体企业数量明显下降④，以及上述非公有制实收资本增长幅度明显快于公有制实收资本，假定公有资本在法人资本中仍占40%（这是比较高的估计），那么国家、集体实收资本占总额比重应增加：25.5% × 40% = 10.2%。非公有制实收资本则增加：25.5% × 60% = 15.3%。全国公、私企业实收资本的比重就大体上是：（33.4% + 3.0% + 10.2%）：（22.9% + 6.1% + 9.1% + 15.3%）= 46.6% : 53.4%。

由此可以知道，我国第二、第三产业企业的实收资本的所有制结构，从2005年到2008年末，公有制实收资本的比重已经下降到50%以下。这说明，在第二、第三产业中，公有制所占比重已经低于非公有制。

2. 用全国第二、第三产业企业法人单位的总资产中不同所有制企业的资产所占比重来表示

---

① 国家统计局局长马建堂：《第二次全国经济普查任务基本完成　普查取得重要成果》，2009年12月25日（http://www.stats.gov.cn/tjdt/gjtjjdt/t20091225_ 402610100.htm）。

② 国务院第一次全国经济普查领导小组办公室：《第二部分　财务状况表指标解释和填报说明》（http://www.stats.gov.cn/zgjjpc/pcfa/t20041101_ 402204459.htm）。

③ 2004年末，国家资本、集体资本在作为法人企业的其他有限责任公司中分别占36.2%、15.1%，在股份有限公司中分别占52%、8.4%，在其他内资企业中分别占10.7%、27.1%，见本章表1。

④ 2008年末，国有企业减少3.6万个，下降20.0%；集体企业减少15.1万个，下降44.0%；股份合作企业减少4.3万个，下降40.2%；联营企业、有限责任公司和股份有限公司增加22.7万个，增长52.5%；私营企业增加161.4万个，增长81.4%；其他内资企业增加6.4万个，增长116.3%；港、澳、台商投资企业增加1.0万个，增长13.5%；外商投资企业增加2.4万个，增长30.2%。参见国务院第二次全国经济普查领导小组办公室、国家统计局《第二次全国经济普查主要数据公报（第一号）》："一、单位基本情况"（http://www.stats.gov.cn/tjfx/fx-bg/t20091225_ 402610155.htm）。

第企业资产与企业实收资本在概念上的区别是，在企业资产负债表上，后者是投资者的所有者权益，而前者除投资数额外，还包括负债和取得的利润。因此，用实收资本指标来表示，可以直接反映出不同所有制的所有者权益的比例结构；而用企业资产指标，反映的则是包括负债和利润状况在内的不同所有制的企业资产的比例结构。

根据第二次全国经济普查公布的数据，"2008 年末，全国第二、第三产业企业法人单位资产总额为 207.8 万亿元，比 2004 年末增加 111.1 万亿元，增长 114.8%。其中，国有企业资产总额 47.7 万亿元，比 2004 年末增加 17.6 万亿元，增长 58.5%；集体企业资产总额 4.4 万亿元，减少 0.8 万亿元，下降 15.1%；股份合作企业资产总额 4.5 万亿元，增加 2.6 万亿元，增长 141.1%；私营企业资产总额 25.7 万亿元，增加 17.0 万亿元，增长 194.9%；港、澳、台商投资企业资产总额 8.0 万亿元，增加 3.8 万亿元，增长 89.8%；外商投资企业资产总额 13.5 万亿元，增加 7.3 万亿元，增长 118.0%"①。从这次普查公布的"按登记注册类型分组的企业资产总额"的表格数据中，我们可以知道多种所有制在全国第二、第三产业企业资产总额中所占比重的大体状况；这里说大体，是因为公布的数据对"其他有限责任公司"、"股份有限公司"这类法人企业的资产，也没有做资产所有制性质的划分，因而存在含糊性。为此，这里也按公有制资产在这类法人企业资产中占 40% 的估计，来表示不同所有制的企业资产占全国第二、第三产业企业资产总额的比重，见表 2：

表 2　　　2008 年末不同所有制的企业资产占全国第二、第三产业
企业法人资产总额的比重

	资产总额（万亿元）	比重（%）
合　　计	207.8	100.0
内资企业	186.3	89.7
国有企业	47.7	23.0
集体企业	4.4	2.1

---

① 参见国务院第二次全国经济普查领导小组办公室、国家统计局《第二次全国经济普查主要数据公报（第一号）》（http：//www.stats.gov.cn/tjfx/fxbg/t20091225_402610155.htm）。

续表

	资产总额（万亿元）	比重（%）
股份合作企业	4.5	2.2
联营企业（国有、集体相互联营）	0.5	0.2
有限责任公司	42.8	20.6
国有独资公司	15.5	7.5
其他有限责任公司	27.3	13.1
（按公：私 = 4:6）公有资产		5.2
私有资产		7.9
股份有限公司	59.6	28.7
（按公：私 = 4:6）公有资产		11.5
私有资产		17.2
私营企业	25.7	12.3
其他企业	1.2	0.6
港、澳、台商投资企业	8.0	3.9
外商投资企业	13.5	6.5

数据来源：本表根据《第二次全国经济普查主要数据公报（第一号）》"表8 按登记注册类型分组的企业资产总额"制定，主要是对法人企业（有限责任公司、股份有限公司）中的公私资产按4:6的估计比例分开计算。

从表2可以知道，到2008年末，公有资产占全国第二、第三产业企业资产总额的比重为：23.0% + 2.1% + 2.2% + 0.2% + 7.5% + 5.2% + 11.5% = 51.7%；私有资产占全国第二、第三产业企业资产总额的比重为：7.9% + 17.2% + 12.3% + 0.6% + 3.9% + 6.5% = 48.4%。这样，全国第二、第三产业中的公私所有制在企业中的资产比重，就大体上是：51.7%:48.4%（这里有0.1的误差，来自原统计数据表）。

值得指出的是，虽然从企业资产比重的数据上看，公有制的比重仍超过50%，但是，如果在表2中的其他有限责任公司（占13.1%）和股份有限公司制（占28.7%）是由私有制控股，那就意味着，在取得经济控制权的含义上，全国第二、第三产业中的公私所有制在企业中的资产控制权比重，就应当是：（23.0% + 2.1% + 2.2% + 0.2% + 7.5%）:（13.1% + 28.7% + 12.3% + 0.6% + 3.9% + 6.5%）= 35%:65.1%（这里有0.1的误差，来自原统计数据表）。如果这样看，公有制在全国第二、第三产业中的资产控制权，从而主体地位就显著减弱了。

其实，前面用实收资本指标表述的数据，如果占比重 25.5% 的 "法人资本" 是由私有制控股，那么全国第二、第三产业中公、私所有制在企业中的实收资本控制权比重，就变成（33.4% + 3.0%）:（22.9% + 6.1% + 9.1% + 25.5%）= 36.4%:63.6%，这同样说明公有制在全国第二、第三产业中的企业实收资本的控制权显著减弱了。

上述用实收资本指标与用资产指标来表示的所有制结构比重，结果是接近的。就目前政府部门的统计数据公报来看，用这两种指标来表示所有制结构，都不宜把 "法人资本"（法人实收资本）、"有限责任公司"、"股份有限公司" 等反映表层经济关系的统计指标，同能反映所有制性质的深层经济关系的统计指标在同一表格中对等地并列；而应当把法人资本中不同所有制投资主体的实收资本数额和比重区分开来，把法人企业资产中不同所有制投资主体占有的资产数额和比重区分开来。从表 1 可知，第一次全国经济普查对不同所有制投资主体的实收资本的结构是作了清晰显示的，这说明，这样的要求今后在经济统计调查中是能够做到的。

3. 用国内生产总值（GDP）或工业总产值中不同所有制经济所占的比重来表示

我们知道，国内生产总值和工业总产值都是表示生产结果的指标，因此，在它们中不同所有制经济所占的比重，实际上显示了不同所有制经济在国民经济运行成果中所占有的比重，或者说它们各自所起作用的大小状况。这当然也能够说明公有制主体地位的状况。有统计学专家指出，"到 2006 年，公有制经济与私有制经济（包括外资和内资）在 GDP 中所占比重为 37% 比 63%，2010 年为 27% 比 73%。在工业总产值中国有经济的比重，2004 年为 13.5%，2009 年为 12.5%，比新中国初建的 1949 年占 26.2% 的比重还低得多"[①]。如果这些数据都是确切的，那么这反映出，以国有经济为核心的公有制经济的主体地位确实是严重削弱了。

4. 对通常使用的三种统计指标的评价

应当说，以上通常使用的三种指标（第 1、第 2 种应纠正其中的不清晰之处）都是可以反映所有制结构现实状态的。但是，它们以资本、资产或产值的占比关系来反映所有制结构关系，都有一个共同的缺点，即都是以物的

---

① 李成瑞：《关于维护宪法尊严　立即制止国企进一步私有化的紧急呼吁》（http://www.dfhsk.org/a/jujiaopingshu/2012/0306/2248.html）。

结构关系来反映所有制结构的。资本的表现形态是物；物质生产领域的资产，其实也是资本；产值不过是资本的商品形态或商品资本，所以，资本、资产或产值能表现出的，都是物的形态。各种所有制的资本、资产和产值分别占社会总资本、总资产和总产值的比重关系，直接表现出的，乃是一种物的结构关系。然而，根据唯物史观，所有制的本质是生产关系，也就是人们在物质生产过程中对于生产资料所有权的社会关系。因此，这三种指标都不能直接地反映出所有制结构的本质关系，即人与人的社会结构关系。正因为如此，严格说来，这些指标都有不科学之处，尤其不能使人们准确把握公有制在所有制结构中的最低限度（原因在下一节将详细论证）。其实，停留在上述指标上来认识所有制结构，是没有跳出拜物教观念的。我们不能忘记马克思的教导，商品形式"把生产者同总劳动的社会关系反映成存在于生产者之外的物与物之间的社会关系"①。当人们把一定的社会关系，当作物与物的关系形式来认识，这就不自觉地陷入了拜物教观念。

马克思深刻指出："资本不是物，而是一定的、社会的、属于一定历史社会形态的生产关系，它体现在一个物上，并赋予这个物以特有的社会性质。"② 虽然他讲的资本是资本主义私有制的资本，但是这个道理对市场社会分工制度下的生产资料的社会形态或资本，一般都是适用的；对社会主义市场经济条件下的公有资本，也不能理解为物，也应当理解为生产关系或生产过程中的社会关系。因此，我们只有透过资本的物的形态（或资本的价值形态），用反映人与人在生产中的社会关系形态的统计指标，才能直接反映出所有制结构的本质关系。

二　从生产关系上把握公有制占主体地位的最低限度

用何种经济统计指标才能比较直接地或者更准确、更科学地反映所有制结构的社会关系形态，从而把握公有制在社会主义基本经济制度中的最低限度呢？笔者认为，用全国第二、第三产业中从业总人数中不同所有制经济的从业人数所占比重这种经济统计指标来表示，是可以做到的。

1. 直接反映所有制结构本质关系的经济统计指标。用全国第二、第

① 马克思：《资本论》第1卷，人民出版社1975年版，第89页。
② 马克思：《资本论》第3卷，人民出版社1975年版，第920页。

三产业总从业人数中不同所有制经济从业人数所占比重来表示，可以明白地显示出从业人员在第二、第三产业中各种所有制经济中的分布，有多少人处在国有、集体经济中，多少人处在私营、外资或个体经济中，这就可以清晰地直接显示出第二、第三产业中不同所有制结构的本质关系——社会关系结构。

这种指标的数据是可以通过经济调查弄清楚的。实际上，第二次全国经济普查主要数据公报所公布的有关数据，证明了这在经济统计实践中是可以做到的。这次公报公布了多种所有制在工业、建筑业、批发和零售业、住宿和餐饮业这四个产业部门的从业人员在本部门所占的比重：到2008年末，我国在工业企业法人单位从业人员中，国有企业及国有独资公司占9.2%，集体企业占2.9%，私营企业占44.4%，港、澳、台商投资企业占10.7%，外商投资企业占11.7%，其余类型企业占21.1%；在建筑业企业法人单位从业人员中，国有企业及国有独资公司占12.7%，集体企业占6.7%，私营企业占37.0%，其他有限责任公司占34.6%，其余类型企业占9.1%；在批发和零售业企业法人单位从业人员中，国有企业占8.3%，集体企业占4.6%，私营企业占54.1%，港、澳、台商投资企业占2.0%，外商投资企业占3.3%；在住宿和餐饮业企业法人单位从业人员中，国有企业占11.8%，集体企业占3.1%，私营企业占49.4%，港、澳、台商投资企业占5.2%，外商投资企业占7.2%。[①] 这些数据显示出，在这些产业部门中，公有制企业（国有企业和集体企业）的从业人员已明显低于非公有制经济，只分别占本产业部门从业人员的12.1%（9.2% + 2.9%）、19.4%（12.7% + 6.7）、12.9%（8.3% + 4.6）和14.9%（11.8% + 3.1）；也就是说，在这几个产业部门中，公有制企业从业人员的比重不到20%了！即使把"其他有限责任公司"、"其余类型企业"中一部分公有资本控股的就业人员所占比重算入，那也是显著低于非公有制经济的。

由于在第二次全国经济普查主要数据公报中，没有公布交通运输、仓储和邮政业和房地产等产业的企业从业人员在本产业部门所占的比重。因

① 根据国务院第二次全国经济普查领导小组办公室、国家统计局《第二次全国经济普查主要数据公报（第一、二、三号）》整理（http：//www. stats. gov. cn/tjfx/fxbg/t20091225_402610155. htm）。

此，目前还难以根据国家统计部门的权威性数据，用各种所有制从业人员在第二、第三产业中总从业人员的比重这种指标，来清晰地把握这些产业中所有制结构的本质关系。如果有关统计部门能够确立从社会关系角度理解所有制结构的新观念，应当说，弄清各种所有制的从业人员在全国第二、第三产业中各具体产业部门从业人员的比重，然后进行综合，是完全可以从社会关系这个本质上弄清全国第二、第三产业的所有制结构的。

2. 公有制占主体地位的最低限度。由于用全国第二、第三产业总从业人数中不同所有制经济的从业人数所占比重这种指标来表示，它显示的是社会结构关系，具有反映所有制结构本质关系的直接性。因此，用这种指标可以比较准确地把握公有制在社会主义基本经济制度中的最低限度。从这个观点来看，在全国第二、第三产业总从业人员人数中，只有国有经济、集体经济的从业人员所占比重不低于50%，才能说公有制经济占了主体地位。

这样一来，就不能再把公有制的企业实收资本、企业资产、国内生产总值和工业总产值所占相应总量的比重超过50%，视为公有制占主体地位了。这是因为，在不同所有制经济中，人均企业实收资本、企业资产、国内生产总值和工业总产值的数额是有区别的。国有经济生产力水平最高，反映科技水平的资本有机构成最高，在价值构成、人均产值构成上，就必定表现为国有经济的人均企业实收资本、企业资产、国内生产总值和工业总产值，会超过其他所有制经济。如果不同所有制经济的企业实收资本、企业资产、国内生产总值和工业总产值相等，那么在国有经济中的从业人员就最少；反过来说，如果在各种所有制中的从业人员相等，那么国有经济的企业实收资本、企业资产、国内生产总值和工业总产值的数额就最大。这也就意味着，如果在全国第二、第三产业中公有制经济（国有经济、集体经济）占主体地位，从业人员所占比重超过50%，那么，公有制企业的实收资本、资产、创造的国内生产总值和工业总产值占相应总额的比重，就要达到60%、70%甚至更多才行。

3. 关于从生产关系上把握公有制占主体地位的数理分析。让我们通过简单的两例数理分析来比较具体地阐释上述道理：

第一例：

假设：在全国第二、第三产业从业人员总数中国有经济、集体经济、私营经济①和外资经济的从业人员所占比重分别为：X、Y、Z、W；在全国第二、第三产业的企业实收资本总额中国有、集体、私营和外资企业实收资本所占比重分别为 K1、K2、K3、K4；国有经济的人均企业实收资本，分别大于集体、私营经济，大于或等于外资经济，也就是：K1/X > K2/Y、K1/X > K3/Z、K1/X ≥ K4/W。② 为便于计算，可以添加系数 α、β、γ，把不等式改为等式，即：K1/X = αK2/Y（分子中的 α > 1），K1/X = βK3/Z（分子中的 β > 1），K1/X = γK4/W（分子中的 γ ≥ 1）。

再假设：X、Y、Z、W，α、β、γ 为已知数据，X + Y + Z + W = 100%；

求解：K1、K2、K3、K4 各等于多少？

根据以上假设，我们可以列出四元一次方程：

$$K1/X = \alpha K2/Y \quad (\alpha > 1) \tag{1}$$

$$K1/X = \beta K3/Z \quad (\beta > 1) \tag{2}$$

$$K1/X = \gamma K4/W \quad (\gamma \geq 1) \tag{3}$$

$$K1 + K2 + K3 + K4 = 100\% \tag{4}$$

解此方程：

由式（1）（2）（3），可得：

$$K2 = K1Y/\alpha X, \quad K3 = K1Z/\beta X, \quad K4 = K1W/\gamma X \tag{5}$$

将（5）的结果代入（4）：

$$K1 + K1Y/\alpha X + K1Z/\beta X + K1W/\gamma X = 100\%，由此可得：$$

$$K1 = 100\% \alpha\beta\gamma X/(\alpha\beta\gamma X + \beta\gamma Y + \alpha\gamma Z + \alpha\beta W) \tag{6}$$

将此结果代入（5）中的各等式，可得：

$$K2 = 100\% \beta\gamma Y/(\alpha\beta\gamma X + \beta\gamma Y + \alpha\gamma Z + \alpha\beta W) \tag{7}$$

$$K3 = 100\% \alpha\gamma Z/(\alpha\beta\gamma X + \beta\gamma Y + \alpha\gamma Z + \alpha\beta W) \tag{8}$$

$$K4 = 100\% \alpha\beta W/(\alpha\beta\gamma X + \beta\gamma Y + \alpha\gamma Z + \alpha\beta W) \tag{9}$$

这样，在已知多种所有制的从业人员占全国第二、第三产业从业人员

---

① 为简略计，这里私营经济包括港、澳、台商经济。

② 这是根据目前多种所有制经济的实际和民族经济独立自主的要求来假设的。由于国有企业一般是大中型的资本密集型、技术密集型企业，有机构成一般高于私营、外资企业，因而人均企业实收资本也高于它们。虽然外资企业的有机构成有可能较高，但是，从民族经济独立自主的要求来看，有机构成特别高的外国资本，一般不宜作为直接投资大量引入，否则将会让它们在市场竞争中压倒国有企业，因此，我们将外资的人均企业实收资本假设为一般小于国有企业，最多等于国有企业。

总数的比重数额，已知国有经济的人均企业实收资本大于其他所有制经济的条件下，我们就得出了，在全国第二、第三产业企业实收资本总额中不同所有制的企业实收资本所占比重（K1、K2、K3、K4）的一般计算公式。

为了能够比较通俗地说明道理，下面我们再引入（A）（B）两种具体假设数据：

（A）假设国有经济的人均企业实收资本是私营经济的 5 倍（比如：国有企业人均实收资本为 25 万元，私营企业为 5 万元，这种假设与实际情况大体一致），为简化，我们假设集体经济、私营经济和外资经济的企业人均实收资本相等，即：$\alpha = \beta = \gamma = 5$；并假设公有制经济从业人员占全国第二、第三产业从业人员总数的比重为 51%，其中的国有经济占 31%，集体经济占 20%；非公有制经济占比为 49%，其中私营经济占 37%，外资经济占 12%；即 X = 31%，Y = 20%，Z = 37%，W = 12%；将这些数据分别代入（6）、（7）、（8）、（9），通过计算，可以得到：K1 = 69.2%，K2 = 8.9%，K1 + K2 = 78.1%；K3 = 16.52%，K4 = 5.36%，K3 + K4 = 21.9%；公有制经济的企业实收资本占全国第二、第三产业的企业实收资本总额的比重为 78.1%，非公有制经济的占比为 21.9%。

这说明，在国有经济的人均企业实收资本高于其他经济成分，集体经济的企业人均实收资本与非公有制经济相同的条件下，如果要从生产关系的本质意义说公有制占主体地位，也就是公有制经济（国有经济和集体经济）的企业从业人员占全国第二、第三产业从业人员总数的比重，要达到 51% 这样的起码多数；那么，公有制经济的企业实收资本在全国第二、第三产业所占比重就必须达到 78.1%。

（B）假设国有经济的人均企业实收资本与外资经济相等，是集体、私营经济的 5 倍，而集体、私营经济的人均企业实收资本相等，即：$\gamma = 1$，$\alpha = \beta = 5$，其他假设不变，即：X = 31%，Y = 20%，Z = 37%，W = 12%；那么，将这些数据代入（6）、（7）、（8）、（9），不难算出：K1 = 56.99%，K2 = 7.9%，K1 + K2 = 64.34%；K3 = 13.6%，K4 = 22.06%，K3 + K4 = 35.66%。

这说明，在这种具体假设数据条件下，如果从生产关系的本质上说公有制占主体地位（也就是公有制经济的企业从业人员占全国第二、第三产业企业从业人员总数的比重要达到 51%），那么公有制经济的企业实收资本占全国第二、第三产业企业实收资本的比重，就要达到 64.34%。我们看到，在假设（B）具体数据条件下，公有制企业实收资本占全国第二、第三产业企业实收资本的比重，从假设（A）的 78.1% 下降到 64.34%，这是因为，假设外资经济的人均企业实收资本量与国有经济相同，而在外资企业中工作的劳动者占全国第二、第三产业总劳动者人数的比重不变，那就意味着外资的企业实收资本量占全国第二、第三产业总资本量的比重比原先增加了，所以，私营经济和外资经济的占比就增加了。

上述第一例数理分析，是在假定已知不同所有制从业人员比重等条件下，推算出不同所有制企业实收资本的比重。反过来，也可以在假定已知不同所有制实收资本比重的条件下，推算出不同所有制从业人员的比重。推算如下：

第二例：

在第一例有关假设下，反过来假设：

K_1、K_2、K_3、K_4，α、β、γ 为已知数据，$K_1 + K_2 + K_3 + K_4 = 100\%$；

求解：X、Y、Z、W 各等于多少？

根据改变的假设条件，可以列出四元一次方程：

$$K_1/X = \alpha K_2/Y \quad (\alpha > 1) \qquad (1)$$

$$K_1/X = \beta K_3/Z \quad (\beta > 1) \qquad (2)$$

$$K_1/X = \gamma K_4/W \quad (\gamma \geqslant 1) \qquad (3)$$

$$X + Y + Z + W = 100\% \qquad (4)$$

解此方程：

由式（1）（2）（3），可得：

$$Y = \alpha K_2 X/K_1,\ Z = \beta K_3 X/K_1,\ W = \gamma K_4 X/K_1 \qquad (5)$$

将（5）的结果代入（4）：

$X + \alpha K_2 X/K_1 + \beta K_3 X/K_1 + \gamma K_4 X/K_1 = 100\%$，由此可得：

$$X = 100\%\ K_1/(K_1 + \alpha K_2 + \beta K_3 + \gamma K_4) \qquad (6)$$

将此结果分别代入（5）中的各等式，可得：

$$Y = 100\%\ \alpha K_2/(K_1 + \alpha K_2 + \beta K_3 + \gamma K_4) \qquad (7)$$

$$Z = 100\%\ \beta K_3/(K_1 + \alpha K_2 + \beta K_3 + \gamma K_4) \qquad (8)$$

$$W = 100\%\ \gamma K_4/(K_1 + \alpha K_2 + \beta K_3 + \gamma K_4) \qquad (9)$$

现在引入（A）（B）两种具体假设数据：

（A）假设国有企业人均实收资本是集体经济企业的 5 倍，集体经济、私营经济和外资经济的企业人均实收资本相等，即 $\alpha = \beta = \gamma = 5$；并假设公有制企业实收资本占全国第二、第三产业企业实收资本的比重为 51%，其中国有经济占 30%，集体经济占 21%；非公有制企业占比为 49%，其中私营经济占 35%，外资经济占 14%；即：即 $K_1 = 30\%$，$K_2 = 21\%$，$K_3 = 35\%$，$K_4 = 14\%$；将这些数据分别代入（6）、（7）、（8）、（9），通过计算，可以得到：$X = 7.9\%$，$Y = 27.63\%$，$Z = 46.06\%$，$W = 18.43\%$。这样，公有制企业从业人员占全国第二、第三产业企业的从业人员总数的比重为：$X + Y = 7.9\% + 27.63\% = 35.53\%$；非公有制企业从业人员占全国第二、第三产业企业的从业人员总数的比重为：$Z + W = 46.06\% + 18.43\% = 64.49\%$。

这说明，在国有经济的人均企业实收资本高于其他经济成分，集体经济的企业人均实收资本与非公有制经济相同的条件下，即使公有制企业实收资本占全国第二、第三产业企业实收资本的比重达到 51%，在假设具体数据下，公有制经济的企业从业人员占全国第二、第三产业从业人员总数的比重也不过是 35.53%，这些产业中的大多数劳动者，仍然在私有制经济中工作，这在生产关系的含义上，就不能说是公有制占主体地位。

（B）假设国有经济的人均企业实收资本与外资经济相等，是集体、私营经济的 5 倍，而集体、私营经济的人均企业实收资本相等，即：$\gamma = 1$，$\alpha = \beta = 5$，其他假设不变，即：$K_1 = 30\%$，$K_2 = 21\%$，$K_3 = 35\%$，$K_4 = 14\%$，那么，将这些数据代入（6）、（7）、（8）、（9），不难算出：$X = 9.26\%$，$Y = 32.41\%$，$Z = 54.01\%$，$W = 4.32\%$。在这样的具体假设数据下，公有制经济和私有制经济（私营、外资经济）的企业中从业人员占全国第二、第三产业从业人员总数的比重，分别为 41.67%（9.26% + 32.41%）和 58.33%（54.01% + 4.32%），仍然是全社会的大多数劳动者（58.33%）在私有制经济中工作。

可见，只要国有经济的人均企业实收资本高于其他经济成分（平均而言）的，那么，即使公有制企业实收资本占全国第二、第三产业企业实收资本的比重达到 51%，仍然不能说公有制经济占主体地位。

毫无疑问，如果一个社会有 50% 以上的劳动者都在属于社会主义生产关系的企业或事业单位就业，那就说明这个社会的多数劳动者处于共同占有生产资料、享受按劳分配的平等经济地位，在生产、工作中处于有民主管理权的主人翁地位，这个社会具有对抗性的私有制的劳资矛盾就会降到次要地位，社会的和谐就有了真正的经济基础。反之，如果一个社会超过50%的劳动者在非公有制经济中工作，那么，具有对抗性的私有制的劳资矛盾就会在社会的生产关系中上升到主要地位，社会就不可能形成和谐的状态。

因此，用资本一般的本质不是物，而是生产关系这样的唯物史观科学观点，来分析目前中国的所有制结构，那么，如果在第二、第三产业中公有制经济的从业人员占这些产业的从业人员的总数比重低于50%这个最低限度，那公有制在这些产业中就不占主体地位了，就不能不重视振兴公有制经济了！如果还不到20%或30%，那问题就极为严重了。

三　公有制在第二、三产业中占主体地位具有决定性意义

细心的读者可能会提出，反映公有制经济占主体地位的统计指标，应当涵盖全社会的所有经济部门，然而本章使用的企业实收资本、企业资产和工业总产值这些指标数据，都属于第二、第三产业[①]，都没有包括涵盖农业的第一产业；而中国农村普遍实行土地集体所有制，它属于公有制形式，2011年末，乡村人口占全国大陆总人口的48.7%[②]，因此，即使第二、第三产业公有制从业人员比重不到50%，如果把农村人口算进去，那么就全国而言，公有制人口所占比重绝对会超过50%，还能说公有制主体地位受到严重削弱吗？这个问题需要认真回答。

初看起来，用不同所有制的从业人员占涵盖全社会三大产业的总从业

---

① 目前国家统计局关于三次产业划分的解释是："第一产业是指农、林、牧、渔业。第二产业是指采矿业，制造业，电力、燃气及水的生产和供应业，建筑业。第三产业是指除第一、二产业以外的其他行业，具体包括：交通运输、仓储和邮政业，信息传输、计算机服务和软件业，批发和零售业，住宿和餐饮业，金融业，房地产业，租赁和商务服务业，科学研究、技术服务和地质勘查业，水利、环境和公共设施管理业，居民服务和其他服务业，教育，卫生、社会保障和社会福利业，文化、体育和娱乐业，公共管理和社会组织，国际组织。"（国务院第二次全国经济普查领导小组办公室、国家统计局：《第二次全国经济普查主要数据公报（第一号）》注释[1]，http：//www. stats. gov. cn/tjfx/fxbg/t20091225_ 402610155. htm）。

② 引自《中华人民共和国2011年国民经济和社会发展统计公报》"表15：2011年年末人口数及其构成"（http：//www. stats. gov. cn/tjgb/ndtjgb/qgndtjgb/t20120222_ 402786440. htm）。

人员人数的比重来表现所有制结构，这似乎是全面的，其实不然。我们不能撇开历史形成的城乡经济、工商业经济与农业经济、第一、二产业与第三产业之间的矛盾关系，来孤立地理解公有制占主体地位；更不能无视公私经济之间的矛盾、单纯从人数上看公有制的主体地位。应当深刻地认识，公有制在社会主义基本经济制度中占主体地位，是在这些复杂的经济矛盾中建立的，公有制经济在这种矛盾中要能够稳固地处于主动的、起控制、导向作用的地位，以国有经济为核心的公有制经济就必须在第二、三产业中，在质上（有机构成）显著高于私有制经济，在量上（从业人员人数）必须显著多于私有制。人类社会的经济形态演进到近现代阶段，从生产力的角度看，国民经济一般都形成如下的矛盾关系格局。

——城市经济统领农村经济。近代以前的经济是自然经济，那时的手工业附属于农业，城市中的集市是与流通范围十分狭小的城乡小商品生产相联系的。在具有社会性分工的工场手工业出现在城市后，它与商品经济的结合，产生了机器工业，这推动了商品生产社会化，发展了商品流通，促使市场社会分工制度的产生；在政治文化信息交流传统、地理位置利于某些地点成为交通枢纽和物质集散地等因素的综合作用下，这就使这些地点成为广大农村环绕的、作为商品生产、流通和金融中心的近现代城市，并形成现代城市经济。城市市场引导社会生产、城市社会化生产效率显著高于传统手工业和农业，这使农村经济不能不服从城市经济的统领。

——工商业主导农业。在自然经济条件下，家庭手工业是农业的副业，受家庭成员人力、农闲时间的限制；而农业生产力又受手工工具和畜力限制；独立的手工业受生产者人手操作的限制，传统手艺具有保守性（例如有些"绝招"是秘不外传的），因此手工业经济可以帮助农业生产，但是不可能主导农业经济。在机器大工业产生之后，直接接触劳动对象的生产工具安装在机械上，不再受人手的限制；不断进步的科学技术合并到生产资料和生产动力机构中，机器体系的社会化分工，为农业改进并提供了崭新的机械化、自动化工具；工业进步产生的化肥、水利电力设施、交通运输和新型农业技术设备，极大提高了农业劳动生产率，这使农业尤其是社会化、信息化、产业化、集约化的现代农业，它不能不依赖于工商业的进步和主导。

——第二、第三产业主导第一产业。第一、第二、第三产业的概念首先由西方经济学家提出，这种划分是按照近现代国民经济中各种产业先后产生的历史顺序来划分的。中国国家统计局借鉴了这组概念，做出了新的明确解释①，并运用于实际统计。用第一、第二、第三产业的概念来理解，就是第二、第三产业主导以农业为主要部门的第一产业，这比上述工商业主导农业的涉及面更宽。特别是现代国民经济中金融、信息传输、交通运输、计算机服务和软件业、房地产业、仓储和邮政业等，虽然产生于一般工商业的基础上，但是这些部门大多是新兴产业部门，在国民经济运行中，处于领先地位，所以，只看工商业领域中的所有制结构就显得狭小了，统一看第二、第三产业的所有制结构，就更为全面。

由这样的矛盾关系格局可以明白，公有制要能真正在国民经济中占主体地位，就必须在第二、第三产业中占主体地位。如果在第二、第三产业中让私有制占了主体地位，那么，即使农村实行土地集体所有制，也迟早要被城市第二、第三产业的私有制所控制，乃至瓦解。因此，用公有制在第二、第三产业中的从业人员超过这些产业中总从业人员的50%，是可以用来衡量全社会公有制是否占主体地位的最低限度的。这同时告诉我们，调整所有制结构，最重要的是振兴第二、第三产业中的以国有经济为核心的公有制经济，至少要使公有制经济的从业人员在第二、第三产业中占总从业人员的比重超过50%。

四　发挥统计指标反映所有制结构的"指示器"作用

关于所有制结构的科学统计指标，特别是其中关于公有制占主体地位的最低限度的科学统计指标，对于判断社会主义基本经济制度的稳固和变化状态，对于调节国民经济的宏观运行，对于促进社会的安定团结，具有"晴雨表"、"温度计"的指示作用。毛泽东曾深刻地指出，"对情况和问题一定要注意到它们的数量方面，要有基本的数量的分析。任何质量都表现为一定的数量，没有数量也就没有质量。我们有许多同志至今不懂得注意事物的数量方面，不懂得注意基本的统计、主要的百分比，不懂得注意决定事物质量的数量界限，一切都是胸中无'数'，结果就不能不犯错

---

① 例如，西方经济学把矿业作为第一产业，国家统计局把矿业列为第二产业，这是依据马克思主义经济学做出的正确改进。

误"①。因此，以上研究什么是科学的公有制占主体地位最低限度的统计指标，这具有重要应用价值。

根据唯物史观，生产资料所有制是社会的基础，对社会政治、文化等各层面关系起决定性作用，因此，在实践中发挥关于所有制结构的统计指标的作用，就具有不可低估的关系全局的重大意义。为此，建议政府统计部门在马克思主义经济学指导下，进一步完善所有制结构统计指标和公开发布制度：

——完善不同所有制经济在第二、第三产业中从业人员及其所占比重的统计指标。在2005年开始每五年一次的两次全国经济普查中，在这方面已经做了一些有效的工作。第二次全国经济普查公布了不同所有制在工业、建筑业、批发和零售业、住宿和餐饮业这四个产业部门的从业人员数据及其在本部门所占的比重。但是，没有公布不同所有制在第二、第三产业其他部门的从业人员及其所占比重的状况，因此，还需要补充、完善。应当在经济全面普查的基础上，形成全面的分析，列表进行明确公布。

——完善不同所有制在第二、第三产业的企业实收资本、企业资产数额及其所占比重的统计指标。关键是，要把不同所有制的投资者在法人企业中的实收资本和企业资产分开统计，并分清法人企业（有限责任公司、股份有限公私）是国有资本、集体资本控股，还是私人资本控股。有了这些数据，才能比较科学地分析所有制结构在企业实收资本、企业资产这些方面的表现形态。

——定期公布清晰的所有制结构数据。在通常的情况下，所有制结构的数据不但没有必要保密，而且应当定期公布。这不仅可以使各级领导胸中有"数"，而且有利于广大人民群众根据宪法，对各级领导维护社会主义基本经济制度这项关系全局的工作状况，进行民主监督。目前全国经济普查公布的统计数据，尚缺乏关于所有制结构的清晰的反映；不难发现，每年都公布的国家"国民经济和社会发展统计公报"，也缺乏所有制结构状况的主要数据，这是不能体现宪法对统计工作的要求的，显然是尽快改进和完善的。

综上所述，根据对已有统计指标的政治经济学分析，公有制主体地位已经明显削弱。当务之急，就是要抓紧时间，采取坚决措施，促使公有

---

① 《毛泽东选集》第4卷，人民出版社1991年版，第1442页。

在所有制结构中达到其主体地位要求的最低限度——使公有制在第二、第三产业的从业人员所占比重不低于50%。调整所有制结构的基本方法是，以新中国宪法为依据，从目前现状出发，一方面要通过健全公有制经济的管理机构、用财政手段和金融手段支持发展新的公有制企业、把现有非公有制控股的法人企业转为国有资本控股的法人企业等方式，理直气壮提高国有、集体经济在所有制结构中的比重；另一方面要坚决制止私人、外资进入国民经济的关键部门，控制私营、外资经济的过度发展，并支持经营困难的私营企业公有化。最重要的是，各级领导干部尤其是高层干部的思想首先要从公有制与市场经济对立的观念中解放出来，形成在市场经济条件下振兴和壮大公有制经济的坚定信念。

参考文献

[1] 马克思：《资本论》第1卷、第3卷，人民出版社1975年版。

[2]《马克思恩格斯选集》第1卷，人民出版社1995年版。

[3]《毛泽东选集》第4卷，人民出版社1991年版。

[4]《中华人民共和国宪法》（2004年3月14日修正文本），全国人大常委会办公厅：《中华人民共和国全国人民代表大会常务委员会公报》2004年3月15日特刊。

[5] 李长征：《关于正确认识解决改革开放和经济社会发展中若干重大理论、实践问题的建议》，海疆在线网站（http://www.haijiangzx.com/html/2011 – 06 – 29/page_ 1147. html）。

[6] 宗寒：《国企在巩固社会主义生产关系中的主体作用》，《国企》2012年第2期。

[7] 程恩富、侯为民：《准确认识社会主义初级阶段基本经济制度》，《光明日报》2011年9月28日。

[8] 程恩富、何干强：《坚持公有制为主体、多种所有制经济共同发展的基本经济制度》，《光明日报》2009年4月5日。

[9] 李成瑞：《大变化——我国当前社会经济结构变化情况及其复杂性分析》，中国展望出版社2007年版。

[10] 赵华荃：《坚持公有制为主体之我见》，《马克思主义研究》2006年第11期。

[11] 何干强：《维护社会主义基本经济制度的若干观点》，《海派经济学》第32辑，上海财经大学出版社2010年版。

[12] 马建堂：《第二次全国经济普查任务基本完成 普查取得重要成果》，2009年12月25日（http://www.stats.gov.cn/tjdt/gjtjjdt/t20091225_ 402610100. htm）。

［13］国务院第一次全国经济普查领导小组办公室、国家统计局：《第一次全国经济普查主要数据公报》（http：//www. stats. gov. cn/zgjjpc/cgfb/t20051206_ 402294807. htm）。

［14］国务院第二次全国经济普查领导小组办公室、国家统计局：《第二次全国经济普查主要数据公报》（http：//www. stats. gov. cn/tjfx/fxbg/t20091225_ 402610155. htm）。

［15］国家统计局：《中华人民共和国 2011 年国民经济和社会发展统计公报》（http：//www. stats. gov. cn/tjgb/ndtjgb/qgndtjgb/t20120222_ 402786440. htm）。

关于马克思政治经济学研究对象和研究方法的新思考

颜鹏飞*

新中国成立以来，比较流行的观点，是根源于斯大林经济学模式的，把政治经济学研究对象仅定位于单一的生产关系及其三分法。这是对马克思研究对象总体观的倒退。改革开放以来，生产力（熊映梧，1978）、生产方式（马家驹，1981）、"生产力—生产方式—生产关系"（吴易风，1997），以及"生产关系总体"（胡钧，2011），先后被列为政治经济学的研究对象而引起学界的讨论和争鸣。总的来看，其发展趋势是越来越逼近马克思的研究对象总体论。本文从剖析亚当·斯密的研究对象理论入手，立足于马克思的总体方法论，结合中国国情，阐述马克思的研究对象总体论，即生产力—中介范畴—与生产关系，或者生产力（永恒因素/领先因素）—中介范畴—生产关系（原生态生产关系/次生态生产关系）。

一　如何评价亚当·斯密的研究对象理论？

亚当·斯密以一国经济发展或者"国民财富"增长为研究的总题目，以"富国裕民"为研究的总目标，以"看得见的手"和"看得见的手"为内在运行机制的第一人。他既是古典政治经济学体系——其中包括发展经济学体系的创始人，也是把发展视为政治经济学的研究对象

* 颜鹏飞，武汉大学经济思想史研究所所长，博士生导师，中央马克思主义理论研究和建设工程《西方经济学》重点教材首席专家。兼任中华外国经济学说研究会副会长，全国马克思主义经济学史研究会副会长。

的创始者。如何看待亚当·斯密的研究对象理论？其启迪意义和借鉴价值在于：

其一，亚当·斯密在《国富论》（全称是《国民财富的性质和原因的研究》）所要讨论的就是国民财富的性质、原因、增长的途径，以及富国裕民的政策，实际上倡导一种适用于研究过程的、基于经济现象层次的研究对象观。

亚当·斯密在第一、第二篇中，首先论述了人类交换倾向所引起的分工，其对于提高劳动者的熟练程度和劳动生产力，对于财富的增长，具有重大作用。然后，论述财富如何按照符合自然秩序的要求在各阶级之间进行分配。最后，亚当·斯密强调了资本对提高劳动生产率和增长国民财富的重要意义，论述了资本的性质、构成、资本积累和再生产、资本用途以及生产性劳动等理论问题。这两篇论证了政治经济学的基本原理，揭示了由一系列经济概念和范畴组成的逻辑体系：交换（交换倾向）—分工—货币—商品（交换价值）—价值构成及其分配（工资、利润、地租）—资本。接下去的两篇是对经济史和经济学说的历史考察，论述经济政策对国民财富增长的意义和作用，阐述了各国财富及经济发展的不同方式和道路，着重批判重农主义特别是重商主义的理论体系和政策主张，强调应建立自由放任、自由竞争和自由贸易的资本主义生产方式。第五篇则是以自然秩序为基础，论证国家经济活动的范围和财政收支的规模，及其对于国民财富增长和一国经济发展的影响。

总之，斯密在《国富论》中对影响国民财富增长的因素，或者说，对影响资本主义商品生产发展的因素，进行了多方面的分析，并以此为中心，在经济学说史上第一个创立了一个范围广泛的比较完整的古典政治经济学，或者说广义的发展经济学的理论体系。可见，这种基于经济现象层次的研究对象观在研究过程中，是不可或缺的。

其二，以社会经济发展为研究对象，是政治经济学题中应有之义。万物皆流，无物长驻。人类发展是时代永恒的主题。这是涉及什么叫发展（what），怎样发展（how），为谁发展（for），依靠谁发展（by），由谁来享受发展成果（of）的重大问题。

发展也是目前在经济生活、社会生活和政治生活中，使用频率最高的词汇。最为引人注目的是，邓小平同志的"发展是硬道理"，胡锦涛同志的"科学发展",以及温家宝同志的"有质量的增长"①。

关于发展问题的阐述和论战,在经济思想史上,从来没有停止过,答案纷呈,而中国现阶段的争论主要集中在:1. 怎样看待发展和公平的关系?怎样看待"先增长后分配"的口号?2. "做大蛋糕"、"做好蛋糕"与"分好蛋糕"之争;3. 是强调总体增长和人均收入的增长理论,还是强调从"总体增长"转变成"益贫式增长"和"包容性增长"?4. 怎样看待"高速度低质量增长"或"可继续有质量的发展"?5,怎样区分科学发展与非科学发展、经济发展与经济增长、经济发展与社会发展?②

其三,应该区分两种层次的研究对象,即经济现象层次研究对象(一国经济发展或者财富增长)和本质层次的研究对象(是什么决定经济发展的总趋势)。前者一般适用于研究过程,后者一般适用于叙述过程。同时,应从经济现象层次研究对象入手,转向本质层次的研究对象。所以,就总过程(研究过程与叙述过程的总和)而言,不但要区分这两种研究对象,并且两者是相辅相成,不可或缺的,并且融合成为一个研究对象总体。

亚当·斯密在实际上,不自觉地对这两者做了区分。一方面基于经济现象层次的研究对象观,把发展亦即财富的增长作为研究对象,探讨了一国经济发展财富增长的性质、原因以及财富增长的途径和政策,其中包括劳动分工和资本的积累和投资的方式;另一方面,他也没有忽视基于本质层次的研

---

① 温家宝在2012年第五届夏季达沃斯论坛上,提出了"有质量的增长"这一概念,抓住了中国发展的症结:1. 有质量的增长应该是全面、协调、可持续的增长。对于中国来说,就是要着力解决地区发展不平衡、城乡发展不平衡的问题,并且使经济与社会协调发展。2. 有质量的增长应该是有科技支撑和科技含量的增长。这就必须进一步推进科技体制改革,使企业真正成为研发和创新的主体。3. 有质量的增长应该是低碳、绿色和环保的增长。我们要采取更坚决有力的措施,实现"十二五"提出的降低二氧化碳排放强度的目标,同时实现其他各项环保目标,减轻人口、资源、环境对经济发展的压力。4. 有质量的增长应该是惠及民生的增长。也就是说增长的结果应该为绝大多数人民所共享,我们所追求的不但是经济增长,而是人的全面发展和社会全面进步。5. 有质量的增长应当是有一定的发展速度、有比较低的通货膨胀率、可持续的增长。

② 非科学发展("增长中的贫困"、"增长中的烦恼"、"不带来好运的发展"、"发展陷阱")的特征就是(1)jobless,(2)ruthless,(3)voiceless,(4)rootless,(5)futureless,(6)independenceless,(7)Controlless,而科学发展着力实现创新型发展、协调型发展、绿色型发展、公平与和谐型发展和非依附型发展,解决what、how、for、by、of五大问题,着重处理如何"做大蛋糕"、"分好蛋糕"和"做好蛋糕"这三者之间重在"结合"和兼顾的辩证关系,其一,"做大蛋糕"至关重要,这是发展的本质(what)之所在。否则,食之者众,生之者寡,用之者疾,为之者舒,社会经济就会滑坡乃至塌陷。其二,"分好蛋糕"是涉及关于由谁来享受发展成果(of)的重大问题,需要花大力气正确处理好"先富"与"公富"的关系。其三,"做好蛋糕"就是怎样发展(how)。应该强调指出,质量是最具普遍性的创新驱动要素,是驱动经济发展的一个普适的要素。如果说,20世纪是生产率的世纪,而21世纪是质量的世纪(朱兰语)。应该摈弃粗放式的低质量增长,追求可持续"有质量的"发展。

究对象，其使命，"只是表明在资本主义生产关系下如何获得财富，只是将这些关系表述为范畴、规律并证明这些规律、范畴比封建社会的规律和范畴更有利于财富的生产"。① 斯密认为，这些经济范畴是自发而自然地产生的，是符合人类利己主义本性之自然秩序（自然规律）的表现。

　　但是，就总体而言，他混淆了这两种研究对象。亚当·斯密在社会观上的矛盾，反映在研究政治经济学的二元的方法论上。一种研究方法是内在观察法，即科学抽象法，它探索各种经济范畴的历史的或逻辑的内在联系，即资本主义经济制度的隐蔽结构；另一种研究方法是外在观察法，它是把生活过程中人工外部表现出来的东西，按照它的表现形式加以描写、分类、叙述并归入简单概括的概念规定之中。这种描述的方法和分析的方法之交错，一定程度上存在于古典政治经济学所有代表者的理论中。但是，在亚当·斯密那里，这种情况表现得最为明显。这是因为，对于政治经济学体系的创立者来说，亚当·斯密肩负着双重的任务：一方面，他试图深入研究资本主义社会的内部生理学；另一方面，他试图既要部分地第一次描写这个社会外部表现出来的生活形式，描述它外部表现出来的联系，又要部分地为这些现象寻找术语和相应的理性概念，也就是说，部分地第一次在语言和思维过程中把它们再现出来。这两个任务，亚当·斯密同样感兴趣，而且又是各自独立进行的，因而研究方法的两重性几乎贯穿于亚当·斯密的全部理论分析中，从而使他不仅在个别经济学原理问题上，而且在经济理论的整体上，都得出了亚当·斯密自己并未察觉的彼此矛盾的理论结论。亚当·斯密理论的矛盾，对于西方经济学以后的发展产生了深远的影响。他的学说，例如研究对象理论成了截然相反的各种观点的源泉和出发点。

二　马克思的总体方法论："思想总体"再现"具体总体"、　主观辩证法再现客观辩证法

　　马克思很重视"总体"这一范畴：诸如"生产总体"、"具体总体"、"思想总体"、"总体工人"②。马克思从"生产总体"出发，区分了作为

①　《马克思恩格斯选集》第1卷，人民出版社1995年版，第154页。
②　《马克思恩格斯全集》第23卷，人民出版社1972年版，第556页。

客体的"具体总体"即客观存在的社会形态，以及再现于人的思维之中的、作为主体的"思想总体"对"具体总体"的再现，是通过一系列经济概念、范畴、规律、理论的建构，是一个具有诸多规定和关系的丰富的逻辑体系总体。"生产总体"、"具体总体"也被称之为客观辩证法，"思想总体"有时也被称之为主观辩证法或概念的辩证法。

卢森堡、卢卡奇等人推崇"总体性"、"总体范畴"及其"至高无上性"原则，在他们看来，总体范畴是辩证法的支柱，"总体范畴，整体对各个部分的全面的、决定性的统治地位，是马克思取自黑格尔并独创性地改造成为一门全新科学的基础的方法的本质"①。

"思想总体"如何再现"具体总体"、主观辩证法如何再现客观辩证法？

一方面，马克思提出社会有机总体发展观，揭示了"具体总体"的"整体的联系"和发展规律。马克思的社会机体总体论，就是力图使"思想总体"再现"具体总体"的经典：

"新的生产力和生产关系不是从无中发展起来的，也不是从空中，又不是从自己产生自己的那种观念的母胎中发展起来的……而它向总体的发展过程就在于：使社会的一切要素从属于自己，或者把自己还缺乏的器官从社会中创造出来。有机体制在历史上就是这样向总体发展的。它变成这种总体是它的过程即它的发展的一个要素"②，进而把这一总体的内在联系和"总体性"原则概括成为"社会的物质生产力"与"现存生产关系或财产关系（这只是生产关系的法律用语）"的矛盾，以及经济基础与上层建筑的矛盾。③ 而这种推动总体的原动力是包括经济因素在内的关于社会或历史发展的合力（恩格斯，1890）。

另一方面，马克思推出了政治经济学逻辑体系总体构筑方法。《政治经济学批判》六册结构、《资本论》四卷结构及其蕴藏的"大写的逻辑"正是马克思逻辑体系总体构筑方法演绎的产物。这一方法是"总体"方法论的具体化，是"思想总体"再现"生产总体"和"具体总体"，并从总的联系和内在矛盾中逻辑地再现社会经济形态总体的一门学问，一言

---

① 卢卡奇：《历史与阶级意识》，商务印书馆1992年版，第76页。
② 《马克思恩格斯全集》第46卷上册，人民出版社1979年版，第235—236页。
③ 《马克思恩格斯选集》第2卷，人民出版社1972年版，第32—33页。

以蔽之，就是构建"生产力（生产资料）的概念和生产关系的概念的辩证法"运动的逻辑体系，这也是政治经济学的研究对象和任务①。同时，也验证了一句名言："真理只有作为体系才是现实的。"② 同时也相应规定了政治经济学的研究对象和任务。

关于"生产力（生产资料）的概念和生产关系的概念的辩证法"的论断，出自被马克思评价为"为重要的社会关系观做了第一次科学表述"的《政治经济学批判大纲》（1857—1858 经济学手稿）中"导论"篇的"经济学提纲"（8 条），其理论意义和学术价值不亚于马克思的 1845 年的《关于费尔巴哈的提纲》（11 条）。这两个天才的提纲的差别仅仅在于后者彰显了马克思哲学革命的原创性成果，而前者揭示了马克思政治经济学方法论及其逻辑体系构筑学说的精髓。

这是马克思第三大研究成果和理论贡献："这个方法的制定，在我们看来是一个其意义不亚于唯物主义基本观点的成果。"③ 列宁赞成马克思这样一种说法，即作为"大写的逻辑"的《资本论》是"把辩证方法应用于政治经济学的第一次尝试"。他并在"辩证方法"一语下加了两条横线以示重要④。

马克思经济学逻辑体系构筑学说，其主要的规定性还有：

（1）结构的规定性和层次性。它包括政治经济学研究对象本身的结构，思想总体层次上的结构以及外在化的结构。

（2）经济学范畴转化或移植的三大规律。一是范畴转化的动力来自范畴自身内在的矛盾而不能借助于后继范畴；二是转化路径是范畴中介管道；三是具备"物质内容"和"社会形式"二重性的范畴，在不同社会经济形态之间的移植规律。

（3）矛盾分析贯穿于逻辑运动的全过程。马克思批判了形而上学的"排斥'矛盾'的逻辑"观。

（4）经济学元范畴（逻辑起点）、中心范畴、中介范畴的选择原则和方法。

（5）抽象法、"内在观察法"，以及从抽象呈螺旋式上升到具体的

① 《马克思恩格斯全集》第 46 卷上册，人民出版社 1979 年版，第 47 页。
② 黑格尔：《精神现象学》上卷，商务印书馆 1979 年版，第 15 页。
③ 《马克思恩格斯选集》第 2 卷，人民出版社 1972 年版。
④ 《列宁全集》第 58 卷，人民出版社 1990 年版，第 450 页。

方法。

（6）主体和客体、历史和逻辑、客观辩证法和主观辩证法，以及具体总体和思想总体相一致的方法等①。

三 马克思的总体方法论

不能割裂事物发展的三大运动形式即对立性、统一性和中介性，尤其不能忽视中介范畴、中介环节和中介运动。

如何构建生产力和生产关系的辩证法运动的逻辑体系？

政治经济学逻辑体系总体的生成和演绎依赖生产力和生产关系的概念辩证法的运动。它作为一种"思想总体"要素的诸种范畴的自我运动，实质上是一系列中介范畴、中间环节之间的中介运动。马克思早在《巴黎笔记》（1843—1845）中提出关于范畴转换的"中介活动"、"中介运动"、"中介环节"、"中介过程"理论，并且把货币范畴视为人的"异己的中介"；以后，在《资本论》手稿中，又揭示了"总体的各个环节"的"同一"和"差别"问题，以及范畴运动的"同时性"、"相继性"亦即"关联性"，并且批评了李嘉图舍弃中介范畴的"过度抽象"的逻辑错误，即跳过从价值到生产价格之间的许多重要的中介环节和演变过程，把价值直接等同于生产价格，从而引发古典经济学劳动价值理论体系相继倒塌的多米诺骨牌效应。由此可见，政治经济学逻辑体系中的中介，是逻辑演绎和体系构建的"枢纽点"、逻辑中项，也是范畴上升或转化的条件和过渡及转换环节（例如货币是商品转化为资本的中介范畴）。毋庸置疑，这是政治经济学逻辑体系总体构筑方法的重要一环，把握一切"中介"才能真正地认识事物，这是逻辑演绎和体系总体构建的重中之重。正是在这个意义上，恩格斯把中介理论上升到辩证法思维方法的高度："一切差异都在中间阶段融合，一切对立都经过中间环节而互相过渡。"②

中介理论是总体方法论不可或缺的基础性理论。因为辩证法运动和逻辑体系总体运动实际上是一种无求助于外力的凸显自我扬弃、自我否定、

---

① 详见颜鹏飞《中国社会经济形态大变革：基于马克思恩格斯的新发展观》，经济科学出版社 2009 年版，序言；何干强：《用唯物史观促进中国的科学发展——评〈中国社会经济形态大变革：基于马克思和恩格斯的新发展观〉》，《政治经济学评论》2012 年第 3 期。

② 《马克思恩格斯全集》第 20 卷，人民出版社 1979 年版，第 554—555 页。

自我发展的内源性矛盾运动,具有对立性、统一性和中介性。一切差异都在中间阶段融合,一切对立都经过亦此亦彼的中间环节或中介范畴而互相过渡、转换或移植;倘非如此,仅仅关注矛盾的对立或统一这两极,事物的矛盾运动就会陷入非此即彼的两极对立和两元对立,就不能完整地认识社会经济形态总体的现实运动和逻辑体系总体运动的全过程。总之,应该注重中介范畴、中介环节和中介运动,而不能把对立运动、统一运动绝对化。

我国哲学界和经济学界步苏联思想界之后辙,在很长一段时间鲜有人涉足中介研究领域。但近些年来,这一领域的研究已呈现风起云涌之势。

四　研究对象总体

生产力(永恒因素/领先因素)—中介范畴—生产关系(原生态生产关系/次生态生产关系)。

如前所述,马克思的总体方法论的特征是"思想总体"再现"具体总体",主观辩证法再现客观辩证法,由此形成构建政治经济学逻辑体系总体构筑方法;生产力与生产关系辩证法运动就是一种具有对立性、统一性和中介性的、无求助于外力的凸显自我扬弃、自我否定、自我发展的内源性矛盾运动;生产关系是不可能直接与生产力发生作用的,它必须通过一系列中介范畴、中介环节和中介运动,才能与现实生产力相结合。研究对象总体亦即生产力—中介范畴—生产关系,正在矗立在马克思的这一总体方法论基础之上。

这一研究对象总体的两端也不是不能打开的黑匣子:生产力诸因素可以区分为"生产力的永恒因素"(自然条件、社会条件、活劳动、生产资料等)以及领先因素或主导因素(科学、管理、信息等);生产关系诸因素可以区分为原生态生产关系,以及"派生的、转移来的、非原生的生产关系"、"第二级的和第三级的东西"①。上述领先的或主导的生产力因素和非原生的生产关系是与中介范畴息息相关的最活跃的成分,甚至其自身已经具有中介范畴的品性。

---

① 《马克思恩格斯全集》第46卷(上),人民出版社1979年版,第47页。

经济史、经济思想史的历史进程表明：生产方式、交换方式、发展方式、经济制度、经济体制、产权、分工、管理、股份制等，可以列入领先的生产力因素和非原生的生产关系行列，是与中介范畴息息相关的并且是最具活性和革命性的中介范畴。例如经济体制、产权和股份制就是一种"派生的、转移来的、非原生的生产关系"、"第二级的和第三级的东西"，是生产关系的派生形式、实现形式和发展形式。

中国革命和建设的实践，尤其改革开放的历程，在很大程度上证明，经济制度、经济体制和经济发展方式依此成为这一类性质的中介范畴。如果说，实施新民主主义经济纲领的突破口是推翻已成为生产力发展桎梏的半殖民地半封建私有化经济制度，邓小平发动改革开放的突破口是束缚生产力发展的计划经济体制而代之以市场经济体制，那么，现阶段终于找到的中介范畴就是经济发展方式，它是今后数十年贯穿于中国经济社会发展全过程和各领域，使生产力和生产关系平衡发展的突破口。

由此可见，马克思研究方法和研究对象总体理论凸显了马克思经典理论在场的现实可能性、跨越历史时空而与当今时代对话的当代价值，以及在新的历史语境下回应现实和指引实践的理论张力。这就是：必须审时度势，依据一定的时代条件、具体的历史环境和经济发展状况，选择一种能够使生产力和生产关系平衡发展的中介范畴和突破口。基于中介范畴和环节既有生产力属性又有生产关系属性的亲和力或亦此亦彼性质，由此而成为生产力与生产关系相互作用、相互结合的管道，扮演了旨在推进生产力发展、诱致生产关系革命、变革或完善从而使生产力和生产关系达到最佳结合的突破口这一重要角色。

综上所述，我们既要从借鉴意义上"回到亚当·斯密"，自始至终重视社会经济的发展以及"富国裕民"这一发展主题，重视经济现象层次上的研究对象，更要"回到马克思"。这就是深入理解马克思的总体方法论，把生产力—中介范畴—生产关系确定为政治经济学的研究对象总体，把经济现象层次上的研究对象与本质层次上的研究对象融为一体，选择能够使生产力和生产关系平衡发展的中介范畴和突破口；从而推进社会经济的科学发展尤其旨在人的全面而自由的发展。这就是中国初级阶段的生产力和生产关系运动的辩证法。

参考文献

［1］《马克思恩格斯全集》第 46 卷，人民出版社 1979 年版。

［2］马克思：《资本论》第 1—3 卷，人民出版社 1975 年版。

［3］《马克思恩格斯文集》第 10 卷，人民出版社 2009 年版。

［4］《列宁专题文集》第 5 卷，人民出版社 2009 年版。

［5］颜鹏飞：《中国社会经济形态的大变革——基于马克思恩格斯的新发展观》，经济科学出版社 2009 年版。

［6］颜鹏飞：《中国经济可持续发展的困境及其向科学发展的转型》，《中国社会科学内部文稿》2008 年第 6 期。

［7］丁霞：《马克思经济学方法论的再研究：总体方法论》，《光明日报》2011 年 8 月 19 日。

［8］何干强：《用唯物史观促进中国的科学发展——评〈中国社会经济形态大变革：基于马克思和恩格斯的新发展观〉》，《政治经济学评论》2012 年第 3 期。

论马克思主义经济学与经济学诸流派的沟通:以演化经济学为例

胡乐明　刘　刚*

对于任何一个开放的、发展的理论体系来说，发展的途径之一就是与其他理论体系进行沟通借鉴。自罗宾逊夫人提出沟通马克思主义经济学与凯恩斯主义经济学以来，与经济学诸流派进行沟通借鉴，已成为发展马克思主义经济学的重要途径，马克思主义经济学与演化经济学、制度经济学、新古典经济学和数理经济学的沟通借鉴，是当前发展马克思主义经济学的重要取向①。重新审视上述发展取向，我们发现，更为深入的研究必须关注、区分三方面必备要素：基本禀赋的"差异性"、弥补相关不足的"补充性"、提供沟通渠道的"一致性"。当其他体系具备能够弥补某一体系某些"不足之处"的"差异性"禀赋时，沟通借鉴才是"必要的"。只有原体系与其他体系的"差异性"禀赋在某些方面存在一致性和融洽性时，把这些"差异性"禀赋"引入"到这一体系之中弥补原体系的不足，才是"可行的"。因此，要点有三：原体系的不足在何处；其他体系能够弥补这种不足的"他山之石"是什么；原体系的哪些地方与新要素存在"一致性"，能够提供将新要素嫁接成活的"切入点"。此外，要评价这种"沟通"合理与否还需要回答：原体系通过沟通借鉴所发生的"转变"，是在保持原体系根本属性基础上的"发展"，还是已经脱离了原体系的"背离"？要判定"转变程度"适度与否，必须界定清楚哪些特性

* 胡乐明，中国社会科学院马克思主义研究院原理部主任、教授、博士生导师。刘刚，曲阜师范大学经济学院副院长。
① 胡乐明：《如何学习发展马克思主义经济学》，社科网（http://www.sinoss.net/2011/0626/34243.html）。

是原体系的"根本属性"——坚持（或抛弃）了哪些特性才能构成对原体系的坚守（或背离）。因此，通过沟通借鉴对原体系进行发展，关键就在"三点一度"四要素："不足点"、"借鉴点"、"切入点"和"转变程度"。本文首先界定马克思主义经济学的"根本属性"，以阐明"发展"与"背离"的判定标尺，然后以马克思主义经济学与演化经济学的沟通取向为例展开"四要素分析"①，以期为马克思主义经济学与经济学诸流派的沟通借鉴提供一个引入纵深的分析路径。

一 马克思主义经济学的根本属性："发展"与 "背离"的评判标尺

要具体评析马克思主义经济学与其他学派的沟通借鉴的各种取向是对马克思主义经济学的"发展"还是"背离"，首先必须明确马克思主义经济学的根本属性，即阐明坚持（或抛弃）了哪些特性才能构成对马克思主义经济学的坚守（或背离）。

显然，一个理论体系的根本属性不在于具体的理论细节，而在于方法和立场。正如恩格斯所言，"马克思的整个世界观不是教义，而是方法。它提供的不是现成的教条，而是进一步研究的出发点和供这种研究使用的方法"②。虽然不同学者对于马克思主义经济学具体理论的理解可能存在分歧，但是在马克思主义经济学的方法和立场、"进一步研究的出发点"方面却也存在许多共识。它们包括：一是生产力决定生产关系、经济基础决定上层建筑，这是马克思主义经济学的基本方法论原则，放弃这一原则必然背离马克思主义经济学的分析范式；二是劳动价值论和剩余价值论，这是马克思主义经济学大厦的重要支柱，推翻这一支柱必然使马克思主义经济学整个大厦崩溃；三是社会主义公有制和按劳分配必然取代资本主义私有制和剥削，这是马克思通过分析资本主义生产方式固有的矛盾而得出的基本结论，放弃这一结论等于否定整个马克思主义③。

---

① 这种取向，在国外以美国的社会积累结构学派和法国的调节学派为代表，在国内以贾根良教授和孟捷教授等人的努力最为引人关注。本文主要以国内学者的工作为对象。

② 《马克思恩格斯选集》第 4 卷，人民出版社 1995 年版，第 742—743 页。

③ 参阅杜海萍《三缄其口而后言——记中国人民大学副校长林岗教授》，《前线》1998 年第 4 期。

具体而言，我们认为，马克思主义经济学的"根本属性"至少表现为以下四个方面①，每个方面都构成评判"发展"与"背离"的评价标尺，为了更为准确体现这种"标尺"的意义，每个方面我们都概括了它的"基本要求"和"违背表现"。

（一）标尺一："历史性和动态性"研究方法

基本要求：任何经济范畴、经济规律都有其历史与逻辑的起点和终点，都有其存在条件。运用动态分析才能处理这种"产生—消亡"过程；在动态分析框架中，只有存在条件具备时范畴和规律才是"有效"、"适用"的，如果理论研究以某些范畴和规律"有效"、"适用"为前提，就必须在动态分析中实现这些范畴和规律存在条件的"存续"或"循环再生"②。

违背表现：脱离历史条件，将经济范畴和经济规律视为永恒；无法解释范畴和规律从起源到终结的变迁过程；不能解释、兼容其适用范畴和规律存在条件的"存续"或"循环再生"，或者在范畴和规律适用的场合下没有排除导致这些范畴和规律"存在条件"永久消亡的单向的动态趋势③。

（二）标尺二："实践性和二重性"研究方法

基本要求：人是经济范畴的承担者和经济规律的践行者。在人们彼此联结获取和消耗经济资源的过程中形成了的人与自然（生产力）、人与人（生产关系）的关系，经济范畴和经济观念是这些关系的外在反映，经济规律是这个过程遵循的动态法则。研究经济范畴和经济规律必须同时兼顾生产力和生产关系的二重性，通过两者的矛盾运动解析经济范畴和经济社会的动态变迁。

违背表现：对于经济观念和经济制度（上层建筑）进行表面地、孤立地、形而上学地研究，脱离其背后的社会关系和物质基础；夸大观念和制度的地位，颠倒它们与社会关系和物质基础之间的决定关系；无视生产

---

① 显然，是否坚持马克思的劳动价值论和剩余价值论也是一个重要的评判标尺。

② 马克思的"再生产"理论，尤其是"生产关系的再生产"，就是这种动态分析原则的经典例证。

③ "永久消亡的单向的动态趋势"是指"存在条件"不可逆转的消亡趋势。也就是，这种趋势发生后，不会规律性地继之以"存在条件"重生的动态趋势，或续之而来的"条件"已经区别于原有范畴和规律的"存在条件"，不能保证原有范畴和规律的适用性。

力与生产关系的二重性，仅从人与自然或人与人的关系出发解读经济社会的发展规律，或否认生产力条件对经济社会发展的物质约束和"归根到底"的决定性作用。

（三）标尺三："整体性和复杂性"研究方法

基本要求：社会不是个人的简单相加，而是复杂的有机整体，整体层面的法则是不能还原为个体层面的规律的①。个人作为社会整体的一部分，其观念和行为需要从社会整体的运行法则上获得解释。对社会整体运行的把握，没必要也不可能建立在对每个人观念和行为细节"全知全觉"的基础上，通过提取"平均"状态分析个体之间的差异，把握整体特性。

违背表现：个人主义方法论，对社会、组织和群体行为的还原论分析；从先天设定的个人观念、准则出发得出社会、组织和群体的运行法则；把对于社会整体性运行的分析建立在对所有个体行为细节"全知全觉"的基础之上，因此要得出整体性运行结果，就必须要求所有个体的行为在细节上遵守无差别的、严格的一致性②。

（四）标尺四："社会主义必然性"结论立场

也就是，结论上是否支持社会主义公有制和按劳分配必然代替资本主义私有制和剥削。虽然将结论作为评价标准，看似违背了学术"理性"原则，但是，正如马克思和恩格斯所言，"共产党人可以把自己的理论概括为一句话：消灭私有制"③，因此恐怕很难说服人们将一个结论上赞同资本主义制度、否定社会主义必然性的理论归入马克思主义经济学。

二　不足点：多样性与协调性问题

兴起于 20 世纪 80 年代的演化经济学，是现代经济学的一项重大发

---

① 宋学锋：《复杂性、复杂系统与复杂性科学》，《中国科学基金》2003 年第 5 期。我们认为，马克思主义经济学的整体性方法论原则具备复杂性科学的特征，社会与个人的关系用"非还原论方法"表述较为恰当。

② 毋庸赘言，这种个人主义方法论和理性主义"自信"，泛滥于"现代经济学"。

③ 马克思、恩格斯：《共产党宣言》，《马克思恩格斯选集》第 1 卷，人民出版社 1995 年版，第 286 页。

展，并被称为"21 世纪的经济学"。有人认为，演化经济学的崛起为马克思主义经济学的创造性转化，以及中国经济学的自主发展提供了一个难得的机遇；借鉴演化经济学思想至少有助于弥补传统马克思主义经济学在"多样性"和"协调性"两个方面所表现出的不足[1]。

(一)"决定论"局限与"多样性"问题

对于"生产力决定生产关系、经济基础决定上层建筑"的机械认识，会导致对于唯物史观的"决定论"理解[2]。这种"决定论理解"突出了纵向的规律性和共同性，忽略了横向的差异性，容易遭遇"多样性问题"的挑战，"历史唯物主义必须回答：为什么在大体相近的生产力水平上，中国的封建制和西欧封建制有如此之大的差异？为什么在现代发达资本主义经济，会产生出美国式的福特主义生产方式和丰田的精益生产方式之间的区别"[3]。

此外，"决定论理解"还会遭遇逻辑上的困境。"生产力的发展被看作为社会发展根本和最终的动力。但是，生产力的发展又是由什么决定的呢？……对这一问题，我们不能借助生产关系对生产力反作用或所谓制度的经济绩效来加以回答，那样，就会陷入循环论证之中。必须从人类劳动过程和生产力运动的内在规律中去寻找其发展的动力"[4]。同时，"生产力的发展不是自主的（autonomous），而是生产方式或劳动过程变革的产物，也就是说，不能脱离人的实践活动来规定生产力发展的自主性和首要性"[5]。

(二) 创新理论局限与"协调性"问题

传统马克思主义经济学一般认为，个别企业生产的有组织性与整个社会生产的无政府状态之间的对立，导致资本主义市场经济事实上不可能内

---

① 孟捷：《演化经济学与马克思主义》，《经济学动态》2006 年第 6 期。

② 参见波普尔《历史决定论的贫困》，上海人民出版社 2009 年版。波普尔对马克思唯物主义历史观的认识是一种僵化理解。后文关于"转变程度"和"根本属性"的分析将给出我们自己的认识。

③ 孟捷：《演化经济学与马克思主义——中国人民大学出版社"演化与创新经济学译丛"总序》，电子版见 http://wenku.baidu.com/view/94b2ecd7c1c708a1284a44d1.html，丛书出版时有删节。

④ 张宇：《马克思主义经济学的本质、精髓与创新》，载张宇、孟捷、卢获编《高级政治经济学（第二版）》，中国人民大学出版社 2006 年版，第 29 页。

⑤ 孟捷、杨志：《技术创新与政治经济学研究对象的拓展》，《当代经济研究》2003 年第 12 期。

生地形成"协调"机制，无法达成任何秩序，只能导致整个社会生产的无政府状态，带来混乱和危机。但是，现代资本主义的发展表明，对于"协调性"解释不足，必然会导致传统马克思主义经济学不能有效处理"资本主义为何'垂而不死'的问题"①。

事实上，承认企业内部分工与社会内部分工之间的差别和对立，是马克思的出发点，但是马克思还在此基础上提出了两类分工相互促进、相互转化的思想。马克思在强调两类分工的相互作用和协同演进的时候，没有仅仅从对立的角度来考察两类分工，也没有从根本上否定资本主义市场经济在协调两类分工的关系、从而达成某种秩序方面所起的作用。遗憾的是，马克思的这一重要的思想却被马克思之后的马克思主义经济学所忽视。不过，传统马克思主义经济学确实缺乏一个完整的技术创新和产品创新理论，而产品创新、新部门形成，能够带来"分工和交换体系的内生性扩张"，从而有可能缓解资本积累"崩溃"趋势②。

三　借鉴点："新奇创生性"与"行动依赖性"

演化经济学思想有助于处理创新理论局限和决定论局限的借鉴点，可以概括为"新奇创生性"和"行动依赖性"两个方面，两者对于"多样性"和"协调性"问题具有较强的解释力。

（一）新奇创生性：变异—选择—发展

"经济人的偏好、生产技术和制度约束、可供使用的资源禀赋"，被新古典经济学视为外生因素、给定的机制，是其前提假定。与之不同，演化经济学则把这些因素和前提假定视为内生的、可变的。"新偏好的形成、技术和制度的创新以及新资源的创造"，构成"新奇性创生"。经济社会对新奇性进行的选择、模仿（复制）、扩散进而遗传，就是对新奇性的认可，新奇性被认可的行动构成创新③；某个新奇性被普遍选择和认可的同时，原有技术、制度和产品等要素被替代，形成熊彼特所谓的"创

---

① 孟捷：《演化经济学与马克思主义》，《经济学动态》2006 年第 6 期。

② 孟捷：《论马克思主义经济学的创造性转化》，《教学与研究》2002 年第 3 期。

③ 威特：《演化经济学：一个阐述性评述》，载多普菲编《演化经济学：纲领与范围》（贾根良等译），高等教育出版社 2004 年版，第 44 页。

造性毁灭"，经济系统的多样性降低，经济系统需要不断地再生出更多的新奇性。因此，梅特卡夫把这种新奇创生的演化过程概括为"变异—选择—发展"三要素（过程）："行为变异或微观多样性；将变异转变为经济变迁形态的选择过程；产生和再生行为变异的发展过程"，强调"任何选择过程都要摧毁其赖以存在的多样性……因此，演化理论不仅需要解释个体群中最初存在的大量的多样性，而且需要解释这种多样性的历时性补充。如果没有新的变异，演化过程将衰竭"①。

（二）行动依赖性：满意假说—个体群思维—时间不可逆

人们的创新行为是怎样的？换言之，人们是怎样围绕新奇性的"变异—选择—发展"展开行动的？这些创新行动的动力源自何处？为什么这些行动会脱离统一的"最优解"而呈现多样性结果？演化经济学对这些问题的回答，突现了个体行动依赖性特征②。首先，演化经济学使用满意假说来描述对新奇性进行选择和遗传的个体行动。根据满意假说，个体怀有适用性抱负，如果现实未满足这一抱负，个体会对新奇性展开搜寻。如果长时间搜寻无果，他们的抱负水平会降低，接受现有的最优状态；如果搜寻到更好的安排，抱负水平会提高到新安排的高度，他们便会选择这种新奇性③。如果被选择的新奇性在未来满足了个体的抱负，搜寻不会继续发生，新奇性会成为被认可的惯例呈现"相对稳定和惰性的品质"④，从而被遗传下去；否则，搜寻再次形成，创新和变异重新发生⑤。其次，演化经济学以"个体群思维"描述个体行动对群体的"频

---

① 梅特卡夫：《个体群思维的演化方法与增长和发展问题》，载多普菲编《演化经济学：纲领与范围》（贾根良等译），高等教育出版社2004年版，第131—139页。

② 霍奇逊认为，演化经济学的核心特征是新奇创生性和反对还原论，马克思主义经济学关于经济系统复杂性、非还原性的判断，与演化经济学是一致的。在这方面，演化经济学可以提供的"借鉴点"主要集中在复杂系统的处理上，因此这里将演化经济学处理复杂系统时所突现的"行动依赖性"作为"借鉴点"，没有强调"反对还原论"。

③ 威特：《演化经济学：一个阐述性评述》，载多普菲编《演化经济学：纲领与范围》（贾根良等译），高等教育出版社2004年版，第47页。

④ 贾根良：《演化经济学》，山西人民出版社2004年版，第6页。

⑤ 在威特看来，"搜寻"是对新奇性的寻找，不同于新奇性的制造，前者一般受制于新知识的传播机制，后者更多地受制于知识的积累和知识增长的客观规律性，正是经济增长的客观规律性导致人们面对的新机遇不会穷尽，以此为基础的抱负不可能永远满足于现状，因此创新和变异不可能穷尽。

率依赖"。类型学思维把"所有对理想类型的偏离都看做偶然的",把这些偏离抽象掉,把"同质性"视为常态和前提假设。相反,个体群思维认为"多样性不是隐匿在基本实在之后起干扰作用的困难;它就是基本实在本身,是变化的先决条件"①。根据个体群思维,规律性并不是体现在某个个体上,而是体现在个体群整体特征和频率的变化方面。个体的选择受个体群整体频率和其他个体行为的影响②。最后,演化经济学以"时间不可逆"描述个体行动本身会形成的"路径依赖",认为"系统如果发生了变化,虽然导致这种变化的力量已经消失,但系统不会回到初始状态"③。个体的选择只能在业已形成的状态和路径中进行,这些状态和路径会通过"动态报酬递增"等机制形成"自我强化",摆脱现有路径所要付出的代价会降低个体的抱负水平,使个体接受现有路径的次优的、非效率的状态。总之,个体行动的依赖性表明,个体按"满意原则"进行搜寻行动,并不一定选择最优方案;在空间上,不同个体的适用性抱负和行动的频率要依赖于个体群的特征和个体群其他成员的行动;在时间上,不同个体的选择依赖于现有状态和路径。演化经济学从个体行动规则、行动的时间和空间依赖性三个方面解释了经济系统和不同个体为什么会分别进入区别于最优状态的其他状态,打破了理性主义和决定论传统,揭示了经济系统演变的多种可能性和不确定性,也为分析文化、习俗、历史和偶然因素对多样性结果的影响提供了对接渠道。

四 切入点:劳动的目的论特性与分工体系变革的资本积累理论

由于演化经济学与马克思主义的沟通涉及对于马克思主义经济学方法论根基——唯物史观的理解,因此引入上述"借鉴点"的"切入点"的尝试,首先要解决的是哲学和方法论意义上的"本体论切入点",然后再

①　梅特卡夫:《个体群思维的演化方法与增长和发展问题》,载多普菲编《演化经济学:纲领与范围》(贾根良等译),高等教育出版社2004年版,第138页。
②　威特:《演化经济学:一个阐述性评述》,载多普菲编《演化经济学:纲领与范围》(贾根良等译),高等教育出版社2004年版。
③　贾根良:《演化经济学》,山西人民出版社2004年版,第5页。

进一步讨论"分析框架切入点"。

（一）本体论切入点：劳动的选择性—人性的实践性—生产方式的创新性

卢卡奇的"社会存在劳动本体论"为引入演化经济学的创新性、选择性、不确定性和个体群思维提供了本体论接口。"人的劳动之所以具有本体论意义，是由于劳动具有主客体统一的本性"①，劳动具有目的论特性②。"一个成功的劳动过程要求劳动者把自然界自在地存在着的因果规律转变为'被设定的因果性'，以便达到人的目的"③。在设定目的上，"劳动使人逐渐摆脱那些纯粹自发地起作用的生物学性质的需要，使人不再单纯从生物学的角度去满足这些需要，并且让目的论设定变成人的决定性的需要，而就其本性而言，这种需要立刻就获得了某种可选特征"；在实现手段上，"一方面，它要揭示在相关的对象中不以人的任何意识为转移地自在地起支配作用的那种东西；另一方面，它要在这些对象中发现进行新的组合和执行新的职能的可能性"④，这种发现新规律并用于生产的过程正是熊彼特所谓"创新"。劳动的目的论特性体现了人的主体地位，劳动各环节突现的选择性和创新性受人性的支配。关于人性的基本认识，马克思主义人性观不同于西方经济学的"经济人假设"，与演化经济学的"满意假说"和"个体群思维"则有一定的相通之处。在马克思那里，"资本主义生产当事人"是社会关系的承担者和所处阶级的代表，体现了群体规则对个人动机和行为模式的约束；在竞争过程，资本家对剩余价值的渴求作为对社会权力的追求成为普遍的动机，不可抗拒的"价值革命"威胁导致竞争成败的不确定性，很难判定人的行为是否符合"最优选择"；马克思认为"人的类特性恰恰就是自由的自觉的活动"⑤，也为演化经济学的"新奇性创生"提供了空间。"劳动范畴内含的目的设定因素，使生产力和生产关系的矛盾

① 李俊文：《社会存在本体论——卢卡奇晚年哲学思想研究》，黑龙江大学博士学位论文，第66页。
② 马克思："他不仅使自然物发生形式上的变化，同时他还在自然物中实现自己的目的，这个目的是他所知道的，是作为规律决定着他的活动的方式和方法的，他必须使他的意志服从这个目的。"见马克思《资本论》第1卷，载《马克思恩格斯全集》第23卷，人民出版社1972年版，第202页。
③ 孟捷：《演化经济学与马克思主义》，《经济学动态》2006年第6期。
④ 卢卡奇：《关于社会存在的本体论》上卷，重庆出版社1993年版，第13—16页。
⑤ 《马克思恩格斯全集》第42卷，人民出版社1976年版，第96页。

运动不仅具有决定论的色彩，而且具有一定程度的选择性"①。劳动方式的选择性和创新性支撑了生产方式的发展。而"劳动方式的发展主要体现为分工"②，分工便成为解释生产方式发展的关键视角。甚至，在动态逻辑上一切社会的存在也要随着劳动的发展而演化。卢卡奇指出："劳动过程是通过发现和实现新内容、新需求以及满足新需求的新途径而不断向前发展的，因此，它在社会上不仅越来越得到扩展和完善，而且同时还实现着一种不仅是技术性的，而且也是社会性的分工。……这个劳动再生产过程以及由劳动产生的分工，在本体论上重新塑造着社会存在的结构。"③ 这样，从卢卡奇的劳动本体论出发可以发现，劳动范畴在逻辑上将人们主观选择和主观目的与客观现实相统一，人们行为对现实的塑造以及社会群体对个体行为的约束，为克服"决定性"局限，"引入"演化经济学"多样性"和"新奇创生性"提供了本体论上的"切入点"。

（二）分析框架切入点：市场价值不确定性—分工体系协调性—资本积累制度性

马克思主义经济学与演化经济学沟通借鉴的分析框架"接口"主要集中于分工领域。活劳动和物化劳动在社会各行业的分布，构成分工体系和"生产的物量条件"，而且，分工体系和生产的物量条件是不断演变的，劳动价值论以及以此为基础的再生产图式、资本积累理论正是把握这种演变过程的动态分析框架。"如果把价值实体和价值形式的区别运用到市场价值理论，市场价值可以简洁的规定为：以市场生产价格为媒介所支配的价值实体"，由此形成了"价值量—生产价格—市场价值"分别对应于资本价值运动的三个阶段，即生产、实现以及补偿所消耗的投入以便进行再生产④。社会分工体系在某种产品上投入的社会必要劳动量，即价值量，在转化为生产价格后通过交换所占有支配的、"补偿"原劳动⑤用于再生产的

---

① 孟捷：《马克思主义经济学的创造性转化》，经济科学出版社 2001 年版，第 56 页。

② 林岗、张宇：《马克思主义经济学的五个方法论命题》，载张宇、孟捷、卢获《高级政治经济学》，经济科学出版社 2002 年版，第 32 页。

③ 卢卡奇：《关于社会存在的本体论》下卷，重庆出版社 1993 年版，第 162 页。

④ 孟捷：《关于市场价值的若干概念问题——一个补论》，《海派经济学》第 8 辑，上海财经大学出版社 2004 年版。

⑤ 此处的引号表示这种"补偿"会出现的变化，即作为补偿的劳动量不一定与原劳动投入量相等。

劳动量，即市场价值量，可能高于（或低于）原投入量（价值量），这种差别不是理论的误差，反而揭示了这种产品的生产部门在分工体系中的扩张（或萎缩）。分工体系的演化并不局限于这种原结构下的伸缩，更重要的是新产品、新部门出现所对应的分工体系结构性扩张。马克思的"相对剩余价值生产"论述了这种产品创新和分工深化①。分工体系的演化包含社会分工和个别分工两方面，两类分工之间存在矛盾统一的关系，其中两类分工之间的一致性体现了马克思对分工体系自我调节能力的解释，与演化经济学对于"协调问题"的解释具有一致性②。因此，资本积累理论可以解释分工体系、交换关系、分配关系和制度环境的动态演变。"法国调节学派"将资本积累与资本主义制度性演变统一到积累体制和调节方式的研究框架之中，已成为现代西方马克思主义经济学的重要分支③。

五 转变程度：一个建议性评价

应该承认，任何一种通过"沟通"来发展马克思主义经济学的努力，都只是一种趋向和尝试，都处于尚未完成的"建设"状态。因此，要对它们做出准确的评价往往是困难的，甚至是不可能的。我们认为，提供一些"建议性"的评价，可能更为可取。

马克思主义基本原理与具体国情相结合是各国社会主义实践的成功经验。但是，由于缺乏科学的"多样性"分析，各国在不同文化传统和历史条件下对于发展道路的选择，往往难以从理论上内洽地融入马克思主义

---

① "生产相对剩余价值……要求生产出新的消费……第三，要求生产出新的需要，发现和创造出新的使用价值。换句话说这种情况就是：获得的剩余价值不单纯是量上的剩余，同时劳动（剩余劳动）的质的差别的范围不断扩大，越来越多样化，本身越来越分化。""例如，由于生产力提高一倍，以前需要使用100资本的地方，现在只需要使用50资本，于是就有50资本和相应的必要劳动游离出来，因此必须为游离出来的资本和劳动创造出一个在质上不同的新的生产部门，这个生产部门会引起新的需要。""新生产部门的这种创造，即从质上说是新的剩余时间的这种创造，不仅是一种分工，而且是一定的生产作为新使用价值的劳动从自身中分离出来；是发展各种劳动即各种生产的一个不断扩大和日益广大的体系，与之相适应的是需要的另一个不断扩大和日益丰富的体系。"见马克思《经济学手稿（1857—1858年）》，载《马克思恩格斯全集》第46卷（上），人民出版社1972年版，第391、391—392、392页。

② 孟捷：《产品创新与马克思的分工理论》，《当代经济研究》2004年第9期。

③ 现代西方马克思主义代表人物保罗·斯威齐、霍华德·谢尔曼于1999年和2005年分别获得演化经济学会的凡勃伦—康芒斯奖，也体现了马克思主义经济学与演化经济学沟通与融合的可能。

理论体系。合理引入"多样性"分析，可以有助于中国经济学界将马克思主义中国化和中国特色社会主义理论根植于马克思主义理论内核，开创中国的马克思主义经济学，实现"中国经验"的理论升华，为中国特色社会主义理论和实践提供系统的马克思主义经济学理论支撑。理解市场经济的"协调性"，可以较为合理地解释发展市场经济的必要性，有助于构建科学的市场经济理论。因此，与演变化经济学的沟通借鉴，应该可以为中国马克思主义经济学展现更好的发展前景。这里，仅从研究方法的主要问题和立场原则两个方面，尝试对目前这一取向的"转变程度"提出一些建议性评价。

1. 研究方法：规律性与多样性的关系

按照马克思主义的理论观点，规律具有不以人的意志为转移的客观性。但是，在引入了以人为主体的选择性、目的论之后，结果不是唯一确定的，而是多样性的。最终结果到底是服从于客观的规律性，还是服从于人们的自主选择？对此，卢卡奇的观点值得注意。在他看来，这种自主选择的目的论与客观因果性之间是对立统一的。虽然很多学者认为目的论和客观因果性之间是矛盾的，但是在马克思主义理论中两者却存在统一性。关于这种矛盾统一性，卢卡奇进行了专门的剖析："就像我们在马克思那里所看到的那样，承认目的论仅仅在劳动中才是一个现实有效的范畴，那么由此就必然得出一个结论，就是因果性和目的论乃是具体地、现实地和必然地存在的；它们两者固然是对立面，但仅仅是一个统一的过程中的对立面，这个过程的运动性是建立在两个对立面相互作用的基础之上的，而这个过程为了把这种相互作用当作现实而表现出来，就在不触动因果本质的情况下，将因果性也变成了一种同样被设定的因果性。"① 客观的因果规律设定了目的论的选择范围，这个被限定的范围，正是目的论行为多样性结果的共性之处②。可见引入"多样性"分析的关键，不是分析框架包容多样性结果，而是要揭示客观规律对这些目的论选择行为和多样性结果的限定和约束，揭示这些多样性结果所必然服从的"共性"与"规律"，再以此为基础，引入不同的历史条件、

---

① 卢卡奇：《关于社会存在的本体论》下卷，重庆出版社1993年版，第14页。
② 不同历史条件、文化背景和发展路径对不同的选择行为的影响同样可以探索某些"有章可循"规律性，但是这种规律性不可能穷尽选择行为的差异。

文化背景和发展路径等因素，解释目的论选择行为的差异性，逼近各个多样性结果①。因此，引入"多样性"分析，演化经济学的借鉴作用是有限的，关键是要深刻把握马克思主义经济学相关"规律"的适用条件和适用范围，达到扎实可操作的"灵活应用"。这无疑是一个高难度的学术要求。当然，更难把握的是由此引发的理论的"相对性"和"伸缩性"问题。例如，历史条件、文化背景和发展路径等因素，到底被视为揭示"共性"和"规律"的时代背景条件，还是解释人们目的论选择行为差异的特定的"具体"条件，要视分析的场合而定，是相对的。这就需要研究马克思主义经济学诸原理的"适用条件"，在不同背景下就各理论的"去留"进行讨论，构建可调整的理论框架；还需要探索依据历史条件的变迁调整理论体系所必须遵循的基本原则，在调整的过程中权衡理论框架"稳定性"与"伸缩性"之间的关系，实现"研究纲领"的不断进化。由此不难预见，马克思主义经济学的"相对性"将愈益明显，随着学者们选择、权衡的差异，演化经济学与马克思主义经济学的沟通借鉴将进入学派差异的时代。可见，与演化经济学的沟通借鉴，不仅是一项繁重而审慎的工作，还需要使学界接受一个作为"相对真理"的、容纳学派差异的马克思主义经济学。

2. 结论立场：协调性与社会主义必然性

资本主义经济系统不可协调的内在矛盾，是导致资本主义经济制度不能适应经济社会发展，最终必然被社会主义取代的理论依据。然而，"协调性"引入之后，则需要重新审视社会主义的必然性。要么导入一个没有社会主义必然性的"马克思主义经济学"，要么在"协调性"的基础上重新揭示资本主义经济系统的不可协调的、导致这一系统灭亡和社会主义制度确立的新矛盾②，甚至需要重新讨论什么是社会主义？社会主义制度的确立是一个渐缓的过程还是一个突变的革命过程？甚至西方资本主义社会的某些"社会主义因素"也需要重新认识。无疑，这又是一个需要科学探索而且是任重道远的过程。

---

① 不限定"多样性"结果的范围，宣布"什么样的结果都是可能的"，会陷入"神秘主义"误区，使理论研究失去价值；妄言通过因果规律性实现对现实世界的"全知全觉"，则是典型的"理性主义"误区。

② 当然，这种"不可协调"的新矛盾与"协调性"原理之间的关系，也需要更为审慎的处理。

　　"由具体到抽象，再由抽象到具体"是马克思主义经济学的基本研究方法。与经济学诸流派沟通借鉴的各种取向对于马克思主义经济学"不足之处"的关注，大多发端于"抽象到具体"的环节。马克思曾指出："具体之所以具体，因为它是许多规定的综合，因而是多样性的统一。因此它在思维中表现为综合的过程，表现为结果而不是表现为起点，虽然它是实际的起点，因而也是直观和表象的起点。"① 在理论上，多重"规定"源自从不同角度对现实表象的抽象。马克思主义经济学与经济学诸流派沟通的实质，正是借鉴诸流派从不同角度对现实"规定"的理论抽象。但是这并非全部工作，将"新规定"应用于"新综合"以更好地贴近具体现实，才是目的所在。如果对于各种沟通取向的关注集中于"新规定"的合理性、"新规定"与核心理论的内洽性，由于理解上的分歧，难免陷入无休止的争议。如果能够将关注点"后移"，搁置争议，鼓励"新综合"，视"综合"分析和具体应用的效果进行评价，或许将更有助于马克思主义经济学贴近现实、提升解释力。因此，要化解马克思主义经济学内部"争议大于建设"的局面，关键或许不是在诸命题的具体理解上形成统一与共识，而是通过鼓励具体"综合"与应用研究，将具体差异发展为对于现实的多角度贴近，包容学派差异，鼓励交叉融合，共同推动马克思主义经济学"贴近现实、走向应用"的进程。

---

　　① 马克思：《经济学手稿（1957—1958）》，《马克思恩格斯全集》第 46 卷（上），人民出版社 1972 年版，第 38 页。

"唯物史观"视角下偏好演化及其应用分析[*]

——基于"生产方式—人的本质—个体偏好"互动演化视角

周小亮　韩涌泉[**]

一　引言

建立在偏好自涉、外生、同质、稳定基础上主流偏好理论,运用"理性—个体主义—均衡"的分析框架,在解释现实世界的诸多现象如个体行为多样性与多变性,陌生个体单次交往的合作策略与囚徒困境纳什均衡策略的背离,报酬—绩效低敏感性的现象与现实困境及普遍存在的利他行为时陷入了理论困惑和现实困境,也使主流经济学偏好理论经历了新古典经济学的基数效用论、序数效用论与现代经济学的显示偏好理论三大发展阶段之后便走向了终结。而来自非主流经济、心理学和生物学等社会科学领域的专家学者却在孜孜不倦的推动着偏好的拓展与融合。行为经济学家萨缪·鲍尔斯将制度因素融入偏好分析,发展出了一整套解释经济制度如何影响个体偏好行为的理论,他所提出的情景依存偏好行为亦对偏好外生、稳定假设提出责难;实验经济学者 Camerer 和 Fehr 通过对囚徒困境博弈、公共品博弈、最后通牒博弈、信任博弈、独裁者博弈、礼物交换博弈以及第三方惩罚博弈等七种博弈实验的结果分析,对偏好自涉假设提出了质疑;神经元经济学者 Quervainetal 则利用神经实验验证了利他行为存在

* 本文系国家社会科学基金项目"转变发展方式中改善民生的理论与路径研究"(12 BJL001)阶段性成果。

** 周小亮(1963—　),男,江西省永新县人,福州大学经济管理研究所所长、教授、博士生导师,主要从事制度经济学研究。韩涌泉(1986—　),男,福建省漳州市人,福州大学经济管理研究所硕士研究生,主要从事制度经济学研究。

的合理性；普遍存在的消费偏好、宗教偏好、知情偏好以及偏好的关情效应、关怀效应等挑战了偏好同质的假设。偏好异质、内生、自涉与他涉统一、演化问题已引起学术界越来越多的关注。然而，却少有从马克思"人的本质"理论出发研究个体偏好行为在不同生产方式制约下的演化过程，更少有从生产方式的变革角度通过制度的具体调整研究偏好的引导，而这些对于偏好显示机制构建和偏好度量、经济分析中的历史特性问题、效率与公平的统一以及和谐社会构建的经济学基础都有着重大意义。因此，本文在前人研究的基础上，应用唯物史观经济学分析范式，进一步探索在"生产力—生产方式—生产关系"这一有机联系链条制约下偏好行为特征，尝试厘清"生产方式—人的本质—个体偏好"内在逻辑关系并将其运用于对历史的分析，最后探索以生产方式变革为核心的偏好重塑，健全社会和谐、包容发展的微观基础。

（一）决定个体偏好的"人的本质"属性界定

"经济人"假定认为人的本质都是自私自利、目标理性的，决定其偏好的自涉、稳定等特征；行为经济学家利用实验和微观计量方法，认为人是有限理性当事人，并得出偏好内生、并非一致稳定结论，在增强偏好理论对真实世界个体行为的解释力方面迈进了重要的一步；马克思则从具体的实践活动出发去考察人的本质，认为"人的本质不是单个人所固有的抽象物，在其现实性上，它是一切社会关系的总和"。[①]

	新古典经济学	行为经济学	历史唯物主义
定义	经济人	有限理性当事人	自然人 + 社会人
本质	目标理性、自私自利	利己与利他、理性与非理性的结合	一切社会关系的总和
研究方法	边际分析；静态和比较静态分析；线性规划和动态规划	演化分析；非线性；实验和微观计量	具体—抽象—具体；唯物辩证法；从社会实践考察分析；
偏好	外生、同质、自涉、稳定	内生、并非一致稳定	社会的、历史的、动态的范畴

资料来源：董志勇：《行为经济学原理》，北京大学出版社 2006 年版；腾起云：《唯物史观的本质及其与人本史观的对立》，华文出版社 1997 年版。

[①]　《马克思恩格斯选集》第 1 卷，人民出版社 1995 年版，第 56 页。

社会关系包括社会思想关系和社会生产关系，它们之间相互依赖、相互作用、相互渗透，共同或单独对人的本质产生影响，但各种关系，归根到底是受经济关系，或者说生产关系制约的，生产关系是"决定其余一切关系的基本的原始的关系"，它通过决定着其他所有社会关系进而影响人的本质。众所周知，生产关系是社会的、历史的、动态的范畴，是随着社会生产力的变化而发展变化的。因此，唯物史观也强调人的本质是后天形成的，内生于社会历史的发展之中，受历史条件的制约和决定，而不同的社会生产力下社会关系的差别又是构成不同社会条件下人的本质差别的现实基础，这些差别又进一步显示了人的本质的具体的、历史的特征。如学者腾起云等（1996）就曾指出，在阶级社会里，由于受不同经济形态的制约，人的本质有差别，即使在同一经济形态的社会里，不同阶级的人其本质也不同，甚至同一阶级内部，不同阶层、不同利益集团中的人，也有着不同的本质，欧洲封建社会末期，一部分贵族转到资产阶级方面的事实就是很有说服力的证据。所以人的内在本质归根结底只是社会历史的产物，它不是永恒的、普遍的，而只能是随着历史条件的改变而运动、发展、变化的。因此概括地说，人的本质是生产力和社会关系综合作用的结果，单纯社会关系的改变或仅仅是发展了生产力而缺少与之相适应的生产关系调整，人的本质不会有多大的改变（赵民胜、王宝山，2004）。

同时，马克思还特别强调指出，需要的发展是"人的本质力量的新的证明和人的本质的新的充实"[1]。人类社会的发展，可以看做一部人的需要即人的本性的不断变化和发展的历史。本质的差异导致对消费选择集的差异以及效用函数的差异，因而在此基础上确立的偏好行为也将是社会的、历史的、动态的范畴。为此，我们建立了如下唯物史观基础上的偏好演化分析路径：

---

[1] 《马克思恩格斯全集》第42卷，人民出版社1979年版，第132页。在此，我们对需求、需要、偏好的关系做个说明。个体偏好是不断形成与演化的，是一个社会的、历史的、动态的范畴，它部分地由基因遗传决定、部分地由经济主体在一定的社会环境中，或从实践活动中通过学习而逐渐形成的一种存在于记忆中的可以通过实验科学、脑科学等技术进行间接测度与表征的主观与客观概念，它指导经济主体在社会活动中作出选择。需要是就人的生存和发展而言所不能少者，如吃、穿、住、行诸项，需求是具体时间、具体条件、具体环境之约束下需要的特定体现，两者是一般与特殊的关系，同一种需要可以表现出各种不同需求。偏好的选择一般局限在需求的范围内。

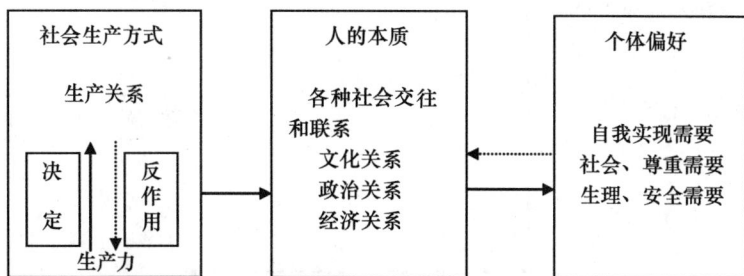

资料来源：作者根据唯物史观基本原理及马斯洛的需求层次理论整理。

（二）"生产方式—人的本质—个体偏好"互动演化分析

1. 历史的经验

从社会历史的观察中我们发现，不同社会生产方式下，消费者的效用评价或偏好排序完全不同，在生产力水平极端低下的原始社会，残酷的生存竞争迫使人类形成的集体协作生产方式，并建立氏族公社，这是一种具有互助和公共性质的生产关系，表现为同一群体里人互相帮助、互相照顾的义务，如平分食物、扶养老人照顾小孩等，即在这样的社会里，实行的是生产资料公有制，没有私有制，没有剥削，没有阶级，没有贫富分化。由 F&S 效用函数模型和 B&O 效用函数模型我们可以看出，资源配置公平性分配有助于驱动人们的互惠偏好行为，因此在原始社会时期，人们对公平与互惠的偏好超过了以后的任何一个时代；在资本主义生产方式下，生产的主体是资本家，生产的根本目的是获取剩余价值，被榨取了剩余劳动的工人除自身劳动力外一无所有，生产的社会化与生产资料的私有制矛盾导致财富的严重不平衡，工人的偏好只能局限在一般的劳动产品中，而高档品、奢侈品则仅仅只能进入资本家的消费选择集，他们对这些商品的偏好也必将超过对必需品的偏好；而产生不同生产方式下个体偏好异化的直接原因就在于由该生产方式产生的不同生产关系体现出人的本质差异，构成了"生产方式—人的本质—个体偏好"互动演化的基础。

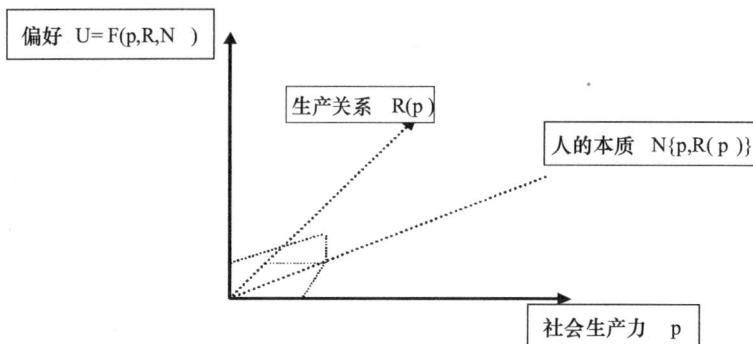

图 1 基于"生产方式—人的本质—个体偏好"互动演化关系的偏好曲线

在生产力与生产关系相互适应的前提下，在一个三维的空间里，我们定义偏好曲线表达式 U = F［p，R，N］为 Z 轴，其中 U 为偏好，p 为生产力（X 轴），R（p）表示与生产力相适应的生产关系（Y 轴），N{p，R（p）}表示由此生产力与生产关系综合作用下产生的人的本质（于第一限象内）。偏好曲线是一条向上弯曲的曲线，因为生产力发展的速度是递增的，一种生产方式的变革所需经历的时间越来越短，偏好从一个层次跳转到另一个层次也将越来越快。我们认为在生产力水平低下的时期，人们的偏好主要集中在生理、安全、经济方面需求；在生产力中等发展水平上，人们的偏好转向情感、道德等非经济方面；而在生产力高度发达的时期，人们会更关心自己的享受、自我实现以及自由全面发展需要。只有满足了前一层次的偏好，个体偏好才会向更高一层次发展，但并不意味着满足了更高一层次的需求偏好后，人们对前一层次的偏好就会消失，各层次的需要相互依赖和重叠，高层次的需要发展后，前面层次的需要仍然存在，只是不再是个体行为的主要驱动力。

2. 生产力是偏好演化的最原始动力

马克思认为，"生产力是人类适应和利用自然，在一定程度上改造和支配自然，通过劳动生产物质资料即物质财富的能力"。"每一个历史时期的人都受到自己的生产力发展以及与这种发展相适应的交往关系的制约。"① 人类的偏好、选择的价值目标和水平，只能在生产力所能提供的

---

① 《马克思恩格斯全集》第 3 卷，人民出版社出版 1979 年版，第 29 页。

范围内进行才是有效的，生产力的发展水平决定着个体偏好的广度。在生产力水平低下时期，消费者所掌握的物质资源非常匮乏，几乎难以产生出非经济偏好，相反，在其他条件不变时，随着生产力的发展，物质资源越来越丰裕，消费者的各种非经济偏好如审美偏好、情感偏好、道德偏好等就会越强烈，这一点可以从马斯洛的需求层次学说得到论证（叶航，广义效用假说，2001）。马斯洛和其他的行为心理学家都认为，一个国家的科技、经济、文化发展水平决定一个国家多数人的需求（这里等价于偏好——引者注），在不发达国家，多数人会偏向生理需要和安全需要，而对享受和自我实现的需要则较少，而在发达国家情况刚好相反。从人类历史的发展历程中我们也能找到一些证明。原始社会初期，生产力水平极端低下，所有生产几乎只限于占有现成的、自然界业已为消费者准备好的东西，所有生产活动仅仅表现为"采集"或"收取"的活动，原始人的需求与欲望只能是局限于当时自然环境所能给予的条件下，偏好也只能局限于所能采集或收集到现成的果实和根茎；在农业经济社会中，土地是最主要的生产资料，土地产权制度是社会经济制度的基础与核心，从而消费品主要取之于农产品，由此消费者对土地与农产品的偏好较强，同时，人们不用再将所有的时间都花费在解决吃、住、穿等生理和安全方面的需求，情感、道德等非经济方面的偏好开始逐渐形成；从我们当前的一些"后工业社会"（如西欧、北欧和北美的部分地区）的发展状况也可以看出，当整个国家财富积累到了一定程度并进入了珀特尔所论述的"财富驱动的发展阶段"后，人们将不再将主要精力用在追求物质生活中的"效率"，并转向对丰富精神世界和文化生活的追求，人的"自利性假设"到时已不再被当成"工具主义"假设，个体的偏好行为也不再以追求自身利益最大化原则，而更加看重对杰文斯和马歇尔提出的"尊严"、"荣誉"、"责任"、"自豪感"、"成就感"，甚至"道德感"的追求（叶航、汪丁丁"理性的危机"，2004）。

3. 生产力决定人的本质

生产力之所以作为个体偏好演化的最原始动力，是因为决定个体偏好差异的人的本质的最终是由生产力的发展水平决定，本质不同表现出来的偏好行为也必然不同。生产力一方面可以直接影响人的行为，如与封建社会的农民相比，现代高新技术企业的工人就有更强的组织性和纪律性，也显得更加的文明和整洁；另一方面它也可以通过一定的生产关系乃至社会关系决定一个人的本质，由于每个人都生活在由生产力和生产关系共同营造的特定社会历史环境之中，人与人之间的相互区别是生产力与之相适应的生产关系综合作用的结果（赵民胜，王宝山，2004）。在这种情况下，只有同时变革生产力和生产关系才会改变一个人的本质，单单变革一方无法使人与人相互区别开来。如"文化大革命"时期片面人为拔高的生产关系并没有改变人的本质，当时所谓的"资本主义的尾巴"并没有因此而消失就是一个很好的例子。同时，生产力作为历史上最具革命性和进步性的力量，总是处于不断地发展之中，而这样的发展变化又会带动生产关系，以及由它所衍生出来的文化关系、思想关系、政治关系等一系列社会关系的变化，铸就了不同社会历史环境，而不同的历史环境又反过来影响人与人之间的社会关系，也就最终造成了人的本质在不同历史时期甚至同一历史时期的差异，因此人的本质也可以看成是由生产力最终决定的历史的本质。

4. 作为社会关系总和的人的本质对个体偏好的影响机理

如前所述，"人的本质是一切社会关系的总和"，社会关系包括社会生产关系和社会思想关系，在所有社会关系中起决定性作用的是生产关系，马克思指出："生产关系是人们在自己生活的社会生产中发生一定的、必然的、不以他们的意志为转移的关系，这些关系的总和构成社会的经济结构，即有法律的和政治的上层建筑竖立其上并有一定的社会意识形式与之相适应的现实基础。"生产关系之所以是一种"一定的、必然的、不以他们的意志为转移的关系"，就在于它最终是由生产力的发展水平以及由此"客观规定，必然决定"着的生产方式形成或产生的，正如马克思在《哲学的贫困》一书中所指出的："社会关系与生产力密切相连，随着新生产力的获得，人们改变自己的生产方式，随着生产方式即保证自己生活方式的改变，人们也就改变自己的一切社会关系。"由生产关系的人格化原理可知，生产关系对人的本质的制约性作用主要表现在：不同生产关系下个人的经济性质、经济行为"是由社会生产过程加在个人身上的一定的社会性质，是这些一定的生产关系的产物"。① 概括来讲，生产关系可以分为以下三个层次：1. 生产资料的所有制形式；2. 由此产生的各个社会集团在生产中的地位以及他们的相互关系，或如马克思所说的

---

① 马克思：《资本论》第3卷，人民出版社2003年版，第996页。

"互相交换其活动"；3. 完全以它们为转移的产品分配方式。① 生产关系中最重要的是经济关系，经济关系决定着政治关系、文化关系等其他一切社会关系，所有这些关系的差异导致了不同人的本质的差别并最终引起个体偏好的不同。

（1）经济关系。马克思认为，经济关系分为劳动占有和劳动交往关系，它是决定人的本质的最根本因素，而经济关系里最重要的是生产资料的所有制问题。所有制对于个体偏好行为的影响机制正是通过决定对生产资料的配置权和对制度变迁的主导性作用产生的，分以下两点展开论述：一是阶级社会里，生产者通过无偿占有生产资料剥削和压迫劳动者，如奴隶社会的奴隶主把奴隶活人和物质资料一同当作私人的生产资料来占有，封建社会生产资料归地主所有，以农民交租为条件让他们拥有一些小私有经济，资本主义社会的所有制通过资本家占有资本表现出来。没有资料的劳动者被迫到占有生产资料生产者那里打工，这种经济上的依附关系直接决定了被统治阶级在经济、政治、文化等其他各方面都遭受奴役和压榨的命运，劳动者付出辛勤的劳动创造巨大的财富，得到的回报却是极其有限的，因此他们的偏好都只能集中在一定的生活必需品消费选择集，而且是满足了被统治阶级剥削的情况下才是有效集，取得财富的方式不同也直接导致了他们对同一件商品的效用评价完全不同。二是所有制的变化往往包含着制度的变迁，即包含新制度的产生、成长和旧制度的衰退、灭亡。例如原始社会末期，随着剩余生产物的产生，以家庭为单位进行生产成为可能，于是原本为公共所有的土地开始被个人占有，并逐步成为一种产权制度，个人占有制的发展一方面使剩余生产物不断增加，另一方面引起氏族公社成员的财产差别，慢慢演变成贫富两极分化，产生最早的债务奴隶，出现奴隶制萌芽，最终氏族公社瓦解，原始公有制被奴隶制代替。因为个体偏好是个开放的概念，是客观世界的主观映像，是在一定社会制度框架中形成与塑造的。制度中的正式规则与非正式规则会影响偏好的形成、改变甚至反转，同时，制度还会通过影响人的行为动机，改变社会相互作用结构与行为准则的演变，由此影响人的主观映像。②

---

① 参见斯大林于 1952 年发表的《苏联社会主义经济问题》一书。

② 关于制度对偏好的影响，周小亮、笪贤流在《效用、偏好与制度关系的理论探讨》中将制度对偏好的参与和渗透概括成 $U = F [C_i, E_i, S_i, W_i, R_i, P_i, U_i,]$，即把偏好看成是文化因素，社会经济制度，社会政治制度，资产、价格、利率等其他因素的函数。

（2）政治关系。马克思认为，"政治是以经济为基础的上层建筑，是经济的集中表现，是以政治权力为核心展开的各种社会活动和社会关系的总和"。政治关系则是人们在平时的社会生活中为了达到特定的利益目标而形成了的"以政治强制力量和权力分配为特征的社会关系"，政治关系根源于经济关系并服务于经济关系，个人或集团在政治生活中的地位总是与他们在社会生活中的经济地位相适应。处于不同政治层次的所拥有的特权不同，所形成观念和面对的消费选择集不同，比如在计划经济时期，商品的配置依据人的级别大小进行，一些商品如小汽车、高档住宅等只允许在高层分配、流转，根本无法进入普通消费者的选择集，他们之间也不会存在汽车、高档住宅的消费概念。再以我国的国企和民企的投资偏好为例，国企一般与政府维持着较好的政治关系，他们能以较低的成本从银行获得贷款，因此在投资时常常偏好无形资产和长期股权。相比之下，民企在政治关系和政治资源方面比较缺乏，较难从银行获得贷款，他们的投资偏好主要集中在固定资产和研发。

（3）文化关系。偏好在很大程度上是通过遗传基因和文化学习获得的。但他们对偏好形成的具体影响过程却难以考究，正如鲍尔斯所指出的："偏好就像口音一样，我们可以试着去掌握它们……但究竟如何掌握这些口音，在很大程度上我们并不清楚。"但我们清楚的是各个国家都有自己独特的生产方式并由此产生自己独特的文化和生活方式，而文化的传承常常包含价值观、信念、理念、习惯等的延续，它们也像基因（现代学者如唐贤秋、李剑林等称之为"文化基因"）一样在一代代人之间传承。如从东西方国家投资偏好取向看，东方传统、保守的文化孕育出来的居民都比较厌恶风险，投资偏好低风险低收益的相对稳定的银行储蓄。而西方民族更富于冒险和探索，同样作为经济发达的美国和日本，美国居民倾向于将更多的资金投资在股市。文化学习在很大程度上是对文化榜样的学习、模仿，一个民族、群体表现出来的行为规则和制度特征便取决于何种文化榜样的特性被复制保留，这些特性的复制过程又与频数相关，越被偏好的特性在群体中流行越广。考虑在一个群体中，他们只有佛教和基督教两种信仰，如果佛教徒的后代都不再愿意跟他们的先辈一样信佛而转信基督，同时基督教的后代信仰不变，那么在这个群体中基督教信徒的比例将会增加。

下面我们将借鉴鲍尔斯的复制者动态模型分析偏好特性的文化演化。

假设有这样的一个种群，存在两种特性（x，y），它们之间互不相容。其中的一种特性在这个群体中的大多数成员身上都存在，比如可能是某种食物口味、某种行为准则的坚持，那么就可以把 x 表示为"勤俭节约"、"计划生育"、"助人为乐"或"每天吃一个蛋"等，y 代表每种情形中可供选择的另一个规则。

假设在这个个体群中，所有的成员进行随机配对，并且所有的交往都是在对称的双人博弈中进行，每一方的支付表示成 π（i，j），即根据特性 i 和参与人 j 进行博弈时获得的支付，特性为 x 的个体群频数 $p \in [0, 1]$，那么 y 即为（1−p），博弈双方获得的期望支付是：

$$bx（p）= p\pi（x，x）+（1−p）\pi（x，y）\tag{1.1}$$
$$by（p）= p\pi（y，x）+（1−p）\pi（y，y）\tag{1.2}$$

1.1 式的意思是：x 型参与人以 p 的概率和另一个 x 型参与人配对并对获得支付 π（x，x），以（1−p）的概率和另一个 y 型参与人配对并对获得支付 π（x，y）。

同时定义 t+1 期特性 x 的期望个体群频数为 p^{*}：

$$p^{*} = p − \omega p（1−p）\rho y > x\beta（by − bx）+ \omega p（1−p）（1−\rho y > x）\beta（bx − by）\tag{1.3}$$

其中 $\omega \in [0, 1]$，表示个体群中的一部分成员可能会受到某个"文化榜样"（同学、亲戚、同事或老师）的影响而改变他的特性。β 为采纳系数，是正的常数，反映了对具有较大差异的复制倾向及相互转化的影响，数值越大影响越大。ρy > x 取 1 或 0，ρy > x =1 表示 y 型参与人的支付超过 x 型参与人，否则 ρy > x =0。整个式子的意思是在任何一期有 p 个 x 型参与人，在这些 x 型参与人中有 ω 比例满足更新其特性的条件，他们中间的每个人都以（1−p）的概率和一个 y 型榜样进行配对，并在 ρy > xβ（by − bx）的概率下他们所获得的关于支付的信息将引导他们进行转换，同样的道理，y 型参与人也会以 p 的概率遇到 x 型榜样，并经过相同的转变过程变成 x 型参与人，在一定程度上抵消 x 型参与人的减少。1.3 式也可经转换变形为：

$$\Delta p = p^{*} − p = \omega p（1−p）\beta（bx − by）\tag{1.4}$$

在式 1.3 的基础上，假设个体群中的每个成员每一期都处于更新模型中，而且影响更新的因素除了来自"文化榜样"外还基于以下两方面信息：和他人相比，自身的相对支付水平和个体群中两类特征出现的频数。

假设后一个信息对前者的一致性程度为 λ，且 λ ∈［0，1］，意思是和支付对更新的影响相比，遵循文化习俗者的学习过程所产生的影响的相对重要性，记为（1 − λ）支付的相对重要性。同时，假设 k 为 x 规范下个体群的频数，p ＞ k 时，处于更新过程的 x 规范在个体群中越流行，对自身的发展就越有利，定义某种特性的复制倾向为：

$$rx = 1/2\left[\lambda（p - k）+（1 - \lambda）（bx - by）\right] \tag{1.5}$$

$$ry = 1/2\left[\lambda（k - p）+（1 - \lambda）（by - bx）\right] \tag{1.6}$$

结论：（1）给定概率 β（ry − rx），如果配对组是 y 型且 rx ＜ ry，则一种 x 型将变成 y 型，个体偏好行为随之改变。如果 rx ≥ ry，则该个体不会出现转变，和自己相同类型的人配对的那些人也不会出现转变。

（2）对复制者动态模型的时间求导，我们有：

$$dp/dt = p* - p = p（1 - p）β（rx - ry）= pβ（rx - r） \tag{1.7}$$

其中 r 为平均复制倾向，从 1.7 可以清楚地看出如果（rx − ry）＝ 0，则 dp/dt = 0，即：

$$\lambda（p - k）/（1 - \lambda）= by（p）- bx（p） \tag{1.8}$$

或者 p 是 1 或 0，当 p 为 1 时，rx = r；当方程 1.8 成立时，p 是固定的，因为遵循习俗者传播的效应抵消了差别支付的效应，因此遵循习俗者出现时，并且满足 p ∈［0，1］，遵循习俗者偏好的规范所产生的均衡支付总是小于更流行的规范所产生的支付（图 2 刻画了上述文化均衡）。

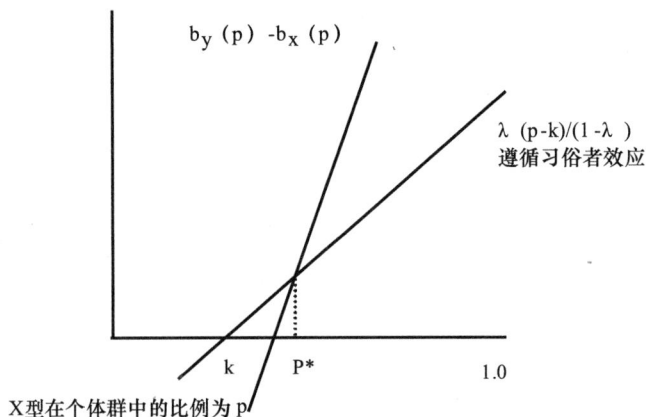

图 2　个体偏好特性的文化均衡

（3）如果 p* 是内生和稳定的，那么支付结构的变化，或者个体群对参与的博弈的其他细节的变化，或者遵守习俗的程度的变化，都会导致个体群中行为规范均衡分布发生变化。如果 p* 是不稳定的，这种变化将会导致两种极端均衡的吸引盆相对规模发生变化，并改变某个均衡或其他均衡在随机过程环境中持续的可能性。

（三）促进以生产方式变革为核心的偏好引导与重塑，实现社会和谐、包容发展

正如罗卫东所言："即使你通过先进的仪器把偏好的特征搞清楚了，也不解决关于偏好形成和作用的机理问题，因为激活他的偏好的是社会。"考虑一个嗜酒如命的人，也许我们可以通过脑成像搞清楚他的偏好强度，但对于他什么时候在什么地方喝酒以及喝什么样的酒等这些问题恐怕我们都难以回答，因此偏好问题研究的最终目的不应该仅仅是偏好机制的显示、测度，而是通过对偏好的根本性影响因素——生产方式的变革实现偏好的引导与重塑。

促进经济行为范式从传统的"自涉—竞争——一般均衡"向"他涉—合作—演化均衡"的转变。特别在极力倡导和谐与包容发展的今天，主流经济学自利、同质、稳定的偏好以及单一的理性选择假设不符合构建和谐、包容社会对微观主体的行为要求，我们需要通过对以经济制度为基础，辅之以政治、文化制度环境的调整与安排来改变个体之间的社会关系，引导偏好向自涉与他涉、同质与异质、稳定与演化相统一路径发展以促进社会各方共赢和民族的繁荣。

本文接下来的部分将在我们先前提出的偏好、制度与行为互动关系理论模型基础上，进一步细分制度变量，并引入社会关系因素阐述如改变制度的约束使个体在自身演化过程中显示自涉偏好的同时也能更多的显示他涉偏好，以及如何对没有或少有他涉偏好的个体通过制度引导，从建设社会主义和谐社会的三个基本要素——经济的公平、政治的平等、社会的公正入手重塑居民公平、平等、利他、互惠等偏好。

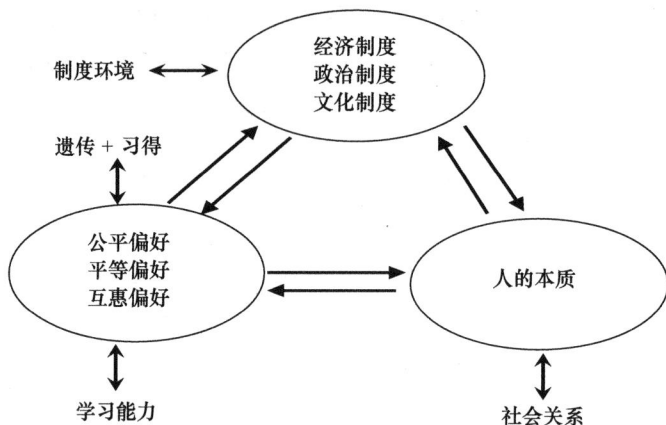

图3　制度变革对个体偏好影响的传递机理

1. 变革所有制，确立更加公平的分配制度

过去三十多年的非均衡改革极大地促进了生产力的飞跃发展，但同时也引发了以贫富差距不断扩大为主要特征的诸多利益矛盾与冲突等社会公平、公正问题，改革成果不能惠及全体社会成员，从而使经济增长、社会进步和民生改善不能同步协调进行，进而使经济发展偏离了以人为本的社会主义本质要求。因此，通过调整分配政策改变人与人之间的经济关系，促使市场经济体制下个体偏好由追求自身利益最大化向公平、互惠方向演化，消除贫富差距的持续存在和恶性发展，成为促进社会和谐发展、包容发展亟待解决的问题。同时，马克思的政治经济学原理告诉我们，生产决定分配，不管哪一种分配关系、分配方式都源于生产条件分配本身，都体现生产力与生产关系的水平和性质，如资本主义生产方式下的按要素分配和社会主义生产方式下的按劳分配。所有制作为生产关系的核心范畴，决定了生产资料的分配方式，以及由此确立的人与人之间的经济关系。我们还处于社会主义初级阶段，必须坚持以公有制为主体多种经济成分共同发展的所有制政策，分配方式上坚持按劳分配为主体，多种分配方式并存的体制。这表明虽然我们鼓励在社会主义初级阶段发展私人产权，容许适当按要素分配，但这一切必须以坚持公有制为主体作为前提，只有牢牢确立了这一基本命题，才能防止贫富差距的进一步扩大。同时，要加快公有制结构的战略性调整，公有制自身的实现形式可以也应该是多变的，过分强调单一的所有制（如国有制或公有制）必将导致市场经济中竞争主体的

缺失，导致各行业垄断和资源配置低效率的出现，从而导致不同行业收入的不均等。

在收入的分配制度方面，我们正处于由按劳分配向按要素分配的转型期，如何更好地通过三次分配实现社会财富的公平享有对于树立全体社会成员的公平偏好理念显得至关重要。我们提倡初次分配应注重效率，提高有知识、有能力而且辛勤劳作的群体的收入，降低资本收入在国民收入分配中的比重，使广大劳动者能真正实现"劳有所得"。二次分配要讲究公平，通过税收和转移支付等财政政策限制过高收入，支持和扶助弱势群体，建立全面、系统、适度和公平有效的社会保障体系。在三次分配中应大力发展慈善事业，通过多方面宽领域的宣传带动，鼓励富人群体在自愿的情况下帮助贫穷的群体改善生存状况，提高生活水平。

2. 推进政治民主、弥合政治分层，建立平等政治体制

恩格斯曾指出："一切人或至少是一个国家的一切公民，或一个社会的一切成员都应有平等的政治权利和社会地位，它保证了每个社会成员都有平等的机会参与社会政治，不允许以自己在政治上的特殊地位在政治活动中享有特权。"[①] 这里所说的基本权利指的是人们生存和发展的起码的最低的权利，如经济上的生存权、参政权、言论权等，也包括平等的考虑不同群体的政治利益，从政治资源配置角度确立人与人之间平等的政治关系，确立人的平等的本性不受异化。根据罗伯特·A. 达尔（1989）的观点，如果一个公民、一个群体有效参与政治的过程受到阻碍，那么将会导致其偏好被忽略，政治的平等就要求政府通过推进政治民主、弥合政治分层公平地考虑各个群体的偏好，使平等的观念深入人心并得到充分、真实的显示。

我们认为政府应该从以下两方面着手建立平等政治体制：一是发展参与式民主。参与式民主是当代西方以代议制民主为主要代表的自由主义民主模式危机的产物，它通过强调公众参与公共决策来提高政策的质量与合法性，从而来挽救代议制民主并成为其重要补充。进入 21 世纪以来，参与式民主作为一种重要的价值和理念，已上升为我国社会主义意识形态层面的价值追求，能够为我国宏观民主制度提供价值担当和逻辑补充，也能够充当我国中观民主政治体制改革的现实突破口。参与式民主提供了我国

---

① 《马克思恩格斯选集》第 3 卷，人民出版社 1995 年版，第 444 页。

社会主义协商民主得以运行的逻辑前提，为我国政治民主向行政民主的拓展提供了价值支撑点。二是构建合理政治分层。对于有权阶层，通过加强对他们的民主、法治观念教育，使他们在政策制定和实施过程中能真正抛开小集体的私利观，从最广大人民群众的根本利益出发，实现"基于公民权、民主和为公共利益服务的新公共服务模式"。同时，政府应该通过各种途径加强对处于政治分层中的中下层公民能力和政治意识的培养。公民要平等地参与政治活动、分享政治资源就必须具备基本的政治能力和政治意识，这样他才能把自己的合理诉求通过恰当的方式传达给决策者，才能更好地维护和保障自身权力不受侵害，才能提高自己的社会地位。结构—功能主义的创立者阿尔蒙德曾通过对五个国家公民文化素质水平的做过一项调查，结果显示公民能力的大小与其在该国的社会地位有着密切关系。我们知道社会地位会影响一个人的社会关系以及他的偏好取向，因此通过加强公民教育构筑有活力的政治分层对于此政治体制调整为核心的公民平等偏好塑造就有着重大意义。

3. 加强先进文化建设，以互惠偏好净化人的全面发展中的道德环境污染

社会经济的可持续发展与人的全面发展，不仅需要物质生产力和科技文化知识的高度发展作为物质基础与智力支持，而且需要社会利益结构的合理分配与道德、品格的全面提升作为制度基础与精神支撑。在某种意义说，道德品格是个人和民族的力量源泉。在文化体制改革和经济转型过程中，我们在理论上较多地受到英美新自由主义经济理论如西方新制度经济学的影响，热衷于自由市场经济的效率功能，忽视了先进文化和伦理道德制度建设，没有及时地建立社会主义市场经济的新秩序，个体之间以追求自身效用最大化为一切市场交易的动机和出发点，产生了较为严重的市场信誉道德环境污染问题。为此，要融合中华民族和人类社会创造的一切先进文化，从根本上真正推进和保护中国经济的市场化，使民间产权、自由选择、有序竞争真正成为中国市场经济的基石，塑造社会主义市场经济的信誉基础，真正培养市场化过程中个体交往的互惠行为，起着着力消除作为避免市场逆向选择和道德陷阱的制度信号失真问题，建立健全以竞争秩序、主体秩序、法治秩序和道德秩序为主要内容的社会主义市场经济秩序。要建立健全作为社会主义市场经济秩序之伦理基础的价值评价体系和道德准则体系。

二 小结

微观层面，马克思从社会实践活动考察人的本质问题，认为是社会关系形成人的本质，而社会关系的形成、发展是环境制约与主体能动性共同作用的结果，因此不同历史时期、不同阶层甚至同一历史时期、同一阶层的不同人的本质是不一样的。本质的不同导致不同人的价值观念、审美取向、资源禀赋等的差异，从而改变了他们的偏好选择集和从同一种商品中获得的效用大小。宏观层面，偏好的形成与发展离不开文化制度、经济制度、政治制度等各种社会制度的渗透，这点在青木昌彦的制度演化博弈模型和鲍尔斯的制度、偏好演化理论中已有论述，而根据唯物史观的观点，制度是随着生产方式的变化而不断发展运动着的，因此生产方式的发展、变革才是导致个体偏好演化的真正动力所在。以上论述只做抛砖引玉，我们期待在通过制度的调整引导个体偏好行为方面有更深入的研究，为政府体制机制改革提供更多有益的参考。

参考文献

［1］周小亮、笪贤流：《偏好的争论拓展与融合：理论假说与初步探讨》，《经济评论》2009 年第 6 期。

［2］鲍尔斯：《微观经济学：行为，制度和演化》，中国人民大学出版社 2006 年版。

［3］《马克思恩格斯选集》，人民出版社 1995 年版。

［4］马克思、恩格斯：《德意志意识形态》，南京大学出版社 2008 年版。

［5］腾起云等：《唯物史观的本质及其与人本史观的对立》，华文出版社 1997 年版。

［6］于金富：《生产方式：经典理论与当代现实》，社会科学文献出版社 2009 年版。

［7］Gintis, H., Bowles, S., Boyd, R. Fehr, E., "Explaining Altruistic Behavior in Humans", *Evolution and Human Behavior*, 2003 (24)：153 – 172.

［8］Sanchez, Angel Jose Cuesta, "Altruism May Arise from Individual Selection", *Journal of Theoretical Biology*, 2005, (235) 233 – 240.

［9］Hodgson, G. M., 1999, *Evolution and Institution：On Evolutionary Economics and the Evolution of Economics*, Elsevier inc.

［10］Eggertsson，*Thrainn*，*Economic Behavior and Institutions*，Cambrige：Cambridge University Press，1990.

［11］Bowles，S. and Sung Ha Hwang，2007，Social Preferences and Public Economic：Mecharism Design when Social Preferences Depend on incentives，Santa Fe institute，mimeo.

［12］何干强：《唯物史观的经济分析范式及其应用》，中国经济出版社 2009年版。

［13］叶汝贤：《唯物史观和人道主义、异化问题》，中山大学出版社 2009 年版。

［14］林泰：《唯物史观通论》，高等教育出版社 2006 年版。

［15］雷永生：《唯物史观形成史稿》，河北人民出版社 1987 年版。

［16］黄凯南：《个体偏好稳定与变化的关系分析》，南京理工大学学位论文 2004 年。

［17］董志强：《制度及其演化的一般理论》，《管理世界》2008 年第 5 期。

［18］叶航、汪丁丁、罗卫东：《作为内生偏好的利他行为及其经济学意义》，载《经济周刊》2005 年第 8 期。

［19］［美］珍妮特·V. 登哈特、罗伯特·B. 登哈特：《新公共服务：服务，而不是掌舵》，中国人民大学出版社 2004 年版，第 165 页。

［20］霍奇逊：《经济学是如何忘记历史的北京》，中国人民大学出版社 2008年版。

［21］董志强：《制度及其演化的一般理论》，《管理世界》2008 年第 5 期。

［22］杨春学：《和谐社会的政治经济学基础》，《经济研究》2009 年第 1 期。

［23］Bowles，S.，Gintis，H. "Reciprocity，Self – interest，and the Welfare State"，*Nordic Journal of Political Economy*，2000（26）：33 – 53.

［24］Camerer，C. and Thaler，R.，1995. "Ultimatums，Dictators and Manners"，*Journal of Economic Perspectives*，Vol. 9，pp. 209 – 219.

［25］Cardenas，J.；Stranlund，J. and Willis，C.，2000. "Local Environmental Control and Institutional Crowding – out"，*World Development*，Vol. 28（10），pp. 1719 – 1733.

［26］Charness，G. and Rabin，M.，2002. "Understanding Social Preferences with Simple Tests"，*Quarterly Journal of Economics*，Vol. 117，pp. 817 – 869.

［27］Cox，J.，2000，*Trust and Reciprocity：Implications of Game Triads and Social Contexts*，Mimeo，University of Arizona at Tucson.

［28］Dawes，R.，1980. "Social Dilemmas"，*Annual Review of Psychology*，Vol. 31，pp. 169 – 193.

［29］弗罗门：《经济演化——探究新制度经济学的理论基础》，经济科学出版社 2003 年版。

论经济全球化背景下中国国际话语权构建

李鉴修[*]

经济全球化发展已是不争的事实。世界的联系从来没有这样的紧密，难以分割。随着中国综合国力的提升和在国际事务上的影响力日益增强，扩大国际话语权成为中国抓住机遇、迎接挑战、促进发展的一种强烈诉求。我们必须高度重视话语权对中国推进改革，扩大开放、深化合作的重要意义。正确认识我国话语权面临的困境和存在的问题。切实采取有效措施，加强中国话语权建设，以获得全球化竞争的主动权。

一 国际话语权构建是中国应对经济全球化 深入发展的必然要求

国际话语权是指"以国家利益为核心，就社会发展事务和国家事务等发表意见的权利，而这些事务是与国际环境密切相连的，并体现了知情、表达和参与权利的综合运用。就其内涵而言，这一话语权就是对国际事务、国际事件的定义权、对各种国际标准和游戏规则的制订权以及对是非曲直的评议权、裁判权"[①]。中国已经发展成为世界第二大经济体。在中国全面融入国际体系的背景下，国际关系加速调整，逐渐从以传统的实力竞争为主转变为推进利益合作基础上的话语竞争为主，话语权的争夺成为国际关系的新特征。在经济全球化的竞争与合作中，构建中国话语体系，向世界说明中国，让世界了解中国，是实现国家利益，推动和谐发展

* 李鉴修，河北省社会科学院副研究员，研究方向：科学社会主义。
① 梁凯音：《论中国拓展国际话语权的思路》，《国际论坛》2009 年第 3 期。

的内在需要。

（一）有利于说明中国发展道路

改革开放 30 多年来，中国现代化建设取得了举世瞩目的伟大成就，国内外都在关注着中国的发展。有的从积极的方面提出"中国模式"、"北京共识"等观点。有的则别有用心提出"中国崩溃论"、"中国傲慢论"、"中国责任论"等论调。不管其观察问题的视角和目的怎样，这些都表明，我们需要从理论和实践上对中国道路、中国经验进行深入的研究、总结，以确立自己的观点、理论和话语体系。胡锦涛总书记在庆祝中国共产党成立 90 周年大会上的讲话中深刻指出："中国特色社会主义道路，就是在中国共产党领导下，立足基本国情，以经济建设为中心，坚持四项基本原则，坚持改革开放，解放和发展社会生产力，巩固和完善社会主义制度，建设社会主义市场经济、社会主义民主政治、社会主义先进文化、社会主义和谐社会，建设富强民主文明和谐的社会主义现代化国家。"但是，"国际社会总是从外在的原因进行探讨，不愿意从制度上探讨中国成功的缘由，不愿意把中国的发展与其制度联系在一起，尤其与社会主义这个概念联系在一起。唯恐说中国的成功是基于社会主义制度的成功，是出于意识形态的原因，对此表示无法解释"[①]。这种现象凸显了话语权建设的紧迫性和必要性。因此，构建中国国际话语权，作出令人信服的阐释和说明，是解决这一问题的有效途径。

（二）有利于建立公正、合理国际新秩序

法国后结构主义的主要代表人物米歇尔·福柯认为，话语的外在功能，就是"对世界秩序的整理"，因此，谁掌握了话语，谁就掌握了对世界秩序的整理权。随着全球化的进一步发展和国际社会的形成，现代意义上的话语权的主体已由一般的公民、社会组织扩展到民族国家等，充分平等的话语交流是构建公平合理的国际秩序和促进国际社会民主进步的必要条件。在全球化进程中寻求国际秩序的协调发展，是各国追求的共同目

---

① 辛向阳：《中国道路的成功并非运气和无法解释——中国特色社会主义制度是对中国道路成功的科学回答》，中国共产党新闻网，2011 - 8 - 25 。

标。在全球化条件下，信息革命和资本的全球性流动为文明广泛而迅速的传播提供了载体、工具和渠道，促进了各民族文化的交流、学习与借鉴；能源、环境、恐怖活动等全球性问题的凸显，迫使人们从人类整体利益考虑问题，并深刻认识到建立一个公平合理的国际新秩序的重要意义。① 中国作为最大的发展中国家，坚持和平与发展的利益诉求，坚持和平共处五项原则，为国际社会树立了榜样。加强话语权构建，不仅能借助于汉语及其所承载的文化进行思维和表达，而且能把国家不分大小强弱一律平等的思想付诸实践，使国与国之间相互尊重，求同存异，并在制度上保证所有国家都能平等地参与国际事务的讨论和处理，从而影响和推动建立公正、合理的国际新秩序。

（三） 有利于推动经济全球化健康发展

中国的发展是和经济全球化发展密切相关的，特别是我国加入世界贸易组织以后，经济上更加深度融入世界经济体系之中。这不仅给中国经济发展增添了活力，而且加速了中国融入全球经济与贸易体系的步伐。加入世贸组织赋予中国 WTO 成员资格，在产品与服务方面，外部世界为中国提供了一个更加广大、更加稳定的全球市场，而正是这种稳定性使得中国在如此短的时期内成为世界工业产品出口大国。从 2001 年到 2011 年的 10 年间，中国货物出口年均增长 22%，规模增长 4.9 倍，占世界出口中的比重由 4.3% 提高至 10%，从世界排名第六位跃居第一位；期间中国进口年均增长 21%，规模增长 4.7 倍，占全球的贸易比重由 3.8% 升至 9%，排位从第六位升至第二位。这一方面得益于我们能够抓住机遇，积极汲取其他国家先进的经营和管理经验；另一方面，也得益于我们坚持中国特色社会主义制度，不断发展和完善社会主义市场经济。但是，我们也应当看到，由于发达国家的主导，使各国各地区在全球发展中的地位和水平进一步出现差异。广大发展中国家面临许多新的挑战，发展更趋困难，南北贫富差距进一步扩大。这不仅不利于全球经济的健康发展，也不利于地区和世界的和平与稳定。特别是美国金融危机引发的世界经济动荡，更加暴露了经济全球化发展存在的自发性、盲目性、滞后性和周期性等缺陷。因此，加强中国国际话语权，就能够利用我们的经验和智慧，全面审视经济

---

① 阮建平：《话语权与国际秩序的建构》，《现代国际关系》2003 年第 5 期。

全球化的进程，并加强对这种进程的正确引导。进一步揭露和抑制发达资本主义国家在平等竞争的旗号下掩盖着的经济霸权主义、金融霸权主义和技术霸权主义，减少给发展中国家带来新的经济和主权威胁，促使经济全球化朝着积极健康方向发展。

二 经济全球化背景下中国话语权建设面临的问题

当今中国面对的世界话语权环境，尽管随着中国综合国力的大幅提升有了很大的改善，但总体状况并不令人乐观。

(一) 中国掌控的国际话语权有限

中国作为全球第二大经济体、世界第一贸易大国，外汇储备居世界第一位，但掌控国际话语权有限。以美国为首的西方国家主导国际话语权的根基依然坚固。在"西强我弱"的既有历史结构下，中国话语的国际说服力在一定程度上受制于西方主流的观念和意识形态，例如，针对世界对中国崛起产生的疑虑和担心，中国提出了建立"和谐世界"的理念。在有关国际秩序的基本价值与基本观点两方面作出了完全不同于"霸权稳定论"的判断，具有现实性、科学性与进步性；并以此为遏制战争、维护和平和构建世界新秩序指出了一条新路。然而，我们只有好的观念却缺乏深入的学术论证和学理支撑，结果是优势观念流于政策性宣告，说服力大打折扣，更没有能够置奉行相反政策的国家于道德困境之中，使这一优势观念没能转化为具有引导力的国际主流话语。相反，当中国在台湾、西藏、南海、钓鱼岛等事关国家根本利益上表示强硬态度时，却引来"中国威胁论"等指责，而陷中国于被动之地。再比如，中国在节能增效、发展新能源、防灾减灾等应对气候变化的各个方面都作出了艰巨努力，也取得了很大成就。然而，由西方国家及其舆论界主导下的国际社会对中国的努力和成就视而不见，对中国的历史排放和人均排放都不高、国内不同地区发展差距大、总体发展程度较落后等事实漠不关心，却对中国的排放总量及其增长速度"情有独钟"；而中国一直无法把自身真实情况，特别是在应对气候变化方面的努力和成就有效传递到国际社会，还长期承受着巨大的国际压力，"中国气候威胁论"、"中国气候责任论"等甚嚣尘上，对中国的国际形象构成较大损害，对中国的合法权益构成严峻挑战。① 这些现象表明，中国在国际舞台上的话语分量依然有限，中国在国际主流舆论中的形象依然负面。在一定程度上说，以美国为首的西方国家冷战思维犹存，以中国为潜在对手和"假想敌"，着意围堵中国的舆论，并妖魔化中国。

（二）中国设置国际议题和制定国际规则的话语能力欠缺

设置国际议题和制定国际规则的能力虽然不单单取决于话语的使用，但现实告诉我们，当今世界的许多国际议题的设置，许多国际规则的制定，是不同国家间话语竞争的结果，阐述理论和思想的话语的使用在其中起到了至关重要的作用。经济全球化的深入发展，使许多方面都可被设置为国际议题，进行讨论并寻找解决方案。比如，全球化与反全球化、全球治理、人权与人道主义援助、维和、反恐、反核扩散、减少贫困、环境保护、气候变化与减排、互联网安全与信息自由、生物技术风险管理与伦理禁忌、金融制度改革与稳定、区域经济合作与一体化等。虽然我们在许多问题的解决中，特别是在当前的全球性金融制度改革和东亚地区的自由贸易区建设中扮演着越来越重要的角色，但总体上说，中国的话语能力和话语质量仍然偏弱，多数情况下表现为对西方话语作出反应，处于结构性弱势当中。比如，当西方有人指责中国在非洲搞"移民"、搞"新殖民主义"时，我们才被动应付，进行辟谣，而缺乏事先设置此项议题的工作。

（三）中国的国际身份"被定位"的状况堪忧

话语权是一个国家建构自己国际身份或国际角色的重要手段，每一个国家都会用自己的话语向国际社会表明自己的国家身份定位。国家的国际身份定位往往有多个角度，而整体性身份性质的定位或其中某些关键项的定位对于国家形象的建构有着直接影响，因而也影响到其国际话语权。在中国与世界的联系中，曾被恶意地定义为"黄祸"、"东亚病夫"之国，对中国形象造成了非常恶劣的影响。新中国成立后，中国对于自己的定位是社会主义国家、世界上最大的发展中国家、坚持和平发展道路的国家

---

① 王伟男：《试论中国国际气候话语权的构建》，《中国社会科学院研究生院学报》2011 年第 1 期。

等。而西方国家，特别是美国，则把中国视为非自由民主国家、非市场经济国家、霸权的挑战者、前现代国家，甚至侵犯人权的国家等。这种种定位构成了"中国威胁论"的意识形态和认识论基础。无论如何，世界上"唱高"中国和"唱衰"中国的言论频出，不一而足，且都有其强势的话语支撑，极大地影响了人们对中国的认识和态度。这种被定位的状况严重侵蚀了中国自身的话语权，削弱了中国国际话语权的影响力。

三　经济全球化背景下中国话语权建设的对策和建议

中国要获得与经济实力、大国形象相匹配的话语权，就必须努力调动国内外一切积极因素，最大化地将财富转化为权力，尽快摆脱"国大声弱"的困局，提升国际话语权。

(一) 抓住时机，讲好中国故事

受金融危机的影响，美国正处于力量使用过度、实力相对衰落、国际信誉最差的时点。欧洲也深陷主权债务危机的泥潭，经济社会发展遭遇重创。中国在应对危机，促进发展中，虽然也面临着许多困难和矛盾，当总体上还是举措得当，发展势头良好，已然置身于国际舞台中心地带，我们应该用好机遇，向世界讲好中国故事，在舞台中心发出强音。中国的崛起宣告了西方流行的一些流行理论的失效，甚至破产。按照他们的理论模式，中国在 20 世纪 80 年代末 90 年代初就会走向"历史的终结"——福山曾预言社会主义政权的崩溃将是全世界统一到西方新自由主义发展模式的最后一战，即使侥幸渡过了这一劫难，也会在邓小平去世或中国加入世界贸易组织后走向崩溃，又或在世界性金融海啸后走向没落。然而，他们每一次的预测都被中国快速、稳定的发展现实所击碎，在现有理论失去了解释力后，他们只能用"中国奇迹"、"中国之谜"对中国的实践进行叙说。我们就是要利用当下世界对中国的好奇和期待，对中国故事作出令人信服的因果论证，用新的话语去讲述，用新的理论去诠释，用新的思维去续写，用新的视野去概括。比如，我们应该思考"中国模式"问题。伴随着中国经济的发展，"中国模式"这个词也逐渐在国外媒体中升温。金融危机的爆发，越发让这个概念变得炙手可热。针对是否存在一个所谓的"中国模式"、什么是"中国模式"、"中国模式"对中国和世界的意义是什么、一个崛起的中国将会多大程度上改变现有的世界等问题，我们需要做出理性、客观的解释和说明。以中华文明的智慧，深入思考和阐释中国的原生文明与人类整体文明的关系。这种解读已然开始，但很难说已有统一看法。这种解读还将随着中国现代化道路的发展而继续。此外，我们也不能被些许的成功冲昏头脑，我们要理性地向世界说明中国的方方面面，就像温家宝总理在 65 届联大上就中国 GDP 居世界第二的问题向世界"诉苦"那样，实事求是地告诉世界一个真实的中国。

（二）凝聚力量，提高设置、处置议题和制定国际规则的能力

经济全球化的不断深入，全球性问题随之凸显。这些问题波及范围和深度已经超越传统国界，超出单个国家应对的能力，超越了制度和意识形态差异，涉及全人类的利益。这就需要我们凝聚各方面力量，甚至国内外的力量，取长补短，共同应对。比如，在全球化条件下，国际贸易波动会影响国内经济发展，影响收入分配、社会稳定和政府能力等，并引致安全隐患，它已经成为国际上的重要安全议题，并将其他领域涵括了进来。在既有贸易体系下，发达国家与发展中国家之间的"鸿沟"越来越大，不公正的贸易体制一方面使弱国和贫困人口丧失利用贸易走向未来的能力，另一方面，这种不公正非但不会让贸易带来和平，反而会在国家和族群间播下冲突的种子。这就需要中国发挥自身优势，同广大发展中国家一道，以国际道义和国际准则为依据，积极设置和处置议题，采取有效措施，妥善应对矛盾和问题，积极致力于建立公正、合理国际新秩序。从最近发生的事件来看，金融危机以来，美国不断施压要求人民币升值，中美两国贸易摩擦频发。2012 年初，美国成立贸易执法部门调查中国等国贸易行为等，严重影响了世界贸易的稳定与发展。围绕光伏"双反"，中国和欧盟之间展开了一场暗战。目前中国方面除了有可能对产自欧盟的多晶硅发起"双反"立案调查外，还留有更多反制措施的"后招"，目的是要实现"精准"反击。[①] 当前，世界经济复苏依然乏力，美国主权信用评级下调、欧债危机加剧，舆论普遍认为标普、穆迪和惠誉这 3 家信用评级机构扮演

---

① 陈其珏：《中国对欧光伏贸易反制有后招 可力争通过 WTO 解决》，《上海证券报》2012年 8 月 21 日。

了"推波助澜的角色"①。这些问题和事件都凸显了议题的设置和处理、规则的制定对掌握话语权的重要性和紧迫性。因此，我们必须凝聚力量，加强共识，在诸如国际贸易体制和机制、国际信用评级机制方面有所作为，把握主动权、话语权。

（三）创新举措，积极拓展对外传播渠道

全球化时代是话语权竞争时代。要把我们所坚持和倡导的道义准则向世界说明白，掌握国际话语权，必须充分考虑民族风俗、文化传统、思维方式和价值观念的差异，突破"西方国家的民族或文化中心主义意识及其衍生物刻板成见"，克服"中西不同的语境文化类型，以及语言障碍"②。不断拓展对外传播渠道。第一，善用媒体。随着全球信息传播的进一步发展，"媒体即信息"③的作用更加凸显，媒体在国际话语权竞争中发挥着越来越大的作用。媒体发出的信息，引导着公众的兴趣和社会的舆论，其传播的范围越广，影响就越大。舆论持续并扩散至全球范围，往往会在一定程度上影响事件的发展和走向，最终影响一个国家的形象和利益，因此，赢得话语权，就必须善用媒体，在媒体传播中主动设置中国议题。第二，"借船出海"。尽管中国经济迅速崛起，但在世界上的传播能力还远不如西方。美联社、法新社、路透社等世界性媒体控制着世界绝大部分信息和传播话语权。我们要想把自己的声音传播的更广，就要通过积极设置国际议题，影响国际其他媒体，利用"媒体间议程设置"效果④，扩大设置议程的影响范围。第三，加强公共外交。公共外交的实质是公众参与的信息和观点的流通，公共外交的行为主体包括政府、社会精英和普通公众。通过公共外交，可以更直接、更广泛地面对外国公众，从而能更

---

① 众石：《中国应积极争取国际金融"话语权"》，《中国青年报》2012 年 1 月 11 日。

② 陈燃如：《跨文化传播原理在我国对外宣传中的运用》，《现代传播》2007 年第 1 期，第 141 页。文中引用 Larry A. Samovar Richard E. Porter Lisa A. Stefani 的观点，谈到了"复杂语境文化（high context culture）和简单语境文化（low context culture）"。

③ 这是加拿大传播学大师麦克卢汉提出的观点。

④ 详见吴世文、朱剑虹《全球传播中我国建构国际话语权的探究》，《新闻传播》2010 年 11 月，第 15 页。该文指出：在全球传播中，国际受众对于中国事务的了解主要是在媒体塑造的"拟态环境"中进行，其间国际受众的本国或本土媒体是必不可少的中介，且"把关"作用十分突出，中国媒体通过设置媒体间议程，能够间接地利用它们宣传中国，同时牢牢树立中国的国际话语权。

有效地增强本国的文化吸引力和政治影响力,改善国际舆论环境,维护国家的利益,表现本国的真实形象。在国际交流日益密切的情况下,公共外交空间广阔。应建立统一的公共外交领导机构,加强对我国公共外交工作的领导和协调,整合资源,形成合力,多方协作,优势互补。

参考文献

[1] 张志洲:《话语质量:提升国际话语权的关键》,《红旗文稿》2010 年第 14 期。

[2] 赵可金:《后危机时期的大国关系集中为话语权的竞争》,《学习时报》2010 年 12 月 27 日。

[3] 梁凯音:《论中国拓展国际话语权的新思路》,《国际论坛》2009 年第 3 期。

[4] 曹文振:《经济全球化的论争》,《世界经济与政治》2001 年第 8 期。

[5] 阮建平:《话语权与国际秩序的建构》,《现代国际关系》2003 年第 5 期。

[6] 王眉:《把中国模式解释好》,《对外传播》2011 年第 1 期。

[7] 王伟男:《试论中国国际气候话语权的构建》,《中国社会科学院研究生院学报》2011 年第 1 期。

[8] 江涌:《中国要说话,世界在倾听——关于提升中国国际话语权的思考》,《红旗文稿》2010 年第 5 期。

马克思经济学基本概念、原理及学科形态的可深化与发展研究

赵复斌*

一 引论

马克思经济学运用《资本论》原创了世界上独一无二的两大基本理论，一个是用于经济学分析基础的商品两因素之说，另一个是用于政治经济学分析基础的剩余价值理论。

从近代到现代时期，国际国内已发生了两个大的"社会转型"：一是国际社会已逐步由"体力汗水型、初级工业型、难以温饱型社会"转向"脑力心血型、工业信息型、温饱富裕型社会"；二是国内社会主义计划经济已经转向社会主义市场经济。以此为时代背景或理论依据，本文重点探索由《资本论》体现的马克思经济学的基本概念、原理及学科形态是可以持续深化与发展的。现围绕此议题提供两个研究报告。

（一）经济学关于资本解析的探新研究

《资本论》创立了著名的商品两因素（即使用价值与价值）①之说。在此基础上又有价值的溢出或盈余是剩余价值，剩余价值被商品蕴含，通过流通领域的"物—币交换"而转化为资本财富。这就是著名的剩余价值理论。由此可知，在《资本论》中，使用价值以及当时还没有引起马克思

---

* 赵复斌，湖北省荆州市社会科学联合会学术委员会委员，研究方向：经济学及政治经济学基础理论。

① 马克思：《资本论》第 1 卷（上），人民出版社 1975 年版，第 47—49 页。

重视的质量因素一直被"排列"在价值、剩余价值、交换价值、价值形式及资本财富之外。继而可知,《资本论》经济学的价值、剩余价值、交换价值、货币资本、资本财富等所有权重概念及定义因子,基本上倾重于商品的"交换规模"及"数量多少"而不包含商品的"使用档次"及"质量高低",当然也就没有两者的相互作用及关系。

本文分析《资本论》定义价值概念的理论背景在于马克思所处的时代是"体力汗水型、初级工业型、难以温饱型"社会。

正是在这里,身处现代时期的我们才猛然发觉,马克思所处的社会形式使得当时人们认识其物化特征时具有"注重经济规模及数量"、"忽略经济档次及质量"的特点。因此,从近代时期到现代时期,随着人类逐步由"体力汗水型、初级工业型、难以温饱型社会"向"脑力心血型、工业信息型、温饱富裕型社会"的重心前移,随着人类脑力、智能、心血像体力、体能、汗水一样大规模、高效率地登上劳动舞台,随着人类粗放型、数量型经济转变为集约型、质量型经济,随着社会主义经济建设的"又快又好"转向"又好又快",这些都决定了在《资本论》中被排列在价值旁边的使用价值及质量因素,迫切需要回归价值行列,并发挥像交换价值及数量因素一样的决定作用。

从这里着手,本文对《资本论》关于商品两因素的排列分析进行了重要调整和论证:首先让商品价值还原为商品属性"总称"或"母体"位置。紧接着,让使用价值及质量因素回归价值行列。在价值行列里,通过综合分析和归纳整理,将有两组出色的概念"因子"被提炼出来,它们就是供理论经济学作抽象、定性分析的使用价值与交换价值,和供运用经济学作具体、定量分析的质量价值与数量价值。

价值的这两组要素在价值内部各就各位、各司其职:使用价值定性表现价值主体的第一个抽象属性,其含义是所有价值总处在不同的使用级别、层次、品位即"使用档次"上,并由质量价值定量其"质量高低";交换价值定性表现价值主体的第二个抽象属性,其含义是所有价值总具有各不相同的交换比例与关系即"交换规模",并由数量价值定量其"数量多少"。

紧接着,价值的两组要素在价值内部相互依存、对立、促动,由此激烈竞争决定价值及剩余价值的"话语权",直至动态形成价格的定价机制。

这里交换价值的"交换规模"及数量价值的"数量多少"比较容易

理解。这里使用价值的"使用档次"表现的是人类在不同历史时期所梯接的纵向生产能力,它们具有远古自然生存本能、古代手工业、近代机器大工业、现代信息化产业的更新换代区别,由此证明人类科学技术及生产力不断获得突破与飞跃的革命性意义。而使用价值中由质量价值所表现的同种类"质量品质及高低差距",则具体反映众多生产单位及生产者在"相同时段"里所具有的横向生产水平。

在市场经济及商品生产无所不在、无孔不入的人类世界里,为了加深认识商品价值"母因素"分析的经济学意义,我们需要进一步理解商品的价值概念不但拥有确定的经济学范畴例如使用价值、交换价值、质量价值、数量价值等定性、定量因子,而且拥有庞大丰富的泛经济学范畴例如信息价值、文化价值、艺术价值、精神价值、道德价值、人文价值等扩大化意义。

根据上述推导,我们可以顺利把《资本论》关于资本的程序分析即"商品两因素:使用价值与价值。价值→剩余价值→交换价值→物币交换→资本财富"的"单一注重数量程式",进一步深化、扩展为"商品属性:价值。价值→剩余价值→使用价值与交换价值→质量价值与数量价值→动态合成价值及剩余价值→物币交换→资本财富"的"质、数复合程式"。在这个"质、数复合程式"中,使用价值与质量价值是价值母体内部的"使用主体"及"质量量值"之所在,它决定商品价值的"存在档次"及"质量高低";交换价值与数量价值是价值母体内部的"交换主体"及"数量量值"之所在,它决定商品价值的"交换规模"及"数量多少",由此构成客观经济(即物化游戏)的"双螺旋结构"并发挥"双引擎作用"。

这里的叙述并不是在做概念游戏,但却是重大的概念变化分析。它蕴含着马克思经济学可以树立的崭新立足点,由此推动我国经济学基础研究向前发展,并为世界经济学作出贡献。

(二) 政治经济学关于"批判与建设的相关性原理"探索

大家已知道,《资本论》原创了著名的资本成因说及剩余价值理论:资本作为剩余价值的货币化产物,是资本家剥削工人血汗并压迫工人开展"异化劳动"的原罪及根源所在。显然,这里的资本是需要明确否定的东西,继而需要明确否定资本主义。因此,马克思政治经济学是关于市场经济及商品生产的"批判政治经济学"并包含"批判性原理"。

中国社会主义在邓小平理论指导下大规模开展了市场经济建设并获得了实践检验和巨大成就。显然，邓小平理论蕴含了"建设政治经济学"的"建设性原理"。

在这里，邓小平理论同马克思政治经济学并不是相互抵触的，它们之间必定存在着一个微妙"接合点"有待我们去探索、发现，特别是找到人类市场经济及商品生产"批判与建设的相关性原理"及学科形态。

本文通过分析论证，将明确资本是一种物化价值形态，主义则是一种制度意识形态。人类的资本性财富在价值规律特别是剩余价值规律支配下，总是会被人类的市场经济及商品生产源源不断地生产、创造出来。只是这个过程总是由人类的个体、家庭、阶级、民族、国家、联盟等"社会矢量"去进行，它们必定会"结成"相应的生产关系及社会联系，直至"合成"相应的社会制度及法律规则，并由各种主义体现其根本性质，随后反回去发挥能动作用或强力约束，由此决定剩余价值及资本财富归谁所有、所用？以及所有、所用是否公平、合理、合法？显然，只有各种主义及制度形态才真正反映人们对资本的根本看法（即财富世界观），例如是造血强身，还是贫血弱体？是保鲜除菌，还是污染变质？是主流创造，还是逆流异化？是廉洁促进还是腐败倒退？对此，马克思已给予我们一种用概念铸就的革命武器，那就是他的"政治经济学批判"及"批判性原理"。紧接着，我们把马克思的"批判性原理"同邓小平理论结合在一起并升华到学科形态的概念高度，就可进一步探寻政治经济学"批判与建设的相关性原理"，并研究经济与政治、资本与主义、游戏与规则、生产力与生产关系、经济基础与上层建筑等层次关系及逻辑命题，直至形成政治经济学的崭新形式与内容，由此把马克思关于无产阶级根本利益的剩余价值论深化、发展为关于劳动人民乃至整个人类利益的科学财富论，从而为社会主义物化实践所运用，并对人类物化历程起推动作用。

二　商品因素分析将随社会转型而发生重大变化

马克思商品因素分析的重要创新节点。

商品因素分析被马克思称为"经济学的细胞研究"[①]。因此，它的可

[①]　马克思：《资本论》第 1 卷（上），人民出版社 1975 年版，第 8 页。

否深化与扩展应是推动马克思经济学能否获得创新的一把钥匙。

（一）马克思关于商品因素分析的原创要义及时代特点

马克思的《资本论》是从商品因素的概念分析开始的，他通过推导获得了商品两个基本因素是使用价值与价值的基本结论，即"商品属性：价值；使用价值"。紧接着《资本论》认为，价值的数量溢出或盈余是剩余价值，只有剩余价值才可胎生资本财富。由此可知，《资本论》特别注重的价值学走向是"价值→剩余价值→交换价值→法定货币→资本财富"。在这里，使用价值与质量价值只是一种"物化载体"，而不是价值及剩余价值的决定因素。

马克思在《资本论》中论述道："只是社会必要劳动量，或生产使用价值的社会必要劳动时间，决定该使用价值的价值量。"① 在这里，商品的价值及剩余价值的价值量，都是由社会必要劳动时间即"劳动数量"去衡量并决定的。

正是在这里，我们注意到，鉴于人类社会的经济存在形式已发生了"体力汗水型、初级工业型、难以温饱型"向"脑力心血型、工业信息型、温饱富裕型"的重心前移，因而不难论证转型变化后的人类社会对价值及剩余价值的生产与创造，不再单纯由"劳动数量"所决定，而是由"劳动数量"与"劳动质量"的"互价机制"所决定。正是此原因，才使得使用价值与质量价值需要回归价值行列，并在价值内部发挥"质"的决定作用，就像交换价值与数量价值在价值内部发挥"数"的决定作用一样。

（二）劳动量与劳动生产力成"反比例"一类方式的互价机制

正因为马克思所处的时代是"体力汗水型、初级工业型、难以温饱型社会"，故《资本论》在论述怎样确定价值量及剩余价值量时，才采用了"社会必要劳动时间"或社会统计、平均劳动数量②去衡量。《资本论》论述了资本家往往采用"延长工时"生产"绝对剩余价值"和"加大劳动强度"生产"相对剩余价值"③的两种方式，由此让工人尽可能多

---

① 马克思：《资本论》第 1 卷（上），人民出版社 1975 年版，第 59 页。
② 同上书，第 50—52 页。
③ 同上书，第 201—347 页。

地付出劳动数量，以赚取更多的价值利润及资本财富。这又进一步证明《资本论》所讲的价值和剩余价值，其重心都在同"劳动数量"相对应的"体力劳动及体能汗水"之上，而由使用价值所反映的同"劳动质量"相对应的"脑力劳动及智能心血"，也就未能参与对价值及剩余价值量的决定了。不过，《资本论》还是给我们预留了一个反思使用价值及质量因素可以决定价值量和剩余价值量的"创新空间"，那就是《资本论》明确提示的："商品价值量与体现在商品中的劳动的量成正比，与这一劳动的生产力成反比。"[①] 我们把"劳动量与劳动生产力实际上是在共同决定价值大小"的相关作用，称为劳动价值创造商品价值的"互价机制"。

在这里需要明确指出，所谓劳动量与劳动生产力成反比例的互价机制并不是唯一机制。除此之外，还有另外的多种情况甚至反悖情况出现，例如正比关系[②]，四两拨千斤的杠杆关系，你上我下的跷跷板关系乃至几何级数关系等。例1，正比例情况，一个职员工作了一天时间，但论效率却做了两天的事，这里按劳动数量只能计为一天，但按劳动生产率却增大了两倍即可计为两天。例2，几何级数关系，一个职员只工作了一个星期或一个月或一年时间，但却做出了产品的重大革新和发明，或取得了较大的合同订单，或推销了一批生产成品，此时的劳动生产力对价值量的贡献与决定就有可能是几何级数了。

在此，有一个至关重要的问题需要明确解答：使用价值及质量因素是怎样进入价值、剩余价值及货币化资本的财富范畴的？

马克思在《资本论》中认为商品价值的交换价值及交换量是由"社会必要劳动时间"（即社会统计、平均时间）所确定的。这里的关键是社会必要劳动时间又由什么决定？是由单纯的"劳动数量"决定，还是由"劳动数量"与"劳动质量"的相互关系及"互价机制"所决定。如果仅是前者，社会必要劳动时间将是一个恒量，用 T 表示；如果是后者，社会必要劳动时间将是一个因"劳动质量"发生"相对作用"而出现增减的变量，用 kT 表示。k 为"劳动质量"作用系数，k 应有三种情况：$k < 1$ 并 > 0 时为折减，$k > 1$ 时为倍增，$k = 1$ 时才为《资本论》所论述的

①　马克思：《资本论》第 1 卷（上），人民出版社 1975 年版，第 53—54 页。
②　程恩富、马艳、孟捷等：《劳动生产率与价值量关系新探》，上海财经大学出版社 2011 年版，第 4 页。

纯数量情况，k＝0时则是"劳动质量"对"劳动数量"的完全否定。

事实是，人类的商品生产力、科技水平、生产效率等总会不断提高并换挡。这不但直接决定商品的使用价值及质量因素发生变化，而且会使社会必要劳动时间成"反比例"等多种方式增加或减少。此时，社会必要劳动时间并不是一个恒量，而是一个由"劳动质量"对"劳动数量"进行综合折算的变量。因此，"劳动质量"的不断提升无疑更具有否定、革命的意义，它总会在"预先"、"同时"或"后来"的各个时段里，随时随地对社会必要劳动时间发生递减或递增作用，由此把自己注入社会必要劳动时间里，从而影响、决定商品的交换价值及数量，继而影响、决定剩余价值向货币资本变现时的大小。因此，商品的使用价值及质量价值同交换价值及数量价值同样都是商品价值及剩余价值的决定因素，而更关键的是它们之间所固有的互价机制。

（三）价值规律的内部分解与合成

《资本论》已论及的价值规律就是价值规律，一般是不可以再分解的。

《资本论》对价值规律的论断可以这样理解：商品价值由生产商品的"社会必要劳动时间"所决定，商品及使用价值只有以价值的交换价值量为量化依据才可获得流通、交换①。对此，本文认为这种规律其实说的是使用价值规律。因为这个规律针对的主角是使用价值及质量因素。它表明商品的使用价值及质量因素需要以商品的交换价值及数量因素为询价凭据才可流通、交换，才可提高质量及档次。反过去，商品的交换价值及数量因素要想在市场里推销、抛售出去，它们是否也需要以商品的使用价值及质量因素为询价依凭才可流通、交换？才可扩张其规模、增加其数量呢？本文对此回答是肯定的。因为它们都是片面的存在，它们都不能自己指证自己，它们相互架构依存，缺一不可。于是，在使用价值规律之外，还有另外的交换价值规律存在，这个规律针对的主角是交换价值及数量因素，它明确表示商品的交换价值及数量因素需要以商品的使用价值及质量因素为询价凭据才可获得流通、交换，才可增长其数量及规模。

正是在这里，价值规律内部像价值内部一样需要分解为两层含义才具

---

① 吴振坤主编：《马克思主义政治经济学》，中共中央党校出版社2000年版，第25页。

有学术研判意义。

第一层含义：商品被劳动者生产出来后，按照我们的传统理解所认定的即《资本论》揭示的价值规律可知：商品的流通交换是商品使用价值的流通交换，并需要用交换价值量作为数量凭据才可实现。这充分说明传统价值规律的表述对象是买方所追求的使用价值，即商品使用价值需要通过交换价值的数量"桥梁"或"媒介"才能畅通无阻，才能提高质量和档次，才能发挥促动生产力的"放大效应"。于是，传统的价值规律在它的第一层含义上已把自己让渡给了使用价值规律。由于使用价值的量化指标是质量价值，因此，使用价值规律的量化分析是质量价值规律。

第二层含义：对于商品交换的卖方而言，他们不断把使用价值越来越高、质量越来越好的商品推向市场，其真实目的并不是为了使用价值及质量因素本身，而是为了用最少量成本价值去赚取更多、更大的剩余价值。而传统的价值规律又难以解释"商品价值之后的剩余价值总会源源不断地被创造出来而且越来越大"这种规律情况，因而需要用新的规律也就是交换价值规律对其加以揭示。于是，传统的价值规律在它的第二层含义上又把自己让渡给了交换价值规律。这一规律主要偏重于体现商品卖方所具有的要求、愿望及目标。在这里，商品的使用价值及质量因素又相对转变为了"指证"其交换价值及数量因素的"参照物"。显然，在交换价值规律中，商品的使用价值及质量只是交换价值及数量得以实现的手段或工具，交换价值及数量才是真正的主角及诉求。由于交换价值的量化指标是数量价值，因此，交换价值规律的量化分析是数量价值规律。

价值规律把自己分别让渡给使用价值规律与交换价值规律并量化为质量价值规律与数量价值规律后，这两者的分工是非常明确的：前者主导人类物化过程及产品不断更新其档次，提高其质量；后者主导人类物化过程及产品不断扩张其规模，增长其数量。这两者构成了"两只看不见的手"并交互作用、较量，其综合表现才是价值规律之所在。不仅如此，价值规律之后还有接踵而至的更复杂规律存在，那就是剩余价值规律。

三　人类同生物在物化过程与制度规则上的联系及区别

（一）自然生物的生化过程与"自然制"

自然界的生物包括动植物，其生化过程自始至终都要受到"生存竞争"、"食物链"等自然法则的严峻约束或限制，我们把它拟人化为自然性质的"自然制"。生物生存的物化过程与"自然制"原本就是生物世界的"物化游戏"与"游戏规则"之所在。

自然生物的生存过程包括吃、住、行、娱乐、性欲、生育、安全等生命的基本需要。其中吃是最重要的。生物特别是动物，它们每天针对食物的物化特点是尽量"弄多少，吃多少"，饥饱不匀，完全自给自足或听天由命，以此维持生命的基本需要和延续。动物基本需要（即温饱）得到满足后，它们还有人类经济性的"剩余需求"吗？基本上没有。

（二）人类的物化过程与社会制度

人类是怎样获得区别于动物的物化活动及制度约束呢？首先，人类的任何个体在任何时期都必须开展同一、抽象的物化劳动即科学认识与技术改造。这个过程必须由个人、家庭、阶级、民族、国家、联盟等具体对象去完成，并结成人与人的生产关系和社会联系，由此形成大小、方向都不相同的各种"社会矢量"，直至"合成"出某种可以调控其过程的系列规范和约束，这就是人的社会制度及法规体系的自发形成，直至自觉制定，并由人的各种主义、观点体现其根本性质。显然，人类的社会制度与物化活动既来源于生物的"自然制"与生化过程又质别于生物的"自然制"与生化过程。

（三）从生物的自然规律到人的价值规律再到社会的剩余价值规律

人类的物化过程首先满足自己生物般的基本需要（例如温饱）之后，才开始出现生物基本需要所不具有的社会化需求特点：人在得到生存的基本需要后，他再也不是"做多少就吃多少、用多少、耗费多少"了，他们总是巴望自己的物质生产成果能有"剩余"，而且越多越好、质地优良，并千方百计追求之，由此体现经济学的"保障、舒适、安全"等正面词义或"艰苦、贫困、危急"等反面词义。

人在其生存"基本需要"之后还有"剩余需求"的物化特点，决定了人类在生产其生存必需品的同时，还会努力生产剩余物品或剩余商品，以便用于社会性贮藏、继承或流通、交换。人类为了促使自己的这种经济活动变得越来越有效率即"更加快捷、方便、省事"，他们发明了价值形式加以代理、运作，其历史进程就是《资本论》全面证述的"简单的、个别的或偶然的价值形式→总和的或扩大的价值形式→一般价值形式→货币形式"①。而且货币形式还不是终极形式，它还会向类似于"电子"或"网络"的"非货币"、"无国界"的星际形式继续演进。

在剥削社会制度及主义观点支配下，劳动者被强迫着生产更多、更好的剩余产品或剩余商品，从而使他人成为了富人例如奴隶主、地主和资本家；在无剥削社会制度及主义观点支配下，劳动者所生产的产品及商品如果能够被人们所看重而销路畅通，那他们也一定会自觉自愿、勤扒苦做、加班加点甚至超负荷地生产，从而使自己和国家勤劳致富、科技致富、管理致富。例如各国合法投资者、企业、个体经营等。从"批判"角度讲，我们都认同是《资本论》发现了资本家通过"异化劳动"例如非法积累、剥削压迫、掠夺垄断等恶劣的原罪方式而发家致富的秘密，但这又何尝不是人们采用劳动主流方式在自觉自愿情况下勤劳致富、科技致富、节约致富、效率致富、管理致富的秘密呢？更广义地讲，它也是智能人类能够改造自然、远离动物甚至还会向更高级智能生命继续跃迁的秘密。这些秘密的本质灵魂及动力源泉是人类的正规劳动创造，或"异化劳动"对正规劳动的强迫役使。因此，当《资本论》狭义及广义，主流或逆流的"发家致富"秘密被我们逐层解开而不再成其为秘密时，《资本论》秘密的秘密也就在历史的长河深处浮出水面：人类通过不同于生物"基本需要"之外的剩余劳动所创造的剩余价值并由资本形态（例如人民币、美元、欧元）去代理、运作的物化行为及特性，实际上蕴含着人的物质过程区别于动物生存过程所独有的客观规律及"铁的法则"。其经济学揭示就是《资本论》非常注重的价值规律，和价值规律之后更加重要的剩余价值规律。这些规律支配着人类在任何主义观点及制度条件下，他们都会更多更好、源源不断地生产出剩余产品、剩余商品及剩余价值。至于它们归谁所有、所用？以及所有、所用是否公平、合理、合法，那又由各种"社会矢量"及"矢量合成"的主义主张、制度法规去决定了。

请您留意，人们为什么要在市场上交换各自商品？他们的目的并不在于泛泛而谈的一般性价值，而在于拥有、支配剩余价值和资本财富，以及财富背后人类世代体力的不断扩张与脑力的不断提高，也就是马克思所说的人类那本"工业的书"及"本质力量"。于是，在一般性、传

---

① 马克思：《资本论》第 1 卷（上），人民出版社 1975 年版，第 62—86 页。

统性价值规律的巨大形式及背影后面，其实还"蛰伏"着更为重要、更深层次的剩余价值规律。只有这个规律才是更切中人性中经济本性即社会性的根本要害之所在。因此，若是对人类一开始就发生的物化经济现象及特征进行科学标识，它就是价值规律；若是对其历史积累过程及增长特点进行分析研究，它就是剩余价值规律。因此，价值规律只提示人的"基本需求"及生产供给方式已同动物发生了本质区别，但它却难以反映人除了"基本需求"之外还要不断取得自己的"剩余需求"，并有质量的不断提高和数量的不断扩张。显然，要解释人类已日益社会化的物化经济行为及特征，我们必须从价值规律这里再向前跨出一大步并落实在剩余价值规律身上。否则，价值及价值规律就会顿失光彩而没有大幕开启后的精彩戏剧。

（四）人类物化过程与制度规则交互发展的简明线索及阶段

资本学原理的第一大问题：资本的本原或发明权问题。

在原始时期，原始人类只能自发、零星、偶尔地进行氏族性生产、交换、贮藏和继承，并沿着部落、家庭、阶级、国家的方向逐步壮大。因此，人类最初的物化经济形式只能是"自然生存"基础上的自发经济。

人类经历了原始社会之后，开始分阶段进入奴隶社会和封建社会。此时，人类物化过程的经济形式已明显由最初的自发经济进入到了有所自觉的产品经济。当时社会所生产的除满足基本需要之外的大量剩余产品，几乎都被奴隶主或地主阶级无偿占有。不过其中的小部分产品甚至包括奴隶和农民自身，开始自发、偶然地流落到自发性市场，参与当时已经出现的物币交换及商品生产行为。这说明商品劳动力的买卖行为及商品经济形式在那时就已萌芽。例如我国各朝代窑工、盐工、佣工等的招募使用及瓷器、盐制品等产品销售。更关键的特征在于，那时世界上处于奴隶时期甚至更早时期的各文明古国（例如公元前中国），它们大大超前于资本主义社会就开始了货币形式的资本形态运作。它们通过铸币和纸印等方式发明了系列古币，并把它们法定为物质财富及资产代理形态。中国在秦始皇时期，其法定货币获得了高度统一，规模也庞大无比。那时的法定古币必定可以通过自发的零星市场去买卖古代劳动力及其"汗水"与"心血"这一特殊商品，同时生产蕴含剩余价值的可流动商品（例如瓷器、盐制品），通过流通领域的物币交换而获得大于购买劳动力货币的货币。这意味着远古货币中至少有一部分货币（即使是少得可怜的货币）已开始转化为远古资本。这些远古资本其实就是资本的原始胚芽。它们虽然淹没在当时由自然生存、自发经济和产品经济所交汇的汪洋大海里，但它们作为一种崭新的经济形式却已被人类发明、创造出来。这充分证明资本运作的经济学发明权应归属于中国等文明古国。

人类经历了原始社会、奴隶社会、封建社会的自然生存、自发经济和产品经济后，开始进入资本主义社会这一历史时期或阶段。资本是从远古就已出现的财富形态，资本主义则是近代时期依附于资本形态之上而滋生的一种制度形态，换句话说，资本主义是极端注重资本以至干脆用"资本"为自己"主义"命名的一种意识形态，即"唯资本才主义"或"唯资本论"的意识形态。

近代产生的资本主义虽然不是资本形态的原创者和发祥地，但资本主义毕竟最早发现资本形态的巨大活力及先进性，并把人类的商品经济推动成了近、现代时期的主流经济，直至历史性完成了人类产品经济向商品经济的重心前移。因此，近代资本主义的确有功于世界市场及商品经济的迅猛发展，但资本并不等于资本主义。在此可以明断，资本并不是资本主义的"独家专利"，而是人类的"共同财富"。

最初建立的社会主义国家例如原苏联和新中国，始终没能完全取消表现商品经济形态的法定货币形式（即苏联卢布和人民币）。当时的社会主义国家其实仍处在世界市场及商品生产的巨大氛围里，只不过它们的经济形式是计划条件局限下法定货币与物质票证的混合运作而已。当邓小平理论把人类从远古走来的商品经济及世界市场还原给社会主义物化活动时，这才明确把社会主义国家的主体经济纳入到人类的物化历程里。

通过上面证述，我们可以推导人类的物化过程经历了"自然生存→自发经济→产品经济→商品经济"这一发展线索。据此继续推导，马克思的共产主义所理想的经济形式即使不是商品经济，起码是商品经济已高度社会化后的一个相当高级阶段。例如"星际经济"、"宇宙生产"等。因此，人类处于现阶段的商品经济发展到一个高度社会化的相当阶段后，它是不会向先前的产品经济回归的，而是向类似于"星际经济"一类的未来形式开放、跃迁。

四　关于资本形成过程的深化分析及本质定性

有了价值及剩余价值，价值规律及剩余价值规律，和它们的具体分解与合成后，我们可以对资本过程及资本本质展开深化研究。

（一）货币转化为资本及财富的三个条件，三个阶段，一个过程

1. 三个条件

（1）先天条件：从劳动价值到商品价值。

（2）媒介条件：价值形式，一般货币。

（3）后天条件：法定货币→预约资本。这把一般货币"魔变"成了闪光金钱即资本形态。

2. 三个阶段

（1）劳动力价值的三个阶段。

Ⅰ 起始阶段——从生物的生存本能起步，到产品经济时代的劳动力不流通、不交换。

Ⅱ 相对阶段——劳动力由不流通转变为流通，产品劳动力转变为商品劳动力。

Ⅲ 增殖阶段——商品劳动力获得"体力的数量增长"与"脑力的质量提高"并合成新的量。

（2）商品价值的三个阶段。

Ⅰ 起始阶段——从生物所不需要的无价值阶段起步，到产品经济时代的不流通产品。

Ⅱ 相对阶段——产品由不流通转变为流通，产品价值转变为商品价值。

Ⅲ 增殖阶段——商品价值分析量获得"数量增长"与"质量提高"并合成新的量。

（3）资本形态的三个阶段。

Ⅰ 起始阶段——最远期是指人类财富处于动物般生存本能时的无财富阶段，最近期是指人类财富处于产品经济时代的不流通阶段即财产性财富阶段。

Ⅱ 相对阶段——以某相对位置处的社会财富总量为依凭，开始发行相应的法定货币量，按照《资本论》所述称为 G，由它代理、运作实际的商品经济过程。此时的 G 即为预约资本（或资本预定）。它也可以说是

准资本，就像股票上市前所预售的原始股证一样。

Ⅲ 增殖阶段——法定货币量 G 通过一段时期的 v、W、G 的交互轮动与循环运作后，相应增长至 G′，其增殖资本 △G = G′ − G 相应形成。

3. 一个过程

三个条件与三个阶段的联系与互动。由此循环往复、螺旋攀升，直至某个"相当成熟"的"饱和阶段"，也就是资本形态的最后尽头或结局，随后进入一个更高级层面的物化形态通道。

（二）资本形态的物化属性与主义形态的社会属性

商品经济从预约资本开始到增值资本结束，其系列活动均具有一般、抽象的简明特点：（a）法定货币是各国通用的经济代理方式；（b）商品劳动力买卖是自觉自愿的自由买卖；（c）商品剩余价值其实是人类生物般"生存需要"之外的"社会性需求"所导致；（d）劳动力及商品的流通与交换，结果是比产品经济更有效推动了物化历程；（e）商品经济自始至终都要受价值规律及剩余价值规律所支配。这5点证明，法定货币条件下的资本形态运作主要表现人类的物化属性，它是经济学不断追求的"建设性"依据之所在。

但是，资本形态毕竟是人类发明的较高级物化形态，它的运作必定打上人类作用的印记：（a）货币一旦被人法定，那些原本不起眼的纸币、硬币们在瞬间就魔变成了闪光金钱，就像潘多拉魔盒被打开了一样。人类各种"社会矢量"都会把注意力聚焦其上，并出现正规劳动与"异化劳动"，致富主途与暴富逆流的矛盾冲突和碰撞；（b）自然的或社会的历史因素将发挥资本胎生时的初始作用和原始积累的台阶效应；（c）商品劳动力创造了源源不断的资本性财富，但劳动者往往因为社会制度及主义观点的局限而仅仅获取了人像动物一样的基本需要（例如近代无产阶级的一无所有，现代人类社会的弱势群体）；（d）商品价值及剩余价值的生产与创造，原本是以正规"劳动"为主流去表现的自觉自愿历程。可是，它又总是遭受"异化劳动"的"逆向"作用与侵蚀（例如无产者被沦为工作机器，例如贪污腐败的权钱交易等）；（e）人类的物化活动的确要受经济规律所作用，但人的主观意识及政治决策也可以使之产生巨大变数。这5点证明了能够体现人类物化规律的经济学原理，总是会复合一层带制度性质及主义色彩的政治学原理，从而使得"建设性"极强的经济学，必须接受政治经济学的"批判性"洗礼，并蕴含政治经济学"批判与建设的相关性原理"。

（三）资本学原理的第二大问题——资本的本质：商品劳动力的历史地位及学术定性

《资本论》中有一个支撑马克思政治经济学"批判之厦"的"著名论据"，该论据明确指出：资本家之所以能够发家致富，关键是他在劳动力市场上找到了可供交易买卖的商品劳动力这种特殊商品，并为资本家创造出了大于自身价值（即工资价值）的剩余价值①。

显然，商品劳动力广泛存在的客观事实，在马克思批判经济学的"批判范畴"里具有买卖交易、"异化劳动"、掠夺垄断、非法暴利、血腥积累等导致经济剥削与政治压迫的"原罪"性质，这足以定性论断商品经济及资本形态是需要历史否定的一个物化阶段。

由于远古人类的自然生存及自发经济相隔我们已很遥远，高度社会化的未来经济又没有到来，因而能够同商品经济进行很好对比研究的只有产品经济。商品经济使用的劳动力是能够自由买卖即交易的商品劳动力。产品经济使用的劳动力由于大多不参与市场交易活动，故应称为产品劳动力。

我们讨论过，人类的物化经济过程是一个"自然生存→自发经济→产品经济→商品经济→星际经济"的历史进程。同样，人类的劳动力及性质也将经历一个"自然生存本能→自发劳动力→产品劳动力→商品劳动力（也可说是日益国际化劳动力）→星际劳动力"的过程。

从物化属性方面讲，商品劳动力的具体优势有：（a）商品劳动力进入市场流通，将使劳动体力获得合理配置从而不断增长其规模；（b）商品劳动力具有优胜劣汰的动态竞争压力，因而可以不断改进质量以提高其品位；（c）商品劳动力既有系统化、网络化建制优势，又可满足"点将"、"填空"的特殊需要；（d）商品劳动力很好掌握了时代要求的劳动创造技能。同商品劳动力的系列优点相比较，产品劳动力具有相对闭塞、孤立、不流动、不交换、手工操作、毛产品加工、质量提升慢、数量规模小等缺陷，这使得产品劳动力的物化属性处于落后、劣势状态。

从社会属性方面讲，商品劳动力进入市场后，它在创造巨大生产力及

① 马克思：《资本论》第1卷（上），人民出版社1975年版，第189—200页。

"物质辉煌"的同时，的确带来了资本主义社会的"异化劳动"、贫富悬殊现象，和社会主义社会里假冒伪劣、贪污腐败等负面情况，但我们应该看到商品劳动力之前的产品劳动力并不是没有剥削、压迫、腐败的现象存在。例如，封建社会或奴隶社会的产品劳动力虽然不进入市场，但地主对农民、奴隶主对奴隶的劳动力剥削与压迫却更加惨重、更加不人道、更加不自由。如果说商品劳动力是以自由买卖、有偿转让的商品形式在进行，那么，产品劳动力往往是以强迫占有、无偿付出、行政命令的产品形式在进行。因此，如果说商品劳动力的供给方式及负面情况需要否定、交替的话，那么，产品劳动力的供给方式及负面情况则更需要否定、交替。由此可知，商品劳动力的负面情况像其他劳动力的负面情况一样需要劳动力的历史进程去克服、穿越、降解，去变革、否定、交替。这个过程并不能逾越、俭省。更何况人类理想境界及崇高目标的实现，往往意味着更大经济规模、更好经济质量的开始，当然也是更多、更好劳动力的付出，结果是劳动力又在一个崭新层面及通道里运行，例如"星际劳动力"的出现与生产。

五　经济学及政治经济学学科形态的改革与创新

本文关于市场经济及商品生产理论的学术探究，是从马克思《资本论》及"批判经济学"那里始发出来并根植于邓小平理论中。它们作为"坚持与创新"，"继承与发展"的概括与总结，应泛化为人类一般经济学在商品经济阶段的基本概念和原理。它们包括商品、商品属性、价值、价值因素、剩余价值、使用价值与交换价值、质量价值与数量价值、劳动质量与劳动数量、生产力与生产量、体力与脑力、体能与智能、心血与汗水、流通交换、价值形式、法定货币、资本形态等。它们要表达的简明含义是，经济学的概念思维应从价值走向剩余价值，从价值规律走向剩余价值规律，并可以"质"、"数"分解与合成。以此为分析基础，建筑其上的则是"庞大、具体的资本形式与内容"。

我们廓清了人类一般经济学之后，才是一般经济学同各种主义、制度及国情、地域的具体结合，直至形成各具特色的政治经济学，例如东方中国的社会主义政治经济学，西方欧美的资本主义政治经济学，穆斯林世界的宗教主义政治经济学等。它们的研究对象都是同一的市场经济、商品生产及资本形态。它们的本质区别主要表现约束其物化过程的社会制度及主义形态。例如，中国与中国香港的一国两制。又如，资本主义社会制度的本质特征是"唯资本才主义"的"唯资本论"，这决定了资本主义政治经济学将十分注重（甚至过度注重）商品经济的物化过程与结果，以致极易到达拜物教的极端地步。对此，共产主义及以共产主义为一般原理的社会主义，必定会对其进行辩证批判，以体现"人主导资本而不是资本支配人"的主义性质，同时又不能忽视商品经济及货币资本的社会化历程。因此，社会主义政治经济学的本质特征应是"重资本不唯资本"、"重金钱不做奴隶"的"资本为人论"。

我们对共产主义及境界的理解和把握，仍应按照开放而不是闭合，发展而不是僵滞的辩证方式去进行。按照马克思主义的一般原理，共产主义只要在"地球范围"内消灭了阶级和国家并根本解决人与人的"社会关系"即可实现。而人类未来将要进入的"星际范围"及"宇宙关系"，例如"地球人科学地发现外星人"；"地球人自己成为星际人"，这两者的悖逆选择或必居其一，难道不是一个更高级历史层面的开始吗？显然，共产主义"理想王国"的境界状态在人类面对的"星际范围"及"宇宙关系"面前，其实已经具有现实意义和紧迫感，就像摄像机的长镜头把远距离的模糊景象突然拉到眼前一样。

论"中国模式"的社会主义特征

季小江*

从 1979 年改革开放以来的 30 年里，中国以年均 10% 的经济增长率开创了人类历史上最伟大的一次经济革命。特别是在今天全球金融危机之时，中国经济能独善其身，以持续稳定的高增长表现引发了"中国模式"这一全球性话题。

那么"中国模式"的本质特征是什么？传统上，几百年来的西方市场经济体制是全球的主流模式。"中国模式"与"西方模式"相同的地方是，彼此都是市场经济；不同之处在于，中国市场经济是镶嵌在社会主义制度框架内的，而"西方模式"则是以私人资本主义为基础的。资本主义是以私人财产为基础的个体理性为导向的，而社会主义则主张以公有制为基础把全社会整体利益视为最高原则为导向的，这在逻辑上凸显了两者之间的根本差异性。事实上，早在改革初期邓小平就明确地指出："我们脑子里的四化是社会主义的四化。他们只讲四化，不讲社会主义。这就忘记了事物的本质，也就离开了中国的发展道路。"① 当然，邓小平所说的社会主义不再是拘于经典教科书或苏联的式样，而是伴随着三十年中国改革开放创新出来的有中国特色的社会主义。因此"中国模式"就是创造性地把社会主义公有经济与市场经济相结合的新模式。

但国内外学者对此的理解不尽相同，不少人把"中国模式"的成功仅仅归于经济市场化的变革而忽视社会主义这个核心特征，有人甚至仅仅把它看作是走向西方资本主义市场经济的一个特殊的过渡形态。对此，如

---

* 季小江，河北金融学院经济贸易系教授，上海财经大学博士。

① 《邓小平文选》第 3 卷，人民出版社 1993 年版，第 111 页。

果我们不在理论上给予澄清，就无法显现"中国模式"的价值和意义。本文认为，社会主义基本理念是社会整体利益优先的原则，我们以此为视角从价值观和公有制两个方面集中探讨社会主义与"中国模式"的内在关系。最后，在全球金融危机大背景的观照下，阐述"中国模式"的价值和意义，并对中国经济改革的未来目标进行思考。

一 "共同富裕"："中国模式"的价值指向

核心价值观是指主体基于自己的价值观在面对外部各种矛盾、冲突所持有的基本价值立场和态度。在当代全球范围内，国家意识形态主要有社会主义和资本主义两种形式。不同的价值取向，也就意味着不同的社会发展道路的指向。在历史上，有关资本主义和社会主义的定义多如牛毛。但是从一般意义上说，资本主义是以个人利益至上原则为核心价值的。这集中体现在亚当·斯密的"经济人"或者"理性人"的思想中。而社会主义则主张公有制为基础，把全社会整体利益的发展作为自己的核心价值，用今天的话说就是实现全社会的"共同富裕"。其实恩格斯早就说过："我们的目的是要建立社会主义制度，这种制度将给所有的人提供健康而有益的工作，给所有的人提供充裕的物质生活和闲暇的时间，给所有的人提供真正的充分的自由。"① 两者的差异在于理念的次序不同：一个是个体利益优先，一个是社会整体利益优先。

"中国模式"是否包含了整体利益优先的原则了呢？从表象上看，"中国模式"最显著的特点是引进了市场经济体制。从历史本源上说，市场经济与个人主义至上是并生的，早在两百多年前亚当·斯密的《国富论》对此作了完整的表述，并认为个体理性与社会进步可以自然达成一致。这也是至今海内外很多人误以为中国迟早要走"欧美模式"道路的原因。我们为什么要引进市场经济？众所周知，马克思设想的社会主义是建立在物质高度发达基础上的一种社会形态。但遗憾的是，马克思并没有研究在生产力不发达的国家应该如何实现社会主义。因而大力发展生产力是落后的社会主义国家的必经之路。正如马克思在《〈政治经济学批判〉序言》中指出的："人们在自己生活的社会生产中发生一定的、必然的、

---

① 《马克思恩格斯全集》第13卷，人民出版社1995年版，第8页。

不以他们的意志为转移的关系，即同他们的物质生产力的一定发展阶段相适合的生产关系。这些生产关系的总和构成社会的经济结构，即有法律的和政治的上层建筑竖立其上并有一定的社会意识形式与之相适应的现实基础。"① 在这个意义上说，"中国模式"与"苏联模式"不同之处在于，"中国模式"基于自身生产力落后的实际情况，逐步放弃了不切实际的计划经济模式，积极引进现代市场经济体制，通过大力开放、吸引外资和发展非公有经济，使陈旧的经济体制获得了发展的生机。市场经济激发了每个人的动力从而推动经济发展的进步，这是"中国模式"的起点，但不是终点。

不可否认，市场经济必须承认个体主义优先的合理性，即承认个体利益和等价交换的原则。由此也导致了中国部分人先富并拉大了社会收入的差距，但这并不意味着"中国模式"的市场经济完全等同于西方市场经济。中国的社会主义市场经济是把全社会整体利益，包括国家利益，全体人民的长远利益置于首位的，最终目标是"共同富裕"。而以个人为本位的市场经济形态不一定保证社会整体利益优先。在经济学理论上，博弈论中的"囚徒博弈"证明了个体理性反而导致集体的无效率。在历史上，个体主义的贪欲和贪婪是历次经济危机的本源。当下欧美各国正陷入各类债务危机之中，2011 年美国的债务已经超过全年 GDP 总量的 100%，希腊债务占 GDP 比例近 160%。就是因为今天西方选举政体下的政客们为了上台，不断屈媚于选民个人主义的诉求，不得不以举债来维持高福利社会的恶果。

社会主义国家要优先实现全社会共同发展的目标，就必须有相应的意识形态和配套制度，来制衡市场经济中的个体自私自利的无限贪欲行为导致的两极分化，从而实现全社会的"共同富裕"。但这需要一个长期的发展过程，邓小平"共同富裕"的思想对此预先做过设计：其一，总目标是实现"共同富裕"；其二，"共同富裕"要建立在经济发展的基础上；其三，允许一部分地区和一部分人先富裕；其四，先富起来的地区和人帮助落后的地区，达到最终"共同富裕"以解决贫富悬殊问题。由于个人和企业是市场中追逐经济利益的主体，因而实现上述目标，只有国家才是担当实现"共同富裕"责任的主体。国家要在制度保证、发展规划等方

---

① 《马克思恩格斯选集》第 2 卷，人民出版社 1995 年版，第 31—35 页。

面做出相应的安排。包括扶贫政策、二次分配政策和区域经济均衡政策，还有公有制经济体制发挥的相应作用等。虽然我们今天还没有进入到完全实现"共同富裕"目标的历史阶段，但"中国模式"已经初步显示了社会主义"共同富裕"的价值指向。正如"北京共识"的提出者雷默也曾指出："'华盛顿共识'的目标是帮助银行家，而'北京共识'的目标是帮助普通人民。"① 改革开放以来的三十年里的大量社会发展的事实也支撑上述说法，如中国的贫困人口由 2.5 亿减少到不足 3000 万，这个成就在历史上也是罕见的。

　　另一方面在优先发展经济之后，我们也同样承认和尊重个体的价值取向，因而提出"以人为本"的社会主义理念，即强调个人的自由与发展。马克思和恩格斯在《共产党宣言》中宣布，共产党人的最终目标是建立"每个人自由发展"的"联合体"。马克思所设想的共产主义的最高目标就是要使人摆脱资本对人的异化，而向真正的人复归，实现人的全面自由发展。"苏联模式"为什么失败？究其原因，就是他们把社会主义制度本身当做绝对性的教条，进而形成制度异化，忘记了制度最终是为人服务的。结果，无视人民群众的生活、无视个人的全面发展，最终形成全社会停滞、沉闷和压抑的格局。从历史的角度来看，我们今天所提倡的"以人为本"不是复制现代西方的人本主义，而是现代社会主义新型价值观，即它是一种对人的价值和尊严的肯定，也体现着实现公平和正义的社会目标。要求我们在经济发展的基础上，不断提高人民群众的物质文化生活水平，尊重和保障人权，包括公民的政治、经济、文化等权利，最大限度地充分实现人的自由和全面发展。

二　公有制经济制度："中国模式"的内在稳定器

　　从经济学视角看，"中国模式"也可以概括为：市场经济促进了微观效率的不断提升，社会主义经济制度促进了宏观经济的稳定性。后者乃是"中国模式"有别于其他模式的显著特征。

　　不可否认市场经济带来的效率是"中国模式"经济增长的引擎。为此中央政府主动构建市场经济秩序，大量地引入"西方模式"中的制度、

---

① 《参考消息》2004 年 6 月 10 日。

规则用于建设市场、开放市场。从此次全球金融危机看，"西方模式"受到前所未有的冲击，而中国的社会主义市场经济则呈现出更强的稳定性。这并不是说中国的社会主义市场经济天然就没有外在冲击和内在的波动。在全球化的进程中，中国的经济体系作为市场的一般性或普遍性特征而言也不例外。从1979年开始改革以来我们经过七次大的波动，经济或过热或过冷，其中包括1996年亚洲"金融危机"和2008年全球"金融风暴"冲击，但总体上中国经济保持了较为平稳的发展。关键何在？与"西方模式"相比，市场经济并不是"中国模式"的唯一经济秩序，把社会主义公有经济融入到市场经济之中才是"中国模式"的重要特色，社会主义公有制经济制度在诸多方面优于西方市场经济体制。正如邓小平所说："社会主义同资本主义比较，它的优越性就在于能做到全国一盘棋，集中力量，保证重点。缺点在于市场运用得不好，经济搞得不活。计划与市场的关系问题如何解决？解决得好，对经济的发展就很有利，解决不好，就会糟。"① 而"中国模式"在总体上很好地解决这个问题。具体表现为：

第一，社会主义制度的性质决定了我们的土地、矿产资源是国有性质的而不是西方式的私有性质。国家代表全体劳动人民行使占有、使用、收益和处分的权利。社会主义土地公有制不仅为保护土地资源创造了良好的条件和基础，还确保政府有权力调控公共资源的合理利用。例如我们在2009年对山西事故多发的中小煤矿进行国有化的整合，就是避免中小矿主置矿工生死于不顾的境地；避免小煤矿平均回采率为10%至15%的资源浪费；避免偷税漏税严重现象的发生；同时还实现了矿业规模化经营从而提高了经济效率，保护资源的可持续利用。

第二，社会主义国有经济占主导地位，确保重要资源为全社会长远目标服务。西方也有国有企业，但其职能仅仅是提供公共产品以弥补私人市场的缺陷。国有经济是社会主义全民所有制经济，是指由社会全体成员共同占有生产资料的公有制经济形式。因而国有大中型企业的职能不仅提供公共产品，还有为全社会经济稳定发展提供保障性的职能。它在国民经济中处于关键和重要部门的支配地位，对整个经济发展方向起着决定性的作用。不但可以确保国家经济安全和为全社会的整体利益服务，还可以避免这些行业落入个别私人财团的垄断之中。我们注意到本次美国的金融危机

---

① 《邓小平文选》第3卷，人民出版社1993年版，第16—17页。

绝非是一朝一夕形成的事件,根据斯蒂格利茨在《喧嚣九十年代》①一书的披露,早在20世纪90年代华尔街金融集团势力就强大无比,不断催生金融泡沫发财致富,以至于政府的金融当局不敢损害金融利益集团而采取相关的政策措施,只能任由泡沫发生。反观中国,在2011年对房地产的调控中,78家非房地产主业中央企业为服从国家宏观调控目标而退出。

第三,政府宏观调控的目标是为全社会长期经济发展与增长提供保证,而不仅仅是简单平抑市场波动。在以私有制为基础的市场经济社会中,政府宏观调控总体上只限于财政政策和货币政策为手段调节市场波动,确保私人利益不受侵害。但社会主义国家政府的宏观调控基础是代表广大人民长远利益的一种公共行为,因而国家有更多的公共权力采取相关措施抑制经济波动,这也就是我们的宏观调控手段要比西方丰富得多的原因,我们不仅包括市场经济通行的财政政策,货币政策,还包括主动计划或预先制定的经济发展规划,诸如五年经济规划、产业政策、地区发展战略、生产力布局战略、重大项目规划等方面,这些都是继承了社会主义制度集体理性的优越性。因而我们的调控手段远远超出西方教科书所言的宏观调控模式。

实践证明,与现代主流的"西方模式"有很大偏差的"中国模式"是成功的。根据国家统计局2008年相关报告称:"近三十年来中国人均国民总收入(GNi)增长了11倍。"②经济史表明,没有任何一个人口如此众多的国家能在如此短的时间内使其人民物质生活水平发生如此巨大的改变。

三 从金融危机时代看"中国模式"的价值

尽管2008年以来欧美经济衰退对中国经济有很大的影响,但总体上中国经济依旧平稳发展。这是偶然因素决定的呢?还是"中国模式"的内生性因素决定的呢?众所周知,中国近30年的经济增长很大程度上依赖于出口导向的外向经济。2008年之前的近十年间中国出口总量占GDP

---

① [美]斯蒂格利茨:《喧嚣九十年代》,张明等译,中国金融出版社2005年版。
② 《改革开放三十年中国经济社会发展成就系列报告之十六》,《中国新闻网》2008年11月17日。

的 30% 之多。如果我们完全依赖出口拉动经济，那么，2008 年以后的中国经济必然大幅下降。但事实上近三年以来中国经济发展仍保持较高增速，2009 年的经济增长速度为 8.7%，2010 年为 10.3%，2011 年中国经济比上年增长 9.2%。而同期的欧美各国处于衰退期之中。中国何以能独善其身并"一枝独秀"呢？为什么资本主义体制始终无力阻止经济危机呢？1929 年"大危机"是如此，20 世纪 80 年代的日本"泡沫经济"也是如此呢？这主要源于我们经过创新的社会主义经济制度在诸多方面优于私人资本主义。实际上是一种新发展经济学，值得进一步深入探索。

其一，社会主义核心价值观和经济制度决定了中国共产党和中国政府绝不允许任何利益集团操控国家经济及其政策。美国的"金融危机"源于美国经济被金融集团所绑架，他们一方面在意识形态领域鼓吹新自由主义和夸大市场主义，目的就是规避政府的监管以操控国家的经济走向。而实际上以金融创新为名大肆搜刮民财，甚至把垃圾债券向全球推销，最终损人利己的短期恶行反而成为了国家经济长期发展的祸害。所谓的"东亚模式"也是如此，被选举上台的政府必须为利益集团服务。此外，"欧美模式"的党派纷争造成的国家意识形态的分裂，如美国的民主党从拉拢其传统的低收入支持者的角度，希望能够维持他们一定的社会保障水平，因而倾向于采取增收和减支并举的"平衡"方案；而共和党则更多的是站在中产阶级和富人的角度反对任何加税政策。社会主义市场经济的目标是惠及全体人民实现共同富裕，这决定了我们的政府不可能被任何利益集团所绑架。中国的重要的经济部门，如银行、石油等属于掌握在政府手里的国有化企业，必须服从国家经济发展大局，而不仅仅是服从利润最大化。这是中国一次又一次化解经济危机的重要制度保障。

其二，社会主义政治制度决定了我们的发展具有长远性的特征。早在 30 年前长期执政的中国共产党就对社会经济发展作出了长远的规划。1987 中共十三大明确阐述了"三步走"战略，其时间跨度长达 70 年，这是当代西方任何一个政党都难以做到的。由于中国拥有了这个规划性、持续性强的发展战略，因而确保了"中国模式"的长期高速发展。当前，我们国内债务规模相对占 GDP 的比重不足 50%，而我国财政收入增长的速度近些年都保持在 20% 以上的高速度，国家经济安全总体无忧。最近，美国高层官员就公开羡慕中国有五年规划。1993 年美国社会学家弗朗西斯·福山曾作过一个大胆预言：苏联解体预示着"历史的终结"，也就是人类意识形态进化的终点，西式政体"将普及为人类政府的最终形式"。但在今天金融危机时代，福山本人修改了自己的判断："中国政治体制优点明显。"但他并不理解个体理性至上的原则才是"西方模式"困境的本源。西方的选民政治决定了其政府行为的短期效应，"羊毛出在羊身上"，他们以举债来推行高福利制度以取悦选民，置国家和子孙后代的发展而不顾，进而形成"民富而国穷"的格局，一旦发生危机，国家无力救助。这也是当前欧洲债务危机的深层次根源。

其三，中国共产党具有超强的组织动员力。个人主义价值至上是西方资本主义社会主流价值观，因而各个政党的价值观、意识形态、利益诉求差异很大，同时政党组织内部也都是很松散的。而中国共产党是社会主义政党，它是一个目标为全社会整体利益服务和组织紧密型的政党，它团结社会各界人士，因而具有广泛的代表性。截至2010年底，中国共产党党员总数为8026.9万名，2009年新发展党员307.5万名。这种紧密型的政党政治制度有别于自由主义西方政党体制，因而拥有巨大的政治动员能力和组织能力。在近30年的经济发展中，中国共产党可以统一全国的发展步调，从而减少各种社会利益冲突，如在历次国家宏观调控中，地方政府必须服从中央大局，这就避免了国家内部纷争不断，确保了国家稳定发展。中国共产党可以广泛动员全社会积极加入社会发展的各项事业，在历次抗震救灾中，我们党和政府的组织动员能力之强在世界上都罕见。

四　对中国经济未来改革方向的思考

当然，坚持并完善"中国模式"的历史任务依旧十分繁重。同时，我们也要看到，资本主义市场经济已经有近300年的历史，相比之下，"中国模式"不过仅有30年的历程。其问题仍旧不少，比如国企的垄断低效率问题，行政权力过大导致的腐败问题和企业创新不足等。对此，我们应当如何改进呢？当前有些国内学者是以西方制度为准绳提出改进了建议和方法，比如土地私有化、国企私有化、甚至建议取消国家发改委等方案。固然，国内诸多问题不可避免地有待深化改革，但要改变中国市场经济体制的社会主义的性质，"中国模式"岂不成为"西方模式"了吗？因此，本文认为，我们的下一步改革可以在局部上进行调整，使之更加符合市场经济的效率原则，这需要广泛的制度创新。但是，不能放弃全社会整体利益至上的基本理念，理由有二：

一方面马克思早就预言，随着社会生产力的进步，生产的社会化程度越来越高，相应地也需要社会对经济的管理程度越来越高。当前欧美国家的国有经济比例也是很高的，国家办企业是现代社会经济一种普遍的现象。在我国当前的条件下，国有经济的存在无疑是社会经济安全的保障，我们可以调整发展形式，提高效率但不可以取消。因为国有经济的发展可以满足国家宏观管理的需要。国有企业的发展模式应该更有弹性，当"市场缺陷"表现较为充分时，国有经济就要作为国民经济的补充来加强；当"计划缺陷"表现较为充分时，国有经济就需要多一点市场性的特征。

另一方面，"中国模式"本身带有中国本土特点。中国人口多、民族多、地域广、资源少并且分布极其不均衡，国家周边面对的外部环境又十分恶劣，因而社会经济发展的国情极为复杂。这种特殊国情在根本上要求中华民族的生存必须以全社会整体利益为核心，否则就会是一盘散沙，战乱不断，这是历史的教训，也是现实的需要。我们要维系中华民族的长远发展，就不应缺少一个强大的国家力量调节应以应对各种外部势力威胁，应对各种内部利益冲突。因而首先要求"国富"，即要求国家自身储备强大的经济能量，或者说国家需要掌控更多的资源进而形成一个大的"蓄水池"，以随时应付出现的各种突发事件以调节平衡社会、经济中的种种问题。而公有制经济在这方面具有独特的优势，它可以确保国家直接掌控足够的资源和动员力，因而我们不能不予以重视之。

资源和需要双约束假设的经济学分析[*]

——阐发程恩富教授的资源需要双约束理论

韦镇坤[**]

一 对"双约束假设"[①]的评述

（一）重新阐释了马克思主义经济学对资源配置研究的内涵，实现了资源配置理论的重大创新

程恩富教授在《现代马克思主义政治经济学四大假设》一文中谈到一个非常重要的理论问题，那就是我们究竟应该如何研究资源配置？文中开宗明义指出，正确的出路必须是按照马克思主义经济学以人为出发点和归结点的研究思路进行，也即我们现在科学发展观的基本思路。而不是把资本主义制度看作无摩擦的和谐物，研究的仅仅是浮在表面的人与物的关系，忽视资源配置问题本质是深层次的人与人的关系。只有这样才能克服现在出现的由于人需要的过度满足导致资源环境的破坏；克服一些人超越现阶段生产力发展水平的奢侈性不合理需要过度满足引起的社会不公。

（二）针对西方经济学资源有限需要无限假设存在的问题，提出了资源和需要双约束假设

在文中指出，资源有限暗含了特定的时间和空间条件，而需要无限满足并没有时间和空间的界限，把两个前提不一致的东西简单撮合在一起显

---

　*　本文是上海海事大学科研基金项目资助课题（20110072）阶段性研究成果。
　**　韦镇坤，上海海事大学文理学院讲师，经济学博士。
　①　程恩富：《现代马克思主义政治经济学的四大假设》，《中国社会科学》2007 年第 1 期。

然是不符合科学精神的。其实随着时间的推移和科技的进步，有限资源会变为无限资源，过去不可利用的资源能变为可利用资源；同样，需要满足实际上也是基于特定时点的生产力发展水平，在某一时点上人的需要满足也是有限度的，尤其是合理需要的满足更不可能长期超出社会经济发展的可承受范围，但与此同时，人的需要也是随着时代的发展不断发生变化，并不是一成不变的。只有把资源和需要放在同一个时间点和条件下来研究，才能看到其双重约束性，也才是科学的研究方式。这些新的论点指出了资源单一约束假设中存在的问题，也为科学的资源和需要双约束假设的提出指明了方向。

（三）站在历史高度，指出了资源和需要双约束假设的内在要求

在文中分三个层次指出了双约束假设的内在要求：第一，指出在特定时点下资源是有限的，但可通过科技和管理的改进等途径来实现各种资源的高效利用和最佳配置。其实质是强调我们要充分利用现代科技手段来有效配置资源，这也即是西方经济学所研究的人与物的关系。第二，指出通过有效需求和合理需要的总量和结构的科学调节等途径来实现各种需求的最大满足。这其实内含了国家宏观调节的必要性，国家的政策有必要调节和引导需求和合理需要的总量和结构，进而实现符合社会公平条件下合理需要的最大满足。第三，指出通过资源的高效利用和最佳配置来不断满足日益增长的社会有效需求和合理需要。这其实是强调了二者的有机结合，把高效的资源配置在大多数人合理需要都能满足的环节中，进而实现资源利用的极优化、需要满足的极大化。只有把这两者真正结合在一起才是一种最优选择，才会既兼顾到资源环境的保护，又兼顾到社会公平。这样的配置资源才是真正以人为本，以科学发展观精神来研究资源的有效配置，也即是本文后面在这一基本思路指导下所要研究的一般均衡问题。

二　问题的提出

西方经济学资源单一约束、需要无限满足的假设，在如何发挥不同资源的最佳效能，实现资源的最优配置上具有积极指导作用的一面。但这个假设的出发点是把资本主义制度看作无摩擦和谐物，而没有真正深入人的视角来分析需要满足的问题，由此会出现一些人的真正合理需要得不到满足，而另一些人奢侈性需要过度满足，造成有限资源的极大浪费，这些问题更值得我们去探讨和深思。表面上社会生产的目的是为了满足人的无限需要，而生产的实质却是为了满足资本家或少数富人追逐利润的需要，满足的是少数人的过度需要，其中包含了资本家或少数富人超越生产力发展水平的奢侈性不合理需要，而占人口多数的普通劳动人民有限的合理需要却很难真正满足。资本主义生产一切都是以利润最大化为前提，生产的目的是为资本家或者说是为富人赚钱服务的，而不是以满足大多数人的合理需要为出发点和落脚点。由于社会生产活动不是从基于一定生产力发展水平和大多数人的合理需要出发，而是从追求利润最大化出发，导致了社会生产活动与人的合理需要的满足相脱节，出现了生产的异化①。

第一个值得考虑的问题就是企业生产只要有利可图，就会无限生产，哪管它洪水滔天②。更不会真正考虑生产是否适合于大多数人的合理需要，是否对生态环境造成破坏，最终出现了我们现在所面临的环境污染，资源枯竭，全球暖化，气候恶化等生态危机问题，社会的生产活动已经开始威胁到了人类的生存环境，所以不得不引起我们对这一问题背后原因的深入思考。第二个值得考虑的问题就是由此带来的社会不公，贫富差距悬殊，已经引发了许多社会问题，威胁到了构建真正的和谐社会。马克思恩格斯认为，如果生产的唯一目的是追逐利润，就会出现工人"并不是随着工业的进步而上升，而是越来越降到本阶级的生存条件以下。工人变成赤贫者，贫困比人口比财富增长得还要快"③。我们知道社会是由人组成的，人的所有最终的生产活动应该是服务于整个人类的，服务于社会大多数普通人民群众的，而不是服务于少数资本家或富人群体，但是由于生产活动不是从满足大多数人合理需要的角度出发，在缺乏法制有效监督的条件下成为了少数人获利的工具，大多数人的合理需要没有真正得到全部满足，有时候浪费了大量资源反而满足的是少数人的奢侈性的不合理需要。

----

① "异化"是德国古典哲学术语，指主体的活动和他的活动所创造的东西在一定条件下转化为自己的对立面，并作为一种外在的力量反过来统治和支配主体自身。这里的异化生产思想来自于马克思《1844 年经济学—哲学手稿》中"异化劳动"的思想。

② 赵汇：《资本本性与生态危机根源》，《高校理论战线》2011 年第 12 期。

③ 《马克思恩格斯选集》第 1 卷，人民出版社 1995 年版，第 284 页。

三　资源的最佳配置

（一）辩证的认识资源的有限性与无限性

在特定历史阶段资源是有限的，尤其是某些不可再生的资源，即使是可再生资源也是需要一个再生的周期。这就要求我们对资源的利用必须从节约的角度考虑，珍惜现有的资源。切不可盲目的过度开采，甚至是破坏性开采，从资源最佳配置的角度入手去研究资源的开发与利用，特别是要注重循环利用，减少单位产品的能耗。从长期来看，资源的有限是相对的，通过科技进步我们可以逐步开发出新的资源，过去曾经没有认识到的资源通过科技手段可以将其转换为可利用的资源。从生产力进步的角度讲，这是一个大的趋势，只有生产力向前发展了，才可以推动资源的进一步开发利用。重视科技进步在资源开发中的应用，如果我们仅仅从静止的角度来看待有限资源，就不能制定合理的资源利用政策，甚至是裹足前行，使很多可以利用的资源失去存在的价值，如果不树立科学利用资源的观念，又会导致现有资源的浪费和枯竭。所以有必要提高科技在资源利用中的推动作用，把有限的资源变成无限的资源，把过去不能利用的资源变成对人类有益的资源加以开发。

（二）从资源最优化角度研究资源配置

从生产的角度讲，资源的合理化最优配置完全是有必要的，西方经济理论中给定成本预算约束下研究如何实现产出的最大化，或是在一定产量约束下研究如何实现成本最小化是可以借鉴的。在一个特定的时间点上，资源是有限的，对生产有约束，在这种前提下进行生产活动，就是要提高资源的利用效率，使有限资源发挥最大的效能。同时人类在进行生产活动的实践过程中，应当把厂商的生产活动和人与自然的和谐统一及社会经济的长远发展结合在一起来考虑，优化资源短期配置的同时，也应该考虑资源的长期配置。应该改变单一以追求利润最大化为唯一目标的生产方式，而是应该把生产引导向立足于人类整体生活水平的提高和人、社会、自然的和谐统一。在短期资源配置过程中应该逐步改变单纯追求经济增长，忽视资源和自然生态环境保护的生产方式，应该从资源经济发展的模式向技术经济发展的模式转变。要把资源、环境、经济和社会放在一个统一体中来考察，研究在此前提下的资源高效配置，进而才能克服在生产过程中所遇到的"外部不经济"和"未来不经济"的问题。

(三) 确定资源最佳配置的可运行区间

在借鉴资源优化配置基本模型的同时，要考虑社会经济的可持续发展，使人类的生产活动不会导致资源的过度开发及破坏性的开采。必须对原有的单纯从效率角度讲的资源最优配置模型加以修正，这也正是现代创新型政治经济学理论所必须要完成的任务。在此，我们提出了资源最佳配置的可运行区间，在这个区间范围内的最优化资源配置才是真正意义上的资源最佳配置。不可避免的，这种条件下有限资源的最佳配置，有必要引入宏观调控手段，国家必须制定合理的资源政策，克服企业生产单纯从利润角度出发可能造成的资源过度开发和生态环境的破坏。

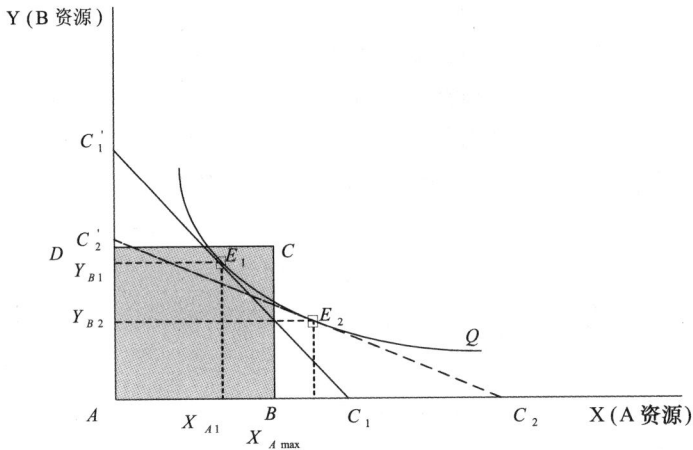

图1 资源使用量的可运行区间

根据资源可持续利用的总体战略布局，制定出企业对现有资源利用的范围，企业的生产活动在这个前提下去考虑最优的配置，这个范围就是我们要研究的最佳化配置的可运行区间，如图1中，这个可运行区间就是这个阴影矩形区域ABCD。例如原来的资源最优配置条件是 Max Q = Q (A, B)，S . t PA · XA + PB · YB = C，现在的约束条件要变为 S . t PA · XA + PB · YB = C, XA ≤ XA max, YB ≤ YB max，即如图所示，$0 \leqslant XA \leqslant XA\ max$, $0 \leqslant YB \leqslant YB\ max$，是最优化资源的可运行区间，在这里 Q 表示生产产品的产量，XA 和 YB 分别表示生产某种产品需要投入的 A、B 两种要素的数量，PA 和 PB 分别表示两种要素的价格，XA max 和 YB max 分别表示考虑资源生态环境后两种资源的最大限度可使用量。

四　合理需要的最大满足

我们在此讨论的需要约束主要是从全社会角度出发的，不单独讨论某一种具体商品对某一个人来说是否属于合理需要的商品。所以在文中对合理需要和需求的理解应从基于某一特定生产力水平条件下的一个社会的角度出发来思考，而不应把它完全对应到某一个具体的商品上来分析。应该从宏观角度来把握这个合理需要和需求的内涵，在这里我们重点要研究合理需要。

（一）必须要清晰的概念

1. 需要和欲望的区别

在本文的论述中我们着重是从经济学和生态学角度来探讨需要的，它不完全是一种心理的主观因素，它的主体是客观的，是见之于客观事物基础上人对基本生存和发展要求的合理反映，而不是虚无缥缈的幻想。并且我们在这里的需要还特指人的合理需要和需求。

2. 需要和需求的区别

在本文中的需要是见之于客观事物基础上人对基本要求的反映。因此我们要研究的需要包括两个部分：一是合理需要；二是需求。需求（下图 B 椭圆区域）包括在这个需要的里面，在市场经济条件下，有货币购买力的需要才能构成需求，因此需求只是需要的一个组成部分，在这里的需求和西方经济学理论中所讲的需求是基本一致的。

3. 合理需要和需求的区别

合理需要（下图 A 椭圆区域）是指在现有生产力发展水平条件下，人与自然生态能和谐共处，同时保持社会公平公正条件下人的一种生存和发展的要求，是一种建立在客观基础上的主观能动活动，在这里的合理需要包括已实现的合理需要（A∩B 区域）和未实现的合理需要（C 区域）。需求（下图 B 椭圆区域）是指有货币购买力的需要，即通过货币来满足的需要，在这里的需求包括合理需求（A∩B 区域）和不合理需求（D 区域）两个部分。

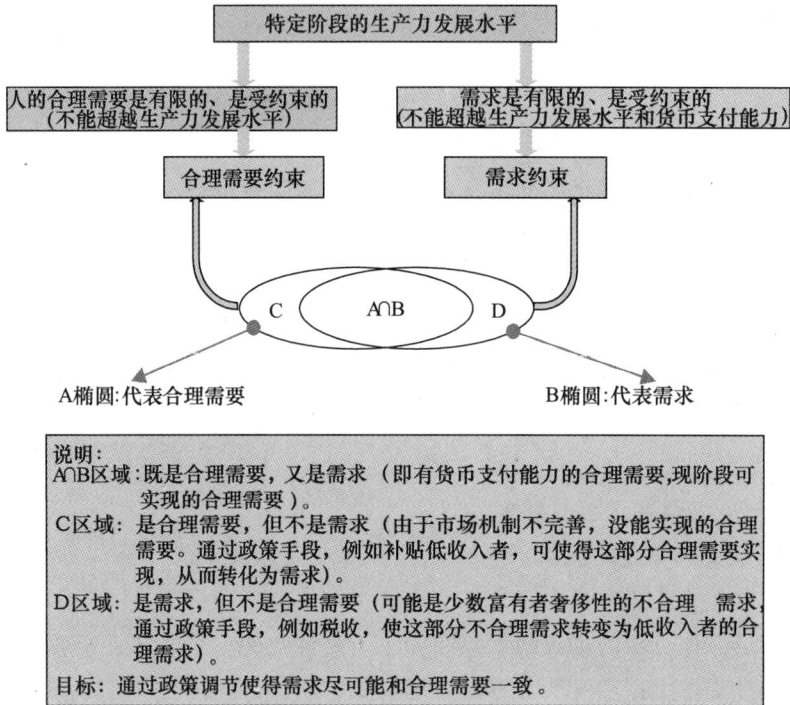

图 2 需要约束示意图

（二）合理需要约束

合理需要约束指的是人的合理需要是有限度的，是受到人类发展客观条件所制约的，它是受到客观规律支配和制约的。

1. 人的合理需要受生产力发展水平的制约

合理需要是客观的，不同的历史发展阶段，在不同的生产力发展水平下，人有不同的合理需要。例如原始社会生产力发展水平低下，可能人的合理需要就是每天狩猎野生动物，能有野味充饥和用火取暖即可。到了工业社会人的合理需要也许就不仅仅是食物上的问题了，人们也许会要求蒸汽机车或轮船作为长途交通工具，这是由于这个阶段的生产力发展水平下产生了与该生产力水平相适应的合理需要。到了近代，在前面需要的基础上，也许会把乘坐火车或飞机作为一种合理的需要，这种合理需要必须是适应这个时代的合理需要。由此就可以看出人的合理需要是动态变化的，同时它又是受当时社会生产力发展水平制约的，并非是无限的。只能说是人的合理需要总的趋势是在不断向前发展，但每个阶段的合理需要又是有限的，是受到该阶段生产力发展水平制约的。

2. 人的合理需要受生态环境的制约

人是生存在大自然之间的，人类的生存与发展无疑是和大自然息息相关的，人类为了自己的生存发展必然要依赖大自然的资源，由于在特定阶段大自然中的资源是有限的，并且大自然能良性循环也需要特定的再生环境。人类为了满足自身各种各样的需要从大自然获取资源，再把资源加工成自己需要的产品。这就涉及是不是人类可以无限度的获取自然资源？历史的实践证明，正是由于人类为了满足过度的需要来开发自然界的资源而导致现在很多资源面临枯竭、生态环境日益恶化、全球变暖、传染性疾病的流行，都开始严重威胁到人类进一步的生存发展的空间，由此也进一步说明人的合理需要是受到生态环境制约的，是不可能无限的，无限满足就会受到自然生态严重惩罚，到头毁灭的是人类自身，所以我们在考虑人的合理需要时必须考虑生态环境能良性循环的制约，切不可过度使用。

3. 人的合理需要受人的自身条件的制约

人是生活在现实中的人，也许有各种各样的需要，例如金钱的需要，地位的需要，名誉的需要等。由于每个人自身的情况不同，也许不同的人对自己的合理需要要求也不同。但有一点是肯定的，我们在这指的是对于符合现阶段生产力发展水平，占人口大多数的人的合理需要，例如对于应该解决大多数人的衣、食、住、行问题这就是一种合理需要，但是由于现实经济情况的不同导致不同人对合理需要的认识和要求也不同，每个人的合理需要不管能否实现，都是受到自身条件限制的。在这里包括以下三种情况：第一，可实现的合理需要。这是指人的基本的合理需要是可以得到满足的，也即是指这部分的合理需要是可实现的，是可以形成需求。这种需要满足的受到两个方面的约束：一方面是占人口大多数的合理需要约束；另一方面是自身收入水平的约束，但是这两者的约束是基本一致的，所以在收入水平约束下，同时可达到最大化的合理需要。例如现阶段生产力发展水平下，我们大多数人的基本温饱问题的解决，基本义务教育的问题，以及基本电力供应的问题等，这些都是属于现阶段可实现的合理需要的问题，虽然这方面的需要是受到合理需要和需求方面的约束，但是这两种约束在本质上是一致的。第二，是合理的需要但是很难实现。现阶段生产力发展水平条件下，衣、食、住、行是每个人生存和发展的基本合理要求，但是很多人受到自身收入条件的制约，也许都是很难实现的。例如，在我国对于大多数人的医疗问题，在一些大中城市的基本住房问题，这都是关系民生的基本问题，是受到收入约束而不能实现，在这种情况下国家是可以通过宏观调控的政策，使公民尽可能把这种约束的影响降低，进而使大多数人的合理需要得到满足。第三，能构成需求但不一定是合理需要。现阶段生产力发展水平条件下，由于市场机制的不完善而导致的少数人占有大量社会财富，并进行各种奢侈性消费，造成社会有限资源的大量浪费。虽然这可以构成需求，但它不是一种合理需要，因为我们在这定义的合理需要是大多数人的需要，而超越生产力发展水平的奢侈性需要只是少数人才可以实现，显然这种需要不符合大多数人合理需要的要求，是不合理的，国家也有必要通过宏观政策来加以调节，使其尽可能回到大多数人受到约束的合理需要的轨道上来，这才是真正理解合理需要约束的意义。

（三）合理需要最大满足的艾奇沃斯方框图

下面我们构建在资源和合理需要双约束条件下的艾奇沃斯方框图，是与我们传统的微观经济学理论中所构建的艾奇沃斯方框图是有本质区别的。我们首先必须理解在这里方框图所描述的是在资源和合理需要双约束假设条件下的方框图，是一个满足大多数人合理需要条件下的艾奇沃斯方框图，并选取假定只有两个人的经济作为基础来分析。在前面的分析中我们谈到合理需要是有限的，是受到生产力发展水平和自然生态环境约束的，正是由于国家可以通过对不同收入群体的可支配收入采取税收和补贴政策，使大多数人的可支配收入能进入合理的可运行区间。如在图 3 中所示的，有一个（以 O1 作为原点）收入预算约束的区间 ABA′D′CD，即个体 1 可支配收入的可运行区间，另一个人（以 O2 作为原点）收入预算约束的区间 A′D′CDAB，即个体 1 可支配收入的可运行区间。把这个区间放在方框图中后，我们可以发现，在资源和合理需要双约束条件下消费者的消费契约曲线仅仅是在一定的可运行区间范围内，在可运行区间之外并不存在消费者的契约曲线，这也是我们在资源和合理需要双约束假定条件下推导出的与一般微观经济学理论中谈的消费契约曲线的最大不同点。因为在双约束条件下，由于人的合理需要受到生产力发展水平和生态环境的制约。首先，合理需要必然是在一个范围之内的，并非无限的，在市场经济条件下又是通过可支配的货币收入约束的。其次，我们谈的既然是合理需要，就必然涉及社会公平公正分配的问题。正是国家可以通过对个体收入的税收和补贴的调节政策，可以使得大多数人的可支配收入进入合理的运行区间，通过可支配的货币收入来满足合理需要，我们也可以称之为通过合理的可支配的货币收入形成购买力的合理需求。

在图3这个方框图中，ABA′D′CD就是这个两个人的可支配收入的可运行区间，E_1E_2 这一段曲线是我们在双约束条件下，合理需要满足的契约曲线。在这段契约曲线上，第1个人和第2个人在各自的可支配收入约束下同时得到了最大的合理需要的满足 U_1 和 U_2。

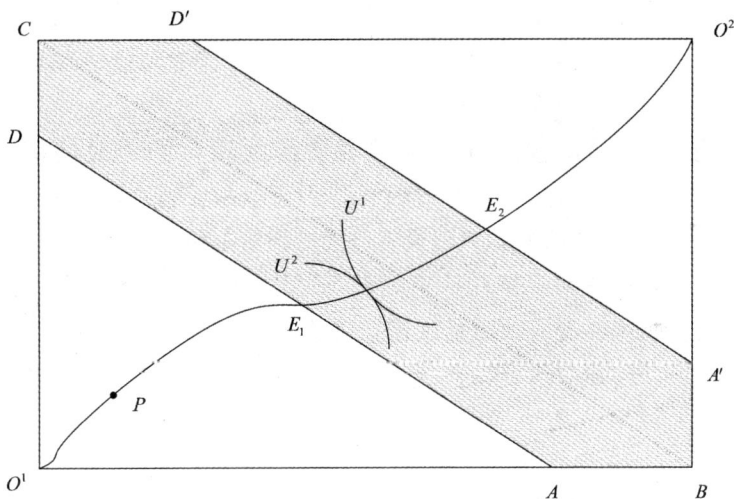

图3　合理需要满足的艾奇沃斯方框图

在这可以分三种情况来考虑，因为我们设定在可支配收入的可运行区间也不是绝对的平均主义，而是可限定范围内的一个收入分配的大致范围，也是存在收入高的群体，收入相对低的群体和收入接近一个平均值的群体。假定第1个人是税收和补贴政策调整后收入相对低点的个体，那么他的预算约束可以用 AD 线来定义，是从坐标 O_1 来看的，第2个人是税收和补贴政策调整后收入相对高点的个体，那么他的预算约束就也可以定义为 AD 线，是从坐标 O_2 来看的；假定第1个人是税收和补贴政策调整后收入是符合平均值的个体，那么他的预算约束可以用 BC 线来定义，是从坐标 O_1 来看的，第 2 个人是税收和补贴政策调整后收入符合平均值的个体，那么他的预算约束也可以定义为 BC 线，是从坐标 O_2 来看的；假定第 1 个人是税收和补贴政策调整后收入是相对高点的个体，那么他的预算约束用 A'D' 来定义，是从坐标 O_1 来看的，假定第 2 个人是税收和补贴政策调整后收入相对低点的个体，那么他的预算约束就也可以定义为 A'D' 线，是从坐标 O_2 来看的；实际存在的主要是这三种情况，也许有人会想到如果个体 1 和 2 都是收入低的或收入高的个体呢？其实组成社会的个体是相当多的，在这个范围内既有收入高的，又有收入低的这是必然的，我们总是能找到两个相互互补的个体来研究这个艾奇沃斯方框图，所以我们是按照前面分的三种情况为基础来分析的，合理需要的消费契约曲线就是 E_1E_2 这一段。在这段契约曲线上两个个体在各自的可支配预算约束范围内同时达到了合理需要的最大满足，也即是在我们双约束假定前提下实现了消费者的局部均衡。

五 资源最佳配置和合理需要最大满足的一般均衡

（一）资源和需要双约束假设下一般均衡的条件

如何使在资源和需要双约束假设条件下既能达到资源的最佳配置，同时又能使合理需要最大满足？这就需要我们考虑两者同时满足所要具备的条件。通过前面的分析，我们知道要使双约束条件下资源能最佳配置，必须要满足两种或多种产品的边际技术替代率相等 MRTSABX = MRTSABY = ……要使双约束条件下合理需要能最大满足，必须要满足两个或多个消费者对所消费商品的边际合理需要效用的替代率相等 MRSXY1 = MRSXY2 = ……

最大生产可能性曲线是生产者在给定资源条件下生产两种或多种产品满足 MRTSABX = MRTSABY = ……的情形下刻画出的两种产品最大可能生产量的曲线，并且我们分析了其上的边际转换率 MRTXY，我们知道当边际转换率与边际替代率相等时，即 MRTXY = MRSXY，我们就实现了双约束条件下的资源最佳配置和合理需要最大满足的一般均衡。为什么说在这个条件下实现了一般均衡，假定社会生产的两种产品的边际转换率为 1，即 MRTXY = 1，而消费者对这两种商品的边际替代率为 2，即 MRSXY = 2。那么在生产者看来，社会如果放弃 1 单位第二种商品就可以生产出 1 单位的第一种商品；但在消费者看来，保持原有的合理需要效用水平不变，1 单位的第一种商品可以替代 2 单位的第二种商品，这样由于两种商品的转换率不等于两种商品的边际替代率，即 MRTXY < MRSXY，在其他条件不变时，通过增加第一种产品生产，减少第二种产品生产可以使得社会成员的合理需要满足水平进一步得到提高，这说明社会的生产和消费的配合并不是一种最优，如果是最优了就不会再有改进的余地了；同样的分析思路我们可以理解 MRTXY > MRSXY 时，社会的生产和消费的配合也不是一种最优。说明只有当两种商品的边际转换率与边际替代率相等时，即 MRTXY = MRSXY 时社会的生产和消费才不会再有改进的余地，才是一种最优。

当边际转换率与边际替代率相等时，即 MRTXY = MRSXY1 = MRSXY2 =……时实现了一般均衡，实现了真正意义上的一般均衡，即是在资源和合理需要双约束条件下有限资源的最佳配置和合理需要的最大满足。同样我们可以从下面图示分析中可以发现，当生产可能性曲线上某点的斜率与在方框图中消费契约线上某点的斜率两者相等时，实现了生产和消费的同时均衡，就是我们上面所谈的 MRTXY = MRSXY1 = MRSXY2 =……条件下的生产与消费的同时均衡，即我们这里所谈的一般均衡。

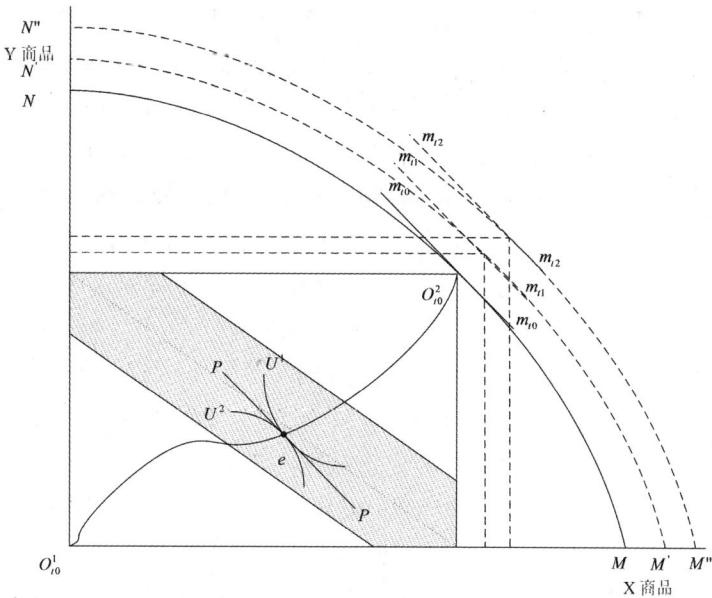

图 4　资源与需要双约束条件下的一般均衡

（二）资源和需要双约束假设下一般均衡的图示

在图 4 中，基于初始时刻 t = t0 时，在 MRTXY = MRSXY 条件下，如图所示就是过消费者契约曲线上的 e 点，消费者 1 和 2 的合理需要效用曲线的公共切线 PP 的斜率与过生产可能性曲线上的点 O_2 并和生产可能性曲线的切线 $m_{t0}m_{t0}$ 平行时，既可以使有限的资源等到最优配置，同时消费者的合理需要又可以实现最大满足。同时我们分析了随时间推移技术不断变化的一个动态过程，所以我们也必须要考虑双约束条件下在时刻 t = t1，t = t2……时，有限资源最优配置和合理需要最大同时满足所需要具备的条件。因此，我们可以根据刻画我们在前面分析中随着时间推移技术不断变化的在不同时刻的动态生产可能性曲线，即在 t = t0 时，动态生产可能性曲线是 MN，在 t = t1 时，动态生产可能性曲线是 $M'N'$，在 t = t2 时，动态生产可能性曲线是 $M'N'$……并在每一个时刻 t 对应技术水平条件的生产可能性曲线上寻找点（例如 $o^2_{t_0}$，$o^2_{t_1}$，$o^2_{t_2}$，…），建立一个关于两个人（即 1 和 2）消费两种商品 X 和 Y（即面包和甜酒）的消费者艾奇沃斯方框图，从而我们可以在该图中找到每个时刻点随着两种商品数量变化的消费高效率契约曲线。例如，t = t0 时，消费者的契约线为 E1t0 E2 t0 曲线，t = t1 时，消费者的契约线为 E1t1 E2 t1 曲线，t = t2 时，消费者的契约线为 E1t2 E2 t2 曲线……接下来我们就是要寻找在合理需要可运行区间内的点，使得该点在消费者契约曲线上并且过该点作合理需要效用曲线的切线，使得这个切线的斜率与在相同时刻动态生产可能性曲线上选取的点并过该点与动态生产可能性曲线切线斜率相等，即两条切线要平行。在图中可表示为在合理需要可运行区间范围内，过不同时刻过 et0、et1，et2……点的切线 Pt0 Pt0，Pt1 Pt1，Pt2 Pt2 ……与不同时刻动态生产可能性曲线 MN，M′N′，$M''N''$……上过选取的点 $o^2_{t_0}$，$o^2_{t_1}$，$o^2_{t_2}$，……的切线 m_{t_0} m_{t_0}，$m_{t_1}m_{t_1}$，$m_{t_2}m_{t_2}$……要平行。当两者平行时，我们就找到了在双约束条件下满足资源最优配置和合理需要最大满足的动态均衡点。也即是在每一个时刻点，当时条件下过某点的边际转换率要与当时的合理需要可运行区间内消费者契约曲线上点的边际替代率要相等，即每个时刻点的 MRTXY = MRSXY。也即是如图所示的在生产可能性曲线上的两种产品边际转换线（即 $m_{t_0}m_{t_0}$，$m_{t_1}m_{t_1}$……）斜率与消费高效率轨迹线上某点两条无差异曲线公共切线（如 Pt0 Pt0，Pt1 Pt1……）平行时，生产的供给与消费同时达到最优，从而实现了双约束条件下的资源动态最优配置与合理需要最大满足的一般均衡。

六　资源最佳配置和合理需要最大满足一般均衡的意义

（一）从人与生态和谐发展的角度实现了资源的最佳配置

从前面的分析我们可以发现，只有在科学的宏观调控前提下利用有限的资源来组织生产活动才不会导致资源的过度利用和生态环境的破坏。与此同时，我们还必须要考虑现有资源的高效利用，即资源的最优配置。正是在这种科学的宏观调控和微观企业自主组织生产活动两者的有机结合，才能实现生产和消费的均衡，即有限资源的最佳配置与合理需要的最大满足。因为如果不把两者有机结合在一起，就可能会导致自然生态的严重恶化和有限资源的枯竭，人类的生存就会面临极大的威胁，可能会导致人类自己的活动来毁灭自己，这将是一个悖论，所以我们必须寻求解决的办法来构建人的活动与自然生态的和谐发展共存。当然在这里我们仅仅是从经济学的角度来分析在这个资源和需要双约束条件下有效配置资源的问题，实际上如何来满足科学的宏观调控和企业对有限资源的高效配置，还需要健全的、能顺利实施的法制环境，特别是这个科学的宏观调控就需要根据国民经济发展情况制订中长期的资源规划，同时也需要对企业生产制订立法规范，既保证企业可以独立自主的生产活动，给企业有自由活动的空间，同时又必须从法律角度来规范企业的活动，只有如此，企业才能自我的、不自觉地把自身的经济活动与宏观的生态环境保护结合起来，才能真正的实现人与自然生态和谐发展基础上的资源最优配置。

（二）从大多数人合理需要满足的角度来满足人的需要

从前面的分析可以看出，资源和需要双约束假设条件考虑的是大多数人合理需要的满足，我们不断强调大多数人的合理需要的满足，是由于这是我们立论的基础和前提条件，同时它有极强的现实意义，只有把这个问题放在中心位置来考虑，才能从根本上理解马克思所提到的资本主义生产的异化生产活动，就是没有从大多数人的合理需要前提出发来组织生产活动，才有必要否定资本主义的不合理的生产方式，建立理想的共产主义生产方式。由于不同人有不同的合理需要的满足方式，这是个体的一种自我选择行为，应该充分发挥个体的自由合理选择，但是这个选择不能脱离我们现有生产力发展水平的实际和多数人共同都能满足的前提，如果超越生产力的发展过度追求享受满足就会偏离生产力发展的正常运行轨道，导致生产力发展对资源环境的破坏和人类发展的无以为继；如果我们的生产活动不是满足大多数人的合理需要，或者满足了仅仅是少部分人的不符合生产力发展阶段的不合理需求，我们就不能构建一个真正意义上的和谐社会。

（三）从大多数人合理需要的满足出发实现了生态性的资源最佳配置

资源和需要双约束条件下的一般均衡，就是把大多数人的合理需要满足与企业的生产活动中的有限资源最优配置结合在一起，因为在这个一般均衡条件下，既能满足大多数人的合理需要的最大满足，同时又可实现有限资源的最优配置，克服了资本主义生产方式中单纯追求利润最大化，不去考虑消费者购买力和人的合理需要满足的异化生产。这是一种理想的经济运行状态，我们人类的经济活动就应该向这个目标靠拢。通过一般均衡条件下的艾奇沃斯方框图的分析，我们可以看出，要想使经济活动能实现我们理论推导的最优条件，必须需要把科学的宏观调控和微观的个体自由活动有机结合在一起。只有在这个一般均衡条件下，企业的生产活动才能和大多数人合理需要满足结合在一起，才能使人类的生产活动是为了满足大多数人的生存和发展需要，才不会走向马克思所谈的资本主义的生产异化。这个一般均衡的实现首先根据生产力发展水平，人与生态和谐发展，社会公平公正来制订资源利用的可运行区间和大多数人的合理需要满足的可运行区间，在这个大的前提下，企业可以自由的组织生产活动，个体消费者可以根据自身需要自由选择自己需要的商品。良好的宏观环境为个体的自由选择创造了条件，同时充分发挥个体的自由选择的个性又会为生产的发展和个人的满足提供活力。只有这样，才能使人与自然生态可以良性互动和发展，才可以从人、自然、生态的角度、良性互动发展的角度构建一个真正的和谐社会。

参考文献

[1] 李萍等：《反思与创新：转型期中国政治经济学发展研究》，经济科学出版社 2006 年版。

[2] 刘思华：《生态马克思主义经济学原理》，人民出版社 2006 年版。

[3] 程恩富:《论中国主流经济学的现代转型》,《经济学动态》2005 年第 11 期。

[4] 陈奇斌:《现代马克思主义经济学的"资源与需要双约束"假说》,《华南师范大学学报(社会科学版)》2011 年第 2 期。

[5] 余斌:《改革创新还是僵化退步?——对陈文通教授关于程恩富教授四大理论假设的异议的评论》,《政治经济学评论》2010 年第 4 期。

[6] 朱殊洋:《双约束假设下两大部类不变资本的运动分析》,载程恩富、顾海良主编《海派经济学》(第 21 辑),上海财经大学出版社 2008 年版。

[7] 程言君:《"四大理论假设"对经济学传承和超越的人本视角》,《中国社会科学》2008 年第 4 期。

[8] 方兴起:《对程恩富教授"四大理论假设"的思考》,《中国社会科学》2008 年第 2 期。

[9] 高鸿业:《私有制的市场经济能以最优的方式配置资源吗》,《当代经济研究》1996 年第 3 期。

[10] 顾钰民:《马克思与新制度经济学假设前提的比较》,《同济大学学报(社会科学版)》2005 年第 2 期。

[11] 林岗、张宇:《探索马克思主义经济学的现代形式》,《教学与研究》2000 年第 9 期。

[12] Bobonis, Gustavo J. ; 2009, "Is the Allocation of Resources within the Household Efficient? New Evidence from a Randomized Experiment", *Journal of Political Economy*, June, Vol. 117, pp. 453 – 503.

资源环境产权效率与公平研究的
三种主要范式述评[*]

——基于马克思经济学的观察视角

董金明　　尹兴[**]

　　建立和完善社会主义市场经济体制是一项具有深刻意义但又是前无古人的伟大探索，其中，尤其是如何实现社会主义基本制度与市场经济的有机结合更是这一探索进程中的浓墨重彩之笔。实现社会主义基本制度与市场经济的有机结合，要求既能发挥社会主义公有制在维护社会公正、推进生产力发展方面的巨大优势，又能充分利用现代市场经济在实现资源优化配置方面的重要功能，从而实现效率与公平的辩证统一，实现经济与社会的全面协调和可持续发展。在自然资源的开发利用与保护领域，则是如何实现自然资源公有制尤其是国有制与市场经济的有机结合。因此，关于资源产权效率与公平问题的研究是马克思经济学创新的重要理论课题。

　　20世纪80年代以来，沿着自然资源公有制适应市场经济的改革方向，我国的自然资源和环境管理制度、产权制度等不断改革。应当说，这些改革举措在一定的时期内实现了某些改革目标，如较快地提高了自然资源的供给总量、取得明显的经济效益，但也存在很多局限，并且产生了许多新的问题和矛盾，如造成资源的严重浪费和环境的恶化等。与此同时，理论界对于相关问题的研究也不断进行深化。可以说，近30年来经济学、法学及公共管理等学科关于我国资源环境产权构建及其效率与公平问题的研究，则代表了在新时期对如何实现自然资源的公有制与市场经济有效结

　　* 本文为作者董金明主持的国家社会科学基金项目《科学发展观视角下资源环境产权效率与公平互动机制研究》（07BJL035）阶段性成果。

　　** 董金明，上海海事大学文理学院副院长，副教授，博士。尹兴，上海海事大学文理学院教师，博士。

合所进行的一种自觉的理论探索。综观最近二十多年来我国学术界对资源环境产权构建的总体思路及其效率与公平关系的研究，从理论、方法和基本观点来看，已有的文献大致遵循和形成了三种代表性范式。[①] 马克思经济学是在社会生产力、生产关系的有机统一中来分析和评价产权制度及其效率与公平问题。因此，从马克思经济学的观察视角出发，对这些研究范式的梳理和分析是继续深化该问题研究的重要前提和基础。

一　关于资源环境产权效率与公平问题的研究背景

当代，资源与环境问题已成为全球共同关注的焦点问题之一。无论是基于感性观察还是理性思考，人们都已经得出一个共同的结论：资源环境危机已经关系到经济社会发展的全局，关系到人类的共同前途和命运。为解决资源环境难题，自 20 世纪六七十年代以来，世界范围内从国际到国内，从政府到民间，从理论研究到政策实践，各种组织、机构或个人都做了无数的探索和努力。人们对资源环境问题的成因、特征、发展趋势、应对之策等问题都进行了深入思考——在这一过程中，如何通过资源环境产权制度的改革和完善以化解生态困境或矛盾也成为学术研究、体制或政策创新的重要领域之一。但令人遗憾的是，尽管如此，近半个世纪以来生态经济关系的矛盾总体上仍不断加剧，全球生态系统持续恶化的基本趋势并没有改变。

从我国的现实国情来看，现阶段我国经济社会正处于实现"转型发展"的重要时期。实现中国经济的可持续发展和社会经济结构的重大转型，也迫切需要资源环境产权制度的合理科学建构和完善，以实现经济与社会关系以及人与自然关系的和谐和可持续发展。

实践中，自然资源和环境的产权制度的不完善严重制约着社会经济整体效率的提高。近几十年来，我国经济增长和发展基本上是走了一条以资源高消耗、高排放以换取经济发展之路。近年来尽管做了大量的努力，但是我国自然生态破坏、资源浪费严重，环境问题的"局部改善、整体恶

[①]　在这三种基本研究范式之外，还有不少相关研究是针对土地、森林、水、矿产等各类具体资源产权关系的某些方面（如界定、补偿、配置等）而展开的，倾向于具体问题具体分析。一般而言，它们不是将资源环境产权整体作为基本研究对象，因而往往是在局部的意义上对某具体资源某一问题的回应，不是对资源环境产权建构和完善问题的整体关注，故对此不作专门讨论。

化"的总体趋势仍未获得有效遏制。因此，在实现经济持续高速发展的同时，近年来我国自然资源的使用浪费严重、供需矛盾日益突出，环境状况不断恶化。据统计，我国单位 GNP 钢材、铜、铝、铅、锌的消耗分别是世界平均水平的 3.6、3.7、2.4 和 2.7 倍。我国现有建设土地中至少有40%属于低效利用，约有 174 万亩土地闲置。2011 年，《中国环境宏观战略研究报告》称：中国环境状况总体尚未遏制。研究报告指出，我国环境状况"局部有所改善、总体尚未遏制、形势依然严峻、压力继续加大"，而且环境压力、环境资源问题比世界其他国家更突出，解决起来更困难。① 根据近年来的研究估算，我国每年由于生态恶化造成的损失已经约占 GDP 总量的 3%。导致这些结果的原因是多方面的，包括经济增长方式、消费方式、人口扩张、环境政策、环保投入、政绩考评等方面问题共同作用的结果。但是，不可否认自然资源产权制度自身的不完善是导致这一问题重要的制度性原因之一。公有制度的不完善，国家（中央和各级地方政府）和集体的资源所有权、使用权界定的不清，国家对资源的管理制度存在诸多问题，因而导致对资源的滥用或过度使用，生态破坏，严重制约着社会经济整体效率的提高。

与此同时，同样严重的另一个问题是，现行资源环境产权制度在界定、配置、交易以及保护方面的缺陷，已经成为我国社会地区之间、人群之间、个体之间财富和收入分配差距拉大的一种制度性原因，同时严重地影响我国社会成员在基本生存权利、发展权利等方面的公平关系。以城市国有土地资源的开发利用为例，进入 21 世纪以来，由于土地"招拍挂制度"的推广，我国土地出让金大幅增加，全国土地出让金收入由 2001 年的 1296 亿元，增长到 2009 年的 15910 亿元，再增长到2010 年的 27111 亿元。以 2009 年为例，获得土地出让金最多的杭州、上海、北京、天津、广州五个东部城市获得的土地出让金占到 30 个省会和直辖市土地出让金总和的一半以上（57.8%），占全国土地出让金的 26.7%。杭州和上海成为土地出让金超过千亿的两个城市。② 显然，财富分配的这种差距是由现行土地产权制度中利益分配格局所决定的。其结果是，一些地方政府的收入在土地财政的带动下增长迅速，而土地

---

① 《科技日报》2011 年 4 月 25 日。

② 数据来自中国指数研究院，见网址：http://www.landlist.cn/zt/201201/tdcrjxh.html。

出让金水平之间的巨大差距加大了地区发展的不平衡。另外，一些城市如此高额的土地转让金却被转嫁到房产消费者的身上，使购房者背上了沉重的债务枷锁，房价已经成为关系到国计民生的最大问题。因此，可以说围绕土地利益分配的冲突已经成为社会各种利益集团和利益主体争夺的焦点之一。从理论研究上讲，这里一个需要严肃思考和有效解决的实质性问题是，土地资源转让中的利益究竟应当如何分配才是合理的、公平？或者说正确处理资源产权中责、权、利关系的依据或原则是什么？这些与产权相关的利益分配的公平问题在土地资源产权运行的其他环节，在矿产资源、水资源等其他自然资源及环境领域都广泛存在。不仅如此，资源及环境的恶化还进一步影响到社会成员的生存与发展权利的公平状况。因此可以说，资源环境产权的权利公平与利益分配已经成为现阶段我国社会公平中的一个突出问题。

在社会经济有机体中，上述资源环境产权效率问题与公平问题相互影响、相互制约、互为因果，并使自然资源和环境产权制度成为影响我国社会经济效率与公平关系的一个重要的制度性或体制性因素。因此，对资源环境产权领域的责、权、利关系的研究，以推进我国资源环境产权制度的完善，已经成为我国现阶段实现转型发展进程中一个重要的理论与现实问题，也是马克思经济学理论创新中的一个重要问题。

二　范式一：基于产权经济学或制度经济学方法的研究

研究范式一是在产权经济学或制度经济学的学科背景下，研讨我国自然资源的有偿化使用和自然资源市场化为方向的制度变迁、资源开发的外部性及政府规制等方面的问题。肖国兴（2000）、王万山（2003）、马中、蓝虹（2004）等认为环境资源产权明晰和市场交易是环境资源合理定价和实现可持续发展的关键。

在我国由计划经济体制向社会主义市场经济体制转变的实践中，关于自然资源的市场化转让首先成为自然资源产权管理领域的一个重要的研究议题。其中，西方产权理论的引入又成为我国许多学者思考如何实现自然资源公有制或公有产权市场化的一个重要的理论参照。西方产权理论认为，有效率的产权才能促进经济增长与发展，而有效率的产权应是完全明晰的、权利人专有的、排他的、可转让的和可以实施的①。在这一理论背景下，研究者关注的重点是自然资源产权的可交易性及其效率问题，或者说重点关注如何将交易机制引入自然资源的产权管理。这方面肖国兴等人的研究具有一定的代表性。肖国兴认为"为了实现自然资源有效率的开发利用，国家可以行使主权将部分自然资源卖给厂商，从而将自然资源的公共所有权转变为交易产权，使国家有一笔可观的收入，也为自然资源的市场交易打下基础。这样可以在使公共所有权实现的同时，使交易产权的界定与安排、运行与操作有一定的空间，使产权交易成为可能"，同时，西方产权理论提供了用产权交易方法解决环境外部性问题的思路。因此，"自然资源环境产权的制度安排，既可能是单一的交易产权或公共产权的选择，也可能是公共产权与交易产权的复合性选择。市场经济条件下，环境产权应当是政府公共产权与厂商交易产权的双重结构"。而为了实现产权的可交易性则要求产权明晰②。

王万山和廖卫东通过大量数据对我国的生态产权市场进行绩效评价，指出"我国的生态环境制度及其政策实施也取得了不少成绩，特别是在工业污染防治和城市环境综合整治方面成绩较大"，但是，我国生态产权市场运行效率是比较低下的。因为"强制性的公共产权必然导致从人人皆有变成人人皆无，从而引起委托失灵和代理失灵，同时控制权创租卖租等机会主义和败德行为盛行，经济效率因此严重受损"，"在同样的技术条件下，强制性公共产权安排必然增加自然资源使用的交易成本，因为产权安排上增加了一个不必要的'公共'中间环节"，"交易权安排'短缺'是我国生态产权市场低效的主要制度根源"，"产权交易是市场的基础，既然否定了交易的所有权，那就相当于否定了市场机制的作用"，"没有市场交易权安排和交易制度，我国生态产权市场运行实质上仍只能处于计划经济阶段，效果损失是显而易见的，这就是我国生态产权市场运行低效率的根本原因"③。王万山还进一步探讨了实现环境资源公有产权

---

① 在西方产权理论的视野中，资源产权与环境产权主权差异只是排他性程度的不同，没有更多的实质性区别，在一定程度上两者都可以通过产权界定和交易，以实现产权的效率，因此，在许多情况下西方产权理论对两者是并列使用和分析的。

② 肖国兴：《论中国资源环境产权制度的架构》，《环境保护》2000年第11期。

③ 王万山、廖卫东：《中国生态产权市场低效的制度经济学分析》，《科技导报》2003年第5期；王万山、廖卫东：《中国自然资源产权市场应如何"转轨"》，《改革》2002年第6期。

市场化的具体方法，认为"引入市场化的'公'权市场模式需要两个步骤：一是资源环境产权所有权代理市场化；二是资源环境的使用权获得市场化"①。

关于环境产权可交易性问题，马中、蓝虹认为，随着环境资源稀缺程度的不断提高，相对价格的不断上升，环境资源产权明晰的收益在急剧增加，而技术与产权的互动演进，又促使环境资源产权明晰的成本逐渐下降。"环境资源产权明晰的净收益越来越大，因此，环境资源产权明晰是必然的趋势。"在《环境资源产权明晰是实行绿色 GDP 的关键》中指出"绿色 GDP 这个指标，实质上代表了国民经济增长的净正效应"，是衡量经济发展水平和质量的关键，而对于绿色 GDP 本身而言，如何实现对资源和环境的定价是一个难题，该难题的解决有赖于环境和资源产权的明晰，因此可以说建立合理的环境资源产权制度是关键的关键。"实行绿色 GDP 的一个重要前提就是资源环境的产权明晰，有产权就会有市场交易，定价问题自然就迎刃而解。"②

在如何实现自然资源产权可交易性的基本分析思路下，徐嵩龄（1999）、廖卫东（2004）等学者又提供了重要的修正性意见。他们清醒地指出，虽然界定、明晰的环境资源产权，将市场机制引入环境资源管理中以提高管理效率是一种可选的制度改进的思路，但是，以产权的市场交易方式处理资源环境的外部性问题仍然具有有限性，并非万能，政府还应当进行有效规制。徐嵩龄认为"简单地把传统的'自由市场'概念移植于环境管理未必成功，因为它忽视了一般商品与环境资源之间的根本区别，即环境资源中不可分割的公共性，它的不可穷尽的多价值性，以及环境资源承载力随交易而递减的特征"。因此，政府的适当规制是有必要的，在资源环境管理中，政府的作用是极其重要的，不可替代的③。廖卫东则认为"大多数生态负外部性的治理需要政府进入规制"，"生态领域产权市场是个混合市场，政府对生态的规制应择优采取有效的规制手段，并有效混合使用多种规制手段，使以政府生态规制弥补'市场失灵'和

---

① 王万山：《中国资源环境产权市场建设的制度设计》，《复旦学报》（社会科学版）2003年第 3 期。

② 马中、蓝虹：《环境资源产权明晰是必然的趋势》，《特别关注》。

③ 徐嵩龄：《产权化是环境管理网链中的重要环节，但不是万能的、自发的、独立的——简评〈从相克到相生：经济与环保共生策略〉》，《河北经贸大学学报》1999 年第 2 期。

以市场机制弥补'政府失灵'互相制衡和结合"①。

总之，随着西方产权理论的引入，将实现自然资源公共产权的可交易性来探讨我国自然资源产权制度改革的基本路径，较多地侧重于资源环境产权制度的市场化改革及其与效率关系的分析，可以说是理论界的主流思路。客观地说，在我国实现从计划经济体制向市场经济体制转变的特定历史条件下，这一理论思路对推进我国的资源环境产权改革提供了有益的启发，但是，在我国的基本制度条件下，自然资源属于国家所有（农村土地资源属于集体所有），将自然资源国家所有权在性质上等同于一般意义上的公共产权进而主要关注其可交易性，这一理论分析思路显然对我国自然资源产权制度的国家所有权的本质内涵和制度特征重视不够，对自然资源产权制度所具有的社会分配等方面的功能也重视不够。

三　范式二：基于资源环境法方法的研究

研究范式二是在法学尤其是资源环境法的理论框架内，以改进和完善我国自然资源和环境的立法和管理制度为指向，对资源环境产权问题展开研究。该理论取向的研究从法律的逻辑性和体制的严整性出发，深入分析了现阶段我国资源环境产权管理立法中存在的主要问题，并进一步提出构建我国自然资源产权制度的目标是建立多样化、多层次的自然资源财产权体系，要建立和健全具有权威性的自然资源管理机构并规范自然资源产权市场。以李胜兰、曹志（2000）、汪劲（2000）、孟庆瑜（2003）、单胜道等（2006）等为主要代表。

李胜兰与曹志兴认为从立法的角度看，现阶段我国资源环境产权管理制度中存在的主要问题是，首先是产权主体的单一，"根据法律规定，我国的自然资源属于国家和集体，个人与其他组织不能成为自然资源所有者"；其次对使用权与所有权的界定不清，现行自然资源立法虽然多是以"如何确保国家对资源的有效、充分利用"为出发点，但并未从物权角度对自然资源使用权的行使作出明确规范。自然资源所有人与使用者在利用过程中权利与义务的不同，也没有从法律中体现出来，造成对使用者缺乏必要的约束和限制，实际上损害了国家和集体的所有权。最后是对所有权的具体

---

① 廖卫东：《生态外部性求解的产权制度优化》，《当代财经》2004年第12期。

行使问题不明确。我国法律规定，资源国家所有权的行使权应当由国务院代理，但是在实际运行过程中，"作为主体代表的国务院根本无法全面履行自然资源的国家所有权，而是将部分国家所有权委托给地方政府代为行使。由此形成了一元制下的'单一代表，多级行使'的制度"。这些资源环境产权立法方面的不完善给环境资源的管理带来了诸多障碍。资源环境财产权法制化的目标是建立多样化、多层次的自然资源财产权体系，建立和健全具有权威性的自然资源管理机构并规范自然资源产权市场①。

孟庆瑜从资源环境立法如何促进经济生态可持续发展这一视角对我国现行的资源环境产权法律制度存在的问题进行了反思，认为我国的自然资源法制自80年代以来取得了长足进步，但是在产权制度方面仍然存在突出的缺陷。第一，我国现行的自然资源法律大多受人类中心主义价值观影响，"不足以反映和体现自然资源在社会经济发展中的重要作用和可持续发展等当代重大思想理论成果"。第二，我国的自然资源环境法律受计划经济历史的影响，不可避免的被打上了旧体制的烙印。我国当前立法中存在的部门利益问题使得资源法律与环保法律之间的配合、相互支持存在一定矛盾，从而导致一些问题久拖不决。第三，自然资源法律与环境保护法律之间的关系尚需进一步理顺②。

汪劲等对关于资源法与环境法的关系、资源环境立法的创新等问题进行了较深入的探讨。由于环境问题日益严峻并且较早引起人们的关注，我国的环境保护方面的法律与资源类的法律相比较而言更为健全，汪劲认为由于环境法与资源法"立法意图相近但表现不一"，"应当将自然资源保护法置于环境法律体系之中，对于重要的单项自然资源可以考虑以保护为目的制定单项法，与自然环境保护法一道共同成为环境法律体系中的第二层次部门法"③。

研究范式二的理论研究从法律逻辑的严密性出发，总结归纳了我国现行的资源环境产权制度存在的主要缺陷，特别是法律层面上揭示了相关法律制度中所存在的责、权、利不对称问题。对于自然资源产权制度及其效

---

① 李胜兰、曹志兴：《构建有中国特色的自然资源产权制度》，《资源科学》2000年第3期。

② 孟庆瑜：《我国自然资源产权制度的改革与创新——一种可持续发展的检视与反思》，《中国人口·资源与环境》2003年第1期。

③ 汪劲：《对构筑我国环境法律体系框架若干问题的思考》，《环境保护》1995年第2期。

率与公平关系的理论研究而言，该分析路径的主要不足在于缺乏对资源环境产权法律制度背后所包含的具体社会经济关系和过程的分析视角，因而不能对社会主义基本制度条件下自然资源公有产权与市场经济相结合的基本特征、资源环境产权效率与公平关系机理等问题进行系统分析。

四　研究范式三：基于资源科学、管理科学方法的研究

研究范式三是主要运用资源科学、管理科学等方法，探讨资源环境产权的管理与效率、公平及可持续发展的关系，认为环境公平在可持续发展战略中居于中心地位。肖艳（2002）、孟庆堂（2004）、文同爱等（2003）等为代表。主要研究内容可概括如下。

首先，关于环境公平和环境效率含义的讨论。随着世界性资源环境问题的日益突出，环境公平等概念首先产生于美国，之后很快在世界各国传播开来。从环境资源分配公平的视角看，当今时代，环境资源不论是在一国之内还是在整个世界的分配都是不公平的，在代际之间的分配也是不公平的。目前，当今人类消耗的资源已经逼近环境承载能力的临界点，因此，人们对待环境的态度急需扭转和改变。我国理论界对环境公平、效率的讨论总体上也是在这一认识背景下进行的。

文同爱等认为环境公平是指在环境资源的使用和保护上所有主体一律平等，享有同等的权利，负有同等的义务。他还对环境公平作出了分类，从时间维度看，有代内环境公平和代际环境公平；从空间维度看，有国内环境公平和国际环境公平；从内容维度看，"分为所有主体在环境权利和义务上的公平，简称为环境权利公平，以及所有主体在环境权利被侵害时救济权上的公平，简称为环境矫正公平"①。而相对于环境公平而言，理论界对环境效率的认识和概括还较为笼统。一般地将其大致理解为经济效益、社会效益和环境效益的统一体，认为它代表当今人类所取得的具有经济、社会、文化等多方面内涵的整体发展与生态规律的符合程度。

其次，关于环境效率与环境公平的关系的研究。已有文献一般认为环境效率与环境公平是一种相互制约、相互促进的对立统一关系，而且强调

---

① 文同爱、李寅铨：《环境公平、环境效率及其与可持续发展的关系》，《中国人口·资源与环境》2003年第4期。

环境公平应当在可持续发展中居于中心地位，对环境公平给予更多的关注。文同爱等认为，如果环境资源配置公平，资源的浪费现象就不会或者很少发生，从而实现很高的社会生产率，不同世代都能得到比较充分而又合理的发展；而若代际公平程度不高，则当今人类所创造的物质和精神文明成果都会很有限，使社会生产效率受到影响，或者当代人得不到必要的发展，或者后代人丧失生存和发展的基本条件。因此，"环境公平是实现可持续发展的决定性条件。显而易见，没有环境公平就没有'可持续'，没有'可持续'也就没有了'发展'。因此，实施可持续发展战略，自始至终应当贯彻环境公平；环境公平既是一种追求过程，也是可持续发展的必然结果"。因此，环境公平与环境效率在可持续发展道路之上实现了完美的统一。蔡守秋进一步强调"可持续发展是由人去推动的运动，只能建立在社会公平即社会正义和人与人之间平等的基础上。只有保持公平，才能调动和维持可持续发展主体即人的积极性和创造性。公平性是可持续发展的重要特性，失去公平性也就失去了可持续发展"[1]。

研究范式三将公平与效率关系引入到资源环境领域问题的讨论，尤其强调环境利益的公平分配的重要性，拓展了资源环境产权问题研究的新视野。这一研究路径的主要局限在于缺乏经济社会制度或体制分析的理论逻辑或基础，因而不能充分揭示资源环境产权的运动过程、基本规律和主要矛盾。其研究特征在总体上表现为一般分析多于具体分析、理论分析多于实证分析。

五　简要的结论

对于在我国基本制度条件下如何构建和完善资源环境产权制度，以实现自然资源公有制或公有产权与市场经济的有效结合，实现经济社会的全面协调和可持续发展，推进社会经济效率与公平的辩证统一这一重要问题，学术界已有的三种代表性范式及其成果为我们提供了某些有益的思路和启示，但同时又都存在这样那样的一些局限。总体而言，理论界关于该问题的研究还较为薄弱，尤其是对在我国现实国情下，从我国社会资源环境产权运动中责、权、利关系的特征、展开过程等问题缺乏系统性的分

---

① 蔡守秋：《环境资源法教程》，武汉大学出版社2000年版。

析，对资源环境产权制度实践的效率公平关系还缺乏系统的、整体的把握，因而使我们在对资源产权问题的认识上往往还是"只见树木、不见森林"。

理论研究的不足在一定程度上妨碍了其对实践的正确引领。从我国资源产权改革的具体实践来看，近二十多年来，自然资源产权的市场化改革的一些政策举措在取得了一定成效的同时，又产生另外新的问题。总体上，在我国资源环境领域，对自然资源的滥用、资源供需矛盾、环境恶化等问题十分突出；与资源环境产权相关的各种社会公平问题也层出不穷。因此，借鉴学术界相关研究成果，通过理论分析方式的创新或重构，尤其是基于马克思经济学的分析方法，对我国自然资源环境产权效率与公平关系进行系统、全面的解析，从而为资源环境产权制度的创新和完善提供政策选择，已经成为我国理论创新和实践发展中迫切需要解决的一个重要问题。

参考文献

［1］科斯等：《财产权利与制度变迁》，上海三联书店、上海人民出版社1994年版。

［2］托马斯、思德纳：《环境与自然资源管理的政策工具》，同济大学出版社2003年版。

［3］马中：《环境与资源经济学概论》，高等教育出版社2001年版。

［4］张帆：《环境与自然资源经济学》，上海人民出版1998年版。

［5］程恩富：《西方产权理论评析》，当代中国出版社1997年版。

［6］廖卫东：《生态领域产权市场制度研究》，经济管理出版社2004年版。

［7］肖国兴：《论中国资源环境产权制度的架构》，《环境保护》2000年第11期。

［8］王万山：《中国资源环境产权市场建设的制度设计》，《复旦学报（社会科学版）》2003年第3期。

［9］李胜兰等：《建设有中国特色的自然资源产权制度》，《资源科学》2000年第3期。

［10］吕力：《论环境公平的经济学内涵及其与环境效率的关系》，《生产力研究》2004年第11期。

人力产权研究对劳动者权益理论的传承与超越

——兼论马克思主义经济学范畴体系创新

程言君*

当今时代，尤其进入 21 世纪以来，无论社会主义国家，还是资本主义国家，抑或是其他社会性质的国家，几乎无不高举以人为本的大旗，这是否标志着人类已经或正在加速进入以人为本时代？即便不是，也至少标志着人类日益走向以人为本是人心所向的必然历史趋势。由此可以说，经济学的以人为本时代，即以人力产权研究为中心的时代已经到来。当然，同时也就是西方产权经济学物本研究范式结束时代的到来。事实上，人力产权范畴不仅是以人为本时代的应运而生范畴，而且应是马克思主义经济学与时俱进的创新范畴。因为只有马克思主义经济学才能真正坚持以人为本，从而科学地界定人力产权范畴的内涵，准确深刻地研究人力产权权利的实现，并借此拓展马克思人的异化复归理论，由哲学高度的抽象到社会主义制度转化道路，加速马克思科学预见并为之奋斗终生的以人为本时代的到来。

虽然把人力产权范畴界定为应运而生的现代马克思主义经济学范畴，表明了人力产权范畴研究之于马克思主义经济学范畴体系发展创新的意义，但却在一定程度上局限了人力产权范畴在当代经济学发展中的普适性意义。事实上，人力产权范畴也是西方现代主流经济学获得新生的范畴。西方现代主流经济学亦即新自由主义经济学，不研究劳动大众人力产权权利问题，忘却了 17 世纪英国著名思想家约翰·洛克研究劳动产权问题的光荣传统，

---

* 程言君，徐州人，徐州市委党校教授，中国经济规律研究会理事。主要研究方向：马克思主义经济学。

现在业已到了回归正轨的时候了。

一 人力产权范畴：以人为本时代创新发展经济学的应运而生范畴

产权范畴是西方现代主流经济学研究市场经济资源配置的核心范畴。产权范畴作为研究市场经济资源配置不可或缺的经济学范畴，现已被引入马克思主义经济学范畴体系。在借鉴引入中，虽然注意剔除了西方现代主流经济学产权范畴以物为本等非科学成分，而把产权着重界定为基于物的人与人之间的经济关系，使之具有了马克思主义经济学的生产关系范畴的某种内涵。同时，也引入了人力资本产权范畴，注意到了西方现代主流经济学对于企业高层管理人员人力产权权利的研究。但这种对产权范畴的引入借鉴，总的来说没有跳出西方现代主流经济学不研究劳动大众人力产权权利的窠臼，即没有跳出基于英雄史观的精英治理和物质产权或资本产权决定一切的窠臼。当然，这对马克思主义经济学创新发展有所妨碍。如果不从有没有使用人力产权范畴而就其实质来说，马克思关于生产关系及其发展规律的理论，包括创新发展了的现代马克思主义经济学，应该是迄今为止最为深刻、科学的人力产权权利实现学说[①]。因而，人力产权范畴作为现代马克思主义经济学中尚属创新有待成为共识的范畴，既与马克思主义经济学的本质不相称，又与时代发展的以人为本趋向不相适应。以人为本时代的经济学，无论马克思主义经济学还是西方现代主流经济学，都应该以人力产权权利实现的研究为核心，资源配置只是手段。否则，很难有所作为，甚至根本就没有出路。何况，深层历史地看，人力产权范畴研究既基于人民当家做主是人类社会发展的必然历史趋势，更基于人类发展否定之否定规律[②]决定的当代经济社会发展，在当下由于法治制度不断健全

---

① 参见程言君《深化改革加快中国特色社会主义建设的规律基础》，《海派经济学》2012年第3期；《中国特色社会主义基本经济制度的建构发展和历史本质》，《马克思主义研究》2012年第12期。

② 社会形态否定之否定的第一个否定，指私有制社会对原始公有制社会的否定，与《资本论》"否定的否定"（"资本主义的私有制，是对个人的、以自己劳动为基础的私有制的第一个否定。但资本主义生产由于自然过程的必然性，造成了对自身的否定。这是否定的否定。"《马克思恩格斯文集》第5卷，人民出版社2009年版，第874页）中的第一个否定，即资本主义私有制对个体私有制的否定，在内涵上有所不同。参见程言君《深化改革加快中国特色社会主义建设的规律基础》，《海派经济学》2012年第3期。

完善，民主权利越来越得到保障，人民群众创造历史的最终决定作用在加速彰显。就我国而言，人民当家做主是中国特色社会主义比过去一切社会制度优越的根本所在。在这样的以人为本时代背景下，如果说西方现代主流经济学，由于历史的或阶级的局限性而不可能着重研究人力产权实现问题，那么，马克思主义经济学就必然也必须扛起人力产权研究的大旗，这是以人为本时代赋予的不可推卸的历史责任。

另外，有一种观点认为，为避免落入西方现代主流经济学产权话语体系的陷阱，干脆在马克思主义经济学研究中少使用或干脆不使用产权范畴。的确，马克思主义经济学研究完全可以少使用或不使用产权范畴。100 多年来，马克思主义经济学诞生以来在没有使用产权范畴的情况下，不仅取得了一系列影响人类发展方向的重大成果，也在马克思主义改变人类的资本主义发展方向中发挥了决定性作用。而且，列宁还得出了"使马克思的理论得到最深刻、最全面、最详尽的证明和运用的是他的经济学说"[1] 的著名结论。少使用或不使用产权范畴也不是拒绝借鉴吸收西方经济学科学成分。马克思主义者，尤其当代中国的马克思主义者，大都像当年马克思那样始终关注并积极吸收人类进步的一切新成果。少使用或干脆不使用产权范畴主张的主要理由，一是产权范畴至今没有一个共识性定义；二是马克思主义经济学西方经济学化或去马克思主义化的倾向严重。目前，马克思主义经济学学术地位和社会地位严重下降的原因，虽然不仅仅在于学界，甚至主要不在于学界，如行政规定西方经济学在高等教育中的占比过大等。但生吞活剥地借鉴引入产权范畴一类的西方现代主流经济学理论倾向，不能不是重要原因。尤其那种以"原版"为最高标准地引入西方主流经济学的现象，的确扭曲了旨在增强马克思主义经济学时代性，丰富马克思主义经济学研究的借鉴吸收愿望。当然，即便如此，也不宜采取少使用或干脆不使用产权范畴的策略。否则，可能会带来两个问题。一是难以与西方经济学对话，从而带来中国化马克思主义经济学国际学术交流上的困难；二是带来马克思主义经济学普及应用上的困难。因为社会主义市场经济体制建设绕不开产权问题。因而，正确的态度和做法是，为了使马克思主义经济学与时俱进地成为市场经济时代最完善、最彻底的经济理论体系，首先应大张旗鼓地对西方现代主流经济学展开全面系

---

① 《列宁选集》第 2 卷，人民出版社 1995 年版，第 428 页。

统地评述乃至批判，在此基础上，去其糟粕取其精华地借鉴吸收，坚决杜绝原版照抄的教条现象。

批判并创新西方现代主流经济学使之科学成分为我所用的指向，最为根本的就是击中其不研究劳动大众人力产权权利的命门，即反其道地沿着马克思劳动异化理论的思路，按照马克思揭示的"否定之否定"规律和人的异化复归规律，创立人力产权理论。应该可以说，研究人力产权理论，确立人力产权范畴，既是马克思主义经济学范畴体系创新发展适应以人为本时代加速到来的必然，也是扬弃西方现代主流经济学使之获得新生的必然。人力产权范畴的这种应运而生性质，甚至决定其在顺应人类发展日益走向以人为本历史趋势中，大有成为现代经济学核心范畴的必然性。

二 人力产权范畴的历史性析出

就人力产权作为劳动者权益研究范畴而言，应该肯定，许多学者，除了马克思主义经济学家外，许多西方经济学家也或多或少地做过重要研究，虽然在研究中所用范畴一般都使用劳动产权或劳动力产权，也有称之为劳动力权的，都没有使用人力产权范畴。其实，劳动产权一开始就不是一个严谨科学的经济学范畴。最早使用劳动产权范畴研究劳动者权益的，应该是英国 17 世纪著名思想家约翰·洛克，虽然洛克提出的还只是观点，严格来讲没有形成理论，但足以说明人力产权研究的历史源远流长。

约翰·洛克在 17 世纪末出版了《政府论》。该书第五章《论财产》中，这样提出并界定了劳动产权范畴的内涵："劳动创造了价值的增量部分，它理所当然地应该属于劳动者，因此使得个人的财产具有了合法性，因而称其为劳动产权。"亚当·斯密在洛克发表《政府论》约 100 年后，对洛克的"劳动财产权"理论作了进一步阐释，但内涵发生了本质的变化。

亚当·斯密认为"每个人自己拥有的劳动财产权是一切其他财产权的主要基础，所以，这种财产权是最神圣不可侵犯的。一个穷人所有的世袭财产，就是他的体力和技巧"①。可见，在亚当·斯密那里，洛克的劳

---

① 转引自李惠斌《劳动产权概念：历史追溯及其现实意义》，《马克思主义与现实》2004 年第 5 期。

动产权概念内涵已由劳动财产权演变为劳动者对自己的劳动能力或技巧的
产权，即演变为劳动力产权。由于亚当·斯密进一步从劳动力在价值创造
中的特殊作用，论证了劳动与财产的关系，比之洛克前进了一大步。但
是，亚当·斯密的劳动力产权理论存在两个错误。一是把劳动创造的价值
误解为劳动力价值。对此，马克思曾在其"工资"理论中作了深刻剖析，
指出"政治经济学称为劳动的价值的东西，实际上就是劳动力的价值；
劳动力存在于工人身体内，它不同于它的职能即劳动，正如机器不同于机
器的功能一样"①。二是把劳动创造的财产的产权即劳动财产权误解为劳
动力产权。在这一点上甚至比洛克有所倒退。因为在洛克那里，劳动者是
其创造的财富的所有者，而在亚当·斯密那里却把劳动创造的财产的产权
即劳动财产权混为劳动力产权了（所谓劳动者的"财产，就是他的体力
和技巧"）。马克思在肯定亚当·斯密的"劳动财产权是一切其他财产权
的主要基础"的天才观点的同时，扬弃了亚当·斯密劳动价值论的缺憾
或谬误，创立了科学的劳动价值论和剩余价值论。

马克思在亚当·斯密的劳动价值论基础上创立科学的劳动价值论和剩
余价值学说的过程中，论证界定的劳动力价值理论，用现代产权理论的术
语说，就是劳动者产权权能和权益实现理论，也就是人力产权理论。马克
思指出的资本家无偿占有剩余价值的过程，即资本家对劳动权益剥夺的过
程，亦即人的本质异化的过程。马克思说，"劳动所生产的对象，即劳动
的产品，作为一种异己的存在物，作为不依赖生产者的存在物，同劳动相
对立"。"对对象的占有竟如此地表现为异化，以致工人生产的对象越多，
他能够占有的对象就越少，而且越受他的产品即资本的统治。"② 进而，
马克思论证了劳动本质异化复归的道路，即改变资本主义生产方式，使劳
动者真正成为自己人力产权权能和权益的主人，实现"人向自身，也就
是向社会的合乎人性的人的复归"③。这样，马克思就扬弃了洛克的劳动
产权理论和斯密的劳动力产权理论的谬误，准确地阐明了劳动的本质和劳
动者的权利，并找到了解决的路径。可见，劳动产权实际是劳动力产权，
而劳动力产权早在亚当·斯密那里就不是一个科学严谨的范畴，不应也不

① 《马克思恩格斯文集》第 5 卷，人民出版社 2009 年版，第 617 页。
② 《马克思恩格斯文集》第 1 卷，人民出版社 2009 年版，第 157 页。
③ 同上书，第 185 页。

可能成为马克思主义经济学的科学范畴，而马克思又没有使用产权范畴，尽管他曾经是一位法学学者。于是，我国社会主义市场经济产权制度研究中，在范畴使用上就出现了百花齐放局面。

我国许多学者，如张作云①、张兴茂②、洪远朋③、曹天予④、李惠斌⑤、贺代贵⑥等，都对劳动者权益保护问题进行了研究。这些研究，虽然使用范畴不统一（大都使用"劳动产权"或"劳动力产权"，有的则使用"劳动力权"），但都是对企业劳动者基于劳动力财产权利的研究。对于这些研究的观点如何暂且不论，仅就其研究视域而言，就有些狭窄。因为劳动力产权问题，如马克思的异化劳动理论揭示的那样，本质上是人的异化复归问题。我们应该像马克思那样，从整个经济社会制度视角来研究劳动力产权问题。再就是，这种同一个问题研究使用范畴的不统一，带来了研究成果切磋交流的困难、容易引发歧义等问题。由此，纵观自约翰·洛克以来对劳动产权范畴内涵及其实现的研究，包括我国上述研究在内，虽然都不同程度地为经济学的发展作出了贡献，有的研究，如马克思，则作出了里程碑式的贡献，但却都一直没有赋予劳动产权或劳动力产权抑或劳动力权范畴以科学的内涵界定。这应是这一研究最大的遗憾。时至今日，创立一个新的范畴，提出人力产权范畴，以统一梳理并传承乃至超越过去的研究，既是理论研究创新发展的必然，也是以人为本时代的客观要求。

综上所述可见，提出人力产权范畴，并把它确立为马克思主义经济学范畴，首先是马克思主义经济学发展创新的必然，其次是人类日益走向以人为本时代的必然，同时也是西方现代主流经济学获得新生的必然。从洛克的劳动产权论到斯密的劳动力产权论，再到马克思的劳动价值论，最后到我国近些年来的诸多研究，其轨迹，可以概括为一个由物本到人本的历史过程。虽然马克思的著作中几乎看不到产权、劳动产权、劳动力产权这

① 张作云、陆春燕：《我国现阶段收入分配问题的理论思考》，中国经济出版社2007年版。
② 张兴茂：《劳动力产权论》，中国经济出版社2002年版。
③ 叶正茂、洪远朋：《关于劳动力产权的探索》，《财经研究》2001年第1期。
④ 曹天予：《劳动产权、现代经济学和市场社会主义》，《马克思主义与现实》2004年第5期。
⑤ 李惠斌：《劳动产权概念：历史追溯及现实意义》，《马克思主义与现实》2004年第5期。
⑥ 贺代贵：《劳动力权理论及其解释》，《光明日报》2007年5月31日。

类范畴，但马克思的劳动价值论、所有制理论和异化劳动理论，对人力产权范畴科学内涵的揭示近乎一目了然。也正因此，马克思被称为人类历史上"第一位有产权理论的社会科学家"①。在人类日益走向以人为本的时代，用人力产权范畴梳理有关研究成果，实现劳动者权益理论精华成分的传承与超越，创新丰富马克思主义经济学范畴体系，应该是历史赋予我们这一代马克思主义经济学同仁的任务。

三 人力产权范畴的科学内涵及其权利实现与 人的异化复归之间的关系

正如同产权范畴起源于法学而后成为西方现代主流经济学的重要范畴一样，人力产权范畴最初也是一个法学范畴。在我国法学界，较早研究人力产权范畴的学者，应该是法学家张文楚教授。他认为人力产权是"自然人依法享有的自由支配其人身资源，并排斥他人干涉的专有财产权利"。②虽然肯定了自然人人身资源的自由支配权，但把人身资源仅仅归结为财产权利就不全面了。自然人依据人身资源应享有的生存权和发展权权利，绝不仅仅限于财产权利。另外，中国知网"概念知识元库"，把人力产权界定为"个人凭借人力资本享有的企业产权"，这就使其内涵更为狭窄了。应该说，这种肤浅，几乎无不因为拘泥于西方产权理论。事实上，人力产权权利与人的两个基本属性——自然属性和社会属性相应，是一个由微观自然属性权利和宏观社会属性权利构成的权利体系，内容十分宽泛。保障自然人生存直至全面自由发展，必须是这两个层面权利充分实现的有机统一。如果由此给人力产权下个定义，人力产权就是自然人基于自身和经济、社会主人身份等天然客观本质和素养、能力，所必然拥有的保障生存乃至全面自由发展的权利。

具体说来，所谓人的天然客观本质，简称人的本质，抽象地看，主要有两个方面。一是人与人之间无尊贵低贱之分，都是自身的主人；二是人与物之间人的要素是物的要素的主人。经济是人的经济，社会是人的社

---

① 美国德克萨斯 A&M 大学教授 S. 佩乔维奇在《马克思、产权学派和社会演化过程》中说："马克思是第一位有产权理论的社会科学家。"吴易风：《产权理论：马克思与科斯的比较》，《中国社会科学》2007 年第 2 期。

② 张文楚、何丹、戴晶：《建立人力产权法律制度的构想》，《法学评论》2004 年第 3 期。

会，人是经济、社会的主人，同时，人也是自身的主人，这就是人的天然客观本质。人力产权就是人的这一天然客观本质的产权理论术语表述。其具体内涵，与人的两个基本属性——自然属性和社会属性相应，由微观自然属性权利和宏观社会属性权利构成。从人的微观自然属性看，人力产权指人作为自身人力的载体或天然主体，拥有对自身人力相关的一切天然性权利。这种天然性权利，主要由人力的所有权、占有权、转让权、使用权和收益权等权能构成的权利体系。从人的宏观社会属性看，人力产权指人作为社会的一员，应该拥有的一切社会性权利。这种社会性权利，主要由基本生存权、全面发展权、公平共享权、管理监督权等权能构成的权利体系。人是自然属性和社会属性的统一。人力产权微观自然属性权利是人生存和发展之本，宏观社会属性权利是人生存和发展之境，两个层面权利实现的有机统一共同决定人的生存和发展。这种统一性，在当代市场经济时代表现得尤为突出。透过当代市场经济物质产权等价交换的外观，不难发现这种等价交换的实质是人力产权权利的交换。或者说，物质产权等价交换是人力产权实现的社会形式或方式。建立在公有制为主体多种所有制共同发展的"公主私辅型"基本经济制度上的，以人力产权权利自主实现为核心的人民当家做主的平等合作经济关系，是社会主义市场经济的基本经济关系，也是社会主义市场经济的历史本质和基本特征。物力产权主体基于人力产权主体的存在。没有独立自主的人力产权主体，就不可能有任何物力产权主体，从而也就没有市场经济。

人力产权实现，指人力产权权利满足产权主体（自然人）生存直至全面自由发展的方式，包括历史状态和历史过程两个方面，即人力产权实现作为产权主体生存直至全面自由发展的依赖，静态地看是一种历史状态，动态地看是一个历史过程，全面地看是历史状态和历史过程的统一。静态地看人力产权实现，就人力产权微观自然属性而言，指人力的所有权、占有权、转让权、使用权和收益权等权利的行使状态，主要包括自主或转让①两种基本实现形式；就人力产权宏观社会属性而言，指人的基本生存权、全面发展权、公平共享权、管理监督权等权利的社会组织、制度

---

① 人力产权转让，指雇佣工人把人力产权的占有权、使用权等权利，在一定时间内和一定程度上转让给雇主。程言君：《深化改革加快中国特色社会主义建设的规律基础》，《海派经济学》2012年第3期。

保障状态。动态地亦即历史地看人力产权实现，迄今为止，基本呈现为一个循着人力产权自主—异化—复归自主实现轨道，由无数人力产权静态实现时点集合而成的自然历史过程。根据马克思"财产关系""只是生产关系的法律用语"① 的观点，可以说产权制度不过是物力或人力的所有权、使用权等制度的法律用语，人力产权异化不过是人的异化的产权理论术语表述。虽然人的异化是就哲学高度抽象的人的本质而言，人力产权异化是就现实产权关系中人与人和人与物的关系而言，但在根本意义上，都是基于生产资料私有垄断制度，而得以确立、延续的人的本质或权利和社会地位的异己化，二者的主要差别是表述视角的不同。马克思认为这种异化不可能长久持续，必然出现异化的复归，并揭示了人类发展"否定的否定"规律以及与之相应的人的异化—复归规律和历史过程。马克思揭示的这一规律和历史过程，事实上也就是人力产权异化—复归规律和历史过程。人的异化复归，即人民当家做主站起来。人力产权异化—复归，即人力产权由与其载体发生分离处于异己状态而回归主体自主实现。人的异化—复归与人力产权异化—复归，无论在历史的逻辑的统一性上，还是在历史本质或历史过程上，都完全是一回事，反映的都是人"对人的本质的真正占有"② 的否定之否定自然历史过程。

当然，这不是说人力产权范畴的提出及其异化—复归的研究没有多大意义。人力产权范畴细化、拓展甚至开辟了马克思人的异化复归理论，由哲学高度的理论抽象到现实制度变革实践的操作道路，对深入研究"否定的否定"规律在当代的具体历史形式和推进方式，有着不可或缺的重要意义。或者说，人力产权范畴之于社会主义市场经济体制或现代产权制度的建构、完善，有着重大现实意义。

四 人力产权范畴之于现代产权制度建构、完善的现实意义

人力产权范畴对马克思人的异化复归理论由哲学高度的理论抽象，到现实制度变革通道的细化和拓展，具有建构现代产权制度和创新现代马克思主义政治经济学范畴的双重意义。

---

① 《马克思恩格斯文集》第 2 卷，人民出版社 2009 年版，第 591 页。
② 《马克思恩格斯文集》第 1 卷，人民出版社 2009 年版，第 185 页。

人力产权两个层面权利体系的界定之于现代产权制度建构的现实意义，在于揭示了马克思人的异化复归理论，由哲学高度的理论抽象到现实产权制度变革实践的基本原则、基本内容和历史方向。相对于人的异化—复归理论的抽象性而言，人力产权范畴两个层面权利体系结构的界定，对马克思人的异化复归理论由哲学抽象到现实制度变革操作通道的细化、拓展，明晰、具体地深化了人的异化—复归的历史内涵和时代内涵。具体在我国现阶段，即按照马克思人的异化复归理论的内在规定性，建构并不断完善人力产权自主实现的社会主义市场经济体制。这一经济体制的内在结构或基本框架，由微观企业制度和宏观经济体制构成。在微观企业制度上，即以人力产权型现代企业制度①为主体、资本产权型现代企业制度为辅体的现代企业制度体系；宏观经济体制体系上，即人的基本生存权、全面发展权、公平共享权、管理监督权实现的产权制度。这两个层面制度的有机统一，即社会主义市场经济体制。

这是就其质的规定性而言。就其量的规定性而言，人力产权自主实现方式和程度的可量化性，使马克思人的异化复归理论，由哲学高度的理论抽象到现实产权制度变革实践的历史过程更具可操作性。如用最低工资标准保障人力产权的起码收益权实现，或者把保障人均消费一天不少于一美元作为基本生存权实现的底线政策原则等。可见，人力产权实现方式和程度的这种可量化性，使人力产权实现的具体目标的制定变得易于把握，也为实现过程和充分程度的监测、检查提供了抓手。

五　人力产权范畴之于马克思主义经济学范畴体系创新的意义

从上述人力产权范畴对于人的异化复归理论，由哲学高度的抽象到现代产权制度建构的理论基础作用和现实操作意义，事实上也就是人力产权范畴之于马克思主义经济学范畴创新的实践意义。由此完全应该可以说，人力产权范畴作为现代马克思主义经济学的基本范畴，不仅已当之无愧，

---

① 人力产权型现代企业制度，即企业全员依据社会主义基本制度决定的人民当家做主地位，凭借自身人力产权权利获得相应股权和企业主人地位而参与企业管理，分享企业利润，与资本产权共同决定企业发展的现代企业制度。程言君、赵艳：《我国企业制度两次转型嬗变性质透析》，《现代经济探讨》2012 年第 3 期。

而且应为核心范畴。因为马克思主义政治经济学作为研究生产关系及其发展规律的学说，本来就是研究人的异化复归的经济学，亦即人力产权实现方式演进学。

现代社会作为以人为本的社会，或不断发展向以人为本的社会，无论资本主义国家还是社会主义国家，很难想象，大多数人处于物的或人的奴隶状态而有持续的高效率，能够称得上是民主进步的社会。何况，现代马克思主义经济学，作为把马克思人的异化复归理论见之于现代经济制度的学说，理应以人力产权权利实现研究为核心。西方现代主流经济学即新自由主义经济学，近几十年来已经不仅仅是一种经济学说，或者说，在更大程度上是国际垄断资本走向全球的意识形态工具。其标志，是"华盛顿共识"的出笼。因而，其研究视域，必然把劳动大众人力产权权利实现置之度外，而致力于或局限于服务于垄断资本主义对全球财富的攫取，这也是其研究流于经济现象性规律表层，始终没有马克思主义经济学深刻彻底的根本原因。西方现代主流经济学流于经济现象性规律表层研究的肤浅现象，说到底不是水平问题，而是立场问题，是为谁服务的问题。因而，只有马克思主义经济学能够扛起人力产权研究的大旗，进一步实现人类日益走向以人为本时代的经济学创新，包括使西方现代主流经济学获得新生。

参考文献

[1]《马克思恩格斯文集》第1、2、5卷，人民出版社2009年版。

[2]《程恩富选集》，中国社会科学出版社2010年版。

[3] 程言君：《深化改革加快中国特色社会主义建设的规律基础》，《海派经济学》2012年第3期。

[4] 吴易风：《产权理论：马克思与科斯的比较》，《中国社会科学》2007年第2期。

[5] 杨圣明、李存煜、程言君：《决定中华民族复兴崛起的第二次战略抉择》，载《管理学刊》2011年第4期。

论邓小平社会主义科学富裕观

卢根源*

一 邓小平社会主义科学富裕观的丰富内涵

（一）邓小平对"实现什么样的富裕"的科学回答

1. "人民共同富裕"是"实现什么样的富裕"的基本问题特定的历史背景，社会主义在中国的实践所造成的全国人民严重贫穷的局面，迫切需要邓小平从"什么是社会主义"的视角，来科学回答"实现什么样的富裕"的理论问题。邓小平说："社会主义的特点不是穷，而是富，但这种富是人民共同富裕 1。"① 由此可见，邓小平对"社会主义"的回答，是与"人民共同富裕"联系起来的。因此，"人民共同富裕"科学回答了社会主义"实现什么样的富裕"的理论问题。说明富裕的目标是共同富裕，富裕的主体是人民群众。

2. 物质富裕和精神富裕是共同富裕的基本内涵。那么，共同富裕又有什么样的基本内涵呢？邓小平说："在社会主义国家，一个真正的马克思主义政党在执政以后，一定要致力于发展生产力，并在这个基础上逐步提高人民的生活水平。这就是建设物质文明。与此同时，还要建设社会主义的精神文明，最根本的是要使广大人民有共产主义的理想，有道德，有文化，守纪律。"②因此，共同富裕包含"物质文明"和"精神文明"两个方面；"物质文明"让人民物质富裕，"精神文明"让人民精神富裕。

* 卢根源，江西省社会科学院马克思主义研究部助理研究员，政治学博士。研究方向：政治经济理论与应用对策。

① 《邓小平文选》第3卷，人民出版社1993年版，第265页。

② 同上书，第28页。

（二）邓小平对"怎样富裕"的科学回答

邓小平在理论上科学回答了"实现什么样的富裕"的基本问题后，必然会在理论上思索、实践上探索"怎样富裕"的基本问题。

1. 确立解放思想，实事求是的思想路线。特定的历史背景，既禁锢了人们对社会主义的认识，又使人们对社会主义产生了怀疑。面对如此艰难的局面，邓小平认为首先必须确立解放思想，实事求是的思想路线。邓小平说："我们讲解放思想，是指在马克思主义指导下打破习惯势力和主观偏见的束缚，研究新情况，解决新问题。"①"解放思想，就是使思想和实际相符合，使主观和客观相符合，就是实事求是。"

2. 认识我国还处在社会主义初级阶段。要科学回答"怎样富裕"的基本问题，必须正确认识我国的国情。回顾社会主义在中国的实践所造成的全国人民严重贫穷的历史，我们党的根本失误，就是离开了基本国情的正确认识，制定了不切合实际的政策。因此，邓小平从总结历史的经验和教训中，对我国国情进行了再认识。他说："中国社会主义是处在一个什么阶段，就是处在初级阶段，是初级阶段的社会主义。社会主义本身是共产主义的初级阶段，而我们中国又处在社会主义的初级阶段，就是不发达的阶段。一切都要从这个实际出发，根据这个实际来制订规划。"②

3. 发展生产力是社会主义的根本任务。基于我国还处在社会主义初级阶段的理论认识，邓小平说："我们在总结这些经验的基础上，提出了整个社会主义历史阶段的中心任务是发展生产力，这才是真正的马克思主义。就我们国家来讲，首先是要摆脱贫穷。要摆脱贫穷，就要找出一条比较快的发展道路。"③他还说："马克思说过，科学技术是生产力，事实证明这话讲得很对。依我看，科学技术是第一生产力。"④

4. 提出党在社会主义初级阶段的基本路线。基于对发展生产力是社会主义的根本任务的认识，邓小平指出："现代化的任务是多方面的，各个方面需要综合平衡，不能单打一。但是说到最后，还是要把经济建设当

---

① 《邓小平文选》第 2 卷，人民出版社 1994 年版，第 279 页。
② 《邓小平文选》第 3 卷，人民出版社 1993 年版，第 252 页。
③ 同上书，第 254—255 页。
④ 同上书，第 274 页

作中心。离开了经济建设这个中心，就有丧失物质基础的危险。其他一切任务都要服从这个中心。围绕这个中心，决不能干扰它，冲击它。"① 他还说："搞社会主义现代化建设是基本路线。要搞现代化建设使中国兴旺发达起来，第一，必须实行改革、开放政策；第二，必须坚持四项基本原则。"② 也就是说，党在社会主义初级阶段的基本路线是"一个中心、两个基本点"。

5. 确立社会主义市场经济目标。为了促进生产力的发展，邓小平认为，经济体制改革的目标是建立社会主义市场经济。为此，他根据时代的发展和实践的需要，大胆地进行了理论创新。邓小平说："计划多一点还是市场多一点，不是社会主义与资本主义的本质区别。计划经济不等于社会主义，资本主义也有计划；市场经济不等于资本主义，社会主义也有市场。计划和市场都是经济手段。社会主义的本质，是发展生产力，解放生产力，消灭剥削，消除两极分化，最终达到共同富裕。"③

6. 坚持公有制为主体的基本经济制度。在社会主义市场经济中，坚持公有制为主体的基本经济制度，是社会主义本质的内在要求。因此，邓小平反复强调："社会主义有两个非常重要的方面，一是以公有制为主体；二是不搞两极分化。"④"我们允许一些地区、一些人先富起来，是为了最终达到共同富裕，所以要防止两极分化。这就叫社会主义。"⑤这样，邓小平提出了判断政策成败的标准："如果我们的政策导致两极分化，我们就失败了；如果产生了什么新的资产阶级，那我们真的走了邪路了。"⑥

7. 制定"三步走"发展战略和"两个大局"战略思想。第一步是从1980 年到1990 年基本解决温饱问题。第二步是到 20 世纪末，"进入小康社会，把贫困的中国变成小康的中国"。⑦第三步是到 21 世纪中期，达到中等发达的水平。

邓小平在提出时间上"三步走"发展战略的同时，也创造性地提出了空间布局上"两个大局"的战略思想。邓小平说："沿海地区要加快对外

---

① 《邓小平文选》第 2 卷，人民出版社 1994 年版，第 250 页。
② 《邓小平文选》第 3 卷，人民出版社 1993 年版，第 248 页。
③ 同上书，第 373 页。
④ 同上书，第 138 页。
⑤ 同上书，第 195 页。
⑥ 同上书，第 111 页。
⑦ 同上书，第 226 页。

开放，使这个拥有两亿人口的广大地带较快地先发展起来，从而带动内地更好地发展，这是一个事关大局的问题。内地要顾全这个大局。反过来，发展到一定的时候，又要求沿海拿出更多力量来帮助内地发展，这也是个大局。那时沿海也要服从这个大局。"①

8. 实施一部分地区、一部分人先富起来的策略。不同的地区，所具有的资源和条件的不同，决定了所具有的生产力发展水平也就不同；不同的人，所具有的劳动素质的状况不同，决定了所具有的生产能力也不同。这样，要实现发展战略，就必须实施具体的策略。因此，邓小平说："走社会主义道路，就是要逐步实现共同富裕。共同富裕的构想是这样提出的：一部地区有条件先发展起来，一部分地区发展慢点，先发展起来的地区带动后发展的地区，最终达到共同富裕。"②

9. 保护生态环境。人生活在天地之间，生态环境彰显着人与自然的关系。因此，人的富裕与自然息息相关，保护生态环境便是实现富裕的自然条件。于是，邓小平特别重视保护生态环境与实现人民共同富裕的关系。特别是面对黄土高原连草都不长，水土流失严重的情况，邓小平指出："把黄土高原变成草原和牧区，就会给人民带来好处，人民就会富裕起来。生态环境也会发生很好的变化。"③

10. 加强党的领导，坚决反对资产阶级自由化。党必须给群众指引富裕的道路，规范群众致富途径，从而先富带后富，实现共同富裕。因此，邓小平说："共产党的领导，这个丢不得，一丢就是动乱局面，或者是不稳定状态。一旦不稳定甚至动乱，什么建设也搞不成。我们有过'大民主'的经验，就是'文化大革命'，那是一种灾难。"④ 他还说："要批判和反对崇拜资本主义、主张资产阶级自由化的倾向，批判和反对资产阶级损人利己、唯利是图、'一切向钱看'的腐朽思想，批判和反对无政府主义、极端个人主义。"⑤ 因此，加强党的领导是实现人民共同富裕的组织保证。

---

① 《邓小平文选》第3卷，人民出版社1993年版，第277页。

② 同上书，第373—374页。

③ 《邓小平年谱（1975—1997）》（下），中央文献出版社2004年版，第867页。

④ 《邓小平文选》第3卷，人民出版社1993年版，第252页。

⑤ 《邓小平文选》第2卷，人民出版社1994年版，第368页。

二 邓小平社会主义科学富裕观的历史地位

邓小平社会主义科学富裕观在中国共产党取得的两大理论成果中，具有继往开来的历史地位。

（一）邓小平社会主义科学富裕观揭示了马克思主义经济学中国化的内在规律，实现了中国共产党执政理念从"手段"到"本质"的创新与转变

新中国成立后，毛泽东就已经提出了"共同富裕"的理论命题，并领导中国人民探索实现"共同富裕"的道路。然而，在传统社会主义理论中，社会主义等于计划经济，而市场经济等于资本主义。而邓小平却认为"计划和市场都是经济手段"，并由此而进一步提出了社会主义本质论。因此，我国社会主义建设遭受严重挫折的根本原因，从实践上来说是因为把实现人民共同富裕的手段当成了目的，从理论上来说是因为在于"什么是马克思主义、怎样对待马克思主义"的认识上。也就是说，在于"怎样富裕"的问题上，即想通过计划经济来实现"共同富裕"。这说明，毛泽东虽然进行了"怎样富裕"的探索，但还是受到马克思主义经典作家的理论困扰。这样，要正确认识"怎样富裕"的问题，首先就必须确立解放思想，实事求是的思想路线，从而正确认识我国所处的发展阶段，以至于制定正确的路线、方针和政策。邓小平正是根据毛泽东在探索"怎样富裕"的基本问题上，出现的严重挫折，一方面继承了毛泽东的共同富裕思想，另一方面对"怎样富裕"的基本问题进行了重新回答和新的探索。从邓小平的回答和探索中，可以知道，其实，实现人民共同富裕才是马克思主义的基本原理，马克思在理论上探索如何实现人民共同富裕的基本问题，只是马克思依据他所处时代的特征和他所在国家的特点，提出的实现共同富裕的手段，或者说是道路。于是，我们可以得出这样的结论：马克思经济理论由两方面构成：一是研究"实现什么样的富裕"的理论；二是研究"怎样富裕"的理论。"实现什么样的富裕"是富裕的价值目标，"怎样富裕"是富裕的路径选择。因此，"实现什么样的富裕"是马克思主义经济学中国化的立场、观点和方向问题，"怎样富裕"是马克思主义经济学中国化的道路问题。这样，在如何实现人民共同富裕的道路问题上，就必须根据时代的变化，及由此而表现出来的世情国情民情，进行重新的探索和选择。走中国特色社会主义道路，就是邓小平对此的最好回答。因此，邓小平说的"把马克思主义的普遍真理同我国的具体实际结合起来，走自己的道路，建设有中国特色社会主义"是指：把马克思主义实现人民共同富裕的普遍真理同我国的具体实际结合起来，选择"怎样富裕"的道路，建设有中国特色社会主义。由此可见，中国特色社会主义的"特色"是指：中国自己选择"怎样富裕"的道路。因此，建设社会主义有两方面的内涵：一是指建设社会主义的目标是实现人民共同富裕，这是关于"实现什么样的富裕"的基本问题；二是指建设社会主义的道路，这是关于"怎样富裕"的基本问题。马克思主义经济学之所以能够和需要不断中国化，那是因为马克思主义经济学的本质是关于实现共同富裕的理论，中国人民需要实现共同富裕。然而，当代中国所面对的世情和所具有的民情国情，与马克思所面对的世情和他所在国家所具有的民情国情不同，所以，需要重新探索实现共同富裕的道路，并由此而建立新的理论。因此，邓小平社会主义科学富裕观，既继承了马克思主义经济学的基本原理，又冲破了教条主义的执政理念，对马克思主义"怎样富裕"的经济理论进行了丰富和发展，从而揭示了马克思主义经济学中国化的内在规律，实现了中国共产党执政理念从"手段"到"本质"的创新与转变。

（二）邓小平社会主义科学富裕观揭示了社会主义建设规律和党的执政规律，实现了中国经济发展战略从"跃进"到"步骤"的创新与转变

新中国成立后，毛泽东虽然科学回答了"实现什么样的富裕"的基本问题，然而，在"怎样富裕"的道路问题上，1958年开始探索的人民公社化运动和"大跃进"运动，却对社会生产力造成了极大的破坏，给国家和人民带来了灾难性损失。毛泽东发动人民公社化运动和"大跃进"运动的初衷，是希望以最快的建设速度尽快改变贫穷落后面貌，使中国人民"同时"共同富裕起来，以至于使中国真正发展、强大起来，以自立于世界民族之林。但是，这种"怎样富裕"的道路探索，却违反了自然规律、经济规律和社会发展规律，从而违背了社会主义建设规律。邓小平正是总结这样的历史经验教训，冷静思考，深思熟虑地提出了"三步走"

发展战略和"两个大局"战略思想，规划了国家富强、人民富裕、民族复兴的宏伟蓝图，实现了中国经济发展战略从"跃进"到"步骤"的创新与转变。这种"步骤"，是由量变到质变的过程，是逐步实现共同富裕的过程。在这过程中，以公有制为主体的基本经济制度为条件，一部分人、一部分地区在社会主义市场经济中先富起来，带动其他人、其他地区也富起来，实现共同富裕。这说明共同富裕既是目标，又是过程，而个人追求致富是这种目标和过程统一的载体。因此，邓小平对"实现什么样的富裕、怎样富裕"的科学回答，是有机统一的整体，最终必须体现在个人追求致富的这种目标和过程的统一中。也就是说，这种目标和过程的统一，以公有制为主体的社会主义市场经济提供的市场为活动范围，在个人致富的行为中，表现为在利人中利己，而不是损人利己、唯利是图和"一切向钱看"，即在利人中利己，回答了"怎样富裕"的基本问题；这个基本问题一方面说明是"己"富裕，另一方面又说明是"人"富裕，即"己"与"人"的共同富裕。这样，在利人中利己，还回答了"实现什么样的富裕"的基本问题。由此可见，在利人中利己（即：利己的逻辑在先，必须通过利他的时间在先来实现①），充分说明了利己与利他的辩证统一关系，是致富过程和致富目标的统一。于是，个人追求致富是社会主义建设的原动力，是"解放生产力，发展生产力"的原动力，是"消灭剥削，消除两极分化"的前提条件，是"最终达到共同富裕"的基础和逻辑起点。因此，建设社会主义的基本规律，就是在以公有制为主体的社会主义市场经济中，必须给个人追求致富以正确的道路，从而实现个人追求致富与集体致富和国家富强的统一。这样，个人追求致富是社会主义建设的动力机制，集体致富和国家富强是社会主义建设的平衡机制。因此，社会主义建设的基本规律，就是要实现动力机制与平衡机制的统一。于是，党的执政规律就是，党必须通过领导人民实现个人追求致富与集体致富和国家富强的统一，来彰显党的先进性和纯洁性，提高党的执政能力，巩固党的执政地位。这是富裕的内在本质和内在规定性。它充分说明经济关系决定了党与人民之间的相互生成关系。这样，党与人民之间便存

---

① 我国著名经济学家程恩富教授提出了马克思主义经济学利己与利他经济人理论。笔者认为，利己与利他的辩证统一关系是：利己是逻辑在先，利他是时间在先；利己的逻辑在先，必须通过利他的时间在先来实现（简述为：在利人中利己），是这一理论的具体运用。

在着辩证关系：党不能损害人民的利益，人民也不能损害党的利益；党不能脱离人民，人民也不能脱离党。加强党的领导，有利于实现人民共同富裕；人民对富裕的内在本质和内在规定性的认识，有利于加强党的领导。

（三）邓小平社会主义科学富裕观揭示了中国特色社会主义理论体系的内在本质，奠定了党在指导思想上与时俱进的理论基础

我们知道，一部分地区、一部分人先富起来，带动其他地区、其他人也富起来，实现共同富裕，是邓小平社会主义科学富裕观的重要内容，是实施"三步走"发展战略和"两个大局"战略思想的重要策略，因此，它贯穿在中国特色社会主义建设的过程中。而在先富带后富、实现共同富裕的过程中，会不断出现新情况和新问题。这些新情况和新问题，总的来说可用"己人"关系来表达。"己人"是万事万物的代称，从正常状态而言，这种"己人"关系，从人与自然的关系而言，表现为人与自然的和谐；从人与人的关系而言，最基本地表现为民与民、官与民、官与官的和谐；从身与心的关系而言，表现为人与自身的和谐。在利人中利己，就是这些和谐的表述。然而，在个人追求致富的过程中，还会出现另一种行为，这就是损人利己、唯利是图和"一切向钱看"。总的说来，它表现为人与自然的对抗和人与人的冲突；这种"人与人"的关系，在政治领域表现为党群关系。我们知道，邓小平对"怎样富裕"的科学回答，就有党的建设的内容。但在邓小平那个时期，党面临的重大实际问题，是迫切需要从理论上回答"什么是社会主义、怎样建设社会主义"，以指导摆脱贫穷的实践。然而，随着实践的进行，党群矛盾突现出来。主要表现为在改革开放的过程中，党员干部的经济腐败日益严重，严重损害了人民的利益。而这种腐败的先富，不能带动人民的富裕。面对这种新问题和新情况，邓小平在《第三代领导集体当务之急》中明确地指出："常委会的同志要聚精会神地抓党的建设，这个党该抓了，不抓不行了。"[1] 后来，他在南方谈话中再次强调指出"中国要出问题，还是出在共产党内部。对这个问题要清醒"[2]。江泽民面对邓小平的政治交代和出现的新问题，提出了"三个代表"重要思想，科学回答了"建设什么样的党、怎样建设

---

① 《邓小平文选》第3卷，人民出版社1993年版，第314页。
② 同上书，第380页。

党"的重大理论和实际问题,并以此指导全局工作。21 世纪初,在"把贫困的中国变成小康的中国"时,江泽民根据邓小平的设计,成功地实施了西部大开发政策。江泽民指出:"制定和贯彻党的方针政策,基本着眼点是要代表最广大人民的根本利益,正确反映和兼顾不同方面群众的利益,使全体人民朝着共同富裕的方向稳步前进。"① 由此可见,江泽民通过科学回答"建设什么样的党、怎样建设党"的重大理论和实际问题,来继续科学回答"实现什么样的富裕、怎样富裕"的重大理论和实际问题,从而为建设中国特色社会主义进一步提供了组织保证。

我们还知道,在邓小平对"怎样富裕"的科学回答中,就有"现代化的任务是多方面的,各个方面需要综合平衡,不能单打一"。和"保护生态环境"以及发展生产力的内容。在南方谈话中,邓小平更是提出"发展是硬道理"的著名论断。而所有这些,邓小平都是从"什么是社会主义、怎样建设社会主义"的视角,加以回答的。然而,随着实践的进行,这方面的矛盾却不断突现出来。从"己人"关系而言,这主要表现在,一是人与自然的矛盾加剧:环境污染、环境破坏严重;二是地区与地区之间、人与人之间发展不和谐:贫富差距拉大,从而先富未能带后富,发展成果未能由人民共享。所有这些,都影响到经济的可持续发展和社会的和谐。这样,便迫切需要新的理论,回答发展实践中出现的新问题和新情况。科学发展观,就是为解决发展中实际存在的不全面、不协调、不可持续的问题而提出来的。因此,"科学发展观,第一要义是发展,核心是以人为本,基本要求是全面协调可持续,根本方法是统筹兼顾。"② 从而科学回答了"实现什么样的发展、怎样发展"的重大理论和实际问题。胡锦涛在庆祝中国共产党成立 90 周年大会上再次强调指出:"推进社会建设,要以保障和改善民生为重点……加大收入分配调节力度,坚定不移走共同富裕的道路。"③ 由此可见,科学发展观通过科学回答"实现什么样的发展、怎样发展"的重大理论和实际问题,来继续科学回答"实现什么样的富裕、怎样富裕"的重大理论和实际问题。

从以上的分析中可知,不管是"三个代表"重要思想,还是科学发

① 《邓小平文选》第 3 卷,人民出版社 1993 年版,第 540 页。
② 胡锦涛:《高举中国特色社会主义伟大旗帜　为夺取全面建设小康社会新胜利而奋斗》,人民出版社 2007 年版,第 14 页
③ 胡锦涛:《在庆祝中国共产党成立 90 周年大会上的讲话》,《人民日报》2011 年 7 月 2 日。

展观，都是对邓小平"怎样富裕"的丰富和发展，其目的都是为了实现人民共同富裕。由此可见，中国特色社会主义理论体系的内在本质，是以实现人民共同富裕为目标，以邓小平"怎样富裕"的科学回答为基础，针对在建设中国特色社会主义过程中出现的新情况和新问题，对邓小平"怎样富裕"的科学回答进行丰富和发展。因此，邓小平对"实现什么样的富裕、怎样富裕"的科学回答，为党在指导思想上的与时俱进奠定了理论基础。可以预见，随着十八大的召开，党的新一代中央领导集体，为解决面临的新问题和新情况，必将提出与时俱进的、指导全局的新理论。

三　邓小平社会主义科学富裕观的现实意义

通过以上研究，我们可以发现，邓小平社会主义科学富裕观具有重要的现实意义。

（一）邓小平社会主义科学富裕观具有世界意义

资本主义私有制，在政策取向上表现为实行自由主义经济政策。20世纪80年代以来，欧美等西方国家又纷纷推行新自由主义经济政策。新自由主义政策鲜明地代表了资本的利益特别是金融垄断资本的利益，主张实行经济自由化、取消资本管制、公共部门私有化等措施，这样便不可避免地加剧了财富占有和收入分配的两极分化。"美国社会顶层5%的人占有近60%的社会财富，而社会底层50%的人仅占有不到3%的社会财富。英国、法国，10%的富人占据了社会财富的50%。"[1] "当前美国经济持续疲软，失业率一直居高不下，贫困人口大量增加。美国人口普查局最新发布的报告显示，2010年美国贫困率为15.1%，贫困人口达到4620万人，为52年来最高。贫富差距不断拉大，必然导致资本与劳动、生产与消费之间的矛盾加剧。'占领华尔街'抗议活动的爆发，在一定程度上也说明美国中下层民众反对两极分化和社会不公找到了正确指向。英国同样存在阶层固化、两极分化严重的问题。英国在撒切尔时代就采取了新自由主义经济政策，一方面经济得到一定程度的发展；另一方面也出现资本垄

---

[1]　全国哲学社会科学规划办公室：《英国骚乱、"占领华尔街"抗议活动及其警示》，《理论导报》2012年第2期。

断、阶级分化、高失业率、社会阶层流动性差、社会动荡等问题。社会不稳定因素增加,社会矛盾不断累积,一旦找到突破口便会爆发并迅速蔓延。以'英国骚乱'为代表的社会危机,正是这种社会状况的集中反映。"①也正因为这样,"马克思将是华尔街'下一个伟大的思想家'"②,"社会主义才是未来"③。

生产力的发展,大致有三个阶段:第一阶段,人类开展简单的生产活动,生态环境受人类的影响较小。这是资本主义以前的人类社会所处的阶段。第二阶段,人类对自然进行掠夺式开发,生态环境遭受人类的严重破坏,人类也由此遭到自然界的严重报复,人类面临着生存危机。这是人类社会进入资本主义后,资本主义给全球带来的灾难。它说明资本主义在追求富裕的过程中所形成的资本主义富裕观的不可持续性,从两个方面表现出来:一是人与自然的关系的不可持续性;二是人与人的关系的不可持续性,于是资本主义富裕观不是科学富裕观,因此资本主义富裕观必然导致资本主义的灭亡。这样,它昭示着人类社会需要有一种能实现可持续性的富裕观。第三阶段,人类在适应自然规律的前提下,把发展经济与保护生态环境相统一。这是生产力发展的必然要求,于是生产关系必须适应生产力发展的要求,使富裕之道符合自然之道,从而建设生态文明,实现人与自然、人与人的和谐发展。这是社会主义所具有的美好前景,是邓小平社会主义科学富裕观所具有的精辟内涵。因此,由"英国骚乱"、"占领华尔街"而再次证明的资本主义必然灭亡的当今世界,邓小平社会主义科学富裕观具有很好的示范作用,因而邓小平社会主义科学富裕观具有世界意义。

(二)邓小平社会主义科学富裕观体现了公有制为主体与实现共同富裕的关系

众所周知,我国为了"实现共同富裕",实施了"先富带后富"的策

---

① 全国哲学社会科学规划办公室:《英国骚乱、"占领华尔街"抗议活动及其警示》,《理论导报》2012 年第 2 期。

② [美] M. 伯曼:《马克思将是华尔街"下一个伟大的思想家"——新版〈共产党宣言〉序言》,《马克思主义研究》2012 年第 3 期。

③ 杨成果:《社会主义才是未来——第十三次共产党和工人党国际会议述评》,《马克思主义研究》2012 年第 3 期。

略。那么，情况如何呢？"多年的实践证明，'让一部分人先富'的目标虽然在很短的历史时期中迅速完成，但'先富带后富，实现共同富裕'，却迟迟不能够自动实现。在市场化、私有化的大浪淘沙下，这也不大可能实现。相反地随着市场化、私有化的发展，贫富差距越来越大，两极分化趋势'自然出现'。反映贫富差距的基尼系数，从改革开放前的 0.25，1992 年突破了 0.4 的国际警戒线；世界银行估计，2009 年已达 0.47。如果加上漏计的高收入、灰色收入、隐性收入，估计现在已大大超过 0.5，远远超出资本主义的发达国家和许多发展中国家。世界银行报告显示，美国是 5% 的人口掌握了 60% 的财富，而中国则是 1% 的家庭掌握了全国41.4% 的财富。中国财富的集中度甚至远远超过了美国，成为全球两极分化最严重的国家。"①为什么会出现这种现象呢？

其实，邓小平科学回答"实现什么样的富裕、怎样富裕"的基本问题，是有机统一的整体，它最终所体现在个人追求致富的"先富带后富、实现共同富裕"的策略中，是以公有制为主体的社会主义市场经济提供的市场活动为条件的，在个人致富的行为中，表现为在利人中利己，而不是损人利己、唯利是图和"一切向钱看"。因此，"实现什么样的富裕、怎样富裕"的基本问题，是由社会主义本质所决定的。也就是说，"先富带动后富"不仅是"解放生产力，发展生产力"所决定的，而且还是"消灭剥削，消除两极分化"所决定的；如果没有后者，也就是说，如果没有公有制占主体地位的基本经济制度和按劳分配的政策，先富就不可能带动后富。邓小平在对"怎样富裕"的科学回答中，反复说明了这一点。然而，30 多年来公有制经济的比重不断下降，"到 2010 年，公有制资产在全社会固定资产投资中的比重为 34.0%（其中国有经济为 29.96%，集体经济为 3.16%，股份合作制经济为 0.52%），非公有制资产的比重为 34.14%（其中私营经济为 21.7%，个体经济为 3.42%，港澳台及外资为 6.18%），联营经济占 0.30%，有限责任公司（其中有国有经济和其他经济成分）占 25.28%。如果将联营经济、有限责任公司的公有制资产按 1/3 折算约为 8%，2010 年公有制资产也只占 42.0%（其中国有经

---

① 刘国光：《是"国富优先"转向"民富优先"还是"一部分人先富起来"转向"共同富裕"?》，《探索》2011 年第 4 期。

济为 37.96%，集体经济为 4.04%）"①。在这"公"降"私"升的过程中，"有的主张'国退民进'，根本不考虑公有制为主体与发展非公有制经济的关系；有的主张公有制企业（国有企业、集体企业）民营化，以民营化为名，通过'改制'造成国有资产、集体资产大量流失，将公有制企业转变为私有制企业；有的有意无意地从思想理念到实际操作上大搞所谓的'民营经济'。这实质上是非公有制经济向公有制经济争夺主体地位在理论上的反映，在经济体制改革的政策措施上也有表现"②。因此，"造成贫富差距扩大的原因，所有制结构和财产关系中的'公'降'私'升和化公为私，财富积累迅速集中于少数私人，才是最根本的"③。

为此，面对当前我国贫富差距拉大、贫富矛盾加剧的新情况，我们必须高度重视研究和贯彻邓小平社会主义科学富裕观，而最为重要的是要高度认识坚持公有制为主体与实现共同富裕的关系，从而做优做强做大公有制企业。

（三）贯彻邓小平社会主义科学富裕观，把解决两极分化、实现共同富裕作为党的中心课题

通过以上分析，笔者认为，面对当前我国贫富差距拉大、贫富矛盾加剧的新问题，我们不能怀疑甚至质疑邓小平理论，而且应该贯彻好邓小平社会主义科学富裕观。这是因为邓小平深知两极分化将会带来的严重后果，为此他警告说："少部分人获得那么多财富，大多数人没有，这样发展下去总有一天会出问题。"④

既然如此，那么邓小平又会有怎样的政治预见呢？1990 年 12 月，邓小平在同几位中央负责同志谈话时就指出："共同富裕，我们从改革一开始就讲，将来总有一天要成为中心课题。"⑤这是多么深刻的政治预见啊！这种政治预见，彰显着邓小平的战略思维，展示着邓小平的杰出政治才

① 中华人民共和国统计局编：《2011 中国经济统计年鉴》，中国统计出版社 2011 年版，第145—146 页。

② 孙仲彝：《关于推进集体经济改革发展若干问题的理论思考》，《马克思主义研究》2012 年第 3 期。

③ 刘国光：《谈谈国富与民富、先富与共富的一些问题》，《中国流通经济》2012 年第 1 期。

④ 《邓小平年谱 1975—1997》下，中央文献出版社 2004 年版，第 1364 页。

⑤ 《邓小平文选》第 3 卷，人民出版社 1993 年版，第 364 页。

能，体现着邓小平对党和国家生死存亡的深深关切，昭示着邓小平对党和国家"治未乱而不是治已乱"的信任与殷切希望。是啊，面对贫富分化严重、贫富矛盾加剧，社会上出现了各种形式的恨富、仇富、反富的严峻形势，我们党是该决策把解决两极分化、实现共同富裕作为党的中心课题的时候了。这是社会发展规律的必然要求。

我们知道，社会里有许多人。这许多人该通过什么方式构成在一起，社会才能良性运行、和谐有序呢？"利己的逻辑在先，必须通过利他的时间在先来实现"就是社会良性运行、和谐有序的构成方式，并由此而彰显社会的本质。这种本质说明：自己利益的实现过程必须成为增进和实现他人利益的过程。由此我们可以得出利益基本属性：利益实现要求的自我性和利益实现途征的社会性。产品是利益的表现形式，消费产品是利益的实现形式；消费产品是人表现出来的利益实现要求的自我性，而利益实现途径的社会性是指通过生产和交换来获取消费的产品。这样，社会就由此而形成利益链，每一个人都是利益汇合点，社会便是利益共同体，"己人"之间就是这样通过"社会性"而相互补充和相互实现。由此可知，物质产品是实现利己与利他辩证统一关系的联系物和物质基础，于是，"人的本质不是单个人所固有的抽象物，在其现实性上，它是一切社会关系的总和"①。人在现实生活中表现出来的这种本质说明，每一个人都在社会不同位置上，担当着一定的不同的责任，都在生产着自己的财富，也与他人间接和直接地交换着财富，以最终获取每天都要消费的、维持生命存在的吃喝住穿的物质产品，这样，每一个人就成了一切社会关系总和中的"每一个人"，社会也由此而良性运行，呈现社会和谐。因此，社会良性运行实际上是产品的生产、交换、分配、消费四大环节的不断良性运行，这样就有了社会和谐。由此，我们可以知道，人的本质决定了人与人之间必须实现共同富裕。也正是人的本质反映为社会的本质，社会的本质又必然体现为社会主义的本质！因此，实现共同富裕，便是社会发展规律的必然要求。也就是说，共同富裕是生命共同体的必然要求，是社会良性运行、和谐有序的关键，是巩固社会主义制度的重要保证。否则，如果两极分化，由于许多人贫穷，社会位置上的许多人就不能担当其应该担当的社会责任，社会就会由此而恶性运行；另外，由于许多人贫穷而导致消费

---

① 《马克思恩格斯选集》第 1 卷，人民出版社 1995 年版，第 60 页。

不足，也会影响生产的发展，从而加剧社会危机。因此，在我们党面临着两极分化严重、贫富矛盾深化的新问题和新情况下，解决两极分化、实现共同富裕就必然成为我们党的新的中心课题。只有这样，才能展示我们党治未乱的战略决策思维，我们党才能由此赢得最广大人民群众的支持和拥护，从而沿着邓小平开创的建设有中国特色社会主义道路继续前进；否则，许多贫穷的人就一定会起来"闹革命"、"出乱子"；到那时，就是党治乱了，就意味着党已经失去了先进性和纯洁性！

"社会主义本质"之辨

——高校教科书对邓小平"社会主义本质"的定位不正确

征汉文 *

"社会主义本质"之争数十年来，以目前的高校教科书①为代表，邓小平 1992 年说过的五句话已成为主流观点。据笔者研究，"社会主义本质"这个概念，已经演变为一个简称，而这一点是几乎所有的研究成果中没有涉及的。由于没有意识到它已经成为一个简称，所以，在肯定邓小平"社会主义的本质，是解放生产力，发展生产力，消灭剥削，消除两极分化，最终达到共同富裕"的观点时，极力否定此前的社会主义本质是公有制的观点成为了一种时尚。这就无可避免地在把握邓小平社会主义本质理论时产生了偏差，同时也给人们认识社会主义本质造成了极大的混乱。笔者认为，"社会主义本质"，因所及的"事物"不同，而具有不同内涵：邓小平讲的"社会主义本质"是"社会主义根本任务的本质"，而社会主义本质是公有制则是"社会主义制度的本质"，它们所涉及的是不同事物的本质。本文试图从理论逻辑必然性的角度，从三个层次进行分析：不同的事物有不同的本质；不同的社会主义有不同的本质；中国特色社会主义内部不同的问题具有不同的本质。

一 本质与事物一一对应——不同的事物有不同的本质

理论上讲社会主义本质时，不区分"社会主义的根本任务"与"社

---

* 征汉文，江苏省哲学社会科学界联合会，研究员。

① 参见《马克思主义基本原理概论》，高等教育出版社 2009 年版；《毛泽东思想和中国特色社会主义理论体系概论》，高等教育出版社 2010 年版。

会主义制度"是不同的事物，不同的事物就应当具有不同的本质。这种认识很具有普遍性。高校教科书中社会主义本质的观点就具有这种倾向。

（一）如何看"事物"？

事物，我国的《辞海》及其他辞典中没有具体的词条，所以没有比较一致的社会共识。

事物，作为哲学上的一个概念，"对象即是事物"，"一个实物可以作为对象，一类实物可以作为对象，属性和关系以及观念的东西也可以作为对象，它们作为确定性的认识对象，都可以称为事物"①。

据此，所谓事物，可以由认识的对象来界定：不同的认识对象，就是不同的事物。

（二）如何看"本质"？

事物的本质，与事物的现象相联系，与事物的属性、性质、特征等相联系。

本质与现象的关系：从质上看，本质也是现象，本质存在于现象之中；从量上看，在若干个现象中，必定会有几个现象属于本质。

本质与属性、性质、特征的关系：与本质相对应的属性、性质、特征等所反映的内容是相近、相似的；本质存在于属性、性质、特征之中；本质是对属性中的本质属性、性质中的根本性质、特征中的基本特征的反映。

对本质、现象、属性、本质属性、性质、特征等概念，我国《辞海》中相关词条的概述具有形而上学的特征。例如：（1）"属性"和"本质属性"在《辞海》中成了含义相反的两个概念，将"属性"解释为事物的"内部联系"，而将"本质属性"解释为事物的外部区别。（2）"本质"与"本质属性"在《辞海》中也成为含义相反的两个概念："本质""是指事物的内部联系"等；"本质属性"是"某类对象必须具有并与其他各类对象区别开来的属性"。本文认为：（1）属性是事物的内在联系与外在区别的统一，对此，需要综合一下《辞海》中关于"属性"和"本质属性"这两个词条的各自内涵，从而可以获得相应的认识；（2）本质属性

---

① 高清海主编：《马克思主义哲学基础》上册，人民出版社1985年版，第211—212页。

与属性的区别，在于它是事物众多属性中特别容易反映该事物的内部联系、最容易使该事物与他事物相区别的属性；（3）本质与本质属性应当是具有相同内涵的概念，本质只是本质属性的简称。

因此，所谓本质，亦即事物的本质属性，它是对事物的根本性质或基本特征的概括，既是对事物自身内部联系的反映，又是对该事物与他事物根本区别的反映。

（三）　如何看"事物的本质"？

1. 本质，总是与具体事物相联系，总是指具体事物的本质。它是对具体的、个别的事物的本质属性、基本特征的反映，并因此使不同的事物相区别。

2. 不同的事物具有不同的本质。本质与事物是逐一对应的，本质与具体事物总是因对方而存在。事物是多样的，因而，本质也是多个的。一个事物，会有一个属于该事物的本质。两个事物，会有两个分别属于各自事物的本质。以此类推，多个事物，就会有多个分别属于各自事物的本质。

3. 事物的本质，如果简明地说，就是对该事物下"定义"。辩证逻辑对定义要求从某一概念所反映的对象的发展变化中，全面地研究对象的一切联系，从而具体地揭示该概念所反映的对象的本质①。对事物本质的认识是否深刻、正确，很重要的一点，就是看对该事物所下的定义是否准确。

二　社会主义,科学社会主义,中国特色社会主义
——不同的社会主义有不同的本质

根据社会主义理论与实践的发展，社会主义的本质可以分为四个具体层次：凡"社会主义"具有共同的本质；不同流派的社会主义具有不同的本质；马克思主义科学社会主义的本质；中国特色社会主义的本质。其

---

① 参见《辞海》1999 年版缩印本（音序）第 355 页，上海世纪出版股份有限公司、上海辞书出版社 2002 年版。

中，第一层次的可叫做"一般社会主义的本质"；第二、第三层次的可叫做"特殊社会主义的本质"；第四层次的可叫做"个别社会主义的本质"。

（一）号称"社会主义"者具有共同的本质——批判和变革资本主义

在社会主义的发展历程中，产生了数十种社会主义流派。各种社会主义流派之所以都冠以"社会主义"，是因为它们有两个共同特点：一是都批判当时的资本主义社会；二是都主张对当时的资本主义进行变革。社会主义的各流派由于产生的历史条件不同，又可以较明显地分为两个阶段。

第一阶段，马克思主义科学社会主义产生以前的社会主义流派。这时的各社会主义流派直接以批判与变革资本主义为对象。《共产党宣言》将当时除马克思主义以外的社会主义流派概括为三类五种[①]：第一类：反动的社会主义。主要有三种：甲、封建的社会主义（加上基督教的社会主义）；乙、小资产阶级的社会主义；丙、德国的或"真正的"社会主义。第二类：保守的或资产阶级的社会主义。第三类：批判的空想的社会主义和共产主义。

第二阶段，在马克思主义科学社会主义产生与发展的时代产生的社会主义流派。这时的社会主义各流派具有与前述社会主义的各流派一样批判并主张变革资本主义社会的特征，但它们往往与马克思主义科学社会主义直接交锋。此时的社会主义流派主要有：民主社会主义、社会民主主义、伊斯兰社会主义、欧洲共产主义、国家资本主义等[②]。

由于批判和变革资本主义这两个特征，为上述种种流派的社会主义所具有，也为马克思主义的科学社会主义和中国特色社会主义所具有，所以，我们也称这两个特征为"一般社会主义的本质"。

（二）不同的社会主义具有不同的本质——因变革资本主义的手段、方式、目标的不同而不同

社会主义分为不同流派，在于不同的社会主义在变革资本主义的手段、方式、目标等的不同而形成各自不同的本质。略举几例：

---

① 参见《马克思恩格斯选集》第 1 卷，人民出版社 1995 年版，第 295—305 页。

② 各流派的具体内容，均引自百度百科的相关词条。所引原文，不再加引号；对原文做了调整。特作说明。

封建的社会主义（加上基督教的社会主义）——封建的社会主义"控告资产阶级的主要罪状正是在于：在资产阶级的统治下有一个将把整个旧社会制度炸毁的阶级发展起来"。

小资产阶级的社会主义——从小资产阶级的立场出发替工人说话，"这种社会主义按其实际内容来说，或者是企图恢复旧的生产资料和交换手段，从而恢复旧的所有制关系和旧的社会，或者是企图重新把现代的生产资料和交换手段硬塞到已被它们突破而且必然被突破的旧的所有制关系的框子里去"。

批判的空想的社会主义和共产主义——"他们想通过和平的途径达到自己的目的"，"他们激烈地反对工人的一切政治运动，认为这种运动只是由于盲目地不相信新福音才发生的"。

民主社会主义——把民主思想与社会主义联系在一起。它的基本理念和追求的基本价值是自由、平等公正、合作互助；它的目的是建设政治民主、社会民主、经济民主并推进国际民主的"社会主义"；它实现这一目的的政治手段是民主。民主社会主义是公开反对马克思主义的一种社会主义思潮。

伊斯兰社会主义——伊斯兰社会主义是由在调和伊斯兰教义与社会主义思想的基础上而创造的一种思潮。伊斯兰社会主义认为社会主义学说源自《古兰经》和伊斯兰教教义，宣称以此为基础的社会制度为理想的社会主义制度。它主要反映激进的民族资产阶级和小资产阶级的利益和要求。它主张施舍，反对高利贷的盘剥而不必消灭私有制来实现平等，把建立一个人与人之间平等的穆斯林社会作为奋斗的最终目标。

国家社会主义——反对无产阶级暴力革命，试图利用国家权力进行社会改良；具有法西斯主义那种极端沙文主义、极端帝国主义；强调个人必须绝对服从国家；强调生产资料在所谓国家意志影响下的监控，实际上是将一切分配权集中在少数人（官僚、独裁者）手中；极度反对和平主义，也反对民主。

（三）马克思主义的亦即科学社会主义的本质——主张以公有制代替私有制，并以无产阶级专政、政府组织经济为基本手段

马克思主义科学社会主义的本质是公有制，无产阶级专政和政府组织经济则是其两个主要表现。马克思主义科学社会主义的基本观点产生于对资本主义基本矛盾的分析，在《共产党宣言》、《反杜林论》、《社会主义从空想到科学的发展》等著作中有阐述。这里，主要依据《社会主义从空想到科学的发展》原著第三部分的逻辑次序，着重介绍三点内容。

1. 资本主义的基本矛盾："社会的生产和资本主义占有的不相容性。"①

其中，所谓"社会的生产"，是相对于中世纪的个体的生产、小生产而言的。原著依次论述了三方面的内容：一是生产资料（生产前提）的社会化。把生产资料从个人的生产资料变为社会的即只能由一批人共同使用的生产资料。② 二是生产过程的社会化。生产本身也从一系列的个人行动变成了一系列的社会行动。③ 三是生产成果的社会化。产品也从个人的产品变成了社会的产品，都是许多工人的共同产品。④

其中，所谓"资本主义占有"，原著是从"生产过程的资本主义占有"和"生产前提与结果的资本主义占有"两个方面进行论述的。关于生产过程的资本主义占有："社会的生产使全部旧的生产方式革命化了。……它反而被用来当作提高和促进商品生产的手段"，"所以商品生产的占有形式对它也保持着全部效力"。⑤ 关于生产前提和结果的资本主义占有："社会的生产资料和产品还像从前一样仍被当作个人的生产资料和产品来处理。""生产方式虽然已经消灭了这一占有形式的前提，但是它仍然服从于这一占有形式。"⑥

原著的结论是："社会的生产和资本主义占有的不相容性"是资本主义社会的基本矛盾。"个人的生产资料转变为社会的生产资料"，但"生产资料的所有者"仍然是个人：资本家；"生产已经成为社会的活动，而……社会的产品被个别资本家所占有"。"这就是产生现代社会的一切矛盾的基本矛盾。"⑦

2. 资本主义基本矛盾的两个表现："无产阶级和资产阶级的对立""个别工厂中生产的组织性和整个社会中生产的无政府状态之间的对立"。

---

① 《马克思恩格斯选集》第3卷，人民出版社1995年版，第744页。
② 同上书，第742页。
③ 同上。
④ 同上书，第742—743页。
⑤ 同上书，第743页。
⑥ 同上书，第744页。
⑦ 同上书，第758—759页。

"社会的生产和资本主义占有之间的矛盾表现为无产阶级和资产阶级的对立。"——最初的资本家就已经遇到了现成的雇佣劳动形式。但是，那时雇佣劳动是一种例外。生产资料一旦变为社会的生产资料并集中在资本家手中，暂时的雇佣劳动者变成了终身的雇佣劳动者。集中在资本家手中的生产资料和除了自己的劳动力以外一无所有的生产者彻底分裂了。社会的生产和资本主义占有之间的矛盾表现为无产阶级和资产阶级的对立①。

"社会的生产和资本主义占有之间的矛盾表现为个别工厂中生产的组织性和整个社会中生产的无政府状态之间的对立"——以商品生产为基础的社会都有一个特点，社会生产的无政府状态占统治地位②。"特别是随着资本主义生产方式的出现"，"社会生产的无政府状态……越来越走向极端。但是，资本主义生产方式用来加剧社会生产中的这种无政府状态的主要工具正是无政府状态的直接对立物：每一个别生产企业中的生产作为社会生产所具有的日益加强的组织性。……社会的生产和资本主义占有之间的矛盾表现为个别工厂中生产的组织性和整个社会中生产的无政府状态之间的对立"③。

3. 资本主义基本矛盾的运动导致公有制、无产阶级专政、政府组织经济

"资本主义生产方式在它生而具有的矛盾的这两种表现形式中运动着。""社会的生产无政府状态的推动力使大多数人日益变为无产者，而无产者群众又将最终结束生产的无政府状态。"④ "大工业的巨大的扩张力……表现为不顾任何反作用力在质量上和数量上进行扩张的需要。……市场的扩张赶不上生产的扩张。冲突成为不可避免的了，而且，因为它在把资本主义生产方式本身炸毁以前不能使矛盾得到解决，所以它就成为周期性的了。资本主义生产造成了新的'恶性循环'。"⑤ "资本主义生产方式日益把大多数居民变为无产者……这种生产方式日益迫使人们把大规模的社会化的生产资料变为国家财产……无产阶级将取得国家政权，并且首

① 《马克思恩格斯选集》第3卷，人民出版社1995年版，第745页。
② 同上。
③ 同上书，第746—747页。
④ 同上书，第748页。
⑤ 同上书，第749页。

先把生产资料变为国家财产。"① "一旦社会占有了生产资料"，"社会生产内部的无政府状态将为有计划的自觉的组织所代替"② ——"无产阶级革命，矛盾的解决：无产阶级将取得公共权力，并且利用这个权力把脱离资产阶级掌握的社会生产资料变为公共财产。通过这个行动，无产阶级使生产资料摆脱了它们迄今具有的资本属性，使它们的社会性有充分的自由得以实现。从此按照预定计划进行的社会生产就成为可能的了"③。

公有制成为科学社会主义本质的核心内容，在于解决资本主义基本矛盾的必然性。资本主义的基本矛盾，是生产的社会化与生产资料的资本主义私人占有之间的矛盾。社会主义代替资本主义，就是为了适应生产社会化的要求，为了解放和发展生产力，以公有制代替私有制。因而，社会主义代替资本主义，就是以生产的社会化与生产资料的社会主义公有制相结合，代替生产的社会化与生产资料的资本主义私有制相结合。社会主义代替资本主义，也就是以生产的社会化与生产资料的社会主义公有制相互作用的新的矛盾，代替以生产的社会化与生产资料的资本主义私有制相互作用的旧的矛盾。社会主义代替资本主义，也就是以生产的社会化与生产资料的社会主义公有制的矛盾成为社会主义社会的基本矛盾，代替（实际上是消灭）以生产的社会化与生产资料的资本主义私有制这一资本主义的基本矛盾。

（三）中国特色社会主义的本质——以公有制为主体，无产阶级专政和国家组织公有经济为主导是其主要表现

本文提出中国特色社会主义的本质问题。中国特色社会主义的本质的内容则是：以公有制为主体。无产阶级专政和国家组织公有经济为主导是其主要表现。

1. 以公有制为主体是中国特色社会主义本质的核心内容

中国特色社会主义在当前又是社会主义的初级阶段，在坚持和发展公有制的同时也要允许非公有制经济的发展，但是，以公有制为主体必定要成为中国特色社会主义本质的核心内容。

① 《马克思恩格斯选集》第3卷，人民出版社1995年版，第754页。
② 同上书，第757页。
③ 同上书，第759页。

（1）中国特色社会主义本质的核心内容为什么是"以公有制为主体"？其一，以公有制为主体，是坚持马克思主义科学社会主义的根本标志，是马克思主义科学社会主义的具体化。是否坚持公有制，成为是否坚持马克思主义科学社会主义的分水岭。只要坚持以公有制为主体，就是坚持了马克思主义的实质和灵魂。其二，以公有制为主体，是坚持中国特色社会主义道路的本质要求。只要坚持以公有制为主体，就是坚持了中国特色社会主义道路；只有坚持以公有制为主体，才能坚持中国特色社会主义道路。其三，"以公有制为主体、多种所有经济共同发展"，是中国特色社会主义基本经济制度，因而成为中国特色社会主义本质之所在。我党自改革以来一直强调以公有制为主体、多种所有制并存是中国特色社会主义的基本经济制度。其四，以公有制为主体，要把能不能为无产阶级与广大人民群众服务和怎样为无产阶级与广大人民群众服务的问题区分开来。有与没有公有制，是有没有可能为无产阶级与广大人民群众服务的问题；有了公有制，是如何为无产阶级与广大人民群众服务的问题。没有公有制，是不可能真正为无产阶级与广大人民群众服务的。

（2）什么叫中国特色社会主义的"以公有制为主体"？

对此，党的十五大报告有关阐述的精神是需要深刻领会的。

其一，什么叫中国特色社会主义的"公有制"？

公有制，在不同的历史时期有不同的内容：马克思主义理论中的公有制，指的是国家掌握生产资料并组织生产，如果用现在的词汇来说，它与"国有国营"相似；苏联和中国改革以前社会主义实践中的公有制，指的是全民所有制和劳动者集体所有制；中国特色社会主义实践中的公有制，一是指独立的公有制经济体，具体表现为公有制企业如国有企业、集体企业等；二是指独立的经济体之中的公有部分，如混合经济中的公有部分——党的十五大报告如是说："公有制经济不仅包括国有经济和集体经济，还包括混合所有制经济中的国有成分和集体成分。"根据中国特色社会主义实践，不能笼统地说股份制、混合所有制是公有制。股份制不一定是公有制，混合所有制也不一定是公有制。认为股份制也是公有制的观点，认为混合所有制也是公有制的观点，都是错误的。

其二，"以公有制为主体"的中国特色何在？

党的十五大报告较系统地阐述了"以公有制为主体"，但是，党的十五大报告对这个问题所作的阐述，并不是总能被人们记起。

所谓"以公有制为主体",就全国而言,"公有制的主体地位主要体现在:公有资产在社会总资产中占优势;国有经济控制国民经济命脉,对经济发展起主导作用。""公有资产占优势,要有量的优势,更要注重质的提高。国有经济起主导作用,主要体现在控制力上。""对关系国民经济命脉的重要行业和关键领域,国有经济必须占支配地位。在其他领域,可以通过资产重组和结构调整,以加强重点,提高国有资产的整体质量。""只要坚持公有制为主体,国家控制国民经济命脉,国有经济的控制力和竞争力得到增强,在这个前提下,国有经济比重减少一些,不会影响我国的社会主义性质。"

理论界对党的十五大报告关于"以公有制为主体"主要从两个方面进行解释是不完全的。一般地把"公有制的主体地位主要体现在:公有资产在社会总资产中占优势;国有经济控制国民经济命脉,对经济发展起主导作用"区分为两个方面的内容:"公有资产在社会总资产中占优势"和"国有经济控制国民经济命脉,对经济发展起主导作用"。这种理解显得过于简单化了,它过于强调原则而忽视了具体内涵,不能够使人们更全面地把握党的十五大报告的有关精神。

党的十五大报告关于"以公有制为主体"所做的阐述具有很丰富的内涵,把握其原则固然重要,但把握其内涵也同样重要。综合上述所引,至少可以从三个方面来加以完善:第一,公有资产在社会总资产中占优势,不仅要有量的优势,更要注重质的提高;第二,国有经济控制国民经济命脉,对关系国民经济命脉的重要行业和关键领域,国有经济必须占支配地位;第三,国有经济对经济的发展起主导作用,具体主要表现在控制力上。这三个方面也就是对应于报告中所说的"以公有制为主体""不会影响我国的社会主义性质"的三个前提:"国家控制国民经济命脉,国有经济的控制力和竞争力得到增强。"

(3)无产阶级专政和政府组织经济占主导是实践中国特色社会主义"以公有制为主体"的主要表现。

要实现公有制,必须实行无产阶级专政和政府组织经济占主导;要实现以公有制为主体,也必须实行无产阶级专政和政府组织经济占主导。

其一,无产阶级专政是中国特色社会主义国家政权的基本性质。

中国特色社会主义仍然是社会主义,因而,无产阶级专政仍然是其国家政权的基本性质。无产阶级专政在中国特色社会主义实践中是唯一的:

它不存在像所有制上"以公有制为主体"那样来一个"以无产阶级专政为主"的问题。坚持人民代表大会制度，坚持中国共产党的领导等，是坚持无产阶级专政的根本体现。不要让"阶层"的观点干扰无产阶级专政。阶层是按收入的多少不同而区分的，阶级是按收入的来源不同而区分的；不同阶级的成员可以同属于一个阶层，不同阶层的成员可以同属于一个阶级。不可以将阶层与阶级相混同。

其二，政府组织经济占主导是中国特色社会主义以公有制为主体的基本保证。

中国特色社会主义要坚持政府组织经济占主导，是对马克思主义科学社会主义政府组织经济理论的坚持和具体化。公有制经济是政府组织的经济，政府不组织经济就不会有公有制经济。若要以公有制经济为主体，就必须要使公有制经济存在和发展，只有政府仍然必须组织经济，才会有公有制经济的存在和发展，在发展多种经济成分的中国特色社会主义实践中也才有可能保证以公有制经济为主体。组织公有经济是当代政府的重要职能；我国政府不能放弃组织公有制经济的职能①。

2. 胡锦涛《在庆祝中国共产党成立 90 周年大会上的讲话》（以下简称《讲话》）关于"中国特色社会主义制度"的理论，把探索中国特色社会主义本质问题推上了新高度

《讲话》阐述的"中国特色社会主义制度"的意义在于：我们能够回到马克思主义科学社会主义的道路上，探讨中国特色社会主义的本质问题。《讲话》所概述的"人民代表大会制度这一根本政治制度，中国共产党领导的多党合作和政治协商制度、民族区域自治制度以及基层群众自治制度等构成的基本政治制度，中国特色社会主义法律体系，公有制为主体、多种所有制经济共同发展的基本经济制度"，就是马克思主义科学社会主义本质中的"公有制"、"无产阶级专政"在中国特色社会主义制度建设中的具体化。根据马克思主义经济基础决定上层建筑的理论，中国特色社会主义的"公有制为主体、多种所有制经济共同发展的基本经济制度"是起着决定作用的制度。然而遗憾的是，上述《讲话》中的这一精神，被人们所无视或忽视了。

---

① 对此，笔者曾写过文章。参看《关于垄断的几个问题》、《组织公有经济：当代政府的重要职能》、《我国政府不能放弃组织公有经济的职能》。

3. "以公有制为主体"作为中国特色社会主义本质的理论是一个发展中的理论

党的十五大报告已经对"以公有制为主体"有所阐述,但是,中国特色社会主义实践又过去了十多年,需要对"以公有制为主体"进行补充和完善。其中特别要增加引导公有制经济的政策导向作用。公有与非公有这两种不同的所有制经济,既需要围绕市场经济制定一些相同的政策,又需要根据不同所有制经济的特点制定一些不同的政策。政府要制定一套规范公有制经济发展的政策,通过公有制企业的示范,发挥以公有制为主体在引领整个社会发展方面的作用。在发挥公有制经济政策的导向作用问题上,如何制定公有制企业中的公平分配、遏制腐败等方面的政策,将会显得很重要。

三 社会主义基本经济制度,社会主义根本任务,等等——中国特色社会主义内部不同的"问题"有不同的本质

"问题"是党的十四大报告概括中国特色社会主义理论时的用法,本文也沿用之。问题即事物。

第一,建设中国特色社会主义实践中的不同的社会主义"问题"具有不同的本质。

中国特色社会主义是一事物,中国特色社会主义所包含的道路、阶段、任务等内在的方方面面的"问题"又独立构成各自的事物。因而,中国特色社会主义有中国特色社会主义的本质,中国特色社会主义内在的各个具体"问题"又具有属于该"问题"的本质。

党的十四大报告将邓小平中国特色社会主义理论概括为九个问题,其中的每一个问题都具有与它们各自不同的"本质"。中国特色社会主义理论的九个问题之中的每一个问题都形成一个独立的"事物",所以,它们之中的每一个都有其自己的本质。因而,如果人们愿意,对中国特色社会主义理论九个问题之中的每一个问题都可以冠以"社会主义本质"的字样,而不会产生理论上的矛盾,例如:"在社会主义的发展道路问题上",社会主义的本质是……"在社会主义的发展阶段问题上",社会主义的本质是……"在社会主义的根本任务问题上",社会主义的本质是……"在

社会主义的发展动力问题上"，社会主义的本质是……。它们的简称应当分别是：社会主义发展道路的本质，社会主义发展阶段的本质，社会主义根本任务的本质，社会主义发展动力的本质，等等。

第二，邓小平社会主义本质理论，是关于"社会主义根本任务"的理论，而不是关于"什么是社会主义"理论，也不是关于"怎样建设社会主义"的理论。

我们现在所说的社会主义本质是中国特色社会主义根本任务的本质，它只是建设中国特色社会主义理论体系中若干具体"问题"中的一个"问题"的本质。党的十四大报告清楚写道："在社会主义根本任务问题上，社会主义的本质，是解放生产力，发展生产力，消灭剥削，消除两极分化，最终达到共同富裕。"根据党的十四大报告，邓小平关于社会主义本质的理论属于对社会主义根本任务的回答。党的十四大报告把它归结为建设中国特色社会主义的根本任务问题之中，使它成为中国特色社会主义理论体系的一个组成部分，是非常准确的，因而是完全正确的。而且，由于邓小平当时是审阅过党的十四大报告稿的，所以，党的十四大报告把邓小平关于社会主义本质的观点归入中国特色社会主义的"根本任务"范围，也是得到邓小平同志的肯定的。应当按党的十四大报告所概括的那样，并且本质上是按照邓小平本人所肯定的那样，在"社会主义根本任务问题上"把握邓小平社会主义本质理论。

教科书说："邓小平坚持科学社会主义理论和实践的基本成果，抓住'什么是社会主义、怎样建设社会主义'这个根本问题，深刻揭示了社会主义本质"①，这一概括是不正确的。我们肯定，邓小平也确实是围绕"什么是社会主义、怎样建设社会主义"问题，探索建设中国特色社会主义的道路，并形成了"社会主义本质"的五句话。但是，"什么是社会主义"和"怎样建设社会主义"，不是一个事物，而是两个事物。因此，两个事物就要有分别属于各自事物的两个"本质"，亦即什么是社会主义有自己的本质，怎样建设社会主义也有自己的本质。邓小平社会主义本质理论回答了什么问题，教科书既没有说它同时回答了怎样建设社会主义和什么是社会主义，也没有说它回答了其中的一个问题，只是说加深了对什么

---

① 《毛泽东思想和中国特色社会主义理论体系概论》（2010 年修订本），高等教育出版社 2010 年版，第 121 页。

是社会主义的认识。这是含糊其辞、模棱两可的表述，这不是科学的表述，这是在耍"滑头"。

邓小平社会主义本质的理论不能被解释为"什么是社会主义"的理论。什么是社会主义，一般的理解，是就社会主义的根本制度而言。当人们说什么是社会主义本质时，通常是指社会主义制度的本质。社会主义制度的本质，是社会主义区别于资本主义的因素。社会主义区别于资本主义的，不是解放生产力、发展生产力等。由邓小平提出的社会主义本质理论，党的十四大报告把它列入"在社会主义根本任务问题上"，因而它是关于社会主义根本任务的本质。现在人们讲邓小平的社会主义本质时，已经不能无视或忽略它的前提条件了。邓小平社会主义本质理论，是要以社会主义制度为前提的理论，是要在社会主义道路上去实现的理论。而且，邓小平所讲的社会主义本质理论，就是以我国已经是社会主义为前提的。邓小平虽然说过，对于什么是社会主义、怎样建设社会主义，我们还没有完全搞清楚，但邓小平从来没有否认过我国已经进入社会主义。

第三，用社会主义根本任务问题上的邓小平社会主义本质的理论，代替甚至否定用社会主义根本制度问题上的以公有制为基本内容的社会主义本质理论，造成了当前社会主义本质理论的混乱。

现在的高校教科书，把邓小平本人肯定了的、党的十四大报告对邓小平理论所做的概括完全抛在一旁，另搞了一套对邓小平社会主义本质理论的概括，给人们所带来的，不是更多的知识，而是更多的疑问。例如：党的十四大报告在概括邓小平理论体系时"在社会主义根本任务问题上"讲邓小平社会主义本质理论的概括为什么不被采纳？把"解放生产力，发展生产力"等作为社会主义本质，是不是生产力发展了就是社会主义了？作为"社会主义本质"，在当今时代它如何与资本主义社会相区别等。对于这些曾经有论者提出过的问题，不能简单地抛在一边置之不理。面对这类问题，使我们更加怀念党的十四大报告：只有以"社会主义根本任务问题上"为前提，去把握邓小平社会主义本质的理论，才能形成正确的认识。

现在的高校教科书，把邓小平本人肯定了的、党的十四大报告对邓小平理论所做的概括完全抛在一旁，另搞了一套对邓小平社会主义本质理论的概括，也使自己变得混乱起来。这里列举两例。首先，两本"概论"中"社会主义基本特征"与"社会主义本质"形成了很大差异。《马克思主义基本原理概论》（2009 年修订版，简称《马概》）中对"社会主义基本特征"从六个方面做了概括："第一，解放和发展生产力，创造高度发达的生产力和比资本主义更高的劳动生产率。""第二，建立和完善生产资料公有制，逐步消灭剥削，消除两极分化，达到共同富裕。""第三，对个人消费品实行'各尽所能，按劳分配'制度。""第四，在马克思主义政党领导下，建立工人阶级和劳动人民的政权，即无产阶级专政或人民民主专政，发展社会主义民主政治，建设社会主义政治文明。""第五，以马克思主义为指导，大力发展社会主义文化，建设社会主义精神文明。""第六，以人为本，构建和谐社会。"① 《毛泽东思想和中国特色社会主义理论体系概论》（2010 年修订版，简称《毛概》）关于社会主义本质仅仅引用邓小平说过的五句话："解放生产力，发展生产力，消灭剥削，消除两极分化，最终达到共同富裕。"② 《毛概》采用了《马概》"社会主义基本特征"中的部分内容作为"社会主义本质"的内容，对此，"社会主义基本特征"与"社会主义本质"是什么关系？一般地说，理论家们是如何理解"事物的基本特征"和"事物的本质"这二者之间的关系的？书中应当做出解释。其次，两本《概论》都肯定社会主义的公有制，但对公有制地位和作用的认识却有天壤之别。《马概》强调"公有制"属于社会主义的"本质表现"、"根本原则"、"具体体现"："社会主义基本特征的诸方面是一个互相联系的有机整体，是社会主义制度优于资本主义制度的本质表现。在对社会主义基本特征的理解中，最重要的是公有制为主体和共同富裕，这是必须坚持的社会主义的根本原则，是社会主义优越性的根本体现。"③ 《毛概》则将"公有制"作为社会主义本质得以实现的具体条件，"消灭剥削，消除两极分化"等"又是在坚持社会主义公有制和按劳分配为主体的条件下才能实现的"④，但不属于"社会主义本质"。其他矛盾之处还有，不再一一赘述。

　　现在的高校教科书，把邓小平本人肯定了的、党的十四大报告对邓小

　　① 参见《马克思主义基本原理概论》（2009 年修订版），高等教育出版社 2009 年版，第229—231 页。

　　② 参见《毛泽东思想和中国特色社会主义理论体系概论》（2010 年修订版），高等教育出版社 2010 年版，第 117 页。

　　③ 《马克思主义基本原理概论》（2009 年修订版），高等教育出版社 2009 年版，第 231 页。

　　④ 《毛泽东思想和中国特色社会主义理论体系概论》（2010 年修订版），高等教育出版社2010 年版，第 120 页。

平理论所做的概括完全抛在一旁，另搞了一套对邓小平社会主义本质理论的概括，可以说是犯了前人关于社会主义本质是公有制理论同样的错误。前人在讲公有制是社会主义的本质时无比较对手，现在讲社会主义本质时有了前人的社会主义本质理论这个比较对手。通过比较，前人所讲的社会主义本质需要加上具体条件，现在所讲的社会主义本质也必须要加上具体条件。前人所讲的社会主义本质理论的具体条件是"制度"，它的完整的表述应当是：社会主义制度的本质是公有制；现在所讲的社会主义本质理论的具体条件是"根本任务"，它的完整的表述应当是：社会主义根本任务的本质是解放生产力、发展生产力……教科书为了使现在的社会主义本质理论取代前人的社会主义本质理论，于是，就与前人的社会主义本质理论一样不提具体条件，从而犯下了与此前社会主义本质理论一样的错误。由于前人的错误是在没有比较的条件下产生的，因而是可以理解的。现在由于有了可比较的条件，所以应当也完全有可能避免同样的错误发生，对已经产生的错误也应当有勇气去改正。

学界关于劳动价值论反常困惑的讨论
——与由成本化解理论研究印证劳动价值论的科学性

曾永寿[*]

一 学界关于劳动价值论反常困惑的讨论——弄巧成拙

本文所称劳动价值论，指马克思创立的劳动价值论。所谓劳动价值论的反常困惑，指人们在肯定劳动价值论基本原理的基础上，运用劳动价值论理喻当代现实中的新情况所产生的疑难。

（一） 现代企业活劳动相对减少而价值量不断增加的困惑

劳动价值论最基本的原理是：价值源泉是物化在商品中的活劳动。但是一些学者认为，存在"现代企业活劳动相对减少而价值量不断增加的矛盾之谜"[①]。显然，谜就是困惑。

许多学者试图化解这一困惑，其基本主张是：将创造价值的劳动扩展到一般科学劳动[②③④⑤]。其中具有代表性的是刘冠军和邢润川提出的"科

---

    [*] 曾永寿，男，生于 1952 年。供职于中国人民政治协商会议广西柳州市委员会，高级经济师，柳州市社会科学联合会委员。研究方向：马克思主义经济学，系统科学，认知科学。

    [①] 刘冠军、邢润川：《破解现代企业活劳动减少而价值量增加之谜——一种劳动价值论视域的研究》，《天府新论》2005 年第 2 期。

    [②] 同上。

    [③] 中国社会科学院"劳动价值论"课题组：《如何深化和发展马克思劳动价值论》，《中国社会科学院研究生院学报》2002 年第 4 期。

    [④] 李继樊：《关于社会主义劳动价值理论的思考》，《当代经济研究》2002 年第 1 期。

    [⑤] 吴薇等：《马克思主义劳动和劳动价值论在当代面临的挑战》，《东北师大学报》（哲学社会科学版）2004 年第 4 期。

学价值库"理论。他们写道:"现代企业中'在场的活劳动'的减少,并不说明整个生产链条的'人员'的减少……如果将这些科学家、工程师、技术员、高层管理者等考虑在内,现代企业的'劳动者'不仅没有减少,而且有增加之趋势。"于是,两位学者认为他们化解了这一困惑。

那么,两位学者化解了困惑吗?回答是否定的。首先,"科学价值库"显然是生产力范畴。劳动价值论有一个重要论点:商品内含的价值量与劳动生产率成反比①。这就是说,"科学价值库"的存在及其发展,在劳动价值论看来,将使商品内含的价值量不断减少;然而,在两位学者这里却成了商品内含的价值量不断增加的根据。由此可见,这是违背马克思的本意的。其次,就企业的生产过程来说,"科学价值库"的实物形态显然是物化劳动,如果认为"科学价值库"可使商品内含的价值量增加,那么何以与物化劳动创造价值的错误观点划清界限(两位学者对物化劳动创造价值的观点持批判态度②)。可见,这是不可取的。

(二)劳动日益向非生产领域拓展所引起的困惑

在价值源泉问题上,劳动价值论有两个基本点:其一,将所有社会劳动划分为两个大类,一类是生产物质商品的劳动(下称"生产性劳动");另一类是不生产物质商品的劳动(下称"非生产性劳动");其二,只有生产性劳动才创造价值,非生产性劳动不创造价值③。但是,"随着社会分工的发展和生产社会化程度的提高,社会生产部门增加了,第三产业迅速发展"④;甚至产生了"以生产精神产品为主的第四产业"⑤。按照劳动价值论两个基本点来判定,那么,第三产业中有许多劳动不是生产性劳动,"第四产业"就更不是生产性劳动,因此,这些劳动都是不创造价值的劳动。面对这种情况,学界发生了两种支困惑。其中,第一支困惑可称为"非生产性劳动与生产性劳动的交易困惑"(简称"劳动交易困惑")。第二支困惑可称为"工人阶级政党代表性困惑"(简称"政党代表性困惑")。

---

① 马克思:《资本论》第1卷,人民出版社1975年版,第53页。
② 刘冠军、邢润川:《科学价值:"无人工厂"之利润的真正来源——一种马克思主义劳动价值论角度的理解》,《科学技术与辩证法》2004年第6期。
③ 卫兴华:《劳动价值论需要创新与发展》,《经济学家》2004年第1期。
④ 艾淑平、王晋:《第三产业究竟创造了什么——对新形势下深化马克思劳动价值论认识的思索》,《企业经济》2004年第12期。
⑤ 傅军胜:《劳动价值论研究讨论综述(上)》,《马克思主义研究》2002年第3期。

试图化解第一支困惑的学者有很多，尽管他们的观点略有不同，但实质一样，都主张将创造价值的劳动扩展到所有社会劳动。有的认为："价值是与劳动相联的，而不必然与商品相联，在商品之外，也还存在劳动创造的价值。"① 有的主张："凡生产具有社会使用价值……都形成商品价值，都是生产性劳动"，这包括"以服务部门劳动为主要的第三产业"，包括"以生产精神产品为主的第四产业"，包括"科技劳动、管理劳动"，还包括"政府的管理活动和国家公务员的劳动"，它们都是"创造价值的劳动"②。

那么，这些学者化解了困惑吗？答案是否定的。首先，生产性劳动和非生产性劳动，在马克思时代就已存在；在当代，只不过两类劳动的比例发生了量的变化。难道仅仅是量的变化就需要改变理论吗？其次，更重要的是，价值是一种历史现象，亦即有一个发生、发展到消亡的过程，因此恩格斯说：将来社会"不需要著名的'价值'插手其间"③。然而，可以证明，劳动日益向非生产领域拓展，这是一个不可逆转的规律；在这种情况下，如果以劳动日益向非生产领域拓展这一现象为依据，将创造价值的劳动拓展到所有社会劳动，那么，必将肯定价值是一种永恒现象。由此可见，将创造价值的劳动扩展到所有社会劳动，不仅不能化解学者们的困惑，而且将从根本上背离马克思经济学。

提出并试图化解第二支困惑的学者是刘永佶。他提出"现代劳动价值论"，其内容包括以下要点：第一，劳动价值论的性质。他写道："劳动价值论并不是经济交换关系的'客观'论证，而是生活于经济交换关系中并作为矛盾一个方面的劳动者经济利益的集中表现，是其相应经济意识的理论概括。"④ 第二，劳动价值论的局限。他写道："马克思所代表的是人类劳动历史发展特定阶段上的劳动者，他对劳动价值论的论证，是他那个历史阶段劳动者经济意识的概括。"⑤ 第三，现代劳动价值论。他写道："不论是哪个行业，只要是从事满足人的需要的脑力和体力活动的人，就都是劳动者，而其劳动只要是用于交换，不论是体现于商品，还是服务，都形

① 李翠玲：《劳动价值论对话》，《中国特色社会主义研究》2001 年第 6 期。
② 傅军胜：《劳动价值论研究讨论综述（上）》，《马克思主义研究》2002 年第 3 期。
③ 《马克思恩格斯选集》第 3 卷，人民出版社 1972 年版，第 348 页。
④ 刘永佶：《劳动价值论是劳动者的经济观》，《中共天津市委党校学报》2002 年第 1 期。
⑤ 同上。

成价值。"① 这样，他所谓的现代劳动价值论就成为全体劳动者"经济意识的理论概括"，从而所谓"政党代表性困惑"就被破解了。

容易看出，刘先生主张将创造价值的劳动扩展到所有社会劳动——这种主张是不可取的，对此前面已有讨论，兹不重复。这里需要评价的是刘先生关于劳动价值论性质和局限的说法。首先，马克思在《资本论》中明确说："我要在本书研究的，是资本主义生产方式以及和它相适应的生产关系和交换关系。"② 因此，认为劳动价值论"不是经济交换关系的'客观'论证"，"只是强调劳动者的社会主体地位……并要求以法律确定这种主体地位"，这不是事实。其次，马克思是无产阶级革命导师，马克思经济学是无产阶级彻底解放的理论；因此，说"马克思所代表的是人类劳动历史发展特定阶段上的劳动者，他对劳动价值论的论证，是他那个历史阶段劳动者经济意识的概括"，这是不正确的。此外，说"马克思所代表的是人类劳动历史发展特定阶段上的劳动者"，等价于说马克思经济学在当代过时了——这正是企图用西方经济学取代马克思经济学的"取代论"者所需要的东西。综上所述，刘先生的"现代劳动价值论"是错误的。

（三）"资本主义私有制丧钟就要响了"没有实现所引起的困惑

《资本论》写道："生产资料的集中和劳动社会化，达到了同它们的资本主义外壳不能相容的地步。这个外壳就要炸毁了。资本主义私有制丧钟就要响了。剥夺者就要被剥夺了。"③ 然而，"占主流地位的观点，是认为马克思的这一观点并没有实现"④。这就是困惑。显然，"资本主义私有制丧钟就要响了"等价于资本主义劳动关系的丧钟就要响了，因而这种困惑也是劳动价值论的困惑。

为化解困惑，学者贾华强给出了如下论点：资本主义从完全竞争市场经济到具有宏观调控的市场经济的过程，证明了"资本主义私有制丧钟就要响了"的论断正确。他认为马克思所说"必然要被历史的车轮所淘汰"的资本主义是"完全竞争市场经济"，并认为"罗斯福新政的实施，意味着过去被人们认为典型的资本主义模式，即完全竞争资本主义市场经

---

① 刘永佶：《现代劳动价值论》，中国经济出版社 2005 年版，第 228 页。

② 马克思：《资本论》第 1 卷，人民出版社 1975 年版，第 5 页。

③ 同上书，第 831—832 页。

④ 贾华强：《劳动价值与市场价格论》，中国发展出版社 2004 年版，第 268 页。

济模式，开始退出历史舞台。凯恩斯理论的产生，意味着这种完全竞争资本主义市场经济模式不但在实践上，也开始在理论上退出了历史舞台。……那么马克思预言这种资本主义市场经济模式必然灭亡的话，怎么会是错误的呢？"①

贾华强先生的论点是值得商榷的。难道马克思预言"丧钟就要响了"的"资本主义私有制"，仅仅指"完全竞争资本主义市场经济模式"？照贾先生看来，马克思经济学只判处了"罗斯福新政之前的资本主义"的死刑，那么，"罗斯福新政的实施"以后的资本主义又怎样？是否就是永恒的。贾先生说，马克思只预言了"资本主义的完全竞争市场经济，是必然要被历史的车轮所淘汰的"，而倒是"凯恩斯理论的产生，意味着这种完全竞争资本主义市场经济模式……开始在理论上退出了历史舞台"——如此说来，岂不是凯恩斯理论比马克思的理论更科学！贾华强先生化解了他的反常困惑吗？没有。他的错误论点只能为"否定论"（否定马克思经济学）和"取代论"（用西方经济学取代马克思经济学）提供口实。

（四）马克思预想的按劳分配没有实现所引起的困惑

大家知道，"马克思预想未来社会主义社会已不存在商品生产和商品交换，不存在价值、价格，因而劳动不再表现为价值……马克思讲按劳分配时，是设想按实物分配的，不是按劳动创造的价值分配"②。"但是，目前全世界还没有哪一个国家、哪一家企业存在'按劳分配'所依托的这种社会生产方式性质。"③ 甚至一些学者对党的十六大提出"完善按劳分配为主体、多种分配方式并存的分配制度"提出质疑，认为我国现阶段所谓按劳分配，实际只是"按生产要素分配的一种特殊存在形式"④⑤。显然，劳动价值论是按劳分配思想的间接根据之一，

---

① 贾华强：《劳动价值与市场价格论》，中国发展出版社2004年版，第268页。
② 卫兴华：《关于按劳分配与按要素分配相结合的理论问题》，《经济管理学院学报》1999年第1期。
③ 许成安、王家新：《按劳分配：现实还是趋势——兼评关柏春和姚家祥两先生的学术争论》，《经济评论》2007年第1期。
④ 郭广迪：《按劳分配是按生产要素分配的一种特殊存在形式》，《武汉商业服务学院学报》2006年第3期。
⑤ 吴声功：《按劳分配与按生产要素分配探析》，《社会科学战线》2001年第5期。

因此，按劳分配没有实现所引起的困惑，也可视为劳动价值论的反常困惑。

一些学者试图化解这一困惑，其基本论点是：不能把"按劳分配"和"按生产要素分配"混为一谈；公有制决定按劳分配，私有制决定按要素分配①②。他们认为，在社会主义市场经济中，尽管"无论是公有制企业还是私有制企业，都给工人发放工资……但是，在工资形式背后的经济关系是不一样的：在公有制范围内，工资体现的是按劳分配，它反映了劳动者之间的平等互助合作的关系；在资产阶级私有制范围内，工资体现的是按要素分配，它是劳动力价值的表现形式，反映了资本家对工人的剥削关系"③。

那么，这些学者化解了困惑吗？回答：未必。一位学者反驳道："以企业所有制之别来划分'按劳分配'与'按要素分配'是不能成立的。"因为，第一，"公有企业与私有企业在市场之中的行为并无不同……都要追求利润的最大化"；第二，"劳动者在公有企业与在私有企业中的行为并无不同……都追求劳动回报率的最大化，也必然导致工资率的平均化"④。然而，上述反驳还只是学者的看法，那么，身临其境的工人有何感受？资料表明，说在公有制企业"工资体现的是按劳分配，它反映了劳动者之间的平等互助合作的关系"，不仅不会得到工人们的认可，还会使他们反感。⑤应当指出，试图化解困惑的学者，只看到公有企业与私有企业在所有制上的不同，没有看到它们是同一个市场中的竞争主体。其实，在市场经济中，任何企业都必须追逐利润（剩余价值），否则必将为市场所淘汰，因而，在这种情况下，企业的工人只能是雇佣劳动者。这是客观规律所使然，并不是人的主观愿望可以改变的。正是在这意义上，我

---

① 周新城：《关于按劳分配的若干理论问题》，《天津市工会管理干部学院学报》2003年第4期。

② 卫兴华：《怎样认识和把握我国现阶段的个人收入分配制度》，《甘肃省经济管理干部学院学报》2003年第3期。

③ 周新城：《关于按劳分配的若干理论问题》，《天津市工会管理干部学院学报》2003年第4期。

④ 闵正良：《"按劳分配与按要素分配相结合"质疑》，《中共青岛市委党校青岛行政学院学报》2005年第3期。

⑤ 于建嵘：《中国工人现况分析》，《同舟共进》2010年第8期；张戈：《农民工生存状况调查》，《浙江人大》2005年第1期。

们才理解马克思预想的"按劳分配"要有那么严格的前提条件，也才真正理解马克思的"按劳分配"思想。综上所述，试图化解困惑的学者的观点是值得商榷的。

二　命题分析、范式分析与内外关系分析——劳动价值论反常困惑的性质和客观根源

那么，这是否表明劳动价值论反常困惑不可化解，从而证明劳动价值论和马克思经济学必须用其他理论来取代？答案是否定的。可以证明，原则上劳动价值论本身并不存在反常困惑；所谓反常困惑，只是学者们的概念混淆和范式混淆所导致，只是学者们的理解困惑和认识困惑。

（一）命题分析——概念混淆所导致的困惑

这里所说的命题，指学界关于劳动价值论反常困惑的命题。通过分析，可以证明，学界关于劳动价值论的反常困惑的第1、2种困惑所涉及的命题是伪命题。

首先，第1种困惑即现代企业活劳动相对减少而价值量不断增加的困惑。可以证明，这一困惑所涉及的命题即"现代企业活劳动相对减少而价值量不断增加"，是一个伪命题。因为，劳动价值论的基本点是：价值的源泉是活劳动；因此，如果活劳动相对减少，必然是价值量也相对减少，不可能是价值量不断增加。现实情况也是如此，只不过与之相伴的还有另一面，那就是财富量（使用价值）不断增加。因此，真命题应当是：现代企业活劳动相对减少，因而价值量不断减少，但创造的财富量不断增加。由此可见，"现代企业活劳动相对减少而价值量不断增加"的命题是概念混淆——混淆了"价值"和"使用价值"这两个概念所导致的错误。

其次，第2种困惑即劳动日益向非生产领域拓展所引起的困惑。如前所引述，这有两种支困惑，即劳动交易困惑和政党代表性困惑。

先说劳动交易困惑。应指出，在马克思经济学中，"交易"和"分配"是两个有区别的概念。一是在市场经济中，"交易"是价值交易，而"分配"则是剩余价值分配[①]；二是在马克思设想的共产主义社会第一阶

①　邹升平：《按劳分配的本质解读》，《商业时代》2006年第23期。

段实行的是计划经济，因为计划经济中的劳动是计划分配的，其生活资料实行按劳分配，因而并不存在劳动交易。在市场经济中，生产性劳动是生产价值的劳动，因而这种劳动要通过市场交易；但是，非生产性劳动者（例如政府公务员），其劳动是计划分配，其收入是源于剩余价值的财政付给。由此可见，这里并不存在生产性劳动与非生产性劳动的价值交易，因而学界所谓的劳动交易困惑，不过是学者们混淆"交易"和"分配"两个概念所造成的错觉。

再说政党代表性困惑。如前所述，劳动价值论认为价值是一种历史现象，因此无产阶级彻底解放必然伴随着价值的消亡。此外，可以证明，劳动日益向非生产领域拓展正是价值走向消亡必然发生的现象。因此，以马克思主义为指导理论基础的无产阶级政党，必然也必须始终代表这整个过程中的劳动者。在这种情况下，怎么会发生政党代表性困惑呢？

（二）范式分析——范式混淆所导致的困惑

可以证明，经济学研究存在两种方法技术范式，即以透过现象看本质为方法、以揭示经济社会发展方向为目的的物理范式和以追踪整体形态演化过程为方法、以揭示经济社会发展路径为目的的生物范式。深入考察还表明，两种范式是考察同一个客观对象的两种不同视角和两种不同技术方法，其中并不存在优劣之分，并且二者的关系是矛盾和互补关系，因而是全面认识经济社会发展规律所必需。

那么，劳动价值理论的方法技术范式是什么呢？回答：物理范式。马克思说："分析经济形式，既不能用显微镜，也不能用化学试剂。二者都必须用抽象力来代替。""物理学家是在自然过程表现得最确实，最少受干扰的地方考察自然过程的，或者，如有可能，是在保证过程以其纯粹形态进行的条件下从事实验的。我要在本书研究的，是资本主义生产方式以及和它相适应的生产关系和交换关系。到目前为止，这种生产方式的典型地点是英国。因此，我在理论阐述上主要用英国作为例证。"① 可见，马克思经济学研究处处以物理学为典范，因而表明马克思经济学的方法技术范式就是以透过现象看本质为特征的物理范式。诚然，马克思这里说的是

---

① 马克思：《资本论》第 1 卷，人民出版社 1975 年版，第 8 页。

《资本论》，但劳动价值理论是《资本论》的基础内容，因此，《资本论》的范式性质也就是劳动价值理论的范式性质。

当然，仅仅考察劳动价值理论，也能得出上述结论。马克思写道："同商品体的可感觉的粗糙的对象性正好相反，在商品体的价值对象性中连一个自然物质原子也没有。因此，每一个商品不管你怎样颠来倒去，它作为价值物总是不可捉摸的。……价值的对象性只能在商品同商品的社会关系中表现出来。我们实际上也是从商品的交换价值或交换关系出发，才探索到隐藏在其中的商品价值。"① 类似的论述，在马克思的价值理论中还有多处。从这些论述不难看出，商品及其交换关系即"两种商品的一定量彼此相等的比例"是现象，而价值则是隐藏在现象即商品及其交换关系中的本质；而劳动价值理论正是透过现象看到本质的学问。由此，应当得出结论：劳动价值论的方法技术范式是透过现象看本质的物理范式。

现在，再来考察学界关于劳动价值论第3种和第4种反常困惑。从上述范式分析及其结论来看，很明显，马克思经济学关于"资本主义私有制丧钟就要响了"的预言和关于社会主义社会实行按劳分配的预想，都只是经济社会发展的方向性预言和预想，而不是经济社会发展路径性研究的具体结论。因此，预言和预想到今天还没有实现，并不表明预言和预想失效，只表明经济社会发展还存在路径性的曲折过程。由此可见，马克思经济学本身（即就其是经济学物理范式理论来说）并不存在困惑；学界所谓困惑源于范式混淆，是由于没有区分物理范式和生物范式而导致的错觉。

对上述讨论，学者们一定会不以为然。对我们的论证，学界有理由提出如下反驳：就算马克思经济学上述预言和预想是方向性的，但是，这些预言和预想已过百年，因此，如果这些预言和预想在方向性上是科学的，那么到今天即使不能全部实现也应当有部分实现，否则何以证明其在方向性上是科学的？显然，这种反驳无可厚非。对此，我们当然要讨论。但是，由前面的范式分析，应当明白：方向性的预言和预想在现实中的部分实现，必然是路径性的曲折过程，这不是仅仅在旨在揭示直线性发展方向的马克思经济学中可以说清楚的，而必须诉诸马克思主义生物范式经济学研究。关于此，本文将安排在第三部分讨论。

---

① 　马克思：《资本论》第1卷，人民出版社1975年版，第61页。

（三）内外关系分析——劳动价值论发生困惑的客观根源和学界陷入错误的实质

由前两个小节的讨论，应当得出结论：仅就其是经济学物理范式理论来说，劳动价值理论不仅在总体上是完全正确的，而且每一条原理在原则上也都是正确的，其中并不存在困惑，所谓困惑是学者们概念混淆和范式混淆错误造成的。不过，这样的结论，学界一定难于接受。其实，对经济学家来说，"价值"和"使用价值"、"交易"和"分配"这两对概念的区分并不困难；此外，"马克思经济学关于'资本主义私有制丧钟就要响了'的预言和关于社会主义社会实行按劳分配的预想，都只是经济社会发展的方向性预言和预想，而不是经济社会发展路径性研究的具体结论"，这种认识也不难在学界取得共识①。这就是说，仅仅是因为概念混淆和范式混淆错误，那么，劳动价值理论的困惑不应该发生，至少不应长久存在。然而，事实是关于劳动价值的理论争论无论是西方还是我国从未停止，而且在不同时期其争论的焦点几乎相同——这种现象在学术史上是奇特的。这里的原因，可以仅仅归结为学界的主观错误吗？显然不能！

那么，发生这种奇特现象的客观根源何在？笔者以为，就在劳动价值理论的内外关系中。这里，所谓"内"，指劳动价值理论的内容；所谓"外"，指劳动价值理论所指向的完整的客观对象。显然，劳动价值理论所指向的完整的客观对象，是无产阶级彻底解放过程（＝经济社会发展的完整过程）。但是，由上面给出的范式分析，可以得出这样的结论：劳动价值理论（以至马克思经济学）并不是对这一客观对象的完整研究（只是物理范式研究）。这样，势必发生这样的情况：仅就劳动价值理论本身来说，劳动价值理论是科学的完整的，其中不存在疑问；然而，将这一理论应用于该理论所指向的完整的客观对象，则存在许多疑问。这就是说，必须区分劳动价值论的"内部"和"外部"，而劳动价值论的"内部"并无困惑，可能的困惑仅仅在劳动价值论的"外部"。笔者以为，这就是劳动价值论发生困惑的客观根源。

然而，我们这里说劳动价值论发生困惑存在客观根源，并不等于说劳

---

① 王珏：《现代公有制与现代按劳分配制度分析》，中共中央党校出版社2001年版，第42页。

动价值论就一定存在不可化解的困惑。实际上，问题仅在于：学界没有实施（甚至不知道有）劳动价值论"外部"的完整研究，但却要用其"外部"来检验其"内部"——这就是学界陷入错误的实质。

三　成本化解理论探讨——由马克思主义生物范式经济学研究印证劳动价值论的科学性

前面谈到，劳动价值论可能的困惑不在"内部"而在"外部"，并且劳动价值论其所以存在"外部"困惑，其原因仅在于学界至今还没有对经济社会发展过程进行马克思主义生物范式经济学考察。现在，我们就来做这种考察。

我们的考察所运用的基本理论，称为"成本化解理论"。关于成本化解问题，笔者有多篇拙文讨论①②③④。在本文的研究过程中，笔者感到成本化解理论就是马克思主义生物范式经济学的基础理论，其在生物范式经济学中的逻辑地位与劳动价值论在物理范式经济学中的逻辑地位相当。通过考察，我们所要印证的劳动价值论科学性的范围，不限于劳动价值理论本身，而且将拓展到马克思关于共产主义社会的学说。其实，追根溯源，现实中人们对劳动价值理论的困惑与人们对共产主义学说的不理解密切相关。因此，通过成本化解理论的研究，从生物范式视角进一步充实和完善马克思的共产主义学说，是深入理解劳动价值论，从而化解劳动价值论反常困惑的必备内容和前提条件。

（一）成本化解理论的对象与共产主义社会的经济学定义

一般的，科学对象可以区分为客观对象与研究对象⑤。用科学范式的两个维度来刻画，客观对象，指世界观范式视野下的实体，就唯物主义范

①　曾永寿：《成本化解初探》，《经济与社会发展》2007 年第 11 期。
②　曾永寿：《成本化解再探——常规发展成本化解的深入讨论》，《经济与社会发展》2011年第 9 期。
③　曾永寿：《成本化解再探——转型发展成本化解的深入讨论》，《经济与社会发展》2012年第 4 期。
④　曾永寿：《成本化解再探——政治体制转型问题的讨论》，《经济与社会发展》2012 年第9 期。
⑤　冯金华：《关于经济学研究方法的几个问题》，《上海行政学院学报》2004 年第 3 期。

式来说，指存在于人的意识之外的客观实在；研究对象，指方法技术范式视野下的实体，亦即科学家通过某一方法技术范式考察客观对象所获得的为我之物。由此可见，对同一个客观对象，可以有两种不同的研究对象，从而可以生成两种不同方法技术范式的理论。马克思主义经济学亦如此，下面的分析将证明这一点。

大家知道，马克思在《〈政治经济学批判〉序言》中给出了历史唯物论的经典表述，其中有一句话，即"物质生活的生产方式制约着整个社会生活、政治生活和精神生活的过程"[①]。笔者认为，这句话表达的就是马克思经济学的客观对象（当然也是马克思主义生物范式经济学的客观对象）。此外，马克思给出的历史唯物论经典表述还有其他内容，可概括为：将"物质生活的生产方式制约着整个社会生活、政治生活和精神生活的过程"，定义为生产力与生产关系的矛盾运动、经济基础与上层建筑的矛盾运动（由此揭示经济社会发展的方向性规律）。遵循前面引述马克思关于"商品体的可感觉的粗糙的对象性"与"商品体的价值对象性"的分析方法，不难看出："物质生活的生产方式制约着整个社会生活、政治生活和精神生活的过程"是现象形态，其对象性类似于"商品体的可感觉的粗糙的对象性"；而生产力、生产关系以及经济基础、上层建筑则是隐藏在现象形态中的本质，其对象性类似于"商品体的价值对象性"。这就是说，将"物质生活的生产方式制约着整个社会生活、政治生活和精神生活的过程"，定义为生产力与生产关系的矛盾运动、经济基础与上层建筑的矛盾运动，这是从物理范式视角考察客观对象所获得的研究对象。

马克思主义生物范式经济学，其世界观范式也是历史唯物主义，其客观对象也是"物质生活的生产方式制约着整个社会生活、政治生活和精神生活的过程"。但是，其方法技术范式则是生物范式，这就决定了其研究对象不同于马克思经济学的研究对象。那么，怎样才能获得这样的研究对象？这不难看出，"物质生活的生产方式制约着整个社会生活、政治生活和精神生活的过程"这句话，其基础在于"物质生活的生产方式"，且，"物质生活的生产方式"，显然是指人类物质生活的生产方式。因此，只要知道人类物质生活的生产方式具体是什么，那么，也就找到了马克思

---

① 《马克思恩格斯选集》第 2 卷，人民出版社 1972 年版，第 82 页。

主义生物范式经济学的研究对象。

那么，人类物质生活的生产方式具体是什么？显然，动物也有物质生活方式；将动物物质生活方式与人类物质生活方式相比较，找出其不同的特点，就能知道人类物质生活方式具体是什么。稍做比较，立即发现，动物物质生活方式是直接消费方式：一只猴子爬在一棵结满果子的树上，抓住一只果子送到嘴里吃了——这里是如此"直接"，直接到"生产"和"消费"是同一个过程；然而，人类的物质生活方式则与动物不同，人类的物质生活方式是迂回生产方式。人类是先生产生产工具，尔后再用生产工具去获取生活资料——这里是那么"迂回"，不仅"生产"和"消费"不是同一个过程亦即是迂回，而且"生产生产工具"本身也有很多中间过程亦即"生产生产工具"本身也是迂回。由此可见，迂回生产就是人类特有（区别于动物）的物质生活方式，因而是人类物质生活方式的具体。

再说共产主义社会的经济学定义。为此，必须先讨论马克思经济学关于未来共产主义社会的描述。大家知道，马克思在其著作中对未来共产主义社会有一些推测性描述，后来的学者将其概括为诸多要点①。应当强调，这只是共产主义社会的特征描述，而不是共产主义社会的经济学定义。因为，由上述七个特征，我们并不知道共产主义社会的生产方式具体是什么，更不知道在什么时点达到共产主义社会。止因为此，人们有理由提出如下疑问：未来的社会，全社会单一的公有制是可能的吗？消灭商品和货币是可能的吗？消灭三大差别是可能的吗？劳动成为人们的第一需要是可能的吗？按需分配是可能的吗？这种不理解以至怀疑，在无产阶级还没有夺取政权从而还没有开始社会主义建设的时候，只是潜在的；当后来开始社会主义建设，并且发现根据马克思关于社会主义社会的设想来建设社会主义行不通的时候，就不可避免地凸显出来。

现在回到我们的论题。试问：由成本化解理论的研究对象，可以给出共产主义社会的经济学定义吗？回答是肯定的。前面说道，成本化解理论将迂回生产及其演化过程当作自己的研究对象。迂回生产，其最原始的意义是先生产生产工具，尔后再用生产工具去获取生活资料。显然，这是用工具（机器）替代人的劳动，因此，迂回生产演化的最终结果，必然是

---

① 《经济社会管理知识全书》第 1 卷，中国发展出版社 1998 年版，第 202—230 页。

物质生活资料生产过程中的人全部或几乎全部由机器来替代，到那时，整个人类退出直接生产过程，物质生活资料的生产方式是纯粹的机器生产方式。由此，我们可以给出共产主义社会的经济学定义：共产主义社会是这样一个社会，其物质生活资料的生产方式，是已经完善了的迂回生产方式，是原则上不需要人直接参与的、仅由机器所组成的全自动化的生产方式。

（二）成本化解理论的内容要点与实现共产主义社会必然性和社会主义社会优越性再证明

先讨论成本化解理论的内容要点。第一，成本化解概念。应当强调，成本化解与成本管理或成本控制不同。首先，成本管理或成本控制是一种管理技术，就某项成本来说，管理控制好了它不发生，不加管理控制或管理控制不好它就发生，因此，通过管理控制减少的成本是因人因时而异的，并非一劳永逸；然而，成本化解不同，它是先进生产技术对落后生产技术替代的结果，是优势组织制度对劣势组织制度替代的结果，是先进意识形态对落后意识形态替代的结果，因而成本一旦被化解，就消解于无形，并且一劳永逸。其次，成本管理或成本控制内含成本规避，成本规避是在交易对手之间进行，对某项成本来说，你规避了也就是你不承担，那么必然是对手承担（成本规避是"外部性"问题的根源），仅此而已，就社会全局来说，那项成本依然存在；然而，成本化解不同，它不包括成本规避，它是迂回创新竞争的结果，是技术和制度优化所使然，因而不会产生"外部性"问题。最后，成本化解与成本管理或成本控制的区分，还可通过与生物生态的类比得到更为通俗的理解。稍作分析易知，生物的优胜劣汰存在两种情况：一种是基于其生理构造的优胜劣汰，这是从"类"的角度来定义的；另一种是基于其病理变化的优胜劣汰，这是从"个体"角度来定义的。与此相类似，成本化解是从组织的生理构造角度来定义的，而成本管理或成本控制则是从组织的病理变化角度来定义的。

第二，成本化解循环链及其循环跃迁过程。

先说成本化解循环链。运用成本化解概念，深入研究迂回生产及其演化过程，我们发现隐含其中存在一条链，称为"成本化解循环链"，表示为：生产成本→（分工协作化解部分生产成本但生成）交易成本→（交易组织化解部分交易成本但生成）管理成本→（意识形态化解部分管理成本但生成）意识形态成本→（机器化解上游过程所有成本但生成）新的生产成本。分析易知，这条链有四个环节，其中，第一环节是"生产成本→（分工协作化解部分生产成本但生成）交易成本"；第二环节是"（分工协作化解部分生产成本但生成）交易成本→（交易组织化解部分交易成本但生成）管理成本"；第三环节是"（交易组织化解部分交易成本但生成）管理成本→（意识形态化解部分管理成本但生成）意识形态成本"；第四环节是"生产成本……→（机器化解上游过程所有成本但生成）新的生产成本"。还不难看出，每一个环节都有上下游两个节点，且上一环节的下游节点是下一环节的上游节点，这就是说，四个环节是环环相扣的，其整体是一条链，因此称之为"成本化解链"。此外，在诸多环节中，第四环节比较特殊，这里的原因仅在于"机器化解上游过程所有成本"，而且"上游过程所有成本"之间是转化生成和层级替代关系，因而"上游过程所有成本"可归结为"生产成本"，因此，新的生产成本不仅仅是对"（意识形态化解部分管理成本但生成）意识形态成本"的替代，而是对原来的"生产成本"的替代。正因为此，第四环节必须写为"生产成本……→（机器化解上游过程所有成本但生成）新的生产成本"，而不能写为"（意识形态化解部分管理成本但生成）意识形态成本→（机器化解上游过程所有成本但生成）新的生产成本"。显然，"生产成本"和"新的生产成本"都是生产成本，因此，从"生产成本"到"新的生产成本"构成成本化解链的一次循环；且逻辑上说，这种循环可以无穷次进行；正因为此，我们将其称之为"成本化解循环链"。

再说成本化解循环链的循环跃迁过程。要说明这一点，必须引进两对概念，即"常规发展"和"转型发展"。所谓常规发展，就是经济社会的生长过程；就当代来说，就是现代市场经济的正常运转。成本化解理论研究表明，现代市场经济的运转，本质上是成本化解循环链的循环周转，因此，现代市场经济就是经济社会常规发展模式，成本化解循环链的循环周转过程就是常规发展成本化解规律。成本化解理论研究还表明，成本化解循环链的循环周转，本身会产生使其循环中断的因素——历史上发生的多次世界性经济危机，正是成本化解循环链循环中断的表现，因此，必须通过政府调控化解和排除导致循环中断的因素，成本化解循环链才能持续循环周转。如果说，以成本化解循环链的循环周转为内容的发展，称为"常规发展"；那么，以政府调控方式为主要内容的发展，就称为"转型发展"——由此可见，转型发展不过是维护和推动常规发展的必要手段。于是，社会经济生长就表现为常规发展和转型发展两种模式的交替推进，因而，成本化解循环链的循环周转就表现为循环跃迁过程——每实现一次转型发展，成本化解循环链就跃迁到一个新的台阶，从而开始新的循环。这就是说，成本化解循环链的循环跃迁过程，不仅指成本化解循环链本身，而且还包括为维护和推动成本化解循环链的持续循环周转的转型发展，以及由此实现的成本化解循环链的循环跃迁过程。

现在，讨论实现共产主义社会必然性和社会主义社会优越性的再证明。在此说明，关于实现共产主义社会的必然性和社会主义社会的优越性，马克思经济学早已证明，但马克思经济学的证明是从物理范式视角给出的方向性证明（这当然是完全正确的）；这里所说的再证明，是从生物范式视角给出的路径性证明；因此，这里的再证明，不是对马克思证明的否定或替代，而是对马克思证明的补充和印证。

先说实现共产主义社会的必然性。如前所述，在马克思主义生物范式经济学中，成本就是商品价值亦即商品生产过程中劳动者的劳动，因而，成本等于零亦即商品生产过程中没有人的劳动。此外，本文给出共产主义社会的经济学定义是：共产主义社会是这样一个社会，其生产方式是原则上不需要人直接参与的、仅由机器所组成的全自动化的生产方式。由此，有结论：当经济过程的成本等于零之时，就是共产主义生产方式实现之日。于是，我们由成本化解循环链的循环跃迁过程，证明了实现共产主义社会的必然性。显然，这是路径性的，它不仅给出了实现共产主义社会的路径过程（成本化解过程亦即经济社会生长过程），而且给出了达到共产主义社会的时点（经济过程的成本等于零时刻）。于是，我们从生物范式经济学视角给出的路径性证明，进一步印证了马克思经济学从物理范式视角给出的方向性证明的正确性。

再说社会主义社会的优越性。由前面讨论知，要维持和推进成本化解循环链的循环跃迁，社会必须适时进行转型发展，这是任何社会都存在的客观规律。然而，不同社会制度实现这一规律有不同的情况。社会主义社会是以无产阶级彻底解放为发展方向的社会，因而其在逻辑上可以自觉主动进行转型发展（这是马克思关于社会主义经济具有计划经济性质的重要根据）；但是，资本主义社会是以维护资本统治为目的的社会，因而其最多只能有盲目的被动适应性的即由经济危机迫使的转型发展（这是马克思给出"资本主义私有制丧钟就要响了"预言的重要根据）。就此来说，社会主义社会存在消除经济危机的可能性——这就是社会主义社会的优越性。当然，社会主义社会这种优越性的实现，并不是自然而然的，而是有条件的。其条件就是：以马克思主义物理范式经济学为指导，坚持以无产阶级彻底解放（亦即实现共产主义社会）为方向谋划经济社会发展；并且，通过马克思主义生物范式经济学研究，深入认识成本化解规律，正确认识和把握转型发展的时机，适时实施科学的转型发展。

（三）由成本化解理论从根本上消除劳动价值论的反常困惑，从而印证劳动价值论的科学性

现在，我们可以运用成本化解理论从根本上消除劳动价值论的反常困惑。如前所述，困惑有四个。下面，对每一个困惑，首先明确其内含的实质性疑问，尔后再运用成本化解理论消解这一疑问，从而印证与此相关的劳动价值论原理的科学性。

第一，现代企业活劳动相对减少而价值量不断增加的困惑。由第二部分得知，这一困惑的深层，实质是这样一个疑问：为什么要有"价值"和"使用价值"的区分？运用成本化解理论，可以证明，从生物范式来研究客观经济过程，也需要区分"价值"和"使用价值"。道理是简单的：前面证明，经济社会发展存在一条成本化解循坏链，这条链的循坏周转将不断化解直接生产过程中的成本，且，成本即价值；然而，与此相应必然是生产过程所生产的使用价值不断增加。这表明，在整个过程中，价值和使用价值是方向变化相反的量，因此，必须将"价值"和"使用价值"区分开来，否则将陷入逻辑混乱。于是，我们就从两种方法技术范式同时证明，必须将"价值"和"使用价值"区分开来。因此，无论怎么说，"现代企业活劳动相对减少而价值量不断增加"的命题是伪命题，以这一命题为基础的困惑不成立。

第二，劳动日益向非生产领域拓展所引起的困惑。如前所述，由劳动日益向非生产领域拓展导致两种支困惑。其中第二支困惑即"政党代表性支困惑"，前面的讨论已经消除，兹不重复；这里需要讨论的只是第一支困惑即"劳动交易困惑"。显然，这一困惑的深层，实质是这样一个疑问：为什么要有"交易"和"分配"的区分？如前所述，劳动日益向非生产领域拓展是经济社会发展不可逆转的规律；且非生产性劳动不是生产商品的劳动，而是通过计划分配的劳动，其劳动报酬也是源于财政征集的剩余价值，其分配形式是按劳分配。综上所述，只有将"交易"和"分配"区分开来，我们才能科学地反映这种客观现实。因此，由劳动日益向非生产领域拓展所引起的"劳动交易困惑"不能成立。

第三，"资本主义私有制丧钟就要响了"没有实现所引起的困惑。如前所述，这一困惑就是要求用百年来的实践来证实马克思经济学的预言；深入分析表明，这实质上就是对实现共产主义社会必然性的路径性疑问。前面，我们由成本化解理论，已经给出了实现共产主义社会必然性的路径性证明，就此来说，我们已从原则上化解了"资本主义私有制丧钟就要响了"没有实现所引起的困惑。但这只是"原则上"，这里仍有具体疑问——马克思预言在百年来的实践中是否有部分实现？下面，我们分别从"常规发展"和"转型发展"两个层面来讨论。

先说常规发展层面。显然，当今社会存在这样的趋势：劳动者不断从一产、二产退至三产甚至四产。由成本化解理论不难看出，这就是"由于成本化解循环链的循环周转，人类日益退出直接生产过程"的具体表现。由此，应当得出结论：社会正日益向"原则上不需要人直接参与的、仅由机器所组成的全自动化的生产方式"亦即共产主义社会逼近。由此可见，马克思经济学揭示的"资本主义私有制丧钟就要响了"这种经济社会发展方向性预言，正在不断被证实。

再说转型发展层面。如前所述，社会需要适时进行转型发展，且，在逻辑上，社会主义社会可以自觉主动进行，而资本主义社会最多只能盲目被动适应。然而，问题在于：一方面，最初的社会主义实践没有走上常规发展（社会主义市场经济）轨道（其所以如此，没有建立马克思主义生物范式经济学是原因之一）；另一方面，资本主义社会毕竟能够盲目被动适应经济社会发展规律，从而从原来的完全竞争市场经济发展到具有宏观调控的市场经济。笔者理解，这就是马克思的预言没有如期实现的原因。然而，我国通过实践探索，现在终于找到了社会主义市场经济的道路，从而走上了常规发展轨道，而且仅仅经过30年左右时间，就取得了举世瞩目的成就，这同样可以视为马克思预言的部分实现。

综上所述，马克思关于"资本主义私有制丧钟就要响了"的预言，已经为百年来的实践所部分证实，因而由此引起的劳动价值论的困惑不能成立。

第四，马克思预想的按劳分配没有实现所引起的困惑。由前面讨论知道，这一困惑的实质是：要求用社会主义社会的分配实践来证实马克思经济学按劳分配预想的部分实现。下面，我们将运用马克思关于分配的基本思想并联系成本化解理论，以我国社会主义市场经济的分配实践为例来证实这一点。

先说马克思关于分配的基本思想。这里有两点需要强调。其一，诚然，马克思说过："消费资料的任何一种分配，都不过是生产条件本身分配的结果。而生产条件的分配，则表现生产方式的性质。"① 而且，马克思所说的"生产方式的性质"，在总体上也可理解为"所有制"。但是，马克思指出："私有制不是一种简单的关系，也绝不是什么抽象概念或原理，而是资产阶级生产关系的总和。"② "给资产阶级的所有权下定义不外是把资产阶级生产的全部社会关系描述一番。""要想把所有权作为一种独立的关系、一种特殊的范畴、一种抽象的和永恒的观念来下定义，这只能是形而上学或法学的幻想。"③ 因此，前面所述卫兴华先生的理解是正确的。也就是说，"不存在商品生产和商品交换，不存在价值、价格，因而劳动不再表现为价值"，必须视为马克思所理解的"公有制"的内涵，因而是马克思预想的按劳分配不可剔除的前提条件。其二，马克思的按劳分配预想是方向性的，不是路径性的；这就是说，马克思这一预想，有一个逐步实现的曲折过程。

再说我国社会主义的分配实践。由上述马克思关于分配的基本思想来分析，笔者赞同试图化解困惑的学者的如下原则观点：我国的确没有实施马克思意义上的"按劳分配"，但存在与社会主义市场经济相结合的按劳分配。但是，笔者不赞同试图化解困惑的学者的如下具体观点：在社会主义市场经济中，公有企业实行的是按劳分配，私有企业实行的是按要素分配。笔者的具体观点是：在我国社会主义市场经济的实践中，生产性领域实行的是按要素分配，非生产性领域实行的是按劳分配。我们的理由是：生产性领域是商品生产，无论什么性质的企业都必然是价值生产和价值交易，因而其分配都只能是按要素分配。然而，在社会主义社会，劳动人民

① 《马克思恩格斯选集》第 3 卷，人民出版社 1972 年版，第 13 页。
② 《马克思恩格斯全集》第 4 卷，人民出版社 1972 年版，第 352 页。
③ 同上书，第 180 页。

已掌握社会整体经济——这也可理解为社会主义的公有制，非生产领域的劳动正是建立在这种公有制基础上的劳动；如前所分析，这种劳动本质上是计划分配，因而劳动者生活资料的分配是按劳分配。这就是笔者理解的社会主义市场经济实际实行的"按劳分配与按要素分配相结合"的具体形式。由此，得出结论：马克思预想的按劳分配正在部分实现。

综上所述，马克思经济学关于社会主义社会实行按劳分配的方向性预想完全正确，这里不存在困惑。

二

政治经济学数理分析

为什么"成正比"是错的？

——与王朝科、郭凤芝商榷

余　斌[*]

一　引言

《教学与研究》2012 年第 5 期上发表了王朝科和郭凤芝撰写的《也论"劳动生产率与单位时间创造的价值量成正比"》一文（以下简称"王、郭文"）。该文开篇指出，"沈尤佳、余斌（2011）等则试图根据自己的理解，对成正比理论的某些观点提出批评。成正比理论的反对者往往引用马克思的以下命题，即'商品的价值量与实现在商品中的劳动的量成正比地变动，与这一劳动的生产力成反比地变动'来反对成正比的观点，认为成正比和成反比是互斥的，不能同时存在。与此同时，他们还倾向于把成正比学派的观点作为一个同质的整体不加区别地批判，忽视了该学派的不同学者在观点上的微妙差异，从而不可避免地使其批判显得缺乏针对性"。

近年来有些人根据马克思在《资本论》中的论述，争论劳动生产率提高以后，商品价值量到底是反向变动（成反比）还是正向变动（成正比）。我们经过比对，发现这些争论涉及马克思在《资本论》中给出的两个命题："一是一定长度的工作日总是表现为相同的价值产品；二是劳动生产率提高，单位商品价值量下降。"[①] 对此，我和沈尤佳合写了两篇文

---

　　* 余斌，中国社会科学院马克思主义研究院原理部副主任，研究员。
　　① 沈尤佳、余斌：《论一定长度的工作日表现为相同的价值产品——回应"成正比"争议的第 1 个命题》，《教学与研究》2011 年第 11 期。

章进行探讨①。虽然"王、郭文"只看到了第一篇文章，但这第一篇文章的副标题明明写明是"回应'成正比'争议的第1个命题"，文章中对成正比学派不同学者的分别批判明明表明我们对其观点的差异进行了区分，因此，我们对于"王、郭文"的所谓批判缺乏针对性的指责是不接受的。

而"王、郭文"虽然强调成正比学派的不同学者在观点上的微妙差异，但在该文中却一再重复和肯定某位迄今为止对"成正比"理论研究最系统、表述最完整的学者的观点，对其观点没有表露丝毫的不同意见，既没有表现出"王、郭文"与这位学者在观点上有任何微妙的差异，也没有对该文所提到的我们的那篇文章中对该学者的批判作出任何回应，更谈不上否定性回应。这就更让我们不能接受该文的指责。

实际上，"王、郭文"主张，"如果'成正比'是一个真命题，那么它就应该有统一的假设前提和一致的表述方式，而不能在'成正比'的名义下各自表述"。这表明"王、郭文"自己就意图把成正比学派作为一个同质的整体来忽视该学派的不同学者在观点上的微妙差异。相比之下，不论成正比学派是同质的，还是异质的，不论其差异是显著的，还是微妙的，在我们看来都是不成立的，只要有必要，我们会一一进行批驳，并认为这才是对待学问应有的严谨态度。

至于"王、郭文"强调："在持'成正比'的学者中，除个别学者外，几乎都认为'成反比'和'成正比'是并行不悖的，两者之间不是非此即彼的关系，这一点应该引起反对'成正比'的学者的充分重视。"只不过说明"王、郭文"不懂得学术批判针对的是观点而不是个人。任何个人都有可能持有矛盾的观点，但我们不能因为他的观点中有部分的正确性就不批判其错误的部分。同时，批判其错误的观点，并不等于否定其正确的观点，尽管由于错误观点的存在使得这部分正确观点的正确性是不彻底的。

更成问题的是，"王、郭文"指责我们是"根据自己的理解"，如何如何。但是，我们对成正比和成反比中每一个重要问题的理解都引用了马克思的原话，并注明了出处。反过来，倒是成正比学派撇开马克思的原著中的丰富内容去"根据自己的理解"虚构各种系数来进行争论。

---

① 第二篇文章是，余斌、沈尤佳：《论单位商品价值量下降规律——回应"成正比"争议的第2个命题》，《教学与研究》2012年第3期。

在这里，必须指出的是，"成反比"是马克思的劳动价值理论的科学结论。成正比学派反对这个结论必然导致推翻劳动价值理论。笔者倒是注意到了该学派不同学者在一点上的确存在微妙的差异，如有的学者公开提出马克思对资本主义的批判错了，西方经济学的演化学派才是对的；而有的学者则认为这是对马克思的劳动价值理论的发展，不能说马克思错了。

马克思的学说，从它诞生之日起，就遭到无数的"根据自己的理解"的攻击、抵制和反对。马克思在给友人的书信中指出，"我在德国已经受了多年的'抵制'，而在英国现在仍然在受到抵制，稍有不同的是，在这里人们对我的攻击往往是这样荒谬和愚蠢，以致要是作公开回答都会使我感到难为情"①。好在笔者还只是马克思的小学生，不必感到难为情，因此，就在这里通过分析"王、郭文"来再次公开回答为什么"成正比"是错的。

二　"王、郭文"的核心概念及其基本问题

"王、郭文"自称其思路是：把所谓成反比视为一个公理，由此出发重新审视成正比理论各种观点之间的差异性，进而证明"劳动生产率与单位时间创造的价值量成正比"这个命题的正确性。"王、郭文"这种从成反比的前提出发，走到成正比的结论上的归谬法式的"论证"，居然没有让"王、郭文"得出推翻成反比这个逻辑前提的结论，而是让成正比与成反比并行不悖，真的是十分神奇的逻辑推理，足以笑傲一切逻辑学家。

接着，"王、郭文"为成反比这个命题找它特定的假定条件，并归纳为以下几个假定条件：

（1）部门假定，即生产相同或相近使用价值的商品生产者构成一个部门，只有在部门假定的基础上才能定义商品的价值，不同部门的商品构成的商品集合因其使用价值不同，不能定义社会必要劳动时间，自然也就不能用来定义价值和价值量。（2）同一劳动假定。同一劳动应该是指同一部门劳动复杂程度相同的劳动，是凝结在某种使用价值中的抽象劳动。有了同一劳动假定，同一劳动在同样的时间内才能提供相同的

---

① 《马克思恩格斯全集》第35卷，人民出版社1971年版，第149页。

价值量。（3）同一时间假定。同一时间是指等量长度的自然时间，而不是社会必要劳动时间。如果把"同一时间"解读为社会必要劳动时间，那么"同一劳动在同一时间提供相等的价值量"这句话就可以转译成"等量的价值量提供相等的价值量"，这是同义反复，在逻辑上根本不成立。

这三个假定充分反映了"王、郭文"是如何根据"自己的理解"来对待马克思的观点的。（1）如果不同部门的不同商品不能定义社会必要劳动时间，从而不能定义价值和价值量的话，那么，这些商品如何交换？按照什么样的比例交换？难道不同商品的交换不正是按照各自包含的社会必要劳动时间的比例来交换吗？恩格斯曾经质问，"难道可以设想，农民和手工业者竟如此愚蠢，以致有人会拿 10 小时劳动的产品来和另一个人 1 小时劳动的产品交换吗？"[①] 而农民和手工业者所生产的正是不同的商品。他们会相互参照彼此的生产时间来进行交换。在讨论价值时，马克思明确地去掉了使用价值："如果我们把劳动产品的使用价值抽去，那么也就是把那些使劳动产品成为使用价值的物体的组成部分和形式抽去。它们不再是桌子、房屋、纱或别的什么有用物。它们的一切可以感觉到的属性都消失了。它们也不再是木匠劳动、瓦匠劳动、纺纱劳动，或其他某种一定的生产劳动的产品了。随着劳动产品的有用性质的消失，体现在劳动产品中的各种劳动的有用性质也消失了，因而这些劳动的各种具体形式也消失了。各种劳动不再有什么差别，全都化为相同的人类劳动，抽象人类劳动。现在我们来考察劳动产品剩下来的东西。它们剩下的只是同一的幽灵般的对象性，只是无差别的人类劳动的单纯凝结，即不管以哪种形式进行的人类劳动力耗费的单纯凝结。这些物现在只是表示，在它们的生产上耗费了人类劳动力，积累了人类劳动。这些物，作为它们共有的这个社会实体的结晶，就是价值——商品价值。"[②] （2）马克思讲得很清楚："为了说明劳动在人类劳动的抽象属性上形成它自己的价值，它就说，上衣只要与它相等，从而是价值，就和麻布一样是由同一劳动构成的。"[③] "王、郭文"给同一劳动加了"同一部门"这个限定——这个他们和成正比学派

---

① 《资本论》第 3 卷，人民出版社 2004 年版，第 1016 页。
② 《资本论》第 1 卷，人民出版社 2004 年版，第 53 页。
③ 同上书，第 67 页。

一些学者的"自己的理解"——那还谈得上什么抽象劳动吗？而我们批评成正比学派的这个限定，指出"这个同一劳动，实际上是指的抽象的人类劳动"，进而针对成正比学派指出，它"指的是不同部门的劳动，而不是同一部门内部的劳动"①。难道只是我们自己的理解，而不是从马克思的论述中得出的顺理成章的结论吗？正因为"王、郭文"对同一劳动作了这个错误的理解，所以他们很快就从这个理解出发，干脆把同一劳动抛弃了。"当劳动生产力提高后，上述公理中的'同一劳动'假定有可能不存在。"而在特定的假定条件被推翻后，"王、郭文"居然没有推翻建立在这个假定条件上的公理，也是一件奇事。（3）同一时间指的是劳动时间而不是自然时间。如果某一年 365 天中每周有两个休息日，而另一年 365 天中每周只有一个休息日，这两年从自然时间的角度来看是等量长度的，但从劳动时间来看不是等量长度的。马克思绝不可能认为同一劳动在这两年中创造同样的价值量。同样的，马克思的同一劳动指的就是社会必要劳动，否则的话，难道懒人的一个 8 小时自然时间会与勤快人的一个 8 小时自然时间创造同样的价值量吗？"王、郭文"想用这些假定来使马克思陷入荒唐的境地是徒劳的。

　　"王、郭文"认为，马克思所说的"劳动生产力与商品价值量成反比"，是以单位时间创造的价值量在劳动生产率变化前后没有改变为前提的。这个前提也只是"王、郭义"自己的或他们所认可的别人的理解，而不是马克思的原意。劳动生产率属于具体劳动范畴，而价值量则属于抽象劳动范畴。"同一劳动在同样的时间内提供的价值量"只能是指抽象劳动的凝结，它与具体劳动从而劳动生产力（率）的关系，只不过在于，如果此时对应的具体劳动生产出 N 件商品，这个价值量就在 N 件商品上平摊。由于劳动生产力较高的具体劳动对应更多的商品，从而每个商品上分摊的价值量就少。这就是成反比的原因。

　　事实上，混淆具体劳动和抽象劳动是成正比学派的同质的特征，其微妙的差异只是在表述这个共同内容上的形式差别。

　　"王、郭文"经过上述阐述指出：可以将"成反比"视为一个公理，这个公理的完整表达包括一个命题、三个假定和两个定理。这还

---

　　① 沈尤佳、余斌：《论一定长度的工作日表现为相同的价值产品——回应"成正比"争议的第 1 个命题》，《教学与研究》2011 年第 11 期。

是我第一次见到由命题、假定和定理共同组建的公理。这种形式定理的公理在数学和物理学中都找不到。更重要的是公理化的形式并不适合表达马克思主义的原理。公理通常是无法争议或不允许争议的。例如，物理学的公理之一：宇宙之外是无，就是无法争议。再例如张五常给出的西方经济学的一个公理："经济学的第一个公理是任何人的行为，都是由个人作出可以被推测的选择而起。这是公理，是经济学的一个基础假设，不管是对还是错，是不能有所争议的。"① 就是不允许争议。再如欧氏几何的一个公理：直线外的一点可以做而且只能做一条平行线。这也是不允许争议的。如果改变它，变成直线外一点做不出平行线或可以作出多条平行线。这样欧氏几何就变成了与之并立的非欧几何。反过来，马克思的最重要的发现——唯物史观就不能被当作不能争议的公理："人们首先必须吃、喝、住、穿，然后才能从事政治、科学、艺术、宗教等；所以，直接的物质的生活资料的生产，从而一个民族或一个时代的一定的经济发展阶段，便构成基础，人们的国家设施、法的观点、艺术以至宗教观念，就是从这个基础上发展起来的，因而，也必须由这个基础来解释，而不是像过去那样做得相反。"这个原理只不过是历来为繁芜丛杂的意识形态所掩盖着的一个简单事实。② 反马克思主义的学说完全可以违背这个唯物史观，但它们不能像非欧几何与欧氏几何并立那样，与马克思主义的学说并立。这是因为，非欧几何在球面上是适用的，而反马克思主义的学说在任何场合都不适用。

三　证明还是证伪？

"王、郭文"接着在依次改变假设条件的情况下，讨论（1）"劳动生产力与单位商品价值量成正比"这个命题的真伪；（2）"劳动生产力与单位时间创造的价值量成正比"的存在性。并说明"将在不引入价格、供给和需求等变量的条件下，将劳动生产率与单位商品价值量的关系严格限定在价值创造环节来证明第一个命题，这与张衔教授略有不同"。最后得

① 张五常：《经济解释：科学说需求》卷1，花千树出版有限公司2001年版，第67页。
② 《马克思恩格斯选集》第3卷，人民出版社1995年版，第776页。

出的结论竟是，"劳动生产力提高与单位商品价值量成正比"是一个伪命题。

"王、郭文"到底是在证明还是在证伪？当然，这种不一致可能只是表达上的失误，从其上下文来看，"王、郭文"还是认为它是一个伪命题的。尽管如此，"王、郭文"的证伪过程也是存在问题的，既与张衔教授不同之处，也跟他们自己说的不一样。

首先，在证伪过程中，"王、郭文"使用了这样一个条件即劳动生产力提高的含义是生产单位商品耗用比原来更少的社会必要劳动时间，并用 $\dfrac{dT}{d\varphi}<0$ 来表示，然后他们以此出发又进一步得出上式。也就是说，存在循环论证问题。

其次，张衔教授在论证时给出了"价格等于价值、供给等于需求、市场出清的条件"，这不是引入价格、供给和需求等变量，而是恰恰是排除这些变量。张衔教授的做法是与马克思相一致的。"假如价格确实与价值相偏离，那就必须首先把前者还原为后者，就是说，把这种情况当作偶然情况撇开，这样才能得到以商品交换为基础的资本形成的纯粹现象，才能在考察这个现象时，不致被那些起干扰作用的、与真正的过程不相干的从属情况所迷惑。"① 事实上，"王、郭文"也隐含地假定了供给等于需求、市场是出清的。否则，他们就不能用 n 个生产者的总产量来加权平均计算社会必要劳动时间。这是因为，在特殊的组合下，那些在最坏条件下或在最好条件下生产的商品，总之不是在平均条件下生产的商品，会调节市场价值。②

"王、郭文"认为，在生产率提高前，一个工作日生产 20 件产品，提高后生产出 50 件，由于劳动复杂程度在增长，则这 50 件产品的价值量将大于原来的 20 件。而张衔教授只比较其中的 20 件是不对的。这是"王、郭文"对张衔教授的误解。张衔教授本来谈的就是单位商品的价值量，跟商品数量无关。这表明"王、郭文"的作者还不清楚，成反比还是成正比，本身是由我们在第一篇文章中和本文开头已经指明的两个命题构成的。不能用一个命题去取代或混淆另一个命题。

---

① 马克思：《资本论》第 1 卷，人民出版社 2004 年版，第 193 页。
② 参见马克思《资本论》第 3 卷，人民出版社 2004 年版，第 199—200 页。

更重要的是，"王、郭文"承认这50件中的20件的价值量低于原来的20件的价值量，但并没有任何计算表明其低的程度，如果这20件的价值量只有原来的2/5，甚至更少，那么50件新产品的价值量并不会大于原来的20件。还要指出的是，既然"王、郭文"认为，劳动生产力提高后，尤其是劳动复杂程度提高后，"同一劳动"假定不再成立。那么，"王、郭文"在这里比较新50件产品与原20件产品的价值量即比较同一劳动在同样的时间里提供的价值量还有意义吗？

需要指出的是，在我和沈尤佳的第一篇文章中已经从理论上指出，生产力特别高的劳动并不就是复杂劳动。而在我们的第二篇文章中我们更是从历史事实和今天的现实中论证了这一点，并指出在很大程度上劳动生产率与劳动复杂程度是成反比的。这里就不再赘述了。只指出一点，马克思与许多学者的不同之处在于，他的理论决不会脱离实践，更不会闭门造车。

四 "王、郭文"对成正比命题的"证明"及其问题

"王、郭文"把"成正比"理论总结为如下的表达式：

命题：劳动生产率与单位时间创造的价值量成正比；

假定1：同一部门假定；

假定2：技术变革或新的生产方法的应用必然诱致劳动复杂程度提高从而提高劳动生产率，于是有假定3存在；

假定3：劳动生产率提高前和提高后的劳动不再是同一劳动；

假定4：技术变革或新的生产方法的应用使真正形成价值的有效劳动时间增加，从而提高劳动生产率，于是有假定5存在；

假定5：劳动生产率提高前和提高后，同一时间的实际内涵不同，劳动生产率提高前的同一劳动在同一时间创造等量的价值，而劳动生产率提高以后同一劳动在同一时间依然创造等量的价值，但提高后创造的价值量显然大于提高前创造的价值量。

定理1：商品的价值量与凝结在商品中的劳动量成正比。

为清楚起见，"王、郭文"的数学推导过程这里省略，只看它的举例说明。

设生产A种商品共有4个生产者，在1个工作日（8小时）内，劳动

生产率提高前和提高后的生产情况如下表所示（表中的产量数据是任意假定的）：

表1 劳动生产率提高前后的产量、生产单位产品的劳动时间、社会必要劳动时间

生产者	劳动生产率提高前			劳动生产率提高后		
	产量（件）	生产单位产品的劳动时间（小时）	社会必要劳动时间（小时）	产量（件）	生产单位产品的劳动时间（小时）	社会必要劳动时间（小时）
1	40	0.20		40	0.20	
2	60	0.133	0.1142 =32/280	60	0.133	0.0762 =32/420
3	80	0.10		120	0.067	
4	100	0.08		200	0.04	
Σ	280			420		

劳动生产率提高前单位时间生产的产品产量

$= 280/(8 \times 4) = 8.75$（件/小时）

劳动生产力提高后单位时间生产的产品产量

$= 420/(8 \times 4) = 13.13$（件/小时）

劳动生产率提高的速率 $= 13.13/8.75 = 0.1142/0.0762 = 1.50$

劳动生产率提高后的社会必要劳动时间只相当于劳动生产率提高前的社会必要劳动时间的 67%（$= 0.0762/0.1142 = 1/1.50 \times 100\%$），也就是说单位商品价值量下降了 33%（$= 100\% - 67\%$），这正是劳动生产力与单位商品价值量成反比的体现。

假定我们赋予社会必要劳动时间相当于 5 个单位的价值量，相当于 0.1142 小时的社会必要劳动时间等于 5 个单位的价值量，也就是单位商品价值量等于 5 个单位；同时假定每个生产者均按照价值出售他们的商品，则有劳动生产率提高前单位时间创造的价值量（w0）$= 5 \times 280/32 = 43.75$，也就是每小时创造 43.75 个单位的价值量；

劳动生产率提高后单位时间创造的价值量（w1）$= 5 \times 0.67 \times 420/32 = 43.97$，也就是每小时创造 43.97 个单位的价值量；

$w1/w0 = 43.97/43.75 = 1.005 > 1$

所以，劳动生产率与单位时间创造的价值量成正比。

至此，"王、郭文"表达了成正比与成反比的"并行不悖"。然而，

在"王、郭文"的上述计算中，劳动生产率提高了50%，单位时间创造的价值量只增加了5‰，相差100倍，如果是成正比，这个比例也未免太不相称了吧？而实际上，"王、郭文"的这个5‰的所谓增长还是来自于计算时四舍五入的计算误差。如果将上面的0.67还原为准确的2/3，则w1依然等于43.75，w1/w0 = 1。只有成反比，没有成正比。

说实话，刚看到上面的假定5时，笔者还以为"王、郭文"会用假定成正比命题成立的方式来证明成正比，即进行循环论证，但看到其举例后，反倒释然了。看来"王、郭文"还没有找到背离马克思的出路。这倒是"王、郭文"的作者与其他成正比学派学者之间的一个微妙差异。

参考文献

[1] 马克思：《资本论》第1卷，人民出版社2004年版。

[2] 马克思：《资本论》第3卷，人民出版社2004年版。

[3] 沈尤佳、余斌：《论一定长度的工作日表现为相同的价值产品——回应"成正比"争议的第1个命题》，载《教学与研究》2011年第11期。

[4] 余斌、沈尤佳：《论单位商品价值量下降规律——回应"成正比"争议的第2个命题》，《教学与研究》2012年第3期。

用计量经济学方法证实马克思
分配理论的科学性[*]

王今朝　　龙斧[**]

　　威廉·配第提出了"劳动是财富之父，土地是财富之母"的著名分配命题，亚当·斯密强调了资本在价值创造中的作用，萨伊、西尼尔主张了收入分配的劳动、资本（节欲）、土地的三元要素论。作为价值创造的条件性因素，土地、资本似乎确实为价值创造提供了"生产性服务"[①]。马克思则一反这些古典学者的观点，认为只有劳动才创造价值，只有劳动才是价值创造的原因。用现代逻辑语言来说，马克思认为，只有劳动才是价值的原因性因素，而土地、资本只是价值创造的条件性因素而已，土地和资本的所有者都不应该取得收入，所有的收入都应该归于劳动者。据此，古典经济学家们那种关于土地、资本提供了"生产性服务"因而应该获得报酬的观点必然错误。可是，许多学者对马克思这个基于辩证唯物主义和历史唯物主义的观点不以为然。今天中国不少学者都主张按照要素分配。本文则假设新古典的生产函数正确，假设计量经济学理论正确，然

　　* 该文得到教育部人文社会科学研究规划基金项目（项目号：11YJAZH089）和国家社会科学基金一般项目（项目号：12BJL009）的支持。

　　** 王今朝，男，河北新乐人，武汉大学经济学博士，武汉大学经济发展研究中心、经济学系、战略决策研究中心副教授，目前主要从事中国社会与经济发展重大政策决策研究、社会科学方法论研究、经济发展机制与模式研究。龙斧，美国 Syracuse 大学社会经济学博士，武汉大学教授、博导，武汉大学战略决策研究中心主任，美国东俄勒冈大学管理学终身教授，副院长，主要从事中国社会经济发展的战略决策科学性研究。

　　① 刘易斯（Lewis，1954）指出，古典经济学家的生产性劳动与非生产性劳动的区分是指生产效率的高低，而不是生产效率的有无。按照这里的生产性概念，资本对于价值创造确实提供了生产性服务。

后根据经济思想史以及中苏社会主义经济史构造一个理论上元素数量趋于无限多的序列，从而证明资本对于经济增长的"生产性服务"趋于 0，从而论证马克思关于只有劳动才创造价值的观点的合理性，论证马克思对"价值"这一概念的抽象在方法论上的合理性，也论证那些古典和新古典学者所谓的资本的"生产性服务"概念以及"要素报酬"概念的错误，即古典和新古典学者的这两个概念显然是在"无中生有"。

一　马克思关于资本对于价值创造零贡献的反证法证明

在所有的经济理论中，分配都与生产函数密不可分，实际上可以看成是一个事物的两个方面。当然，这里的分配是初次分配，而不涉及二次分配和三次分配。初次分配是所有分配中最重要的分配。从这个角度看，生产函数理论是收入分配理论的基石。本文的如下分析将表明，假设古典和新古典生产函数理论正确[①]，仅从这一理论出发就可以得出马克思关于资本不创造价值的命题的证明。

（一）古典和新古典共同的生产函数理论

古典和新古典生产函数理论是生产数量说和市场价值说的混合。它认为，无论企业还是国家的产出都可以用如下的生产函数来说明：

$$f = f(x_1, x_2, \cdots, x_n)$$

其中，f 表示产出，而 x_i 表示要素投入，n 是"要素"种类的数量。这个公式涵盖了马克思以外的古典学者和后来的新古典学者的基本观点，即他们认为，现实世界的产出就是由上述"要素"决定的，上述要素都提供了生产性服务，因而都应该获得收入，由此所得到的收入都是合理的。在这个意义上，我们可以说，这一函数假设，要素在生产中的地位是对称的[②]。

对于不懂得唯物辩证法的人而言，公式所表达的定性逻辑是可信的。它似乎符合人们直观的经验。确实，离开土地和资本，人们似乎无法创造

---

　　① 本文对古典学者的观点的阐述使用了生产函数这种现代学术语言。古典学者自己并没有使用这种语言。

　　② 新古典学者与古典学者不同，他们还主张边际生产力理论，这使得新古典学者的分配理论出现更多逻辑性问题。因为边际生产力理论假设生产函数的一次齐次性质。本文下面的分析同时也可以否定这一点。

出那么大的价值。然而，这种孤立的、表面上的合理性经受不起进一步逻辑推理的检验。它只是西方学者感性思考的产物，而不是经由理性思考所得出的经得起考验的结果。

（二）从西方经济思想史看古典和新古典生产函数理论的逻辑性问题

这里，我们不妨假设，不管古典学者和新古典学者提出任何一种理论，在这种理论下，每种要素的贡献都可以得到精确的计量。在这一假设下，我们证明他们观点的错误。

首先，配第"父母论"命题的逻辑错误。配第命题在辩证逻辑上的错误稍后就会变得非常明显。这里，从历史逻辑看，既然资产阶级推翻了地主阶级，资本主义社会取代了封建社会，封建地主凭借土地所有权得到地租无疑不是一种合理的经济制度，否则，那人类的发展岂不是历史性的倒退吗？同样道理，如果资本主义是一种暂时性社会形态，那么，对它提供理论合理性证明的理论也不可能是科学的。因此，无论作为封建制生产关系的代表性理论，还是作为资本主义生产关系的代表性理论，配第命题都不可能正确。

除了辩证逻辑和历史逻辑，亚当·斯密所提出的方法可以看成是否定配第命题正确性的第三种方法。亚当·斯密否定配第的"父母论"既不是基于科学的辩证逻辑，也不是基于历史逻辑，而是基于他发现的另外一个对产出产生影响的显著变量——资本。这样，亚当·斯密就为财富的生产找到了土地这个"父亲"和劳动这个"母亲"之外的第三方原因。借助于这个第三方原因，亚当·斯密沿用配第的逻辑，却改变了配第的观点，把配第的生产的两要素论变成了三要素论。从亚当·斯密否定配第的意义上看，他的这个观点无疑具有积极意义。在方法上看，它引入资本这一变量既自发地运用了一点儿唯物主义实事求是的思维，也无意中暗合了辩证法普遍联系的原理。仅仅是方法论上的这种部分的正确性，就足以使亚当·斯密的理论可以用来反对地主阶级，具有当时的政治上的正确性了。毕竟，亚当·斯密抓住了当时社会矛盾的一个主要决定变量——资本。

然而，亚当·斯密并不真正懂得辩证逻辑。他只有一个道德情操理论，没有唯物辩证法理论。唯心辩证法的创立者黑格尔的主要著作只是在1806年才开始出现，而马克思的著作大批出现再产生影响更是后面的事情了。亚当·斯密只是生逢其时，天才地抓住了现实的一个方面。受制于当时社会科学哲学的水平，亚当·斯密在破坏一个旧的观点上是有力的，在建设一个科学的新理论上却是无力的。从它违背科学的辩证逻辑来看，尽管它对资本的强调带有一定的辩证性，却依然保留了极强的形而上学的性质（见下面更一般的论证），因而，亚当·斯密对配第的理论修正不过是用一种错误替代另一种错误罢了，不过是五十步笑百步罢了。然而，亚当·斯密依然在许多方面高于后来的西方的经济理论家。西方的理论家往往把亚当·斯密理论的错误方面看成是正确的，而假如亚当·斯密重生在马克思的时代，他或许会同意马克思的观点。

其次，亚当·斯密以后，有大批西方新古典学者对生产函数理论做出发展。（1）新古典的集大成者马歇尔在古典经济学家的生产三要素论中加入组织因素，使之形成生产四要素论。（2）新古典增长理论创立者索洛把马歇尔的劳动、资本、土地、组织四要素说改为劳动、资本、土地、技术四要素说，即用技术取代了组织。（3）索洛把技术看成是生产余值的观点又被诺奖得主贝克尔（Becker）、舒尔茨（Schultz）等新古典学者的人力资本概念所改变①。后者认为，索洛余值所代表的技术很多属于人力资本的贡献。而人力资本的形成除了教育，还有健康、营养、在职培训、干中学等。

最后，从经济思想史中的非新古典传统来看，系统地对产出产生影响的独立变量还有：制度、社会资本、政策、管理（包括企业家精神）、国际关系、地理位置、资源禀赋、文化、领导人寿命、信息等②。显然，这些变量之间即便存在共线性，也是极其微弱的，完全可以看成是不同的变量。而且，这些变量如果被看作是发挥生产性作用从而被加入生产函数之后，它们应该不会系统地增加资产者收入。

把这些变量的每一项加入到上述生产函数中，那就意味着n的增大。作为影响产出的变量，它们连同上面的劳动、资本、土地、技术、组织和人力资本，数量已经达到 16 个。这意味着根据其中任何一种理论所得到

---

① 应该指出，索洛并不是一个持极端意见的新古典学者。他曾明确指出过新古典经济学的意识形态。

② 信息经济学家斯蒂格利茨出身自新古典，但在许多基本观点上反对新古典，尽管他在某些研究中也采用效用函数这种新古典的研究工具。中国学者如果能够做到斯蒂格利茨、索洛那种对于新古典的辩证态度，中国今天的发展模式也许就会有很大的改观，尽管它离马克思主义所主张的发展模式还会相差较远。

的资本贡献都不同于根据另一种理论所得到的资本贡献。这一方面可以看成是西方学者之间的相互攻讦；另一方面，如果他们互相尊重，那么，他们应该共同同意这样一点，即真正的生产函数应该是定义在一个无限维的空间上。理论上看，随着经济研究的深入，n可以无限地增大（否则，这意味着人类对经济发展的认识达到了绝对真理）。

（三）资本对于价值创造的 0 贡献及相关命题

于是，按照增长理论的产出分解方法，无论使用哪种计量经济学回归方法，如果劳动这一要素与其他要素在生产函数中地位是对等的，那么，按照那些古典经济学家和新古典经济学家的逻辑，资本所得的份额应该趋于 0，也就是说资本家不能凭借资本的所有权获得收入。这样我们就推出了马克思关于现代社会收入分配的基本命题：

命题一：资本家对价值创造只有 0 贡献，古典和新古典的资本的生产性服务概念是一个伪科学概念。

而如果在理论上，n可以无限地增大，那么，由命题一可以马上推出如下命题二：

命题二：产出应该全部在劳动者中进行平均分配。

证明：由以上分析可知，对于任何一个非劳动因素，其对产出的贡献都不可缺少，却都为 0。因此，按照古典和新古典的生产函数理论，这在实践中会导致无法进行分配。因此，唯一合理的方法是把产出在劳动者之间进行大致比较平均的分配。马克思所提出的按劳分配所说就是这样的意思。

命题一和命题二结合起来表明，科学的生产函数概念只能把劳动投入作为价值创造的唯一变量，而把所有其他因素都看成是提高劳动复杂程度或劳动生产率的变量。因而，我们有如下命题：

命题三：生产函数只能采取如下形式：

$$f = f(L)$$

而

$$L = L\ (K,\ R,\ 0)$$

其中，L 表示劳动力的数量、质量等。K, R 表示资本、自然资源，0 则表示其他影响劳动力数量和质量甚至其使用地点、行业、产业的变量。

公式、与公式在方程设定上的不同意味着根本性的逻辑差异。前者坚持了劳动创造价值的马克思主义的基本观点，认为资本、自然资源只是劳动创造价值的条件，不是价值的原因，因而严格区分了劳动作为产出要素的意义与资本、土地作为产出要素的意义的不同。而后者把资本、土地放在了与劳动同等意义之上，它们的不同只是因为各自数量不同导致了不同的贡献而已。这种形式上的差别意味着逻辑上的根本的差异。

二　上述结论的稳健性

上述结论得出建立在n无限大的基础上，实际上，后者只是上述结论的充分条件。由这一条件所得出的结论并不依赖这一条件。上述结论对于有限但充分大的n也是成立的。

首先，可以设想，根据任何一种计量经济学方法，假设 n = 16，那么，平均地看，这 16 种因素作用于产出将使得作为其中之一的资本根据边际生产力应得的收入份额降低到 6% 左右。因为没有任何理论依据表明，资本能够比其他任何一种因素（特别是劳动）创造出更大的价值。这与美国等国家的资本所有者获得 25% 以上的 GDP 份额相矛盾。这说明，资本主义的分配制度不可能是合理的分配制度。

其次，如果劳动者收入占 GDP 的比重达到 75%，如果劳动者的收入份额不可能低于新古典所认可的比例范围、工资铁律所认可的比例范围，那么，其他因素作为自变量的加入只能降低资本的收入份额。而从理论上，找不出任何理由来反对降低劳动者的份额。那么，剩余的 25% 的 GDP 要在资本与其他 14 种因素做大致平均的分配，平均而言，资本所占 GDP 的份额将会是 1.6%，远小于 10%。这进一步说明，美国等国家资本所有者获得 25% 以上 GDP 份额的制度的合理性更低。

再次，假设考虑政府存在的必要性，如果劳动者与其他 15 种要素平等地承担政府支出，按照政府支出占 GDP 的比例等于 30% 计算，则资本家作为一个阶级的税后收入份额将是 GDP 的 1.1%。这意味着，在 n = 16 的情况下，资本家阶级的实际收入比其应得的收入高出 15.6 倍。这 15.6 倍的收入差异是不能用经济学理论必然存在的误差来解释的。

最后，美国的资本家阶级的人数占全美总人数的比例约为2%[①]，这意味着，从理论上看，这群占全国人口2%的资本家应该享有只占全国1.6%的税前收入。也就是说，在税前收入上，资本家相对于普通劳动者没有什么优势，这个结论与马克思的平均分配思想是一致的，它几乎也就是说，资本对于价值创造的理论贡献为0。

三 对资本0贡献命题的进一步思考

上面的分析假设了每一种新古典意义上的要素对于价值的贡献都是确定的。而实际上，用任何一种计量经济学方法所衡量出的任何一种要素的贡献即使不是错误的，也是不可能准确测量的，也就是说，任何一种估计的结果都是特定条件、特定环境下的结果，条件和环境的变化将会使得估计值发生重大变化。

首先，上面16个变量中的每一个变量的概念都可以细化。比如，与制度相关的收入分配会对资本的数量以及资本的闲置率产生影响，因而，它也会影响到产出数量。而且，在确定哪个因素可以作为影响产出的变量的时候，实际上，这些变量自身的可衡量性是存在问题的。比如，至今为止，许多研究指出社会资本极为重要，但社会资本的衡量无法准确进行，最多只能使用 些代理变量。

其次，在资本、技术、土地、劳动力质量和数量都给定的情况下，劳动力如何使用也对产出产生明显影响。比如，根据对中印1949—1979时期某一个阶段的比较，每万人大学生比率的上升是否提高生产率则存在疑问（Richman，1969）：印度在1949年拥有比中国更高的万人大学生比率，其人均GDP约为中国的3/2，但由于其种姓制度以及阶级对立，许多低种姓的在美国拿到硕士学位和博士学位的人也无法在现代工业部门就业，因为印度根本就没有这样的工业；而在中国由于"一五"计划，新的现代工业部门建立，农村劳动力流向城市，国家采取夜校、业余学校、自学、示范等办法低成本增加劳动力素质。这种技术、劳动力素质和其他政策的配合导致了中国在20世纪60年代就在人均GDP上超过了印度。这个例子不仅表明，作为生产函数不仅存在合理性问题，而且，即使存

---

① 迈克尔·茨威格：《美国的阶级结构与政治》，《国外理论动态》2012年第12期。

在，也无法区分各自对 GDP 的贡献。

中国 1976 年时，一些国有企业通过各种办法获得了国际上先进的机床等设备。然而，这些机床在随后的年月里并没有发挥应有的作用，是因为没有适当的劳动力使用它被闲置、浪费了。这无疑使得中国的产出没有达到应有的水平。再如，中国 1978 年以后恢复高考，又在 20 世纪 90 年代实行了大学扩招制度，结果使得 1949—1976 时期本来可以在工厂里就业的劳动力（Richman，1969）更多的时间待在了学校里，因而按照 Fogel（1964）的历史反证法可以证明，这降低了中国实际的产出水平，这个时候运用计量经济学，无疑将导致资本的"贡献"降低。

再次，从中国共产党革命史和建设史看，共产党作为一个领导集团，其对中国 GDP 的贡献功不可没。而共产党是一个组织，作为一个集合，其成员的变化就意味着集合的变化。甚至成员不变，比如毛泽东依然是毛泽东，但 20 世纪 40 年代的毛泽东已经与 20 世纪 30 年的毛泽东有巨大的差别[1]，于是，20 世纪 40 年代的共产党也不同于 20 世纪 30 年代的共产党。它在不同时期所采取的政策对于 GDP 的贡献自然是不同的。这样来看，对资本贡献的准确衡量也是不可能的。

最后，应用生产函数理论时，即使对于传统的资本这一"要素"的衡量也存在很多偏差。根据 Robinson（1975）的意见，现实中存在的各种资本具有"生产率"上的根本性差异，难以加总，作为总量资本的概念不是一个科学概念。比如，对于一个企业而言，机床的有无和质量的高低可能是其是否能够加工出合格产品的关键，而这个机床所在的厂房却可以在造价上有很大的差异。这也就是说，同样一笔钱，投入到机床的购买和投入到厂房的建造具有不同的"生产力"。也就是说，不同数量的资本金可能带来同样的物质产出。那么，在宏观上还能测准一个国家的资本存量的"生产率"吗？今天，当中国的资本家用金钱贿赂官员时，这在社会中应该算作具有生产力的资本还是不应该算作资本呢？它甚至不构成宏观经济学所定义的资本。

四 对于生产和分配理论的更进一步思考

1. 使用价值不能作为生产理论的基础。对新古典生产函数理论的逻

---

[1] 毛泽东曾写过一篇《组织起来》的文章。如果组织这个因素不重要，毛泽东就不可能写这样的文章。

辑性进行讨论，必须以马克思所定义的价值的生产为前提，而不能以使用价值、市场价值、产品数量为前提。实际上，使用价值早已被马克思和新古典学者所共同否定，尽管新古典学者对它的否定与马克思的否定根本不同。一个产品的使用价值依赖于不同环境有极大的差别。比如，水在口渴和酒足饭饱之后的使用价值是极为不同的。这就使无法对一个人、一个企业所创造的使用价值进行衡量。变幻莫测的使用价值成为小说、戏剧等文学作品以及现实生活丰富多彩的根源，但这种不可衡量性使得经济学（对财富或经济增长的分析）根本无法建立在使用价值概念的基础上。可以说，新古典和马克思主义都没有使用使用价值作为其理论的基石。

2. 市场价值不能作为生产理论的基础。新古典所关注的市场价值或市场价格（以不变价格计算）较使用价值具有高阶的不变性。在完全竞争的假设下，产品的价值、价格由产品的边际成本决定，这看起来使得新古典理论拥有一个客观的基础。即便是一个具有垄断性、不完全信息性、外部性的经济，企业产品的市场价值也是基本可以确定的，这个价值并不依赖于消费者和生产者在什么情况下使用它们所购买的产品。因此，新古典用市场价值概念来作为生产理论相对使用使用价值概念具有科学性。

市场价格的变动不居表明，新古典的市场价值理论根本不适合作为衡量其理论合理性的逻辑基石。这里，不仅有经济危机所表明的那种市场经济的内在的不稳定性，就是在市场经济稳定时期，市场价值也不能作为衡量一个国家产出的合意的概念和指标。这是因为，市场价值本身受到了诸如政治、国际、心理、个别资源的稀缺性、某些资源的丰裕性等因素的影响。不管是市场经济的稳定时期，还是其不稳定时期，都有大量的人口处于合理需求无法得到满足的非人道、非人本状态，而经济越不稳定，那些越不应该受到惩罚的人所受惩罚越大，而那些应该遭受巨大惩罚的人则可能安然无恙。因此，市场价值的概念不仅与人类的大同理想相悖，而且与人类的正义观相悖。

李嘉图一直致力于寻找衡量价值的不变的尺度，并把它作为自己理论的核心。在斯拉法经济学中，不变的价值尺度同样是一个核心问题。新古典理论抛弃了对不变价值尺度的追求与讨论，把一切看成是市场决定的。这看起来类似于蒲松龄《聊斋志异》中的"忽景忽郑"、"亦殊草草"的阿霞，而实际上，其哲学不仅仅是投机钻营的机会主义，而是社会达尔文主义，即一切由它（一个人的钱的多少，即这个人的经济地位，也就是阶级地位）说了算。

3. 产品数量也不能作为生产和分配理论的基础。毕竟，产品数量涉及的主要是使用价值、市场价值。同样社会必要劳动时间所生产出的产品数量不管多少，其价值都是相同的。反过来，给定同样数量的产品，其分配的合理性正是用价值来衡量的。

4. 只有价值才能成为生产和分配理论的基石。马克思所定义的价值较市场价值又具有高阶的不变性。在任何逻辑性讨论中，逻辑起点都是非常重要的。如果说，经济思想史上只存在马克思主义和新古典这两种基本的经济学体系，那么，从非此即彼的方法来看，既然我们否定了新古典的市场价值概念，则只有马克思的劳动价值可以成为衡量新古典生产函数理论的逻辑基点了。再从实践来看，中国 1949—1976 年实行过的八级工资制就是实践马克思劳动价值理论的经典，这一实践是创造一个和谐的、具有独特竞争优势的经济制度的基石之一（王今朝、龙斧，2012）。尽管当时中国具有明显的社会主义二元经济的特征（龙斧、王今朝，2012），但不难推论，这一制度在中国消除了二元结构之后仍然有效。这表明，马克思的劳动价值理论不仅在理论上具有优越性，在实践中也具有可行性。

五　结论

配第、亚当·斯密之后的西方学者，无论是萨伊、西尼尔的新三要素论（二人之间的理论也有差别），还是马歇尔的加入组织因素后的四要素论，尽管在否定前人错误观点的意义上具有进步性，却依然没有逃脱斯密修正配第理论那种以一种错误代替另一种错误的命运。简言之，尽管上述诸位学者都是西方经济思想史中的巨擘，并且每一位都对前一位的理论做出了发展。然而，他们的这种发展是极为有限的。因为从今天的经济学理论看，他们的理论都属于形而上学分析。因为他们在产出和价值的决定分析中，只攻其一点而不及其余，即每次只考虑了额外的一个因素。以上分析表明，作为新古典生产理论代表的 Cobb – Douglass 生产函数理论是错误的。它对美国经济体的估计必然是建立在错误的要素设定的基础上（马克思主义显然是如此认为的），他们的拟合结果必然只是一种统计上的巧合而已。①

本文分析表明，如果允许资本创造价值，就没有理由反对其他因素创

---

① 相较于古典生产函数概念，新古典生产函数又增加了一个错误：它认为各种要素被支付等于其边际产品的实际价格。

造价值，而这将导致自相矛盾。这也表明，对一个理论的科学性的检验不是简单地看它是否能够与现实具有一致性，还需要对理论本身的逻辑一致性进行检验。前者往往很难用于检验一个理论的科学性。本文的逻辑分析表明，古典和新古典的生产理论不是一种对实践的一阶逼近，也不应该被认为是当时和现今历史条件下的误差许可范围之内，更不应该被认为是人类认识由相对真理向绝对真理的必经之路。它是一个纯粹的假意识，是在资产阶级取得反抗封建地主阶级胜利后维护自身利益，压制工人和普通市民的精神鸦片。它不是大体正确地描述了现实，而是具有马克思所说的黑格尔哲学的性质，即它是把世界颠倒了过来。罗宾逊夫人说，生产函数一直是误人子弟的有力手段①。索洛认为，把产量想当然地看作是劳动和资本价值的函数的做法从来没有过任何正当理由（转引自哈考特，第144页）②。由于框架失当和因果错乱，因此，当用它指导一个国家的发展模式选择时，只能导致发展战略和发展政策上的失败。

本文假设它正确，运用西方经济思想史中的辩证法因素，即那些西方学者所研究的新的影响生产的变量进入到新古典的生产函数，构造了一个无限序列证明，资本的要素收入无法确定，而且随着考虑的因素越来越多，按照新古典生产函数的逻辑，资本的要素收入应该越来越少，它的极限应该是0。这与马克思劳动价值论否定资本能够对价值生产提供生产性服务因而资本所有制不应该得到收入的观点是一致的。也就是说，我们由新古典的理论证伪了新古典理论，证实了马克思的理论。这表明，中国目前流行的新古典的那种要素分配理论完全是错误的。它的逻辑只是表面上正确，而实际上是荒唐的，经不起经济思想史逻辑的验证。反过来，马克思认为资本在价值创造中只转移价值不创造价值的观点应该就是一种合理的、科学的处理。

参考文献

[1]［美］埃莉诺·奥斯特罗姆：《公共事务的治理之道》，上海三联书店2000年版。

---

① Collected papers of Joan Robinson, Vol. Ⅱ, 1960, p.140. 转引自哈考特（第136页）。

② 可是，他又认为，不是它（生产函数），而是它的偏导数，才能为我们带来正确的结果（转引自哈考特，第144页）。本文分析表明，生产函数的偏导数按照新古典的理论，也不能带来正确的结果。

［2］［美］丹尼尔·A. 雷恩：《管理思想的演变》，中国社会科学出版社 1997 年版。

［3］［法］J. 阿尔德伯特等：《欧洲史》，海南出版社 2000 年版。

［4］刘国光：《经济学教学和研究中的一些问题》，《经济研究》2005 年第 10 期，第 4—11 页。

［5］龙斧、王今朝：《社会和谐决定论：中国社会与经济发展重大理论探讨》，社会科学文献出版社 2011 年版。

［6］龙斧、王今朝：《从中国房地产业与消费的机理关系看新古典经济学"四化"理论的问题》，《贵州社会科学》2012 年第 2 期。

［7］孙冶方：《要理直气壮地抓社会主义利润》，《经济研究》1978 年第 9 期。

［8］王今朝、龙斧：《经济学方法论中演绎与归纳之争的终结》，《国外社会科学》2012 年第 1 期。

［9］王今朝、龙斧，《中国经济发展模式转型：理论与政策》，科学出版社 2011 年版。

［10］王今朝、龙斧，《马克思关于供求决定价格规律的假意识性质的交叉科学诠释》，《经济经纬》2011 年第 4 期。

［11］王今朝、龙斧，2011c：《马克思价值决定价格的数理阐释》，中华外国经济学说研究会第十九次学术研讨会，西安，10 月 29 日至 30 日。

［12］R. W. Fogel, 1964, *Railroads and American Economic Growth: Essays in Econometric History*, Johns Hopkins Press. 296.

［13］E. Ostrom, 1990, *Governing the Commons: The Evolution of institutions for Collective Action*, New Haven, Conn. : Yale University Press. 284.

［14］B. M. Richman, 1969, *Industrial Society in Communist China*, Random House, 968.

［15］J. Robinson, 1975, *Economic Management in China*, Anglo – Chinese Educational institute. 46.

［16］N. N. Taleb, 2007, *The Black Swan: The Impact of the Highly Improbable*, Random House, 366.

马克思两部类扩大再生产模型中的乘数、加速数

——基于投入产出分析的方法

陶为群 陶 川[*]

一 关于马克思两部类扩大再生产模型中有乘数和加速数的思辨

乘数、加速数是凯恩斯宏观经济学中刻画某种作用机制的重要概念，在凯恩斯的宏观调控理论中有重要地位，乘数、加速数原理已经被广泛接受和运用。投资（消费）乘数指一定量的投资（消费）变动所能最终导致国民收入的变动比例。加速数指国民收入变动所能导致资本总额的变动比例。乘数、加速数作用机制是基于某个既定的经济结构产生的，经典的马克思两部类再生产模型具有既定的经济结构，存在着投资乘数、消费乘数和加速数。确定出马克思两部类再生产模型中的投资乘数、消费乘数和加速数，就能够看到马克思再生产理论中的资本有机构成、剩余价值率等在乘数中的作用，揭示乘数、加速数中蕴含的深刻、本质的社会经济关系；也能够借鉴乘数、加速数的数量分析方法，拓展对马克思两部类再生产理论及其模型的研究。陶为群、陶川（2011）论述了马克思两部类扩大再生产模型中的投资乘数产生条件、作用机制，推导出并验证了其计算式，为进一步研究马克思两部类扩大再生产模型中的乘数、加速数给予了启示。

---

* 陶为群（1955— ），男，江苏南京市人。中国人民银行南京分行副行长，高级经济师，安徽财经大学兼职教授，主要研究方向为社会再生产理论、数量经济。陶川（1984— ），男，江苏南京市人。北京大学光华管理学院博士研究生。研究方向为应用经济学。

投入产出分析是研究一个具有多产品、多部门的经济体系内，各产品或部门间投入与产出相互依存关系的数量经济分析方法，是一种通用的结构性分析方法。以马克思再生产理论的视角看，投入产出分析所研究的对象是个多产品、多部类的经济体系，这一经济体系中各个产品的用途是互相加以区别的。那么，马克思再生产理论所研究的两部类经济，可以看作是一个多产品、多部类的经济体系当产品和部类都只是两个的特定情形，因而投入产出分析也适用于研究马克思两部类扩大再生产模型。投入产出分析作为一种通用的结构性分析方法，能够对于研究马克思两部类扩大再生产模型中的乘数、加速数问题，起到基本的作用。

二　马克思两部类扩大再生产模型的投入产出表示

马克思两部类社会再生产理论把社会总产品划分成生产资料和消费资料两种不同用途的产品，分别由生产资料和消费资料两个不同的部类生产出来。并以劳动价值论作为理论基础，把每个部类的资本都划分为不变资本和可变资本两个部分，它们的价值实现在实物上分别对应于生产资料和消费资料。每个部类的剩余价值都是由本部类的可变资本生产出来。并且设定了再生产过程中各部类的资本有机构成和剩余价值率不变，也就是设定各部类、分部类的边际资本有机构成和边际剩余价值率分别等于资本有机构成和剩余价值率，于是在每个部类内部，不变资本、可变资本、剩余价值、新创造价值之间都保持着固定不变关系。这样，就构建了一个具有特别结构的社会再生产模型。以 C 和 V 分别表示不变资本、可变资本，M 表示剩余价值，Y 表示新创造价值；以 h = C/V 表示资本有机构成，e 表示剩余价值率，M_x 表示企业所有者把剩余价值中用于自身消费的部分；对这些字母分别加下标 i、Ⅱ表示生产资料部类和消费资料部类。那么，在每个部类内部，不变资本、可变资本、剩余价值、总产品之间具有确定的下面关系式。

$$\begin{cases} C_j = \dfrac{h_j}{1 + h_j + e_j} X_j \\[2mm] V_j = \dfrac{1}{1 + h_j + e_j} X_j \quad\quad j = \mathrm{I}, \mathrm{II} \\[2mm] M_j = \dfrac{e_j}{1 + h_j + e_j} X_j \end{cases} \quad\quad (1)$$

在马克思两部类社会再生产模型中，每个部类的投入与产出都是完全清晰的，因此这个模型可以规范地用下面的投入产出表加以表示。根据（1）式，马克思两部类社会再生产模型的投入产出表中的直接消耗系数是：

$$a_{ij} = \frac{x_{ij}}{X_j} = \begin{cases} \dfrac{h_j}{1 + h_j + e_j}, & \text{当 } i = \text{I} \\ 0, & \text{当 } i = \text{II} \end{cases} \qquad j = \text{I}, \text{II} \qquad (2)$$

由 a_{ij} 作为元素构成的矩阵 $A = (a_{ij})_{2 \times 2}$ 是直接消耗系数矩阵。马克思两部类社会再生产模型的投入产出基本数学模型是：

$$a_{i\text{I}}X_{\text{I}} + a_{i\text{II}}X_{\text{II}} + f_i = X_i \qquad i = \text{I}, \text{II} \qquad (3)$$

将（1）、（2）两式及表1中列出的对应关系带入（3）式，得到：

表1 马克思两部类社会再生产模型的投入产出表

投 入（价值构成）		产 出						总产品
		中间产品			最终产品			
		i 部类	II 部类	合计 Z_i	投资	消费	合计 f_i	
生产资料消耗	i 部类	$x_{1\text{I}}(C_{\text{I}})$	$x_{1\text{II}}(C_{\text{II}})$	$C_{\text{I}} + C_{\text{II}}$	$\Delta C_{\text{I}} + \Delta C_{\text{II}}$	0	$V_{\text{I}} + M_{\text{I}} - C_{\text{II}}$	X_{I}
	II 部类	$x_{\text{II I}}(0)$	$x_{\text{II II}}(0)$	0	0	$\sum_{j=1}^{\text{II}}(V_j + \Delta V_j + M_{xj})$	X_{II}	X_{II}
	合计	C_{I}	C_{II}	$C_{\text{I}} + C_{\text{II}}$				
新创造价值	不变资本	V_{I}	V_{II}	$V_{\text{I}} + V_{\text{II}}$				
	剩余价值	M_{I}	M_{II}	$M_{\text{I}} + M_{\text{II}}$				
	合计	Y_{I}	Y_{II}	$Y_{\text{I}} + Y_{\text{II}}$				
总投入		X_{I}	X_{II}	$X_{\text{I}} + X_{\text{II}}$				

$$\begin{cases} (C_{\text{I}} + C_{\text{II}}) + (\Delta C_{\text{I}} + \Delta C_{\text{II}}) = C_{\text{I}} + V_{\text{I}} + M_{\text{I}} \\ (V_{\text{I}} + \Delta V_{\text{I}} + M_{x\text{I}}) + (V_{\text{II}} + \Delta V_{\text{II}} + M_{x\text{II}}) = C_{\text{II}} + V_{\text{II}} + M_{\text{II}} \end{cases} \qquad (4)$$

（4）式就是政治经济学教科书中列出的两部类扩大再生产的实现条件[①]，其中两个等式分别是生产资料的使用等于供给、消费资料的使用等于供给。

按照投入产出分析的基本做法，用矩阵和向量来表示表1中的结构关

系式。记总产品向

向量 $X = (X_I, X_{II})^T$，中间产品向量 $Z = (Z_I, Z_{II})^T$，最终产品向量 $F = (f_I, f_{II})^T$，新创造价值向量 $Y = (Y_I, Y_{II})^T$。根据表 1 中和（1）、（2）两式列出的关系，中间产品向量是

$$Z = AX \tag{5}$$

最终产品向量相当于国内生产净值的实物构成，是

$$F = X - Z = (i - A)X \tag{6}$$

其中矩阵 i 是 2 阶单位矩阵。于是从（5）、（6）式和表 1 得到：

$$F = \begin{pmatrix} f_I \\ f_{II} \end{pmatrix} = \begin{pmatrix} V_I + M_I - C_{II} \\ X_{II} \end{pmatrix} \tag{7}$$

（7）式表明，最终产品向量 F 的两个分量 f_I, f_{II} 的实物形态分别是生产资料和消费资料，只能分别用于投资和消费。于是，两个分量的变动分别表示投资变动和消费变动，这就清晰地将投资变动与消费变动区别开，为研究投资乘数和消费乘数提供了条件。乘数、加速数作用机制发生的前提条件，是经济体系中存在着可用于增加生产的生产资料和劳动力，也就是最终产品向量的两个分量都大于 0。从（7）式看到，分量 f_I 大于 0，恰好就是马克思给出的两部类扩大再生产条件：

$$V_I + M_I > C_{II} \tag{8}$$

所以，仅当扩大再生产情形下，才有可能存在乘数、加速数。

从（6）式得到[①]：

$$X = (i - A)^{-1}F \tag{9}$$

（9）式反映了马克思两部类扩大再生产模型中的社会总产品实物构成与最终产品实物构成之间的对应关系。其中矩阵 $(i - A)^{-1}$ 是列昂惕夫逆矩阵，又称为完全需求系数矩阵，这个矩阵对投资乘数、消费乘数的形成具有特别的意义。

三 马克思两部类扩大再生产模型中的投资乘数、消费乘数及其矩阵

在投入产出分析中，各个生产部门的新创造价值与各个部门的总产出之间的关系，是一个基本的结构关系。根据表 1 和（2）式，第 j 部类

（j＝i，Ⅱ）的直接消耗系数合计是：

$$\sum_{i=1}^{II} a_{ij} = \frac{h_j}{1 + h_j + e_j} \quad j = I, II \tag{10}$$

分别以 i、Ⅱ 部类的直接消耗系数合计 $\sum_{i=1}^{II} a_{ij}$ 作为元素构造 2 阶对角矩阵 A_c ，即

$$A_c = diag\left(\sum_{i=1}^{II} a_{iI}, \sum_{i=1}^{II} a_{iII} \right)$$

则：

$$A_c = \begin{pmatrix} \dfrac{h_I}{1 + h_I + e_I} & 0 \\ 0 & \dfrac{h_{II}}{1 + h_{II} + e_{II}} \end{pmatrix}$$

根据表 1 中第 i、Ⅱ 部类新创造价值向量与本部类总产品、生产资料消耗的关系和（1）式，得到马克思两部类扩大再生产模型中的新创造价值向量与总产品向量之间的关系式：

$$Y = (I - A_c)X \tag{11}$$

在（11）式中，新创造价值向量 $Y = (Y_I, Y_{II})^T$ 也就是两部类的国民净收入向量。可以根据（5）、（11）两式，运用经典的凯恩斯乘数推导方法，研究马克思两部类扩大再生产模型中的新创造价值向量变动与最终产品向量变动之间的乘数关系[①]。

当最终产品向量 F 发生增量 $\Delta F = (\Delta f_I, \Delta f_{II})^T$，这个增量向量首先直接形成第 1 轮的新增总产品需求变动 $\Delta X_1 = \Delta F$；根据（5）式，ΔX_1 的生产资料消耗是 $A\Delta F$，根据（11）式形成第 1 轮的新增新创造价值向量 $\Delta Y_1 = (I - A_c)\Delta F$；第 1 轮的新增生产资料消耗 $A\Delta F$ 成为相等的第 2 轮的新增总产品需求变动 $\Delta X_2 = A\Delta F$，根据（5）式，相应的生产资料消耗是 $A^2\Delta F$，据（11）式形成第 2 轮的新增新创造价值向量 $\Delta Y_2 = (I - A_c)\Delta X_2 = (I - A_c)A\Delta F$；如此无穷继续下去，形成第 n+1 轮的新增总产品需求变动是 $\Delta X_{n+1} = A^n\Delta F$，相应的生产资料消耗是 $A^{n+1}\Delta F$，同时形成新增新创造价值向量 $\Delta Y_{n+1} = (I - A_c)A^n\Delta F$；…所以，最终产品向量 F 发生增量 ΔF 而导致的新创造价值向量增量是各轮新增新创造价值向量总和 $\Delta Y = (\Delta Y_I, \Delta Y_{II})^T$。

$$\Delta Y = \sum_{n=1}^{\infty} \Delta Y_n = (I - A_c)\Delta F + (I - A_c)\left\{\sum_{n=1}^{\infty} A^n\right\}\Delta F$$

$$= (I - A_c)\left\{I + \sum_{n=1}^{\infty} A^n\right\}\Delta F = (I - A_c)(I - A)^{-1}\Delta F \qquad (12)$$

（12）式揭示了两部类的国民净收入向量变动与最终产品向量变动之间的对应关系，其中列昂惕夫逆矩阵对于反映最终导致的各轮生产资料消耗变动起了特别的作用。

也可以从投入产出分析中的最终产品向量变动导致的完全需求总产品变动对应关系，推导出（12）式。当最终产品向量 F 发生增量 ΔF，根据（9）式，导致的完全需求总产品向量增量 ΔX 是完全需求系数矩阵与 ΔF 的乘积。

$$\Delta X = (I - A)^{-1}\Delta F \qquad (13)$$

而根据（11）式

$$\Delta Y = (I - A_c)\Delta X \qquad (14)$$

将（13）式带入（14）式就得到（12）式。

根据（7）式，最终产品向量 $F = (f_I, f_{II})^T$ 的两个分量在实物上分别是生产资料和消费资料，分别用于投资和消费，就已经确定的两个部类总产品向量 $X = (X_I, X_{II})^T$ 而言，投资和消费的比例也同时被已经确定。那么，最终产品向量发生变动也受到两个分量之间保持比例关系的制约，当发生投资变动 Δf_I，必然相应发生 f_{II}/f_I 倍的消费变动 Δf_{II}，这是按比例发展原理的约束作用的体现。

$$\Delta f_{II} = (f_{II}/f_I)\Delta f_I \qquad (15)$$

于是有：

$$\Delta F = \left(\Delta f_I, \frac{f_{II}}{f_I}\Delta f_I\right)^T \qquad (16)$$

以 i 表示投资，那么在马克思两部类扩大再生产模型中，投资变动就是社会最终产品向量中生产资料分量的变动，即 $\Delta I = \Delta f_I$。按照投资乘数的含义，投资乘数是两部类的国民净收入变动（$\Delta Y_I + \Delta Y_{II}$）与投资变动 ΔI 之比，因此投资乘数是（$\Delta Y_I + \Delta Y_{II}$）/$\Delta f_I$。而投资变动 Δf_I 必然引发（15）式表示的按比例的消费变动 Δf_{II}。于是投资乘数是：

$$\frac{\Delta Y_I + \Delta Y_{II}}{\Delta f_I} = \frac{1}{\Delta f_I}(1,1)(\Delta Y_I, \Delta Y_{II})^T \qquad (17)$$

将（12）、（16）两式带入（17）式，投资乘数是：

$$\frac{\Delta Y_{\mathrm{I}} + \Delta Y_{\mathrm{II}}}{\Delta f_{\mathrm{I}}} = (1,1)(I - A_c)(I - A)^{-1}(1,\frac{f_{\mathrm{II}}}{f_{\mathrm{I}}})^T \tag{18}$$

根据（7）式和（1）式，

$$\frac{f_{\mathrm{II}}}{f_{\mathrm{I}}} = \frac{X_{\mathrm{II}}}{V_{\mathrm{I}} + M_{\mathrm{I}} - C_{\mathrm{II}}} = \frac{1}{\dfrac{1 + e_{\mathrm{I}}}{1 + h_{\mathrm{I}} + e_{\mathrm{I}}} - \dfrac{h_{\mathrm{II}}}{1 + h_{\mathrm{II}} + e_{\mathrm{II}}}(\dfrac{X_{\mathrm{II}}}{X_{\mathrm{I}}})}(\frac{X_{\mathrm{II}}}{X_{\mathrm{I}}})$$

$$V_{\mathrm{I}} + M_{\mathrm{I}} > C_{\mathrm{II}} \tag{19}$$

并根据（2）式计算出：

$$(I - A)^{-1} = \begin{pmatrix} \dfrac{1 + h_{\mathrm{I}} + e_{\mathrm{I}}}{1 + e_{\mathrm{I}}} & \dfrac{h_{\mathrm{II}}(1 + h_{\mathrm{I}} + e_{\mathrm{I}})}{(1 + e_{\mathrm{I}})(1 + h_{\mathrm{II}} + e_{\mathrm{II}})} \\ 0 & 1 \end{pmatrix} \tag{20}$$

将（19）、（20）两式带入（18）式，就得到投资乘数：

$$\frac{\Delta Y_{\mathrm{I}} + \Delta Y_{\mathrm{II}}}{\Delta i} = \frac{\dfrac{1 + e_{\mathrm{I}}}{1 + h_{\mathrm{I}} + e_{\mathrm{I}}} + \dfrac{1 + e_{\mathrm{II}}}{1 + h_{\mathrm{II}} + e_{\mathrm{II}}}(\dfrac{X_{\mathrm{II}}}{X_{\mathrm{I}}})}{\dfrac{1 + e_{\mathrm{I}}}{1 + h_{\mathrm{I}} + e_{\mathrm{I}}} - \dfrac{h_{\mathrm{II}}}{1 + h_{\mathrm{II}} + e_{\mathrm{II}}}(\dfrac{X_{\mathrm{II}}}{X_{\mathrm{I}}})} \qquad V_{\mathrm{I}} + M_{\mathrm{I}} > C_{\mathrm{II}}$$

$$\tag{21}$$

这个投资乘数计算公式与陶为群、陶川（2011）推导并验证了的投资乘数算式完全相同。

同样道理，在马克思两部类扩大再生产模型中，当最终产品向量中的消费分量变动 Δf_{II}，必然相应发生 $f_{\mathrm{I}}/f_{\mathrm{II}}$ 倍的投资变动，由此导致的国民净收入变动（$\Delta Y_{\mathrm{I}} + \Delta Y_{\mathrm{II}}$）的倍数是：

$$\frac{\Delta Y_{\mathrm{I}} + \Delta Y_{\mathrm{II}}}{\Delta f_{\mathrm{II}}} = \frac{f_{\mathrm{I}}}{f_{\mathrm{II}}}(1,1)(I - A_c)(I - A)^{-1}(1,\frac{f_{\mathrm{II}}}{f_{\mathrm{I}}})^T$$

$$= (1,1)(I - A_c)(I - A)^{-1}(\frac{f_{\mathrm{I}}}{f_{\mathrm{II}}},1)^T \qquad V_{\mathrm{I}} + M_{\mathrm{I}} > C_{\mathrm{II}} \tag{22}$$

将（19）、（20）两式带入（22）式，就得到消费乘数：

$$\frac{\Delta Y_{\mathrm{I}} + \Delta Y_{\mathrm{II}}}{\Delta f_{\mathrm{II}}} = \frac{1 + e_{\mathrm{II}}}{1 + h_{\mathrm{II}} + e_{\mathrm{II}}} + \frac{1 + e_{\mathrm{I}}}{1 + h_{\mathrm{I}} + e_{\mathrm{I}}}(\frac{X_{\mathrm{I}}}{X_{\mathrm{II}}}) \qquad V_{\mathrm{I}} + M_{\mathrm{I}} > C_{\mathrm{II}}$$

$$\tag{23}$$

从（21）、（23）两式看到，在马克思两部类扩大再生产模型中，投资乘数、消费乘数都是被两个部类的资本有机构成、剩余价值率以及两部

类之间的比例关系 X_{II}/X_I 这些结构参数所决定的，所以，这两个乘数中蕴含着深刻、本质的社会经济关系。

还从（18）、（23）两式看到，在马克思两部类扩大再生产模型中，当最终产品向量中的投资（消费）分量每发生一个单位的变动，消费（投资）分量就相应发生 f_{II}/f_I（f_I/f_{II}）倍的变动；投资（消费）分量发生一个单位变动的最终产品向量变动，导致的国民净收入向量变动，是矩阵 $(I-A_c)(I-A)^{-1}$ 左乘此最终产品向量变动，即：

$$(\Delta Y_I, \Delta Y_{II})^T = \begin{cases} (I-A_c)(I-A)^{-1}(1, \dfrac{f_{II}}{f_I})^T, \text{当投资变动一个单位;} \\ (I-A_c)(I-A)^{-1}(\dfrac{f_I}{f_{II}}, 1)^T, \text{当消费变动一个单位} \end{cases}$$

$$V_I + M_I > C_{II} \tag{24}$$

所以，$(I-A_c)(I-A)^{-1}$ 可以看成是此最终产品向量变动的乘数矩阵。于是，在马克思两部类扩大再生产模型中，投资乘数、消费乘数的概念可以扩展成投资乘数矩阵、消费乘数矩阵的概念。根据（10）、（20）两式计算出，投资乘数矩阵、消费乘数矩阵是：

$$(I-A_c)(I-A)^{-1} = \begin{pmatrix} 1 & \dfrac{h_{II}}{1+h_{II}+e_{II}} \\ 0 & \dfrac{1+e_{II}}{1+h_{II}+e_{II}} \end{pmatrix} \qquad V_I + M_I > C_{II} \tag{25}$$

投资乘数矩阵、消费乘数矩阵是被两个部类的资本有机构成、剩余价值率所决定的。

需要特别指出以上推导出的各式当中向量变动所对应的时期。对于择定的研究基期，变动专指向量在下一期相对于此基期的变动。投资乘数、消费乘数（21）、（23）式中还含有此基期的总产品（总产出）结构参数 X_{II}/X_I，乘数是对应着这个总产品结构形成的。那么，当向量在下一期相对于此基期发生变动，当然也形成下一期的总产品结构，当且仅当下一期的总产品结构与此基期完全相同，才是经典意义上的投资乘数、消费乘数。

四 马克思两部类扩大再生产模型中的加速数及其矩阵

在宏观经济学中通常以 K 代表生产资本，加速数指国民收入变动所

能导致资本总额的变动比例。即

$$\alpha = \frac{\Delta K}{\Delta Y} \qquad\qquad (26)$$

由于在宏观经济学中，投资是指一个经济体系中新的资本形成，以净额的口径，新的资本形成是当年新创造产品中没有被消费掉的那部分产品。在马克思两部类扩大再生产的经济体系中有生产资料和消费资料两种单用途的产品，所以没有被消费掉的那部分产品在实物形态上只能是生产资料，投资是新增生产资料，也就是新增不变资本 ΔC 。那么，资本存量的净增量 ΔK 在这里对应的就是新增不变资本 ΔC ，即：

$$\Delta K = \Delta C \qquad V_{\mathrm{I}} + M_{\mathrm{I}} > C_{\mathrm{II}} \qquad\qquad (27)$$

根据表 1 所列的关系和（10）式，

$$C = (C_{\mathrm{I}}, C_{\mathrm{II}})^{T} = A_{c}(X_{\mathrm{I}}, X_{\mathrm{II}})^{T} = A_{c}X \qquad\qquad (28)$$

又根据（11）式得 $X = (I - A_{c})^{-1}Y$ ，带入上式得到 $C = A_{c}(I - A_{c})^{-1}Y$ 。因而得到：

$$\Delta C = A_{c}(I - A_{c})^{-1}\Delta Y \qquad V_{\mathrm{I}} + M_{\mathrm{I}} > C_{\mathrm{II}} \qquad\qquad (29)$$

将（29）、（27）式带入（26）式，得：

$$\alpha = \frac{\Delta C_{\mathrm{I}} + \Delta C_{\mathrm{II}}}{\Delta Y_{\mathrm{I}} + \Delta Y_{\mathrm{II}}} = \frac{(1,1)(\Delta C_{\mathrm{I}}, \Delta C_{\mathrm{II}})^{T}}{(1,1)(\Delta Y_{\mathrm{I}}, \Delta Y_{\mathrm{II}})^{T}} = \frac{(1,1)A_{c}(I - A_{c})^{-1}(\Delta Y_{\mathrm{I}}, \Delta Y_{\mathrm{II}})^{T}}{(1,1)(\Delta Y_{\mathrm{I}}, \Delta Y_{\mathrm{II}})^{T}}$$

$$V_{\mathrm{I}} + M_{\mathrm{I}} > C_{\mathrm{II}} \qquad\qquad (30)$$

在总产品向量 X 确定的情形下，收入即新创造价值向量 Y 也是确定的，向量 Y 发生变动也受到两个分量之间保持比例关系的制约；当其中一个分量每发生 ΔY_{I}（ ΔY_{II} ）的变动，另一分量就相应发生 $Y_{\mathrm{II}}/Y_{\mathrm{I}}$（ $Y_{\mathrm{I}}/Y_{\mathrm{II}}$ ）倍的变动。于是有：

$$\Delta Y = \begin{cases} (\Delta Y_{\mathrm{I}}, \Delta Y_{\mathrm{I}})T, & \text{当 } Y_{\mathrm{I}} \text{ 变动 } \Delta Y_{\mathrm{I}}, Y_{\mathrm{II}} \text{ 相应变动;} \\ (\Delta Y_{\mathrm{II}}, \Delta Y_{\mathrm{II}})T, & \text{当 } Y_{\mathrm{II}} \text{ 变动 } \Delta Y_{\mathrm{II}}, Y_{\mathrm{I}} \text{ 相应变动} \end{cases} \qquad V_{\mathrm{I}} + M_{\mathrm{I}} > C_{\mathrm{II}}$$

$$(31)$$

根据（10）式计算出：

$$A_{c}(I - A_{c})^{-1} = \begin{pmatrix} \dfrac{h_{\mathrm{I}}}{1 + e_{\mathrm{I}}} & 0 \\ 0 & \dfrac{h_{\mathrm{II}}}{1 + e_{\mathrm{II}}} \end{pmatrix} \qquad\qquad (32)$$

将（32）、（31）两式带入（30）式，得到加速数表达式：

$$\alpha = \frac{\dfrac{h_{\mathrm{I}}}{1+e_{\mathrm{I}}}Y_{\mathrm{I}} + \dfrac{h_{\mathrm{II}}}{1+e_{\mathrm{II}}}Y_{\mathrm{II}}}{Y_{\mathrm{I}}+Y_{\mathrm{II}}} \qquad V_{\mathrm{I}}+M_{\mathrm{I}} > C_{\mathrm{II}} \qquad (33)$$

将（1）式表明的关系带入（33）式，得到加速数的另一个计算公式：

$$\alpha = \frac{\dfrac{h_{\mathrm{I}}}{1+h_{\mathrm{I}}+e_{\mathrm{I}}} + \dfrac{h_{\mathrm{II}}}{1+h_{\mathrm{II}}+e_{\mathrm{II}}}\left(\dfrac{X_{\mathrm{II}}}{X_{\mathrm{I}}}\right)}{\dfrac{1+e_{\mathrm{I}}}{1+h_{\mathrm{I}}+e_{\mathrm{I}}} + \dfrac{1+e_{\mathrm{II}}}{1+h_{\mathrm{II}}+e_{\mathrm{II}}}\left(\dfrac{X_{\mathrm{II}}}{X_{\mathrm{I}}}\right)} \qquad V_{\mathrm{I}}+M_{\mathrm{I}} > C_{\mathrm{II}} \qquad (34)$$

加速数计算公式（33）、（34）式都与陶为群、陶川（2010）推导出的马克思两部类扩大再生产模型中保持不变的不变资本—产出比率算式完全一致[①]。

与一般宏观经济模型和投入产出模型一致，新创造价值即收入向量 Y 代表着产出，那么，$h_j/(1+e_j)$ 是第 j 部类（$j = i$，II）的不变资本—产出比率。全社会的不变资本—产出比率是两个部类的此比率以各自的产出加权的平均数。如果把两个部类归并起来，就相当于 $Y_{\mathrm{I}} = Y_{\mathrm{II}}$ 并且 $h_{\mathrm{I}} = h_{\mathrm{II}} = h$ 和 $e_{\mathrm{I}} = e_{\mathrm{II}} = e$。这时根据（12）式得出 $\alpha = h/(1+e)$，就是单一部类情形下的不变资本—产出比率，对应于宏观经济学通常所说的资本—产出比率，也就是加速数。

从（29）式看到，当收入即新创造价值向量 Y 遵照（31）式变动 ΔY，导致的全社会的不变资本向量变动 ΔC，是对角矩阵 $A_c(I-A_c)^{-1}$ 左乘此收入向量变动 ΔY。矩阵 $A_c(I-A_c)^{-1}$ 可以看做是单一部类、单一产品的经济体系中的加速数在两个部类、两种产品的经济体系中的拓展，因此可以看作加速数矩阵。此加速数矩阵对角线上的两个元素分别是两个部类的不变资本—产出比率，也就是各自部类的加速数。当两个部类的不变资本—产出比率相等，全社会的加速数就是这个相等的比率，加速数矩阵是此加速数乘 2 阶单位矩阵。加速数及其矩阵公式中的向量变动和总产品结构，都是针对择定的研究基期，当且仅当下一期的总产品结构与此基期完全相同，才是经典意义上的加速数。

五　以《资本论》中的举例验算

下面，用《资本论》第二卷第二十一章中的第一例，对以上论析的马克思两部类扩大再生产模型的乘数、加速数,做具体计算验证。马克思用该例做了连续 5 年的扩大再生产计算,来说明两个部类的扩大再生产过程。按照马克思的计算结果,在该例中从第 2 年起,两个部类总产品之间的比例关系 X_{II}/X_I 保持既定不变,满足了本文阐明的乘数、加速数形成条件。所以从第 3 年起,每年相对于上一年的最终产品向量变动 $(\Delta f_I, \Delta f_{II})^T$,与新创造价值向量变动 $(\Delta Y_I, \Delta Y_{II})^T$ 之间,形成固定不变的关系,从而可以计算出乘数、加速数。表 2 中前 4 列数据都是直接引用该例给出的结果,后面各列数值,则是按照本文所阐述的各个内容使用前 4 列数据算出。该例中设定两个部类结构参数 $h_I = 4$,$h_{II} = 2$,$e_I = e_{II} = 1$,将这些数据分别带入(21)、(23)、(34)式,计算出从第 3 年起,两部类扩大再生产的投资乘数、消费乘数、加速数理论值分别是 6.33、1.1875、1.5789,表 2 中列出的第 3 年投资乘数算例值与理论值相等,第 4 年算例值与理论值略有偏差,是由于前 4 列数据取整数的舍入所致;第 3 年、第 4 年的消费乘数、加速数理论值都与算例值相等。这样就验证了以上论析的马克思两部类扩大再生产模型的乘数、加速数计算公式的正确性。

综合以上研究表明:以马克思的两部类扩大再生产理论为指导,运用投入产出分析的方法,使用经典的乘数研究方式,可以确立马克思两部类扩大再生产模型中的投资乘数、消费乘数计算公式,并且可以确立加速数计算公式。马克思两部类再生产模型中的投资乘数、消费乘数和加速数计算公式,反映了两个部类的资本有机构成、剩余价值率以及总产品之间的比例关系在乘数中的作用,因而可以揭示乘数、加速数中蕴含的深刻、本质的社会经济关系。

表 2　　　　　　引用《资本论》第二卷第二十一章第一例计算验证

	部类	不变资本 C	可变资本 V、剩余价值 M	新创造价值 Y = V + M	总产品 X = C + Y	部类间比例 $\frac{X_{II}}{X_I}$	净投资 $i = \Delta C$	净投资比上年增量 Δi	国民净收入比上年增量 ΔY	投资乘数值 $\frac{\Delta Y}{\Delta i}$	消费乘数值 $\frac{\Delta Y}{\Delta X_{II}}$	加速数值 $\frac{\Delta C}{\Delta Y}$
	全社会	5500	1750	3500	9000	0.5	500					
1	I 部类	4000	1000	2000	6000		400					
	II 部类	1500	750	1500	3000		100					

续表

	部类	不变资本 C	可变资本 V、剩余价值 M	新创造价值 Y = V + M	总产品 X = C + Y	部类间比例 $\frac{X_{II}}{X_I}$	净投资 $i = \Delta C$	净投资比上年增量 Δi	国民净收入比上年增量 ΔY	投资乘数值 $\frac{\Delta Y}{\Delta i}$	消费乘数值 $\frac{\Delta Y}{\Delta X_{II}}$	加速数值 $\frac{\Delta C}{\Delta Y}$
2	全社会	6000	1900	3800	9800	0.4848	600	100	300			
	i 部类	4400	1100	2200	6600		440					
	II 部类	1600	800	1600	3200		160					
3	全社会	6600	2090	4180	10780	0.4848	660	60	380	6.33	1.1875	1.5789
	i 部类	4840	1210	2420	7260		484					
	II 部类	1760	880	1760	3520		176					
4	全社会	7260	2299	4598	11858	0.4848	725	65	418	6.43	1.1875	1.5789
	i 部类	5324	1331	2662	7986		532					
	II 部类	1936	968	1936	3872		193					

参考文献

[1] 陶为群、陶川:《马克思两部类扩大再生产模型中的投资乘数》,《当代经济研究》2011 年第 6 期。

[2] 陈锡康等:《投入产出技术》,科学出版社 2011 年版,第 23—38 页。

[3] 宋承先:《现代西方经济学》,复旦大学出版社 1997 年版,第 108—130、177—181 页。

[4] 陶为群、陶川:《马克思经济增长模型中的储蓄与劳动就业关系》,《当代经济研究》2010 年第 7 期。

[5] 马克思:《资本论》第 2 卷,人民出版社 2004 年版,第 574—579 页。

[6] 夏明等:《结构化凯恩斯乘数方法的辨析与应用》,《统计与决策》2010 年第 10 期。

论列宁的三部类价值转形*

沈民鸣**

马克思在《资本论》中提出平均利润和生产价格理论时，没有提到如何在一般条件下同时满足平均利润和社会资本再生产条件，也就是如何使成本生产价格化。这个问题称为价值转形问题。价值转形是劳动价值论中的核心问题，是涉及马克思劳动价值论逻辑自洽性的重大理论问题。

价值转形模型与部类的划分方式有关。部类划分方式不同，价值转形模型也不同。列宁在《论所谓市场问题》一文中，提出了著名的生产资料生产优先增长的理论。他把社会生产划分为三个部类：第一部类是制造生产资料的生产资料生产部类；第二部类是制造消费资料的生产资料生产部类；第三部类是消费资料生产部类，其中前两个部类是把马克思的第一部类划分为两个分部类。列宁的第三个部类就是马克思的第二部类。按照列宁的三部类划分方法构造价值转形模型，这方面的工作还没有见到前人做过。

本文讨论列宁的三部类划分条件下的价值转形问题，建立价值转形模型。通过数例说明计算方法，证明中等有机构成与生产价格等于价值不等价。有机构成高的部类生产价格可以低于价值。有机构成低的部类生产价格可以高于价值。本文证明价值决定生产价格，价值转形不是通

　　* 本文为"国家社会科学基金'十五'规划重点项目（05AJL001），马克思经济学数学模型研究"的成果，并得到中国人民大学科学研究基金项目（项目名称：简单再生产条件下的价值转形问题研究，项目编号：2006031717）和中国人民大学"985工程"中国经济研究哲学社会科学创新基地的资助。
　　** 沈民鸣（1949— ），中国人民大学经济学院副教授。

过资本流动实现的，并分析马克思"两个等于"的论断在什么条件下成立。

一　各种价值转形理论

1907 年，拉迪斯劳斯·冯·鲍特凯维兹（Ladislaus von Bortkiewicz）提出价值转形模型[①]。他把社会生产划分为三个部类：第一部类为生产资料生产；第二部类为工人消费资料生产；第三部类为资本家消费资料生产。他的模型中包括三个价值生产价格转换系数和生产价格形式的平均利润率，但是只有三个方程。为了得到唯一解，起初，他假设生产价格总和等于价值总和。后来，又假设第三部类的价值生产价格转换系数为常数 1。

1942 年，保罗·斯威齐（Paul M. Sweezy）提出价值转形模型[②]，假设生产价格总和等于价值总和。1948 年，J. 温特尼茨（J. Winternitz）提出的价值转形模型[③]，与斯威齐的模型一致。

1956 年，罗纳德·米克（R. L. Meek）假设第二部类的资本有机构成等于全社会的平均资本有机构成[④]。1973 年，他又假设生产价格形式的利润总和等于全社会剩余价值总和[⑤]。

1957 年，佛朗西斯·塞顿（Francis Seton）提出 n 部门的价值转形模型[⑥]。他假设其中一个部门的资本有机构成等于社会平均资本有机构成。

这些价值转形模型的主要差别在于采用不同的假设条件。他们的模型在逻辑上都不成立。这些学者都没有考虑按照列宁的三部类划分方法如何构造价值转形模型。

---

① Bortkiewicz, L. von. 1907, On the Correction of Marx's Fundamental Theoretical Construction in the Third Volume of Capital. Jahr, *fur Nationalokonomie Statistik*, 1907, 34（3）, pp. 370 – 385.

② Sweezy, P. M. 1942, *The Theory of Capitalist Development*, New York：Oxford University Press.

③ Winternitz, J., 1948, Value and Price：A Solution of the So – Call Transformation Problem, *Economic Journal*, Vol. 58.

④ Meek, R. 1956, Some Notes on the Transformation Problem, Econ. J., March, 66, pp. 94 – 107；reprinted in Meek, R. Economics and ideology and other essays；Studies in the development of economic thought, London：Chapman and Hall, 1967, pp. 143 – 157.

⑤ 米克：《劳动价值学说的研究》，商务印书馆 1979 年版，第 19—27 页。

⑥ Seton, F. 1957, "The 'Transformation Problem'", *Rev. Econ. Stud.*, 25（6）, pp. 149 – 160.

作者曾提出过各种条件下的价值转形模型①。本文在此基础上分析列宁的三部类价值转形问题。

二 列宁的社会资本再生产理论

列宁按照马克思资本有机构成不断提高的论断，分析社会资本再生产过程。他认为，"增长最快的是制造生产资料的生产资料生产，其次是制造消费资料的生产资料生产，最慢的是消费资料生产。即使没有马克思在《资本论》第二卷中所作的研究，根据不变资本有比可变资本增长得快的趋势的规律也能得出上面的结论，因为生产资料增长最快这个论点，不过是把这个规律运用于社会总生产时的另一种说法而已"②。

在他提出的三个部类中资本有机构成不同，一定存在价值转形。他讨论的是扩大再生产，这里只讨论简单再生产。按照列宁的部类划分方法，可以构造三部类价值转形模型。

三 按照列宁的三部类划分的价值转形

（一）基本假设条件

假设：（1）社会生产划分为三部类，第一部类为制造生产资料的生产资料生产，第二部类为制造消费资料的生产资料生产，第三部类为消费资料生产。（2）生产过程为简单再生产。（3）三部类的剩余价值率相同并且已知。（4）三部类的生产价格形式的利润率相同。（5）三部类的资

---

① 沈民鸣：《论简单再生产条件下的价值转形问题》，《当代经济究》2005 年第 5 期。

沈民鸣：《论考虑固定资本影响的简单再生产条件下的价值转形问题》，《教学与研究》2006年第 4 期。

沈民鸣：《论马克思的两部类价值转形问题》，《政治经济学评论》2008 年第 1 期。

沈民鸣：《奢侈品生产的价值转形中的"两个等于"问题》，《马克思主义研究》2008 年第8 期。

沈民鸣：《简单再生产条件下的价值转形问题——基于资本周转速度的影响》，《财经科学》2008 年第 11 期。

沈民鸣：《论价值转形中利润率与剩余价值率的关系》，《马克思主义研究》2009 年第 1 期。

沈民鸣：《百年价值转形研究》，《经济学家》2009 年第 6 期。

沈民鸣：《资本主义生产总过程的数学分析》，经济科学出版社 2009 年版，第 33—88 页。

② 《列宁全集》第 1 卷，人民出版社 1984 年版，第 66—67 页。

本有机构成已知，但是不全相同。第一部类的不变资本、可变资本、剩余价值已知。（6）不考虑资本周转速度和固定资本的影响。

（二）符号规定

三部类的不变资本分别为 c_1、c_2、c_3，可变资本分别为 v_1、v_2、v_3，剩余价值分别为 s_1、s_2、s_3，社会多承认的剩余价值分别为 s_{a1}、s_{a2}、s_{a3}，资本家多得到的剩余价值分别为 s_{t1}、s_{t2}、s_{t3}，价值生产价格转换系数分别为 a_1、a_2、a_3，第二部类和第三部类的资本有机构成分别为 k_2、k_3，生产价格形式的利润率为 r。

（三）价值转形模型

按照列宁的三部类划分方法建立的简单再生产条件下的价值转形模型为：

$$v_1 + s_1 = c_2 \quad\text{………………………………}\quad (1)$$

$$c_2 + v_2 + s_2 = c_3 \quad\text{……………………………}\quad (2)$$

$$\frac{c_2}{v_2} = k_2 \quad\text{……………………………………}\quad (3)$$

$$\frac{c_3}{v_3} = k_3 \quad\text{……………………………………}\quad (4)$$

$$\frac{s_1}{v_1} = \frac{s_2}{v_2} \quad\text{…………………………………}\quad (5)$$

$$\frac{s_1}{v_1} = \frac{s_3}{v_3} \quad\text{…………………………………}\quad (6)$$

$$a_1 = \frac{c_1 + v_1 + s_1 + s_{a1}}{c_1 + v_1 + s_1} \quad\text{…………………}\quad (7)$$

$$a_2 = \frac{c_2 + v_2 + s_2 + s_{a2}}{c_2 + v_2 + s_2} \quad\text{…………………}\quad (8)$$

$$a_3 = \frac{c_3 + v_3 + s_3 + s_{a3}}{c_3 + v_3 + s_3} \quad\text{…………………}\quad (9)$$

$$s_{a1} + s_{a2} + s_{a3} = 0 \quad\text{…………………………}\quad (10)$$

$$(a_1 c_1 + a_3 v_1)(1 + r) = a_1(c_1 + v_1 + s_1) \quad\text{………}\quad (11)$$

$$(a_1 c_2 + a_3 v_2)(1 + r) = a_2(c_2 + v_2 + s_2) \quad\text{………}\quad (12)$$

$$(a_2 c_3 + a_3 v_3)(1 + r) = a_3(c_3 + v_3 + s_3) \quad\text{………}\quad (13)$$

$$(a_1c_1 + a_3v_1)r = a_3(s_1 + s_{t1}) \quad \cdots\cdots\cdots\cdots\cdots\cdots\cdots\cdots\cdots \quad (14)$$

$$(a_1c_2 + a_3v_2)r = a_3(s_2 + s_{t2}) \quad \cdots\cdots\cdots\cdots\cdots\cdots\cdots\cdots\cdots \quad (15)$$

$$(a_2c_3 + a_3v_3)r = a_3(s_3 + s_{t3}) \quad \cdots\cdots\cdots\cdots\cdots\cdots\cdots\cdots\cdots \quad (16)$$

其中，（1）、（2）式为简单再生产条件，（3）、（4）式为第二部类和第三部类的资本有机构成，（5）、（6）式为剩余价值率相同条件，（7）、（8）、（9）式为价值生产价格转换系数，（10）式表示各部类被社会多承认的剩余价值互相抵消，（11）、（12）、（13）式为价值转形方程，（14）、（15）、（16）式为生产价格形式的利润与实际得到的价值形式的利润之间的关系。

该模型包括两个子方程组，前 6 个方程构成简单再生产条件方程组，后 10 个方程构成价值转形方程组。c_1、v_1、s_1、k_2、k_3 为 5 个已知量，c_2、c_3、v_2、v_3、s_2、s_3、s_{a1}、s_{a2}、s_{a3}、s_{t1}、s_{t2}、s_{t3}、a_1、a_2、a_3、r 为 16 个未知变量。由 16 个独立方程，可以求得唯一解。

四　按照列宁的部类划分的价值转形的数例

假设：$c_1 = 2400$，$v_1 = 600$，$s_1 = 600$，$k_2 = 3$，$k_3 = 2$。由价值转形模型可以得到，$c_2 = 1200$，$v_2 = 400$，$c_3 = 2000$，$v_3 = 1000$，$s_3 = 1000$，$r = 0.236469244$，$a_1 = 1.076774102$，$a_2 = 1.02584931$，$a_3 = 0.917978653$，$s_{a1} = 276.386766$，$s_{a2} = 51.69862019$，$s_{a3} = -328.0853862$，$s_{t1} = 207.5805763$，$s_{t2} = 27.43721254$，$s_{t3} = -235.0177888$。这些结果可以表示为：

表 1　　　　　　　转形前工人创造的剩余价值和价值表

部类	不变资本	可变资本	剩余价值	产品价值
1	2400	600	600	3600
2	1200	400	400	2000
3	2000	1000	1000	4000
总计	5600	2000	2000	9600

表2 转形后价值形式的利润和生产价格表（社会承认的）

部类	不变资本	可变资本	利润（社会承认的剩余价值）	生产价格（社会承认的价值）
1	2400	600	876.386766	3876.386766
2	1200	400	451.6986202	2051.69862
3	2000	1000	671.9146138	3671.914614
总计	5600	2000	2000	9600

表3 转形后生产价格形式的利润和价格形式的生产价格表

部类	不变资本	可变资本	利润（生产价格形式）	生产价格（价格形式）
1	2584.257844	550.7871921	741.3417299	3876.386766
2	1292.128922	367.1914614	392.3782368	2051.69862
3	2051.69862	917.9786534	702.2373402	3671.914614
总计	5928.085386	1835.957307	1835.957307	9600

表4 转形后价值形式的利润和生产价格表（实现的）

部类	不变资本	可变资本	利润（实现的剩余价值）	生产价格（实现的价值）
1	2400	600	807.5805763	3807.580576
2	1200	400	427.4372125	2027.437213
3	2000	1000	764.9822112	3764.982211
总计	5600	2000	2000	9600

由表1、表2、表3、表4可以看出：按照列宁的三部类划分方法建立的价值转形模型所对应的四个系统中，转形前工人创造的剩余价值和价值系统，反映生产过程中耗费的劳动满足简单再生产条件，是价值转形的基础。

转形后社会承认的价值形式的利润和生产价格系统，不满足平均利润和简单再生产条件，但满足利润总和等于剩余价值总和，生产价格总和等于价值总和。这个系统中，不变资本和可变资本是价值形式的，产品是生产价格形式的，用价值定义生产价格，避免用生产价格定义生产价格的循环定义错误。

转形后生产价格形式的利润和价格形式的生产价格系统，同时满足平均利润和简单再生产条件，满足价格形式的生产价格总和等于价值总和，但是，生产价格形式的利润总和不等于剩余价值总和。

转形后实现的价值形式的利润和生产价格系统，不满足平均利润和简单再生产条件，但满足利润总和等于剩余价值总和，生产价格总和等于价值总和。这个系统中的利润和生产价格，是资本家最终得到的剩余价值和价值。

五 马克思的"两个相等"的著名论断在哪些系统之间成立

马克思认为，"一切不同生产部门的利润的总和，必然等于剩余价值的总和；社会总产品的生产价格的总和，必然等于它的价值的总和"[1]。这个结论是否成立呢？

由（10）式可以得到：社会承认的价值形式的利润总和，等于剩余价值总和；得到社会承认的价值形式的生产价格总和，等于价值总和。无需证明。

由（7）、（8）、（9）、（10）式，可以得到

$$a_1(c_1 + v_1 + s_1) + a_2(c_2 + v_2 + s_2) + a_3(c_3 + v_3 + s_3)$$
$$= (c_1 + v_1 + s_1 + s_{a1}) + (c_2 + v_2 + s_2 + s_{a2}) + (c_3 + v_3 + s_3 + s_{a3})$$
$$= (c_1 + v_1 + s_1) + (c_2 + v_2 + s_2) + (c_3 + v_3 + s_3) \cdots\cdots (17)$$

即价格形式的生产价格总和，等于价值总和。但是，生产价格形式的利润总和，一般不等于剩余价值总和。

由（1）、（2）、（11）、（12）、（13）、（14）、（15）、（16）式，得到三个部类资本家实际多得到的剩余价值分别为

$$s_{t1} = (\frac{a_1}{a_3} - 1)c_2 \cdots\cdots (18)$$

$$s_{t2} = \frac{a_2 c_3 - a_1 c_2}{a_3} - v_2 - s_2 \cdots\cdots (19)$$

$$s_{t3} = (1 - \frac{a_2}{a_3})c_3 \cdots\cdots (20)$$

---

[1] 《马克思恩格斯全集》第 25 卷，人民出版社 1974 年版，第 193 页。

由（2）、（18）、（19）、（20）式，可以证明，三个部类资本家实际多得到的剩余价值总和

$$s_{t1} + s_{t2} + s_{t3} = 0 \quad \cdots\cdots\cdots\cdots\cdots\cdots\cdots\cdots\cdots\cdots\cdots (21)$$

因此

$$(s_1 + s_{t1}) + (s_2 + s_{t2}) + (s_3 + s_{t3}) = s_1 + s_2 + s_3 \quad \cdots\cdots\cdots (22)$$

$$(c_1 + v_1 + s_1 + s_{t1}) + (c_2 + v_2 + s_2 + s_{t2}) + (c_3 + v_3 + s_3 + s_{t3})$$
$$= (c_1 + v_1 + s_1) + (c_2 + v_2 + s_2) + (c_3 + v_3 + s_3) \quad \cdots\cdots\cdots (23)$$

即资本家实际得到的价值形式的利润总和，等于工人创造的剩余价值总和；资本家实际得到的价值或价值形式的生产价格总和等于价值总和。

可见，马克思"两个相等"的论断，在转形后得到社会承认的价值形式的利润和生产价格系统，与转形前工人创造的剩余价值和价值系统之间成立。在转形后资本家实际得到的价值形式的利润和生产价格系统，与转形前工人创造的剩余价值和价值系统之间也成立。

六　中等有机构成与价值生产价格转换系数等于 1 不等价

在经济学家中流行一种观点，认为在中等资本有机构成的部类（或部门）中，生产价格与价值相同；生产价格与价值相等的部类（或部门）中，资本有机构成是中等构成。这种流行的观点是否正确？现在来考察这个问题。

1. 价值形式的中等有机构成与价值生产价格转换系数等于 1 不等价

如果第一部类的不变资本变为 $c_1 = 2800$，保持 v_1、s_1、k_2、k_3 不变，那么 $a_2 = 1.019344811$，$k = 3$。可见，当第二部类的资本有机构成等于总资本有机构成，该部类的价值生产价格转换系数不等于 1，即该部类产品的生产价格与价值不相等。

如果第一部类的不变资本变为 $c_1 = 3722.81305$，保持 v_1、s_1、k_2、k_3 不变，那么 $a_2 = 1$，$k = 3.461406525$。可见，当第二部类的价值生产价格转换系数等于 1，该部类的资本有机构成不等于总资本有机构成。

如果第一部类的不变资本变为 $c_1 = 2400$，保持 v_1、s_1 不变，$k_2 = 2$，$k_3 = 3$，那么 $a_3 = 0.943822402$，$k = 3$。可见，当第三部类的资本有机构成等于总资本有机构成，该部类的价值生产价格转换系数不等于 1，即该部类产品的生产价格与价值不相等。

如果第一部类的不变资本变为 $c_1 = 1633.48311$，保持 v_1、s_1 不变，$k_2 = 2$，$k_3 = 3$，那么 $a_3 = 1$，$k = 2.616741555$。可见，当第三部类的价值生产价格转换系数等于1，该部类的资本有机构成不等于总资本有机构成。

可见，如果某个部类的资本有机构成等于中等资本有机构成，价值生产价格转换系数可以不等于1，也就是该部类产品的生产价格与价值可以不相等。如果某个部类的价值生产价格转换系数等于1，也就是该部类产品的生产价格与价值相等，该部类的资本有机构成可以不等于中等资本有机构成。

因此，无论在哪个部类（或部门）中，价值形式的中等有机构成与价值生产价格转换系数等于1不等价。

2. 生产价格形式的中等有机构成与价值生产价格转换系数等于1不等价

如果资本有机构成改变为生产价格形式，也不能改变上述结论。第一、第二、第三部类生产价格形式的资本有机构成，以及生产价格形式的总资本有机构成分别定义为

$$k_{p1} = \frac{a_1 c_1}{a_3 v_1} \quad \cdots\cdots\cdots\cdots\cdots\cdots\cdots\cdots\cdots\cdots\cdots\cdots\cdots\cdots \quad (24)$$

$$k_{p2} = \frac{a_1 c_2}{a_3 v_2} \quad \cdots\cdots\cdots\cdots\cdots\cdots\cdots\cdots\cdots\cdots\cdots\cdots\cdots\cdots \quad (25)$$

$$k_{p3} = \frac{a_2 c_3}{a_3 v_3} \quad \cdots\cdots\cdots\cdots\cdots\cdots\cdots\cdots\cdots\cdots\cdots\cdots\cdots\cdots \quad (26)$$

$$k_p = \frac{a_1 c_1 + a_1 c_2 + a_2 c_3}{a_3(v_1 + v_2 + v_3)} \quad \cdots\cdots\cdots\cdots\cdots\cdots\cdots\cdots\cdots\cdots \quad (27)$$

如果第一部类的不变资本变为 $c_1 = 2962.645351$，保持 v_1、s_1、k_2、k_3 不变，那么 $a_2 = 1.016264535$，$k_{p2} = 3.765564437$，$k_p = 3.765564437$，。可见，当第二部类生产价格形式的资本有机构成等于生产价格形式的总资本有机构成，该部类的价值生产价格转换系数不等于1，即产品的生产价格与价值不相等。

如果第一部类的不变资本变为 $c_1 = 3722.81305$，保持 v_1、s_1、k_2、k_3 不变，那么 $a_2 = 1$，$k_{p2} = 4.049738693$，$k_p = 4.515735168$。可见，当第二部类的价值生产价格转换系数等于1，即产品的生产价格与价值相等，该部类生产价格形式的资本有机构成不等于生产价格形式的总资本有机

构成。

如果第一部类的不变资本变为 $c_1 = 2072.727273$，保持 v_1、s_1 不变，$k_2 = 2$，$k_3 = 3$，那么 $a_3 = 0.967272727$，$k_{p3} = 3$，$k_p = 3$，可见，当第三部类生产价格形式的资本有机构成等于生产价格形式的总资本有机构成，该部类的价值生产价格转换系数不等于 1，即产品的生产价格与价值不相等。

如果第一部类的不变资本变为 $c_1 = 1633.48311$，保持 v_1、s_1 不变，$k_2 = 2$，$k_3 = 3$，那么 $a_3 = 1$，$k_{p3} = 2.916985077$，$k_p = 2.616741555$。可见，当第三部类的价值生产价格转换系数等于 1，即产品的生产价格与价值相等，该部类生产价格形式的资本有机构成不等于生产价格形式的总资本有机构成。

可见，如果某个部类的生产价格形式的资本有机构成等于中等资本有机构成，价值生产价格转换系数可以不等于 1，也就是该部类产品的生产价格与价值可以不相等。如果某个部类的价值生产价格转换系数等于 1，也就是该部类产品的生产价格与价值相等，该部类的生产价格形式的资本有机构成可以不等于中等资本有机构成。因此，无论在哪个部类（或部门）中，生产价格形式的中等有机构成与价值生产价格转换系数等于 1 不等价。

显然，无论资本有机构成采用价值形式还是生产价格形式，无论在哪个部类（或部门）中，那种认为中等资本有机构成部类（或部门）的生产价格与价值相等，生产价格与价值相等的部类（或部门）的资本有机构成是中等资本有机构成的观点，在一般条件下不成立。

七 资本有机构成低的部类中生产价格可以高于价值

经济学家普遍认为，在资本有机构成低于中等构成的部类（或部门）中，生产价格低于价值。这种看法是否正确？现在来考察这个问题。

1. 价值形式的资本有机构成低的部类中生产价格可以高于价值

如果 $2800 < c_1 < 3722.81305$，保持 v_1、s_1、k_2、k_3 不变，则 $k_2 < k$，$a_2 > 1$。因此，如果某个部类的资本有机构成低于总资本有机构成，在一定范围内，这个部类的价值生产价格转换系数可以大于 1，即这个部类的生产价格可以高于价值，或者这个部类可以多得到社会承认的一部分剩余价值。

2. 生产价格形式的资本有机构成低的部类中生产价格可以高于价值

如果 $2962.645351 < c_1 < 3722.81305$，保持 v_1、s_1、k_2、k_3 不变，则 $kp_2 < k_p$，$a_2 > 1$。因此，如果某个部类生产价格形式的资本有机构成低于生产价格形式的总资本有机构成，在一定范围内，这个部类的价值生产价格转换系数可以大于 1，即这个部类的生产价格可以高于价值，或者这个部类可以多得到社会承认的一部分剩余价值。

显然，无论资本有机构成采用价值形式还是生产价格形式，无论在哪个部类（或部门）中，如果这个部类（或部门）的资本有机构成低于总资本有机构成，在一定范围内，这个部类（或部门）的生产价格可以高于价值。超出这个范围，资本有机构成低于总资本有机构成的部类（或部门），生产价格低于价值。

八 资本有机构成高的部类中生产价格可以低于价值

经济学家普遍认为，在资本有机构成高于中等构成的部类（或部门）中，生产价格高于价值。这种看法是否正确？现在来考察这个问题。

（一）价值形式的资本有机构成高的部类中生产价格可以低于价值

如果 $1633.48311 < c_1 < 2400$，保持 v_1、s_1 不变，$k_2 = 2$，$k_3 = 3$，则 $k_3 > k$，$a_3 < 1$。因此，如果某个部类的资本有机构成高于总资本有机构成，在一定范围内，这个部类的价值生产价格转换系数可以小于 1，也就是说，这个部类的生产价格可以低于价值，或者这个部类可以少得到社会承认的一部分剩余价值。

（二）生产价格形式的资本有机构成高的部类中生产价格可以低于价值

如果 $1633.48311 < c_1 < 2072.727273$，保持 v_1、s_1 不变，$k_2 = 2$，$k_3 = 3$，则 $k_{p3} > k_p$，$a_3 < 1$。因此，如果某个部类生产价格形式的资本有机构成高于生产价格形式的总资本有机构成，在一定范围内，这个部类的价值生产价格转换系数可以小于 1，也就是说，这个部类的生产价格可以低于价值，或者这个部类可以少得到社会承认的一部分剩余价值。

显然，无论资本有机构成采用价值形式还是生产价格形式，无论在哪个部类（或部门）中，如果这个部类（或部门）的资本有机构成高于总资本有机构成，在一定范围内，这个部类（或部门）的生产价格可以低于价值。超出这个范围，资本有机构成高于总资本有机构成的部类（或部门），生产价格高于价值。

九　社会多承认的剩余价值和多得到的剩余价值的符号可能相反

在一定范围内，社会多承认的剩余价值和多得到的剩余价值的符号可能相反。

（一）社会多承认的剩余价值大于零的情况下多得到的剩余价值可以小于零

如果 $2962.645351 < c_1 < 3722.81305$，保持 v_1、s_1、k_2、k_3 不变，则第二部类生产价格形式的资本有机构成 k_{p2} 低于生产价格形式的总资本有机构成 k_p，同时，第二部类社会多承认的剩余价值 $s_{a2} > 0$，第二部类多得到的剩余价值 $s_{t2} < 0$。

（二）社会多承认的剩余价值小于零的情况下多得到的剩余价值可以大于零

如果 $1633.48311 < c_1 < 2072.727273$，保持 v_1、s_1 不变，$k_2 = 2$，$k_3 = 3$，则第三部类生产价格形式的资本有机构成 k_{p3} 高于生产价格形式的总资本有机构成 k_p，同时，第三部类社会多承认的剩余价值 $s_{a3} < 0$，第三部类多得到的剩余价值 $s_{t3} > 0$。

（三）社会多承认的剩余价值和多得到的剩余价值的符号相反或相同的范围

总之，在一个部类中，从生产价格形式的资本有机构成 k_{pi}（$i = 1$，2，3）等于生产价格形式的总资本有机构成 k_p，一直到这个部类的价值生产价格转换系数 a_i 等于 1 的范围内，社会多承认的剩余价值和多得到的剩余价值的符号相反。在此范围内，如果一个部类生产价格形式的资本有机构成高于生产价格形式的总资本有机构成，这个部类的价值生产价格转换系数小于 1，社会多承认的剩余价值小于 0，而多得到的剩余价值大于 0；如果一个部类生产价格形式的资本有机构成低于生产价格形式的总资本有机构成，这个部类的价值生产价格转换系数大于 1，社会多承认的剩余价值大于 0，而多得到的剩余价值小于 0。

超出这个范围，如果一个部类生产价格形式的资本有机构成高于生产价格形式的总资本有机构成，这个部类的价值生产价格转换系数大于 1，社会多承认的剩余价值和多得到的剩余价值都大于 0；如果一个部类生产价格形式的资本有机构成低于生产价格形式的总资本有机构成，这个部类的价值生产价格转换系数小于 1，社会多承认的剩余价值和多得到的剩余价值都小于 0。也就是说，在大多数情况下，社会多承认的剩余价值和多得到的剩余价值的符号相同。

十　价值决定生产价格

由于生产过程中耗费的劳动，决定流通过程中剩余价值如何重新分配，剩余价值重新分配不影响，生产过程中已经耗费的劳动，因此，生产决定流通，价值决定生产价格。在价值转形模型中，表现为简单再生产条件方程组决定价值转形方程组。

十一　价值规律是否发生变化

在流通过程中资本家之间重新分配剩余价值，不能改变生产过程中已经耗费的劳动。生产中耗费的劳动，仍然满足再生产条件，满足价值规律。

在价值转形中，简单再生产条件由按照价值量相等互相交换，转变为按照生产价格量相等互相交换。在这种情况下，隐藏在生产价格量背后的价值量不一定相等。

价值是本质，生产价格是价值的表现形式。在价值转形中，发生变化的是价值规律的表现形式，而不是价值规律本身。这就是马克思所说的，"过去阐述的而现在仍然有效的价值规律和剩余价值规律现在在价值转化为生产价格以后所采取的那种改变了的表现形式"①。

在价值转形中，交换的商品的价值量不再相等，而生产价格量相等。这种本质上的不平等，表面现象上的平等，却被所有资本家共同接受，被认为是"资本主义的共产主义"②。

十二 不能通过资本流动实现价值转形

马克思意识到，"真正困难的问题是：利润到一般利润率的这种平均化是怎样进行的，因为这种平均化显然是结果，而不可能是起点"③。他曾经设想通过资本流通实现价值转形。但是，在流通过程中重新分配剩余价值时，生产过程已经结束，生产中耗费的劳动不会改变。因此，不能通过资本流动实现价值转形。如果资本在不同部类之间流动，生产规模发生变化，就不是简单再生产了。事实上，马克思在《资本论》第3卷中提出的价值转形数例中，并没有改变各部门的资本。价值转形是通过社会对于不同部类的劳动的承认程度不同实现的。

十三 结论

按照列宁的三部类划分方法建立的简单再生产条件下的价值转形模型证明，转形后生产价格形式的利润和价格形式的生产价格系统，同时满足平均利润和简单再生产条件。本文证明，在价值转形中，各部类的生产资料和劳动力的数量不变，平均利润和生产价格，价值转形是通过社会对于不同部类的劳动的承认程度不同实现的。通过简单再生产条件方程组和价值转形方程组的关系，证明价值决定生产价格。本文证明中等有机构成与生产价格等于价值并不等价。

这个模型满足：得到社会承认的价值形式的生产价格总和等于价值总和；实际得到的价值形式的生产价格总和等于价值总和；价格形式的生产价格总和等于价值总和；得到社会承认的价值形式的利润总和等于剩余价

---

① 《马克思恩格斯全集》第32卷，人民出版社1975年版，第74页。

② 同上书，第73页。

③ 《马克思恩格斯全集》第25卷，人民出版社1974年版，第195页。

值总和；实际得到的价值形式的利润总和也等于剩余价值总和；但是，生产价格形式的利润总和，一般不等于剩余价值总和。这就是马克思"两个等于"的著名论断成立的范围。

本文证明中等有机构成与生产价格等于价值并不等价。有机构成高的部类生产价格可以低于价值。有机构成低的部类生产价格可以高于价值。在一定范围内，社会多承认的剩余价值和多得到的剩余价值的符号可能相反。

本文最终证明，按照列宁的三部类划分方法，可以实现价值转形，可以通过价值解释并确定平均利润和生产价格。从而证明马克思的劳动价值论是正确的。

参考文献

[1] Bortkiewicz, L. von. 1907, "On the Correction of Marx's Fundamental Theoretical Construction in the Third Volume of Capital", *Jahr fur Nationalokonomie Statistik*, 1907, 34 (3), pp. 370 – 385.

[2] Sweezy, P. M., 1942, *The Theory of Capitalist Development*, New York: Oxford University Press.

[3] Winternitz, J. 1948, "Value and Price: A Solution of the So – Call Transformation Problem", *Economic Journal*, Vol. 58.

[4] Meek, R. 1956. Some Notes on the Transformation Problem, *Econ.* J., March, 66, pp. 94 – 107; reprinted in Meek, R. Economics and ideology and other essays; Studies in the development of economic thought. London: Chapman and Hall, 1967, pp. 143 – 157.

[5] 米克：《劳动价值学说的研究》，商务印书馆 1979 年版，第 19—27 页。

[6] Seton, F. 1957, "The 'Transformation Problem'", *Rev. Econ. Stud.*, 25 (6), pp. 149 – 160.

[7] 沈民鸣：《论简单再生产条件下的价值转形问题》，《当代经济研究》2005 年第 5 期。

[8] 沈民鸣：《论考虑固定资本影响的简单再生产条件下的价值转形问题》，《教学与研究》2006 年第 4 期。

[9] 沈民鸣：《论马克思的两部类价值转形问题》，《政治经济学评论》2008 年第 1 期。

[10] 沈民鸣：《奢侈品生产的价值转形中的"两个等于"问题》，《马克思主义研究》2008 年第 8 期。

[11] 沈民鸣：《简单再生产条件下的价值转形问题——基于资本周转速度的影

响》,《财经科学》2008 年第 11 期。

[12] 沈民鸣:《论价值转形中利润率与剩余价值率的关系》,《马克思主义研究》2009 年第 1 期。

[13] 沈民鸣:《百年价值转形研究》,《经济学家》2009 年第 6 期。

[14] 沈民鸣:《资本主义生产总过程的数学分析》,经济科学出版社 2009 年版,第 33—88 页。

[15]《列宁全集》第 1 卷,人民出版社 1984 年版。

[16]《马克思恩格斯全集》第 25 卷,人民出版社 1974 年版。

[17]《马克思恩格斯全集》第 32 卷,人民出版社 1975 年版。

关于把联合生产导入马克思主义
经济学的几项基本原则

张忠任[*]

一 肯定剥削的存在是首要原则

"联合生产"（Joint Production）的理论源于冯·诺伊曼（John von Neumann），但是在冯·诺伊曼那里我们看不到否定剥削的痕迹。把可变资本从利润的源泉排除出去，是从斯拉法（Piero Sraffa）开始的，斯蒂德曼（ian Steedman）继承了这一点。

$$(1 + r) \sum_{j=1}^{k} A_{ij}p_j + wL_i = \sum_{j=1}^{k} A_{ij}p_j \quad (i = 1, 2, \cdots, k) \tag{1}$$

在上面公式（1）中[①]，利润是与不变资本（$wL_i = v_i$）没有任何关系的，完全是由不变资本产生的，这违反了马克思主义经济学最基本的法则。把联合生产导入马克思主义经济学的首要原则就是必须放弃利润率与可变资本无关的斯拉法体系回到马克思的框架下来。

其次，我们注意一下上面公式（1）中的 wL_i，其中的 w 根据斯拉法的定义是工资比率（相当于 $w = \dfrac{v}{v + m}$），而不是单位劳动力价值量！但是，在斯蒂德曼那里，工资比率被假定为 $w = 1$，这意味着利润或剩余价值 $m = 0$，即不存在剥削。从斯蒂德曼开始的这一假定必须被抛弃，也就是说，我们只有在 $0 < w < 1$ 的前提下讨论问题才有意义。其实，我们完全不必使用斯拉法的工资比率的概念，直接使用马克思的不变资本（v_i

* 张忠任，日本岛根县立大学教授、博导，主要研究领域为劳动价值论和政府间财政关系。
① 该公式参考了斯拉法（1960）第 50 页。不过，为了便于理解，下标改用了数字顺序。

$= wL_i$）更为方便。这样我们得到下面的公式（2）。

$$(1 + r\sum_{j=1}^{k} A_{ij}p_j + v_i) = \sum_{j=1}^{k} A_{ij}p_j \quad (i = 1,2,\cdots,k) \tag{2}$$

其实，进一步说，还需要抛弃单位实物工资向量方程，以免陷入所谓"萨缪尔森陷阱"，这里就不赘述了。

二　确定模型的变量关系是基本前提

联合生产模型的出发点是考虑经济结构。迄今为止，所被重视的基本经济结构关系有生产和消费的关系（马克思的再生产理论），总供给和总需求的关系（凯恩斯的宏观理论），投入和产出的关系（列昂惕夫的投入产出理论），收入和支出（现在流行的 CGE 模型）的关系。联合生产模型所考虑的基本上属于投入和产出的关系，其特征则在于对于产出部分的分解。

进一步说，在考虑模型的变量组成的时候，基本上可以分为四大类：部类—部类（马克思）；商品—商品（瓦尔拉）；商品—生产过程（冯·诺伊曼），部门—部门（列昂惕夫）。

瓦尔拉的商品—商品模式，目前仍然是做不到的。冯·诺伊曼的商品—生产过程模式，困难更大。首先，关于商品，在一个国家当中，何止几百万种，我们目前在统计上无法完成，即便我们能够得到统计数据，目前的技术来处理由几百万个方程组成的方程组仍然是不现实的。其次，关于生产过程，并没有人做过清晰的定义。一个生产过程，显然不能小到一条生产线的范围，在外延上似乎应该大于一个企业。那么，一个生产过程应该包括一些什么样的企业，我们不知道。并且，既然在考虑生产过程，是否有必要跨过企业的壁垒，甚至需要跨过目前的部门分类的界限，我们也不知道。冯·诺伊曼所考虑的是 n 个生产过程，这很具有一般性。但是可能出现 3 种情况，即 $n > m$，$n = m$，$n < m$。特别是，当 $n < m$ 的时候，方程组可能无解，这时候说明我们的生产过程定义是不合理的。也许我们能够找到一种科学的定义，在统计上能够做到比目前的部门分类更为方便。

对此，斯拉法给我们提供了一个思路。他提出了商品—程序（生产过程）或部门模式，并且让商品的种数与程序（生产过程）或部门的个数相同①。在这里，斯拉法实际上把程序（生产过程）与部门的概念在同一意义下使用了。对于商品来说，目前在统计上仍然是无法操作的。但是，由此我们可以想到对于联合生产来说，也可以导入部门—部门模式！

在联合生产来说导入部门—部门模式的最大好处是可以解决价值决定问题。所谓斯蒂德曼诘难的一个最恶毒的结果就是一般的商品出现了负的价值。其根源就在于斯蒂德曼混淆了生产过程与部门的概念。斯蒂德曼的联合生产实际上所指的乃是某一部门的两条不同的生产过程。这怎么能谈到价值问题呢？因为在一个部门内部无论有多少条生产过程也不可能形成价值！

我们知道，从统计的角度，或者说从产业部门分类原则的角度，作为一个部门，必须有一种产品或者一类产品占有绝对主导地位，否则不能成为一个部门。假如工业部门所生产的工业品在工业品净产出总量中所占的比重低于农业部门所生产的工业品在工业品净产出总量中所占的比重，工业部门还能叫工业部门、农业部门还能叫农业部门吗？

所以，按照现实的产业分类是具有排他性的，即便是分类还不够彻底，每个部门的主体产出也必然占有绝对优势，从而全社会的净产出系数矩阵必定会是列严格"对角占优矩阵"。

我们可以证明，联合生产的价值方程组有唯一正解的充要条件是其净产出的系数矩阵为"列严格对角占优矩阵"（column strictly diagonally dominant matrix）。不过，等我们在下面导入环境部门之后，仅仅这一证明就不够了。

还需要强调一点，我们只讨论价值或者生产价格是不够的，必须两者兼顾。为此，必须有科学的转形计算方法，否则不能体现价值与生产价格的关系。

三　部门—部门模式的数据来源与负的价值问题

根据现有的投入产出表，我们可以很容易取得上面公式（1）中左侧的数据（对于 wL_i 我们可以取其整体）。问题在于公式（1）中右侧的数据怎么办。对此，目前唯一的办法就是申请科研经费，求得统计部门的配合。

---

① 斯拉法（1960），第47—50页。

　　最近，马艳教授等人开始关心用联合生产中负的价值的概念来解释环境问题。下面，让我们来深入考虑一下其可行性。关于环境的价值问题，因为原始自然环境不是人类的劳动产品，按照劳动价值理论，不可能拥有价值。但是为了恢复被破坏了的环境的使用价值必须投入劳动。用来复原环境的使用价值所投入的劳动应该形成价值。对于价值形成来说，被破坏了的环境所含有的负的价值的量，相当于其复原费用。也就是说，在理论上我们可以认为，被污染的环境具有负的价值，其绝对值等于将其恢复到原始状态所需要的价值，已经有人在做类似的工作①。现在的问题是，我们如何来把这一理念在联合生产模型中变成可操作的。对此，我们首先需要把 k 个部门扩大为 n（$n > k$）个部门。新增加的部门为环境部门。如果环境部门出现了负的价值，就说明存在环境污染或环境破坏；负的价值越大，说明环境污染或环境破坏的程度越大。这样，我们就可以把公式（2）扩大为下面的公式（3）

$$(1 + r \sum_{j=1}^{n} A_{ij} p_j + w L_i) = \sum_{j=1}^{n} A_{ij} p_j \quad (i = 1, 2, \cdots, n) \tag{3}$$

　　现在，存在着两个问题，首先是，新增加的 $n - k$ 个环境部门（为了方便，不妨令 $n - k = 1$，即只有一个环境部门）的数据如何取得。这一点，我们也可以像上述那样求得统计部门的配合。最大的问题是，作为应用分析，解里面出现了负的价值，并非可以是任意的。其位置是有限制的。也就是说，我们怎样才能保证商品部门（非环境部门）的解一定能够是正的？如果，我们的模型在代入数据以后，商品部门（非环境部门）的解出现了负的价值，那就出笑话了。对此，如何论证？

四　资源约束问题

　　上面的讨论仍然是以资源的无限性为前提的，下面我们来考虑资源约束问题。

　　我们可以假定所有的商品最终都是由若干种非劳动产品的天然资源所

---

　　① 按照布朗的估算，还地球以本来面貌的年度花费需要 930 亿美元。参见莱斯特·R. 布朗《B 模式 2.0：拯救地球延续文明》，东方出版社 2006 年版，第 186 页。进一步说，假如能推算环境复原费用的话，根据各国的环境负价值总额及人均环境负价值额。可以制定环境的国际比较标准。例如，人均环境负价值（-100）的国家环境比人均环境负价值（-500）的国家环境为好。

生产出来的。这一前提应该是没有问题的。假定社会共有 n 种商品 A_1、A_2、……、A_n，由 m 种天然资源①B_1、B_2、B_m（$m < n$）生产出来，那么，这一过程可以通过如下关系反映出来

$$
\begin{bmatrix} A_1 \\ A_2 \\ \vdots \\ A_n \end{bmatrix} = \begin{bmatrix} h_{11} & h_{12} & \cdots & h_{1m} \\ h_{21} & h_{22} & \cdots & h_{2m} \\ \vdots & \vdots & \cdots & \vdots \\ h_{n1} & h_{n2} & \cdots & h_{nm} \end{bmatrix} \begin{bmatrix} B_1 \\ B_2 \\ \vdots \\ B_m \end{bmatrix} \tag{4}
$$

这里，$H = [h_{ij}]_{n \times m}$ 表示一种技术结构。

$$
\begin{bmatrix} A_{11} & A_{12} & \cdots & A_{1n} \\ A_{21} & A_{22} & \cdots & A_{2n} \\ \vdots & \vdots & \cdots & \vdots \\ A_{n1} & A_{n2} & \cdots & A_{nn} \end{bmatrix} = \begin{bmatrix} A_1 \\ A_2 \\ \vdots \\ A_n \end{bmatrix} \begin{bmatrix} f_1 & f_2 & \cdots & f_n \end{bmatrix} \tag{5}
$$

这里，$[f_1 \quad f_2 \quad \cdots \quad f_n]$ 意味着一种概率分布。

由此，我们得到

$$
(1 + r) \left\{ \begin{bmatrix} h_{11} & h_{12} & \cdots & h_{1m} \\ h_{21} & h_{22} & \cdots & h_{2m} \\ \vdots & \vdots & \cdots & \vdots \\ h_{n1} & h_{n2} & \cdots & h_{nm} \end{bmatrix} \begin{bmatrix} B_1 \\ B_2 \\ \vdots \\ B_m \end{bmatrix} \begin{bmatrix} f_1 & f_2 & \cdots & f_n \end{bmatrix} \begin{bmatrix} p_1 \\ p_2 \\ \vdots \\ p_n \end{bmatrix} + \begin{bmatrix} v_1 \\ v_2 \\ \vdots \\ v_n \end{bmatrix} \right\} =
$$

$$
\begin{bmatrix} h_{11} & h_{12} & \cdots & h_{1m} \\ h_{21} & h_{22} & \cdots & h_{2m} \\ \vdots & \vdots & \cdots & \vdots \\ h_{n1} & h_{n2} & \cdots & h_{nm} \end{bmatrix} \begin{bmatrix} B_1 \\ B_2 \\ \vdots \\ B_m \end{bmatrix} \begin{bmatrix} f_1 & f_2 & \cdots & f_n \end{bmatrix} \begin{bmatrix} p_1 \\ p_2 \\ \vdots \\ p_n \end{bmatrix} \tag{6}
$$

我们把 $b = (b_i)_{1 \times m}$ 作为资源供给的上限，我们可以从如下线性规划，求得资源约束下的最大可能产量。

max $\quad A = HB$

st. $\quad B \leqslant b$

参考文献

[1] Sraffa, P., *Production of Commodities by Means of Commodities*, *Prelude to a Cri-*

---

① 注意：我们这里用的是"天然资源"，而不是"自由商品"（Free Goods）。

tique of Economic Theory, 1960（中文版），斯拉法：《用商品生产商品——经济理论批判绪论》，巫宝三译，商务印书馆 1963 年版。

［2］Steedman, ian., "Positive Profits with Negative Surplus Value", *The Economic Journal*, Vol. 85, No. 337 (Mar., 1975), pp. 114 – 123.

［3］Steedman, ian., "Positive Profits with Negative Surplus Value: A Reply to Wolfstetter", *The Economic Journal*, Vol. 86, No. 344 (Dec., 1976), pp. 873 – 876.

［4］Steedman, ian., "*Marx after Sraffa*", New Left Books, London, 1977. 中文版：扬·斯蒂德曼：《按照斯拉法思想研究马克思》，商务印书馆 1991 年版。

［5］Zhang Zhongren, A reply to Steedman's critique for Marx's labor theory of value, international Conference of the Association Française d'Economie Politique (AFEP), the Association for Heterodox Economics (AHE), and the international initiative for Promoting Political Economy (ⅡPPE) at Paris 1 Panthéon – Sorbonne University, 5 – 7 July, 2012.

［6］冯金华、侯和宏：《负剩余价值和正利润可以同时存在吗——破解斯蒂德曼的联合生产之谜》，《中国人民大学学报》2011 年第 3 期。

［7］张忠任：《百年难题的破解——价值向生产价格转形问题的历史与研究》，人民出版社 2004 年版。

"看不见的手"和自稳定的市场神话

——复杂科学和新古典经济学的实践检验

陈 平[*]

引 论

新古典经济学究竟在多大程度上是经验科学，一直是有争议的问题。著名计量经济学家 Hendry 称计量经济学为炼金术（Hendry, 2001）。主持圣达菲研究所经济课题的弗利称呼亚当·斯密代表的新古典经济学为神学（Foley, 2008）。张五常写过一篇论文"蜜蜂的神话"（Cheung, 1973），用"神话"的称呼，批评没有经验证据的经济学理论。20 世纪 70 年代以来，新发展的非平衡物理学和复杂科学，提供了新的理论工具，来检验经济学中互相冲突的学派。我们发现新古典经济学描述的"看不见的手"即"自稳定市场"的神话，不但没有经验证据，理论上也是错误的。我们来逐一解析。

（一）亚当·斯密"看不见的手"和外贸自动平衡的神话

亚当·斯密的《国富论》在经济政策上的主张是反对英国当时的贸易保护主义，主张开放自由贸易。他有两个论据。一是从政治经济学的角度指出，当时英国的贸易保护政策主要是维护英国地主阶层的利益，而地主从事的是"非生产性的"活动，违背亚当·斯密劳动分工促进效率提高的理论；二是从贸易平衡的角度指出，开放自由贸易不会损害英国的利益，因为从事外贸的商人会同时做出口和进口的生意。斯密在

陈平，复旦大学新政治经济学中心、北京大学国家发展研究院教授。

这里用了"看不见的手"的比喻，来说明虽然微观做贸易的商人只是出于自利的动机，但在宏观上也达到利国利民的社会效果。这一思想成为古典经济学和新古典经济学的核心，广为传播，作为反对政府干预的自由放任政策的理论基础。问题是，历史真的支持亚当·斯密的"看不见的手"的神话吗？

新古典经济学把亚当·斯密主张的自由贸易理论发展成系统的均衡理论。例如均衡利率理论和均衡汇率理论证明利率和汇率的波动，会自动保证贸易平衡。但是美国从 20 世纪 70 年代开始，不断和贸易伙伴的德国、日本、中国打汇率战，却始终保持贸易逆差。亚当·斯密自己生活的 18 世纪，正是英国对外殖民扩张和工业革命的初期。所以亚当·斯密观察到著名的亚当·斯密定理："劳动分工受市场规模的限制。"要发展劳动分工，就必须拓展市场，而非只是细化劳动分工。

美国历史学家彭木兰注意到西方工业革命推动下的全球化从来是贸易不平衡的（Pomeranz and Topik，2006）。16 世纪末起，英国人开始喜欢上中国茶，茶的进口持续增加，但是英国羊毛的出口不受中国人欢迎，导致英国对华的贸易逆差持续增加。英国为了平衡贸易，一方面在印度种鸦片输出到中国，不惜发动鸦片战争，强迫中国政府接受毒品的"自由贸易"，须知当时的英国本土，毒品贸易也不合法；同时英国还在印度种茶，以减少从中国的茶叶进口。英国政府"看得见的手"在两个方面下手，来扭转英国对华的贸易逆差：一是海军舰队远征中国，迫使中国开放通商口岸；二是用政府经费补贴印度修建初期赔钱的铁路，以便在印度偏远地区种茶，然后运往英国。英国在印度种茶花了近 60 年时间，才设法用英国垄断保护下的印度茶叶替代从中国的茶叶进口。而中国从鸦片战争到中华人民共和国成立，花了 110 年时间，才恢复中国的贸易自主权。中国又花了 40 多年，要到 1994 年以后，外贸才从逆差转为持续顺差。没有"看得见的手"的工业发展政策和独立的外交军事政策，中国不可能取得今天在全球竞争格局下的有利地位。

假如追溯到葡萄牙和西班牙人从 15 世纪开始的航海殖民，更是政府"看得见的手"支持下的商业活动。中国历史学家把郑和下西洋的辉煌和明清后期的闭关政策归罪于中国儒家的"重农抑商"政策，把中国描写成专制帝国的大政府典型。西方历史学家却有不同看法。亚当·斯密写《国富论》时采取"无为而治"的理想国家恰恰是中国。对中国郑和之后停止远航的经济原因，恰恰是中国政府没有英国的产业政策！原因是建造木质海船的关键是挂船帆的桅杆，需要砍伐大树才能制造高大紧固的桅杆。沿海国家生长多年的大树有限，限制了沿海造船工业的成长。英国为了争夺海上霸权，严格控制适合造船的木材的生产和价格，包括立法规定北美新英格兰的森林木材只许为英国海军造船所用。中国政府没有限制沿海树木的开采，导致造船成本急剧升高，使沿海航运和外贸大幅衰落。悟今思夕，我们不难理解，为何自称自由贸易的美国，在内战结束后，还要强化"看得见的手"即军备竞赛。美国一国的军备开支超过世界其余20强的总和，在全球设立700多个海外军事基地。即使政府负债已经使国内福利制度濒临破产的边缘，两党依然不愿裁减军费。

"看不见的手"的理论，虽然强调了国际贸易有促进劳动分工的积极作用，但是也掩盖了殖民主义和帝国主义对外扩张和战争的残酷历史。我们称"看不见的手"是亚当·斯密制造的神话之一，是符合历史真实的。

工业革命前的市场交换，因为没有工业革命产生的规模经济，区域贸易只是自给自足经济的补充，所以可以维持贸易平衡。新古典经济学把市场竞争归结为价格竞争，否定亚当·斯密关注的市场规模竞争和市场份额竞争，客观上在掩盖殖民主义和帝国主义的政府行为。

（二）自稳定市场的均衡价格神话

新古典微观经济学宣称"看不见的手"可以自动稳定市场，无须政府干预，理论依据是正斜率的供给曲线和负斜率的需求曲线的交点是唯一稳定的（见图1a）。如果假设效用函数和生产函数都不存在规模报酬递增，则效用或利润的最大化可以推导出均衡解存在的唯一性和稳定性（范里安，2011）。问题的核心是，现实存在的需求和供给曲线真的只有一个交点吗？

人们知道在非线性的供给和需求线下会出现多重均衡。社会互动（比如时尚和经济人的群体行为）会导致S形的需求曲线（Becker，1991）。非线性的限制（比如保证生存底限的最低工资，劳动供给在高工资水平下的向后倾斜）会造成S形或者Z形的劳动供给曲线（斯蒂格利茨，1976）（见图1b，图1c）。非线性需求和供给线下的多重均衡意味着持续波动（persistent cycles）和突变的可能。我们后面讨论的经济混沌的发现，直接否定市场经济静态单均衡态的存在。

Linear Demand-Supply Curve

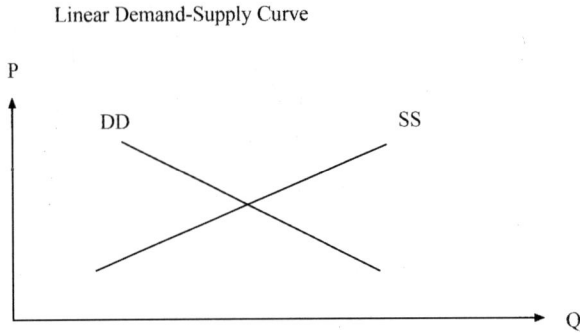

图 1 （a）

线性供求曲线与单均衡态。

消费者欲望消费多多益善，价跌量增（需求曲线 DD 斜率为负），

生产者欲望利润多多益善，价涨产增（供给曲线 SS 斜率为正）。

DD 和 SS 只有一个交点（供求平衡态）。对均衡态的偏离在市场竞争下可以自动恢复。条件是只有规模递减或规模不变。

Nonlinear Demand Curve （Becker）

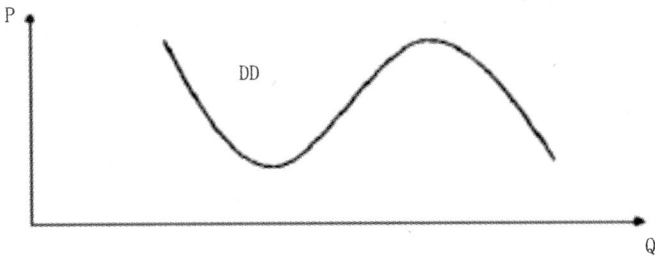

图 1 （b）

存在社会相互作用（如时尚）下的非线性（S形）需求曲线。

例如股票市场或时尚餐饮，人气越旺，价格越高，反而对购买者的吸引力越大，造成中间段的 DD 曲线斜率为正。水平的（同样价格的）供给曲线会有三个交点。

Nonlinear Supply Curve(Stiglitz)

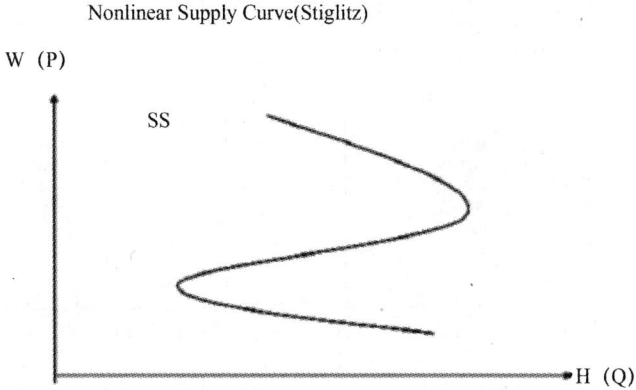

图 1 （c）

有生存下限和疲劳上限时的非线性（Z形）劳动供给曲线。

底部的劳动供给曲线 SS 斜率为负，因为越穷越得加班，才能养家糊口。

上部的劳动供给曲线 SS 斜率为负，因为越富越不干活，拿了奖金度假。

只有中部的劳动供给曲线 SS 斜率为正，奖金越多，加班越多。Z 形的 SS 曲线和需求曲线相交，就会有三个交点。没有唯一稳定的均衡解。

图 1 的线性和非线性的需求曲线，显示市场存在单均衡或多均衡的可能机制

（三）有效市场和金融无套利机会的神话

法玛所谓的有效市场假说（Efficient Market Hypothesis）是单均衡理论在金融学中的推论，其数学模型是断言金融市场的波动是围绕均衡态的白噪声，也叫随机游走或布朗运动（Fama，1970）。此项断言，被经济混沌的发现所否认。我们来观察股票市场真实数据的相图（图 2）。

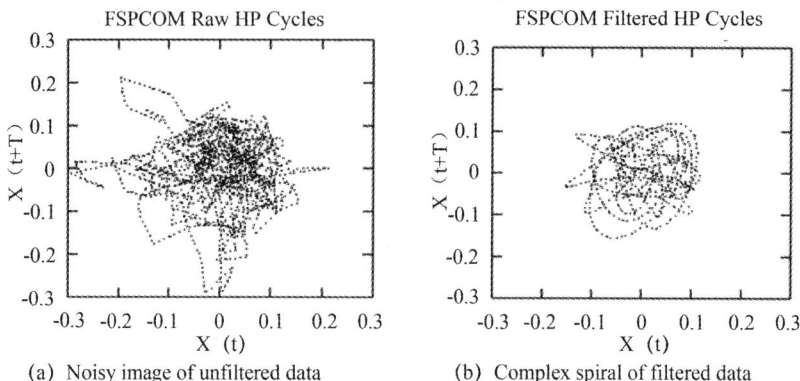

(a) Noisy image of unfiltered data   (b) Complex spiral of filtered data

图 2　标准—普尔价格指数波动的没有滤波的和经过滤波的
相图（时间延迟 T = 60 个月）

图 2（a）显示的是没有经过滤波的原始数据，美国股票市场的标准
—普尔指数的变动显得非常混乱、没有规律，接近所谓的白噪声或布朗运
动模型。但是图 2（b）显示的是经过滤波的数据，展示出复杂的螺旋运
动，这是典型的色混沌现象。我们测出的美国股票市场的混沌指标分数维
度为 2.5，白噪声成分只占方差的 30%，色混沌的成分大到 70%。这是
否定有效市场理论的有力证据（Chen，1996，2005；陈平，2000，
2004）。

（四）噪声驱动宏观经济周期的神话

20 世纪 30 年代的大萧条，动摇了经济学界对市场自稳定神话的信
仰。萨缪尔逊等数理经济学家开始研究决定论的经济周期模型，来理解马
克思早就指出的经济周期震荡是资本主义经济的内在机制。但是，计量经
济学会的创始人之一，挪威应用数学家弗里希（Frisch，1933）却在大萧
条期间提出一个噪声驱动模型，来挽救大家对市场自稳定机制的信念。他
先把宏观经济周期的运动描写为一个有摩擦力的钟摆（数学上叫简谐振
子模型，其解为周期震荡）。有摩擦的钟摆会自动停摆，意味着市场震荡
会自行趋向稳定的。这就把图 1（a）中供求平衡的静态模型发展出动态
模型。他然后考虑给钟摆外加一连串的随机冲击，例如用一串黄豆随机地
打向逐渐停摆的钟摆。弗里希宣称噪声驱动的钟摆将维持持续的震荡，由

此开创了宏观计量经济学的噪声驱动模型，并成为宏观经济学的经济周期理论的基础。因为弗里希模型将持续的经济周期归咎于外部经济冲击（坏人捣乱或者时运不济），而不是内部的不稳定，因此不需要政府监管或政策干预，成为原教旨市场经济的基础模型。

大家小时候都玩过秋千的游戏。秋千要是没有大人推，小孩荡着荡着就会慢慢停下来，因为空气阻力会消耗能量。要使秋千继续荡下去，请问应当如何推秋千？是按秋千本身的节奏同步地推，还是不看秋千节奏乱推一气？回答当然是有节奏地推。笔者把弗里希的问题问物理学家，得到的回答是随机冲击的钟摆必然停摆。笔者问经济学家的答案，多数认为随机冲击的钟摆会继续震荡。实验的结果证明物理学家是对的。

弗里希在一篇关于传导和脉冲问题的非正式的纪念卡塞尔的会议论文中提出自己的新奇观点，并据此分享了 1969 年颁发的第一次诺贝尔经济学奖。均衡经济学家们马上在宏观、金融和经济计量模型中引入各种各样的噪声驱动模型，包括弗里德曼（1976）、卢卡斯（1995）、格兰杰（2003）、和真实经济周期学派（2004）等，先后获得诺贝尔经济学奖，成为主流经济学动态和计量模型的基础。可惜的是，物理学家已经先于 Frisch 证明，简谐布朗运动只能产生衰减震荡，不可能产生持续的周期运动（Uhlenbeck and Ornstein，1930）。

如果美国的经济周期可以被 Frisch 模型描述的话，美国的经济周期只能维持 4—10 年，这与史实不符。美国经济周期有记载的历史已长达一百多年。弗里希模型等价于一种单热源热机。这种热机不可能存在，因为它违背了热力学第二定律（Chen，1999，2005）。

笔者发现弗里希早在第二年（1934）就悄悄放弃了他的模型，但从没有公开承认自己的错误。弗里希在 1933 年的非正式的学术会议上宣称，他已经得到了模型的解析解，完整的论文即将在他本人编辑的《Econometrica 计量经济学》杂志上发表。他承诺发表的论文在 1933 年 "将要刊载的论文" 项目下中预告了三次，然后就消失不见了。弗里希在 1969 年首次诺贝尔经济科学奖的获奖演说中，对自己获奖的模型也只字未提，实为咄咄怪事！时至今日，2008 年美国的金融危机前后，美联储主席伯南克公开发表的 "金融加速器模型" 和欧洲央行分析金融危机的计量经济学模型，仍然用噪声驱动模型为西方错误的货币政策辩护。

诺贝尔奖发给一个错误的、从未正式发表过的模型，而且成为经济学的主流模型近80年，实在是科学史上的怪事。这个真实故事揭示了一个让人警醒的事实：在理论和神话之间只有一步之遥。

（五）微观基础和理性预期（自愿失业）的神话

卢卡斯（Lucas）领导的新古典宏观经济学派，在20世纪70年代发起一场反凯恩斯的革命。他们的理由，不是经验观察，而是理论的自洽。卢卡斯指责凯恩斯的宏观需求不足的理论，微观经济学的基础，因为微观劳动力的供求关系总是处于均衡状态。那么，卢卡斯如何解释大萧条时期存在的大量失业的"非均衡"现象呢？卢卡斯提出一个微观经济学的妙论：说工人的失业是自愿的理性选择，是"均衡"现象。理由是贝克提出的时间优化理论：工人在工资高时会选择加班，工资低时会选择度假。假如社会上所有的工人，对合理的工资水平有所共识：例如月薪一千美元。则某种原因造成工资水平涨落时，工人的出勤率也会反向涨落，形成宏观可观察的失业率的周期波动。

卢卡斯使用了一个有意识形态魔力的理论工具，即所谓的"理性预期"。理性预期断言在没有任何社会互动的情况下，市场每个参与者能够有效利用市场信息，不约而同地产生社会共识和行为共振，并且可以预先识别政府刺激经济的货币政策或财政政策的欺骗性，用自发的理性反应，抵消政府政策的作用（Lucas，1972，1981）。卢卡斯的模型数学上简单漂亮，在卢卡斯文章发表后的30年间，在美国理论经济学界风行一时，把后凯恩斯学派打得落花流水，在宏观政策上逐渐放弃针对失业率的宏观调控，货币政策只管维持低通胀率，才有华盛顿共识的自由化纲领的大行其道，直到2008年的金融危机，动摇了微观基础和理性预期的神话。但是，西方多数主流经济学家，只感到微观基础理论实践上有问题，却不知道理论上错在哪里？

笔者一开始读到卢卡斯的文章，就觉得非常荒唐：饱汉不知饿汉饥。真实生活中穷人没有积蓄，如何能在失业时度假，而不是找任何累活脏活养家？但找到大名鼎鼎的卢卡斯模型的理论错误，又一次得益于笔者的理论物理背景：量子力学创始人之一薛定谔发现的大数原理。

薛定谔写过一本量子生物学的名著：《什么是什么?》。他从物理学的角度分析生物的两个基本特征：第一，生物特性的遗传是非常稳定的，所以子女的相貌和父母相似；第二，生物特性要有变异的可

能，否则无法演化，以适应环境的变化。两者综合考虑，生物变异的
概率应当很小，才能兼顾稳定性与变异性的矛盾。这在物质结构上，
如何可能实现呢？薛定谔想到遗传基因必须是包含许多原子的大分
子。理由如下：

薛定谔考虑一个生物的宏观体系有 N 个相同的原子组成，每个微观
原子随机运动的标准差均值为 $|\varepsilon|$，标准差为 σ。按照概率论，宏观系统
的均值为 P，方差为 $\begin{pmatrix} a_{11} & a_{12} \\ a_{21} & a_{22} \end{pmatrix} \rightarrow \begin{pmatrix} 1 & 0 \\ 0 & 1 \end{pmatrix}$。我们立即看到，方差的平方
根和均值的量纲相同，两者的比例我们叫相对偏差，应当是一个常数，我
们叫它相对偏差，可以用来刻画总体的市场波动。它的大小应当是：

$$ RD = \frac{\sqrt{VAR}}{MEAN} = \frac{\sqrt{N\sigma^2}}{Nm} = \frac{\sigma}{m\sqrt{N}} = \frac{C}{\sqrt{N}} \sim \frac{1}{\sqrt{N}} \tag{1} $$

这个公式的含义是什么呢？它是说，一个系统的组元 N 越多，系统
整体的涨落就越小。系统的相对偏差和系统组元数的平方根成反比，我们
称之为"大数原理"。最简单的例子，就是保险公司。要是保险公司承包
的个体越多，它们的风险（涨落）可以对冲，整体的风险就越小。换言
之，宏观稳定政策要求微观采取反垄断的竞争政策，保证市场上有足够多
的竞争者，才能防止宏观大起大落。

我们证明，薛定谔的大数原理对有增长趋势的宏观和金融市场的随机
涨落同样成立（Chen，2002；陈平，2004）。我们可以直接观察宏观经济
指数和金融市场的指数，计算它们的相对偏差，从而反推其隐含的组元个
数，以探索经济周期的内在原因。我们检验 Lucas 模型是否正确，可以很
容易地把美国的理论数据和真实数据相比较。我们立即发现，卢卡斯的微
观基础论没有经验基础。因为美国有 8000 万家庭，300 万个企业，2 万个
上市公司。它们的微观涨落加总，可能产生的市场波动以百分比为单位分
别是 0.01、0.05、和 0.7，美国真实 GDP 的波动为 0.2，投资和股市的波
动为 1—2，比卢卡斯微观基础论的预言要大 20—200 倍。只有金融中介
产生的波动可以解释宏观的经济周期。

我们也用大数原理来分析 2008 年金融危机的原因。我们发现，导致

美国产业出走的重要原因是货币市场和大宗商品市场的波动率，比真实投资和股票市场的波动率还大几倍，这意味着少数金融寡头在国际金融市场上的垄断竞争，导致国际汇率和油价的巨幅波动（见表1）。

表1 市场变动率与相应的隐含组元数

数据名称	市场波动率（%）	隐含组元数
个人真实消费	0.15	800，000
真实 GDP	0.2	500，000
真实民间投资	1.2	10，000
道琼斯工业指数（1928—2009）	1.4	9，000
标准普尔 500 指数（1947—2009）	1.6	5，000
纳斯达克指数（1971—2009）	2.0	3，000
日元—美元兑换率（1971—2009）	6.1	300
美元—欧元兑换率（1999—2009）	4.9	400
德克萨斯原油价格（1978—2008）	5.3	400

在今年 5 月 5 日在墨西哥城举行的 G20 首脑会议的预备会上，笔者用表1做依据，当面批评了美国总统经济顾问在危机处理中保护金融寡头的政策，支持美联储前任主席保罗—沃尔克拆分金融寡头的主张。笔者指出：目前的全球市场，虚拟资本的炒作为世界 GDP 的 10 倍，成为危机之源！我建议把国际反垄断法列入国际金融改革的议程，立即得到巴西和西班牙前总统的支持。

卢卡斯的错误是否定收入分配的差距会导致不同的经济行为。中国人都知道，一到长假，路上堵车、旅馆涨价，许多人节日偏偏不去度假，这就是套利行为。理性预期假设和套利行为是互相矛盾的。卢卡斯的微观基础模型，其中的经济参与者根本没有个人选择的自由维度。卢卡斯的岛屿模型在本质上是一个伪装的代表者模型（Chen，2002）。

我们的发现表明微观（micro）—中观（meso）—宏观（macro）三层次模型比目前流行的微观—宏观两层次的模型更能解释经济周期（Chen，2002，2005）。持续波动和市场不稳定植根于中间（meso）结构（金融和工业组织）。我们的研究否定了卢卡斯的新古典宏观经济学理论所谓的微观基础和理性预期论，拓展了明斯基的金融凯恩斯主义理论

（Minsky，1985）。

（六）利率政策宏观调节的神话

新古典综合的创始人希克斯提出的 IS—LM 曲线（Hicks，1937），把宏观调控政策简化为两条曲线：IS 曲线描写的是真实经济，投资—储蓄如何影响利率和产出；LM 曲线描写的是金融市场，货币供给如何影响流动性偏好。IS 曲线假设降低利率会刺激投资，从而增加产出，因而斜率为负。LM 曲线假设产出增加会刺激利率上升，因而斜率为正。两者的交点决定均衡的利率和产出水平。在经济萎缩时期，货币扩张政策可以使 LM 曲线右移，从而降低利率增加产出；或者采用赤字财政政策使 IS 曲线右移，从而增加投资增加产出。其中隐含的假设是封闭经济，不受国际竞争的影响。从而政府的货币政策或财政政策可以独立于经济体之外，为所欲为。真实世界不是这样。

美国在第二次世界大战之后，享受了二十余年的国际霸主地位，所以依据新古典的宏观调控政策似乎效果不错。但是从越战开始，美国的国际经济霸权遭到来自德国、日本的挑战，石油价格的控制也面临石油输出国组织的挑战，宏观政策的调控就越来越不灵了。日本 20 世纪 90 年代的十年停滞和 2008 年美国的金融危机，日本和美国先后使用货币政策，屡降利率，几乎把基准利率降低到零，依然无法刺激投资和经济。动用财政政策又面临国债剧增，动摇国债的信用和市场的信心。重复 20 世纪 30 年代大萧条时期失业率居高不下的局面。问题出在哪里呢？

我们的观察，希克斯模型有三个问题：

第一，IS—LM 是封闭的经济体系，才会有单向的线性关系。在开放竞争的世界里，政府降低利率是双刃剑：可以是刺激经济的信号，也可以是经济不景气的信号，要看市场是否对政府政策的效果有信心。假如企业家不看好国内的经济增长前景，零利率政策只会加快产业出走或资本外逃。从老龄化的日本或债务缠身的美国，出走到高速增长的中国或新兴国家，造成所谓的流动性陷阱。真实的 IS 曲线可能有两种类型（见图 3）。

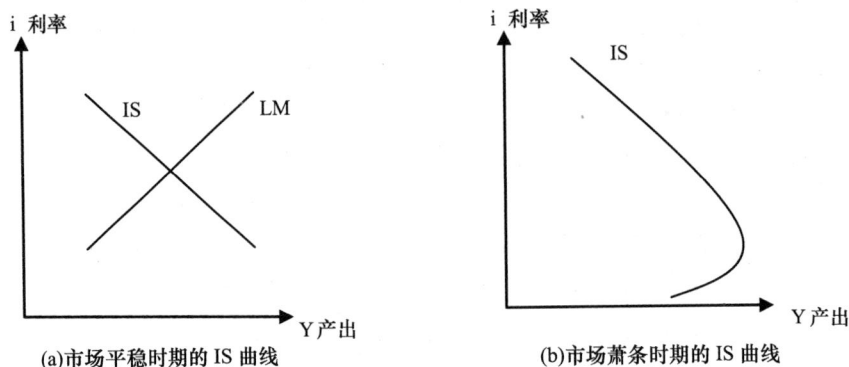

(a)市场平稳时期的 IS 曲线　　　　　　　(b)市场萧条时期的 IS 曲线

图 3　不同市场状态下的 IS 曲线。

第二，凯恩斯没有考虑政府的财政政策与货币政策所受的内在经济约束，似乎政府的赤字财政和货币扩张，可以视为经济的外生变量，由政府独立操纵。这是海耶克的内生货币论与弗里德曼的外生货币论的争论焦点。我们发现货币混沌的经验和理论证据，支持了海耶克的内生货币论，否定了弗里德曼的外生货币论（Chen，1988，2010；陈平，2000，2004）。弗里德曼曾经宣称，可以用货币扩张政策避免大萧条（Friedman and An-wards，1969）。美联储主席伯南克对此深信不疑。但是美联储的货币宽松政策在 2008 金融危机的作用有限。2008 年秋天起，美联储的基准利率不断降低，接近到零，失业率至今仍然高居不下。这一历史经验充分说明海耶克的内生货币理论，比弗里德曼的外生货币理论高明。

第三，凯恩斯的宏观经济学只讲总需求、总供给，没有经济结构的概念。政府的货币政策或财政政策只是短期行为，治标不治本。凯恩斯只看到大萧条的表象是总需求不足，却没有指出总需求不足的深层原因。

美国 20 世纪 30 年代的大萧条持续 12 年，罗斯福的新政并没有结束大萧条。结束大萧条的是第二次世界大战。2008 年美国的金融危机再次证明货币政策与财政政策的不足。为老龄化、福利社会、军备竞赛和欧盟东扩的负担所累，美欧国家日益丧失国际竞争的优势，技术差距也日益缩小。假如政府不进行结构性改革，经济很难有大的起色。

（七）转型实验、金融危机、和市场经济的内生不稳定性

转型实验和金融危机清楚显示市场经济的内生不稳定性。这就有力地

否定了新古典经济学主张"看不见的手"和自稳定市场的各种模型,支持了马克思经济学、演化经济学和复杂经济学从不同角度揭示市场内生不稳定的特质。

在人口压力,资源短缺,制度欠发达(产权不清晰和没有法治)等非常不利的初始条件下,中国的改革开放取得了巨大成功。中国学习市场经济采取了"摸着石头过河"的实验,用双轨制来兼顾稳定和创新。结果是:中国经济自1978年以来以每年9%的速度保持了持续的经济增长,2006年比1978年增长了12倍。

相比之下,迷信新古典经济学的休克疗法的东欧、苏联的经济转型经历了和平时期最大的经济损失。按照联合国的统计,东欧20年的转型导致经济下降了34%,人口下降了23%。俄国的休克疗法的损失则超过两次世界大战(见表2)。

表2 俄罗斯在20世纪战争与萧条的经济衰退度(战争与萧条前为100%)

时期	1913—1922(一战+内战)	1940—1945(二战)	1990—1996(转型)
国民收入	55.6	83.1	54.7
工业产出	31.0	91.8	47.5
农业产出	66.3	57.0	62.5
资本投资	40.3	89.0	24.3

二 结论:经济学流派的检验与综合

历史实践是检验经济学理论的试金石。我们现在可以依据历史实践,重新定位经济学中互相竞争的理论。

我们重新发现马克思政治经济学的理论框架对理解劳动分工的历史发展和当代的政治经济问题提供了有长远眼光的历史框架,尤其是马克思的经济结构分析,超越了没有结构和历史观念的新古典经济学与凯恩斯经济学。列宁和毛泽东关于非均衡经济发展的观察,对理解邓小平的改革开放的成功和世界格局的变化,有深刻的启示。我们的任务是与时俱进,系统整合马克思、毛泽东、邓小平的贡献,深化对当代经济结构转型的认识,发展新政治经济学和新的世界观。

熊彼特的创新经济学,对理解技术革命与组织演化有重要贡献。复杂科学的科学方法对定量研究演化经济学引入新的方法论。演化经济学的弱点是危机转型的经济政策，这正是用中国经验提升马克思政治经济学的机会。我们建议加强马克思经济学与演化创新经济学之间的对话。

新古典经济学为定量经济学的发展奠定了基层。但由于历史的局限，新古典经济学的理论框架的静态封闭的经济理论，无法理解劳动分工的演化和大国兴衰，必须引入非线性和非均衡的修正，来改造新古典经济学与计量经济学的基本模型。经济学的核心究竟是优化还是演化？经济学的体系是改革还是革命？有待于未来的竞争和发展。

我们期待，中国经济学的成长将会跟上中国经济发展的步伐，为21世纪的经济学的变革做出贡献。

致谢

感谢史正富、张维为、刘昶、崔之元、张军、陈昕、韩毓海、潘维、金钟伟、李世默、唐毅南、李华俊等富有启发的讨论。错误之处由本人负责。

参考文献

［1］陈平：《劳动分工的起源和制约——从斯密困境到广义斯密原理》，《经济学（季刊）》2002 年第 2 期。

［2］陈平：《文明分岔、经济混沌和演化经济动力学》，北京大学出版社 2004 年版。

［3］陈平：《新古典经济学在中国转型实验中的作用有限》，《经济研究》2006 年第 10 期。

［4］陈平：《中国之谜与中国之道》，《红旗文稿》2010 年第 4 期。

［5］陈平：《经济复杂与均衡幻象：关于市场非稳定与宏观生机的论文集》，《演化与创新经济学评论》（浙江大学科教发展战略研究中心主办）2010 年第 3 期。

［6］陈平：《均衡幻象，经济复杂和经济分析的演化基础》，《演化与创新经济学评论》2011 年第 1 期。

［7］陈平：《走出凯恩斯弗里德曼的流动性陷阱：后金融危机时代的宏观演化经济学》，《中国第 4 届演化经济学年会》，《清华大学》，2011 年。

［8］范里安：《微观经济学（现代观点）》，格致出版社、上海三联书店、上海人民出版社 2011 年版；Varian, H. R. : *Microeconomic Analysis*, Norton and Company, 1992.

［9］卢卡斯（Robert E. Lucas, Jr. ）、朱善利：《经济周期理论研究》，商务印书

馆 2000 年版。

［10］明斯基（Hyman P. M）:《稳定不稳定的经济：一种金融不稳定视角》，清华大学出版社 2010 年版。

［11］Chen, Ping, Microfoundations of Macroeconomic Fluctuations and the Laws of Probability Theory: The Principle of Large Numbers vs. Rational Expectations Arbitrage, *Journal of Economic Behavior & Organization*, 49, 327 – 344（2002）.

［12］Chen, Ping, *Economic Complexity and Equilibrium illusion: Essays on Market instability and Macro Vitality*, Routledge, London, 2010.

［13］Foley, Duncan K, Adam's Fallacy: *A Guide to Economic Theology*, Harvard University Press, 2008.

［14］Hicks, J. R. "Mr. Keynes and the Classics—A Suggested interpretation", *Econometrica*, Vol. 5（April）: 147 – 159, 1937.

［15］Hendry, David F. , Econometrics: *Alchemy or Science?* 2nd ed, Oxford University Press, Oxford, 2001.

［16］Johnson, S. , *The Quiet Coup. Atlantic*, 303（4）, 4656, 2009.

［17］Pomeranz, K. and S. Topik, *The World That Trade Created*: 1400 *to the Present*, 2nd Ed. M. E. Sharpe, New York（2006）.

［18］Samuelson, P. A. "Some Uneasiness with the Coase Theorem", *Japan and the World Economy*, 7, 1 – 7（1995）.

［19］Williamson, John. , What Washington Means by Policy Reform, in John Williamson, ed. Latin American Adjustment: How Much Has Happened? , Washington, D. C. : Institute for International Economics.

价格总水平上涨的微观机制

——货币政策失效

白暴力　白瑞雪[*]

价格总水平上涨是一个宏观经济现象，我们往往使用宏观经济政策来治理，现阶段则更多地使用货币政策来治理。然而，价格总水平上涨这个宏观经济现象，往往是由微观经济行为导致的，这就是价格总水平上涨的微观机制。对于这类价格总水平上涨，货币政策是失效的。本文，将说明在纸币体系中市场价格机制的三个特征以及在此基础上的"价格总水平上涨的微观机制"。

一　纸币体系中市场价格机制的三个特征

贵金属货币是商品货币，具有自身的价值；纸币是符号货币，自身是没有价值的，它只是价值的符号。因此，在纸币体系中，市场机制运行有着与在金属货币体系中不同的重要特征。下面说明与价格总水平上涨相关的三个基本特征。

（一）纸币的被动性膨胀

与价格总水平上涨相对应的流通中纸币数量的增长是纸币膨胀，因而，纸币膨胀总是和价格总水平上涨同时出现。价格总水平上涨的反面就是纸币贬值，因而，纸币膨胀也总是伴随着纸币贬值。所以，价格总水平

* 白暴力，北京师范大学教授（二级）、当代经济理论研究中心主任。白瑞雪，北京师范大学经济与资源管理研究院讲师，中国人民大学理论经济学博士后。

上涨、纸币膨胀和纸币贬值三者总是同时出现的[①]。

但是，同时出现的现象，却可以有不同的因果关系。一种关系是：纸币膨胀导致了价格总水平上涨和纸币贬值的出现，纸币膨胀是原因，价格总水平上涨和纸币贬值是结果；另一种关系是：价格总水平上涨和纸币贬值导致纸币膨胀，价格总水平上涨和纸币贬值是原因，而纸币膨胀则是结果。前者是主动性纸币膨胀，后者是被动性纸币膨胀。

被动性纸币膨胀产生的原因在于：价格总水平上涨并不简单地只与流通中纸币数量相关，而且还与经济过程的许多实际因素相关；当这些因素导致价格总水平上涨时，政府陷入两难境地：要么提高纸币发行量，使纸币膨胀以适应价格总水平上涨，要么使社会生产衰退；而政府往往会选择纸币膨胀以适应价格总水平的上涨。

图1—1 表示了这两种不同的关系。在图1—1中，纸币膨胀（Monetary expansion）分为主动性纸币膨胀和被动性纸币膨胀。一方面，主动性纸币膨胀会导致价格总水平上涨（inflation）和纸币贬值的出现；另一方面，"微观行为和宏观行为的价格总水平效应"会导致价格总水平上涨和纸币贬值，并由此导致纸币膨胀。

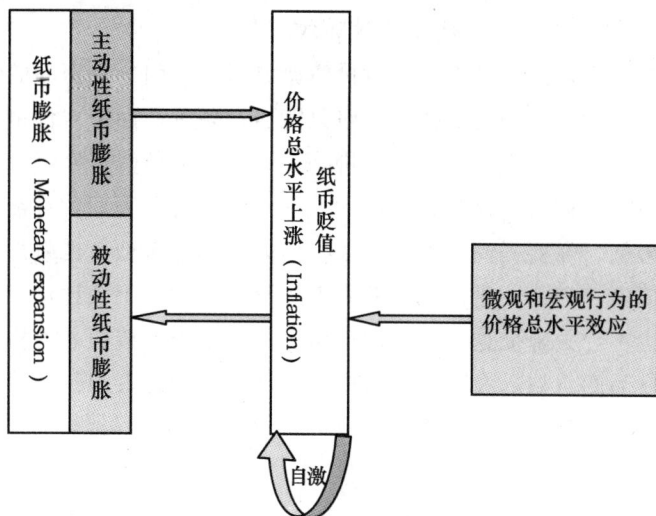

图1—1

---

① 胡代光："总而言之，纸币流通量过多、纸币贬值和物价上涨是通货膨胀所表现的彼此密切联系的三个方面。"《西方经济理论和经济计量学评论》，经济科学出版社 1988 年版，第 233 页。

（二）绝对价格"向下刚性"

绝对价格向下刚性是指：在纸币体系中，商品的绝对价格只能向上升，不能向下降，[①]即只能有

$$\frac{\mathrm{d}P_i}{\mathrm{d}t} \geqslant 0$$

不能有

$$\frac{\mathrm{d}P_i}{\mathrm{d}t} < 0$$

绝对价格向下刚性是一种理想状态假定，以便于说明相关的价格总水平上涨的本质过程。[②]实际上，根据具体情况不同，有些商品的绝对价格可能会有一定程度的下降，但是，下降的程度要比劳动生产率提高的程度小。这种情况可以称为部分刚性。

纸币的被动性膨胀为价格向下刚性提纲了基础背景，在这个基础背景下，商品销售者的货币收入向下刚性和货币工资向下刚性的初始压力，导致了商品的绝对价格向下刚性的形成[③]。

（三）"向上看齐"规律和"棘轮效应"

由于绝对价格向下刚性，相对价格调整时，任何一种商品的绝对价格都不会下降，所以，相对价格的调整只能通过各种商品绝对价格不同程度的提高来实现。在现实经济中，当价格体系需要调整时，实际上就是商品的相对价格需要调整，这时，生产者、销售者和价格管理者常常说某些商品的价格偏低，需要提高。其实，某些商品的价格偏低，也就是另一些商品的价格偏高，但是，生产者、销售者和价格管理者不会说这一类商品价格偏高，也不会去降低这类商品的价格；而只是说某些商品价格偏低，去调高这些商品的价格。在现实经济中，生产者、销售者和价格管理者的这种选择，可以形象地叫做"向上看齐"规律。

---

① 阿尼金："在现代条件下，无论是货币数量也好，价格水平也好，都具有单向的弹性：它们不会减少，只会增长。"《科学的青春》，黑龙江人民出版社1983年版，第126页。

② 绝对价格向下刚性假定的作用，相似于牛顿力学中研究物体运动时所作的"刚性假定"。实际上，任何物体都具有一定的弹性和塑性，但是，在牛顿力学中，假定物体是刚性的，由此研究物体运动的规律，以说明物体运动的本质过程。

③ 这些初始压力导致纸币的被动性膨胀的传导机制，是一个需要进一步研究的专门课题。

消费者的感受可能是与生产者、销售者和价格管理者的感受相反的，他们往往会觉得一些商品的价格过高，但是，他们不是市场价格的主导者，无法决定市场价格的走向。生产者、销售者和价格管理者往往是市场价格的主导者，他们的行为决定了市场价格的走向。

对于纸币价格体系而言，由于"绝对价格向下刚性"和"向上看齐"规律，如果某种商品的价格高于合理价格（由价值决定的价格）时，就会带动其他商品价格上升；而如果其价格低于合理价格（由价值决定的价格）时，却不会带动其他商品价格下降。这是一种单向的"棘轮运动"[①]，这样不断地震荡，就会使价格总水平持续上涨。这可以称为"棘轮效应"。

二 价格总水平上涨的三个微观机制：微观行为的价格总水平效应

在纸币体系的上述三个特征的基础上，任何相对价格的调整，都会导致单向的"棘轮效应"，不断震荡，使价格总水平持续上涨。这就是在纸币体系中的微观行为的价格总水平效应，也就是"价格总水平上涨的微观机制"。下面讨论微观行为的价格总水平效应的三种具体形式。

（一）劳动生产率变化的价格总水平效应

生产商品的劳动生产率的相对变化，即商品价值量的相对变化，会导致商品相对价格的变化。在纸币被动性膨胀的基础背景下，在相对价格调整过程中会出现"向上看齐"，即向最偏高绝对价格看齐的行为，这种行为导致绝对价格提高，从而导致价格总水平上涨。这就是劳动生产率变化的价格总水平效应[②]。

---

① "棘轮"是一种机械传动装置，其特点在于，只能传导一个方向的运动，而不能传导逆方向的运动。自行车后轮轴上的飞轮就是一种常见的棘轮，它只能传导向前的运动，而不传导向后的运动。

② 详细论证，见白暴力、白瑞雪《劳动生产率相对变化的价格总水平效应》，《当代经济研究》2011 年第 9 期。

（二）市场机制调节的价格总水平效应

市场调节机制，即市场的资源配置机制，是通过相对价格的调整来进行的。这种相对价格的调整会由于"棘轮效应"而导致价格总水平上涨，这就是市场机制调节的价格总水平效应。

1. 市场调节机制的表达：相对价格的运行

下面介绍市场调节机制，并指出需要强调的问题，为后面说明绝对价格和价格总水平的运行建立基础。西方经济学中微观经济理论对市场调节机制作了细致的描述，这一描述中涉及的是相对价格，是资源的相对配置[①]。

（1）短期均衡

完全竞争市场短期均衡可用图 2—2—1 来表达。在图 2—2—1 中，均衡相对价格是 p_e，在 p_e 点，供给与需求相等等于 q_e；当由于外部原因导致价格高于均衡相对价格时，例如等于 p_1 时，供给会大于需求，价格会下降，直至下降到 p_e：当由于外部原因导致价格低于均衡相对价格时，例如等于 p_2 时，供给会小于需求，价格会上升，直至上升到 p_e。

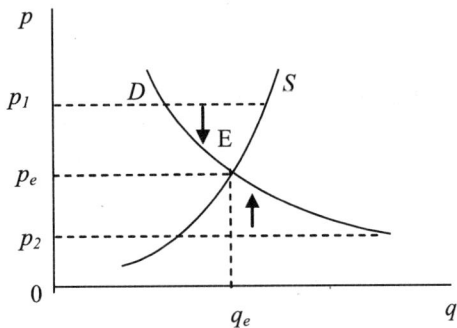

图 2—2—1

（2）长期均衡

市场短期均衡点总是围绕着市场长期均衡点波动的，市场长期均衡是

---

① 参见白暴力、白瑞雪《现代西方经济理论》，经济科学出版社 2010 年版，第 8 章。

在市场短期均衡的变化中实现的。考虑到市场短期均衡变化需要时间，引入时间变量。将市场长期均衡相对价格和市场短期均衡相对价格同时间的关系画到一个坐标系中，便得到图 2—2—2。图 2—2—2 是示意图。图中，P_L 曲线是市场长期均衡相对价格曲线，P_s 曲线是市场短期均衡相对价格曲线。

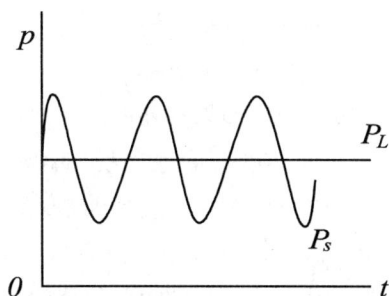

图 2—2—2

（3）市场调节机制运行（局部均衡）表达的说明

上面对市场调节机制运行的说明，用的是局部均衡的方法，讨论的是一种商品（第 i 种商品）的市场供求与价格的运动。对此，必须进一步说明以下两个问题。

第一，上面图形中的价格是相对价格，而不是绝对价格。因此，在上面图形中所说的第 i 种商品相对价格 p_i 下降，并不一定是其绝对价格 P_i 下降，而有可能是别的商品的绝对价格上升；同理，在上面图形中所说的第 i 种商品相对价格 p_i 上升，并不一定是其绝对价格 P_i 上升，而有可能是别的商品的绝对价格下降。

第二，供给与需求的变化是相对的资源配置，即，在总资源既定的条件下，资源在不同种类商品市场领域之间的相对配置。这也就是说，当第 i 种商品供求变化时，其他商品的供求也会发生变化，一般是相反的变化。当第 i 种商品的供给增加时，其他商品的供给就会减少；当第 i 种商品的供给减少时，其他商品的供给就会增加。同理，当第 i 种商品的需求增加时，其他商品的需求就会减少；当第 i 种商品的需求减少时，其他商品的需求就会增加。

局部均衡仅表达一种商品市场的相对价格的运行，这是为了使读者易于了解市场机制的运行。真实的经济体系中各种商品的相对价格和供求的运行，由一般均衡的方法来描述。一般均衡的方法，表明了任何一种商品价格和供求的变化都是与其他商品价格和供求的变化同时发生的。

2. 市场机制调节的绝对价格表现

在绝对价格"向上看齐"规律作用下，市场调节机制运行中的相对价格变化是通过各种商品的绝对价格不同程度的上升来实现的。

（1）短期均衡中绝对价格的运行。

前面说明，在短期市场中，如果有外部力量使市场相对价格高于均衡相对价格 p_e，则供给会大于需求，导致市场相对价格下降，直到均衡相对价格 p_e。但是，由于绝对价格向下刚性，该商品的绝对价格是不会下降的。该商品的供给大于需求，也就是其他商品的供给小于需求，所以，其他商品的绝对价格会上升。该商品的相对价格的下降是通过其他商品的绝对价格上升实现的。图 2—2—3 表示了这种情况。

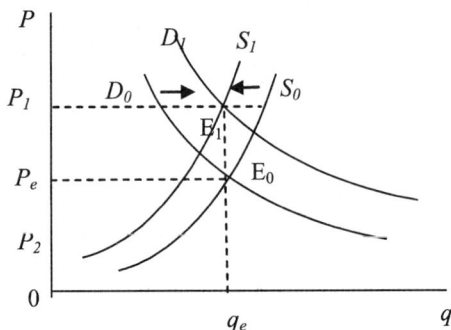

图 2—2—3

在图 2—2—3 中，假定，初始的均衡点在 E_0 点，均衡相对价格为 P_e；如果，一个外力将价格提高到 P_1，这时供给 S_0 会大于需求 D_0，相对价格会下降，相对价格下降会导致供给减少和需求增加；但是，由于"绝对价格向下刚性"，绝对价格不会下降，相对价格下降是通过其他商品的绝对价格提高实现的；在相对价格运动图 2—2—1 中沿着供给曲线和需求曲线向下的运动，在绝对价格运动图 2—2—3 中就表现为供给曲线和需求曲线的移动，移动到 S_1 和 D_1，并相交于 E_1 点。

这样，一个外部力量使某商品的市场相对价格大于均衡相对价格 p_e，会导致该商品绝对价格的单向上升和其他商品绝对价格的上升。

（2）长期均衡中绝对价格的运行

某商品的长期均衡相对价格 p_e 等于其平均成本，是由其价值决定的①，因此，长期均衡相对价格 p_e 表达的是合理的相对价格体系。前面（图2—2—2）说明，长期均衡是在短期均衡的变化中实现的：当某商品的需求增加时，其短期均衡相对价格会上升，高于长期均衡相对价格 p_e，即突破合理相对价格体系；这会导致其短期供给增加，短期均衡相对价格下降，回到长期均衡相对价格 p_e，即回到相对合理价格体系。但是，由于绝对价格向下刚性，相对价格下降不是通过该商品的绝对价格向下运动实现的，而是通过其他商品价格上升实现的；实际上，当该商品的供给增加时，相应的其他商品的供给减少，因此，其他商品的短期均衡相对价格会上升，这样就实现了该商品相对价格的下降。因此，图2—2—4所表达的短期均衡相对价格与长期均衡相对价格的关系，表现为图2—2—5的绝对价格的运行方式：当相对价格上升时，绝对价格上升：当相对价格下降时，绝对价格保持不变；这样相对价格的升降变化的调节机制，就表现为绝对价格间歇性单向上升的现象。这就是单向的棘轮运动。不仅如此，该商品相对价格下降时，即该商品的绝对价格不变时，其他商品的绝对价格在上升。

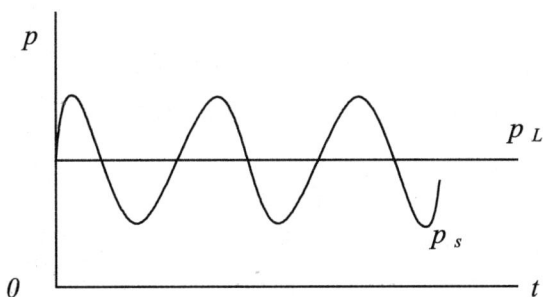

图2—2—4

---

① 参见白暴力《价值价格通论》，经济科学出版社2006年版，第10章。

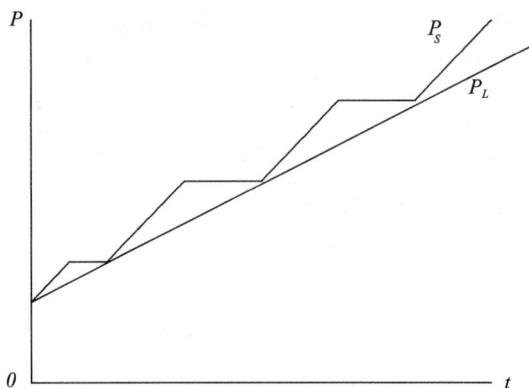

图 2—2—5

3. 价格总水平上涨的形成

综上所述，市场调节机制的运行，在短期，一个外部力量使某商品的市场相对价格大于均衡相对价格 p_e，就会导致该商品绝对价格的单向上升和其他商品绝对价格的上升；在长期，相对价格的升降变化的调节机制，表现为绝对价格间歇性单向上升的现象和其他商品绝对价格上升。这种绝对价格的上升，不断的突破合理的相对价格体系，导致相对价格体系不断向合理相对价格体系调整，在纸币体系中，在"绝对价格向下刚性"和"向上看齐"规律的作用下，相对价格的调整，会导致单向的"棘轮效应"，不断震荡，使价格总水平持续上涨。

总之，市场调节机制，即市场的资源配置机制，是通过相对价格的调整来进行的，这种相对价格的调整会由于"棘轮效应"而导致价格总水平上涨，这就是市场机制调节的价格总水平效应。

（三） 需求刚性的价格总水平效应

需求的价格弹性小的商品，在某些特定的市场结构中，价格会不断上升。这些不断上升的商品价格会不断破坏合理的相对价格体系，导致相对价格体系的不断调整，在"向上看齐"规则的作用下，就会出现价格总水平上涨。这就是需求刚性的价格总水平效应。

在这里的讨论中，绝对价格和相对价格的运动是同一的，因此，下面不再区分绝对价格和相对价格，简称为价格，用 P 表示。

1. 生活必需品需求的特点与价格上升的内在趋势

生活必需品需求的一个最大特点是：在相当大的范围内，价格需求弹性值 $|\varepsilon|$ 很小，接近于零。而产品销售者的收入（R）变化与需求弹性值有很大关系，其关系如下面的公式[①]：

$$\frac{\mathrm{d}R}{\mathrm{d}P} = \varrho\ (1 + \varepsilon) \qquad (2\text{—}3\text{—}1)$$

由于，在一般情况下，$\varepsilon < 0$，是负值，所以，由（2—3—1）式得出结论，当 $|\varepsilon| < 1$ 时，$\frac{\mathrm{d}R}{\mathrm{d}P} > 0$；即，对于非弹性商品，价格的提高会引起销售者收入的提高，价格的降低会引起销售者收入的降低。由于这个原因，对于生活必需品等非弹性商品，因此，价格有一种上升的内在趋势。

2. 生活必需品供给分析与价格上涨

由于生活必需品的需求弹性值 $|\varepsilon|$ 很小，因而，在一般情况下，其供给弹性值 $|\eta|$ 会大于需求弹性值 $|\varepsilon|$，即 $|\eta| > |\varepsilon|$。蛛网模型适应于农副产品这样的生活必需品的市场价格运动的分析。[②]下面我们使用蛛网模型来分析生活必需品的价格运动。

（1）第一种情况（$\eta > 0$）

在完全竞争市场中，供给曲线一般是向上倾斜的，即供给弹性 $\eta > 0$。在这种条件下，当 $|\eta| > |\varepsilon|$ 时，由于需求弹性 $\varepsilon < 0$，根据蛛网模型[③]：

$$P_t = (P_0 - P_e)\left(\frac{\eta}{\varepsilon}\right) + P_e \qquad (2\text{—}3\text{—}2)$$

（其中，t 表示时间，P_t 是第 t 期价格，P_0 是初始价格，P_e 是均衡价格）。可以看出，价格是发散振荡的。图 2—3—1 描述了这种情况。可见，生活必需品价格 P_t 会发散振荡，即：在一个期间，价格高，产量低；在另一个期间，价格低，产量高；并越来越背离均衡价格和均衡产量。如果考虑到高价格总水平上涨率的作用，在完全竞争市场上，生活必需品的价格运动就会表现为图 2—3—2 所示状态，即价格在不断波动中不断上涨。我国

---

① 参见白暴力《价值价格通论》，经济科学出版社 2006 年版，第 333 页。
② 同上书，第 359 页。
③ 同上书，第 360 页。

猪肉价格的运动曾出现过这种状况①。

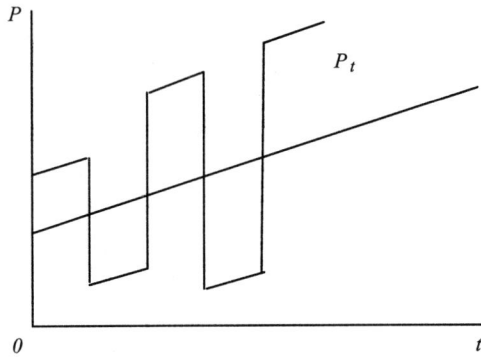

图 2—3—1

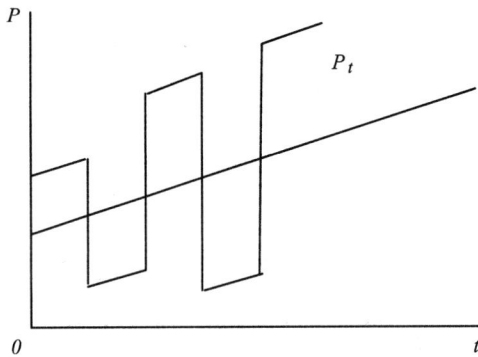

图 2—3—2

（2）第二种情况（$\eta < 0$）

在抽象的完全竞争市场理论中，没有考虑供给（即销售者）方面对需求弹性及其作用的认识和反应。然而，在现实中，从市场实践和对产品性质的认识中，销售者在一定程度上能够认识到需求弹性及其作用，并对此作出反应。因此，对现实市场的分析，应该考虑到这个具体问题。

---

① 参见白暴力《当前物价上涨的市场推进机制》，《经济学动态》2007 年第 10 期。

　　生活必需品的供给（销售）者能够认识到：生活必需品具有很低的需求弹性，销售者的收入会随着减少销售量提高价格而提高，因而有一种减少销售量提高价格的内在趋势。目前的市场结构又使得销售者能够实行"暗中勾结"，为了自己的目的而成为所谓"价格制定者"。因而，他们会采取不断减少销售量提高价格的做法，这就使供给曲线成为向下倾斜的，即 $\eta < 0$。由于，生活必需品的销售者，在能操纵市场价格的条件下，决不会在均衡价格以下出售产品；所以，向下倾斜的供给曲线仅存在于均衡价格以上，在均衡价格以下实际上不存在。由于生活必需品需求弹性很小，因而供给弹性值总是大于需求弹性值，即 $|\eta| > |\varepsilon|$。图 2—3—3 表示了这种情况。图中，供给曲线（S）向下倾斜，并且比需求曲线（D）平坦（均衡价格 P_e 以下的供给曲线部分使用虚线，表示实际上不存在）。这表示的实际情况是：某些种类生活必需品的销售者通过减少销售量来提高收入，而且减少的数量比因价格提高而减少的需求量更多，以便继续提高价格。

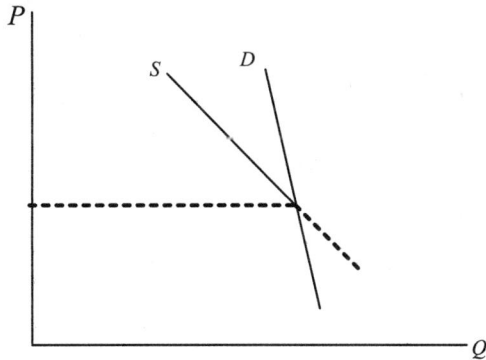

图 2—3—3

　　在这种情况（$\eta < 0$）下，当 $|\eta| > |\varepsilon|$ 时，由于需求弹性 $\varepsilon < 0$，根据蛛网模型（2—3—2）式

$$P_t = (P_0 - P_e)\left(\frac{\eta}{\varepsilon}\right) + P_e \qquad (2\text{—}3\text{—}2)$$

　　可以看出：当初始价格 P_0 大于均衡价格 P_e 时，这类生活必需品市场

价格 P_t 是向上发散的，即价格持续背离均衡价格上涨，产量持续减少。这一过程可以用图 2—3—4 来表示。这反映的实际情况是：销售者通过不断减少销售量并提高价格来提高收入。考虑到价格总水平上涨的作用，这类生活必需品价格运动如图 2—3—5 所示。即价格迅速提高而产量减少。近年来，我国蔬菜市场曾出现过这种情况。

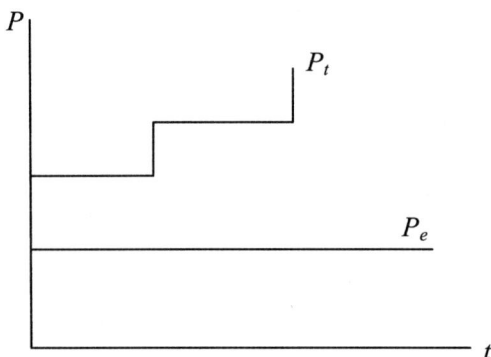

图 2—3—4

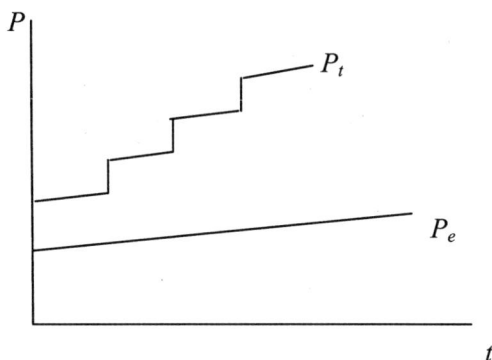

图 2—3—5

3. 价格总水平上涨的形成

综上所述，在特定的市场结构中，生活必需品等需求价格弹性比较小的商品的价格会不断地背离均衡价格（价值决定的价格）而提高，这种商品的价格突破合理的相对价格体系，成为在相对价格体系中不合理的偏高的价格。这种偏高价格的存在使得相对价格体系成为不合理的，于是，相对价格体系要向合理的状态调节，由于"向上看齐"规律和"棘轮效应"，所有商品的绝对价格都要上升，从而使价格总水平上涨。这就是需求刚性的价格总水平效应。

在某种特定的市场结构中，需求的价格弹性小的商品的价格是不断上升的，即每当相对价格体系被调整为合理的时，它又上升而突破合理的相对价格体系，再次引起相对价格体系调整，从而再次导致价格总水平上涨。这个过程是无限循环的。

近年来，我国食品等生活必需品的价格持续走高，推动了价格总水平的上涨，需求刚性的价格总水平效应是一个重要的因素。

三 总结：货币政策失效

在纸币体系中，在"纸币被动性膨胀"的基础背景下，绝对价格具有"向下刚性"，并由此产生了"向上看齐"规律；在"绝对价格向下刚性"和"向上看齐"规律的作用下，任何相对价格的调整，都会导致单向的"棘轮效应"，不断震荡，使价格总水平持续上涨。相对价格的调整是单个种类的商品及其市场变化的行为，是微观行为。因此，这种由相对价格调整所导致的价格总水平上涨，就是微观行为的价格总水平效应，这也就是价格总水平上涨的微观机制。前面所分别讨论的劳动生产率相对变化的价格总水平效应、市场机制调节的价格总水平效应和需求刚性的价格总水平效应等，就是三种类型的微观行为的价格总水平效应。

微观行为的价格总水平效应是自纸币体系出现以来，价格总水平一直在上涨的最基本的原因。只要是商品经济，只要劳动生产率发生相对变化，劳动生产率相对变化的价格总水平效应就会出现。只要市场机制调节运行，市场机制调节的价格总水平效应就会出现。这两类价格总水平上涨是无法避免的，客观存在的。在纸币体系中，这两类价格总水平效应，会使价格总水平上涨成为日常经济现象。不过，他们本身是温和的，其导致的价格总水平上涨率，可能不会超出3%。这是一个估计数据，因为，排除历史上重大的价格总水平上涨，日常平均的价格总水平上涨率大体没有超出3%①。

---

① 这是一个需要进一步使用计量经济学的方法来确定的问题。

　　然而，这种温和的价格总水平上涨，会产生"积累效应"：积累到一定程度，会出现价格总水平上涨预期，导致自激型价格总水平上涨，价格总水平上涨率将迅速提高，形成恶性价格总水平上涨。图 3—1 表示了这种情况。

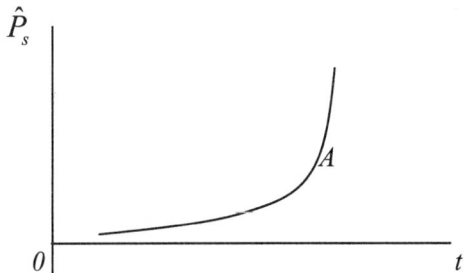

图 3—1

　　图 3—1 中，$\hat{P}_s$ 是价格总水平上涨率，t 是时间，A 点是加速转折点，在 A 点之前，微观行为的价格总水平效应导致的价格总水平上涨率是温和的，当到达 A 点后，产生自激型价格总水平上涨，价格总水平上涨率迅速提高，产生恶性价格总水平上涨[1]。

　　需求刚性的价格总水平效应，也是价格总水平上涨的一个基本原因，它与市场结构和产品特性相关，是由市场本身的自发作用和力量推进的。这类价格总水平上涨，也是自纸币体系出现以来价格总水平一直在上涨的一个基本的原因，但是，它是可以治理的。

　　微观行为的价格总水平效应对应于被动性纸币膨胀，对于这类价格总水平上涨，由于，其原因并非纸币膨胀，而纸币膨胀只是价格总水平上涨所导致的后果，所以，仅仅依靠管理好纸币发行数量，并不能达到治理的效果。不仅如此，如前面所说明的，如果仅仅压缩纸币发行量，很有可能造成经济衰退。所以，对于这种类型的价格总水平上涨，货币政策一般是达不到治理效果的。这就是货币政策失效。当前我国的价格总水平上涨，就是与被动性纸币膨胀相对应的，所以，仅依靠货币政策是难以治理的。

---

　　① 加速转折点的确定是一个需要使用计量经济学方法进一步研究的课题。

置盐定理的批判

*薛宇峰***

马克思关于一般利润率下降趋势规律的理论公之于世，始于 1894 年《资本论》第 3 卷的公开出版，从那时以来，西方经济学家围绕这一理论的争论就一直没有停止过。西方经济学家普遍认为，利润率下降规律、资本的积聚与集中、日益恶化的危机趋势和资本积累的一般规律是马克思的导致资本主义经济关系自我消失与灭亡的四大基本规律。另外，利润率下降规律被马克思主义经济学家认为是马克思积累理论的中心，突显了价值生产和实现的矛盾本质。而马克思通过分析资本基于劳动生产率的提高而增加相对剩余价值，得出了资本有机构成的提高是利润率下降规律中的一个重要因素的结论。

因此，不少西方经济学家试图将斯拉法的价格体系直接作为"生产价格体系"对马克思在劳动价值论下得出的各种结论进行检验（Samuelson，1957），还有利用新古典生产函数对此进行讨论的（Dickinson，1957）。虽然柴田敬（Shibata，1934）的数值例子中早就蕴含了"置盐定理"的思想，但并没有引起关注。直至置盐信雄（Okishio，1961）给出了所谓资本主义竞争条件下技术变革导致平均利润率上升的一般性证明后，相关的论战便更多地围绕"置盐定理"展开①。

置盐教授在 1961 年提出了如下的观点：除非实际工资率有足够的上

　＊　本文为国家社会科学基金资助项目"当代国外马克思主义经济学前沿问题研究"（课题批准号：07BJL005）和云南省哲学社会科学规划课题"劳动价值论'新解释'的最新进展研究"（课题批准号：YB201113）的阶段性研究成果。
　＊＊　薛宇峰，云南省昆明市云南财经大学马克思主义学院。
　①　参见骆桢《对"置盐定理"的批判性考察》，《经济学动态》2010 年第 6 期。

升，否则资本家采用的新技术不会降低一般利润率。在实际工资率一定的条件下，基本品行业的技术革新确实能提高平均利润率，而非基本品行业的技术革新对平均利润率的变化没有影响①。也就是说，如果没有技术革新，实际工资率的上升肯定会带来平均利润率的下降，而新技术的使用会减弱平均利润率的下降。作为其特例，当实际工资率不变时，技术革新会带来平均利润率的上升。

众所周知，发达资本主义国家在经历了始于 20 世纪 40 年代末的经济快速增长的黄金时代后，由于 1973 的石油危机的冲击，劳动生产率、就业率和利润率均大幅度下降，而通货膨胀却大幅攀升，形成"滞涨"状态，即经济停滞与通货膨胀同时并存的经济局面。1945 年之后的"金融爆炸"，打开了有利可图的不动产业和建筑业的投资机会，刺激了以螺旋上升的利息支付的奢侈品的消费。但金融部门的这种"过度膨胀"显然是"病态的和寄生的"。它是战后的长期繁荣和 20 世纪 70 年代作为回报的经济停滞的奥秘。随着繁荣逐渐消失，人们在很多年中，用越来越多的债务创造、越来越疯狂的投机和越来越严重的通货膨胀与停滞做斗争②。

从而，西方经济学家面临着运用何种危机理论来解释经济萧条和恐慌的难题。他们认为利润率是资本主义宏观经济动态波动的重要决定因素，而马克思没有提出完整的和令人信服的危机理论。西方国家自 20 世纪 70 年代开始的"盈利下降"现象则引发和加剧了对"置盐定理"的争论。2007 年 8 月始于美国的金融动荡已演变成为全球金融危机，冲击各发达国家的实体经济，并迅速发展成严重的世界经济危机，从而重新引发了人们对利润率与资本主义经济危机关系的关注与研究。

因此，通过对"置盐定理"的论证和结论成立与否的讨论，不但可以加深理解马克思的利润率下降规律和充分了解规律对现实经济的解读能力和适用范围，而且通过争论还可以发现"盈利下降"和马克思的规律之间的区别与联系，从而可以确认马克思的规律的历史意义和现实意义。因此，对"置盐定理"的争论本身的回顾与分析不可缺少和具有重要意义。

---

① Okishio, N., "Technical Change and the Rate of Profit", *Kobe University Economic Review*, 1961, pp. 86 – 99. 骆桢等译：《技术变革与利润率》，《教学与研究》2010 年第 7 期。

② 详见程恩富主编《马克思主义经济思想史（欧美卷）》，东方出版中心 2006 年版，第 192 页。

一　问题的所在

2007 年 8 月始于美国的金融动荡并迅速发展成严重的世界经济危机重新引发了人们对利润率的变化的关注与研究。在资本主义经济中，利润率是决定资本家利润预期的主要因素。利润率通过利润预期和投资率影响总产量和就业量。利润率的下降使产量和就业水平及其增长率降低，积累得越多就越难积累，只有通过一场危机才能恢复积累的秩序。利润率的周期性下降揭示了经济周期波动的基本机制；周期中蕴含的利润率长期下降趋势反映了资本积累的内在矛盾。正是在这个意义上马克思认为利润率趋向下降规律是现代政治经济学中最重要的规律，是理解最困难的最本质规律①。

资本主义当前的新自由主义经济结构导致了其较先前的战后经济结构更缓慢的经济增长，这已几乎为所有不同倾向的经济学家们普遍认同。在马克思的分析框架中，增长与投资之间存在着互为因果的辩证关系。而投资又与利润率存在着类似的辩证关系。马克思主义者和许多其他经济学家都认为，利润率既是资本主义经济体健康发展的一个决定性因素，也是衡量其是否运行良好的一个指标②。克里曼最近就强调，虽然数据显示出，最近五年的利润率明显上升了，但危机仍然和利润率下降有关；利润率下降虽然不是危机的近因，但从长期发展来看，却是当前危机的关键的间接原因。危机创造条件的利润率下降，不需要持续到危机爆发的时刻，而只需要造成一个极低的利润率就可以了，因为在平均利润率相对较高的时期，那些利润率低于平均水平的企业也能生存，但一旦平均利润相对下降，就会造成很大一部分企业的生存危机③。而大卫·科茨通过分析美国私营部门所有员工每小时产出与实际补偿金增长率的差异，发现资本主义企业一方面和政府共同打击工会，另一方面越来越多地雇佣临时和兼职员

---

① 谢富胜等：《马克思主义危机理论和 1975—2008 年美国经济的利润率》，《中国社会科学》2010 年第 5 期。

② 埃尔多干·巴基尔、艾尔·坎贝尔：《新自由主义、利润率和积累率》，《国外理论动态》2011 年第 2 期。

③ Kliman A. , The Persistent Fall in Profitability Underlying the Current Crisis（ES/OL）, New Temporalist Evidence, http：//akliman. Squarespace. com：October 17. 2009.

工，以使利润相对工资能更迅速增长①。

通常认为，马克思的利润率下降规律和经济危机相联系的内容包括三个方面：第一，利润率下降规律的作用，这个规律的内部矛盾的展开，是导致经济危机发生的原因；第二，危机是阻碍利润率下降、对规律的趋势起反作用的因素；第三，以危机为起点的资本主义经济周期中实际利润率的变化，是规律的运动形式。但是，有机构成提高引起利润率下降在马克思主义者中也引起过激烈的争论，同时形成了三类批评：（1）利润率下降本身不会发生。因为个别资本仅在预期到利润率会提高时才采用新的生产方法，所以以技术创新为基础的积累不会使利润率下降——即"置盐定理"；米克等学者用战后等时期利润率的上升反驳这一理论；（2）利润率下降的内在机制并不确定。斯威齐认为马克思在这里假定剩余价值率不变，然而有机构成提高会提高劳动生产率，加之产业后备军扩大造成的工资下降，剩余价值率最终会提高，且不一定比有机构成提高得慢。新李嘉图主义者认为生产率提高将使不变资本贬值并进一步减弱有机构成的提高；有机构成提高本身有利于资本更有效地压制劳动，从而提高剩余价值率；（3）利润率下降论缺乏整体性和历史性。一些学者认为利润率下降论忽视了生产和流通、剩余价值生产和实现之间的矛盾，且假定价值增殖的使用价值基础和资本积累的主导部门在长期中没有变化。相反，产业部门的多样化可以刺激资本积累，并使利润率恢复。此外，利润率下降论是一个不受具体历史时间约束的抽象趋势，与资本积累的现实动态无关②。

毫无疑问，对利润率下降的更多的质疑则是基于技术进步的经济效应，但并没有引起学者们的足够关注。直至所谓的资本主义竞争条件下技术进步导致平均利润率上升的"置盐定理"问世之后，与之相关的讨论才又重新成为热点。的确，"置盐定理"发表之后在国际上产生了很大的反响，但对之论证的方法和结论的质疑与批判也不断而来，归纳起来大致包括以下几点：

（1）降低成本后，利润必然增加。"置盐定理"什么也没证明③？

① 大卫·科茨：《当前金融和经济危机》，《海派经济学》（上海）第25辑，2009年。

② 孟捷：《马克思主义经济学的创造性转化》，经济科学出版社2001年版，第104—105页。

③ 详见 Rosdolsky R., The Making of Marx's Capital, London: Pluto Press, 1977, pp. 398 - 412. Fine. B, Theories of Capitalist Economy, London: Edward Arnold (Publishers) Ltd., 1982, 法因、哈里斯：《重读资本论》，山东人民出版社1993年版。富塚良三：「『利潤率の低下傾向』論—柴田敬・置塩信雄・根岸隆氏の所説によせて」，日本中央大学『商学論纂』第33卷6号，1992年，pp. 209 - 245。

（2）"置盐定理"和马克思"利润率趋于下降规律"是否有必然的相互关系？[①]

（3）在采用新技术以前和以后，"置盐定理"是假定实际工资不变的，因此，在证明过程中，"置盐定理"没有考虑到技术进步对实际工资的影响？[②]

（4）"置盐定理"没有考虑到产品创新的问题[③]？

（5）"置盐定理"没有考虑到固定资本的问题[④]？

（6）"置盐定理"没有考虑到联合生产的问题[⑤]？

上述（1）和（2）讨论的是"置盐定理"的论证本身是否正确及其表达内容与马克思的论述是否具有相关性。而（3）至（6）则是讨论"置盐定理"的成立条件和适用范围。限于文章的篇幅，本文只对上述的（1）和（2）的问题展开讨论和分析。通过对"置盐定理"的假设前提

① 详见 Rosdolsky R. , The Making of Marx's Capital, London: Pluto Press, 1977, pp. 398 – 412。

高峰：《资本积累理论与现代资本主义》，南开大学出版社 1991 年版。

斯威齐：《资本主义发展论》，商务印书馆 1997 年版，第 119—126 页。

松尾純：「マルクスによる利潤率の傾向の低下法則の論証」，日本桃山学院大学『経済経営論集』第 25 巻 1 号，1981 年，pp. 1 – 27。

② 详见 Roemer J. , Analytical foundation of Marxian economic theory, Cambridge: Cambridge University Press, 1981, Chap. 2。

Foley Dunkan A. , Understanding Capital, Cambridge, Mass. : Harvard University Press, 1986.

③ 详见 Shaikh A. , "Political economy and capitalism: notes on Dobb's theory of crisis", Cambridge Journal of Economics, No. 2 (1978), pp. 233 – 251。

Nakatani T. and T. Hagiwara, "Product innovation and the rate of profit", Kobe University Economic Review, vol. 43 (1997), pp. 39 – 51.

④ 详见 Roemer J. E. , "Continuing controversy on the falling rate of profit: fixed capital and other issues", Cambridge Journal of Economics, vol. 3 (1979), pp. 379 – 398。

中谷武：「利潤率・実質賃金率・技術変化—固定設備を考慮して」，日本『経済研究』第 29 巻 1 号，1978 年，pp. 72 – 77。

Woods J. E. , "Okishio's theorem and fixed capital", Metroeconomica, vol. 37, no. 3 (1985), pp. 187 – 197.

⑤ 详见 Roemer J. E. , "Continuing controversy on the falling rate of profit: fixed capital and other issues", Cambridge Journal of Economics, vol. 3 (1979), pp. 379 – 398。

M. Morishima and G. Catephores, Value, Exploitation and Growth, New York: McGraw Hill , 1978, chap. 4. L.

中谷武和萩原泰治：「結合生産と置塩の定理」，日本『國民經濟雜誌』第 191 巻 4 号，2005 年，pp. 21 – 33。

Salvadori N. , "Falling rate of profit with a constant Real Wage: an example", Cambridge Journal of Economics, vol. 5 (1981), pp. 59 – 66.

和数理论证方法的分析和讨论,本文围绕"置盐定理"的成立前提和论证过程中存在的问题和缺陷,对其提出质疑和批判,以应对其否定马克思的利润率趋向下降规律理论的观点。对其他的问题我们将在另外的文章中专题进行研究。

概括起来,本文探讨的主要问题可分为三个问题:

1. "置盐定理"的假设前提条件是否合理?

2. "置盐定理"的论证方法到底正确与否和由此得到的结论能否成立?

3. "置盐定理"的研究结论能够否定马克思的利润率趋于下降规律吗?

文章的安排依次是:第二部分是关于"置盐定理"的文献回顾;第三部分是对"置盐定理"的假定前提和数学证明的解读;第四部分是对"置盐定理"数理证明的质疑和批判;第五部分则是研究结论。

二 关于"置盐定理"的文献回顾

利润率下降与危机的联系首先由德国的大学教师埃里克·普雷泽尔所强调,对于他来说,利润率下降是马克思危机理论的基础,它用于解释商品的生产过剩和激烈的竞争战。普雷泽尔摒弃了以前把马克思看成是消费不足论和比例失调论理论家的做法①。杜冈—巴拉诺夫斯基是马克思主义利润率趋于下降理论的第一位批判者,第二次世界大战后,马克思的理论也在"置盐定理"的基础上受到批评。这些批评的基础在于,它们认为马克思是在假设每一生产过程中的所有不变资本都被消耗的基础上提出自己理论的。因此,马克思研究的是"单位成本"而不是利润率。置盐信雄和杜冈—巴拉诺夫斯基一样,将实际工资视为固定不变的,研究了可以节约劳动和降低价格的技术引进影响的"单位成本"的变化趋势。两人得出结论认为,当资本/劳动比率相对增长的时候,"单位成本"必然上升。然而,即使假设实际工资保持不变,利润率在不同情形下仍有可能上

---

① M. C. 霍华德、J. E. 金:《马克思主义经济学史(1929—1990)》,中央编译出版社 2003 年版,第 133 页。

升、保持不变或者下降①。

自从 20 世纪 70 年代资本主义经济停滞和通货膨胀的严重危机后，由于企业的"盈利下降"，导致西方经济学者对利润率趋于下降规律的争论重点转移到了如何设定使"置盐定理"的论证能够成立的前提条件以及如何对资本有机构成发展趋势与利润率的关系进行经验分析上了。罗默曾提出：经济学家们在技术变革对利润率的影响这一问题上分歧较大。森岛通夫（1973）指出对某种类型的技术变革，价格利润率必然下降；萨缪尔森则认为对于任何追求利润最大化的资本家愿意引入的技术变革，利润率是上升的；而置盐（1961）在一篇不太为人们注意的论文中指出对于某种合理的技术变革，价格利润率必然下降②。

但是，在争论中，有三个观点被反复提出以否定马克思的理论。克里斯·哈曼总结说：第一个观点认为，对于新投资，没有任何理由证明它将采取"资本密集"而不是"劳动密集"的形式。如果在体系中存在剩余劳动力，认为资本家应投资于机器而不是劳动似乎是没有根据的……第二个否定马克思理论的观点认为，生产率的提高会降低维持工人现有生活水准的成本（即劳动力价值）。因此，资本家可以通过获得更大份额的新创造价值来保持他们的利润率……最后一个否定马克思理论的观点是"置盐定理"。置盐信雄是日本左翼经济学家。他认为，技术的单一改变，不会产生一个下降的利润率，因为只有增加利润，资本家才会引入新技术。但是，一个资本家利润率的提高必然会提高整个资本家阶级的平均利润。正如扬·斯蒂德曼所说："竞争的力量将导致各个行业选择生产方法，最终使整个经济形成最高的、统一的利润率。"由此得出的结论是：只有增加实际工资或加剧国际竞争才能降低利润率。撇开许多具体表述，这一观点承认，如果第一个资本家由于采用新技术而得到超过其他资本家的竞争优势，这将使他得到超额利润，但一旦这一技术普遍化，这个超额利润就会消失。资本家是根据商品中包含的社会必要的平均劳动量销售商品的。如果资本家引进一个新的、更具生产力的技术，而其他资本家不这样做，他生产的产品的价值将由以前的社会必要劳动量确定，而劳动力的实际支

---

① 乔治·艾克诺马卡斯：《马克思主义危机理论视野中的美国经济利润率（1929—2008）》，《国外理论动态》2010 年第 11 期。

② 罗默：《马克思主义经济理论的分析基础》，上海人民出版社 2007 年版，第 103 页。

出却在减少，他的利润是上升的。一旦所有资本家都引进新技术，其产品的价值就会下降，直到与运用技术生产这些产品所需要的平均劳动量相一致。在此基础上，置盐信雄和他的追随者提出了与马克思相反的观点：作为使用更多生产资料的结果，生产率的任何提高都将引起产出价格的下降，从而导致整个经济的价格下降和生产资料的支付成本减少。他们认为，这种投资的削价将使利润率上升①。

与此同时，有三种观点被反复提出作为对"置盐定理"的研究结论的直接回应。罗默教授强调说：第一类就是对利润率下降论持一种被 Fine 和 Harris（1976）称之为原教旨主义的态度。它们实质上包含了这样一个观点，就是将利润率下降论视为资本本来含义的一部分。利润率下降论以某种方式成为资本的固有特性，从而它已不再是一个命题，是不可能为假的。虽然这一态度可被用来作为回击有关对利润率下降理论的批评的不可战胜的武器，但它也使这一理论变得十分的无趣和无力。第二类是对于资本有机构成是否确实在提高进行实证性讨论。虽然这种研究也许是有用的，但它并不能解决利润率下降是否源于技术进步这一理论问题。也就是说，这一研究结果要么与置盐的结论一致，要么与其不一致；其中后一情形表明关于资本家引进技术创新，需要另一种微观论证；然而这并不表明置盐的论证是错误的。因此，实证研究当然是必要的，但并不能提供从理论上进行反驳的证据。从某种程度上说，这些研究好像是在对已有的各种微观经济讨论并未充分关注的情况下就做出了。例如，如果有人相信置盐的模型分析，那么就并不存在资本有机构成提高这种可能，以至于使利润率下降。而如果人们不首先有意识地质疑置盐模型的假定，那么对有机结构成的追踪还能形成什么观点？第三类是反对置盐模型的，但在同一分析水平上为利润率下降论进行论证，即通过假定一个资本家引进技术创新的微观经济行为，从而（会）产生利润率的下降。持这种观点的文献有 Persky 和 Alberro（1978），Shaikh（1978a，1978b）以及 Fine 和 Harris（1976）。这些讨论的一个共同观点就是，如果考虑到固定资本——而置盐就未考虑到这一因素，那么利润率将表现为下降（如其他因素不变，这一下降趋势将始终独立于工资的变动）②。

---

① 详见克里斯·哈曼《利润率和当前世界经济危机》，《国外理论动态》2008 年第 10 期。
② 详见罗默《马克思主义经济理论的分析基础》，上海人民出版社 2007 年版，第 122 页。

在对当前金融和经济危机的根源、发生—传导机制和趋势进行深入分析的同时，近来在西方马克思主义经济学阵营中，就利润率自 80 年代初以来是否维持下降趋势、当前经济危机是否源于利润率长期下降这一问题，产生了激烈争论。一方认为：20 世纪 50 年代末至 80 年代初，利润率显著下降，而 1982 年至 2001 年间利润率并无持续反弹趋势，因而，利润率下降是当前危机的根本原因。持这一观点的学者包括克里斯·哈曼、安德鲁·克里曼、弗朗索瓦·沙奈、阿兰·弗里曼、路易斯·吉尔和S. C. 伊斯基耶多等。另一方则认为：利润率自 80 年代初以来持续上升，并几乎完全恢复了其前一阶段的下降水平，因而利润率与当前危机的解读关系不大。持这一观点的学者主要包括阿兰·比尔、米歇尔·于松、热拉尔·杜梅尼尔、多米尼克·列维等。双方以西方一些左翼刊物及网站为媒介，撰写专题文章和研究笔记进行争论①。而克里斯·哈曼认为，目前已经有一些计算利润率长期趋势的尝试。但彼此的结果并非总是完全一致的，这主要是因为计算固定资本投资的方法各有不同，公司和政府提供的利润信息存在着严重失真（由于税收原因或为了证明低工资的合理性，公司总是尽其所能地向政府或工人低估利润；为了提升股票交易值和借入能力，公司又经常向股东高估利润）。尽管如此，仍有一批经济学家，如弗雷德·莫斯利、托马斯·米歇尔、安瓦尔·沙克和厄尔图格鲁·阿梅特·坦奈克、热拉尔·杜梅尼尔和多米尼克·莱维、丁大克·图坦和艾尔·坎贝尔、罗伯特·布伦纳、伊迪文·伍尔夫、皮鲁兹·阿尔米和邓肯·弗利等，都跟随约瑟夫·吉尔曼和萨恩·马格在 20 世纪 60 年代工作的足迹，对利润率的趋势进行了经验研究②。

"置盐定理"的问世，对一般利润率下降理论乃至经济危机理论的研究产生了极大的影响，引起许多马克思主义经济学者的争论。一些学者试图通过改变定理中一个假设条件来否定"置盐定理"，但未能令该定理的支持者们信服。TSS 学派后来试图通过对置盐信雄的一般利润率决定体系进行批判，进而从根本上推翻"置盐定理"，然而仍引起了争议③。毋容置疑，置盐定理回避了资本主义经济中技术进步的制度特征，是在给定条

---

① 参见周思成《利润率与美国金融危机》，《政治经济学评论》（北京）第 2 卷第 3 期，2011 年 7 月。

② 参见克里斯·哈曼《利润率和当前世界经济危机》，《国外理论动态》2008 年第 10 期。

③ 参见王智强《按照马克思的思想研究"置盐定理"》，《当代经济研究》2011 年第 9 期。

件下进行的"思想实验"。合理的思想实验可以为进一步具体的理论分析奠定基础。但是，由于该定理在假设前提上的失误，堵塞了由抽象到具体思维，重建现实利润率动态的道路①。

20 世纪 90 年代之后，以克里曼（Kliman，A）和弗里曼（Freeman，A）为代表的"跨期单一体系（TSS）"学派兴起后，克里曼针对"置盐定理"所采用的斯拉法的价格体系在"价值转形"上的问题提出了挑战②。尽管克里曼强调"TSS 学派"在"马克思剥削基本定理"、"价值转形"、"联合生产"等问题上和马克思的结论一致。但是，有学者们针对TSS 学派的生产价格体系在逻辑和概念上的问题提出了严厉批评③。更有学者将 TSS 学派与马克思的原著作以及斯拉法的价格体系做了对比，认为其在相当大程度上与马克思的逻辑不符，提出了不能将其当作马克思的理论的结论的观点④。关于"TSS 学派"在"价值转形"问题上与"置盐定理"相关的争论，限于文章的主题和篇幅，我们将在别的文章中专题展开讨论。

三 "置盐定理"的假定前提和数学证明

（一）"置盐定理"设定的假定前提

根据置盐信雄在《技术变革与利润率》中的论述，我们将"置盐定理"的假定条件在没歪曲原意前提下解读如下⑤。

（1）以原有的价格和工资计算，资本家引进的每一项技术都是降低成本的。即使存在能大幅提高劳动生产率的技术，也不会被资本家引进，

① 参见骆桢《对"置盐定理"的批判性考察》，《经济学动态》2010 年第 6 期。

② Kliman A. J. , "The Okishio Theorem: an obituary", *Review of Radical Political Economics*, vol. 29, no. 3 (1997), pp. 42-50.

Freeman A. and Carchedi G. edit, *Marx and Non - Equilibrium Economics*, Northampton: Edward Elger, 1996.

Freeman A. , Kliman A. and Wells J. eds, *The New Value Controversy and the Foundation of Economics*, Northampton: Edward Elger, 2004.

③ Mongiovi G. , "Vulgar economy in Marxian grab: a critique of temporal single system Marxism", *Review of Radical Political Economics*, vol. 34, no. 4 (2002), pp. 393-416.

④ Nkatani T. , "On the definition of values and the rates of profit: simultaneous or temporal", *Kobe University Economic Review*, vol. 51 (2005), pp. 1-9.

⑤ 骆桢等译：《技术变革与利润率》，《教学与研究》2010 年第 7 期。

除非其能降低生产成本，所以，资本家是否选择使用新技术的条件是必须符合"成本准则"。资本家只能使用降低生产成本的新技术。

（2）使用新技术后形成的一般利润率是以引进新技术的企业原有的价格和工资计算的，引进了能提高劳动生产率 X 倍的新技术后，在相对静态条件下，对企业的利润率变动的影响是不变资本的价值即刻下降为 1/X。

（3）只要新技术的引进和使用满足"成本准则"，并且"实际工资"保持不变的话，无论"生产的有机构成"怎样提高，一般利润率无一例外地会上升。

我们首先将"置盐定理"的论证过程按照置盐教授的原意引述如下[①]：

第 i 种商品的劳动生产率记为 $1/t_i$，其中 t_i 表示生产一单位第 i 种商品所必要的直接或间接的劳动量。t_i 由下列方程决定

$$t_i = \sum a_{ij} t_j + \tau_i \qquad (i = 1, 2, \cdots, n) \qquad (3.1)$$

其中 a_{ij} 表示生产一单位第 i 种商品所必要的第 j 种商品的直接数量，而 τ_i 表示生产一单位第 i 种商品所必要的直接劳动量。

在第 k 种行业中，一项新的生产技术能提高第 k 种商品的劳动生产率的条件是

$$\sum a_{kj} t_j + \tau_k > \sum a'_{kj} t_j + \tau'_k \qquad (3.2)$$

其中 $(a'_{k1}, a'_{k2}, \cdots, a'_{kn}, \tau'_k)$ 表示第 k 种行业中的一项新技术。条件（3.2）是"生产率准则"。

另一方面，"成本准则"是

$$\sum a_{kj} q_j + \tau_k > \sum a'_{kj} q_j + \tau'_k \qquad (3.3)$$

其中 $q_j = p_j / w$，p_j 和 w 分别表示第 j 种商品的价格和货币工资率。

仅当 $q_i = t_i$ 对所有的 i 成立时，"生产率准则"（3.2）和"成本准则"（3.3）才是一致的。然而，在资本主义经济中对所有的 i 都有 $q_i > t_i$，因为每个行业都必须存在正的利润，因此，下列不等式必然成立：

$$q_i > \sum a_{ij} q_j + \tau_i \qquad (i = 1, 2, \cdots, n) \qquad (3.4)$$

比较（3.4）和（3.1），我们得到 $q_j > t_j$ 对所有的 i 都成立。

"生产率准则"不同于"成本准则"。由于资本家的准则是"成本准

① 置盐信雄：《技术变革与利润率》，《教学与研究》2010 年第 7 期。

则"而非"生产率准则",因此,资本家引入新的生产技术后并不一定能提高劳动生产率,尽管必然降低生产成本。

按照马克思的见解,为了提高劳动生产率,生产商品所必要的直接劳动量相对于生产商品所必要的生产资料的生产所需要的劳动量要减少,

记

$$c_i = \sum a_{ij} t_j \tag{3.5}$$

$$v_i = \tau_i \sum b_j t_j \tag{3.6}$$

其中 $(b_1, b_2, \cdots, b_n)$ 表示劳动者付出一单位劳动所换得的一揽子消费品,称为实际工资率。于是一个行业的资本有机构成依赖于两个因素:决定 a_{ij},τ_i 和 t_i 的生产技术,以及决定 b_i 的实际工资率。即使生产技术不变,真实工资率的变动也会引起资本有机构成的变化。

为清晰地展示马克思的视角,我们将把 $c_i/(v_i + m_i)$ 称为第 i 个行业的"生产的有机构成"。

剩余价值率 m/v,用我们的符号表达如下:

$$\frac{m}{v} = \frac{1 - \sum b_j t_j}{\sum b_j t_j} \tag{3.7}$$

如果 $b_j > 0$,则第 j 种行业是工资品行业,我们将所有工资品行业和与工资品行业密不可分的行业称为"基础行业",于是,给定实际工资率,剩余价值率仅依赖于基础行业的生产技术。

如果新的生产技术被引入某一基础行业,并且某些工资品的劳动生产率提高,换句话说,对于 $b_i > 0$ 的 i,t_i 减少了,于是,给定实际工资率,剩余价值率必然增加。但是非基础行业的生产技术的变化不影响剩余价值率。

在基础行业新引进的马克思式的生产技术,有两种相反的效应:提高剩余价值率和提高资本的有机构成。然而,马克思坚持利润率有下降的趋势。为什么前者的效应不能完全抵消后者的呢?

最肯定而有力的回答如下:利润率,m/(c+v),不能超过生产的有机构成的倒数,即

$$m/(c+v) \leq (v+m)/c \tag{3.8}$$

这个上限,按照马克思的观点,必须是时间的减函数即 $(v+m)/$

$c \rightarrow 0$。因此，即使出现高的剩余价值率，利润率的趋势也不可能是上升或者保持不变的。

不幸的是这一表象只是误导。马克思以价值的形式用总剩余价值除以价值形式的总资本来计算一般利润率，即 $m/(c+v)$。但是这个方法并不正确。一般利润率 r，是由下列方程决定的：

$$q_i = (1 + r)(\sum a_{ij}q_j + \tau_i)(i = 1, 2, \cdots, n)$$
$$1 = \sum b_i q_i \tag{3.9}$$

易见，这样得到的 r 一般来说并不等于 $m/(c+v)$。由方程（3.1）和（3.9）可得以下不等式：

$$r < \tau_i / \sum a_{ij}t_j \tag{3.10}$$

假设在第 k 种行业中的生产技术（$a_{k1}, a_{k2}, \cdots, a_{kn}, \tau_k$）被新技术（$a'_{k1}, a'_{k2}, \cdots, a'_{kn}, \tau'_k$）取代，且满足不等式（3.3）。方程组（3.9）中的一般利润率 r 会如何变动呢？

一般可得到以下结论：

（1）如果引入新技术的行业是非基础行业，则一般利润率完全不会受影响。

（2）如果引入新技术的行业是基础行业之一，则一般利润率必然上升。

根据定义，非基础行业的产品不是工资品，因此在方程组（3.9）中 $b_l = 0$，其中 l 是非基础行业的编号。同样根据定义，非基础行业的产品不是工资品行业和直接或间接为生产工资品所需要的那些行业的投入品。因此，如果从 1 到 m 表示工资品行业以及工资品生产所必需的行业，则有

$$a_{il} = 0 \qquad (i = 1, 2, \cdots, m) \tag{3.11}①$$

其中 l 是非基础行业的编号。这样我们挑选出 $m+1$ 个方程：

$$q_i = (1 + r)(\sum a_{ij}q_j + \tau_i)(i = 1, 2, \cdots, m)$$
$$1 = \sum b_i q_i \tag{3.12}$$

而这些方程足以决定一般利润率。因此，非基础行业中的技术变革不可能影响由此确定的 r。

———————

① （3.11）式为置盐信雄原文附录中的（25）式。为了叙述方便，我们将置盐信雄放在文后附录中的证明提前了，因而将原文中的（25）式至（34）式改为（3.11）式至（3.20）式。

设第 k 种行业是基础的，假如其引入的新生产技术满足

$$\sum a_{kj}q_j + \tau_k > \sum a'_{kj}q_j + \tau'_k \tag{3.13}$$

令 $\beta = 1/(1+r)$，（3.12）重写为

$$\beta q_i = \sum a_{ij}q_j + \tau_i \qquad (i = 1, 2, \cdots, m) \tag{3.14}$$

$$1 = \sum b_i q_i \tag{3.15}$$

在新技术下，一般利润率由（3.15）以及下面两式确定

$$\beta q_i = \sum a_{ij}q_j + \tau_i \qquad (i = 1, \cdots, k-1, k, k+1, \cdots, m) \tag{3.16}$$

$$\beta q_k = \sum a'_{kj}q_j + \tau'_k \tag{3.17}$$

设（3.14）和（3.15）的解为 $(\beta, q_1, \cdots, q_n)$，而（3.16）、（3.17）和（3.15）的解为 $(\beta', q'_1, \cdots, q'_n)$。则由（3.14）—（3.17），可得

$$\beta'\Delta q_i = \sum a_{ij}\Delta q_j - q_i\Delta\beta \qquad (i = 1, \cdots, k-1, k, k+1, \cdots, m) \tag{3.18}$$

$$\beta'\Delta q_k = \sum a'_{kj}\Delta q_j - q_k\Delta\beta + \{\sum\Delta a_{kj}q_j + \Delta\tau_k\} \tag{3.19}$$

$$0 = \sum b_i\Delta q_i \tag{3.20}$$

其中 $\Delta q_i = q'_i - q_i$，$\Delta\beta = \beta' - \beta$，$\Delta a_{kj} = a'_{kj} - a_{kj}$ 且 $\Delta\tau_k = \tau'_k - \tau_k$。

由于对所有 i，$q'_i > 0$，因此（3.18）和（3.19）中 Δq 的系数满足 Hawkins – Simon 条件。而且，由（3.13）可知，（3.19）右边的第三项为负。因此，如果 $\Delta\beta \geq 0$，则在（3.18）和（3.19）中有 $\Delta q_k < 0$ 和 $\Delta q_i \leq 0$，对所有 $i \neq k$。由于第 k 种行业是基础行业，因而至少有一个工资品行业满足 $\Delta q_i < 0$。但是这与（3.20）矛盾，因此，我们有 $\Delta\beta < 0$，或者说 $r' > r$。

我们用一个简单的数值例子说明上述两个命题。

假设存在生产资料行业（Ⅰ），工资品行业（Ⅱ），奢侈品行业（Ⅲ），这些行业的生产技术见表：

	Ⅰ	Ⅱ	Ⅲ
Ⅰ	1/2	1/4	1/5
劳动	10	15	16

这个表格显示，例如，在第二种行业中，1/4 单位的生产资料和 15

单位的直接劳动是生产一单位工资品所必要的。

接下来，设实际工资率为 1/45 单位工资品。

于是，一般利润率 r 由下列方程组确定：

$$q_1 = (1 + r)(\frac{1}{2}q_1 + 10) \tag{3.21}$$

$$q_2 = (1 + r)(\frac{1}{4}q_1 + 15) \tag{3.22}$$

$$q_3 = (1 + r)(\frac{1}{5}q_1 + 16) \tag{3.23}$$

$$1 = q_2/45 \tag{3.24}$$

易解得 r = 50%，$q_1 = 60$，$q_2 = 45$，$q_3 = 42$，其中 $q_i = p_i/w$。

将（3.23）换为：

$$q_3 = (1 + r)(\frac{1}{20}q_1 + \frac{3}{4}q_3 + 6) \tag{3.25}$$

且同前面一样有 r = 50%，$q_1 = 60$。我们得到为负值的 q_3。这意味着各行业间的一般利润率不存在。所以，虽然非基础行业的生产技术不影响一般利润率，但是它们与一般利润率水平本身是否存在有关。

我们假设第二个行业中的资本家采用了马克思式的新技术，即提高了劳动生产率及生产的有机构成，并且按原有价格和工资，降低了成本。第二个行业技术被替换为

	I	劳动
II	1/3	35/24

旧技术下的劳动生产率记为 t_i，由下式决定：

$$t_1 = \frac{1}{2}t_1 + 10 \tag{3.26}$$

$$t_2 = \frac{1}{4}t_1 + 15 \tag{3.27}$$

且 $t_1 = 20$，$t_2 = 20$。而在新技术下，（3.27）被替换为

$$t_2 = \frac{1}{3}t_1 + \frac{35}{24} \tag{3.28}$$

生产一单位工资品所必要的劳动 t_2 大大减少：从 20 降到了 8.125。第

二个行业的有机构成有很大的提高。

这种变化对一般利润率的影响可以通过把（3.22）替换为下式得到：

$$q_2 = (1 + r)(\frac{1}{3}q_1 + 35/24) \tag{3.29}$$

方程组（3.21）、（3.29）和（3.24）的解分别为：$q_1 = 80$，$q_2 = 45$，$r = 60\%$。一般利润率上升了。从而"置盐定理"得以证明。

四　对"置盐定理"的质疑与批判

（一）对"置盐定理"假定前提的质疑与批判

高峰教授曾经提出：从个别资本家的技术选择来看，他们采用一种新技术的直接目的当然不在于节省社会劳动，而在于追逐更大利润。因此，这种新技术和生产方法仅能提高劳动生产率是不够的，还必须能够降低成本和提高利润率[1]。曼德尔也认为：当新技术刚被采用时，它给率先使用者带来超额利润（超过平均利润的利润）。这当然是为什么使用它的原因这一点上，置盐是正确的。但是，由于过度积累的影响，商品的价值降低了，超额利润消失了。那些使用新生产技术的人只能获得平均利润。而且，这个平均利润率比过程刚开始时的低。由于不了解过程的这一面，置盐就不能理解，一个客观规律（价值规律）是如何不顾个别资本家的主观意向而在起作用的[2]。

马克思则强调：因为劳动生产力的发展在不同的产业部门极不相等，不仅程度上不相等，而且方向也往往相反，所以得出的结论是，平均利润（＝剩余价值）的量必然会大大低于按最进步的产业部门中的生产力的发展程度来推算的水平。不同产业部门生产力的发展不仅比例极不相同，而且方向也往往相反，这不仅仅是由竞争的无政府状态和资产阶级生产方式的特性产生的。劳动生产率也是和自然条件联系在一起的，这些自然条件的丰饶度往往随着社会条件所决定的生产率的提高而相应地减低。因此，在这些不同的部门中就发生了相反的运动，有的进步了，有的倒退了。例如，我们只要想一想绝大部分原料产量的季节的影响，森林，煤矿，铁矿

---

① 高峰：《资本积累理论与现代资本主义》，南开大学出版社 1991 年版，第 282 页。

② 详见朱钟棣《西方学者对马克思主义经济理论的研究》，上海人民出版社 1991 年版，第 235 页。

的枯竭等，就明白了①。

同时，马克思又强调：资本的增长，从而资本的积累，只是在资本的各个有机组成部分的比例随着这种增长发生变化的时候，才包含着利润率的下降。但是尽管生产方式不断地每天发生变革，总资本中时而这个时而那个或大或小的部分，在一定时期内，会在那些组成部分保持某个既定的平均比例的基础上继续积累，结果在资本增长的同时，并没有发生任何有机的变化，因而也没有出现利润率下降的原因。旧的生产方法在新方法已经被采用的同时，仍然会安然存在，资本在旧生产方法基础上的这种不断地增大，从而生产在这个基础上的扩大，又是使利润率下降的程度和社会总资本增长程度不一致的一个原因②。

可是，在"置盐定理"的假设前提中，所有的生产部门被当成单一的生产单位似的总体集计。然而，技术变化的分析则又是对个别资本的状况所作的具体分析。就像高峰教授所指责的，"置盐定理"假定工人的实际工资不变，表明他的方法是相对静态的；但他的论证包含着从个别企业选择新技术到新技术在部门中的普及，从企业和部门的过渡利润率到社会新的一般利润率的再形成，却又是一个动态过程。这是他的分析方法中的矛盾③。由于当一个企业引进新技术后，生产率的变化被假设成自动而且即刻转换为价值的变化。于是，马上会引发不变资本和可变资本的价值的降低，这种变化……造成了利润率上升的趋势④。因此，诚如本·法因所批判的："置盐定理"所采用的新古典学派似的相对静态的分析方法并不适合用来讨论马克思的利润率下降规律。"置盐定理"的数学论证之所以没能解释清楚任何东西是由于"均衡分析的局限性"所致⑤。

而且，在置盐教授设定的假设前提中，引进了能提高劳动生产率 X 倍的新技术后，在相对静态条件下，对企业过渡利润率变动的影响是不变资本的价值即刻下降为 1/X。也就是说，引进新技术的部门所达到的劳动生产率在"置盐定理"中被视作社会上不同企业和不同产业的平均劳动

---

① 马克思：《资本论》第 3 卷，人民出版社 2004 年版，第 289 页。

② 同上书，第 292 页。

③ 高峰：《资本积累理论与现代资本主义》，南开大学出版社 1991 年版，第 284 页。

④ Fine. B，*Theories of Capitalist Economy*，London：Edward Arnold（Publishers）Ltd.，1982，p. 119.

⑤ Ibid.，p. 123.

生产率了。因此，技术进步在时间与空间上对不同企业和不同产业的利润率变动影响的区别和差异的讨论在"置盐定理"中被完全抛弃了。从个别企业选择新技术在部门中的普及过程和从企业和部门的过渡利润率到不同企业和部门间的社会一般利润率的形成过程来看，"置盐定理"完全忽视了劳动生产率在不同企业和部门间的差异，主观假定某一部门引进新技术后，所有部门和企业随即会形成不变资本价值同时即刻下降的局面。可以说，正是在这样错误的不切实际的假设前提的基础上，"置盐定理"的数理论证才得以展开。

哈曼曾批评说，置盐定理的假设条件在现实中不可能发生，生产率的提高所带来的未来投资成本的削减不会帮助个别资本家从当前的投资中获利，一两年后购买新机器的成本降低不会导致资本家对现有机器的支付减少。事实上，技术创新越快，生产率增长越快，机器就越容易遭受"自然贬值"而过时，这必然也对利润率产生越来越大的压力，而不是减缓其压力。哈曼还补充说，只有一种方式能够使得新投资成本的下降缓解利润率下降的压力，那就是那些因为新投资成本降低而贬值了的原有投资从账面上被抹去了，也就是说，那些遭受了损失的资本家被排挤出了行业，而另外一些资本家因以廉价购得他们的厂房、设备和原料而得益，危机正是通过创造这样一个掠夺的条件而缓解了利润率长期下降的压力。路易斯·吉尔对马克思这一理论的理解大体与哈曼相同①。

除了上面所指出和讨论的"置盐定理"没有区别引进新技术的企业间和部门间的竞争与引进不同的新技术的产业之间存在着新技术的差异，以及没有区别不同企业和不同产业之间劳动生产率的差别之外，必须认识到"置盐定理"关键的错误在于，在相对静态条件下，"置盐定理"将各部门引进新技术后在内部发生的竞争过程，与不同部门引进不同的新技术后所发生的社会的竞争过程相混同了。对技术进步的影响与作用的议论被局限在相对静态的前提条件下，忽视了企业的实际利润率与社会的一般利润率的实质性差异。

因此，Weeks. J曾经指出：无视各个个别资本之间存在的技术和利润率的差异，所设定的相对静态的分析方法的理论前提与现实明显不匹配。

①　详见周思成《利润率与美国金融危机》，《政治经济学评论》2011年第2卷第3期。

现实中，经常是不同的相互间具有不同的生产效率的资本，在耗费不同的成本价格基础上销售产品而获得不同的利润率。这种状况与"置盐定理"所设定的均衡的前提条件并不一致。因为许多企业与其他企业相比，相对来说具备扩大（生产规模）的条件①。Fine. B 也批评道：置盐信徒们只不过是在投入和产出间的内在的技术间关系的基础上，依赖平均工资、价格和利润等相互间的关系所推导出来的数学结果而已。从经济学方法论的角度看，这样的结果毫无疑问应该和必须进一步探讨。抛开单纯的数学推理，即使指责置盐信徒们的分析方法具有没有明确区别不同概念的使用状况而沦落为庸俗的东西的特征也毫不为过……存在着工资、价格和利润等多种多样的范畴，这些范畴通过技术关系被运算，并且被暗含于前提之中。在外生的技术关系条件下，工资、价格和利润由数学运算而被确定。从而技术体系的变化引起工资、价格和利润的变化②。

而克里斯·哈曼则强调：置盐信雄和他的追随者提出了与马克思相反的观点：作为使用更多生产资料的结果，生产率的任何提高都将引起产出价格的下降，从而导致整个经济的价格下降和生产资料的支付成本减少。他们认为，这种投资的削价将使利润率上升。乍一看，这一观点是有说服力的：定理的数学表述使用了联立方程，这也说服了很多马克思主义经济学家。但它是错误的。它依靠的是我们在现实世界中不能找到的一系列逻辑步骤。生产过程的投资发生在时间上的某一点；作为改进生产技术的结果，再投资的削价则发生在以后的另一点，两件事并不同步。因此，把联立方程应用于发生过程的整个时间是一个愚蠢的错误③。

如上所述，毫无疑问，正是在错误的不切实际的假定前提下，马克思的劳动生产率的提高必然带来相对剩余价值增加的科学论断，被"置盐定理"错误地理解和假设为引进能提高劳动生产率的新技术后，可以提高不变资本的使用价值量，但不会改变不变资本的价值的假定前提条件，从而展开了所谓的"置盐定理"的数学推导过程。

首先要指出和确认的是，马克思并没有认为，资本家在考虑引入一项

---

① Weeks. J, "Equilibrium Uneven Development and the Tendency of the Rate of Profit to Fall", *Capital & Class*, No. 16, Spring, 1982, p. 67.

② Fine. B, *Theories of Capitalist Economy*, London: Edward Arnold (Publishers) Ltd., 1982, p. 112.

③ 克里斯·哈曼：《利润率和当前世界经济危机》，《国外理论动态》2008 年第 10 期。

新技术时是以提高劳动生产率为准则的。否则,他就不会在《资本论》第一卷中指出,"现在英国发明的机器只能在北美使用,正像 16 世纪和 17 世纪德国发明的机器只能在荷兰使用,18 世纪法国的某些发明只能在英国使用一样"①。现代资本主义发展的一般情况就是资本家在考虑引入一项新技术时是为了增加利润或降低成本增加竞争优势。英国发明的机器只能在北美使用,是因为英国的劳动力便宜,使用机器反而使生产成本提高。这种情况在英、美、德、荷、法,包括今天的中国都出现过。因此,资本家在考虑引入一项新技术时是以提高劳动生产率为准则的这种情况并不是现代资本主义发展的一般情况。而马克思要揭示的规律正是一般情况下的规律。其他情况或许会阻碍这种一般规律发生作用,但只是使它发生得不那么快而已,并不能制止这种规律发生作用。

第二,(3.3)式意味着其他商品所含的劳动量等于该商品的价格与货币工资率的比值,置盐教授在这里完全忽略了商品中所包含的剩余价值。假如该商品的价格等于价值,相当于 2(工作日),而货币工资率相当于 0.5(工作日)即剩余价值率为 100%,该商品的劳动量为 2(工作日),而不是 2/0.5 = 4(工作日)。马克思曾经指出,"不要以为,如果我们说'在农业上花费资本 100 镑',并且如果一个工作日等于 1 镑,那就是在农业上也花费了 100 工作日。一般说来,如果资本 100 镑等于 100 工作日,那末不管这笔资本花费在什么生产部门,都不能说〔这笔资本的产品等于 100 工作日〕。假定 1 镑金等于一个 12 小时的工作日,并且假定这就是正常的工作日。这里产生的第一个问题就是:对劳动的剥削率怎样?也就是说,在 12 小时中,工人有几小时为自己,为再生产自己的工资(等价物)劳动?他又有几小时白白地为资本家劳动?"②

因此,(3.3)式的表达方式是有问题的,它的正确表达应当是

$$\sum a_{kj}p_j + \tau_k w > \sum a'_{kj}p_j + \tau'_k w \qquad (4.1)$$

(3.3)式和(4.1)式在 w 不为零时,在数学上是相同的,但是两者在经济学的含义上完全不同。(4.1)式表明,新技术的生产成本(前一项为不变资本成本,后一项为可变资本成本)低于原有的生产成本。而(3.3)式中的 q_i 只是表明工人要买一单位第 i 种商品需要付出多长时间的

---

① 《资本论》第 1 卷(中文第 2 版),人民出版社 2004 年版,第 451—452 页。
② 《马克思恩格斯全集》第 26 卷第 2 册,人民出版社 1973 年版,第 332 页。

工资，该式两边相加的两项是风马牛不相及，表明置盐信雄存在着概念不清的问题。

第三，仔细推敲一下，为什么（3.4）式为不等号而（3.1）式为等号，就可以发现，（3.4）式右边的 τ_i 仅为有酬劳动，而（3.1）式右边的 τ_i 则既含有酬劳动也含无酬劳动。这个问题同样存在（3.10）式中，因为该式由（3.9）式和（3.1）式推出，而 τ_i 在（3.9）式中的含义与在（3.4）式中的相同。这个问题同样存在置盐信雄在后面举的数值例子中。（3.21）和（3.22）的 10 和 15，明显是作为有酬劳动计算的；而在（3.26）和（3.27）中，它们则是作为包含无酬劳动在内的全部活劳动来计算的。

因此，所谓的马克思的"生产率准则"不同于资本家的"成本准则"，在这里完全是由于置盐信雄将不同的东西错误地用同一个符号来表示而形成的。置盐信雄在这一点上对马克思的质疑根本无法成立。更何况，资本家追逐的是利润，而不是成本，因而资本家的准则也不可能是成本准则而只可能是利润准则。否则，西方经济学也就不会庸俗地要把利润最大化作为企业决策的唯一准则了。

而且，置盐信雄在谈到新的生产技术被引入某一基础行业时，也只谈到某些工资品的劳动生产率提高，而没有提这些工资品的成本下降了，这表明，他本人倒是将"生产率准则"混同于"成本准则"。

第四，置盐信雄把 $(v+m)/c \to 0$ 称为是马克思的观点，是错误的，是对马克思的正确观点的庸俗化。首先，在马克思看来，"资本过剩和日益增加的人口过剩结合在一起是完全不矛盾的"①。这就是说，一部分 c 会闲置，从而不参与 $(v+m)/c$ 的计算。其次，"利润率下降，同时，资本量增加，与此并进的是现有资本的贬值，这种贬值阻碍利润率的下降，刺激资本价值的加速积累"②。也就是说，一部分 c 会毁灭，尤其是在经济危机中，然后再重新积累起来，从而 $(v+m)/c$ 不是简单地趋于零的。马克思的一般利润率下降规律，决不能被庸俗化为一般利润率下降到零的规律。

同样的，生产的有机构成也是对马克思的观点的庸俗化，由于它用 v

① 马克思：《资本论》第 3 卷，人民出版社 2004 年版，第 273 页。
② 同上书，第 277 页。

$+m$ 取代了马克思的 v，消除了有酬劳动和无酬劳动的区别，从而使得置盐信雄在其证明过程中能够将同一个数量既看作 v 又看作 $v+m$，从而得以"否定"马克思的正确结论。

第五，（3.9）式中的 r 是否等于 $m/（c+v）$，取决于（3.9）式中哪些变量是已知量，哪些变量是未知量，且已知量是如何得来的？一般来说，$r=m/（c+v）$ 在（3.9）式中是作为已知量出现的，以便能够求解出生产价格 p，进而是抽象的 q 等。

而（3.9）式中存在两个根本的问题：

一是以为"产出品的价格与投入品的价格是同时决定的"[①]，因而用同一个符号 p_i 或变形的 q_i 来表达总产出品和总投入品中的同为第 i 种行业的商品的价格。这意味着，在走出生产过程之前，投入品没有价格，然后在走出这个过程之后，资本家根据产出的情况和一般利润率再来决定以什么价格支付他所购买的投入品。换句话说，资本家是以强买强卖的形式从向他出售生产资料的资本家那里购买作为生产资料的投入品的。但是，他又没有利用强买强卖的地位而随便支付两个钱了事，而是事后看看自己赚多少，再补偿给卖东西给他的人，让卖东西给他的人也赚点。这就是置盐信雄从斯拉法那里学来的资本主义生产方式。

二是完全没有考虑资本量，也没有考虑资本积累的情况。（3.9）式中的方程是针对每个行业一单位商品量而设的。因而它只适用于这样一种资本主义经济，那就是每种商品都只生产一个单位，而且该市场中的资本量也恰好够且仅够这样做的。

然而，事实上，马克思所考虑的是一个资本积累中的资本主义经济。"资本主义生产过程实质上同时就是积累过程。"[②] 马克思在谈到"李嘉图把追加资本的投入［原来的土地］同追加资本用在新的土地上等同起来"时曾指出，"在前一种情况下，就是在资本主义生产中，产品也不一定要提供普通利润。它只是必须提供高于普通利率的利润，使租地农场主感到把自己的闲置资本用于生产虽然要操心和担风险，但还是比用作货币资本合算"[③]。

---

① 详见余斌《论价值理论与价值转形的若干问题》，《马克思主义研究》2009 年第 1 期。

② 马克思：《资本论》第 3 卷，人民出版社 2004 年版，第 242 页。

③ 《马克思恩格斯全集》第 26 卷第 2 册，人民出版社 1973 年版，第 380 页。

此外，高的利润率虽会在一定情况下带来高的利润量，但并不必然如此。马克思曾在《资本论》第三卷中明确指出过，"尽管利润率不断下降，资本所使用的工人人数，即它所推动的劳动的绝对量，从而它所吸收的剩余劳动的绝对量，从而它所生产的剩余价值量，从而它所生产的利润的绝对量，仍然能够增加，并且不断增加。事情还不只是能够如此。在资本主义生产的基础上，撇开那些暂时的波动，事情也必然如此"①。当然，这"只是在总资本的增加比利润率的下降更快的时候才能表现出来"②。

因此，置盐信雄以完全不符合资本主义实际生产方式的（3.9）式作为出发点企图否定马克思的一般利润率下降规律，只能是荒唐可笑的。

第六，置盐信雄并没能证明，非基础行业中的技术变革不可能影响一般利润率，而只是假定它们不影响。因为他把它们从（3.12）中剔除了。但这样一来，（3.9）式中除去（3.12）的另一部分，即

$$q_i = (1+r)(\sum a_{ij}q_j + \tau_i) \qquad (i = m+1, \cdots, n) \qquad (4.2)$$

是否成立就值得怀疑了。

这是因为，既然非基础行业的生产情况不影响一般利润率，那么一般利润率又怎么能够进入非基础行业的投入产出公式之中呢？换句话说，非基础行业的平均利润率为什么不能比基础行业中的并由基础行业确定的一般利润率高出一倍呢？如果非基础行业的平均利润率能够不同于由基础行业确定的一般利润率，那么，（3.9）式也就不成立了。

置盐信雄声称：非基础行业的生产技术不影响一般利润率的命题为李嘉图所揭示，却被马克思拒绝。马克思之所以不能得出正确结论的原因在于，马克思计算一般利润率时在总资本中包括了非基础行业。而一般利润率要由方程组（3.9）来计算，在那里非基础行业只起被动的作用。

然而，在上面我们看到，正是所谓起被动作用的非基础行业可以使方程组（3.9）再一次地不能成立，从而使得犯错误的是置盐信雄而不是马克思。这只是再次表明，置盐信雄关于资本家的"成本准则"劣于马克思关于资本家的利润准则。如果非基础行业存在较高的利润率，在置盐信雄这里，基础行业的资本家，要么只能束手无策，徒增艳羡，从而并不存在一般利润率；要么就只能强行命令非基础行业的资本家主动降低自己的

① 马克思：《资本论》第 3 卷，人民出版社 2004 年版，第 242 页。
② 同上书，第 248 页。

利润率，向基础行业的利润率看齐，从而不再是资本主义经济的正常情形。而在马克思那里，基础行业的资本家将把资本投入转向非基础行业，从而一方面通过加强竞争而降低非基础行业的利润率，另一方面则由于大量资本退出基础行业而提高了基础行业的利润率，最终形成统一的一般利润率。这也表明，置盐信雄完全不明白一般利润率是如何形成的，正因为如此，他才会用（3.25）式否定了一般利润率的存在，从而否定了资本主义生产方式的存在。

相反的，我们可以按照马克思的观点来说明在（3.25）式所对应的生产技术下一般利润率的存在。为此，我们先要设定剩余价值率，这是马克思的观点的核心，也是置盐信雄在他的这篇文章中始终没有涉及的。为了更接近置盐信雄的例子，我们先撇开非基础行业，采用（3.21）、（3.22）、（3.24）的结果来估算剩余价值率。在那里，行业（Ⅰ）和（Ⅱ）的有酬劳动为 $10 + 15 = 25$，利润即剩余劳动为 $20 + 15 = 35$。因此，剩余价值率估算为 $35/25 = 140\%$。

接下来，我们就可以计算（3.25）式情形下的三个行业的一般利润率了。假定 1 单位价值量等于 1 单位劳动力的工资。投入品的价格选取置盐信雄此前关于三个行业 q_i 的计算结果。这三个行业所使用的有酬劳动一共为 $10 + 15 + 6 = 31$，因而总剩余价值也就是总利润为 $31 \times 140\% = 43.4$。这三个行业的生产成本分别是 40、30 和 40.5，共计 110.5，因此，一般利润率为 $43.4/110.5 = 39.3\%$。将这一结果代入（3.21）、（3.22）和（3.25），可得转形后三个行业的产出品价格分别为：55.7、41.8 和 56.4，与各自价值量的差距分别为 1.7、-9.2 和 7.5。

置盐信雄认为，马克思没能得出正确的结论的原因之一，是由于马克思在所谓转形问题的分析中缺乏彻底性。但是，恰恰是置盐信雄设定了商品的价格在转形前（投入）和转形后（产出）保持不变，从而根本就没有转形。

第七，根据（3.9）中作为产出品与投入品的第 i 种商品的 q_i 相同，采用新技术后作为投入品的 q_i 也应当与使用新技术后产出品的 q_i 相同。因而，（3.13）应当为

$$\sum a_{kj} q_j + \tau_k > \sum a'_{kj} q'_j + \tau'_k \qquad (4.3)$$

这样一来，（3.19）中就不再有 Δq 项，因而也谈不上 Δq 的系数满足 Hawkins – Simon 条件了。即便不根据（3.9）式而将产出与投入中的同一

商品区别开来，置盐信雄这第二个命题的证明也是不成立的。因为他没有证明：由于第 k 种行业是基础行业，因而至少有一个工资品行业满足 $\Delta q_i < 0$。相反的，在他举的数值例子中，我们看到，无论基础行业 I 如何引入新技术，（3.24）式都使得工资品行业 II 的 q 保持不变，因而所有的也是唯一的工资品行业不满足 $\Delta q < 0$，而是 $\Delta q = 0$。置盐信雄的所谓证明被他自己举的例子否定了。

第八，方程组（3.21）、（3.29）和（3.24）的举例不能说明一般利润率上升了，那只是一个错误计算下得到的错误结果。首先，在这里，第二个行业的资本家出现了资本闲置。按照置盐信雄的计算，第二个行业的资本家原来的投入的资本量为 30，而在采用新技术后，只投入了 28.125，也就是说，还有 1.875 的资本为零利润率。而如果第二个行业的资本家如果不愿闲置资本，就应当随着劳动生产率的提高而扩大生产规模。但是，置盐信雄的全部计算就是以每个行业只生产一个单位的商品为基础的。

同时，在置盐信雄的（3.9）式中 $\sum a_{ij}q_j$ 与 τ_i 的地位是对称的，换句话说，就是所有的生产资料都与活劳动一样创造剩余价值。不仅如此，这些生产资料还是根据各自的价值量或价格量按照与活劳动同样的剩余价值率创造剩余价值。这已经完全不是马克思主义的观点了，也不符合亚当·斯密和李嘉图的观点，而置盐信雄从声称商品生产商品的斯拉法那里挪过来的。

也正因为如此，各行业的生产规模不管如何变化，都不会改变（3.9）式，也不会改变一般利润率。例如，假设在方程组（3.21）、（3.22）和（3.24）的情况下，行业（I）生产 3 单位商品，而行业（II）仍然只生产 1 单位商品。按照置盐信雄的计算方式，（3.21）被替换为

$$3q_1 = (1 + r)\left[3 \times \left(\frac{1}{2}q_1 + 10\right)\right] \tag{4.4}$$

同时约去（4.4）两边的 3 就与（3.21）式没有差别。

相反的，从马克思的劳动价值理论来看，撇开行业（III）不谈，在行业（I）生产 3 单位商品而行业（II）只生产 1 单位商品的情况下，行业（I）的生产成本为不变资本 $3 \times 30 = 90$，可变资本 $3 \times 10 = 30$，剩余价值 $= 30 \times 140\% = 42$；行业（II）的生产成本为不变资本 15，可变资本 15，剩余价值 $= 15 \times 140\% = 21$。因此，总剩余价值即总利润 $= 63$，总成本 $= 150$，一般利润率 $= 63/150 = 42\%$。而在行业（I）和（II）都只生产一单位商品时，这个一般利润率为 50%。可见，即使所有的企业都

不提高自己的资本有机构成，而仅仅是资本有机构成较高的企业扩大自己在经济中的比重，也会导致一般利润率的下降。反言之，如果资本有机构成低的企业扩大自己在经济中的比重将会阻碍一般利润率的下降。

回到（3.21）、（3.29）和（3.24）的情形，同样不考虑第二个行业的生产规模的扩大，我们来计算一下新的一般利润率到底会多少。在这里，我们沿用前面估算出来的140%的剩余价值率。由此可得，行业 I 的生产成本为不变资本30，可变资本10，剩余价值 = 10 × 140% = 14；行业（II）的新生产成本为不变资本 20，可变资本 1.5，剩余价值 = 1.5 × 140% = 2.1。因此，总剩余价值即总利润 = 16.1，总成本 = 61.5，一般利润率 = 26.2%，低于原来为 50% 的一般利润率。

（三）对"置盐定理"的证明结论的质疑与批判

在上述质疑与批判的基础上，我们可以将"置盐定理"复杂烦琐的证明过程简单明了地解析如下[①]：

假设经济由生产资料和消费资料生产的两部门组成。生产资料和消费资料部门生产 1 单位产品时所需的生产资料和活劳动的投入量分别为 (α_1, β_1)、(α_2, β_2)，各部门的生产价格分别为 P_1、P_2，货币工资率为 W，实际工资率为 R 时，各部门的平均利润率 r 则由下面的（4.5）式和（4.6）式决定（此时 $W = RP_2$）。

$$P_1 = (1 + r)(\alpha_1 P_1 + \beta_1 W) = (1 + r)(\alpha_1 P_1 + \beta_1 R P_2) \quad (4.5)$$

$$P_2 = (1 + r)(\alpha_2 P_1 + \beta_2 W) = (1 + r)(\alpha_2 P_1 + \beta_2 R P_2) \quad (4.6)$$

在两个生产企业采用了新技术后，依据所谓的"成本准则"假定，

① 请参见 Shaikh A., "Political economy and capitalism: notes on Dobb's theory of crisis", Cambridge Journal of Economics, No. 2 (1978), pp. 233 –251。

Alberro Jose and Joseph Persky, "The simple analytics of falling profit rates, Okishio's theorem and fixed capital", The Review of Radical Political Economics, Vol. 11, No. 3 (1979), pp. 37 –41.

Nakatani, T, "Price Competition and Technical Choice", Kobe University Economic Review, Vol. 25 (1979).

松橋透:「資本蓄積と『利潤率の傾向的低落』」, 日本『経済貿易研究』神奈川大学経済貿易研究所年報第 19 号, 1993 年, pp. 53—75。

神田敏英:「利潤率の傾向の低下法則と置塩定理を巡る論議」, 日本『岐阜大学地域科学部研究報告』2000 年第 6 号, pp. 81—100。

板木雅彦:「利潤率の長期低落傾向と置塩定理の展開（上）」, 日本『立命館国際研究』第 17 巻 1 号, 2004 年, pp. 1—17。

必须和不得不满足（4.7）式的条件。

$$\alpha_1 P_1 + \beta_1 R P_2 > \alpha_1 P_1 + \beta_1' R P_2 \qquad (4.7)$$

同理 $\alpha_2 P_1 + \beta_2 R P_2 > \alpha_2 P_1 + \beta_2' R P_2 \qquad (4.8)$

此时的 β_1' 和 β_2' 分别为引进和使用新技术后生产 1 单位产品时所需的活劳动投入。

当新技术普及后，以原有价格和工资计算的过渡利润率形成后，则以下（4.9）式和（4.10）式必定成立：

$$P_1' = (1 + r')(\alpha_1' P_1' + \beta_1' R P_2') \qquad (4.9)$$

$$P_2' = (1 + r')(\alpha_2 P_1' + \beta_2 R P_2') \qquad (4.10)$$

如果（4.5）至（4.7）式的两边同时除以 P_1，（4.9）和（4.10）式两边同时除以 P_1'。且假定 $\dfrac{P_2}{P_1} = a$，$\dfrac{P_2'}{P_1'} = a'$，则（4.5）至（4.10）式可改写为：

$$1 = (1 + r)(\alpha_1 + \beta_1 R a) \qquad (4.11)$$

$$a = (1 + r)(\alpha_2 + \beta_2 R a) \qquad (4.12)$$

$$\alpha_1 + \beta_1 R a > \alpha_1' + \beta_1' R a \qquad (4.13)$$

$$1 = (1 + r')(\alpha_1' + \beta_1' R a') \qquad (4.14)$$

$$a' = (1 + r')(\alpha_2 + \beta_2 R a') \qquad (4.15)$$

从（4.12）式中可得：$\alpha_2 = \dfrac{a}{1 + r} - \beta_2 R a$，

从（4.15）式中可得：$\alpha_2 = \dfrac{1 + r'}{1 + r'} - \beta_2 R a'$。

因此，从（4.12）式和（4.15）式中可得：

$$a\left(\dfrac{1}{1 + r} - \beta_2 R\right) = a'\left(\dfrac{1}{1 + r'} - \beta_2 R\right) \qquad (4.16)$$

又因为，从（4.11）式和（4.14）式中可得到：

$$(1 + r)(\alpha_1 + \beta_1 R a) = (1 + r')(\alpha_1' + \beta_1' R a') \qquad (4.17)$$

基于（4.13）式的前提条件，我们可以得到：

$$(1 + r)(\alpha_1' + \beta_1' R a) < (1 + r')(\alpha_1' + \beta_1' R a') \qquad (4.18)$$

由（4.16）式可知，a 不可能小于 a'。

因此，在（4.16）式和（4.17）式同时成立的条件下，必定可得到：$r < r'$，$a < a'$ 的结论。

因此，置盐信雄强调：在实际工资不变和在"成本准则"的假定前提条件下引进和使用新技术，必定会引起平均利润率的上升，绝对不会出现马克思所论述的利润率趋于下降趋势。

"置盐定理"之所以被大多数试图否定马克思经济理论的西方经济学家所推崇和广泛使用，在于其精美华丽的数学论证。尽管许多西方经济学家对"置盐定理"的结论持有怀疑或持保留态度，纷纷提出质疑和批判，试图放宽假设前提，改进和优化其论证方法，力争完善其结论。但是，这些改进和优化都是本末倒置，并没有明确回答"置盐定理"和马克思的"利润率趋于下降规律"到底有无相关性，也没有回答"置盐定理"的结论到底是否具有经济学意义？更没有回答谁的理论更能正确解释现实中不断地周期性地发生着的经济危机和大萧条？

虽然我们对"置盐定理"的数理论证方法提出了质疑和批判，但也不得不承认，在其假设前提下，"置盐定理"的复杂的数理推导看似完美无缺。可是，事实上，其证明结论并不具有任何明确的经济学意义，如同下面所述，烦琐的数理推导只是在错误的假定条件下，得到的毫无经济学意义的结论。

若将上述（4.5）式和（4.6）式的两边分别除以 P_1、P_2，假定 $\dfrac{P_2}{P_1}$ = $\alpha, \dfrac{P_1}{P_2} = \dfrac{1}{\alpha}$，就可得到（4.5）式和（4.6）式的变形：

$$1 = (1 + r)(a_1 + \beta_1 R\alpha) \tag{4.19}$$

$$1 = (1 + r)(a_2 \frac{1}{\alpha} + \beta_2 R) \tag{4.20}$$

因此，从（4.17）和（4.18）式可以得知，在"置盐定理"中，为了达到实现生产资料生产部门和消费资料生产部门具有相同利润率的目的，就必须使每单位的生产资料和消费资料所耗费成本的比率相等。各自的成本如以与生产资料相同种类的使用价值来测算的话，$(a_1 + \beta_1 R\alpha)$ 表示生产一单位生产资料时所需耗费多少单位的生产资料。换言之说，这时的利润率只是等于每单位的剩余价值相当于多少单位的生产资料。同理，$(a_2 \dfrac{1}{\alpha} + \beta_2 R)$ 只表示生产一单位消费资料时所耗费的消费资料的数量单位。因此，相对价格 α 或 $\dfrac{1}{\alpha}$ 就成为生产 1 单位生产资料或者消费资料时所耗费的成本所值生产资料的换算比率，并通过 α 或 $\dfrac{1}{\alpha}$ 来实现两个部门的相同利润率。换言之说，通过相对价格 α 的变化可以调整生产资料部门和消费资料部门之间不同利润率的差异。

如果假设 r_1 为以原有价格计算的引进新技术后的生产资料部门的利润率。此时，消费资料生产部门的利润率为 r。r' 为引进新技术后形成的过渡利润率。

则必定有：

$$1 = (1 + r_1)(a_1' + \beta_1' R\alpha) \tag{4.21}$$

$$1 = (1 + r)(a_2 \frac{1}{\alpha} + \beta_2 R) \tag{4.22}$$

通过相对价格 α 的变动成为 α' 时，形成新的一般利润率 r'。

$$1 = (1 + r')(a_1' + \beta_1' R\alpha') \tag{4.23}$$

$$1 = (1 + r')(a_2 \frac{1}{\alpha} + \beta_2 R) \tag{4.24}$$

此时必定有 $r' > r$。因为根据（4.7）式设定的前提条件即

$$\alpha_1 P_1 + \beta_1 RP_2 > \alpha_1 P_1 + \beta_1' RP_2$$

若将：

$$P_1 = (1 + r_1)(a_1' P_1 + \beta_1' RP_2) \quad 与 \quad P_1 = (1 + r)(a_1 P_1 + \beta_1 RP_2)$$

相比较，则必定有 $r_1 > r$。也就说，大于原有的一般利润率 r 的 r_1 和引进新技术后形成的过渡利润率 r'，无需证明即自然而然地大于 r。

换言之，在"置盐定理"假定只能引进获得较高利润率的新技术的前提下，获得较高利润率的部门与获得原有的利润率的其他部门的利润率被设定会趋于一致，引进新技术的企业的新的利润率必定大于原有一般利润率的需要论证的结论，已经被置盐教授设定在"置盐定理"的假设前提中。毋容置疑，这只是明显的简单的同义反复的数学游戏而已，烦琐复杂的数学证明背后，并不具有任何实质的经济学意义。

事实上，马克思早就指出：对资本来说，不是在活劳动一般地得到节约的时候，而是只有在活劳动中节约下来的有酬部分大于追加的过去劳动部分的时候，这种生产力才提高了。[1]而马克思又指出；一种新的生产方式，不管它的生产效率有多高，或者它使剩余价值提高多少，只要它会降低利润率，就没有一个资本家愿意采用。但每一种这样的新生产方式都会使商品便宜。因此，资本家最初会高于商品的生产价格出售商

---

① 马克思：《资本论》第 3 卷，人民出版社 2004 年版，第 291 页。

品。他会得到他的商品的生产费用和按照较高的生产费用生产出来的其他商品的市场价格之间的差额。它能够这样做，是因为生产这种商品所需要的平均社会劳动时间大于采用新的生产方式时所需要的劳动时间。他的生产方法比平均水平的生产方法优越。但是竞争会使他的生产方法普遍化并使他服从一般规律。于是利润率就下降——也许首先就是在这个生产部门下降，然后与别的生产部门相平衡——这丝毫不以资本家的意志为转移①。

也就是说，马克思认为利润率下降之所以不以资本家的意志为转移是由于：引进新的生产方法可以获得个别商品的价值下降所引起的超额利润，但竞争会促使新技术的普遍应用，从而引发一般利润率的下降趋势。高峰教授曾引用马克思在《1861—1863 年经济学手稿》中明确而透彻的论述来表明马克思的相对剩余价值生产是劳动生产率提高的必然结果的观点："生产力的发展表现在两个方面：表现在剩余劳动的增加，即必须劳动时间的减少上；还表现在与活劳动相交换的资本组成部分同资本总量相比的减少上。或者换一种说法，表现在对使用的活劳动进行较大的剥削上……也表现在普遍使用的活的劳动时间相对量的减少上，也就是表现在活的劳动时间量与推动它的资本相比的减少上。这两种变动不仅齐头并进，它们互相制约并且不过是同一规律所表现的不同形式和现象。然而，就利润率来看，它们按相反的方向发挥作用。"②

可是，置盐教授错误地理解了马克思的正确论断，即资本主义生产，随着可变资本同不变资本相比的日益相对减少，使总资本的有机构成不断提高，由此产生的直接结果是：在劳动剥削程度不变甚至提高的情况下，剩余价值率会表现为一个不断下降的一般利润率。因此，一般利润率日益下降的趋势，只是劳动的社会生产力的日益发展在资本主义生产方式下所特有的表现③。没有根据地武断地推定：由于资本家采用的是"成本准则"，从而资本家所引入的新技术虽必须降低生产成本，却并不必然提高劳动生产率。可是，至今为止，置盐教授都没有公开提出和回答我们，他所谓的在"生产的有机构成"不提高条件下，能提高劳动生产率的技术

① 马克思：《资本论》第 3 卷，人民出版社 2004 年版，第 294 页。
② 高峰：《资本积累理论与现代资本主义》，南开大学出版社 1991 年版，第 272—273 页。
③ 马克思：《资本论》第 3 卷，人民出版社 2004 年版，第 237 页。

进步到底是怎么样的新技术或新的生产方式？①

如果能够注意到马克思早就指出：各单个商品（其总和构成资本总产品）的价格下降，只是意味着一定量劳动实现在一个较大的商品量中，因而每一个商品所包含的劳动比以前少。甚至在不变资本的一部分如原料等的价格提高时，情况也是这样的。除了个别情况（例如在劳动生产力同样地使不变资本和可变资本的一切要素变便宜的时候），利润率会不管剩余价值率提高而下降②。我们就能够发现，正是在上面我们所解读的非现实的假定之（1）和之（3）的基础上，"置盐定理"在假定之（2）的前提条件下，针对马克思早就指出的"劳动生产力同样地使不变资本和可变资本的一切要素变便宜的时候利润率会上升"的科学论述，推导出了无经济学意义的结论。诚如我们在上面阐述的，"置盐定理"认为，引进了提高劳动生产率的新技术后，提高了不变资本的使用价值量，但不变资本的价值并没有增加。同时，劳动生产率的提高引起相对剩余价值的增加。所以，在不变资本的价值量没有变化时，理所当然地引发了利润率的上升。因此，这种在"置盐定理"所设定的假设前提下推导出的结论，只不过是马克思早就在论证利润率下降规律时提到过的个别特殊情况而已，没有任何新意和普遍意义。

因此，"置盐定理"之所以不能成立，究其原因，关键在于"置盐定理"在数学论证过程中存在着致命的同义反复的缺陷。不可否认，劳动生产率的提高引起相对剩余价值的增加，在相对静态前提下，当资本的价值量没有变化时，不可避免地会发生利润率上升现象，这就是"置盐定理"蕴含的内在逻辑。但其复杂的数学证明只是数学游戏，没有经济学意义的结论只不过是马克思已分析论证过的一个特例而已。

五　研究结论

综上所述，置盐信雄教授以错误的假定前提和错误的数理推导与计算试图"否定"马克思的一般利润率下降规律。但是，所谓的"置盐定理"

① 请参见置塩信雄：「新生産方法導入と一般的利潤率—富塚良三氏の所説の検討」，日本『大阪経済大学論集』第45巻2号，1994年，pp. 1—23。置塩信雄：「『置塩定理』への批判の検討」，日本『大阪経済大学論集』第45巻3号，1994年，pp. 1－32。

② 马克思：《资本论》第3卷，人民出版社2004年版，第251—252页。

事实上根本不能成立。

本文的研究结论可以归纳如下：

第一，所谓的马克思的"生产率准则"不同于资本家的"成本准则"，是由于置盐教授将不同的东西错误地用同一个数学符号来表示而形成的。置盐教授在这一点上对马克思的质疑无法成立。更何况，资本家追逐的是利润，而不是成本，因而资本家的准则也不可能是成本准则而只可能是利润准则。否则，西方经济学也就不会把利润最大化作为企业决策的唯一准则了。而置盐教授在谈到新的生产技术被引入某一基础行业时，也只谈到某些工资品的劳动生产率提高，而没有提这些工资品的成本下降了，这表明，他本人倒是将"生产率准则"混同于"成本准则"。

第二，置盐教授以完全不符合资本主义实际生产方式的（3.9）式作为出发点企图否定马克思的一般利润率下降规律，只能是荒唐可笑的。因为他没有证明：由于第 k 种行业是基础行业，因而至少有一个工资品行业满足 $\Delta q_i < 0$。相反地，在他举的数值例子中，我们看到，无论基础行业 I 如何引入新技术，（3.24）式都使得工资品行业 II 的 q 保持不变，因而所有的也是唯一的工资品行业不满足 $\Delta q < 0$，而是 $\Delta q = 0$。置盐教授的所谓证明被他自己举的例子否定了。

第三，从个别企业选择新技术在部门中的普及过程和从企业和部门的过渡利润率到不同企业和部门间的社会一般利润率的形成过程来看，置盐教授完全忽视了劳动生产率在不同企业和部门间的差异，主观假定某一部门引进新技术后，所有部门和企业随即会形成不变资本价值同时即刻下降的局面。可以说，正是在这样错误的不切实际的假设前提的基础上，"置盐定理"的数理论证才得以展开。

第四，置盐教授无视部门内的竞争和不同部门间竞争的差异，混同了部门内竞争引进的新技术后所形成的过渡利润率与不同部门间竞争引进不同的新技术后所形成的社会一般利润率。置盐教授至今都没有提出和公开回答我们，他所谓的在"生产的有机构成"不提高的前提条件下，能提高劳动生产率的技术进步到底是怎样的新技术或新的生产方式？

第五，引进新技术的部门所达到的劳动生产率在"置盐定理"中被视作社会上不同企业和不同产业的平均劳动生产率了。因此，技术进步在时间与空间上对不同企业和不同产业的利润率变动影响的区别和差异的讨论在"置盐定理"中被完全抛弃了。马克思的劳动生产率的提高必然带来相对剩余价值增加的科学论断，被置盐教授错误地理解和假设为，引进能提高劳动生产率的新技术后可以提高不变资本的使用价值量，但不会改变不变资本的价值的假定前提条件，从而完成了"置盐定理"的数学证明。

第六，"置盐定理"之所以不能成立，究其原因，关键在于"置盐定理"在数学论证过程中存在着致命的同义反复的缺陷。不可否认，劳动生产率的提高引起相对剩余价值的增加，在相对静态前提下，当资本的价值量没有变化时，不可避免地会发生利润率上升现象，这就是"置盐定理"蕴含的内在逻辑。但其复杂的数学证明只是数学游戏，没有经济学意义的结论只不过是马克思早已分析论证过的一个特例而已，没有任何新意和普遍意义。

基于劳动价值论的价值函数与商品价值量的决定

王朝科*

一　引言

　　一般意义上的价值函数是风险投资决策中前景理论的重要内容，指的是风险投资决策中决策者对价值的主观感受与决策的收益与损失之间的函数关系，其理论基础是效用价值论。在马克思主义政治经济学中，价值函数是劳动价值论的数学表达式，与风险投资决策中的价值函数有着本质的区别，明确这一点非常重要。我国马克思主义经济学理论界关于价值函数的研究大致始于 20 世纪 90 年代初期对劳动价值论进行数理研究。如何定义基于劳动价值论的价值函数，这是研究价值函数的出发点。现有文献关于价值函数的定义存在四种代表性的观点，第一种观点（吴易风、王健，1994）认为价值函数是一种生产函数，是价值形式的生产函数，是综合物质生产过程和价值形成过程的生产函数[①]。基于这样一种价值函数定义，在生产函数一般形式的基础上给出了价值形式的生产函数的一般形式，它由两个相互关联的模型构成。一是商品价值量模型；二是价值形式的生产函数模型。关于商品价值量模型，实际上是直接从价值和价值量的定义转译而得的，即价值是凝结在商品中无差别的人类劳动，价值量是由形成价值实体的劳动量来计量的，具有相同的质，劳动量是由劳动本身持

　　* 王朝科：上海对外贸易学院人文社会科学部。
　　① 吴易风、王健：《论以劳动价值论为基础的生产函数》，《中国社会科学》1994 年第 1 期。

续的时间来度量的，劳动时间有个别劳动时间和社会必要劳动时间之分，个别商品生产者在不同劳动条件下生产相同商品所耗费的劳动时间是不同的。关于价值形式的生产函数，吴易风教授和王健是这样定义的：价值形式的生产函数是反映生产使用价值过程和创造价值过程的生产函数，是运用生产函数进行经济分析的基础。第二种观点是将整个国民经济视为一个系统，严格从函数的数学定义出发建立经济系统的价值函数[①]，于是 价值函数：商品 → 价值 。进一步地，记 f 为价值函数，D 为商品集合，M 为价值集合，则价值函数的表达式为：$f:D \to M$，价值函数 f 是一个典型的二元关系，对于每一个商品 $x \in D$，都有唯一的价值量 $y \in M$ 与之对应，记为：$f(D) = \{f(x) \mid x \in D\} \subset M$。这里 D 是价值函数 f 的定义域，称为价值函数 f 的"形"，M 为价值函数的值域，称为价值函数 f 的"影"，因此，价值函数就是形和影的关系。第三种观点（冯金华，2006）把价值函数概括为一个基本假定和一个价值决定的基本公式。所谓一个基本假定就是：假定某一行业或部门全部商品的价值量由生产过程中新创造的价值部分和所消耗的生产资料的转移价值两部分构成，即[②]

$$Z = L + cQ \quad (c > 0) \tag{1}$$

其中 Z 代表某行业生产的全部商品的价值量，L 代表生产过程中新创造的价值部分，cQ 代表从所消耗的生产资料中转移过来的价值部分。根据这个假定，一个行业所生产的全部商品的价值总量等于该行业使用的必要劳动量加上消耗掉的生产资料价值。而价值决定的基本公式就是在（1）式的等号两边同时除以该行业的商品总量，则可以得到表示单位商品价值的公式：

$$z = \frac{Z}{Q} = \frac{L + cQ}{Q} \tag{2}$$

这样（2）式的价值函数可以看成是马克思劳动价值理论关于价值决定的基本公式。它的经济含义是：每一商品中包含的价值量也由两个部分组成，即平均的新价值量 L/Q 和平均的转移价值量 c（$= cQ/Q$）。林岗（2005）基于社会必要劳动时间 I 也提出了与公式（2）完全相同的单位商品价值量的数学表达式，即

① 昝廷全：《系统经济学研究：价值函数与等价交换原理》，《兰州大学学报》（社会科学版）1998 年第 1 期。

② 参见冯金华《马克思劳动价值论的数学原理》，《财经科学》2006 年第 9 期。

$$v = \frac{L}{Q} = \frac{1}{\bar{q}} \qquad\qquad (3)$$

式中 v 是单位商品的价值，Q 是某部门生产的全部商品量，L 是生产 Q 耗费的全部劳动时间，$\bar{q}$ 是该部门的劳动生产率。

第四种观点实际上是从研究"劳动生产率与商品价值量变化"这个经典命题中演绎出来的。孟捷（2011）基于"在技术变革的前提下，个别企业中劳动的主观条件或劳动的复杂性将会发生变化，先前由非熟练工人从事的简单劳动会变为采纳高级劳动力的复杂劳动"和"在技术变革导致劳动的客观条件变化时，由于采纳了更先进的生产资料，生产中被浪费的无效劳动得到削减，从而增加了工作日中能真正形成价值的有效劳动时间"这两种情况，提出了一个个别企业在单位时间内创造的新价值的数学表达式，即①

$$W = \tau \cdot \varphi \cdot T \qquad\qquad (4)$$

纵观上述四种关于价值函数的定义，我们不难发现其共同之处——他们都严格从马克思的价值定义和价值决定出发，即价值是凝结在商品中无差别的人类劳动，商品的价值量是由生产商品的社会必要劳动时间决定的，这是研究价值函数的共同基础。但是我们也不难发现他们之间存在的另一个基本的也是最重要的问题：建立在劳动价值论基础上的价值函数是否存在统一的数学表达式？这个表达式能不能成为数理政治经济学最基础的分析工具？要回答这个问题，必须首先回答基于劳动价值论的价值函数应该解决什么问题？我们认为，价值函数反映的是商品的价值量与生产该种商品耗用的活劳动量以及不变资本之间的关系，这也是劳动价值论的应有之意。基于此价值函数应该包含价值创造函数和价值形成函数两种表达式，这是价值函数研究共同的逻辑起点。

二　价值函数的存在性

商品两因素——使用价值和价值以及劳动二重性——具体劳动和抽象劳动是构建价值函数的理论基础。价值函数是直接将价值量作为生产过程

---

① 参见孟捷《劳动生产率与单位时间创造的价值成正比的理论：一个简史》，《经济学动态》2011 年第 6 期。

的最终成果，进而建立商品价值量与创造价值的活劳动和形成商品价值的不变资本之间的关系式。本节首先讨论价值函数的存在性。

从数学上讲，任意有序偶将 x 值和 y 值联系起来，任意有序偶的笛卡尔积的任意子集都将包含 x 和 y 的关系，给定一个 x 值，根据这种关系都将确定一个或多个 y 值。作为一种特例，如果一种关系可以使得给定 x 值，仅存在一个对应的 y 值，那么就可以称 y 是 x 的一个函数，表示为 $y = f(x)$。函数也叫映射，意味着将一个对象与另一个对象联系起来的行为。$y = f(x)$ 中的 f 可以解释成一种规则，根据这种规则，集合 x 被映射到集合 y，所以函数的另外一个表达式是：$f: x \to y$。显然一个函数一定是一种关系，但一种关系未必是一个函数。商品的价值量与生产该种商品耗用的活劳动量以及不变资本之间存在唯一的映射关系。从数学上讲，一般二元关系是多多对应，而函数则是单值对应或多一对应。从经济实践可以知道，商品的价值量与生产商品耗用的劳动量以及不变资本之间的关系不可能是多多对应，而只能是单值对应或多一对应。也就是说，一定的商品价值量不可能同时对应多个劳动耗用量和不变资本量，但一定的劳动耗用量和不变资本量则有可能对应不同的价值量。这就从实践上论证了价值函数确实是一个数学意义上的函数。需要特别说明的是，价值量是由社会必要劳动时间决定的，因此价值函数只能是某个部门的价值函数，单个商品不存在价值函数。在一个部门中，单个商品生产者生产的商品的价值量可以用社会必要价值量进行折算，因此也是可以计算的。

三　价值函数的一般形式

根据马克思的劳动价值理论，价值是凝结在商品中无差别的人类劳动（抽象劳动），价值量是用生产商品耗用的劳动量来计量的，劳动本身的量是用劳动的持续时间来计量，劳动时间是衡量商品价值量大小的天然尺度，而劳动时间分为个别劳动时间和社会必要劳动时间，商品的价值量是由社会必要劳动决定的，社会必要劳动时间是在"现有的社会正常生产条件下，在社会平均的劳动熟练程度和劳动强度下制造某种使用价值所需要的劳动时间"[①]。由此看出，马克思在定义价值、价值量、

① 马克思：《资本论》第 1 卷，人民出版社 2004 年版，第 54 页。

价值决定等定义时，都遵循了"部门假定"，即只有在生产某种使用价值的同一部门内，才有可能定义价值、价值量、价值决定等政治经济学的基础概念。由于不同部门之间生产的商品是完全异质的，因不同使用价值没有可加性，所以不能计算社会必要劳动时间，也就不能计算价值量。从这个逻辑中我们可以推知："商品的价值量"首先只能是单位商品价值量，而不是全部商品的价值总量，更不是个别商品生产者的个别价值量，个别商品生产者只有在同社会必要劳动时间进行比较以后，也就是只有个别商品生产者把自己生产的商品出售以后才能换算成社会必要劳动时间，也才能计算个别商品生产者的价值量，在此之前，个别商品生产者在生产中耗用的劳动时间只能是个别劳动时间，不存在价值量问题。必须指出，假定不考虑生产过程中的转移价值，即假定 $c = 0$，单位商品价值量与社会必要劳动时间是完全等价的。下面我们分两种情况来讨论价值函数的一般形式。

第一种情况，假定全社会只有一个部门或行业，即只生产一种商品，我们暂且将其定义为 a 商品，设该部门或行业共有 n 个生产者，每个生产者生产 a 商品耗用的劳动时间 t_i（$i = 1，2，\cdots，n$），每个生产者的产量 q_i（$i = 1，2，\cdots，n$），产量的权重为 w_i（$i = 1，2，\cdots，n$），其中 $w_i = \dfrac{q_i}{\sum\limits_{i=1}^{n} q_i}$，$\sum\limits_{i=1}^{n} w_i = 1$，于是社会必要劳动时间（$\bar{t}$）抑或单位商品价值量（$z$）可以写成：$\bar{t} = z = \sum\limits_{i=1}^{n} t_i w_i$。商品的价值 $= c + v + m$，揭示的是商品的价值由哪些要素价值构成，c 是过去劳动创造的价值的转移价值，$v + m$ 才是新创造的价值，活劳动不仅创造了自身的价值 v，而且还创造了一个 v 的增量 m，即剩余价值。不变资本 c 在价值形成过程中的作用表现为一方面直接构成产品的价值，其中劳动资料部分分次部分转移到商品价值中，而劳动对象部分则是一次性全部转移到商品价值中去；另一方面 c 的劳动资料部分充当活劳动与物化劳动（劳动对象）的介质，是活劳动能作用于劳动对象上以改变劳动对象的物质形态，把活劳动凝结到商品的使用价值中。从价值形成这个层面上讲，活劳动和物化劳动对价值形成具有同等重要的作用，光有活劳动，没有物化劳动，既不能创造出使用价值，也就不能创造价值，反之，只有物化劳动而没有活劳动，死的物不能自动转化成新的使用价值，当然也不会创造出新的价值。基于分析，我们可以得到如下的价值函数：

单位商品价值函数：

$$z = f(\bar{t}) ,\ \bar{t} > 0 \tag{5}$$

公式（5）的含义是单位商品价值量是社会必要劳动时间的函数。

部门价值创造函数：

$$Z = f(\bar{t}) \cdot Q = zQ \tag{6}$$

其中 Q 是该部门生产的全部商品总量，$Q = \sum_{i=1}^{n} q_i$。这个函数反映的是新价值 $v + m$ 的创造过程。

部门价值形成函数：

$$\hat{Z} = \varphi(Z, C) \tag{7}$$

这里 C 是生产资料的转移价值，若 c 表示单位商品生产资料的转移价值，则 $C = cQ$。于是

$$\hat{Z} = \varphi(Z, C) = zQ + cQ = Q(z + c) \tag{8}$$

公式（8）体现了部门商品价值的形成过程。

在全社会只有一个部门并只生产一种商品的情况下，该部门新创造的价值总量实际上等于该部门实际用的劳动总量[①]。

第二种情况，假定全社会存在两个部门或行业，生产两种商品，定义为商品 a 和商品 b。为了叙述方便，我们把这两个部门分别根据其生产的商品种类定义为部门 a 和部门 b。根据公式（6）和公式（7），我们很容易分别写出每个部门的价值创造函数和价值形成函数，即

$$\begin{aligned} Z_a &= f(\bar{t_a}) \cdot Q_a = z_a Q_a \\ Z_b &= f(\bar{t_b}) \cdot Q_b = z_b Q_b \end{aligned} \tag{9}$$

---

① 冯金华教授在所有部门的劳动都是同质的简单劳动特别是不同行业的劳动都相同的假定下，得出"一国经济的价值总量等于该国经济中的社会必要劳动总量，而一国经济中的社会必要劳动总量显然又等于该国经济中实际投入的劳动总量，故一国经济的价值总量最终等于它实际投入的劳动总量，即 $Z = L$"的结论。笔者认为，这个结论得以成立还必须满足供需平衡，各部门的社会必要劳动总量（根据社会必要劳动时间Ⅰ计算的）是完全根据社会必要劳动时间Ⅱ的要求投入的，全社会不存在因供需不平衡导致的劳动量的浪费。

$$\hat{Z}_a = Q_a(z_a + c_a)$$

$$\hat{Z}_b = Q_b(z_b + c_b)$$

(10)

如果我们要写出包括两个部门在内的全社会的价值创造函数和价值形成函数，就必须解决这样两个问题，一是假定部门 a 和部门 b 是完全异质的，计算出包括两个部门在内的社会必要劳动时间；二是假定供需不平衡①，由于社会必要劳动时间Ⅱ的影响，按照社会必要劳动时间Ⅰ计算的包括两个部门在内的价值总量，无论是新创造的价值总量还是价值形成总量，把实际上并没有创造新价值或形成价值的一部分劳动也误认为创造了价值。

关于第一个问题，虽然部门 a 和部门 b 是完全异质的，但是它们在生产过程中消耗的劳动都是抽象的人类劳动，从这个意义上讲它们又是同质的，唯一的区别在于它们存在量上的差异或者说它们之间存在复杂程度不同的差异。假定部门 a 的劳动是简单劳动，部门 b 的劳动是复杂劳动，根据复杂劳动是倍加的或自乘的简单劳动的原理，可以得到 $\overline{t_b} = \beta \overline{t_a}$ 或 $\overline{t_a} = \frac{1}{\beta} \overline{t_b}$。于是包含部门 a 和部门 b 在内的全社会的社会必要劳动时间Ⅰ（$\overline{t}$）就是部门 a 和部门 b 各自社会必要劳动时间Ⅰ的简单算术平均，即

$$\overline{t} = \frac{1}{2}(\overline{t_a} + \beta \overline{t_a}) = \frac{\overline{t_a}}{2}(1 + \beta)$$

(11)

由于供需是不平衡的，所以 $\overline{t}$ 并不是满足社会必要劳动时间Ⅱ的社会必要劳动时间Ⅰ，在全社会的总劳动量中，部门 a 实际消耗的劳动量可能大于也可能小于满足社会需要的劳动量，同样，部门 b 实际消耗的劳动量可能大于也可能小于满足社会需要的劳动量，这种客观存在也是价值规律发挥作用的前提条件，如果没有各部门实际耗用的劳动量与满足社会需要的劳动量之间的差异，就谈不上价值规律和价值规律调节资源配置的问题。这就是说全社会总劳动量中，有一部分并没有实际创造价值，被浪费掉了，假定社会劳动总量的浪费率为 ε，它是实际创造价值的劳动量与总劳动量的比率。引入 ε 以后，全社会的社会必要劳动时间Ⅰ就可以写成：

① 供需平衡假定更方便分析，但是没有实际意义，供需不平衡假定完全与现实经济生活一致，这样的假定更有实际意义，当然会给分析带来很多麻烦。

$$\bar{t} = \frac{\bar{t_a}}{2}(1 + \beta)\varepsilon \tag{12}$$

过去学术界广泛争议的社会必要劳动时间Ⅱ是否创造价值的问题，在这里得到了合理的解释。于是全社会的价值创造函数可以一般地写成：

$$Z = f(\bar{t}) \cdot Q_i, \quad (i = 1,2) \tag{13}$$

全社会的价值形成函数可以写成：

$$Z = (f(\bar{t}) + c_i)Q_i, \quad (i = 1,2) \tag{14}$$

类似的，我们可以将公式（13）和（14）推及到 n 个部门和 n 种产品的情况。

四　两种社会必要劳动时间共同决定价值的机理

马克思分别在《资本论》第一卷和第三卷中提出了社会必要劳动时间Ⅰ和社会必要劳动时间Ⅱ的概念。关于社会必要劳动时间Ⅰ，马克思是这样定义的："社会必要劳动时间是现有的社会正常生产条件下，在社会平均的劳动熟练程度和劳动强度下制造某种使用价值所需要的劳动时间。"[①] 对这个定义，几乎所有的马克思主义经济学者都是认同的，没有什么争议。但是关于社会必要劳动时间Ⅱ则存在很大的分歧，争论的焦点主要表现在两个方面，一是是否存在所谓的社会必要劳动时间Ⅱ，换句话说，社会必要劳动时间Ⅰ和社会必要劳动时间Ⅱ是同一经济范畴的两种不同含义呢还是两个不同的经济范畴？二是只有社会必要劳动时间Ⅰ决定商品价值量呢还是社会必要劳动时间Ⅰ和社会必要劳动时间Ⅱ共同决定商品的价值量？这两个问题实际上是一个问题的两个方面，如果我们承认社会必要劳动时间Ⅰ和社会必要劳动时间Ⅱ是同一经济范畴（社会必要劳动时间）的两种不同的含义，那么社会必要劳动时间Ⅰ和社会必要劳动时间Ⅱ就共同决定商品的价值量。的确，关于社会必要劳动时间Ⅱ，马克思没有像对待社会必要劳动时间Ⅰ那样给出一个非常精确的定义，而是在分析地租是剩余劳动的产物这个问题时提出了存在另一种含义的社会必要劳动时间。他说："事实上价值规律所影响的不是个别商品或物品，而总是

---

① 马克思：《资本论》第1卷，人民出版社2004年版，第52页。

各个特殊的因分工而互相独立的社会生产领域的总产品；因此，不仅在每个商品上只使用必要的劳动时间，而且在社会总劳动时间中，也只把必要的比例量使用在不同类得商品上。这是因为条件仍然是使用价值。但是，如果说个别商品的使用价值取决于该商品是否满足某一种需要，那么，社会产品量的使用价值就取决于这个量是否符合社会对每种特殊产品的量上一定的需要，从而劳动是否根据这种量上一定的社会需要按比例地分配在不同的生产领域……社会劳动时间可分别用在各个特殊生产领域的份额的这个数量界限，不过是价值规律本身进一步展开的表现，虽然必要劳动时间在这里包含着另一种意义。为了满足社会需要，只有如许多的劳动时间才是必要的。在这里，界限是由于使用价值才产生的。社会在既定的生产条件下，只能把它的总劳动时间中如许多的劳动时间用在这样的一种产品上。"① 根据马克思的这一分析，我们可以将社会必要劳动时间 II 定义为：全社会在既定的生产条件下，为了满足社会需要，社会总劳动时间中根据一定比例用于生产某一种产品的劳动时间。从马克思关于社会必要劳动时间 I 和社会必要劳动时间 II 的分析，我们很容易发现这两者之间的区别，即社会必要劳动时间 I 是一个均值概念，是生产单位产品平均需要的劳动时间，而社会必要劳动时间 II 则是一个总量概念，是社会总劳动中根据社会需要分配给某一部门生产某种产品的劳动时间。社会必要劳动时间 I 和社会必要劳动时间 II 始终处于矛盾运动之中，这是价值规律发生作用的前提条件，也是资源配置的依据。

为了分析方便，我们先进行如下规定：

（1）设全社会有 n 个部门（行业），每个部门只生产一种商品，共有 n 种商品，那么全部商品集（G）就是一个 $n \times 1$ 的向量矩阵，即（为简化符号，用下标表示每个部门生产的商品）

$$G = \begin{bmatrix} G_1 \\ \cdots \\ G_n \end{bmatrix} \quad (15)$$

（2）第 i 个部门生产的第 i 种商品的实际产量用 Q_i 表示；

（3）第 i 个部门生产第 i 种商品的社会必要劳动时间 I 用 $\overline{t_{1i}}$ 表示；

---

① 马克思：《资本论》第 3 卷，人民出版社 2004 年版，第 716—717 页。

（4）社会必要劳动时间Ⅱ用 T_{2i} 表示；

（5）社会对第 i 个部门生产的第 i 种商品的需要量用 $Q_{i,d}$ 表示。

如前所述，第一，社会必要劳动时间Ⅰ是生产某种商品的某个部门或行业在现有的社会正常生产条件下，在社会平均的劳动熟练程度和劳动强度下生产单位商品平均需要的劳动时间，它是一个均值概念，而社会必要劳动时间Ⅱ则是以社会需要为标准，分配给该商品生产部门（行业）的社会劳动时间总量的一部分，是一个总量概念。第二，社会必要劳动时间Ⅰ是以现实的社会生产条件和生产结果为基础的单位商品耗用的社会必要劳动时间，而社会必要劳动时间Ⅱ则是以社会对某种商品的需要为基础、部门总产出的社会必要劳动时间，在质的规定性上，社会必要劳动时间Ⅰ和社会必要劳动时间Ⅱ是相互依存又相互矛盾的。第三，从逻辑上看，社会必要劳动时间Ⅰ的形成是在现有的社会正常生产条件、在社会平均劳动熟练程度和劳动强度的规定下独立形成的，而不是在社会必要劳动时间Ⅱ的量得规定性下形成的，但是社会必要劳动时间Ⅰ又总是以社会必要劳动时间Ⅱ为重心上下波动，这种波动的机制是价值规律。通常，社会必要劳动时间Ⅰ和社会必要劳动时间Ⅱ存在三种基本的数量关系：

（1）如果 $Q_i = Q_{i,d}$ ，则 $Q_i \overline{t_{1i}} = T_{2i}$ ；

（2）如果 $Q_i < Q_{i,d}$ ，则 $Q_i \overline{t_{1i}} < T_{2i}$ ；

（3）如果 $Q_i > Q_{i,d}$ ，则 $Q_i \overline{t_{1i}} > T_{2i}$ ；

（1）是偶然情况，是巧合，（2）和（3）是商品生产的常态，是必然结果。因为在同一时期内，决定社会必要劳动时间Ⅰ的社会正常生产条件、在社会平均劳动熟练程度和劳动强度是确定的，当期的社会需要量也是确定的，出现（2）和（3）这样的情况要么说明商品生产者没有将足够的资源配置到满足社会需要的某种商品生产上，要么在某种商品生产上进行了过度的资源配置，导致商品生产与商品需要之间的矛盾，出现了资源浪费。马克思说："假定棉织品按比例来说生产过多了，尽管在这个棉织品总产品中实现的只是既定条件下生产这个总产品的社会必要劳动时间。但是，总的来说，这个特殊部门消耗的社会劳动是过多了；就是说，产品的一部分已经没有用处。可见，只有当全部产品是按必要的比例生产时，它们才能卖出去。"[①] 这段话的一个意思实际上是只有当 $Q_i \overline{t_{1i}} = T_{2i}$

---

① 马克思：《资本论》第 3 卷，人民出版社 2004 年版，第 717 页。

时，商品生产者的生产结构才能与社会的需要结构完全一致。从全社会看，$Q_i \overline{t_{1i}} < T_{2i}$ 和 $Q_i \overline{t_{1i}} > T_{2i}$ 总是同时存在的，一种商品生产过多了，必然会有另一种商品生产过少了，反之，如果一种商品生产过少了，必有另一些商品生产过多。在劳动生产力一定的条件下，由于社会劳动时间总量是确定的，$Q_i \overline{t_{1i}} < T_{2i}$ 和 $Q_i \overline{t_{1i}} > T_{2i}$ 总是一种必然的结果，这就是社会生产与社会需要之间的矛盾。为了克服这种矛盾，在进入下一个生产期后，商品生产者要么通过扩大生产规模、要么通过提高劳动生产率解决旧的矛盾，但也必然诱发新的矛盾，在这个矛盾运动过程中，社会必要劳动时间 I 和社会必要劳动时间 II 会发生相应的变化。马克思这段话的另一个意思就是，由于存在一部分没有用处的产品，也就是用于生产这一部分产品社会必要劳动时间 I 实际上并没有创造价值，因此根据社会必要劳动时间 I 计算的全社会的价值量不是社会真正创造的价值量，所以需要把根据社会必要劳动时间 I 计算的但实际上没有创造的价值扣除。如上文所述，我们只需要引入一个社会劳动量的浪费率 ε 就可以解决这个问题。

现在我们把全部 n 个部门的异质劳动同质化为简单劳动，也就是以某一个部门的劳动为基准，这个部门的劳动一定是简单劳动，除此之外的其他部门的劳动均为复杂劳动，只不过复杂程度不同罢了。为分析方便，假定第一个部门的劳动是简单劳动，于是可以得到 $n-1$ 个换算系数（复杂劳动折算为简单劳动的倍数），即 β_{i-1} （$i = 1, 2, \cdots\cdots, n$），于是根据公式（12）得到包括 n 个部门在内的全社会必要劳动时间（$\overline{t}$）

$$\overline{t} = \frac{\overline{t_1}}{n}(1 + \beta_1 + \beta_2 + \cdots + \beta_{n-1})\varepsilon \qquad (16)$$

由此可以得到包括 n 部门的整个国民经济的价值创造函数。

$$Z = f(\overline{t}, Q_i) \quad (i = 1, 2, \cdots\cdots, n) \qquad (17)$$

整个国民经济的价值形成函数可以写成：

$$Z = f(\overline{t}, c_i, Q_i) \quad (i = 1, 2, \cdots\cdots, n) \qquad (18)$$

5. 关于价值函数的进一步讨论

单位商品价值量和社会必要劳动时间是可以完全等价的两个概念，如果全社会只有一个部门、只生产一种产品，则社会必要劳动时间 I 和社会必要劳动时间 II 是完全一致的，在数量上因为 $Q = Q_d$，所以 $Q\overline{t} = T_2$（T_2 表示社会必要劳动时间 II）；如果国民经济包括 n 个部门（行业），则社会必要劳动时间 I 需要经过调整以后才能和社会必要劳动时间 II 一致。根据公式如（12）可知全社会单位商品的价值量与除基准部门（简单劳动部门）外的其他部门的劳动复杂程度成正比，与社会劳动的浪费率成反比。将公式（12）作如下处理

$$\bar{t}_a = \frac{2\,\bar{t}}{(1+\beta)\varepsilon}, \quad \bar{t}_b = \frac{2\,\bar{t}}{\left(1+\dfrac{1}{\beta}\right)\varepsilon} \tag{19}$$

基准部门（简单劳动部门）单位商品价值量与社会单位商品价值量成正比，与劳动复杂程度和社会劳动浪费率成反比，比基准部门劳动复杂程度高的部门单位商品价值量与社会单位商品价值量成正比，与劳动该部门的劳动复杂程度成反比，与社会劳动的浪费率成反比。从整个社会来说，社会劳动总量越是按比例分配给各个部门，单位商品创造的价值越高，反之越低。

进一步分析，社会必要劳动时间 I 决定于一定时期社会正常的生产条件、劳动者的平均熟练程度和劳动强度，也就是可以把社会必要劳动时间 I 视为生产条件和劳动者的平均数量程度和劳动强度的函数。生产条件和劳动者的平均数量程度可以归结为决定劳动生产力的因素中去，而劳动生产力与单位商品价值量的关系或者说与社会必要劳动时间 I 的关系，这是马克思经济学的一个经典命题，无需再赘述。这里重点讨论劳动强度与社会必要劳动时间 I 进而与商品价值量的关系。

根据马克思关于社会必要劳动时间 I 的定义，假定 κ 表示社会正常的生产条件，φ 表示劳动者的平均数量程度，φ 表示平均的劳动强度，则社会必要劳动时间 I（用 $\bar{t}$ 表示）可以写成

$$\bar{t} = \xi(\kappa,\varphi,\varphi) \tag{20}$$

根据马克思关于影响劳动生产力的因素的理论，可以将社会正常的生产条件劳动者的平均数量程度归结为影响劳动生产力的客观条件和主观条件，于是 κ 和 φ 可以统一归结为劳动生产力，用 λ 表示。我们知道，劳动生产力与单位商品价值量成反比，在不考虑转移价值的条件下，我们也可以得出劳动生产力与社会必要劳动时间成反比，也就是

$$\bar{t} = \frac{1}{\lambda} \tag{21}$$

于是公式（20）可以改写成

$$\bar{t} = \xi\left(\frac{1}{\lambda}, \varphi\right) \tag{22}$$

马克思曾指出："劳动强度的提高是以在同一时间内劳动消耗的增加为前提的。因此，一个强度较大的工作日比一个时数相同但强度较小的工作日体现为更多的产品。诚然，在劳动生产力提高时，同一个工作日也会提供较多的产品。但在后一种情况下，由于产品所费劳动比以前少，单个产品的价值也就下降；而在前一种情况下，由于产品所费的劳动同以前一样，单个产品的价值也就保持不变。"[①] 马克思此处的分析明确把劳动生产力提高与劳动强度提高区分开来，或者说，二者是互不包含的。需要特别加以说明的是，马克思一方面说劳动强度是影响社会必要劳动时间 I 的一个变量，也就是说劳动强度是决定价值量的一个变量，但另一方面又说劳动强度变化，单个产品的价值保持不变。这是不是存在矛盾呢？其实不然，劳动强度影响社会必要劳动时间 I 进而影响单位商品价值量，这是基于静态条件下，一个部门或行业的平均劳动强度对社会必要劳动时间 I 的决定因素，当然也是价值量的决定因素；马克思说劳动强度对单个商品价值量没有影响，也是在静态条件下，同一部门或行业的不同生产者之间，由于劳动强度不同，他们提供的使用价值量不同，劳动强度大的商品生产者提供较多的使用价值量，劳动强度低的商品生产者相对于劳动强度高的商品生产者，提供的使用价值量也较少，进而提供的价值总量也较少，但是单位商品价值则是相同的，因为无论是劳动强度高的商品生产者还是劳动强度低的商品生产者，决定价值量的社会必要劳动时间 I 都是相同的。从动态上分析，劳动强度如何影响该部门或行业的单位商品价值量或总价值量呢？

设全社会有 n 各部门，第 i 部门在时间 0 时生产商品的平均劳动强度为 φ_0，在时间 1 时的平均劳动强度为 φ_1，平均劳动强度从 $\varphi_0 \rightarrow \varphi_1$ 对单位商品价值的影响如何呢？这里为了分析方便，依然假定 $c = 0$，根据单位商品价值函数即公式（5）以及社会必要劳动时间 I 的决定公式即公式（22），我们可以得到一个新的单位商品价值函数，即

$$z_i = f\left[\xi\left(\frac{1}{\lambda_i}, \varphi_i\right)\right] \tag{23}$$

---

① 马克思：《资本论》第 1 卷，人民出版社 1972 年版，第 572—573 页。

对（23）求 φ_i 的偏导得

$$\frac{dz}{d\varphi} = \frac{df}{d\xi} \cdot \frac{d\xi}{d\varphi} \qquad\qquad (24)$$

进一步假定所有劳动均为有用劳动，则社会必要劳动时间Ⅰ的边际价值 $\frac{df}{d\xi} > 0$，因为劳动时间是一定的，或者说假定劳动时间不变，社会必要劳动时间Ⅰ的边际价值大于零，这意味着随着劳动生产力的不断提高，单位时间创造的价值是不断增加的，也就是劳动生产力与单位时间创造的价值成正比。

公式（24）中的 $\frac{d\xi}{d\varphi}$ 表示边际劳动强度，由于劳动强度客观上存在一个最大值（$\max\varphi$），当劳动强度 $\varphi > \max\varphi$，劳动过程将不能继续，劳动创造的价值为0，当 $0 < \varphi < \max\varphi$ 时，劳动创造的价值随劳动强度的增加而增加，也就是说

当 $\varphi \in (0,\max\varphi)$，有 $\frac{d\xi}{d\varphi} > 0$，$\frac{dz}{d\varphi} = \frac{df}{d\xi} \cdot \frac{d\xi}{d\varphi} > 0$，劳动强度与单位商品价值成正比，与价值总量也成正比。

当 $\varphi \in (\max\varphi, +\infty)$ 时，$\frac{d\xi}{d\varphi} = 0$，$\frac{dz}{d\varphi} = \frac{df}{d\xi} \cdot \frac{d\xi}{d\varphi} = 0$，劳动过程不可持续，劳动不创造任何价值，所以单位商品价值为0，价值总量也为0。

上述两种情况可以用图1直观地反映出来。

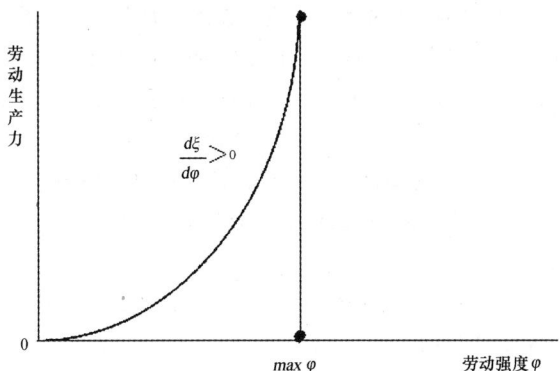

图1 劳动强度与劳动生产力的关系

五　简要的结论

（1）价值函数反映的是商品的价值量与生产该种商品耗用的活劳动量以及不变资本之间的关系，这也是劳动价值论的应有之意。基于此价值函数应该包含价值创造函数和价值形成函数两种表达式，这是价值函数研究共同的逻辑起点。

（2）劳动价值论是马克思主义政治经济学的基石，所以，基于劳动价值论的价值函数是数理政治经济学的基础工具，必须有统一的表达式，这是发展马克思主义政治经济学的基本要求。

（3）社会必要劳动时间 I 和社会必要劳动时间 II 共同决定商品的价值量，只有用社会必要劳动时间 II 调整以后的社会必要劳动时间 I 决定的价值量才是一定时期社会真正创造的价值，不能简单地认为所有投入生产过程的活劳动都创造价值。

（4）随着劳动生产力的不断提高，单位时间创造的价值是不断增加的，也就是劳动生产力与单位时间创造的价值成正比。

（5）当 $\varphi \in (0, \max\varphi)$ 时，劳动强度与单位商品价值成正比，与价值总量也成正比；当 $\varphi \in (\max\varphi, +\infty)$ 时，劳动过程不可持续，劳动不创造任何价值，所以单位商品价值为 0，价值总量也为 0。

参考文献

［1］马克思：《资本论》第 1 卷，人民出版社 2004 年版。

［2］马克思：《资本论》第 3 卷，人民出版社 2004 年版。

［3］程恩富：《政治经济学现代化的四个学术方向》，《学术月刊》2011 年第8 期。

［4］吴易风、王健：《劳动价值论定量分析》，《当代经济研究》1994 年第 1 期。

［5］吴易风、王健：《论以劳动价值论为基础的生产函数》，《中国社会科学》1994 年第 1 期。

［6］昝廷全：《系统经济学研究：价值函数与等价交换原理》，《兰州大学学报》（社会科学版）1998 年第 1 期。

［7］冯金华：《马克思劳动价值论的数学原理》，《财经科学》2006 年第 9 期。

［8］孟捷：《劳动生产率与单位时间创造的价值成正比的理论：一个简史》，《经济学动态》2011 年第 6 期。

劳动生产率与实现的单位商品价值量成正比：一个非均衡分析

——兼对程恩富、马艳命题的一个证明

朱殊洋*

一　引言

单位商品价值量与劳动生产率的关系问题看似是一个很小甚至微不足道的问题，其实它不仅是马克思劳动价值理论中的基本问题，而且也是构建马克思宏观经济理论所必须解决的问题，因为马克思经济增长理论是马克思宏观经济学的主要内容，而要建立马克思经济增长理论则首先必须解决劳动生产率与单位商品价值量的函数关系问题。毫不夸张地说，单位商品价值量与劳动生产率的关系是连接马克思劳动价值理论与马克思宏观经济理论的桥梁。正是因为它的极端重要性，这一问题才引起了我国很多马克思理论修养深湛的经济学家的关注和讨论。讨论的范围已经不再限于马克思的本意，而是做了基于马克思理论逻辑的扩展，或者基于现实经济的延伸。这些探索对于深刻理解马克思的思想，对于马克思经济学的发展都具有重要而深远的意义。

就积累的文献而论，虽然对这一问题的看法各有不同，但是大体上看有两种观点，一种观点是所谓"反比论"。他们从长期均衡分析方法出发，认为单位商品价值量与劳动生产率成反比。这一观点是目前的主流看法。另一种观点是两者在一定条件下成正比（这里的正比关系指的是大致的方向，而不是严格的正比关系）。"正比论"的代表人物是程恩富学

---

* 朱殊洋，广州行政学院教授。

部委员和马艳教授。他们基于非均衡的思考，将实现的单位价值与劳动生产率联系起来，发现并且初步阐释了实现的单位价值与劳动生产率成正比的关系的存在性（本文命名为程恩富、马艳命题），进而指出了成正比的原因，即劳动复杂性的作用①。他们的"正比论"的提出不仅深化了马克思的劳动价值论而且也为马克思宏观经济理论的建立打开了一个突破口。鉴于程恩富学部委员与马艳教授论观点的非同寻常的重要性，鉴于他们论文的侧重点在于探究成正比的背后原因而不在于成正比关系的严格证明，鉴于他们没有给出程马命题成立的条件，因此本文试图对他们提出的正比观点给予一个证明，同时找到该命题存在的条件。

二　理论准备

为了分析实现的单位商品价值量与劳动生产率的关系，我们需要做一些理论准备。这一问题涉及劳动生产率、单位价值、总价值，实现的单位价值、实现的总价值等诸多概念，因此定义清楚这些概念是讨论问题的前提。这一准备绝非可有可无，事实上，恰恰是概念的模糊导致学术界对此问题的探讨基本上处于各说各的话之状态。

（一）基本概念

1. 劳动生产率。劳动生产率分为个别劳动生产率、部门劳动生产率和社会劳动生产率。个别劳动生产率就是通常的个别企业的劳动生产率。对于这一概念学术界是没有分歧的。部门劳动生产率是指在一定时间内一个部门中各个企业的产量之和除以总耗时。社会劳动生产率指的是在一定时间内一个国家各个部门产量之和除以总耗时。对于后两个概念，学界是有分歧的，部分学者将部门劳动生产率称为社会劳动生产率，在他们看来，社会上各个部门的劳动生产率无法进行比较因而不存在社会平均的劳动生产率。其实，就一个社会而论，我们可以通过指数方法，将各个部门划归为同一量纲，从而实现各个部门的相加和平均，因此部门劳动生产率和社会劳动生产率是可以区分的。据此，我们在这里将两者分开，并定义

---

① 马艳、程恩富：《马克思"商品价值量与劳动生产率变动规律"新探》，《财经研究》2002 年第 10 期。

为两个不同的概念。值得注意的是，部门劳动生产率的倒数就是第一种社会必要劳动时间，而社会劳动生产率的倒数并不是第二种社会必要劳动时间，两者的区别是，一个是产量，而第二种社会必要劳动时间是必要商品量，必要商品量总是小于等于产量。

2. 价值总量。价值总量简称为价值量分为个别价值总量、部门价值总量、社会价值总量。个别价值总量就是个别企业生产一定量产品所耗费的时间。部门价值总量就是一个部门内各个企业生产一定量产品所耗费的时间之和。社会价值总量是指各个部门生产一定量产品的总耗时。就名称而论，学界对这几个概念虽有所不同，但是在含义的理解上分歧不大。有问题的是，个别学者将这几个概念与实现的价值混淆了。其实，这里的价值总量指的是生产时间的耗费，而不是实现了的价值，只有在均衡情况下两者才相等，而在非均衡情况下两者通常是不相等的。这一区别非常重要，它是我们理解问题的枢纽。

3. 单位价值。单位价值分为个别单位价值、部门单位价值、社会单位价值。个别单位价值指的是企业的生产时间耗费除以该企业生产量。部门单位价值量指的是部门内各个企业的耗时之和除以部门总产量。这一概念又称为第一种社会必要劳动时间。社会单位价值指的是各个部门耗时之和除以社会总产量。对于这几个概念的理解，学界是存在分歧的。首先，部分学者认为，部门单位价值量作为第一种社会必要劳动时间恒等于第二种社会必要劳动时间，所以商品就是按照这一单位价值出售。事实上，两种社会必要劳动时间通常是不相等的，只有在均衡情况下才相等（这一点非常重要，后面我们将给出证明）[①]，这意味着只有在均衡条件下商品才能按照这一单位价值出售，否则只能按照第二种社会必要劳动时间来出售。其次，部分学者将单位价值等同于实现的单位价值，其实这两者是不相同的概念：单位价值指的是单位产品的时间耗费，而这一耗费未必能够全部实现。只有在均衡的情况下单位价值才等于实现的单位价值，而在非均衡情况下两者是不相等的。这两者的区别对于非均衡分析具有基本的意义，换句话说，没有这两个概念的划分就没办法进行非均衡分析。

---

① 朱殊洋：《个别劳动生产率的提高一定会使价值总量增加吗》，《学习与探索》2011年第3期。

4. 实现的价值。前面对这一概念已经有所涉及，这里详细定义。所谓实现的价值量是从出售的角度来定义的。实现的价值分为企业实现的价值、部门实现的价值、社会实现的价值。企业实现的价值又分为企业实现的总价值和企业实现的单位价值。企业实现的总价值就是企业按照社会必要劳动时间实现的总价值量；企业实现的单位价值是企业实现的价值总量除以出售的商品量。部门实现的价值量等于部门内各个企业实现的价值量之和；部门实现的单位价值量就是部门实现的价值总量除以部门出售的商品总量。社会实现的价值总量和实现的单位价值量的定义与部门相仿。社会实现的单位价值就是所谓的第二种社会必要劳动时间。这里有几个容易混淆的问题。第一，前面我们定义了两种社会必要劳动时间，第一种社会必要劳动时间是从部门内生产时间耗费的角度定义的，而第二种社会必要劳动时间是从实现的角度定义的。因此一方面商品要按照第二种社会必要劳动时间计价；另一方面企业的实现份额也与它在部门中的竞争力有关，而竞争力的高低可以用第一种社会必要劳动时间来衡量。第二，部门实现的单位价值并不是第一种社会必要劳动时间，只有在均衡条件下两者才相等。第三，销售单价一般不等于企业实现的单位价值。前者是社会实现的单位价值即第二种社会必要劳动时间，后者 =（企业劳动生产率提高前实现的价值 + 劳动生产率提高后的超额剩余价值）/本期产量。这是最容易混淆的地方。鉴于目前的学界对这几个概念还没有明确定义因而在很大程度上导致了讨论的模糊，鉴于实现价值概念的重要性和理解上的困难性，这里我们给出一个简单的例子加以说明。假设在 t 时刻社会上有若干个部门，每个部门的劳动生产率都是相等的，也就是社会处于均衡状态，这时各个部门的单位价值量也必然相等，且实现价值等于单位价值。其中面包部门的单位价值量为 4 价值单位/个。这时面包部门的某一企业采用先进技术从而提高了劳动生产率，以至于该企业由原来生产 10 个面包需要 40 价值单位降低到生产 10 个面包只需 30 价值单位，即个别单位价值降低到 3 价值单位/个。由于该企业要按照社会必要劳动时间销售，因此其实现的价值总量为 40 +（40 - 30）= 50 价值单位，而不是 40 价值单位（前面的 40 单位是劳动生产率提高前的价值单位，40 - 30 = 10 是劳动生产率提高后得到的超额剩余价值），实现的单位价值就是 50/10 = 5 价值单位/个，而不是 4 价值单位/个，更不是 3 价值单位/个。从这个例子中我们看到，企业实现的单位价值不等于第二种社会必要劳动时间 4 价值单位/个，更不等于个别单位价值 3 价值单位/个！只有在均衡的情况下这三者才是相等的，也就是说只有在没有任何劳动生产率提高的情况下三者才是相等的。理解了这三者的区别，实质上已经触及了问题的核心。

（二）概念间的关系

1. 劳动生产率与单位价值量的关系。根据马克思的定义，企业个别劳动生产率等于单位时间的产量，而个别单位价值量等于单位产量所耗时间，因而两者互为倒数，所以两者成反比。同样，部门劳动生产率与部门单位价值量、社会劳动生产率与社会单位价值量都成反比。目前主流观点认为两者成反比就是基于马克思的个别单位价值量的定义之上的。

毫无疑问，如果从马克思的定义出发来考察个别单位商品价值量与劳动生产率的关系，那么成反比的观点是没有任何问题的。正如马克思所说"商品价值量与体现在商品中的劳动成正比，与这一劳动的生产率成反比"[①]。但是有两点需要注意：第一，因为这个定义是规定出来的，所以这三组单位商品价值量与劳动生产率的关系也是规定出来的，而不具有函数关系，这就如同"令 $A = 1/B$，所以 A 与 B 成反比"一样的道理。因为这是一种规定，而不是一种函数关系，所以上式中不应该用等式而应用恒等式来表示，即用"$\equiv$"而不应用"$=$"来表示。第二，因为等式的两边处在同一时间点上，所以对两者关系的分析只适合于均衡状态下的分析，而对于非均衡下的分析则需要考虑劳动生产率与实现的单位价值的关系。事实上，马克思在他的著作中给出了三种分析方法。一种是均衡点上的分析即静态时点上分析、长期均衡分析即均衡点的运动趋势分析（比如再生产理论）、非均衡动态分析即均衡点扰动分析（比如超额剩余价值理论——个别企业首先打破均衡的分析）。劳动生产率与单位价值量成反比只适合于前两种分析，而对于非均衡分析法就未必适合了。

2. 劳动生产率与价值总量的关系。因为企业的个别总量等于企业生产量乘以企业个别单位价值量，而企业生产量等于生产时间耗费量乘以个别劳动生产率，所以企业的个别价值总量等于生产时间耗费量 X 个

---

① 《马克思恩格斯全集》第 23 卷，人民出版社 1972 年版，第 52—53 页。

别劳动生产率 X 个别单位价值量，而根据前面的定义可知个别劳动生产率 X 个别单位价值量等于一，所以企业的个别价值总量等于企业的时间耗费量，与劳动生产率没有关系。正如马克思所说，"不管生产力发生了什么变化，同一劳动在同样的时间内提供的价值总是相同的"①。部门劳动生产率与部门价值总量、社会劳动生产率与社会价值总量也同样无关。

3. 劳动生产率与实现的价值量的关系。就劳动生产率与实现的价值总量而论，在非均衡情况下，由于某一企业提高劳动生产率从而使个别单位价值低于出售价值，该企业就会得到超额剩余价值，可见劳动生产率与实现的价值总量成正比。就劳动生产率与实现的单位价值总量而论，在均衡情况下，企业实现的单位价值与个别单位价值、部门实现的单位价值与部门单位价值、社会实现的单位价值与社会单位价值都是相等的，所以这时劳动生产率与实现的价值量成反比。但是在非均衡情况下，劳动生产率与实现的单位价值的关系就未必如此了。那么它们的关系究竟如何呢？这正是本文要探讨的问题。

就劳动生产率与单位商品价值量的关系而论，事实上，无论从理论的角度看还是从现实应用的角度看，我们更为关心的是在非均衡下的实现的商品单位价值量与劳动生产率的关系，而不是在均衡情况下的反比关系，因为只有劳动生产率与实现的价值量的关系才具有前面所说的那样的重大意义，即这一关系才是我们构建马克思经济增长理论进而研究现实问题所需要的基础。尽管实现的单位商品价值量与个别单位商品价值量有关，但是前者与劳动生产率的关系却不能由后者与劳动生产率的关系来直接推导出来，也就是说，我们不能说随着劳动生产率的提高，实现的单位商品价值量会越来越少。这是因为实现的单位商品价值量与劳动生产率之间的关系是间接的、不是规定出来的，因而这一关系只能通过定义和其他条件来推导出来的。而一旦推导出实现的单位价值量与劳动生产率的关系，我们就可以认定此关系是一个定律。

为了直观，下面我们将以上各个关系用图来表示。

---

① 《马克思恩格斯全集》第 23 卷，人民出版社 1972 年版，第 59—60 页。

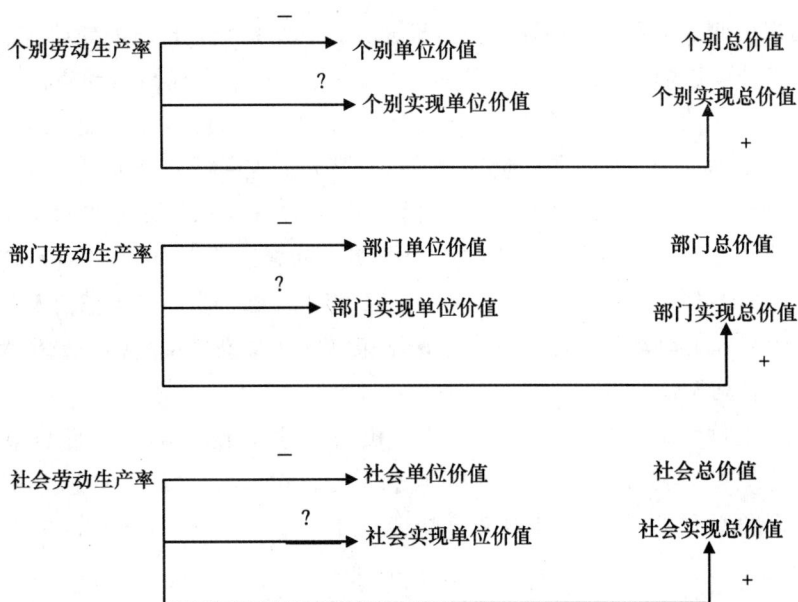

劳动生产率与各种价值量关系示意图

示意图中，"－"号表示反向变化，"＋"表示正向变化，"？"表示尚未研究的关系，没有箭头则表示没有关系。由图可知，劳动生产率与单位价值的关系是规定的反比关系，与实现的价值总量成正向关系。这两种关系是确定无疑的无需争论的。而现在要探讨的问题是，劳动生产率与实现的单位价值量是什么关系。由图中显示，有三个问号需要解决，但是最为重要的问题是，企业个别劳动生产率的提高对企业个别实现的单位价值的影响，以及对部门和社会实现单位价值的影响。这一问题一旦解决，其他问题便可以同理推得，所以我们将个别劳动生产率对三个实现的单位价值的影响作为本文研究的中心议题。这一议题归结为程马命题。

三　劳动生产率与实现的单位价值量关系的证明

（一）假设

马克思在分析超额剩余价值问题时做了如下假设[①]，（1）惯性假设。

---

① 《马克思恩格斯全集》第 47 卷，人民出版社 1979 年版，第 261 页。

部门内企业数量众多，因而竞争具有充分性，个别企业价值的变动对部门价值的瞬时影响不大。该假设意味着，个别企业率先提高劳动生产率之后，部门和社会单位价值不受影响或影响不大。（2）动态假设。由于考察的是劳动生产率提高前后的对比情况，因而这是一个动态问题。这意味着，要对所考察的对象给出时间下标。（3）过程假设。即考查的是从一个均衡到另一个均衡点的过渡过程中的扰动问题。（4）在初始点均衡假设。这里的马克思均衡指的是，必要产量等于实际产量、各个部门及部门内各个企业的劳动生产率相等。这两个条件之一被破坏系统就处于非均衡状态。在均衡情况下超额剩余价值为零。

以上假设简称"马克思假设"。由马克思假设可知，个别企业劳动生产率变动对价值的影响分析属于非均衡分析。这是马克思分析超额剩余价值的方法，也是本文分析劳动生产率与实现的单位价值关系的方法。

（二）均衡情况下两个社会必要劳动时间的关系

马克思在不同的场所定义了两个社会必要劳动时间，这两个社会必要劳动时间是人们非常熟悉的，一个是从部门内考虑的平均时间，即部门生产一定数量商品所耗费的总时间除以该部门总产量；另一个是从社会各个部门之间相互需求的角度考虑的，即社会生产产品的总耗时除以社会必要量。如果这两个社会必要劳动时间不相等，那么个别劳动生产率的提高对个别实现单位价值的影响就比较复杂，因为这样就不仅要考察该企业个别劳动生产率与部门劳动生产率的差异，还要考察该部门劳动生产率与社会劳动生产率的差异。也就是说，如果两种社会必要劳动时间不相等，那么一个企业实现的单位价值不仅要受到部门内企业竞争的影响，还要受到其他部门的需求的影响。反之，如果两种社会必要劳动时间相等，那么我们只要考察个别劳动生产率与部门劳动生产率的关系就可以推断出劳动生产率与实现单位价值的关系，简言之，我们只需考察企业在部门内所处的地位就可以了。鉴于本文分析的初始点是马克思均衡点，鉴于惯性假设对于两种社会必要劳动时间的关系具有基本的意义，因此在我们论证单位价值量与劳动生产率关系之前首先要讨论在均衡条件下两种社会必要劳动时间的关系问题。

命题 1　如果经济系统处于均衡状态，则因为各个部门的劳动生产率相等，因而马克思的两种社会必要劳动也是相等的，所以两种社会必要劳动时间可以单独决定价值。

证明：为了证明和阅读的方便，需要定义一些符号。在一定时间内，一个社会有 m 个部门，M 为部门数量集合，每个部门有 n 个企业，N 为企业数量集合。第 i 企业的产量和生产时间表示为 Q_i、T_i，第 j 部门的总产量和生产总耗时为 $Q^j = \sum_{i=1}^{n} Q_i$、$T^j = \sum_{i=1}^{n} T_i$，其社会必要量为 Q_B^j，且 $Q_B^j \leq Q^j$。社会总产量和生产总耗时分别表示为 $Q = \sum_{j=1}^{m} Q^j$、$T = \sum_{j=1}^{m} T^j$。由第一种社会必要劳动时间定义，$\forall k \in M$ 有

$$\text{第一种社会必要劳动时间} = \frac{T^k}{Q^k} \tag{1}$$

第二种社会必要劳动时间表示为

$$\text{第二种社会必要劳动时间} = \frac{\sum_{j=1}^{m} T^j}{\sum_{j=1}^{m} Q_B^j} \tag{2}$$

由均衡假设，$\forall k \in M$ 有

$$Q_B^k = Q^k \tag{3}$$

$$\frac{T^1}{Q_B^1} = \frac{T^2}{Q_B^2} = \frac{T^3}{Q_B^3} = \cdots = \frac{T^m}{Q_B^m} \tag{4}$$

由均衡条件（4）及合比定理得

$$\frac{\sum_{j=1}^{m} T^j}{\sum_{j=1}^{m} Q_B^j} = \frac{T^k}{Q_B^k} \tag{5}$$

再由均衡条件（3），$\forall k \in M$ 得

$$\frac{\sum_{j=1}^{m} T^j}{\sum_{j=1}^{m} Q_B^j} = \frac{T^k}{Q_B^k} = \frac{T^k}{Q^k} \tag{6}$$

由（6）可知，在均衡情况下两种社会必要劳动时间是相等的，因此两种社会必要劳动时间均可单独决定价值。证毕。

（三）非均衡分析：出售价等于社会必要劳动时间下的考察

因为一定时间内的产量问题与一定产量下的时间问题可以看做是同一个问题，即可以通过延长或缩短法将两者情况划归为一类问题，所以本文中只考察一定产量下的时间变动问题。为方便而又不失一般性，这里只考虑一个企业率先技术创新从而提高劳动生产率的情况。

根据马克思假设，我们引入时标，初始时点为 t，在这一点系统处于均衡状态。t 时点上，对于某企业 $i \in N$ 来说，它的个别劳动生产率为 $L_{i,t}$，产量为 $Q_{i,t}$，该企业所在第 j 部门的总产量为 $Q_t^j = \sum_{i=1}^{n} Q_{i,t}$，社会总产量表示为 Q_t。企业个别价值总量表示为 $J_{i,t}$，企业出售的价值总量表示为 $\hat{J}_{i,t}$，第 j 部门实现的商品价值量表示为 $\hat{J}_t^j$，社会实现的商品价值量表示为 $\hat{J}_t$，企业的超额剩余价值表示为 $\Delta J_{i,t}$。企业个别单位价值量为 $D_{i,t}$，第 j 部门单位价值表示为 D_t^j（即所谓第一种社会必要劳动时间，在均衡情况下企业按照这一价值销售自己的产品，但是在非均衡情况下企业虽然仍然按照这一单位价值出售商品，但是企业实现的单位价值不等于部门单位价值），社会平均单位价值表示为 D_t。在均衡情况下 $D_{i,t} = D_t^j = D_t$。下面以命题的形式给出如下结论。

命题 2　在固定产量的情况下，如果在 t 点某个企业率先采用先进技术从而提高了劳动生产率，而该部门所有企业仍按 t 点处部门单位价值出售，则随着该企业劳动生产率的提高，企业、部门和社会的实现单位价值量都会增加。

证明：已知在 t 点企业 i 按照个别单位价值和部门单位价值计算的总价值分别是

$$J_{i,t} = Q_{i,t} D_{i,t} \tag{7}$$

$$\hat{J}_{i,t} = Q_{i,t} D_t^j \tag{8}$$

因为初始点为均衡状态，故而在 t 时点有 $D_t^j = D_{i,t}$。

由假设知，虽然从 t 点处该企业率先使用新机器，但是由于部门均衡的惯性作用，以至于到 t + 1 时点部门单位价值还没有改变，于是由命题 1 可知，部门内的所有企业仍按照 t 点处的部门单位价值销售，这样在 t + 1 时点处这个企业按照个别单位价值和部门单位价值计算的总价值分别是

$$J_{i,t+1} = Q_{i,t+1} D_{i,t+1} \qquad (9)$$

$$\hat{J}_{i,t+1} = Q_{i,t+1} D_t^j \qquad (10)$$

将（10）和（9）两边相减，得到该企业 t + 1 点的超额剩余价值 $\Delta J_{i,t+1}$：

$$\Delta J_{i,t+1} = \hat{J}_{i,t+1} - J_{i,t+1} = Q_{i,t}(D_t^j - D_{i,t+1}) \qquad (11)$$

由于该企业劳动生产率的提高使得 $D_t^j > D_{i,t+1}$，因此

$$\Delta J_{i,t+1} = Q_{i,t}(D_t^j - D_{i,t+1}) > 0 \qquad (12)$$

又因为 $Q_{i,t} = Q_{i,t+1}$，所以

$$\frac{\hat{J}_{i,t}}{Q_{i,t}} < \frac{\hat{J}_{i,t} + \Delta J_{i,t+1}}{Q_{i,t+1}} \qquad (13)$$

由于 $\dfrac{\hat{J}_{i,t}}{Q_{i,t}}$ 为该企业第 t 点处实现的单位价值，$\dfrac{\hat{J}_{i,t} + \Delta J_{i,t+1}}{Q_{i,t+1}}$ 为该企业第 t + 1点处实现的单位价值，故而由（13）可知，随着该企业劳动生产率的提高，企业实现的单位商品价值量也会随之增加了。

就部门来看，其他 n – 1 个企业劳动生产率没有变化，因此除该企业外，其他企业的超额仍然等于零，于是由（13）不难得知在 t + 1 点有

$$\frac{\hat{J}_t^j}{Q_t^j} < \frac{\hat{J}_t^j + \Delta J_{i,t+1}}{Q_t^j} \qquad (14)$$

这说明，该企业劳动生产率的提高引起该部门实现的单位商品价值量的提高。

就社会来看，由于各个部门的劳动生产率没有变化，故由（15）推得社会平均单位价值的变化

$$\frac{\hat{J}_t}{Q_t} < \frac{\hat{J}_t + \Delta J_{i,t+1}}{Q_t} \qquad (15)$$

由（13）、（14）、（15）可见，在个别企业劳动生产率提高的情况下，企业、部门和社会的实现单位价值量都会增加。证毕。

（四）非均衡分析：出售价不等于社会必要劳动时间下的考察

命题3 设在固定产量的情况下，某个企业率先采用先进技术从而提高了劳动生产率。如果在 t + 1 点企业的出售价低于部门单位商品价值而

又高于个别单位商品价值量，则随着个别企业劳动生产率的提高，企业、部门和社会实现的单位商品价值量都会增加。

证明：仍然只分析一个企业率先使用新机器的情况。用 $\hat{D}_{t+1}$ 表示 t + 1 点该企业商品销售的单位价值，则由已知得

$$D_{i,t+1} < \hat{D}_{t+1} < D_t \tag{16}$$

在 t 时点，该企业按照个别单位价值和部门单位价值分别计算的价值为

$$J_{i,t} = Q_t D_{i,t} \tag{17}$$

$$\hat{J}_{i,t} = Q_t D_t \tag{18}$$

由于初始点为均衡点，因此 $D_{i,t} = \hat{D}_{i,t}$。在 t + 1 时点上，该企业按照 $\hat{D}_{t+1}$ 销售，则按照个别单位价值和实际销售单位价值计算的价值分别是

$$J_{i,t+1} = Q_{i,t+1} D_{i,t+1} \tag{19}$$

$$\hat{J}_{i,t+1} = Q_{i,t+1} \hat{D}_{t+1} \tag{20}$$

于是该企业的超额剩余价值为

$$\Delta \hat{J}_{i,t+1} = \hat{J}_{i,t+1} - J_{i,t+1} = Q_{i,t+1}(\hat{D}_{t+1} - D_{i,t+1}) \tag{21}$$

这里用 $\Delta \hat{J}_{i,t+1}$ 表示在 t + 1 点出售单位价值低于部门单位价值而又高于个别单位价值量情况下企业的超额剩余价值。因为 $\hat{D}_{t+1} > D_{i,t+1}$，所以

$$\Delta \hat{J}_{i,t+1} = \hat{J}_{i,t+1} - J_{i,t+1} > 0 \tag{22}$$

又因为 $Q_{i,t} = Q_{i,t+1}$，所以

$$\frac{\hat{J}_{i,t}}{Q_{i,t}} < \frac{\hat{J}_{i,t} + \Delta \hat{J}_{i,t+1}}{Q_{i,t+1}} \tag{23}$$

由（23）不难得到第 t + 1 点处部门和社会实现的单位商品价值量的变化情况

$$\frac{\hat{J}_t^j}{Q_t^j} < \frac{\hat{J}_t^j + \Delta J_{i,t+1}}{Q_{t+1}^j} \tag{24}$$

$$\frac{\hat{J}_t}{Q_t} < \frac{\hat{J}_t + \Delta J_{i,t+1}}{Q_{t+1}} \tag{25}$$

由（23）、（24）、（25）可知，在个别劳动生产率提高的情况下，如

果在 t+1 点企业的出售单位价值低于 t 点处部门单位价值且高于企业个别单位价值，那么个别企业劳动生产率的提高不仅引起该企业实现的单位商品价值量的增加，而且引起部门和社会实现的单位商品价值量的增加。证毕。

四　结论

科技的进步总是从一点开始的，因而劳动生产率的提高也是从局部开始的。在劳动生产率普遍提高且稳定在某一新的均衡点之前，随着劳动生产率的提高，率先采用新技术的企业所实现的单位商品价值量也会随之增加，不仅如此，所在部门实现的单位商品价值量以及全社会实现的单位商品价值量也会随之增加。也就是说，随着科技进步因而劳动生产率的局部提高，无论是对于该企业还是对于该部门乃至对于社会，平均每个商品所蕴含的实现了的价值不是少了，而是多了，即实现的商品价值量与劳动生产率成正比。

虽然劳动生产率的提高由局部变为全局的过程也是均衡点下移的过程，但是这并不意味着在两个均衡点之间不存在劳动生产率与实现的单位价值量成正比的情况。事实上，在两个均衡点之间由于个别企业技术创新的惯性与部门总体劳动生产率提高的惯性之间存在时滞，前者快于后者，这使得率先技术创新的企业可以获得超额剩余价值。正是这一超额剩余价值导致了企业、部门和社会在两个均衡点之间可以获得更多的单位价值，即劳动生产率的提高引起了实现的单位价值的提高。

最后要指出的是，既然我们已经证明了在一定条件下劳动生产率的提高会使实现的单位商品价值量提高，那么不难推知，在劳动生产率客观因素不变的情况下劳动的主观因素的变化是劳动生产率变化唯一原因，因此劳动主观因素的变化正是实现的单位商品价值量与劳动生产率成正比背后的真正原因。

总之，在个别劳动生产率提高的情况下，程恩富、马艳命题是正确的。

参考文献

[1] 程恩富：《现代马克思主义政治经济学的四大理论假设》，《中国社会科学》

2007 年第 1 期。

[2] 郑志国:《科学界定商品价值的内涵和功能》,《岭南学刊》2000 年第 3 期。

[3] 岳宏志:《马克思价值决定理论的数理阐释》,《海派经济学》第 23 辑。

[4] 程恩富、朱奎:《西方旧经济人假设的批判与新经济人理论的构建》,《海派经济学》第 23 辑。

"均衡价格"(生产价格)向量不等于价值向量:与冯金华教授商榷

荣兆梓　陈　旸[*]

一　引言

　　经济学家们早就认识到,在经济理论中存在着一种与新古典一般均衡价格不同的价格理论。这种被称为"古典均衡价格"的理论在亚当·斯密那里就存在着,经由李嘉图、马克思和斯拉法的发展,形成了一种不依赖于新古典假设的价格理论。在马克思那里,这种价格被称为"生产价格",而在森岛通夫(1979)、罗默(1981)那里,这种价格被称为"均衡价格"。森岛等人将这种生产价格或者均衡价格模型化,论证了在简单的里昂惕夫经济下,给定工人的实物工资和其他生产投入,一定存在一组为正的价格比例,可以使得各部门的利润率为正且相等。他们似乎并不担心模型无法确定一组唯一的价格,因为任意选定一种商品作为标准,就足以确定这样一组价格。这个结论很容易和马克思的价值理论联系在一起,因为这样的价格完全不依赖于价值体系就可以独立存在,于是很难断言劳动价值对于这样的价格有着制约作用。更有人提出,即使按照马克思所说的总价值和总剩余价值分别制约着总价格和总利润,在数学上也无法证明这两个总量一致命题是正确的。于是所谓的"转形问题"不但是冗余的,甚至还是错误的。然而在近期的一篇文章(冯金华,2011)(简称"冯文")中冯金华教授提出,均衡价格或生产价格方程加上马克思的两个总

---

　　* 荣兆梓,安徽大学经济学院教授、博士生导师;研究方向为政治经济学、社会主义市场经济。陈旸,安徽大学经济学院博士研究生;研究方向为政治经济学、资本理论。

量一致条件后，将会和劳动价值量相等。这个新奇的结论如果成立，就说明价值体系直接制约着价格体系。这一李嘉图式的结论直接使得马克思所说的从价值到价格的"中介环节"成为了多余，这无疑值得仔细研究。

二 冯金华教授证明了什么，没有证明什么？

（一）冯文中模型的基本假设

冯金华教授构建了一个无固定资本、无联合生产、一个生产周期只周转一次的两部类（生产资料部门和消费资料部门）线性生产模型，其中的投入产出关系可以用

$$\begin{pmatrix} a_{11} & a_{12} \\ a_{21} & a_{22} \end{pmatrix} \rightarrow \begin{pmatrix} 1 & 0 \\ 0 & 1 \end{pmatrix} \text{ 来表示。}$$

a_{11} 和 a_{21} 分别表示生产 1 单位的生产资料和消费资料商品所需要的生产资料的量。a_{12} 和 a_{22} 分别表示生产 1 单位的生产资料和消费资料商品所需要提供给工人的消费资料的量，所有的投入系数都是大于零的。冯的模型没有给出生产单位商品所需的活劳动投入以及生产单位劳动力的工人消费资料量，而是直接给出了生产单位商品所需的工人消费资料量。一旦给定了工人消耗的消费资料量，生产单位商品所需的可变资本价值量和货币工资就分别由这些消费资料的价值量和价格量决定。假如用 p 表示满足平均利润率的均衡价格（生产价格）向量，z 表示生产单位商品所耗费的直接和间接劳动时间（价值）向量，那么生产单位商品所需的可变资本和货币工资就可以分别表示为

$$v_1 = z_2 a_{12} \quad w_1 = p_2 a_{12}$$
$$v_2 = z_2 a_{22}, \quad w_2 = p_2 a_{22}$$

其中 v 表示可变资本，w 表示货币工资。这里的可变资本和货币工资都是针对单位产出而言的成本，而不是单位劳动（力）的价值或价格。假设再生产两部门单位劳动力必需的消费资料量分别为 x_1 和 x_2，那么价值体系和价格体系下的工资率 v 和 ω 就分别为：

$$v_1 = z_2 x_1 \quad \omega_1 = p_2 x_1$$
$$v_2 = z_2 x_2, \quad \omega_2 = p_2 x_2$$

在冯金华看来，各部门的价值或价格工资率是不需要相等的，因为一

般均衡价格只需要保证产品市场的均衡，并不意味着劳动力市场的均衡。实际上，这一结论暗含着对剩余价值率的规定。此时两部门的剩余价值率分别为 $\mu_1 = \dfrac{1 - z_2 x_1}{z_2 x_1}$ 和 $\mu_2 = \dfrac{1 - z_2 x_2}{z_2 x_2}$。既然 x_1 和 x_2 未必相等，那么 μ_1 和 μ_2 也就未必相等。实际上剩余价值率相等并不只是一个假定，而确实"是资本主义生产方式的前提"。荣兆梓（2010）曾指出，剩余价值率平均化的趋势，事实上在利润率平均化趋势发生之前，已经对劳动力商品实现了一次从价值到价格的转形，使得劳动力的由工人生活资料价值决定的商品价值，转形成为与劳动的使用时间成比例的劳动价格（工资率）。但在这里我们仍然按照冯金华教授的假设，令各部门的剩余价值率不等。

（二）再生产条件

既然我们考察的是一个循环不断的经济，那么技术和产量条件应当至少使得经济能够再生产出原有产量，否则经济就会收缩。换句话说，我们讨论的是一个"生产性的"经济，即投入矩阵 A 可以使得经济存在一个正的产出向量 q，使得 $q \geq A^T q$。这个物质条件仅仅与投入系数矩阵 A 和产量 q 相关，假如脱离这个条件去研究价值或价格体系的存在与否，则毫无意义。至少使得经济具有"生产性"的投入系数和产量条件是

$$(1 - a_{11})q_1 - a_{21}q_2 > 0$$
$$(1 - a_{22})q_2 - a_{12}q_1 \geq 0 \tag{1}$$

因为 q_1 和 q_2 都是大于零的，所有的投入系数也是大于零的，因此 $1 - a_{11} > 0$ 和 $1 - a_{22} > 0$。移项后不等式组表示为 $\dfrac{a_{12}}{1 - a_{22}} \leq \dfrac{q_2}{q_1} \leq \dfrac{1 - a_{11}}{a_{21}}$，所以（1）式表示的生产性经济存在合理产出的充分必要条件是 $\dfrac{1 - a_{11}}{a_{21}} \geq \dfrac{a_{12}}{1 - a_{22}}$。假如我们要求经济的净产品不全为零，即 $q - A^T q > 0$，那么相应的条件就是

$$\frac{1 - a_{11}}{a_{21}} > \frac{a_{12}}{1 - a_{22}} \tag{2}$$

（三）价格体系

在确定了投入系数矩阵和再生产条件之后，冯证明了均衡价格体系的

存在。均衡价格可以表示为

$$p_1 = (p_1 a_{11} + p_2 a_{12})(1 + r)$$
$$p_2 = (p_1 a_{21} + p_2 a_{22})(1 + r)$$ (3)

其中 r 表示平均利润率。证明此价格体系存在的更一般的方法是：令 $\lambda = \dfrac{1}{1 + r}$，于是

$$\lambda p = Ap$$ (4)

此时 λ 是 A 的特征值，p 是对应于 λ 的特征向量。因为 A 是不可约的正矩阵，根据 Perron – Frobenius 定理（詹兴致，2008）可知，非负矩阵的最大特征值为正，且仅有最大特征值对应的特征向量为正。因此，均衡价格体系有正解 (r, p_1, p_2)，当且仅当

$$\frac{1}{1 + r} = \rho(A)$$ (5)

其中 $\rho(A)$ 表示 A 的最大特征值。r 确定下来后，均衡价格体系显然符合齐次线性条件，因此只能在标量乘法的意义上确定均衡价格，也就是只能求得价格体系的基础解系。

（四）p 和 z 的关系

面对这样一组均衡价格比例，如果想确认一组唯一的绝对价格，就必须对价格比例进行规范化（normalization）。冯金华教授认为必须引入的规范化条件是马克思的两个总量相等，即价值基础即总价值等于总均衡价格和总剩余价值等于总利润，并且认为满足这两个等量条件的均衡价格向量一定等于价值向量。

冯金华教授首先写出了价值和利润的表达式：

$$n_1 + n_2 = p_1 q_1 - (p_1 a_{11} q_1 + p_2 a_{12} q_1) + p_2 q_2 - (p_1 a_{21} q_2 + p_2 a_{22} q_2)$$
$$m_1 + m_2 = z_1 q_1 - (z_1 a_{11} q_1 + z_2 a_{12} q_1) + z_2 q_2 - (z_1 a_{21} q_2 + z_2 a_{22} q_2)$$ (6)

其中，p 表示满足平均利润率的均衡价格（生产价格）向量，z 表示生产单位商品所耗费的直接和间接劳动时间（价值）向量。n 和 m 分别表示利润和剩余价值。

接下来是马克思的两个总量相等方程

$$n_1 + n_2 = m_1 + m_2$$
$$p_1 q_1 + p_2 q_2 = z_1 q + z_2 q_2$$ (7)

由第一个总量关系得到

$$[(1 - a_{11})q_1 - a_{21}q_2](p_1 - z_1) + [(1 - a_{22})q_2 - a_{12}q_1](p_2 - z_2) = 0$$
$$(8)$$

冯分了四种再生产条件来讨论式中的 p 和 z 的关系。因此，冯金华教授论证的均衡价格和价值相等不但建立在马克思的两个总量相等条件基础上，也建立在各种特殊或一般的再生产条件基础上。

第一种情况：$(1 - a_{11})q_1 - a_{21}q_2 = 0$ 且 $-a_{12}q_1 + (1 - a_{22})q_2 = 0$。假如系数矩阵的行列式等于 0，即 $|I - A^T| = 0$，那么此时经济中存在不为零的产量 q，可以使得整个经济刚好处于一种仅能自足的状态中。也就是第一部门的产品全部被第一部门自身和第二部门消耗掉，第二部门的产品全部被第一部门和第二部门的工人消耗掉。显然，此时消费资料全部归工人阶级所有，这是一个没有剩余价值和利润的经济。斯拉法（1963）将这种生产和分配的方法称为"为维持生存的生产"。冯金华认为，这种生产方法是无意义的，因为只有当 $\frac{1 - a_{11}}{a_{21}} > \frac{a_{12}}{1 - a_{22}}$ 即 $|I - A^T| > 0$ 时，经济才可能存在正的产量使得净产品不全为零。

第二种情况：$(1 - a_{11})q_1 - a_{21}q_2 = 0$ 且 $(1 - a_{22})q_2 - a_{12}q_1 > 0$。当且仅当 $\frac{1 - a_{11}}{a_{21}} > \frac{a_{12}}{1 - a_{22}}$ 时，经济可能拥有满足以上不等式的产量。此时第一部门的产品全部被第一部门自身和第二部门消耗完，第二部门的产品除了供给全部工人消费外，还有一部分未消耗完，可以作为社会剩余在资本家之间分配。这正是马克思的简单再生产方式。

此时根据，必有 $p_1 = z_1$，根据（7）式，进而有 $p_2 = z_2$。

第三种情况：$(1 - a_{11})q_1 - a_{21}q_2 > 0$ 且 $(1 - a_{22})q_2 - a_{12}q_1 = 0$。当且仅当 $\frac{1 - a_{11}}{a_{21}} < \frac{a_{12}}{1 - a_{22}}$ 时，经济存在满足以上不等式的产量。此时第一部门的产品除了供应自身和第二部门的生产还有一部分未消耗完，而第二部门的产品仅够第一部门和自身的工人消费。与第二种情况相同，此时必有 $p_1 = z_1$ 以及 $p_2 = z_2$。

可以看到，冯金华教授在论证 p 和 z 相等时不但使用了（7）式表示的总量相等关系，还使用了两种特殊再生产条件：一是生产资料部门的产品全部被生产消耗完，而消费资料部门的产品除了供给工人以外仍有剩余；二是消费资料部门的产品全部被工人消耗完，而生产资料部门的产品仍有剩余。在讨论完以上两种情况后，冯金华教授开始讨论最一般的再生产：两个部门的产品除去供应生产外都有剩余。并试图证明在这种情况下同样有 p 和 z 相等。

第四种情况：$(1 - a_{11})q_1 - a_{21}q_2 > 0$ 且 $(1 - a_{22})q_2 - a_{12}q_1 > 0$。当且仅当 $\dfrac{1 - a_{11}}{a_{21}} < \dfrac{a_{12}}{1 - a_{22}}$ 时，经济存在满足以上不等式的产量。此时社会总产出除了补偿生产中耗费的生产资料和工人消费资料外还存在剩余，可以在资本家之间进行分配。这种生产和分配方法被冯称为"一般再生产"，此时满足 p 和 z 的关系分为两种：

$$p_1 = z_1 \text{ 或 } p_2 = z_2$$

$$p \neq z，\frac{[(1 - a_{22})q_2 - a_{12}q_1]}{[(1 - a_{11})q_1 - a_{21}q_2]} = \frac{p_1 - z_1}{z_2 - p_2}$$

显然，在一般再生产状态下，价值和价格既可能相等，也可能不相等。但是冯文却拒绝后一种可能性。冯金华教授的理由是当 $p \neq z$ 时，$(1 - a_{11})q_1 - a_{21}q_2$ 和 $(1 - a_{22})q_2 - a_{12}q_1$ 成比例，会造成 $|I - A^T| = 0$，违反了 $a_{21}a_{12} < (1 - a_{11})(1 - a_{22})$ 这个条件。这个结论首先是不清晰的，至少包含两个命题：

命题一：$(1 - a_{11})q_1 - a_{21}q_2$ 和 $(1 - a_{22})q_2 - a_{12}q_1$ 成任意比例时，有 $|I - A^T| = 0$。

命题二：$(1 - a_{11})q_1 - a_{21}q_2$ 和 $(1 - a_{22})q_2 - a_{12}q_1$ 成某种特殊比例，有 $|I - A^T| = 0$。

命题一显然不为真，因为在一般再生产条件下，保证了第一和第二部门的剩余产品 $(1 - a_{11})q_1 - a_{21}q_2$ 和 $(1 - a_{22})q_2 - a_{12}q_1$ 必定都是正的，所以总有

$$\frac{[(1 - a_{22})q_2 - a_{12}q_1]}{[(1 - a_{11})q_1 - a_{21}q_2]} = \varepsilon，\varepsilon \in R^+ \tag{9}$$

此时无法保证 $|I - A^T| = (1 - a_{11})(1 - a_{22}) - a_{12}a_{21} = 0$。

命题二中的特殊比例若为

$$\frac{[(1 - a_{22})q_2 - a_{12}q_1]}{[(1 - a_{11})q_1 - a_{21}q_2]} = \frac{1 - a_{22}}{a_{21}}$$

或者

$$\frac{[(1 - a_{22})q_2 - a_{12}q_1]}{[(1 - a_{11})q_1 - a_{21}q_2]} = \frac{a_{12}}{1 - a_{11}}$$

时，必有

$$\frac{[(1 - a_{22})q_2 - a_{12}q_1]}{[(1 - a_{11})q_1 - a_{21}q_2]} = \frac{1 - a_{22}}{a_{21}} = \frac{a_{12}}{1 - a_{11}} = \frac{p_1 - z_1}{z_2 - p_2} \tag{10}$$

但此时的产出 q 无法满足一般再生产条件。所以，命题二所描述的这一特殊比例在一般再生产条件下根本不存在。综合命题一和二可以看出在一般再生产中，无法确定 $|I - A^T| = 0$，从而无法确定 p 和 z 一定相等。

至此，冯金华教授证明了至少在这二、三两种再生产方式下，满足（8）式的 p 和 z 必定相等，但是却无法证明在一般再生产方式下也能有同样的结论。

但即便是前两种情况下，p 和 z 究竟代表什么呢？式中的 n 和 m 表示的都是某种售价与成本之差，p 和 z 进而 n 和 m 的差别仅仅是两种会计体系或者售价的差别。即使按照冯金华教授一再强调的，p 是符合（3）式的能够满足供需相等和利润率平均化的均衡价格，那么 z 又是什么呢？m 是用 z 来衡量的某种售价和成本之差，为什么说 m 是剩余价值，而不说它是另一种价格体系下的利润？或者更加明确的，为什么说 z 是劳动价值，而不是另一种区别于均衡价格的价格体系？这是本该由冯文中回答的主题，但可惜的是我们读遍全文，也没有发现满意的回答。

冯金华教授倒确实提供了一个 z 体系的表达式用来说明 z 是劳动价值，也就是冯文中的方程组（1）

$$\begin{aligned} z_1 a_{11} q_1 + z_2 a_{12} q_1 + m_1 = z_1 q_1 \\ z_1 a_{21} q_2 + z_2 a_{22} q_2 + m_2 = z_2 q_2 \end{aligned} \tag{11}$$

但这个方程组只不过是"剩余价值"m 表达式（6）的一个变形，或者说（6）式是（11）式的一个变形。前者是用 m、A 和 q 来表示"劳动价值"z，后者是用 z、A 和 q 来表示"剩余价值"m。这就形成了循环论证。从冯金华教授的"价值体系有解的充分必要条件"中可以看到，价值体系被他改写为

$$\begin{aligned} (1 - a_{11})z_1 - a_{12}z_2 = \frac{m_1}{q_1} \\ -a_{21}z_1 + (1 - a_{22})z_2 = \frac{m_2}{q_2} \end{aligned} \tag{12}$$

冯金华教授认为这是一个非齐次线性方程组，因而 z 有唯一解的充分必要条件是其系数行列式不等于零。很显然，冯金华教授在这里把 m 当

做一个已知量来使用，并假定 m 就是剩余价值量。从数学上看，如果 m 是已知量，那么方程组（12）有唯一解的充分必要条件确实正如冯金华教授所言，是 $|I - A^T| \neq 0$，同时若假定 m 这个已知量是剩余价值，那么 z 也确实就是商品的劳动价值量。但是这样的假设在逻辑上确实是不合理的。我们难以想象在价值体系决定之前，就存在一个已知的剩余价值量，因为剩余价值量本身就依赖于价值体系的存在而存在。

总之，冯金华教授证明的是：

在一个给定工人消费量的经济体系中，如果假设"z 体系"和均衡价格 p 体系所各自决定的总售价和总利润相等，再加上一些特殊的再生产条件，那么 p 和 z 向量是相等的。

冯金华教授没有证明的是：

（1）没有证明"z 体系"就是劳动价值体系，或者说他用来证明这个关键结论的方法是循环论证的：z 体系代表劳动价值的条件是 m 代表剩余价值，而 m 作为剩余价值却又是由 z 表示的。

（2）即便按照这一方法，也没有办法证明在一般再生产体系下，p 和 z 是相等的。

三　冯金华教授的 z 向量不等于价值向量

只给定投入系数矩阵 A 和产量 q，就无法脱离价值体系来定义剩余价值量。只有当 m 是剩余价值时，z 才等于劳动价值；而在确定劳动价值之前，无法将剩余价值视为已知量。冯金华教授之所以陷入用价值来定义剩余价值，又用剩余价值来定义价值的循环困境，是因为他极力避免引入商品生产中的活劳动量所导致。实际上相反，一旦引入由技术水平外生决定的活劳动量，可以很方便的确定价值量。

首先确定各部门生产中投入的活劳动量 l，再确定剩余价值率 μ，单位商品的剩余价值分别为 $\dfrac{\mu_1}{1+\mu_1} l_1$ 和 $\dfrac{\mu_2}{1+\mu_2} l_2$；可变资本分别为 $\dfrac{1}{1+\mu_1} l_1$ 和 $\dfrac{1}{1+\mu_2} l_2$。价值体系可以不依赖 a_{12}、a_{22} 和 μ 而写为

$$z_1' = z_1' a_{11} + l_1$$
$$z_2' = z_1' a_{21} + l_2$$

（13）

注意到正确定义的价值体系 z' 并不依赖其他特殊条件，例如资本有机构成相等。（13）式中 z' 有非零解的充分必要条件是 $\begin{vmatrix} 1-a_{11} & 0 \\ -a_{21} & 1 \end{vmatrix} \neq 0$。

我们之前已经讨论过，任意能够满足生产性条件的经济体系都能至少循环生产出原有的产量，这样的经济中使用的技术条件必有 $a_{11}<1$ 和 $a_{21}>0$，所以给定生产技术决定的活劳动投入，任意生产性的经济中都存在唯一一组价值体系，此时价值体系的解为

$$z_1' = \frac{1}{1-a_{11}}l_1$$

$$z_2' = \frac{a_{21}}{1-a_{11}}l_1 + l_2$$

（14）

这与冯金华教授定义的 z 体系有着根本的不同。我们将证明，z 不过是在各部门资本有机构成相等时的一组价格或者"价值"，只有这个条件才能保证 z 和 p 相等。而正确定义的价值体系 z' 并不需要这一特殊条件，从而也未必和均衡价格保持相等。

为了一般性我们直接将再生产条件定义为

$$(1-a_{11})q_1 - a_{21}q_2 \geq 0$$

$$(1-a_{22})q_2 - a_{12}q_1 \geq 0$$

当经济处于维持生存的再生产条件时有

$$(1-a_{11})q_1 - a_{21}q_2 = 0$$

$$(1-a_{22})q_2 - a_{12}q_1 = 0$$

经济存在正的产量要求 $|I-A^T|=0$，即 $\frac{1}{1+r}=\rho(A)=1$，于是平均利润率为零，同时剩余价值也一定为零。此时的均衡价格体系为

$$p_1 = p_1a_{11} + p_2a_{12}$$

$$p_2 = p_1a_{21} + p_2a_{22}$$

而价值体系为

$$z_1 = z_1a_{11} + z_2a_{12}$$

$$z_2 = z_1a_{21} + z_2a_{22}$$

p 和 z 显然同解。

除了维持生存的再生产条件，任何生产性的经济都存在正的剩余产

品，所以平均利润率和总剩余价值量都大于零。此时若仍然规定 $p = z$，则必有各部门的资本有机构成相等。因为当 $r > 0$ 时，若 $p = z$，则说明 (z_1, z_2) 同时也为价格体系的解。于是有

$$z_1 = (1 + r)(z_1 a_{11} + z_2 a_{12})$$

$$z_2 = (1 + r)(z_1 a_{21} + z_2 a_{22})$$

因此有

$$\frac{z_2}{z_1} = \frac{z_1 a_{21} + z_2 a_{22}}{z_1 a_{11} + z_2 a_{12}}$$

根据等比性质，

$$\frac{z_2}{z_1} = \frac{z_1 a_{21} + z_2 a_{22}}{z_1 a_{11} + z_2 a_{12}} = \frac{z_2 - z_1 a_{21} - z_2 a_{22}}{z_1 - z_1 a_{11} - z_2 a_{12}}$$

由于 $z_1 a_{11}$、$z_2 a_{12}$ 和 $z_1 - z_1 a_{11} - z_2 a_{12}$ 分别为单位生产资料的不变资本、可变资本和剩余价值，可以分别记为 c_1、v_1 和 m_1；同理消费资料的对应部分记为 c_2、v_2 和 m_2，于是上式改写为

$$\frac{z_2}{z_1} = \frac{c_2 + v_2}{c_1 + v_1} = \frac{m_2}{m_1}$$

移项后有

$$\frac{g_1 + 1}{\mu} = \frac{g_2 + 1}{\mu}$$

其中 $g_1 = \dfrac{c_1}{v_1}$，$g_2 = \dfrac{c_2}{v_2}$，分别表示第一和第二部门的资本有机构成。显然此时 $g_1 = g_2$。

于是我们证明了，$p = z'$ 是 $g_1 = g_2$ 的充分条件，所以命题三为真，其逆否命题也为真，即当 $g_1 \neq g_2$ 时，$p \neq z$。既然 z 只是能使各部门资本有机构成相等的一个"价值"量，而正确定义的价值量 z' 不要这个条件，那么就没有理由说，z 和 z' 是相等的。

四 马克思的转型模型唯一地确定了价值与生产价格的数量关系

我们之前已经论证了，均衡价格方程再加上马克思的两个总量一致条件之后，无论是在特殊的再生产条件还是在一般的再生产条件下，得到的

p 的解总是等于令各部门资本有机构成相等的价值 z，而 z 却无法代表一般意义下的劳动价值。所以均衡价格在一般情况下未必等于劳动价值。这里还留下一个问题，就是是否能从一般情况下的劳动价值中推导出一个满足利润率相等以及马克思的两个总量一致条件的生产价格体系？换句话说就是方程组

$$p_1 = (p_1 a_{11} + p_2 a_{12})(1 + r)$$

$$p_2 = (p_1 a_{21} + p_2 a_{22})(1 + r)$$

$$p_1 q_1 + p_2 q_2 = z_1' q_1 + z_2' q_2$$

$$r\left[(p_1 a_{11} + p_2 a_{12})q_1 + (p_1 a_{21} + p_2 a_{12})q_2 \right] = \frac{\mu_1}{1 + \mu_1} l_1 q_1 + \frac{\mu_2}{1 + \mu_2} l_2 q_2$$

$$(15)$$

是否存在非零非负解 (p, r)？萨缪尔森（1971）和森岛等人早已证明，这样一个方程组是没有符合要求的解的，所以马克思的过程无法完成。因为均衡价格 p 只需要一个规范化条件就足以决定唯一的价格体系，所以假如按照冯金华教授的做法，同时引入两个规范化条件，除非这两个条件在数学上表现为线性相关（实际上就是资本有机构成相等或者利润率为零），否则这一方程组总是过量决定的，从而无法确定有符合要求的解。

但这并不代表马克思的模型就是错误的，实际上只要放弃工人实物工资外生给定的假设，马克思的模型就唯一地确定了价值与生产价格的数量关系。假设劳动力市场同样处于均衡状态，因此等量的劳动获得等量的工资，工资率 ω 视为未知量，于是有以下模型（张忠任，2004；荣兆梓，2010）

$$p_1 = (p_1 a_{11} + \omega l_1)(1 + r)$$

$$p_2 = (p_1 a_{21} + \omega l_2)(1 + r)$$

$$p_1 q_1 + p_2 q_2 = z_1' q_1 + z_2' q_2 \qquad (16)$$

$$r\left[(p_1 a_{11} + \omega l_1)q_1 + (p_1 a_{21} + \omega l_2)q_2 \right] = \frac{\mu}{1 + \mu}(l_1 q_1 + l_2 q_2)$$

方程组中有四个未知数 (p, r, ω)，由四个方程决定，可以证明此模型存在唯一的正解（郇中丹、张忠任，2005）。

五　总结

本文在简单的两部门线性生产体系（无技术选择、无联合生产、无固定资本）中讨论了再生产所需要的技术条件（生产资料的投入）、分配条件（工人的实际工资）和交换条件（价值或者均衡价格）。冯金华教授证明了，给定表示生产技术投入和工人实物工资 A 矩阵，就能确认一个唯一为正的平均利润率和交换比例关系，这一交换比例被称为"均衡价格"。如果想要确认一组唯一的均衡价格，就必须对这一比例关系进行规范化。冯金华教授证明了，在两种特殊的再生产条件下，用 z 表示的马克思的两个总量（总价值和总剩余价值）作为规范化条件，可以解得唯一的一组 p，且必定有 $p=z$。但是在一般再生产条件下，这一命题则未必成立。同时，z 究竟表示什么在冯文中也是不明确的。冯金华教授首先用 m 定义了 z，然后又用 z 定义了 m，从而形成了循环论证。即使在特殊的再生产条件下有 $p=z$，此时的 z 最多是一种资本有机构成相等的经济中的劳动价值。而一般意义上的劳动价值并不需要这一假定，所以冯金华教授的 z 并不能代表劳动价值体系。

一旦进入一个资本有机构成不等的经济，此时的均衡价格在两个总量一致命题的约束下未必有解。而这种均衡价格长久以来被认为就是马克思的"生产价格"，从而导致了对于马克思转形模型的批评。实际上，只要放弃作为外生给定的工人实物工资量，马克思的转形模型就唯一地确定了价值与生产价格的数量关系，从而解决了冯文中遗留下来的问题。

参考文献

[1] 冯金华：《一般均衡理论的价值基础》，《经济研究》2012 年第 1 期。

[2] 郁中丹、张忠任：《关于 BSZ 转形模型存在唯一正解的充要条件》，《海派经济学》2009 年第 28 辑。

[3] 马克思、恩格斯：《马克思恩格斯全集》第 26 卷第 2 册，人民出版社 1973 年版。

[4] 荣兆梓：《马克思转形模型的技术结构与转形问题的症结》，《马克思主义研究》2010 年第 9 期。

[5] 詹兴致：《矩阵论》，高等教育出版社 2008 年版。

［6］ 张忠任：《百年难题的破解》，人民出版社 2004 年版。

［7］ Morishima, M. (1979): *Marx's Economics: A Dual Theory of Value and Growth*, Cambridge University Press.

［8］ Roemer, J. (1981): *Analytical Foundations of Marxian Economic Theory*, Cambridge University Press.

［9］ Samuelson, Paul A. (1971): "Understanding the Marxian Notion of Exploitation: A Summary of the So – Called Transformation Problem Between Marxian Values and Competitive Prices", *Journal of Economic Literature*, Vol. 9, No. 2, pp. 399 – 431.

［10］ Sraffa, P. (1960): *Production of Commodities by Means of Commodities: Prelude to a Critique of Economic Theory*, Cambridge University Press.

三

当代社会主义经济理论

马克思主义所有制理论的时代发展[*]

顾钰民[**]

所有制是马克思主义经济学研究的基本问题之一。一方面所有制作为生产力发展的形式，直接作用于生产力，客观上对生产力发展起着促进或阻碍作用；另一方面，所有制决定人们在生产中的相互关系以及由这一关系决定的不同经济地位，从主观因素上影响生产力发展。公有制和私有制是所有制的两种基本形式，对所有制问题的研究，实际上就是研究公有制和私有制对生产力发展和人们经济利益关系的影响。在今天，生产力发展高度社会化、经济发展高度市场化的条件下，公有制和私有制也发展到了现代形式，并且二者的混合发展已经成为一个普遍现象。实践的发展，要求马克思主义所有制理论回答这样两个基本问题：一是现代公有制是否具有动力和效率，是否适应市场经济的发展要求；二是现代私有制是否具有社会化的性质，是否适应社会化生产力的发展要求。马克思主义理论就是在不断回答现实问题过程中向前发展的。

一 对传统公有制和私有制特征的分析和结论

公有制和私有制作为两种不同的所有制，在人类社会漫长的发展过程中不断发展演进。自从人类发展进入现代社会以来，马克思主义经济学根据资本主义经济发展的特征，对资本主义私有制进行了深入的分析研究，

* 本文为 2012 年度国家社会科学基金一般项目《经济全球化与马克思主义中国化的关系及理论成果研究》的阶段性成果。项目批准号：12BKS023。
** 顾钰民（1952— ），复旦大学马克思主义研究院常务副院长、教授、博士生导师。

得出了资本主义私有制必然被社会主义公有制所取代的历史结论，并对社会主义公有制作出初步的研究。当社会主义成为一种现实制度以后，公有制由理论设想走向制度实践，公有制和私有制就不仅是一个学术研究的理论问题，同时也是一个社会运行的实践问题。公有制与社会主义制度联系在一起，私有制与资本主义制度联系在一起，因而对社会主义与资本主义两种制度的分析，就集中于对公有制与私有制的分析。马克思主义经济学与西方经济学由于立场不同，对公有制和私有制也有着不同的分析思路和方法，并得出了不同的结论。

马克思主义经济学对所有制问题的分析是遵循以下的思路：一是从生产力与生产关系的矛盾运动来分析所有制效率，以一种所有制是否符合生产力发展的客观要求为标准，分析论证它是否具有高效率；二是从人们的经济利益关系来分析所有制效率，以一种所有制是否能够处理好人与人之间的利益关系为标准，分析论证它是否具有高效率。西方经济学分析所有制问题遵循的是与马克思主义经济学不同的思路：一是从市场竞争关系出发来分析所有制效率，以一种所有制是否具有充分的市场竞争力为标准，分析论证它是否具有高效率；二是从产权关系出发来分析所有制效率，以一种所有制的产权关系是否清晰为标准，分析论证它是否具有高效率。

这两种分析思路清晰地体现了马克思主义经济学与西方经济学对所有制效率不同的分析侧重点。马克思主义经济学分析所有制效率侧重宏观层面，即不是分析个别企业的情况，而是从整体上分析所有制的效率。马克思主义经济学认为，私有制的私有性质在根本上不符合高度社会化生产力发展的客观要求，因而私有制不具有高效率。显然，这是指私有制的性质，而不是私有制的个别企业。从人与人之间的经济关系看，在私有制条件下，由于存在着资本与劳动之间剥削与被剥削的关系，从整体上看，经济利益关系的本质是不和谐的。公有制的性质在根本上符合社会化生产力发展的要求，也能够为建立和谐的经济利益关系提供制度条件，公有制在促进生产力发展和建立平等的经济关系这两个方面都要优于私有制。西方经济学分析所有制效率侧重微观层面，它从企业个体的角度分析所有制效率。西方经济学认为，公有制性质决定了企业不能成为一个独立的市场主体和法人实体，不具有独立的经济利益，因而不具有充分的竞争力，也不可能具有高效率。从产权关系看，由于公有制的产权关系不清晰，所以不能建立起决策者承担决策风险的机制，这也决定了不具有高效率。私有制既能够使每一个经济主体都具有充分的竞争动力，也能够建立决策者的利益与决策的结果直接结合的机制，私有制在这两个方面都明显地优于公有制，现实中的私有制企业比公有制企业更具有活力和效率。

马克思主义经济学对传统公有制和私有制的分析，得出以下结论。

其一，从生产力发展的客观要求来看，高度社会化是现代生产力发展的基本特征，具体表现为发达的社会分工。面对高度社会化的生产力，单个资本已经不能适应其发展要求，必须提高资本社会化程度才能适应生产力发展要求。因此，资本形式变化的趋势是社会资本取代单个资本。现代股份资本成为企业资本的主要组织形式，充分证实了资本形式这一变化趋势。当以股份资本为主体的现代公司制度取代了单个资本为主体的传统工厂制度时，表明私人资本的性质正在逐步淡化，社会资本的性质正在不断强化。正如马克思指出的："那种本身建立在社会生产方式的基础上并以生产资料和劳动力的社会集中为前提的资本，在这里直接取得了社会资本（即那些直接联合起来的个人的资本）的形式，而与私人资本相对立，并且它的企业也表现为社会企业，而与私人企业相对立。这是作为私人财产的资本在资本主义生产方式本身范围内的扬弃。"① 这种对私人财产的扬弃而取得的社会资本形式，其中包含的"公有"成分也在不断增加。由此，马克思主义经济学得出公有制比私有制具有更高效率的结论。

其二，从人与人之间经济利益关系的变化来看，公有制实现了人们在生产资料占有关系上的平等，实现了劳动者与生产资料占有者的统一，从根本上消除了雇佣劳动制度下劳动者与资本所有者之间的对立。因资本所有者占有劳动者的劳动成果而产生的经济对立消除了，由此导致的其他经济矛盾也不存在了。资本主义私有制决定的人与人之间不平等的经济关系，在根本上不符合社会全面进步的要求。公有制经济关系能够更好地协调人与人之间的经济利益关系，促进社会的全面进步。公有制比私有制能够创造更好的社会条件，在整体上比私有制具有更高的效率。以上两点结论，是马克思主义运用辩证唯物主义和历史唯物主义观点，对资本主义传统私有制做出的历史性分析。

---

① 《马克思恩格斯文集》第七卷，人民出版社 2009 年版，第 495 页。

西方经济学对传统公有制和私有制的分析，得出以下结论。

其一，从市场经济的基本特征来看，竞争是经济活动的动力源泉，而竞争的前提是每一个经济主体有自己独立的经济利益。私有制天然地赋予了每一个经济主体独立的经济利益，因而也赋予了经济主体充分的竞争动力，私有制最符合市场经济的发展要求。公有制由于不能使每一个经济主体成为具有独立利益的经济主体，其竞争力就缺乏切身利益的驱动，经济活动也就缺乏内在动力。在竞争力和经济活动动力方面，公有制明显不如私有制。

其二，从产权关系和风险承担这一关系来看，在产权清晰的条件下，决策者就是利益承担者，决策者与他对此承担风险之间的关系密切，这种直接的利益关系使决策者的决策不具有随意性，从而保持较高的效率。由于私有制的产权关系最清晰，所以私有制具有高效率。在公有产权条件下，因为产权关系模糊，责任不到位，任何决策或选择的费用较少地由选择者全部承担，决策者与他对此承担风险之间的关系不很密切。从风险承担的角度来看，公有制意味着较低的效率。西方新制度经济学代表人物阿曼·阿尔奇安指出："我们可以得出以下推论：较之在私人产权制度下，在公有制下的任何决策或选择的费用较少地由选择者全部承担。换句话说，这种成本——收益激励体制是朝着较低的费用方向变化的。这个结论的逆命题是：对任何所有者来说，从任何成本——节约活动中得到的利益也不是完全有效的。这并不意味着真实成本有所减少。这意味着，在由任何选择者承担的费用与出某项特定选择的费用之间的相互关系更松散了。类似地，进行这些行动的所有者捕捉利益的能力也降低了。""与私有财产机构相比，公有安排的费用将变得更高（意味着'较低效率'）。"① 西方经济学由此得出结论，由于公有制不能做到产权清晰，经济责任不能得到切实落实，所以公有制的效率不如私有制。

应该看到，马克思主义经济学与西方经济学对公有制和私有制分析得出的不同结论，是以传统公有制和私有制具有的特征为分析依据。从传统私有制的特征出发，马克思主义经济学分析得出私有制必然被公有制所取代这一结论的根本原因是，私有制的私人性质与社会化生产力发展之间的

---

① 阿曼·阿尔奇安：《产权经济学》，载盛洪主编《现代制度经济学》上卷，北京大学出版社 2003 年版，第 78 页。

矛盾构成了资本主义的基本矛盾，它是资本主义其他矛盾的总根源。要解决这一矛盾，目标是改变私有制的"个体私有性质"，扬弃私有制的"私人性"，实现资本社会化，用社会资本取代私人资本，用公有制取代私有制。从传统公有制的特征出发，西方经济学得出公有制不如私有制这一结论的根本原因是，公有制的公有性质与市场经济发展要求之间存在着矛盾，这一矛盾是社会主义的制度性矛盾，它决定着社会主义其他的矛盾。要解决这一矛盾，目标是私有化，通过改变公有制的"公有性质"，做到产权清晰，使公有制企业成为具有独立经济利益的私有制企业。

马克思主义经济学和西方经济学对传统公有制和传统私有制特征的分析和得出的结论，都有其理论依据。进入 20 世纪中叶以后，资本主义私有制突出地表现为企业资本的社会化程度不断提高，国有资本在社会经济发展中占有越来越重要的地位，发挥着日益重要的作用。同样，当社会主义公有制作为一种现实经济制度开始运行以后，根据实践中暴露出来的问题也在对自身不断地进行改革。改革的基本方向是逐步提高公有制企业的独立性，以适应市场经济发展的要求。随着时代的发展变化，今天公有制和私有制的特征都发生了显著的改变，传统公有制和私有制已经发展为现代公有制和私有制。我们必须以变化了的现实为依据，运用马克思主义的观点和方法，对现代公有制和私有制做出新的分析，并得出新的结论，不断发展马克思主义所有制理论，体现马克思主义与时俱进的理论本质。

二　公有制和私有制由传统向现代的转变

传统公有制在推动生产力发展方面存在的主要问题是个体效率比较低，原因是公有制企业缺乏"个体独立性"，难以适应市场经济发展的要求。传统私有制在推动生产力发展方面存在的主要问题是整体效率比较低，原因是私有制企业缺乏"资本社会性"，不能适应高度社会化生产力发展的要求。传统公有制和私有制存在的不符合市场经济和社会化生产力发展要求的问题，在时代发展变化过程中也在不断地得到调整和解决。无论从微观上看，还是从宏观上看，现代公有制和私有制都表现出在推动生产力和经济发展方面仍然具有巨大的空间。根本原因是公有制和私有制都在由传统向现代转变，出现了许多新的特征，在很大程度上克服了传统公有制和私有制存在的问题。

现代公有制和传统公有制相比，最大的不同点是公有制企业已经成为一个独立的经济主体，具有自身的经济利益，是具有法律意义的市场主体和法人实体。就作为一个企业来说，公有制企业与私有制企业没有区别。在市场经济运行中，企业的性质就是一个市场主体和法人实体，从企业形式上是不能区分其性质是公有制企业还是私有制企业，只有深入到企业内部了解了企业的资本构成，才能够区分企业财产的性质不同。但是，企业财产的性质不同，不会对企业运行产生直接影响；不管是公有制企业还是私有制企业，都必须按市场经济规律和法律规范的要求从事生产经营活动。由于公有制企业已经成为独立的市场主体和法人实体，其生产经营状况已经与自身的经济利益密切结合在一起，企业必须通过市场竞争才能实现自身的利益，并独立承担市场竞争的结果。按照公司制的规范要求，国有企业中的所有权与经营权相分离，企业的经营决策者不是国家，而是企业法人，企业将以自己的法人财产对经营决策的结果承担全部责任。从公司企业这一现代企业制度的治理结构和运行特征来看，企业的运行已经不受公有制或私有制不同产权关系的影响，公有制企业和私有制企业都要按照公司制度的要求来运行，《中华人民共和国公司法》是适用于不同所有制企业的。私有制企业能够做到的，公有制企业也同样能够做到。正是由于公有制的具体形式和运行方式有了新的特征，已经在很大程度上改变了传统公有制企业暴露出来的弱点，使公有制企业在市场经济条件下同样具有充分的动力和效率。许多西方经济学家也从现代经济发展的大趋势中看到了这一点，认为不能说公有产权就是低效率。美国著名经济学家斯蒂格利茨教授指出："社会上有一流行的观点即私营企业是有效率的，公营企业必定是没有效率的……上述观点也是值得怀疑的。毫无疑问，公营企业无效率的例子很多，但私营企业也不例外……对加拿大国家铁路公司——一家和私人铁路公司开展竞争的公共企业——的研究表明，公司的成本是可以和私人企业进行对比的。和相应的私人企业相比，法国的好几家国有企业也获得了富有效率的好名声。"[1] 正是由于现代公有制特征的变化，使之不仅在宏观领域，而且在微观领域也能够显示出对生产力发展的高效率。

现代私有制和传统私有制相比，最大的不同点是它的财产组织形式已

---

[1] 斯蒂格利茨：《政府为什么干预经济》，中国物资出版社1998年版，第63页。

经高度社会化了。公司制企业是现代企业制度的典型形式,它的产权结构是股份制。股份制企业的资本构成一定是多元化的,企业资本不再由单个私人资本构成,而是由众多投资者的资本构成,公司企业具有的这种功能使之成为实现资本社会化的载体。以公司企业为载体的资本社会化发展趋势,与生产力社会化发展要求相一致。公司制度已经突破了单个私人资本形式对社会化生产力发展的束缚,现代私有制通过公司制度的形式实现资本的社会化,是它能够适应社会化生产力发展的根本原因所在。与资本社会化这一特征相联系,现代私有制的资本所有权与控制权出现了实质性分离。正如美国经济学家伯利和米恩斯所指出的:"投资者放弃对其财富的控制权,这有效地破坏了既有的财产关系,并提出了重新界定财产关系的问题。企业不是由那些用其财富冒险投资的人来管理,而是由另外的人来管理,这就产生了管理背后的动力问题,还有企业经营利润如何有效分配的问题。"[1] 公司制度表现出的所有权与控制权的分离,使企业的控制者不是所有者,非所有者控制企业生产经营活动已经成为现代企业的主流形式。所有权与控制权的分离从两个方面为生产力发展创造了条件。

一是所有权高度分散。正是因为所有权与控制权的分离,使所有权有可能分散化,并且这不仅不会影响生产力的发展,而且更有利于生产力发展。一方面在所有权与控制权分离的情况下,由于所有者不直接控制企业的生产经营活动,所有权的分散与流动就不会对企业的生产经营活动产生直接影响;另一方面,所有权的分散才有可能从社会得到靠少数人无法得到的大量资本,以满足社会化生产力发展所需要的巨额资本投入。

二是控制权高度集中。如果说所有权分散从企业外部解决了资本来源而促进了生产力的发展,那么,控制权集中则从企业内部提高生产经营效率的角度促进了生产力的发展。从经济运行层面看,控制权的集中是提高效率的前提,只有控制权集中,才能够减少交易费用,才能够有专家来经营企业,才能实现生产经营的专业化。现代私有制所以能够符合社会化生产力的发展要求,就其实质说,不是私有制本身符合社会化生产力发展的要求,而是现代私有制采取的形式符合社会化生产力发展的要求。正是由于现代私有制特征和形式变化,使其在很大程度上解决和缓和了传统私有

---

[1] [美] 阿道夫·A. 伯利、加德纳·C. 米恩斯:《现代公司与私有财产》,商务印书馆2005年版,第5页。

制的缺陷。得出现代私有制不仅在微观领域，而且在宏观领域也表现出与社会化生产力发展要求相适应这一结论，符合马克思主义经济学的基本原理。

现代公有制和私有制体现的新特征，必然对经济利益关系产生直接的影响，这种影响最终也会作用于生产力的发展。现代公有制对经济利益关系产生的影响表现为，由于产权关系的具体化，使公有制经济关系体现的平等性的规模和范围呈现缩小趋势。公有制经济关系体现的平等性不再都具有覆盖全社会的性质，有相当部分只是体现为局部范围的平等。例如，国有经济的财产虽然是全体社会成员共同所有，在所有关系上是完全平等的，但因为国有企业中的全民财产又是作为独立的法人财产存在的，实际占有和使用国有财产的是企业法人，是企业中的社会成员，并且这部分成员的经济利益又与这部分国有资产的生产经营状况相联系，因而只有这部分社会成员能够分享其中的经济利益，其他的社会成员不能直接分享这部分国有资产所带来的全部好处。从全体社会成员来说，能够分享的只是国有企业上缴国家的分红和税金。由于公有制经济关系的相对独立性，导致公有制经济关系的规模和范围在缩小。也许从发展目标来说，这可以看作是公有制经济还不完善的表现之一，但却是现代公有制具有的基本特征，它符合市场经济发展的客观要求，符合现阶段与市场经济相适应的人们思想觉悟水平，因而能够促进生产力的发展。相反，传统公有制经济体现的全社会范围的平等关系，看似能够更好地体现公有制经济本身的要求，但由于这不符合市场经济发展要求，也脱离人们的思想觉悟水平，结果阻碍了生产力发展。传统体制中存在的"平均主义"、"大锅饭"弊端的所有制根源，就在于传统公有制经济关系的规模和范围过大，作为企业没有自己独立的经济利益，企业生产经营状况不能与企业和职工的经济利益直接挂钩。公有制所有权关系全社会的平等性与经济利益关系不能做到全社会平等性之间存在的矛盾，是现代公有制在经济关系上的显著特征。在现阶段，解决这一矛盾的基本取向是：在微观上通过缩小公有制经济关系平等性的规模和范围，强化公有制经济的个体独立性和局部利益，使公有制经济在微观领域能够更好地适应市场经济规律的要求，体现竞争的活力和动力。在宏观上通过扩大国家对全社会公平制度的构建，强化政府对社会再分配政策的作用，使公有制经济的公平性在整体上得到更充分的体现。这种微观领域的市场化，宏观领域的社会化，是目前现代公有制经济在处理效率与公平关系上的基本导向。

现代私有制对经济关系产生的影响表现为，由于资本所有权的社会化导致资本所有者的多元化、分散化，使资本所得的利益由独享转化为一定范围内的分享。当有更多的人成为资本所有者，就意味着更多的人能够分享资本的利益，当更多的人只是为分享资本的利益而成为所有者的时候，所有者就只是单纯的所有者，与资本的控制权实现了比较彻底的分离，资本的实际控制权已经由不是所有者的专业人员掌握。所有权与控制权分离的原因在于，所有者已经不是一个人或少数人，而是为数众多的个人。从理论上说，只要你拥有资本，只要你把一部分收入转化为资本，那么，社会成员都有可能成为资本所有者，这就是资本的社会化。

从微观上看，资本的社会化必然使资本利益也在社会范围内分享。当然，这种分享是以资本量的多少为原则的。但资本利润由少数人独享到众多人分享，是资本关系社会化发展的一个客观表现。资本利益分享的社会化是资本关系社会化的必然结果，二者之间的内在逻辑不可改变。从资本的最终所有者来看，资本是个人私有，不是公有。从公司企业作为一个市场主体和法人实体来看，资本是来自社会，不是哪一个私人，是许多私人共有。这是在私有制范围里对个人私有的扬弃。资本的私人所有与公司企业资本的社会化，以及与此相联系的所有权与控制权的分离是现代私有制的资本关系在微观领域的基本特征。这一特征导致的资本利益社会分享，以及非资本所有者实际控制资本权利，就成为现代私有制在微观领域的普遍现象。

从宏观上看，现代私有制资本关系在微观领域的变化，使整个社会的资本社会化规模和程度有了极大的提高，社会面对的不再是一个个独立的私人资本，而是一个个来源于社会资本的独立的法人资本，即不再是单个私人资本，而是以法人的身份出现的社会资本。这时的资本社会化关系不仅仅体现在公有制经济中，也体现在现代私有制经济中。这就直接提升了整个社会资本的社会化程度，也进一步体现了资本关系社会化发展这一基本趋势。它显示了现代私有制经济关系在社会范围内也能够适应经济利益分享化的要求，并提供了通过各种利益协调和分享制度来缓和传统私有制经济中利益关系对立的可能性，在整个社会范围内构建一个能够适应社会化生产力发展要求的经济关系。

三　现代私有制与资本主义基本矛盾的发展

马克思主义运用历史唯物主义的方法，对资本主义生产力与生产关系的矛盾运动进行分析，得出生产社会化与生产资料资本主义私有制之间的矛盾是资本主义的基本矛盾这一结论。这一基本矛盾指出了资本主义私有制不符合生产社会化发展要求是矛盾的根源，用公有制取代私有制是解决这一矛盾的根本途径。但是，根据对现代私有制的特征进行分析，得出现代私有制也能够适应社会化生产力的发展要求，那么，需要解决的一个基本理论问题是如何认识资本主义社会的基本矛盾。或者说，该如何从理论上阐释资本主义基本矛盾的运动和发展。

马克思主义的基本观点认为，生产力是社会发展中最积极、最革命的因素，随着生产力发展，生产关系以及上层建筑也都会或迟或早地发生相应的变化，由此推动整个社会的发展，这是不以人的意志为转移的客观规律。这一规律揭示的基本关系是，生产力发展是一切变化的原动力，其他方面的发展在根本上是由生产力发展带动的。这些发展在缓解原来与生产力发展要求之间存在矛盾的同时，另外又推动和促进了生产力发展。在社会化生产力发展的作用下，传统私有制向现代私有制的转化，就是资本主义生产关系的变化。从这一点来说，现代私有制出现的一系列新特征，符合社会化生产力的发展要求，缓解了社会化生产力与资本主义生产关系的矛盾。同时，这一过程也推动和促进了社会生产力的发展。这就是资本主义基本矛盾的运动过程。但是，现代私有制的发展缓解了资本主义基本矛盾，并不意味着已经解决和消除了资本主义基本矛盾，而是显示了资本主义基本矛盾发展变化的基本趋势和方向。这一趋势和方向是，解决和消除资本主义基本矛盾的根本出路是使私有制为适应社会化生产力的发展要求，不断对自身进行扬弃，扬弃自身的私有性质，走资本社会化的道路。

资本主义生产关系不断自我扬弃在实践中显示的一条清晰的轨迹，就是传统私有制不断向现代私有制发展。现代私有制不断对自身进行扬弃的实际内容是资本权利不断分解，产权关系不断发生变化，作为资本所有者不断放弃对资本拥有的部分权力，他所关心的权利最后只是资本的收益权，其他的重要权利如控制权、经营权都可以让别人来掌握。这一变化说明，由非资本所有者来控制资本运行是现代私有制的基本格局，资本所有者通过非所有者的具体经营活动来得到资本收益是现代私有制的基本趋势。现代私有制产权关系中原来由所有者掌握的各项私有权利，现在已经有不少权利越来越不"私有"了，而是由别人、由社会来掌控。资本的权利社会化了，资本的收益也社会化了。现代资本主义实践发展中资本关系或资本主义生产关系出现的这些变化，不是说资本主义基本矛盾不存在了，而是资本主义基本矛盾随实践发展显示出新的发展趋向，即资本主义生产关系正在向着自己的对立面发展。马克思当年针对股份制的出现是这样论述的："在股份公司内，职能已经同资本所有权相分离，因而劳动也已经完全同生产资料的所有权和剩余劳动的所有权相分离。资本主义生产极度发展的这个结果，是资本再转化为生产者的财产所必需的过渡点，不过这种财产不再是各个互相分离的生产者的私有财产，而是联合起来的生产者的财产，即直接的社会财产。另外，这是所有那些直到今天还和资本所有权结合在一起的再生产过程中的职能转化为联合起来的生产者的单纯职能，转化为社会职能的过渡点。"① 显然，马克思分析的资本所有权与其职能的分离所导致的资本主义生产关系的变化，并不是对资本主义基本矛盾的否定，而恰恰是这一基本矛盾发展的结果。这一结果将为最终消除资本主义基本矛盾创造必要的条件。今天我们说现代私有制能够符合社会化生产力的发展要求，同样不是否定资本主义基本矛盾的存在，而恰恰是指这是资本主义基本矛盾符合逻辑地发展变化的结果。

资本主义基本矛盾运动导致现代私有制的发展，通过不断提高社会化程度来适应社会化生产力发展要求，这进一步验证了马克思主义揭示的资本主义发展的基本趋势。具体表现在以下两方面：

其一，生产社会化必然导致资本社会化、权利社会化。现代资本主义社会中公司制度的出现，并成为占主流地位的资本组织形式，以及由此引起的资本权利的分解和收益分享，证实马克思主义关于资本组织形式发展对资本关系变化所产生影响的分析具有科学性。"资本主义的股份企业，也和合作工厂一样，应当被看做是由资本主义生产方式转化为联合的生产方式的过渡形式，只不过在前者那里，对立是消极地扬弃的，而在后者那里，对立是积极地扬弃的。"② 马克思在《资本论》中的这一论述被资本

---

① 《马克思恩格斯文集》第七卷，人民出版社 2009 年版，第 495 页。
② 同上书，第 499 页。

主义发展的实践所验证。

其二,资本主义生产关系在社会化生产力作用下的发展过程,也就是不断自身扬弃的过程。现代私有制的发展所引起的资本主义生产关系的变化,由此导致的个人"私有"的淡化,"公有"成分的增加,以及资本职能向社会职能的过渡,证实马克思主义关于资本主义生产关系发展变化趋势的分析具有预见性。"把股份制度——它是在资本主义体系本身的基础上对资本主义的私人产业的扬弃;随着它的扩大和侵入新的生产部门,它也在同样的程度上消灭着私人产业——撇开不说。""这是资本主义生产方式在资本主义生产方式本身范围内的扬弃,因而是一个自行扬弃的矛盾,这个矛盾明显地表现为通向一种新的生产形式的单纯过渡点。"① 马克思一百多年前的预见已经成为现代资本主义生产关系发展的现实。

提出现代私有制符合社会化生产力的发展要求这一观点,是对当代私有制发展变化特征客观分析而得出的结论。这一结论一方面要求我们实事求是地认识现代私有制,在实践中更好地发展和把握现代私有制,更好地为发展中国特色社会主义服务;另一方面,反映了我们以实践的发展为依据,与时俱进地坚持马克思主义基本原理,使马克思主义能够更好地发挥对实践的指导作用。运用马克思主义的方法——历史唯物主义和辩证唯物主义,分析实践发展中的新问题、新情况,是坚持和发展马克思主义的本质体现。

四 基本结论

马克思主义是随着实践发展而发展的,中国化马克思主义是马克思主义在当代发展的最新理论成果。坚持和发展马克思主义的内涵包括两个方面:一是它必须符合马克思主义基本原理,与马克思主义一脉相承,否则谈不上坚持;二是它必须有新的内容和结论,是对经典马克思主义的理论创新,否则就谈不上发展。对现代公有制和现代私有制特征的分析,并以此为依据得出的马克思主义所有制理论的当代发展,具体体现为以下结论。

结论之一:由于现实中的公有制和私有制都已经发生了巨大变化,与

---

① 《马克思恩格斯文集》第七卷,人民出版社 2009 年版,第 497 页。

传统公有制和私有制具有了不同的特征。现代公有制企业已经具有了"个体独立性"，具有自身独立的经济利益。作为企业来说，公有制企业与私有制企业没有差别，都是独立的市场主体和法人实体，都能够符合市场经济规律的要求，实现与市场经济的实质性结合，公有制企业同样具有充分的动力和高的效率。认为公有制经济不如私有制经济具有效率和动力的观点不能成立。现代私有制企业已经实现了资本社会化，企业资本的所有者已经不是由单个私人资本构成，而是由人数众多的个人或者法人构成。资本组织形式的变化说明，现代私有制由于实现了资本社会化，因而也能够符合社会化生产力发展的要求。认为现代私有制不符合社会化生产力发展要求的观点需要修正。现代公有制和现代私有制都能够适应市场经济和社会化大生产的发展要求，都有存在的依据和广阔的发展空间。

结论之二：公司制是现代公有制经济和现代私有制经济的共同实现形式。公司制度具有的特征，能够把资本社会化这一生产力发展的客观要求与独立经济主体这一市场经济发展的客观规律二者有机统一起来。公司制度的确立，为现代公有制和现代私有制的共同发展和融合发展提供了微观制度条件，同时也为在整个社会中实现多种所有制经济共同发展提供了具体的载体。无论是现代公有制企业还是现代私有制企业，在现实中都必须采取公司制度的形式。

结论之三：现阶段公有制和私有制共同发展符合中国的国情，符合生产力发展水平的实际，符合社会主义的本质，符合"三个有利于"标准，是中国特色社会主义经济的重要体现。从长远的发展趋势看，随着社会公共领域的发展和扩大，现代公有制经济更具有自己的优势，因而这些领域的范围越大，公有制的适用范围也就越大。另外，在协调社会经济利益方面，公有制经济更能够使整个社会形成一个和谐的利益关系。

结论之四：说现代私有制符合社会化生产力发展的要求，并不是否定资本主义基本矛盾的存在。现代私有制具有的符合社会化生产力发展要求的特征，不是从根本上改变了资本主义基本矛盾，而是通过对传统私有制的变革，提高了资本社会化的程度而缓解了资本主义生产关系与社会化生产力之间的矛盾。这种缓解本身就是资本主义基本矛盾运动的结果，是资本主义生产方式在资本主义生产方式本身范围内的扬弃。正是因为有了这一扬弃，才使传统私有制转变为现代私有制，才表现出它能够适应社会化大生产的要求。这一扬弃的本身已经包含了对私有制自身的否定，它进一步验证了马克思主义揭示的资本主义基本矛盾运动的历史趋势。

结论之五：一个国家选择怎样的基本经济制度，即选择公有制为主体还是私有制为主体，这不仅以是否有利于解放和发展生产力为依据，更重要的由社会价值目标决定的。在现阶段，现代公有制和现代私有制对生产力发展都能够显示高效率的条件下，选择公有制为主体，是由执政党的价值目标决定的。在以马克思主义为指导思想、以社会主义制度为目标、以中国特色社会主义道路为特征、以中国共产党为领导核心的中国社会，选择公有制为主体、多种所有制经济共同发展的社会主义初级阶段基本经济制度，符合中国化马克思主义理论和中国的具体实际。

参考文献

［1］《马克思恩格斯文集》第七卷，人民出版社 2009 年版。

［2］文魁等：《历史存在权——公有制功能及其市场型实现新探》，首都经济贸易大学出版社 2005 年版。

［3］盛洪主编：《现代制度经济学》上卷，北京大学出版社 2003 年版。

［4］［美］阿道夫·A. 伯利、加德纳·C. 米恩斯：《现代公司与私有财产》，商务印书馆 2005 年版。

"过度市场化",还是"民生导向的社会主义化"？

——浅议现阶段居民收入分配问题的解决思路

周　宇[*]

一　我国现阶段的居民收入分配问题与理论界争论的焦点

（一）我国现阶段居民收入分配问题概况

根据现有的讨论，对于我国当前的居民收入分配问题，如果用最简练的语言来概括，那就是：因分配不公而造成的居民收入差距在不断扩大。而论者的观察范围，也主要集中在两个方面：一是分配领域的种种不公现象；二是居民间的收入差距。

研究者普遍关注的分配不公现象，包括诸如：（1）当前我国居民收入在国民收入分配中的比例偏低。国家统计局的有关数据显示，近年来我国居民在国民收入分配中的比重呈逐年下降趋势。2007 年，居民收入占国民可支配收入比重为 57.5%，比 1992 年下降 10.8 个百分点，而政府收入和企业收入却呈快速上升趋势[①]。（2）普通劳动者收入偏低。根据收入法 GDP 核算资料，我国劳动者报酬在初次分配中所占比重由 1996 年的53.4% 下降到 2006 年的 40.6%，10 年间累计下降 12.8 个百分点[②]。即使考虑到统计口径变化的影响，总体而言我国劳动报酬占比仍是呈逐年下降的趋势。（3）部分国有企业高管阶层的薪酬和福利水平畸高，过高的收

---

　　* 周宇（1969—　），山东财经大学经济学院副教授，博士，硕士生导师。
　　① 国家发展和改革委员会就业和收入分配司：《中国居民收入分配年度报告（2009）》，中国经济出版社 2009 年版，第 30 页。
　　② 同上书，第 173 页。

入水平与获得者作出的贡献及企业的真实业绩并不相符，也不合乎世界各国在处理国有企业、国有事业单位和公务员三类群体收入差距的通用做法。(4) 一些不合理收入没有得到有效规范。比如一些单位私设"小金库"，巧立名目滥发津贴补贴、非货币性福利等；一些行业乱收费、乱罚款、乱摊派、乱涨价；一些行业人员收受红包、回扣、出场费等。这些被统称为"灰色收入"或"隐性收入"。(5) 因违反国家分配政策而造成的某些群体收入偏低。比如，一些地方的最低工资标准调整不及时，与经济发展和物价水平不相符；一些企业不执行国家最低工资标准，不按规定给工人缴纳各种社会保险，随意压低、克扣工人工资，特别是农民工工资拖欠问题久治不绝等。

在不少人看来，正是由于分配领域存在的种种不公，导致了我国居民群体之间的收入差距不断扩大。一方面是高收入阶层财富拥有量的迅速增长，今天中国已成为世界第二大奢侈品消费国；在另一方面，我国绝对贫困人口还有超过 4000 万人，低收入人口还有 2.7 亿[①]。研究者通常使用基尼系数来表示个人收入分配差距，据来自国家统计局的数据显示，自 2000 年开始我国的基尼系数即已越过 0.4 (这还是一个相对适中的估算)，并逐年上升，至 2004 年逼近 0.47。而按照国际流行的观点：基尼系数超过 0.4，即已表明收入分配过度集中，社会处于比较危险状态；若基尼系数达到 0.6，则表明社会已处在两极分化之中，可能发生社会动乱。

(二) 国内理论界在居民收入分配问题上的争论焦点

围绕着当前分配领域存在的种种不公和居民收入差距的不断拉大，理论界进行了激烈的交锋，争论的焦点无疑是指向了市场化所扮演的角色上。有两派观点是截然对立的[②]：

---

① 参见中共中央宣传部理论局《七个"怎么看"——理论热点面对面·2010》，学习出版社、人民出版社 2010 年版，第 87—89 页。

② 刘国光：《改革开放新时期的收入分配问题》，《百年潮》2010 年第 4 期。卫兴华、张宇：《构建效率与公平相统一的收入分配体制研究》，《现代财经》2008 年第 4 期。杨承训：《初次分配兼顾效率与公平的科学依据》，《红旗文稿》2008 年第 6 期。李济广：《所有制·收入分配·和谐社会》，《马克思主义研究》2007 年第 11 期。吴敬琏：《腐败是造成收入不公的首要因素》，《当代经济》2006 年第 9 期。蔡继明：《我国当前分配不公的成因和对策》，《中国中央党校学报》2010 年第 3 期。李实：《我国市场化改革与收入分配》，《上海金融学院学报》2010 年第 2 期。

　　一派观点认为，单纯的市场化是造成分配领域诸多问题的主要原因。强调由于我们在建设社会主义市场经济的过程中，遵循的是效率优先的指导思想，在很大程度上忽视了公平。结果偏离了社会主义方向，变成了单纯的市场化。在这个进程中，社会贫富分化日益严重。广大人民尤其是工人、农民利益受到严重侵害，国企职工已经从主人翁地位沦为雇佣工人，许多农民因农田被征用而一夜间流离失所，农民工则连最基本的权利都得不到保证。普通群众的看病难、上学难、就业难看不到解决的希望。与此同时，一部分人却通过不合法的手段迅速暴富，国有企业的管理者收购卷走了国家财富，没有增加就业，反而制造了几千万下岗职工。这派学者呼吁应终止这种单纯的市场化，主张通过加强社会主义公有制经济来解决分配不公和收入差距过大的问题。

　　另一派观点则认为，目前的分配不公和收入差距过大不是市场化改革造成的，而是由于在市场化进程中，政府的权力干预太多，造成了市场的扭曲。政府的权力部门就利用这种扭曲来为自己牟取私利，他们与商人之间的权力资本勾结造成了分配不公和收入差距过大。由此，这派学者得出结论：收入差距扩大的根本原因在于我国的经济体制不是完全的市场经济体制，而是一种权力经济。如果实行竞争的市场经济，收入差距会有所缩小，而不是扩大。所以，现在的问题在于市场改革还不配套，还不到位，还不完善。因此，政府政策的目标不是要放慢市场化改革，而是要加快，要继续通过市场化改革来削弱行政权力的空间，减少权力导致的市场扭曲。

　　当然，在两派观点之外，还有一类观点，大致属于居中调和型的。即主张接受现实，强调理论界及媒体不应过度渲染目前的收入差距问题，而应该对与我国收入分配相关的问题进行"冷思考"，要寻求实现贫富同舟共济，促进社会和谐①。

二　对市场化改革能否解决现阶段收入分配问题的思考

　　理论界的这场交锋究竟孰是孰非？有学者强调要对有关问题应进行"冷思考"，这无疑是正确的。那么在"冷思考"下，可以先来考虑这样

①　邹东涛：《对当前我国收入分配问题的冷思考》，《江西社会科学》2008年第1期。

一个问题，即：市场化改革是否真的如某些人所言那样能解决现阶段的收入分配问题？我们逐次来分析。

（一）市场机制作用下贫富分化的必然性

即使是坚持市场化方向的学者也认为，在市场机制的作用下，出现收入分配差距是必然的。因为市场经济的要求是按生产要素（的产权）进行分配，各人占有生产要素状况不同，分配所得必然不同。若进一步分析，按要素分配，如果任由市场机制发挥作用，也就意味着马克思在《资本论》中对于资本积累的这些描述会成为现实，即：伴随着资本积累和资本有机构成的不断提高，必然导致：一方面，是平均利润率的不断下降，使资本家之间的竞争加剧，推动了资本的积聚和集中；另一方面，则是社会中相对过剩人口的不断增加。由于资本有机构成的提高导致了工资总额的相对减少，这就使就业岗位减少，或者使雇佣劳动者的工资水平降低，这意味着工人阶级的整体贫困化。最终的结果，就是社会的两极分化：一极是资本家的财富积累，一极则是工人阶级的贫困积累。马克思称此为资本主义积累的绝对的、一般的规律①。如果要搞单纯的市场化，这种情况就必然出现。

由此导致的贫富分化能达到什么样的程度，看看十八九世纪工业化时期的英国就能体会到。这一时期的英国，因首先完成了工业化而成为世界上最富有、最强大的国家。由于工业化带来的财富太多，其国内社会的贫富差距也比世界上任何其他地方都更为鲜明。有研究者在文中谈到②，在1801年，英国1.1%最富有的人取得国民收入的25%；到1848年，1.2%的最富有者就取得35%的国民收入；到1867年，2%的最富有者所聚敛的财富占国民收入的40%。相反，体力劳动者在国民收入中所占比例却从1803年的42%下降到1867年的39%③。对于社会中的贫富分化，后来成为英国首相的迪斯雷利曾这样说："英国可以分为两个民族——穷人和富人，他们之间拥有一条巨大的鸿沟。"④

① 马克思：《资本论》第1卷，人民出版社1972年版，第682—710页。
② 黄光耀、刘金源：《成功的代价——论英国工业化的历史教训》，《求是学刊》2003年第4期。
③ Jackson, Hampden, *England Since the industrial Revolution*, London, 1975, p. 114.
④ Ibid..

对于接受了多年马克思主义政治经济学教育的中国学者而言，这些方面的知识是不陌生的。而西方主流经济学者也承认，市场机制对于缩小社会中的贫富差距无能为力，在此问题上"市场失灵"①。由此看来，即使如一些人所言，当前国内的收入分配问题形成就是由于政府权力的影响，腐败是造成收入不公的首要因素，所以要引进市场竞争来削弱行政权力的空间，减少权力导致的市场扭曲。但这样做的实质，打一个比方，不成了反对盗窃，而鼓励抢劫吗。减少了一种类型的贫富分化，带来了另外一种类型的贫富分化，有什么意义呢？何以见得市场竞争之下的贫富分化，就小于非市场竞争之下的贫富分化。所以，坚持以市场化改革来减少分配不公、缩小收入差距的学者，其真正的关注点实际不在社会的贫富差距，而在于要捍卫他们心目中的公平。这个公平也不是广义的公平，而仅限于机会平等。机会平等之下的贫富差距在他们看来是理所当然的，是可以接受的。至于出现的部分人极端贫穷问题，那是可以通过社会二次分配、三次分配来解决的，西方发达国家不就是这么做的嘛。

（二）为寻求机会平等而引入市场竞争的逻辑

为了寻求机会平等，而要引入市场竞争。对于这种思想逻辑，我们可以参考美国经济学家阿瑟·奥肯的《平等与效率——重大的抉择》一书。此书通常被认为是"公平与效率负相关说"的始作俑者。奥肯在其中倡导机会平等，但他也承认这是很难把握的，生活中清晰可见的是机会不平等，所以他着力于讨论的是纠正那些机会不平等现象，比如工作机会中的歧视、获得资本方面的歧视等。在他看来，纠正机会不平等将带来这样的结果：更大的收入平等和更大的一代又一代的社会变动性。而"促进机会均等的努力，自然会接受一种个人主义的、成就导向的、必不可少的竞争经济，在这种经济中将继续存在奖励的获得与等级的变动"。奥肯虽有此说，但实际上连他自己都对在市场经济条件下保障人与人之间的机会平等没有信心，所以他在分析的最后，强调有必要在社会中形成金钱收入以外的、多元的衡量成功的标准，因为这种标准越多，就越有益于保持人的

---

① 如萨缪尔森和诺德豪斯从其所著的《经济学》第12版（1985年）中，就开始把"不合理的收入分配"、"垄断和外在性"以及"失业的不稳定性"归入"市场失灵"。

自尊[①]。这种做法，在我们中国的读者眼里，是不是有点"精神胜利法"的味道呢？

客观来讲，不管什么样的市场经济，其市场主体由于各种先天和后天因素的影响，都很难站在同一条起跑线上进行竞争——按奥肯的说法，是"很难找到这个起跑线"。所谓机会平等，我们只能接近而不能完全实现。把机会平等与市场竞争画等号，实源自于"市场迷信"。正如马克思指出的，市场交换中，买卖双方"彼此只是作为商品的代表即商品所有者而存在"，"商品是天生的平等派"，这决定了买卖双方具有平等的地位[②]。由此，市场经济通常被认为崇尚平等竞争。但这只是它的理想状态，现实中的市场经济并不能够完全做到。流行于西方经济学界的"市场迷信"实际上是带有很强的预设主义情结的。现代科学哲学的预设主义认为，在科学发展中存在某种预设的、超历史的、不变的、不可违背的方法、基本假设、推理原则和"元科学"概念[③]。西方经济学家曾长期把市场看作成是完全竞争的、无摩擦的状态，直到 20 世纪二三十年代"大萧条"时期，才开始承认市场是有缺陷的。但在不少人那里，对完美市场的迷恋依旧，正如他们所说的："先验的理论并不是来自经验。"[④] 这不就是鲜明的预设主义的观点吗。而近年来，西方经济学说体系在中国公众中广泛传播。在现实生活中，某些垄断行业的从业人员的高收入亦激起了公众的不满。有人提出在这些行业引入市场竞争以消除既有的分配不公，这是一种寻求解决问题的探索，但在这种思路的背后，是否就有"市场迷信"的因素在里面呢？恐怕是有的。

（三）对权力利用市场牟取私利的防范

倡导继续市场化改革以解决收入分配问题的学者，认为当前政府财政收入占国民收入比重过大，特权与腐败收入膨胀，以及国有垄断企业高管和员工收入过高，和我们现行的政治体制和政府职能密切相关。政府掌握了过多

---

① 阿瑟·奥肯：《平等与效率——重大的抉择》，王奔洲译，华夏出版社 1987 年版，第 66—77 页。

② 马克思：《资本论》第 1 卷，人民出版社 1972 年版，第 103 页。

③ 程恩富：《现代马克思主义政治经济学的四大理论假设》，《程恩富选集》，中国社会科学出版社 2010 年版，第 245—246 页。

④ 米塞斯：《经济学的认识论问题》，梁小民译，经济科学出版社 2001 年版，第 26 页。

的经济资源，在资源配置方面还发挥着巨大的作用，尤其是政府依靠固定资产投资拉动经济增长的模式不但没有改变，反而有不断强化的趋势。官员的许多特权利益在不断固化和强化，致使腐败上升的势头得不到有效遏制，设租寻租行为司空见惯。在他们看来，政治体制改革滞后和政府职能错位，是造成现阶段诸多分配不公的制度根源①。而他们开出的药方就是实行市场化。以实行市场化来"把社会资源的使用权从那些垄断部门解放出来"。因为"寻租的前提是行政权力对微观经济活动的干预和对社会资源的垄断，没有了这种行政干预和权力，垄断就没有了寻租的可能性。所以，寻租问题只有靠实现法治基础上的市场化才能解决"②。对此，笔者不敢苟同。

市场机制的运行原理，以亚当·斯密"看不见的手"一说来概括是很贴切的：市场中的人"通常既不打算促进公共的利益，也不知道他自己是在什么程度上促进那种利益……由于他管理产业的方式目的在于使其生产物的价值能达到最大程度，他所盘算的也只是他自己的利益。在这场合，象在其他许多场合一样，他受着一只看不见的手的指导，去尽力达到一个并非他本意想要达到的目的。……他追求自己的利益，往往使他能比在真正出于本意的情况下更有效地促进社会的利益"③。显然，市场机制的运行是以人的利己本性为基础的。但是现实中人，不惟有利己倾向，还有利他倾向。对人而言，受何种倾向主导，则取决于相应的制度环境④。作为公权力的掌握者，也就是公权力的人格化，虽然公权力的运用应以为公众服务，即以利他为宗旨，但当面对以利己为价值取向的制度环境，如市场环境时，掌权者的利己本性就会被激发、膨胀，膨胀到一定程度就会压制住自身所具有的利他本性，这个时候权钱交易等腐败寻租行为就会发生。这种情况就实质而言，是权力在利用市场，利用市场为掌权者的利己本性服务。由此来看今天的许多分配不公，就是权力利用市场牟私利的产物。

要抑制公权力掌握者利己倾向的膨胀，防止权力利用市场牟私利，可

① 蔡继明：《我国当前分配不公的成因和对策》，《中国中央党校学报》2010年第3期。
② 吴敬琏：《腐败是造成收入不公的首要因素》，《当代经济》2006年第9期。
③ 亚当·斯密：《国民财富的性质和原因的研究》，郭大力、王亚南译，商务印书馆1974年版，第27页。
④ 程恩富：《现代马克思主义政治经济学的四大理论假设》，《程恩富选集》，中国社会科学出版社2010年版，第238—259页。

取的是营造相应的制度环境，而不应寄希望于权力退出，以市场运作代替权力运作。因为政府的存在取决于其财政基础，有较高行动能力的政府其背后必然是财力充沛，所以讲到底，政府权力涉足营利领域是为了保障自身的行动能力。公权力掌握者利用这种机会进行寻租，我们的解决办法不是针对这些掌握权力的人，而是要让公权力退出有关经济领域，这不是因噎废食吗？当然，在政府的存在方式上，可以有"小政府"、"大政府"的选择，但这不是问题的关键，关键是对于防范腐败的路径选择出现错误，这可能是致命的。处理得不好，前苏联废党解国的命运就离我们不远了。

要营造防止权力利用市场以牟私利的制度，西方发达国家的经验教训都是要借鉴的。它们是在市场化氛围，即利己的社会氛围中寻找出路的，办法就是政党制衡制度，也就是让利己者相互制衡。但这种制衡的成本必然是相当高昂的，且不说三权分立形式下的相互扯皮，政党的竞选费用也是非常浩大的。更糟糕的是它造成了政府行动能力低下的后果，这一点，我们只要对比中国政府在"汶川大地震"中的动员能力和日本政府在处理"福岛核泄漏"事故中的表现，就不难看到了。所以，类似西方的权力制衡制度不是不可以借鉴，但必须认识到其制度绩效的低下。在笔者看来，作为最优的选择，应该是营造一种利他的社会氛围。从我们国家新中国成立后的一个时期的情况来看，这并不是不可能的。

三 应弃"过度市场化"而择"民生导向的社会主义化"的解决思路

(一)"继续市场化改革"实为"过度市场化"

根据前述分析，显然，那种寻求以继续市场化改革来解决我国现阶段收入分配问题的思路是不可取的。如果根据当前的现实，来对这种思路做一个贴切的界定的话，那毋宁说是"过度市场化"。虽然走建设社会主义市场经济的道路，对尚处在社会主义初级阶段的中国而言，是不二的选择。但是，这里有一个基本的前提条件，就是不能偏离社会主义的方向。社会主义的目标是实现共同富裕，公有制经济是社会主义最直接、最根本的体现，基于公有制经济还不能覆盖全社会，必须以非公有制经济作为补充的现实，国家制定了"坚持公有制为主体，多种所有制经济共同发展的基本经济制度”的国策①。由于我们是在摸索中建设社会主义市场经济，出现某些偏差势在难免。在前些年打着市场化改革旗号而进行的"民进""国退"中，大量的国有经济、集体经济企业通过诸如"经理层购买（MBO）"、拍卖等各种方式纷纷转化为私有经济体。结果，一时间公有经济成分迅速降低，私有经济成分大幅增长。从客观上看，目前的居民收入分配差距过大，其根源就是私有制经济的迅速增长。这从道理上讲实际是很明显的：目前社会中的贫富两极，极富者群体中，既有私人企业主，又有国企高管、政府官员。其中，私人企业主的高收入来自于资本积累，国企高管的过高收入是政府政策给予的，政府官员的过高收入往往是贪污受贿来的，就算这三类人的收入水平相当。再来看极贫者群体，从便于比较和从机会平等的比较原则出发，我们只观察城镇中有收入的劳动者，既然哪一派的研究者都承认国企职工的收入水平大大高于私企职工，那就是在说处在极贫者这一端的，除了无收入的人之外，主要就是私有经济体形式下的劳动者。是什么造成了他们的低收入呢？不就是私有制下受资本剥削压榨的结果吗？他们的贫穷积累和大私人资本家的财富积累，已足以在这个社会中划分出贫富两极。有无国企高管的过高收入和政府官员的寻租暴富等现象，对这种贫富分化的格局都不会有多大的影响，只是加强了分化的程度而已。这样来看，说前些年的市场化改革造成了私有制经济所占比重过高，是导致今天收入分配问题的主要原因，那是没有错的，在一定程度上就是改革偏离了社会主义方向。

而今天主张继续市场化改革的学者则是基本无视已造成的危害②，反而愈行愈远。他们根据近年来西方发达资本主义国家国有经济的比重最高约占 GDP 的 15% 左右，最低在 5% 以下，提出我国国有经济的比重还是太高，应该维持在 20% 左右就够了。这些学者打着"反垄断"的旗号，目标直指我国一些重要行业和关键领域的国有企业。还有人以资本主义国家国有企业大部分集中在公共产品和公共服务行业为依据，主张我国国有经济应退

---

① 程恩富、何干强：《坚持公有制为主体、多种所有制经济共同发展的基本经济制度》，载《海派经济学》第 24 辑，上海财经大学 2009 年版。

② 陈弘：《收入分配差距若干理论问题研究》，《海派经济学》第 29 辑，上海财经大学 2010 年版。

出所有非公共事业领域，并使之私有化①。如果这样做了，那已不是偏离社会主义方向的问题了，而是要彻底颠覆中国的社会主义制度。从当初建设社会主义市场经济的目的来看，这样的市场化改革，就是"过度市场化"。

（二）"民生导向的社会主义化"是解决现阶段收入分配问题的正确思路

从理论上讲，在分配问题上，所有制是最终决定因素。也就是说，要真正解决收入分配问题，必须回到所有制这个根源上。这是由生产与分配之间的辩证关系决定的。生产决定分配，因此在分配的顺序上，生产要素分配决定收入分配，也就是所有制决定收入分配。这是马克思主义的分配观，也是对分配问题本质的科学分析。站在这个立场上来看，寻求以市场化改革来解决收入分配问题就纯粹是一种肤浅的皮相之说，只有坚持社会主义道路，即社会主义化才能真正解决问题。

社会主义的本质特征是以公有制为主体和实现共同富裕，其中，前者是后者的基础和前提。从解决收入分配问题的角度考虑，在当前不仅不应缩小，反而要积极扩大公有制经济在国民经济中所占的比重，这样才能从根源上彻底扭转收入分配差距不断拉大的局面，确立共同富裕的前进方向。在如何看待国企职工收入上，正如中国社会科学院余斌教授所说的，"国企职工的收入原本就比私企职工的高"，这是"劳动者是主人翁（尽管在国企中劳动者的主人翁地位已经受到了严重的削弱，但还没有等于无）还是（马克思所说的）雇佣奴隶的问题。显然，主人翁的工资怎么能与雇佣奴隶的工资相同呢？因此，不是国企的或垄断行业的工资高了，而是私企的工资低了。这是根本的问题"②。

在当前，对于积极发展公有制经济，坚持共同富裕的奋斗方向，特别需要在改善民生这个论题下把握其重要意义。在党的"十七大"报告中，将"加快推进以改善民生为重点的社会建设"单列一章来详加阐述③，这

---

① 参见项启源、杨承训《发展中国特色社会主义与壮大国有经济》，《毛泽东邓小平理论研究》2010年第3期。

② 余斌：《收入分配改革：需要把握正确方向》，该文部分内容载于《人民论坛·学术前沿》2010年8月中（总第299期）《如何牵住收入分配改革的"牛鼻子"》中。

③ 胡锦涛：《高举中国特色社会主义伟大旗帜，为夺取全面建设小康社会新胜利而奋斗》，人民出版社2007年版，第37页。

预示着改革开放 30 年后，我们党已将民生问题提高到一个新的战略高度来加以统筹考虑了。在报告中，对于如何保障和改善民生，分别从教育、就业、收入分配、社会保障、医疗卫生、社会安全这六个领域进行了阐述。不难看出，这六个领域之间，实际又存在着相互影响、相互制约的关系，换言之，民生问题是"一盘棋"，需要通盘考虑。而解决民生问题的策略，既有当下性、表层性的，也有立足于长远、根本性的。但有一点是明确的，就是：要从根本上保障民生，或者在最大程度上改善民生，就必然要走社会主义的道路，必然要坚持在国民经济中以公有制为主体，以实现全社会共同富裕为奋斗目标。我国在下一阶段的发展，必将有力地证明这一点。

参考文献

[1] 王绍光：《坚守方向、探索道路：中国社会主义实践六十年》，《中国社会科学》2009 年第 5 期。

[2] 郭飞、王飞：《中国个人收入分配改革：成就、问题与对策》，《马克思主义研究》2010 年第 3 期。

[3] 陈享光：《论我国收入分配不公的根源和政策选择》，《教学与研究》2007 年第 7 期。

[4] 肖红叶、郝枫：《中国收入初次分配结构及其国际比较》，《财贸经济》2009 年第 2 期。

[5] 谷亚光：《中国收入分配差距的状态、原因及治理对策》，《马克思主义研究》2010 年第 4 期。

所有制结构:马列主义及其中国化理论与实践创新

一　马克思主义经典作家关于所有制结构的理论与实践

(一)　马克思恩格斯对未来社会所有制结构的预测和构想

马克思恩格斯从资本主义生产社会化的客观要求出发,深刻地分析了以生产无政府状态、周期性经济危机等形式表现出来的生产资料的私人占有与社会化大生产之间不可调和的矛盾,揭示出资本主义生产方式的历史局限性,并根据生产关系一定要适合生产力发展的客观规律论述了社会主义公有制的历史必然性。在《共产党宣言》中,马克思恩格斯提出:"共产主义革命就是同传统的所有制关系实行最彻底的决裂。""共产党人可以把自己的理论概括为一句话:消灭私有制。"① 显然,在马克思主义创始人看来,公有制是未来社会经济制度的基础。关于未来社会的所有制关系,马克思恩格斯曾经设想实行自由人联合体占有的生产资料社会所有制,也就是说,是以公有制为单一所有制形式,而公有制又采取单一形式的社会所有制。他们在不同场合的论述中也常常把这种公有制称之为"社会的所有制","社会的生产资料","社会占有","国家财产","国家所有","公共占有"等。马克思认为,"自由人联合体"的首要特征就是"用公共的生产资料进行劳动,并自觉地把他们许多个人劳动力当作

* 赵春玲,南开大学马克思主义学院副教授,经济学博士,硕士生导师,研究方向为马克思主义政治经济学、马克思主义经济学说发展史。

① 《马克思恩格斯选集》第1卷,人民出版社1995年版,第286、293页。

一个社会劳动力来使用"。而且，在再生产中，社会产品中"重新用作生产资料"的部分"依旧是社会的"①。马克思恩格斯设想的共产主义公有制包括两个基本要素：一是"协作和共同占有"；二是"个人对全部生产力总和的占有"，二者构成了一个统一的综合体。马克思指出：共产主义所有制"是在资本主义时代的成就的基础上，也就是说，在协作和对土地及靠劳动本身生产的生产资料的共同占有的基础上，重新建立个人所有制"②。这里的"个人所有制"，实际上就是指通过全体社会成员的联合实现的个人对全部生产力总和的占有。在《1861—1863年经济学手稿》中，马克思也曾指出：资本主义所有制只有通过将其"改造为非孤立的单个人的所有制，也就是改造为联合起来的社会个人的所有制，才可能被消灭"③。马克思恩格斯还进一步指出：个人占有全部生产力的总和也正是共产主义的所有制优越于过去一切在历史上起过进步作用的所有制的地方。因为"过去一切革命的占有都是有局限性的。个人的自主活动受到有限的生产工具和有限的交往的束缚，他们所占有的是这种有限的生产工具，因此他们只达到了新的局限性。他们的生产工具成了他们的财产，但是他们本身始终屈从于分工和自己所有的生产工具"④。关于由资本主义私有制向共产主义所有制转变的前提条件，恩格斯在《反杜林》中指出："由社会占有全部生产资料……这种占有只有在实现它的物质条件已经具备的时候，才能成为可能，才能成为历史的必然性。正如其他一切社会进步一样；这种占有之所以能够实现，而是由于具备了一定的新的经济条件。"⑤

马克思主义创始人关于共产主义所有制的设想，指明了所有制演化、发展的必然趋势，具有历史航标的意义。当然，马克思主义经典作家关于未来社会经济制度的论述只是一种设想，其前提条件是高度发达的生产力基础，而且，公有制的具体形式及其在经济过程中的实现方式则是需要后来的社会主义建设者加以解决的事情。

---

① 《马克思恩格斯选集》第3卷，人民出版社1995年版，第473页。
② 《马克思恩格斯选集》第2卷，人民出版社1995年版，第269页。
③ 《马克思恩格斯全集》第48卷，人民出版社1985年版，第21页。
④ 《马克思恩格斯选集》第1卷，人民出版社1995年版，第129页。
⑤ 《马克思恩格斯选集》第3卷，人民出版社1995年版，第631页。

（二）列宁在社会主义实践中对马克思所有制结构理论的继承与发展

在社会主义发展史上，列宁最早把社会主义由理论变为现实。在社会主义实践过程中，列宁根据俄国生产力落后、社会经济成分复杂的具体国情，在"新经济政策"时期提出了建立多种所有制经济成分并存的所有制结构的设想，丰富和发展了马克思主义关于所有制问题的理论。

列宁对社会主义所有制结构的认识和探索经历了一个重大转变过程。十月革命前到实行"战时共产主义政策"时期，他基本上坚持"社会主义革命就是要以公有制取代资本主义私有制，社会主义要消灭一切非公有制经济"的观点，主张在消灭个体经济和小私有制的基础上直接建立"大工厂"式的全社会范围的公有制。在工业领域，实行全盘国有化，没收了全部资本家的财产，实现对银行、铁路、商船和大工业企业的国有化。在农业中，对农民实行余粮收集制，发展以农业公社为主体的共耕制。但该体制将一切非公有制的经济成分作为消灭的对象，严重超越了俄国社会生产力发展的实际水平，致使国民经济倒退、人民生活水平大幅下降，苏维埃政权陷入了政治危机之中。面对严酷的事实，列宁深刻地反思了战时共产主义政策，领导苏俄适时推行了"新经济政策"。

以 1921 年实施"新经济政策"为标志，列宁的认识发生重大转折，明确了社会主义条件下还存在多种经济成分，承认并恢复非公有制经济，允许各种非共有制经济成分在一定范围内发展，提出了建立公有制经济占主导地位的多种经济成分并存的所有制结构的设想：（1）允许多种经济成分存在，利用和发展商品货币关系与商品市场。他指出："在有千百万小生产者存在的条件下"，一些带私有性质的经济成分的存在与发展是不可避免的，"如果完全禁止、堵塞一切私人的、非国营的经济成分的存在和发展，那就无异于在干蠢事，就是自杀。说它在干蠢事，是因为这种政策在经济上行不通；说它在自杀，是因为试行这类政策的政党，必然会遭到失败"①。并指出，"可以在不同程度上允许资本和私营商业存在，不必害怕资本主义的某些滋长，只要能够迅速加强流转，使农业和工业得到复苏就行"②。（2）利用资本主义，建设社会主义。列宁明确指出："既然

---

① 《列宁选集》第 4 卷，人民出版社 1995 年版，第 504 页。
② 同上书，第 528 页。

我们还不能实现从小生产到社会主义的直接过渡，作为小生产和交换自发产物的资本主义，在一定程度上是不可避免的，所以我们应该利用资本主义（特别是要把它纳入国家资本主义的轨道）作为小生产和社会主义之间的中间环节，作为提高生产力的手段、途径、方法和方式。"① 列宁还反复强调，如果"谁能在这方面取得最大的成绩，即使是用私人资本主义的办法，甚至没有经过合作社，没有把这种资本主义直接变为国家资本主义，那他给全俄社会主义建设事业带来的益处，也比那些只是'关心'共产主义纯洁性"② 的人要好得多。（3）明确非公有制经济存在和发展的前提与限度。列宁认为，非公有制经济存在的前提条件是，"我们掌握了一切经济命脉，掌握了土地，它已归国家所有。这一点是很重要的"③。此外，非公有制经济"必须是处在工人阶级的国家政权监督下"④。"国家资本主义就是我们能够加以限制、能够规定其范围的资本主义，这种国家资本主义是同无产阶级国家联系着的。"⑤

列宁承继了马克思恩格斯对未来社会所有制结构的预测，坚持社会主义必须以公有制为基础的根本原则，但不拘泥于马克思恩格斯的个别结论，而是充分考虑到了理论与实践之间可能出现的某种差异以及不同国家和民族的具体特点，根据苏俄经济文化相对落后的国家的国情，提出了建立以公有制经济为主体、多种经济成分并存的所有制结构的设想，以及发展国家资本主义、小农经济和私营经济等多种经济成分的思想，并付诸实践。这种所有制模式将马克思恩格斯最初设想的社会主义阶段纯粹的公有制形式转化为不完全的公有制和私有制经济同时并存，这无疑是对马克思主义所有制理论的一种创新，开启了在经济文化相对落后的国家坚持和完善社会主义制度的探索之门。

（三）"斯大林模式"中的社会主义所有制结构理论与实践

列宁逝世以后，斯大林在经过了短暂时期对新经济政策的肯定后，于1929 年年底终止了新经济政策的推行，斯大林认为社会主义不可能建立

---

① 《列宁选集》第 4 卷，人民出版社 1995 年版，第 510 页。
② 同上书，第 513 页。
③ 《列宁全集》第 33 卷，人民出版社 1957 年版，第 368 页。
④ 《列宁选集》第 4 卷，人民出版社 1957 年版，第 722 页。
⑤ 同上书，第 670 页。

在公有和私有这两种不同性质的所有制基础之上，为建成社会主义，必须彻底扫除私有经济。从 20 年代末，苏联开始逐步排挤、取缔私有经济成分，开展大规模的国有化运动和农业集体化运动。通过国有化运动，限制和排挤私人经济，保证社会主义经济对私人经济和资本主义经济的决定性优势。确立了国有经济的绝对统治地位。通过强制推行农业集体化，把集体农庄所有制变为全民所有制，在此基础上形成了单一的社会主义公有制的所有制模式。在这种模式下，公有制经济（国有经济和集体经济）垄断了几乎全部国民经济，仅在集体农庄中存留有少数个人副业，并认为，集体所有制是公有制的低级形式，全民所有制是公有制的高级形式，后者优越于前者。私营、个体和外资等非公有制经济发展的空间完全被挤掉了。这种所有制结构长期被视为社会主义社会所有制结构的唯一模式，长期支配着苏联和其他后起的社会主义国家的经济建设。

"斯大林模式"在所有制问题上严重存在着对马克思主义僵化和教条式理解的倾向，这突出表现为：在不具备条件的历史阶段上，盲目追求纯而又纯的所有制形式，忽略了所有制形式的多层次性以及与生产力的适应性；将社会主义所有制等同于国家所有制加集体所有制，并把国家所有制等同于全民所有制，将国家所有制视为唯一实现形式，阻碍了对社会主义所有制实现形式的探索。

二　马克思主义所有制结构理论在中国化进程中的创新与发展

（一）以毛泽东为核心的第一代领导集体对社会主义所有制结构的开拓性探索

在新民主主义时期的国有国营经济为主导、个体私营经济为主体、多种所有制经济并存的所有制结构模式。20 世纪 30 年代起，毛泽东就开始探讨所有制结构模式，认为我国应该在国营经济领导下，允许多种经济成分存在和发展。在 1945 年《论联合政府》中指出，"在现阶段上，中国的经济，必须是由国家经营、私人经营和合作社经营三者组成的"[①]，在 1947 年 12 月《目前形势和我们的任务》明确提出新民主主义革命的三大

[①] 《毛泽东选集》第 3 卷，人民出版社 1991 年版，第 1058 页。

经济纲领：没收封建阶级的土地归农民所有，没收垄断资本归新民主主义的国家所有，保护民族工商业。1949 年 3 月，在中共七届二中全会的报告中指出："在这个时期内，一切不是于国民经济有害而是于国民经济有利的城乡资本主义成分，都应当容许其存在和发展……国营经济是社会主义性质的，合作社经济是半社会主义性质的，加上私人资本主义，加上个体经济，加上国家和私人合作的国家资本主义经济，这些就是人民共和国的几种主要的经济成分，这些就构成新民主主义的经济形态。"① 从新中国成立至 1953 年，则是新民主主义的所有制结构思想大规模实践的时期。

社会主义改造时期的国有经济占绝对优势，国家资本主义所有制、城乡集体所有制、城乡个体所有制并存的所有制结构。从 1953 年到 1956 年，我国实行了第一个五年计划和过渡时期总路线。过渡时期总路线"要在一个相当长的时期内，逐步实现国家的社会主义工业化，并逐步实现国家对农业、对手工业和对资本主义工商业的社会主义改造"②。1953 年，毛泽东在《关于党在过渡时期的总路线》中提出："总路线的实质，就是使生产资料的社会主义所有制成为我国国家和社会的唯一的经济基础。"③ 他认为，把"农业和手工业由个体的所有制变为社会主义的集体所有制，私营工商业由资本主义所有制变为社会主义所有制，必然使生产力大大地获得解放。这样就为大大地发展工业和农业的生产创造了社会条件"④。1956 年，生产资料私有制的社会主义改造取得了决定性胜利，社会经济结构发生了根本性变化。社会主义经济在国民经济中的比重已由 21.3% 上升为 92.9%；在工业总产值中，社会主义公有制工业已达 98.8%；社会商品零售总额中，社会主义公有制经济已达 92.4%⑤。

在社会主义改造基本完成之后的 1956 年和 1957 年上半年，党的领导集体对所有制形式的多样性作过有益的探索。主张在发展社会主义公有制经济的同时，适当保存和发展一些私营经济和个体经济，并引进华侨投资。这无疑是适合我国社会主义初级阶段生产力状况的实际的。但由于实践和认识的局限性，并不明确承认非公有制经济成分可以在社会主义社会

---

① 《毛泽东选集》第 4 卷，人民出版社 1991 年版，第 1431—1433 页。
② 《建国以来重要文献选编》第 4 册，中央文献出版社 1993 年版，第 548 页。
③ 同上书，第 702 页。
④ 《毛泽东文集》第 7 卷，人民出版社 1999 年版，第 1 页。
⑤ 胡绳：《中国共产党的七十年》，中共党史出版社 1991 年版，第 382—383 页。

长期合法存在，而是将其视为一种暂时的退让，把马克思恩格斯设想的完全公有制作为中国的现实目标，这一探索很快就被中断了。

1958—1978 年单一公有制格局的形成。1957 年下半年，党在指导思想上逐渐发生了"左"的偏差，1958—1960 年，随着"大跃进"和人民公社运动的兴起，集体所有制经济急于向全民所有制经济过渡，个体经济、私营经济被取消，非公有制经济已所剩无几。"文化大革命"期间，所有制结构问题上的"左"倾错误发展到了顶点，更加盲目和片面追求纯而又纯的公有制形式。到 1978 年，"我国的经济结构基本上只剩下全民所有制和集体所有制两种公有制成分，而相当一部分集体企业实际上是按国有经济的规则管理和运行，生产资料所有制结构已成为以国有经济为主体的单一公有制"①。

以毛泽东为核心的第一代领导集体带领人民进行了马克思主义所有制理论中国化的第一次实践，奠定了社会主义公有制的基础，并对多种所有制结构作出过有益探索。但由于实践和认识的局限性，从 1956 年社会主义改造基本完成到 1978 年十一届三中全会之前，在所有制变革和调整中，脱离生产力水平低、发展不平衡这一基本国情，将经典作家的原则性论述与现实进行教条主义的对照比附，片面追求所有制的整齐划一、纯而又纯，将诸多符合生产力发展要求的所有制形式人为地排斥在所有制结构之外。实践证明，单一公有制的所有制结构严重束缚了生产力的发展，阻碍了社会进步，影响了社会主义现代化建设。这种探索也从正反两个方面为十一届三中全会以来第二代中央领导集体正确认识社会主义所有制结构提供了理论准备和经验教训。

（二）以邓小平为核心的第二代领导集体对传统所有制结构的理论突破与实践创新

社会主义初级阶段，应该建立怎样的所有制结构，确立什么样的基本经济制度，其中的根本问题是如何正确认识非公有制经济在我国经济中的地位和作用。以邓小平为核心的党的第二代领导集体全面总结了我国历史上所有制结构变化的经验教训，根据我国将长期处于社会主义初级阶段这一客观实际，开始了对传统的单一公有制模式及其体制认识上的思想

---

① 刘仲藜：《奠基——新中国经济五十年》，中国财政经济出版社 2000 年版，第 323 页。

突破。

1978 年十一届三中全会第一次突破了社会主义社会单一公有制以及斯大林两种公有制形式的理论思维定式，提出了发展个体经济，以作为社会主义经济的补充。会议明确指出："社员自留地、家庭副业和集市贸易是社会主义经济的必要补充部分，任何人不得乱加干涉。"① 1981 年十一届六中全会通过的《关于建国以来党的若干历史问题的决议》又强调指出："国营经济和集体经济是我国基本的经济形式，一定范围的劳动者个体经济是公有制经济的必要的补充。" 1981 年发布的《中共中央、国务院关于广开门路，搞活经济，解决城镇就业问题的若干决定》明确指出："在社会主义公有制经济占优势的根本前提下，实行多种经济形式和多种经营方式长期并存，是我党的一项战略决策，决不是一种权宜之计。"② 这是改革开放以来，在中央发布的文件中首次确认在社会主义社会可以长期实行多种所有制并存。

1982 年党的十二大正式肯定个体经济是公有制经济的必要的、有益的补充，指出：由于我国生产力发展水平总的说来还比较低，又很不平衡，在很长时期还需要多种经济形式同时并存。1984 年党的十二届三中全会，首次在发展外资经济上取得突破，指出：利用外资、吸引外商来我国举办合资经营企业、合作经营企业和独资企业，也是我国社会主义经济必要的、有益的补充。个体经济和外资经济都是社会主义经济必要的有益的补充。至此，以公有制为主体、多种经济成分并存的方针基本确立。1987 年中共十三大报告比较系统地阐述了发展非公有制经济的理论和政策，指出："社会主义初级阶段的所有制结构应以公有制为主体。目前全民所有制以外的其他经济成分，不是发展得太多了，而是还很不够。对于城乡合作经济、个体经济和私营经济，都要继续鼓励它们发展。公有制经济本身也有多种形式。"报告首次肯定"私营经济一定程度的发展，有利于促进生产，活跃市场，扩大就业，更好地满足人民多方面的需要，是公有制经济必要的和有益的补充"③。这是党对非公有制经济认识上的一次

---

① 中共中央文献研究室：《三中全会以来重要文献选编》（上），人民出版社 1982 年版，第 7 页。

② 中共中央文献研究室：《三中全会以来重要文献选编》（下），人民出版社 1982 年版，第 921 页。

③ 《中国共产党第十三次全国代表大会文件汇编》，人民出版社 1987 年版，第 32—33 页。

飞跃。从此，非公有制经济进入新的发展阶段。

1992 年年初，邓小平发表南方讲话，提出判断改革开放成败得失的"三个有利于"标准，破除了姓"资"姓"社"的思想困扰，为所有制改革扫除了理论上的障碍。同年 10 月党的十四大明确表述我国所有制结构为：以公有制包括全民所有制和集体所有制经济为主体，个体经济、私营经济、外资经济为补充，多种经济成分长期共同发展，不同经济成分还可以自愿实行多种形式的联合经营。国有企业、集体企业和其他企业都进入市场，通过平等竞争发挥国有企业主导作用。

以邓小平为核心的第二代领导集体在领导中国人民进行改革开放的实践中，推进了我国所有制结构由一元所有制到多元所有制的演进，对待非公有制经济由绝对排斥——必要补充——共同发展。主要贡献体现在：(1)"公有制主体地位"思想。(2)"大胆发展非公有制经济"思想。(3)"公有制多种实现形式"和"混合经济"思想。(3) 判断所有制形式优劣的"三个有利于"标准。此外，还包含，所有制的调整改革是一个长期需要坚持的过程，所有制的调整改革应是全面进行的等。

(三) 以江泽民为核心的第三代领导集体和以胡锦涛为总书记的领导集体对所有制结构理论的不断创新和与完善

以江泽民为核心的第三代领导集体，在坚持邓小平同志以公有制为主体、允许和鼓励多种经济成分共同发展的重要思想的基础上，立足于进一步解放和发展生产力，从理论和实践的结合上对调整和完善所有制结构作了科学分析和精辟论述，在所有制理论方面不断取得新突破，集中体现在党的十五大报告、十六大报告、十六届三中全会《关于完善社会主义市场经济体制若干问题的决定》、十六届五中全会《中共中央关于制定国民经济和社会发展第十一个五年规划的建议》以及十届全国人大二次会议通过的宪法修正案之中。

1997 年党的十五大正式确定"公有制为主体、多种所有制经济共同发展，是我国社会主义社会初级阶段的一项基本经济制度"①。这意味着，作为基本经济制度，这种所有制结构就是具有稳定性、长期性的制度安排。报告还系统阐述了公有制经济的含义、科学地界定了公有制的主体地

---

① 《江泽民文选》（第二卷），人民出版社 2006 年版，第 19 页。

位、阐述了非公有制经济的地位与作用，强调公有制实现形式可以而且应当多样化，进一步论述了坚持公有制的重要性。十五大报告对所有制理论的突破性发展主要体现在：（1）突破了长期以来把公有制经济等同于社会主义基本经济制度的误区，确立了公有制经济与非公有制经济共同发展的新理念；在公有制经济与非公有制经济的相互关系上，"完成了从'对立论'到'有益补充论''共同发展论'的飞跃"①。非公有制经济由"制度外"进入"制度内"，由社会主义的"有益补充"，变为社会主义经济的"重要组织部分"，由"基本方针"升华到"基本经济制度"，并明确了其至少在整个社会主义初级阶段存在和发展的历史必然性。使人们从"非公即私"的思想束缚中解放出来，消除了对非公有制经济的制度歧视，消除了对发展非公有制经济的疑虑。（2）突破了把公有制经济仅仅局限于国有经济和集体经济这两种形式的传统观念，提出混合所有制经济中的国有成分和集体成分属于公有制经济的范畴的新论断。拓宽和深化了对公有制经济主体内涵的认识，为发展混合所有制经济拆掉了藩篱，拓宽了道路，为公有制实现形式的多样化开辟了道路。（3）突破了把公有制实现形式等同于公有制性质的僵化观念，提出了"公有制实现形式可以而且应当多样化。一切反映社会化生产规律的经营方式和组织形式都可以大胆利用。要努力寻找能够极大促进生产力发展的公有制实现形式"。这些科学论断使人们摆脱了公有制形式上的"姓公姓私"的思想束缚，为公有制经济，特别是国有经济的改革和发展奠定了理论基础，使国有经济在更大的范围里获得广阔的发展空间。

2002 年党的十六大在所有制问题上实现了新的创新和突破。其攻坚性突破具体体现在：（1）在坚持基本经济制度的基础上突出"完善论"。十六大报告明确提出："必须毫不动摇地巩固和发展公有制经济，必须毫不动摇地鼓励、支持和引导非公有制经济发展。坚持公有制为主体，促进非公有制经济发展，统一于社会主义现代化建设的进程中，不能把这两者对立起来。各种所有制经济完全可以在市场竞争中发挥各自优势，相互促进，共同发展。"②"两个毫不动摇"和"一个统一"，在基本制度层面上为非公有制经济的发展铺平了道路。（2）提出国有资产投资主体和实现

---

① 王祖强：《社会主义所有制理论的创新与发展》，中国经济出版社 2005 年版，第 167 页。
② 《江泽民文选》第三卷，人民出版社 2006 年版，第 547—548 页。

形式的多样化，确立了所有权和经营权分离的思想。十六大报告提出，"调整国有经济的布局和结构，改革国有资产管理体制"，"实行所有权和经营权分离"，"除极少数必须由国家独资经营的企业外，积极推行股份制，发展混合所有制经济。实行投资主体多元化"。这就意味着进一步放开搞活国有中小企业和非公有制经济的参与。（3）提出非公有制经济发展的新思路及其与公有制经济一体化发展趋势。十六大报告指出，"促进非公有制经济健康发展。完善保护私人财产的法律制度"，从而在政治上、经济上为非公有制经济的发展创造了良好的政策环境。这表明，以公有制为主体，多种所有制共同发展已纳入了我国制度化、法制化的轨道。

2003年10月党的十六届三中全会《关于完善社会主义市场经济体制若干问题的决定》，2004年十届全国人大二次会议通过的宪法修正案以及2005年十六届五中全会《建议》在社会主义所有制理论上实现了根本性突破，一是科学地阐明了股份制的本质属性及其地位和作用，发展了公有制实现形式多样性思想；二是放宽非公有资本市场准入的领域，为非公有制经济的进一步发展营造良好的政策环境；三是引进了产权理论，着力建立健全现代产权制度，为公有制和非公有制经济的结合，提供坚实的制度保证。

2007年党的十七大在非公有制理论上的最大亮点是"两个平等"，即坚持平等保护物权，形成各种所有制经济平等竞争、相互促进新格局，为非公经济发展提供了保障，同时，平等竞争既是要为非公经济解限，提供更宽松的环境，以利他们更好地进入传统产业领域，同时，也是对非公经济的约束，为公有制经济创造更公平的竞争环境。十七大报告还提出了"推进公平准入，改善融资条件，破除体制障碍，促进个体、私营经济和中小企业发展，以现代产权制度为基础，发展混合所有制经济"的新要求。这些举措正切中非公经济发展中的主要障碍和瓶颈，必将对非公有制经济发展产生重大影响。

参考文献

[1]《建国以来重要文献选编》第4册，中央文献出版社1993年版。

[2]《毛泽东文集》第8卷，人民出版社1999年版。

[3] 中共中央文献研究室：《三中全会以来重要文献选编》（上、下），人民出版社1982年版。

［4］《邓小平文选》第 2、3 卷，人民出版社 1994、1993 年版。

［5］胡绳：《中国共产党七十年》，中共党史出版社 1991 年版。

［6］刘仲藜：《奠基——新中国经济五十年》，中国财政经济出版社 2000 年版。

［7］苏星：《新中国经济史》，中共中央党校出版社 2007 年版。

［8］顾钰民：《中国社会主义经济理论的三次创新——十一届三中全会以来中国共产党对马克思主义经济学的重大发展》，《思想理论教育导刊》2002 年第 10 期。

［9］李楠：《中国现阶段所有制结构及其演变的理论与实证研究》，武汉大学出版社 2008 年版。

［10］程恩富、侯为民：《准确认识社会主义初级阶段基本经济制度》，《光明日报》2011 年 9 月 28 日。

土地国有制与经济发展、社会平等和生态文明

李济广[*]

共产主义及其初级阶段社会主义的基本特征是公有制，马克思主义公有制的典型形式是社会所有制，在存在国家的情况下，社会所有制的主要形式就是国有制。国有制当然包括全部土地，但土地国有制受到广泛忽视。如西方生态马克思主义大多只是重视自然资源的合理利用和分配，只有少数生态学马克思主义者主张实行生产资料的社会占有制[①]。万利、梅雪芹指出，真正的"马克思主义生态社会主义认为，土地国有化以及在此基础上的循环经济是恢复新陈代谢的根本途径"[②]。我国农村土地和部分自然资源还属于非国有，而更多的主张是农村土地私有化，扩大农民产权的准私有化或坚持土地集体所有制。王慎刚提出，应积极研究城乡土地的统一国有化，其理由是，土地具有土地潜力的无限性、利用结果的"外部性"，土地资产天然形成的特点以及土地公有制有利于提高土地的配置效率和有序城市化[③]。本文拟全面论述土地国有制的依据及其产权构建。

一　土地国有的历史追求

由于土地对于人类生存和社会稳定的极端重要性，在人类历史上土地从

---

* 李济广（1954—　），男，辽宁凌源人。江苏技术师范学院教授。主要研究政治经济学、金融学、企业治理等。

① 曾文婷：《生态学马克思主义的乌托邦社会主义理想》，《南京社会科学》2010 年第 3 期。

② 万利、梅雪芹：《生态马克思主义述评》，《国外理论动态》2009 年第 2 期。

③ 王慎刚：《土地资源公有的经济优势》，《经济管理》2006 年第 21 期。

未像其他物质资料那样被充分地私有化。国家总是不同程度地扩大土地的国有性，进步思想家也往往主张土地应当具有不同形式的公有性和国有性。

（一）中国历史上对土地私有性的限制和对土地共同占有与国家所有的追求

中国历朝历代几乎都有抑制土地兼并，乃至宣布土地国有、平分土地并禁止土地转让的制度，这使土地的私有性受到不同程度的限制，并在一定程度上由国家掌握土地的所有权及最终支配权。朱义明指出，学者们比较一致的看法是，中国历史上历来不存在真正意义上的土地私有，皇帝是所有土地的最终所有者①。夏、商、西周实行由原始氏族公社土地公有制演变而来的井田制，土地限制转让，在一定范围内对农民定期平均分配（贵族占有的部分由别人代耕）。对井田制是否为当时的基本土地制度虽有争论，但"溥（普）天之下，莫非王土"的土地所有权国有的制度则是无疑的。战国时代各国均按人授田，秦商鞅推行授田制，史学界一般认为就是土地国有制，而且史学界多认为，汉初继续实行国有形式的授田制，也有人认为汉初土地制度是私有基础上的限田制。至王莽时，明确宣布将全国土地收归国有，按井田制重新分配，禁止买卖，规定一家占有限额，有余田者分与九族乡党，违反者处死刑。三国期间大量屯田的土地均属国家所有。晋代实行占地制度，根据人们的性别年龄，分给一定数额的土地，且限制王公官吏的占有额。魏孝文帝开始推行均田制，断续推行达三百年之久，明显推动了北方经济的恢复和发展。隋唐尤其是唐推行租庸调制，即以均田制为基础的赋役制度，被认为有利于富国富民，但唐后期均田制逐渐瓦解。宋代仁宗颁布了限田政策，虽未完全奏效，但也不是全无作用。金朝女真族田地为国家所有，土地制度称为"牛具税地"，占地多少以耕牛、人口为依据，金熙宗时期开始实行"计口授田"，不过未能避免后来富有的贵族多占田地，贫困户将田地出卖而陷入贫困的问题。元、明都存在很多官田，直至明中叶后逐渐被私有化。明朝末年，政府也奉行抑制兼并政策，不过没有效果，广大农民流离失所，富者有良田千亩，贫者无立锥之地，经济崩溃，成为中国陷入了战乱的主要原因。清朝

---

① 朱义明：《传统中国与亚细亚生产方式》，《中南大学学报》（社会科学版）2011年第4期。

入关后，通过圈占方式拥有大量国有土地，分给旗人，雍正年间还实行了八旗井田制。清政府曾多次重申不许买卖旗田，多次严厉查处有关案件，但屡禁不止，直至1852年正式准许旗地可以买卖，即可以私有化。总体上看，历代王朝对土地私有权的限制在不同程度上改变了土地集中的状况，为秦、汉、唐、明、清等一个个的"盛世"奠定了经济体制基础。相反，大凡在土地兼并严重时期，农民不堪贫困，甚至引发反抗和起义，给社会大众和统治者带来灭顶之灾。中国共产党领导的解放区土地改革运动，得到农民拥护，支持中国革命取得了胜利。全国的土地改革和合作化运动，真正解决了土地问题，推动农村经济得到了迅速的恢复和发展，为国家工业化的提供了物质基础。

在思想意识方面，《周礼》所述的平分耕地（同时开放山林河湖，田地和居邑不得出卖）的观点与孟轲的井田观点，成为此后直到明清许多思想家研究土地问题时所经常援引的思想。在农民斗争方面，从黄巢的"天补均平"（唐朝后期改变了国家授田制度，使农民无法获得土地）、王小波、李顺和钟相、杨么的"均贫富"到李自成的"均田免粮"再到太平天国的"有田同耕"，中国人民的反抗斗争也日益指向土地问题。孙中山主张，"凡天然之富源，如煤铁、水利矿油等，及社会之恩惠，如城市之土地、交通之要点等，与夫一切垄断性质之事业，悉当归国家经营。"[1]在土地公有的意义上，孙中山认为民生主义就是社会主义和共产主义，或包括社会主义和共产主义。

（二）国外对土地制度私有性的限制及对土地国有公有的追求

关于国外古代，马克思和恩格斯认为古代东方不存在土地私有制，而实行土地国有制和公社的土地占有制。也有人认为，马克思观点是，亚细亚生产方式是土地所有制的公有制或者公有制向私有制过渡过程中的社会模式。在西方，古希腊和古罗马最早也实行土地公有制，土地分为氏族集体土地、公地与私人土地三种类型。在中世纪欧洲，帝王对土地拥有所有权，而层层的封臣只有使用权，理论上死后须归还，虽封君很少能够真正收回土地，但封臣需要尽义务。

现代各国都很重视对土地等自然土地的国家控制。美国的土地39%

---

[1] 《孙中山全集》第二卷，中华书局1982年版，第135页。

为公有①。英国自 1066 年以来，法律规定全部土地都归英王或国家所有，完全拥有土地权益的人可以是该土地的永久占有者。香港土地全为国有，"土地财政"曾提供 80% 的税收，促进了香港的繁荣。以苏联为首的苏东社会主义国家则实行土地完全国有化数十年。目前俄罗斯的土地所有制包括：联邦所有制、联邦主体所有制、市政所有制、公民所有制和法人所有制（包括集体所有制和集体股份所有制）。截至 2004 年，前三种所有制形式（总称为"公有"，实际是国有）占全国土地的 92.4%，公民所有制和法人所有制（总称为"私有"，实际包括中国所说的集体公有）占全国土地的 7.6%②。对私有土地当今各国也都是实行政府控制或者限制私人产权。世界上有 130 多个国家和地区征收房产税，还有交易税、所得税和遗产税，加拿大房产税占地方财政 54%，美国占 29%，这等于是土地所有者成为租户向国家交纳土地租金。如果不交，或交不起，土地会被政府部分或全部没收，而购买土地交的一大笔钱，等于是押金。德国的土地有一部分属国家、州、市镇所有，绝大部分属于私有，但自 1918 年以来，德国就对农地自由交易实行控制。房屋出租税收为 20%—49%，买卖房地产要缴纳 15% 的差价盈利税，房产税名义税率 3.5%。实行土地私有的日本也有一部分国有和公有的土地，对土地严格实行用途转移管制，奉行"耕者有其田"，直到 2000 年个人买卖土地才有了弹性。世界上很多国家实行土地用途管制制度，美国等国还经常规定开发者应对社区作出一定数量的土地贡献，用于建设学校、娱乐休闲场所等公益设施，或者交纳一定的款项替代土地贡献。总体上，西方国家一方面存在大量国有土地；另一方面对私有土地产权加以限制，土地的私有权没有完整实现，具有国有成分。

20 世纪初以来，几乎所有拉美国家都颁布了土改法或其他调整土地关系的法令，但统治阶级本身就是大地主阶级，改革遇到政界的阻力而难有进展。不过一大批非洲和亚洲国家都进行了以耕者有其田为方向的土地制度改革，并取得很多进展，推动了经济发展。

在思想意识方面，从 16 世纪初托马斯·摩尔的《乌托邦》开始，西

① 滕泰：《走出均地思维的怪圈——西方土地制度对中国的启示》，《中国企业家》2006 年第 4 期。

② 周建成：《路径选择、私有化与土地市场的演进——俄罗斯土地制度转型十五年的历程与进展》，《上海经济研究》2007 年第 3 期。

方的社会主义或共产主义思潮流行了几个世纪之久。西方的资产阶级理论家也在 18 世纪末提出了土地国有的问题，到 19 世纪初，土地国有论广泛传播。1848 年约翰·穆勒的《经济学原理》，尖锐批评坐享地租不劳而获的地主阶级，要求土地增值以租税的形式交国家。1879 年亨利·乔治在《进步与贫困》一书中，认为地价上涨是造成贫富不均的重要社会原因，提出所有的人都有使用土地的平等权利，认为国家单单征收土地税就可以装满国库，预防周期性经济危机，并增加工人和农民收入，实现"社会主义的理想"。他的这种思想主张在 19 世纪末期的西方世界风行一时。马克思主义则最科学地论述了包括土地在内的土地公有的理论根据。

二 土地国有的理论根据

（一）马克思恩格斯关于土地国有化的论证

马克思恩格斯把共产党的理论概括为一句话，就是消灭包括土地（自然土地）在内的私有制。《共产党宣言》关于无产阶级夺取国家政权后的第一项纲领性措施就是"剥夺地产，把地租用于国家支出"。《资本论》在论述生产资料公有制必然性的结论时，特意强调生产资料包括"土地和其他生产资料"。一切离开公有制和国有制谈经济问题的做法都谈不上是马克思主义，不坚持公有制、主要是国有制，马克思主义就没有存在的必要。

马克思专门撰写过《论土地国有化》一文论证土地国有的优越性，其结尾概括了土地国有化的两大基本理由，即土地为全民或国家所占有，一方面将消灭阶级、消灭剥削，实现社会平等和人民民主，另一方面，把社会构建为自主联合劳动的共同体，将为合理地、有计划地组织全国生产奠定基础，从而有利于生产力的顺利发展和生态平衡。马克思写道："土地国有化将彻底改变劳动和资本的关系……只有到那时，阶级差别和各种特权才会随着它们赖以存在的经济基础一同消失。靠他人的劳动而生活将成为往事。与社会相对立的政府或国家将不复存在！农业、矿业、工业，总之，一切生产部门将用最合理的方式逐渐组织起来。生产资料的全国性的集中将成为由自由平等的生产者的各联合体所构成的社会的全国性的基础，这些生产者将按照共同的合理的计划进行社会劳动。这就是 19 世纪的伟大经济运动所追求的人道目标。"① 马克思在该文还论述道，通过国有化合理地、按共同的计划组织全国农业生产主要基于三个方面的考虑，一是农业的组织化生产和大机器生产、现代科技的发展，适合于国有化："社会的经济发展，人口的增长和集中，迫使资本主义农场主在农业中采用集体的和有组织的劳动以及利用机器和其他发明的种种情况，正在使土地国有化越来越成为一种社会必然性。""一切现代方法，如灌溉、排水、蒸汽犁、化学处理等等，应当在农业中广泛采用。但是，我们所具有的科学知识，我们所拥有的耕作技术手段，如机器等，如果不实行大规模的耕作，就不能有效地加以利用。"② 而当时为人推崇的法国小土地所有制，却资金短缺、土地难以改良，经常受到高利贷、赋税、司法等的剥夺。二是可以组织全国规模化统筹的生产，而全国性的规模化统筹生产有利于生产的发展："大规模的耕作……既然证明比小块的和分散的土地耕作远为优越，那么，要是采用全国规模的耕作，难道不会更有力地推动生产吗？"③ 三是可以防止自然土地低效消耗和滥用，保护土壤肥力，根据公共利益调节生产可以保证农业生产顺利增长："要是让一小撮人随心所欲地按照他们的私人利益来调节生产，或者无知地消耗地力，就无法满足生产增长的各种需要。""一旦土地的耕种由国家控制，为国家谋利益，农产品就自然不可能因个别人的滥用地力而减少。"④

马克思还非常重视土地社会所有的公正性，他引述了赫伯特·斯宾塞的话抨击土地私有制："公平不允许占有土地，否则其他人就只有靠别人容忍才能活在世上。"⑤

马克思恩格斯还多次从生态的角度论证土地（自然资源）公有制的优越性。马克思在《资本论》中指出："从一个较高级的社会经济形态的角度看，个别人对土地的私有权，和一个人对另一个人的私有权一样，是十分荒谬的。甚至整个社会，以至一切同时存在的社会加在一起，都不是土地的所有者。他们只是土地的占有者，土地的利用者，并且他们必须像

---

① 《马克思恩格斯文集》第 3 卷，人民出版社 2009 年版，第 233、231 页。

② 同上。

③ 同上。

④ 同上。

⑤ 《马克思恩格斯全集》第 12 卷，人民出版社 1998 年版，第 176 页。

好家长那样，把土地改良后传给后代。"① 马克思多次批判资本主义农业"滥用和破坏土地的自然力"②，制造"无林化"③，"对森林的破坏"④，"破坏土地持久肥力的永恒的自然条件"⑤。这些论述也是对土地公有的生态反证。最后需指出，马克思主义所说的公有是全社会所有，在一定条件下是国家所有，不包括集体所有和合作社所有，马克思、恩格斯、列宁虽然支持合作社，但认为合作社是走向社会主义的过渡形式。

（二）土地社会所有或国有的生态优越性

一般而言，公有制有利于均衡、顺利地发展生产力，能够消灭剥削、消除两极分化。同时还应注意到，站在土地的角度，公有制经济有利于生态平衡和生态文明发展。所以，土地应是人类共有的生产力，应是人类共同占有的社会财富。

国有制是最有利于生态平衡，最有利于生态文明建设的经济制度，其根本原因是国有（全社会所有）制经济要求以满足人民的生活需要为目的，必将消除资本主义生产方式破坏生态的根源。名副其实的国有制经济必须有两条基本特征，一是在管理方面，社会所有制的内涵决定了国有制经济是人民决策的经济，如果企业需要核算利润，要是由人民大众来决策，也不会让企业利润的目标压过包括生态福利在内的社会总福利的目标；二是国有经济必须实行按劳分配，国有企业员工工资的参照物是社会平均工资水平或市场工资行情，不应是企业经济效益。如在西方成熟的市场经济中，薪酬不因企业利润率高低而有明显的不同，国企领导者更是如此。退一步讲，在国有制企业，企业组成人员尤其是企业领导的报酬，即使与经济效益有所挂钩，那也不如利润百分之百归企业主的私人企业利润冲动更大，何况还不应当与之挂钩——按劳分配和事业心完全能够调动积极性。如果个人收入基本不依利润率高低为转移，企业就不会为了追求利润而盲目扩张从而侵蚀社会生态福利。当然，不同范围的公有制企业其行为目标也会有所不用，集体公有的所有制实际是部分人的私有制，只有公

---

① 《马克思恩格斯全集》第 25 卷，人民出版社 1974 年版，第 875 页。
② 《马克思恩格斯文集》第 7 卷，人民出版社 2009 年版，第 919 页。
③ 《马克思恩格斯选集》第 4 卷，人民出版社 1995 年版，第 386 页。
④ 《马克思恩格斯文集》第 6 卷，人民出版社 2009 年版，第 272 页。
⑤ 《马克思恩格斯文集》第 5 卷，人民出版社 2009 年版，第 579 页。

有的范围直达全社会的公有制经济，其行为特征才会完全符合公有制的本性。

不以利润为目标而以全体社会成员的生活需要为目标的社会生产，必然把今日的需要与明日的需要联系起来予以计划平衡，合理规划土地的使用量和使用程度，作为决策者的全体人民没有必要为了今天的 GDP 而堵塞明天顺利发展的道路；必然不会以剩余价值挤压社会需求、并在盲目扩大农业生产与盲目减少投资之间循环，从而导致经济危机而浪费财富，也不需要刺激居民的加工农产品的异化消费即不必要的、奢侈的、畸形炫耀的，或超越生态许可的消费，并以异化消费刺激异化生产，科技的发展也不会成为刺激超常消费、掠夺土地的手段；必然会根据合理的计划在土地生态福利和经济福利之间寻找最佳的平衡，不会为了较小的经济利益而付出较大的生态福利。

包括土地在内的合格的财产国有制还必然消灭生态剥削和生态福利的严重分配不均。土地国有不仅可以防止少数人利用占有的较多的土地剥削他人，也当然可以避免部分人利用人类公有土地如土地的增值从其他社会成员手中转移财富；劳动者也可以与土地等生产资料比较均衡地结合；全国统一规划的经济不会允许以部分地域和农村的高污染换取城市的高经济生态利益，为生态福利均衡创造条件。

由上观之，国内外一些著述提出的土地公有的依据——土地对人类生存的重要性、使用的外部性（某人活动对别人有不利影响）、天然生成性——并不构成公有的必然性。重要都是相对的，粮食、劳动力无比重要，但并不一定非得公有，不如土地重要的生产资料，也不一定不应当实行公有制。如私营企业大都具有负的外部性，但发明了外部性概念的资产阶级经济学家还是认为企业应当私营；外部性到处存在而不限于土地。虽然大部分土地是天然生成的，但人类的生态生产生成的土地财富也越来越多，所以，土地的天然性不能构成财富公有性的根据。

三　土地国有的现实问题讨论

（一）城市拆迁和农地征用中的国有土地权益问题

当前，围绕土地的主要矛盾冲突是城市拆迁和城市化农地征用。多年来，我国社会舆论一边倒，认为被拆迁户和被征地农户的权利得不到保障。不可否认，一些居民和农民在强势开发商面前，在受了开发商好处或急于搞政绩工程和面子工程的地方官面前，权益受到过侵害，但更多的问题，可能是人们对土地的所有权理解有偏差。那些片面为住户和农民鸣不平的人，实际上是认为住房是私人的，房主想卖多少钱就应当给多少钱，否则就别买；农村土地是农民的，政府要买就应当按市场价购买。这里的问题是，住房价格主要构成部分是土地的价格，而土地是国家的，怎么能土地使用权垄断者想卖多少钱国家就得给多少钱？土地私有化，城市建设效率极低。日美等一些国家私人在城市占有一小块地方，拒不按合理市场价格出让，致使土地资源得不到合理的利用，阻碍了经济建设和城市发展。我国城市开发速度惊人——虽然存在大量非科学决策——客观基础就是土地未归私人所有。这凸显了土地资源国有化的优越性。有人指责土地财政使地方政府成为房价高企的共谋者，这种说法缺乏基本常识。价格是由供求关系决定的，房子需求取决于货币收入、贷款利率、贷款宽松程度，购买限制、是否征收房产税、土地增值税、遗产税，是否允许存在闲置房等，供给主要由土地供应量决定，也受原材料价格一定影响。地方政府的影响大小取决于给它多少金融财政政策制定权。

对于集体所有的土地，由于国家保留了征地权，这等于在事实上和法律上确立了国家对集体土地的最终所有权，而且土地增值是社会经济发展和国家社会投资带来的，其收益理应在被征收农民（集体）和政府之间分享，或在保证个人居住和社保权益的基础上交给国家。有人指责政府获得征地差价收入缺乏正当性，只能说这种观点的资本主义意识比资本主义国家的意识更加资本主义化。在大批城市郊区，很多农民一家盖了几栋房子，房屋一拆迁就是几百万，如果不拆迁，房子增值也大赚其钱，另有耕地补偿百八十万。有的地方农民除了得到百万土地补偿金之外，还户均分配住房最低 2—4 套住房。这些增值的钱就是好几对夫妻一辈子也积攒不起来。其增值的钱，就是社会土地资源的利益为少数人所占有，而其价值是由其他领域劳动者创造而转移过来的。

正确的城市拆迁补偿政策应当是：每个居民在拆迁时只能确保其一户住宅和一定面积以下的住宅，在原地附近安置一户同样的住宅就是最佳方案；除个体户商业用房适当照顾外，超过一定面积以上住房的增值部分应主要归国家；新房应根据原旧房剩余土地使用权年限适当减少其土地使用权年限。按市场价补偿会使少数旧房、平房住户得不到有效安置，所以，只有在难以进行同类住房安置的情况下，才应实行货币化补偿。这些做法居民也不会吃亏，因为旧房换新房已经是很大的优惠。

正确的农地征用政策应当是：对失地农民除给予住房、纳入城镇社保体系外，耕地只能按未来农业收益的折现值给予相应的补偿而不能按城市化后的土地价格予以补偿；如果商业性用地由农户和企业谈判售地，则国家必须收缴高比例的增值税和所得税；如失业，可按原土地收入占社会平均收入的比重予以相应的生活补贴，同时注意解决好农民的发展能力问题。对农村的土地工业化占用同样如此。总之，只要农民所得利益大于损失就可以了。

（二）　农村土地的所有制选择

土地国有化是农村土地制度改革的大方向和努力目标。当然，限于今天的生产力水平，农村土地还不能马上实现高层次的国有制，只能是国家掌握最终支配权和监控权、通过征收级差地租税和所得税来加大国家财政对农村社保和落后地区生产的支持，以体现所有制一定的社会公有性，并且根据条件向高层次的公有制比如国营农场和国有民（村）租的方向发展。

农业土地朝着全民所有制的方向发展，根本道理是马克思主义原理早就解决了的。除前述理论根据外，在效率方面，土地国有还便于国家名正言顺地对全国土地进行总体规划、征收与监管，便于低成本地推进规模化经营，便于化解因土地及地表资源而发生的错综复杂的利益纠纷；全国一盘棋的农业生产（信息时代容易实现）还可以使农业经济按合适的速度增长并有利于生产结构合理。在社会公正方面，农业基本生产资料归社会所占有，不仅消除了剥削，而且消除了两极分化的可能性，为农业生产者全社会范围的共同富裕奠定了制度基础。在生态方面，全社会所有的经济可以统筹解决好土地资源的有计划平衡利用；土地不为个人和小集团所有也为消除生态享用和污染承受上的不平等奠定了制度基础。

这些优越性不仅个体私营经济做不到，连集体经济也做不到。集体经济在微观是部分人的公有制，在宏观上是部分人共同所有的私有制，容易形成较大的集体间贫富差异，所以集体经济永远也不能实现社会范围的共同富裕；集体企业也有较大的营利性追求，集体经营无须考虑社会整体土地是否紧张，对集体企业来说，经济增长中经济利益归己而生态破坏由社会共同去承受，因而不利于生态文明的建设。

实行土地国有化，也不一定遇到很大阻力。目前法律和政策对农村土地的利用作出种种限制，国家具有征地权，说明农民只是享有土地的农业用途使用权，村集体组织也只有农业用途的一定管理权，在现实中村集体连管理权也微乎其微，在法律上农村土地最终所有权和重大管理权早已属于国家。如果宣布农业土地"国有国调村用民用、超额收益农民共享"，不会有多大阻力，反而会受到多数农民的欢迎。因为农民属于较低收入者，农业属于最重要行业，应当实行补贴，实行土地国有的目的并不是国家从农民身上瓜分利益，反而能更好地调节收入分配差距，还有助于提高效率，而提高效率又会增加农民的利益。

四 国有生态财富的产权构建与完善

(一) 以公（国）有为导向的多形式土地产权

国家所有或社会所有不等于国家直接占有直接经营，国家或社会所有的含义主要在于获得收益权和最终支配权，以及必要的占有使用权和监督管理权。国有制的优越性发挥得如何，取决于"所有"的具体权能设置是否科学，也就是"产权"或所有制实现形式构建得如何。

依国家或人民与土地直接占有主体之间管理决策权划分比重和土地收益划分比重的不同，不同土地的国有性呈现不同的程度。例如，对于农业用地，在国有农场体制下，如果国家直接经营农场，国家对农场以及农场对职工实行按劳分配，在社会层面和农场内部实行充分的民主管理，那就是高层次的公有制经济。如果实行自主经营、自负盈亏，不上缴利润，国家掌握最终支配权和监督权，企业领导掌握日常支配权、分配权和一定的转让权，那就是以集体所有为主、国家所有和领导个人所有为辅的低层次的公有制经济。以上两种情况在管理权和收益比重上还可以有不同的划分。如果实行个人长期承包租赁，不上交地租，那就是国家掌握最终所有权的个体经济，如果平均承包租赁，则具有共有因素。只有农业剩余归社会，以及国家对农业用地的经营方向和土地环境保护有较大的制约，在一定期限及破坏严重或荒废时可以收回，才体现国有经济的性质。在国家征地的时候，依收益比重的划分和强制的程度，体现了不同比重的国有制性质。

由于国有制经济具有合理发展生产力、实现经济平等与社会平等、有利于生态文明等优越性，在可能的情况下，应当尽可能通过支配权和收益比重增强产权的国有性或全民性。但在不同的历史时期，社会管理能力、生产力的性质都有很大的不同，在同一时期，"所有"的对象其特性也各不相同，不同领域、不同地域的经济、生态状况也有所不同，因此，合理的产权设置需要具有不同的特点。在多种可能的产权组合选择中，能使用公有制程度高的，就应当采用公有制程度高的，否则就采用公有制程度较低的，甚至采取国家掌握最终支配权基础上的事实上的私有制。由此，土地产权设置应当多层次多形式。

例如对于城市的商业性用地，其建筑物应尽量转归国有，土地使用权转让和建筑物出租应尽量缩短租期，以防止国有土地增值收益严重流失。对工业土地和商品房土地使用权可到期重新调整，对商品房实施房产（土地）税、遗产税，落实所得税和土地增值税，将土地增值收益大部分收归国有，以保证国家所有权的实现。

在产权设置过程中，要防止公有性的消解。例如我们不能同意农业土地可以在市场中自由流转的主张，因自由流转可能导致丧失土地的人受到聚集土地者的剥削或缺乏生活保障。我们反对"生不增，死不减"，它导致退出农业的人不退还土地而不合理地占有别人和国家的利益。

（二）公有土地的人民管理权

许多人对公有制和国有制持怀疑态度，因为迄今为止的公有制和国有制经济存在很多弊端，人们认为这些弊端是公有制带来的。但人们忽视的是，迄今为止的公有制都不是按公有制内涵进行管理的经济，至少是不合格的公有制经济。马克思和列宁都讲得十分清楚，公有制经济是由所有者劳动群众直接管理的经济，而在既往的公有制经济中，所有者人民群众都被排斥在管理、决策和监督的权力之外。领导任命制、官员决策制、个人决断制，与公有制的内涵格格不入。没有所有者的民主管理权，所有者丧失了应有的支配权、转让权、分配权、监督权，所有者应有的利益受到极大损害。中国农业经营中出现的生产成果被贪污，被特权侵占，损失浪费，土地转让中的农民和国家权益被侵蚀，环境被破坏，最重要的原因就是决策机制个人专断化，所有者所有权变得有名无实。

虽然众多的所有者必须把日常管理权和日常监督权委托给代理人，但如果不能使代理者在自己的严密监控之下开展工作，并对重要的事项亲自决策，则代理者罔顾所有者的利益而权力滥用就是不可避免的。仅就生态问题而言，土地环境损伤分摊在代理者本人身上的份额会比较小，代理者还可以通过私人环保措施、调动工作等办法回避环境污染给自己带来的损失，而其受贿金额和经济增长给个人带来的好处可能会比较大，因此所有者人民群众在权力上对代理者放任自流必使自己的环境利益受到损害。

很多人认为公有制经济管理者缺乏私有制经济管理者那样关心企业财产的积极性。事实上，包括计划经济时期在内，公有制单位管理者从来不乏工作积极性；西方国有企业领导者挣的都是公务员的死工资；国有经济缺的只是有效的监督和制约，尤其是缺乏所有者人民群众的监督和制约。如果人民群众具有管理、监督、决策权，管理公有财产的积极性将更加不会缺乏，因为人民群众最有动力维护整个社会的利益。

所有者人民群众的权力分为宏观权力和微观权力。以土地而言，有关土地使用及其经营管理的制度、法律、政策的制定和重大项目决策，都要经过全社会的广泛讨论，最后在民意的基础上，由经全民选举产生的国有资产管理委员会或土地管理委员会及全国人大讨论通过。地区性决策同样如此。对于国有农业企业或农村集体经济，要成立由社会公众组成的所有者大会制约现行的股东大会，成立群众选举产生的由普通职工组成的职工委员会，制约并逐步取代董事会，由所有者大会、职工委员会或职工大会、以各级人大牵头的国有资产管理机关，三位一体决定企业的领导人选、规章制度和重大事项，并对日常工作进行严密的监督和制约。这是搞好公有制经济的唯一的途径。

从马克思主义农业合作制思想看农业
合作经济的发展方向

侯为民*

农业是一个基础性、战略性产业。从各国的历史经验看，农业现代化的实现不仅取决于农业生产的技术因素，同时也取决于农业生产资料的所有制结构及与其相应经营组织形式。联产承包制作为与 80 年代我国生产力水平相适应的农业经营机制，尽管取得了辉煌的成果，但面对我国日益融入经济全球化、产业和人口结构发生巨大变动的现实，其局限性也日益呈现。从巩固和完善社会主义经济制度的要求看，在坚持土地这一生产资料集体所有的前提下，积极培育和发展与现代化农业生产相适应的新型合作制经济，是未来我国农业发展的理性选择。

一 马克思主义关于农业经济合作制的思想

在社会主义革命取得胜利以后，由于土地这一重要生产资料的私人占有被废除，采取什么样的农业生产组织形式，成为社会主义社会农业发展中需要面对的核心问题。因此，在土地公有制基础上的合作制经济，不仅是一个理论导向，也成为社会主义国家的具体实践。

与主张私人占有基础上的竞争和生产集中观点不同，马克思主义经典作家从"合作"这一角度对农业的生产组织形式作出了科学的解答。在马克思看来，与生产资料"共同占有"相适应的未来社会生产的组织形

* 侯为民（1967—　），中国社会科学院马克思主义研究院副研究员。研究方向：社会主义经济理论与实践，经济增长与产业组织创新。

式，不能也不宜采取单纯的市场交换形式，而必然要在本质上体现为
"劳动联合"的性质："我们建议工人们与其从事合作贸易，不如从事合
作生产。前者只能触及现代经济制度的表面，而后者却动摇它的基础。"[①]
而当国家和集体占有生产资料后，这种劳动联合将成为社会主义社会的主
要形式。正如恩格斯指出的："在向完全的共产主义经济过渡时，我们必
须大规模地采用合作生产作为中间环节，这一点马克思和我从来没有怀疑
过。"[②] 这种建立在自愿原则基础上，通过示范和社会帮助进行合作生产
的论断，其依据在于其能极大地推动生产力的快速发展。这是因为合作生
产首先能够节省社会劳动，"把各小块土地结合起来并且在全部结合起来
的土地上进行大规模经营的话，一部分过去使用的劳动力就会变为多余
的；劳动的这种节省就是大规模经营的主要优点之一"[③]。

列宁继承了发展了马克思和恩格斯关于农业合作制的思想。他认为，
在农业中实行的合作制，本质上是社会主义性质的经济："在生产资料公
有制的条件下，在无产阶级对资产阶级取得了阶级胜利的条件下，文明的
合作社工作者的制度就是社会主义制度。"[④] 针对俄国当时作为一个工业
落后国家的现实，他更加关注寻找一条落后国家农业实现合作化与社会主
义的道路。1923年，列宁在《论合作社》中提出了自己对农业合作化道
路设想，即以农民自觉自愿为前提、以商品经济为纽带，通过互助合作的
方式，逐步把千百万个个体小农引上社会主义道路。他指出："合作制政
策一旦获得成功，就会使我们把小经济发展起来，并使小经济比较容易在
相当期间内，在自愿联合的基础上过渡到大生产。"[⑤] 可见，发展农业合
作制经济，是在落后的农业国确立和巩固社会主义制度的重要途径。

二　新中国成立后我国在发展农业合作经济方面的初步探索

从我国农业生产组织形式的具体实践来看，新中国成立后，在毛泽东
对中国农业合作化的倡导下，我国农业经营体制经历了从高度分散的家庭

---

① 《马克思恩格斯全集》第16卷，人民出版社1972年版，第219页。
② 《马克思恩格斯文集》第10卷，人民出版社2009年版，第547页。
③ 《马克思恩格斯文集》第4卷，人民出版社2009年版，第525页。
④ 《列宁选集》第4卷，人民出版社1995年版，第771页。
⑤ 《列宁专题文集》（论社会主义），人民出版社2009年版，第223页。

经营向高度集中的集体经营的转变，走的是一条从互助组到初级农业生产合作社，再到高级农业生产合作社的道路。在向合作制转变的方式上，"我们所采取的步骤是稳的，有社会主义萌芽的互助组，进到半社会主义的合作社，再进到完全社会主义的合作社（也叫农业生产合作社，不要叫集体农庄）"①。而发展农业合作制的目标主要着眼于提高农业生产力："一切合作社，都要以是否增产和增产的程度，作为检验自己是否健全的主要标准。"②

从改革路径看，当时的农业经营制度先后经历了农户经营、互助组、初级社、高级社和人民公社等五个阶段，逐步实现了对旧社会农业体制机制的否定和扬弃：以剥夺地主富农土地所有权为特征的土地改革，否定了封建土地私有制和农业生产雇佣制，树立了农民在土地占有和生产经营中的主体地位，使农民真正成为生产经营的主体；以集体所有制为特征的合作化道路，否定了作为土地改革结果的土地分散私有制度，使农民的个体生产走向了农业合作经营，使我国农业生产显现出了规模经营的雏形。

在土地改革阶段（1949—1952年）：我国实现了"耕者有其田"，采取高度分散的家庭生产经营模式并取得很大成效，到1952年年底，全国3亿多农民获得了4666.7万公顷土地，全国粮食总产量连年增加，由11318万吨增加到16392万吨，增加幅度为44.8%。但由于农业生产经营的高度分散，农业生产要素流动受限，劳动和资金短缺，在基本的农田基础设施方面难以组织起来。同时，生产力水平决定农业剩余的有限，使得完全依靠单个农户自身积累能力不足。

进入合作社（1953—1978年）阶段后，我国通过农业合作化逐步将土地由农民私有、家庭经营变为集体所有、集体统一经营。这种高度集中的集体经营模式，通过互助组、初级社、高级社使土地变成集体所有，后来演变成为农村人民公社"三级所有，队为基础"体制，即土地等农业生产资料实行集体所有，由集体统一经营、统一核算。在这一阶段中，农业生产出现了两次明显的波折，第一次是1958—1961年，全国粮食总产量从19765万吨降低到1961年的13650万吨，在仅仅三

---

① 《毛泽东文集》第6卷，人民出版社1999年版，第303页。
② 同上书，第449页。

年内下降到了 1950 年的水平，下降幅度达到 30.9%。第二次是 1966—1976 年，全国粮食生产处于缓慢增长的徘徊状态，由 1966 年的 21400 增加到 1976 年的 28361 万吨，增加幅度为 33.8%，年均增加幅度仅为 2.95%。

与农民土地私有制相比，农村人民公社解决了家庭分散经营条件下农业公共产品供给不足的问题。但也存在着不足，农村人民公社强调计划管理和"平均主义"，难以公平分配劳动成果，在一定程度上削弱了农民的生产积极性。

三 农业合作制的国际经验与我国市场经济条件下的实践

在市场经济条件下，农业产业组织形式的发展既要借鉴国际农业发展的有益经验，也要立足社会主义公有制经济为主体的现实国情，在尊重农民意愿的基础上探索新的实现形式。

（一）来自国际的经验：农业合作社及其发展

市场经济下农业组织的创新需要借鉴国际经验。根据目前国外对合作社的研究，合作制经济在现代市场经济条件下有利于提高农民风险抵抗力和市场竞争力。如奥扎姆（Azzam）和安德森（Andersson）通过对瑞士牛肉产业的实证分析发现：合作社在市场中的存在，会使市场的牛肉价格降低，这是因为合作社提高了生产和加工的效率，降低了成本，而且这种成本效率所产生的牛肉价格降低的效应超过了市场谈判能力提高所带来的价格提高[1]。从国外的实际情况看，农业合作社（亦称农协）是当今世界普遍存在的一种经济形式。在农业合作社的发展中，尤以专业型合作社、综合性合作社及跨区域合作社较为突出和成功。

1. 专业型合作社

专业型合作社以法国的农业合作社为典型，这种普遍实行的农民合作组织是其农业成功的重要因素。20 世纪 80 年代后，法国的专业合作社尽

---

① Azzam, A., & Andersson, H. Measuring price effects of concentration in mixed oligopoly: An application to the Swedish beef — slaughter industry, *Journal of industry*, Competition and Trade, 2008, 8 (1), 21 –31.

管数量下降，但规模却逐步扩大。专业型合作社的合作内容包括：共同购买生产资料、销售农产品，获得技术、信息等方面的服务，统一加工、贮藏和销售等。其特点是集中程度高、专业性强（每种合作社只提供单品种农产品或服务）和广覆盖性。据法国农业部的统计，2004 年法国有 3500 个各类农业合作社，全国 40.6 万个农户中 90% 为合作社成员①。

2. 综合性合作社

在世界各国的农业合作社中，日本的农业合作以其综合性而引人注目。日本的合作社称为"日本农业协同组合"，简称"农协"（JA），是集农业、农村、农民三类组织为一体的综合性社区组织。以色列、韩国、印度、泰国等国也都以这种综合性合作社为主。该类型合作社的特点，一是体系健全，合作范围覆盖全体农民，组织体系完备；二是对社内成员的生老病死等均能提供完整的保障；三是具有半官、半民的性质，由上至下共同构成一个有机的系统②。

农村的生产和生活的组织者，是日本农协的实际角色。而其角色发挥作用，主要是有政府的支持。日本农协系根据政府旨意建立，故能得到政府在政策、资金等方面的扶持。一般来说，由于农协代表了农民的经济与政治利益，因此对农民有较强的凝聚力，同时，农协还可以通过对政府施加影响来维护农户利益。因此，极大地增强了农民加入合作社的吸引力。2005 年，日本农业合作社拥有正社员 505 万人，准社员 409 万人③。

3. 跨区域合作社。跨区域合作社是北美新一代合作社的主要特征，以美国农业合作社的经验最为典型，规模也最大。其主要特点在于：一是利用股金筹集机制进行投入。即实行交易份额制，由社员根据其交货量购买相应股金，但限制社员的最高与最低持股额。一般而言，通过股金获得的资本约占总资本的 40%—50%，这样，使合作社掌握一定的启动资金，并有利于获得银行贷款；二是实施有效的利益分配机制，按社员与合作社的农产品交易量进行分配，同时也便于吸引投资。从政府方面看，美国政

①　全国人大农业与农村委员会代表团：《法国农业合作社及对我国的启示》，《农村经营管理》2005 年第 4 期。

②　方凯、刘洁：《农业合作社发展的国际经验及对我国的启示》，《广东农业科学》2009 年第 8 期。

③　李中华、曹春燕、辛德树：《国际农业合作社的发展、经验及对我国的启示》，《青岛农业大学学报》（社会科学版）2008 年 3 月（第 20 卷第 1 期）。

府对合作社主要起协调和保障作用，如给予有限豁免待遇、信贷优惠、技术协调等。1995年，美国农业部农村商业和合作社局的调查显示，有4006个农村合作社在运营，拥有3700多万社员，合作社的总资产达403亿美元[①]。可以说，新一代跨区域合作社为美国农业生产的稳定和发展起到了重要的保障作用。

（二）改革开放后我国农业合作制的重建

农村改革后，在家庭承包责任制施行的过程中，农村合作制经济的自发重建成为一个引人注目的现象。家庭联产承包制实施推广后，我国农业生产、经营上出现了"专业户"和重点户等新经营形式。前者系一部分农户在家庭联产承包的基础上，逐步脱离传统的农田种植业，专门从事家禽、家畜、水产养殖、果树种植或商品运销等专业商品生产的农户，后者则主要为兼营土地不能做到完全进行专业生产的专业生产者。在这两者自愿联合的基础上，我国又发展起来一批生产或工贸、农贸等联合体，并催生了国家、集体和社员个人兴办的为专业户服务的各类社会化服务专业组织。

农业领域的合作组织的产生，是市场经济条件下农业生产专业化程度不断提高的产物。这种专业化的合作形态，逐渐演变为农工、农商或贸工农联合经营的形式。并于20世纪90年代中期，形成从种植（养殖）到加工、销售的一条龙式生产和经营模式，或者叫"公司＋农户"模式，初步具有了农业产业化经营的特征。不过，其存在的问题是难以协调公司与农户的利益分歧，影响到合作的稳定性。

问题的实质在于农民的组织化程度。在上述产业化经营的探索中，农户与公司之间尽管存在着"纵向"联合，但个体农户却是一盘散沙，无法保证自己在市场经济中的地位和利益。面对这一新的问题，农户之间的"横向"联合就非常必要了。显然，如果农户能够组织成专业协会或专业合作社，并以合作组织的力量去与农产品加工、销售企业合作，就能够提高农业经济效益和增加农民收入。

目前，各类合作制经济在我国建设社会主义新农村，促进农业实现现

---

① 方凯、刘洁：《农业合作社发展的国际经验及对我国的启示》，《广东农业科学》2009年第8期。

代化中发挥着不可替代的作用。在政策导向上，合作制经济在我国日益受到更多的关注。党的十六大政治报告指出，"要积极推进农业产业化经营，提高农民进入市场的组织化程度和农业综合效益"。十六届三中全会进一步明确指出，"支持农民按照自愿、民主的原则，发展多种形式的农村专业合作组织"。在 2004 年中共中央、国务院《关于促进农民增加收入若干政策的意见》中，特别提出要"鼓励发展各类农产品专业合作组织"，"推进有关农民专业合作组织的立法工作"。随着 2007 年国家实施《中华人民共和国农民专业合作社法》，制约我国农村合作社发展的政策环境有了很大改变。

四　社会主义条件下农业合作制的发展方向

客观地说，制约当前我国农业发展、农民增收和农村繁荣的因素有很多，但生产集约程度低、缺乏规模效益是主要原因之一。显然，在土地家庭承包、分散经营的制度下，很难大规模地应用现代农业技术，使千家万户的小农根本无力应对大市场竞争的困境。理性应对我国农业生产面对的挑战，需要以土地集体所有制为基础，积极创新农业产业组织和发展新型合作经济。

（一）我国的新型合作制经济不同于土地私人所有权基础上的合作社

在我国社会主义市场经济条件下，发展新型合作制经济是由我国社会主义公有制的土地性质决定的。合作制作为经济组织的范畴，可以促进土地和资本生产资料的公私结合，全面增强我国在农业领域的劳动协作能力，可以促进按劳分配和按资分配相结合，调动各方面从事农业生产的积极性。更重要的是，合作制是包含有社会主义性质的经济形式。我国宪法规定，"农村中的生产、供销、信用、消费等各类形式的合作经济，是社会主义劳动群众集体所有制经济"。可以说，合作制经济是实现由小农经济过渡到未来联合生产的一种理想形式。

有人将我国农业"最大的问题"归因于现有的集体所有土地制度。主张"该是农户个人所有的就明确为个人所有"[①] 的土地制度，其实质是

---

① 晓亮：《新农村建设的几个理论与实践问题》，《山西财经大学学报》2006 年第 4 期。

要实行土地私有化。私有制不利于缓解以家庭为单位的小农生产与大市场之间的矛盾，在我国农村是行不通的。一方面，土地个人所有制会妨碍规模经营和农业生产效率的提高，加上个体劳动者市场信息程度不高，无疑会抬高农民与市场重复博弈的交易费用与交易成本，加重农民的负担，进而增加政府对农业的财政补贴压力；另一方面，土地私有制与我国现有的政治经济制度相抵触，在贫富差距日益扩大的情况下，会加速土地和资本向少数人集中，造成贫者愈贫，富者愈富的恶性循环。尽管土地归农户个人所有在某种程度上会刺激生产，但将土地小块地分散在 8 亿农民手中，在农村社会保障体系不健全的状况下，一部分生活贫困的农民由于对资金的紧急需求，往往会变卖手中唯一的土地，从而变得一无所有，生活陷入困境。这势必会进一步激化现有的社会矛盾。因此，在我国广大农村"实行土地农户个人所有制"，并不是如有的学者所说的仅仅是存在"意识形态的障碍"那么简单。东南亚一些国家的经验以及苏联剧变留下的农村后遗症表明：建设社会主义新农村的最佳的选择，应是在农村土地产权公有的前提下，进一步改革和完善现有的土地制度。

（二）推行新型农业合作制经济是巩固和发展社会主义经济的需要

推行农业合作经济的关键，在于打破原有的小农经济小规模独立经营的边界，建立有别于旧集体经济的农村新型合作经济在农村土地集体所有的基础上，发展适度规模经营和新型合作经济，创新农业产业组织，构造一个连接农民与市场的中介，在农民完全自愿加入的原则基础上，以较少的信息与交易成本，使资本、劳动力等分散的生产要素根据需要灵活地集中起来，以适应大市场的需要。例如，我们可以借鉴日本农协（JA）的成功经验，形成民间非盈利产业组织。这种农业中介组织因地制宜，在政府相关政策的有效引导下，负责向拥有分散土地的农民提供资金融通、信用服务、劳动力组合、技术指导、生产流通、组织资源等帮助，向有需求的农民提供指导购销、储贷和保险等服务，构造一条连接劳动力、资本、土地等生产要素通向市场的经济链。在这方面，我国农业经济所具备的公有制主体性质有利于调动各种生产资源，以合理的配置组织各生产要素，形成具有大市场特点的规模化经营。而在有的学者所言的"土地农户个人所有制"状态下，这是难以实现和完成的。

（三）发展新型合作制经济有利于提高农业劳动生产力

新型合作制经济是以市场为导向，以经济效益为中心，以自发加入新型产业组织的农户为基础，从传统的农业生产上升为现代产业化规模化经营，形成农民自主决策的中间组织纽带，将农业生产过程的产前、产中、产后诸环节联结为一个有机的产业系统[①]。通过新型中介产业组织，吸引优质的资本、科技、管理等生产要素，对生产要素的优化配置和产业的重新整合，形成农业商品性生产产业流，改变农业经营的内容、范围和技术的低水平徘徊状态，扭转大多数农户一盘散沙的分散经营劣势，形成向心力和凝聚力。

同时，新型合作经济中的产业组织，可以通过市场化的分工与集体化的协作，以完全自愿方式再一次把农户组织起来，把分散的家庭经营纳入一个完整的生产经营体系，能够最大限度地发挥整体效应和规模效应，将市场和价格风险降低到最低，形成自我发展机制。农业产业组织创新，可以打破个体的农户生产与大市场相割裂的局面，创新农村体制机制，建立有利于衔接小农户与大市场的纽带和桥梁。

（四）发展新型合作制经济需要政府主导和设计

新型合作制经济的培育既需要农户和其他市场各方力量的主动参与，但作为农业经营机制的创新，更需要发挥政府的主导作用。诚然，我们在过去几十年里，曾尝试过走集体合作化道路，但旧有的集体体制下，农民缺乏对生产资料的支配权、使用权及由此而产生的经营方式的决策权，农业劳动者事实上无法发挥在生产经营中的主观能动性，这势必大大挫伤了农民的生产积极和创造性。发展新型合作经济，并不是旧有的合作经济组织方式的延续，而是对旧的农业生产经营方式的扬弃。以农村产业组织创新为主导的新合作经济，与旧的合作社式的合作经济是有本质区别的，不能将新合作经济等同于过去的"财产归大队"、"重吃大锅饭"、"重搞政社不分"、"一大二公三纯"等僵化的合作社模式。那种认为强调合作经济将会损害甚至否定农村体制改革的成果的说法是不正确的，农村新合作

---

① 程恩富等：《建设社会主义新农村要倡导集体经济和合作经济模式多样化》，《经济纵横》2006 年第 11 期。

经济建设是一种体制创新，小平同志所说的"第二个飞跃"是一种质的飞跃，而不是如一些人说的"要搞旧体制的复归"。

当然，发展新型合作经济也会面临许多挑战，诸如受农民集体观念淡化及小农文化生活习惯的影响，新型农村产业组织在资源动员能力上可能会遇到阻碍，等等。这些都需要借助政府的力量，对农业新的产业组织加以间接的扶持和引导，使农业生产中的短期利益服从于长期利益。同时政府要引导工业反哺农业，加大财政转移支付与农村公共用品支出，通过规范的运作避免集体财产严重流失，以有效措施吸引高级管理和科技人才，提高集体资产管理水平，使新型农业产业组织尽快走上规范化和职能化的道路。

参考文献

[1]《马克思恩格斯文集》第4卷，人民出版社2009年版。

[2]《列宁选集》第4卷，人民出版社1995年版。

[3]《邓小平文选》第3卷，人民出版社1993年版。

[4]《毛泽东文集》第6卷，人民出版社1999年版，

[5]程恩富、陆夏、徐惠平：《建设社会主义新农村要倡导集体经济和合作经济模式多样化》，《经济纵横》2006年第11期。

[6]《中国粮食发展报告》，经济管理出版社2008年版。

论国有部门的社会性

沈尤佳[*]

国资委于 2011 年年底提出"公益性国企"的概念,指认其特征为"其产品或服务关系国民经济发展和人民生活的保障条件;在经营中存在不同程度的垄断因素,有些是寡头竞争,有些是独家经营;产品或服务的价格由政府控制,企业并没有定价权;企业的社会效益高于经济效益,经常会承受政策性亏损等",并提出"针对公益性国企,将建立有别于竞争性企业的、有针对性的出资人管理制度,考核评价应切合企业的功能定位;形成规范合理的与政府间的政策安排,以兼顾企业为社会服务和企业持续发展的双重目标"[①]。

国资委提出区分"公益性"和"竞争性",强调国有企业"社会效益"、"服务社会"的概念,实际上提出了国有部门社会性的理论命题。思考和研究国有部门的社会性,意味着改革将由早期的产权制度改革向成熟期的公有制实现形式改革推进。

一 国有部门的社会职能

(一)扩展的凯恩斯主义国家干预模型

Roger Ashton McCain (1971)[②] 曾把凯恩斯主义模型扩展到一个混合

* 沈尤佳(1981—),女,江苏常熟人,中国人民大学马克思主义学院讲师,经济学博士。研究方向:政治经济学。

① 《国资委提"公益性国企"新概念》,《人民日报》2011 年 12 月 13 日。

② Roger Ashton McCain, *The trade gap in Latn America: the theory of the growth of the foreign trade constrained economy and a test of its relevance to Latin America*, Louisiana State University, 1971.

经济体，既有资本主义（私有）生产部门，也有社会主义（国有）生产部门。资本主义生产部门的就业方程，$N = \alpha + \beta \Delta H + \gamma \Delta K + \delta \Delta D$。其中，H 为家庭部门支出，K 为私人投资，D 为政府净支出。β、γ、δ 为乘数。α 是没有任何刺激时的自然就业。事实上，赤字支出的乘数根据减税和基础设施项目的比例而变化，且因为 $\Delta D = G - T$（G 为政府支出，T 为税收），因而有 $N = \alpha + \beta \Delta H + \gamma \Delta K + \phi \Delta G - \psi \Delta T$。

为了维持就业目标，资本主义反经济周期的干预手段通常有两种。

1. 货币政策，通过降低利率刺激经济。然而，这种政策可能受到"流动性陷阱"的限制，即如果利率已经降到最低水平，此时中央银行靠增加货币供应量再降低利率，人们也不会增加投资和消费，那么单靠货币政策就达不到刺激经济的目的，国民总支出水平已不再受利率下调的影响。

2. 财政政策，即通过政府对货物和服务的购买或通过减税来"刺激经济"。令 N0 为目标就业，可以把就业方程转化为：$\alpha + \beta \Delta H + \gamma \Delta K + \delta \Delta D = N0$，财政政策在就业公式中表现为调整 ΔD 以实现就业目标。$\alpha + \beta \Delta H + \gamma \Delta K < N0$，那么，必须有 $\Delta D > 0$，即 D 必须逐年增长，意味着政府赤字 T–G 的逐年累积，这是不可持续的。

假设替代性的，增加一个社会主义的生产部门，它唯一的资产是它的生产资本 R。社会主义生产部门的扩大再生产的投资来自盈利 ΔR 的再投资。就业公式变成 $N = \alpha + \beta \Delta H + \gamma \Delta K + \delta \Delta D + \zeta vR$，其中，$\Delta D = G - T + \Delta R - vR$，G 是政府购买，T 是税收，vR 是社会主义生产部门用于再投资的净收入。与在危机中扩张政府赤字不同，社会主义系统可以扩张社会主义部门的生产，通过增加 ΔR（社会主义部门的净收入）刺激经济。

ΔK（投资）很大程度上取决于商业预期，扩张 ΔD（政府支出）"刺激"经济的成功就是这类可导致商业乐观从而增加 ΔK 的经验，在短期内可能改善危机。然而，持续的凯恩斯主义政策可能导致更深远、更糟糕的危机。一个混合的社会主义体制至少多一个"自由度"来稳定经济。ΔD 会被削减，替代性的，政府通过购买私人部门股票或扩大国有部门投资来增强社会主义性。这要求社会主义生产部门的扩张决策独立于商业预期的状态。

扩展的凯恩斯主义模型描述的是资本主义混合经济的国家垄断资本主义的特殊的社会功能，本质上传递了在经济周期进入萧条和危机的时期，资产阶级整体，尤其大资产阶级要求国家财政暂时地接管经济，实施临时国有化，维护垄断资本主义利益，是局限于资产阶级立场的理论表达。然而，上述模型毕竟吸收和承认了马克思关于资本主义固有的内在矛盾及替代资本主义私人生产部门的社会生产部门的思想的科学性。

（二）国有部门社会性的马克思主义解释

社会的生产部门，终结和替代资本主义私人生产部门的新的社会组织形式，在人类思想史上是由马克思首先提出的。关于这个社会的生产部门的描述，主要散落在他的《资本论》、《政治经济学批判（1857—1858 年草稿)》、《哥达纲领批判》和《1844 年经济学哲学手稿》。

马克思提出社会生产部门的设想，因为他清醒地认识到资本主义私人生产部门无法解决的对抗性。私人生产部门的内部，"由于社会劳动生产率的增进，花费越来越少的人力可以推动越来越多的生产资料，这个规律在不是工人使用劳动资料，而是劳动资料使用工人的资本主义的基础上表现为：劳动生产力越高，工人对他们自己就业手段的压力就越大，因而他们的生存条件，即为增加别人财富或为资本自行增殖而出卖自己的力气，也就越没有保障"[1]。痛苦的失业工人后备军的大量存在，成为资本再生产的条件。"随着积累的增进而膨胀起来的并且可以转化为追加资本的大量社会财富，疯狂地涌入那些市场突然扩大的旧生产部门，或涌入那些由旧生产部门的发展而引起的新兴生产部门……在所有这些场合，都必须有大批的人可以突然地被投到决定性的地方去，而又不致影响其他部门的生产规模。这些人就由过剩人口来提供。现代工业特有的生活过程，由中等活跃、生产高度繁忙、危机和停滞这几个时期构成的、穿插着较小波动的十年一次的周期形式，就是建立在产业后备军或过剩人口的不断形成、或多或少地被吸收、然后再形成这样的基础之上的。而工业周期的阶段变换又补充新的过剩人口，并且成为过剩人口再生产的最有力的因素之一。"[2]失业工人后备军使得全体工资劳动力丰富而廉价。"工人阶级中就业部分的过度劳动，扩大了它的后备军的队伍，而后者通过竞争加在就业工人身上的增大的压力，又反过来迫使就业工人不得不从事过度劳动和听从资本的摆布。工人阶级的一部分从事过度劳动迫使它的另一部分无事可做，反过来，它的一部分无事可做迫使它的另一部分从事过度劳动，这成了各个

---

[1] 《马克思恩格斯全集》第 23 卷，人民出版社 1972 年版，第 707 页。
[2] 同上书，第 693—694 页。

资本家致富的手段"①,"决定工资的一般变动的,不是工人人口绝对数量的变动,而是工人阶级分为现役军和后备军的比例的变动,是过剩人口相对量的增减,是过剩人口时而被吸收、时而又被游离的程度"②,"同现役劳动军相比,这种后备军越大,常备的过剩人口也就越多,他们(指现役劳动军——笔者注)的贫困同他们所受的劳动折磨成反比。最后,工人阶级中贫苦阶层和产业后备军越大,官方认为需要救济的贫民也就越多"③。凯恩斯的"有效需求不足",根本上是消费需求不足,原因即在于工资劳动阶层的购买力萎缩。社会需要主要地由这部分人口的需要构成,他们是人口中的绝大多数。所谓生产过剩,并不是社会产品相对于人口的绝对需要过剩,而是相对于有支付能力的需要过剩。归根到底,资本主义私人生产部门的劳动,总有一部分在质和量两个方面无法被承认为社会劳动,超出了能够用货币实现的社会需要的范围。

这一矛盾可以在资本主义私人生产部门内部得到解决吗?马克思否定了矛盾解决的可能性。"在资本主义体系内部,一切提高社会劳动生产力的方法都是靠牺牲工人个人来实现的;一切发展生产的手段都变成统治和剥削生产者的手段,都使工人畸形发展,成为局部的人,把工人贬低为机器的附属品,使工人受劳动的折磨,从而使劳动失去内容,并且随着科学作为独立的力量被并入劳动过程而使劳动过程的智力与工人相异化;这些手段使工人的劳动条件变得恶劣,使工人在劳动过程中屈服于最卑鄙的可恶的专制,把工人的生活时间变成劳动时间,并且把工人的妻子儿女都抛到资本的札格纳特车轮下。但是,一切生产剩余价值的方法同时就是积累的方法,而积累的每一次扩大又反过来成为发展这些方法的手段。由此可见,不管工人的报酬高低如何,工人的状况必然随着资本的积累而日趋恶化。……这一规律制约着同资本积累相适应的贫困积累。因此,在一极是财富的积累,同时在另一极,即在把自己的产品作为资本来生产的阶级方面,是贫困、劳动折磨、受奴役、无知、粗野和道德堕落的积累。"④

马克思替代性地设想了一个社会的生产部门,"设想有一个自由人联

---

① 《马克思恩格斯全集》第23卷,人民出版社1972年版,第697—698页。

② 同上书,第699—700页。

③ 同上书,第706—706页。

④ 同上书,第708—709页。

合体，他们用公共的生产资料进行劳动，并且自觉地把他们许多个人劳动力当作一个社会劳动力来使用"①。这个社会生产部门里，劳动者直接地、自主地与社会的生产资料结合劳动，它有三方面的规定性：

第一，经济计划性。"在一个集体的、以共同占有生产资料为基础的社会里，生产者并不交换自己的产品；耗费在产品生产上的劳动，在这里也不表现为这些产品的价值，不表现为它们所具有的某种物的属性，因为这时和资本主义社会相反，个人的劳动不再经过迂回曲折的道路，而是直接地作为总劳动的构成部分存在着。"② 劳动结果直接归属社会所有，"这个联合体的总产品是社会的产品。这些产品的一部分重新用作生产资料。这一部分依旧是社会的。而另一部分则作为生活资料由联合体成员消费。因此，这一部分要在他们之间进行分配"③。劳动者的需要由社会从总体产品中拿出一部分给予满足，不存在构成人口绝大部分的普通劳动者对社会产出缺乏购买力的问题，从质和量两个方面避免了私人劳动的浪费。"社会生活过程即物质生产过程，作为自由结合的人的产物，处于人的有意识有计划的控制之下"，"劳动时间的社会的有计划的分配，调节着各种劳动职能同各种需要的适当的比例"④。

第二，经济民主。劳动过程受生产场所的集体民主的自主调整，"培养社会的人的一切属性，并且把他作为具有尽可能丰富的属性和联系的人，因而具有尽可能广泛需要的人生产出来——把他作为尽可能完整的和全面的社会产品生产出来"，"这种个性无论在生产上和消费上都是全面的"⑤。生产场所工人自主劳动、自我管理的好处不仅带给劳动者自身，更带给全社会，"人的创造天赋的绝对发挥"⑥，"随着个人的全面发展生产力也增长起来，而集体财富的一切源泉都充分涌流"⑦。与之相反，在私人生产部门，经济强制是必不可少的。"工人超出必要劳动的界限做工的时间，虽然耗费工人的劳动，耗费劳动力，但并不为工人形成任何价

① 《马克思恩格斯全集》第 23 卷，人民出版社 1972 年版，第 95 页。
② 《马克思恩格斯全集》第 19 卷，人民出版社 1963 年版，第 20 页。
③ 《马克思恩格斯全集》第 23 卷，人民出版社 1972 年版，第 95 页。
④ 同上。
⑤ 《马克思恩格斯全集》第 46 卷上，人民出版社 1979 年版，第 392 页。
⑥ 同上书，第 486 页。
⑦ 《马克思恩格斯全集》第 19 卷，人民出版社 1963 年版，第 23 页。

值"，不符合劳动者的阶级利益，作为自主活动的个人，他不会自觉地"超出必要劳动的界限做工"①。然而，工人"超出必要劳动的界限做工"是资本的利益所系，因此，异化于劳动者的、劳动者之外的监督管理成为劳动过程的必须。"劳动力必须以通常的平均的紧张程度，以社会上通常的强度来耗费。资本家小心翼翼地注视着这一点，正如他小心翼翼地注视着不让有一分钟不劳动而白白浪费掉一样。他购买的劳动力有一定的期限。他要从这上面得到属于他的东西。他不愿意被盗窃。最后，他不允许不合理地消费原料和劳动资料……因为浪费了的原料或劳动资料是多耗费的物化劳动量，不能算数，不加入形成价值的产品中。"②

第三，以制造使用价值为生产目的。"产品的一部分重新用作生产资料。这一部分依旧是社会的。而另一部分则作为生活资料由联合体成员消费"③。国有部门的社会职能包括两个方面的内容：一方面，为全社会的劳动者提供在生产过程中与生产资料相结合的机会，即赋予劳动权；另一方面，为全社会的劳动者提供符合其需要的、能够承担得起的最终消费品及制造最终消费品的中间产品，即满足消费权。

二　从"产权制度改革"到"公有制实现形式改革"

（一）产权制度改革

关于国资委重提国有部门"社会效益"、"服务社会"和"公益性"的概念，有着不同的理解。有的研究者提出，根据"公益性"的规定，"国企形态应全部退出竞争行业"，"所谓国企有无公益性……倒不如用垄断与非垄断来做划分更为确切。这在西方经济学理论中，也已有过很多讨论。世界上很多国家为什么必须有国企存在？是因为有很多私营企业不愿介入的社会经济领域，只能以公有企业的形式去解决供给……没有人愿意干的事情才叫公益性，因为这需要政府贴钱和出面解决问题"。"能用私营企业或市场的办法解决的问题，就不应用国有企业或公益性的办法来解决……国企改革的正确方向就是用市场的办法来解决竞争性领域的问题，

---

① 《马克思恩格斯全集》第23卷，人民出版社1972年版，第222页。

② 同上。

③ 同上书，第95页。

市场的办法解决不了或私营企业不愿进入的那些领域，就应以国企形态来解决。就此而言，除了铁路、民航、邮政等领域，在石油石化行业、房地产行业、大型汽车制造业、电信行业等等竞争性行业，国企形态毫无疑问都应该退出。"①

事实上，国有部门的早期改革就是强调竞争性的改革。当时国有部门面临的主要矛盾是经营困难、亏损严重、市场竞争性差。有针对性地，改革确立了经济效益明显提高、市场竞争能力和抗御风险能力明显增强的目标。经济效益以利润率来衡量；市场竞争能力和抗御风险能力，亦即获取利润的能力。改革不断强化和落实对国有资本金规模和经营绩效的考核，实质是用私人生产部门的标准衡量和要求国有部门。改革的成绩斐然，国有部门迅速做大做强，成长为国民经济的脊梁，国家竞争力的保证。

然而，这一时期的改革，对国有部门服务社会的责任提得少了，对国有部门为社会提供劳动权和消费权的要求也提得少了。国有部门组织生产的目的也由提供使用价值，转变为制造剩余价值、实现剩余价值、占有剩余价值。一方面，"市场竞争"要求它以更昂贵的新技术、大型机器排挤工人（减员增效），丧失了对劳动者劳动权的保护，加剧而不是缓解了失业的存在。它支付给劳动者以生存工资，压缩人工成本（打破平均主义大锅饭），否则就无法维持高的财务盈利指标，加剧而不是缓解普通劳动者购买力的下降；另一方面，指导它投资的标尺不是社会的真实需要，而是根据赚钱意愿生产和供给。私人资本集中追逐的领域（高的预期利润率），也成为国有资本涌入的领域②。

国有企业以盈利为己任，本无可厚非。假如国有部门不能实现高营利性，就会以效率低的理由被否定。国有部门社会性的削弱，归根到底，责任在管辖国有企业的各级政府和主管部门。地方政府把辖区的国有资本视作追逐经济总量和税收的工具，没有利用社会管理者的理性和管辖国有资本的便利为社会生产技术先进、质量可靠、普通劳动者承担得起的使用价值。即使投资决策失误，造成国有资产亏损或

---

① 《国企形态应全部退出竞争行业》，《华夏时报》2011年12月7日。

② 比如房地产业，2010年中国房地产百强企业的国有企业占41%，其2009年销售额占百强企业的79%。

资不抵债，也不反思和检讨自己的行政干预，而是改制卸包袱，套现大量资金，重新再投向市场价值高、需求量大、利润丰厚的短、平、快项目①。

截至 2007 年，地方政府掌握的竞争性领域的国有资本基本全部退出。由于没有改革自身职能，追求经济总量的地方政府，转而争相吸引跨国资本和民间资本到当地投资。地方政府提供种种优惠政策：以政府信用或土地作担保抵押，牵头国有银行地方分支机构为投资方提供贷款；以财政提供政府扶持资金；向企业承诺减税、解除管制、圈地或土地价格优惠、以行政手段为本地投资企业保护本地销售市场等。结果导致 2007—2010 年新一轮的、主要由地方非公经济推动的固定资产投资过热。这几个年份的投资率逐年递增，远超之前的年份；消费率逐年递减，远逊于之前的年份。同一时期，社会总资本，尤其民间资本的积累速度远超工资总额的增长速度，说明内需难振的根本原因，也说明待实现商品价值总额超出有购买力的消费需求的可能性。

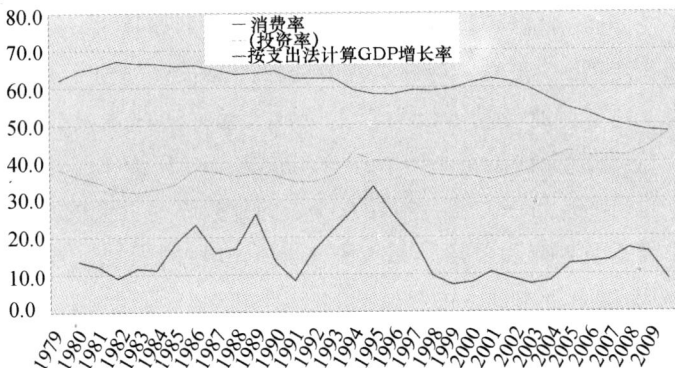

图 1 1979—2010 年的消费率、投资率与按 GDP 增长率的变动关系

资料来源：《中国统计年鉴 2011》。

① 例如，2006 年内蒙古违背国家产业方向，大规模投资火电项目。它的利益驱动是 2003 年以后电力市场供不应求，电价飙涨。内蒙古希望在电力短缺、电价飙涨的背景下，"保持华北电力市场份额"的基础上成为"西电东输能源基地"，说白了就是卖电给其他省份，瓜分电价上涨的一杯羹，把煤碳资源优势转化为产业优势，进一步转化为财税优势。

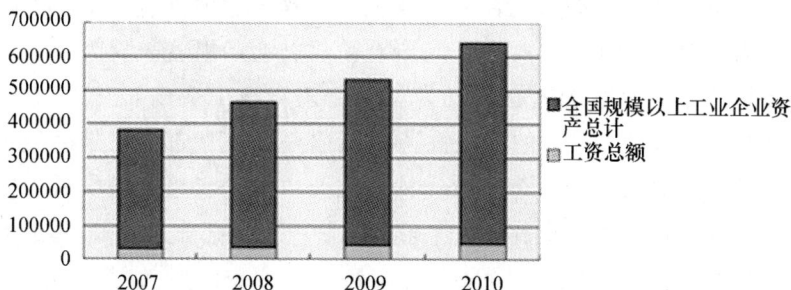

图 2　2007—2010 年的工资总额与规模以上工业企业资产年增长额

资料来源：根据《中国统计年鉴 2011》计算。

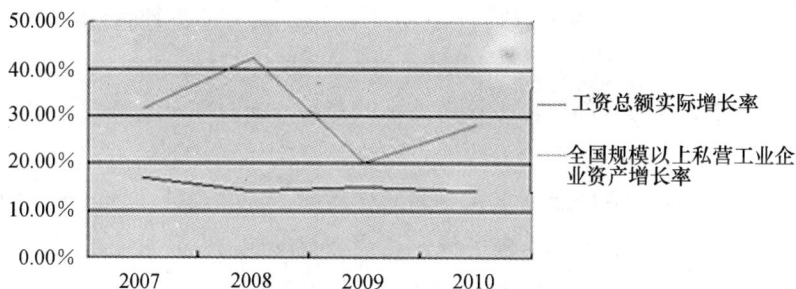

图 3　2007—2010 年的工资总额实际增长率与规模以上私营工业企业资产增长率

资料来源：根据《中国统计年鉴 2011》计算。

假如只强调国有资本的营利性，忽视和弱化国有部门的社会责任，就会掩盖社会性生产部门的制度优势。国有部门正确地发挥社会性生产部门的功能有利于各类所有制企业利用国内市场实现生产和销售的平衡，也有利于国民经济总体的平衡和健康。假如以私人部门取而代之，则彻底地放弃了混合经济体的重要的社会性生产部门，整个社会的生产陷入巨大的自发性和盲目性。

（二）公有制实现形式改革

一个社会性的生产部门如何组织和实现，之所以值得人类耗费精力、智力去探索，因为它隐喻着人类历史发展的方向。与资产阶级狭隘视野内的"富有的人和富有的人的需要"不同,未来人类的富有是"具有丰富的、全面而深刻的感觉的人"①。与资产阶级社会的财富表现为"物的堆积"不同,未来社会的财富表现为"在普遍交换中造成的个人的需要、才能、享用、生产力等等的普遍性"②。社会性的生产部门正是"抛掉狭隘的资产阶级形式"的生产单位,社会生产由劳动者组织是发展生产者的能力、构建新的社会关系(合作团结关系,而非竞争关系)、释放人类潜能的根本。

国有部门的本质属性是社会性,就是其实现社会利益,满足普通劳动者的劳动权和消费权的属性。国有部门的生产,一是提供给社会更多的自主劳动机会,既包括劳动机会,也包括劳动的自主性;二是提供丰富的、合格的、普通劳动者消费得起的物质资料,既可以直接提供最终消费品,也可以为最终消费品的生产提供中间产品。分解为操作性指标,主要有两项:

第一,考核国有部门自主革新技术的能力。通过国有生产部门提升整个民族工业在国际分工链中的位置,提高整个实体经济的活力,带动上下游与之发生产业关联的企业提供更多的劳动岗位,实现劳动者的劳动权。

第二,考核国有部门发现和满足社会需要的能力。以最小的成本提供质量符合社会需要的使用价值。如果产品提供给国内市场,则以劳动者能够承担得起作为定价原则。即使国有部门生产的是中间产品,供给国内下游的私人生产商,仍以最终消费者承担得起作为定价原则,因为,在一个混合所有制的社会主义经济体中,私人资本的存在主要是以中小资本的形式,而中小资本是具有富民的社会功能的。但可以要求最终产品的私人生产商定价时,要考虑到国有部门让渡的利润。这实际上为调控私人部门生产的居民消费品的价格提供了基础。如果产品提供给国际市场,则以利润标准定价。

强调国有部门的社会性,不是简单地退回到改革以前的状态。国有部门需要改革,因为它是不成熟的社会所有制,国家所有制与社会所有制有着不小的差距。改革就是要想办法缩小差距。社会所有意味着深度的民主——在决定我们的社会劳动成果的运用方面,普通劳动者作为主体发挥

---

① 《马克思恩格斯全集》第 42 卷,人民出版社 1979 年版,第 126 页。
② 《马克思恩格斯全集》第 46 卷上,人民出版社 1979 年版,第 486 页。

作用，既作为生产者，也作为社会成员。而假如是国家权力行使者（地方政府、部门及其官僚）支配这一部分财产，假如一旦掌握国家权力即可获得相应范围内支配国家财产的权利，那么，它就是不成熟、不合格的社会所有制。频繁爆出的国企高管的天价消费、天价薪酬、天量个人资产……个人的腐败伤害了国有部门的声誉。怎样才能确保社会生产力接受自由发展的整体的生产者的领导，革除"掌握国家权力的人任意地支配相应范围内的国家财产"的弊病？事实上，社会所有制内在地包含着克服"任意支配"弊病的因素。

第一，经济计划性。社会生产部门的劳动结果直接归属社会所有，一部分重新用作社会的生产资料，另一部分分配给社会成员，成为个人支配的生活资料。所以，这一部门的物质生产活动，理应接受社会的有意识有计划的控制。尽管"计划经济"被贴了"无耻"的标签[①]，但是，美国《华尔街日报》2011 年 12 月的文章、美国亚洲协会美中关系中心的高级官员、2003 年诺贝尔经济学奖得主罗伯特·恩格尔等却在深刻地反思"政府必须在确定优先顺序和动员相关力量方面扮演战略角色"，"我们热爱美国，并相信美国拥有足以保持世界头号经济发动机的资产，但美国没有规划的现实令我们感到沮丧。美国亟须为增长和创新制定规划……美国需要一个前瞻性的、长期经济计划"[②]。所以，中国的国有部门改革，要摒弃各种干扰，坚定地按照社会利益完成宏观调控目标，保证国民经济协调可持续发展，加强计划性。

第二，经济民主。劳动过程受生产场所的集体民主的自主调整，培养直接劳动者的脑体合一的劳动能力，以小组的方式自我管理，集体实现劳动过程设计、劳动过程管理和劳动过程的执行，直接生产者控制劳动过程。这方面，"干部参加劳动，工人参加管理，改革不合理的规章制度，工人群众、领导干部和技术员三结合"的鞍钢宪法是过去的宝贵的探索，可以加以继承和研究。

第三，外部监督。国有部门既然是全社会的生产部门，该部门的企业发生需要接受财政援助、作出重大投资决策、确定内部职工和高管薪酬的数额、确定向国家财政上缴红利的数额等重大事项，必须接受全国人大的

① 张维迎：《过去搞计划经济是无知，现在再搞是无耻》，《新浪财经》2011 年 9 月 16 日。
② 安迪·斯特恩：《美国需要中国式计划》，《华尔街日报》2011 年 12 月 1 日。

监督、接受全体公民的社会监督，过程必须严格。

三　结语

希拉里在 2011 年 10 月纽约经济俱乐部的演讲呼吁西方国家联合反抗"北京当局对财富增长以及关键资源的严密控制"①。西方国家为什么不惮中国过去 30 年私人部门的壮大，却呼吁围剿中国的国有部门？因为西方看得很清楚，中国的国有部门"不仅仅是为了利润，而是为了扩大和利用自己的实力"②。

《英国卫报》2012 年 1 月 17 日发表评论员文章，认为中国在全球危机中一枝独秀的关键在于相当比重的国有经济。与英、美和欧盟不同，中国的财政赤字相当温和——约 2% 左右，这使中国能够安然渡过 2007—2008 年那场全球危机。为了应对危机，中国启动了世界上最大规模的财政刺激，但不是通过赤字财政，也不是通过印纸币，而是利用政府对银行和国有大企业的所有权和控制来增加借贷和投资。这是中国自危机爆发以来仍能够实现 10% 的年均增长的理由，而同一时期，西方和日本均陷入衰退。今天的中国已不是改革以前单一公有制的国家，它有着庞大的私人生产部门和大规模的外国投资。但是，它的混合所有制的经济模式建筑在银行和大公司为核心的公有制的基础之上。所以，当欧洲和美国政府在危机中依靠间接机制拯救私人投资的崩溃时——私人的银行和公司把援助资金储存起来——中国有直接的杠杆可以繁荣投资、就业和收入③。

西方对中国国有部门正反两方面的评价，实际上都意识到了国有部门在中国经济中已经和正在发挥着至关重要的社会功能，这恰恰是西方国家的私人生产部门缺乏的，也是相机决策的财政政策和货币政策刺激无法实现的。

按照《英国卫报》的这篇评论员文章的说法，在当前的危机中仍然不承认私人生产部门和市场的失败，是要被时代淘汰的。不愿正视一个公共的社会生产部门的新的实现形式对现代经济至关重要的作用，正如中国

① 《美国务卿希拉里：西方国家要联合反抗中国"欺辱"》，《加拿大新闻网》2011 年 10 月 14 日。
② 同上。
③ 《国企形态应全部退出竞争行业》，《华夏时报》2011 年 12 月 7 日。

经验表现出来的那样，是要被历史嘲弄的。拒绝利用公有制的生产组织来帮助经济走出危机，则是愚蠢的[①]。

中国没有理由不加倍珍惜经历千难万苦的改革才取得的国有经济的巨大成就。把国有部门磨炼成具有强的市场竞争能力和营利能力的企业集团，这本身就是国有部门承担的社会责任。但假如以更高的标准要求国有部门，它还承担着满足社会的普通劳动者的劳动权利和消费权利的社会责任，其中既包括国有部门直接提供的劳动岗位、民主参与企业管理，生产劳动者承担得起的、符合劳动者需要的最终消费品；也包括由国有部门率领各类所有制提供给劳动者以劳动权和消费权。围绕探索公有制的恰当实现形式，后期的改革将愈加地任重而道远。改革既要维护和进一步增强国有部门的竞争能力和营利性，也要落实公有制承诺给社会的劳动权利和消费权利，还要探索克服掌握国家企业的人（包括各级政府和主管部门）"任意支配"的弊病。三方面各自的出发点迥异，彼此本身就存在着发生不同程度的摩擦和冲突的可能性，国有部门推进改革的难度可想而知。然而，恰当的公有制实现形式的探索，既承担着对中国实现民族复兴和国家强盛的历史责任，也承担着探索人类社会转型和一个更美好的未来的历史意义。

---

① 《国企形态应全部退出竞争行业》，《华夏时报》2011 年 12 月 7 日。

初次分配中劳动者报酬占比
变动的决定机理

王朝科　　冒佩华*

改革开放以来，中国经济取得了举世瞩目的成就，相应地，收入差距不断拉大和初次分配中劳动者报酬占比不断下降也是不争的事实，说明初次分配中劳动者报酬占比对最终收入分配格局具有决定性的作用，所以深入研究初次分配中劳动者报酬占比随经济发展而变化的决定机理无疑具有更重要的理论意义和现实意义。

一　问题的提出：对现有研究文献的简要回顾

官方统计资料和实证研究显示：自 20 世纪 90 年代中期以后，劳动者报酬在国民收入初次分配中一直呈下降趋势[①]（蔡昉，2005；李扬、殷剑锋，2007；白重恩等，2008；李稻葵，2009），这一现象引起了党和政府的高度重视，党的十七大报告明确提出要"提高劳动报酬在初次分配中的比重"，学术界也进行了广泛的研究，这些文献关注的重点主要包括：（1）初次分配中劳动者报酬占比的测算方法。在已有的文献中，测度初次分配中劳动者报酬占比最常用的方法是借助按收入法计算的国内生产总值核算数据，这实质上是一种近似的替代方法，毕竟国内生产总值和国民

* 王朝科（1964—　　），经济学博士，上海对外贸易学院人文社会科学部教授，主要研究方向：当代马克思主义经济理论。冒佩华（1969—　　），经济学博士，上海财经大学经济学院副教授，主要研究方向：马克思主义经济理论。

① 尽管学术界对初次分配中劳动者报酬占比的精确估计存在分歧，但是这并不影响对劳动者报酬占比不断下降这一总体变化趋势的判断，这一点学术界的结论是一致的。

收入不是一回事①。我们知道,在国民账户核算体系(SNA)中,收入法的国内生产总值(GDP)由劳动者报酬、生产税净额、营业盈余和固定资产折旧四个部分构成,这四个部分的资料来源于投入产出表和资金流量表。利用收入法的国内生产总值资料近似地测度初次分配中的劳动者报酬占比,确保了资料的权威性和可得性,但在实际应用中可能存在资料缺失、统计指标和统计口径变化等问题,客观上会限制对劳动报酬占比测度的精确性,或多或少会影响到对引起劳动者报酬占比变化原因的准确分析,从而影响政策措施的针对性和科学性;有的学者基于完全市场竞争、规模报酬不变和利润最大化假设,利用生产函数来估计资本和劳动的份额(白重恩、钱震杰,2009);还有的学者认为,利用生产函数估计的产出弹性代替要素分配份额必须满足"要素分配份额在长期内基本保持稳定"这一条件,也就是符合所谓的"卡尔多事实"。而实际上,资本和劳动的收入份额在不同时期和不同阶段可能是变化的,所谓的"卡尔多事实"并不总是成立,于是将产出弹性视为时间的非参数光滑函数构建了时变弹性生产函数模型,作为测度初次分配中劳动报酬占比的方法(章上峰、许冰,2010)。(2)关于初次分配中劳动者报酬占比的演变规律,李稻葵等(2009)认为在世界各国的经济发展过程中,初次分配中劳动者报酬占比的变化趋势呈现 U 型规律,即劳动者报酬占比随经济发展先下降后上升,拐点是人均 GDP6000 美元,中国初次分配中劳动者报酬占比的变化基本符合这一规律;梁东黎(2008)提出技术进步对初次分配格局的形成在时间序列视角上的规律是:当经济发展处于较低水平时,随着经济发展水平提高,资本报酬份额提高而劳动报酬份额下降,当经济发展处于较高发展水平时,资本报酬份额下降而劳动报酬份额提高;乔臻(2011)则认为,初次分配的劳动份额通常随经济增长呈现一种 U 型规律,而中国自 1978 年以后,劳动份额呈现出前期稳定提高,后期逐步下降的倒型变动趋势。U 型规律说的话外音无疑是说:中国初次分配中劳动者报酬占比持续下降是符合规律的,因而是合理的。但是我们还是有理由怀疑 U 型规律的普遍解释力。(3)关于初次分配中劳动者报酬占比的形成机理,技术进步论(梁东黎,2008)认为经济发展水平较低时,随着技术构成

---

① 用收入法计算的国内生产总值资料替代国民收入的要素分配情况的现实原因是国家统计部门没有公布国民收入的要素分配情况。

提高，资本报酬份额提高而劳动报酬份额下降，当经济发展水平较高时，技术构成提高资本报酬份额下降而劳动报酬份额提高；劳动力流动论者（李稻葵等，2009）认为：经济发展过程中劳动力在各部门之间的流动是有摩擦的，摩擦力大于资本运动所面临的阻力，因而劳动力转移的速度小于资本转移的速度，结果，劳动力获得的回报在经济发展过程中小于其边际产出，而资本恰恰相反，因而劳动收入份额在经济发展初期一定是下降的，当劳动力转移逐步完成，劳动收入份额开始上升①。乔臻（2011）总结了马克思主义经济学和新古典经济学关于初次分配结构形成的一般机理，同时提出了我国从计划经济向市场经济转型、从相对落后的经济向更加发达的现代经济转型过程中，初次分配结构变迁的特殊机理——城市经济体制改革决定和投资优先增长决定，从初次分配结构变迁的一般机理和特殊机理两个方面对我国初次分配中劳动者报酬占比变化进行分析，无疑会更加全面和具有更强的解释力。（4）关于改革开放以来，初次分配中劳动者报酬占比变化的原因分析，刘国光教授（2011）认为所有制结构的公降私升，在分配关系上按劳分配的比重就要缩小，按要素分配（主要是按资本财富）的比重就要增加，结果就是随着私人产权的相对扩大，资本的收入份额也会相对扩大，劳动的收入份额则相对缩小，从而扩大贫富收入差距。李炳炎教授（2011）也持类似的观点；白重恩、钱震杰（2009）将1995年以来，劳动收入份额下降的原因归结为统计核算方法改变、结构转型和产业部门劳动收入份额变化等三个方面，在另一篇文献中，认为税负水平与劳动收入份额成反比、对外贸易依存度与劳动收入份额成反比、外商直接投资规模与劳动收入份额成反比（白重恩、钱震杰，2010）；蒋正模等（2011）则认为我国初次分配中劳动者报酬占比偏低的外部原因是劳动力市场供需数量和结构失衡，内部原因是劳资关系协调机制和工资集体谈判协商的制度安排缺失；梁东黎（2008）则将初次分配中劳动者报酬占比变化的原因归结为生产的技术结构（资本投入与劳动投入之比）和生产要素价格扭曲；（5）如何调整要素分配份额，提高初次分配中劳动者报酬占比？刘国光教授（2011）主张从所有制结构调整入手，即从强化公有经济为主体、国有经济为主导着手，扭转生产资料所

① 从本质上讲，技术进步决定论和劳动力流动论（要素流动论）都是在新古典经济学的要素贡献理论的分析框架下展开的。

有制"公"降"私"升和国退"民"进的趋势，阻止化公为私的所有制结构转换过程；林毅夫（2007）主张调整产业结构，大力发展劳动密集型产业；汪同三（2007）则主张通过制度建设提高劳动者的议价能力从而提高劳动报酬份额；李扬（2007）认为可以通过财政政策实现分配公平；白重恩和钱震杰（2009）认为减少垄断程度对提高劳动份额具有积极意义，适当的劳动保护是必要的，但是对劳动力市场的过度干预只会导致资本对劳动的替代、减少劳动需求，因而并不利于增加劳动份额。

通过对已有研究文献的简要回顾，我们发现这些研究都把重点放在对"自 20 世纪 90 年代中期以后我国初次分配中劳动者报酬占比持续下降"这一经济现象的经验研究、实证研究和解释层面，而所谓的劳动者报酬占比演变的 U 型规律也不过是用发达资本主义国家的经验数据代替中国的情况，从而得出中国的初次分配中劳动者报酬不断下降是符合规律的，为劳动者报酬占比下降的合理性进行辩护罢了。我们还发现，现有研究文献的不足之处在于：没有从理论上对"初次分配中劳动者报酬占比应该随经济发展如何变化"这个问题进行系统研究，也就是说，现有研究解决了改革开放以后我国初次分配中劳动者报酬占比变化"是什么"和"为什么"的问题，没有回答"应该是什么"的问题，本文试图弥补这方面研究的不足。

二 初次分配中劳动者报酬占比的决定：马克思的分析

马克思最早是在分析货币如何转化为资本时提出劳动力价值的决定这个命题的。马克思认为"只有当生产资料和生活资料的占有者在市场上找到出卖自己劳动力的自由工人的时候，资本才产生"[①]。不难发现，马克思的分析有两个前提条件：

第一，在劳动市场（商品市场的一个特殊部门）上，只有劳动力的所有者和货币占有者，在货币转化为资本以后，只有劳动力所有者和资本家参与交换，没有第三方；

第二，在资本主义生产方式占统治地位的条件下，"一方面，工人是自由人，能够把自己的劳动力当作自己的商品来支配；另一方面，他没有别的商品可以出卖，自由得一无所有，没有任何实现自己的劳动力所必须

---

① 马克思：《资本论》第 1 卷，人民出版社 2004 年版，第 198 页。

的东西"①。

当劳动力成为商品以后，同一切其他商品一样，劳动力也具有价值，这个价值是由生产从而再生产这个独特商品所必要的劳动时间决定的。生产从而再生产劳动力所必要的劳动时间可以归结为生产生活资料所必要的劳动时间，这样，劳动力的价值实际上就由维持劳动力占有者所必要的生活资料的价值来表示。于是劳动力的价值（L_V）由下列几个因素决定：

第一，维持劳动者个人正常生活必不可少的生活资料的价值（A_V），劳动力的价值规定本身包含着一个历史的和道德的要素，一般由不同国家、不同时期必要生活资料的平均水平决定；

第二，维持劳动者家庭所必要的生活资料价值（B_V），这是为了再生产劳动力商品、补充因死亡等原因退出劳动力市场的劳动力；

第三，为了使劳动力成为发达和专门的劳动力以适应生产发展需要所必须的教育和培训费用（C_V）。

从静态看，$L_V = A_V + B_V + C_V$，从动态看，马克思认为劳动力的价值随着生产这些生活资料所需的劳动时间量的改变而改变，但是无论如何改变，在资本主义生产方式下，劳动力价值总是由必要生活资料的价值来表现的，因而始终改变不了劳动阶级的根本命运。马克思注意到劳动力的价值规定中包含着道德的因素，所以提出劳动力价值的最低限度或最小限度。他指出："劳动力价值的最低限度或最小限度，是劳动力的承担者即人每天得不到就不能更新他的生命过程的那个商品量的价值，也就是维持身体所必不可少的生活资料的价值。假如劳动力的价格降到这个最低限度，那就降到劳动力的价值以下，因为这样一来，劳动力就只能在萎缩的状态下维持和发挥。"②

在劳动力所有者与资本所有者的交换关系中，劳动力所有者得到的是劳动力的价值或价格的转化形式——工资，而不是劳动本身的价值和价格。工资形式的真正意义在于它消灭了必要劳动和剩余劳动、有酬劳动和无酬劳动的一切痕迹，给人以全部劳动都是有酬劳动的幻觉。所以，马克思说这种转化形式"具有决定性的重要意义"（马克思，2004，P619），"资本主义生产方式的一切神秘性，这一生产方式所产生的一切自由幻

---

① 马克思：《资本论》第1卷，人民出版社2004年版，第197页。
② 同上书，第201页。

觉，庸俗经济学的一切辩护遁词，都是以这个表现形式为依据的"①。在资本主义生产方式下，一定时期、一定条件下劳动创造的新价值（$V + M$）总是一定的（一个既定的常数），而资本家实际关心的只是劳动力的价格和劳动力执行职能时所创造的价值之间的差额，力图用尽量少的货币换取尽量多的劳动，这就决定了资本家和工人之间的分配关系总是表现为对抗性的分配关系，初次分配的结构（资本份额和劳动份额的比例）由资本家和工人或者资本家阶级与工人阶级之间的斗争决定。在资本主义生产条件下，资本和雇佣劳动的真实关系被颠倒，从而社会财富增长的真实来源被掩盖了，进而资本和雇佣劳动对社会财富的权力也被颠倒和掩盖了。一方面雇佣劳动对社会财富权力的丧失；另一方面资本对社会财富的权力的拥有，这是生产关系本身。正如马克思所说："工人丧失所有权，而对象化劳动拥有对活劳动的所有权，或者说资本占有他人劳动，——两者只是在对立的两极上表现了同一关系，——这是资产阶级生产方式的基本条件，而决不是同这种生产方式毫不相干的偶然现象。这种分配方式就是生产关系本身，不过是从分配的角度看罢了。"②

在资本和劳动的对抗性分配关系中，马克思注意到了国家的作用。一方面，在资本主义发展的早期，资本往往借助国家政权的力量进一步强化了资本的权力，进一步削弱了劳动的权力；另一方面，国家又凭借自身的力量通过制定法律等形式限制资本的权力，维护劳动者的利益，比如强制性规定"合理"工资和工作日界限。马克思指出："从十四世纪中叶至十七世纪末，资本借国家政权的力量力图迫使成年工人接受的工作日的延长程度，同十九世纪下半叶国家在某些地方为了限制儿童血液变成资本而对劳动时间规定的界限大体相一致，这是很自然的了。"③

马克思说："分配本身是生产的产物，不仅就对象说是如此，而且就形式说也是如此。就对象说，能分配的只是生产的成果，就形式说，参与生产的一定方式决定分配的特殊形式，决定参与分配的形式。"④ 从形式上看，每一种要素（劳动、资本、土地等）都被赋予产出成果中一个可以核实、可验证的份额，每一种要素都被赋予一个相应的报酬，这似乎说

---

① 马克思：《资本论》第 1 卷，人民出版社 2004 年版，第 619 页。
② 《马克思恩格斯全集》第 31 卷，人民出版社 1998 年版，第 245 页。
③ 马克思：《资本论》第 1 卷，人民出版社 2004 年版，第 313 页。
④ 《马克思恩格斯全集》第 30 卷，人民出版社 1995 年版，第 36 页。

明，如何对劳动成果进行分割，"存在着一条深奥的起作用的自然法则"①，即分配的自然法则，这是一种掩盖问题本质的做法，不外乎是要说明如何分配劳动成果是自然规律在发生作用，因而在此自然规律作用下的一切结果都是不以人的意志为转移的客观存在，面对这种客观存在，所有的利益关联者都只有被动地接受，而不能寻求任何改变。马克思在批判"三位一体公式"时就一针见血地指出："资本—利润（企业主收入加上利息），土地—地租，劳动—工资，这就是把社会生产过程的一切秘密都包含在内的三位一体的形式。"② 这个秘密就是资本家榨取剩余价值的秘密，是资本对劳动进行无情和血腥剥削的秘密，当然也是分配这个经济范畴所包含的全部内涵。

三　初次分配中劳动者报酬占比的决定机理：新的理论分析框架

马克思关于劳动力价值决定理论虽然是以资本主义生产方式为研究对象，但是还是为我们分析我国初次分配中劳动者报酬占比变动的决定机理提供了基本的理论框架，这个理论框架应该由初次分配的参与主体、初次分配的客体、初次分配的尺度、社会制度性质的价值导向作用、劳动者报酬的初始决定、制度安排对分配结构变化的约束作用等元素构成。

在初次分配中，参与主体是指谁有权参与初次分配，不仅包括劳动者、资本所有者，还包括政府。初次分配中政府的税收占比、资本报酬占比和劳动报酬占比形成初次分配的结构，反映了一定社会性质条件下的分配主体之间关系的性质。

关于分配的客体问题，马克思曾经非常明确地指出："分配本身是生产的产物，不仅就对象说是如此，而且就形式说也是如此。就对象说，能分配的只是生产的成果，就形式说，参与生产的一定方式决定分配的特殊形式，决定参与分配的形式。"③ 同时，马克思还提到了分配的另一种对象，即生产资料的分配和劳动在不同生产部门之间、各种产品生产之间或

---

① 约翰·贝茨·克拉克：《财富的分配》，华夏出版社 2008 年版，第 2 页。
② 马克思：《资本论》第 3 卷，人民出版社 2004 年版，第 921 页。
③ 《马克思恩格斯全集》第 30 卷，人民出版社 1995 年版，第 36 页。

者说生产的各个环节之间的合理分配。他说："照最浅薄的理解,分配表现为产品的分配,因此它离开生产很远,似乎对生产是独立的。但是,在分配是产品的分配之前,它是（1）生产工具的分配,（2）社会成员在各类生产之间的分配（个人从属于一定的生产关系）——这是同一关系的进一步规定。这种分配包含在生产过程本身中并且决定生产的结构,产品的分配显然只是这种分配的结果。如果在考察生产时把包含在其中的这种分配撇开,生产显然是一个空洞的抽象;相反,有了这种本来构成生产的一个要素的分配,产品的分配自然也就确定了。"① 由此可以看出马克思的分配理论中被分配的对象仅指劳动产品,生产资料和劳动的分配已经包含在生产之中,决定着生产的结构,产品的分配不过是这种分配的结果,但这并不能抹杀这种分配的存在性,也不能作为将这种分配从生产中独立出来与产品分配合并在一起,构成分配客体的理由。

　　分配尺度的选择和确立是一个非常复杂的问题,它一方面取决于分配的对象,另一方面又决定于最终要达到的目的。对于生产成果分配中的初次分配,理论基础不同,分配尺度也不同,由此建立起各自不同的分配理论。马克思的分配理论是以劳动价值论为基础的,劳动时间是分配的尺度。劳动时间分为必要劳动时间和剩余劳动时间,如果说"劳动—工资"是按照必要劳动时间尺度确定的,那么"资本—利润,土地—地租"就是按剩余劳动时间尺度确定的。正如马克思所说:"资本利润（企业主收入加上利息）和地租不过是剩余价值的两个特殊组成部分,不过是剩余价值因属于资本或属于土地所有权而区别开来的两个范畴,两个项目。……资本直接从工人身上吸取体现为剩余价值和剩余产品的剩余劳动。……土地所有权和现实的生产过程无关。它的作用只限于把已经生产出来的剩余价值的一部分,从资本的口袋里转移到它自己的口袋里。"② "工人作为他个人的劳动力的所有者和出售者,在工资的名义下得到一部分产品。这部分产品体现着他的劳动中被我们叫作必要劳动的那个部分,也就是维持和再生产这个劳动力所必需的劳动部分,而不管这种维持和再生产的条件是较贫乏的还是较富裕的,是较有利的还是较不利的。"③ 生产要素按贡献参与分配

---

① 《马克思恩格斯全集》第30卷,人民出版社1995年版,第37页。
② 马克思:《资本论》第3卷,人民出版社2004年版,第929—930页。
③ 同上书,第930页。

是在劳动价值论基础上发展起来的一种新型的分配形式①，其分配尺度就是生产要素对产品生产的贡献率。西方的分配理论中也有一种类似按要素贡献参与分配的分配理论，即边际生产力分配理论，所不同的是边际生产力分配理论的价值基础是效用价值理论，依据的分配尺度是生产要素的边际生产力。按照边际生产力分配理论，生产要素的报酬等于该要素的边际产品，即工资或工资率等于劳动的边际产品，利润或利润率等于资本的边际产品，地租或地租率等于土地的边际产品，于是无数的土地所有者、资本所有者、劳动的所有者之间的竞争，促使要素价格等于它们的边际产品，这一过程恰好分配了 100% 的产品②。由此可以看出一个共性的东西——分配尺度是任何分配理论都必须具备的核心要素。

社会制度的基本性质（资本主义或社会主义）在整个初次分配过程中发挥着价值导向的作用，不仅规定了初次分配结构演变的基本方向，也规定着初次分配的分配尺度以及分配主体的权利。基本经济制度决定整个社会的基本性质——以私有制为基础的资本主义基本经济制度决定了资本主义剥削和压迫广大无产者的本质，以公有制为基础的社会主义基本经济制度决定了社会主义实现全体劳动者共同富裕的本质。同时，基本经济制度还规定着社会财富分配的基本原则和要达到的最终目标——以私有制为基础的资本主义基本经济制度决定了资本所有者最大限度地占有剩余价值③，以公有制为基础的社会主义基本经济制度决定了全体社会成员占有剩余价值，剩余劳动创造的剩余价值除了一部分用于社会保障、社会公共

①　2002 年中国共产党第十六次全国代表大会的报告——全面建设小康社会，开创中国特色社会主义事业新局面，正式提出"要建立劳动、资本、技术、管理等生产要素按贡献参与分配的原则"。

②　参见萨缪尔森和诺德豪斯：《经济学》上册，北京经济学院出版社 1996 年版，第 426 页。

③　关于剩余价值和剩余劳动是分析资本主义经济的特定范畴抑或是一个中性的一般经济范畴这个问题，学术界并没有形成共识，有的认为这是马克思专门用来分析资本主义经济的特定概念，不能用于分析社会主义经济，也有人认为这只是一个一般的、中性的经济范畴，马克思并没有将必要劳动和剩余劳动、剩余价值作为资本主义所特有的经济范畴使用。马克思曾经说："剩余劳动一般作为超过一定的需要量的劳动，应当始终存在。只不过它在资本主义制度下，像在奴隶制度等等下一样，具有对抗的形式，并且是以社会上的一部分人完全游手好闲作为补充。为了对抗偶然事故提供保险，为了保证再生产过程的必要的、同需要的发展和人口的增长相适应的累进的扩大（从资本主义观点来说叫作积累），一定量的剩余劳动是必要的。资本的文明面之一是，它榨取这种剩余劳动的方式和条件，同以前的奴隶制、农奴制等形式相比，都更有利于生产力的发展，有利于社会关系的发展，有利于更高级的新形态的各种要素的创造。"（［马克思：《资本论》第 3 卷，人民出版社 2004 年版，第 927—928 页）

福利、人口增长以及扩大再生产以外，其余用于从宏观上调节社会各阶层之间的关系，以促进社会公平和公正。在资本主义制度下，最大限度地追求剩余价值始终是资本主义生产的基本目的，对抗性的分配关系是初次分配的基本特征，对对抗性分配关系的修正能力往往取决于分配主体之间斗争的结果；在社会主义条件下，"公有制为主体，多种所有制经济共同发展"的基本经济制度决定了劳动者具有平等地分享经济发展成果的权利，劳动者也不再是被剥削的对象，因而初次分配中分配主体之间的关系从本质上看不是对抗性的，社会主义性质决定初次分配结构演变的基本方向是由对抗走向和谐，实现分配主体对分配客体的合理共享，共同推动社会进步和经济发展。

初次分配中劳动者报酬的初始决定，我们认为马克思关于劳动力价值决定的三个基本因素在任何制度形式下都是普遍适用的，所以问题的关键不在于初始决定，而在于劳动者报酬随着劳动生产率提高、经济不断发展如何变动？这才是问题的核心。

初次分配的实现，分配主体最终得到一个可核实、可验证的份额，也就是分配主体的权利如何得到保障，特别是劳动者的权利如何得到有效保障，这有赖于一个完善的、科学的、有效的制度安排。制度安排既是社会制度性质价值导向作用的具体化，也是分配主体权利具体化的保障机制。初次分配的制度设计与制度安排是由一定历史条件下的生产力水平决定、体现利益主体的利益诉求和意志、调节社会各阶层利益关系、促进社会公平与实现社会和谐的一系列具体制度的集合，既规定了分配主体的权力边界，又是分配主体权力的有力保障。例如我国《宪法》规定："国家在社会主义初级阶段，坚持公有制为主体，多种所有制经济共同发展的基本经济制度，坚持按劳分配为主体，多种分配方式并存的分配制度。"[①] 党的十七大报告进一步指出："要坚持和完善按劳分配为主体、多种分配方式并存的分配制度，健全按劳动、资本、技术、管理等生产要素按贡献参与分配的制度，初次分配和再分配都要处理好效率与公平的关系，再分配更加注重公平。"[②] 这实际上是关于分配问题的制度设计和制度安排的原则

[①] 《中华人民共和国宪法》（http//baike. baidu. com/view/9353. html）。

[②] 胡锦涛：《高举中国特色社会主义伟大旗帜，为夺取全面建设小康社会新胜利而奋斗——在中国共产党第十七次全国代表大会上的报告》，人民出版社 2007 年版，第 38—39 页。

性规定，对这种原则性规定的进一步细化和具体化就构成初次分配和再分配的制度安排。

总之，从形式上看，初次分配是依据一定的分配尺度、完成分配主体对分配客体的分割，从而使分配主体获得一个可核实、可验证的份额，由此形成初次分配的结构。因此，初次分配的决定机理可以概括为：社会制度的性质决定分配尺度的选择、分配目标和分配结构的演变方向，初次分配的制度设计和制度安排决定分配主体在初次分配中的权利边界并保障这种权利得以顺利实现。

在下面的讨论中，我们将根据这个分析框架，回答我国初次分配中劳动者报酬占比究竟应该随经济发展如何变动的决定问题。

四 初次分配中劳动者报酬占比的决定机理：一个政策分析框架

劳动者报酬占比究竟应该如何随经济发展变动而变动？马克思认为："劳动力的价值可以归结为一定量生活资料的价值。因此，它也随着这些生活资料的价值即生产这些生活资料所需要的劳动时间量的改变而改变。"[①] 但是这个论断很难应用于政策层面或操作层面，在实践中劳动者报酬占比应该如何变化则更加复杂和更加具体。

假定一定时期创造的国民收入是一个常数，用 N 表示，分配主体包括政府、企业（资本所有者）和劳动者，政府通过税收获得国民收入的一个份额（用 G 表示），资本所有者通过利润获得国民收入的一个份额（用 C 表示），劳动者通过劳动报酬获得一个份额（用 L 表示），于是有

$$G + C + L = N \qquad\qquad (1)$$

由于 N 是一个常数，所以某一分配主体所得到的份额大小由其他两个分配主体得到的份额决定，于是

$$\begin{aligned} G &= f(N, C, L) \\ C &= \psi(N, G, L) \\ L &= \varphi(N, G, C) \end{aligned} \qquad\qquad (2)$$

① 马克思：《资本论》第 1 卷，人民出版社 2004 年版，第 200 页。

实际上，由于税收具有强制性和固定性，所以我们可以假定政府通过一个固定的税率（T_r）实现了对国民收入的占有，这样公式（2）可以写成

$$G = f(N, T_r) = NT_r$$
$$C = \psi[N(1 - T_r), L] \tag{3}$$
$$L = \varphi(N(1 - T_r), C)$$

进一步假定资本所有者按照平均利润率或者资本平均报酬率（$\overline{P_r}$）获得资本报酬，于是资本所有者得到的份额可以写成

$$C_p = N(1 - T_r) \cdot \overline{P_r} \tag{4}$$

劳动者从国民收入中得到的份额可以写成

$$L_w = N[(1 - T_r)(1 - \overline{P_r})] \tag{5}$$

公式（5）实际上反映了劳动者在初次分配中的地位，劳动者从初次分配中获得的份额实际上是扣除政府所得和资本所有者所得以后的一个余额，劳动者完全处在被决定的地位，在初次分配中既没有议价的能力也没有议价的机会。

假定政府、资本所有者和劳动者都是利益最大化的追求者，下列对抗性关系模型就是不可避免的。

政府： $\max. \quad G = f(N, T_r)$

$$s \cdot t \quad C > 0$$

$$L > 0 \tag{6}$$

$$G + C + L = N$$

资本所有者：$\max. \quad C = \psi[N(1 - T_r), L]$

$$s \cdot t \quad G > 0$$

$$L > 0 \tag{7}$$

$$G + C + L = N$$

劳动所有者:$\max. \quad L = \varphi[N(1 - T_r), C]$

$$s \cdot t \qquad G > 0$$

$$C > 0 \tag{8}$$

$$G + C + L = N$$

在这样的分配逻辑中，政府所得份额和资本所得份额都有一个客观尺度——税率和一定时期的资本平均报酬率，唯独劳动者报酬是一定时期的国民收入扣除政府所得和资本所得以后的余额，政府的话语权和资本的话语权都得到了充分的反映，完全忽视了劳动的话语权，显然没有体现社会制度性质和制度安排的作用，为此需要重新构建劳动者报酬决定的函数。

为了回答初次分配中劳动者报酬占比在动态上应该如何随经济发展而变化这个重要问题，我们引入经济增长率（g）、劳动生产率提高率（p）、通货膨胀率（π）、资本报酬增长率（κ）和政府税收增长率（τ）。于是劳动者报酬（L）由下列函数给出

$$L = \varphi(N, g, p, \pi, \kappa, \tau) \tag{9}$$

假定 t 期劳动报酬变化率（l_t）是滞后一期的经济增长率（g_{t-1}）、劳动生产率（p_{t-1}）、资本报酬增长率（κ_{t-1}）和政府税收增长率（τ_{t-1}）的加权平均，w_g、w_p、w_κ、w_τ 分别代表经济增长、劳动生产率、资本报酬和政府税收的权重，这个权重可以随时间变化进行调整，其中 $w_g + w_p + w_\kappa + w_\tau = 1$，即

$$l_t = \sum (w_g g_{t-1} + w_p p_{t-1} + w_\kappa \kappa_{t-1} + w_\tau \tau_{t-1})$$
$$l_{t+1} = \sum (w_g g_t + w_p p_t + w_\kappa \kappa_t + w_\tau \tau_t) \tag{10}$$
$$\cdots \qquad \cdots \qquad \cdots \qquad \cdots$$
$$l_{t+n} = \sum (w_g g_{t+n-1} + w_p p_{t+n-1} + w_\kappa \kappa_{t+n-1} + w_\tau \tau_{t+n-1})$$

于是 L_{t+n} 期劳动者报酬由下式给定

$$L_{t+n} = N_{t+n} l_{t+n-1} \pi_{t+n-1} \tag{11}$$

公式（11）的政策含义是：初次分配中劳动者报酬占比应该与经济增长率、劳动生产力变化率、资本报酬变化率以及政府税收增长率的平均变化率同方向变化，并根据当期或滞后一期的通货膨胀率进行调整；公式

（11）的另外一个含义是，劳动者既有权分享经济发展的成果，也有义务在经济衰退条件下与国家一起共渡难关。

由于 g、p、κ、τ 是环比增长率，通货膨胀率（π）也是年度资料，它们本身处于不断变化之中，既不是线性提高，也不是线性地下降，而是上下波动的，因此由公式（11）决定的初次分配中劳动者报酬的长期演变轨迹既不是所谓 U 型规律，也不是什么倒 U 型，而是呈现出波浪式上升的特征。也就是说，短期看，劳动者报酬占比可能上升，也可能下降，但长期看则是波浪式上升的。

五　简要的结论

马克思关于劳动力价值决定的理论和劳动力价值变动的理论尽管是以资本主义生产方式为条件的，但依然为我们研究社会主义条件下初次分配中劳动报酬占比的决定奠定了基本的理论基础和方法论基础。

初次分配中劳动者报酬占比决定的理论分析框架需要考虑初次分配的主体结构、初次分配的客体、分配尺度、社会制度性质的价值导向和制度安排，其中社会制度性质规定了初次分配的性质、目标和演变的基本方向，初次分配的制度设计和安排既规定了分配主体的权利边界，又是分配主体权利的保障机制。

在实践和政策层面上，初次分配中劳动者报酬占比应该与经济增长率、劳动生产力变化率、资本报酬变化率以及政府税收增长率的平均变化率同方向变化，并用通货膨胀率进行调整，这样不仅有利于改变劳资结构中资本的绝对支配地位、提高劳动者的话语权，也有利于减低劳动者报酬集体谈判机制带来的摩擦成本；同时，用经济增长率、劳动生产力变化率、资本报酬变化率以及政府税收增长率、通货膨胀率等因素去自动调节劳动者报酬占比保证了劳动者利益与经济发展的一致性，使劳动者既有权分享经济发展的成果，也有责任和义务承担经济衰退的成本。

我国初次分配中劳动者报酬占比不断下降肯定是不对的，但是把西方发达资本主义国家初次分配中的劳动者报酬占比作为标杆，甚至把资本主义国家劳动者报酬占比变化的经验数据和变化轨迹作为规律，来衡量我国初次分配中劳动者报酬占比的合理性或者作为批判的证据，甚至作为我国初次分配中劳动者报酬占比未来调整的方向的指示器，也明显失之公允。

参考文献

[1] 马克思：《资本论》第1卷，人民出版社2004年版。

[2] 马克思：《资本论》第3卷，人民出版社2004年版。

[3] 《马克思恩格斯全集》第31卷，人民出版社1998年版。

[4] 《马克思恩格斯全集》第30卷，人民出版社1995年版。

[5] 胡锦涛：《高举中国特色社会主义伟大旗帜，为夺取全面建设小康社会新胜利而奋斗——在中国共产党第十七次全国代表大会上的报告》，人民出版社2007年版。

[6] 王朝科、程恩富：《经济力系统研究》，上海财经大学出版社2011年版。

[7] 约翰·贝茨·克拉克：《财富的分配》，华夏出版社2008年版。

[8] 李扬、殷剑峰：《中国高储蓄率问题探究——1992—2003年中国资金流量表的分析》，《经济研究》2007年第6期。

[9] 刘国光：《壮大国有经济，制止两极分化》，《海派经济学》2011年第4辑（总第36辑）。

[10] 李炳炎：《初次分配改革与所有制结构失衡》，《海派经济学》2011年第4辑（总第36辑）。

[11] 白重恩、钱震杰：《国民收入的要素分配：统计数据前后的故事》，《经济研究》2009年第3期。

[12] 李稻葵、刘霖林、王红领：《GDP中劳动份额演变的U型规律》，《经济研究》2009年第1期。

[13] 程恩富等：《论我国劳动收入份额提升的可能性、紧迫性与途径》，《经济学动态》2010年第11期。

[14] 乔臻：《我国初次分配收入结构变迁的探讨》，《经济学动态》2011年第9期。

[15] 白重恩、钱震杰：《谁在挤占居民收入：中国国民收入分配格局分析》，《中国社会科学》2009年第5期。

[16] 梁东黎：《初次分配格局的形成和变化的基本规律》，《经济学家》2008年第6期。

[17] 章上峰、许冰：《初次分配中劳动报酬比重测算方法研究》，《统计研究》2010年第8期。

[18] 郭正模、何飞：《提高劳动报酬在初次分配比重的机制完善与制度重构》，《理论与改革》2011年第11期。

中国如何跨越"中等收入陷阱"：
收入分配与库茨涅兹假说

周　文*　赵　方

一　引言

我国在 2011 年人均收入水平越过 4000 美元的水平的同时，贫富差距依旧很大的问题和面临落入"中等收入陷阱"的问题又一次引起人们高度的关注和深切的担忧。这两个问题如何解决是我国宏观经济领域的一个重大课题；它们能否被成功处理对我国经济可持续发展是非常重要的。研究"中等收入陷阱"问题的文献指出，产生"中等收入陷阱"的原因主要有以下 6 个方面：不可持续的发展模式（刘伟，2011；马晓河，2011）、不平等的收入结构和低度的城市化（蔡昉，2011；李楠、孙成，2010；Tuomas Malinen，2010）、中低水准的技术结构（王一鸣，2011，马岩，2009；伍业君、张其仔，2012 ；Kenichi Ohno，2009）、不合理的制度和政策结构（龚小夏，2010；权衡，2011；郑秉文，2011；Harpaul and Natasha，2011）、不合理的人口结构（Paul Vandeberg 和庄巨忠，2011；蔡昉，2012）和不和谐的国际环境（胡鞍钢，2010）。在以上众多文献中，一些研究基于某国的实际经验论证了陷入"中等收入陷阱"的原因，另一些研究则重视用实证方法测算某个因素对经济增长的重要性（伍业君、张其仔，2012；Harpaul and Natasha，2011；余淼杰，2011；Tuomas Malinen，2010；Kenichi Ohno，2009）。

---

* 周文（1966— ），重庆人，经济学博士，云南财经大学政治经济学研究中心主任，主要研究方向为中国经济改革，经济社会学，发展经济学等。

对"中等收入陷阱"的经验分析对解决问题有一定的参考价值，但是具体这些措施的实施成本有多大，效果是否明显它都不能给出具体的答案。对某个因素的实证分析可以证明这个因素的重要性，但是也不能排除其他更重要的因素的存在，且仅从这个因素的重要性是不能给出解决问题的具体方案。

困扰中国的问题除了陷入"中等收入陷阱"风险的存在，还有收入分配不平等的问题。对收入分配的长期演变的研究始于库兹涅兹，他于1955年在《美国经济评论》发表的文章就指出了经济增长与收入分配不平等之间呈现倒U形关系的。他认为在经济发展的初始阶段，收入分配差距扩大与经济增长相伴随；然而当经济发展达到一定程度后，经济增长与收入分配不平等下降相伴随。库兹涅兹的观点对以后的近60年的收入分配问题研究产生了重要的影响，大量的经济工作者加入到对库兹涅兹假说的证明研究中去，其中大量的理论研究和实证分析都证明了在某些特定的条件下，库兹涅兹假说是成立的（阿南德和坎贝尔，1993；奥格万，1994）。很多实证分析显示，收入分配不平等对长期经济增长的抑制作用（Clarke，1995；Zweimuller，2000，2005）；收入不均对中短期经济增长有正面作用（Forbes，2000）；收入分配不平等与经济增长的关系是非线性的（罗伯特，2000；Been - Lon Chen，2003）。所以，我们得知在经济发展达到一定阶段时，经济增长和收入分配不平等的下降两者是可以兼得的。我们考虑把这个结论的条件具体化，结论的假设是指在"一定阶段"，我们关心的是中等收入阶段是否包含在"一定阶段"之中。如果结论的假设中的"一定阶段"包括中等收入阶段即中等收入所处的阶段正好在库兹涅兹倒U形曲线的下降阶段，我们就可以同时实现收入分配不平等程度的缓解和"中等收入陷阱"的顺利越过。本文主要工作是证明这个猜测是可以成立的。

本文结构如下，首先，第二部分是公平与"中等收入陷阱"在库兹涅兹假说下的链接；第三部分是说明公平因素对一国"越过中等收入陷阱"的重要性；第四部分说明中国的经济发展符合库兹涅兹倒U形曲线；最后，结论和政策建议。

二 收入分配与"中等收入陷阱":对库兹涅兹假说的再认识

(一) 库兹涅兹假说成立的必要条件

库兹涅兹（1955）运用美、英、德等国的时间序列数据，对不平等的长期演化趋势进行了实证研究，并提出了库兹涅兹倒 U 形曲线。从此很多经济学家对经济发展和收入分配之间的关系更加关注，对库兹涅兹曲线进行了进一步检验。他们的研究给我们提供了几种思考收入分配与经济发展之间关系的方法。有些研究者认为库兹涅兹假说是成立的。奥格万（1994）在非参数回归的函数形式下用核方法估计了收入分配不平等和人均收入之间的关系并用实证的方法证明了库兹涅兹假说的成立。另外一些研究者认为库兹涅兹假说不成立，这一结论的前提假说有两种情况。第一种前提假设是：库兹涅兹假说的假设条件是经济发展水平的整个历史阶段即包括人均收入水平 400—50000 美元。阿吉翁（1995）发现，在 20 世纪一直到 70 年代以前，美国和大部分的 OECD 国家的经验事实都同库兹涅兹曲线相吻合。但是，到了 20 世纪 80 年代以后，美英德等国的人均收入达到 20000 美元左右时，收入分配不平等程度的变化出现了逆转，即从 80 年代中期到现在，美国和许多 OECD 国家都出现了不平等上升的趋势，不平等都增加了，抵消了此前大部分或全部的平等化。不平等长期变化趋势这一新发现，使得库兹涅兹假说宣告不成立。但我们提出库兹涅兹假说成立的必要条件之一是人均收入水平需在 20000 美元之前的阶段。另一种前提假设是：经济发展与收入分配的关系从经济发展的开始阶段就不满足库兹涅兹假说。菲尔兹和雅各布森（1994）认为人均收入和收入分配满足 U 形而不是倒 U 形关系；查（1995）研究了中国台湾地区的经济发展与收入分配的关系，发现它们并不满足库兹涅兹倒 U 形假说，发现其中的原因是：一方面，台湾地区战后奇迹的"初始条件"来自于它的特殊历史，其中，中国国民政府没收了日本人占有的所有财产，并且通过减租、公地出售，实施了重要的土地改革；另一方面，因为出口驱动、劳动密集型制造工厂雇用了大量人口，教育的边际收益下降和在城市中就业，所以工资收入不平等的水平很低且不断减少。但是，他们通过台湾地区的例子论证他们自己的观点的同时，并没有否定这样的观点：如果在一个国家的初始发展阶段中，经济发展和收入分配满足库兹涅兹倒 U 形曲线的上升阶段的特征，这个国家下一个阶段的发展就会符合库兹涅兹曲线下降阶段的特征。

我们在本文中提出更加严格的假设条件：人均收入水平在 11000 美元以下的经济发展阶段；在经济发展的初始阶段，一国的经济发展与收入分配两者的关系满足库兹涅兹倒 U 形曲线的前半部分的特征。在上面两个更强的假说下，我们提出了本文的观点：若一个国家的初始发展阶段满足库兹涅兹曲线的上升阶段的特征且在人均收入处在 11000 美元以前的阶段时，则这个国家的经济发展与收入分配将满足库兹涅兹倒 U 形曲线。

Kuznets（1955）提出库兹涅兹假说时，世界上仅有几个国家的人均收入达到 11000 美元并且由于统计数据的滞后性，所以，库兹涅兹并不能够对人均收入 11000 美元以上的经济发展阶段进行有效地估计。20 世纪 50 年代的发达国家的经济发展条件很相似，且当时并没有出现不同发展路径的发达国家。但是到了 20 世纪的下半叶时，世界上有相当多的国家进入了中等收入水平，并且存在几种不同的经济发展路径。比如，中国台湾地区。我们对库兹涅兹假说提出更加严格的假设的原因是，库兹涅兹假说的提出只是对当时发达国家的经济发展历史的归纳和推测，并不能代表所有国家的经济发展的路径。

我们通过对主要 OECD 国家的研究发现，在人均收入为 4000 美元左右的阶段，收入分配不平等程度达到最大。以后的阶段，随着不平等程度的降低，人均收入快速增长。当达到人均收入 11000 美元以上水平时，人均收入和收入分配可能不再一定满足库兹涅兹假说。阿南德和坎贝尔（1993）提出一个形式化的库兹涅茨过程，推导了人均收入和 6 个不平等指标之间的关系，并界定了将存在导致库兹涅兹倒 U 曲线的"转折点"的特定条件。在他们的论文中，对 60 个发展和发达国家的样本数据进行了统计分析，认为当一国经济发展水平到达库兹涅兹倒 U 曲线的转折点时，它的人均收入水平是 4000 美元左右，基尼系数达到 0.565。Ho－Chuan Huang and Shu－Chin Lin（2007）使用 75 个国家的面板数据证明了库兹涅兹倒 U 形曲线的存在及它的函数性态。更重要的是，他们通过贝叶斯因子的方法使一个关于经典参数模型的半参数估计得到了实现和验证。进而，他们发现在人均收入水平为 4628 美元时经济发展水准到达了库兹涅兹曲线的转折点。（经济发展与收入分配的倒 U 形曲线的关系图见图 3）

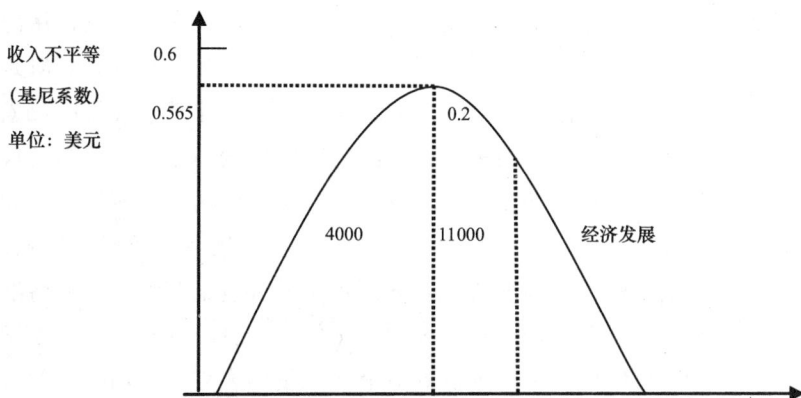

图 1　经济发展与收入分配的倒 U 形曲线　　（人均收入）

库兹涅兹曲线的转折点是在人均收入达到 4000 美元左右的时间窗口，即跨越"中等收入陷阱"过程中的时间窗口的开端。当一国的经济发展越过库兹涅兹倒 U 形曲线的转折点时，它的经济发展进入到库兹涅兹倒 U 形曲线的第二阶段。随着收入不平等程度的降低，它的经济发展水平将很快突破人均收入 11000 美元大关，即迈过"中等收入陷阱"进入到高收入国家的队列中。因此，我们得出了越过"中等收入陷阱"的最优路径是当人均收入进入到 4000 美元的时间窗口时，政府应采取合理政策和制度来降低收入分配不平等程度。库兹涅兹假说的成立也是有理论支持的。李稻葵、刘霖林、王红领（2009）发现，在世界各国的经济发展过程中，在初次分配中劳动份额的变化趋势呈现 U 形规律，即劳动份额先下降后上升，转折点约为人均 GDP 6000 美元（2000 年购买力平价）；还发现中国初次分配中劳动份额的变动趋势是基本符合这一规律的。

（二）库兹涅兹倒 U 形曲线的阶段性特点

在库兹涅兹倒 U 形曲线中，曲线中间部分的变化速率小于曲线两边的变化速率，即在经济发展的中间阶段时，收入分配问题更重要。在经济发展的初始阶段，收入分配应该相对公平。罗伯特·巴罗（2000）认为，收入公平在贫穷的国家阻碍经济增长，在比较富裕的国家促进经济增长。在人均收入低于 3650 美元的阶段，收入公平将阻碍经济增长；而在人均收入高于 3650 美元的阶段，收入公平等将促进经济增长。班纳吉和纽曼（1993）得出资产的公平分配会明显提高经济增长率。但是，在经济发展的初始阶段，收入分配不能绝对的公平。Been – Lon Chen（2003）用跨国截面数据证明了伴随着初始收入的不平等，长期收入的增长率开始时是上升的，然后是下降的。因为，十分公平的收入分配和非常不公平的收入分配一样都会扼杀工作和投资的激情；初始阶段的比较不公平与后面阶段的相对公平之间的偏差将会使人们工作热情和投资的动力得以延续。随着经济发展水平的提高，收入分配的差距变大。经济发展到中等收入阶段时，收入不平等将出现转折点即随着收入分配不平等程度的降低，经济将继续增长下去。盖勒和奇登（1996）由人力资本的初始分配和经济增长模型得知，在发展的早期阶段，不平等对提高早期阶段的人力资本和产出的总体水平是至关重要的。随着上次社会的人力资本的增加以及收入不平等的扩大，积累的知识的外溢效应会使受教育程度较低阶层的成员的投资报酬率更高。Ho – Chuan Huang 和 Shu – Chin Lin（2007）证明了，收入分配在早期阶段相对小成本的改善可以使后期的经济获得大幅的提升。有趣的发现是收入分配和经济增长之间的关系有一个急速的转折点，且是不对称的。Abhijit V. Banerjee 和 Esther Duflo（2003）使用非参数理论得出经济增长率与收入分配不平等程度的净变化呈倒 U 形关系，收入分配的不平等与下一期的经济减缓是密切相连的。因此，与库兹涅兹倒 U 形曲线相符合，在经济发展的初始阶段，经济增长是与收入不平等的增加相联系的，但是在随后的阶段中，经济增长伴随着更平等的人力资本和收入分配。

因此，在中等收入阶段，收入分配不平等水平相当程度下降才能换来经济的增长。只有经济起步阶段是低水平的收入分配不平等程度，经济发展引起的不平等程度的增长才能在经济发展的允许范围内进行，给经济到达"中等收入陷阱"的时间窗口即库兹涅兹曲线的转折点处增加可能性。否则，经济发展还没有到达库兹涅兹曲线的转折点的阶段时，经济就会长时间停留在库兹涅兹曲线的转折点附近不再向前运动。库兹涅兹假说的成立对基尼系数也是有要求，基尼系数不能长时间处于比较高的阶段，否则经济发展的基础条件（如政治政策的稳定、财产权的保护）将受到破坏，不能为经济进一步发展提供必要的动力，将长时间陷入"中等收入陷阱"。

三　"中等收入陷阱"的历史透视：国际经验与教训

"中等收入陷阱"是世界银行在 2006 年在其发布的《东亚经济发展

报告》中首次提出的概念，并在 2010 年发布的《东亚经济发展报告》中对其做了详细的分析和说明。当新兴经济体达到人均收入 1000 美元的低收入后，它会进入到人均收入 1000 美元至 4000 美元的起飞阶段。然而，当人均收入达到 4000 美元的中等收入水平后，这些国家或地区作为商品生产者始终挣扎在大规模和低成本的生产性竞争之中，不能提升价值链和开拓以知识创新产品与服务为主的高成长市场，导致持续增长动力不足和迅速发展中积累的社会矛盾同时爆发，从而出现经济增长回落或长期停滞的状态，人均收入不能突破 11000 美元，即落入所谓的"中等收入陷阱"；其中，我们把人均收入在 4000—11000 美元的阶段称为跨越"中等收入陷阱"的瓶颈阶段。

（一）跨越"中等收入陷阱"国家的经验分析

我们研究越过"中等收入陷阱"的国家的发展历程，因为 OECD 国家都成功跨越"中等收入陷阱"，所以，我们主要研究 OECD 国家中的代表性国家。我们通过对具有代表性的 OECD 国家研究发现：在人均收入为 4000 美元左右的阶段时，收入分配不平等程度达到最大；随后的阶段，随着不平等程度的降低，人均收入水平快速增长。

英国越过"中等收入陷阱"的时间大约是在 1967 年。在 1967 年以前的时间中，英国为达到减缓收入不平等的状况采取了以下措施：在 1938 年之后，英国的税前收入政策是：使税前收入前 5% 的人让利，获利阶层是接下来的收入前 55% 的人；同时财产性再分配在第二次世界大战后产生的平等化程度比以前任何时候都大。与税前收入不平等趋势不同，财政性再分配明显增加了收入最底层的 40% 家庭所得到的份额。这些措施大大降低了英国的人均收入不平等程度。卡米勒－达格穆（1988）指出，英国在 1946—1949 年时期，劳动份额从 58.5% 增长到 65.3%；在 1950—1979 年，劳动份额仍继续缓慢增长，其中在 1975—1979 年劳动份额达到了 68.8% 的极大值。这些数据间接表明了，英国在 1946—1979 年期间人均收入不平等程度是开始减弱的。

美国在 1951 年越过"中等收入陷阱"。在 1951 年以前的时间中，美国收入不平等的状况得到了明显的改善。从 20 世纪 40 年代美国职业和生活安排方面的变动中，可以间接地看到收入均等化的趋势，初级劳动者的数量在劳动力总量中所占的份额下降，寄宿和租房不再是普遍情况。林德涛（2000）指出，在美国，从1930—1970年左右阶段，高层收入的下降是由整个收入前20%的群体共同承担，而在其余的80%内没有明显的相对收入变化。卡米勒－达格穆（1988）指出，美国在大萧条时期，劳动收入占国民收入份额值发生了重大飞跃；30年代后期和40年代前期经济扩张活动的影响只部分地减缓这一飞跃。战后时期，它呈现出一种递增趋势。与其同时，资产份额和业主收入份额都出现稳步平缓的下降。我们通过这些现象和数据不难发现，从大萧条时期开始，美国收入分配不平等的状况已开始减缓。

日本越过"中等收入陷阱"的瓶颈阶段的时间窗口是1973—1985年。在这段时间和此前的时间，日本为了降低收入不平等程度实施了以下措施：首先，日本政府主要通过提高农产品价格和提高农业劳动生产率来直接增加农民收入。其次，为提高工人工资水平，日本政府一方面促进中小企业发展；另一方面实施工资倍增计划。倍增计划还肯定了小企业在国民经济中的重要作用，并建立了大小企业之间的分工体系，确立大企业和小企业之间紧密协调的社会分工合作体制，保障小企业的工作者的收入水平。

韩国跨越"中等收入陷阱"的瓶颈阶段的时间窗口是1988—1995年。在这段时间和此前的时间，韩国为达到减缓收入不平等的状况采取了以下措施：首先，1971年降低了工薪收入者的税率。1975年实行了的综合个人所得税制，并对储蓄与投资所得单独设计了税率。其次，从70年代开始，韩国政府推行"增长第一，分配第二"的发展政策；在1987年，韩国的社会保障体系形成了社会保险、社会补救和社会福利服务三个层次的完整社会保障体系；1971年政府启动了"新社区运动"，大量的政府投资通过"新社区运动"分配到农村地区，集中力量支持农村的经济建设。政府在经济建设上加大对农村和对农民的教育、医疗、养老保险等社会事业投资力度和一系列惠农政策。从1988年起执行《最低工资法》，制造业工人工资水平在当年及次年分别增长20%和25%，以后六年间涨幅更达90%。推动城镇化发展，农业人口比重由1980年的28.9%迅速下降至90年代的不足15%，城乡收入差距总体控制在1:1.5至1:2之间。韩国居民收入的基尼系数从1980年的0.39下降至1991年的0.263。

通过对英、美、日、韩四国的研究，我们发现各国在人均收入4000—11000美元的时间窗口时，都积极推进收入分配不平等程度的减缓工作，而且收入不平等的程度的下降是连贯的、主动的、软性和持续性的。只有这样，经济发展才是有条件、健康和持续性的发展；只有这样的改善才能给企业和个人产生合理的预期，他们才会积极投身于改变自己的观念和行为来提高自己的收入进而改善收入不平等的程度。仅仅依靠政府转移支付和最低工资法等一些刚性措施会挫伤企业和劳动者的积极性，阻碍经济增长，但是这些措施可以作为减少收入分配差距的辅助措施。

（二）陷入"中等收入陷阱"的国家的教训分析

《2011 中国经济增长报告》指出，"中等收入陷阱"的一个重要的原因是：经济发展失衡导致资源配置恶化和供需失衡。经济发展失衡包括收入分配失衡、地区发展失衡、投资和消费失衡。王一鸣（2011）认为，在拉美国家进入中等收入阶段后，由于收入差距迅速扩大导致中低收入居民消费能力严重不足，消费需求对经济增长的引擎作用减弱。我们发现长期陷入"中等收入陷阱"的国家，它们收入分配不平等问题非常严重。美洲开发银行的研究报告《经济发展与社会公正》指出，拉美的收入分配差距之大为世界之最。在 20 世纪 90 年代世界各国的基尼系数均值为 0.4，而在拉美的国家中，仅牙买加（0.38）一国的基尼系数低于世界平均数，并且有 11 个拉美国家的基尼系数高达 0.5。在拉美地区，占总人口 30% 的低收入者的总收入仅占国民收入的 7.5%。这一比重远低于世界平均水平（其他地区平均为 10%）；但是，占总人口 10% 的高收入者则拥有国民收入的 40%。

陷入"中等收入陷阱"的新兴经济体有许多，本文选择马来西亚和阿根廷这两个具有代表性的国家来进行研究。马来西亚于 20 世纪 90 年代迈入"中等收入国家"行列，但是从 1995 年以来一直陷于"中等收入陷阱"的困扰中。20 世纪初，阿根廷经济发展水平曾位于世界第八的高位，然而，1945 年以来，阿根廷接连不断地发生政治和经济危机，虽然 20 世纪 70 年代初就已经达到中等收入水平，但是迄今为止人均收入仍未突破 11000 美元，长期处在"中等收入陷阱"中。

我们通过对马来西亚 1958—2004 年基尼系数变化状况的研究发现，马来西亚从 1960 年至今的基尼系数一直都在 0.4 以上；且在 1960—1984 年之间，基尼系数一直在 0.5 以上；在 1990 年基尼系数有过短暂的明显下降外，以后各年基尼系数一直在 0.45—0.5 之间徘徊。具体数据描述如图 1 所示。

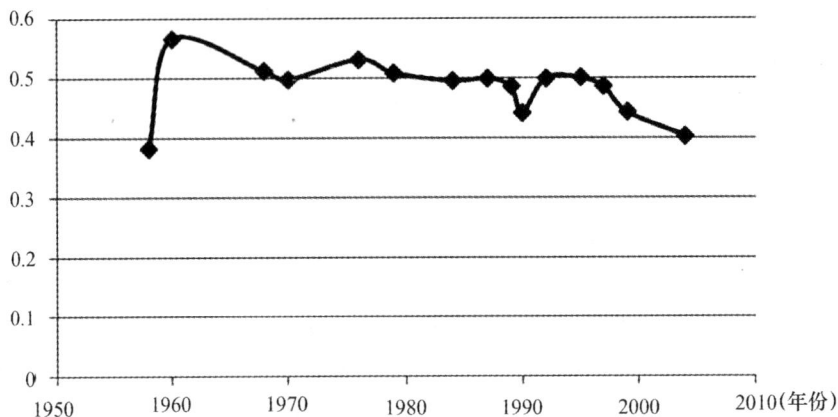

图 2　马来西来 1958—2004 年基尼系数变化状况

对阿根廷 1953—2006 年基尼系数变化状况的研究发现，阿根廷从 1977 年至今的基尼系数一直都在 0.4 以上；且在 2000—2005 年之间，基尼系数一直都在 0.5 以上；在 2005 年以后，基尼系数一直在 0.45—0.5 之间徘徊。具体数据描述如图 3 所示。

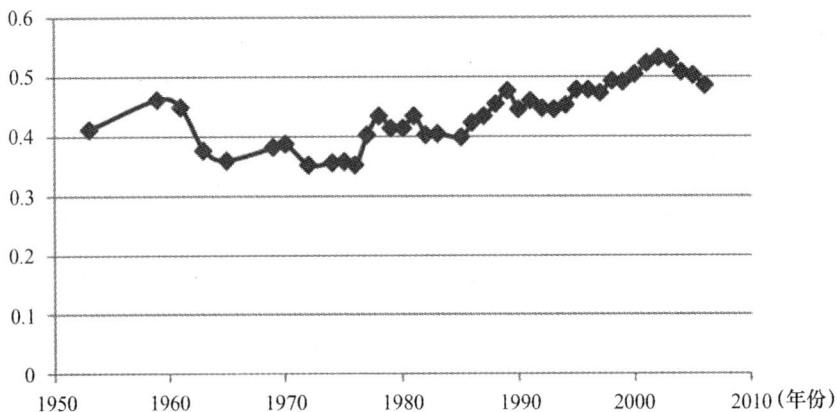

图 3　阿根廷 1953—2006 年基尼系数变化状况

在陷入"中等收入陷阱"的国家，收入分配不平等通过以下几个途径来阻碍经济增长。

拉美国家收入分配严重不平等的根源之一是拉美的土地所有制。联合国粮农组织和国际劳工局的《土地改革的成就与问题》研究报告指出：拉丁美洲是世界上土地所有权最为集中的地区。戴宁格尔和斯奎尔（1996）使用他们的数据，将经济增长作为初始不平等和别的变量的函数来加以估计。他们惊奇地发现，初始土地不平等和经济增长显著相关，初始土地的不公平会抑制经济增长。

基础教育资源分配的不平等引起的收入分配也阻碍经济增长。世界银行的一个研究报告发现，在导致拉美收入分配不公的各个因素中，教育所占比重高达1/4。世界各国的经验表明，在发展教育事业的过程中，必须重视教育的公平分配。既然教育是绝大多数人依赖的主要生产资源，那么这种资源就应该得到公平的分配。布吉尼翁（1994）、布吉尼翁和莫里森（1990）、帕帕内克和吉恩（1986）、琼恩（1992）的研究都发现了持续平稳的经济增长和收入平等都得益于全民的基础教育和广泛普及的中等教育。

收入分配不平等通过消费不足和投资下降来抑制经济增长。美洲开发银行的经济学家发现，拉美的所得税和财产税相当于GDP的比重太低，只有4.5%，高收入者的收入不能得到有效控制；且拉美国家的财政收入主要来自占人口大多数的中低收入者，因此，中低收入者的收入下降幅度更大。富人阶层并不因为收入的增加进而扩大生产性投资，而是致力于奢侈品的消费。进而，经济增长的两个引擎投资和消费都受到了严重的冲击，经济增长将减缓或下滑。

收入分配不平等引起的社会不稳定减缓经济增长。Phlip Keefer 和 Stephen knack 认为两极分化使得政治政策环境变得不稳定，特别是提高了偏离当前政策的可能性，当不平等程度很高时，财产权的安全性遭到恶化，经济当事人为应对这种风险将投资一些风险系数相对较小的企业，而这必然会抑制经济增长。经济的增长应该在收入不平等程度合理的范围内，原因之一是，收入不平等程度过大对经济的阻碍作用很大；原因之二是，随着收入不平等程度的扩大，人们对不平等程度的忍耐程度会降低，一旦超越了人们对收入不平等的忍耐程度，则这个国家将会发生社会动乱甚至政权的更替，对这个国家的经济是毁灭性的打击。李骏、吴晓刚（2012）研究发现实际的不平等与认知的不平等之间具有显著的否相关，即不平等程度的上升确实会引起人们的不满。如果收入分配不平等程度过大就会发生社会冲突、导致产权保护薄弱问题凸显，影响人们投资和消费的意愿，进而阻碍经济增长。在一个收入分配两极分化的社会中，人们在正常的市场活动或者政治渠道之外的有组织的寻租会影响资源的有效配置抑制经济增长；同时会使收入差距进一步扩大并且使该国进入到收入差距扩大的恶性循环中去。

一个国家要越过"中等收入陷阱"，不但要在进入中等收入阶段注重收入不平等程度的降低，而且，在一个国家的经济发展的起飞阶段收入不平等程度也要尽量地低。因为这样，可以一方面给由于在初级阶段的经济发展所带来的收入不平等程度的增加留足充分的空间；另一方面，初始收入相对平等化对经济发展是至关重要的。因为一方面，在市场机制尚不健全的条件下，权利和财富的不平等将转化为机会的不平等，导致生产潜力的浪费和资源配置无效率；另一方面，经济和政治的不平等将削弱制度的发展。我们知道，制度决定着人们所面对的激励和约束的机制，为市场运行提供基础条件。因而，破坏制度发展的现象必然对经济效率无益。我们可以从美国和阿根廷两国的对比中得到验证。20 世纪初，美国和阿根廷的经济实力相当，是一对势均力敌的竞争对手。两国有相近的建国时间和在立国过程中都面临中央集权和地方分权的斗争，但是，两国在向西扩张的过程中，美国选择了建立家庭规模的小地主模式作为整个社会发展的基础；阿根廷选择了大地主模式，建立了一个极端的与业绩挂钩的制度，形成了以少数大地主为核心的贵族政治体制。所以，在美国发展的初期，收入平等程度要优于同期的阿根廷。这也是美国成功越过"中等收入陷阱"而阿根廷一直陷入"中等收入陷阱"的原因之一。

四　收入分配失衡：来自中国经济现实的预测

（一）中国当前经济发展阶段的认识

Céline Bonnefond and Matthieu Clément（2012）从 1978—2006 年中国健康与营养调查数据实证分析得出，中国家庭收入两极分化严重，且有逐年上升的趋势。改革开放三十多年来，我国居民生活水平持续提高，人均收入水平从 1990 年的 490 美元上升到 2011 年的 4382 美元。中国经济在 1978—2002 年处在人均 1000 美元以下的低收入阶段；在 2003—2010 年处在人均 1000—4000 美元的下中等收入阶段。2002 年以前，中国人均收入水平的增长速度比较缓慢；2002 年加入 WTO 以后阶段，中国人均收入水平增长速度更迅速。（1990—2010 年中国人均收入的具体状况如图 4 所示）

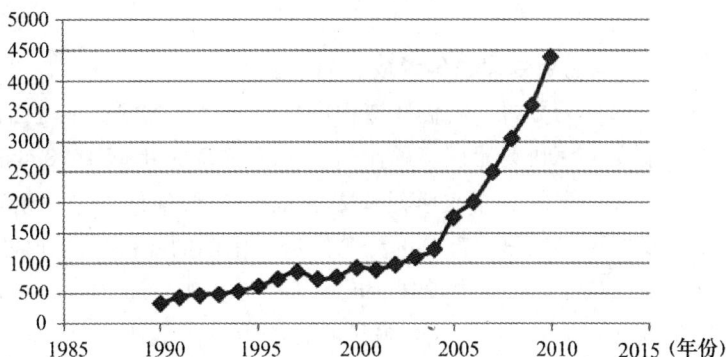

图 4　1990—2010 年中国人均收入的变化状况

　　我国收入不平等程度的状况可以从附录中的数据观察得出。附录中的数据给出了我国从 1978—2008 年基尼系数的变化状况。总体上说，在从 1978—2008 年的时间区间中，我国的基尼系数的特征是呈现上升趋势的。我国在 1994 年突破了 0.4 的警戒线后，只有 1999 年下降到 0.397，进入 2000 年以后，基尼系数又开始了进一步上升，在 2007 年达到了 0.48 的新高点。（1978—2008 年中国的基尼系数的具体状况如图 5 所示）

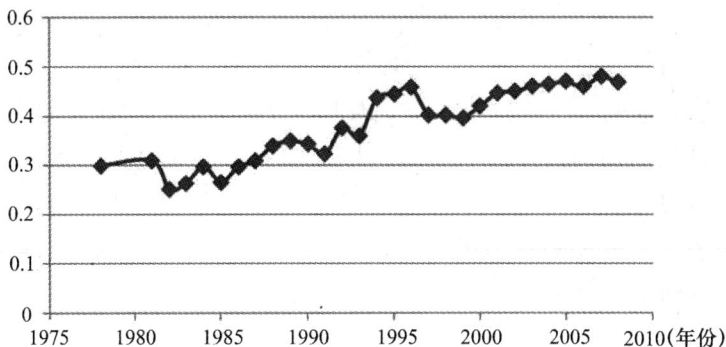

图 5　1978—2008 年中国的基尼系数变化状况

以上的分析表明，我国收入不平等曲线目前满足库兹涅兹倒 U 形曲线的第一阶段（左半部分）的特征。其中，1997 年以前的时间段，基尼系数的上升速度比较快；1997 年之后的时间区间，基尼系数的上升速度减缓。

（二）中国满足库兹涅兹假说成立的必要条件

通过上一部分的分析，我们知道中国的经济目前的状况一方面满足了人均收入水平在 11000 美元以下的阶段；另一方面，中国 1978 年以来的经济发展和收入分配的关系也满足库兹涅兹倒 U 形曲线的第一阶段的特征。因此，我们可以从第三部分的结论知道，中国的经济发展和收入分配将满足库兹涅兹假说。我国在 2011 年人均收入达到 4382 美元，满足阿南德和坎贝尔（1993）提出的 4000 美元的转折点处的收入水平的要求，也将达到 Ho - Chuan Huang 和 Shu - Chin Lin（2007）计算出的 4628 美元的人均收入水平的条件。因此，我国的经济发展和收入水平将进入库兹涅兹倒 U 形曲线的第二个阶段（下降阶段）中。

按照中国 1978—2011 年经济增长的时间序列数据对中国的经济增长进行回归分析，可知我国将在 2030 年达到人均收入 11000 美元收入水平同时越过"中等收入陷阱"。万广华（2011）预测如果中国的城镇化率在 2030 年前提高到 80%，则中国的经济将能保平均证每年 6%—7% 的经济增长率，中国人均收入水平将在 2030 年左右达到人均 11000 美元。Zhi-dong Li（2009）用经济学模型对中国的可持续的能源结构进行了计量分析发现，中国经济在 2005—2030 年的时间段将保持大约年 6% 的经济增长率，即 2030 年左右中国人均收入水平达到 11000 美元以上。在跨越人均收入为 4000—11000 美元的过程中，日本用了 12 年，新加坡用了 11 年，中国香港地区用了 11 年，韩国仅用了 7 年。通过对越过"中等收入陷阱"国家的用时长度进行分析，再考虑到中国人口多，经济总量大，能源价格的高企和国际经济环境更复杂等因素，中国将需要更久的时间，即差不多二十年的时间（2030 年左右）就可以迈过"中等收入陷阱"进入高收入国家的行列中。

五　结论和政策建议

经济发展（人均收入水平）既可以是个动态变量，也可以是个静态变量，即它在一段时间内保持不变、下降或上升都是允许的，且在经济发展的历史中，这些情况都是存在的。但是，时间是个标准的动态变量，它会一直地增长。跨越"中等收入陷阱"就是指以尽量短的时间使一国的人均收入水平从中等收入水平上升到高收入水平。所以，即使我们知道一国的经济发展和收入水平的关系符合库兹涅兹倒 U 形曲线的特征，我们也不能给出这个国家越过"中等收入陷阱"的具体时间表。主要是因为，这个国家可能一直徘徊或停留在库兹涅兹倒 U 形曲线中的某段区间内不再前进。因此，若让一个满足库兹涅兹假说的国家越过"中等收入陷阱"，我们就可以通过减低这个国家收入不平等程度的措施来促进经济增长和实现收入水平的提高。我们从上一部分的结论得知，我国目前处在库兹涅兹倒 U 形曲线的转折点附近，我们可以通用降低收入不平等程度来实现越过"中等收入陷阱"的目标，预计在 2030 年我国的人均收入水平达到 11000 美元以上，进入高收入国家的队伍中。

我国政府可以从以下 6 点降低收入分配不平等：

（1）加快税收制度改革，提高个人所得税起征点。《2011 年中国经济增长报告》指出，工资性收入增长较慢是城乡差距扩大的主要原因，其中工薪收入对城乡居民收入差距的贡献度一直高达 90% 左右。

（2）深化垄断行业收入分配制度改革，缩小不同行业之间的收入差距。岳希明、李实和 Terry Sicular（2005）应用 Oaxaca - Blinder 分解方法对垄断行业和竞争行业经行实证分析发现，垄断行业与竞争行业之间收入差距的 50% 以上是不合理的，并且指出这是行业垄断造成的，最后作者指出在考虑到垄断行业的福利的情况下，垄断行业不合理收入的测量结果应被大大低估了。

（3）减少农村人口，加快城市化建设，缩小城乡收入差距。沈凌、田国强（2009）通过一个基于需求因素的经济学分析发现了扩大城市化，减少农村人口既有利于经济增长，又有利于共同富裕，是一个帕累托改进。

（4）建设高质量政府，取缔非法收入，规范收入分配秩序。Paul Vandeberg 和庄巨忠（2011）认为推动政府建设和减少腐败可以有效降低收入分配不平等并能确保公共资源在社会各阶层得到有效配置。Harpaul 和 Natasha（2011）也认为降低收入分配不平等的关键在于要有高质量的政府。

（5）政府加大教育投资力度，提高人力资本质量。有实证研究表明，人力资本积累，特别是初等教育程度以上的人力资本的积累对缩小收入分配差距有显著的促进作用。Francois，Francisco 和 phillippe（2008）用巴西的数据证明造成收入差异的原因是教育的回报率的差异。

（6）建立符合我国国情的全社会保障体系，覆盖全社会公民的基本生活。Céline Bonnefond 和 Matthieu Clément（2012）指出在农村两级分化较城市更严重，但城市两极分化更明显。指出农村的收入差距来源于是否有非农业机会；城市的收入差距来源于社会福利的快速下降，自由的劳动力市场和国企引起的就业和收入的不平等。

参考文献

[1] 尹恒、龚六堂、邹恒甫：《收入分配不平等与经济增长：回到库兹涅茨假说》，《经济研究》2005 年第 4 期。

[2] 沈凌、田国强：《贫富差别、城市化与经济增长——一个基于需求因素的经济学分析》，《经济研究》2009 年第 1 期。

[3] 江时学：《拉美国家的收入分配为什么如此不公》，景天魁：《收入分配与利益协调》，黑龙江人民出版社 2006 年版。

[4] 苏振兴：《增长、分配与社会分——对拉美国家社会贫富分化问题的考察》，《拉丁美洲研究》2005 年第 1 期，第 27 卷。

[5] 曾铮：《亚洲国家和地区经济发展方式转变研究》，《经济学家》2011 年第 6 期。

[6] 北京大学中国国民经济核算与经济增长研究中心：《2011 中国经济增长报告——克服中等收入陷阱的关键在于转变发展方式》，中国发展出版社 2011 年版。

[7] 钱凯：《规避"中等收入陷阱"观点综述》，《经济研究参考》2011 年第 48 期。

[8] 拉维·坎贝尔（1996）：《收入分配与经济发展》，《收入分配经济学手册》，第 756—805 页。

[9] 郑秉文：《"中等收入陷阱"与中国发展道路——基于国际经验教训的视角》，《中国人口科学》2011 年第 1 期。

［10］罗宾·罗利（1985）：《经济发展与收入分配，收入分配理论》，第 244—269 页。

［11］林毅夫（2004）：《经济发展与收入分配，发展战略与经济发展》，第 231—249 页。

［12］本杰明·M. 富兰克林（2005）：《增长与平等，经济增长的道德意义》，第 401—429 页。

［13］王弟海：《收入和财富分配不平等：动态视角》，格林出版社 2009 年版。

［14］刘伟：《突破"中等收入陷阱"的关键在于转变发展方式》，《上海行政学院学报》2011 年第 1 期。

［15］胡祖光：《基尼系数与收入分布研究》，浙江工商大学出版社 2010 年版。

［16］李骏、吴晓刚：《收入不平等与公平分配：对转型时期中国城镇居民公平观的一项实证分析》，《中国社会科学》2012 年第 3 期。

［17］菲利普·基弗、斯蒂芬·科拉克：《不平等与经济增长之间的链接：两极分化、政治决策与财产权》，《经济社会体制比较》2008 年第 3 期。

［18］Anand, S. , R. Kanbur (1993), The Kuznets process and inequality – development relationship, *Journal of Development Economics*40: pp. 25 – 52.

［19］PH Lindert , Three centuries of inequality in Britain and America, *Handbook of income distribution*, 2000 , Elsevier.

［20］Chu, Y. – P. (1995), Taiwan's inequality in the postwar era, Working paper No. 96 – 1 (Sun Yat Sen institute, Taiwan) .

［21］Field, G. and G. Jakuson (1994), New evidence on the Kuznets curve, mimeo Cornell University, ithaca.

［22］Aghion, P. , E. Caroli, and C. Garcia – Penalosa, 1999, "Inequality and economic growth: the perspective of the new growth theories", *Journal of Economic literature*, Vol. 37, No. 4, pp. 1615 – 1660.

［23］The World Bank, World Bank East Asia and Pacific Economic Update 2010: Robust Recovery, Rising Risks, Vol. 2, No. 2010, p. 27.

［24］World Bank (2005a), World Development Report 2006: Equity and Development, Washington D. C. : The World Bank and Oxford University Press.

［25］Barro, Robert J. (2000), Inequality and Growth in a Panel of Countries, *Journal of Economic Growth*, 5: 5 – 32 (March 2000) .

［26］Been – Lon Chen, An inverted – U relationship between inequality and long – run growth, Economics Letters 78, (2003), pp. 205 – 212.

［27］Tuomas Malinen, Estimating the long – run relationship between income inequality and economic development, September 2010, Springer 2010.

［28］Kenichi Ohno , Avoiding the Middle – income Trap: Renovating industrial Policy

Formulation in Vietnam, *ASEAN Economic Bulletin*, Vol. 26, No. 1 (2009), pp. 25 – 43.

[29] Harpaul Alberto Kohli , Natasha Mukherjee, Potential Costs to Asia of the Middle income Trap, *Global Journal of Emerging Market Economies*, 3, 3 (2011): pp. 291 –311.

[30] Miaojie Yu, Moving up the Value Chain in Manufacturing for China, March 22, 2011.

[31] Galor, O. and D, Tsiddon (1996), The distribution of human capital and economic growth, Tel Aviv Sackler institute for Economic Studies No. 18/96, Sackler institute, Tel Aviv.

[32] Ogwang, T. (1994), Economic development and income inequality: a nonparametric investigation of Kuznets' U – curve hypothesis, *Journal of developing Economies*, 32: pp. 237 –255 .

[33] Ho – Chuan (River) Huang, Shu – Chin Lin, Semiparametric Bayesian inference of the Kuznets hypothesis, *Journal of Development Economics*, 83 (2007), pp. 491 –505.

[34] Abhijit V. Banerjeet, Esther Duflo, inequality and Growth: What Can the Data Say?, *Journal of Economic Growth*, 8, 2003, pp. 267 –299.

[35] Bonnefond. Céline, Clément. Matthieu, An analysis of income polarization in rural and urban China, Post – Communist Economies, 2012, Vol. 24, No. 1: pp. 15 –37.

[36] Simon Kuznets (1955), Economic Growth and income inequality, *The American Economic Review*, pp. 1 –28.

[37] William Arthur Lewis (1954) , Economic Development with Unlimited Supplies of Labor, Manchester School.

注释

1. 本文用到的人均收入的数据都是以 2005 年美元的价格水平为基准。

2. 人均 GDP 的数据来源：ERS international Macroeconomic Data Set, 2012 和 The Conference Board Total Economy Database, September 2011。

3. 美元各年的价格水平换算来自：

History of the United States dollar,

http: //en. wikipedia. org/wiki/History_ of_ the_ United_ States_ dollar;

Comparative Value of the U. S. Dollar (Approximate),

http: //mykindred. com/cloud/TX/Documents/dollar/.

附录

我国 1978—2008 年基尼系数变化状况

年份	基尼系数	年份	基尼系数
1978	0.30	1995	0.445
1981	0.31	1996	0.458
1982	0.25	1997	0.403
1983	0.264	1998	0.403
1984	0.297	1999	0.397
1985	0.266	2000	0.42
1986	0.297	2001	0.447
1987	0.31	2002	0.45
1988	0.34	2003	0.46
1989	0.349	2004	0.465
1990	0.343	2005	0.47
1991	0.324	2006	0.46
1992	0.376	2007	0.48
1993	0.36	2008	0.469
1994	0.436		

数据来源：1978—2006 年基尼系数来自孙浩进："中国收入分配公平的制度变迁"，吉林大学 2009 年博士学位论文。2007—2008 年数据来自《联合国人类发展报告》。

阿根廷 1953—2006 年基尼系数变化状况

年份	基尼系数	年份	基尼系数
1953	0.412	1987	0.433
1959	0.462	1988	0.454
1961	0.449	1989	0.476
1963	0.377	1990	0.444
1965	0.36	1991	0.459
1969	0.381	1992	0.447
1970	0.387	1993	0.444
1972	0.352	1994	0.452
1974	0.356	1995	0.478
1975	0.358	1996	0.478
1976	0.352	1997	0.472
1977	0.403	1998	0.494

续表

年份	基尼系数	年份	基尼系数
1978	0.434	1999	0.491
1979	0.413	2000	0.504
1980	0.413	2001	0.522
1981	0.433	2002	0.533
1982	0.402	2003	0.528
1983	0.404	2004	0.508
1985	0.398	2005	0.502
1986	0.422	2006	0.486

马来西亚 1958—2004 年基尼系数变化状况

年份	基尼系数	年份	基尼系数
1958	0.382	1989	0.486
1960	0.566	1990	0.442
1968	0.511	1992	0.499
1970	0.497	1995	0.500
1976	0.531	1997	0.485
1979	0.508	1999	0.443
1984	0.495	2004	0.403
1987	0.499		

　　数据来源：阿根廷和马来西亚国的基尼系数都来自 The UNU – WiDER World income inequality Database，其中如果一国某年有多个基尼系数的计算数据，我们取它们的平均值。

无尽的等待——"倒 U 型假说"批判

陈　弘[*]

一　"倒 U 型假说"——在变得更好之前要变得更坏

1955 年，美国经济学家库兹涅茨（Kuznets，S.）以一系列横截面数据为基础，提出了著名的"倒 U 型假说"（inverted – U Hypothesis）。库兹涅茨在引证了普鲁士 1854—1875 年的数据资料论证了经济增长早期阶段收入分配不平等恶化的趋势之后，利用历史上的美国、英国和德国萨克森地区以及第二次世界大战后一些国家的数据，概括了收入分配不平等的变动趋势——"收入分配不平等的长期趋势可以假设为：在前工业文明向工业文明过渡的经济增长早期阶段迅速扩大，尔后是短暂的稳定，增长的后期阶段则逐渐缩小"[①]。

"倒 U 型假说"暗示的"在变得更好之前要变得更坏"对追求经济增长的发展中经济体有着强烈的政策暗示。从经济增长的逻辑考察，增长的推动力来自于储蓄转化的投资，高收入阶层比低收入阶层的储蓄倾向更高，所以收入分配差距越大对经济增长的推动就越大。刘易斯（Lewis，W，A.）曾论证："经济发展理论的中心问题是去理解一个由原先的储蓄和投资占不到国民收入 4% 或 5% 的社会本身变为一个自愿储蓄增加到国民收入 12% —15% 以上的经济过程"；由于"所有的储蓄都是由获得利润和地租的人们进行"，因而"经济发展的中心事实是收

* 陈弘，南开大学马克思主义教育学院，经济学博士，教授，博士生导师，研究方向为转型经济、国外马克思主义与左翼经济理论。

① Kuznets, S., Economic Growth and income inequality, *American Economic Review*, March. 1955, p. 18.

入分配变得有利于储蓄阶级"①。这样，经济增长早期阶段在富人和穷人之间进行再分配，必定以抑制经济增长的方式对穷人造成更大的损害；最有效地帮助穷人的方法是先帮助富人，引导他们进行储蓄和投资以促进经济增长；而经济增长的成果则会"向下涓流"（truckle‐down）扩散惠及穷人，最终改善收入分配不平等。这就是被认为是经济发展理论中无可辩驳的"利益扩散理论"，而利益扩散要求收入分配平等"在变得更好之前要变得更坏"。

　　然而，后来经济学家们对"倒 U 型假说"的检验没有一致的结论；而检验数据的类型——是横截面数据还是时序数据则强烈地影响着检验的结论。

表‐1　　　　　　　　鲍克特检验：不同国家人均收入水平与基尼系数

收入等级（人均 GDP）*	基尼系数平均值	基尼系数范围	国家数
100 以下（78.3）	0.419	0.33—0.51	9
101—200（147.6）	0.499	0.26—0.50	11
201—300（244.4）	0.530	0.36—0.62	8
301—500（426.9）	0.494	0.30—0.64	9
501—1000（723.3）	0.438	0.38—0.58	6
1001—2000（1485.2）	0.401	0.30—0.50	10
2000 以上（2572.3）	0.365	0.34—0.39	3

　　* 为 1965 年美元；括号内为各组平均数。

　　资料来源：Paukert, F., "Income Distribution at Different Levels of Development: A Survey of Evidence", *International Labor Review*, Aug‐Sept, 1973。

　　鲍克特（Paukert, F）、阿鲁瓦利亚利（Ahluwalia, M）进行的横截面数据检验支持了库兹涅茨的"倒 U 型假说"。在鲍克特比较分布的不同收入组的 56 个国家基尼系数平均值中，当一个国家的人均 GDP 进入 301—500 美元组之前，经济增长将导致收入分配不平等恶化；而当人均 GDP 超过这一组之后，收入分配差距逐步缩小（见表‐1）。阿鲁瓦利亚利用

---

　　①　刘易斯：《二元经济论》，北京经济学院出版社 1989 年版，第 15—16 页。

60 个国家的样本资料的验证表明，库兹涅茨指数、阿鲁瓦利亚指数①和基尼系数三个数据都支持了"先更坏、后更好"的趋势（见表 -2）。

表 -2　　　　　阿鲁瓦利亚利检验：不同类型国家的收入分配差距

	收入份额		基尼系数	人均 GNP*
	最低 40%	最高 20%		
低收入国	14.2	50.9	0.427	256
中低收入国	11.3	53.5	0.505	867
中上收入国	14.0	49.1	0.428	2623
工业化市场经济国家	18.8	40.2	0.331	8664
非市场经济国家	20.5	35.5	0.284	1309

注：* 为 1970 年美元。

资料来源：Ahluwalia, M. Inequality, Poverty and Development. Journal of Development Economics, (6), 1976。

表 -3　　　　　菲尔兹检验："亚洲四小"的基尼系数

	香港地区	韩国	新加坡	台湾地区
1950s				0.5
1964	0.487		0.499	
1968—1972				0.3
1970		0.33		
1971	0.411			
1975			0.452	
1976	0.438	0.38		
1976—1978				0.27
1980			0.455	
1981	0.447			

资料来源：Fields, G..S., "Employment Income Distribution and Economic Growth in Seven Small Open Economies", *Economic Journal*, March. 1984.

---

①　库兹涅茨指数是一个社会中最富有的 20% 的人口在全部收入中所占收入份额；阿鲁瓦利亚指数是一个社会最贫困的 40% 人口在全部收入中所占收入份额。

而时序数据检验则没有支持倒 U 型的变动轨迹。钱纳里（Chenery，H）等人检验了 18 个经济体在 20 世纪 50—70 年代经济增长与收入分配的不平等相关性，期间 6 个经济体低收入的 40% 人口收入增长快于经济的增长，11 个经济体低收入的 40% 人口收入的增长慢于经济的增长，而韩国 40% 的低收入者的收入份额则与 GNP 的增长同步[①]。菲尔兹（Fields，G. S）对"亚洲四小"的时序数据验证则表明，收入分配不平等的恶化并非经济增长的必须代价（详见表 -3）；Fei、Ranis 和 Kuo 对中国台湾的时序数据检验还表明，收入分配平等的改善与经济增长可以双赢——在 20 世纪 50 年代到 70 年代的经济起飞期间，中国台湾的基尼系数从 0.53 下降到了 0.33[②]。

库兹涅茨依据横截面数据总结的"倒 U 型假说"被依据横截面数据的检验证实；但横截面数据分析，会将处于不同经济发展水平上的不同经济体转化成同一个经济体的不同经济发展阶段，将多个经济体收入不平等的差异转换为一个经济体的变动趋势。这显然削弱了"倒 U 型假说"的说服力。真正支持"倒 U 型假说"的应该是时序数据——只有特定经济体在经济发展过程中若干时点上的经济发展水平与收入分配平等性的关系，才能真正验证"倒 U 型假说"。而时序数据的验证表明，经济增长过程中收入分配不平等的变动并没有呈现出有规则的唯一趋势。

更为重要的是，"向下涓流"的利益扩散机制并没有被大多数发展中经济体的经济成长经验证实；有的经济体在经济增长过程中还出现了收入分配差距持续扩大的趋势。威尔伯（Wilber，C.）引用伊尔马·阿德尔曼等人对 42 个发展中经济体经济发展历程的考察指出，经济增长对收入分配的主要影响在于减少穷人的收入，"发展好处非但没有自动地间接流下，发展过程却反而典型地使好处间接流上，受惠的是中产阶级和富人"[③]。钱纳里也曾指出，"欠发达国家 10 多年的

① Chenery H, *Ahluwalia M. S and others*, *Redistribution with Growth*, New York：Oxford University Press, 1974.

② Fei J Ranis G, *Kuo S W Y.*, *Growth with Equity：Taiwan Case*, New York：Oxford University Press, 1979.

③ 威尔伯：《发达与不发达问题的政治经济学》，中国社会科学出版社 1984 年版，第 12 页。

迅速增长对它们的三分之一人民来说，获益不大，甚至可以说基本没有获益。尽管自 1960 年以来，第三世界的国家人均收入增加了 50%，但它所带来的是国家之间、地区之间和一个国家内的收入分配的极端不平等"①。

二 "更坏"就能"更好"？

最为实证检验支持的是倒 U 型曲线的前半段。

那些得以"变得更好"的发达经济体，在从农业经济向现代的转型中经历了一个"更坏"的历史阶段。在走向经济现代化历史起始阶段，许多欧洲国家曾陷入"马尔萨斯陷阱"（Malthusian trap）之中——更高的生产率导致了更高的人口增长率；资本积累被新增人口消耗而资本—劳动比率无从提高，进而社会经济发展停滞不前。技术上说，部分欧洲国家通过增加储蓄与投资提高了资本—劳动比率，从而率先走出了"马尔萨斯陷阱"。但他们摆脱"马尔萨斯陷阱"向现代转型的成功，并非仅是技术进步加速和生产率提高的结果；通过不断扩大收入不平等促进资本积累，才是成功的决定性因素。资料显示，1500—1800 年期间英国人均 GDP 提高了一倍以上，但英国工人的实际工资一直在下降②；1867 年英国基尼系数达到了 0.6（见图 1）。戈德斯通（Goldstone，Jack A）曾就此指出，1830 年以前没有哪个欧洲国家普通工人的生活水平显著上升是毫无疑问的重要事实③。而经济增长早期阶段低人均收入条件下的收入不平等，将大部分人口置于最低生活保障之下的苦难之中——16 世纪末到 17 世纪，英国人的预期寿命从 40 岁下降到 33 岁左右，死亡率提高了将近 50%（见图 2）。

① Chenery H, *Ahluwalia M. S and others*, *Redistribution with Growth*, New York: Oxford University Press, 1974, p. 13.

② Saito, O., Income Growth and inequality Over The Very Long Run: England, india and Japan Compared Paper presented at The First international Symposium of Comparative Research on Major Regional Powers in Eurasia. July 10, 2009.

③ Goldstone Jack A., Unraveling the Mystery of Economic Growth., A review of Gregory Clark's "A Farewell to Alms: A Brief Economic History of the World", *World Economics*, Vol. 8, No. 3, 2007.

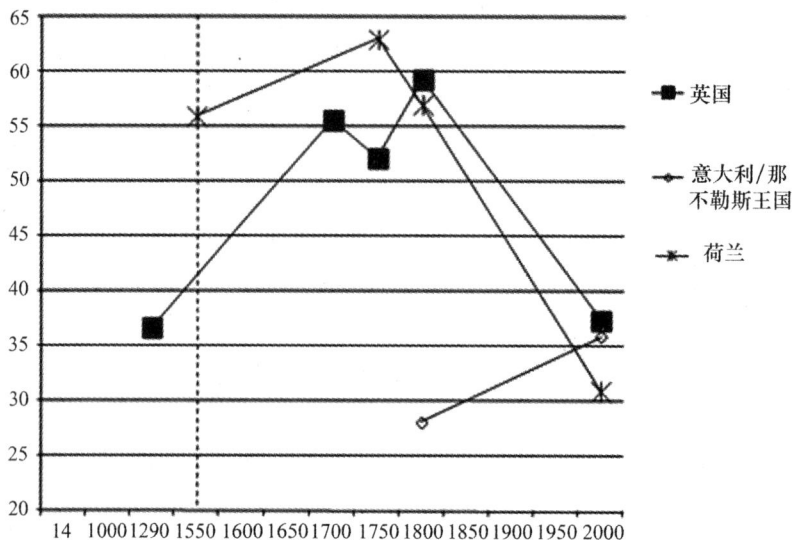

图1   部分欧洲国家的基尼系数①

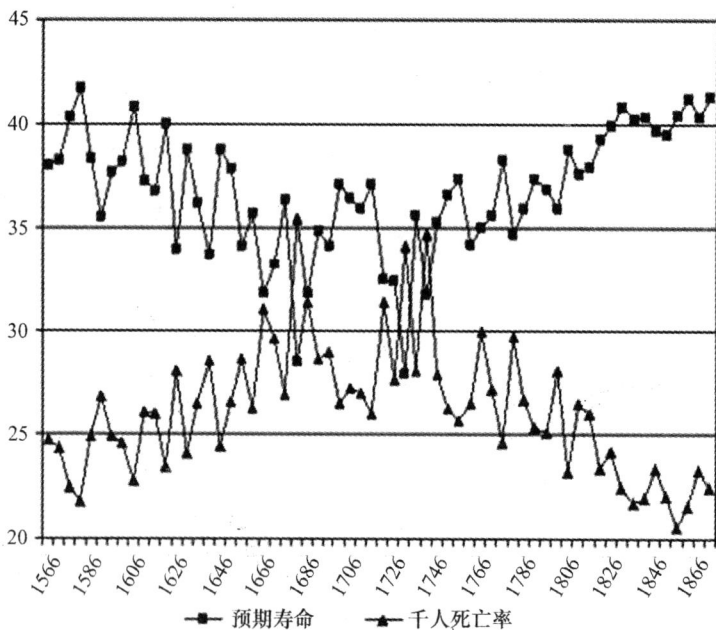

图2   16—19世纪英国人的预期寿命和死亡率

①   Milanovic, B. , P. H. Lindert, and J. G. Williamson. Pre-Industrial Inequality: An Early Conjectural Map [Z] . Mimeo. 23 August, 2007.

库兹涅茨曾分析了倒 U 型拐点的出现的因素。从经济发展的自然趋势而言，一方面经济增长过程中新技术催生的新兴行业重新分配了收入创造机会，提高了部分社会成员的收入水平；另一方面，富裕家庭率先进行的人口控制，使较低收入阶层的人口得以进入比例固定的富裕阶层，也改善了收入分配的不平等。此外，库兹涅茨还特别地指出，在经济增长到一定阶段后，人们将重新评价作为经济增长代价的收入不平等；这种重新评价促使政府采取了诸如遗产税、累进税、救济与无偿援助等立法与政治干预；这种政策性因素对收入分配由"更坏"转向"更好"发挥了至关重要的作用[1]。而此类立法与政治的干预恰恰被横截面数据抽象掉，可能的改善被"倒 U 型假说"叙述为了经济增长中的自然趋势；而时序数据检验没有完全支持"倒 U 型假说"，是因为它还原了不同经济体的制度与政策差异——政府是否作出了政策调整影响着收入分配平等变动的方向。

从资本主义市场经济发展的现实进程考察，尽管累进的所得税、高额的遗产税、最低工资等对市场的干预，从根本上说为了维护资产阶级的根本利益，但资产阶级政府为了"不致在无谓的斗争中把自己和社会消灭"[2] 而采取的干预措施，对缓解市场机制下的收入不平等起到了重要的作用。卢森堡收入研究所（Luxembourg income Study）一项对发达市场经济国家的调查显示，与未经调整的市场收入（Market income）基尼系数相比，经过税收和转移支付调整后的个人可支配收入的基尼系数显著地降低——以市场收入衡量，17 个被调查的国家中只有瑞士和芬兰的基尼系数低于 0.4，但经过税收与转移支付调整后，所有国家的个人可支配收入基尼系数全部降到了 0.4 以下；最高下降了 0.25，最低下降了 0.08（详见表 4）。

无须讳言，相对于曾经的"更坏"，今天的发达经济体已经变得"更好"；但因此认为收入分配平等会在经济增长中自然改善，是对"倒 U 型假说"的误读；倘若从"更坏"到"更好"的变动轨迹存在，并非是市场机制下经济增长的自然结果。

尽管一些发展中经济体在经济增长中维持了收入分配的平等，有的经

---

① Kuznets, S. , "Economic Growth and income inequality", *American Economic Review*, March. 1955.

② 《马克思恩格斯选集》第 4 卷，人民出版社 1995 年版，第 170 页。

济体甚至在高速经济增长中改善了收入分配的平等；但就多数发展中经济体而言，倒 U 型曲线的前半段是其经济增长中的必定阶段。因而他们更现实的问题是，在经历了"变得更坏"之后，是否能够"变得更好"？

依照"先进"的西方经验，只有残忍地扩大收入不平等，才能促进资本积累、提高资本—劳动比率，进而有效地促进经济增长；当经济增长"变得更好"之后，收入分配平等也才会有"变得更好"的空间。但按照这一逻辑，今天发展中的经济体要"变得更好"，面临着比"先进"的先行者们更为严峻的挑战；这种挑战不仅威胁着平等的改善，也威胁着经济的增长。

表 – 4　　　　部分发达国家市场收入与可支配收入基尼系数对比

	市场收入	可支配收入	差额
美国 （1997）	0.48	0.37	0.11
英国 （1995）	0.51	0.34	0.17
意大利 （1995）	—	0.34	—
日本 （1992）	—	0.31	—
澳大利亚 （1994）	0.45	0.31	0.14
瑞士 （1992）	0.38	0.30	0.08
西班牙 （1990）	—	0.29	—
加拿大 （1997）	0.42	0.29	0.13
法国 （1994）	0.49	0.29	0.20
奥地利 （1995）	—	0.28	—
德国 （1994）	0.49	0.26	0.23
比利时 （1997）	0.50	0.26	0.24
爱尔兰 （1994）	0.42	0.25	0.17
挪威 （1995）	0.40	0.27	0.13
丹麦 （1992）	0.43	0.24	0.19
芬兰 （1995）	0.39	0.23	0.16
瑞典 （1995）	0.47	0.22	0.25

资料来源：转引自权衡《"收入分配——经济增长"的现代分析：转型期中国经验与理论》，上海社会科学院出版社 2004 年版。

首先，经济的全球化。

20 世纪 80 年代以来，经济全球化成为了世界经济最不可逆转的潮流之一。经济全球化的本质是市场机制的全球化；借全球化之便，资本裹挟着"自由"市场机制席卷全球。但市场机制从来不是平等的助推器，在市场经济中"有大财产的所在，就是有大不平等的所在。有一个巨富的人，同时至少必有五百个穷人。少数人的富裕，是以多数人的贫乏为前提的"。① 在资本裹挟的"自由"市场机制作用下，发展中经济体若想在平等方面"变得更好"，必将遭遇市场机制的强大压力。更进一步的，在"变得更坏才能变得更好"的逻辑中潜含着经济封闭的前提条件——在没有向外漏出的经济环境中，富人更多的储蓄转化为投资以及富人更多的消费才是促进经济增长的动力。但在全球化的开放经济环境中，富人的储蓄、投资以及高端的消费，将可能向外漏出而不再构成促进本经济体的增长动力。因而，收入分配不平等的"更坏"，可能瓦解平等"变得更好"依赖的经济增长基础。

其次，经济的金融化。

肇始于 20 世纪 70 年代中后期的金融化在 90 年代开始其异军突起的进程；金融化（financialisation）是指一个经济体中银行、证券、保险、房地产信贷等广义金融业在国民经济中的比重不断上升；金融化诱使了大量资本脱离实体经济以这一"钱生钱"的借贷资本运动的形式牟利并积累；赢者通吃的市场效应在金融化中充分展示出来。以执全球金融业牛耳的美国为例，金融危机爆发之前的 2006 年，美国金融利润高达企业利润总额的 40%。在 20 世纪 50 年代至 70 年代，由低到高排列美国 90% 的人口每增加 1 美元收入，0.01% 的最高阶层收入增加 162 美元；而在 1990 年至 2002 年期间，这 0.01% 的最高阶层在 90% 人口每增加 1 美元收入之时收入增加达到了 18000 美元；2001 年，美国最富有 1% 家庭的收入超过由低到高排列 80% 家庭收入 2 倍；以金融资产衡量，最富有 1% 家庭的金融资产高出这 80% 家庭 4 倍②。被金融化卷入的发展中经济体，在"劫贫济富"的向上财富转移中必然更难以使平等"变得更好"；而在金融业落后的现实格局中追求金融产业提升，也将拖累作为发展中经济体核心的实体经济，同样会瓦解平等"变得更好"依赖的经济增长。

三 "共同富裕"与"倒 U 型假说"

在经济增长的基础上实现平等、最终实现共同富裕，是市场经济社会

---

① 亚当·斯密：《国民财富的性质与原因研究》（下），商务印书馆 1997 年版，第 272 页。

② Foster, John Bellamy and Magdoff, Fred, "Financial Implosion and Stagnation: Back To The Real Economy", *Monthly Review*, December 2008, Volume 60, Number 7.

主义性质的本质要求。在我国市场化改革的初期，邓小平就坚定指出，"正因为社会主义的原则最终要达到共同致富，所以我们的另一个原则是我们的政策不至于导致两极分化，就是说，不会导致富的越富，贫的越贫"；"如果我们的政策导致两极分化，我们就失败了"①。

20 世纪 80 年代中期以后，伴随着我国经济的高速增长呈现出的则是收入分配差距的迅速扩大。按照国家统计局的数据，我国的基尼系数在 2000 年达到了 0.417，超过了国际公认的收入分配不平等警戒线。根据世界银行的数据，全球 112 个经济体在 20 世纪 90 年代中后期的基尼系数算术平均值为 0.394；其中 74 个的基尼系数在 0.3—0.4 之间，不包括我国的 21 个转轨国家基尼系数的平均值为 0.321②③。在世界银行《世界发展报告 2006》提供的 127 个经济体的指标中，94 个经济体的基尼系数低于我国，只有 29 个比我国更高；基尼系数由低到高排列，我国与若干拉美和非洲国家并列第 95 位，已经成为少数收入分配不平等程度很高的国家之一④。另以国家统计局的数据估算，2005 年我国收入最高的 10% 居民家庭的平均收入与收入最低的 10% 居民家庭平均收入的倍数为 21，既远高于所有发达经济体和多数发展中经济体，也高于我国市场化改革进程的早期——1995 年我国这一比值尚不到 14⑤。

于是，我国市场化改革中收入分配差距的不断扩大成为了一个令人侧目的问题。正是因此，在我国市场化改革取得了令世人瞩目的经济增长奇迹之时，邓小平在晚年清醒地强调："过去我们讲先发展起来"，"现在看，发展起来以后的问题不比不发展时少"，社会富裕起来之后"分配的问题大得很"；而"解决这个问题比解决发展起来的问题还困难"，"要利用各种手段、各种方法、各种方案解决这些问题"，否则"发展下去总有一天会出问题"⑥。

面对"共同富裕"与成为"少数分配不平等程度很高国家之一"的矛盾，理论界给出了大量的解读；库兹涅兹的"倒 U 型假说"也成为最

① 《邓小平文选》第 3 卷，人民出版社 1993 年版，第 172、111 页。

② 世界银行：《2000 年世界发展指标》，中国财政经济出版社 2000 年版。

③ 世界银行：《2000/2001 年世界发展报告：与贫困作斗争》，中国财政经济出版社 2001 年版。

④ 世界银行：《2006 年世界发展报告：公平与发展》，清华大学出版社 2006 年版。

⑤ 王小鲁：《灰色收入与居民收入差距》，《中国税务》2007 年第 10 期。

⑥ 宋福范：《邓小平晚年对中国发展道路的反思》，《学习时报》2009 年 6 月 29 日。

主流的解读之一。

1994 年陈宗胜以"公有制收入差别倒 U 型曲线"指出，与私有制为基础的社会类似，以公有制为基础的社会在低收入阶段的收入分配呈现出典型的平等特征；随着经济增长，中低收入阶段的收入分配差距开始逐步扩大，待进入中高收入阶段之后则会逐步缓解[①]之后，陈宗胜根据我国市场化改革中所有制结构的变动，以"混合经济中收入差别倒 U 曲线的'阶梯型'变异"解释了我国收入分配差距扩大的跳跃性[②]；陈宗胜还预测，在"现有政策不变的前提下"，收入分配不平等扩大将在 21 世纪初叶末达到拐点进入收入分配不平等的改善阶段[③]。

而值得注意的是，一些研究者奉"倒 U 型假说"为圭臬，面对不断扩大的收入分配差距不断地将收入分配差距的扩大解释为"正常现象"。他们强调，我国收入分配差距的扩大"是工业化过程造成的"、"是发展的一个过程"[④]；"处于城市化和工业化进程中的国家，基尼系数往往要高于完成城市化和工业化后的国家，这是正常现象"[⑤]，"只要抓总量增加，不必管分配。发展到一定程度，一切问题都会解决"[⑥]。为了给收入分配差距扩大"正常"之说奠定理论基础，还有研究者结合"倒 U 型假说"着重论证了基尼系数对我国的"不适用"。他们提出，"基尼系数是工业化后一元结构社会贫富的一个表达，对于中国这个城乡二元结构，加上东西部差距，可以说是多元结构的社会，本质上是不适用的"[⑦]；基尼系数 0.4 的警戒线标准，"主要是基于西方国家经验的抽象"，"教条地使用 0.4 作为警戒线"，混淆了"收入差距判断与收入差距影响判断"，"中国的基尼系数超过 0.4，进入收入差距过大的区间，但其对于经济的负面影响并不突出，工业化和城市化的步伐仍在继续，不能据此判断中国收入差

①　陈宗胜：《经济发展中的收入分配》，上海三联书店、上海人民出版社 1994 年版。

②　陈宗胜：《收入差别、贫困及失业》，南开大学出版社 2000 年版。

③　陈宗胜、周云波：《再论经济发展中的收入分配——中国发生两极分化了吗?》，经济科学出版社 2002 年版。

④　茅于轼：《我国收入分配的差距扩大为一历史过程》，《经济观察报》2007 年 1 月 9 日。

⑤　王明峰：《本报记者独家专访经济学家魏杰：收入差距不要迷信基尼系数》，《人民日报》（海外版）2006 年 7 月 14 日。

⑥　《且看经济学家的骇人语录》，《燕赵都市报》2006 年 6 月 28 日。

⑦　刘吉：《从"郎旋风"看否定改革的第三次思潮》，《改革内参》2006 年第 17 期。

距影响也超过了警戒线"①。他们还引证一项认为收入分配差距持续扩大会引发严重的社会冲突的研究②提出，"中国基尼系数超过 0.45 已经许多年，并没有出现所预言的什么危机"③；市场化改革进程中社会局面稳定，收入分配差距扩大更没有导致社会动荡，决定着我国"并不严重"的收入分配差距是"适当的"④⑤。

我们认为，以"倒 U 型假说"为理论依托，片面强调收入分配差距扩大的必然性与合理性、否定为国际理论界普遍接纳的基尼系数，不过某些利益集团及其代言人听任乃至希冀收入分配差距持续扩大的借口；倘若以"社会稳定"为标准，那么在收入分配差距恶化到导致社会动荡之前，就都是"并不严重"和"适当的"。一个追求在经济增长中最终实现共同富裕的社会主义国家以这样的理论指导实践，倒 U 型曲线拐点的到来，就注定是一场只能期盼的无尽等待；共同富裕的最终目标也只能与中国渐行渐远。

①　魏杰、谭伟：《基尼系数理论与中国现实的碰撞》，《光明日报》2006 年 2 月 14 日。

②　Alesina, A. and Perotti, R. Income Distribution, Political Instability and Investment, NBER Working Paper, No. 4486.

③　朱红军：《继续为改革开放鼓与呼——专访中国社科院前副院长刘吉》，《南方周末》2007 年 2 月 8 日。

④　游宏炳：《中国收入分配差距研究》，中国经济出版社 1998 年版。

⑤　金在喜：《当代中国居民收入分配研究》，东北师范大学出版社 1996 年版。

中国贫富问题浅析

刘书越*

马克思主义历来关注贫富问题。改革开放以来，随着党的鼓励一部分人先富起来政策的实施，和生产力的不断进步，我国开始出现先富人士，并逐渐形成了一个日益庞大的先富阶层，由此衍生出许多新型社会矛盾。这是一个既关系国家的长治久安，又事关改革开放大业成败，无论如何都必须面对，绝对无法回避的重大理论和实践课题。

一　中国已经形成了一个日益庞大的先富阶层

当代中国社会的富人是随着我国改革开放的不断发展，和党的鼓励一部分先富起来政策的实施开始出现的，并日益扩大其规模和涉足领域，逐渐发展成为一个当代中国社会重要的社会阶层。新中国成立以后，从社会主义改造完成到改革开放开始这一时期，总体来讲，绝对贫困存在，而真正的富裕人士却不成规模，更不存在富裕阶层。

以十一届三中全会为标志，中国的收入分配制度改革在农村以"家庭联产承包责任制"为突破口，在城市则以"奖励和计件工资制的恢复"拉开了序幕。30多年来，劳动、资本、技术、管理等生产要素参与收入分配的制度逐步确立并不断发展，多种分配方式并存的分配制度逐步形成。随着垄断行业的加强，国企改革的深化，资本市场的发展，新兴行业

* 刘书越（1966—　），男，河北省社会科学院研究员，主要从事中国特色社会主义理论与实践研究，著有《环境友好：人与自然关系的马克思主义解读》一书，曾主持完成国家社科基金2007年度一般项目"当代中国先富阶层荣辱观研究"。本文是在该项目最终成果基础上撰写而成。

的出现和私营经济的迅速发展，我国也由世界上居民收入最平均的国家之一，变成世界上居民收入差距较大的国家之一，城乡、区域、行业、部门、群体之间的收入差距不断扩大。收入差距扩大的结果是富人的出现、先富阶层的形成和不断壮大。

改革开放以来，我国出现了三代富裕阶层。第一代富裕阶层，出现在改革开放之初。当时农村开始出现自由市场，一些过去社队企业的营销人员、村干部以及计划经济时代曾进行过地下经营活动的人，开始公开办个体或开办带上"集体红帽子"的企业。同时，城里一些无业人员，包括刑满释放后没出路的人也开始被迫走上了经商之路，逐渐形成了新中国的第一代富裕阶层。他们中的绝大多数既没有丰富的、可利用的社会资源，也没有受过良好的教育，更没有经过有效的职业技能培训，甚至是文盲、半文盲。市场发育不完善，竞争不激烈，巨大的消费需求和商品供给不足，这都为他们致富提供了难得的条件。河北新奥集团创始人王玉锁就曾经做过煤气罐生意。由于长期以来对资本家、地主进行批判，社会大众对剥削、剩余价值等的认识已成为社会主流，"为富不仁、剥削可耻"几乎成了社会共识，再加上第一代富裕阶层多数文化程度低，有些还是刑满释放人员。于是，他们的致富现象，尤其是存在的问题一度成为社会热点。

第二代富裕阶层，出现在80年代末90年代初之后。随着我国消费品流通领域市场化加快，生产领域的市场化进程也已开始。一些人开始利用体制转轨牟取暴利。一是利用价格双轨制获取高额利润。人们利用生产资料（如钢材、化肥等）计划内和计划外价格的巨大差异，通过各种关系，甚至行贿等途径谋取计划内资源进行市场交易，获得了巨额利益。二是权力市场化。由于管理公共事务和控制国有企业的需要，政府各级行政人员都拥有一定的权力。这些权力的不当使用，就会为各权力使用者或相关人员带来经济收益。寻租就成了可能，一些人因此致富。三是利用国内外的差价走私。赖昌星翻船以后，许多海关工作人员因放纵走私，收受贿赂而被捕，就可见走私曾多么严重。四是干部下海闯市场。1992年年初邓小平南方谈话和党的十四大之后，我国开始建立社会主义市场经济体制。很多人看到了经商办企业的诱惑，一批党政与国企干部、知识分子下海经商，又壮大了富裕群体。四川希望集团的刘永好四兄弟，都是辞职下海起家的。

第三代富裕阶层，形成于2000年之后。进入21世纪，日益受到关注与诟病的行业垄断造就了一批新富。这些高收入垄断性行业包括金融保险、股票证券、民航、烟草、电力、石油、电信等。与此同时，随着经济社会的快速发展，一批靠高科技、房地产开发、采矿、钢铁、股票证券、经贸等致富的新一代富裕人群也开始出现了。从事种植、养殖、农产品加工、饲料、外经贸、交通运输等竞争性较强行业的民营企业家，也有不少成了富人，但属于富豪级较少，多属于中富偏上型。因为这些行业暴利少，做大不易。还有一批在"国退民进"、股份制等改革中的得益者，通过改制，他们自己的收入远高于普通员工，或干脆把国有企业变成自己的，实现了一夜暴富。

当代中国的富裕阶层，除以上三代以企业家为主的人员外，还包括影视与体育等明星、国有大企业和外企的中高层管理人员、科技文化名人、大医院的知名医生、部分海归人士以及炒房族、旧城改造拆迁户、彩票大奖获得者、巨额遗产继承人等。他们同样属于富人行列，故而也纳入了本课题的研究视野。

当代富人中还有一部分属于非法致富者。他们要么是贪污受贿及巨额来源不明的党政及国有企事业单位领导干部，要么是依靠坑蒙拐骗偷，以及组织偷渡，或走私贩私、贩毒贩枪、盗墓等手段谋取巨额财富者，还有的是利用具有黑社会性质的组织，通过欺行霸市，敲诈勒索，绑架等手段攫取不当财富者，或者通过非法生产与贩卖炸药、烟草、文物、烟花爆竹、火车票、妇女儿童、私盐和假冒伪劣商品、盗版等违法国家有关规定及知识产权获取暴利者。这类富人由于致富手段存在严重问题，一般来说比较胆小，善于伪装，对于他们的个人财富数量，人数规模等信息掌握起来很不容易。他们一般不敢张扬显示自己的富有与财富，有的甚至采取了境外消费的办法，他们或者直接移民国外，或者送子女老婆到国外定居，或者在国外置好房产，一有风吹草动，感到东窗事发，或觉得捞足了，就在人间蒸发。当然，也有贪官自己舍不得，或者有公款花，而采取让子女在异地（国）消费的，甚至假装没钱、廉洁。

二 "历史周期律"新解：贫富矛盾定太平

关于历史周期律，最著名的是毛泽东与黄炎培当年在延安探讨的历史周期律。1945 年 7 月 4 日下午，毛泽东专门邀请黄炎培等人到他家里做客。整整长谈了一个下午。毛泽东问黄炎培，来延安考察了几天有什么感想？黄炎培坦率地说："我生60多年，耳闻的不说，所亲眼看到的，真所谓'其兴也勃焉，其亡也忽焉'。一人、一家、一团体、一地方乃至一国，不少单位都没能跳出这周期律的支配力。大凡初时聚精会神，没有一事不用心，没有一人不卖力，也许那时艰难困苦，只有从万死中觅取一生。继而环境渐渐好转了，精神也渐渐放下了。有的因为历时长久，自然地惰性发作，由少数演为多数，到风气养成，虽有大力，无法扭转，并且无法补救。也有因为区域一步步扩大了，它的扩大，有的出于自然发展；有的为功业欲所驱使，强求发展，到干部人才渐渐竭蹶，艰于应付的时候，有环境倒越加复杂起来了，控制力不免薄弱了。一部历史，'政怠宦成'的也有，'人亡政息'的也有，'求荣取辱'的也有。总之，没有能跳出这个周期律。中共诸君从过去到现在，我略略了解的，就是希望找出一条新路，来跳出这个周期率的支配。"毛泽东高兴地答道："我们已经找到了新路，我们能跳出这周期律。这条新路，就是民主。只有让人民来监督政府，政府才不敢松懈；只有人人起来负责，才不会人亡政息。"净友黄炎培的"周期律"，引起毛泽东深深地忧虑和思考。七届二中全会上，印发郭沫若《甲申三百年祭》，作为学习文件，毛泽东提出"两个务必"，向全党、全国郑重宣告：共产党不学李自成。把建立和掌握新政权视为进京赶考，意味深长。进入北京后，毛泽东再邀黄炎培，深入研究"周期律"。黄炎培先生提出的"历史周期律"，是一个基于深刻历史洞察和直觉的伟大思想，至今仍振聋发聩，它是任何一个执政者不能回避的问题。60多年后的今天，特别是站在全面建设小康、构建和谐社会的今天。

其实，"历史周期律"可以做多角度的解读，黄炎培先生似乎主要是从官德政风角度进行的思考。笔者认为，从社会财富的占有与分配状况，乃至从经济制度、体制来看，毛泽东与黄炎培谈论的"历史周期律"也可以解释成"财富周期率"，即由财富相对平均到聚集，直到贫富分化严重，土地高度集中，贫富阶层之间冲突严重，而富人又不注意道德自律，进而诱发社会动荡，甚至穷人的起义暴动，结果富人阶层生命财产损失巨大，社会财富复归相对均衡，贫富差距缩小，新的一个经济与财富循环周期开始。因此，"杀富济贫"、"均贫富"几乎成了历次农民起义的旗帜。笔者以为，从财富角度进行思考，这样似乎更物质、更科学，也更具现实意义。

考察中国几千年的文明史，我们就会发现，贫富分化确实存在这一周期律。在中国历史循环往复的周期里，几乎每一个能赢得两三百年长治久安的朝代，都是从打破原有社会结构，通过"均田"，即均贫富实现相对均富开始，然后财富逐渐向权贵手中集中，呈现出一个"均富—贫富差距加大"的周期循环。但除了朝代的名称变换，一切因循。即一开始由于战争、天灾、均贫富等原因，众多富豪财富均掉，甚至人身被消灭，穷人得到了土地等重要财富，夺取政权者又往往很注意统治集团的修养，整个社会贫富差距较小，贫富矛盾缓和。之后统治集团开始懈怠，直到整体腐败，大肆搜刮民财，掠夺土地，致使贫富分化加剧，官民矛盾严重，而统治者又舍命不舍财，进而诱发社会动荡，甚至农民起义，最终导致改朝换代，多数富豪生命财产受损，新的周期开始。而每一个朝代在结束前夕，生产能力大幅度提高，财富高度集中，几乎都出现了畸形的"精英繁荣"，尤其是出现了土地高度集中。也就是说，当一个旧王朝开始脱离大众，制造严重社会不公，加剧贫富差距，也就开始了它的衰落。新兴集团顺应时代需要，起来造反，在一定程度上满足穷人的需要，就能取得胜利，建立新王朝。然后，慢慢嬗变，再被推翻，循环往复，历经几千年，这就是历史周期律。这似乎也是每个朝代的必修课。那些没有做好这门必修课的朝代往往都成了短命的朝代。

在农业社会里，"田"即土地，是最主要的生产资料，也是最大的物财富，如同今天的资本。所谓"均田"当然是没有土地的人均地主豪门的田，而不是有钱的地主豪门均穷人的田。因此，"均贫富"几乎成了所有起义者的旗帜。我党取得革命胜利，也是根据旧中国贫富差距大，把"打土豪、分田地"的土改，作为中国革命特色让广大农民获得土地，从而天下归心。

进入 21 世纪，伴随中国富裕阶层的形成和不断壮大，贫富矛盾也就自然而生，并呈扩大之势。首先是一些富人致富过程存在一些问题，而其致富以后又不注意修养和言行，财大气粗，奢侈炫富，看不起穷人，甚至依仗有钱有势，拖欠工钱，勾结官员，横行乡里，已经引起社会其他阶层的严重不满，激活来了民间的"仇富"情绪。其次，中国目前已成全球贫富两极分化最严重的国家之一。数据表明，中国社会贫富差距由改革开放初期的 4．5:1 已扩大到目前的接近 13:1；城乡居民收入差距由 1998 年的 2．52:1，扩大到 2011 年的 3．13:1。全国收入最高的 10% 群体和收入最低的 10% 群体的收入差距，已经从 1988 年的 7.3 倍上升到目前的 23 倍。全国居民基尼系数在 1990 年就已经达到 0.445，接近国际上公认的 0.45 警戒线，农村居民基尼系数 2011 年达到 0.3949，逼近 0.4 的警戒线。还有，中国古代民间就对"杀富济贫"、"均贫富"给予高度评价，对地主、豪绅给予"为富不仁"的基本评价，马克思主义经典作家对地主、资本家，对剥削更是进行了入木三分的批判与揭露，这使社会大众对富人容易抱有批判眼光。贫富差距的不断扩大，和富人不当言行的刺激，更容易激活民间的"仇富"心理，诱发社会事件，影响社会稳定。这已成为我国当前一个无法回避、亟待解决的重大问题。

可见，从陈胜、吴广起义开始，几乎每个朝代都经历了一个从相对均富，到贫富差距出现，再到贫富分化扩大，直到下层人民无路可走，起来推翻重来这么一个周而复始的过程。邓小平是有历史感的，他早就指出，如果"少数人富裕起来，大量的人会长期处于贫困状态，中国就会发生闹革命的问题"①。那样的话，靠领导穷人闹革命起家的中国共产党，就又把中国推回到了历史周期律，自己也成了穷人革命的对象。于是，他明确告诉我们："社会主义不是少数人富起来、大多数人穷……社会主义最大的优越性就是共同富裕，这是体现社会主义本质的一个东西。如果搞两极分化，情况就不同了，民族矛盾、区域间矛盾、阶级矛盾都会发展，相应地中央和地方的矛盾也会发展，就可能出乱子。"②

三 统筹解决贫富矛盾，永葆社会和谐稳定健康发展

解决中国贫富矛盾，必须统筹兼顾，采取一系列综合措施，既要治标，又要治本，既要抓重点，又要齐抓共管。只有这样，我们才能跨过"中等收入陷阱"，从而跳出历史周期律，实现国家的长治久安，和中华民族的伟大复兴。

第一，要抓好收入分配体制改革这一应急之策。分配问题既是发展问题，也是民生问题，更是社会问题。鼓励一部分人先富起来是我们建设现代化强国的必由之路。但是，我们不能只讲先富，忘掉共富，或者只抓先

---

① 《邓小平文选》第 3 卷，人民出版社 1993 年版，第 229 页。
② 同上，第 364 页。

富，而把共富停留在口头上，以至于"只听楼梯响，不见人下来"。要实现分配公平，单靠提高最低工资标准、调整个税起征点、扩大社会保障覆盖面等措施已经意义不大。要想在收入分配制度改革上有所突破，就必须正视制度弊病，破除既得利益群体的阻力，推进收入分配制度实质性改革。我国收入分配改革议题提出已经多年，方案至今难产，一直后推，其中最主要的原因就在于受到利益集团的抵制，它包括以贪腐官员为代表的权贵利益群体、以垄断企业为代表的垄断利益群体和以房地产业、资源行业为代表的地产和资源利益群体，它们拥有巨大政治能量和社会影响力，阻挠改革推进，扭曲政策的公平和公正，最终造成收入分配制度改革难产。这种现象很危险，既威胁到了共产党的执政能力，也严重影响了党和政府在广大干部群众心目中的崇高威信。

同时，收入分配体制解决的是将来财富多少的问题，对于以往因种种原因造成的财富不均，只有依靠加强财产税、遗产税等措施解决。当前，分配不公中，行业差距最突出，对人的冲击最直接，感觉最明显，城乡、区域差距固然需要统筹，但受物价，尤其是房价等因素影响，实际购买力的真实差距可能要缩水，而行业差距则发生在同一街道、同一城市，甚至一墙之隔，亟须有关理论和政策加以考虑，实施"统筹"。这些因垄断而产生的收入差距造就了一批不当得利色彩浓厚的富裕群体，引起包括知识分子、公务员等在内的社会其他阶层严重不解，甚至不满。

第二，建设民主政治是化解贫富矛盾的治本之策。首先从理论上讲，专制执政体制无法根治腐败，跳出"历史周期律"。权力失去监督，必然导致腐败。专制体制下，对于腐败的官僚、政府和体制，民众没有说不的权利。执政者唯上不唯下，与民争利、鱼肉百姓司空见惯。而司法不独立，反贪机构以黑反黑，结果是越反越腐，最后因腐而亡。其次它无法解决权力更替。专制执政者往往视权力如生命，幻想江山永固，往往为攫取、巩固权利无所不用其极，最终陷入争权夺利、流血斗争、成王败寇的循环之中。最后，它不能解决国计民生问题。专制执政者大都重视发展经济社会与民生问题。民富国强这个道理他们也懂。但在专制下的官僚主义和形式主义无法根除，最终将阻碍经济社会发展。其结果往往是贫富分化、民生凋敝、动荡不安，最后官逼民反。

由于资本自身存在的缺陷与贪婪，我们在建立社会主义市场经济体制的同时，必须大力加强社会主义民主政治建设，保证以党政领导与普通公务员为主体的政治精英，始终代表最广大民众的利益，包括根本利益、长远利益和一般利益、眼前利益，而不能仅仅代表富人的利益与诉求，不顾一切地满足他们的各种合理或不合理的要求，始终坚持把自己作为全体公民的代表。主持出台的一切政策方针都要符合全体公民的根本利益，绝不能靠牺牲一部分人的利益去满足资本集团的不当利益，尤其是不能牺牲贫穷百姓的利益，满足百万富翁的利益，搞杀贫济富，形成"富人优先，穷人靠边"、"无处不比钱，无处不凭钱"的金钱社会。一些群体性事件爆发的重要原因，就是一些地方政府官员没有摆正自己的位置，在市场经济的利益博弈中严守"政府中立"原则，甚至把自己和强势利益集团捆绑在一起，"执政为民"的宗旨被异化为"为老板服务"和"为资本服务"，在处置群体性事件中动辄用高压手段对付老百姓，过度保护富人利益。

要做到党政官员始终站在绝大多数人立场上想问题、办事情、做决策，仅仅依靠宗旨教育是不行的，必须加强民主政治建设，依靠制度保证政治精英不敢不代表中下层人士的利益。其中，用政治民主化，包括一人一票制的民主选举决定政治人物的任免、去留升迁，是最有效的办法。这既可避免政治与经济精英的强强联合，并能通过政治精英对资本或经济精英的制约，约束资本集团过分追逐自身利益的行为，进而实现不同经济阶层之间博弈关系的平衡，实现社会和谐。

第三，贫富两个阶层的道德教育是缓解贫富矛盾的治标之策。只有"富人不变坏，穷人赶上来"社会才和谐。贫富矛盾产生和激化的一个重要原因，就是富人的思想和行为出了问题。人类历史经验告诉我们，富人道德观，乃至消费观念、消费模式，都会对其他阶层产生一定影响，或起到示范带动作用，成为消费时尚，或引起其他阶层不满，加剧社会矛盾，导致社会不和谐的载体。《墨子》曰："富贵者奢侈，孤寡者冻馁，虽欲无乱，不可得也。"历史经验告诉我们，先富阶层与其他社会阶层之间关系和谐与否，很大程度上取决于先富阶层具有什么样的道德观。如果先富阶层拥有正确的、积极向上的道德观，往往会对其他阶层起到积极的引导和示范作用，成为推动社会前进的积极因素；相反，如果先富阶层的道德观消极、不正确，则不仅会起到坏的示范作用，同时也会成为影响先富阶层与其他社会阶层关系的消极影响因素，引起其他社会阶层人们对先富阶层的反感、批评，激活广泛存在于民间的"仇富"心态。

在当代中国，如果先富阶层不在自己物质上富起来的同时，也使自己的精神富起来，提高自己的道德修养，不注意自己的公众形象，不担负起应尽的社会责任，帮助、带动后富，促进共同富裕，甚至于经常干一些为富不仁的事情，对其他阶层，特别是弱势群体造成直接的伤害，比如拖欠农民工工资，伤害他们人身与人格的事情、肆意延长劳动时间、不为工人缴纳社会保险等，这样就极容易引起其他阶层的心理不平衡，常常会诱发群体性事件，甚至导致非直接相关利益群体的冲突，使先富阶层与其他社会阶层的关系日趋恶化，进而仇富心态在全社会中下层中滋生蔓延扩散，最终必将造成局部或更大范围的社会动荡，甚至会危及国家政权的生死存亡。

社会和谐稳定，仅仅富人不变坏是远远不够的。穷人也存在一个道德问题。如果他们"人穷志短"、怨天尤人，等、靠、要思想严重，实在不行就坑蒙拐骗，社会也不可能和谐。因此，在深化收入分配体制改革，搞好扶贫攻坚，约束富人不当行为的同时，我们还必须搞好穷人的思想道德教育，既要扶贫，更要扶志，克服一些不良习性，使他们不甘贫困，合法致富，从思想上堵住因贫而娼，因贫转盗变黑的可能。

第四，剥夺非法致富者是无产阶级本色的重要体现，也是当前缓解贫富矛盾的应有之义。笔者认为，这类富人是依法严惩的对象，需用当年的革命手段加以解决。对其非法所得一律没收，收归国有，或退还被勒索对象。当然，对于属于主动行贿的，不仅不应退回其本人，还应依法治其行贿罪。绝不能让那些行贿者，要么通过钱权交易，利用其手中的钱，腐蚀干部，达到自己的不当目的，要么事发后被退回，个人没有太大损失。只有这样，才能遏制日益猖獗的行贿行为。这样做，也可以从一个侧面起到教育、制约先富阶层的一些人，不要利用自己手中的钱，腐蚀党政干部。对那些依靠盗窃、抢劫、诈骗、贩毒、卖淫、贩卖妇女儿童、走私文物等非法手段致富者，也应依法没收，坚决惩处。

最后，对富人不能一概否定，应警惕盲目"仇富"心态肆意蔓延。当前，一些对当代中国先富阶层一言以蔽之——"为富不仁"，这不科学，也很危险。第一，富有是自古以来人类的一个理想，贫穷则几乎是所有人的畏惧。荀子早就说"夫贵为天子，富有天下，是人情之所同欲也"①。也就是说当皇帝、富得占有了全世界的财富，是人们的共同欲望。世间甘于贫穷的人少之又少，有的可能是对致富绝望才不想成为富人，甚至有的还有

---

① 《荀子·荣辱篇》。

"吃不到葡萄说葡萄酸"的心态。汉语的"贫穷"、"穷困"等词历来被看成不如意的境地，并且后者还常常和"潦倒"一起使用。如果我们一概否定富人道德，就会面临这样一个逻辑难题，即难道每个人都想成为恶人？第二，我党领导人民进行革命和建设的目标，就是使人民富裕。难道是为了把全国人民都变成坏蛋？第三，中国革命史也表明我党从来没有把富人都看做坏人。无产阶级革命家出身十分贫寒的并不多。而真正贫穷的人，也不一定都革命立场坚决，有的甚至还成了叛徒，如向忠发。第四，当代中国富人中确有不少为富不仁之徒，更有许多富而思进、富而思源、富而思善，得到国家表彰和群众欢迎的人士，有的还成了道德模范。当然，相当多的富人属于善恶一体型，即身上有值得肯定的地方，乃至闪光之处，也有一些需要批评、教育的问题。第五，盲目"仇富"可能产生消磨有志者的创业动力，吞噬经济活力。如果人们都仇视所有"富人"，那谁还敢致富，致富后谁敢露富？谁还捐款搞慈善事业？因为一捐款，也就让人知道你是富人了，你也就会成为人们仇视的对象。第六，现实民间仇视的不是全部的"富人"，而是那些利用不正当手段致富的人。几乎没有人公开对袁隆平院士的致富说三道四就是明证。另外，对不属于辛勤劳动致富，比如买购买股票、彩票及海外得巨额遗产致富者，社会对此应持平常心。主张不能一概否定当代中国先富阶层，并不是要全面肯定，那样的话同样是不符合实际的，错误的。当务之急是抛却盲目仇富心态，正确对待富人，对那些依靠聪明才智、辛勤经营、艰苦劳动致富的人给予充分的评价，对于致富手段不合法、不正当的人和事除依法打击外，还要推上道德和舆论的法庭，加以曝光，进行批评，努力在全社会营造一种能得到民众认同，符合社会主义核心价值观，激发民众创富热情，让富人致富思源，富而思进，自觉反哺社会，推动社会和谐。

总之，随着我国改革开放和社会主义现代化事业的进一步发展，和我党从提倡"先富"向"共富"转化，中国富裕阶层应该进一步扩大，直至全覆盖，最终达到全民共富。无论如何，靠贫富矛盾起家的中国共产党，决不能败在自己时代的贫富矛盾面前。要用壮士断腕的气魄，拿出当年为社会公平，为消除贫富不均，不惜抛头颅、洒热血的革命精神，增强紧迫感、危机感、使命感，担当起历史赋予的新使命，来个"二次革命"，勇敢地向社会不公、向不当得利开刀，以实现国家的长治久安，和共产党的长期执政！

关于加强对原社会主义国家收入分配理论与现实研究的思考

丁　军　李世辉[*]

苏联和东欧原社会主义国家剧变以后，学界对这些国家的称谓不尽相同，官方则称之为"独联体中东欧国家"，例如 2003 年高等教育出版社出版的国家教材《当代世界经济与政治》即如此。在俄语学术出版物中常见的提法有这样几种：посткоммунистические страны 后共产主义国家，постсоциалистические страны 后社会主义国家，переходные страны 转型国家（转轨国家），страны с переходной экономикой 转型经济国家。在我国"转型"被学者们繁衍出越来越多的含义，在提及工业化国家、金砖国家等场合时也使用。"独联体国家"是苏联的继承者，说他们是原来的社会主义国家是准确无误的。"中东欧国家"从地理意义上不完全是原来的社会主义国家。综上笔者认为，称原来的社会主义国家为"后社会主义国家"较为妥当。

一

当前我国正处于历史发展的重要战略机遇期，又是社会矛盾凸显期，社会建设面临诸多问题，其中收入分配问题尤为重要。伴随着世人瞩目的中国经济增长奇迹和我国人民生活水平大幅度提高，我国的收入分配差距

---

* 丁军，南开大学马克思主义教育学院教授，博士生导师，主要从事国外马克思主义、理论经济学研究。李世辉，哈尔滨理工大学马克思主义学院讲师，博士，主要从事国外马克思主义、思想政治教育研究。

问题越来越引起社会各个层面的关注。"尽快扭转收入分配差距扩大的趋势"被列入我国的"十二五规划"目标。能否建立合理有序的国民广泛认可的中国特色社会主义收入分配制度，关系到教育制度、医疗卫生制度、社会保障制度等一系列社会制度和体制的改革与完善，关系到社会和谐稳定和构建社会主义和谐社会总体目标的实现。科学解决我国的收入分配问题需要"他山之玉"作为借鉴，以汲取有益的经验警惕沉痛的教训。针对独联体中东欧原社会主义国家经济社会转型中的收入分配问题之研究显得尤为重要与紧迫。

独联体中东欧原社会主义国家经历了剧变，放弃了社会主义制度，和我国坚持中国特色社会主义的改革目标有着根本区别，但这些国家在向市场经济转型过程中解决收入分配问题的成败得失值得我们投入精力深入研究。一是转型的出发点相同。它们原来都是社会主义制度的国家，当时社会主义国家收入分配制度基本相同，只是由于国情差异发展成熟的程度有所差别。我国收入分配制度改革的出发点和它们类似，大家都是从传统的中央集中计划经济向市场经济转型过程中遇到了新的收入分配问题，问题的表现也类似，即贫富差距始料未及地迅速扩大，威胁到社会和谐稳定。二是经济发展水平相近。从1992年起，独联体中东欧国家经济陆续停止下跌开始回升，俄罗斯、乌克兰、白俄罗斯、波兰、捷克、匈牙利等国除了受到世界经济危机影响的个别年份外，经济发展基本保持在3%—9%的增长速度。到2010年，人均GDP水平基本处于5000—10000美元之间。和我国的情况有差异，但比起我国与欧美国家的差距要小得多。经济发展差距不很悬殊，有益的东西才便于借鉴。

笔者认为，在独联体中东欧这批原来的社会主义国家中，就收入分配问题有代表性值得首选研究的，独联体国家中应当是俄罗斯和白俄罗斯，中东欧国家中应当是波兰和匈牙利，以及统一后的德国。

二

苏联解体后独立的15个国家中，波罗的海沿岸的3个国家没有加入独联体，格鲁吉亚在2005年宣布退出了独联体。目前独联体的11个国家中收入差距突出的典型是俄罗斯，收入差距最小的则是白俄罗斯。

　　转型中的俄罗斯与我国的比较意义是世界上其他国家所替代不了的。作为苏联的继承者,今天的俄罗斯与中国有相似的背景——中国和苏联都曾经历了严格的计划经济体制,都在 20 世纪末期开始了从计划经济体制向市场经济体制的转型,都经历了转型进程中的收入分配差距扩大,尽管两国的政治体制有着本质的不同,但在某种意义上今天也都属于"威权体制"。因而研究俄罗斯的收入分配问题,对我国有着重要的借鉴意义。

　　俄罗斯在苏联解体之后以"休克疗法"的方式开始了向市场经济体制的全面转型。俄罗斯的经济体制转型在最初的一段时期内展现出的是平等与效率的双输。在收入分配不平等大幅度攀升的同时,俄罗斯在 10 年之内坠落为一个普通的发展中国家——俄罗斯既没有成为一个所谓的"民主国家",也没有创造经济发展奇迹。

　　对俄罗斯收入分配问题的研究要关注的焦点在于:首先,俄罗斯经济体制转型中为什么会出现在经济大幅度下滑的同时收入分配差距扩大。导致这种现象的原因对我国的市场经济体制建设有什么警示作用。其次,俄罗斯的经济增长回升伴随的是普京政权对叶利钦时代造就的众多经济寡头的打击。这种对转型时期出现的寡头的打击与治理,与俄罗斯经济增长的回升有何关联;普—梅政府对非法暴富群体的治理对我国改善收入分配差距以及促进经济增长有何借鉴意义。再次,在政治学视角中,俄罗斯与我国都具有强烈的威权政体特征。探讨俄罗斯的经济增长回升以及收入分配的治理与威权政体的关系,对于我国经济发展、政治体制改革与完善、转变政府职能、巩固社会稳定均具有理论与现实意义。

　　白俄罗斯在收入分配方面所拥有的可能正是我国欲求的。自 1994 年卢卡申科当选总统以来,白俄罗斯经济发展迅速,政治局面稳定,人民生活水平不断得到提高。卢卡申科认为,人是国家现代化发展的发动机,发展经济、提高人民生活水平和生活质量是其经济社会改革的优先方向。将改革的目标模式定义为 социально - ориентированная рыночная модель,即社会取向的市场经济模式。"社会取向"主要是指保障和提高社会福利。坚持以原苏联的社会保障制度为基础,通过市场化改革达到社会总体高福利化之目的。与俄罗斯等国采用的"休克疗法"不同,白俄罗斯改革的进度和力度是谨慎和渐进的。循序渐进的改革方案,以民为主的基本原则,符合白俄罗斯的国情民意,取得了较好的效果。与独联体兄弟国家相比,渐进改革的积极效应在 2000 年以后进一步显现,进入 21 世纪以来白俄罗斯的年平均增长率在 8% 以上，例如，2000—2007 年平均增长8.3%。2010 年人均 GDP 达到 6500 美元。

在独联体国家中贫富差距指标最低的是白俄罗斯。根据 2007 年统计资料，白俄罗斯 10% 最富有居民和 10% 最贫困居民在收入方面的差距是5.6 倍。在乌克兰该指标超过 9 倍，在俄罗斯是 16.8 倍，在摩尔多瓦是20 倍以上。在此基础上，以全民免费教育和全民免费医疗为核心的社会保障制度不断巩固和加强，使得白俄罗斯成为独联体中社会最稳定和谐的国家。2003 年格鲁吉亚发生"颜色革命"，即以美国为首的西方国家导演使其政权"变色"。接着又发生了 2004 年乌克兰的"橙色革命"和 2005年吉尔吉斯斯坦的"郁金香革命"。"颜色革命"似有席卷独联体国家之势。美国总统布什曾经批准《白俄罗斯 2004 年度民主法案》向白反对派提供 1200 万美元援助，都未能达到任何撼动白俄罗斯政权的目的。卢卡申科是独联体国家中自苏联解体以来始终执政的两位总统之一。在 2004年 10 月的全民公决中，近 80% 的白俄罗斯国民宁可选择修改宪法力推卢卡申科继续参加总统竞选。

三

笔者同意学界已有的将波兰和匈牙利分别作为中东欧原社会主义国家激进转型和渐进转型的典型代表的观点，亦可将它们列为考察研究转型过程中收入分配问题的对象。近年来笔者正在进行"中东欧（原社会主义）国家面对民生问题的成败得失"的综合性课题研究。主要采取博士研究生毕业论文的形式。已经完成和正在进行以波兰、捷克、匈牙利为对象的"住有所居"的比较研究与思考；"学有所教"的比较研究与思考；"病有所医"的比较研究与思考等。近期我们承担了国家社科重点项目"独联体中东欧（原社会主义）国家收入分配制度改革研究"，集中一两年时间主攻民生问题的主阵地收入分配制度改革问题。

统一后的德国如何逐步缩小东、西部收入差距问题也值得国内学界关注。东部的民主德国在两德统一时经济社会发展总体水平低于西部的联邦德国，统一后在德国政府有效的收入分配制度调整与收入分配政策治理下，东部德国在向市场经济转型的过程中平稳而显著地缩小了与西部德国的收入差别。全面了解原民主德国，即德国东部地区的经济社会转型过程与发展现状，系统考察德国统一以来关于收入分配问题的理论与政策，深入总结德国消除地区间贫富差距的对策举措，对于我们这样一个东部、中部、西部发展程度和收入水平存在较大地区差别的国家其积极意义是不言而喻的。

生产与分配：马克思的理论
与当代的实践

赵向文[*]

一　马克思关于生产与分配的理论

（一）　一定的分配关系是一定生产关系的表现，分配关系表现生产关系的一个方面

生产决定分配，是马克思政治经济学的一个非常重要的基本原理，马克思指出："分配关系，是同生产过程的历史规定的特殊社会形式，以及人们在他们生活的再生产过程中互相所处的关系相适应的，并且是由这些形式和关系产生的。这些分配关系的历史性质就是生产关系的历史性质，分配关系不过表示生产关系的一个方面。"[①] 马克思的论述说明了，处在与生产总过程中的生产关系决定了分配关系，而不是相反。

分配关系和分配方式只是从另外一个角度表现了生产关系的性质，一定的分配形式是以生产条件的性质和生产当事人之间的生产关系为前提的。从个人的分配角度来说，分配取决于他在生产中的地位。工人的工资以雇佣劳动为前提而获取，资本家的利润以资本为前提而获取，从而在分配关系上工人和资本家就以生产资料所有制为依据参与产品、生产成果的分配。就分配的对象来说，能分配的只能是生产的成果，是关于"蛋糕"

　＊　赵向文（1978—　），男，山西应县人，中共大同市委党校科学社会主义教研室讲师，主要研究方向为当代中国经济。

　①　马克思：《资本论》第3卷，人民出版社2004年版，第999页。

大小的问题；就分配的形式来说，参与生产的一般形式决定分配的特定形式，生产关系的性质决定了分配关系的性质，是关于如何分配"蛋糕"的问题，研究生产关系是研究分配关系的出发点或者基础。

马克思特别地批判了围绕着分配单独谈论分配或者把生产和分配颠倒分析的误区。"把所谓的分配看做事物的本质并重点放在它上面，那也是根本的错误的。"① 马克思在关于分配理论上，彻底摆脱了伦理道德色彩和"理性原则"的虚幻，把分配问题的根源放置于生产中，从实践中寻找发现和解决问题的现实力量，回归到了客观性和物质性。从唯心的抽象的道德原则式的"平等权利"出发，要求实现"公平分配"，颠倒了生产和分配的关系，在理论上是错误的，在实践上是极其有害的。

（二）生产与分配之间的矛盾对立扩大和加深时，会导致两极分化和经济危机

剩余价值的生产是资本主义生产的直接目的和决定动机。资本家对剩余价值的追求是没有限度的，而外部竞争的压力也决定了资本家必须扩大生产和提高技术。这就导致了社会生产力的提高，在同样的时间内生产出更多的商品，商品越来越廉价。而资本主义生产资料私有制下的分配关系也只能是有利于资产阶级，这就导致工人的工资越来越低，劳动所得的比例逐渐下降，而资本所得的比例日益增加，使得两极分化越来越严重。"在工人们喝汤的那个汤盆里盛着国民劳动的全部产品，他们不能舀出更多的汤，既不是因为汤盆的容量小，也不是因为汤盆里盛的东西少，只因为他们的汤匙太小了。"② 工人的这种低工资不是从绝对意义上说的，而是从扣除物价因素之后的实际工资来说，更是从资本所得与工人所得的对比之中的相对水平而言。

资本主义生产资料私人所有制的性质决定了生产规模的无限扩大与有支付能力的需求相对不足之间的矛盾，两极分化与社会产出消费之间的矛盾，从而使总供给大于总需求的现象成为社会经济运行的一种常态。这一矛盾积累到一定程度就会爆发生产过剩的经济危机。正如马克思指出的："一切真正的危机的最根本的原因，总不外乎群众的贫困和他们的有限的

---

① 《马克思恩格斯选集》第 3 卷，人民出版社 1972 年版，第 13 页。
② 《马克思恩格斯选集》第 2 卷，人民出版社 1972 年版，第 153 页。

消费，资本主义生产却不顾这种情况而力图发展生产力，好像只有社会的绝对的消费能力才是生产力发展的界限。"①

当代的信贷消费不过是把生产过剩和工人支付能力之间的矛盾掩盖起来罢了，实体经济的生产越过剩，就越需要更大的虚拟经济的泡沫来掩盖。表现为虚假的旺盛的信用消费式"寅吃卯粮"的做法只是在暂时的延缓了矛盾和危机的爆发，但是一旦泡沫破裂，则在更大程度上加剧和放大了危机。尽管由于各种现代金融工具和衍生品的运用，使得经济危机更多的是以金融危机的形式首先表现出来，但作为经济危机先兆的金融危机，并不是经济危机的原因，相反，它是生产过剩与消费不足的结果和危机的表现形式。

（三）社会主义生产资料公有制的公平分配

社会主义与资本主义的根本区别之一就是社会主义实现了生产资料公有制，但是社会主义还不同于未来的共产主义社会，社会主义在经济、道德和精神方面还带有那个"旧社会的痕迹"。每一个劳动者，在做了社会各项必要的扣除之外，从社会正好领回他所给予社会的一切，也就是实行"按劳分配"的原则。但是马克思历史地、辩证地分析了按劳分配的公平与不公平。公平就在于用了同一个尺度——劳动来衡量，所以它比资本主义的分配制度有着巨大的历史进步；所谓的不公平是因为按劳分配默认不同等的工作能力是一种"天然特权"，加上每个家庭所需要抚养的人口的不同，就必然造成劳动者之间事实上的不公平。只有到了共产主义的高级阶段，社会才能在自己的旗帜上写上：各尽所能，按需分配。

资本主义的生产关系和分配制度导致了工人生产的越多，反对自身的、异己的力量就越大，他自身的内部世界就越贫乏，过去人对人的统治，现在变为物对个人、产品对生产者的统治。社会主义的生产是为了满足最广大人民群众的物质和文化需求，社会主义的生产和分配都要体现"以人为本"。当劳动还是人的谋生手段，分配方式还要取决于可供分配的数量和质量，就要求社会主义要创造出比资本主义更多、更丰富的产品。为实现社会主义的生产目标，无论在生产环节还是分配环节，都要实

---

① 马克思：《资本论》第 3 卷，人民出版社 2004 年版，第 548 页。

现公平分配，都要注重保护劳动者的合法权益，要实现人统治物，而不是相反。劳动者必须成为劳动成果的享受者和受益者，这不但是社会主义消灭两极分化的价值取向，而且也是实现社会经济良性发展、避免经济危机的必要前提。

二　从生产关系的角度看当前收入分配存在的问题

（一）"强资本、弱劳动、权力寻租"的关系导致劳动力价值被严重扭曲

资本不是单纯的一种物，是一种运动，资本在运动中增殖，在运动中获得生命力。同时也是一种以物为媒介的社会生产关系。在没有政府有效、公平公正的干预下，资本的联合、强大与劳动的分散、势微形成了鲜明的对比，在与劳动的较量中，资本掌握着话语权和主导权。产业后备军的存在使得劳动力的价值不断地被压低，劳动从属于资本的关系一步步地加深。而渗透到生产领域中的权力寻租又进一步加剧了劳资关系的不平衡。权力寻租下的公权力不再为公共利益服务，而是为私利和某些人或群体服务，在市场经济下的权力寻租最常见的就是权力与资本的结合。在以GDP为导向的发展模式中，具有普通一般意义上的劳资关系也被认为是劳动与政府的对立。为了更多地吸引资本投资，地方政府人为地压低了劳动力的价值，淡化对劳动力市场的监管，有意无意地弱化对相关劳动法律的执行与监督，放纵、扩大了资本与劳动的不对称、不均衡关系，对资本的宽容、保护与对劳动的限制、漠视形成了鲜明的对比。在此指导思想下，资本可以毫无风险的获取社会大量财富，而风险则落在了劳动的一方，实现了财富从劳动向资本的转移。

"强资本、弱劳动、权力寻租"的劳、资、政格局导致的一个最明显的现象就是劳动力价值被严重扭曲，职工工资普遍偏低，多数的农民工只能获取在维持基本生活之外稍许积蓄的低水平工资，甚至频现负工资现象。与世界重要经济体相比，初次分配中我国劳动者报酬占 GDP 的比重明显偏低，而企业盈余的比例则明显高。我们的劳动者报酬比重不仅低于发达国家，而且也低于一般发展中国家。在发达国家中，美国的劳动者报酬占 GDP 的比重在 70%，其他国家一般都在 54%—65% 之间。我国的劳动者报酬在初次分配中的比重在 1990—1999 年大体保持在 50% 以上，从

2000 年开始明显下降，由 51.4% 下降到现在的 39% 左右，居民收入在国民收入分配中的比重也由 65.5% 下降到现在的 57% 左右，而企业盈余由 19.11% 上升到 32%。从 1990—2007 年间，我国的职工工资总额占 GDP 的比重由 15.32 下降到 10.78%。

（二）"世界工厂"的生产模式进一步恶化了收入分配格局

在全球化的分工中，中国依然处在产业链的低端，出口产业基本以资源密集型和劳动密集型产品为主，附加值低，而且容易导致贸易纠纷。"世界工厂"的生产模式导致中国进出口"双两头在外，损耗在内"：即大量的原材料进口和大量的产品出口都依靠国际体系的循环；研发和设计的高附加值产业在外，产品的利润也在外；我们承担了环境、资源、健康等一系列损耗。我国现在的对外贸易依存度已经达到了 60% 以上，大量的产品需要国际市场才能消化掉。

利润与工资是成反比的。低利润导致国内企业不得不想尽一切办法降低生产成本，由于原材料和生产设备的价格具有刚性的特点，而国外品牌对 OEM 的产品质量有着严格的监控，在无法通过降低产品品质的前提下，降低生产成本最有效、最直接的办法就是降低占绝大多数企业职工比例的农民工工资。最近几年虽然在一些地方农民工工资有了一定的涨幅，但这是由于农村的比较收益提高，一部分农民工回流到农村，出现了农民工数量供给暂时下降。在除去通货膨胀的因素，农民工工资的涨幅远远没有达到一个合理的水平。只有企业在出现农民工短缺时才伴随着工资上涨，一旦农民工供给充足时，工资也就随之下降。随着我国城市化水平的提高，未来依然有大量的农村人口涌入到城市中，农民工数量的供给在一个相当长的时期内还是十分充足的，所以暂时的农民工工资上涨并不能代表一直存在的农民工工资被压低的趋势和问题。

在"世界工厂"的生产模式中，知识密集型产业发展不起来，研发和设计高附加值的部分在跨国公司手中，我国企业只负责生产部分，这就导致企业需要的是大量的车间劳动工人，也就是农民工，而对大学生的需求量很少。大学生想要就业，就不得不"自己"或"被"压低工资，就出现了农民工工资的涨幅超过了大学生工资的涨幅的现象。据国家统计局的数据，2011 年私营单位就业人年平均工资仅为城镇非私营单位在岗职工平均工资水平的 57.8%，外出农民工月均收入才刚刚突破 2000 元。①

（三）部分群体、行业的不合理收入扩大了收入分配不公

表 1   2011 年我国大行业平均工资   （单位：万元）

企业性质	平均工资	最高行业工资	最低行业工资	最高最低比
非私营企业	4.24	9.13（金融业）	2.04（农林牧渔业）	4.48:1
私营企业	2.46	3.56（计算机与软件业）	1.18（公共管理和社会组织）	3.03:1

注：这里列出的只是大行业，而并非细分行业，如果按照细分行业计算，最高最低比达到了 16:1。

资料来源：人民网，国家统计局公布行业平均工资，http://it.people.com.cn/GB/18050535.html。

国际上公认的大行业间工资水平差距合理水平在 3 倍左右。从上表可以看出，由于私营企业处于市场竞争的地位，行业间工资水平差距和国际水平接近，而非私营企业主要是处于行政垄断的国企，行业间工资水平差距大大超过了国际公认的合理水平。根据王小鲁的研究，我国垄断行业的职工人数不足全国职工总数的 8%，但其工资和工资外收入总额相当于全国职工工资总额的 55%。就在国有（或国有控股）垄断行业内部，收入差距也在不断加大，2011 年，中信证券副董事长股可以 1600 万的年薪荣登 A 股高管薪酬榜首，排名第十的中信银行执行董事陈小宪为 496 万，二者差距比为 3.23:1②。需要注意的是，企业高管的薪酬，只是其实际收入的一部分，如果加上企业分红、职务消费以及灰色收入，那么收入差距将达到一个惊人的比例。垄断行业的企业高管凭借着垄断行业的特殊地位，获取了大量的财富。因为国企的垄断主要是行政垄断，所以除去国企高管对企业经营管理的贡献，其收入与贡献是远远不能成比例的。

财政部 2009 年的报告指出，2008 年所得 12 万元以上纳税人自行申

---

① 人民网，统计局：城镇私营单位员工平均工资仅为非私营单位的 57.8%（http://politics.people.com.cn/GB/70731/18019392.html）。

② 人民网，国家统计局公布行业平均工资（http://it.people.com.cn/GB/18050535.html）。

报的人数为240万人，占全国个人所得税纳税人数的约3%，缴纳的税额为1294亿元，占全国个人所得税总收入的35%，工薪阶层人所得税收入占个人所得税总收入的比重约为50%左右。承担再分配功能的个人所得税的最大作用就是调节社会不同人群的收入水平，对高收入者采用高税率，使高收入者和低收入者之间达到一个相对合理的水平。但是由于我国现行制度的缺失，反而使得低收入者承担了大部分的个税，高收入者承担了少部分的个税，完全违背了个税设置的初衷，极大地扭曲了收入分配的格局，更扩大了收入分配差距，使"穷者愈穷，富者愈富"。个人所得税占财政收入的比重不足7%，纳税人数占工薪阶层的比例不足20%。而以间接税（增值税、营业税、国内消费税、关税）为主的税收制度使得工薪阶层承担了更高的税负水平，而高收入群体承担的税负明显较轻。

三 收入分配不合理对生产的影响

（一）内需不足，居民消费水平低，严重影响了社会扩大再生产

在收入一定的情况下，若收入分配在政府、企业和居民之间的分配较为均衡，则总体消费水平较高，反之消费水平则降低。扩大内需一直是政策多年来的一个着力点和难点，尽管出台了不少刺激消费的措施与政策，但是由于居民消费率（居民消费占GDP的比重）一直处在下滑的状态，因而对拉对内需、提振消费的作用十分有限，其根本原因就在于收入分配的不合理，具体表现为：

首先，低收入人口多，消费潜力不足。按照我国的扶贫标准，我们还有4000万贫困人口，如果按照世界银行的每天生活费不足1美元的标准，我国的贫困人口将达到1亿。通常来说，高收入人群的边际消费率低，而低收入群体的边际消费率高。由于低收入人口数量巨大，使得扩大内需最大的群体在维持基本生活之外无力消费。只有提高了边际消费率高的中低收入人群的收入，扩大内需的效果才显著。

其次，居民消费率偏低。我国的最终消费率由2000年的62.3%下降到目前的48%，其中居民消费率由46.4%下降到35%。根据世界银行的资料，目前低收入国家居民消费率平均达到75%，高收入国家达到62%，中等收入国家平均为57.5%，全球平均为61.5%，我国的水平不但明显低于发达国家，而且也低于一般发展中国家。

最后，居民储蓄意愿强。央行 2012 年第 2 季度储户问卷调查报告显示，65.7% 的居民认为物价"高，难以接受"，较上季提高 2.8 个百分点；9.3% 的居民倾向于"更多消费"，33.5% 倾向于"更多投资"，47.2% 倾向于"更多储蓄"。[①] 表明我国增加的居民收入并没有转化为消费意愿和消费现实，这就大大地减少了社会的有效需求，抑制了居民消费。

消费与生产具有同一性，实现消费的同时就是生产的最后完成，通过消费使生产的动力不断的再生产出来，从而推动生产的不断完善，企业的生产能力不断提高，所以"消费不仅是使产品成为产品的最后行为，而且也是使生产者成为生产者的最后行为"[②]。内需不足，居民消费水平低已经严重影响了我国三大产业的再生产：第一产业投入不足，大部分农地耕作依然"靠天吃饭"，农民受收入的局限无力提高耕种的科技水平和技术含量；第二产业低水平重复建设，为了生产低成本的产品，只能采用降低产品品质、大量消耗自然资源等一系列粗放式发展方式，产能过剩的现象日益突出；第三产业发展缓慢，附加值低，低水平发展。从而最终导致我国产业结构转型迟迟无法实现，迟滞了经济发展方式的转变。

（二）收入分配不合理影响了经济结构的均衡发展

表 2　　　　2008—2011 年我国的投资率变化情况　　　（单位：亿元）

年份	GDP	固定资产投资	投资率（%）	投资率涨幅（%）
2008	314045	172291	55	25.5
2009	335353	224846	67	30.1
2010	397983	278140	70	23.8
2011	471564	301933	64	23.8

数据来源：2008—2011 年国家统计年鉴。

与发展水平相当的国家相比，我国的投资率明显偏高。在我国的经济发展过程中，合理的投资率对于促进经济发展、提供社会公共品、解决就

---

① 新华网，央行报告显示近 7 成居民认为房价高难接受（http://news.xinhuanet.com/fortune/2012-06/20/c_123308703.html）。

② 《马克思恩格斯选集》第 2 卷，人民出版社 1972 年版，第 96 页。

业压力有着不可替代的作用。但是，在国民收入一定的情况下，积累和消费存在着此消彼长的关系。积累是为了扩大未来的消费，但积累比重过大，必然损害现期消费，也影响人民生活水平的提高。从表2中可以看出，由于收入分配导致的内需不足，使得政府每年不得不扛起投资的重担，使得经济增长更加的依赖于投资，造成投资与消费的进一步失衡，加剧了总供给和总需求的矛盾，最终导致投资效率的下降，而投资效率越下降，投资的数额就越庞大。在以投资为发展龙头的模式中，国民收入的分配必然朝投资主体——政府和企业倾斜。

在大幅增长的投资中，投资结构中存在的问题也日益凸显，一是城乡结构不合理，大部分的投资都集中在城市；二是行业结构不合理，与改善民生、扩大消费相关的设施、部门、项目不足；三是投资主体基本以政府为主导。这三大问题又直接扩大、强化了收入分配的不合理格局，扩大了城乡收入差距；社会保障缺失、进一步挤压了社会居民消费。收入分配越不合理，消费率越低，投资率就越大；投资率越大，越挤压消费率，更加剧了收入分配不合理，形成了一个恶性循环。

收入分配不合理导致内需始终无法启动，国内消费市场低迷，大量的产品只能依靠出口，使得我国的对外贸易依存度高达60%。国际市场的风吹草动对国内企业的影响更为剧烈，如果国际需求持续下降，原本就产能过剩的出口企业大量倒闭，就会反过来大幅降低了职工工资水平。原本实体经济内的资金就会涌入到投机领域中，加剧资产泡沫和投机炒作。同时高外贸依存度也使得内地优质资源被源源不断地输送到沿海地区，拉大了内地与沿海的收入差距。鉴于现行的外汇体制，对外贸易越发达，流通中的人民币就越多，加大了控制通货膨胀的难度，而通货膨胀对收入分配的负面影响是致命性的，使得财富不断地从社会阶层的底层转移到顶层。

（三）收入分配不合理已经严重影响了劳动者阶层素质的提升，妨碍了产业结构升级。

在马克思主义看来，劳动力的价值包括：维持劳动者自身生存所必需的生活资料的价值；劳动者繁衍后代所必需的生活资料的价值；劳动者接受教育和训练所支出的费用。此外，劳动力的价值的决定还包含着历史的、道德的因素。由于现行收入分配制度的不合理，使得当下劳动力价值只能维持自身和家人的基本生存，而最低工资标准则只能维持自身的基本生存，也就是说，现在的工资只是一种"生存工资"。劳动者无力负担接受继续教育和训练所需的费用，这就使得劳动者阶层的素质始终在低层次徘徊，得不到提升，只能从事低水平、技术含量少的工作，导致了各地层出不穷的"技工荒"。在发达国家技术工人中，高级工占35％以上，中级工占50％以上，初级工占15％。而我国的情况则是：高级工仅占4％，中级工占36％，初级工占60％。这不能不说与劳动者自身的收入水平有着密切的关系。

劳动者阶层受限于"生存工资"，使得高收入群体和低收入群体之间鸿沟日益加大，社会各阶层之间的正常流动受阻，阶层之间良性流动的机制不但没有得到完善，反而出现了恶化的现象。有数据显示，国内名牌大学中，从20世纪90年代开始，干部子弟、高收入者、城市人口的子弟占生源的比例不断提高，而低收入者和农村人口的生源比例逐年降低。收入分配不公使得代际先赋性因素起的作用越来越大，后发性因素的作用逐渐减弱，上层社会的代际继承性加强，底层社会的个人通过努力提升社会地位的难度越来越大，社会阶层就出现了固化现象。以"富二代"、"官二代"为代表的先赋性代际遗传群体占有了更多的社会财富，对"贫二代"所代表的后发性代际群体的生存空间形成了"挤出效应"。

劳动密集型产业的一个特点就是劳动投入数量大，但是劳动者的素质不高。而产业结构的升级依赖于劳动者素质的提升。在产业结构优化升级的过程中，对劳动者素质提出了更高的要求，一方面，产业结构升级优化将淘汰一些原有的职业岗位，同时创造出新的职业岗位，劳动者需要适应新的职业岗位的变化；另一方面，产业结构优化升级带来的职业岗位变化对劳动者的工作技能提出了更高要求。恰恰在这两个方面，我国的劳动者的素质都不能达到要求，高素质人才的短缺与普通工人的大量供给形成了鲜明的对比，知识密集型产业、创新性产业由于缺乏人才发展不起来，而劳动密集型产业则大量的不断地从沿海扩展到内地。劳动者素质低，单位产出效率低，成本高，迫使企业不得不采用扩大规模式的粗放经营，压低工人工资，低水平重复建设，产业结构升级任重道远。

四　结语与思考

　　无论是扩大内需还是增加劳动者报酬，其实都是同一个事物，只不过是观察的角度不同。单纯围绕消费谈扩大内需，从实践看，已经显露出很大的局限性。这就要求我们去探寻更宏观、更为根本的制约因素。消费的根本在于生产，生产的问题不解决，消费的问题很难化解。在政策的着力点上，其一，要大力发展公有制经济，实现按劳分配。不断完善和改革国有企业，使国有企业真正成为体现社会主义制度优越性的载体，加大公益性和服务性，弱化营利性，让利于民；其二，要建立完善合理的工资增长机制，政府干预劳资关系和工资谈判机制，维护职工的合法权益，让收入分配倾斜于普通劳动者，提高中低收入者的收入，避免两极分化；其三，要严格惩治贪污腐败，防止公权力对生产和收入分配产生的负面效应；其四，政府要优化投资方向，大幅增加用于民生和社会事业的投资。建立健全一整套的覆盖城乡的社会保障体系，规范各种收入，加强税收监管，对高收入者做到"有法必依、执法必严"，强化初次分配和再分配的公平性。

参考文献

　　[1] 郭飞：《中国个人收入分配改革：成就、问题与对策》，《马克思主义研究》2010 年第 3 期。

　　[2] 王婷：《中国收入分配问题研究述评》，《红旗文稿》2011 年第 9 期。

　　[3] 王佳菲：《提高劳动者报酬的产业结构升级效应及其现实启示》，《经济学家》2010 年第 7 期。

　　[4] 贾根良：《国际大循环经济发展战略的致命弊病》2010 年第 12 期。

　　[5] 马克思：《资本论》，人民出版社 2004 年版。

经济发展与陷阱跨越：一个理论分析框架[*]

钱运春[**]

世界大部分国家的经济发展经验都表明，生产方式从农业向工业化和后工业化变迁过程中，都存在不同程度的转型障碍，原有的增长机制无法被重复使用。理论界用发展陷阱来表述这种转型困境，分别是贫困陷阱、中等收入陷阱和福利陷阱。研究表明，在人均 GDP 为 800 美元以下、人均 GDP 为 3000—6000 美元以及人均 GDP 15000—40000 美元的区间内较为明显，成为判定发展陷阱的重要"依据"[①]。国内现有研究分析韩日成功经验和拉美失败教训，都证明了发展陷阱的存在[②]。但是，这类判断也存在争议，认为发展陷阱是一个伪命题[③]。

造成上述争议的原因是，现有研究大部分未从理论上厘清发展陷阱的含义、主要类型、发生机制、表现形式、本质特征、跨越机制和存在困境各是什么？也未能阐明发展陷阱与经济发展的关系，是经济发展的必经阶

　　* 本文为国家社科基金青年项目"经济全球化与西欧社会模式的重构研究"（批准号 07CGJ011）的阶段性成果。

　　** 钱运春，男，汉族，1970 年 12 月生，江苏沭阳人，上海社会科学院世界经济研究所副研究员，博士，主要从事经济全球化和欧洲一体化研究。

　　① 汤敏：《中国如何跨过"中等收入陷阱"》，《广州日报》2007 年 4 月 23 日；胡鞍钢：《中国如何跨越"中等收入陷阱"》，《当代经济》2010 年第 8 期（上）；钱运春：《"中等收入陷阱"是经济发展的必经阶段》，《文汇报》2012 年 1 月 9 日。

　　② 郑秉文：《"中等收入陷阱"与中国发展道路——基于国际经验教训的视角》，《中国人口科学》2011 年第 1 期；马晓河：《"中等收入陷阱"的国际观照和中国策略》，《改革》2011 年第 11 期。

　　③ 刘福垣：《中等收入陷阱是一个伪命题》，《南风窗》2011 年第 16 期；江时学：《真的有"中等收入陷阱"吗?》，《世界知识》2011 年第 7 期；张学良：《理性思考"中等收入陷阱"》，《文汇报》2012 年 1 月 9 日。

段，还是可以避免或绕开的？跨越发展陷阱对经济发展有何正面的刺激作用，或者说是否会产生新一轮的高速增长？对上述问题的回答和解释，构成本文的主要分析架构。

一 文献综述与理论分析

（一）发展陷阱的理论

贫困陷阱是指处于贫困状态的个人、家庭、群体、区域等主体或单元由于贫困而不断地再生产出贫困，长期处于贫困的恶性循环中而不能自拔。20世纪50年代有三位经济学家揭示了"贫困陷阱"的产生根源：（1）纳克斯于1953年提出"贫困恶性循环"理论；（2）纳尔逊于1956年提出"低水平均衡陷阱"理论；（3）缪尔达尔于1957年提出"循环积累因果关系"理论。这些理论认为发展中国家总是陷入低收入和贫困的累积性恶性循环之中。与贫困陷阱呼应的是人口陷阱，要摆脱人口陷阱，就必须有大规模的投资（最好辅以生育限制），使人均收入水平的增长速度大大地超过人口增长的速度。跨越贫困陷阱的理论主要包括大推进理论、经济起飞论、增长极理论、涓滴理论等，均提出通过增加投资来摆脱贫困发展陷阱。

中等收入陷阱是从2006年世界银行在其《东亚经济发展报告》中提出的，认为到人均GDP为3000美元之后，只要经济不能顺利实现发展方式的转变，就会形成新的增长动力不足，最终出现经济停滞徘徊的一种状态，落入了"发展陷阱"。与中等收入陷阱伴生的是城市化陷阱，即在经济发展到一定阶段以后，形成城市两极分化加剧和城市规模的不经济。摆脱中等收入陷阱的研究主要集中在发展战略和经济增长方式的转变、实现包容性经济增长。通过凯恩斯理论、新经济理论、新增长理论、人力资本理论、福利国家理论等，提出解决两极分化和提升社会福利水平的思路，实现跨越中等收入陷阱的目标。

福利陷阱是福利病的另一个称呼。20世纪80年代之后由于后工业化、新经济所带来的灵活就业方式，劳资谈判能力的不对等以及普选制导致的福利棘轮效应，形成了巨额财政赤字和养懒机制，最终形成了福利病或福利陷阱。福利陷阱的存在还与经济全球化密切相关，特别是全球化导致的资本外流、税基流失和劳动力的跨国流动，破坏了传统的福利基础和谈判机制，成为解构福利国家的力量。跨越福利陷阱的理论主要包括第三条道路理论、福利社会理论、自由主义理论、自由发展理论等。主要政策建议是强化权利和责任的对等，瓦解福利棘轮对财政的压力，实现灵活经济增长。

（二） 发展陷阱的界定

从"量"的规定性来看，发展陷阱首先是一个收入的概念。为方便起见，本文确定人均 GDP 低于 1000 美元的国家是低收入国家，生产方式以农业为主。人均 GDP 介于 1000—10000 美元的国家为中等收入国家，生产方式已变迁到工业化阶段。人均 GDP 高于 10000 美元属于高收入国家，进入了后工业化生产方式。在三个生产方式阶段，都会发生发展陷阱，但并不会贯穿整个发展阶段。大致说来，在农业生产方式下，人均 GDP 低于 800 美元（约为中国的小康线）应该认定处于贫困陷阱阶段。在工业化生产方式下，人均 GDP 为 3000—6000 美元之间最有可能落入中等收入陷阱，超过 6000 美元，就可以推断有可能摆脱中等收入陷阱[①]。在后工业化生产方式下，人均 GDP 在 15000（按麦迪森计算的 80 年代初西欧人均 GDP）—40000 美元（美国 2005 年左右的人均 GDP，在新经济基础上确立高新技术、iT 为支柱产业）将面临福利陷阱的挑战，人均 GDP 超过了 40000 美元应该被认定为跨越了福利陷阱或者已经具备了可能性。但是，上述区间设定有一定的经验成分，其上限是跨越陷阱起点，是否能否最终跃出，还需分析人均 GDP 走势是在"上限"附近徘徊较久还是上升很快，如果徘徊较久说明新的增长机制仍然不稳固，很可能重新落入发展陷阱。

从"质"的规定性来看，发展陷阱是一个国家的增长机制升级受到了制约。青木昌彦把东亚式的经济发展分为马尔萨斯式的贫困陷阱阶段、政府主导经济发展阶段、库兹涅茨式的通过结构变迁实现发展

---

① 在世行《东亚经济发展报告（2006）》中，中等收入陷阱阶段被定义在 3000—10000 美元之间，但 2011 年 9 月 3 日世界银行行长佐利克认为中等收入陷阱是"当国家的人均收入达到 3000—6000 美元时似乎就会出现生产率和收入增长停滞的阶段"。本文认为，佐利克的表述的中等收入陷阱区间较为精确。本文样本国家的数据也表明，一旦人均 GDP 突破 6000 美元及以上，会出现新一轮的经济起飞。

的阶段、依靠人力资本发展的阶段和后人口红利阶段①。蔡昉认为，每一个阶段跨越如果存在巨大的难度并长期不得突破，且这种现象普遍到在统计上也具有显著性，就应该确定是发展的陷阱②。用这个规定性去看从低收入向高收入的发展历程，世界各国和地区大都经历过发展陷阱。

虽然不同的生产方式导致不同的社会风险，但是三类发展陷阱都有相似的困境，即不论何种发展陷阱，都表现了相当程度的增长率降低，与之对应的是跨越发展陷阱后的经济高增长起飞。不论何种转型障碍，产业变迁导致结构性失业的平均时间要比非发展陷阱时更长，反过来又更加不利于经济增长。不论何种发展阶段，都存在技术创新能力不足陷入困境，而技术创新又是起飞的前提。不论何种发展困境，都有明显的社会矛盾突出，两极分化加剧，社会冲突恶化，甚至成为暴力革命的导火索。

二 跨越发展陷阱的国际经验

（一）数据来源

国际经验表明，跨越发展陷阱需要较长的时间，涉及时间序列、通货膨胀、汇率变化、国家边界和人口的变化等一系列问题。本文主要引用麦迪森《世界经济千年统计》的数据③，在最大程度上解决了上述问题。需要说明的是，麦迪森用 PPP 为基础的国际元④巧妙地化解了 2000 年之前的通胀和汇率问题。2001 年之后的数据因为是当期数据，尽管来源于世界银行网站等权威机构，但两者仍不存在严格的可比性。本文

---

① Aoki, Masahiko (2011), "*The five - phases of economic development and institutional evolution in China and Japan*", Presidential Lecture at the XVith World Conference of the international Economic Association, Beijing, July 4th.

② 蔡昉:《"中等收入陷阱"的理论、经验与针对性》,《经济学动态》2011 年第 12 期。

③ 为方便起见，本文把麦迪森的人均国民收入与人均 GDP 等同使用，下文中现期美元与麦迪森 1990 年国际元等同使用。从较长的历史数据分析，这种等同规定应该没有实质性差别。

④ 维基百科对国际元的解释是，又称吉尔里—哈米斯元（Geary - Khamis dollar），在特定时间与美元有相同购买力的假设通货单位。1990 年或 2000 年常用作基准，与其他年份作比较。国际元建基于通货购买力平价（PPP）与日常用品国际平均价格的双生概念。

据此选取了八个国家验证生产方式变迁与发展陷阱的关系，分别是美国、英国、法国、德国、日本、巴西、阿根廷和原苏联/俄罗斯。

（二）发展陷阱"量"的验证

1. 农业生产方式下的贫困陷阱

按照麦迪森的数据，确定英国直到 17 世纪初，德国和法国到 18 世纪之前，仍然在贫困陷阱之中。14 世纪初连年的粮食歉收和饥荒，饥馑的程度尤为严重。17 世纪西欧由于气候变化，导致饥荒横行，进一步固化了贫困陷阱。整部早期资本主义史是以人们生活水平直线下降为标志的①。美国最初的欧洲移民大都处于贫困状态，大约在 19 世纪初才跨越了贫困陷阱。日本在工业革命之前也处于贫困之中，大约在 19 世纪 80 年代才跨越贫困陷阱。俄国到 19 世纪中期仍然处于贫困陷阱之中。巴西直到一战之前仍然处于贫困陷阱之中，生活方式极为落后②。

2. 工业化生产方式下的中等收入陷阱

工业革命推动的经济起飞，使各国摆脱了贫困陷阱。根据"量"的规定性，英法德在第一次世界大战后和第二次世界大战前大致在人均 GDP 为 3000—6000 美元区间。根据质的规定性，这段时间在西欧乃至世界历史上是一个非常特殊的时期，麦迪森认为是"一个复杂而晦暗的时期，深深地打上了两次世界大战和其间经济衰退的烙印"③。美国在 20 世纪之交进入所谓的镀金时代，已经具备了中等收入陷阱"量"和质的规定性，进入了剥削、苦难、不公、失业、贫困和肮脏不堪的城市贫民窟时代，经罗斯福新政后才跃出了中等收入陷阱。国际上公认在第二次世界大战后成功跨越"中等收入陷阱"的大国就是日本，一般认为从 1972 年接近 3000 美元到 1984 年突破 1 万美元，花了大约 12 年的时间④。但是，根据麦迪森的数据，日本在 1940 年人均国民收入达到了 2874 国际元，到 1967 年超过了 7000 国际元。说明日本落入了中等收入

---

① ［德］罗伯特·库尔茨：《资本主义黑皮书——自由市场经济的终曲》，钱敏汝等译，社会科学文献出版社 2003 年版，第 6 页。

② 苏联科学院历史研究所编：《巴西史纲》，辽宁人民出版社 1975 年版，第 370 页。

③ ［英］安格斯·麦迪森：《世界经济千年史》，伍晓鹰等译，北京大学出版社 2003 年版，第 94 页。

④ 王一鸣：《"中等收入陷阱"的国际比较和原因分析》，《学习时报》2011 年 3 月 28 日。

陷阱是在第二次世界大战期间，其跨越发展陷阱的时间是 27 年，而不是 12 年。（见图 1）

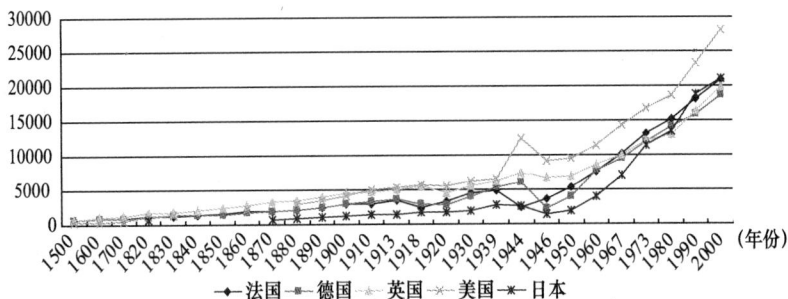

1 英法德美日人均国民收入变化：1500—2000 年（以 1990 年国际元计算）

资料来源：根据安格斯·麦迪森《世界经济千年统计》（伍晓鹰、叶燕斐、施发启译，北京大学出版社 2003 年版）的数据制作①。

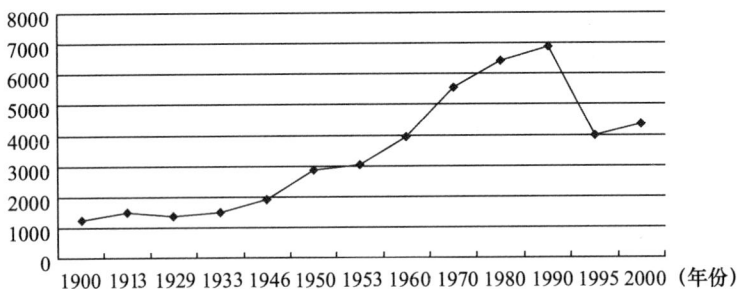

图 2 苏联/俄罗斯人均国民收入年度变化：1900—2000 年
（以 1990 年国际元计算）

资料来源：同图 1。

苏联/俄罗斯大约在 50 年代初达到人均 GDP 3000 美元中等收入陷阱的下限，但直到其解体也未能跃出中等收入陷阱（见图 2）。在中等收入陷阱阶段，令人费解的是原苏联并未出现西方大国一系列社会经济问题，个中原因是其通过计划供给制创造了"相对公平"的社会环境，在相当程度上掩盖了中等收入陷阱的严重性。苏联解体的经济原因是其陷入中等

---

① 原文中德国没有 1840 年数据，本文中假定德国 1840 年数据为 1378 国际元，是根据 1830 和 1850 年数据平均计算而得。

收入陷阱而不能自拔。拉美经济在欧美工业革命带动下也获得了较快的发展，巴西是在 20 世纪 20 年代初就达到了中等收入阶段，到 70 年代又陷入了中等收入陷阱。阿根廷在一战前就陷入了中等收入陷阱，但是这些国家直到 80 年代也未能跨越发展陷阱。"失去的十年"成为陷入"中等收入陷阱"的代名词，主要原因还是两国发展战略的失误①。20 世纪 60—70 年代，巴西曾一度因经济奇迹而名噪寰宇，进入 80 年代之后犹如重病缠身。阿根廷经济状况虽然一直比巴西好，但是直到 1990 年人均 GDP 还未超过 6500 国际元（见图 3）。

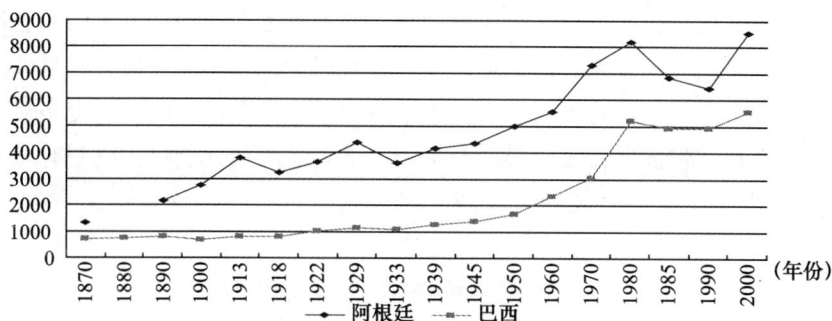

图 3　巴西—阿根廷人均国民收入年度变化：1870—2000

资料来源．同图 1。

3. 后工业化生产方式下的福利陷阱

20 世纪 80 年代开始，西欧和美国的生产方式从工业化向后工业化转型。工业化生产方式的社会保护机制却出现了刚性迟滞，无法随生产方式的调整而变化，又面临了福利陷阱。美国出现了福利陷阱征兆在 70 年代，虽然在此之后其人均 GDP 不断增长，2011 年已经达到 48400 美元。但是由于 2007 年的次贷危机爆发，仍难判定是否跨越了福利陷阱。日本在 80 年代"失去的十年"不是落入了中等收入陷阱而是福利陷阱。日本表面上 GDP 负增长，实际上从海外投资中获得了巨大的收益，并用这个收益

---

① Krueger A. O., "Trade policy and economic development: how we learn", *American Economic Review*, 1999, 87 (1): pp. 1 - 22；林毅夫、蔡昉、李周：《中国奇迹：发展战略和经济改革》，上海三联书店、上海人民出版社 1994 年版，第 51 页。

来完善社会保障体系①。

(三) 发展陷阱 "质" 的根源

本文认为，发展陷阱的本质是不同生产方式下存在不同的社会风险。农业生产方式由于生产力发展水平比较低，其社会风险主要表现在物质匮乏风险，疾病特别是传染病风险，自然灾害风险，两级分化和社会冲突风险等，都阻碍了经济增长方式的转型。工业化生产方式虽然在一定程度上克服了农业生产方式的社会风险，但又带来了新的社会风险，包括工伤风险、养老风险、失业风险和城市化风险等。后工业化生产方式的社会风险虽然有所变化，但是仍是一个风险社会。农业和工业化生产方式的社会风险仍然或轻或重地存在，后工业化新的社会风险源包括失业风险、财政赤字和通胀风险、全球化风险等。发展陷阱的实质不是经济陷阱，而是社会陷阱。但现实情况常常是，形成与生产方式相匹配的社会保护机制有相当长的 "时滞"，导致 "陷阱" 生成。

三　跨越陷阱方式的历史比较

(一) 零和的暴力式跨越

跨越贫困陷阱的战争自古有之。由于生产力不发达和基本生活资源的短缺，强国都通过暴力的方式掠夺其他国家的资源来维持自身的生存。较早时期世界上一些著名的战争、一些国家的存亡，都与贫困陷阱有关。即使在初步跨越贫困陷阱后，战争的惯性仍在持续。如英国有英法七年战争（1756—1763）、迈索尔战争等。德国和法国有拿破仑战争、普法战争等，美国有美墨战争，俄日参与八国联军侵华以及日俄战争等。

跨越中等收入陷阱的战争就更为血腥。在主要资本主义国家进入工业化生产方式之后，各国之间就发生了市场和资源的争夺战，如英法德美日俄都参加了两次世界大战。第一次世界大战并没有从根本上解决中等收入陷阱的发生机制，经济社会问题更加严重了。为了实现经济增长方式的转型，美国通过罗斯福新政，德日通过扩军备战，都获得了较快

---

① 吴宇桢：《 "失去的十年"：误读还是事实》，《文汇报》2012 年 3 月 6 日。

的经济增长，但后者随之成为第二次世界大战的策源地。苏联落入中等
收入陷阱后也未能避免战争，波匈事件、入侵捷克和阿富汗，都是有力
的证明。

（二）共赢式跨越与经济起飞

即使在贫困陷阱阶段，有通过暴力方式成功跨越的个案，到中等陷
阱阶段也失灵了，第二次世界大战后都是通过共赢方式实现陷阱跨越。
从内部来看，共赢表现在民主化和阶级合作基础上的福利国家建设，通
过技术升级和消费带动方式，实现经济快速发展，其核心是实现公平的
收入分配，通过社会均等化来化解经济发展中的矛盾，保证了高速增长
的持续性①。从外部来看，共赢表现在布雷顿森林机构、多边区域合作
安排以及双边合作机制，通过共享资源和市场实现分工深化和效率递
增。当工业化建立的社会保护机制化解了"贫困陷阱"并实现快速增
长，称为"罗斯托起飞"；当借鉴凯恩斯思想建立福利国家体制，化解
了"中等收入陷阱"进而形成的快速增长，称为"凯恩斯起飞"。一旦
有关国家借鉴"第三条道路"等理论改革成功，化次贷危机和欧债危
机为契机，在后工业化生产方式下扬弃福利国家体制并形成新的社会保
护机制，有理由推断跨越福利陷阱之后将会出现第三次经济起飞，姑且
称为"吉登斯起飞"。

1. 罗斯托起飞，投资型跨越：人均 GDP 800—2000 美元②

从农业生产方式向工业生产方式转变，需要一个起飞的过程，或者说
由高积累带来的经济高增长的过程。理论分析也表明，Hansen 和 Prescott
观察到存在一个从"马尔萨斯"到"索洛"的过渡阶段③。蔡昉把这个

---

① 乔俊峰：《跨越"中等收入陷阱"的公共政策因应：韩国做法及启示》，《改革》2011
年第 8 期。

② 根据表 1 罗斯托认定有关国家经济起飞的暂定年代，确定经济起飞的下限为人均 GDP 为
800 美元（大约为中国的小康线。如果可以考虑通胀因素，也可借鉴现行的划分，把下限确定为
975 美元），上限人均 GDP 为 2000 美元。超过 2000 美元经济仍有可能增长，应该认定为起飞后
增长阶段。

③ Hansen, G. D. & E. Prescott, "Malthus to Solow", *American Economic Review*, 2002, 92,
pp. 1205 – 17.

过渡阶段定义为一个富有特征的经济发展时期，具有新古典增长特征的阶段[1]。这个阶段就是罗斯托起飞，经济的发展产生了一种剧烈的突变或质变，跨越了传统社会，进入大规模持续增长阶段。

表 1　　　　　　　罗斯托认定的部分国家的经济起飞的暂定年代[2]

国家	起飞时间	国家	起飞时间
英国	1783—1802	法国	1830—1860
美国	1843—1860	德国	1850—1873
日本	1878—1900	俄国	1890—1914

　　资料来源：W. W. 罗斯托：《经济增长的阶段——非共产党宣言》，郭熙保、王松茂译，中国社会科学出版社 2001 年版，第 38 页。

　　罗斯托为经济起飞规定了三个条件：包括将生产性投资率提高到10% 以上、有一个或多个重要制造业部门以很高的增长速度发展、有一种政治、社会和制度结构存在促进经济不断增长等，从而推动其经济社会迅速进步[3]。在西欧国家中，英国因率先工业革命成为第一个起飞国家，法德随后。美国在 19 世纪后半期至 20 世纪初实现起飞，其经济快速发展的程度被认为是人类历史上从未有过的现象[4]。日本和俄国在 19 世纪末实现了起飞（见表 1）。阿根廷在 19 世纪末、巴西在 20 世纪 50 年代均获得经济起飞。

　　2. 凯恩斯起飞，内需型跨越：人均 GDP 6000—10000 美元

　　1929—1933 年经济危机震撼了整个西方世界。凯恩斯主义要求对经济实行国家干预，形成了以混合经济、充分就业、公平分配和社会福利为主要内容，以经济发展与社会公正协调并进为基本理念的"社会市场经

---

　　① 蔡昉：《"中等收入陷阱"的理论、经验与针对性》，《经济学动态》2011 年第 12 期，第4—9 页。

　　② 罗斯托认为，关于从起飞到成熟的准确时间长度，任何教条主义都证明是不合理的，精确的时间划分是不存在的，所以，其表格的标题就是"暂定年代"。同理可推论，精确的量化区间也是不存在的。

　　③ 罗斯托：《经济增长的阶段——非共产党宣言》，郭熙保、王松茂译，中国社会科学出版社 2001 年版，第 39—40 页。

　　④ 李英东、俞炜华：《近年来我国经济增长形势与 19 世纪末 20 世纪初期美国经济发展特征的比较研究》，《学术论坛》2008 年第 3 期。

济"模式，成为向后工业化社会过渡的第二个起飞阶段。凯恩斯起飞大致可以对应罗斯托的大众高消费阶段，即社会的主要注意力就从供给转到需求，从生产问题转到消费问题和最广义的福利问题①。目前公认实现凯恩斯起飞的主要是英、法、德、美、日等发达国家。

俄罗斯初步实现了凯恩斯起飞，是到 2006 年之后的事情，其人均 GDP 从 6947 美元迅速达到 2008 年的 11700 美元。实际在 2006 年之前俄罗斯就开始积蓄摆脱中等收入陷阱的力量，从 1999 年至 2006 年，俄罗斯经济年均增长速度约 6%，经济总量增加了 70%。阿根廷在 2007 年之后又一次开始了跨越中等收入陷阱努力，在 2011 年人均 GDP 都超过了 10000 美元。巴西同时开始了努力，并在 2010 年人均 GDP 超过了 10000 美元（见图 4）。

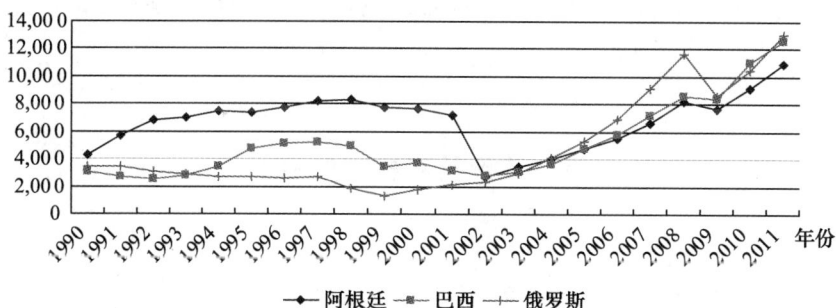

图 4　俄罗斯、阿根廷和巴西的跨越中等收入陷阱曲线图（单位：当期美元）

注：本图引用数据全部为当期值，因汇率和基期等原因，与图 2 图 3 的麦迪森按 1990 年国际元同时间数据不存在严格可比性。

资料来源：根据世界银行网站数据制作。

3. 吉登斯起飞，综合型跨越：人均 GDP 40000 美元以上

第三次起飞目前尚未实现，一个重要的原因是缺乏起飞的支撑机制，特别是缺乏新一轮的科技革命。尽管在 90 年代的新经济和新世纪的信息技术革命在西欧也有出现，但是尚未形成主流的产业调整动力。从这个角度说，美国福利病比西欧轻得多的原因是，一是美国已走向福利社会，因此向后工

---

① 罗斯托：《经济增长的阶段——非共产党宣言》，郭熙保、王松茂译，中国社会科学出版社 2001 年版，第 76 页。

业化生产方式转换较为容易；二是美国是新经济和信息经济的发源国，其经济在后工业化阶段已获得了一定程度的快速增长（见表2）。另一个重要的原因是缺乏具有大智慧的政治家。新生代政治家们缺乏第二次世界大战政治家的魄力，屈服于国内利益集团等原因，而无法出台行之有效的改革方案。

表 2 　　　　　　　英法德美日人均 GDP：2001—2011 　　　　单位：当期美元

	2001	2002	2003	2004	2005	2006	2007	2008	2009	2010	2011
法国	21812	23494	28794	32785	33819	35457	40342	43992	40477	39170	42377
德国	22840	24326	29367	33040	33543	35238	40403	44132	40275	39852	43689
日本	32716	31236	33691	36442	35781	34102	34095	37972	39473	43063	45903
英国	24880	27168	31231	36771	37867	40342	46123	42935	35129	36186	38818
美国	35912	36819	38225	40292	42516	44623	46349	46760	45192	46702	48442

　　注：本图引用数据全部为当期值，因汇率和基期等原因，与图1的麦迪森按1990年国际元同时间数据不存在严格可比性。

　　资料来源：世界银行网站。

四 　结论及对中国的启示

（一）研究结论

1. 发展陷阱是经济发展的必经阶段

发展陷阱是生产方式从低级向高级发展必须经历的阶段。农业生产方式需要跨越贫困陷阱，才能发展到工业化生产方式，工业生产方式需要跨越中等收入陷阱，才能迈入后工业化生产方式，后工业化生产方式需要跨越福利陷阱，才能获得进一步发展的动力。从图5可以看出，生产方式从农业向工业化和后工业化发展过程中，经过三次经济起飞过程，分别是罗斯托起飞、凯恩斯起飞和吉登斯起飞。要实现三个起飞必须要克服三个生产方式下的发展陷阱。如果再粗略一点就是，摆脱发展陷阱需要经济起飞。

农业生产方式		工业化生产方式		后工业化生产方式	
（贫困陷阱）	罗斯托起飞	（中等收入陷阱）	凯恩斯起飞	（福利陷阱）	吉登斯起飞

图 5 　社会重建视角下的发展陷阱与经济起飞

发展陷阱有时空同步性，经济起飞有相互启发性。相同的发展陷阱在世界经济发展中，有一定同步性，成为一定时间段世界经济的主要特征。如在第一次世界大战之前，世界各国大部分陷入了贫困陷阱或者刚跨越了贫困陷阱，第一次世界大战到第二次世界大战之间世界主要国家的任务是跨越中等收入陷阱，推动工业化经济到工业化社会的转换。在某种程度上可以说，由于战后的布雷顿森林机构的国际合作机制，导致世界分工深化和贸易拓展，发达国家的凯恩斯起飞支撑了相当一部分发展中国家的罗斯托起飞。

2. 重建增长机制需要政府发挥主导作用

跨越三个发展陷阱，都需要政府相当规模的财政投入，从扶持实业到促进消费和促进就业的目的变化，是跨越三种不同生产方式下发展陷阱的主要选择。在农业生产方式下的投资并形成的罗斯托经济起飞，目的是提高固定资产和设备的产出水平，增加社会财富总额。在工业化生产方式下投资并形成的凯恩斯起飞，投资主要侧重在公共工程、基础设施和社会保障体系，目的已经不再是增加生产性设施的投资，而是着重刺激消费，提升居民的边际消费倾向，形成消费主导的经济增长机制，进而推动增长方式转型。在后工业化生产方式下，政府也会增加投资，主要目的是刺激就业和完善社会保护机制，所谓"没有工作就没有保障"，权利和义务对等是基本原则。总体看来，在跨越贫困陷阱阶段是投资驱动型的增长模式，在跨越中等收入陷阱是消费驱动型的增长模式，在跨越福利陷阱是综合驱动型增长模式（核心是享受福利的权利和个人承担的责任对等）。这个判断也就意味着，继续沿用投资型增长模式无法跨越中等收入陷阱，继续沿用扩张消费的增长模式也无法跨越福利陷阱。

3. 跨越发展陷阱需要重建社会保护机制

上述三个陷阱"贫困陷阱"、"中等收入陷阱"和"福利陷阱"因其本质是社会陷阱，是经济发展对社会造成了伤害，需要一种对社会保护机制。英法德美日五个福利国家跨越贫困陷阱，是各国政府在利用工业革命初期所形成的巨大物质资源，通过了一系列法律和制度不仅保护了经济增长的动力，而且最大限度地解决了农业生产方式的社会问题。跨越中等收入陷阱，是为了应对两次大战的需要，各国政府都在不同程度上加强了国家对经济的控制，在最大程度上体现社会公平，在一定程度上解决了工业化生产方式下的社会保护问题，最终利用第三次工业革命跃出了中等收入陷阱。跨越福利陷阱，是各国政府调整经济发展政策，在应对全球化所作出的被动反应。因缺乏第一次世界大战和第二次世界大战中的社会环境，难以形成巨大国家危机下的改革共识，加上各国政府面临选举压力，因此，欧、美、日在跨越福利陷阱时只能通过修修补补的方式，慢慢走出来。

另外三个国家跨越中等收入陷阱已初步实现。俄罗斯自1993年开始强制重建多层次的社会保障体系，新千年开始继续强调社会公平，做实社会保障①，把1/3的财政支出用于教育、医疗、救济等社会领域，形成了适应现代市场经济的社会保障体系。在经历"失去的十年"之后和90年代新自由主义昙花一现的高增长之后，阿根廷在新千年重启社会保障改革，强调社会公正，开始"左转"实行再国有化②。巴西通过1995年和2003年改革，建立以推动社会发展为核心的发展模式，社保制度覆盖全民，并实行公私混合③。两国的改革都获得较高的支持率，社会稳定程度提高，成为其经济快速增长的基础。

（二）对中国的启示

1. 中国同时面临三种发展陷阱的挑战

与发达国家三种生产方式的时间继起性不同，由于经济的快速发展，中国并存了三种生产方式和三种发展陷阱。按照2011年年底2300元的新贫困线，中国贫困人口已经超过1亿，说明农业生产方式下的贫困陷阱还有"很强的生命力"。中国2011年人均GDP为5430美元，显示绝大部分省区处于工业化生产方式的中等收入陷阱中。2011年京津沪的人均GDP已超过了1万美元，又可能掉入后工业化生产方式的福利陷阱里。多重发展陷阱的矛盾交织对中国社会保护机制的构建产生了极大的牵制力④，如即使表现为失业现象，因其产生原因不一样，治理机制也存在本质差异。与三种生产方式对应的物质财富创造能力天差地别，体现在巨大的城乡差

---

① 叶召霞：《俄罗斯社会保障制度的变迁》，《西伯利亚研究》2012年第1期。
② 郑秉文、房连泉：《阿根廷私有化社保制度"国有化再改革"的过程、内容与动因》，《拉丁美洲研究》2009年第2期。
③ 房连泉：《20世纪90年代以来巴西社会保障制度改革探析》，《拉丁美洲研究》2009年第2期。
④ 钱运春：《西欧生产方式变迁与社会保护机制重建》，上海社会科学院出版社2011年版，第230—231页。

距、产业差距、地域差距以及与之关联的社会群体差距。但中国既不可能同时构建三种社会保护机制，更不可能整齐划一构建统一的社会保护机制，这是中国当前面临的首要难题，已经成为制约中国跨越发展陷阱重要掣肘。

2. 构建双重社会保障体制跨越发展陷阱

从借鉴先行国家的成败经验来看，中国需要构建双层的社会保障体系，明确划定中央和地方各自的社会保障责任，不仅符合当前国情，也符合全球化的时代特征。中央层面的社会责任是以公民权为基础，提供全国保基本、广覆盖、可持续的社会保障，以增加公民凝聚力和民族向心力，当前以养老和医疗最为需要。地方层面的责任是考虑各自经济发展阶段和差别，出台统筹层次相对高，但又符合各自发展阶段的社会保障体系，消除社保政策碎片化。在此基础上推进结构调整和产业升级，提升科技创新能力，走出一条有中国特色的经济转型之路。自此，中国可能把危机转化为契机，同时出现三种经济起飞，罗斯托起飞、凯恩斯起飞和吉登斯起飞，这多重起飞将是中国维持下一个30年的增长基础。

3. 发挥内外共赢优势，跨越中等收入陷阱

当前中国虽然三种发展陷阱并存，但面临的最主要矛盾是中等收入陷阱。发达国家的经验已经证明，跨越中等收入陷阱的首要对策是重建社会保护机制，通过扩大和深化内需来推动增长机制转型，实现凯恩斯起飞。中国目前总体社会保障水平较低，提升社会保护机制不仅不会抑制经济增长，反而会扩大内需成为推动产业升级和经济增长的动力。日本的经验进一步证明，发展陷阱不仅可以成功跨越，而且可以通过国际合作的双赢方式实现。这也意味着作为大国的中国不仅可以利用全球化的机遇和国际机制实现和平发展，而且可以通过自身的凯恩斯起飞带动发展中国家的罗斯托起飞，继续扮演世界经济发展的主要推动者角色。

参考文献

[1] Aoki, Masahiko (2011), "The five – phases of economic development and institutional evolution in China and Japan", Presidential Lecture at the XVith World Conference of the international Economic Association, Beijing, July 4th.

[2] Hansen, G. D. & E. Prescott, "Malthus to Solow", *American Economic Review*, 2002, 92.

[3] Krueger A. O., "Trade policy and economic development: How we learn", *American Economic Review*, 1999, 87 (1).

[4] [英] 安格斯·麦迪森:《世界经济千年史》,伍晓鹰等译,北京大学出版社2003年版。

[5] 蔡昉:《"中等收入陷阱"的理论、经验与针对性》,《经济学动态》2011年第12期。

[6] 房连泉:《20世纪90年代以来巴西社会保障制度改革探析》,《拉丁美洲研究》2009年第2期。

[7] 李英东、俞炜华:《近年来我国经济增长形势与19世纪末20世纪初期美国经济发展特征的比较研究》,《学术论坛》2008年第3期。

[8] 罗斯托:《经济增长的阶段——非共产党宣言》,郭熙保、王松茂译,中国社会科学出版社2001年版。

[9] 马晓河:《"中等收入陷阱"的国际观照和中国策略》,《改革》2011年第11期。

[10] 钱运春:《西欧生产方式变迁与社会保护机制重建》,上海社会科学院出版社2011年版。

[11] 乔俊峰:《跨越"中等收入陷阱"的公共政策因应:韩国做法及启示》,《改革》2011年第8期。

[12] 叶召霞:《俄罗斯社会保障制度的变迁》,《西伯利亚研究》2012年第1期。

[13] 郑秉文、房连泉:《阿根廷私有化社保制度"国有化再改革"的过程、内容与动因》,《拉丁美洲研究》2009年第2期。

[14] 郑秉文:《"中等收入陷阱"与中国发展道路——基于国际经验教训的视角》,《中国人口科学》2011年第1期。

包容性增长或共享式增长：基于相对贫困视角下的探析

李炳炎　王　冲[*]

自 2007 年亚行首次提出"包容性增长"，或译作共享式增长（inclusive Growth）概念，包容性增长成为国际组织在推行减贫战略中的核心理念。近 10 年间，包容性增长的理念逐步得到发展和完善。

胡锦涛于 2009 年 11 月到 2010 年 9 月的近十个月的时间里两次在国际会议中提出包容性增长，也充分说明了包容性增长的理念在我国未来发展中的重要地位。作为与科学发展观一脉相承的理念，包容性增长是科学发展观的进一步深化。

一　中国当前存在的相对贫困与包容性增长

自改革开放以来，中国的人均 GDP 以年均高于 8.5% 的速度增长，这高于同时期的任何一个国家，同时远高于发达国家同时期 2%—3% 的增长率。高速的经济增长对减少贫困起到了极大的作用。三十多年来，中国 2.5 亿农村贫困人口成功脱贫[①]，这一数字充分说明了中国在减贫工作中所作出的巨大成就。但是人均收入的提高所解决的仅为绝对贫困，即使贫

---

* 李炳炎（1945—　），男，江苏无锡人，经济学博士，中央财经大学博士生导师，中共江苏省委党校特岗教授，世界政治经济学学会常务理事，中国经济规律研究会副会长，主要研究方向为社会主义市场经济理论。王冲（1985—　），男，山东济宁人，中央财经大学经济学院博士研究生，主要研究方向为社会主义市场经济理论。

① 中国人权研究会：《中国人权事业发展报告 NO.1（2011）》，社会科学文献出版社 2011 年版，第 2 页。

困人口收入高于贫困线，脱离收入低下的贫困状态。经济的高速增长同样带来了收入差距的扩大，且这种收入差距的扩大在当前中国表现为多维度的，包括城乡收入差距扩大、地区差异的扩大以及行业间差距扩大等。多维度的收入差距又引发了财产分布和基础教育、公共卫生等基本公共服务方面的巨大差异。这些不断拉大的差异使城乡之间形成了在收入分配、享有基本公共服务等方面的极为不平等的国民待遇，所有这些不平等构成了当今中国存在的相对贫困问题。

收入差距的扩大如果得不到解决，将对社会和经济造成严重的负面影响。此外，穷人与富人间收入和消费的绝对差距拉大会触发社会和政治紧张关系，在极端情况下，这些紧张关系有可能导致社会冲突，威胁社会和政治稳定。Hibbs（1973），Venieris 和 Gupta（1986），Gupta（1990），Alesina 和 Perotti（1996），以及 Benhabib 和 Rustichini（1996）都曾论述收入不平等将会引起犯罪、骚动以及其他扰乱社会的行为，这些行为将阻碍经济的正常运行，从而影响经济的长远发展。中国经济的长期增长和发展，仅仅保持高速增长是不够的，更应该关注高速增长背后所存在的种种问题。发展中亟须一种新的增长方式，这种增长方式应具备包容的特性，以此缓解经济增长中种种不平等所造成矛盾。可以说，我国当前所倡导的包容性增长理念便是基于这样的背景，这也是我国实现经济长期稳定发展的需要。

既然增长中所产生的多维度的不平等现象都可归结为相对贫困问题，理解包容性增长，便应从相对贫困的角度进行考察。舒尔茨（Schultz）曾说，他希望经济学家们在构筑自己的理论大厦时不要忘记给贫困问题留点地位。Schultz 的话不仅阐明了贫困问题研究的重要性，更重要的是指出了在经济现象的研究中，对贫困问题的不够重视。当一个国家，特别是发展中国家进入一个全新的经济、社会发展阶段时，一方面，为了追赶发达国家，其经济必须保持稳定在高增长轨道上；另一方面，发展议程必须扩大到不仅包括消除绝对贫困，而且要解决发展中的多维度不平等问题，即要缓解并消除相对贫困问题。由此可以看出，相对贫困问题在经济增长过程中的重要地位。

贫困涉及两个关键性问题：第一，贫困的识别；第二，减贫策略的制定。这两个问题是相互联系的，贫困的定义推动着政策的选择。如何理解这两个问题决定了能否正确的理解包容性增长的理念。近年来，虽然包容性增长作为发展经济学的一个新概念受到国际上越来越多的组织和学者的关注，但显然研究还不充分。对于第一个问题，当前对贫困的认识还不够，至少还不统一。贫困的识别推动政策的制定。对于当前发展中贫困问题界定不统一，必然导致第二个问题，即减贫策略制定的偏误，包容性增长也难以实现。作为解决贫困的两个关键点，是如何把握和理解包容性增长的重要因素。

二　贫困的识别是理解包容性增长的关键

贫困形成的原因是一个十分复杂的问题，既有人文资源的又有自然环境的，既有历史的又有现实的，既有内部的又有外部的，既有经济的又有战争的，同时又有体制和政策的，常常是各种原因交错，形成一张极为密集的"贫困网"。[1] 因此如何识别贫困，从而更为准确地认识包容性增长理念也非易事。

包容性增长理念形成初期，一些组织和学者只是简单地从收入层面对其进行定义，对收入的提高以及收入分配的公平与否进行阐述。这些界定中最为权威的为联合国开发计划署（UNDP）（2008）的定义，强调的是包容性增长的收入方面，即包容性增长是经济中所有人参与增长的组织并公平地获得增长的利益的过程和结果。Siddhartha M. itra（2007）把包容性增长定义为经济增长率的加速，并且增长的结果为经济体所有主要部门/社区分享。印度计划委员会主席 Ahluwalia（2007）对包容性增长的解释是：达到一个增长过程，其中不同生活阶段的人们——感到他们从过程中得到了重要的利益。这些早期对包容性增长的定义一般只强调两个方面，即增长的速度的提高及增长结果的公平分配。这种理解因为始于包容性增长理念形成的初期，对相对贫困的真正内涵缺乏全面认识，难免有些片面。

同一时期有些学者或组织试图从机会层面对包容性增长进行界定，如 Vital（2007）认为理解包容性可以关注绝对贫困，即考虑那些在贫困线下的人们，也可以考察就业，并只考虑那些在原始部门工作的人。因为就

---

[1] ［美］杰拉尔德·迈耶、斯蒂格利茨：《发展经济学前沿：未来展望中国》，财政经济出版社 2003 年版，第 215 页。

业是一个国家在增长中对劳动者提供的工作机会。因此，这种从就业角度对包容性增长的理解考虑到了增长中对人们获取经济机会的创造。世界银行（2006）较早地从机会的维度去考量共享式增长，在其关于印度包容性增长的报告中，提出要达到包容性增长，可以通过"集中于扩大经济增长的区域范围，扩大资产利用，繁荣市场，为下一代印度居民扩大机会公平，不管他们是谁或者他们生活在哪里"①。另一个对包容性增长认识较为深入的组织为亚洲开发银行。该行在2007年的报告中提到包容性增长，强调保证增长创造的经济机会要尽最大可能为所有人可得——特别是穷人。认为增长过程所创造的新的经济机会的分布是不均等的。穷人一般要受到环境的约束或者市场失灵的原因，而不能获得这些机会。结果，穷人从增长中的获益比非穷人少。因而，如果完全凭市场，增长一般将不是益贫的（pro - poor）。然而，政府能制定政策和计划促进穷人充分参与到新经济机会中来。② 基于这一认识，该行的 Ali 和 Zhuang（2007）把包容性增长界定为机会平等的增长。当增长允许社会的全部成员参与并平等地做出贡献而与他们的环境无关时，增长就是包容式的。也就是说，包容性增长既强调通过经济增长创造就业机会与其他发展机会，又强调发展机会的平等。利用机会可以增加增长潜力，但机会不平等会降低增长潜力并使增长不可持续。世界银行对包容性增长的定义强调了增长中机会的平等，这无疑是在前人研究基础上的很大的进步，但包容性增长既然有其包容的特质，就应涉及发展中产生的方方面面的问题，如果仅用机会来理解，也还不够完善。

研究包容性增长，正确理解包容性增长的内涵，应该回归到对相对贫困问题的研究。这里所讲的相对贫困，涵盖了收入不平等，人类发展及人的脆弱性等问题。相对贫困作为包容性增长所要解决的核心问题，甚至可以说是唯一要解决的问题，其内涵已经囊括了包容性增长过程中所要面对的方方面面的问题。对相对贫困问题的识别，是研究包容性增长的关键所在。只有认识到什么是相对贫困，哪些人是相对贫困的以及他们在哪些方面是相对贫困的，才能制定具体的减贫策略，最终实现发展的包容性。

---

① World Bank, India inclusive Growth and Service Delivery: Building on india's Success, *Development Policy Review*, 2006: 95.

② Asian Development Bank, *Eminent Persons Group Report*, 2007: 2.

经济发展中的相对贫困具备多种表现形式。从世界范围看，相对贫困与经济发展之间存在以下三种相关模式：一是区域经济发展失衡所导致的贫困。这是发展中国家或地区普遍存在的现象。发展中由于各地区资源禀赋差异等因素，一部分地区率先发展起来，而另外一部分地区发展相对滞后。经济高速增长使得不同地区间以及不同人群间收入差距的扩大，造成了部分发展滞后地区人口的相对贫困。二是在相对稳定的市场经济制度和不平等的社会结构中，由于制度的缺失或不完善，劳动力市场、教育机构和其他重要的社会参与机会，对某些劳动者和社会成员有明显的排斥或歧视，因而导致穷人缺乏同等的机会，尤其是那些因机会不平等而处于劣势的贫困人口。这种贫困无疑剥夺了人享有发展带来成果的权利，使贫困人口在贫困陷阱中难以脱身，形成贫困的恶性循环。三是由于经济周期等诸多发展中的不确定因素影响，同时又缺乏必要的社会安全保障网，并由此使部分人口陷入贫困。这三种发展中的贫困模式大致概括了贫困的三个维度，即收入分配不平等，人类发展水平低下以及人的脆弱性。

相对贫困是多维度的，那么致力于解决相对贫困的包容性增长也应是多维度的。包容性增长应包含增长中收入的提高，增长创造的经济机会的均等，获得公共品与服务的平等以及社会保障的平等，等等。总之，包容性增长，本质是要消除相对贫困，使人们公平地享有经济增长所带来的经济机会，使弱势群体得到保护，使人们有权利参与到经济政治生活中去，同时免受风险的危害。因此，定义包容性增长的内涵，应在物质财富增长的基础之上，着重考虑人的因素，并应将人抵御风险的能力，即人的脆弱性考虑在内。包容性增长的三个维度，收入平等，人类发展水平的提高，以及人的脆弱性问题构成了包容性增长所致力于解决的最终目标。可以说，只有解决了收入分配不平等、人类发展水平低下以及人的脆弱性问题这三个方面，才能真正实现包容性增长或共享式发展。

三 实现包容性增长的三个关键因素
——基于马克思的贫困理论

如何在正确认识包容性增长的基础上实现包容性增长，并充分考虑到中国的社会主义制度特性以及具体国情，归根结底，应从马克思的理论中去寻找答案。马克思的贫困理论认为，资本主义制度是产生贫困的根源所在。彻底消除贫困，根本途径在于推翻资本主义制度，并建立社会主义制度。在社会主义制度内，贫困是不存在的。当前西方资本主义制度通过一系列的改良在一定程度上缓解了贫困现象，但贫困本质上源于资本主义制度。只有建立社会主义制度才能从根本上消除贫困。马克思的贫困理论既揭示了资本主义社会普遍贫困的现象，同时也阐明了社会主义制度对消除贫困的天然优越性。马克思指出，在资本主义社会中，"工人的绝对工资不管是货币工资还是实际工资都有增长的趋势，但工人的相对工资却是下降的，工人的受剥削程度随着经济增长不断加深，贫困在当代发达资本主义国家主要表现为相对贫困"①。

只有社会主义才能从根本上消除贫困，但建立和完善社会主义制度是一个漫长而曲折的历史过程。在不断完善社会主义制度的过程中，由于制度存在不健全以及制度执行中存在的问题，仍然可以产生贫困。也就是说，按照马克思的理论，在一个处于发展完善过程中的社会主义制度中，贫困是可能存在的。这与中国当前在社会主义市场经济运行中存在的相对贫困问题是相契合的。马克思的贫困理论所带给今天中国启示作用便在于，致力于消除相对贫困，应该从制度层面加以完善，而只有不断地健全和完善社会主义制度，才能从根本上消除相对贫困。

另一层面，马克思认为，人是制度创新的主体，社会主义的最终目标应该是实现人的自由全面发展。因而，真正的消除贫困，必须充分考虑到人的主体性，坚持以人为本，提高贫困人口的自身反贫困的能力并赋予其权利，加强对贫困人口的教育，提高贫困人口素质，建立对贫困人口的社会安全保障体系。只有不断提升人的主体地位，增强个体的反贫困能力，才能更好地实现包容性增长。同时，发展的最终目的是满足人的需要，因此作为一种新的发展理念，包容性增长其出发点和归宿必定立足于人。和传统的发展观相比，包容性增长应具备更为广阔的内涵和外延，即人本的发展理念。人公平正义地参与到经济的发展中去，以及共同享有发展的成果，是迈向人的全面自由发展的真正内容已，也是这个时代发展的主题。

从马克思的理论出发，要从根本上消除相对贫困，实现包容性增长，应充分考虑到以下三个关键因素。

第一，社会主义制度是反贫困的制度基础，因此只要坚持社会主义公

---

① 马克思：《资本论》第3卷，人民出版社1975年版，第708页。

有制的主体地位便有了消除贫困的制度保障。当前我国的反贫困战略由于受到传统观念的束缚,认为收入差距、分配不公等相对贫困问题,根源在于社会保障体系的严重缺失,政府的出面干预便可解决这些问题。这种观点只看到了问题的一个方面,只看到政府的再分配的重要作用,而忽视了初次分配领域存在的问题。再分配对于缓解贫困问题至关重要,但单纯的政府干预手段只能治标不治本。近年来我国社会主义公有制的主体地位不断受到削弱,国民收入分配已由按劳分配为主逐渐转向按要素分配为主,初次分配领域明显向资本倾斜。私人产权的不断膨胀,资本的收入份额也相应扩大,这也相应侵蚀了劳动收入的份额,致使收入差距不断扩大,产生相对贫困问题。因此,只有坚持社会主义公有制的主体地位,才能逐渐提高劳动报酬在初次分配中的比重,并使劳动报酬随国民收入同步按比例增长,才能为我国消除相对贫困,为实现共享式增长提供根本的体制保障。

第二,只有不断完善社会主义市场经济体制才能实现真正的包容性增长。相对贫困所产生的原因基本上可以区分为两大类:一类是由个人背景或所处环境以及禀赋不同所造成;另一类是个人后天的努力与勤奋程度的不同所造成。前者包括家庭财富,社会地位、人际关系、性别及所处地理环境等。由这些因素所造成的收入差距大多反映为制度的缺陷、市场失灵和政策失误所造成的社会不公。对于第一类相对贫困,个人的努力和勤奋程度是可以主观控制的,由此造成的收入差异反映的是市场的完善程度,是市场良好机制的反映。完善的市场机制将鼓励人们努力工作,以勤奋弥补自身背景因素的影响,这是消除相对贫困、促进经济包容性增长所必不可少的。仅仅通过政府的宏观经济手段来消除贫困,而不考虑市场本身存在的问题,也是不能真正实现包容性增长的原因所在。而对于第二种相对贫困,人生来家庭背景、天赋才能等自身无法掌控的因素造成社会成员的机会不平等,而这种不公平无法通过自身的勤奋努力而改变,机会的不平等又引致结果的不平等。这样便形成了地位不等的群体,引发社会不满及社会成员之间的对立,极端情况下还会出现社会动荡,产生社会排斥。因此,从机会平等的视角出发,包容性增长应通过经济增长创造机会,使社会所有成员都可以平等地利用这些机会,并在此过程中提高自身收入和能力。包容性增长强调以公平正义为基点的公民权利,使每一个人在起点相同的情况下,能通过自身的努力参与到经济增长中去,同时,充分享有经济增长带来的成果。只有通过完善社会主义市场经济体制，使人们公平公正地参与到市场竞争中去，而对于那些先天能力处于劣势的人，应辅之以社会保障，而不使其陷入贫困的恶性循环，这样才能真正消除相对贫困，实现包容性增长。

第三，当今经济社会发展具备相互依赖性，经济的成功不可能不与社会、政治和文化的成就相联系[①]。可以说，经济发展与社会发展两者是互动的，社会问题的存在必将阻碍经济的进一步发展。而社会问题，究其根本仍然是人的发展问题。当今我国的发展只局限于追求物质财富的增加，即所谓一切为了 GDP，而发展的最终目的，即满足人自由全面发展反而被忽视了。人的需要无法得到满足，社会问题也便显现了出来。社会的变迁与经济的高速增长，已经使财富的增长逐渐从经济增长的首要位置退了下来。财富分配的相对差别越拉越大，而财富的不均等也造成权力分配的不均等以及人的地位与机会的不均等的相对贫困现象。印度经济学家阿玛蒂亚·森（Amartya Sen）在其著作《以自由看待发展》中，以一个新时期的视角对发展做了一个全新的定义，即发展是涉及经济、政治、社会、价值观等诸多方面的一个综合过程，它包括消除贫困、人身束缚、各种歧视压迫、缺乏政治权利和社会保障状况，从而提高人们按照自己的意愿来生活的能力[②]。森的发展观与"包容性增长"的内涵本质上是一致的，两者都是新时期对发展的认识的深化的结果。它与以往的发展观最大的不同在于，前者片面地将经济增长等同于经济发展，过于注重经济的增长和物质财富的增加。而后者更注重社会的发展和人的经济政治权利，使人们公平合理地参与并分享经济增长成果。

四　实现包容性增长的具体路径选择

如上所述，包容性增长致力于解决相对贫困的三个维度，即收入不平等，人的发展和人的脆弱性问题。只有真正认识到相对贫困的内涵，才能正确实施减贫战略，从而实现包容性增长。而贫困的三个维度也合理地诠

---

① [印] 阿玛蒂亚·森：《以自由看待发展》，任颐、于真译，中国人民大学出版社 2002 年版，第 20、1—3 页。

② 同上。

释了包容性增长。与贫困的三个维度相对应，归纳起来，包容性增长的内涵也可概括为包括以下三点：可持续的与平等的增长、社会包容和赋予权能，以及安全。

第一，可持续和平等的增长是包容性增长的基本要求，只有增长才能解决绝对贫困，而只有平等的增长才能解决相对贫困中的收入不平等问题。高速可持续的经济增长，可以创造经济机会，丰富的经济机会又可以反向作用于经济增长，增加增长潜力，保持经济的持续增长。同时增长应该建立在广泛区域和部门的基础之上，包容大部分劳动力，包括人口中的穷人和易受伤害及易受剥夺的人群。

第二，社会包容是要排除制度的缺失，提升社会所有成员对发展机会的利用的能力。赋予权能是提升不同个体和人群运用和参与增长过程的资产和能力。社会包容和赋予权能共同组成了人的发展维度。实现社会包容，以保证机会被所有人平等利用，也就是说包容性增长要求通过减少与消除机会不平等来促进社会的公平与增长的包容性。如果机会不平等，社会不公，增长缺乏包容性，经济就不可能保持高速而持续的增长。

第三，安全包含由发展产生的社会风险管理的改进。致力于解决人的脆弱性问题，使易受伤害和剥夺的相对贫困人口的人身与财产安全得到保证。

中国政府提出在科学发展观的统领下，把建设和谐社会作为头等发展目标，并以包容性增长作为科学发展观的具体化，以解决不断扩大的多维度不平等。但是学术界和政策研究者对于如何实现这一目标还存在争议。Ifzal Ali 和 Hyun H. Son 曾提出，要达到包容性增长的成果，有多个措施，其中最重要的有三个：创造就业机会和促进生产率提高；通过对教育和健康等基本社会服务的充分投资开发人类能力；提供社会安全网和目标干预，帮助那些易受伤害和剥夺的人群。其对包容性增长推行措施的探讨可以说已经很全面，但具体到中国，应该考虑到中国的基本经济制度以及发展状况。从政策选择看，包容性增长，需要我国经济保持高速和可持续的增长，因为只有高速的经济增长，才能创造大量的就业与其他发展机会。同时，中国经济仍处于向市场经济体制的转型中，市场、体制和政策的不完善会造成经济增长过程中机会的不平等，因此必须要保证高速的经济增长所带来的经济机会的公平分享。

实施 Ifzal Ali 和 Hyun H. Son 提出的具体措施，具体到中国国情，依赖于上文提到的包容性增长在中国实现的三个关键因素，即坚持公有制的主体地位，不断完善市场机制，坚持以人为本。中国只有在发展的进程中充分考虑了这三个关键因素，才能真正实现包容性增长。由此应当采取以下三个方面的对策措施：

第一，坚持公有制的主体地位，实行初次分配改革，提高劳动报酬在初次分配中的比重。初次分配领域改革的关键在于坚持公有制的主体地位不动摇。只有坚持公有制，才能阻止资本利润对劳动报酬的侵蚀，才能从根本上提高劳动报酬在初次分配中的比重，进而缩小不同群体收入的差距，实现包容性增长。坚持公有制的主体地位，是现实包容性增长的基本前提。

第二，完善社会主义市场经济体制，使国民待遇逐步趋同。由于资源禀赋、发展阶段等各种因素的影响，中国存在地区之间的巨大经济差距，从根本上决定着整个社会的发展均衡和公平。同时农村与城市也存在迥异的差距。城市的人均收入、社会基础设施水平、公共福祉，都远高于农村，形成城市与农村的巨大落差，这也集中体现了发展中的不包容。缩小区域经济差距，促进公平发展，必须加大对落后区域的投资力度，促进其技术进步。通过加快城市化进程，使农村与城市的差距、地域间的经济差距逐渐缩小，实现经济发展的总体平衡。同时完善税收制度，以公平的财富分配缩小社会群体间经济差距，实现包容性增长。在经济高速发展的前提下，注重分配的合理。经济不发展，蛋糕做不大，便没有利益可分。经济发展，蛋糕做大了，但如果分配不公，便无法实现发展的包容性。只有缩小社会不同群体间的收入差距，扩大中等收入阶层的比例，提高总体社会收入均衡程度，才能实现包容性增长。

第三，以人本发展观取代物本发展观，加强发展中对人的关注。提高我国人的发展水平，保障人的安全。增加对基础教育、基本医疗卫生、其他基本社会服务的投入，以此来提高民众特别是弱势群体的机会与能力；注重环境保护和资源的节约，提高人的生活环境质量，实现可持续发展；完善社会保障体系，建立社会风险保障机制，帮扶弱势群体。社会保障体系包括劳动保障、失业保障、医疗保障、养老保障、住宅保障等一系列保障体系。这些社会安全保障体系成为关怀弱势群体的社会福利措施，以及稳定国民基本生活的重要措施。

论包容性发展理念的生成[*]

任保平　　王新建^{**}

2011 年博鳌亚洲论坛倡导的包容性发展理念，以其深邃的思想内涵，得到学界和国际社会的高度关注与普遍认可。包容性发展理念的生成，具有多层面的依据：马克思主义的历史唯物主义是其最深厚的理论基因，经济全球化催生的现当代发展理念及主题嬗变是其思想渊源，当代中国化马克思主义最新成果和优秀传统文化是其中国根脉。包容性发展理念的出场，具有鲜明且重大的时代价值。

一　理论基因

马克思恩格斯的历史唯物主义，是包容性发展理念最深厚的理论基因。

（一）马恩关于社会历史主体的思想，是包容性发展追求"所有人的参与和所有人的发展"的理论依据

在迄今为止的人类思想发展史上，马恩首先开创了"因为人而为了人"的"以人为根本"的哲学思维范式。他们指出："全部人类历史的第一个前提无疑是有生命的个人的存在。"① 即人们为了生活，首先就需要

---

* 国家社科基金项目"中国经济发展方式包容性转变的体制机制研究"（11BJL003）阶段性成果。

** 任保平（1968—　），西北大学经管学院院长，教授，博士生导师。王新建（1963—　），浙江理工大学马克思主义学院教授，硕士生导师，西北大学经管学院博士研究生。

① 《马克思恩格斯文集》第 1 卷，人民出版社 2009 年版，第 519 页。

吃喝住穿以及其他一些东西。因此他们认为第一个历史活动就是生产满足这些需要的资料，即生产物质生活本身。马克思还指出，人是最名副其实的政治动物，不仅是一种合群的动物，而且是只有在社会中才能独立的动物，"人的本质不是单个人所固有的抽象物，在其现实性上，它是一切社会关系的总和"①。社会历史活动其本质究竟是什么？马克思说，所谓社会不过是人们交互活动的产物，而所谓历史，不过是追求着自己目的的人的活动而已，"历史活动是群众的活动，随着历史活动的深入，必将是群众队伍的扩大"②。这就清楚地表明，只有人民群众才是社会生产活动的主体，是社会历史的创造者，人类的任何经济发展和社会活动，只有以人民群众为主体，倾听他们的呼声，代表他们的利益，才能成为社会历史发展的动力。

上述社会历史主体思想清楚地说明，一切时代的"迫切问题"，都只能是"人"和"人类社会"的问题。人类的生存和发展，才是人和人类世界的最基础、最核心和最根本的问题。社会的进步，社会关系的发展，最终总要通过人而表现出来，通过人自身的生存、发展和解放表现出来，通过人的价值实现程度表现出来。离开了人的发展，就谈不上社会历史的发展。所以，社会进步的根源即在人本身，在人民群众本身，促进和实现每一个人的自由全面发展才是社会进步的物质前提。这种社会历史主体思想，自然成为包容性发展追求"所有人的参与和所有人的发展"的理论依据。追求所有人的参与和所有人的发展，是一种以主体为中心的"主体理性"，是符合科学的整体主义的类主体性（或人类整体性）③。只有所有人的参与和所有人的发展，才是社会发展和人类进步的正确道路。

（二）马克思、恩格斯关于社会有机体、人与自然的关系等理论，是包容性发展谋求"健康有序的发展"的理论依据

马克思、恩格斯认为，人类社会的运行存在着和有机体相类似的机制，并进而明确地把人类社会称作社会有机体。马克思说，"现在的社会不是坚实的结晶体，而是一个能够变化并且经常处于变化过程中的有机

---

① 《马克思恩格斯文集》第 1 卷，人民出版社 2009 年版，第 501 页。
② 同上书，第 287 页。
③ 陈金美：《整体主义探析》，《光明日报》1998 年 9 月 18 日。

体"①。他在相关论述中还把国家生活称为现实的、有机的国家生活、国家生活的机体、社会生产机体等概念。恩格斯也指出，有机体经历了从少数简单形态到今天我们所看到的日益多样化和复杂化的形态，一直到人类为止的发展序列。在马克思、恩格斯看来，社会有机体就是在人的劳动实践过程中，在人们的交往过程中形成和发展起来的，历史唯物主义则是"在劳动发展史中找到全部社会史的锁钥的"②。

马克思、恩格斯阐述了由生产力、生产关系、上层建筑三方面要素所组成的社会有机体的结构。他们指出，人们用以生产自己的生活资料的方式，首先取决于他们已有的和需要再生产的生活资料本身的特性，取决于他们进行生产的物质条件。生产者与生产的物质资料的结合便构成了生产力，而以一定的方式进行生产活动的一定的个人，发生一定的社会关系和政治关系，社会结构和国家总是从一定的个人的生活过程中产生的。后来，马克思在《政治经济学批判序言》中，对上述"推广运用于人类社会及其历史的唯物主义的基本原理"，作了"完整的"③论述，即人们耳熟能详的"物质生活的生产方式制约着整个社会生活、政治生活和精神生活的过程"④等经典表述。关于社会有机体的结构，马克思还论述了作为社会结构重要因素的地区、民族和国家关系的重要地位："各民族之间的相互关系取决于每一个民族的生产力、分工和内部交往的发展程度。这个原理是公认的。然而不仅一个民族与其他民族的关系，而且一个民族本身的整个内部结构也取决于自己的生产以及自己内部和外部的交往的发展程度。"⑤

在人与自然关系的问题上，一方面，马克思深刻地揭示了人对于自然界的依赖性，指出自然界是人为了不致死亡而必须与之处于持续不断的交互作用过程的、人的身体。马克思通过与动物生产的比较，阐述了人类生产的特点，即动物的生产是片面的，而人的生产是全面的；动物只生产自身，而人再生产整个自然界。他还进一步分析了人和自然之间的物质变换关系："劳动首先是人和自然之间的过程，是人以自身的活动来中介、调整

① 《马克思恩格斯文集》第5卷，人民出版社2009年版，第10—13页。
② 《马克思恩格斯文集》第4卷，人民出版社2009年版，第313页。
③ 《列宁专题文集》（论马克思主义卷），人民出版社2009年版，第13页。
④ 《马克思恩格斯文集》第2卷，人民出版社2009年版，第591—592页。
⑤ 《马克思恩格斯文集》第1卷，人民出版社2009年版，第520页。

和控制人和自然之间的物质变换的过程。"① 另一方面，马克思恩格斯敲响了人类要保护自然、善待自然的警钟，揭示了历史发展的代际传承关系和影响。马克思揭露了资本主义生产对土地的滥用和破坏，指出"资本主义农业的任何进步，都不仅是掠夺劳动者的技巧的进步，而且是掠夺土地的技巧的进步"②，恩格斯更是尖锐地提出了著名的"不要过分陶醉"的警示③。在谈到代际关系时他们明确指出："历史的每一阶段都遇到一定的物质结果，一定数量的生产力总和，人对自然以及个人之间历史地形成的关系，都遇到前一代传给后一代的大量生产力、资金和环境，尽管一方面这些生产力、资金和环境为新的一代所改变，但另一方面，它们也预先规定新的一代本身的生活条件，使它得到一定的发展和具有特殊的性质。"④

马恩深刻地论述了正确解决人与自然关系的制度设想。马克思指出，共产主义"是人和自然界之间、人和人之间的矛盾的真正解决，是存在和本质、对象化和自我确证、自由和必然、个体和类之间的斗争的真正解决。"⑤ 他认为社会化的人即联合起来的生产者，将合理地调节他们和自然之间的物质变换，把它置于他们的共同控制之下，而不让它作为一种盲目的力量来统治自己⑥。恩格斯也强调，人们每走一步都要记住：决不像征服者统治异族人那样支配自然界，决不像站在自然界之外的人似的去支配自然界；人们对自然界的整个支配作用，就在于人们比其他一切生物强，能够认识和正确运用自然规律⑦。

以马克思恩格斯关于社会有机体、人与自然的关系等理论为依据，包容性发展理念所谋求的健康有序的发展，蕴含着多方面的现实追求。首先，健康有序追求各国各民族互利共赢、共同进步。在全球化时代，没有哪个国家或地区能够闭关锁国进行建设以实现自身发展，也没有谁能够在全球性的危机或突发事件中独善其身，滥觞于美国的全球金融和经济危机就是生动的现实版进行时教材。面对经济增长、粮食和能源安全、气候变化等诸多世界性难题，每个国家或民族应在平等互信、互利共赢的原则基

---

① 《马克思恩格斯文集》第5卷，人民出版社2009年版，第207—208页。
② 同上书，第579—580页。
③ 《马克思恩格斯文集》第9卷，人民出版社2009年版，第559—560页。
④ 《马克思恩格斯文集》第1卷，人民出版社2009年版，第544—545页。
⑤ 同上书，第185页。
⑥ 《马克思恩格斯文集》第7卷，人民出版社2009年版，第928—929页。
⑦ 《马克思恩格斯文集》第9卷，人民出版社2009年版，第560页。

三 当代社会主义经济理论 / 561

础上协同应对，共谋发展，这才是应对挑战、确保安宁的必由之路，也是包容性发展理念的题中之意。其次，健康有序的发展追求各种文明互相激荡、兼容并蓄。世界多极化、文明多样性是当代社会的基本特征。不同文明的历史文化、社会制度、发展模式等差异，不能成为国家或民族交往的障碍、对抗的理由。不同文明间的互相尊重、求同存异，少些对抗和偏见，多些对话和沟通，才能做到发展进步上的平等、互补、兼容，才能实现和而不同和共同发展。再者，健康有序的发展追求人与社会、自然和谐共处、良性循环。工业革命以降，经济发展大多是以挥霍资源、糟蹋环境为代价，而人类在"陶醉于"战利品之时，却不得不支付自己的"尊严"。尽管一些发达国家通过产业转移和技术进步一定程度上缓解了经济发展与资源环境的矛盾，然而在不合理的国际经济政治秩序下，广大发展中国家依然心有余而力不足，依旧行走在粗放式发展道路上。在认识和正确运用自然规律、尊重经济和社会发展规律的前提下，建立全球化背景下可持续的经济发展模式、健康合理的生产与消费模式，实现人与自然的和谐发展，这才是包容性发展理念的根本要求所在。

（三）马克思恩格斯关于社会公平、正义的思想是包容性发展秉持"机会平等"、"利益共享"的理论依据

公平正义是人类社会共同的和永恒的追求，是实现包容性发展的基本前提。在马克思恩格斯看来，公平从来都是历史的和具体的，是阶级的和相对的，不存在任何超越特定历史条件、超越阶级的抽象的"永恒公平"。在《哥达纲领批判》中，马克思详细阐述了他对"平等"的看法。他指出资产阶级的平等的权利比起封建等级制度是"进步"的，但总还是被限制在资产阶级的框框里。因为"权利，就它的本性来讲，只在于使用同一尺度；但是不同等的个人要用同一尺度去计量，就只有从同一角度去看待他们"①。马克思指出，资本主义的这种平等实际上只是一种"形式上的公平"，况且这种用同一尺度去对待天赋本来就有差异的个人的"形式上的公平"，在资本主义社会中也不可能真正做到，因为在这个社会中"原则和实践"是"互相矛盾"的。未来共产主义社会第一阶段不可避免地还要实施这种形式上的"公平"，当然也不可避免地要承受由

---

① 《马克思恩格斯文集》第3卷，人民出版社2009年版，第435页。

这一"公平"所带来的弊端，区别之处仅在于，"原则和实践在这里已不再互相矛盾"①。马克思强调指出，未来社会人们必须不断地创造条件，如重视社会的普遍调剂，向"事实上的平等"，即把个人体力与智力的差异以及个人家庭情况的差异也考虑在内的真正的平等方向前进。在《共产党宣言》中，他们提出了诸如征收高额累进税、废除继承权、把农业和工业结合起来、对所有儿童实行公共的和免费的教育等措施。马恩还经常把公平与正义联系在一起，认为公平正义是经济发展过程中所要解决的核心问题，是对人类的"终极关怀"。恩格斯指出，现代的平等要求应当是从人的共同特性中，"从人就他们是人而言的这种平等中引申出这样的要求：一切人，或至少是一个国家的一切公民，或一个社会的一切成员，都应当有平等的政治地位和社会地位"②。并认为平等是正义的表现，是完善的政治制度或社会制度的原则，"真正的自由和真正的平等只有在共产主义制度下才可能实现；而这样的制度是正义所要求的"③。总之，在马克思、恩格斯看来，社会公平正义的基本依据，即生产力及与之相应的"经济事实"和在这种"经济事实"中人的生存和发展势态；社会公平正义的标准，即社会的经济、政治和法律制度是促进还是阻碍社会生产力的发展，是促进还是阻碍人的自由全面发展。

包容性发展理念正是奠立于经典作家关于社会公平正义的思想之上，以实现所有人"机会平等、成果共享的发展"为其理论的最核价值心取向。经济发展过程不断产生机会，但由于历史、地理以及所处的制度环境不同，往往导致不同群体之间和个人之间发展机会的不均等，这是造成不均衡发展的主要原因。一个积极向上的社会其发展机会应具有开放性和普遍性；一个公平正义的政府必须提供机会均等来改善收入分配，使发展所产生的利益和财富惠及所有人。包容性发展理念不允许人们之间有不同的权利配置，也不包容社会各阶层之间的垄断特权或多元分割，也不容忍制度化地相互敌视或群体性地彼此仇视。包容性发展理念就是要随着社会历史的进步所提供的条件，不断消除人们参与经济发展、分享发展成果方面的障碍，逐步实现"事实上的平等"，让每个社会成员都能公平地享受基

---

① 《马克思恩格斯文集》第 3 卷，人民出版社 2009 年版，第 434 页。
② 《马克思恩格斯文集》第 9 卷，人民出版社 2009 年版，第 109 页。
③ 《马克思恩格斯全集》第 1 卷，人民出版社 1956 年版，第 582 页。

本公共服务，就是要把经济增长的社会福利最广泛地惠及社会公众，做到"权利公平、机会公平、规则公平、分配公平"，"让人民体面的劳动，有尊严的生活"，最终实现人的全面发展。

二　思想渊源

全球经济一体化催生的现当代发展理论及主题嬗变是包容性发展理念的思想渊源。

20世纪中期以来，人们关于经济增长的理念和模式经历了从"先增长后再分配"的单纯强调增长，到"广泛基础的增长（broad - based - growth）"、"益贫式增长（pro - poor - growth）"以及"包容性增长（inclusive growth）"的演进脉络和主题嬗变。

20世纪中期，在长期占据主流地位的收入贫困理论、涓滴假说以及人均收入和不平等间的倒U型假说等影响下，人们笃信经济增长的成效会自动地、逐步地分润和扩散到全社会各阶层各部门，从而贫困人口会随经济增长而自然减少，表现在实践上，人们立足于谋求实现持久和快速的经济增长。这就是传统发展经济学的先增长后分配模式。该模式尽管也遭到一些批评，但其单纯强调经济增长的影响力却是实际存在的。对经济增长与不平等之间的复杂关系上的肤浅认识，使建立在这种单纯强调增长理念的贫困减除实践并未在20世纪后期带来预期效果，占人口大多数的劳苦大众并未随GDP增长和工业化而得到收入上的改善，相反，"向下涓滴"（trickle - down）反成有利于中产阶级和富人的"向上涓敛"（trickle - up）。这一切，成为联合国召开千年首脑会议提出《千年发展目标》并得到各国坚定承诺的主要诱因。

20世纪90年代随着信息技术的扩张，大量国际间可比的国民收入和增长率数据的出现，经济学家们开始重新审视不平等与经济增长间的权衡替代关系，并得出了与传统增长理论相悖的观点，即不平等的存在及其恶化将损害经济增长的前景，使增长率下降。在此基础上通过理论研究和实证分析两方面努力，经济学家们基本达成"共识"：经济增长、收入分配与贫困减除三者间可具良性互动关系。随后世界银行（WB）考察了第二次世界大战以来第三世界的贫困问题，并在《1990年世界发展报告》中提出"广泛基础的增长"概念，强调要将贫困人口吸纳到经济增长过程之中，并指出可通过提供机会和提升得益能力，在改进贫困人口生活质量方面取得快速且政治上可持续的进步。90年代中后期，当经济学家们开始寻求政策组合以期通过促进经济增长而实现贫困更快的下降时，益贫式增长理念逐渐被人们所关注。

"益贫式增长（对穷人友善的增长）"概念最早见于1997年英国的国际发展白皮书，其后在1999年亚洲开发银行（ADB）的报告和2000年世行报告中均得到应用。亚洲开发银行指出，如果增长是吸收劳动并伴随降低不平等、为穷人增加收入和创造就业的政策，尤当增长有助于妇女等其他传统上被排斥在增长及成果分享之外的群体时，这种增长就是益贫式的。益贫式增长理念的形成及其在增长实践中的应用，表明人们对于贫困和经济增长的认识已突破收入贫困理论及涓滴假说的窠臼，自觉意识到有必要检讨既往的增长理念和模式，追求旨在针对贫困问题采取特定的增长政策和措施，而非坐等经济增长本身能自动实现贫困减除。

进入21世纪，亚洲各国在普遍实现经济持续增长的同时，收入和非收入不平等状况却在恶化的趋势逐渐被人们所认识。出于对亚洲地区经济的持续增长以及社会政治稳定形成冲击的担忧，世行于2007年3月向亚行提交的《新亚洲、新亚洲开发银行》认为，亚行关注的重点要从应对严重的贫困挑战转向支持更高和更为包容性的增长，这是"包容性增长"的初次提出。2007年8月亚行在北京召开的战略研讨会高调提出"以包容性增长促进社会和谐"，并形成了集中阐述包容性增长理念的《以共享式增长促进社会和谐》一书。2008年5月，世行发表《增长报告：可持续增长和包容性发展的战略》，进一步明确提出要维持长期及包容性增长，并相信通过建立包容性、确保增长效益为大众所广泛共享。至此，包容性增长（即包容性发展）成为世行和亚行等国际机构的核心思想。

三 中国根脉

（一）当代中国化马克思主义最新成果，是包容性发展理念的现实根基

在中国，包容性发展理念具有科学发展这一当代社会深层的时代内容。科学发展观作为中国化马克思主义最新成果，是指导中国21世纪经济社会发展的重要指导思想。科学发展观坚持以人为本的核心理念，把人

作为发展的根本前提，把提高人的素质作为发展的根本途径，以人的发展为根本目的，追求发展为了人民、发展依靠人民、发展成果由人民共享的理念；科学发展观坚持全面协调可持续的基本要求，推进经济建设、政治建设、文化建设、社会建设共同进步，推进物质文明、政治文明、精神文明、生态文明共同的可持续的发展；科学发展观坚持统筹兼顾的根本方法，努力做到统筹城乡发展、统筹区域发展、统筹经济社会协调发展、统筹人与自然和谐发展、统筹国内发展与对外开放。正是在中国这片追索科学发展的热土上，包容性发展的理念"顺利且迅速地扎下了根须"[①]，中共十六届三中全会提出的"坚持以人为本，树立全面、协调、可持续的发展观，促进经济社会和人的全面发展"的科学发展思想，也成为4年后亚行提出的"包容性增长"和5年后世行增发会《增长报告》推出的"包容性发展"的基本调式[②]。科学发展观与包容性发展理念"所有人的参与和所有人的发展"、"健康有序的发展"、"机会平等、利益共享的发展"等核心思想是内在统一和一脉相通的，而包容性发展理念又是科学发展观的进一步深化和具体化，在坚持科学发展观基本思想的基础上，包容性发展理念深化了以人为本的内涵，丰富和深化了科学发展的内容，突出了和谐发展和可持续发展。

（二）包容共生：中国优秀传统文化的精粹

包容性发展理念以当代马克思主义中国化最新成果为主体，同时吸收了中国优秀传统文化的精粹。包容理念是中国优秀传统文化的集中体现。包容共生、海纳百川从来都是中国人文精神的重要特征。作为一个多民族国家，中国历来是一个五方杂处、多元共存的国度，中国文化最具包容性、开放性和持久性。连绵不断的五千年文明史，就是以华夏文明为主体的中华民族各地域文化（如中原文化、齐鲁文化、荆楚文化、巴蜀文化、吴越文化、岭南文化、闽台文化等）和各民族文化（如壮、满、蒙、回、

---

① 郑杭生：《让"包容"牵手"和谐"——包容性增长里的中国智慧》，《光明日报》2011年3月3日。

② "包容性发展"一词首见于世行增发会《增长报告：可持续增长和包容性发展的战略》（中国金融出版社2008年版），中国央行行长周小川作为增发会成员参加了报告起草的实质性工作，且中国作为报告中选取的成功实现经济发展的经济体，其30年改革的成功实践以及所面临的挑战、未来目标、发展战略和价值取向等，在其间居于核心地位，成为《增长报告》的主要内容。

藏等56个民族文化）长期地交流、渗透、竞争和融合的历史。绵延八百年的周朝基业，海纳百川的盛唐情怀，先秦诸子百家的交互融通，儒释道与百家诸子的精华融会，你中有我，我中有你，中华文化的许多重要理念都是在这样的互相激荡、融会百家、兼收并包中才得以生生不息，发扬光大。中国文化在其发展史上，先后受容了中亚游牧、波斯、佛教、阿拉伯、欧洲等文化精华，中华文化就是在多元文化的互相交流、互相吸收之中发展起来的。完全可以说，包容性是中国文明绵延数千年的主因。张维为在与古埃及、古两河流域、古印度、古希腊等古今主体文明的比较研究后指出："环顾今日之世界，数千年古老文明与现代国家形态几乎完全重合的国家只有一个，那就是中国。"这种"文明型国家"有能力汲取其他文明的一切长处而不失去自我，并对世界文明做出原创性的贡献①。北大张颐武也指出，中国文明是人类文明中从未中断过的具有完整连续性的伟大文明，尽管经历过无数危机和困难，这是中国崛起的文化内涵，是中国的文化能量。

张岱年先生认为，几千年来中国古代哲学中的精湛思想主要有天人合一、以人为本、刚健自强、以和为贵。"天人合一"即"人与自然的统一"，或者如恩格斯所说"人与自然的一致"、"自然界与精神的统一"；"以人为本"即人本主义无神论；"刚健自强"即发扬主体能动性；"以和为贵"即肯定多样性的统一，这就是中国传统文化的基本精神。学界也普遍认为，追求人与人之间、人与社会之间和谐共处的人伦和谐说，倡导人与自然、社会与自然之间协调发展的天人合一说，警示不能通过牺牲一方来使另一方得益获利的"己所不欲，勿施于人"以及"和而不同"等理念，高度概括了中华文化的普遍价值，中华文化传统的"善"、"仁"等理念在当今世界大变动格局中，对于世界的和平与发展将发挥着不可估量的巨大作用②。中华文化传统集中体现了包容发展、和谐共生的理念，成为包容性发展理念生成的古老根脉。

综上可见，作为一个发展中的历史悠久的国度，中国为包容性发展理念的生成、出场作出了重要贡献，为国际社会包容性发展实践作出了

---

① 张维为：《中国震撼——一个"文明型国家"的崛起》，上海人民出版社2011年版，第2页。

② 参见张颐武《中国崛起的文化内涵》，《科学中国人》2010年第1期。

光辉榜样。包容性发展理念的中国根基说明，中国始终不渝地把自身的发展与人类共同进步联系在一起，主动积极地与世界"建立具有进取性、认同性和共享性的价值关系"①，通过这种价值关系而影响世界，促进建设和谐世界，凸显出负责任大国的形象，体现出泱泱大国的博大胸襟。

四　时代价值

历史往往如此，只有当一种价值的失落令人切肤之痛时，方才引起人们重视。人类好像天生就有一种收拾残局的偏好②。长期以来，人们谋求经济增长的实践导致了严重失业的"无工作增长"、贫困和收入分配严重不公的"无情增长"、失去了民主和自由的"无声增长"、生态严重破坏的"无未来增长"、毁灭文化的"无根增长"。人们仰天而问，怎样"充满劳绩"但还能"诗意地安居"于这块大地？③包容性发展理念的生成和出场，正是因应人们仰天而问的应答。

（一）包容性发展理念凸显马克思主义对人的终极关怀，追索经济增长实践中的人本生存状态，指出了一条人类经济活动的沧桑正道

历史唯物主义是"科学的社会认识论和方法论"，是"科学的社会历史观和以人为本的价值观"④，它十分重视人在社会发展中的主体地位，鲜明地强调"历史是人的真正的自然史"⑤，指出未来社会是"人和自然界之间、人和人之间的矛盾的真正解决"的社会，在这一社会中人们可以"在最无愧于和最适合于他们的人类本性的条件下来进行这种物质变换"⑥。包容性发展理念秉持这种科学的社会历史观和以人为本的价值观，对处于危机中的西方文明支配下的"物质变换"形式进行了革命性的解剖。

---

① 庞中英：《建设中国与世界的价值关系》，《南方都市报》2004 年 7 月 19 日。
② 徐贵权：《论价值理性》，《南京师范大学学报》2003 年第 5 期。
③ 转引自马丁·海德格尔《荷尔德林诗的阐释》，商务印书馆 2000 年版，第 46 页。
④ 吴元梁：《唯物史观：科学发展观的理论基础》，载《哲学研究》2005 年第 7 期。
⑤ 《马克思恩格斯文集》第 1 卷，人民出版社 2009 年版，第 211 页。
⑥ 《马克思恩格斯文集》第 7 卷，人民出版社 2009 年版，第 928—929 页。

声势浩大的"占领华尔街"等运动说明,资本失控的幽灵在贪婪地侵蚀着99%的草根阶层,财富生产与民生需求的脱节致经济严重失衡,劳资天悬地隔,社会矛盾激化,当今"从资本的统治中解放出来"的迫切性远远超过马克思所处的19世纪。连英国财政大臣奥斯本也惊呼:资本主义有失去"营业执照"的危险。其实,随着资本在世界上的扩张和经济全球化的推进,"资本主义的营业执照受到质疑"早已成为国际社会的显性话语。当今西方马克思主义界享有崇高声誉的英国学者I. 梅扎罗斯指出,需求与财富生产的脱节——这恰好是在资本的统治下产生财富的必然的特征。他认为,资本主义社会的再生产实践"从属于不断扩张的资本生产的异化规则",而"不考虑它对人类需求的意义"。为了使财富的生产成为人的目标,就必须把使用价值和交换价值分离,并使之处于后者的支配之下,而恰是这一点构成资本取得成功的主要秘密。问题的关键在于,由于交换价值支配着使用价值,从而需求的既定界限就限制不了资本的发展。"因为资本就指向于交换价值的生产和扩大再生产,从而可以在很大程度上走在现存需求的前面,并成为对后者的强大刺激。"[①]"占领华尔街"运动的喧嚣,伴随着国际社会中涌现出的替代新自由主义和凯恩斯主义的各种思潮,并引发出各类替代资本主义计划的探讨。如2012年初召开的达沃斯世界经济论坛就以"大转型:塑造新模式"为主题,并在"20世纪的资本主义是否适合21世纪"论题之下对资本主义进行了更加全面深刻的批判。

为什么资本主义的合法性会受到如此广泛深刻的质疑?显然,西方文明支配下的"物质变换"形式不能做到"人和自然界之间、人和人之间的矛盾的真正解决",资本主义做不到最无愧于和最适合于人类本性条件下的"物质变换"。因为,任何经济活动,归根结底其最终目的只能是满足民生的需要,非民生的经济活动必然人类行为的异化,是无理性的和非经济的,是无价值的物质损毁或消耗[②]。"生产对人的生存、发展、享受没有效用的产品"这本身就是一个悖论。资本主义社会单纯市场机制驱动下的经济增长不仅不能保证是亲贫的、包容性的,在很大程度上甚至是

---

① 参见陈学明《人类超越资本不但是必要的,而且是可能的——读梅扎罗斯的〈超越资本〉一书》,《天津行政学院学报》2007年第3—4期。

② 参见金碚《论民生的经济学性质》,《新华文摘》2011年第8期。

"嫌贫爱富"的。一个负责任的政府"必须在变革社会结构、扩展平等发展机会的基础上，调整增长方式、引导增长方向、疏浚增长利益润泽社会民众的通道"①。而这正是包容性发展理念的主旨所在。包容性发展理念还强调，低收入阶层和弱势群体不是经济增长福利的被动接受者，而是获取机会、争取权利、发展自身能力，进而参与经济增长过程的经济主体。包容性发展理念这种对经济增长实践中人本生存状态的追索，对经济活动的民生取向的高扬，对"有效需求、改善民生"这一真正"属人"的经济活动目的的恪守，为规避资本统治下民生需求与财富生产的脱节等结构性和制度性危机指明了前进的通途，为各国政府谋求推动普惠于社会民众的经济发展规定了切实可行的实践路向，昭示出一条人类经济活动的沧桑正道。

（二）科学发展观指导下的包容性发展理念针对经济社会发展的现实诉求，为加快发展方式转变、缩小收入差距等发展肯綮提供了价值导引

学界指出的中国经济发展方式"久推难转"、"转而不快"，居民收入差距"愈加分化"、"难以抑制"，反映出人们对"转变"和"缩小"艰巨性的切肤感受、对加快转变和缩小差距的热切期盼，因此人们又把"转变"和"缩小"看作是当下中国的发展肯綮问题，是决定命运的重大抉择问题。怎样才能实现"加快"转变？怎样抑制和缩小"没能缓解反而加剧"的收入差距，让人民共享发展成果？"转变"和"缩小"作为时代的命题、发展的课题、现实的难题，正以前所未有的峻切，矗立在国人面前。科学发展观指导下的包容性发展理念针对中国经济社会发展的现实诉求，提供了鲜明的价值导引，这就是：要努力实现经济发展方式的"包容性转变"。多年来的改革历程说明，促使广大群众积极参与改革并在改革进程中实现人民群众自身的发展，是解放和发展生产力的重要条件，是经济社会持续健康发展须臾不可或缺的"人力支撑"。然而，庞大弱势群体参与经济发展和共享发展成果的机会边缘化，使其主、客观上均难以成为"转变"的推动者，反成政府被动调节二次分配的庞大对象，严重制约着经济社会的健康发展。加快转变经济发展方式最基本的路向，

---

① 参见叶初升、张凤华《发展经济学视野中的包容性增长》，《光明日报》2011 年 3 月 18 日。

就是把人作为实施"转变"的主体，真正做到"发展依靠人民"。这是历史唯物主义的基本观点，也是包容性转变的核心原则。党的"发展为了人民、发展依靠人民、发展成果由人民共享"的执政理念，是发展的"目的、手段和包容性"三方面规定性的统一。然而现实中一些人和一些地区，仅仅是口头说说"发展为了人民"，却丝毫不懂得为什么要"发展依靠人民"，工作中更是打压、漠视和边缘化人民，这样人民（尤庞大弱势群体）哪有机会和"资格"去共享？换言之，不树立包容性发展的机会平等理念，切实地做好改变机会弱势群体现实命运的实际工作，"转变"也就失去了赖以生长的根基——"人力支撑"。以人为本首先是"现实的运动"，是现实经济活动的前提、出发点、实施手段和首先要遵循的原则。历史现实均昭示，切实做好消除机会边缘化和改变弱势群体现实命运的实际工作，激发并提升人力支撑，使"转变"走向"包容性转变"，理应上升为政府责任和国家意志并强力执行。因为真正的经济学同高尚的伦理学是不可分离的。我们的经济工作和社会发展都要更多地关注穷人，关注弱势群体，因为他们在社会中是多数①。包容性发展理念昭示人们：转变"物本"式的传统经济发展方式，让人民在发展中分享红利、满足人的全面发展需求，是经济社会持续健康发展的不竭动力。从这个意义上也可以说，中国政府反复强调和倡导的包容性发展理念，"正是当下中国的政治经济学，也就是具有中国特色的现代经济学"②。进而言之，科学发展观与包容性发展理念一道，推动了马克思主义政治经济学的理论创新③，推动了马克思主义经济学中国化的历史进程。

（三）包容性发展理念秉持经济全球化时代普遍认可的和平与发展、参与与共享的诉求，为解决时代主题、建设和谐世界探索出崭新的发展模式

经济全球化可以理解为不同经济体之间相互理解和认同程度的日益加深，以至于相互依赖，"一系列的文明或文化传统将不得不学会如何在一

---

① 转引自温家宝总理2010年3月14日的答记者问，《人民代表报》2010年3月16日。
② 邵宜航、刘雅南：《从经济学再到政治经济学：理解包容性增长》，《经济学家》2011年第10期。
③ 程恩富：《近十年我国政治经济学的两大理论成就》，《中国社会科学报》2012年8月24日。

个政治体制下和平共处"①，由此便凸显了包容性发展理念的重要价值。经济全球化趋势的深入发展，使各国发展路径的选择既有显著的竞争性和多样性，也呈现出一定的合作性和趋同性。各国利益相互交织、各国发展与全球发展密不可分。这就必然要求不同的经济实体积极展开对话、沟通和交流，相互学习、模仿和借鉴，寻求相互间的彼此尊重、肯定和协同，以和平、合作与和谐的发展方式，获取差异化基础上的增长包容、市场兼容和文化共容。从应对国际金融和经济危机的视角看，包容性发展理念是对危机后国际经济体系乃至政治体系变革的积极回应。只有建立起互利共赢、彼此交流合作、有利于贸易和投资自由化的国际分工体系，让经济全球化和经济发展成果惠及所有国家、地区和人群，促进各国经济共同发展，世界的和谐稳定才能实现；从世界和平发展的视角看，如果富裕国家更加富裕、贫穷国家更加贫穷的"马太效应"日益严重，世界不可能实现和谐稳定。包容性发展理念强调世界均衡发展、共同发展的内涵，无疑是和平与发展时代主题最直接的反映，代表着国际社会普遍共有的对和平与发展、参与与共享的诉求，成为建设和谐世界促进人类文明的崭新的发展模式，即"实现包容性增长，根本目的是让经济全球化和经济发展成果惠及所有国家和地区、惠及所有人群，在可持续发展中实现经济社会协调发展"②。由此，包容性发展理念便获得了"世界历史事件"③ 的地位，取得了世界历史意义。

参考文献

[1] 胡锦涛：《深化交流合作，实现包容性增长》，《人民日报》2010 年 9 月 16 日。

[2] 程恩富、王中保：《论马克思主义与可持续发展》，《马克思主义研究》2008 年第 12 期。

[3] 程恩富：《当前西方金融和经济危机与全球治理》，《管理学刊》2009 年第 5 期。

[4] 侯为民：《评价社会经济制度不能忽视价值标准——兼评对"生产力标准和

---

① 阿诺德·汤因比：《历史研究》，上海人民出版社 2010 年版，第 288—289 页。
② 胡锦涛：《深化交流合作，实现包容性增长》，《人民日报》2010 年 9 月 16 日。
③ 张峰、冯海波：《"包容性增长"的科学内涵及其世界历史意义》，《吉首大学学报》2011 年第 1 期。

价值标准内在统一论"的质疑》,《经济学动态》2011 年第 12 期。

[5] 任保平:《中国经济增长质量报告(2011):中国经济增长包容性》,中国经济出版社 2011 年版。

[6] 蔡荣鑫:《"益贫式增长"模式研究》,科学出版社 2010 年版。

从生产过剩的视角探索可持续
发展的新方向

卢映西*

2007 年美国爆发次贷危机，次年演变成全球性的金融危机和经济危机，余波至今未平，尚有"二次探底"的现实可能性。在这次危机中，一个明显的事实已经暴露无遗：西方主流经济学家不但在危机前未能预见、防范危机的发生，而且面对所谓"后危机时代"的挑战同样束手无策、一筹莫展。于是，我们这个据说历史已经"终结"① 的世界，不得不再度认真面对两个老问题：资本主义制度是否可持续？西方主流经济学是不是一种科学的理论？

一 两种经济理论对资本主义可持续性认识的根本分歧

最近这次世界性经济危机，实际上是马克思主义经济学所揭示的资本主义产生、发展、灭亡基本规律的一次终场大表演。只有到了终场，这一基本规律才会完整地、清晰地浮出水面。而在资本主义的青壮年时期，它焕发出来的活力可谓光焰万丈："资产阶级在它的不到一百年的阶级统治

---

* 卢映西，女，南京财经大学经济学院副教授。主要研究方向：政治经济学，经济思想史。

① 美国政治学家弗朗西斯·福山（Francis Fukuyama）1989 年在新保守主义期刊《国家利益》（*The National interest*）夏季号发表论文《历史的终结？》（*The End of History?*）。该文宣称，关于作为一个统治体系的自由民主的正统性，一个值得注意的共识这几年已在世界出现，因为自由民主已克服世袭君主制、法西斯与共产主义这类相对的意识形态。更进一步的结论是：自由民主可能形成"人类意识形态进步的终点"与"人类统治的最后形态"，也构成"历史的终结"。紧接着发生的苏东剧变，使福山及其"历史终结"的观点名噪一时。

中所创造的生产力，比过去一切世代创造的全部生产力还要多，还要大。"① 透过如此辉煌的表面现象揭示其必然灭亡的宿命，需要像马克思主义经典作家那样的非凡洞察力。

形象地说，资本主义经济发展是一个"先甜后苦"的过程，分上下两个半场，上半场生机勃勃，下半场百病缠身。一个半场，尤其是上半场，往往要历时几十到上百年，这就使得资本主义极具欺骗性，眼光稍拙的学者都可能被其迷惑，以为资本主义是可以永续发展的经济制度。于是我们看到，从早期的"庸俗经济学"，到继承其衣钵发展起来的、如今正大行其道的西方主流经济学，都不会对资本主义发展的可持续性产生一丁点怀疑。

然而实践才是检验真理的标准。本来，只要经历过从生到死的一个轮回，资本主义必然灭亡的规律自会不言自明——如果不出意外的话。可是漫长的实践过程偏偏容易出现意外。1929 年资本主义世界的经济大萧条，实际上已经给资本主义下达了死亡通知书，当时的美国总统罗斯福跳出传统经济理论盲目追求"自由放任"的框框，实行多种"新政"，但也只能为资本主义止痛而不能救命，经济状况没有根本改观，失业率仍然居高不下。这时，意外发生了——第二次世界大战爆发。正是这个意外，中断了资本主义的前一轮回，逃过"灭亡"这一幕，直接开启了下一轮回，致使资本主义必然灭亡这一规律至今未曾得到完整的验证。

在第二次世界大战后的废墟上，整个资本主义世界进入了新轮回的上半场。应该承认，在废墟上搞建设，资本主义的确有其优越性，所以我们能够看到，当年的两个战败国德国和日本，现在都发展成了排名靠前的发达国家。而且，整个资本主义世界在其上半场发出的耀眼光芒，甚至能让第一个社会主义国家不战而垮，红色东欧纷纷改旗易帜，即使坚持社会主义道路的中国，也不得不借鉴市场经济的合理成分，开辟了改革开放的市场化发展方向。

不过，规律的力量终归是不以人的意志为转移的。"先甜后苦"的规律，决定了资本主义的发展不怕废墟，就怕繁荣。衰退紧跟着繁荣，正如下半场紧接着上半场一样。这一规律，当代西方有见识的经济学家也能观

---

① 马克思、恩格斯：《共产党宣言》，《马克思恩格斯选集》第 1 卷，人民出版社 1995 年版，第 277 页。

察到："'全球化'的繁荣，如同股市繁荣和经济繁荣一样，其后都紧随着衰退，这部分是因为，在股市繁荣和经济繁荣的过程中，都播下了导致自身毁灭的种子。"[①] 可是，在讲究"均衡"的西方主流经济学理论中，无论如何都推导不出这种"先甜后苦"的规律，更遑论得出资本主义必然灭亡的结论了。

仔细观察目前的资本主义经济，其下半场的征候已经完全显现。与罗斯福时代相似，各发达国家政府都在频出"新政"，但却无法从根本上扭转经济疲软的态势。美国负债率和失业率居高不下，日本已经"失去二十年"，欧洲被主权债务搞得焦头烂额。至于那些主流经济学家的表现，就更是乏善可陈。比如对于失业问题，研究这个问题的主流经济学家可能会获得诺贝尔奖，但按照他们的思路却不可能最终解决失业问题。2010年诺贝尔经济学奖揭晓后，笔者曾在网上评论道："当今世界上最专制的机构是哪个？是诺委会。只有诺委会才敢肆无忌惮地无视'民'意，甚至敌视'民'意，专以'爆冷'为能事。今年的经济学奖就冷到无人能猜中，爆出三个经济学家鼓捣出来的关于失业的理论。这理论说白了还是'我能解释你为什么失业，但我不能为你找到工作'那种老套路，本来只配作搞笑段子的素材，但到了诺委会手里，乌鸦就摇身变凤凰。可怜那些既猜不到开头也猜不到结局的经济学家们，竟没人敢说个'不'字！"

在这种真理已经近乎昭然若揭的时代背景下，如果我们仍看不清马克思主义经济学与西方主流经济学孰高孰低，仍不能对主流经济学的谬误进行反思，那么我们就无法迎接时代向我们提出的挑战。

下面就从主流经济学最基础的部分开始分析。

二　生产和消费的模式是"有限—无限"还是"有限—有限"？

我们知道，能够形成一个逻辑体系的理论，一般都需要以一些基本假设作为基础，这个理论的所有结论都是由这些基本假设通过逻辑推理一步一步推导出来的。于是，基本假设是否符合实际，往往决定了这个理论在现实中是否有用，对实践活动是否具有指导意义。同样，西方主流经济学作为一种经济理论，一个逻辑体系，也有一些基本假设，其中最重要的一

---

① 斯蒂格利茨：《喧嚣的九十年代》，中国金融出版社 2005 年版，第 20 页。

个叫做稀缺性假设。这个假设是说，我们只有有限的资源，却要满足无限的欲望。

这个基本假设是否符合实际呢？我们先分析一下这个假设的结构：

有限的资源—无限的欲望

先看左边，根据我们的生活经验，能够投入生产的资源，比如土地、厂房、机器设备、劳动力等，都是有限的。再看右边，人的欲望，看上去确实是无边无际的，所谓"吃了碗里的又看锅里的"，"人心不足蛇吞象"等说法，都是用来形容人的无限贪欲的。有的主流经济学教科书也言之凿凿："一个简单的智力实验可以证明这点：假如所有社会成员都被要求开出他们在无限收入下所想购买的物品和服务的清单，你认为这些清单还会有结尾吗？"① 所以这个基本假设看起来是符合实际的。相对于无限的欲望，资源是有限的，在经济学上就称资源是稀缺的，或者说资源具有稀缺性，所以这个假设叫做稀缺性假设。

在稀缺性假设的基础上，我们整个社会的生产和消费的模式就是一种"有限—无限"的模式：

生产—消费
有限—无限

这个模式的含义就是，我们这个社会只能生产出有限的产品（包括服务，下同），但人们想要拥有和消费的产品却是无限的。换句话说，我们面对的最基本的经济问题，就是要用有限去满足无限，这实际上是给社会预设了一个不可能完成的任务。于是，主流经济学退而求其次，专门研究怎样最有效地利用有限的资源，根据消费者的偏好尽可能多地满足他们的欲望。主流经济学认为在市场经济体制下，这样退而求其次的任务是可以完成的。

这样的稀缺性假设，以及在这个假设基础上建立起来的经济学，目前仍在全世界大学的经济学课堂上作为主流知识传授着，很少有人能看出这

---

① 麦克康奈尔、布鲁伊：《经济学》，北京大学出版社2000年版，第18页。

种主流知识中其实包含着一个极具欺骗性和误导性的思维魔术。下面我们着手破解这个魔术。

再回头看看稀缺性假设的结构。左边讲的是资源，是客观事物。右边讲的是欲望，是主观愿望。于是这种结构的背景就显现出来了：

```
有限的资源—无限的欲望
    客观—主观
```

如此一来，思维魔术的破绽就比较明显了：属于对立范畴的事物怎么能直接比较呢？知道只有同质的事物相比较才有意义，这是接受过马克思主义经济学学术训练的学者们应有的基本素质。至于西方主流经济学，正如我们现在看到的，在基础上就埋藏着逻辑混乱，所以毫不奇怪，接下来的许多荒谬观点——例如认为不同商品的效用是可以比较的——居然也被主流学者糊里糊涂地笑纳了。

只有在同质的基础上进行比较，我们才有可能正确地反映客观现实。例如在生产和消费方面，如果两边都限定在主观范畴，用生产欲望与消费欲望相比，我们就会看到，其实人们和生产欲望也是无限的。大跃进年代的大炼钢铁和放高产卫星，正是这种无限生产欲望的反映。于是：

```
生产欲望—消费欲望
   主观—主观
   无限—无限
```

我们看到，左右两边都是无限的，哪有什么稀缺性？所以，主流经济学的稀缺性假设不过是一个五颜六色的肥皂泡，一戳就破。

接下来的问题是，既然人们有无限的生产欲望，那么为什么大跃进后来遭到了挫折？答案很简单：超越客观条件限制的欲望是无效的。经济学的研究对象应该是客观的经济规律，应该把超越客观条件限制的主观欲望排除在研究对象之外。所以我们只需研究限制生产或消费规模无限膨胀的客观因素。限制生产规模的客观因素是生产能力，限制消费规模的客观因素是消费能力。

生产能力当然是有限的，原因就是上面提到的投入生产的资源是有限

的。历史经验已经证明，没有人能做到"人有多大胆，地有多大产"。那
么，人的消费能力是不是无限的？略加分析就知道，现实中的消费能力也
是不可能无限扩张的，因为由常识可知，消费能力受制于三大因素：生理
约束、时间约束和预算（收入）约束。

生理约束最容易理解，用我们中国古代的一句格言就能概括："良田
万顷，日食一升；广厦千间，夜眠八尺"。时间约束则基于一个明显的事
实——所有消费活动都是需要耗费时间的，由这一事实推出的合乎逻辑的
结论只能是：在任何一个给定的时间段内，人的消费能力都是有限的——
这就是时间约束。对于消费能力而言，生理约束和时间约束因其自然规定
性，是无法通过人为的手段从根本上突破的，因而是硬约束。预算约束，
作为现实中普遍存在的贫困和消费不足现象的原因，才是经济学应当努力
解决的问题。但是，即使每个人都拥有无限的收入，由于前两个硬约束的
存在，消费能力也只能是有限的。所以，现实中生产与消费的模式不是由
稀缺性假设臆造出来的"有限—无限"，而是"有限—有限"。

> 生产能力—消费能力
> 客观—客观
> 有限—有限

现在我们已经看得很清楚了，西方主流经济学的稀缺性假设是不符合
实际的，以这样的假设为基础建立起来生产和消费的"有限—无限"模
式在现实中根本不存在。实际上，无论在什么社会发展阶段，生产和消费
的真实模式都只能是"有限—有限"。这本来不是什么复杂问题，而只是
个常识问题。这个常识就是：人的能力是有限的。不管是生产能力还是消
费能力，都是有限的。另一个常识是：在主观对客观的认识过程中，在探
索真理的过程中，常常会出现谬误。谬误就是对客观事物的歪曲的、错误
的反映，是与真理相对立的一个范畴。也就是说，我们可以在认识论中找
到一个合适的位置，让西方主流经济学对号入座。

三 在双约束假设基础上推导符合实际的新模式

程恩富教授 2007 年提出了一个与稀缺性假设针锋相对的"资源和需

要双约束假设",即假设在一定时期内资源和需要都是有约束的①。显然,这个假设正是生产和消费的"有限—有限"模式的逻辑前提。以这样符合实际的基本假设为基础建立的经济学,才有可能成为一种有用的理论。

在一个理论体系中,改动一项基本假设,更换一块理论基石,稍有学术常识的人都能掂出此举的分量。很多科学大革命,都是从改动基本假设开始的,比如从欧氏几何到非欧几何,从地心说到日心说,从牛顿的经典力学到爱因斯坦的相对论。遗憾的是,这些大革命我们中国人都无缘参与。但是,正如我们已经看到的,即将到来的经济学大革命,很可能是由我们中国学者发起的!下面我们就要看看,以双约束假设代替稀缺性假设,会给我们展开什么样的理论蓝图。

在"有限—有限"模式基础上进一步考察,就会发现由于消费能力有三大约束,其中生理、时间约束属于具有自然规定性的硬约束,预算约束在资本主义条件下对于广大人民群众——按照美国"占领华尔街"运动的说法就是"99%"——而言也是一种硬约束,因此消费能力是极难扩张的。但生产能力不同,它可以通过采用更先进的技术和更有效率的生产组织方式而大幅扩张。由此我们就很容易理解马克思主义经济学的相关论述:"生产力按几何级数增长,而市场最多也只是按算术级数扩大。"②也就是说,社会生产和消费的更为准确的模式应该是"大—小"模式。于是,在实际的经济生活中,随着人类文明的进步,有一种现象将变得越来越明显,那就是生产过剩。特别是在现代市场经济条件下,生产能力大于消费能力不仅成为经济运行的常态,而且两者的差距会变得越来越大。

> 生产和消费的一般模式:
> 有限—有限
> 生产和消费更为准确的模式:
> 大—小
> 即:生产能力 > 消费能力→生产过剩

在主流经济学臆造的"有限—无限"的模式中,生产过剩现象是不

---

① 程恩富:《现代马克思主义政治经济学的四大理论假设》,《中国社会科学》2007年第1期。

② 恩格斯:《资本论英文版序言》,《资本论》第1卷,人民出版社2004年版,第34页。

可能出现的。在我们这个真正符合实际的"大—小"的模式中,生产过剩是必然现象,是市场经济的常态。只要我们在观察现实经济活动时能够不带偏见,就会发现生产过剩现象真的是无处不在、无时不有的。在当今的市场经济体制中,生产过剩主要表现为以下几种形式:

第一,产品积压或产能过剩。在过去信息技术比较落后的时代,生产过剩往往表现为产品的大量积压,甚至经常发生类似"倒牛奶"那样耸人听闻的事件。现在信息技术的发展日新月异,产品大量积压甚至不得不销毁的事情比以前少了,取而代之的是生产能力闲置的普遍化,即产能过剩。

第二,失业。失业其实是产能过剩的一种特殊形式,即劳动力闲置。

第三,企业利润率呈下降趋势。在快速扩张的生产能力压向有限的市场容量的情况下,企业之间的竞争必然会越来越激烈,从而导致利润率不断下降。实体经济利润率下降必然导致虚拟经济的虚假繁荣。

第四,经济危机。这是生产过剩最为激烈的表现形式。

其实,对于失业与生产过剩的关系,恩格斯早就说过:"人口过剩或劳动力过剩是始终与财富过剩、资本过剩和地产过剩联系着的。只有在整个生产力过大的地方,人口才会过多。"① 对于实体经济生产能力的巨大扩张、虚拟经济泡沫日益膨胀与经济危机的关系,马克思也早有论述:"在资本主义生产方式内发展着的、与人口相比显得惊人巨大的生产力,以及虽然不是与此按同一比例的、比人口增加快得多的资本价值(不仅是它的物质实体)的增加,同这个惊人巨大的生产力为之服务的、与财富的增长相比变得越来越狭小的基础相矛盾,同这个日益膨胀的资本的价值增殖的条件相矛盾。危机就是这样发生的。"②

值得注意的是,上述生产过剩的表现形式并非资本主义国家独有,在当今中国的市场经济体制下,这些形式同样存在。特别是,只要解决不了生产过剩问题,中国同样有发生经济危机的现实危险。我们看到,无论在国内还是国外,时至今日,产能过剩、失业(贫困问题与此密切相关)、利润率下降和经济危机等仍是人们需要面对的现实挑战。显而易见的是,

---

① 恩格斯:《国民经济学批判大纲》,《马克思恩格斯文集》第 1 卷,人民出版社 2009 年版,第 80 页。

② 马克思:《资本论》第 3 卷,人民出版社 2004 年版,第 296 页。

主流经济学在这样的挑战面前已经屡战屡败。通过以上分析，我们实际上已经揭示了这种失败的症结：主流经济学完全无视生产过剩问题的存在，怎么可能找到解决办法？

四 转换视角后对可持续发展问题的重新审视

抛弃臆造出来的"有限—无限"模式，确立符合实际的"大—小"模式，这一过程的背后，实际上是观察经济现象视角的根本转换——从资源稀缺的视角转到了生产过剩的视角。从不同角度看到的东西，肯定是大相径庭的。所以对于经济现象，基于"大—小"模式的新解释与基于"有限—无限"模式的主流解释相比，正如日心说与地心说那样南辕北辙。下面，只就现实中与可持续发展相关的两个问题略作阐述。

（一）难以抑制的房价上涨

近年来，我国城市房价不断上涨，中央多次调控依然效果不彰，已成为国人经久不衰的话题。2010 年以来，政府更是推出一轮又一轮号称"史上最严厉"的房地产调控政策，力度前所未有。限购、公布房价年度控制目标，提高二套房贷首付比例和贷款利率，明确约谈问责内容，营业税由差额征收变成全额征收，房地产税酝酿多年终于开始搞试点……信贷、税收、行政等多种手段并举，动用政策工具之多，历史罕见。直到 2011 年 4 月 13 日的国务院常务会议，传出的精神仍然是进一步坚持房地产调控工作排在节能减排、对外开放等重要工作的前面，可见形势依然严峻。

高房价问题如此棘手，难在何处？难在找准病根。死抱着主流经济学不放的大多数自由主义学者认为，目前的房地产调控要充分尊重市场的规律和力量，不是要控而是要放。从前文论述可知，从主流经济学的视角，是不可能看到经济真相的。只有转换视角，才能看到房价高涨如同其他棘手的经济问题一样，病根都是生产过剩。

前面说过，生产过剩在市场经济中的表现形式之一是实体经济的利润率不断下降。这一过程的具体演化进程一般是盈利机会逐渐从小企业向大企业集中，从农村向城市集中，从小城市向大城市集中。市场经济中的可流动资源，如劳动力和资本等，必然也跟着盈利机会走，一起向大城市集中，从而增加了对大城市房地产的需求。这一进程中，唯有土地资源是无法跟着盈利机会走的。那么，大城市有限的土地对需求增加最直接的反应就是价格上涨。这样，先是真实的个人居住和企业营业需求推高大城市房地产价格，只要价格持续一段时间只涨不跌，马上就会吸引更大规模的投机资金蜂拥而至，把原来只是实体经济中普通消费品的房屋当作虚拟经济中的筹码来炒作，使房价涨得更猛。

所以，我们现在面对的房价上涨，是市场经济进入下半场的一种症状。揭示市场经济必有下半场因而必定不可持续，是马克思主义经济学的贡献。主流经济学迷信的市场机制根本不可能对付得了房价的上涨，因为我们不可能无中生有地增加大城市的土地供给来平抑房价。面对这个越吹越大的房地产泡沫，如果政府不加干预，泡沫自然终会破灭，以经济危机收场。如果政府主动戳破这个泡沫，虚假繁荣同样会戛然而止，仍会以经济危机收场。日本和美国房地产泡沫破灭后的情形，都是前车之鉴。那么，政府有没有办法控制房价不涨不跌或只是缓慢上涨？显而易见的答案是：迄今为止的市场经济实践中还没出现过任何经得起检验的有效办法。

分析到这里，结论已经很明显：对于房价上涨，无论依靠市场机制还是政府干预，全都没有前途。因为房价上涨只是症状，病根在生产过剩，只有对病根下药才能收到良好的疗效。具体地说，就是要遏制实体经济利润率下降的趋势，因为这样的趋势如果得不到有效遏制，市场经济就不可能是可持续的。如上所述，只有回到马克思主义经济学的正确基础上，以双约束假设为逻辑起点构建新的分析框架，才有可能真正认识生产过剩问题，进而找到解决办法。

（二）节约型社会与市场经济的内在矛盾

我们抛弃了主流经济学的稀缺性假设，指出现实经济的常态是生产过剩，并不是否定资源的有限性，而是说，有资源约束的生产能力是有限的，有生理、时间和预算三大约束的消费能力也是有限的，但经济中呈现出来的常态是生产能力大于消费能力。在现实中，资源有限甚至枯竭与生产过剩，这两类现象是并存的。这就如同行进中的汽车，一方面油箱中的汽油是不断减少的；另一方面就算司机把油门踩到底也无法在瞬间耗光汽油。就是说，在短时段内，生产能力总是大于消费能力（正如汽车的供油能力总是大于耗油能力）。时段足够长，才有可能发生资源枯竭现象。

对这些现象的进一步分析，还可以揭示出目前市场经济的运作方式与节约资源、保护环境的要求之间的深刻矛盾。

以石油这种不可再生资源为例，这样的资源将来肯定是会枯竭的。推迟枯竭的有效办法就是节约石油的使用，即建设节约型社会。但是在目前这种市场经济体制下，节约型社会只能是个可望而不可及的乌托邦。原因在于迄今为止的市场经济模式都不能妥善地解决生产过剩问题，主流经济学甚至连生产过剩问题都不予承认。不能妥善解决生产过剩问题，一旦提倡节约，就会使本来就小的消费能力更加萎缩，生产过剩问题更加突出，失业问题更加严峻，从而经济危机更加迫近。所以现实中的市场经济无一例外都不得不刺激和鼓励消费，用加速资源枯竭的方法推迟经济危机的到来，就连中国这样石油大部分依赖进口的国家都在向"汽车社会"发展。

抛弃主流经济学的狭隘视角，我们就能看到生产过剩和资源枯竭都是我们必须面对的问题。对生产过剩的趋势放任不管，经济危机就会不请自到；对资源枯竭的趋势放任不管，人类等于自掘坟墓。但是在现行的市场经济体制下，生产过剩问题不解决，减缓资源枯竭也就提不上日程。因为资源枯竭是日后的灾难，失业是眼前的危机。所以，市场经济与节约型社会的内在矛盾，其实是生产过剩问题得不到妥善解决而生出的怪胎。由此可得结论：只要找不到解决生产过剩问题的正确办法，市场经济体制不仅从经济角度看是不可持续的，而且从资源、生态角度看也是不可持续的。

我国的"第十二个五年规划纲要"已经提出："面对日趋强化的资源环境约束，必须增强危机意识，树立绿色、低碳发展理念，以节能减排为重点，健全激励与约束机制，加快构建资源节约、环境友好的生产方式和消费模式，增强可持续发展能力，提高生态文明水平。"要达到这个目标，首先必须认识到目前的市场经济运行方式与生态文明之间深刻的内在矛盾，认识到这种矛盾在西方主流经济理论体系中根本找不到现成的解决办法。只有转换视角，进行颠覆性的理论创新，彻底批判谬误、接近真理，我们才有可能找到通往目标的可行途径。

五 结语

生产过剩是社会生产能力大于消费能力的必然结果，是社会经济运行的常态。从常识上说，生产能力大于消费能力，对于人类社会本来应该是个有利因素。假如是相反的情况，即生产能力小于消费能力，那我们的社会就真的陷入万劫不复的境地了。长期以来，西方主流经济学用一个简单的思维魔术把现实世界生产过剩的真相掩盖起来，误导了一代又一代学者。不过，任何以障眼法掩盖真相的企图都只能是欲盖弥彰。正如我们在文中看到的，生产过剩在不被主流理论承认的情况下只好以扭曲、变态的方式顽强地展示它的存在，成为令人头痛的失业、贫困、经济危机乃至资源枯竭、环境污染等问题的罪魁祸首。生产过剩从有利因素沦为罪魁祸首，正是主流经济学的"杰作"。只有彻底抛弃西方主流经济学，重新返回到马克思主义经济学的正确基础上，以双约束假设为逻辑起点构建新的分析框架，才有可能把罪魁祸首重新还原为有利因素，进而开辟可持续发展的新方向。

利润率下降规律视角下的
中国经济增长动力分析[*]

范方志　鲁保林　胡梦帆[**]

　　一般利润率下降规律是马克思以辩证唯物主义和历史唯物主义审视资本主义生产方式的运行机制及其内在矛盾，在理性分析和总结前人优秀思想成果的基础上提出的一条非常重要的经济规律。然而，在社会主义市场经济条件下，尤其是在全球化趋势不断加深和外部因素对中国经济影响日渐显现背景下，如何运用这个规律去分析和解决那些事关中国经济社会能否科学发展的现实重大问题，进而更好地认识和把握中国经济发展的规律和走向，无疑是当前亟待解决的理论难题之一。一个显而易见的事实是，过去十多年来，拉动中国经济增长的主要引擎是出口需求和投资需求，消费需求对经济增长的拉动力严重不足。此外，投资和出口的内部结构也不尽合理，具体表现为房地产投资占比偏高，出口产品档次和附加值不高，多为劳动密集型和资源密集型产品。这种失衡的经济结构是怎样形成的？如何使之趋向平衡？本文将从一般利润率下降规律的视角出发，去讨论利润率变动与中国经济增长动

　　* 本文系 2011 年度贵州省科学技术厅软科学联合资金项目"贵州省吸引省外商业银行进入的对策研究"的阶段性成果，教育部人文社会科学基金青年项目（09YJC790224）。

　　** 范方志，湖南隆回人，现为贵州财经大学经济学院院长，教授，硕士生导师；复旦大学经济学博士，师从复旦大学首席经济学家伍柏麟教授；中国社会科学院金融研究所博士后，合作导师中国社会科学院副院长李扬研究员；"宁波银行全员造富神话"独家分析人，2008 年网易"百名经济学家会诊中国"成员之一，主要研究货币政策和房地产领域，现已在《金融研究》、《国际金融研究》、《经济学动态》、《复旦学报》、《中国高等教育》和《统计研究》等刊物上公开发表学术论文近百篇，其中多篇被人大复印资料和国研网全文转载，主持省级及博士后基金课题各1 项，出版专著 1 部。鲁保林，河南潢川人，经济学博士，贵州财经大学经济学院副教授，研究方向：马克思主义经济理论。胡梦帆，贵州贵阳人，贵州财经学院 2010 级硕士研究生，研究方向：马克思主义经济理论。

力结构失衡之间的内在关系，并提出相应的政策建议。

一 利润率下降与投资结构失衡

在马克思主义经济学的分析框架里，利润率和利润是投资的主要决定因素。利润率是投资行为的原动力，资本家投资是因为他们追求利润，企业不可能对无利可图的部门或行业进行投资。霍华德·舍曼（ Howard Sherman ， 1979）[1] 据此构造的投资函数为 $I_t = f(\pi_{t-1}, \pi_{t-2}, \cdots, \pi_{t-n}; \frac{\pi_{t-1}}{K_{t-1}},$ $\cdots, \frac{\pi_{t-n}}{K_{t-n}})$ 。这里，π 表示实际总利润，K 表示实际总资本存量，$\frac{\pi_t}{K_t}$ 表示 t 时期的利润率。虽然利润率的下降和利润量的增长可以同时并存，但是利润率的下降一定会减弱资本积累的刺激和动力，而且利润率的持久下降也会最终导致利润量的增长在某一时刻出现停滞。关于利润率下降的直接影响，马克思指出，这会导致大量分散的小资本被迫走上冒险的道路：投机、信用欺诈、股票投机、危机[2]。也就是说，在利润率下降规律的制约下，资本盈利能力受到削弱，分散的小资本由于达不到"生产地使用劳动所必需的资本最低限额"[3]而成为过剩资本，这些资本在实体经济中已经无利可图，转而投向虚拟经济以追逐"泡沫利润"。简单地讲，就是直接从事"钱生钱"的活动。

利润率下趋向下降可以很好地解释我国目前已经出现的"虚热实冷"怪相。资本的本性是追求最大化的利润，在市场这只"看不见的手"的指引下，哪个领域的利润率高，资本就会向哪个领域转移。既然实体经济的利润率相对较低，那么资本就要寻找其他回报率更高的投资领域，与此同时，20 世纪 90 年代以来财富往少数群体的集中以及市场化的全面铺开使得实体经济的产能过剩更趋恶化，再加上政府对资本投资领域管制的放松，虚拟经济因而受到更多过剩资本的青睐。从 20 世纪 90 年代末开始，我国以房地产为核心的虚拟经济呈现井喷式增长。2002 年，我国仅上市公

---

[1]　Howard Sherman， "A Marxist Theory of the Business Cycle"， *Review of Radical Political Economics*， Vol. 11， No. 1， 1979， pp. 1 - 23.

[2]　马克思：《资本论》第 3 卷，人民出版社 1975 年版，第 279 页。

[3]　同上。

司中转型从事房地产业务的企业就超过了三百家，其中不乏像海尔、TCL、美的等这些制造业行业的龙头企业①。"业界曾统计'2010 温州市百强企业'中，除 2 家房地产公司和 6 家建筑公司外，其他四十多家制造业企业，无一不涉足了房地产开发，包括康奈、奥康、报喜鸟等知名制造业企业。"② 据了解，温州中小企业主中的很多人并不是通过借贷做主业经营，更多的是投入房地产、煤矿等，甚至有些企业家直接卖房押地支撑其信贷业务③。受房地产业高额利润的诱惑，具有冒险天性的资本纷纷转战房地产行业，这个行业俨然已成为淘金者的乐园。随着金融业、房地产业等虚拟经济不断膨胀、持续繁荣，"刺绣纹"愈发不如"倚市门"④。2010 年，中国房地产市值是国内生产总值的 3.5 倍，接近日本房地产泡沫高峰期的 3.8 倍⑤，这表明我国房地产泡沫已经达到非常危险的程度。

实体经济平均利润率下降的问题，只能依靠做大虚拟经济的泡沫来弥补；实体经济的产能过剩必须转化为虚拟经济的泡沫过剩⑥。在实体经济利润率趋向下降的压力下，实体经济的投资增长率会放缓，虚拟经济的投资增长率会加快。1997—2009 年，我国实体经济⑦的名义投资增速为 20%，而虚拟经济⑧的名义投资增速为 24.37%，大大高于实体经济的投资增速。特别需要指出的是，虚拟经济中的房地产投资增速更高，为 24.85%。1997—2009 年，实体经济占全社会固定资产投资的比重没有增长，个别年份甚至有所减少，而房地产投资占全社会固定投资的比重却从 1997 年的 13.8% 稳步增加到 2009 年的 21.98%，房地产业的投资增速远远快于同期固定资产投资和国内生产总值的增速。克鲁格曼指出，给定相对疲弱的消费需求，刺激投资高企的因素主要是持续膨胀的房地产泡沫。

---

① 苗天青：《我国房地产业的实际利润率及其福利效应分析》，《经济问题探索》2004 年第 12 期。

② 沈锡权：《债务危机暴露温州模式过度投机等三大软肋》，《经济参考报》2011 年 10 月 13 日。

③ 史燕君、黄烨：《"中国制造"急切变身"中国智造"》，《国际金融报》2012 年 1 月 5 日。

④ 江涌：《经济虚拟化催生经济泡沫》，《世界知识》2010 年第 14 期。

⑤ Claus Vogt, "China Has a Painful Surprise for the Global Economy"，转引自杨斌《中国如何应对全球经济动荡与房地产泡沫破裂危险》，《国企》2011 年第 11 期。

⑥ 赵磊、李节：《2010 年中国经济走势预测》，《江汉论坛》2010 年第 3 期。

⑦ 本文所说的实体经济限定于农林牧渔业、工业、建筑业、交通运输仓储和邮电通信业这 4 大产业部门，这几个部门是最主要的物质生产部门，可以称之为狭义的实体经济部门。

⑧ 本文所说的虚拟经济指房地产业和金融业。

自 2000 年以来，房地产投资占 GDP 比例基本上翻倍，对投资整体增长的直接贡献率超过 50%。此外，建筑业拉动的上游行业投资大规模扩张，也是中国投资高速增长的重要原因之一①。

房地产泡沫化的形成和投机泡沫的膨胀不利于国民经济的长期稳健发展。一方面，投机的盛行会抑制实体经济的发展和长期生产能力的提高。因为房地产业不吸纳技术创新，技术含量很低，只能作为短期的增长引擎，从长远看，它不是经济发展的持续动力，因此房地产业的过度投资会挤压其他行业的投资，而支柱产业房地产化意味着产业经济的空洞化②。另一方面，房地产泡沫的膨胀往往潜伏着巨大的金融风险，一旦泡沫破裂，将会给整个国家的金融体系和居民生活产生严重的负面影响。

二　利润率下降与消费需求不足

利润率下降和消费需求不足的联系较为复杂，二者往往会相互影响，相互恶化，互为因果。一方面，利润率下降会通过对投资和就业的影响并最终对居民消费需求的增长形成重压。而消费需求不足所引发的生产过剩显然也会恶化企业的盈利能力，在消费需求不足的约束下，经济增长往往要依赖投资的扩张。然而，当投资的过度增长和消费的持续下滑相互叠加时，产能过剩和生产过剩就更加难以避免。"在市场经济中，过剩的生产能力作用于有限的消费市场，反映在企业财务上就是利润率不断下降的趋势。"③ 接下来就具体以我国实体经济利润率下降和收入差距扩大之间的动态关系来证实上述分析。

（一）利润率趋向下降增大了"实、虚"部门的收入差距

在实体经济利润预期下滑的背景下，大量资本蜂拥投向无需经过生产过程就能赚钱的虚拟经济。金融、保险和房地产业不仅赚得盆钵饱满，而且职工平均工资增速也很快。2003 年，金融业职工工资的平均增速为 19.5%，而制造业的平均工资增速仅为 13.3%。与此同时，在一般利润

---

① 克鲁格曼等：《中国经济软着陆路径》，《财经国家周刊》2012 年第 6 期。
② 刘兴赛：《收入差距"倒 U"曲线迷失与中国经济运行模式》，《当代财经》2011 年第 6 期。
③ 卢映西：《生产能力过剩与消费能力稀缺》，《经济学家》2005 年第 5 期。

率趋向下降的重压之下，实体经济部门降低成本的动机越来越强，何谈提高普通劳动者的实际工资。在实体经济与虚拟经济景气度相去霄壤的情形之下，实体经济部门与虚拟经济部门就业人员的收入差距逐年增大，而且虚拟经济非理性繁荣所产生的财富效应又使得上述差距进一步加大。据统计，由于房地产价格近十年持续攀升，房地产行业的可观利润造就了11.6% 的千万富豪。投资性房地产市场的销售量增速虽在宏观调控下继续放缓，但全国平均房价依然保持每年 13% 的上升幅度，投资性房地产总体价值增加了 28% 左右。① 资产价格的急剧膨胀使得一部分拥有多套房产人群的财富总额快速攀升。

另外，从全球范围来看，当前的国际产业分工格局造成发展中国家的产业工人收入增长缓慢，而这种分工格局的形成也正是一般利润率下降规律在全球层面发挥作用的结果。如下图所示，自 20 世纪 60 年代中后期直至 20 世纪 80 年代初，发达资本主义国家的制造业利润率不断下滑，以制造业为主体的实体经济在这些国家已经无利可图，于是实力较强的跨国公司则把大部分制造业尤其是劳动密集型的低端制造业或者劳动密集型生产环节，如加工、装配、组装等环节转移到包括中国在内的生产要素成本低的发展中国家。

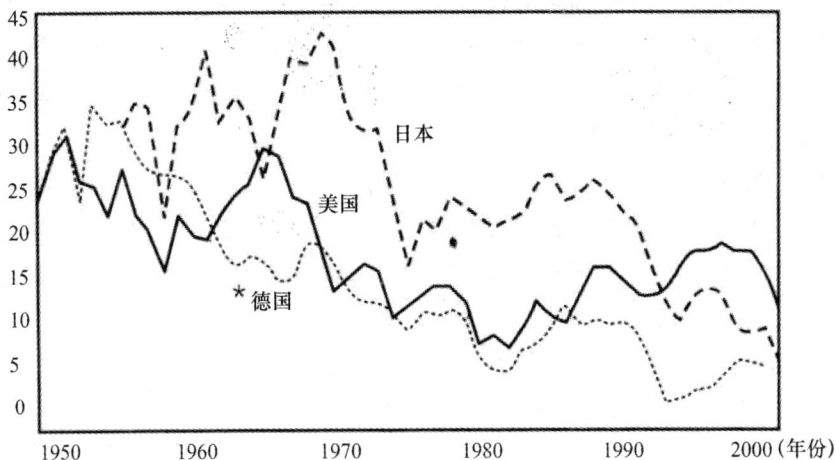

图 1　战后德国、美国和日本的利润率

资料来源：克里斯·哈曼：《利润率与当前世界经济危机》，《国外理论动态》2008 年第 10 期。

---

① 孙咏梅：《我国经济增长中的矛盾与资源的有效配置》，《当代经济研究》2011 年第 11 期。

这些转移至中国的低端制造业因其本身的利润率就已经很低，所以我国的代工企业为了维持已经摊薄的利润就拼命压低劳动力成本，这是造成我国整体劳动收入占比持续下降的重要原因。

（二）资本有机构成提高抑制了劳动收入占比的提升

利润率的下降往往伴随资本有机构成的上升，资本有机构成的增长意味着推动着同一资本所需的劳动力数量必然会相对减少，这同时表现为，"较少量的劳动可以推动更多量的资本，如果加入生产过程的资本的总价值增加，那么，与劳动生产率不变时，即必要劳动同剩余劳动的比例不变时相比，劳动基金（资本的这个可变部分）必定会相对减少"[①]。一般来说，技术创新和技术引进中的机械化、自动化程度越高，资本有机构成就越高，资本对劳动的替代副作用就会越突出，工人的就业压力就越大。资本有机构成提高导致相对过剩人口不断产生是市场机制发挥作用的必然结果，这就形成了技术进步和就业增长的"二律背反"。以工业部门为例，1980—1990 年，我国规模以上工业企业吸纳就业人员的数量持续攀升，就业增长率平均为 4.24%。到了 90 年代，工业部门吸纳就业的能力逐步减弱，1990—1995 年就业增长率只有 0.05%。进入 90 年代后半期，工业部门不仅不能吸纳就业，反而开始排斥劳动力就业，1995—2001 年就业增长率为负值。1980 年规模以上工业就业人数占非农业部门总就业人数的 37% 强，1990 年则下滑至 30% 以下。随着 90 年代中后期企业经济效益的进一步下滑，工业就业人数进一步萎缩，1998 年规模以上工业就业人员数占非农业部门总就业人数的比重锐减至 17.47%，到了 2001 年就已经不足 15% 了，这种下滑的趋势一直持续到 2004 年停止，近几年虽然有所回升但始终未超过 20%。资本有机构成上升所产生的就业矛盾不利于劳动收入占比的提升。唐国华（2011）基于中国 1990—1998 年的统计数据考察了资本有机构成与劳动收入占比之间的关系。该文发现，劳动收入占比与资本有机构成呈反向变动的关系，资本有机构成的提高能够解释劳动收入占比下降 89% 的原因[②]。

---

① 《马克思恩格斯全集》第 46 卷（上），人民出版社 1979 年版，第 366 页。
② 唐国华：《资本有机构成、劳动收入占比与经济发展方式转变》，《经济论坛》2011 年第 3 期。

（三） 资本技术构成的提高扩大了高技能和低技能劳动者的收入差距

资本技术构成的提高意味着产业结构逐步从劳动密集型向资本和技术密集型转变。尽管资本密集型或技术密集型产业的发展有利于提升整个经济的产业结构，但是这些产业部门对高技能劳动者的需求相对较多，对低技能劳动者的需求相对减少。因此，劳动密集型产业的消退或转移会造成一部分低技能劳动者失去工作，从而会对这一部分就业人员的收入和消费水平产生不利影响。而且一个行业的资本或技术密集度越高，它对劳动者技能的要求也会越高。高资本或技术密集企业不仅会因为雇用了更优质的员工以及他们创造了更大的边际产出，而要支付更富竞争力的工资，而且，还可能因这类型的劳动者更稀缺、话语权更强，为了避免与之匹配的物质资本贬值，而支付一定比例的额外"贴水"①。

（四） 20世纪90年代以来的大规模企业改制抑制了普通工人收入增长的步伐

在20世纪90年代中期，工业部门盈利能力持续下降，为了扭转这种状况，政府出台了一系列针对国有企业的民营化和市场化改革措施。因此，90年代以来急剧的"国退民进"不过是对利润率下降的一种扭曲性回应。随着市场化、民营化的不断展开以及国有企业改组、改制与兼并的加速推进，国有企业的数量在90年代急剧减少。有学者指出，"20世纪90年代初以后不长的几年中，就有三百多万中小型国有企业，上百万家集体企业几乎完全退出舞台。县级和以下行政地区几乎看不到国有企业的影子……2004年，国有工业在工业总产值中的比重已下降到15.3%"②。"国退民进"对劳动者收入和消费增长所产生的不利影响主要表现在以下几个方面。

第一，国有企业就业人数缩减抑制了在岗职工工资的增长。国有企业下岗职工的急剧增加必然不利于在岗职工收入水平的增加。因为那些在岗

---

① 顾乃华：《劳动收入占比的影响因素研究——基于区域与产业特征互动的视角》，《商业经济与管理》2011年第6期。

② 刘淑清、王致胜：《我国收入分配中存在问题的主要原因及解决的主要途径》，《马克思主义研究》2010年第10期。

职工由于担心失去工作，所以他们不会贸然提出增加工资的要求，甚至可以忍受短时期内的工资下降。据有关学者的估算，人均工资增长放缓和总就业人数降低使得规模以上正规企业在1996—2004年将近十年的时间里，对劳动者报酬的总体贡献为-10%[1]。

第二，90年代中后期大批国有企业职工下岗加剧了劳动力市场供求失衡的矛盾。1997年，我国提出了"国有大中型企业三年走出困境"的中期改革目标，随着企业改革进程加快，过去处于隐性失业状态的体制性冗员被大量排出。1997年年末，城镇登记失业率从1991年2.32%的上升为3.1%，为"七五"以来的最高点。按照城镇登记失业率推算，如果把下岗职工计算在内，中国1997年城镇的社会实际失业率为9.36%，下岗职工对实际失业率的影响为6.26个百分点[2]。下岗职工再就业与农村劳动力向城市转移、大学生就业三股力量叠加在一起造成劳动力供给快速增长，使得劳动力市场供求失衡的矛盾进一步加剧。

第三，国有部门的萎缩和私营部门的膨胀造成私营企业的就业人数激增。国有企业减少和退出的一个重要结果是催生更多的私营企业和更激烈的市场竞争格局。为了在激烈的市场竞争中取胜，这些私营企业竭力降低生产成本，显然，降低劳动力成本是企业的首选。由于城镇职工的70%以上在私企和外企中劳动，以按资分配为核心的按要素分配方式成为主体，两极分化不可避免。这正是多年来尽管力求扭转收入差距过分扩大的趋势，但差距却继续扩大的根源；也是多年来力求扩大国内消费需求，但消费需求增长缓慢的一个重要原因[3]。

第四，国有部门萎缩导致职工原来享有的实物补贴减少。国有企业的存在为职工提供了稳定的就业保障，这不仅在一定程度上保护了工人的议价能力，而且有助于减少经济波动带来的不确定性。但是，伴随着"国退民进"的发生发展，大量国有企业关停并转，一些原本由国家和企业包揽的福利项目如低成本的住房、教育、医疗卫生等支出逐步走向市场化。现在许多工人家庭需要自掏腰包解决这些问题，因而他们面临子女上学、购房、医疗费用和其他社会负担带来的沉重压力。有学者指

① 魏众：《中国当前收入分配状况及对策分析》，《经济学动态》2010年第8期。
② 陈淮：《中国就业问题的分析与对策建议》，《管理世界》1999年第1期。
③ 卫兴华：《经济全球化与中国经济社会的科学发展》，《红旗文稿》2011年第21期。

出，大量实物工资和补贴的取消实际上伴随着普通职工收入的相对萎缩，一部分低工资职工、下岗和退休人员的实际收入增长缓慢，甚至有所减少①。

三 利润率下降与出口依存度攀升

我国目前所处的产业分工格局以及"世界工厂"地位的形成与一般利润率下降规律在全球层面发挥作用是截然不分的，这一过程的起点可以追溯至 20 世纪 70 年代。随着战后资本的迅速积累和经济发展，以及发达资本主义国家有效需求的相对饱和，在 20 世纪 70 年代后已经形成了全球性的生产过剩和积累过剩。这些国家所创造的价值和剩余价值，已越来越难以在其内部充分实现，而不得不更加依赖于发展中国家现实的和潜在的市场②。所以，面对以制造业为主体的实体经济的严重生产能力过剩和利润率下降，资本在全球范围内进行空间转移，跨国公司把劳动密集型制造业投资转向亚洲和拉丁美洲一些劳动力成本低廉的发展中国家和地区③。国际分工体系从水平型分工、垂直型分工逐步演化为"头脑—肢体"分工，大多数发展中国家企业只承担产品的制造装配环节④。布伦纳指出，为了应对不断下滑的收益率，资本进一步向外扩张，力求将先进的技术与廉价劳动力结合起来，以提高其日益衰减的盈利能力。全球化已经成为对利润率下滑的一个回应⑤。显然，20 世纪 70 年代末我国的改革开放和以优惠的政策引进外资与发达资本主义国家为应对实体经济利润率下降而展开的制造业转移恰好是契合的。正是抓住了 20 世纪 70 年代以来国际制造业向发展中国家和地区转移的机遇，我国尤其是东部沿海地区凭借广阔的市场、廉价的劳动力成本等优势，成为外来投资的重要目的地。据统计，

---

① 郑志国：《中国企业利润侵蚀工资问题研究》，《中国工业经济》2008 年第 1 期。

② 高峰：《金融化全球化的垄断资本主义与全球性金融—经济危机》，《国外理论动态》2011 年第 12 期。

③ 高峰：《金融化全球化的垄断资本主义与全球性金融—经济危机》，《国外理论动态》2011 年第 12 期。

④ 崔楠楠、萧琛：《论后危机时期世界经济格局的发展方向》，《学习与探索》2011 年第 2 期。

⑤ 蒋宏达、米露丹：《布伦纳认为生产能力过剩才是世界金融危机的根本原因》，《国外理论动态》2009 年第 5 期。

对外开放以后我国引进的外资有将近 70% 投在了制造业方面①。中国通过承接国际产业转移，制造业的生产和出口能力大幅提高。基于中国货物贸易出口额在不同时间序列下的增长率及其国际比较，我们可以发现，1980—1990 年中国货物贸易出口额平均每年的增长速度达到 12.8%，高于同期世界平均水平 6.8 个百分点，高于发展中国家近 10 个百分点；1990—2000 年贸易出口额年均增长速度再上一个台阶，达到 14.5%，高于同时期世界平均水平近 8 个百分点，高于发展中国家近 5.6 个百分点②。与此同时，中国货物出口贸易总额占世界货物贸易出口总额的比重和位次逐年提升，从 1980 年的 0.9%，居世界第 28 位，提高到 1990 年的 1.8%；居世界第 14 位；到 2000 年的 3.9%，居世界第 7 位；到 2009 年，提高到 9.6%，首次取代德国，跃居世界第 1 位③。我国是世界头号商品生产国，2010 年我国占世界制造业产出的 19.8%，略高于美国的 19.4%。2010 年，中国工业产品产量居世界第一位的已有 220 种，粗钢、煤、水泥产量已连续多年稳居世界第一。水泥产量 2009 年已占世界总产量的 60%，2010 年粗钢产量占世界钢产量的 44.3%，煤炭产量占世界总产量的 45%④。2008 年我国制造品出口额达到世界出口总额的 12.7%。其中，纺织品和服装出口分别占世界出口总额的 26% 和 33%；电子数据处理和办公设备出口占 32%；办公和电信设备出口占 24%⑤。

随着外贸的迅速发展，出口需求对我国经济增长的拉动作用不断增强。1987—2007 年间，中国经济迅速从"内需依存型"向"出口导向型"转变。1987—2002 年，中国经济对于出口的依存度从 11% 上升到 22%，但在 2001 年我国加入 WTO 之后，仅在 5 年的时间内就上升了 10 个百分点。作为我国从事加工贸易的主要行业，通信设备和计算机及其他电子设备制造业二十年来的增长有超过 80% 发生在 2002—2007 年期间，

① 姜巍、徐文：《中国传统经济增长动力结构的特征、危机与提升》，《经济问题探索》2011 年第 8 期。
② 简新华：《中国经济结构调整和发展方式转变》，山东人民出版社 2009 年版，第 289 页。
③ 简新华：《中国经济结构调整和发展方式转变》，山东人民出版社 2009 年版，第 289 页；《国际统计年鉴 2010》，国家统计局网站。
④ 毛中根、洪涛：《从生产大国到消费大国：现状、机制与政策》，《南京大学学报》（哲学·人文科学·社会科学版）2011 年第 3 期。
⑤ 余芳东：《我国经济的国际地位和发展差距》，《调研世界》2011 年第 3 期。

同时在 2002—2007 年期间大约有 65% 的行业增长是基于出口驱动的[①]。但是，我国的商品出口主要由工业制成品组成，2001—2009 年，工业制成品占我国对外出口总额的 93.21%。其中机械及运输设备产品占出口总额的比重为 44.4%。中国虽然已经完成了由初级产品出口国向工业制成品出口国的转变，但工业制成品的出口结构仍然需要改善。目前，进口相对较高技术的产品，出口相对较低技术产品的贸易格局并没有发生根本改变，我国大量进口原材料和电子配器件，大量出口加工制造品，且多为劳动密集型和资源密集型产品，在国际产业分工链上处于较低端的位置，由于档次和附加值不高，这些行业的经济效益相对较低[②]。

因此，国际分工格局的"低端锁定"，内需不足以及这两者的相互作用，造成我国的经济增长过分依赖外部市场。在国内有支付能力的消费需求不足以支撑生产出来的产品和服务时，这些过剩的产品必然要依赖外部市场来消化，如果没有外部需求的扩张，我国制造业快速增长是不可能实现的，而"中国生产、美国消费"的国际分工格局又固化了中国本已脆弱的国内市场。

四 结语

居民消费需求不足，出口产品档次低，附加值不高，以及房地产为代表的虚拟经济发展过旺是当前我国经济增长动力结构失衡的重要表现。这种拉动经济增长的动力结构不仅危机四伏，而且在未来难以为继。一方面，在利润率下降规律的作用下，我国实体经济的发展动力不断减弱，实体经济中大量资本析出进入房地产领域，形成对生产性投资的挤出，导致资源配置扭曲。如果不遏制投机性资金在房地产领域的获利空间，那么虚拟经济自我推动、自我实现的泡沫经济循环就会掏空实体经济，必将导致巨大的金融风险；另一方面，在欧美经济形势仍然低迷，外部环境充满诸多不确定性的背景下，过度膨胀的房地产泡沫与萎缩的消费需求相互恶化

---

① 刘瑞翔、安同良：《中国经济增长的动力来源与转换展望》，《经济研究》2011 年第 7 期。

② 简新华：《中国经济结构调整和发展方式转变》，山东人民出版社 2009 年版，第 294—295 页；中国社会科学院工业经济研究所课题组：《"十二五"时期工业结构调整和优化升级研究》，《中国工业经济》2010 年第 1 期。

甚至可能会引发生产过剩危机。为了使中国经济逐步走上稳定、协调、高效和可持续的发展轨道，我们必须加快转变和提升目前的经济增长动力结构。把经济增长的动力从扩大投资与出口转移到扩大消费，尤其是居民的消费需求上来。坚决抑制房地产投机炒作行为，防止虚拟经济过度自我循环和膨胀。要牢牢把握发展实体经济这一坚实基础，引导资本流向实体经济。

基于对一般利润率下降规律的理解和对上述问题的认识和剖析，我们将寻找更具针对性、也更具操作性的政策措施，以减缓利润率下滑的步伐，从而"使它只有趋势的性质"①。这样一来，利润率波动对经济增长所产生的负面作用也会大大降低。通常认为，在短期内，提高居民的消费需求可以延缓利润率下降的步伐。因为在短期中，居民消费水平的增加可以有效减轻企业的产能过剩，提高企业的产能利用率，较高的生产能力利用率对利润份额②的影响是正的，利润份额的上升有助于减轻利润率下降的压力，甚至在一定时期内推动利润率走向复苏。而且旺盛的消费需求也会加快资本的周转速度，这也会对利润和利润率的增加产生积极的影响。在长期内，技术创新可以减缓甚至在一定时期内扭转利润率下降的趋势。技术创新可以大幅提高劳动生产率，降低企业的生产成本，吸引更多的资金流向这些产业。高峰指出，以重大资本品创新为基础的重大工艺创新有可能带动技术创新的集群，从而推动较长时期的资本积累③。重大的技术创新往往能带动若干新兴部门的迅速发展，同时推动现有生产部门增加产量，而且新产品的生产也会创造并满足新的需要。例如，20世纪90年代，信息技术革命的兴起极大地促进了美国实体经济利润率的回升。一些学者的计量分析发现，20世纪90年代后半期美国非农商业部门劳动生产率的增速比前半期增加了1.1个百分点，其中信息技术资本的贡献率就高达三分之二④。因此加快自主创新的步伐可以大幅提高劳动生产率，减轻资本有机构成上升的压力，进而减缓甚至在一定时期内扭转利润率下降的趋势。根据长期和短期内影响利润率变动的具体因素，本文提出扩大消费

---

① 马克思：《资本论》第3卷，人民出版社1975年版，第258页。

② 利润份额为利润占净产出的比重。

③ 高峰：《产品创新与资本积累》，《当代经济研究》2003年第4期。

④ Stephen D. Oliner and Daniel E. Sichel，" The Resurgence of Growth in the Late l990s：is information Technology the Story"，*Journal of Economic Perspectives*，Vol. 14，No. 4，2000，pp. 3 – 22.

需求和推进自主创新两条思路，以防范产能过剩和培育经济可持续发展的原创性动力，加快推动我国经济增长动力机制发生转变。

一方面增加居民的收入，扩大消费需求；另一方面推进自主创新，夯实实体经济，加快产业转型升级。增加居民的收入可以使居民消费水平不断提升，消费结构不断升级，并最终使消费成为拉动经济增长的主要引擎。推进自主创新可以提高企业的劳动生产率，降低生产成本，并逐步增强我国的核心竞争力和产业竞争优势。只有将经济增长的动力从扩大投资和出口转移到扩大内需尤其是居民的消费需求上来，坚决抑制房地产投机炒作行为，着力推进自主创新，引导资本流向实体经济。中国经济才能真正走上稳定、协调、高效和可持续的科学发展轨道，我们才能实现中华民族的伟大复兴，从而为实现人的全面而自由的发展奠定良好的物质基础。

参考文献

［1］程恩富、胡靖春：《论我国劳动收入份额提升的可能性、迫切性与途径》，《经济学动态》2010 年第 11 期。

［2］王伟光、程恩富、胡乐明：《西方国家金融和经济危机与中国对策研究（下）》，《马克思主义研究》2010 年第 8 期。

［3］谢富胜、张余文：《改革开放以来中国不同行业技术改造投资的实证分析》，《上海经济研究》2005 年第 7 期。

［4］吴宣恭：《分配不公的主要矛盾、根源和解决途径》，《经济学动态》2010 年第 11 期。

［5］鲁保林、赵磊：《转变经济发展方式：三个命题》，《马克思主义研究》2011 年第 1 期。

［6］阎坤：《促进我国高储蓄率适度降低的探讨》，《中央财经大学学报》2008 年第 8 期。

［7］徐群：《基于经济发展的经济增长方式转变探讨》，《贵州财经学院学报》2010 年第 3 期。

马克思主义产业组织理论
及其现实意义

田家官[*]

什么是产业组织理论？《新帕尔格雷夫经济学大辞典》的定义是，以厂商及其结构与行为为研究对象，具体分析个别产业内厂商之间竞争和垄断的关系，研究在市场机制下，如何既可以保持厂商的竞争活力，又能够充分利用规模经济性，实现资源优化配置的理论[①]。

马克思主义产业组织理论集中体现在《资本论》和《帝国主义是资本主义的最高阶段》两部经典著作中。在这两部著作中，马克思和列宁既揭示了市场经济条件下产业组织演变的规律和机制，又阐述了这一规律在资本主义条件下的作用和特点。在我国建立社会主义市场经济体制的今天，学习马克思主义的产业组织理论，具有重要的现实意义。

一 马克思主义的产业组织理论

马克思主义产业组织理论主要内容包括：资本集中或资本吸引资本的规律、产业组织的形式、产业组织演变的物质技术基础、资本集中及大企业的作用、个别资本扩大及垄断形成的前提条件、垄断和竞争的关系、产业组织演化对资本主义经济基础的影响等原理。

关于资本集中或资本吸引资本的规律：

* 田家官，男，1954年生，山西应县人，浙江财经学院教授，中国社会保障论坛专家，中国经济规律研究会常务理事，研究方向：社会保障理论和人力资源开发理论。

① 约翰·伊特韦尔、默里·米尔盖特、彼得·纽曼：《新帕尔格雷夫经济学大辞典》第2卷，经济科学出版社1992年版，第867—872页。

资本集中或资本吸引资本的规律①，我们称之为产业组织演化规律。马克思通过对资本主义进行理论上和历史上的深入分析，证明自由竞争引起生产集中，而生产集中发展到一定阶段，就会引起垄断。

资本主义的生产目的是追求更多的剩余价值，而剩余价值的多少又直接受预付资本总量的影响，即在正常的情况下，预付资本总量越大，可获得的剩余价值越多。"此外，资本主义生产的发展，使投入工业企业的资本有不断增长的必要，而竞争使资本主义生产方式的内在规律作为外在的强制规律支配着每一个资本家。"② 因此，资本家总是不断进行资本积累。但是，"积累和伴随积累的积聚不仅分散在许多点上，而且执行职能的资本的增长还受到新资本的形成和旧资本的分裂的阻碍"③。资本积累是由许多资本家实现的，资本家家庭内部的分产、单个资本积累的有限性，都程度不同地制约着单个资本及其生产规模的扩大。

资本的集中弥补了资本积累的不足。马克思说："资本所以能在这里，在一个人手中大量增长，是因为它在那里，在许多人手中丧失了。这是不同于积累和积聚的本来意义的集中。"④ 接着，马克思论述了自由竞争导致生产集中的机制，他说："在其他条件不变时，商品的便宜取决于劳动生产率，而劳动生产率又取决于生产规模。因此，较大的资本战胜较小的资本。"⑤

在资本主义自由竞争时期，社会总资本分散为许多单个资本，他们作为独立的商品生产者彼此展开激烈的竞争。在竞争中，成本价格是重要的基础。马克思说："在商品的价值和它的成本价格之间，显然会有无数的出售价格。商品价值中由剩余价值构成的要素越大，这些中间价格的实际活动余地也就越大。"⑥ 对于单个企业来说，它的商品价值与价格之间的差额越大，即成本价格越低，它在竞争中就会处于更有利的地位；相反，企业的成本价格越高，它在竞争中就处于不利地位。那些成本价格高的企业往往成为竞争中的失败者。

---

① 《马克思恩格斯全集》第 23 卷，人民出版社 1972 年版，第 686 页。
② 同上书，第 649—650 页。
③ 同上书，第 686 页。
④ 同上。
⑤ 同上书，第 686—687 页。
⑥ 《马克思恩格斯全集》第 25 卷，人民出版社 1972 年版，第 45 页。

商品的成本价格高低与企业的生产规模有着密切的关系。在一般情况下，大企业的劳动生产率高，产品成本价格低，具有规模经济的优势。因此，在市场竞争中，大企业往往是优胜者。小企业在竞争失败后，其资本的一部分转入胜利者手中，一部分归于消灭。于是资本越来越集中在少数大资本家手中。与此同时，信用事业随着资本主义生产的发展而发展起来，信用把分散在社会上的货币资金吸引到单个的或联合的资本家手中，有力地推动了资本的集中。

生产的集中发展到一定阶段，会引起垄断。在垄断还没有出现的时候，马克思就指出了这种可能性，他说："在一个生产部门中，如果投入的全部资本已溶合为一个单个资本时，集中便达到了极限。"[①] 恩格斯在1890年6月《资本论》第四版增加的注释中写道："英美两国最新的'托拉斯'已经在为这一目标而奋斗，它们力图至少把一个生产部门的全部大企业联合成一个握有实际垄断权的大股份公司。"[②] 生产和资本的不断集中，为少数大资本家的垄断创造了条件。列宁指出："集中发展到一定阶段，可以说就自然而然地走到垄断。因为几十个大型企业彼此之间容易达成协议；另一方面，正是企业的规模巨大造成了竞争的困难，产生了垄断的趋势。"[③] 当一个部门的生产和资本掌握在少数大企业手中的时候，这些大企业不容易被对方打败，也难以挤垮对方，而竞争带来的损失和破坏则更大。为了避免两败俱伤，大企业之间往往达成妥协，通过联合保证相互的既得利益，并防范新的竞争对手进入。当少数大企业联合起来，通过订立各种协议来规定价格、划分市场、分配产量的时候，垄断就形成了。

(一) 关于产业组织的类型

根据马克思和列宁的有关论述，可以概括出以下几种产业组织分类：

以生产和资本集中的程度为依据，产业组织的形式可分为：（1）完全竞争。一个生产部门存在很多个企业，各企业之间存在激烈的竞争。这是自由竞争时代的典型特征。（2）完全垄断。一个生产部门的全部资本

---

① 《马克思恩格斯全集》第23卷，人民出版社1972年版，第688页。

② 同上书，第688页。

③ 《列宁全集》第27卷，人民出版社1990年版，第333页。

融合为一个单个资本。在马克思写作《资本论》的年代，这种产业组织形式仅仅是一种理论推断，几十年后，这一推断变成了现实。如美国的铝公司，从 19 世纪 90 年代到 20 世纪 40 年代，独家垄断美国制铝工业约半个世纪。（3）寡头垄断。几家大企业垄断一个部门的产品和销售市场。

根据垄断的不同程度，产业组织的形式可分为：（1）短期价格协定。一些企业通过口头或书面形式规定在一定时间内共同控制某种商品的价格，以操纵市场，获得垄断利润的一种最简单的垄断组织形式。（2）卡特尔。生产同类商品的企业，为获得高额利润，在划分销售市场、规定产品产量、确定商品价格等方面达成协议而形成的一种垄断组织。（3）辛迪加。同一生产部门的大企业为获得高额利润而通过建立共同的产品销售和采购原料协定的垄断组织。（4）托拉斯。生产同类产品或生产上有密切联系的企业组织的大垄断企业。（5）康采恩。由实力雄厚的垄断企业为核心，联合许多不同经济部门的企业而形成的企业集团。

按照垄断组织扩张的范围大小，可划分为：（1）国内垄断。即参与垄断组织的仅限于国内的企业，垄断组织对本国的某种产品的生产和市场实行垄断。（2）国际垄断。垄断组织越出国界，进入世界市场。列宁说："资本主义早已造成了世界市场，所以随着资本输出的增加，随着最大垄断同盟的国外联系、殖民地联系和'势力范围'的极力扩大，这些垄断同盟就'自然地'走向达成世界性的协议，形成国际卡特尔。"①

以垄断组织在部门之间分布为依据，可划分为：（1）生产部门的垄断。垄断组织在物质生产领域中垄断某种商品的生产和销售市场。由于历史条件所限，马克思主要是分析了工业部门出现垄断的可能性。在垄断组织有了很大发展的情况下，列宁全面地分析了工业部门的垄断状况及发展趋势。（2）金融部门的垄断。随着工业资本集中的加剧，银行资本也日益集中。"在少数几个经过集中过程而仍然在整个资本主义经济中处于领先地位的银行中间，达成垄断协议、组织银行托拉斯的倾向自然愈来愈明显，愈来愈强烈。"② 最终形成了少数银行垄断资本。

（二）关于产业组织演变的物质技术基础

马克思在考察相对剩余价值的生产过程时，深入地分析了协作、工场

① 《列宁全集》第 27 卷，人民出版社 1990 年版，第 381 页。
② 同上书，第 355 页。

手工业、机器及大工业对产业组织的影响。

协作是许多人在同一生产过程中，或在不同的但相互联系的生产过程中，有计划地一起协同劳动。资本主义简单协作是以手工劳动工具和操作方法进行生产的，从这个意义上说，它和封建社会的行会手工业作坊相比，除了同一资本同时雇佣的工人较多外，几乎没有什么区别。但是，由于协作需要较多的工人，决定资本家必须拥有最低限额的资本，于是，协作使生产规模扩大了。

资本主义工场手工业是以手工技术和雇佣工人的分工为基础的资本主义的大生产。不论是混成工场手工业还是有机工场手工业，其共同特点是手工业者在一个工场里分工协作，共同生产一种产品。工场手工业的分工使雇佣的工人人数和资本的增加成为技术上的必要。一方面，单个资本家所必需使用的最低限额的工人人数，要由现有的分工规定。另一方面，要得到进一步分工的利益，就必须按比例进一步增加工人人数，即增加可变资本，同时要按比例增加不变资本。"因此，单个资本家手中的资本最低限额越来越增大，或者说，社会的生活资料和生产资料越来越多地转化为资本，这是由工场手工业的技术性质产生的一个规律。"①

以手工工具和技术为基础的简单协作和工场手工业对产业组织的影响主要表现在，促使单个资本的最低限额提高和生产规模进一步扩大。在这种物质技术基础上，不可能出现垄断。机器和大工业是广泛使机械化劳动代替手工劳动的社会化大生产。机器的广泛使用，促进劳动生产率迅速提高，从而对产业组织产生了巨大影响：首先，机械化劳动代替了手工劳动，促使工场手工业被机器大工业所取代。马克思在谈到这个问题时说："旧方法的基础是单纯对工人材料进行残酷的剥削，同时多少采用一些系统发展起来的分工。这种基础已经不再能适应日益发展的市场和更加迅速地发展着的资本家之间的竞争了。采用机器的时刻来到了。同等地占领这一生产领域所有部门（如女时装业，裁缝业，制鞋业，缝纫业，制帽业等）的具有决定性革命意义的机器，是缝纫机。"② 机器大工业的出现，凭借着机械化生产的优越条件，逐步取代了工场手工业和手工业生产，使机器大工业制度确立并占统治地位。

---

① 《马克思恩格斯全集》第 23 卷，人民出版社 1972 年版，第 398 页。

② 同上书，第 517 页。

其次，先进和复杂的技术及其设备、巨大的生产规模使垄断的出现成为可能。在激烈的市场竞争中，企业为处于有利地位，都会竭力采用先进的技术装备，进行新的生产技术和方法的研究与开发，收买和改进有关的发明专利权。然而，企业的发展是不平衡的。那些经营效果好、资金雄厚的企业往往更有条件采用先进而价格昂贵的技术装备，并在竞争中不断扩大企业规模。一般来说，能够形成垄断局面的就是这些拥有先进而且复杂技术装备的大企业。列宁在分析了美国的烟草托拉斯和钢业托拉斯的形成过程后说："德国的大工业，例如近几十年来获得巨大发展的化学工业，也是这样组织技术改良工作的。到 1908 年，生产集中的过程已经在这个工业中造成了两大'集团'，它们也都按自己的方式逐步走向垄断。"① 这两个集团一个是美因河畔赫希斯特的前行东——颜料厂和美因河畔法兰克福的卡塞拉公司，另一个是路德维希港的苯胺苏打厂和爱北斐特的前拜尔公司，在 20 世纪初，这两个集团开始"接近"，"商定"价格等。

列宁还注意到了不同技术条件对垄断的影响。他引证了耶德尔斯在《德国大银行与工业的关系，特别是与冶金工业的关系》中的分析："长期地占据这种垄断地位的，是现在的钢铁工业和电力工业中的大型企业（因为它们的技术复杂，组织分布很广，资本雄厚），而且垄断程度很高；其次是机器制造业以及冶金工业、交通运输业等某些部门的企业，不过垄断程度较低。"②

（三）关于资本集中及大企业的作用

资本的集中以及所形成的大企业具有明显的优点：

第一，有利于推动企业的技术进步。马克思论述了资本积累和集中在企业采用新发明和新发现中的重要作用，特别是由于资本集中而形成大量资本后，企业技术进步的速度会更快。列宁列举了很多例子说明大企业在采用先进技术和装备方面的优点：凭借资金等方面的优势，美国的烟草托拉斯从创办的时候起，就竭力在各方面大量地采用机器来代替手工劳动，它耗费了巨额款项收买与烟草加工多少有关的一切发明专利权，组织专门

---

① 《列宁全集》第 27 卷，人民出版社 1990 年版，第 340 页。
② 同上书，第 345 页。

机构和人员进行专利发明的试制和改进，并给发明创造的工程师和工人以高额奖金。德国、美国的化学工业、钢铁工业中的大企业，也是这样组织技术改良工作的。

第二，有利于加快生产社会化的进程。在自由竞争时期，企业规模小而分散，彼此了解很少，生产具有很大的盲目性。现在完全不同了。"集中已经达到了这样的程度，可以对本国的，甚至像下面所说的，对许多国家以至全世界所有的原料来源（例如蕴藏铁矿的土地）作出大致的估计。现在不但进行这样的估计，而且这些来源完全操纵在一些大垄断同盟的手里。这些垄断同盟对市场容量也进行大致的估计，并且根据协议'瓜分'这些市场。它们垄断熟练的劳动力，雇佣最好的工程师，霸占交通线路和交通工具……"① 总之，垄断使生产走向最全面的社会化。

第三，有利于企业生产的专业化。马克思说："工业企业规模的扩大，对于更广泛地组织许多人的总体劳动，对于更广泛地发展这种劳动的物质动力，也就是说，对于使分散的、按习惯进行的生产过程不断地变成社会结合的、用科学处理的生产过程来说，到处都成为起点。"② 随着企业规模的扩大，所投入的资源的专业化使用的可能性增加，生产工序的分工进一步扩大，从而有助于提高企业的生产效率。

第四，有利于增强企业的竞争能力。马克思认为大企业的劳动生产率高，产品成本低，在竞争中处于有利地位。列宁引用希法亭的话阐述了同一观点："联合制使联合企业的地位比'单纯'企业巩固，使它在原料跌价赶不上成品跌价的严重萧条（营业呆滞，危机）时期的竞争中得到加强。"③

资本集中和垄断也存在弊端：第一，随着资本的不断集中，资本的有机构成必然提高，"即减少资本的可变部分来增加它的不变部分，从而减少对劳动的相对需求"④。可变资本的相对减少，是导致资本主义人口相对过剩的主要原因。第二，垄断企业有可能利用垄断地位规定垄断价格，获取高额垄断利润，从而不仅使消费者吃亏，还使相关企业受到损失。第三，垄断会在一定程度上阻碍技术进步。列宁说："在规定了（即使是暂

① 《列宁全集》第 27 卷，人民出版社 1990 年版，第 341 页。
② 《马克思恩格斯全集》第 23 卷，人民出版社 1972 年版，第 688 页。
③ 《列宁全集》第 27 卷，人民出版社 1990 年版，第 334 页。
④ 《马克思恩格斯全集》第 23 卷，人民出版社 1972 年版，第 689 页。

时地）垄断价格的范围内，技术进步因而也是其他一切进步的动因，前进的动因，就在一定程度上消失了；其次在经济上也就有可能人为地阻碍技术进步。"[1] 当然，垄断绝不可能全面地、长久地排除世界市场上的竞争，这就会迫使垄断企业采用新技术、新工艺。第四，列宁指出：在帝国主义时期，"以'剪息票'为生，根本不参与任何企业经营、终日游手好闲的食利者阶级，确切些说，食利者阶层，就大大地增长起来"[2]。

（四）关于个别资本扩大及垄断形成的前提条件

个别资本的扩大是企业扩大生产规模的基础，也是一些企业实行垄断的前提条件。马克思认为，个别资本扩大是通过资本积聚和资本集中两种途径实现的。关于资本积聚，马克思说："剩余价值不断再转化为资本，表现为进入生产过程的资本量的不断增长。这种增长又成为不断扩大生产规模的基础，成为随之出现的提高劳动生产力和加速剩余价值生产的方法的基础。"[3] 哪个企业的资本积聚能力强，哪个企业就可以较快地扩大生产规模和改进生产技术，从而在竞争中处于有利地位。但是，资本积聚要受剩余价值量的制约，依靠资本积聚扩大生产规模是有限的。

关于资本集中，马克思指出："集中补充了积累的作用，使工业资本家能够扩大自己的经营规模。"[4] 资本集中是通过吞并与股份公司两种形式实现的。吞并作为一种强制的方法，是竞争中的优胜企业将失败企业的资本转入自己手中。股份制是一种比较平滑的办法，它通过股票的发行和流通把许多已经形成和正在形成的资本溶合起来。马克思特别强调了股份制在资本集中过程中的作用，他说，积累同仅仅要求改变社会资本各组成部分量的组合的集中比较起来，是一个极其缓慢的过程。"假如必须等待积累去使某些单个资本增长到能够修建铁路的程度，那末恐怕直到今天世界上还没有铁路。但是，集中通过股份公司转瞬之间就把这件事完成了。"[5]

在资本集中的过程中，信用事业起着非常重要的作用。起初，它只是

---

① 《列宁全集》第 27 卷，人民出版社 1990 年版，第 411 页。

② 同上书，第 412 页。

③ 《马克思恩格斯全集》第 23 卷，人民出版社 1972 年版，第 685 页。

④ 同上书，第 688 页。

⑤ 同上书，第 688 页。

作为积累的小小助手不声不响地挤了进来，把社会上的货币资金吸引到单个或联合的资本家手中。之后，很快就成了竞争斗争中的一个新的可怕的武器。在资本主义的垄断阶段，银行的性质发生了根本性的变化。它逐步由普通中介人发展成为具有真正"万能的性质"的机构。因为，少数大银行集中掌握了大量的货币资本，企业所需要的巨额资本，只能依靠它们来提供。大银行和大企业之间的经济联系也随之固定下来。为了保证贷款的安全和盈利，大银行开始对企业的经营活动进行监督和干预，通过各种信用手段来影响企业的规模和方向，甚至最终决定企业的命运。银行作用的变化，使银行资本和工业资本的关系越来越密切，并相互融合起来：银行购买工商企业的股票或开办新企业，工商企业购买银行的股票或开办新银行；银行和企业之间互相派人担任对方的各种领导职务。这就是所谓金融资本。金融资本的出现标志着资本垄断程度的加强。

（五）关于垄断和竞争的关系

自主竞争导致垄断，垄断是自由竞争的对立物。但是，"从自由竞争中生长起来的垄断并不消除自由竞争，而是凌驾于这种竞争之上，与之并存，因而产生许多特别尖锐特别剧烈的矛盾、摩擦和冲突"①。竞争是商品经济的必然产物。资本主义由自由竞争阶段过渡到垄断阶段，商品经济依然存在，因而也就消除不了竞争。

在现实生活中，并不存在纯粹的垄断。在那些垄断程度比较高的国家，也还存在着非垄断的行业和企业。即使一个国家的某个行业已实现了完全垄断，它也不可能全面地、长久地在世界市场上实现垄断。既然不能实现绝对的垄断，竞争就难以避免。

由于垄断资本拥有莫大的实力，决定垄断阶段的竞争更加激烈、手段更加残酷。列宁描述了卡特尔与所谓"局外企业"之间的竞争，卡特尔采取剥夺原料、劳动力、产品销路、运输工具，有计划地降低价格等手段，强迫"局外企业"服从垄断者同盟。列宁还分析了垄断资本瓜分世界市场的激烈竞争：洛克菲勒的"煤油托拉斯"为打击其主要敌人——英荷壳牌托拉斯，在荷兰本土办了一个女儿公司。"德意志银行"等德国大银行力求控制罗马尼亚的石油资源，使罗马尼亚在同俄国联合起来反对

---

① 《列宁全集》第27卷，人民出版社1990年版，第400—401页。

洛克菲勒。在这一行动失败后，又在国内发起了反对美国托拉斯"压制"的"爱国主义的"宣传，提请政府制定煤油垄断法案的决议，希望用国家垄断的方式抵制竞争对手等。

（六）关于产业组织演化对资本主义经济基础的影响

自由竞争阶段转向垄断阶段，生产的社会化有了巨大的发展，特别是随着股份制的兴起，对资本主义经济基础产生了重大的影响。这种影响主要表现在：

第一，私人资本转化为社会资本。在垄断资本主义阶段，股份公司的广泛发展，使个别资本不可能建立的企业出现了。股份公司所集中起来的资本已不是分散的个人资本，而是直接联合起来的个人资本，即与私人资本对立的社会资本，并且它的企业也表现为与私人企业相对立的社会企业。马克思指出："这是作为私人财产的资本在资本主义生产方式本身范围内的扬弃。"①

第二，资本的所有权和经营权相分离。在资本主义制度建立后相当长一段时间内，资本的所有者同时就是经营管理者。随着股份制的出现，资本的所有权和经营权分离了。资本所有者不再管理企业，而是把企业交给具有专业管理科学知识和能力的经理去管理，资本家享有所有权及其报酬，越是大的垄断企业越是如此。对于这一变化，马克思说："在股份公司内，职能已经同资本所有权相分离，因而劳动也已经完全同生产资料的所有权和剩余劳动的所有权相分离。资本主义生产极度发展的这个结果，是资本再转化为生产者的财产所必需的过渡点，不过这种财产不再是各个互相分离的生产者的私有财产，而是联合起来的生产者的财产，即直接的社会财产。"② 这就是说，股份公司已不同于资本主义的私人企业，它为将来整个社会占有生产资料做好准备。

上述分析表明，在产业组织的演变的过程中，随着股份制度的扩大，资本主义所有制发生了一定变化。一方面，工人也可以购买少量股票，成为企业的股东；另一方面，资本家不能对生产过程进行决定性的干预，他只能作为所有者拥有一种简单的剩余价值索取权。对于这种变化，资产阶

---

① 《马克思恩格斯全集》第 25 卷，人民出版社 1972 年版，第 493 页。

② 同上书，第 494 页。

级采取的对策是，一方面大肆宣扬"资本民主化"；另一方面则利用这一变化来加强金融资本的统治。关于后者，列宁引用了德国经济学家海曼的分析来说明金融资本通过"参与制"实现其经济统治的过程：领导人控制着总公司（母亲公司），总公司又统治着依赖于他的公司（女儿公司），后者又统治着"孙女公司"等。于是，拥有不太多的资本，就可以统治巨大的生产部门。列宁指出："其实经验证明，只要占有40%的股票就能操纵一个股份公司的业务，因为总有一部分分散的小股东实际上根本没有可能参加股东大会等等。虽然资产阶级的诡辩家和机会主义的'也是社会民主党人'都期望（或者要别人相信他们期望）股票占有的'民主化'会造成'资本的民主化'，会加强小生产的作用和意义等等，可是实际上它不过是加强金融寡头实力的一种手段而已。"① 二战后的实际显示，随着股权的高度分散化，控股所需要的最低比例，已由19世纪初期的40%下降为3%—5%左右，这意味着金融资本能够以一定量的资本控制更多的社会资本和生产部门。

二　马克思主义产业组织理论的现实主义

虽然《资本论》和《帝国主义是资本主义的最高阶段》已分别发表了130年和80年，但是，马克思和列宁在这两部著作中所阐述的产业组织理论并没有过时，仍然有着重要的现实意义。

（一）马克思主义产业组织理论是我们认识当代资本主义产业组织演变的理论依据

资本主义制度诞生两百多年来，其产业组织已发生了很大的变化，尤其是第二次世界大战以来，这种变化更为明显。在这种情况下，马克思主义的产业组织理论还能不能作为我们认识、分析资本主义产业组织的理论依据，关键要看马克思主义的产业组织理论是否符合当代资本主义产业组织发展变化的现实。

先分析资本集中的情况。从19世纪末到目前，西方国家已出现过四次资本集中的高潮：19世纪末20世纪初的以横向兼并为特征的集中，20

---

① 《列宁全集》第27卷，人民出版社1990年版，第363—364页。

世纪 20 年代的横向兼并和纵向兼并结合以横向兼并为主的集中，二战后 60 年代到 80 年代以混合兼并为主的集中，从 90 年代开始的以混合兼并和跨国兼并为特征的集中。资本集中的数量和规模越来越大，集中的范围越来越广。以美国为例，1898—1902 年期间，被兼并企业总数为 2653 家，兼并资产总额 63 亿美元，1995 年兼并资产总额为 5180 亿美元，1996 年达 5500 亿美元以上[①]。再看垄断状况。二战后，垄断企业的实力不断增强，垄断程度加深。二战前，一个大公司拥有的资产最多不过几十亿美元，现在一些大垄断企业的资产相当于那时候的数百倍。譬如，1948 年美国国际商业机器公司的资产仅 2.4 亿美元，1995 年增加到 800.3 亿美元，47 年资产增加了 330 多倍。随着垄断企业资产的增加和生产经营规模的扩大，其垄断程度在加深。具体表现在：（1）在西方发达国家甚至那些新兴工业国家，寡头垄断有了很大发展。譬如，美国的 6 家钢铁公司（美国钢铁公司、伯利恒钢铁公司、阿姆科公司、共和钢铁公司、国民钢铁公司、内陆钢铁公司）、4 家石油公司（埃克森公司、莫比尔公司、德士古公司、加利福尼亚美孚石油公司）、3 家汽车公司（通用汽车公司、福特汽车公司、克莱斯勒汽车公司）、3 家合成纤维化学工业公司（杜邦公司、纤维工业公司、孟山都公司），日本的 5 家钢铁公司（新日本制铁公司、日本钢管公司、住友金属工业公司、神户制钢公司、川崎制钢公司）、7 家电子电器设备公司（日立公司、松下电气工业公司、索尼公司、NEC 公司、三菱电气公司、三洋电气公司、夏普公司）、5 家汽车公司（丰田汽车公司、日产汽车公司、本田汽车公司、三菱汽车公司、松田汽车公司）、3 家造船公司（三菱重工业公司、石川岛播磨重工业公司、川崎重工业公司），韩国的 3 家电子公司（三星电子公司、大宇集团、金星）、2 家汽车公司（大宇汽车公司、现代汽车公司），等等。这些企业不仅长期稳定地控制着所在行业的大部分产量，而且不断向经营多样化的方向发展。如美国的通用、福特、克莱斯勒三大公司，自 20 世纪 30 年代以来，一直控制着美国汽车产量的 90% 以上，新建企业及其他企业很难挤进这一地盘。二战后，这些企业一反战前经营活动一般局限于特定产业领域的常态，开始向其他产业部门发展，有的企业已经发展成为几乎无所不包的垄断资本集团。（2）完全垄断企业为数有限，但垄断程度高得惊

---

　　①　沈志渔：《大背景下的企业购并》，《世界知识》1997 年第 9 期。

人。以世界民用航空市场为例。1990—1995 年，美国的波音、麦道和欧洲的空中客车三大民用飞机生产公司的市场占有率分别为 60%、15% 和 20%，1996 年波音和麦道公司合并后，世界民用航空市场基本上被新波音和空中客车两大公司垄断。

从垄断和竞争的关系看，在生产不断集中，资本垄断程度提高的过程中，企业之间的竞争不仅没有减缓或停止，近年来反而趋于激烈。究其原因，一方面，随着科学技术的飞速发展，世界经济的发展日益趋于全球化，各国在经济上对世界市场的依赖程度不断加深，各国之间经济上的相互依赖关系不断增强。另一方面，世界范围内各国经济发展的不平衡性，不断打破原有的市场格局。在这种情况下，工业发达国家之间、工业发达国家与发展中国家之间、发展中国家之间，必然为争夺市场展开激烈的竞争。在竞争中，大企业当然是争夺全球市场的主力。近年来在工业发达国家和新兴工业国家频频发生大规模企业兼并活动，就是为增强大企业的竞争实力而进行的。可以肯定，这类兼并活动还会持续下去，生产集中和垄断的程度会继续提高，企业之间的竞争将有增无减。

最后分析垄断资本的国际化问题。二战前，国际垄断组织主要采取国际卡特尔的形式，目的是通过分配原料和市场、规定价格、制定生产和销售限额等措施，限制竞争，获取垄断利润。二战后，特别是 60 年代以来，跨国公司逐步取代国际卡特尔，成为现代国际垄断组织的主要形式。跨国公司是本国总公司通过在许多国家建立子公司或控制当地的企业成为它的子公司，从事生产、销售或其他经营的国际性垄断企业。它不同于垄断的范围仅限于流通领域的卡特尔，是一种产供销一体化、管理高度集中、面向全球市场的国际垄断组织形式。据联合国贸易组织统计的结果，20 世纪末全世界 40000 多家跨国公司所属的 25 亿家分公司，年销售总额已逾 58000 亿美元[①]。在跨国公司迅速发展的同时，多国公司这种垄断联合程度更高的国际垄断组织形式也在发展。

从以上分析不难看出，马克思主义的产业组织基本原理仍然符合当代资本主义产业组织的实际，还是我们认识和分析资本主义产业组织演变的理论依据。当然，马克思主义的产业组织理论毕竟已提出一百多年了，我们不能要求它百分之百地符合已发展变化了的情况，也不能拘泥于经典作

① 刘林森：《跨国公司成为经济全球化的新动力》，《国际展望》1997 年第 13 期。

家的某一结论和观点。正确的态度应当是，在马克思主义的产业组织的基本原理的指导下，认真地研究当代资本主义产业组织演变的新情况和新问题，从中总结出规律性的东西，丰富马克思主义的产业组织理论，为我国社会主义经济建设和改革开放服务。

（二）马克思主义产业组织理论是建立我国产业组织理论的理论基础

虽然马克思和列宁很早便开始研究产业组织问题，但社会主义制度建立后，马克思主义经济学者并没有深入开展这方面的研究。其主要原因：首先是受经济体制的影响，在高度集中的计划经济体制下，产业组织和企业组织是国家依据一些基本经济原理有计划地安排的，复杂的经济问题被简单化地看待，似乎诸如此类的问题已有定论，不需要进行理论探讨。其次，《资本论》和《帝国主义是资本主义的最高阶段》是以资本主义市场经济为背景展开研究的，而马克思主义经济学家直面的是社会主义计划经济。由于缺乏现实的启发和需要，对上述两部经典著作中有关产业组织的论述，马克思主义经济学家主要是从批评垄断资本主义的角度加以理解和阐述，从产业组织本身加以研究的几乎没有。我国改革开放以来，随着商品经济的发展和社会主义市场经济体制的建立，开展产业组织理论的研究已成为经济发展的现实需要。国内一些经济学家对此进行了认真的研究和有意义的探索，并在产业组织改革中起了积极作用。但是，我们也注意到，改革开放以来的研究有一种倾向，即重视西方产业组织理论的介绍和研究，对马克思主义的产业组织理论的研究仍未得到应有的重视。

西方不少产业组织理论学者认为，马歇尔在他的著作《经济学原理》及《工业经济学》中提出并探讨了保持自由竞争和追求规模经济的冲突，即马歇尔冲突（Marshall Conflict），因此，马歇尔被视为产业组织理论的先驱。其实，马克思比马歇尔更早地开始研究产业组织问题，不仅如此，马克思的研究结论更具有超前性的预见性。我们知道，马克思的《资本论》于 1867 年 9 月 17 日在德国汉堡出版，马歇尔的《经济学原理》于 1890 年出版，《资本论》先于《经济学原理》23 年问世。在马克思进行《资本论》研究的时候，正是英、法、德、美等国家的资本主义生产方式最终确立，自由竞争的资本主义得到充分发展，垄断组织还处于不甚明显的萌芽状态的年代，就是在这个时候，马克思就敏锐地抓住了这些细微的变化，揭示了产业组织发展变化的规律，正确地预见了产业组织演化的趋势。而马歇尔著述《经济学原理》的时候，垄断组织已有了很大发展。1873 年西欧主要资本主义国家发生经济危机以后，作为垄断组织的重要形式之一的卡特尔逐步发展起来，到 19 世纪 20 年代初，"卡特尔已经不是暂时的现象，而成了全部经济生活的基础之一"①。马歇尔就是在这种背景下研究产业组织，并发现了保持自由竞争和追求规模经济的冲突关系。

以马克思主义的产业组织理论为指导，建立符合我国国情的产业组织理论，是由马克思主义的产业组织理论本身的特点和我国的实际情况决定的。

马克思主义的产业组织理论揭示了社会化大生产和市场经济条件下个别产业资源优化配置的规律。只要存在社会化大生产和市场经济这两个条件，不论其生产方式如何，这些规律必然发生作用，尽管其具体表现形式可能有所不同。以资本集中规律为例，列宁分析资本主义由自由竞争向垄断演化的过程，主要以英、德、美、法等老牌资本主义国家为对象，通过深入研究这些国家产业组织演化的情况，证明了马克思关于资本集中规律的正确性。二战后，摆脱殖民统治、获得民族独立的一些所谓新兴工业国家，如韩国、巴西、墨西哥等国的产业组织演变，同样证明马克思资本集中规律的正确性。对于我国而言，虽然目前还存在不少体制上的障碍，但生产和资本的集中已成为不可避免的现象。随着市场经济的发展，可以断定，生产和资本集中的速度必然加快。因此，如果说在传统的计划经济时期，马克思主义的产业组织理论还缺乏应用条件的话，在我国已经建立起社会主义市场经济体制的今天，这一理论的指导意义就不容置疑了。

马克思主义的产业组织理论的基本原理是建立我国的产业组织理论的重要依据。马克思主义的产业组织理论的基本原理，即资本集中或资本吸引资本的规律、产业组织的类型、产业组织演变的物质技术基础、资本集中及大企业的作用、个别资本扩大及垄断形成的前提条件、垄断和竞争的关系等原理，是系统的、逻辑严密的研究资本主义市场经济条件下产业组织问题的理论。和现代西方产业组织理论相比，后者所研究的主要问题，马克思主义的产业组织理论基本上都涉及了。马克思的创造性贡献在于，发现了产业组织演化的规律。现在，要建立我国的产业组织理论，只要撷

① 转引自《列宁全集》第 27 卷，人民出版社 1990 年版，第 337 页。

开其资本主义的特征，马克思主义的产业组织理论的基本原理就具有普遍的指导意义。马克思主义的产业组织理论为我们建立适应世界经济发展趋势的产业组织理论提供了思路。西方产业组织理论是以发达国家的经济为背景，着重研究产业组织本身的问题，对社会制度问题涉及得不多，也很少涉及产业组织的国际差异及其影响。如西方现代广业组织理论的集大成者贝恩，在其著作《产业组织》一书中，主要研究了市场集中和进入条件两个问题，他认为，对市场集中影响较大的是卖者的集中，而决定卖者集中程度高低的最基本因素是该产业的市场规模和规模经济的关系。由于竞争压力的存在，每个企业都有把自己的企业规模扩大到单位产品的生产成本和流通费用达到最低水平的愿望，同时又存在促进和阻碍产业集中的因素。贝恩研究的重点是产业组织本身的问题。和西方产业组织理论不同，马克思主义的产业组织理论在分析产业组织自身规律的同时，还研究了资本主义制度下产业组织演化的特征：垄断使少数金融寡头控制了大量金融资本，加强了垄断资本在经济上、政治上对资本主义社会的统治；金融资本在国内发展到一定程度，必然向国外扩展，其表现是向国外输出资本和建立国际垄断组织；对少数经济发达的资本主义国家来说，不论是商品输出还是资本输出，由于这些国家的生产和技术条件占优势，决定其在竞争中占有利地位，而生产和技术条件落后的国家则处于不利地位等。我国是社会主义国家，同时又是发展中国家，学习马克思主义有关产业组织的资本主义制度特征的论述，对于形成适应世界经济发展趋势的产业组织理论，是非常必要的。

在马克思主义的产业组织理论指导下建立我国的产业组织理论，并不意味着漠视或排斥西方产业组织理论。经过许多西方经济学家的努力，现代西方产业组织理论已发展成为一门新兴的应用经济学理论，它有一套系统的理论和分析方法。对此，应当在建立我国产业组织理论的过程中加以借鉴，取长补短，为我所用。

（三）马克思主义产业组织理论是推动我国产业组织合理化的思想武器

在传统的经济体制的作用下，我国的产业组织形态存在严重弊端：（1）企业之间的分工协作不够，大而全、小而全的全能企业普遍存在。以机械工业为例，全能厂约占企业总数的 70%—80%，从毛坯、零部件、机械加工、工具机修、模具制造等各类工艺齐全,行业外购件平均仅达45%。(2)企业的生产集中度过低,规模小且分散、重复,难以取得规模经济效益。1995年,我国汽车年产量150万辆,不足美国通用汽车公司的1/5。而整车厂有122家,年产超过5万辆的汽车厂仅6家。世界上汽车年产量超过100万辆的企业有12家,其产量约占世界汽车总产量的77%。美、国、德等国90%的汽车年产量都集中在3—5家大企业。(3)由于企业自身及外部条件等诸多原因,企业缺乏应有的自我扩张和自我发展的能力。以我国的第一汽车制造厂和日本的丰田汽车公司为例,前者建于50年代初,当时的设计生产能力为年产30000台3.5吨解放牌汽车,到1980年组产量仅增加到60000辆,后者1942年的产量为16000多辆,1981年的产量达到322万辆,39年内增加了201倍。这些弊端严重地制约着企业的发展和经济效益的提高。

在我国国有企业改革的过程中,针对产业组织形态存在的弊端,积极探索有中国特色的企业改革发展的路子,建立现代企业制度,发挥资本运作的作用,加快国有企业重组步伐,注重发展具有国际竞争力的大公司大集团,增强企业的核心竞争力,积极运用高新技术和先进适用技术改造和提升传统产业。这些都是符合马克思主义产业组织理论的。经过多年的努力,一批具有一定国际国内竞争力的大企业脱颖而出。1998年美国《财富》杂志评选的全球最大500家公司排行榜上我国仅有8家企业上榜,2010年我国共有54家企业榜上有名,其中内地和港澳地区的46家企业上榜。我国产业组织的发展变化证明马克思主义产业组织理论的科学性,说明这一理论对我国产业组织的合理化具有重要的指导意义。

在马克思主义的产业组织理论指导下推动我国产业组织合理化,应当重视以下几点:

第一,继续大力发展和培育具有国际竞争力的大公司、大企业,特别是跨国公司。跨国公司主要是指发达国家的垄断企业,以本国为基地,通过对外直接投资,在世界各地设立分支机构或子公司,从事国际化生产和经营活动的垄断企业。二战后,跨国公司发展迅速,逐步成为发达国家垄断企业的主要形式。改革开放以来,我国的大企业、跨国公司发展迅速,在国内外市场竞争能力逐步提高,对我国经济发展起着非常重要的作用。但是,和发达国家比较,我国的跨国公司数量还比较少,而且其跨国经营水平还很低,还处于初级阶段。2011年我国100家大跨国公司的平均跨国指数为 13.37%，不仅远低于 2011 年世界 100 家大跨国公司 60.78% 的平均跨国指数，也低于 2011 年发展中国家 100 大跨国公司 40.13% 的平均跨国指数①。所以，政府要支持和鼓励大企业进一步做大做强，成为产业发展的基石。大企业要有全球视野和长远规划，瞄准国际领先的大企业作为标杆企业，明确发展目标，选择有效的发展途径；同时要注重品牌建设和拳头产品的开发培育，夯实企业发展基础。

第二，遵循经济规律，促进大企业、跨国公司的成长。马克思关于生产集中和垄断形成条件的论述为我们指明了发展大企业的基本途径。资本积聚和资本集中是资本主义再生产过程中个别资本增大的两种主要手段。这两种手段相互影响，相互作用。资本积聚是资本集中的前提条件，因为没有持续的资本积聚，企业自身实力不强，就不可能实现资本集中。资本集中有利于增加资本积聚，企业的资本扩大了，利润增多，积聚能力就会提高。从资本主义国家个别资本扩大的实际情况看，二战后，资本积聚和资本集中的比例一般为 10:1，在兼并高潮阶段，这一比例明显上升，1968 年的兼并高潮时为 10:4。但是，在主要大垄断公司的资本扩大中资本集中占重要地位。据美国经济学家塞缪尔里德估计，1947—1968 年，美国最大的 200 家公司的资产额在制造业资产总额中的比重由 1947 年的 42.4% 上升到 1968 年的 60.9%，其中 75% 是通过合并增加的②。通过资本集中的形式促进产业组织合理化，取得规模经济效益，需要做好以下工作：（1）制定科学的产业组织政策。要从我国产业组织不合理和经济落后这个基本情况出发，制定出一套能够有效地促进企业技术进步和生产发展，增强企业的国际竞争能力的产业组织政策。在这方面，我们不能走美、英等国坚持"反垄断"、"反兼并"的路子，而应借鉴日本和韩国扶植大企业、发展规模经济优势的经验。（2）采取有效措施，为企业实现规模经营创造条件。政府反应在财政、金融、税收、外汇、进出口等方面为大企业的形成和发展提供优惠，鼓励和支持企业的联合和兼并。（3）加快建立和完善统一的社会保障制度的进程。企业的联合和兼并往往伴随着劳动力的流动，没有统一的社会保障制度为依托，劳动力不能正常流动，企业的联合和兼并就难以顺利进行。

① 何宗渝：《2011 中国 100 大跨国公司发布》，新华网，2011 年 11 月 15 日。
② 龚维敬：《美国垄断资本的集中》，人民出版社 1986 年版，第 38—39 页。

第三，跨国公司要高度重视科学技术进步。根据马克思关于产业组织演变的物质技术基础的论述，产业组织的演变取决于生产的集中状况，而生产集中的状况与生产的技术装备状况密切相关。马克思和列宁所处的时代是这样，现在仍然如此。包括世界 500 强在内的大多数跨国公司的成功经验表明，企业核心竞争力的关键在于先进技术和产品的研发，在于科研成果的高效率产业化。如美国通用电气（GE）全球研发中心 100 多年来已成为 GE 发展的基石，始终保持研发二三十年后的产品，一次又一次引领了世界新技术的变革潮流，始终走在时代的最前沿，在这一过程中，GE 科学家积累了数千项专利并两次获得诺贝尔奖。德国西门子公司每年将营业收入的 5% 投入研发，为其保持行业领先地位奠定了坚实的科技基础。2012 财年西门子用于研发的投资预计超过前一年 39 亿欧元（占当年收入 5.3%）的水平，增加约 5 亿欧元。增强我国的大企业的科技开发能力，一是增加研发投入，要将营业收入的一定比例投入到科技开发上，同时争取国家科学研究基金的支持；二是注重培养一支高水平的研发队伍，同时善于利用社会上的科研力量，比如采取产学研相结合的方法，由企业给高校和科研院所提供经费，科研成果归企业，一举两得。

（四）马克思主义产业组织理论对于加强我国国有经济的控制能力具有重要的启发意义

马克思和列宁分析了产业组织演变特别是股份制对资本主义经济基础的影响，以及资产阶级利用股份制加强对中小资本及社会资本的控制的过程。在我国，一方面，落后的经济技术基础决定我们要实行以公有制为主导、多种经济成分并存的所有制结构；另一方面，随着社会主义市场经济体制的逐步确立和完善，为使国有企业适应市场竞争的需要，进行了包括股份制在内的多种形式的改革探索。其中的股份制改革意味着由一元所有制向多元所有制转化。所有这些都使公有制经济受到挑战。在这种情况下，我们应采取什么对策？根据马克思和列宁的有关论述，必须坚持两点：一是保持公有制经济在国民经济中的主导地位。因为公有制是社会主义生产关系的基础，它使劳动人民摆脱受剥削受奴役的地位，成了社会和生产的主人。只有保持公有制经济的主导地位，才能保证人民当家做主的权利，才能实现共同富裕。二是对公有制的主导地位的认识，既要看公有制经济在社会所有制结构中的数量和比重大小，更要根据国有经济对国民经济的控制力和影响力，来判断公有制经济是否起主导作用。与此相适应，对一切反映社会化大生产和现代市场经济规律的经营方式和组织形式都可以利用，因势利导，扬长应短，为巩固和发展公有制经济服务，为加快社会主义经济建设服务。改革开放以来，我国国有企业改革取得了重要进展，一批国有企业在市场竞争中发展壮大，生机勃勃。近年来，一些西方发达国家异乎寻常地"关心"起我国的国有企业来，指责我国国有企业搞垄断，这些指责是别有用心的，也不符合实际。我们不能按照他们的意图进行所谓深入"改革"，相反，应当积极增强国有经济对国民经济的控制力和影响力。

以现有国有企业为依托，在技术装备复杂和适合大规模经营的重要行业发展一批有竞争力的大企业或企业集团。这些大企业为数不多，但它们是我国工业的核心，并将在我国经济事务中起决定性的作用。它们是在国内、国际两个市场展开竞争的主力。在占有和巩固国内市场的同时，力求扩大其在国际市场上的占有份额。为达到上述目的：（1）国有大企业或企业集团必须按现代市场经济的规则运作。企业经营以利润最大化为目的，除此而外，它不再兼顾其他社会目标。对这些企业而言，社会主义生产目的主要体现在提供更多的符合社会需要的产品和尽可能多的税收上。企业内部生产要素必须实现优化配置，即按照生产要素的边际产量与其价格的比例相等的原则配置生产要素，既不容许生产资料长期闲置，又不容许人浮于事，充分发挥劳动力和生产资料的作用。（2）国有大企业必须把技术创新放在重要的地位。现在西方国家的大公司都十分重视技术创新，依靠技术创新增强企业的竞争能力。如日本的日立公司，1977 年从事科研的人员有 7500 人，占全体职工的 1/10 以上，其中具有博士学位的 600 人，研究费占销售额的比重约为 5.6%，1979 年高达 860 亿日元。我国国有大企业必须扩大科研人员在职工中的比重，增加科研费用，加强与高等院校和科研机构的联系，逐步成为行业技术创新的主体。

国有大企业要按照社会化大生产的原则，在扩大专业分工和社会协作的基础上，增加其辐射力。这是增强国有企业控制能力的物质基础。在以社会化大生产为基础的现代市场经济中，大企业集团是实行广泛的专业分工和社会协作的经济组织。实行广泛的专业分工协作，有利于提高工人的熟练程度和劳动生产率，可以降低成本。这些年来，我国不少国有大型企业的改革和发展的实践证明了这一点。应当不断总结经验，继续向这个方向发展，具体来说：（1）按照生产上、技术上的有机联系，通过企业重组形成以国有企业为龙头、实行广泛的专业分工和社会协作的企业集团。（2）按照市场竞争的原则处理好企业集团内部的关系。为调动企业和劳动者的积极性，避免企业之间责任不清、互相推诿等问题，企业集团内的公司都应成为独立的核算单位，公司之间的产品交易，要以市场竞争价格为基准进行。（3）大企业或企业集团之间的分工协作关系，既可以在扩张的过程中形成，也可以通过企业自身的发展实现，或者同时采用上述两种办法。

以资本运营等多种手段，扩大国有大企业对社会资本的支配范围，有效地发挥国有经济的主导作用。资本运营是使产业结构对产业组织合理化的手段，是市场经济发展到一定阶段的必然产物。在计划经济条件下，产业结构和产业组织调整主要依靠行政手段；在市场经济条件下，这种调整则主要依靠市场机制的作用，即资本运营来实现。在我国，随着社会主义市场经济的发展，市场机制对产业结构和产业组织调整的作用已愈益明显。一些国有企业捷足先登，通过资本运营扩大了规模，增强了竞争能力。采取资本运营等手段增强国有企业的控制能力，应做好以下工作：（1）建立和发展母子公司体制。积极促进国有大企业在竞争中不断增强自身的实力，逐步发展成为具有较强控制能力的母公司。母公司应具有融资、新技术和新产品开发、营销和市场开拓等功能，它是整个企业集团的核心和心脏。（2）母公司采取多种形式对子公司加以控制：持有股票。根据不同企业的不同情况持股率有高有低，各不相同，以能够维持控制为准则。人事参与。母公司向公司派遣人员，包括委派公司主要管理人员，以及对子公司进行指导、帮助、监督的干部。技术上的支持。母公司要利用其技术优势，帮助子公司提高技术水平和进行产品开发，对职工进行培训，提高职工的素质等。

参考文献

[1] J. S. Bain, *Industrial Orgainzation*, New York: John wiley and Sons, andedition 1968.

[2] G. J. Stigler, *The Orgainzation of Idustry*, Homewood. Illinois: Irwin. 1968.

[3] 吉恩·泰勒尔：《产业组织理论》，中国人民大学出版社1997年版。

[4] 方甲主编：《产业组织理论与政策研究》，中国人民大学出版社1993年版。

［5］阿兰·G. 格鲁奇：《比较经济制度》，中国社会科学出版社 1985 年版。

［6］宋则行、樊亢主编：《世界经济史》第一卷、第二卷，经济科学出版社 1899 年版。

［7］约翰·科特：《新规则——后工业化社会制胜策略》，华夏出版社 1997 年版。

［8］约翰·奈斯比特、帕特丽夏·阿伯丹：《90 年代的挑战——重新创造公司》，中国人民大学出版社 1988 年版。

［9］马歇尔：《经济学原理》，商务印书馆 1965 年版。

［10］联合国跨国公司中心：《再论世界发展中的跨国公司》，商务印书馆 1982 年版。

［11］联合国跨国公司中心：《三论世界发展中的跨国公司》，商务印书馆 1992 年版。

四

当代资本主义经济理论

创建"世元"的可能性和实现路径

程恩富　王　萃

一　"世元"的基本问题

凯恩斯在为 19 世纪 40 年代国际货币体系重建所设计的改革方案中，提到了班柯（Bancor）这种超越主权国家货币形态的早期的世界货币。根据实现世界货币的路径不同，可以将近几十年的构想分成两类：一类是自上而下（top－down）的实现路径；另一类是自下而上（bottom－up）的实现路径（Basil J. Moore，2004）。

（一）自上而下的实现路径

世界货币"自上而下"的实现路径，实际上是通过改革国际货币组织的运作方式，特别是改变国际储备货币制度，来建立一种超国家国际储备货币，并使之逐步成为国际上大多数国家接受的本国货币，进而统一世界各国的货币。

1. "特里芬难题"的提出

耶鲁大学政治学教授罗伯特·特里芬（Robert Triffin）在他著名的"特里芬难题"中指出了布雷顿森林体系下美元作为国际储备货币的不稳定性，进而否定了黄金和一国货币作为国际储备货币的可行性，主张储备资产多元化，建立一个世界中央银行来实行统一的世界货币政策。

特里芬虽然没有提出建立世界统一货币，但是对国际储备资产形式的分析和有关建立世界性的中央银行的论证，为接下来国际货币体系储备资产的进一步改革和以何种形式的储备货币逐步发展成为世界货币奠定了理论基础。他反对由某一国的货币作为国际储备货币的观点是正确的。

2. 特别提款权（SDR）的出现

特别提款权是在国际货币体系改革过程中按人们的意志有计划地被创造出来的。它是一种按照一篮子世界主要国家货币加权得到的可以进行国际间支付结算的金融工具。从它是一种超国家货币形式的储备资产和在国际间执行支付结算而言，特别提款权具有一定的世界货币的性质。但是，它既不能被私人持有，而且在国际储备资产中比重也有限，因而不具备发展为国际统一货币的前景。

3. 国际商品储备货币的提出

近年来，初级产品和原材料世界市场价格总是剧烈波动，使一些国家的国际收支状况常常恶化。以简·丁伯根（Jan Tinbergen）、尼古拉斯·卡尔多（Nicholas Kaldor）、阿尔伯特·哈特（Albert Hart）为代表的经济学家提出了创立以商品为基础的国际储备货币，以便同时解决初级产品价格波动和国际储备制度不稳定的问题。主要内容包括：（1）建立一个世界性的中央银行，发行国际货币单位，其价值由一个选定的商品篮子来确定。（2）现有的 SDR 将被融到新的国际储备制度中。（3）世界性的中央银行将用国际货币来买卖构成商品货币篮子的初级产品，以求稳定初级产品价格，进而稳定国际商品储备货币的目的。

国际商品储备货币实际上是对世界货币的价值基础问题所进行的理论探讨，由于它的建立要取代美元、日元等国际上的强势货币，必然会遭到发达国家的阻挠，因此这一方案在实践中尚未得到实现。

4. 库柏（Richard N. Cooper）的单一货币（a common currency）构想

30 年前，库柏在他的《未来的货币体系》论文中提出了建立世界单一货币构想。他对于为什么建立单一货币及其发行问题进行了比较全面细致的分析，认为国际货币体系需要固定汇率制，然而只有在取消了货币的兑换以后，固定汇率制才能够真正实现。所以，国际间结算只能使用一种货币。虽然使用一种货币、执行统一货币政策，国家要暂时放弃一定的本国利益，但是这一制度安排符合国家的长远利益。他对未来货币体系的构想主要包括：（1）货币由世界货币发行银行（Bank of issue）来发行。（2）世界货币发行银行的决策层由世界主要发达国家财政部部长组成。（3）所有国家实行统一的货币政策。（4）国际储备资产由新的国际货币承担，不可以是某个国家的货币。（5）国际铸币税以及国际货币发行银行的其他收益，按照成员国的投票权分配给各个国家。

以上针对国际货币制度改革所提出的建立世界货币的设想，对于统一货币的价值基础、具体的运作方式等问题做了开创性的研究，但是缺乏量化分析。在这一点上，最优货币区理论的提出和发展，弥补了它的不足。

（二）自下而上（bottom – up）的实现路径

与自上而下的实现路径相对应，自下而上的实现路径是指不建立世界中央银行，而是在相对狭小的范围内先实现"美元化"（dollarization）或"欧元化"（euroization），进而建立起更广泛的世界统一货币。有关这种实现路径的理论要以最优货币区（Optimal Currency Areas）理论最为系统化。虽然它是论述区域货币合作的理论，但是对有关国家是否参加货币区的条件进行了量化分析，为建立更为广泛的货币合作建立了理论基础，实质上它是建立世界统一货币不可实现时的某种选择的理论。这一理论的开创者是蒙代尔（Robert Mundell）[1]，并经过了麦金农（R. I. McKinnon）[2]、凯南（P. B. Kenen）[3]、英格拉姆（J. C. ingram）[4]、哈伯勒（G. Harberler）[5]等人从不同方面的发展。

最优货币区理论最大的特点，在于采用成本收益的分析方法。成本收益分析法认为，一国或一地区是否选择加入货币区，主要取决于它选择这一货币制度安排所带来的成本和收益。只有选择该制度的收益大于成本，一国才会加入货币区。

蒙代尔创立的最优货币区理论，为建立像欧元这样的区域货币提供了理论基础。同时，他对于建立更为广泛的世界货币的设想并未停歇，而是提出了一种叫做 INTOR 的国际货币，并设计了大致的过渡方案[6]：

第一步：向稳定汇率过渡。第二步：建立以美元、欧元、日元为基础的三方货币联盟。同时他也预见到了英镑、人民币成为第四和第五大货币

[1]　Robert Mundell："The Theory of Optimal Areas", *American Economic Review*, Vol. 51, pp. 657 – 665, 1961.

[2]　R. I. McKinnon："Optimal Currency Areas", *American Economic Review*, 53, pp. 717 – 725, 1963.

[3]　Kenen："The Theory of Optimal Currency Areas：An Eclectic View", *Monetary Problems of the international Economy*, Chicago, Universisty of Chicago Press, 1969.

[4]　J. C. ingram："A Proposal for Financial integration in the Atlantic Community", U. S. Congress, Joint Economic Committee, November, p. 118, 1962.

[5]　G. Harberler：*The International Monetary System：Some recent Developments and Discussion*, Princeton University Press, pp. 115 – 123, 1970 .

[6]　Robert Mundell："The Case for a World Currency", "The Euro, The Dollar and The international Monetary System", pp. 210 – 227, 2005.

区的可能性，并考虑这两种货币适时成为基础性货币联盟。第三步：创建iNTOR。

（三）简评两种实现路径

上述两种路径，本质上都是建立以发达国家货币为主导，或是以发达国家为核心力量的新的国际货币体系。库柏提出的世界单一货币虽然超越了国家主权，但是他所倡导建立的国际货币发行银行的成员却是发达国家。国际货币体系变迁过程，实际上是国家利益关系不断变化调整的过程。实现货币统一的两种路径之所以会遇到阻力，是因为国家之间利益调节不当的结果。一些学者将在世界范围内有重要影响的主权国家货币（美元）和区域货币（欧元）称作国际货币，但与这里所说的世界货币是有本质区别的。

本文倡导建立的"世元"，不是某一发达国家货币或者发达国家力量主导的世界货币。对于广大发展中国家来说，放弃本国货币进而放弃本国国内货币政策，加入发达国家主导的货币体系，无异于遭受新时期的货币殖民。"世元"的早期形态应该是以发展中国家为主导、主要以发展中国家为货币联盟成员的世界货币，因为先区域化再逐步统一所遇阻力会小些，但是与"美元化"和"欧元化"又有本质的不同，而是要在亚洲、欧洲、美洲均衡发展的基础上逐步推进，最终实现跨越发展中国家和发达国家的世界性统一货币。

二 创建"世元"的历史逻辑与现实基础

其一，以往国际货币体系演变的历史是发达国家利益竞争与妥协的历史。

国际金本位时期，黄金作为实质性的世界货币，是英国霸权的表现，国际货币体系安排基本上反映了英国的经济和政治利益。布雷顿森林体系时期，美元充当世界货币，是美国霸权的表现，国际货币体系基本上反映了美国的经济和政治利益。国际货币体系发展历史上每一时期都有一个霸权力量承担了世界货币的提供者，但是却没有实现国际货币体系的长期稳定，究其原因都是源于资本的无限扩张动力和强国自顾本国的利益。因此，世界货币不可能由某一资本主义发达国家货币承担。

其二，创建"世元"是解决当前国际货币体系矛盾的内在要求。

在国际金本位时期，黄金作为国际储备存在着不可调和的矛盾。同样，在布雷顿森林体系时期，美元作为国际货币储备面临"特里芬难题"所揭示的矛盾。特里芬认为，清偿能力的创造机制与国际对美元汇兑本位制度的信心之间存在着根本性矛盾。世界经济和国际贸易的增长，要求国际储备的相应增长，而这些国际储备必须要依靠美国的国际收支赤字保证。当各国储备的美元越多，而美国越没有储备相应数量的黄金时，美元与黄金的兑换关系越无法保证，这种矛盾随着世界经济的增长越发尖锐，最终导致布雷顿森林体系崩溃。

布雷顿森林体系崩溃后，国际货币体系进入了所谓的牙买加体系。与前期国际金本位和布雷顿森林体系最大的不同，就是牙买加体系下没有一种实质意义上的世界货币。针对牙买加体系所表现出来的弊端，国际学术界多有抨击。例如，英国的格雷罕姆·伯德（Graham Bird）认为"现行的国际货币体系是一种由人为设计和经过专门的补充、修改组成的拼凑之作"①。美国的约翰·威廉姆森更是将其定义为"国际货币无体系"②。在国际货币体系近乎无秩序的情况之下，全世界国家，无论是发达国家还是发展中国家，均面临着前所未有的汇率波动风险、大面积的国际收支失衡和频繁的金融危机。只有建立"世元"，才能根本解除国际货币体系的内在冲突。

其三，消除美元霸权需要创建"世元"。

欧元只在一定意义上成为抗衡美元的力量，还只是一种区域货币，其成熟度和影响力都不及美元。在国际贸易领域，美元是占支配地位的计价结算货币，全球贸易中至少有60%是以美元计价结算。美元同时也是最重要的国际储备货币。美国是当前国际货币体系下最大的既得利益者。美元的霸权利益主要表现在：

1. 获取国际铸币税收益。在一国经济体内部，国家具有发行本国货币的特权，所发行的纸币面值会大大高于生产该纸币的实际价值，这部分

① Graham Bird："World Finance and Adjustment"，1985，p. 46.

② 威廉姆森指出，现行的、起始于1973年3月的国际货币体系实际上是一种无体系，其特点是国际收支调节、汇率制度和储备体系均处于无政府状态，而且这一体系还由于1976年的《牙买加协议》而得到法律上的认可，从而享有合法地位。参见 John Williamson，"The Failure of World Monetary Reform，1971－1974"，1977，p. 351。

便是铸币税收益。一国铸币税收益总量大约等于该年金融机构基础货币增量减去制币费用后的实际价值量。由于制币的费用可以忽略不计，因此一国该年内的铸币税收益近似等于中央银行投放的基础货币量。当一国货币跨越国境，外国就有机会持有该国货币，但是能否取得铸币税收益，则取决于该国货币是不是国际储备货币。国际铸币税可以说成是"铸币税在货币流通超越国界后，一国因其发行货币为他国所持有而得到的净收益"①。美元在国际贸易中是最广泛使用的货币，在国际储备货币中占有绝对优势，依靠美钞的海外持有，美国获得了大量的铸币税收益。

2. 攫取国际通货膨胀税收益。如果一国货币不是本位货币，那么本币的贬值虽然可以促进本国出口，但要偿还同样数目的外债则需要出口更多的商品才能换回相应数目的外汇以偿还外债，这对非本位货币国来说，相当于征收了通货膨胀税。如果一国货币是本位货币，如美国的美元，那么美国就可以凭借强大的经济实力，以及在国际货币合作组织中的核心地位，轻易操纵汇率，美元贬值使美国减轻了外债负担，却使债权国的债权缩水。

可见，美国利用美元的霸权地位，不仅政府收获大量铸币税收益，企业也可以享有汇率较小的波动风险，从而更方便地实施国际资本运作。同时，美国在国际收支和财政预算面临严重赤字的情况下，可以吸入大量外国资本来支撑美国经济，而不会受到国际收支平衡和预算平衡方面的限制。可见，蓄意利用自身垄断地位对美国有着难以抗拒的吸引力。

不过，现行的以美元为本位的国际货币体系在运行机制上存在着无法克服的内在矛盾，是不可持续的。美国以贸易赤字实现资源转移来满足国内的物质需求，必然导致美元的大量输出和美元的贬值态势，而美国又需要保持美元的强势和升值来保证美元的流入，以维持国际收支平衡。当前西方国家的金融和经济危机再次表明，美元主导的国际货币体系必然会面临"特里芬难题"所揭示的矛盾，美国这种把自身消费建立在攫取他国财富基础上的行为是不可持续的。更重要的是，如果世界货币实行美元化，更将极大地增加美国的权利，美国单边主义经济政治政策可能让世界

① 曹勇：《国际铸币税的分配、计算与启示》，《华南经济研究》2002年第5期；程恩富、夏晖、王中保：《美元霸权：美国掠夺他国财富的重要手段》，《马克思主义研究》2007年第12期。

各国饱受蹂躏。改革国际货币体系，最重要的就是消除美元霸权。只有建立世界统一性的货币，才能在根本上解决美元充当世界本位货币所导致的运行机制上的内在矛盾。

其四，发展中国家参与经济全球化需要创建"世元"。

发展中国家增强在国际货币体系中的地位需要实现货币联盟。iMF 是当前世界或者说主要是发达国家进行货币合作的典型形式。由于发达国家和发展中国家之间的经济实力差距，造成他们在国际货币基金组织中的份额存在很大差距，进而投票权的分派不均。国际货币基金组织投票权基本上掌握在发达国家手中，发达国家事实上控制了国际货币基金组织的运作。它们利用在国际组织中的领导权、决策权来直接或间接地影响发展中国家的国内经济结构。比如，对发展中国家的资金援助，就往往成为发达国家跨国公司的开路先锋。

发展中国家开放金融市场需要实现货币联盟，但 20 世纪 90 年代以来发展中国家爆发的金融危机说明，当前国际货币体系下发展中国家在储备资产、汇率制度等方面存在的问题。

一是国际储备资产单一。提供外汇储备的国家可以向世界其他国家实施通货膨胀税。当美国利用国际美元本位的垄断霸权，靠印刷大量美钞来无限制地延长美国的信用线，从而导致美元对其他主要货币大幅贬值的时候，它就使所有实行钉住美元汇率制的国家遭受严重冲击。近年美国货币的量化宽松政策便是如此。另外，外汇储备需求的变化也影响储备货币提供国的通货膨胀率接受程度。蒙代尔的研究表明：美国是世界外汇储备需求的主要收益者，这诱使美国能够接受更高的最优通货膨胀率，如果没有浮动汇率下的外汇储备需求的增加，美国的通货膨胀率本来要低得多（Mundell，1971）。美国最优通胀率的局限条件就是其他国际性货币的出现。因此从发展中国家经济稳定与安全来说，从发展中国家稳定货币购买力，保证各国在国际货币体系中的稳定地位和长期经济发展来说，发展中国家应该走向货币联盟，建立单一货币。

二是钉住汇率制不稳定。1976 年的《国际货币基金组织协定第二修正案》正式确定了有管理的浮动汇率制，国际货币体系进入了浮动汇率时代。此后主要发达国家均采用单独浮动汇率制度。发展中国家由于金融外汇市场的基础薄弱，且缺乏一套相对完整成熟的市场运行及监督机制，再加上这些发展中国家对改善其国际收支状况前景预期不佳，同时也担心国内通货膨胀形势随汇率波动进一步恶化，所以长期以来大多发展中国家都对浮动汇率制心存疑虑，选择了在一定程度上带有固定汇率特性的"钉住"汇率制。

实行钉住汇率，并不能保证汇率的真正稳定，因为该种汇率制实质上是一种"软钉住"，也就是说实行该制度的国家在经济情况发生动荡的时候，没有维持固定汇率的义务。当国外和国内经济目标相冲突时，往往是追求国内目标。当国际储备调节过程中引起货币供应量变化时，国家采取冲销干预，导致卖出或买入外汇或在购入干预后在国债市场上卖出债券，卖出干预后买进债券，从而导致货币市场非均衡，游资进入或流出，最终结果是金融危机。1994年墨西哥比索危机就是政府进行冲销干预，外汇储备大量流失所致。另外，实行钉住汇率要求稳定的财政，如果财政入不敷出，居高不下或迅速上升，就会触发人们的预期：财政赤字将不得不由中央银行增发钞票来融资，从而导致调节机制的崩溃和货币危机。2001年阿根廷的货币危机就是由财政赤字触发的。

实行单一货币，可以克服钉住汇率制的不稳定性，从而有助于抑制货币投机引起的国际金融危机的爆发。实行钉住汇率制的国家，由于要平衡国内的经济波动，任何一国都有利用汇率调节国际收支平衡的动力，都可能违背之前的汇率约定。钉住汇率制的这种不可信性是造成国际游资进行国际套利的主要原因。而实行单一货币的国家建立起更为紧密的货币同盟，每个国家违背约定的成本大大增加，因此，"加入单一货币是比实行政府承诺的钉住汇率制更为可信的货币制度安排"（Grubel，2000）。

三　创建"世元"的可能性分析

"世元"有两个重要特征：其一，它的成员应包括广大发展中国家，并最终实现包括发达国家在内的在更广范围发挥职能的单一货币；其二，"世元"是一种超国家的统一货币，并非由某一发达国家的货币来充当。这样一来，探讨创建"世元"的可能性问题，便主要集中在探讨发达国家和发展中国家能否实现经济联合问题上来。发达国家与发展中国家在政治制度方面的确存在着差异，按照这样的逻辑，一些学者提出了"自下而上"的"美元化"或"欧元化"实现路径。但我们认为，政治一体化不是创建"世元"的必要条件，所以发达国家和发展中国家实现货币统一并不一定需要政治一体化条件，经济因素应主导政治因素。对于第二个问题，发达国家和发展中国家的确存在着经济差别，同样按照这样的逻辑，一些学者提出了"自上而下"的实现路径，即建立由几个发达国家主导的世界中央银行。然而从长期利益来看，发达国家和发展中国家实现货币统一的收益才大于成本。从以上两方面推论出创建"世元"具有相当的可能性，下面就分别加以分析。

（一）创建"世元"的经济基础分析

对政治一体化指标的批判。一些学者强调政治一体化指标，认为建立超国家的统一货币无法实现，只能由一种强势货币来充当世界货币的功能。比如 Mintz[①] 认为"货币一体化的最主要的，甚至是唯一的条件是国家间政治一体化的意愿"。"自下而上"的"美元化"、"欧元化"的世界货币实现路径即认为当前不具备实现建立超国家单一货币的条件，理由就是建立超国家单一货币需要各国的政治一体化。Cohen（1993）的研究说明：基于共同利益上的合作意愿、稳定的对话和妥协机制等是货币同盟形成的保障性条件，而政治一体化不是货币同盟的必要条件。另外，从国际货币体系变革的历史和现代欧元建立的成功经验，也可以验证政治一体化并不是货币同盟的必要条件。

1. 国家间贸易开放程度的提高，为创建"世元"提供经济条件

一国能够加入货币同盟，主要目的是为了国内和国际收支能更好地达到平衡，而只有在国家间贸易开放程度达到一定水平的情况下，货币同盟才有意义。一国贸易开放程度越高，他利用汇率政策调节国内经济的作用就越有限，放弃汇率政策加入货币同盟的成本就越低，因此他加入货币同盟的意愿就越高。因此贸易开放程度的提高，能够促进国家间建立货币同盟。高的贸易开放度对汇率政策的有效性影响可以从以下两方面加以说明：

第一，为了便利大规模对外交易，拥有高贸易开放度国家的私人部门倾向于持有更多的外币。当国家试图通过贬值来改善国际收支时，外币资产的价值就会增加。在正的财富效应下，该国的进口并不会减少很多，汇率政策调节作用降低了。

---

① Mintz："Monetary Union and Economic integration"，*The Bulletin*，New York University，p. 33.

第二，拥有高贸易开放度的国家，对进口品的需求价格弹性和外国对其出口品需求价格弹性都可能较小。这样，利用汇率政策调节国际收支平衡的有效性大大降低。

可见，贸易开放程度的提高，使国家的汇率政策的有效性降低。于是，在实行统一货币的情况下，各国只是放弃了没有多大作用的汇率政策，因此国家加入单一货币同盟的成本大大降低。目前，世界各经济区域的贸易发展水平总体上呈上升态势，虽然亚洲贸易的开放程度稍逊于欧洲，但是亚洲发展呈稳步上升态势，保持了较高的增长速度，经济开放水平不断提高，这也从侧面说明了发展中国家经济实力的增强，为其成为创建"世元"的主导力量奠定了物质基础。

2. 货币区域化发展为创建"世元"提供制度模式：欧元的经验

欧元是当今世界单一货币合作的成功典范，欧元的成功建立经历了循序渐进的发展过程。纵观欧洲货币合作从开始酝酿到欧元诞生的历史，其主要遵循着欧洲经济共同体（1958）—欧洲货币单位（1979 共同体的）—欧洲货币联盟（1990）—单一货币欧元（1999）的发展过程。欧洲从经济共同体的建立到欧元诞生经历了约 40 年，而从欧洲货币联盟到实现单一货币仅用了 9 年时间，欧元的加速实现不仅与各国强烈的政治意愿和积极的对话有关，前阶段欧洲经济共同体的发展也发挥了至关重要的作用。这说明了在欧元诞生的过程中，是国家间贸易开放程度的提高和经济因素起了主导作用。

当前，发展中国家经济实力的增强和经济开放度的增大，为创建"世元"提供重要推动力量，有更多的一致利益所在，合作的意愿更高，为建立货币联盟创造了经济条件，可能逐步成为初期创建"世元"的主导力量。那种期待美国主动倡导国际货币体系改革，以及建立以"世元"为世界单一货币的国际货币体系，是不现实的幻想。

（二）创建"世元"的成本收益分析：国家利益角度

一国从国家利益角度出发，来决定是否进行货币合作，实质上就是分析一国进行货币合作的成本与收益。当收益大于成本时，一国就有了进行货币合作的动力。一些论著根据短期国家加入货币区的成本收益分析，说明国家间的利益难以协调，认为统一货币无法实现。然而笔者认为，建立统一货币的成本收益应注重长远利益分析，从而推出创建"世元"的可能性和必要性。

1. 一国加入"世元"的收益

一是国际储备的节约。发展中国家持有大量美元或欧元的国际储备是有成本的。首先，持有国际储备是对金融资产的低效使用，因为原本这些资金可以用于有更高回报率的投资，而持有国际储备却仅仅可以获得存款的利息收入。斯蒂格利茨认为，"持有大量外汇的机会成本很高。美国短期国库券的收益率目前为 1.75%，而如果一个亚洲国家将这笔钱投入到国内经济，回报率可在 10% —20%"[①]，这说明由于种种原因持有国际储备的成本很大。其次，持有国际储备还要面临汇率的风险。由汇率的不利变动带来的损失，也是持有国际储备的成本。而非美元和欧元的国家进行货币合作以后，可以节约大量的国际储备，从而降低了持有国际储备带来的机会成本，这是进行货币合作的短期收益。

二是交易成本的节约。马克思关于货币价值形式发展的分析表明，在货币形式演化的历史过程中，进一步地减少交易费用推动着这一进程。在现代信用货币发展的时代，国家间的交易规模更大，更加频繁，多种货币的存在增大了交易的成本。如果进行货币合作，会使货币发挥职能时的成本更低，交易效率更高。第一，单一货币执行交换媒介的职能时，降低了交换时的换汇成本。在多种货币存在的情况下，国际贸易中必然会带来换汇成本。而实行货币合作的国家这种换汇的成本将不再存在。据欧盟委员会估计，由于单一货币的引入而节约的换汇成本占到欧盟 1990 年 GDP 的 0.4%（欧盟委员会，1995）。第二，单一货币执行价值尺度的职能时，简化了相对价格数量。一个有 k 种商品的经济，其相对价格数为 $k (k-1)/2$，货币出现使价格数减少到 k 个。在有 n 个国家进行货币合作的区域内，一种商品原来有 n 个价值尺度，实行单一货币后就减少到 1 个了，所以，整个货币合作区域内商品的价值尺度总数由 nk 个减少到 k 个。这样一来，不仅直接降低了信息处理成本（如记账成本），而且使不同国家的同种商品价格易于比较，增加了价格透明度。

三是经济更稳定，抗风险能力增强。首先，由于货币政策的集中，竞争性贬值引发的通货膨胀在货币同盟中消失，进而使物价更稳定。这对于实行开放经济的小国更为有利，因为这类国家的许多产品都是可贸易产

---

① 斯蒂格利茨：《斯蒂格利茨呼吁"肥水"莫流美国田》，《参考消息》2002 年 5 月 4 日。

品，汇率的频繁波动会引起国内价格表示的可贸易产品价格的频繁波动，而国内政策只能影响占小部分的非贸易产品。所以，对于小国经济，对外实行浮动汇率会造成本国物价总水平的频繁波动。其次，浮动汇率制消失，投机性资本流动丧失了套利空间。在浮动汇率制下，资本流动和外汇市场的买卖经常是投机性的，非稳定性的。Eichengreen（1996）、Frankel（1996）等的研究认为，绝大多数的外汇交易同基本面无关，只是增加不稳定，减少社会福利。布雷顿森林体系解体后浮动汇率的经历，有力地证明了浮动汇率制的这一弊端。实行货币合作以后，国家间使用单一货币，会使原来针对多国货币的投机性资本流动和外汇买卖完全消失，彻底解决了投机性资本流动。虽然短期内金融机构的投资收益会减少，但是从长期来看，金融市场抗风险能力增强，金融市场的流动性增强，各国的金融市场会有序整合。

四是投资和经济增长的效应。企业进行跨国投资决策时，要依赖很多变量，其中一个很重要的变量是预期汇率的变化。已经做出的投资决策很可能由于长期汇率向着非预期方向变化而变得无利可图，使企业不得不关闭海外机构，承担调整成本，给企业带来巨大损失。然而，进行货币合作以后，实行单一货币，外汇风险不再存在，因而有利于跨国投资的增长。欧洲开展货币联盟以来，外汇风险减少大大加快了成员国之间的投资步伐，企业跨国兼并收购更加活跃，跨国投资得到了有效配置。由于发达国家跨国公司发展较完善，公司数量多且资本雄厚，因而投资增长效应所带来的收益对于发达国家比发展中国家要明显得多。此外，由于单一货币降低了跨国交易成本，使世界各国贸易、投资一体化程度加强，资本边际产出提高，这都对经济长期增长有促进作用。

2. 一国加入"世元"的成本

一是某些政策自主性丧失和宏观经济调整成本。货币合作实行单一货币后，国家会丧失货币政策和汇率政策。McKinnon（1994）认为，加入货币同盟意味着财政政策自主性在很大程度上受到限制。赤字融资的行为被阻断，债券发行要受到国际资本市场的约束，过度扩张的财政政策可能会给他国带来外部负效应，所以，在形成单一货币后财政政策会受到成员国间的一定限制。在面临不对称的冲击时，这种财政、货币以及汇率等政策的限制会给成员国带来宏观调控的困难，使其宏观调控成本增加。当下欧债危机部分显露了这一问题。不过，这种宏观调控的成本不应过分夸大，况且，宏观调控的方式不限于货币政策和财政政策，还有许多政策可以采用。

二是过渡成本。由多种货币转化为一种单一货币需要过渡成本，但这种成本是一次性支付的。主要有四个方面：（1）同单一货币出台相关的技术性转换成本，如金融机构的各种自助终端、结算系统、公司账目等都要更换新的记账单位。据测算，在欧元区计算机化的停车计价器系统的变化成本，分摊到每个计价器上的成本约为800美元。（2）印制新钞票和发行新硬币的成本，以及旧货币的回收、处理成本。2002年欧元进入流通，欧元区12国要用90亿的欧元现钞和510亿的欧元硬币，替换130亿的原各国现钞和800亿的原各国硬币。（3）单一货币具有公共物品性质，相当于公共物品的提供。设立共同机构来研究统一的货币合作的相关制度，协调各国的宏观经济都需要支付相应的成本。从以上分析来看，虽然过渡成本的数额比较大，但是应该注意到这些成本只属于短期支付的一次性成本。为了获得货币合作的较多收益，支付这一成本是值得的。

三是货币作为国家和民族象征引发的成本。加入单一货币意味着货币作为国家和民族象征意义消失，为了让人们接收新的货币需要付出一定的劝说成本。欧元硬币的设计就保留了各个民族文化特征，不同的国家拥有不同的硬币图案。

四是丧失铸币税收益的成本。对于非国际储备货币国家而言，加入单一货币意味着本国中央银行丧失了货币发行权，政府不可能再用财政赤字来进行融资，也就是说国家获得铸币税的能力不存在了。但是这种铸币税收益的丧失可以通过以下两方面来补偿：一方面，发行"世元"的机构可以是世界中央银行，它可以根据各国经济总量的份额确定铸币税的分配比例，来分享单一货币发行所带来的铸币税；另一方面，由于汇率风险的消失，国家发行公债的利息率可以更低，从而减轻了政府的利息支付，这也是对丧失国内铸币税的间接补偿。

对于国际储备货币国而言，加入单一货币还意味着国际铸币税的丧失。美国是最大的国际铸币税收益国，丧失铸币税收益这一成本对美国而言较大。但是应该看到，欧元建立以后，国际储备货币多元化发展，这就从一定程度上瓜分了美国的国际铸币税的收益，进而降低美国加入单一货币的成本。

3. 加入"世元"的博弈分析

"世元"发展的最终结果要实现发达国家和发展中国家间的货币联合。而发达国家和发展中国家能否实现货币联合,归根结底要符合各国的国家利益和人类进步的共同利益。加入"世元"的成本和收益分析,是国家决定是否加入货币联盟的可量化的依据。事实上,不同的国家,其收益和成本也有所不同。从长期和短期来看,短期内没有的收益,则长期可能出现,而短期内很大的成本,在长期可能就不存在了。博弈论的理论表明,如果博弈只进行一次,不合作的"囚徒困境"就会出现。要走向合作,就需要有约束力的协约,因为协约可以通过增加不合作行为的代价,来增加合作行为的收益,从而维持合作。这需要创造重复博弈的环境,使参与国认识到未来的谈判要无限期进行,而且要使参与国认识到一国和全球共同发展的长远利益,最终使博弈模型的净收益向着有利于合作的方向变化,货币合作便可以实现。

四 逐步推行"世元"的步骤和政策建议

考虑到当前国际货币体系的特点和发展中国家的地位,为了最终实现"世元"这一理想状态的目标,建议"世元"的推行分为三个阶段逐步实施:创建"世元"的准备阶段;创建"世元"的初始阶段;不断完善"世元"体系阶段。

(一) 创建"世元"的准备阶段

由于当前国际货币体系是发达国家主导的世界货币体系,发达国家是最大的受益者,改变当前的货币体系,建立更为广泛的货币合作不可能期待发达国家会积极行动,因此"世元"的推进过程应该以发展中国家为主要推动力量,逐步形成美元、欧元、"亚元"、"非元"等几足鼎立局面。同时,加快双边或多边的自由贸易谈判,加快发展中国家的经济一体化进程。可以借鉴欧洲经济共同体的经验,先进行某些资源或产品的联盟,进而扩大到多种商品以及金融领域合作。在汇率领域加强合作,强化之间的固定汇率关系,建立起国际风险共担的机制雏形。具体来说相关发展中国家可以做好以下方面工作:

一是发展中国家逐步减少美元在国际储备中的比重。这个过程其实也是发展中国家进行货币合作的过程。当发展中国家区域内贸易投资一体化程度加强，随着企业之间换汇的要求越来越频繁，势必会出现建立单一区域货币的要求，因为国家之间采用单一的记账单位，会大大降低国家之间的交易成本，这又反过来促进货币合作进程的加快。在此之前，首先加强发展中国家的货币互换，建立货币互信机制。这样，美元在区域内交易使用的需求降低了，美元在发展中国家的国际储备中的比重将会随之降低，其结果促进了国际储备货币的多元化发展，削弱了美元霸权。"上海合作组织"、"金砖五国"、东盟、非盟等发展中国家的各种组织应尽快加强货币合作机制。

二是加强 SDR 作为国际储备货币的作用。在世界还未建立单一货币之前，SDR 是一种次优选择。它可以克服主权国家货币作为国际主要储备货币的弊端和内在矛盾，并且它使兑换过程大大简化，其币值相对稳定，可为世界经济的发展提供有利的环境。当前，可以扩大 SDR 的使用范围，完善其货币功能，使之作为私人部门的交易媒介职能得到加强。比如，对于限制其使用和交易的法规必须逐步予以废除，不仅官方可以持有 SDR，同时允许私人部门也可以持有，从而增强 SDR 的流动性。一旦 SDR 成为了私人部门的交易手段，那么它在一定程度上可以成为建立世界单一货币的雏形，正如欧洲货币单位是欧元的前身一样。

三是中国加快推进人民币区域化和国际化。在发展中国家的货币合作过程中，中国应该也可以发挥重要作用。中国是世界上最大的发展中国家，经济持续快速发展，经济总量已跃居世界第二位，外汇储备量世界第一，人民币的汇率一直以来保持基本稳定，经受住了 1997 年亚洲金融危机和近几年金融危机的考验。特别是随着中国与周边国家贸易往来频繁，人民币成了主要计价货币和货币互换的货币，并大量流入周边国家和地区。人民币的国际信誉好，人们对人民币的信心充足。因此，在"世元"推行的准备阶段，中国可以利用人民币的优势地位，加大货币互换的力度，加快区域内的货币整合。在未来的数十年内，与日本、韩国、东盟等国家平等协商，分阶段地（亚洲不同国家要有条件地分阶段进入）先实现区域性的货币统一即"亚元"，以此来平衡欧元、美元的力量。这样，必将缩短"世元"的创建过程。

四是分别创建"亚元"和"世元"的超国家研究机构。在货币合作方面存在着许多制约因素，诸如有关国家的经济发展水平差异较大，经济合作的非制度化、非协同化等问题较突出，需要有研究机构为国家之间的政策协调、区域货币运行机制等问题提供专业支持。这样的研究机构可以由有关国家的官员和学者组成。

（二）创建"世元"的初始阶段

一是实现三大货币力量联合（假定只存在美元、欧元和"亚元"而没有出现"非元"等区域性货币）。首先锁定两个货币力量的汇率，其次实现三大货币力量的汇率锁定，锁定三大货币力量汇率的最终结果就是建立世界单一货币即"世元"。从汇率方面实现三大货币力量的联合，就如欧元发展到欧洲货币联盟阶段一样，逐步缩小汇率浮动的空间，可以先固定一个较宽的汇率波动幅度，如果经验证明可行，就进一步缩小汇率波动幅度。如果首先实现了两个货币力量的汇率锁定，那么这个庞大的货币区将极易诱使第三大货币力量加入，从而实现固定汇率。

这一阶段的推进是以前一阶段为基础的。由于第三大货币力量的出现，平衡了美元和欧元的力量，同时在世界范围内分配货币国际化带来的收益，这使得美元与欧元的获利空间越来越小，使三大力量联合的成本也越来越小，这时将国家利益部分让渡给更为广泛的货币联盟，会比停留于原来的区域货币带来更大的收益。

二是建立世界中央银行。建立世界中央银行作为"世元"的发行机构，由世界中央银行制定全世界统一的货币政策，设计铸币税的分配机制。在决策分配上，世界中央银行的决策层可以由各国的财政部部长组成。各国的投票权实行一国一票制，这样在制定世界货币制度的过程中保证了国家不论大小，都有平等的发言权。在执行经济调节职能时，世界中央银行可以充当稳定各国宏观经济、规避金融危机的最后贷款人角色。正如一国内的中央银行一样，世界中央银行也可以通过公开市场业务、再贴现操作等手段实现对世界总体经济货币量的调节。

（三）不断完善"世元"体系阶段

——不断完善和调整相关法律、机构和组织的建设，规范和考核成员国的财经纪律。这是最艰巨的长期工作。"世元"建立以后，各国将丧失本国的货币和汇率政策。同时一国的财政政策自主性也会在很大程度上受到限制，这都使得"世元"的成员国在面对经济冲击时要接受由于宏观经济政策调整困难所带来的挑战。因此，完善"世元"体系，一方面要规定科学的可量化的指标，如通货膨胀率指标、物价指标等，规范各国能够从超国家的角度来承担自身货币和财政义务，克服集体行动的困难；另一方面要发挥世界中央银行在协调国际金融秩序方面的优势，尽可能地减少金融领域对世界各国的经济冲击。

——不断完善和加强世界中央银行稳定金融体系和物价的作用。世界中央银行在稳定世界金融体系方面具有天然的优势，进一步加强世界中央银行在防范和化解金融风险方面的能力，为世界各国经济发展创造良好的外部环境。同时，要稳定各国物价，不断调整各国通货膨胀率，增强人们持有"世元"的信心，从而巩固"世元"的世界货币地位。

——逐渐加强跨国资本的有序流动性。"世元"体系能够正常运转要有高度的经济一体化，而资本的流动自由是经济一体化的重要表现。资本的自由流动，能够使国际资本得到更加有效的配置，促进企业进行跨国投资，从而有利于世界经济增长。然而，"世元"建立以后各种金融机构由于币种向单一货币转变，在清算系统、结算系统等技术方面和操作方面都需要一定时间的过渡和完善，这在一定程度上制约了资本市场的融资能力。但也应该看到"世元"的建立，消除了汇率波动风险，使投资的市场风险降低，这都为国际金融一体化和资本的跨国流动创造了良好的条件。

最后应当指出，"世元"能否顺利实现和何时有效实现，首先，取决于美国、欧盟和日本等发达资本主义国家，是否真正摒弃狭隘的本国垄断资本利益而以全球经济的良性发展和人类的不断进步为原则；其次，取决于发展中国家是否真正能团结一致地为争取本国长远利益和全球经济的良性发展而采取坚决的统一行动，而不受任何强权政治的威胁和引诱。因此，国际关系的真正民主化和世界精英的文明进步理念，是包括"世元"问题在内的全球经济又好又快发展和世界人民福利不断提升的关键！

参考文献

[1] 程恩富、夏晖、王中保：《美元霸权：美国掠夺他国财富的重要手段》，《马克思主义研究》2007 年第 12 期。

[2] 陈彩虹：《关于统一货币问题》，《经济研究》1998 年第 10 期。

[3] 许少强：《货币一体化概论》，复旦大学出版社 2004 年版。

［4］于同申：《国际货币区域化与发展中国家的金融安全》，中国人民大学出版社 2004 年版。

［5］曹勇：《国际铸币税的分配、计算与启示》，《华南经济研究》2002 年第 5 期。

［6］曹和平：《20 世纪世界货币体系的三大缺陷——兼论 21 世纪世界货币体系和亚元建设设想》，《北京大学学报》2003 年第 4 期。

［7］多米尼克、萨尔瓦多：《欧元、美元和国际货币体系》，复旦大学出版社 2007 年版。

［8］罗伯特、特里芬：《黄金和美元的危机》，商务印书馆 1997 年版。

［9］祝丹涛：《论货币同盟形成的条件》，中国金融出版社 2007 年版。

［10］雷志卫：《欧洲货币联盟的理论基础与运作机制》，中国金融出版社 2000 年版。

［11］李卓：《欧洲货币一体化的理论与实践》，武汉大学出版社 2005 年版。

［12］蒙代尔：《蒙代尔经济学文集》第五卷，中国金融出版社 2003 年版。

［13］朱国瑗、孟祥君：《国际货币体系改革的目标和过渡方案》，《经济体制改革》2004 年第 6 期。

［14］周文贵、肖鹍飞：《国际货币制度论》，中山大学出版社 2003 年版。

［15］马君潞：《国际货币制度研究》，中国财政经济出版社 1995 年版。

［16］马艳、朱晓：《经济全球化的风险利益分析与对策研究》，《财经研究》2000 年第 11 期。

［17］阙水深：《国际货币运行机制》，中国发展出版社 2000 年版。

［18］王潇怡：《世界经济一体化的特点》，《学术探讨》2006 年总第 41 期。

［19］奚君羊：《多种货币储备体系的缺陷及其矫正》，《财经研究》1999 年第 5 期（总第 210 期）。

［20］杨伟国：《欧元生成理论》，社会科学文献出版社 2001 年版。

英文文献

［21］Bird, Graham, 1985, *World Finance and Adjustment*, p. 46.

［22］Cooper, N. Richard, 1984, "A Monetary System for the Future", *Foreign Affairs*, Fall, 63 (1).

［23］Furceri, Davide, 2007, "From Currency Unions to A World Currency: A Posibility?", *International Journal of Applied Economics*, September, Vol. 4, pp. 17 – 32.

［24］Harberler, G., 1970, *The International Monetary System: Some Recent Developments and Discussion*, Princeton University Press, pp. 115 – 123.

［25］ingram, J. C., 1962, "A Proposal for Financial Integration in the Atlantic Community", U. S. Congress, Joint Economic Committee, November, p. 118.

［26］Jehle, A. Geoffrey, Reny , J. Philip, 2001, *Advanced Microeconomic Theory*, Second Edition, Shanghai University of Finance & Economics Press.

［27］Kenen, 1969 , "The Theory of Optimal Currency Areas: An Eclectic View", *Monetary Problems of the International Economy*, Chicago, Universisty of Chicago Press.

［28］McKinnon , R. I. , 1963, "Optimal Currency Areas", *American Economic Review*, 53, pp. 717 – 725.

［29］Mintz 1990, *Monetary Union and Economic Integration*, The Bulletin, New York University, p. 33.

［30］Moore, J. Basil, 2004, "A Global Currency for a Global Economy", *Journal of Post Keynesian Economics*, Vol. 26.

［31］Mundell , Robert, 2005 , " The Case for a World Currency" , *The Euro, The Dollar and The International Monetary System*, pp. 210 – 227.

［32］Mundell , Robert, 1961, "The Theory of Optimal Areas", *American Economic Review*, Vol. 51, pp. 657 – 665.

［33］Rogoff, Kenneth, 2001, "Why Not a Global Currency", *Exchange Rates and Choice of Monetary Policy Regimes*, Vol. 91, No. 2.

论当代国际金融垄断资本主义的
基本特征

杨承训[*]

近年来美国政要（如国务卿赖斯）不断宣言美国不会发生衰退，一些学者也大讲资本主义的繁荣，甚至将其标榜为人类社会理想的目标。然而，2008 年国际金融危机并向实体扩散，引发世界经济衰退，使神话一下子破灭了，给那些西方"自由市场经济制度"的崇拜者泼了一头冷水。马克思主义的科学分析会告诉我们：资本主义基本矛盾不仅没有克服，而且以新的形式更尖锐地表现出来。这里的要津是揭示国际金融危机的深层根源，进而认识当代资本主义矛盾激化的阶段性特征，把握时代的脉搏。

一　国际超级金融垄断及其高度虚拟化

列宁曾讲帝国主义是垄断资本主义，是腐朽的垂死的资本主义。许多人认为这个论断过时了。应当说，列宁在当时对时间估计上短了一些，但总趋势并未改变。正如列宁所说："过程的复杂性和事物本质的被掩盖可以推迟死亡，但不能逃避死亡。"① 现在的国际金融危机表现了它的阶段性特征，即进入国际金融超级垄断资本主义，形成高度虚拟化—泡沫化经济王国。现在来分析一下这次危机的具体形式。

第一，金融资本的高度虚拟化加剧了资本主义市场经济的紊乱，违背

＊ 杨承训，山东嘉祥人，著名经济学家，河南财经政法大学教授、博士生导师。长期从事社会主义经济理论、产业经济学、科学技术与经济理论的创新等。

① 《列宁全集》第 54 卷，人民出版社 1990 年版，第 483 页。

了市场规律。从市场经济运行结构上说，大体由三个层次组成：基础（市场主体）是承担社会分工的企业以及消化产品的消费者；枢纽（中层）是起联系与配置作用的多元化的市场；上层是居于市场之上的政府宏观调控。金融处在中上层之间，既是宏观调控的一种手段，又是货币经营的企业（商业银行与金融市场）。按照恩格斯的说法，发达市场经济的一大特点表现为"头足倒置"①：本来生产过程决定流通过程（贸易），流通过程决定金融经济，但后来金融变成了独立过程并反作用于整个经济过程，在许多场合和时间起了决定作用（所谓现代经济的核心），又有它自身的独立运动及其危机。这样，也形成了积极效应和消极效应的两重性。金融的特点表现为极大的变动性，使两重效应以非均衡、非线性地凸显出来。列宁视金融为商品经济的"上层建筑"，并指出："金融资本特别机动灵活，在国内和国际上都特别错综复杂地交织在一起，它特别没有个性而且脱离直接生产，特别容易集中而且已经特别高度地集中，因此整个世界的命运简直就掌握在几百个亿万富翁和百万富翁手中。"② 它自身会发生特有危机，但最终根植于实体，受价值规律的支配。这次美国金融危机始于房地产泡沫破裂（价格严重偏离价值，最后被迫回归价值），出现次贷危机。这表明金融特别是虚拟资本一旦过大地超过实体经济所能容纳的量，社会经济就变成巨大的泡沫（虚拟资本本来就含蕴大大小小的气泡），一旦价值回归（泡沫破裂）便会造成巨大危害，在宏观调控层次上发泄巨大无比的负效应。专家估计，美国金融——虚拟资本造成的虚假财富达 400 万亿美元，包括国家债务近 8 万亿美元，居民债务 10 多万亿美元，银行债务 50 多万亿美元，财政赤字近 5000 亿美元，金融衍生品所产生的面值 300 多万亿元，大大超过了实体资本（相当于美国 GDP 的 30 多倍）。这已经大大超出市场经济所能容纳的限度，整个经济都建立在比沙滩更虚的泡沫上，从根本上违背了铁的价值规律。

　　从市场经济形态上说，它大大扩张了自发性的消极效应。资本主义经济的一大特点是同市场经济紧密结合，而市场经济又是带有两重性，即自发性的积极效应和消极效应，现代资本主义使消极效应超过了积极效应。从本源上说，市场经济是生产社会化的一个表现形式，也就是日益深化的

---

① 《马克思恩格斯选集》第 4 卷，人民出版社 1995 年版，第 699 页。
② 《列宁全集》第 27 卷，人民出版社 1990 年版，第 142 页。

社会分工与日益紧密的社会联系的统一，要求市场机制与宏观调控这"两只手"有机结合。市场经济作为社会化的一种交换方式，其调节配置功能随着社会化程度的提高，已形成三种梯级（简单商品经济除外）：第一个梯级，以私有资本主义制度为平台主要靠自发调节，犹如生物界单细胞生物的个体性自我调节，属于低级的、原始的经济调节和资源配置；第二个梯级，以大资本所有制为主宰、以个体自发调节为主导，实现金融支配经济的"头足倒置"现象，加上一定力度的宏观调控体系，犹如生物界的多细胞生物，既有细胞层的调节，又增添了体液调节，但不能从根上克服自发性的残畸，属于中级层次，现代垄断资本主义市场经济就是如此；第三个梯级，在宏观总体调节下充分发挥微观调节功能，把市场和计划两种配置资源的方式结合起来形成合力，犹如生物界的高等动物除了细胞、体液的调节之外，再加上神经系统的总指挥（恩格斯称之为"神经器官"），属于高级层次。事实表明，市场经济高级层次（第三种）必须排除私有经济特别是大垄断资本对社会化运行的干扰，体现社会化生产力和社会化生产关系的辩证统一，依托公有制为主体的制度平台和政府的主导作用健全"神经器官"，即为社会主义市场经济。然而，发达的资本主义市场经济，尤其是巨大的金融垄断资本，恰恰是把市场经济的自发性的消极效应推向极端，违背了社会化规律与发达市场经济规律的要求。

第二，高度垄断与高度投机相结合把资本主义社会的基本矛盾推进到一个新的尖锐高度。这就是生产社会化与私人占有的矛盾使发达市场经济畸形化，在新自由主义理论的包装中加剧无政府状态，以虚拟经济—泡沫经济使少数垄断资本巨头大赚其钱。人们知道，生息资本的公式为 $G-G'$，实际上是省略了中间实体资本的增殖的公式（$G-W-G'$）。但发展到巨大金融寡头垄断市场的层面，它们就不愿再费那个事了，干脆从事"钱生钱"的大勾当，一串一串的"金融创新"使 $G-G'$ 成了买空卖空的连锁交易，脱离创造价值的实体运动，脱离价值决定价格的根基，像断线的风筝一样在空中飞舞。为了缓解有效需求不足的矛盾，美国采取寅吃卯粮的借贷消费的方式，储蓄率几乎等于零，而且以债务形式表征了巨大负值，次贷危机便源于此。次贷的利率高达24%，吹起38%的房地产泡沫，百家银行以金融创新的链条竞相分享这块蛋糕，到头来居民和多数中小经营者捞回的是一场空。最终像恩格斯所论述的那样："在危机中，社会性生产和资本主义占有之间的矛盾剧烈地爆发出来。商品流通暂时停顿下来；流通手段即货币成为流通的障碍；商品生产和商品流通的一切规律都颠倒过来了。经济的冲突达到了顶点：生产方式起来反对交换方式，生产力起来反对已经被它超过的生产方式。"① 垄断大资本虽然自由地大把大把地赚到金钱，但最终还是搬起石头砸自己的脚，金融危机使美国 100 多家银行倒闭，尤其是大银行发生了连锁反应，股市大幅下跌，连续出现几个所谓"黑色流血"的日子，连一些金融大搞家（包括索罗斯）都亏了本，哀叹危机到来了。美国政府用重金救助两大房地产银行房利美和房地美，又出资 7000 亿美元（总额达 8500 亿美元）巨资打"强心针"，保险公司变成了国有，但"病情"仍不见底。近来，又用 140 亿美元巨资救助福特等汽车巨头。可见，美国政府还是大资本家最大的后台。

金融投机的巨鳄、东南亚金融危机的引爆者索罗斯说："这（华尔街危机）是我所说的市场原教旨主义这一放任市场和让其自动调节理论的结果。危机并非因为一些外来因素，也不是自然灾害造成的，是体制给自己造成了损失。它发生了内破裂。"② 这个"内破裂"的硬伤是什么？一般认为，是西方对金融监管不力造成的。这仅仅属于技术层面，是表征现象，最根本的还是资本主义社会的"地壳运动"，即基本矛盾：生产社会化与生产资料私人占有的矛盾以及个别企业内部的有组织性与整个社会经济无序性的矛盾。所谓"自由市场经济制度"先天带来充满矛盾而又无法克服的残畸：一是世界上从来没有存在过绝对自由的市场经济，因为它违背生产社会化的客观规律；二是现代大垄断资本主义控制、利用市场的自发性，大肆进行投机活动，更不可能真正全民"自由"起来；三是代表大资产阶级利益的政府千方百计为少数大亨发财服务，不可能有严格的金融监管制度，只能有亿万财团剥削和掠夺全世界财富的自由，不会给所有经营者和消费者自由。现在的美国经济陷入衰退，失业率达到 8.6%（有人估计 2009 年将超过 10%）。这正好表明，由 1% 的富人掌握着相当于 50% 中下等财富总和的发达资本主义美国的根本矛盾不可调和。

第三，以美国为首的现代资本主义以新的形式称霸全球，加剧了与世界人民的矛盾。二战后美国是最大的霸权国家，20 世纪 90 年代后又是唯一的霸主。它为剥削、压迫世界人民除了利用军事手段、技术手段和一般

---

① 《马克思恩格斯选集》第 3 卷，人民出版社 1995 年版，第 627 页。
② 皇甫平丽、刘延棠：《美国自由经济的反讽》，《瞭望》2008 年第 39 期。

经济手段以外，最重要的是美元霸权，特别是以纸币美元为武器控制、剥削世界。美国前国务卿基辛格说过："如果你控制了石油，你就控制住了所有国家；如果你控制了粮食，你就控制了所有的人；如果你控制了货币，你就控制住了整个世界。"三大武器中，美国样样俱全、配合使用，金融是为主体，石油和粮食是两只手。

从社会化扩展规律来看，世界经济必然联系在一起（经济全球化），金融是其中的重要纽带，关键在于谁控制这个纽带、去干什么？当代的美国就是以此为手段进行世界规模的剥削。自《布雷顿森林协定》签订以来，全世界各国都以美元为标准结算贸易，在全世界多数国家流通，并作为储备手段，尤其在70年代美元同黄金脱钩之后，美国可以任意印发钞票，以此作为弥补贸易赤字和财政赤字的手段。换句话说，美国用印钞机的旋转换回世界各国特别是广大发展中国家劳动者的血汗，并将这笔超额的货币收入再转化为新的金融资本和军事实力，进一步压迫与剥削世界人民。这次美国金融危机之所以变成全球性危机，就是因为各国都通过美元与之紧紧地联系在一起。欧洲银行首当其冲，每天都有银行倒闭的消息被公布，这些金融机构已承认损失达2500亿欧元，估计走出灾难需要6100亿欧元（相当于法国国家预算的两倍），冰岛、乌克兰、匈牙利等国已陷入"国家破产"。广大发展中国家大都握有美国的国债，并将美国作为出口国，由此便牵动全世界，包括中国（购买美国国债近6000亿美元，又有美国股票上万亿美元）。估计以此种手段使世界上财富每年进入美国的数额约占美国新增长GDP的30%上下。

其次，利用美元优势控制石油。小布什执政8年，在中东打了7年战争，包括发动两次海湾战争、阿富汗战争，并与伊朗处于冷战状态，旨在控制中东的石油产地。石油价格畸升与狂泻是连续几年的世界经济一大热点，是继20世纪70年代石油危机的第二次石油危机。1998年石油价格为10美元/桶，2003年为28美元/桶，2008年7月逼近140美元/桶。有人估计这是比20世纪70年代更加严重的石油危机。造成这种危机的主要原因并不是美国一些人所渲染的供需关系，而在于石油巨头的投机。据称，美国的石油巨头囤积了相当于10亿吨原油的期货合约，能够在期货市场上呼风唤雨。美国马斯特斯基指数基金规模从130亿美元激增到2600亿，与商品市场初期的2003年相比增长了近20倍，斩获了5万亿美元利润（相当于2004年中国GDP的两倍），其中至少一半资金转战在原油期货品种上，仅 2008 年前 52 个交易日投机资金就高达 550 亿美元①。但受金融危机的影响，石油的"高烧急剧变为低烧"，12 月份跌破 40 美元/桶，殃及诸多石油大国。历史表明，经济震荡，由通货膨胀急剧变为通货紧缩，正是经济危机的一种症候，石油价格由过高急转直下转为狂泻，也是一种市场危机，反映了实体经济下降、需求严重不足（从石油资源短缺看，今后还会涨价）。

　　再次，同金融危机、石油危机并发的还有粮食危机，2008 年价格猛涨 140%。这不仅损害发达国家贫困人群，更遭殃的是广大发展中国家的人民。当今世界约有近 10 亿人生活受到威胁，其中 1 亿人直接处于饥饿之中。为此约有 40 个国家引发群众抗议，有的已形成反饥饿的政治斗争，造致政府危机。西方国家有人指责，世界粮食短缺是因为发展中国家改善了生活，特别是中国人吃肉多了，粮食供给不足。这种嫁祸的手法，充分暴露了他们的伪善面孔。农业发展严重滞后本来就是资本主义工业的一个痼疾。正如列宁所说："大资本正是在民众挨饿，农业的整个发展无可救药地落后于工业的发展……的条件下活动的。"② 但更直接的原因则出于大资本集团及其国家的垄断以此来获得巨大超额利润。日本学者著文称，美国内政外交的大前提是"以粮食为国家根本"，美国实施"以粮食为武器的世界战略"。首要的是它确保粮食经销商巨头的利益。尽管 2008 年次贷危机导致美国经济疲软，但嘉吉公司、ADM 公司、邦吉公司还是在 2008 年第一季度分别盈利 10.3 亿、5.2 亿、3.9 亿美元。此外，美国农业部故意控制粮食的产量，从 2002 年一直控制在 8000 万吨以下，2005 年进一步加大控制力度，2007 年将产量减少到 7000 万吨，用以占据控制世界粮价的垄断地位，包括扩大对中国出口玉米（作饲料）③。同时，美国不顾发展中国家人民的利益，用 40% 的玉米来作为再生能源的原料，构成粮价提升 75% 的因素。如今粮食危机还远没过去，正在折磨贫困国家的广大人民。

　　西班牙的专家伊格纳西奥·拉莫内特撰文说："现代经济史上从未发生过这样的情况，金融、能源、粮食这三大波及广泛的危机第一次同时发

---

① 资料来源：《面对畸升的石油》，《瞭望周刊》2008 年第 24 期。
② 《列宁选集》第 2 卷，人民出版社 1995 年版，第 604 页。
③ 日本《选择》月刊 2008 年 6 月载文：《操纵世界粮食市场的美国"大粮商"》。

生，且相互影响并相互关联。它们中的每一个都对其他两种危机产生联动效应。"他认为，"实际上我们已经面临着一场空前的地震"，估计"2009年很有可能会像不祥的1929年一样"。他做出如下结论："这就是新自由主义留下的可悲结果：三大危机纠缠不清。"[①]

上述矛盾交错，将美国为首的当代资本主义推向国家金融的超级垄断，经济虚拟化、泡沫化具有时代特征，表现了现代资本主义演变的一种趋势。美国GDP占世界经济总量的比例正逐年下降，20世纪中叶占一半，20世纪末降为30%上下，近几年只有20%多（2007年按现汇算为25%，按平价算约为20%上下），但其金融资产却占世界总量的40%，表明它主要靠金融支持它在国际经济中的地位。2007年贸易逆差为8538亿美元，在国际收支中经常性账户收支盈余为负7386.4亿美元，资本账收支盈余（即非金融性资本交易）为负23.2亿美元，金融账户收支盈余为6798.4亿美元。这表明它的金融性收入大抵可弥补贸易逆差的80%以上。而在其GDP中，实体经济创造的份额在下降，1950年为61.78%，到2007年为33.99%，下降了27.79个百分点，其中同期的制造业由27%下降为11.7%，下降了15.3%；而同期的虚拟经济创造的GDP则由11.37%上升为20.67%，占1/5（其虚假的面额要大十几倍）。实体经济的下降与虚拟经济的无限扩大，表明美国经济急剧走向虚拟化。列宁说过："帝国主义的特点，恰好不是工业资本，而是金融资本"[②]，"金融利益或投资利益统治着商业利益"[③]。在20世纪中叶之后特别是80年代以来，美国已经成为国际超级金融垄断资本主义，即把金融与工业的结合蜕变为脱离并统治实体经济的虚拟经济，而与高科技结合，进一步引发由经济泡沫酿成泡沫经济，彰显了美国为首的现代资本主义的新特征和新手段。这也正是在新阶段上高度社会化与高度私有化的矛盾从深处酿成今天的国际金融危机与经济衰退。我们必须抓住这个总根子。

二 战后垄断资本主义嬗变的四个段落

阶段性是事物发展的一般特征。而当今的资本主义是资本主义整个历

① "西班牙"起义报：《三重危机》2008年7月12日。
② 《列宁全集》第27卷，人民出版社1990年版，第403页。
③ 《列宁全集》第54卷，人民出版社1990年版，第475页。

史形态的一个大的发展阶段，并且区分为若干具体阶段。美国与其殃及世界的金融危机——实体经济危机的形成，并非一两年、三五年失策造成的，而是经历了一个历史过程，有它根发深处的必然性，是二战以来基本矛盾日益激化的表现，也是帝国主义——现代资本主义嬗变新的阶段性特征。

这次国际金融危机使资本主义出现一系列经济、政治新的阶段特征，总体上可概括为七点：（1）资本主义发展极端不平衡，形成了美国独霸世界的格局（苏联解体前曾有两霸相争），成为资本主义世界的绝对领袖和国际宪兵，把它的所谓"国家利益"扩展到全世界；（2）美国以无比强大的综合实力为后盾，以美元霸权取代一般的国际货币关系，通过与实体经济相脱离的虚拟经济主导全球化，剥削广大发展中国家，表现了后殖民主义的新形式；（3）垄断最先进的技术，并与虚拟资本紧密结合，强化金融的流动性与连锁性；（4）通过跨国公司组织推进实体产业转移，以新形式垄断国际商品市场与技术市场；（5）以虚拟经济支撑军事优势，利用核武器与空间技术等控制全球，军事力量布满世界各地，尤其抢占战略资源地域；（6）以新自由主义和"民主价值观"作为统治意识，成为"意识帝国"，并作为战略政策在全世界强力推行，竭力对所有的国家进行颠覆、渗透；（7）由超级的经济虚拟化导致整体泡沫化，由金融危机引发经济危机，并通过各种方式转嫁于世界各国。这其中，最核心的经济特征乃是国际超级金融资本垄断，虚拟经济主导国内与世界经济。这七个特点是相辅相成、互为条件的。美国的虚拟经济达到 GDP 的 50 倍之多，它垄断了金融的走势和信用评估的话语权，控制或渗透各国的大银行和股市，乃至财政。就军事而言，它在全世界的军事霸权也是靠金融虚拟资本支持的。

大约在 19 世纪末 20 世纪初，美国的经济实力超过了所有国家，成为经济发展最快、科技进步水平最高、由巨大垄断资本集团支撑和操纵的强国。它拥有得天独厚的自然条件与富有活力的机制，以软硬两手盘剥世界。特别是在两次世界大战中不仅本土上未遭受损失（珍珠港除外），而且大发横财。第二次世界大战后，其经济总量占世界经济总量的 50%，等于其他一切国家的总和。正是凭借它的强大无比的经济实力及与之匹配的军事实力，在 20 世纪 40 年代完成了由"经济强国"到"金融帝国"的嬗变，标志性事件就是 1944 年 7 月的布雷顿森林会议，确定了美元霸权。二战结束后的 1945 年 12 月正式签订协议，形成以美元为中心的资本主义世界货币体系，建立长期为美国控制的货币基金组织和世界银行。从此，美国国内货币与世界货币成为一体，美国可用美元支配全世界。这一国际金融超级垄断资本主义走向高度虚拟化、泡沫化，在 60 多年的嬗变中大体经过了 4 个小段落。

第一个小段落（1945—1970），主要特点是同黄金挂钩的美元主宰资本主义世界经济，金融与实体经济继续结合，虚拟经济尚不占主体地位。例如，20 世纪 40 年代末至 50 年代初的美国"马歇尔计划"，主要是用实物支持西欧复兴，大肆推销它的剩余产品。在朝鲜战争期间，支持日本的崛起也是靠政策与物质两手，将许多实体产业先后转给日本。50 年代美国的主要目标是组织资本主义世界的队伍，千方百计地扼杀社会主义阵营。1957—1958 年发生了较为严重的衰退，进入 60 年代曾发生短暂的所谓温和衰退。总体上说，五六十年代为资本主义世界的"温和增长期"。但美元危机却频频发生，在六七十年代就发生了 10 次之多，其特点是西方外汇市场掀起抛售美元、抢购黄金的浪潮，使得美国的黄金储备不断外流、储备额不断下降。

第二个小段落（1971—1980），主要特点是美元同黄金脱钩，并发生石油危机与"经济滞胀症"。布雷顿森林协定规定美元与黄金挂钩（每盎司黄金等于 35 美元）。由于频频发生美元危机，西方各国抢购黄金，1971 年美国尼克松政府干脆停止美元兑换黄金，西方各国相继实行以美元浮动的汇率政策。从此布雷顿森林体系瓦解，美国却能任意印发作为国际货币结算与储备手段的美元纸币，这种完全符号化的纸币接近有价证券，劲推虚拟货币、虚拟资本和虚拟经济膨胀。美国主要精力集中在经营金融资本、虚拟资本，将更多的实体产业转出去（如韩国）。1978 年 10 月发生了第 11 次美元危机，黄金价格大涨，美元大幅贬值，美国国际收入发生巨额逆差。以美国为核心的资本主义世界发生"滞胀症"，一方面生产停滞甚至下降，造成经常性的大量失业；另一方面发生持续的严重通货膨胀，物价大幅上涨。1974—1975 年发生了资本主义的世界性经济危机，美欧政府进入两难的矛盾境地：欲抑制通胀、采取紧缩政策，必然加剧生产下降、大量失业；欲放松银根，刺激生产、减少失业，又加剧通货膨胀。需要寻找新的理论和政策。于是，延续了 40 多年的凯恩斯主义政策宣告结束。

第三个小段落（1980—2000），主要特点是实行新自由主义政策，特别是货币自由化，虚拟资本大幅膨胀，美国利用美元纸币盘剥世界，多次转嫁经济危机，制造多起金融风暴。1979 年撒切尔在英国上台，1980 年里根在美国上台，实行弗里德曼的自由货币政策，大肆推行新自由主义，减少政策干预，将国有企业私有化，特别是修改对金融监管的法规，倡导金融创新，虚拟资本大幅膨胀起来。例如，1982 年垃圾债券总额仅 28 亿美元，占全部公司债券流通总额的 6%，到 1985 年则增至 150 亿美元，占全部公司债流通总额的 14%，其收益高于国家公债，经济虚拟程度攀高，到 1989 年垃圾债券价格泡沫破裂，但 1992 年又活跃起来。同时，美国大量发行国债，到 1991 年即达 24716 亿美元。1981 年开始美国国际银行借贷业务，目的在于增强银行的国际竞争力，又把国外的一些国际银行业务吸收到国内，当年该项业务余额即达 2343 亿美元。正是由于美国任意印钞，货币发行量过多，虚拟经济扩展，导致通货膨胀，为此采取紧缩银根的政策，利率居高不下，贴现率曾高达 21.5%，使得大量流资涌向美国，美元升值又致使贸易赤字增大。针对这个情况，美国首先将困难首先转嫁给经济快速增长的日本，1985 年"广场会议"后迫使日元升值，加快了日本房地产泡沫破裂，使它进入 10 年的经济低迷期。1990 年美国抛出"华盛顿共识"，在拉丁美洲推行新自由主义政策，使得十几个国家经济遭受重大灾难，特别是阿根廷一落千丈，2001—2002 年发生了严重的经济危机导致政治危机。在此期间，相继发生了美国股市危机、英镑危机、墨西哥金融危机，特别是 90 年代后期发生了东南亚金融危机，像拉锯战一样，使十几个国家蒙受灾难，当时的马来西亚总理马哈蒂尔说，危机使国家倒退几十年。而该期间美国却以"新经济"使高科技与 GDP 得以近十年的增长，但同时泡沫日渐形成。

第四个小段落（2001 年至今），主要特点是迅猛扩大的虚拟经济使得经济泡沫超速膨胀，最终破裂，美国发生了 80 年来最大的一次金融危机，波及全世界。2000 年年末到 2001 年美国的"新经济"变成了"iT 泡沫"（网络泡沫），美联储不但不设法来抑制，反而以大泡沫治疗小泡沫，13 次降息，使金融资产向房地产转移，造成房地产泡沫。2007 年 7 月泡沫破裂，出现次贷危机，资金链断裂，引发 2008 年金融大危机，出现了多米诺骨牌效应，大银行纷纷倒闭，波及世界。与此同时，发生了石油危机（价格狂涨急转为狂泻）和粮食危机。据西方测算，由于股市大跌，仅美国就蒸发了 7.3 万亿美元的资金，英国估计全球股市损失 14 万亿美元，日本人估计世界股市损失高达 27 万亿美元。危机还在继续，算总账，整个世界的损失恐要超过美国 3 年 GDP 之和。

上述六十多年的历史表明，美国经历了一个从"经济强国"变"金融帝国"再变为"虚拟经济—泡沫经济王国"的嬗变过程，由金融资本从与实体经济结合蜕变为严重脱离实体经济的庞大金融经济体系，成了以虚拟经济为主体的经济泡沫酵母，进而扩展为整体的泡沫经济。这是一个利用金融—虚拟资本和泡沫经济操纵市场、控制世界大发其财，最终泡沫破灭的进程。正如马克思所说："这个仿佛用法术创造了庞大生产资料和交换手段的现代资产阶级社会，现在正象一个魔术师一样不能再支配自己用法术唤出来魔鬼了。"① 可以预料，今后的资本主义经济还会有若干发展阶段，但它的最终灭亡是不可避免的。

三　新自由主义破产的启示

通过对当代资本主义阶段特征及其矛盾尖锐化的分析，表明国际金融危机宣告了新自由主义的失败，我们应当用科学的态度分析与清算新自由主义的影响，进而增强落实科学发展观的自觉性。

新自由主义实质上代表西方大垄断资产阶级利益一种意识形态，其核心是金融自由化，完全适应了超级金融资本操纵市场大肆投机的需要，与泡沫经济互为表里。资本主义市场经济是强势经济，谁拥有更多的资本谁就拥有话语权，谁就更自由。资本主义市场经济是自由发财的经济，要求追逐利益最大化，自由市场上大资本才拥有更多赚钱的自由权。但没有钱怎么去自由地争取利益最大化呢？新自由主义说是都要在自由市场中发财，实际上只有大资本拥有者，特别是金融资本垄断者，才能自由地赚大钱，美国华尔街的大资本家就是自由地赚全世界的钱。当年反对封建制度时，资本主义刚刚兴起，古典自由主义确有进步意义，到了社会财富集中在大资本垄断集团手里时，这种新自由主义表面上一切人在市场中自由，骨子里只能代表他们少数金融大鳄的利益。

在 20 世纪七八十年代后，新自由主义流行，与凯恩斯主义失灵、资

---

① 《马克思恩格斯选集》第 1 卷，人民出版社 1995 年版，第 278 页。

本主义国家"滞胀"症发作有关。西方大资本的实力越来越雄厚，自由度非常之大的金融资本、虚拟资本需要这种自由体制和意识，美国等强国利用手中极其雄厚的资本对发展中国家的经济自由出入也需要这种"便利"，所以撒切尔夫人、里根上台，为新自由主义长达近30年的主流经济学地位开拓了道路。这次大的金融危机宣告了它的失败，不得不更多地利用凯恩斯国家干预手段。不过这还不是新自由主义的最后终结，将来有一天经济形势一旦变暖，它还会东山再起。大概只要有大垄断资本集团存在，特别是大金融资本存在，社会经济领域就有新自由主义之类的理论观点泛滥。

　　新自由主义之所以在中国风行一时，大体有三个原因：第一，国际上，西方资本主义市场经济十分发达，经济实力雄厚，在世界市场中占主导地位，新自由主义成为他们的主流经济学。我国搞市场经济没有经验，有的要借鉴他们一些成功的东西，有些人就很容易不加分析地兼收并蓄，崇拜西方；而西方列强又用各种舆论工具进行宣传、渗透。正如邓小平所说，打开窗子，新鲜的空气进来了，而苍蝇蚊子也进来了。加上苏东剧变，世界上第一个社会主义国家垮了，世界社会主义运动处于低潮，也使一些人对社会主义信念动摇了，转而接受新自由主义的东西。第二，国内有新自由主义的社会基础。我国长期处于社会主义初级阶段，坚持公有制为主体、多种成分共同发展的基本经济制度。这几年，非公有经济特别是私有经济发展非常迅速，并产生了一个暴富阶层。他们希望在市场上拥有更多的话语权，争取更大规模的利益最大化。反映在学术形态上，新自由主义更适合他们的要求。第三，认识上的片面性。人的认识容易从一个极端走向另一个极端，在我们改革计划经济体制过程中，强调市场经济在配置资源中的基础作用及其优越性，一些人也很容易把市场的自发性加以片面夸大，认为市场可以自我调节，盲目信奉市场原教旨主义及市场万能论，否定宏观调控。从认识论上来说，这是一种直线性、片面性，是一种有缺陷的推导。这种片面性就使得一些人否定"看不见的手"和"看得见的手"相结合的必要，以致否定市场经济的社会属性，把资本主义市场经济和社会主义市场经济混淆起来。正是因为这样，新自由主义迷惑了很多人。现在是清算这股与中国特色社会主义不相容的思潮的时候了（当然是有分析地批判，其积极合理因素还要吸收）。

　　我们立足于实践检验真理的标准，可以在西方的经济危机和中国改革开放的成功对比中深化对真理的认识，进一步清算新自由主义的影响。30年改革开放的经验告诉我们，驾驭好社会主义市场经济确有很大的难度，一是市场经济具有多元性、多变性、周期性、国际性；二是经济体制还有许多障碍；三是我们缺乏经验；四是西化影响的冲击。即便在社会主义制度下（尤其在初级阶段），市场经济的一些缺陷也难以完全避免，它的主要矛盾是坚持社会主义制度与市场经济结合、突出"以人为本"，还是演变为资本主义自由市场经济、突出"以钱为本"，造成和加剧两极分化。我国的经验也表明，削弱了社会主义基本制度的性质，放松了"有形的手"，就会出大问题，"三鹿奶粉"事件和房地产出现泡沫就是鲜明的例证。如不认真规制，也有滑向资本主义市场经济的危险。现在出现的诸多经济、社会问题，要求我们增强忧患意识。在理论认识上，经常有两种倾向交错干扰：或者主张控制过死，捆死市场；或者推崇完全放任，纯靠自发。目前看来，西化的影响不可小觑，那种把市场经济与宏观调控对立起来，继而与社会主义基本制度分割开来的思潮日益突出，不时冲击社会主义市场经济的正常运转（许多矛盾由此而发）。许多人往往把完全的自发性等同于市场经济的优势，这是一种误解和陷阱，必须从理论上加以澄清。除了他们反映的一些利益集团的意愿之外，单从思想方法上说是盲目崇拜西方，以西方"主流经济学"马首是瞻。其手法也有一个偷换概念的小技巧，就是对"社会主义市场经济体制"改装，先去掉"社会主义"之睛，再冠以"自由"之帽，魔术般地改变了事物的性质。其公式为：社会主义市场经济＝市场经济＝"自由市场制度"。这样便完成了一种嬗变：把本来作为手段的市场经济变为社会基本制度的根基，把运行的形式变为追随西方制度的内容，抹杀同资本主义市场经济的区别，为私有化、自由化大开绿灯。因此，我们在深化改革开放中必须认真坚持社会主义市场经济的正确方向，澄清"自由市场经济制度"之类观点的误导。

这里应当专门谈一谈科学地发展与利用金融工具和虚拟经济问题。胡锦涛同志在纪念改革开放30周年讲话中提到相互联系的"三个形成"，其中提到"形成在国家宏观调控下市场对资源配置发挥基础性作用的经济管理制度"。这对我们正确把握社会主义市场经济体制的要谛是一个重要提示。金融是现代经济的核心，是宏观调控的重要杠杆。我国现在金融经济滞后，需要大力发展，但绝不可效法美国的模式。我们应当从国情出发，立足于社会主义，探索中国特色社会主义金融发展道路、管理体制与运行方式。比如，如何利用好虚拟经济，它需要占多大份额，应当使它在什么范围内起作用，怎样正确进行金融创新，包括人们热衷的股市在内也要研究它的边际效用。在现实应当提倡增加居民"财产性收入"，但一定要正确引导，"人人炒股"、"人人投机"是有很大消极作用的，甚至会造成重大社会问题。我们实行的是社会主义市场经济，一定要制止过度投机兴风作浪、利用各种手段诈骗金钱的活动，一定要防范各类经济泡沫膨胀为泡沫经济，一定要保持经济社会的良性发展。

从理论缺陷到实践灾害:新自由主义难逃失灵宿命[*]

白雪秋^{**}

作为反"凯恩斯革命"的思想体系,产生于亚当·斯密古典自由主义基础上的新自由主义,已经具有了"保守的反革命性质"。^① 而"华盛顿共识"的形成与推行,则标志着新自由主义从学术理论嬗变为国际垄断资本主义的经济范式、政治纲领和意识形态。因而,虽然新自由主义始终打着自由主义的旗号,但其标榜的"自由"已远不是一般经济学理论意义上的公平规则下的双向和多方自由,而是独具话语霸权的国际垄断资本的自由,即任垄断资本在有利可图的世界各国横冲直撞牟取暴利的自由。而相应的资本引进国只能是被自由了:被开发、被掠夺、被动荡、被危机了。新自由主义不仅存在理论逻辑缺陷,而且具有强烈的资本扩张性质。因而,在全球推行新自由主义的后果,只能是富人更富,穷人更穷;富国更富,穷国更穷。

一 新自由主义作为经济理论的内在逻辑缺陷

新自由主义经过长期的发展和演变,虽然学派众多、体系庞杂,但其基本的理论取向和政策主张是一致的,即主张"三化"——自由化、私

* 此文为教育部人文社科重点基地项目"当代国际金融危机与社会主义市场经济的'中国模式'"(项目批准号:2009JJD790003)研究的阶段性成果。

** 白雪秋,经济学博士,北京大学马克思主义学院教授,博士生导师。

① 詹姆斯·托宾(James Tobin),"里根经济学和经济学",《纽约书评》1981 年 12 月 3 日。

有化和市场化。这是一种以市场原教旨主义为核心、适应国家垄断资本主义向国际垄断资本主义转变需要的理论。是极端保守的经济思潮，具有虚伪性和危险性。

市场化的极端性。新自由主义所主张的"市场化"是完全的市场化，即否定政府的宏观调控。认为市场是无所不能的，只要依靠市场的自由交易，社会经济就能自动实现充分就业的均衡。国家采取的任何干预经济的政策和措施，最终都将是徒劳无益的。认为管得最少的政府是最好的政府，甚至认为"不管"才是最好的管理。事实上，这种将亚当·斯密"一只看不见的手"的市场机制理论推向极端的"市场万能论"，早已经被 20 世纪 30 年代初的大危机彻底否定了，但到了 70 年代，随着凯恩斯主义导致的"滞胀"出现，其代表人物弗里德曼又在自己现代货币数量论的基础上重新肯定市场万能论的观点。

经济理论告诉我们，现代市场经济不是市场机制在独挑大梁，而是市场机制与国家干预的有机结合和优势互补。从主体框架的构成来看，有企业、市场和政府三方，其角色定位分别是微观主体、体制环境、宏观调控。由于价值规律的作用，市场通过价格、供求和竞争等机制在配置资源方面的确是富有效率的；然而，由于竞争会导致贫富悬殊的两极分化、由于竞争主体的趋利性会无视外部性等，市场机制在公平分配方面往往又是失灵的。特别是由于信息的不对称，市场机制在调节资源配置方面所表现出的自发性和滞后性，更显示了市场机制在平稳经济波动方面的失效。正如约翰·克雷在《伪黎明：全球资本主义的幻象》一书中指出的："自由市场的本质是变化无常，往往充满冒险性的繁荣和破产。"① 因而，仅靠一只看不见的手无论如何也难撑现代市场经济的运转均衡，必须辅以政府的宏观调控这只看得见的手来弥补"市场失灵"，以求效率与公平的均衡。当然，在某些特殊的关键时刻和紧要关头还需要道德良心这只"平时看不见、时而显奇功"的第三只手来化险为夷和转危为安。否则，如果任由那只对逐利激励有效的"看不见的手"指挥和操控，最终这只神奇之手也将会沦为使富者更富、贫者更贫的魔掌，甚至成为一只疯狂掠夺贫者的肮脏之手。

事实上，新自由主义与国家干预主义在西方经济学中一直存在着争

---

① 约翰·克雷：《伪黎明：全球资本主义的幻象》，中国社会科学出版社 2002 年版，第 236 页。

论。许多世界著名经济学家都认同，国家与市场是优势互补、相互协调的关系，而不是完全对立的，特别是发展中国家或新兴市场经济国家，在市场体制尚待完善、市场体系尚在健全的情况下，政府的宏观调控尤为重要。他们深刻地指出："高功效市场需要坚强国家行为。"①

自由化的虚伪性。辩证唯物主义告诉人们，自由是有条件的，也是相对的。在公平规则下，在平等地占有其物质条件的基础上，可以实现每个人应有的"自由的权利"。如果脱离开这些前提条件去一味地强调所谓的"自由"，实际上只能是强者的自由和富人的自由，而不是包括弱者和贫者在内的全体成员的自由。新自由主义的"自由化"以个人自由为前提，无视自由所依赖的"物质资源"，事实上只能是"生产资料私有者"最大限度地实现利润最大化的自由，是具有话语霸权的垄断资本"控制社会层面"的自由，相应的是贫者被雇佣、被剥削、被奴役和被控制的自由。这与马克思主义经典理论所说的建立在共同占有生产资料基础上的、以"每个人的自由发展是一切人的自由发展的条件"为原则的人类整体自由相去甚远。

而事实上，长期推行自由化的结果也恰恰证实了其自由化的虚伪性。从一国来看，自由成了富人将富裕进行到底的特权，而穷人只有固守贫穷的自由。即使是号称最自由、最民主的美国也不例外。以"占领华尔街"为例，游行者打出"代表99%"的条幅，欲与"1%"讨公道。就足以说明了其"自由"的非普遍性和非大众性。从国际上来看，资本在世界各国和各地区之间完全自由流动，其实是垄断资本在世界范围内寻求暴利的自由，而穷国成了自由的牺牲品。特别具有讽刺意味的是，新自由主义在强行为其所谓的"自由"开路时，不惜动用独裁、压迫、反民主乃至暴力。美共经济委员会成员瓦迪·哈拉比（Wadi Halabi）2007年12月23日在美共《人民周刊》发表的文章中就曾指出："弗里德曼称赞'自由市场'，却对维持市场极不平等的交换必然需要大规模使用暴力——军队、警察、监狱视而不见。皮诺切特统治下的智利就是一个赤裸裸的案例。"

私有化神话的虚幻性。新自由主义认为，企业私有乃是实现个人自由、经济自由和提高经济效率的基本前提和基础，甚至把私有化吹捧到无与伦比的地步，反对公有制。诚然，从一国经济看，某些竞争性行业适宜

---

① 路易斯·惠特曼等：《发展中的国家与市场：协调还是对立？》，1994年，英文版，第258页。

私有制企业经营，因为他们逐利的动力十足。但一些关系国计民生、可能无利可图的公共品，事关国民经济命脉的重点行业和关键领域，如何能由追逐利润最大化的私人企业去经营呢？私有制的题中应有之意，就是凭借生产资料的私人占有去最大化一己私利，怎能视其私有制的基本属性于不顾而期待它去为公谋利？也正因为如此，世界上发达的资本主义国家没有哪个国家是单一的私有制经济结构的，各国的国家垄断资本主义总是占有相当的比重，区别只是比重的大小不等而已。在不同的历史时期和不同的发展阶段，各自有相应不同的构成比例。

而从人类历史的长河来看，私有制虽然在一定的历史阶段和条件下具有巨大的历史贡献和进步作用，但由于私有制与社会化大生产的根本矛盾，必然在现实经济生活中导致两个具体矛盾：个别生产的有组织性与整个社会生产的无政府状态之间的矛盾；生产无限扩大趋势与劳动群众有支付能力的需求相对缩小之间的矛盾。从而，使得生产过剩的经济危机不可避免。因而，私有制最终将被公有制所取代。

事实上，在资本主义的发展过程中，私有化和国有化一直是在交替进行着的。根本不存在所谓的"私有产权神话"。美国著名经济学家、诺贝尔经济学奖获得者约瑟夫·斯蒂格利茨就曾客观地指出："这种神话是一种危险的神话，因为它误导了许多转型国家把注意力集中在产权问题上，即集中在私有化上。"美国另外一位著名金融家迈克尔·赫德森于2007年1月撰文《私有化的神话和现实》，对私有化的"优越性"做了有理有据的质疑。他指出，在宏观经济层面上，新自由主义经济学家们谈的"私有化在本质上比公共运营和公共所有权更有效率"的观点缺乏依据。而且，私有化只有利于少数资本家和既得利益集团，根本谈不上"能惠及所有人"。私有化由于"通过使财富所有权两极分化以致鼓励寻租……它也增强了既得利益集团的力量，后者把经济力量转化成政治杠杆，从而以有利于他们自己的方式修改税法和其他公共政策"。

二　新自由主义作为政治纲领和意识形态的资本扩张性质

20世纪70年代，资本主义经济出现的生产停滞和通货膨胀并存的局面，使处于主导地位的凯恩斯主义陷入了尴尬境地。于是，新自由主义乘势而重新崛起，并于70年代末80年代初随着英国首相撒切尔夫人和美国总统里根的大力推行而日渐兴盛，并逐渐取代凯恩斯主义成了西方经济学的主流。1990年，一些国际组织和学者，把新自由主义理论及政策系统化，形成"华盛顿共识"，并用于指导拉美及其他发展中国家的经济调整与改革。由此，新自由主义从一般学术理论嬗变为国际垄断资本主义的经济范式、政治纲领和意识形态。

英美两国之所以推崇新自由主义，一方面是为了扭转当时国内效率低下、经济停滞的局面，同时，更是为了增强国际垄断资本的竞争力，特别是加大与苏联对抗的筹码。

"华盛顿共识"极力主张贸易自由化、金融自由化和投资自由化，要求发展中国家敞开国门，降低或取消各种贸易壁垒，为国际垄断资本全球扩张、攫取高额垄断利润扫清制度障碍。但西方发达国家本身却从来没有完全实行过这样的自由化，而是通过政府补贴、非关税壁垒，甚至滥用反倾销措施和特殊保障措施等，大搞贸易保护主义。"华盛顿共识"极力主张国有企业私有化，要求发展中国家通过各种方式大规模出售国有企业，其政治目的就是用资本主义制度取代社会主义制度，以最终实现资本主义私有制的一统天下。"华盛顿共识"极力主张减少国家对市场的干预，要求发展中国家取消或放松政府对经济特别是对投资和金融的管制，任由"看不见的手"掌控这些国家经济的调整和发展。而就发达国家自身而言，凡是有利于国际金融垄断资本运行的国家干预、有利于资本主义克服危机的政府调控、有利于垄断资本攫取超额垄断利润的政策措施，全部予以保留并不断加强之。由此可见，"华盛顿共识"表面上以维护和弘扬作为人类最高价值准则的"自由"自居，其实质是用国际垄断资本主义的意识形态影响世界，为国际垄断资本掠夺和剥削发展中国家提供理论依据和政策支持，并通过"三化"把公有制化掉、把政府的宏观调控化掉、把遏制资本扩张的力量统统化掉，从而，达到用资本主义制度"规制"世界的目的。正如迈克尔·赫德森的分析："作为一项国际政策，私有化主要是由美国政府的战略家推动的，目的是要瓦解俄罗斯的工业力量——并以此消除潜在的军事竞争对手。作为华盛顿共识的主要内容，私有化成为冷战的终结者。"

值得一提的是，为在世界范围内推行新自由主义，从而确立自己的经济霸权，美国充分利用其在现存国际体系中的规则制定者的地位和作用，建立了一个坚实的法律和制度框架：世贸组织、国际货币基金组织和世界银行，加上华尔街。由于美国在上述前三大机构中居于主导地位，20世纪80年代以来，在美国引领下，它们逐渐演变为美国干预别国经济和在全球范围内推行新自由主义的重要平台。曾担任世界银行的首席经济学家的斯蒂格利茨，深谙新自由主义的资本扩张性质，他毫不留情地揭露了发达国家借援助之名行掠夺之实的四大步骤：第一步，私有化。即国际经济组织要求受援国进行私有化，而推行私有化的领导人可以从低价出售巨额国有资产中捞取好处据为己有。第二步，资本市场自由化。这是国际货币基金组织和世界银行对穷国的"拯救计划"，要求受援国允许资本自由流进流出，而一旦外国投机者抽逃资金，受援国的储蓄在几天内甚至几小时内就将被抽取一空。第三步，价格市场化并引发骚乱。如1998年国际货币基金组织要求削减对穷人的食品和燃料补贴以后，印尼爆发了骚乱，而骚乱之时更便于垄断资本乱中取胜。第四步，自由贸易。即鸦片战争式的单方自由。斯蒂格利茨感叹道："鸦片战争中，西方用战争来推行他们的不平等贸易。今天，世界银行和国际货币基金组织使用的金融和财政手段几乎一样有效。"①

总之，新自由主义不仅是资本霸权的理论工具，而且是资本扩张、资本奴役劳动的意识形态，是试图用资本主义规制世界的政治纲领。

三 新自由主义作为经济范式的神话破灭：从虚假繁荣到金融危机

新自由主义自20世纪70年代兴起以来，之所以能够大行其道，就在于它契合了资本趋利的本性，适应了国家垄断资本主义向国际金融垄断资本主义转变的客观要求，为资本的狂热逐利和肆意扩张提供了理论基础、政策支持和经济范式。因此，资产阶级政府必然将新自由主义奉为"灵丹妙药"，而不管它将给世界各国带来怎样的灾难性后果。特别是新自由主义反对公有制、反对社会主义的主张，与全盘西化、资本主义全球化的政治纲领不谋而合，从而，深得资产阶级政府的赏识和支持。因此，他们不遗余力地传播与践行新自由主义。诚如英国学者鲍尔·库格曼所说："坏主意之所以盛行，是因为它们符合权力集团的利益。毫无疑问，事实

---

① 参见《一个冰凉的世界——国际货币基金组织带你去地狱的四个步骤》，英国《观察家》杂志2001年4月号；《国外理论动态》2001年第12期。

的确如此。"① 当然，在推行的过程中，他们总是要隐去原本的一己私利，而高调披着诸如私有产权神话的经济科学性、自由化的普适价值性、市场化和全球化的互惠互利的共赢性等华丽外衣，来迷惑和欺骗发展中国家。而事实是最好的证明。新自由主义无论作为学术思想、经济理论，还是作为政治纲领和意识形态，其内在的逻辑缺陷和资本扩张的性质，决定了其推行的结果，除了给垄断资本带来超额垄断利润和局部的一时虚假繁荣之外，只能导致工人大量失业、贫富两极分化、政府垮台、社会动乱等严重社会问题，给发展中国家造成灾难性后果。最后，引发国际金融危机的全球性灾难，进而大大地加剧了发达国家与发展中国家之间发展的不平衡以及一个国家内部的贫富差距。

如前所述，20 世纪 70 年代推行新自由主义最迫切的首要目标，是遏制当时的通货膨胀。在此领域，它虽有成效，将整个经合组织国家的通货膨胀率由 70 年代的 8.8% 下降到 80 年代的 5.2%，同时通货膨胀的降低也为重新提高企业利润率创造了一定条件。但值得注意的是，高失业率和低工资率是上述成效的主要原因。由于新自由主义强行植入"失业率是使整个市场经济有效运行的一个自然的和必然的机制"之观念，并采取各种手段打压工会，使得劳工的力量被大大削弱了，表现为 80 年代罢工次数急剧减少、工人工资的下降或停滞以及高失业率的出现。80 年代整个经合组织国家的平均失业率比 70 年代的 4% 则至少翻了一番。这意味着，贫富差距拉大了，社会不公平加深了。与此同时，在雇员的购买力维持不变或时有减少的情况下，各国的股市价值却不同程度地上浮，股价增加 3 倍或 4 倍。可 80 年代的积累率即在生产设备方面的有效净投资却减少了。在整个发达资本主义国家中，生产投资率平均每年的变化是：60 年代为 5.5%，70 年代为 3.6%，在 80 年代期间为 2.9%。究其原因就在于，对金融市场的放松管制直接导致了投机性的投资盈利超过生产性投资。在 80 年代，人们目击到国际汇兑市场的成交额空前高涨，货币交易飞速发展，比实际财富的商业贸易多出数倍。可见，资本主义运作的寄生性大大加强了。另外，政府尽管采取了一切措施压缩社会福利开支，但国家的财政负担并未大量缩减，这无疑与当时已达到第二次世界大战以来的最高水平的高失业率紧密相连。随着 90 年代初期的衰退，经合组织国家

---

① 诺姆·乔姆斯基等：《新自由主义和全球秩序》，江苏人民出版社 2000 年版，第 10 页。

内部的所有经济指数都是负数，经合组织国家失业人数已达 3800 万人，几乎相当于斯堪的那维亚国家人口的两倍。不仅如此，包括英国和美国在内的几乎所有西方国家的公共债务达到令人吃惊的高度，尤其是企业和家庭的私人债务打破了第二次世界大战以来的历史记录。

当然，最大的问题是，在 70—80 年代期间，一直到 90 年代初，这些国家的平均增长率没有大的改变。在整个经合组织国家中，资本主义经济的复兴发展始终呈现脆弱和摇摆不定的状态。1973—1992 年，人均真实国内生产总值年增长率，西欧为 1.8%，美国为 1.4%，均分别低于 1950—1973 年的 3.9% 和 2.4%。

即使是在被誉为"新经济"美国的 90 年代，由于信息技术革命的带动、相对国家干预的作用，以及通过降低边际税率刺激资本投资、用消费信贷拉动超前消费等诸多因素，虽然有连续近 10 年的持续低通胀增长，但远没有达到新自由主义描绘的神话境地。1991—2000 年，美国年均真实 GDP 增长率为 3.7%，低于 1961—1969 年的 4.9%、1970—1973 年的 4.8%、1975—1979 年的 4.7% 和 1982—1990 年的 4.0%。

自 20 世纪 90 年代之后，以"华盛顿共识"诞生为标志，新自由主义开始在全球蔓延并一度呈加剧之势。但应该说，新自由主义推行到哪里，哪里就会遭到巨大的风险和灾难。

日本和德国向来是重视工业生产和国家干预的，但自从"华盛顿共识"推行以来，两国开始受到美国政府的阻挠，结果大大削弱了政府控制国民经济活动的能力，全球金融泡沫更为迅速、更大规模地扩展开来。日本推行了十多年新自由主义经济政策，不仅不能启动和繁荣整个国民经济，而且造成"'中产社会日本'的消失"，"贫困率的急剧上升"和"异常犯罪的增加"，"产生了各种各样的扭曲"使日本人"失去了安全感和安心感"[①]。

拉美地区是深受新自由主义之害的重灾区。90 年代初，在前期推行新自由主义的基础上，美国政府、国际货币基金组织和世界银行利用贷款的附加条件，在拉美国家强制推销"华盛顿共识"，进行全面的经济改革。这次改革因其范围之广和力度之大，被称之为新自由主义在拉美大陆的一次"经济政变"。这场变革虽然取得了一些成效，如有的国家实现了

---

① 参见中谷岩《资本主义为什么会自我崩溃》，社会科学文献出版社 2010 年版。

从封闭的进口替代模式转向外向型发展模式，恶性通货膨胀得到一定程度的控制。但总的看，收效不大。有资料显示，90 年代拉美的经济增长率，仅是 60 年代和 70 年代的一半。但各国为此却付出了惨重的代价，失业率剧增，贫困化问题日益严重。20 世纪 90 年代的 10 年间，整个拉美地区贫困人数上升到总人口数的 44%。大批民族企业倒闭，民族工业陷入困境；国家职能明显削弱，社会发展失衡，特别是金融自由化导致金融危机濒发，如 1994 年的墨西哥金融危机、1999 年的巴西货币危机和 2001 年的阿根廷债务危机，等等。令人叹息的是，GDP 曾居于世界第九的阿根廷已经沦为该地区贫穷国家。

新自由主义的"休克疗法"给俄罗斯人民也带来了深重的灾难。苏联解体后，俄罗斯激进民主派政府于 1992 年年初推出了以"华盛顿共识"为依据的"休克疗法"式经济转轨方案。结果在实施"休克疗法"的 10 年里，国民经济和工业生产下降了 50%，综合国力大大削弱。俄罗斯经历了前所未有的"大休克"和"大阵痛"，陷入了社会经济困境和政局混乱。正如普京指出的："俄罗斯在政治和社会经济动荡、剧变和基金改革中已经精疲力竭。"曾经作为世界上唯一能够与美国抗衡的国家，已今非昔比了。目前，除了石油、天然气等自然资源外，其他绝大部分产业都没能恢复到其解体前的水平。

东欧大部分国家的经济也同样遭受了新自由主义的摧残。特别是工业和银行业几乎为外国资本所控制，基本丧失了主导权。在 7 个苏东国家中，有 4 个国家的外国资本占银行业的 65% 以上，爱沙尼亚竟然达到了 80%；有 3 个国家的外国资本占工业的比重超过了 50%，其中克罗地亚高达 85%。国民经济如此地受制于人，其国家主权和人民生活必然会受到严重威胁。

新自由主义同样使亚洲的一些国家深受其害。泰国在 20 世纪 80 年代和 90 年代的大部分年份其年增长率都超过 8%，但在西方国家推行的新自由主义影响和压力下，过早和过度地放开金融市场，完全失去了自我保护的屏障，结果在 1997 年 7 月爆发了严重的金融危机，使泰国经济很快下降到 30 年来的最低点。而泰国的金融危机，又很快引发了东南亚地区金融危机和亚洲金融危机。

其他发展中国家推行新自由主义"结构调整"改革的结果，也都使民族工业的发展遭到了致命的打击，政府控制国内经济和金融活动的能力大大削弱，经济安全、民族独立和国家主权不断弱化，与发达国家的经济差距越来越大。

总之，综观10年左右的新自由主义的实践，凡推行之国无一幸免。有人把这十年总结为"被噩梦笼罩的十年"：苏东是倒退的十年，拉美是失去的十年，日本是爬行的十年，美欧是缓升的十年。被联合国认定的49个最不发达的国家，不但没有通过私有化等新自由主义途径富强起来，有的反而更加贫穷了。

特别是最近这次由新自由主义引发的国际金融危机，更是给世界劳动人民带来前所未有深重苦难。危机不仅导致企业经营效益的普遍下滑，工人收入大幅下降；而且造成大量企业破产倒闭，失业人数的大幅度上升；不仅国家的财政收入和社会福利锐减，而且整个世界的贫困人口陡增。据国际劳工组织统计，2009年全球失业人口高达2.12亿人。据世界银行2011年统计，全球新增4600万极度贫困人口。

四　新自由主义的借鉴与反思：走中国特色社会主义道路

批评新自由主义，不等于否定市场经济改革。新自由主义关于市场是有效的资源配置机制，关于加强财政纪律、减少财政赤字、降低通货膨胀率，稳定宏观经济形势，关于反对国家过度干预，提高行政效率并把政府的行为纳入法制轨道等主张，无疑具有合理性，是各国的改革一定要借鉴的。值得反思的是把这些主张极端化，即市场万能论、私有产权神话和无约束的单向自由。特别要警惕国际垄断资本打着拯救全人类的幌子而行掠夺全人类之实，警惕西方敌对势力把推行新自由主义作为"西化"和"分化"发展中国家的重要工具。其实，随着新自由主义危害的日益加深和不断显现，特别是国际金融危机的爆发，世界各国也都在深刻反思并不断抛弃新自由主义。

发达资本主义国家的弱势群体和富豪们以各自的方式表达了自己的立场。其弱势群体通过街头抗议表明了对新自由主义的愤怒。在金融危机爆发后，美国的民众以"占领华尔街"的形式对政府解决危机的不力表示抗议，提出了"我们99%的人不能再继续容忍1%人的贪婪与腐败"的口号，矛头指向资本主义的新自由主义政策。富豪们也意识到了新自由主义的困境。作为资本主义制度的受益者，比尔·盖茨提出了替代新自由主

义的"创造性资本主义"方案①。该方案的主旨是:"让资本主义的这种
为富人服务的属性同样也能够帮扶穷人。"为此,其制度体系有"两大使
命:一是赚钱盈利,二是改善那些无法充分享受市场经济益处的人群的生
活"。这是在新自由主义遭遇发展危机之后,人们纷纷提出的改良资本主
义制度的众多理念之一。另一位富豪"股神"巴菲特于 2011 年 8 月 14 日
公开呼吁对美国国内富豪增税,以帮助美国政府削减预算赤字。巴菲特直
言自己"已经被对亿万富翁们很友善的国会呵护得够久了"。他建议,对
资产超过 100 万美元的富豪提高税率,对资产超过 1000 万美元的富豪,
还应增加额外的税收。

西方国家政府都不同程度地告别了新自由主义,寄希望于新国家干预主
义。新国家干预主义认识到市场调节的局限性,承认政府干预的必要性。资
本的权力也正在得到节制,各国政府正想方设法通过规制资本而抢救资本。

拉美地区各国政府已经从教训中醒悟,毅然地抛弃新自由主义。1998
年 4 月在智利首都圣地亚哥举行的美洲国家首脑会议,明确提出以"圣
地亚哥共识"替代"华盛顿共识"。各国首脑就以下问题达成共识:必须
减少经济改革的"社会成本",使每一个人都能从改革中受益;大力发展
教育事业和卫生等公共事业;不应该削弱国家在社会发展进程中的重要作
用;健全法制,实现社会稳定;提高妇女和少数民族等弱势群体的社会地
位和经济地位;完善和巩固民主制度。

普京在其施政方针的纲领性文件《千年之交的俄罗斯》中,其关键
词是"国家"。"国家主义"、爱国主义和强国意识是普京治国方略的思想
基础,他试图通过加强国家权力,整饬法制,调控市场经济,以实现社会
稳定。这也正契合了已经陷入"历史性疲倦"的俄罗斯人民迫切需要安
定的强烈愿望。

曾经虔诚信奉西方新自由主义的日本经济学家中谷岩在其著作《资
本主义为什么会自我崩溃》中,对新自由主义做了系统的反思。他面对
日本"结构改革"后出现的"人心的荒芜,贫富差距扩大"等状况,尖
锐地指出:"以市场原理为信条的全球化资本主义潜藏着本质性的缺陷,
它无视'社会价值',使社会丧失安心感和安全感,剥夺人与人之间的信

---

① 参见迈克尔·金斯利编著《创造性资本主义破解市场经济悖论》,中信出版社 2010
年版。

任及和谐关系。"① 他通过对日本社会和全球范围种种乖戾现象的深刻剖析和对全球资本主义及市场原理实质的揭露和批判，从心底喊出："别了，'全球化资本主义'！"，并以此句作为全书"序章"的总题目。

中国经过三十多年的改革开放取得了举世瞩目的巨大成就，在国际金融危机蔓延、全球经济不景气之时，华夏这边风景独好！为阻止世界经济继续恶化做出了应有的贡献，负起了一个大国的责任担当。于是，中国道路、中国经验、中国故事、中国模式等命题一时间成了全球关注的研究热点。总结经验，吸取教训，是继续前进的起点。在今后的改革开放和现代化建设中，我们仍然要坚定不移地走中国特色社会主义道路，在所有制结构上，坚持公有制为主体、多种所有制共同发展；在资源配置方式上，充分发挥市场机制的基础作用和政府的宏观调控职能；在收入分配方式上，坚持以按劳分配为主，多种分配方式并存；在两次分配的目标取向上，初次分配和再分配都要注重公平，再分配要更加注重公平；在发展的内涵上，坚持以人为本的全面、协调和可持续发展；在指导思想上，坚持马克思主义的指导地位，自觉抵制各种思潮的影响和干扰。总之，在深刻反思新自由主义的实质和危害的基础上，面对国际局势的云谲波诡，我们必须始终保持头脑清醒，一定要在继续深化改革中巩固和完善社会主义制度而不是削弱和抛弃社会主义制度；在继续扩大对外开放的同时确保国家的主权独立和经济安全而不是丧失其独立和安全；在积极参与经济全球化的进程中高度警惕"全球一体化"的陷阱而不能有意无意地深陷其中；在经济发展和现代化建设中逐步缩小贫富差距，实现共同富裕而不能造成两极分化。

参考文献

［1］程恩富：《新自由主义的起源、发展及其影响》，《求是》2005 年第 3 期。

［2］胡乐明、刘志明、余斌：《从国际金融危机看西方新自由主义》，《人民日报》2012 年 5 月 17 日。

［3］高和荣：《论新自由主义的意识形态本质》，《人民日报》2012 年 5 月 21 日。

［4］朱安东：《认清西方新自由主义的实质》，《人民日报》2012 年 7 月 11 日。

［5］理查德·波斯纳：《资本主义的失败：〇八危机与经济萧条的降临》，北京大学出版社 2009 年版。

---

① 中谷岩：《资本主义为什么会自我崩溃》，社会科学文献出版社 2010 年版，第 33 页。

全球金融危机的马克思主义解读

——兼论资本主义调整的新方向

刘凤义[*]

  2007 年美国次贷危机引发的全球金融危机所造成的影响，远比人们想象的更深、更持久。理论界对这次金融危机众说纷纭，大部分倡导新自由主义的主流经济学家最初并没有认识到危机的严重性，他们按照主流经济学"市场效率假说"的说法，认为危机不过是市场经济运行中暂时出现的失灵状态，通过市场的自我矫正，危机很快就会过去。退一步说，充其量危机不过是货币流动性不足问题，通过美联储、欧洲银行和英格兰银行等中央银行注入资金也可以解决。然而，当美国等发达国家以这些临时"透析"的方式，来医治这次金融危机时，他们越来越发现这次资本主义病症并没有那么简单，资本主义有机体整体都出现了问题，新自由主义经济学家们终于集体失语了。始终批判新自由主义理论的凯恩斯主义经济学家，如斯蒂格利茨、克鲁格曼等，此时发出了强烈的呼声，认为新自由主义经济学该是彻底终结的时候了，凯恩斯主义所倡导的政府调控的资本主义时代重又回来了。而对资本主义经济制度始终能够做出最为深刻的病理解剖的马克思主义经济学家，也日益活跃起来，他们结合此次资本主义金融危机，对资本主义制度在新的发展阶段上遇到矛盾进行了深刻剖析，对资本主义制度的调整方向作出了各种解读。

  在西方，马克思主义经济学家包括很多流派，不同流派的共识在于承

  * 刘凤义，经济学博士，南开大学经济学院经济学系教授，研究方向：马克思主义经济学、制度经济学、资本主义多样性。感谢南开大学经济学系崔学东副教授为本文提供的大量资料，并参与了本文有关内容的讨论，本文观点由作者本人负责。

认此次全球金融危机根源于资本主义制度的基本矛盾，但对此次金融危机具体的病因解释则不尽相同，因此，对资本主义发展趋势的判断也观点各异，下面我们就选择六个最具代表性西方马克思主义流派关于金融危机的不同认识加以评述，然后对我国马克思主义经济学家对金融危机认识的不同观点做一简要归纳，最后，对资本主义调整趋势不同观点进行概括和总结。

一 美国垄断资本学派：金融化导致金融危机

在西方马克思主义者中，以斯威齐、马格多夫、福斯特为代表的学派被称为"垄断资本学派"（因其所主办杂志名称为"每月评论"，因此也称之为"每月评论派"），这个学派最早提出"金融化"这个概念，并对这一现象进行了长期而深入的分析。根据斯威齐的观点，资本主义在20世纪有三个基本趋势：缓慢的经济增长，垄断性跨国公司的扩张以及资本积累过程的金融化。[①] 这三个发展趋势都和垄断资本主义的基本问题——"剩余的吸收"有关。垄断结合寡头定价产生了庞大且不断增长的经济剩余，超越了社会经济在正常消费和投资渠道下的吸收能力。尽管扩大非生产性的消费，甚至浪费活动可以暂时缓解停滞趋势，但这些支出活动都必须满足垄断资本利润为前提，再加上不断恶化的收入和财富不平等，限制了消费需求，使得实际生产能力总是低于潜在生产能力，不能从根本上逆转停滞趋势。因此，垄断资本主义经济的正常状态就是停滞。[②]

垄断使有利可图的投资机会越来越少，特别是不断增加的利润不能被生产领域所吸收。于是就出现了金融化趋势，金融化是垄断资本主义为摆脱停滞，消化经济剩余，以债务消费和资产价格泡沫刺激需求，扩大货币资本积累的手段。

垄断资本学派对金融化的认识是阶段性的。最初，面对70—80年代

---

① Paul Sweezy, More (or less on) Globalization, *Monthly Review*, Vol. 49 (4), 1997.

② 对于战后至70年代的"黄金"增长期，斯威齐认为这是一种特例和反常，是受历史的偶然因素决定的。如二战之后的战争恢复、战时积累的潜在消费能力的释放、战后美国霸权的确立、战争期间军工生产转民用、朝鲜和越南战争的刺激等。随着这些因素逐步消失，资本主义会重新陷入停滞。垄断资本学派也认为，金融资本的发展和垄断密切相关，19世纪末20世纪初的金融资本的发展因1929年大危机而中断，但在凯恩斯主义干预下逐步得到恢复，随着20世纪70年代重新陷入停滞，证券市场、债务和信用的扩张再次成为摆脱积累困境的手段。

的金融扩张，马格多夫和斯威齐延续了《垄断资本》中的逻辑思路，认为这只是垄断资本主义消化经济剩余的一种方式，是对军事开支、广告促销、奢侈性消费、非生产性行业扩大等缓解剩余吸收不足手段的补充。但是，随着80年代以来金融膨胀的日益显著，他们逐步认识到这种金融膨胀是一种长期状态，是垄断资本主义再次陷入停滞的必然结果，是金融和生产"颠倒了的关系"的经济结构变化所致，即由金融部门服务于生产体制的旧经济结构，让位于80年代金融扩张、独立和凌驾于生产体制的新经济结构。

针对80年代关于金融与实体经济的争论，马格多夫和斯威齐详细论述了金融扩张与资本主义生产之间的关系。关于金融与实体经济关系，主流经济学认为，金融是为生产融资的部门，因而金融扩张是生产扩张的前提，是金融推动生产性投资，从而推动了经济增长。左派经济学特别是后凯恩斯主义学派认为，过度的金融扩张会对生产性投资产生"挤出效应"，是对产业资本的浪费，不利于资本主义生产的发展。马格多夫和斯威齐认为，主流经济学观点成立的前提是买卖金融资产的是直接的产业资本家。实际情况是，绝大多数金融交易完全脱离了物质生产和商品贸易，实证研究也不支持金融扩张是为生产融资的结论。他们认为，不能简单地判断金融扩张对资本主义生产是有益还是有害。金融扩张是生产停滞的结果，资本如果不能投入生产领域，就只能投入到金融领域。没有金融的扩张，生产不可能顺利进入增长阶段。左派经济学的问题在于颠倒了金融扩张与停滞的关系，是后者导致了前者而不是相反。他们认为，当资本主义生产陷入长期停滞后，金融资本实质上对资本积累有积极作用，无论投资还是消费，金融化起到了抵消资本主义生产停滞的积极作用。金融扩张"不再是资本积累过程的适度的助手，它正逐渐转变为驱动力"[1]。

在斯威齐上述思想的基础上，福斯特提出资本主义积累是生产资本和货币资本的"双重积累体制"，并且二者存在着分离和独立运动的趋势。但是，货币资本脱离生产资本周期而发展为独立的运动，需要一个成熟的金融资本市场为条件，这只能是发展到垄断资本主义的结果。福斯特由此得出，金融化是垄断资本主义永久化停滞经济结构的必然性。

---

[1] 福斯特和马格多夫：《金融大危机：原因和后果》，每月评论出版社2009年版，第18页。

　　福斯特也看到了这种双重积累体制的不稳定性。垄断资本主义两个相互依存的特征是生产停滞和金融扩张。生产停滞意味着资本家日益依赖金融的增长来维持和扩大货币资本；金融扩张又不能完全脱离生产基础和最终的利润源泉，因而投机泡沫的崩溃就成为反复出现和日益严重的问题；金融化本身并不能克服生产领域的停滞状况。这就是资本主义双重积累体制的矛盾。在这种情况下，资本主义国家从政策上转而采取满足资本金融化积累的要求，不断强化它的最后贷款人角色，提供流动性，纵容资本市场泡沫，对垄断企业和金融机构以"太大而不能破产"为由实施危机救助。这些条件导致"垄断金融资本"的产生。

　　垄断资本学派揭示了金融化是由于生产停滞，资本转而寻求扩张货币资本积累的结果，是当代垄断资本主义的基本经济特征，是推动全球化和新自由主义发展的动力，从而成为目前最有影响力的马克思主义金融化分析。但是，这个理论框架并非没有学术争议。

　　垄断资本学派用"剩余上升规律"替代马克思的利润率下降趋势规律，过于强调垄断企业的加成定价能力对利润分配的影响，忽略了垄断资本仍受竞争关系和价值规律的制约。这种理论使资本主义矛盾变成不断增长的"剩余"的吸收，这本质上是消费不足论，它把矛盾的注意力转向分配和流通，忽略了生产领域这个根源。

　　垄断资本学派不仅把金融化看做是阻止生产停滞的抵消因素，是新的积累方式，甚至是第二增长引擎，否认金融资本对实体经济，特别是产业资本的消极影响。福斯特认为过去三十年中，最大的停滞抵消因素是金融化①。这种对金融和实体经济的认识缺乏辩证性，使他们没有看到金融化积累的暂时性，以及金融危机向现实危机的必然转化。

二　美国积累结构学派：积累结构变化引起金融危机

　　积累结构学派以美国马克思主义经济学家鲍尔斯、大卫·科茨为代表。这一学派认为，资本主义是一种积累的社会结构，也就是说资本主义本质特征是竞争和利润，而追求利润是在一定的制度结构下完成的，这个

---

　　①　福斯特和马格多夫：《金融大危机：原因和后果》，每月评论出版社2009年版，第19页。

制度结构包括高度相关的各种社会关系、法律体系、阶级关系、政党组织、信仰、预期以及生产和消费习惯等。纵向上看社会积累结构在不同历史时期，会不断发生变化；横向看不同国家的社会积累结构不同，从而形成不同的经济模式，如美国资本主义、瑞典资本主义、日本资本主义①。

与垄断学派相同之处在于，大卫·科茨也认为 20 世纪 80 年代以来出现了"金融化"趋势，但他强调他所说的"金融化"，不同于 19 世纪末 20 世纪初的金融资本统治的观点。资本主义诞生以来，制度模式在阶段性地发生变化，新自由主义是资本主义最新的"制度模式"。社会积累结构被理解为一种内在的、持久的资本主义制度结构，它刺激了盈利并为资本积累提供一个框架。根据这一理论，每一种社会结构都更能有效刺激经济达几十年之久，但这种作用到一定程度就停止了，再通过危机的方式形成新的积累结构，各种社会积累结构存在于全球化资本主义不同阶段中，也存在于不同国家中，因为不同国家会有制度的差异性。

战后 40 年代，资本主义形成新的积累结构，其特征为在多个国家乃至世界体系积极的政府经济调控、完善的福利制度、重要的劳资关系合作以及大企业间的合作式竞争模式。20 世纪 70 年代，这种积累结构走到尽头，70 年代后期，形成新的自由主义的积累结构。可见，在科茨那里，新自由主义被看做是一种积累结构，不是一种简单的政策主张。这种积累结构的特征是：清除商品、服务尤其是资本在全球经济内自由流动障碍；政府不再扮演调控经济角色国有企业和公共服务私有化；税收有利于大资本家；从劳资合作转向政府帮助下的资本单方统治；以自由放任的竞争模式代替大企业间的合作竞争模式。新自由主义制度结构作为一种社会积累结构，它带来了发达资本主义国家的利润增长，是一种内在的、持久的资本主义制度结构。

与垄断学派不同之处在于，大卫·科茨并不认为是垄断资本导致金融化，而是 20 世纪 80 年代一系列新自由主义的政策，重构了新自由主义社会积累结构，才出现金融化趋势。当然，公司资本主义自身就具有金融化的内在冲动。公司资本主义意味着公司财产以有价证券形式存在，资本金融化，保证了资本遇到风险，可以转化，资本是安全的，而风险由工人承

---

① 鲍尔斯等：《理解资本主义：竞争、统制与变革》，中国人民大学出版社 2010 年版，第 141 页。

担。金融化趋势受制度安排的制约，而制度安排最终要反映制度形成时期不同阶级和群体力量的对比。

科茨强调金融统治不是新自由主义兴起的原因，战后社会积累结构的危机是新自由主义积累结构产生的原因。新自由主义不仅代表金融资本利益，也代表国家调控积累结构遇到危机时和特殊历史时期资产阶级统一的利益。垄断学派和积累结构学派在金融化与新自由主义之间因果关系的认识上不一致。如果认为垄断导致的金融化在先，新自由主义在后，那么在治理对策上，就不是仅仅消灭新自由主义主张的问题，而是要消除这种主张背后的经济关系。如果认为新自由主义在先，金融化在后，在政策主张上，就是消灭新自由主义政策主张，就能回归经济良性发展。这个问题在中国经济学界也有争论①。

三　美国竞争学派：生产能力过剩才是全球金融危机的根本原因

美国竞争学派的代表人物是布伦纳，他的基本观点认为解释金融危机和经济危机，必须回归到马克思的基本思想：利润率下降规律。布伦纳批判主流经济学家认为金融危机只是金融市场本身问题，实体经济不存在问题的错误观点。布伦纳纳认为，20世纪60年代以来实体经济中资本投资回报率出现持续的下滑，实际工资增长急剧下降，全球制造业过剩，这是源于资本主义世界的过度竞争所导致的。资本家从投资中获得利润越来越少，资本家开始减少工资、福利，政府社会性支出也在减少，最终导致社会总需求不足。

美国金融危机源于房地产泡沫，在机理上是由于美国经济衰退，开始采取自由主义政策，1991—1995年是战后衰退最严重时期，为了再次扩大经济，美国当局最终采取维持低利率、联邦储备局放松信贷鼓励对金融资产投资，随着资产价格飙升，企业和居民在账面上的财富迅速增长。它们可以大肆借款，增加投资和消费，私人赤字代替了国家赤字，这种现象也称之为"资产价格凯恩斯主义"，代替了传统的凯恩斯主义。布伦纳认为危机的根源是利润率长期下降并难以恢复，这是一场"马克思式的危

---

① 大卫·科茨：《金融化与新自由主义》，《国外理论动态》2011年第11期。

机"，而不是"明斯基式的危机"。

布伦纳不认为新自由主义是经济危机的罪魁祸首，相反凯恩斯主义的干预导致的 20 世纪 70 年代利润率普遍下降，才是问题的根源。布伦纳反对福斯特等垄断学派提出的"金融化资本主义"说法，他认为金融扩张不过是一种短期刺激，它不代表资本主义发展的一个经济时代。当实体经济利润率下降，放松管制、降低利率就成为政府刺激经济的必然选择，投机盛行，但这些都是短期行为，很快就会被股市泡沫、房产泡沫或信贷泡沫取代，不能代表资本主义一个发展阶段。布伦纳对凯恩斯主义拯救美国经济不乐观，因为这不仅需要对实体经济的振兴，更需要消除政治阻力。只有当受到人们自下而上组织起来直接行动推动改革的时候，奥巴马政府才可能实施对工人有利的政策措施。布伦纳认为资本主义自身无法克服经济危机，只能通过危机解决危机；大卫哈维提出用空间代替时间。也就是用剥削外围国家的办法来解决。也就是设法输出危机。但全球性过剩如何解决危机，是个不解之谜。布伦纳也不同意美国霸权削弱的说法，他认为短期内美国霸权地位难以撼动，这也是世界经济政治秩序的需要①。

值得注意的是，同样是解释生产停滞的原因，垄断学派将其归因于日益的垄断趋势（而非不断强化的竞争）和剩余上升规律。而布伦纳则把生产停滞归因于不断强化的国际竞争，产生了全球制造业产能过剩和价格下降的压力，导致利润率下降。布伦纳的解释在西方马克思主义学界掀起争论。他的观点被法因、拉帕维查斯和米洛纳基斯等认为是"斯密式"的，仅关注资本间的竞争，没有从劳资矛盾和资本的一般意义上分析利润率问题，背离了传统马克思主义的分析框架②。勒博维茨认为，分析一般利润率必须从资本的一般着眼，从资本的一般来看，存在着资本不断提高对雇佣劳动的剥削率趋势，这个趋势既推动了资本主义生产力的增长，也使雇佣劳动的购买力受到限制，其结果是实现危机。不断强化的竞争只是这个过程的反映③。莫斯利指出，布伦纳混淆了制造业利润率和一般利润率的关系。马克思的一般利润率和竞争或垄断程度无关，某个部门的垄断

---

①　布伦纳：《生产能力过剩才是世界金融危机的根本原因》，《国外理论动态》2009 年第 5 期。

②　Fine, Ben, Costas Lapavitsas and Dimitris Milonakis, *Addressing the World Economy: Two Steps Back*, Capital and Class, 1999, 67, Spring. pp. 45 - 90.

③　Lebowitz, Michael, *in Brenner, Everything is Reversed*, Historical Materialism, 1999.

和竞争程度只影响全部利润量在这个部门的分配，而不影响全部剩余价值量或一般利润率。一般利润率只和资本有机构成、剩余价值率，以及最终剩余价值量和全部投入资本量之比有关。换句话说，对马克思而言，资本的一般是首要的，资本间的关系是次要的。布伦纳和巴兰、斯威齐关注的都是次要的资本间关系，他们的解释表面看是对立的，但由于都假定利润率取决于竞争程度，因而没有本质性的区别①。

　　针对基于竞争或垄断程度分析利润率的批判，福斯特为"每月评论"派坚持当代资本主义是日益垄断化而非不断激烈的竞争作了回应②。他从实证、理论、历史三个方面说明，垄断力量在当代资本主义经济中得到空前的强化而不是削弱。左派经济学追随新古典主流经济学，把日益激烈的竞争作为当代全球经济的特征是错误的。新古典主流经济学坚持竞争性市场的普遍性，目的是从经济和政治上捍卫资本主义。经济上以所谓稀缺资源的合理配置为现有收入分配辩护，政治上强调经济力量的分散是所谓国家民主的基础。它之所以坚持一般均衡和完全竞争模式，回避私人垄断资本的事实，是因为承认这个事实无异于摧毁了其理论体系的上述两个核心主张。这套理论的胜利不是因为它有高超的辩论技巧和一流的研究成果，而是它更符合垄断金融资本利益及其经济政策的需要。福斯特批判了一些马克思主义理论家满足于停留在马克思在《资本论》中基于19世纪市场条件的分析，抛弃垄断这个概念，导致理论体系的混乱，不仅对当代资本主义日益垄断化和积累性质及其矛盾的判断有误，而且在研究方法上脱离马克思主义倒向新古典。

四　美国世界体系学派：金融危机是霸权更迭的一种反映

　　以沃勒斯坦、布罗代尔为代表的世界体系学派，对巴兰、斯威齐、福斯特等垄断学派关于金融化的观点提出了质疑。他们认为金融资本对世界经济的支配不是20世纪初的新生儿，不是资本主义发展新阶段，而是资本主义有史以来反复出现的周期性现象。

---

　　① Moseley, Fred, *The Decline of the Rate of Profit in the Postwar US Economy: A Comment on Brenner*, Historical Materialism, 1999. p. 139.

　　② Foster, Bellamy, et al., *Monopoly and Competition in Twenty - First Century Capitalism*, *Monthly Review*, 2011, 62 (11).

布罗代尔考察了世界资本主义体系的长期积累发展过程，他认为世界资本主义在发展过程中，往往伴随着以霸权国家为中心的兴衰更替。一个霸权国家往往先因商业贸易和工业扩张而崛起，随之由盛而衰转入金融扩张。金融扩张是资本积累规模超出了正常投资渠道要求的表现，是一个国家的资本主义经济发展到成熟阶段和"衰退的征兆"①，也意味着另一个新兴的霸权国家的崛起②。既然是资本积累的周期反映，对资本主义金融危机就不足为奇了，自由主义和凯恩斯主义会交替出现，霸权中心可能会不断转移。在新霸权形成之前，世界体系可能进入长期的无序状态。

阿瑞吉用体系的积累周期概念把布罗代尔的分析框架加以明确。金融化既是世界资本主义体系的积累周期的组成部分，也代表着资本积累模式的转变，即利润的产生主要通过金融渠道，而非贸易和商品生产③。阿瑞吉把马克思资本总公式 M－C－M′ 的含义作了新的诠释。他认为，M－C－M′不仅是单个资本积累的运动逻辑，也是世界资本主义体系在历史发展过程中反复呈现的模式。其中，M－C 为（以产业和商业资本为主）物质扩张阶段，C－M′为金融扩张阶段。M 是可随时部署在任何最具盈利性用途的货币资本，C 是锁定在特定用途不可逆转的商品资本，特别是固定投资，这个阶段的资本积累主要依靠商品生产和贸易。货币资本推动了物质生产力的快速发展，也强化了竞争，当物质生产力的扩张达到一定限度，出现生产过剩和利润率下降时，资本开始从生产和贸易活动中释放出来，转变为金融资本，积累转换到金融扩张阶段。这两个阶段构成一个完整的体系的积累周期④。

沃勒斯坦认为，美国金融危机昭示四个结论：第一是美元作为世界储备货币的作用终结，这就使得无论美国政府还是其消费者都不可能继续推行超级负债政策；第二是重返高度保护主义，不仅在全球北方，而且在全球南方都会出现这个问题；第三是国家重新开始并购失利企业，并推行凯恩斯主义政策；第四是重新采取更倾向于社会福利再分配的政策。

---

① Braudel, Fernand, *The Perspective of the World*, New York : Harper and Row, 1984, p. 246.

② 布罗代尔确认了三个世界资本主义范围的金融扩张周期：16 世纪中期（以意大利热那亚城邦为中心）；18 世纪中期（以荷兰为中心）；19 世纪末（以英国为中心）。

③ Greta R. Krippner, *The Financialization of the American Economy*, Socio－Economic Review, 2005, 3, p. 174.

④ 根据阿瑞吉，从 15 世纪至今，资本主义世界体系经历了热那亚—伊比利亚、荷兰、英国和美国四个积累的体系周期。

沃勒斯坦认为经济危机与霸权更迭危机是相吻合的，此次金融危机很可能会动摇美国霸权地位，但新的霸权在短期内难以形成，世界体系可能会处于暂时的混乱之中。

世界体系理论也有局限性，用霸权国家更替和体系的积累周期，抽象掉了资本主义发展阶段。金融化的周期性不是简单的历史重复，有其阶段性发展的特殊性。它高估了金融资本对资本积累的再生恢复和危机的应变功能。70年代以来的金融化和频繁的金融危机，似乎难以逆转资本主义经济的脱工业化趋势，回归实体经济日益困难。

五　法国调节学派：金融危机标志着美国自由主义模式的破产

以米歇尔·阿格利埃塔、阿兰·李佩姿、罗贝尔·布瓦耶为代表的法国调节学派，注重从货币信用、劳资关系、政府等方面研究经济关系，更注重非市场因素分析，特别是制度因素的影响，因此学术界甚至将其称为"新制度经济学在法国的分支"，当然调节学派不接受这个观点，他们强调自己是马克思主义的方法。

调节学派批评布伦纳的分析，认为布伦纳的分析资料仅仅来源于美国，他坚信美国处于霸权地位，世界经济将一如既往地依靠美国投资和利润状况。阿格利埃塔从市场经济模式多样性角度指出，不同社会结构的资本主义不尽相同，资本主义不等于市场经济，资本主义是一种积累冲动，不能趋于任何一种理想模式。世界资本主义由不对称的强权政治体系构成，各等级之间相互依赖，而主导的金融中心一直享有特权。紊乱是国际关系的存在方式，和谐是例外。阿格利埃塔认为美国和盎格鲁—撒克逊增长模式与日本和德国不同，此外，中国、巴西等新兴国家可能成为增长的新源泉，布伦纳的分析没有考虑制度的多样性和互补性①。

调节学派从制度结构的角度对1929—1933年大危机与此次大危机做了比较，他们认为1929年大危机不是源于货币政策的加重，而是大生产与竞争性工资关系之间的矛盾。战后，这个矛盾得到缓和，进步主义企业与工会之间妥协，合作共赢。这种制度结构持续到70年代终止，美国经

---

① 阿格利埃塔：《新的增长机制诞生》，《国外理论动态》2009年第5期。

济中的增长受阻，收入分配矛盾凸显，工人利益被牺牲，消费信贷增加。政府为了刺激经济，采取货币主义理论倡导的"关注货币，放开市场"观点，结果利率突然上升，企业贷款成本增加，银行不再是人们向往的去处，实体企业因为融资成本过高而走向了金融化，工人也把自己的资金投放到金融市场。

金融化使资本主义发展模式从"福特模式"转向了"华尔街模式"。他们认为福特模式通过协调的劳资关系，人们可以通过组织工会力量、集体协议、最低工资、社会保障，实现收入的提高，这主要表现为日常消费水平的提高。工资妥协促进了消费增长和稳定，在这个经济系统中，消费又进一步促进了生产。但经济全球化打破了这种模式，跨国公司可以到国际市场寻找低成本的劳动力，这样，国内工人的工资纯粹作为企业的成本来核算，工人的消费与生产之间的内在联系被割断了。发达国家企业把一些消费寄托在新兴国家有钱人身上，十年来，新兴国家用欧洲或美国超级消费模式的居民数量翻了多倍。在实体经济上，流通企业控制生产企业，也就是"沃尔玛主义代替了福特主义"；在实体经济与虚拟经济的关系上，华尔街模式代替了福特模式。生产方式的变化导致国内工人地位下降，工作不稳定，劳动合同碎片化。

从企业角度看，增长积累的模式从集体谈判分享模式转变为金融在企业内部控制权力的治理模式，企业不再通过长期积累实现增殖，而是通过金融市场短期完成。华尔街模式即股东价值最大化模式占主导。

对美国如何走出危机，布瓦耶很不乐观，他认为美国政府必须首先修复金融体系的活力，随后努力创建社会保障，特别是医疗卫生领域的保障，以保护利益受损者。美国需要寻找新的经济增长源泉，以弥补福特主义模式崩溃带来的损失，但这需要时间，因此美国会经历很长时间才能走出萧条和停滞。李佩姿提出除了对金融加强监管外，提出全面解决问题的方案，称之为"皈依绿色"，具体说也就是指更有利于雇佣劳动但是转向生态的可持续性消费的新分配。他建议在欧洲建立新的制度调节形式，包括：第一，利用欧洲一体化进程，为非常异质化的欧洲确立统一的最低工资标准，让资本和劳动关系回到公正和人性化上来；第二，加强集体投资，建立一个由人民消费带动的模式，或者符合"人民利益"的切实需求，既可以满足需要，又可以创造更多就业机会；三是绿色增长①。

六 日本宇野学派:金融危机是资本主义结构性危机

伊藤诚是日本宇野学派的重要代表人物,他认为美国金融危机与长期以来新自由主义政策取消密切相关,主要包括:第一是政策性管制的废除。过去存在州政府对住宅贷款利率的上限管制,与信用等级相适应或相匹配的利率设定和产品设计不可能实现,但其管制被解除后,就易于住宅贷款的扩大。

第二是促进性政策方针的作用。特别是 1977 年的地区再投资法和 1982 年的选择性抵押权交易均等法等对面向次贷阶层家庭聚集地区的住宅贷款产生了诱导作用。可以说,其政策目的在于通过引导民间资金来开发移民劳动力等低收入者聚集的贫民窟地区。

第三是技术创新。随着信息技术的进步,信贷得分等个人信用等级评价体系的完善,当初低利率的浮动利率、最初只偿还利息甚至是低于利息的还款、允许以后逐渐增加还款的融资等灵活且最初吸引低收入阶层的融资产品的精细设计和管理成为可能。

第四是非金融企业过剩资金的推动作用。大型非金融企业强化了脱媒趋势,新经济泡沫破灭后,美国的各种金融机构不得不将其贷款重点放在扩大住宅金融上,以便为过剩资金寻找国内运用的出路。这与 2001—2005 年旨在实现景气恢复的低利率政策一道成为抵押贷款公司住宅贷款扩大和促进次级贷款膨胀的重要原因。

回顾一下,资本主义在近代以后的发展中,其金融体系的基本职能是动员社会闲散资金用于资本主义企业的积累扩大。从 19 世纪末开始,劳动大众的积累也作为社会闲散资金的组成部分而被利用。银行等金融机构的贷款对象的重点是资本主义企业。尽管在外围存在着高利贷和当铺这种消费信贷。但这些不同于资本主义金融体系的中心职能,属于处于外围的其他系列,其规模很小。然而,资本主义发展到当代,随着其大企业推进脱媒化,对产业性投资进行充分融资的机会减少,由此,导致了消费信贷和住宅融资的重新启动,以劳动大众为融资对象的攻击性贷款得到扩大,

---

① 赵超:《法国调节学派论全球金融危机》,《国外理论动态》2011 年第 11 期。

从而出现了劳动力商品日益金融化。

伊藤诚认为，美国爆发的次贷危机表明了新自由主义政策的破产。对住宅金融及其多重证券化管制的放松和废除，在强调个人承担风险的同时促进人们获取住房资产及从中产生的抵押债券的证券交易，这些都是信奉市场原理主义的新自由主义的主张。我们看到，随着这次危机的恶化，其对策也是事后性的、市场追随性的，而且是不协调的和不公平的。

不能将危机仅仅归结为管理不当或者是政策失误，它暴露了资本主义经济的不稳定性和内在矛盾。新自由主义主导下的资本主义从社会管制和调控制中解脱出来，劳动力的金融化也像脱缰的野马不受约束。新自由主义理论和政策终结了，但新的理论还不确定，凯恩斯主义并不是唯一选择，马克思主义经济学也许有了用武之地，但不论哪种理论，必须从主流经济学中解放出来，服务于工人阶级的利益①。

七　中国马克思主义经济学家对全球金融危机的认识

中国马克思主义经济学家对美国次贷危机引起的全球金融危机，共识之处在于都认为马克思主义经济学是理解全球金融危机的理论基础，美国次贷危机引起的全球金融危机，本质上是资本主义基本矛盾引起的，是生产过剩的危机。但对这次金融危机的具体形成机理，在解释上存在差别，主要包括五种观点：

第一种观点认为新自由主义政策导致金融危机。这种观点占有一定的市场，认为美国爆发次贷危机，直至引爆全球金融危机，直接原因是新自由主义自由放任政策所导致，少数人借金融发大财，利用美元剥削全世界。当然，深层原因还在于资本主义基本矛盾的激化，即生产资料私人占有与生产社会化的矛盾。这种观点强调中国深化改革必须克服新自由主义的影响，必须警惕新自由主义和凯恩斯主义，坚持中国特色社会主义。这种观点认为不仅中国，包括实行社会主义市场经济的越南、实行"市场社会主义"的白俄罗斯以及实行"21世纪社会主义"的委内瑞拉等国家，经济都呈现出较好的局面。中国应对危机当务之急：注重劳动收入份

①　伊藤诚：《次贷金融危机的历史意义和社会成本：基于日本经验的比较》，《政治经济学评论》2010年第2期。

额的提升、巩固和改善国有经济、推动国际新秩序的建立等①。

第二种观点认为此次危机是资本主义发展阶段转换造成的。这次危机的思想来源是新自由主义，资本主义正向"后国际垄断阶段"过渡，新的资本主义阶段正在形成，这次大危机是生产过剩的危机，也是一种结构性和制度性的危机。要克服危机，必须在经济结构、经济制度和经济关系上进行重大调整。从发展趋势上看，第一，未来10—20年，甚至更长时期，资本主义经济可能陷入低迷；第二，资本主义经济危机将可能引发政治危机和社会危机；第三，资本主义将力图寻找新的积累道路，并掀起新的技术革命，这二者结合需要时间，未来关于新能源技术和医疗健康方面的技术，将成为新的增长点；第四，美国霸权地位有所下降，但由于其在科技和军事方面的实力，不会受到根本性挑战②。

第三种观点认为本次金融危机是"金融主导型的马克思式危机"。这种观点认为美国金融危机是"马克思式的危机"，但不同于以往的经济危机，是因为经济关系发生了新变化，主要体现在：第一，在资本形态上，资本社会化空前提高；第二，在资本结构上，金融业资本相对于非金融业资本占主要地位；第三，在资本占有剩余方式上，通过虚拟经济再分配剩余占主要地位；第四，在资本的实现条件上，发达国家对外部市场依赖性提高。以上特点表明，资本主义已经发展到新阶段，西方马克思主义者对这个阶段有不同称呼："国际垄断资本主义阶段"、"金融垄断资本主义阶段"、"新自由主义资本主义阶段"。这种观点认为资本主义发展到了新阶段，并将其概括为"金融化全球化的垄断资本主义阶段"。

本次金融危机特点不同于传统工业主导型经济危机，而是一场金融主导型经济危机。工业主导型金融危机中，也会出现金融危机，但那里货币信用关系剧烈波动和金融危机是派生的，原动力是工业部门。但这次危机则不同，其驱动力不是根植于工业部门，而是金融领域。此次金融危机的根本性质是不是生产过剩的危机，这在理论界有很大争论。这种观点认为，尽管这次危机金融因素是先导性的，但深层基础仍在实体经济领域，根本原因在于实体经济的生产过剩和需求不足。这场危机不仅反映了资本

---

① 刘国光、杨承训：《关于新自由主义思潮与金融危机的对话》，《红旗文稿》2009年第4期。程恩富、大卫·科茨：《金融性危机的根由：新自由主义的资本主义——中美两位经济学家的对话》，《理论参考》2008年第11期。

② 李琮：《关于美国霸权问题论争的评析》，《世界经济与政治论坛》2009年第2期。

主义经济矛盾继续深化，而且表明当前资本主义全球化下生产过剩和积累过剩非常严重，加剧了资本主义的腐朽性和不稳定性，削弱了资本主义的政治影响。当然，资本主义还是具有适应生产社会化的自我调整能力，资本主义最本质的特征并没有改变，现代资本主义发展和演变既不会改变主导地位的资本主义制度的性质，也不能消除资本主义生产和积累体制过程中内在矛盾。短期内美国在世界的主导地位不会改变①。

第四种观点认为此次危机是资本主义经济长波下的危机。这种观点认为，资本主义经济危机可以分为两类危机：一类危机是资本主义周期性危机，是指生产在供求总量上失衡带来的危机；另一类危机是结构性危机，是指资本主义发展阶段的危机。这种危机的与康德拉季耶夫周期波动相联系，周期性经济危机就增长波动来看，通常是"退一步进两步"模式，即在复苏中逐渐达到繁荣高点，然后进入新危机，是一种螺旋式上升。周期性危机比较密集，5—10 年就有一次。而结构性危机是长波引起的危机，一个长波往往包括多次周期性危机，长波周期一般 50 左右发生一次。

长波周期发生的机理有两种解释：一种是以熊彼特为代表的"创造性破坏"理论。这种理论强调技术创新对经济长波的影响。技术革命的创新、成熟和扩散是引起长期波动的决定性因素。另一种观点是以马克思主义经济学家曼德尔为代表的"破坏性适应"理论。这种理论强调资本积累制度性条件变化对经济长波的决定性影响。这种观点认为，经济长周期最初是由于利润率下降引起经济收缩，这是通过经济刺激可以使经济暂时复苏，进入第一个"拐点"，但接下来，一系列的非经济因素会引起经济进入第二次萧条，包括阶级斗争、社会动荡、战争等，从而陷入长期萧条。美国积累结构学派理论就是一定程度上发展了曼德尔的理论，认为资本积累的长期波动受制于国内和国际制度环境和制度安排的影响。

根据长波理论，此次全球金融危机是结构性危机，很可能是新一轮长波的下降期的到来，那将意味着金融危机要持续 10 年或更长时间的萧条期。这种观点认为，战后五六十年代的"黄金增长期"不过是长波中出现的短暂繁荣，90 年代的美国"新经济"也不过是长波中暂时繁荣的表

---

① 高峰：《关于当前全球金融——经济危机的几点看法》，《经济学动态》2010 年第 2 期。

现。此次金融危机预示着长波下降趋势的开始①。

第五种观点认为此次金融危机是货币虚拟化引起危机。这种观点主要从世界货币体系角度解释金融危机，认为美国经济发展中虚拟经济严重脱离实体经济，黄金非货币化为美国长期、巨额的经常项目逆差和资本项目顺差提供了条件，这刺激了美国虚拟经济的膨胀。经济虚拟化以货币虚拟化为起点，集中表现为全球虚拟资产的迅速泛化。因为货币虚拟化的加深，在全球范围内产生了国际货币与非国际货币的区分，这为国际货币发行国换回大量商品和资源提供了条件，使得全球经济失衡成为可能并不断加剧。世界经济虚拟化导致了全球经济的失衡，使得西方发达国家的虚拟经济由全球的实体经济发展所支撑，它们享受着世界范围内高增长地区的经济利益，扩大了国际间的贫富差距，发生了全球金融市场的动荡和世界货币体系的危机。在这种背景下，对此，必须建立一个能够顾及各国利益的国际货币体系，协调虚拟经济与实体经济的发展，应对当前的金融危机。中国只有通过人民币国际化、发展和完善虚拟经济国际化交易平台、通过资本项目的逆差来对冲经常项目的顺差等手段，才能解决当前宏观经济的多重困境②。

八 对资本主义未来调整的认识

金融危机以来，对资本主义发展方向的辩论越来越成为重要话题，从学术界到政界再到各种媒体，发出各种各样的声音。对资本主义制度批判的声音很强烈，为资本主义辩护的声音也不示弱。面对全球金融危机，资本主义向何处去，是一个值得深入思考的问题。

第一种观点："小修小补"论。这种观点信奉自由市场力量，相信"市场效率假说"，认为金融危机仍然是市场经济运行中的偶然现象，通过市场自我修复，是可以克服金融危机的。这种观点强调，金融危机与凯恩斯主义的政府干预密切相关，正是由于政府的干预，导致市场扭曲，爆发金融危机。他们坚信资本主义仍是全世界很多人很向往的制度，它创造

---

① 许健康：《经济长波与跨越"卡夫丁峡谷"的中国道路》，《国外理论动态》2011年第12期，或参见 http://v.youku.com/v_show/id_XMTE5NTAxNTg4.html。

② 刘骏民、李凌云：《世界经济虚拟化中的全球经济失衡与金融危机》，《社会科学》2009年第1期。

了财富，机会和自由。资本主义作为价值和理念没有大问题，资本主义正在经历艰难的阶段，但是没有其他制度像资本主义这样改变了人类。持有这种观点的人认为，目前金融危机，不过是流动性出了问题，政府注入足够的货币是可以解决的。至多，下一步就是对金融市场中的监管漏洞等进一步修补，包括对金融资本家们加强道德教育，提高他们的社会责任感。也有一些保守主义者为了维护资本主义制度，试图把资本主义与美英资本主义模式区别开来，他们认为金融危机证明是美英自由资本主义模式的破产，但这不意味资本主义制度本身有问题。这派观点目前并没有太大的说服力，与整体世界经济的发展态势、各个国家的政策取向都相背离。

第二种观点是"深层修复论"。这种观点认为此次全球金融危机暴露出资本主义制度存在深层矛盾，但认为资本主义制度仍然有自我修复能力。要走出危机，必须对资本主义制度进行深层修复。持这种观点的既有凯恩斯主义经济学家，也有马克思主义经济学家和其他左派经济学家。他们共同观点认为资本主义深层矛盾是由于新自由主义政策主张带来的。新自由主义政策在市场层面放松金融监管，催生经济的金融化、泡沫化。在深层制度层面，导致资本力量过强，劳动者地位被削弱，劳资关系出现不平衡，有效需求不足成为必然。"深层修复"观点认为对资本主义制度进行全面改良，包括加强国家宏观干预，甚至采取长期"国有化"方案；以德国为榜样，恢复实体经济与虚拟经济的平衡发展，在美国这样的国家实行"再工业化"；学习北欧的瑞典、丹麦模式，加强社会保障，提升劳动者的社会地位，缓和劳资关系，等等。这些变化不是市场层面的小修小补，而是整个资本主义制度的深层修复。

第三种观点"制度变革论"。这种观点认为，全球金融危机暴露出资本主义的腐朽性和深层矛盾，靠资本主义自身的调整，已经难以走出危机和萧条，资本主义已经走向了穷途末路。资本主义的发展方向或者长期萧条，或者制度彻底变革。而长期萧条最终结果也是发生制度革命。持这种观点的人大多对中国模式持有好感，认为中国模式成功发展，体现了不同于资本主义制度的新制度模式，更具有优越性。中国模式值得资本主义世界认真研究和学习。

本文认为认识资本主义调整方向，要把资本主义经济、社会发展实践置于资本主义社会基本矛盾中，即生产力和生产关系、经济基础和上层建筑的矛盾，这是一种系统观。资本主义经济危机是全面的社会危机，仅仅从一个方面无法认清。我们可以把资本主义经济危机置于制度的物质基础和制度结构中系统考察。

在马克思的唯物史观中，社会制度结构首先是建立在生产力物质基础上的。社会制度结构包括中心制度和外围制度，中心制度体现基本经济关系本质内容。资本主义中心制度体现为"资本雇佣劳动关系，追求剩余价值"。外围制度是保护中心制度的"保护带"，包括很多层次，比如处于生产关系与上层建筑交叉的产权等外围制度；处于上层建筑层面的国家、文化、意识形态的外围制度等。不同层面的外围制度对中心制度的保护重要性不同。

资本主义金融危机是资本主义外围制度调整造成的后果，具体说就是新自由主义政策主张带来的恶果。资本主义模式调整必然是一个制度结构的系统调整过程，这种调整首先不会对中心制度产生动摇，也就是说资本主义生产关系的内核不会产生根本性的变化。资本主义外围制度会有不同程度的调整，美国模式和北欧模式在外围制度的调整上会不同。

资本主义外围制度调整不会一蹴而就，这是因为外围制度的调整本质也是一种利益关系的调整，这个过程是各种利益主体之间的博弈过程，新制度的形成需要各种力量的反复博弈。美国华尔街运动不了了之，证明了要做出触动大资本利益的政策调整和制度安排是很难的。奥巴马政府上台以来，对中下层选民承诺的多，兑现的少，也是这个道理。在制度的边际调整过程中，会出现"制度不对性"问题，这样即使有一部分制度发生了调整，但在没有形成有效的"新制度合成体"之前，制度效率难以发挥出来。可见，无论是美国模式、还是德国模式、日本模式等，哪种模式最先遵循经济绩效和社会绩效相结合的原则，形成制度合成体，哪种模式就最先走出危机。

从目前来看，资本主义制度调整方向必须是制的"深层修复"，这种修复包括激励技术创新的不断涌现，保证实体经济的恢复；保护劳资关系的平衡发展，提高劳动者收入，扩大有效需求；提供更多的社会保障和教育，使劳动力再生产顺利实现，避免劳动商品的"金融化"，等等。总之，这种制度的深层修复必须朝着尊重中下层群体利益的方向演进，促进经济系统的良性循环。但这种演进的速度不容乐观，这也意味着资本主义经济可能还会持续萧条 10 年抑或 20 年。

马克思资本主义金融不稳定思想研究

赵英杰[*]

2008 年金融危机以后，关于资本主义金融不稳定的分析在学术界受到普遍重视，海曼·明斯基的相关学说为西方主流经济学界所认同。马克思本人关于资本主义金融不稳定的分析，由于具体时代相隔遥远和相关研究内容本身的复杂性，则显得湮没无闻。他的相关分析对于马克思主义经济学阐明现实资本主义金融不稳定的原因、发展过程及发展趋势，阐明资本主义经济总体发展的历史趋势具有基础性意义，需要进行系统归纳和整理。

马克思关于资本主义金融状况的分析，集中于《资本论》第 3 卷第四篇和第五篇中。研究主要围绕生息资本，特别是生息货币资本展开。马克思认为，其他形式的生息资本，都是由生息货币资本形式派生出来的，并以这个形式为前提①。马克思所研究的资本主义金融体系，以英国为典型代表，涵盖银行体系（作为准中央银行的英格兰银行及其他私人银行、股份制银行）、汇票发行和交易体系、股票和国债等其他有价证券的发行和交易体系。其特点主要包括：（1）可兑现银行券代替金属货币流通；（2）存在作为国家银行与私人银行混合体的中央银行；（3）银行体系实行部分存款准备金制度；（4）《1844 年银行法》的存在。

一 资本主义条件下金融不稳定的内生因素

按照马克思在《资本论》第三卷第四篇和第五篇中对于资本主义条

---

* 赵英杰，中国人民大学经济学博士，南京政治学院讲师，研究方向为马克思主义经济学。
① 《马克思恩格斯文集》第 7 卷，人民出版社 2009 年版，第 442 页。

件下金融运行的分析，所谓资本主义金融的不稳定表现为金融运行的不连贯，突出表现为短时期内对信用和货币资本（作为支付手段、流通手段的货币）的需求普遍无法得到满足，信用停止，出现货币资本荒。导致资本主义金融不稳定发生的内生因素，按照马克思的分析，主要包括以下三个方面。

（一）汇票经纪人营业方式的不稳定性

马克思指出，汇票经纪人占用大量银行资金，在推动借贷和生产规模不断扩大的同时，其经营方式也存在着明显缺陷。

1. 汇票经纪人自身经营方式的四点缺陷

伦敦的汇票经纪人主要通过负债从事经营活动。汇票经纪人不断用他们已贴现的汇票作保证向地方银行大量借款。马克思曾经引用英国《商业危机》报告（1847—1848）第 53 页利物浦股份银行的董事亚·霍奇森话的一段话说明这一点："我们的习惯是，至少把我们的全部存款的十分之九和我们从别人手里得到的全部货币，以一天天到期的汇票的形式保存在我们的票据箱内。"[①] 银行家借给伦敦汇票经纪人的大量货币，又被汇票经纪人用来再贴现新的汇票。另外，陆续到期的汇票的收入也主要用来为新的汇票进行贴现。

汇票经纪人的经营方式的不稳定性表现在以下四个方面，（1）掌握在汇票经纪人手中的银行家的存款，银行家可以随时提取，这在货币市场出现整体性紧张时，极为不利；（2）伦敦的汇票经纪人在进行巨额交易时，没有任何现金准备，虽然紧急情况下，可以向英格兰银行借款，但货币市场紧迫时期，英格兰银行就会提高它的贴现率，同时，很可能会限制它所贴现的汇票的有效期；（3）汇票经纪人自有资产与负债之间存在着严重的不平衡，按照马克思所引用的数字，1857 年出现停止支付的汇票经纪人，其中一家的自有资产与负债比超过了 1∶117，另一家超过了 1∶88[②]，一旦整个货币市场出现紧迫，汇票经纪人的支付必然出现问题；（4）汇票经纪人的经营行为缺乏进行自我约束的内在动力，汇票经纪人所使用的很大一部分资本为社会资本，支付高额利息也不是用利润而是用

---

① 《马克思恩格斯文集》第 7 卷，人民出版社 2009 年版，第 463 页。
② 参见《马克思恩格斯文集》第 7 卷，人民出版社 2009 年版，第 538 页。

别人的资本，这使得汇票经纪人和那种亲自执行职能、小心谨慎地权衡其私人资本的界限的所有者完全不同，在为汇票经纪人对于汇票本身质量的关注不足。

2. 汇票经纪人的经营行为缺乏有效的外部制约

各地方银行，通常将它们的剩余基金（即英格兰银行的银行券）送到伦敦的汇票经纪人那里去，而伦敦的汇票经纪人则把贴现的汇票送回给它们。也就是说，伦敦汇票经纪人发放的其实只是他的银行家的贷款，而银行家贷给他的又是自己的存款人的货币资本，这些存款人就是产业资本家和商人自己，也有工人（通过储蓄银行），以及地租所得者和其他非生产阶级①。这部分存款人，分散存在于不同地区，无论是存款人还是银行家，对于汇票经纪人如何使用他们的货币资本不了解，也无法控制，这为汇票经纪人的信用欺诈提供了可能。

3. 汇票作为可能的货币资本的属性对于汇票经纪人经营稳定性的影响

这里暂时不考虑部分汇票的欺诈性质，假定汇票本身以真实的商品交易为基础展开。汇票经纪人已经贴现的汇票如果其市场价值发生跌落，必然给汇票经纪人带来损失。至于跌落的原因，上文中已有说明，这里主要强调的是由于再生产过程受到扰乱而导致的汇票价格的跌落。

汇票在其作为产业资本家和商业资本家的支付凭证时，代表的是一定数量的商品资本的货币价值。这种货币价值本身会发生伸缩。因为商品资本本身同时也是货币资本，是表现在商品价格上的一定的价值额。商品资本作为使用价值，它是一定量的有用物品，这些物品在危机期间出现过剩。但是，作为货币资本自身，作为可能的货币资本，它总是处在不断的扩张和收缩中。在危机前夕和危机期间，商品资本在作为可能的货币资本的这个属性中会表现收缩。商品资本对它的持有者和这些持有者的债权人（以及作为汇票和贷款的担保）来说，同它被买进和用作贴现和抵押的依据的时候相比，只代表更少的货币资本。此种情形下，持有汇票的汇票经纪人的损失就不可避免。汇票本身所代表的债权能否实现以及实现的程度，根本上说，不由金融自身的因素决定。

① 《马克思恩格斯文集》第 7 卷，人民出版社 2009 年版，第 548 页。

（二）金融体系中的投机性欺诈性投融资

在金融体系中，各类有价证券成为投机性欺诈性投融资的重要工具。

汇票除可以作为产业资本家和商业资本家的支付凭证外，空头汇票还成为投机者套取资金的重要工具，具体方式有两种：第一类，新签发的汇票本身不代表任何现实营业，只是替代另一张已经在流通的快到期的汇票，通过单纯流通手段的制造，制造出虚拟资本，供投机使用，在货币过剩和利息率低廉的时候，这个方法被广泛使用；第二类，新开出的汇票代表现实营业，但它之所以被经营，不过是为了要凭它开出汇票，马克思引用了大量资料说明 1847 年从事投机活动的商人在东印度市场和中国市场上的欺诈：一个从事对印度贸易的投机商可以从伦敦的商行那里获得巨额信用，他给该商行 1% 的手续费，按如下的条件对它商行开出汇票，送往印度的商品所得的货款，将交到伦敦这家商行，双方默契，这家伦敦商行不必实际付现，而是采用使汇票延期的方法，直到货款流回时再行付出，而货款流回至少需要十二个月，但商行承兑的这张汇票则早已被投机商拿到银行去贴现，换取资金。银行对于这类汇票的态度则是，即使意识到这类汇票要延期，通常也会给予贴现①。这在当时已经发展成为一种专门为获得贷款而实行委托销售的制度，这使得汇票本身的资本回流变得完全不可能，最终导致大量商品无法卖出，崩溃发生。

关于股票投机欺诈，马克思提到股票从一开始可能代表的就是股份公司发起人的欺诈性营业，在股票交易所中也充满了投机和欺诈。此外，马克思还说明了在股票认购过程中的投机行为。1844 年夏季以后，为了分享铁路投资带来的高额利润，商业资本家使用远远超出自身拥有的流动资金所许可的范围进行过度的投机活动，即尽可能多地认股铁路股票，只要有钱足够应付第一次缴款，就把股份认购下来；当以后付款日期来到时，不得不求助于货币信用，这时的货币信用容易得到，而且便宜。但商行的基本营业多半也只好为此而蒙受损失。

关于金融体系中投机欺诈发生的根源，马克思认为，不是来自于人性中的贪婪，而低利息率和低利润率才是导致资本主义经济制度下信用投机欺诈盛行的直接原因。如果利润率下降，那么一方面，资本就紧张起来，

---

① 参见《马克思恩格斯文集》第 7 卷，人民出版社 2009 年版，第 464—465 页。

个别资本家就用更好的方法等，把他的单个商品的个别价值压低到它的社会平均价值以下，因而在市场价格已定时赚得额外利润；另一方面，就出现了欺诈，而普遍助长这种欺诈的是狂热地寻求新的生产方法、新的投资、新的冒险，以便保证取得某种不以一般平均水平为转移并且高于一般平均水平的额外利润①。

这一点从投机欺诈发生最多的时间也可以得到验证，"异乎寻常的欺诈行为往往和低利息率结合在一起"②，但低利息率不一定意味着欺诈的普遍发生。具体来看，马克思引用了吉尔巴特《银行实用业务概论》1849 年伦敦第 5 版第 1 卷第 149 页的一段话进行说明："在第一个时期，也就是紧接在营业不振时期后面的那个时期，货币充裕，但是没有投机；在第二个时期，货币充裕，投机盛行；在第三个时期，投机开始减弱，人们寻求货币；在第四个时期，货币奇缺，营业不振开始。"③ 在第二个时期投机性和欺诈性融资开始出现，在总融资额中所占比重逐步上升，第三个时期投机性融资达到顶点。

（三）作为最终贷款人的中央银行金属准备的流出和存款准备资本实际量的下降

英格兰银行作为事实上的中央银行，居于整个金融体系的中心。按照 1844 年英国《银行法》的规定，英格兰银行内设发行部和银行部，金属准备和存款准备则分属于发行部和银行部。

1. 准备下降的方式和原因

对于英格兰银行发行部金属准备流出的具体含义及其数量界限，马克思指出："如果减少的运动持续很长时间，以致减少竟表现为运动的趋势，并且银行的金属准备下降到显著地低于中等水平，几乎达到这个准备的平均最低限度，那么，金属的输出就会采取流出（drain）的形式。而这个平均最低限度多少是任意规定的，因为它是由有关银行券等等的兑现保证的立法在不同情况下分别规定的。"④ 导致英格兰银行发行部金属贮藏下降的直接原因包括：（1）金属货币作为世界货币向外流出；（2）作

---

① 《马克思恩格斯文集》第 7 卷，人民出版社 2009 年版，第 288 页。
② 同上书，第 406 页。
③ 同上书，第 404 页。
④ 同上书，第 642 页。

为银行券兑现保证向国内流出；（3）二者同时发生。

英格兰银行发行部存款准备的名义量等于该行有权发行的银行券超过流通中的银行券的数额。这部分准备资本具有双重存在，一方面它是该行接受存款的准备金；另一方面按照法律又是该行可以支配的银行家资本。这使得部分准备资本的一部分以债权（汇票），国家证券（它代表过去的资本）和股票（对未来收益的支取凭证）方式存在。英格兰银行发行部存款准备的实际量与这部分证券的实际市场价值有着直接联系。

国家证券和股票所代表的资本的货币价值是完全虚拟的，在现实资本的价值不发生变化时，它们的市场价值，会随着它们有权索取的收益的大小和可靠程度而发生变化，还部分地具有投机性质，因为这些证券的市场价值不是由现实的收入决定的，而是由预期得到的、预先计算的收入决定的。如果假定现实资本的增殖及其可靠程度不变，或者像国债那样，资本已不存在，年收益已经由法律规定，并且又有充分保证，那么，这种证券的价格的涨落就和利息率成反比。

在货币市场紧迫的时候，汇票、国家证券和股票的价格会发生双重跌落；第一，是因为利息率提高；第二，是因为这种有价证券大量投入市场，以便实现为货币。不管这种证券保证它的所有者取得的收益，像国家证券那样是不变的，也不管这种证券所代表的现实资本的增殖像在产业企业中那样会因再生产过程的扰乱而受到影响，在这两种场合，这种价格跌落的现象都是会发生的。只是在后一种场合，除了上述贬值以外，还会进一步贬值。汇票、国家证券和股票市场价值的跌落直接造成银行部存款准备资本实际量的下降。

2. 发行部金属准备的流出是导致金融不稳定发生的重要原因

英格兰银行对存款负债，这部分负债，除了以公共存款、银行家和其他人的准备金等作保证外，只剩下发行部的金属贮藏。而这部分金属准备下降的影响绝不仅仅只限于英格兰银行，它同样会对其他私人银行和股份制银行的准备金发生影响，因为这也是它们存放在英格兰银行里的准备金的一部分的流出。英格兰银行的金属准备，实际上是中央准备金或中央金属贮藏，国家的全部营业都是在这个基础上进行的。可以说，它是国家全部营业的枢纽；国内所有其他银行，都把英格兰银行看作中央的贮藏库或它们取得硬币准备的蓄水池。这部分金属准备承担的职能包括：作为国内银行券兑付的准备金的职能；作为世界货币的准备金的职能。第一项职能使得银行部存款准备资本实际依附于发行部的金属贮藏。

. 在真正的货币紧迫时期，英格兰银行就会不顾单由银行券构成的银行部准备金，而紧紧盯住金属贮藏；如果它不想破产，它就必须这样做。因为，随着金属贮藏消失，银行券的准备金也相应地消失①。因此，每一次因金的流出而引起的金属贮藏的减少，都会加深整体性危机。

二 金融不稳定与资本主义经济危机的发生

金融不稳定是经济整体危机的诱发因素还是决定性因素，是金融不稳定问题研究中的一个重点。对于该问题的分析，马克思首先明确了资本主义生产是以信用为基础的生产制度，再生产过程的全部联系都建立在商品信用和货币信用基础之上。以这一认识为基础，马克思对上述问题的分析可以做如下概括。

假定：（1）整个社会只是由产业资本家、商业资本家和雇佣工人构成，此时，有商业信用，但无货币信用；（2）暂时不考虑商品价格的普遍跌落对社会总资本补偿和再生产的影响，这种影响的具体内容是商品价格的普遍跌落导致社会总资本的大部分不能在平均状况下得到补偿（危机时暂时的情况），并且由于整个再生产过程的普遍联系（特别是通过商业信用而得到了发展），这种变动必然总是引起暂时的普遍停滞；（3）撇开商业信用制度所助长的买空卖空和投机交易。

在以上假定下，不存在金融的不稳定，但危机依然会发生，导致经济危机发生的因素有三个：（1）各个部门生产的不平衡；（2）资本家的消费和他们的积累之间的不平衡；（3）工人消费能力的有限。第三项因素马克思认为是最根本的因素："一切现实的危机的最终原因，总是群众的贫穷和他们的消费受到限制，而与此相对比的是，资本主义生产竭力发展生产力，好像只有社会的绝对的消费能力才是生产力发展的界限。"② 至于工人消费能力有限的原因，马克思认为，一方面受工资规律的限制；另一方面受以下事实的限制，即他们只有在能够为资本家阶级带来利润的时候才能被雇用。

---

① 《马克思恩格斯文集》第7卷，人民出版社2009年版，第610页。

② 同上书，第548页。

　　放松上述的第一项假定，即除产业资本家、商业资本家和工人外，整个社会还包括借贷资本家、银行家、地租所得者和其他非生产阶级。放松这一假设的重要目的是考虑货币信用体系的存在对于整个社会经济体系的作用。这种作用按照马克思的分析主要表现在三个方面：（1）信用制度和银行制度把社会上一切可用的、甚至可能的、尚未积极发挥作用的资本集中起来，交给产业资本家和商业资本家来支配；（2）产业资本家和商业资本家正常营业所需的巨额准备资本得以节约，因为流动资本通过借贷可以解决，还因为他们之间债务的支付可以使用来自伦敦的有银行背书的汇票；（3）产业资本家和商业资本家资本周转不必依赖于现实资本的回流，商品最终需求和生产之间的联系显得遥远而甚至变得可以暂时不予考虑。

　　放松上述的第三项假定，考虑空头汇票和空头信用对于社会在生产过程的影响。在上述分析中曾经谈到，因为有单纯的空头汇票，部分地因为有那种专门以伪造汇票为目的的商品交易，社会再生产过程的全部联系变得更加复杂，以致在资本回流实际上早已只有一部分靠牺牲那些受骗的贷款人，一部分靠牺牲那些受骗的生产者才能实现之后，营业扎实可靠、回流十分顺畅的假象，还能保持下去。空头汇票和空头信用推动了生产的盲目发展。

　　放松第一项和第三项假定后，金融不稳定的问题开始显现，危机发生时，最突出的问题似乎只是在于汇票能否兑换为货币。而造成汇票无法兑现的原因，除了多数汇票代表的现实买卖的扩大远远超过社会需要的限度之外，还由于这种汇票中也有惊人巨大的数额，"代表那种现在已经败露和垮台的纯粹投机营业；其次，代表利用别人的资本进行的已告失败的投机；最后，还代表已经跌价或根本卖不出去的商品资本，或者永远不会实现的资本回流"①。信用制度表现为生产过剩和商业过度投机的主要杠杆，按性质来说可以伸缩的再生产过程，在这里被强化到了极限，最终导致商业信用和货币信用体系本身崩溃。

　　在关于金融不稳定实际发生原因的讨论中，中央银行金属货币在某一时段向外流出是主要原因之一。关于金属货币向外流出与国内借贷货币资本市场紧迫性的关系，恩格斯说明了导致金属货币流出的不同因素对国内

① 《马克思恩格斯文集》第 7 卷，人民出版社 2009 年版，第 555 页。

借贷货币资本市场影响的差异。

恩格斯指出，如果贵金属的这种流出是一定时期商品输入和输出比例的结果和表现，规模比较大，持续时间比较长，英国银行的金属准备金就会被动用，以英格兰银行为首的英国货币市场就必然会采取保护措施。这种保护措施，主要就是提高利息率。在金大量流出时，对货币形式的借贷资本的需求会大大超过它的供给，因此，较高的利息率就会自然而然地形成①。

如果导致对外支付额增加的原因是投资，并且对外投资是以贵金属的输出的方式进行，在银行券可兑换金属的情况下，较大数额的金属输出一定会直接影响贵金属输出国的货币市场，从而抬高其利息率。

如果资本输出是以商品的形式输出，就不会对贵金属的流动构成影响，因为被输出国不需要为此付款，它也不应该对货币市场发生影响。只有当英国的对外投资限制了英国的商业输出（这种输出应得到支付，因而会产生货币的回流），或者这种投资总的来说已经是信用过度膨胀或欺诈活动开始的象征时，才会出现区别。

三 金融不稳定的动态形成过程及其与实体经济周期的关系

马克思从利息率变化角度，对于金融不稳定与实体经济周期波动二者之间动态关系的说明，也证明了导致经济周期波动的最基本因素来自于实体经济。

在经济周期的危机阶段，借贷货币资本的过剩和产业资本的收缩结合在一起，对于这一阶段借贷货币资本大量闲置不用的原因，马克思认为，借贷资本的增加，正是由于产业资本的收缩和萎靡不振造成的。当商品价格下跌，交易减少，投在工资上的资本收缩时，所需的流通手段就会减少；另外，在对外债务一部分由金的流出，一部分由破产而偿清之后，也就不需要追加的货币去执行世界货币的职能了；最后，汇票贴现业务的规模，随着汇票本身的数目和金额的缩小而缩小。因此，对借贷货币资本的需求，不论是用于流通手段，还是用于支付手段（这里还谈不上新的投

---

① 《马克思恩格斯文集》第7卷，人民出版社2009年版，第651页。

资），都会减少，这样，借贷货币资本相对说来就充裕了①。

在萧条阶段，产业资本的停滞和借贷货币资本的过剩结合在一起。而复苏阶段是唯一的这样一个时期，这时可以说低利息率，从而借贷资本的相对充裕，是和产业资本的现实扩大结合在一起的。但借贷货币资本的充裕不是产业资本扩大的原因。相反，正是由于这一时期商品资本所代表的货币资本容易并且有规则地流回，加上商业信用扩大，保证了借贷资本的供给，防止了利息率水平的上升。但与此同时，没有准备资本甚至根本没有任何资本而完全依赖货币信用进行投机的汇票经纪人开始大量涌现。此外，还有各种形式的固定资本的显著扩大和新型大企业的大批开设。在复苏阶段的末期，利息率提高到它的平均水平②。

在生产周期的萧条和复苏阶段，商业信用还不大需要银行信用或者正是产业资本家和商业资本家迫使货币资本家接受条件的时候。商业信用对银行信用的相对独立性，是以货币不断回流，信用期限短，主要用自有资本进行经营为基础的。在这两种场合，现实积累过程的扩大都会得到促进，因为在第一种场合同低廉的物价相结合的低微利息，以及在第二种场合同缓慢上升的物价相结合的低利息，都会增加利润中转化为企业主收入的部分。

在生产周期的高涨阶段，也就是产业资木过多的阶段，与之相伴随的是信用的缺乏和高利息率。在资本回流不畅，市场商品过剩，虚假的繁荣单靠信用来维持，就是说，只要对借贷资本已有极为强烈的需求，利息率因此至少已达到它的平均水平，流出，即贵金属的不断的大量输出就会发生③。在银行券可兑换金属货币的情况下，其存量过低，会导致银行被迫将收回的银行券销毁，流通中的银行券会被贮藏，进而流通手段缺乏，加剧借贷货币资本市场的紧张程度。

表现在利息率上的金融不稳定的动态形成过程，与实体经济周期的运动过程总体上是按相反的方向运行的。主要表现在危机和高涨时期，货币资本的价值（利息率）与现实资本（商品资本和生产资本）的货币价值的变化呈现出相反变化，也就是说，资本的价值在一种形式上提高了，是

---

① 参见《马克思恩格斯文集》第 7 卷，人民出版社 2009 年版，第 549 页。
② 同上书，第 533 页。
③ 同上书，第 668 页。

因为资本的价值在另一种形式上下降了。

四　金融危机的解决

马克思认为，由于危机期间表现出的对支付手段的激烈追求使得整个危机好像只是信用危机和货币危机。

面对这样的危机，1847年和1857年两次都因英国政府指令英格兰银行暂停执行1844年银行法而得到缓解。原因是，1844年银行法的暂停执行，使得英格兰银行可以不受阻碍地把库存的银行券投到流通中去，可以发行任何数量的银行券，而不顾其手中有多少金准备可以作为保证；这样，英格兰银行可以创造任何数量的纸票形式的虚拟货币资本，从而用来借给各个银行和各个汇票经纪人，并且通过他们，借给商业界。因为这种银行券的信用事实上得到国家信用的保证，不会发生动摇，所以货币紧迫的情况立即得到了决定性的缓和，危机的顶点因此而度过。

但全部人为的使再生产过程猛烈扩大的信用体系，不会因为有一家像英格兰银行这样的银行，用它的纸券，给一切投机者以他们所缺少的资本，并把全部已经跌价的商品按原来的名义价值购买进来，就可以医治好①。对于那些按每夸脱120先令的价格购买了谷物的人来说，在谷物价格跌到60先令时所缺少的，就是他们多支付的60先令，以及以谷物为抵押在伦巴特街取得同额贷款的相应信用。妨碍他们按原价120先令把谷物转化成货币的，根本不是由于缺少银行券。对于那些过多地输入砂糖以致几乎卖不出去的人来说，情形也是这样。对于那些把流通资本（floating capital）固定在铁路上，因而要依靠信用来补充"正当"经营所需要的流通资本的先生们来说，情形也是这样。② 由于农作物歉收、铁路投资过多、生产过剩特别是棉纺织品的生产过剩、在印度和中国的营业欺诈、投机、砂糖输入过多等而引起的再生产过程的混乱，是任何银行立法所无法消除的。

从马克思对于资本主义金融不稳定的分析来看，金融不稳定与金融体系内部特定的制度安排有关，但导致金融不稳定发生的根源是实体经济中

---

① 《马克思恩格斯文集》第7卷，人民出版社2009年版，第555页。
② 同上书，第476页。

产品的相对过剩。这种相对过剩，不仅包括本国生产的相对过剩，因而出口过剩，还包括进口过剩。造成相对过剩发生的根本性原因是群众的贫穷和他们的消费受到限制，金融体系则是推动和扩大了生产的相对过剩，金融不稳定在很大程度上是资本主义经济体系基本矛盾在金融领域中的具体体现。任何银行立法的改变，或者以国家信用为保证、无限制地发行纸券，或者增加就业等都只能够缓和危机，但无法最终消灭危机。

马克思关于金融不稳定的思想在一些具体方面没有经过改造之前不能够直接用来分析今天资本主义世界的这样一场危机。这些方面至少应包括以下几点：商业信用和商业汇票对于今天资本主义生产体系和金融体系的意义；个人借贷的出现和发展对于资本主义生产体系和金融体系的意义；金本位制的废除和美元体系的建立对于国际间结算方式和资本流动的影响；银行体系资金运用的主要方向和工具等。

参考文献

［1］《马克思恩格斯文集》第 7 卷，人民出版社 2009 年版。

［2］［美］海曼·P. 明斯基：《稳定不稳定的经济———一种金融不稳定视角》，石宝峰、张卉慧译，清华大学出版社 2010 年版。

金融的财富分配功能：
基于《资本论》的初步理论解释

曹　雷[*]

一　引言

　　我国近年来分配不公的问题日益突出，我国的收入财富差距在纵向和横向两个方面不断趋于悬殊，已经造成一系列严重社会问题。各种估算都表明，目前我国的基尼系数在 0.5 左右，远超警戒线；如按照人均每天收入 1 美元的联合国贫困线标准估算，我国约有 1.5 亿贫困人口，而按照人均每天消费 1.25 美元的国际贫困线标准估算，我国还有数亿人属于消费贫困人口。日趋悬殊的分配差距近年来一直是我国社会关注的一个焦点话题，一直是政策讨论和学术研究的一个热点。但在人们对我国分配不公、分配悬殊的原因探讨中，有一个极其重要的因素——金融的财富分配功能——却一直被人忽视。

　　实际上，金融的财富分配功能在当代整个人类社会都堪称极其重要，迄今却基本被人忽视。迄今国内外关于金融与分配关系的研究，就笔者所见，与在专门研究分配问题时一样，基本都是从收入分配角度研究金融发展与收入分配的关系。其实，研究分配问题，应该还有一个更加重要的角度，那就是财富分配角度。

　　金融具有极其重要的直接财富分配功能，是现代社会财富分配的一个核心要素。笔者曾有一篇文章主要是基于中国案例对金融的财富分配功能

　曹雷（1972—　），男，河南南阳人，经济学博士，南京政治学院上海分院副教授、硕士生导师，上海财经大学海派经济学研究中心研究员，主要研究方向政治经济学。

做实证分析（《金融的财富分配功能：基于中国案例实证的初步探析》，《河北经贸大学学报》2012 年第 4 期），其中论证了：金融的财富分配功能在我国的分配差距扩大、分配不公加剧和国家财富流失中有着令人悚然的作用，在国际层面主要表现为中国向外资的财富奉送，在国内层面主要表现为穷人向富人、乡村向城市、落后地区向发达地区的金融转移。而本文则旨在主要基于《资本论》对金融的财富分配功能作一粗浅的理论解释。马克思《资本论》的内生货币、金融理论能够对金融的财富分配功能作出有力的解释。《资本论》的"商品两极世界"理论、货币资本第一推动力和持续推动力理论、银行信用和虚拟资本理论可以深刻解释封闭模型下一国内部的金融活动的财富分配功能现象。《资本论》的世界货币理论、信用货币理论、社会总资本再生产运动理论可以深刻解释开放模型下国际之间的金融活动的财富分配功能现象。我国金融的财富分配功能的上述表现是金融的非社会主义性质的表现，我们亟须切实遵循《资本论》的深刻启示，采取科学措施刻不容缓地扭转我国金融的这种现状，大力加强我国金融的社会主义性质，使金融的财富分配功能在我国转而表现为有力缩小分配差距、增进分配公平，转而增强社会主义金融题中应有之义的有利于实现共同富裕、国家富强的作用。

二　金融的财富分配功能：封闭模型下的解释

与西方经济学货币"面纱"观、货币"中性"论（货币数量论）为代表的外生货币理论不同，马克思的货币理论是从商品的内在矛盾的发展揭示出货币的产生、本质和虚拟化趋势等，是把货币理论与价值理论、生产理论、资本主义或市场经济的总过程有机结合在一起的，所以是内生的，从而可以科学地解释有关货币、金融和现实经济的问题，特别是货币危机、金融危机和经济危机问题。马克思在《资本论》第一卷中详细论述了他对货币的认识，然后在第一卷的货币理论的基础上，在《资本论》第三卷中创立了他的金融理论。

马克思在《资本论》的第一卷中阐述了，随着货币的产生，整个商品世界就分化为两极：一极是各种各样的具体商品，它们分别代表不同的使用价值；另一极是货币，它只代表商品的价值。这样就使商品内在的使用价值和价值的矛盾发展成为外在的商品和货币的矛盾。

但在马克思所处的时代是金属货币制度时代，金属货币本身是有价值的，而且是十足的价值。流通中的金属货币量会自行调节，在长期流通中的货币都是一个稳定的量，一般情况下不会发生通货膨胀。因此，在当时，通货量、物价等因素对实际经济的影响不大。所以，马克思曾指出，通货的量只有在经济危机时期才对利息率产生决定性的影响，通货量在其他情况下则与利率无关。因而在这种情况下，国家对流通中货币量的调节是没有效果的，那时的国家不需要货币政策。当时利率主要取决于借贷资本的供求，利率的高低主要受借贷双方力量对比的影响，货币量变化的影响可以忽略不计。故马克思认为在正常情况下"利息率的高低取决于借贷资本的供求"是依据他所在时代的币制特点而得出的正确结论。这也几乎是马克思唯一用供求来解释的变量。

而马克思去世后，由于黄金在世界范围内非货币化的进程，进入信用货币制度时代。纸币本身没有价值，它是靠国家信用来发行的，虚拟化的货币没有自动退出的机制，因而只要它被投放到流通中就不会自行退出流通，从而对流通没有自动调节作用。由于信用货币本身没有价值的这一特点，导致其同金属货币在对货币流通影响上的重要区别：这种区别决定了马克思时代后利息率决定理论的发展以及货币政策的发展，即国家对利率调控，货币发行和流通干预的必要和可能，也即西方各流派利息率理论研究的内容。

信用货币制度下，货币的发行与投向等的重要性，我们可以通过建立一个简单的"商品两极世界"模型来清晰说明：假设初始状态下 A 与 B 分别持有实物商品与信用货币的单位都为 1:1，此时 1 单位商品的价格为 1 单位货币。假设然后此社会增发了 2 单位货币，则此时 1 单位商品的价格为 2 单位货币，货币的购买力下降了一半，发生了严重的通货膨胀。但这只是抽象而笼统的分析，由于在现实社会中，增发的 2 单位货币不可能正好均匀分配于 A 与 B，所以在此通货膨胀过程中必然还伴随财富的转移分配。假设两种极端情况：一种是增发的 2 单位货币全部被 A 所持有，则此时 A 的财富价值增加了 50%，而 B 的财富价值缩水了 50%，实际上是 B 的 50% 财富被无形中转移给了 A。另一种情况是增发的 2 单位货币全部落于 A 与 B 之外的第三人 C，则此时 A 与 B 的财富价值都缩水了 50%，实际上是 A 与 B 的 50% 财富被无形中转移给了 C。

马克思在《资本论》中还阐述了货币的极端重要性。马克思论证到，从资本运动过程来看，不管何种资本形式，资本运动的起点总是货币资本，如果没有货币资本的启动就没有资本的运动。即生产资料和劳动力结合起来进入现实生产过程，最终产生价值增殖的整个循环过程，首先靠货币 G 的购买或货币资本的预付来推动。马克思指出，在此循环过程中，货币资本之所以能够执行货币的购买手段和支付手段职能，"不是由于货币资本是资本，而是由于货币资本是货币"；在此循环过程中，货币资本也"只能执行货币的职能，不能执行别的职能"。因此，作为资本的货币是发动社会化生产过程的第一推动力。

货币资本不仅是资本运动的第一推动力，而且是持续的推动力。社会生产是规模不断扩大的再生产，是不同形态的资本——货币资本、生产资本、商品资本的循环在空间上并存、在时间上继起的连续过程．不同形态的资本均不仅是一次资本循环运动，而且是周而复始的资本周转运动。资本循环运动结束，资本实现了资本回流和资本增殖，又回到货币资本形态，才能开始第二次资本循环，如此下去才能不断进行资本周转。因此，从资本周转运动来看，"货币是每个价值增殖过程的起点和终点"，货币资本还是资本运动的持续推动力。

总之无论是社会的考察还是个别的考察，社会再生产都"要求货币形式的资本或货币资本作为每一个新开办的企业的第一推动力和持续的动力。特别是流动资本，要求货币资本作为动力经过一段短时间不断地反复出现。全部预付资本价值，即资本的一切由商品构成的部分——劳动力、劳动资料和生产资料，都必须不断地用货币一再购买。在这里，就单个资本说是如此，就社会资本来说也是如此，后者不过是以许多单个资本的形式执行职能"。

但是，货币的推动力作用是从总体上讲述的，在具体经济运行过程中在某一时点或时期内，经济发展也许并不同时出现执行该种职能的货币的同比例增加，甚至不是同方向的。原因在于"并入资本中的各生产要素的扩大，在一定界限内，不是取决于预付货币资本的量"。同时，货币推动生产扩大是以有潜在资源存在为前提的，这些潜在资源涵盖着包括可供利用的闲置设备、劳动力、技术、原材料及可供开发的能源、矿山、滩涂、水面等一系列生产要素的具体形态。正如马克思所说，"一方面的货币就能引起另一方面的扩大再生产，这是由于再生产扩大的可能性在没有货币的情况下就已经存在"。此时，银行扩张信用，增大货币供给，可促进经济增长,"一方面的货币就能引起另一方面的扩大再生产"。也就是说,在某一时点或某一特定时期内国家是否放松银根,则必须视社会再生产的生产要素是否处于可供利用而未加利用的闲置状态而定。若生产要素处于充分运转的状态,增加更多的货币供给只能带来通货膨胀等不良后果。即"信用的最大限度,等于产业资本的最充分的动用"。

更重要的是,处于现实市场经济中的货币本身即是一种信用关系,在现实中的银行信用的一个重要特点更是具有存款创造功能。正像马克思指出的,银行作为货币资本集中者、其资本是由公众存款转化的。实际上,银行的大部分存款除了少量银行准备金外,或者由存款人互相提供的贷款相抵消而作为账面项目起作用,或者作为生息资本贷放出去,其本身不会留在银行保险柜里;相反,要通过贴现与贷款流到企业并通过购买公债流到政府,或者通过买卖有价证券流到私人及证券交易人手中。也就是说,银行家资本的最大部分是由债权、国家证券和股票构成,虽然存款可能被银行变成贷款,但存款者的货币提取权未消失,所以人们既可以通过银行转账,又可以通过现金支付而将其作为实际货币使用。这样,银行就具备了创造货币和扩大货币流通总量的功能。

在马克思的货币理论中,他在阐述以信用媒介贷出货币资本时还提出了经由货币利息率实现资本化的机制:"人们把每一个有规则的会反复取得的收入按平均利息率来计算,把它算作是按这个利息率贷出的资本会提供的收入,这样就会把这个收入资本化了。"现实生活中包括股票、债券在内的各种有价证券及后来逐渐发展的期货、期权等大量金融衍生工具,都可以视为这种收入资本化的表现形式。这些又被马克思称为"虚拟资本",它更能清晰说明金融机构资本的大部分股票、债券、衍生品等金融资产的本质。"虚拟"一词恰当地揭示了证券的本质特征:它可以作为商品买卖,可以作为资本增殖,但本身却没有劳动价值论所说的价值。它们代表的实际资本已经投入生产领域或消费过程,它们最初的物质形态由于消费已经消失,或由于生产已经改变,但其自身却作为可以买卖的"金融资产"滞留在证券市场上。通过证券,一笔资产可以有双重存在甚至多重存在;同时,一笔资本的运动过程也演化成了两种或两种以上的,既有联系又有相对独立性的经济过程,即实际的经济过程和虚拟的经济过程。

所以,正如马克思所描述的,虚拟资本是在信用基础上发展的,虚拟资本的发展具有不断脱离实际生产过程的内在趋势，也就是虚拟资本具有不断膨胀直到某个界限（危机）的本性。而这个过程同时是一个财富转移分配的过程，是一个资本对社会财富和社会资源支配力和控制力扩大的过程，即使是在危机中的贬值也经常是进一步促成了货币财产的集中，"虚拟资本（公债券、股票等）的跌价，只要它不导致国家和股份公司的破产，不因此而动摇持有这类证券的产业资本家的信用，从而不阻碍再生产，那末这种跌价就只是财富从一些人的手里转到另一些人的手里，总的来说对再生产起着有利的影响"。

三　金融的财富分配功能：开放模型下的解释

马克思《资本论》中关于世界货币的理论，只要我们区分清贵金属货币与信用货币或曰纸币的差别，依然可以很好地解释国际间通过货币汇率等金融活动而造成的财富分配现象。

马克思在《资本论》中论述了，货币作为世界货币的职能，必须摒弃各国的价格标准以及铸币、纸币等形式，采取金银等自然形态。"在世界贸易中，商品普遍地展开自己的价值。因此，在这里，商品独立的价值形态，也是作为世界货币与商品相对立。只有在世界市场上，货币才充分地作为这样一种商品起作用，这种商品的自然形式同时就是抽象人类劳动的直接的社会实现形式"。金银作为世界货币"最主要的职能，是作为支付手段平衡国际贸易差额"，充当财富的绝对社会化身，把财富从一个国家转移到另一个国家。每个国家为了国内和国际市场的流通，都需要有准备金，而一旦准备金枯竭，就可能发生支付危机。

马克思时代所分析的货币主要为贵金属货币，马克思从交换形态的历史分析中引出货币的基本职能，其中最重要的就是价值尺度，货币是固定充当一般等价物的特殊商品。在今天信用货币或者债务货币成为主流的条件下，货币与实物商品摆脱联系，货币价值尺度功能的淡化导致一国与区域内部乃至国际性的通货膨胀。

当代国际间，由于国际汇率变化而导致国际间的商品与资本流动不平衡，某些国家从个人到政府积累起来的高额债务以及相关的国际间债务与支付危机只不过是传统货币危机在当今时代的最新形态，发源于《资本论》中所论述的各种货币危机，只不过采取了交错混杂或变化了的形式。

布雷顿森林体系解体后的美元，虽是世界各国普遍接受的国际货币，但其实是美国联邦储备委员会发行的不可兑现的信用货币。尽管美元是世界上最主要的国际货币和储备资产，但美国政府对美元的价值不承担任何责任和义务。既然美国没有义务保持美元与黄金的固定比价，美元的发行量也就不受美国储备的制约，完全取决于美国的国内政策需要。当美国出现国际收支逆差时，美国政府显然会选择增发美元来对外支付，不会采取可能危及国内就业和增长的紧缩政策。美国可以不断地发行美元来购买世界各国的商品和服务，不需要考虑逆差的弥补。由于外国政府对美国的贸易盈余不能向美国要求兑换黄金，只能以美元或美国政府债券的形式保留下来。因此，美国长期国际收支逆差不会导致黄金等储备资产的外流，而只是美国债务的积累；其他国家长期国际收支顺差也不会出现黄金等储备资产的流入，而只是对美国债权的积累。从这个意义上说，世界其他国家比美国更担心美元的贬值，因为美元贬值会使各国累积的对美国债权价值缩水，美国则可以从中减轻其债务负担，美国的经济风险就会转嫁给其他国家。从历史数据表明，从1980年起美国的经常项目逆差占GDP的比例一直为负值，而且总体上呈扩大之势，说明美国可以保持近30年的国际收支逆差而无须对国内政策进行根本性调整。

本次国际金融危机发生后美联储量化宽松的货币政策进一步急剧导致全球美元的泛滥，加剧美元外汇储备国美元购买力的进一步下降。同时美联储直接购买美国国债的行为与美国财政部在财政赤字的情况下对美国人民和部分美国企业的退税相结合，是一种更加赤裸的用"白纸"换"资源"的剥削，是美国对美元外汇储备国更隐秘的美国国际铸币税的征收方式。全球所有的美元持有者都共同分担了美联储增发货币所带来的成本，而增发美元所带来的铸币税却只有美国独自享受。

总之，现行的国际货币制度实质上是美元本位制，美元的强势或弱势都会对全球经济产生很大的影响，导致全球经济的财富重新分配。各国经济随着美元等资产节奏的变化而摇摆不定，如美元升值、国际油价下跌，原油生产国和输出国OPEC等国家面临较大的损失。而一旦美元贬值和国际油价上涨，对能源消费国和进口国如中国等国家将会产生很大的冲击。尤其在金融危机期间，美元等资产价格的变动加大了全球经济的不稳定性，使得一国经济面临更大的不确定性。随着美元的贬值和升值，每一个国家都会受到很大的冲击，只不过对不同国家冲击所带来的正负效应有所不同。由于美元币值的变动本身是美国经济的反映，强势和弱势对其都是有利的，是符合美国需求和美国利益的，美国总是处于有利地位。但是对其他国家而言，由于本国货币不是国际货币，要受到美元变动的冲击，一国的利益和外汇财富随着美元的变化而变动。很多国家的命运掌握在美元手中，其他国家在面对美元变动时，往往处于被动地位，各国在美元等资产价格的变动中，财富被重新再分配。

对于中国在对美经济中的财富、价值双重受损，我们还可以用一个拓展的马克思社会总资本再生产运动理论加以解释。

马克思在《资本论》中论述了，社会总资本再生产运动，从形式上表现为社会总产品的实现过程，包括价值补偿和实物替换两个方面。所谓价值补偿，就是社会生产出来的总产品如何出卖、实现其价值的问题；所谓实物替换，就是资本家如何购买到所需要的生产资料以及资本家和工人如何购买到所需要的消费资料。社会总资本的运动，"不仅是价值补偿，而且是物质补偿，因而既要受社会产品的价值组成部分相互之间的比例的制约，又要受它们的使用价值及它们的物质形式的制约"。价值补偿和实物替换本质上就是社会总产品通过以货币为媒介的商品流通过程，实现商品形态和货币形态的顺利转化，这同样也是单个资本再生产顺利进行的必要条件。

"资本是在一般商品流通之内完成自己特有的循环的"，"同样也表明资本主义生产过程都受流通、商业制约"。如果资本在购买阶段停顿下来，货币资本就会凝结为贮藏货币；如果资本在售卖阶段停顿下来，卖不出去而堆积起来的商品就会把流通的路阻塞。商品的内在矛盾，在买与卖相分离的条件下，表现为货币危机的可能性，而在单个资本循环过程以及社会总资本再生产过程中取得了发展的形式，表现为价值补偿与实物替换成为资本运动得以顺利进行的强制性外在条件，表现为货币危机的现实性。

在当今经济全球化条件下，我们可以认为中国是参与了世界市场的社会总资本再生产运动，但其在对外经济关系中接受的货币不是贵金属货币或其符号，而是如上所述的不可兑现的信用货币美元，正是这一重大差别导致中国在对美经济中的财富、价值双重受损。

马克思论述到，"正如本来意义的纸币是从货币作为流通手段的职能中产生出来一样，信用货币的自然根源是货币作为支付手段的职能"，货币的支付手段"随着商业和只是着眼于流通而进行生产的资本主义生产方式的发展，信用制度的这个自然基础也在扩大、普遍化和发展"，"商品不是为取得货币而卖，而是为取得定期支付的凭据而卖"。一旦"再生产过程的全部联系都是以信用为基础的生产制度中，只要信用突然停止，只有现金支付才有效，危机显然就会发生"，"好像整个危机只表现为信用危机和货币危机"，"在于汇票能否兑换为货币。但是这种汇票多数是代表现实买卖的，而这种现实买卖的扩大远远超过社会需要的限度这一事实，归根到底是整个危机的基础"。信用制度下，信用关系扩展到资本主义社会中几乎一切的经济关系，包括流通流域、生产领域、资本市场，将再生产过程及其中蕴含的矛盾对立强化到极致，而将所有矛盾和对立集中表现为货币危机，表现为汇票能否兑换为货币。在这些论述中，我们只要把其中的"汇票"（"定期支付的凭据"）理解成美元，把货币理解成贵金属货币，则中国在对美经济中的财富、价值双重"危机"即受损就是不言而喻的事情。

四　小结：必须大力加强我国金融的社会主义性质

1. 金融是现代社会财富分配的一个核心要素，必须高度重视金融的财富分配功能

金融是现代经济的核心，金融经营和控制的是现代社会一切财富的代表货币，或曰现代社会最关键的生产要素货币资本，金融活动必然同时是财富资源的分配过程，任何金融活动、金融资源、金融制度，无论它是否促进一个社会财富的增长，都会对财富的分配再分配产生重要影响。实际上在现代社会金融在很大程度上主导了社会财富的分配，金融堪称是现代社会财富分配的一个核心要素。从马克思主义的角度来看，影响分配的因素最重要的是所有制，然后依次是第一、第二、第三次分配，而金融的分配功能既不能单纯地归为二次分配，也与所有制密不可分——金融本身是所有制的一个重要组成部分。金融在其活动中既有对国民收入、财富资源的分配，也有对国民收入、财富资源的再分配。比如利息收支和一些保险活动是对国民收入的初次分配，而存、贷款是对财富资源的再分配。除了货币和商业信贷之外，股票、债券、证券化资产、信托凭证、商业市场合约、衍生金融工具等金融软财富的创造过程、价格变化过程，都具有财富

分配的效应，而这些金融活动很难区分属于第一还是第二次分配。而如果我们把国家金融视为所有制的一个重要组成部分，毫无疑问，第一，它不仅属于一个国家的经济基础，它还同时属于一个国家的经济方面的上层建筑即是"金融上层建筑"，特别是其中的货币发行制度、汇率利率制度等，事关一个国家的经济主权、财富控制权，不当的金融制度必然造成一国的经济主权和真实财富的流失；第二，它的功能体现它的性质，它的性质应该是与一个国家的社会属性相一致的，应该在维护一国经济基础和国家利益、服务一国实体经济和主体国民的功能中体现其性质。对于如此重要的金融的财富分配功能，我们必须予以高度重视。

2. 我国金融扩大分配差距、加剧分配不公，对外财富奉送是金融的非社会主义性质的表现

有利于实现共同富裕、国家富强是社会主义金融的题中应有之义。陈云等老一辈无产阶级革命家，曾用最短的时间，为我国凭空创造出强大的金融资本（国家信用），并以此为动力推进半封建半殖民地国家的各项资源整合，迅速实现了中国国民经济的恢复与人民生活水平的共同提高，实现了国民经济各部门之间、各地区之间以及城乡之间的基本均衡发展，实现了中国国民经济的现代化，堪称创造了人类金融史的奇迹。可悲的是，近十几年来，我国金融很大程度上已被国际金融资本势力误导以至于操纵，我国的金融现状堕落到了近乎荒谬的程度，正在步入全面崩溃的边缘。

文中所述外汇占款货币发行制度、超低汇率政策以及长期高达两位数的实质负利率等都是对中国国民整体或大部分的残酷的金融掠夺，实际上是唯利是图的资本主义金融性质的恶劣表现，即使是在发达资本主义国家也是要被抑制的（至少在形式上或明面上如此）。正如西梅尔所著的《货币哲学》所说，从哲学高度来看，关于货币问题的争论从来都是民族斗争和阶级斗争的表现形式，利率则更是民族斗争和阶级斗争的战略制高点。在这上面的态度，实际上都是民族立场和阶级立场的具体表达。我国是社会主义国家，必须保持和加强我国金融的社会主义性质。而在经济全球化和改革开放的大环境下，由于内外主客观等的原因，我国出现了文中所揭示的金融扩大分配差距、加剧分配不公，甚至令人悚然的天量对外财富奉送的功能表现，这实际上就是我国金融公有性的一定程度上的丧失，是我国金融改革以来私有性日益增加，甚至一定程度上被国际金融资本误

导和操纵的负面表现和作用，是金融的非社会主义性质的表现，必须刻不容缓地大力抑制和克服。

3. 必须刻不容缓地扭转现状，采取科学措施大力加强我国金融的社会主义性质

首先，我国金融过低汇率、外储激增、外汇占款货币发行制度等表现在国际层面的弊端必须优先解决。在国际层面向他国的免费奉送财富和利益输送是无论如何也不能容忍的。我国要坚决改变外汇占款货币发行制度，尽量扩大国际贸易的人民币结算，在汇率问题上不能再一次被人左右而大幅升值，同时要坚守资本项目管制，要停止引进外国直接投资，取消所有对外资企业的优惠，还要使用多余的外汇储备回购在华外资企业或我国企业被外资所购股份，加大对境外的投资、并购、购买资源特别是黄金，同时严禁国内企业到海外上市，等等。

其次，要切实解决好面向相对落后地区和贫穷者的"定向通货膨胀"问题，改变我国存款负利率的现状。

再次，要坚决解决我国股票市场的诸多遗留问题和制度性缺陷。

最后，要改变当前我国金融资源极不均衡的配置状况。

总之，要使金融的财富分配功能在我国转而表现为有力缩小分配差距、增进分配公平，转而增强社会主义金融题中应有之义的有利于实现共同富裕、国家富强的作用。

单极结构国际货币体系的
支持机制及其启示

王佳菲[*]

以美元为最主要结算和储备货币的国际货币体系是支配当今全球经济运行的最大"游戏规则"之一,2008 年全球金融危机以来,这一体系在危机的产生、爆发、传导和深化中所发挥的作用引发了集中的反思。国际货币体系不是空中楼阁,无论是历史上的国际金本位体系、布雷顿森林体系,还是当前的后布雷顿森林体系,任何一种运行规则和协调机制都建立在一系列支撑要件的基础之上。

世界上首次出现的国际货币制度是国际金本位制度,在金本位制时期,资本主义自由竞争和殖民体系成为维持国际货币秩序的重要支撑,但这两大因素均具有强烈的历史暂时性,预示着金本位制必然走向解体。一般认为,金本位制走向崩溃的直接原因是第一次世界大战的爆发,各参加国均实行了黄金禁运和纸币停止兑换黄金。而就内在原因来看,第一次世界大战与金本位制崩溃并非因果关系,二者是由相同一些原因所导致的结果。

1944 年召开的布雷顿森林会议是英美之间权力转移的产物,它确立了美元与黄金以固定比率挂钩、其他国家货币与美元挂钩的新国际货币制度,正式确立了美元在国际货币体系中的主导地位。单一国别货币充当世界货币具有内在的不稳定性,这就是著名的"特里芬两难",即美元信心与清偿力之间的矛盾。这作为对布雷顿森林体系崩溃的常规解释,固然是重要的方面,但只是停留于现象层面的描述。从很大程度上来说,布雷顿

---

* 王佳菲,中国社会科学院马克思主义研究院副研究员,经济学博士。

森林体系的解体是在纸币流通日益扩大、资本主义世界生产能力扩张和格局调整的客观条件下，美国进一步追求货币强权的结果，其主观驱动力来自于：一是追逐更大的铸币税收益；二是摆脱美元与黄金之间的可兑换性；三是解除固定汇率制的束缚以便运用汇率武器。

1976年召开的牙买加会议正式承认了浮动汇率的合法化、黄金非货币化。应该说，当今国际货币体系的现实形态并不是由牙买加协定所设计和确定下来的，而是在多元化的国际储备资产和多种汇率安排的制度得到名义上的认可后，历经了全球货币动荡、金融危机和经济波动，通过各国的经济金融乃至政治力量的博弈，逐步演化而来。

一 当前国际货币体系的主要支撑机制

牙买加体系本身是一个在既有大框架之下不断变化其具体运行状态的、过渡性的非稳态体系。维持这一体系存在的主要手段及机制是：

1. 维护并创造世界对美元的需求

美元作为一种没有黄金支撑的不兑现纸币，它与任何国家内部的信用纸币一样，被彻底虚拟化了，世界对美元的多方面需求可以大大地抵消各国对其信心的疑虑。美国一是通过向经济陷入困境的国家和地区（如20世纪70年代的拉美、90年代的东亚）提供经济援助，为美元在这些地方乃至全球的自由流动开辟道路；二是保证原油、农产品等大宗商品以美元计价，只要以美元标价，就意味着可以用美元来购买，本质上就可以被美元发行方所占有，同时也意味着创造了相应数额的美元需求；三是让饱尝危机洗礼的亚洲国家备感美元的珍贵，在近十年左右的时间当中，亚洲国家的外汇储备增长最为迅速，吸收了全球新增外汇储备的绝大部分。

2. "汇率武器"威慑下形成的"布雷顿森林体系Ⅱ"

美元的发行不再受到黄金储备的约束，因此美国在运用"汇率武器"处理国际关系时，有了更大空间和余地。例如，在20世纪80年代先后通过美元升值和美元贬值打击了来自拉美国家的"背叛"和来自日本的挑战。美国在全球推动建立独立的、以维持本币兑美元汇率稳定为主要政策目标的中央银行制度，进而要求各国央行配合或跟随美国的利率、汇率政策，剥夺其一部分货币主权和金融主权。在较为混乱的国际货币秩序下，其他经济体不得不设法减少外部货币冲击，并将汇率动荡控制在可承受范围内。

欧洲在多次发生了国别货币的汇率危机之后，加速了货币一体化的进程，通过货币的统一消除了欧元区内各成员国之间货币的汇率，也就消除了汇率风险和货币兑换成本，并减少了对外汇储备的需求。欧元的诞生形成了对美元霸权的制约，但是，由于欧盟不具备征税和制造信贷的公共权力，欧元与日元一样，无法与美元竞争，欧洲委员会实际上就是美国外交的一只手臂，它剥夺了各成员国政府采取独立于美国的货币立场的权力①。即便如此，为了确保美元的霸权地位，美国于 2002 年开始变强势美元政策为弱势美元政策，迫使欧元走上持续升值的道路，结果造成了欧元区国家国际竞争力的迅速下降，货币资产大量外流，在短短的几年中便取代美国而成为世界上最大的债权人②。

其他没有建立统一货币区的国家，为了维持汇率的稳定，普遍采取了盯住美元的汇率机制，试图让美元发挥国内反通胀或货币稳定的名义锚功能。但盯住汇率使得汇率水平难以跟随实体经济基本面的变化而及时调整，在投机冲击之下，就可能演变成金融危机。杜利等人（Dooley, et al. ）把新兴工业化国家将其货币以低估的汇率与美元挂钩，并将其所得美元重新投资于美国，让美国保持稳定并发挥最终消费者的作用的国际货币体系称为布雷顿森林体系Ⅱ③。

3. 牙买加体系下的中心—外围构架

美国占据着核心位置，而位于这一构架外围的是两类国家：一类是执行出口导向战略的国家（主要是东亚国家），这些国家依然把美国作为最主要的出口市场，它们通过经常项目顺差积累了大量的美元储备，然后以购买美国国债等资产的形式保留这些储备。美国则通过输出美元获得了实际资源的注入，此外这些输出的美元往往又通过出售美国国债的手段回笼到美国国内。另一类外围国家是欧洲国家和拉美国家，这些国家的投资者购买了大量美国金融资产。通过出售金融资产，美国既能够把投资的风险转嫁到海外，又融入了大量的真实资本，并将其运用于国内建设或者对外

①　Michael Hudson, *Super Imperialism*: *The Origins and Fundamentals of U. S. World Dominance*, Pluto Press, 2003, 转引自林小芳《关于美元霸权的两个问题》，李慎明：《美元霸权与经济危机》（下册），社会科学文献出版社 2009 年版。

②　华民：《全球金融危机与中国的选择》，《重庆工商大学学报》（西部论坛）2009 年第 4 期。

③　Michael Dooley, "David Folkerts – Landau and Peter Garber, An Essay on the Revived Bretton Woods System", NBER Working Paper, No. 9971, September, 2003.

直接投资。美国的经常账户逆差持续占全球经常账户逆差的一半以上，其中 2006 年高达 75%；全球净资本流入超过七成的目的地是美国①。

二　当前国际货币体系的内在脆弱性

浮动汇率制等"无规则的规则"赋予了牙买加体系较大的灵活性，正如有学者指出的，"我们并不面临一个突然崩溃的以规则为基础的汇率机制，因为我们并不拥有一个以规则为基础的汇率机制"②。尽管处于动态的调整中，但牙买加体系的核心结构始终是以美元强权为特征的，而这种构架具有内在的不相容性和不稳定性。在这一体系下，如同以往的中心—外围框架一样，中心国家享受了更多的收益，而外围国家则承担了更多的成本并进一步边缘化，因而它本身是一个不平衡的国际货币体系。在此基础上，随着国际货币体系正式进入信用纸币时代，虚拟经济与实体经济的错配日益加剧；随着全球外汇储备的大幅增长，中心国为维护其货币地位会采取明显偏差的财政金融政策；随着部分外围国家经济实力的增强，对重新分配国际货币权力提出新的需求。事实上，自牙买加协定以来，全球金融体系迎来了更为动荡的时期，集中体现为多次并广泛地爆发货币金融危机。

1. 实体经济与货币权力的格局不匹配。全球经济的多极化对国际货币的多元化及国际货币权力的重新分配提出了新的要求。20 世纪 80 年代以来，新兴市场国家兴起，在实体经济层面，发展中国家的比较优势得到了体现，制造业向发展中国家转移成为全球经济发展的长期趋势。特别是亚洲的崛起，出口竞争力提高，从总体上看呈现贸易收支的顺差，而且亚洲区域内贸易所占比重越来越大。这使得它们如若继续采用本地区之外的另一种货币，会面临更大的货币错配问题，从而贸易及整个宏观经济更容易受到关键货币汇率波动的影响，也更容易受到中心货币国家"汇率武器"与货币胁迫的控制。因而，这些地区的国家开始寻求货币自主性和彼此间的货币合作，力图减少对原有中心货币的依赖，探索着走向货币自治之路。国际金融危机发生之后，印度成立了一个"推进卢比自由兑换

---

① 李扬、卢瑾：《全球经济失衡形成机制研究新进展》，《经济学动态》2010 年第 3 期。
② 彼特·凯南：《稳定国际货币体系》，《上海金融学院学报》2007 年第 1 期。

和国际化"委员会，俄罗斯宣布其天然气和石油交易时必须用卢布结算，阿根廷和巴西也宣布开始双边贸易结算将不再使用美元，而以其本国货币比索和雷亚尔替代，各国为将其货币推向国际作出了种种努力。

2. 货币强权与资产保值的责任不对等。20世纪80年代，美元、马克和日元与发达国家的大三角经济结构形成了一个相对有效的国际本位货币"垄断竞争"结构，尽管"一币独大"，但发达国家间国际收支的调节是相对有效的。而到90年代以后，"特里芬悖论"再度重现：即国际货币体系的稳定取决于美元的稳定，美元的稳定取决于美国的国际收支平衡，但全球清偿力供应又依赖于美国的国际收支逆差，美国的"铸币税特权"又推动美国的经常账户逆差不断扩大，从而形成了所谓的"新特里芬悖论"[①]。作为主要储备货币的发行国，美国如何为各国的外汇储备提供资产的保值或增值，这是美国为保持美元地位所必须面对的一个现实问题。随着全球外汇储备的大幅增长，对美国政府债券的长期需求大量增加，这又要求美国有相应的财政赤字。简言之，美国的财政赤字大幅增长、债务膨胀、美国宽松的货币政策及为提高债务持续能力而不断降低的利率，既内生于美元作为全球主要储备货币的安排以及全球外汇储备迅速增长的现象之中，又使得美元本位的单极国际货币体系与美元币值稳定之间的冲突更加难以调和。同时，也给外围国家的宏观稳定带来了越来越大的冲击[②]。

3. 国际货币的统一性与多元化现实的矛盾。欧元的诞生为国际货币的多元化开辟了新纪元，然而欧元与美元并没有展开实质意义上的势力争夺。欧元固然能在一定程度上对长期占据"单一货币"地位的美元形成力量制衡，但更多时候，它被美元的竞争性贬值拉入了一个所谓"滥币陷阱"漩涡，导致世界货币数量进一步失去控制。美元资产在境外的泛滥导致美元汇率持续下跌，如果欧元不断升值，欧洲的出口就会受到抑制直至衰退，因此，美元的滥发迫使欧元跟着滥发，而其他小国货币又必须跟进，反过来，如果欧元因过度发行而贬值，最终也会拉着美元和其他小国货币跟着贬值。与此同时，在欧元坚挺的时候，企业和金融

[①]　陈志昂：《经济全球化与"新特里芬悖论"》，《经济理论与经济管理》2005年第1期。

[②]　彭兴韵：《国际货币体系的演进及多元化进程的中国选择——基于"货币强权"的国际货币体系演进分析》，《金融评论》2010年第5期。

机构以欧元计价发行债券容易取得成功，经纪商也更容易赚钱。于是，欧元国际债券从 2003 年起就迅速膨胀，截至 2007 年年末，欧元在国际债券和票据市场中余额高达 11 万亿美元，占比为 49%。有学者指出，这样的国际货币体系已经掉进了一个"滥币拉良币"的陷阱，导致世界范围内的流动性不断膨胀，金融资产和投机资金泛滥，引发了整个世界货币金融体系的危机。

三　反思单极结构国际货币体系支撑机制的若干启示

由于一个强有力的支撑框架的存在，每一阶段的国际货币体系得以建立并持续运行，并且以其特有的现实面目而不是理论设计中的理想面目存在，基本保证了在世界范围内货币发挥各项职能。但是，在遇到新的需要解决的现实矛盾之时，这些支撑要件要么过于脆弱而走向崩溃，要么过于僵化而难以改良。从其演化进程中，我们可以获得如下认识：

第一，政府信用和政策因素贯穿于国际货币体系发生发展的始终，并一步步从边缘走到中心。金本位制下，所有国际货币依靠黄金的内在价值来保证其货币功能，但实际上由英镑在大多数场合执行国际货币职能。随着自由竞争资本主义逐步淡出历史舞台，在金本位制的末期，各国的中央银行经常对经济实行政策干预，并设法抵消黄金流动对国内货币供应量的影响。到 20 世纪 20 年代初实行的金汇兑本位，在国际间流通的主要是承诺兑换黄金国家的货币，这种制度已十分明显是靠黄金的自然力量与政府的信用来共同支撑，政府信用已经越来越多地加入到国际货币体系中来。布雷顿森林体系的建立，直接显示出了个别国家政府在国际货币体系建立过程中的关键作用；牙买加体系则从制度上解除了黄金对国际货币的束缚，令美国的政府信用和政策干预进一步走向前台。同样，没有超经济的政府力量合作干预，欧元也不可能出现。可见，国际货币体系的建立与发展，始终贯穿着并越来越依赖于政府信用、政策干预与协调的力量。尽管当前外汇市场在形式上是以市场供求和货币间竞争为运行机制，但就整个制度框架而言，在较大程度上体现着地缘政治的格局。

本轮全球金融危机发生以来，发展中国家要求改革国际货币体系的声音一度高涨。但是，国际货币的改革与重构，既是货币权力的重新分配过程，也是对全球地缘经济政治利益的重新分配过程，相关各国持有不同的主张。这无疑加大了改革国际货币体系的难度，也决定了未来的重建之路将十分漫长。毫无疑问，目前条件下改革国际货币体系，必须重视和依靠超经济的政府力量。也就是说，国际货币体系的改革与重构，不是一个理论上理想化"设计"的问题，而有赖于国家利益分化的情况下各国政府力量博弈。当然，从根本上讲，国际货币体系的既得利益政府是否乐意推动其改革是一个主观意愿的问题，而国际货币体系是否需要改革以及该如何改革，却是全球经济、政治、科技等诸多因素共同作用的客观结果。

第二，迄今为止的各种国际货币体系中始终存在着中心—外围构架。位于这一构架中心的国家（一个或多个）担负着提供国际货币的职能，向外围国家输出国际货币，与之对应，外围国家向中心国家注入实质资源。也就是说，外围国家以支付国际铸币税为代价，获得了使用国际货币的便利。国际货币体系从来就不是一个均匀、平等的体系，有赖于诸多要素作为支撑，而这些支撑要件本身或要件之间又具有内在不相容性，因而随着冲突的激化或新情况的出现，支撑框架趋于瓦解，相应的国际货币体系也走向终结。就牙买加体系来说，包含了彼此纵横交错而又层次分明的几重矛盾：中心国家与外围国家成本与收益不对等、中心国家或地区之间较量并竞相滥发货币、中心国家为了维护货币强权而采取不当的国内经济政策并引起内外失衡、外围国家之间经济实力分化并不同程度地争取货币自主权、外围国家为了免遭货币动荡而难于转变对外经济发展方式并导致内外失衡。

由此得到的启示是，在中心—外围框架暂时不可能彻底打破的条件下，未来国际货币体系改革与建设目标至少是双重的，其最低标准是建立在各国或绝大多数国家的共同需要和共同利益基础上，为国际贸易、国际投资提供较为稳定的计价标准和支付手段，并为世界金融的稳定提供监管和调整的框架；其远期目标则是缓解外围国家被进一步边缘化的趋势，增强发展中国家在国际金融机构中的发言权和代表性，建立一个更加包容有序的国际货币金融体系。

第三，中心货币的形成及更替一般滞后于其发行国真实经济实力的中心地位，对中心货币地位的争夺可能会出现反复并造成一定时期内的混乱。在19世纪70年代以后，美国的实际收入和生产率已经超过西欧，但美元并没有机会在国际场合发挥太大的作用。直到20世纪20年代中期，美元才有机会取代了英镑在国际货币体系中的地位，随后不断地与英镑展开竞争，期间在30年代曾经历过反复，到40年代初怀特计划与凯恩斯计划又相持不下，直到布雷顿森林体系才正式确立了美元的地位。20世纪八九十年代以来，美国的经济霸主地位面临越来越多的挑战，但货币金融领域的强权反而日益凸显。

除了经济、商业与金融的规模以外，储备货币地位的取得也依赖于一国的政治影响力，货币的权力格局随着国家的兴衰而演变。然而，货币权力的格局并不是与国家实力的兴衰同步调整的，前者往往滞后于后者；获得货币强权的国家总会尽力利用这种优势试图来挽回经济发展的颓势，但同时也促进了矛盾更加深化。直接支撑美元和欧元的主要是不恰当膨胀的虚拟经济，而不是其实体经济，这是现行国际货币体系面临的一个现实危机。因此，要么欧元区和美国经济实体化，要么有新的力量将更多实体经济的因素注入国际货币体系，否则这一体系就没有修补或重建的可能。

第四，货币的单极结构与多元格局各有其脆弱不稳定性，有秩序的一主多元货币格局是未来较为可能的过渡目标。支撑国际货币单极体系的理论有金德尔伯格提出的霸权稳定论、艾肯格林提出的网络外部性理论等。然而，未来国际货币体系的长期发展方向将不可能是单极体系，原因在于：其一，单极货币体系与日趋多元化的世界经济结构变化方向相矛盾，任何单一经济体在经济领域都难以具有绝对霸权地位；其二，霸权国一旦爆发金融和经济危机，将难以担负起维系体系运转的责任，而且此时其个体利益体现在通过霸权来向外分散风险，这与国际金融和世界经济全局稳定的整体利益存在巨大冲突，这种冲突一方面将导致危机从局部扩散到全局，另一方面也将深刻动摇霸权国的地位①。其三，与单极货币并存的实物流和资金流都具有不可持续性，将导致全球的资金与实物的双循环体系失衡。除了"新特里芬两难"，全球经济失衡加剧还将导致美国对外融资成本提高，外国投资者所要求的风险贴水提高并最终超过美国资本市场所能提供的资本回报率，美国的经常项目逆差将难以继续通过国际资本的大量流入来维持，最后的结果同样是美元的突然性贬值。任何以一种单一主

---

① 程实：《次贷危机后的国际货币体系未来发展：本位选择、方向和路径》，《经济学家》2009年第6期。

权货币作为主导国际储备货币的安排，都会使该体系自发地产生内在不稳定性。有分析表明，在主权货币作为国际储备货币的体系下，无论储备货币国选择（或是被动处于）国际收支盈余、赤字还是平衡的政策情形下，都难以避免会引发金融危机和全球经济的不稳定[①]。

国际货币多元化有助于在多元货币间建立合理有序的竞争机制，以市场选择的方式对这些国际货币发行国的政策形成约束。未来国际储备货币结构向多元化与集团化方向发展，这不但是世界经济和国际货币体系演变的历史趋势，也是各国与区域经济集团政治、经济实力推动的必然结果。然而简单、分散的多元化国际储备货币结构并不能在根本上解决国际货币体系的深层次问题。构建有秩序、有层次的多极，需要重视统一货币区的建设及其在世界性货币构建中的作用，亚太地区的货币区域化发展以及更进一步的统一货币区建设尤为重要。在未来适当的时机，中国应努力推进超主权货币的实施，从而促进国际货币体系的稳定以及世界经济的平稳快速增长。

参考文献

［1］Michael Hudson，Super Imperialism：*The Origins and Fundamentals of U. S. World Dominance*，Pluto Press，2003. 转引自林小芳《关于美元霸权的两个问题》，李慎明：《美元霸权与经济危机》（下册），社会科学文献出版社 2009 年版。

［2］华民：《全球金融危机与中国的选择》，《重庆工商大学学报》（西部论坛）2009 年第 4 期。

［3］Michael Dooley，David Folkerts – Landau and Peter Garber，An Essay on the Revived Bretton Woods System，NBER Working Paper，No. 9971，September，2003.

［4］李扬、卢瑾：《全球经济失衡形成机制研究新进展》，《经济学动态》2010 年第 3 期。

［5］彼特·凯南：《稳定国际货币体系》，《上海金融学院学报》2007 年第 1 期。

［6］陈志昂：《经济全球化与"新特里芬悖论"》，《经济理论与经济管理》2005 年第 1 期。

［7］彭兴韵：《国际货币体系的演进及多元化进程的中国选择——基于"货币强权"的国际货币体系演进分析》，《金融评论》2010 年第 5 期。

---

① 王道平、范小云：《现行的国际货币体系是否是全球经济失衡和金融危机的原因》，《世界经济》2011 年第 1 期。

［8］程实：《次贷危机后的国际货币体系未来发展：本位选择、方向和路径》，《经济学家》2009 年第 6 期。

［9］王道平、范小云：《现行的国际货币体系是否是全球经济失衡和金融危机的原因》，《世界经济》2011 年第 1 期。

资本论对经济危机原因的考察[*]

曹永栋　王志民[**]

一　引言

自资本主义生产方式确定以来，经济危机就成为不可避免的现象。虽然资本主义 500 年的发展历史经历了不同发展阶段，但直到最近自美国次贷危机开始逐渐蔓延世界的经济危机说明，经济危机依然是资本主义的梦魇。凯恩斯革命并没有拯救资本主义于经济危机的泥潭，虽然凯恩斯主义者通过政府这只看得见的手使资本主义的发展稍具计划性，但凯恩斯主义针对所谓有效需求不足的短期政策工具注定不能解决资本主义经济危机的痼疾。要医治资本主义经济危机的顽疾，首先要探究其发生的原因。那么，资本主义经济经济危机发生的原因是什么呢？在历次资本主义经济危机发生后，资产阶级经济学家总是不遗余力地去探究其发生的具体原因、表面现象，在最近的这次危机发生后也不例外。但他们很少去思考为什么资本主义经济危机如影随形，不可避免。其实，早在 150 年前马克思就深刻揭示了资本主义经济危机的内在原因，其解释力迄今依然无人能出其右。

在马克思的著作中对经济危机理论似乎没有做出过系统、详尽的阐述，但在他对资本主义经济运行的解剖中，在不同的场合，又不时地提及

* 本文系教育部人文社会科学研究专项任务项目"马克思主义时代化的历史经验与现实启示"（课题编号：ⅡJD710001）的阶段性研究成果。
　** 曹永栋，单位：对外经济贸易大学全球化与中国现代化问题研究所。主要研究方向：中国经济改革与发展。王志民，单位：对外经济贸易大学全球化与中国现代化问题研究所。主要研究方向：全球化与中国现代化问题。

并分析这一资本主义经济运行的顽疾。因此，后来者基于对马克思有关资本主义经济危机理论的不同理解，提出过所谓危机原因的消费不足论、生产过剩论、比例失调论、利润率下降论等解释理论。实际上，要想正确理解马克思对资本主义经济危机原因的解释，需要从马克思对资本主义经济运行机制的整体分析上去把握。马克思正是通过对资本主义经济整体运行机制的深入分析，来揭示资本主义经济危机的原因的。当然，后来者也能从马克思揭示经济危机的原因中找到缓解经济危机的具体方法和措施。本文试图通过对马克思在其《资本论》中对资本主义经济危机原因探究的梳理，尽量以文本为线索，厘清马克思经济危机理论的整体面貌。

二　《资本论》对经济危机原因的考察

马克思认为资本主义经济危机的可能性早就蕴含在简单商品流通中。货币作为流通手段，"所以能够打破产品交换的时间、空间和个人的限制，正是因为它把这里存在的换出自己的劳动产品和换进别人的劳动产品这二者之间的直接的同一性，分裂成卖和买这二者之间的对立。说互相对立的独立过程形成内部的统一，那也就是说，它们的内部统一是运动于外部的对立中。当内部不独立（因为互相补充）的过程的外部独立化达到一定程度时，统一就要强制地通过危机显示出来。商品内在的使用价值和价值的对立，私人劳动同时必须表现为直接社会劳动的对立，特殊的具体劳动同时只是当作抽象的一般劳动的对立，物的人格化和人格的物化的对立，——这种内在的矛盾在商品形态变化的对立中取得了发展的运动形式。因此，这些形式包含着危机的可能性，但仅仅是可能性"。① 这段话是理解马克思关于资本主义经济危机发生原因的锁钥，那也就是说，在资本主义的发展中，存在"整整一系列的关系"②，会使这种可能性变为现实。

在《资本论》中，马克思首先考察了资本主义市场经济顺利运行的条件，然后进一步深入探究了为什么资本主义的现实运行无法满足其顺利运行的条件，从而从资本主义一系列不可化解矛盾的分析中揭示了其经济危机不可避免的原因。

---

① 马克思：《资本论》第 1 卷，人民出版社 1975 年版，第 133 页。

② 同上。

（一） 资本主义经济顺利运行的条件

关于资本主义经济顺利运行的条件，马克思是在《资本论》第 2 卷中完成的。

马克思认为"作为货币的货币和作为资本的货币的区别，首先只是在于它们具有不同的流通形式"①。"商品流通的直接形式是 W—G—W"，而"G—W—G′事实上是直接在流通领域内表现出来的资本的总公式"②。货币所有者在市场上找到了劳动能力或劳动力这种特殊商品，"它的使用价值本身具有成为价值源泉的特殊属性，因此，它的实际使用本身就是劳动的物化，从而是价值的创造"③，这样货币才能转化为资本，资本主义生产才能得以进行。在资本主义生产中，"作为劳动过程和价值形成过程的统一，生产过程是商品生产过程，作为劳动过程和价值增值过程的统一，生产过程是资本主义生产过程，是商品生产的资本主义形式"④。马克思认为资本主义"劳动过程的不同因素在产品价值的形成上起着不同的作用"⑤，"变为生产资料……的那部分资本，在生产过程中并不改变自己的价值量。因此，我把它称为不变资本部分，或简称为不变资本"。"相反，变为劳动力的那部分资本，在生产过程中改变自己的价值。它在生产自身的等价物和一个超过这个等价物而形成的余额，剩余价值。这个剩余价值是可以变化的……因此，我把它称为可变资本部分，或简称为可变资本。"⑥ 因此，剩余价值与可变资本的比率，即剩余价值率反映了劳动力的剥削程度。

马克思认为，"连续性是资本主义生产的特征，是由资本主义生产的技术基础所决定的，虽然这种连续性并不总是可以无条件地达到的"⑦。资本主义生产的这种连续性表现为资本循环的过程，而这种资本循环过程可以用三个公式表示。马克思说："如果用 Ck 代表总流通过程，这三个公式可以表示如下：

---

① 马克思：《资本论》第 2 卷，人民出版社 1975 年版，第 168 页。
② 同上书，第 177 页。
③ 同上书，第 190 页。
④ 同上书，第 223 页。
⑤ 同上书，第 225 页。
⑥ 同上书，第 235—236 页。
⑦ 同上书，第 118 页。

（Ⅰ） G—W…P…W′—G′

（Ⅱ） P…Ck…P

（Ⅲ） Ck…P（W′）。"①

马克思说，"所有这三个循环都有一个共同点，价值增值是决定目的，是动机"②。这一点很重要，说明了资本主义生产的目的是追求价值增值，即剩余价值。马克思又说，"资本作为整体是同时地、在空间上并列地处在它的各个不同阶段上。但是，每一个部分都不断地依次由一个阶段过渡到另一个阶段，由一种职能形式过渡到另一种职能形式，从而依次在一切阶段和一切职能形式中执行职能"。"只有在三个循环的统一中，才能实现总过程的连续性，而不致发生上述的中断。"③

而不致发生资本循环中断需要具备什么条件呢？在研究了单个资本的循环运动后，马克思又在资本主义社会总资本的再生产和流通的意义上研究了资本主义再生产的条件。

马克思将"社会的总产品，从而社会的总生产，分成两大部类：

Ⅰ．生产资料：具有必须进入或至少能够进入生产消费的形式的商品。

Ⅱ．消费资料：具有进入资本家阶级和工人阶级的个人消费的形式的商品。"④

在此分类的基础上，马克思得出了实现社会资本再生产的条件：

其一，简单再生产的条件：

基本条件：第一部类的可变资本加剩余价值等于第二部类的不变资本，即：

Ⅰ（v＋m）＝Ⅱ（c）

派生条件（1）：第一部类生产的生产资料价值等于两大部类消耗的不变资本，即：

Ⅰ（c＋v＋m）＝Ⅰ（c）＋Ⅱ（c）

派生条件（2）：第二部类生产的消费资料价值等于两大部类的可变资本和剩余价值，即：

Ⅱ（c＋v＋m）＝Ⅰ（v＋m）＋Ⅱ（v＋m）

① 马克思：《资本论》第2卷，人民出版社1975年版，第116页。
② 同上。
③ 同上书，第121页。
④ 同上书，第438—439页。

其二，扩大再生产的条件：

前提条件（1）：第一部类的可变资本和剩余价值大于第二部类的不变资本，即：

$$Ⅰ（v+m）>Ⅱ（c）$$

前提条件（2）：第二部类的原有不变资本加上新增不变资本大于第一部类的可变资本加上用于投资者的个人消费，即：

$$Ⅱ（c+m-m/x）>Ⅰ（v+m/x）$$

基本实现条件：第一部类的原有可变资本加新增可变资本再加用于投资者的个人消费等于第二部类的原有不变资本加新增不变资本，即：

$$Ⅰ（v+\Delta v+m/x）=Ⅱ（c+\Delta c）$$

派生实现条件（1）：第一部类的全部产品价值等于两大部类的原有不变资本加新增不变资本，即：

$$Ⅰ（c+v+m）=Ⅰ（c+\Delta c）+Ⅱ（c+\Delta c）$$

派生实现条件（2）：第二部类的全部产品价值等于两大部类原有可变资本加上新增可变资本再加上用于投资者的个人消费，即：

$$Ⅱ（c+v+m）=Ⅰ（v+\Delta v+m/x）+Ⅱ（v+\Delta v+m/x）$$

上述简单再生产和扩大再生产的条件，体现了社会资本再生产过程中，两大部类之间以及两大部类内部都应遵循的基本比例关系。[①]

资本主义生产受最大限度追求剩余价值规律的支配，因此，资本主义社会资本的再生产本质上是扩大再生产。在这种扩大再生产中，上述扩大再生产的条件得到满足只是一种偶然现象。马克思认为："这种平衡本身已经包含着：它是以平衡的对立面为前提的，因此它本身可能包含危机，危机本身可能成为平衡的一种形式"[②]。"平衡本身就是一种偶然现象。"[③]经常性的失衡意味着资本主义经济危机的不可避免性。

资本主义扩大再生产的条件不能得到满足的原因何在呢？其实，马克思比较集中地在资本主义积累的一般规律和资本主义利润率趋向下降的规律两处研究了这个问题，从而回答了资本主义经济危机不可避免的原因。

---

① 此处资本主义再生产的条件参考了程恩富等主编的《现代政治经济学新编》第200—207页的内容。

② 马克思：《马克思恩格斯全集》第26卷第二册，人民出版社1972年版，第595—596页。

③ 马克思：《资本论》第2卷，人民出版社1975年版，第558页。

（二）资本主义积累的一般规律对经济危机原因的揭示

马克思说，"把剩余价值当作资本使用，或者说，把剩余价值再转化为资本，叫做资本积累"①。在资本积累基础上的规模扩大的资本主义再生产过程，商品生产所有权规律转变为了资本主义占有规律。"所有权对于资本家来说，表现为占有别人无酬劳动或产品的权利，而对于工人来说，则表现为不能占有自己的产品。"②"甚至在简单再生产的情况下，全部预付资本，不管它的来源如何，都转化为积累资本或资本化的剩余价值。""商品生产按自己本身内在的规律越是发展成为资本主义生产，商品生产的所有权规律也就越是转变为资本主义的占有规律。"③

在资本主义占有规律支配下的资本主义再生产过程中，假设资本构成不变，对劳动力的需求随积累的增长而增长。"在特殊的致富欲的刺激下……因为雇佣的工人一年比一年多，所以迟早必定会出现这样的时候：积累的需要开始超过通常的劳动供给，于是工资提高。"④但"一旦资本主义制度的一般基础奠定下来，在积累过程中就一定会出现一个时刻，那时社会劳动生产率的发展成为积累的最强有力的杠杆"⑤。即在资本主义再生产过程中资本有机构成的提高是积累的最强有力的杠杆。资本追求剩余价值的内在冲动和资本相互竞争的外在压力，迫使资本家努力提高劳动生产率，减少单位产品劳动耗费。因此，资本家就要采用先进的技术装备，提高劳动效率，促进资本技术构成提高。而资本技术构成提高的结果是：总资本中的不变资本的增长速度相对加快，使资本价值构成提高并导致资本有机构成的提高。资本积累通过资本积聚和集中两种形式进行。"随着资本主义生产和积累的发展，竞争和信用——集中的两个最强有力的杠杆，也以同样的程度发展起来。"⑥"资本积累最初只是表现为资本的量的扩大，但是……它是通过资本构成不断发生质的变化，通过减少资本的可变部分来不断增加资本的不变部分而实现的。"⑦

---

① 马克思：《资本论》第 1 卷，人民出版社 1975 年版，第 635 页。
② 同上书，第 640 页。
③ 同上书，第 644 页。
④ 同上书，第 673 页。
⑤ 同上书，第 682 页。
⑥ 同上书，第 687 页。
⑦ 同上书，第 689—690 页。

马克思说，"社会的财富即执行职能的资本越大，它的增长的规模和能力越大，从而无产阶级的绝对数量和他们的劳动生产力越大，产业后备军也就越大。可供支配的劳动力同资本的膨胀力一样，是由同一些原因发展起来的。因此，产业后备军的相对量和财富的力量一同增长。但是同现役劳动军相比，这种后备军越大，常备的过剩人口也就越多，他们的贫困同他们所受的劳动折磨成反比。最后，工人阶级中贫困阶层和产业后备军越大，官方认为需要救济的贫民也就越多。这就是资本主义积累的绝对的、一般的规律"①。

马克思所阐明的资本主义积累的一般规律，深刻地揭示了在资本积累的过程中，资本家阶级的财富积累和无产阶级的贫困积累之间内在本质的联系及其发展变化的客观必然性。这种客观必然性导致资本主义生产和消费之间不可调和的矛盾，致使资本主义扩大再生产的条件难以得到满足。资本主义扩大再生产经常所处的状态是 $i(v + \Delta v + m/x) < II(c + \Delta c)$，这种状态累积到一定程度时，便以危机这种暴力的方式使已经破坏的平衡得到瞬间的恢复。当然，从资本主义扩大再生产的基本实现条件看，资本家的消费，即 m/x 的扩大，和资本的国际间的输出是使该公式拉回平衡水平的相反的力量。

马克思对资本主义积累的一般规律的分析，还只是分析了其经济危机不可避免性的蕴藏。进而，马克思主要通过对资本主义利润率趋向下降规律的分析，揭示了资本主义自身不可克服的内在矛盾，致使资本主义经济危机不可避免。

（三）资本主义利润率趋向下降规律对经济危机原因的揭示

马克思说，"按照资本主义方式生产的每一个商品 W 的价值，用公式来表示是 $W = c + v + m$"。"商品使资本家耗费的东西和商品的生产本身所耗费的东西，无疑是两个完全不同的量。"② 马克思认为 $c + v$ 是商品使资本家耗费的东西，将它叫做成本价格，用 k 表示。而 m 部分不需要资本家耗费什么东西。因此，"$W = c + v + m$ 这个公式就转化为 $W = k + m$ 这个

---

①　马克思：《资本论》第 1 卷，人民出版社 1975 年版，第 689—690 页。

②　马克思：《资本论》第 3 卷，人民出版社 1975 年版，第 30 页。

公式"①。在这个公式里，"剩余价值，作为全部预付资本的这样一种观念上的产物，取得了利润这个转化形式"。"如果我们把利润叫作 p，那么，$W = c + v + m = k + m$ 这个公式，就变成 $W = k + p$ 这个公式。"② 用 C 表示总资本，"我们就得到了一个与剩余价值率 m/v 不同的利润率 $m/C = m/c+v$"③。同时，"竞争首先在一个部门内实现的，是使商品的各种不同的个别价值形成一个相同的市场价值和市场价格。但只有不同部门的资本的竞争，才能形成那种使不同部门之间的利润率平均化的生产价格。"④ 因此，平均利润是不同部门的投资者通过竞争重新分配剩余价值的结果。平均利润率的形成实质上也就是把社会总资本作为一个整体看待所得到的利润率。这样，随着利润转化为平均利润，商品价值也就转化为生产价格。生产价格等于成本价格加平均利润。

马克思说，在资本有机构成提高的情况下，"在剩余价值率不变或资本对劳动的剥削程度不变的情况下，一般利润率会逐渐下降"⑤，"一般利润率日益下降的趋势，只是劳动的社会生产力日益发展在资本主义生产方式下所特有的表现"⑥。"利润率的下降和积累的加速，就二者都表示生产力的发展来说，只是同一个生产过程的不同表现。积累既然引起劳动的大规模集中，从而引起资本有机构成的提高，所以又加速利润率的下降。另一方面，利润率的下降又加速资本的积聚，并且通过对小资本家的剥夺，通过对那些还有一点东西可供剥夺的直接生产者的最后残余的剥夺，来加速资本的集中。所以，虽然积累率随着利润率的下降而下降，但是积累在量的方面还是会加速进行。""另一方面，总资本的增值率，即利润率，是资本主义生产的刺激（因为资本的增值是资本主义生产的唯一目的），就这一点来说，利润率的下降会延缓新的独立资本的形成，从而表现为对资本主义生产过程发展的威胁；利润率的下降在促进人口过剩的同时，还促进生产过剩、投机、危机和资本过剩。"⑦ 具体来说，也就是在资本主义生产有机构成提高、利润率趋向下降过程中，存在着剩余价值生产和剩

① 马克思：《资本论》第 3 卷，人民出版社 1975 年版，第 30 页。
② 同上书，第 44 页。
③ 同上书，第 51 页。
④ 同上书，第 201 页。
⑤ 同上书，第 236 页。
⑥ 同上书，第 237 页。
⑦ 同上书，第 269—270 页。

余价值实现、生产扩大和价值增值、人口过剩和资本过剩等三对矛盾，而这些矛盾的积累、激化促使资本主义经济危机的不可避免。

关于剩余价值生产和剩余价值实现的矛盾。马克思认为，剩余价值的直接生产过程中，"随着表现为利润率下降的过程的发展，这样生产出来的剩余价值的总量会惊人地膨胀起来"[1]。但要实现剩余价值还需要将总商品量卖掉。而"直接剥削的条件和实现这种剥削的条件，不是一回事。二者不仅在时间和空间上是分开的，而且在概念上也是分开的。前者只受社会生产力的限制，后者受不同生产部门的比例和社会消费力的限制。但是社会消费力既不是取决于绝对的生产力，也不是取决于绝对的消费力，而是取决于以对抗性的分配关系为基础的消费力；这种分配关系，使社会上大多数人的消费缩小到只能在相当狭小的界限以内变动的最低限度。这个消费力还受到追求积累的欲望的限制，受到扩大资本和扩大剩余价值生产规模的欲望的限制"[2]。也就是说剩余价值生产和剩余价值实现这样一对矛盾，使得资本主义扩大再生产的条件，i（v + Δv + m/x）= Ⅱ（c + Δc），左边的量愈小，而右边的量愈大。"因此，市场必须不断扩大，以致市场的联系和调节这种联系的条件，越来越采取一种不以生产者为转移的自然规律的形式，越来越无法控制。"[3]

关于生产扩大和价值增值的矛盾。马克思说，"社会总产品中作为资本起作用的部分的增加，刺激工人人口的实际增加，同时，创造仅仅相对的过剩人口的一些要素也在起作用"[4]。意思是说，资本主义的积累需要增加工人，而同时资本主义积累的一般规律在起作用，也就是说，产业后备军这种相对过剩人口也在增加，无产阶级的贫困也在积累，生产和消费的矛盾不可避免。马克思说，"利润率下降，同时，资本量增加，与此并进的是现有资本的贬值，这种贬值阻碍利润率的下降，刺激资本价值的加速积累"[5]。也就是说，资本主义积累过程中，在资本追求剩余价值的内在冲动和资本相互竞争的外在压力作用下，随着资本主义生产力的发展、有机构成的提高，其利润率下降，同时，资本量增加，利润量会随着所使

---

[1] 马克思：《资本论》第3卷，人民出版社1975年版，第272页。
[2] 同上书，第272—273页。
[3] 同上书，第274页。
[4] 同上书，第277页。
[5] 同上。

用的资本量的增加而增加。同时，随着劳动生产力的提高，现有资本贬值，这又阻碍利润率的下降。上述两方面的原因刺激资本价值加速积累。马克思说，"生产力发展，同时，资本构成越来愈高，可变部分同不变部分相比越来越相对减少"[①]。这就又回到了资本主义积累的一般规律所揭示的内容。资本的加速积累伴随着无产阶级贫困的积累，i（$v + \Delta v + m/x$）= II（$c + \Delta c$）左边的量愈小，而右边的量愈大。马克思认为，"总的说来，矛盾在于：资本主义生产方式包含着绝对发展生产力的趋势，而不管价值及其中包含的剩余价值如何，也不管资本主义生产借以进行的社会关系如何；而另一方面，它的目的是保存现有资本价值和最大限度地增值资本价值（也就是使这个价值越来越迅速地增加）。它的独特性质是把现有的资本价值用作最大可能地增值这个价值的手段。它用来达到这个目的的方法包含着：降低利润率，使现有资本贬值，靠牺牲已经生产出来的生产力来发展劳动生产力"。"现有资本的周期贬值，这个为资本主义生产方式所固有的、阻碍利润率下降并通过新资本的形成来加速资本价值的积累的手段，会扰乱资本流通过程和在生产过程借以进行的现有关系，从而引起生产过程的突然停滞和危机。"[②]

关于人口过剩和资本过剩的矛盾。马克思说，"所谓资本过剩，实质上总是指那种利润率的下降不会由利润量的增加得到补偿的资本——新形成的资本嫩芽——的过剩，或者是指那种自己不能独立行动而以信用形式交给大产业部门的指挥人去支配的资本的过剩。资本的这种过剩是由引起相对过剩人口的同一些情况产生的，因而是相对过剩人口的补充现象，虽然二者处在对立的两极上，一方面是失业的资本，另一方面是失业的工人人口"[③]。也就是说，假设资本的积累过剩是绝对的，即假设生产力不变，资本的技术构成不变的情况下，由于工资提高，资本的价值构成表现为剩余劳动同必要劳动相比的相对减少。"这一回，利润率的下降会引起利润量的绝对减少，因为在我们的前提下，所使用的劳动力的量不能增加，剩余价值率不能提高，因而剩余价值量也不能增加，而且，减少了的利润量却要按增大了的总资本来计算。——但是，即使就业的资本继续按原来的

---

① 马克思：《资本论》第 3 卷，人民出版社 1975 年版，第 277 页。
② 同上书，第 278 页。
③ 同上书，第 279—280 页。

利润率来增值，因而利润量不变，那么，这个利润量仍然要按增加了的总资本来计算，这也包含了利润率的下降。"① 在这种利润率和利润量双重下降情况下，资本之间展开缩小自己损失量的竞争，"这时每个资本家的利益和资本家阶级的利益之间的对立就显示出来了"②。这种冲突解决的方法是，"把在价值上与全部追加资本或其一部分相等的资本闲置下来，甚至使它部分地毁灭"③。同时，"对生产的债券，当它预计的收入减少时，将会立即贬值"。市场上的一部分商品的价格也会下降以完成它的流通过程和再生产过程。固定资本的要素也会或多或少地贬值。"此外，一定的、预定的价格关系是再生产过程的条件，所以，由于价格的普遍下降，再生产过程就陷入停滞和混乱。"④ 加上其引起的"支付债务的锁链"的破坏，"而在和资本一同发展起来的信用制度由此崩溃时，会更加严重起来，由此引起强烈的严重危机，突然的强制贬值，以及再生产过程的实际停滞和混乱，从而引起再生产的实际缩小"⑤。"同时，另一些要素也会起作用。生产的停滞会使工人阶级的一部分闲置下来，由此使就业的部分处于这样一种境地：他们只好让工资下降，甚至下降到平均水平以下……另一方面，价格下降和竞争斗争也会刺激每个资本家采用新的机器、新的改良的劳动方法、新的结合，来使它的总产品的个别价值下降到它的一般价值以下，就是说，提高一定量劳动的生产力，降低可变资本和不变资本的比率，从而把工人游离出来，总之，就是造成人为的过剩人口。其次，不变资本要素的贬值，本身就是一个会使利润率提高的要素。所使用的不变资本的量同可变资本相比相对增加，但是这个量的价值可能下降。已经发生的生产停滞，为生产在资本主义界限内以后的扩大准备好了条件。""这样，周期将重新通过。由于只能停滞而贬值的一部分资本，将重新获得它原有的价值。而且，在生产条件扩大，市场扩大以及生产力提高的情况下，同样的恶性循环将再次发生。"⑥

　　这里，实际上马克思描述了资本主义从繁荣到危机再到复苏的资本主

① 马克思：《资本论》第 3 卷，人民出版社 1975 年版，第 281 页。
② 同上书，第 282 页。
③ 同上。
④ 同上书，第 283 页。
⑤ 同上。
⑥ 同上书，第 283—284 页。

义经济危机的过程。资本主义的危机总是在其繁荣时突然发生的，突然发生的条件是资本的技术构成不变。也就是说，当资本主义的技术进步停滞时，技术进步推动的资本主义的繁荣迟早会遭遇工资提高从而使利润率和利润量同时下降的那一刻，而那一刻正是资本主义经济危机随时爆发的一刻。悖论在于，在资本主义占有规律支配下，资本追求剩余价值的内在冲动和资本相互竞争的外在压力，使资本有机构成必然是提高的趋势。资本有机构成提高，利润率必然是下降的趋势。在此过程中，剩余价值的生产和实现的矛盾、生产的扩大和资本价值增值的矛盾、资本过剩和人口过剩的矛盾等资本主义所固有的一系列矛盾不可避免。最终，当技术进步停滞的那一刻，具体来说就是，当技术进步停滞引起工资提高，从而利润率和利润量同时下降的那一刻，经济危机便爆发了。

三 结语

资本主义经济危机有其必然性，因此凯恩斯主义的政策手段充其量只能缓解经济危机的烈度。凯恩斯缓解经济危机的方法与措施只是针对所谓有效需求不足的短期手段，并不能从根本上解决问题。而且，凯恩斯主义的政策手段实际上包含在马克思对资本主义经济运行和危机原因的分析中。凯恩斯主义认为，有效需求不足是危机的原因，而有效需求主要指的是消费不足和投资不足。凯斯斯主义只是借助政府这只看得见的手去刺激消费和投资，从而缓解危机。正如马克思分析的，资本主义扩大再生产的基本实现条件是 I （v + Δv + m/x） = II （c + Δc）。在繁荣时期，工资得以提高，公式左边量增加，而资本积累的加速又使左边的量加速增加。繁荣孕育着危机，在工资提高的情况下，当技术的停滞使利润率和利润量同时下降时，资本主义生产突然大幅度下降，投资不足成为必然。工资也下降，使消费不足成为必然。一边是资本过剩，一边是人口过剩。走出危机的短期办法便是刺激消费、刺激投资。难怪凯恩斯手段对付繁荣时的通货膨胀无力，而对付危机时的失业有效。凯恩斯手段只是对资本主义运行的微调，使用了一些蕴藏在技术性手段中的计划性。其实，在中国实行社会主义市场经济运行机制以后，我们自觉不自觉地使用着比资本主义国家更多的计划性，因此，它在某种程度上保证了我国经济的快速稳健发展。这种计划性表现在五年期的中期计划，三步走的长期计划中。也还表现在国有企业所占比大于资本主义国家上，因为国家的计划性通过国有企业可以更有效地得以施行。当然，社会主义市场经济的计划性只是对市场机制固有弊端的有益矫正，鉴于我国社会生产力的发展阶段，市场经济体制的选择有其必然性。这些结语实际上需要另一篇论文去详细分析，此不再赘述。

新古典经济学的"封闭系统"
方法论特征[*]

龙　斧　王今朝[**]

　　20 世纪 90 年代以来，新古典经济学在中国的传播铺天盖地。纵观中国漫长历史，西方经济理论和哲学方法及其所蕴含的价值观产生如此影响和作用，还不多见。本来，新古典只是以西方资本主义制度为前提，以几百年发展而形成的市场经济机制为范畴，以这个范畴下微观领域的行为、关系、特征为对象的一个经济学流派。该流派自产生后就纷争不断，过去三十年所受到的批判也更为系统、广泛，但为什么却在中国产生了连西方新古典学者都始料未及的影响呢？它对中国的针对性、适用性和实践指导性究竟有多强呢？对上述问题的思考，不仅是中国经济学方法论建设的需要，而且对中国发展模式转型中指导理论与经济实践的一致性检验也是不无裨益的。鉴于此，本文从方法论角度，首先运用一般系统理论（General System Theory）分析新古典自身方法论问题，尤其是它在经济学研究范畴、对象、方法、逻辑结构等方面表现出的"封闭系统"（close - system）特征，并从整体主义下多元主义、相对主义等角度剖析新古典还原主义、约定主义等方法论实质，揭示其合理性、可靠性问题。在此基础上，本文提出经济学方法论的科学性检验、衡量模型。

---

　　* 本文写作得到国家自然科学基金（71071118）和国家社会科学基金（12BJL009）的支持。王今朝为该文通讯作者。

　　** 龙斧，美国 Syracuse 大学社会经济学博士，武汉大学教授、博士生导师，武汉大学战略决策研究中心主任，美国东俄勒冈大学管理学终身教授，副院长，主要从事中国社会经济发展的战略决策科学性研究。王今朝，武汉大学经济学博士，武汉大学经济发展研究中心副教授，主要从事中国社会经济发展的战略决策科学性研究。

一　文献回顾：封闭系统与开放系统方法论对经济学的影响

（一）对事物内在联系、变化及其规律研究的方法论区别

封闭系统方法论较早在西方自然科学领域（如物理学等）产生，认为对某个事物的认识通过对其组成部分的孤立性研究即可获得，把不同事物之间、事物与环境之间的内在联系、相互作用和因此产生的变化及规律排除在外。这种方法论在现实与对现实的认识的主客观之间，视事物是孤立存在、自身发展、运行并形成规律（定律）的，对某种事物的概念形成基于研究所发现的其自身规律和特征。① 长期以来，西方经济学在研究方法上不乏对自然科学的借鉴，方法论上受其影响在所难免。比如，封闭系统下产生的一些理论认为经济规律的形成、存在无须与社会大环境、社会生产关系或社会其他领域、结构、功能等发生关系，而从对一个事物形成、发展本质的认识来看，它也无须与后者有任何相互作用关系。②

可以说，无论是自然科学还是社会科学领域的封闭系统方法论具有以下共同特征：③（1）对客观事物及其本质的主观认识采取孤立、割裂的方法，因而对事物的"科学研究"应由主观来限定领域、范畴、对象，确立内容和研究方法，并在此基础上产生对其关系、特征和规律的认识；（2）基于此，对事物之间关系的认知通常是定论性（deterministic）、权威性、恒定性（steady）和终极性（ultimate）的主观理解、判断和结论；（3）事物之间的相互作用以及因此产生的关系、规律，或不同事物中的

---

① N. C. Rana, P. S. Joag, Classical Mechanics, Tata McGraw – Hill, 1991; L. D. Landau, E. M. Lifshitz, *Mechanics*. Butterworth – Heinemann, 1976; L. von Bertalanffy, *General System Theory*, New York: George Braziller, 1988.

② K. Axelos, "The World: Being Becoming Totality," from Systematique ouverte (Trans. Gerald Moore, Les Editions de Minuit: Paris), *Environment and Planning D: Society and Space*, Vol. 24, 2006 [1984], pp. 643 – 651.

③ Bertalanffy, *General system theory*, 1988; G. Bateson, *Mind and Nature: A Necessary Unity*, E. P. Dutton, 1979, p. 17; M. Foucault, M. Senellart, and A. I. Davidson, *Security, Territory, Population: Lectures at the Collège de France 1977 – 1978*, Palgrave Macmillan, 2007, pp. 1 – 5; K. Axelos, "The World: Being Becoming Totality"; Rana and Joag, Classical Mechanics, 1991, p. 78; L. D. Landau, E. M. Lifshitz, *Mechanics*, p. 8; 龙斧、王今朝：《社会和谐决定论：中国社会与经济发展重大理论探讨》，社会科学文献出版社 2011 年版，第 59、354 页。

共性、相同事物中的特性可因"研究方法需要而主观排除在外";（4）认为只有这样产生的"理论认识和知识"才能无价值观性、无社会性因而最具"科学性"和"普适性"。很显然，从哲学上看，封闭系统具有唯心主义和形而上学本质。正如 Axelos（2006）指出，用封闭系统构建一个科学领域的理论在本质上都依赖一种保守、静止的方法论①。

　　针对上述方法论问题，Bertalanffy 在其一般系统理论（GST）中提出了开放系统（Open - System）方法论②，认为一个社会系统（如经济制度、结构）的内部成分、功能、运行与外部环境（即其他系统）具有相互影响、作用的本质③。在他看来，虽然某些自然现象具有封闭系统特征，但对具有生命和动态性质的事物、现象，只能用开放系统方法论来研究。在社会科学领域，开放系统方法论基于一个事物、现象的动态本质，允许其内部成分、因子、要素分别与外界事物、环境交叉影响和作用，即"与环境（或其他系统）具有紧密'交换'关系而存在，具有输入和输出共性本质，具有建立新的、重组旧的关系、现象及规律的共性本质"④。

　　在开放系统方法论影响下，西方经济学过去 50 年里诸多相关成果的取得，都基于对封闭系统下的"纯粹科学"方法论的摒弃以及对开放系统下交叉科学方法的运用。Tinbergen、Myldal、Sen、Ostrom、Stiglitz、North 等诺奖得主强调发展决定因素的多元性和复杂性，从而在选定的研究对象分析上表现出不同事物内在联系的辩证法特征。甚至一些新古典学者也突破封闭系统方法论，反对那种"纯粹科学"的观点。比如，从方法论角度看，Coase 在经济学研究中把企业与市场对立起来，显然是对唯

　　① Axelos, "The World: Being Becoming Totality".

　　② L. von Bertalanffy, *Das Gefüge des Lebens*, Leipzig: Teubner, 1937. Bertalanffy, "An Outline of General System Theory", 1950; *Modern Theories of Development*, New York: Harper, 1962; *General System Theory*. New York: George Braziller, 1969, pp. 39 - 40, 139 - 154; Perspectives on General Systems Theory, *Scientific - Philosophical Studies*, E. Taschdjian, eds., New York: George Braziller, 1975; *Genral System theory: Foundations, Development, Applications*, New York: George Braziller, 1976 [1968].

　　③ T. E. Weckowicz, Ludwig von Bertalanffy (1901 - 1972): A Pioneer of General Systems Theory, *Center for Systems Research Working Paper*, no. 89 - 2, Edmonton AB: University of Albert, 1989, p. 2; L. von Bertalanffy, *General System Theory*; M. Davidson, Uncommon Sense: The Life and Thought of Ludwig Von Bertalanffy, Los Angeles: J. P. Tarcher, 1983, p. 9.

　　④ M. E. Milakovich, G. J. Gordon, *Public Administration in America*, New York: Bedford/ St. Martin's, 2001.

市场论的质疑、批判，而他在经济与法律之间建立的联系无疑跳出了新古典的封闭系统陷阱。

（二）还原主义论（Reductionism）和整体主义论（Holism）对经济学的交叉影响

还原论是封闭系统的重要方法论特征和逻辑基础，强调在前提假设、限定的时间空间范围内研究最基本、最基础个体成分（masses、particles、atoms 等）的自身运动方式，找出规律性以后把个体简单相加后得出的结论作为事物整体规律，并认为这样就完成了对事物的认识。早期西方医学和生命科学研究基于这种方法论，认为对身体各器官基本细胞的功能、特征、现象了解，加总后也就是对人整体的了解，从而也就可以用数理模式确立某个器官、某个细胞的"均衡状态"。这种以还原论为特征的封闭状态下的"均衡"理论对西方经济学无疑产生了影响，新古典均衡理论是其典型代表之一。它认定经济学是对个体现象或过程的研究，其假定的"经济人"就是经济现象、关系的最基本对象，只要把这个基本"细胞"的"内生"函数关系进行加总就能解释人类社会经济活动的规律。无论希克斯消费者行为理论、萨缪尔森的显示偏好理论、拉特斯的厂商理论、瓦尔拉斯的一般均衡理论，还是贝克尔的人力资本理论，无不表现出这种还原主义特征。尽管货币主义兴起、"加里·贝克尔革命"、卢卡斯和萨金特新古典宏观理论的出现使"经济人"内涵有所发展，新古典的还原主义本质并未改变：一切经济行为、现象以及产生的关系和规律最终无不是"经济人"个人心理主义和理性主义支配下"最大化、最优选择"的结果。尽管博弈的均衡理论对理解、分析一些特定条件、环境、制度以及价值观体系下的某一类人群的某种类型经济行为和因此产生的现象、关系和规律有所助益，但它自身的"理性"假设与传统微观经济学的经济人假设没有本质区别。

德国历史学派从社会结构的有机整体入手，分析各个功能领域行为、现象、特征和规律，方法上属于从整体到个体的研究路径，与英国古典经济学截然对立。马克思政治经济学在整体主义运用上与德国历史学派相似，但在具体经济研究的切入点、路径上不同，并且由于在方法论框架中加入康德唯物主义和黑格尔辩证法的合理内核而使二者完美结合。凯恩斯的分析，无论是《巴黎和会的经济后果》还是《通论》，都可说是经济学领域整体主义方法论运用的体现。如果说，马歇尔对于德国历史学派具有强烈好感①，那么凯恩斯可说在运用整体主义方法上与德国历史学派有相似之处。

针对还原论的影响，Bertalanffy 也以其著名的差异性（不同）演变集合条件下的程度/长度—时间微分方程揭示自然与社会、经济事物的整体主义性质②；社会科学领域里那些诸如"社会物理学"思维模式、社会制度的"原子论"概念等正是因其还原论本质而无法把研究与现实世界相结合③。而整体主义在任何领域的研究都接纳不断出现或发现的新系统（制度、结构、功能）。显然，对某个事物（系统）中的某个成分进行孤立、限定的还原式分析无法揭示事物本质、共性、特性和规律，即对一个系统（制度）的研究如果仅从其各个不同的基本成分入手并而后加总的话，其整体有机性、功能和运行规律都是无法科学认识和理解的④。从这一点看，整体主义鼓励无权威典型性（non - authoritative representative）、无权威参照性（non - authoritative referential），在非终结性方法（non - deterministic）框架下揭示出社会事物的复杂性、多元性、变化性、规律的相对性和不同条件下的差异性。而所谓经济领域的"均衡"不是其具体成分自身自然形成的，而是在与环境、其他多种力量作用—反作用、影响—反影响过程中出现的，因而都具有时间和空间的相对性，因而不具有定论性、绝对性、终结性、权威性和普适性⑤。可以说，新古典今天许多理论修正都是因为对还原主义基础上的绝对"均衡"理论的再认识。当然，Bertalanffy 也指出，社会科学的开放系统方法论使用将因为人类社会的复杂性、动态性而比自然科学更加困难⑥，但这恰恰证明了还原论在经济学研究上更加容易出现逻辑性问题。

---

① 杰弗里·M. 霍奇逊：《经济学是如何忘记历史的：社会科学中的历史特性问题》，高伟等译，中国人民大学出版社 2008 年版。

② Bertalanffy, Untersuchungen über die Gesetzlichkeit des Wachstums. I. Allgemeine Grundlagen der Theorie. Mathematische - physiologische Gesetzlichkeiten des Wachstums bei Wassertieren.

③ Bertalanffy, *General System Theory*, pp. 194 - 197.

④ B. Oshry, *Seeing Systems: Unlocking the Mysteries of Organizational Life*, Berrett - Koehler Publishers, 2008; S. Y. Auyang, Foundations of Complex - system Theories: in *Economics, Evolutionary Biology, and Statistical Physics*, Cambridge University Press, 1999.

⑤ M. E. Milakovich, G. J. Gordon, *Public Administration in America*, p. 165.

⑥ Bertalanffy, *General System Theory*.

二 新古典的封闭系统方法论特征分析

（一）研究范畴的"封闭"

新古典从还原论出发对经济学范畴（如研究对象和领域）进行封闭，将其限定在"经济人"（个体消费者和企业）这个资本主义市场经济的"原子成分"上，认为对它的行为、现象加以研究再做代数加总就可以发现并揭示人类经济系统（制度）的规律和关系本质。同时，它又把非资本主义经济制度的行为、现象、关系和规律排除在外。正是这两个"封闭"把"经济学"定义为研究资本主义市场经济"绝对自由竞争"条件下微观行为、现象、关系及其规律的"科学"，并依此确立具体研究领域与内容。新古典对宏观经济学长期以来也采取排斥的态度，认为后者无非就是由于不能处理两个以上变量的函数关系，因而创造出了宏观研究，实际上就是微观经济个体研究的总量相加而已，并断定在不久的将来宏观经济学就会根本消失[1]。从方法论角度看，划定研究范畴无可厚非，建立自己的理论体系也未尝不可，但通过"范畴封闭"使新古典经济学成为普适经济学、单一经济学，那就脱离科学之轨道了。

（二）逻辑结构和基础的封闭

1. "约定主义"——封闭式的逻辑基础

新古典认为归纳主义无法确立被所有人接受的定理、定律或终极真理从而无法保持逻辑一致性，只能踏入因果关系的"无限回归"，因而提出了"约定主义"（Conventionalism）[2]。首先，这种社会科学领域的终极归纳要求本身就带有绝对性，就如同科学证明肥胖者可经过锻炼减肥，但质疑者非要质问谁能从理论上证明下一个肥胖者也如此并认定这一归纳因无终结性故而不能成立一样。其次，正是以这个逻辑一致性为由，新古典用"约定主义"来代替归纳主义作为演绎出发点和基础，[3] 认为建立在某种

---

① R. E. Jr. Lucas, *Models of Business Cycles*, Basil Blackwell: Oxford, 1987, pp. 107–108.

② 博兰德：《经济学方法论基础：一种普波尔主义视角》，长春出版社 2008 年版，第 17—19 页。

③ 同上书，第 19—20 页。

具有"社会共识"、"经验知识"之上的标准带有"约定性",其约定、假设是建立在"普遍接受的标准"之上的,因而无需与事实和社会现实相关①。因此经济学研究应以这种"社会约定"的标准为理论演绎的前提条件和出发点②。

新古典约定主义的逻辑概念本身就存在逻辑性问题。因此博兰德质疑,"倡导约定主义标准的人或许希望否认他们假定了关于世界的理论是真实的,因为这样的假定本身违背了约定主义的要求。但如果对某个标准的倡导不是建立在一个预设为真的要解释的世界基本性质的理论之上,那么该标准的使用或者导致无限回归,或者使该种选择被指责为武断。具体地说,我们总是可以质疑对选择标准的选择。如果关于世界的一个真实理论不是预设的,那么我们便又回到了归纳问题的门口"③。如此看来,约定主义在假设其关于世界的理论是真实的同时,却又碰到了在解决归纳问题时相同的逻辑性问题。而更为重要的是,这个"约定"本身由谁来做、根据什么标准来做以及谁约定、谁接受?经济学试图成为一门适用于人类的科学,可这些"约定"是否具有普适性呢?

2. 还原论——封闭式的逻辑结构

新古典根据其"经验知识"的约定,设定"经济人"不受其他因素作用而能够始终如一作出"最优化"、"最大化"的理性选择④。当然,这个"理性主义"的内涵本身却不需要实证论证,因为在市场经济条件下,有谁不理性行为呢?这样,还原论下生成的"经济人"、经验知识下产生的"理性人"、资本主义市场经济这个"三脚架"就搭起经济学研究对象、范畴的方法论逻辑结构。有了这样一个逻辑结构,加上其约定主义逻辑基础,新古典方法论看上去就"无懈可击"了,把"经济人"以外的条件、因素、关系都定义为"外生函数"就顺理成章了,也就使新古典成为普适性经济学合情合理了。

那么,新古典的"理性主义"是否与所谓"经验知识"具有一致性

---

① 博兰德:《经济学方法论基础:一种普波尔主义视角》,长春出版社 2008 年版,第15 页。

② 比如,新古典就是在用效用、稀缺等概念进行约定。

③ 博兰德:《经济学方法论基础:一种普波尔主义视角》,长春出版社 2008 年版,第22—23 页。

④ A. Campus, "Marginal Economics", *The New Palgrave*: *A Dictionary of Economics*, vol. 3, 1987, p. 323.

从而保证其逻辑结构的严谨性、可靠性呢？首先，任何一个现实条件的变化或加入，都可使这种一致性丧失（详见第三、四部分分析）。因此，许多西方学者指出新古典是一种规范主义命题基础上的研究，比如帕累托最优就是这种新古典"乌托邦"的产物①。而凡勃伦也早就指出均衡理论具有"规范式"性质，它"暗示、假设却没有证据"②。可能许多新古典学者都会站起来反对——"你没有看到我们大量的实证过程吗"？而实际上，新古典的这种实证是在理性主义约定下的假设演绎实证，并没有归纳前提（被"约定主义"代替），这又怎样去做到有理论依据地去演绎呢？新古典恰恰是在这里采取了规范命题的方法——不需要归纳，用理性主义规范一下，用"经济人"约定一下，在这个范围内就可以进行"逻辑一致"的实证演绎了。既然这样，诸如个人是否、怎样、在什么条件下、多大程度从个人主义私欲出发做理性的最优选择之类的问题就不需要讨论了，企业是否、怎样、在什么条件下、多大程度理性地追逐利润最大化也无需讨论了。

（三）研究方法、模式的"封闭"

从方法论看，研究范畴和目的决定其方法的使用而不是反之（船只航行如果没有目的、目标而单纯讨论什么是最佳均衡速度有什么意义呢）。如果对逻辑基础和结构做了约定主义封闭，在还原论指导下限定了研究对象与领域，对具体研究方法的"封闭"几乎难免。毕竟，如果认为只要研究"经济人"然后加总就是经济系统（制度）的规律、关系本质，如果认为约定以外的其他因素与"经济人"本身行为/心理差异性、规律性无关，就必须在研究方法上依靠形而上的假设、限定才能保证逻辑关系和演绎结果的合理性、可靠性，从而来保证所要证明的经济规律的普适性。可是，西方对新古典的假设—演绎模型不乏批判，如对其收入与消费函数、投资与回报、失业与通货膨胀、政府政策与经济绩效等函数关系的存在性、可靠性、合理性批判等。有些对新古典前提假设提出修正或相反假设，构建对立理论，如 H. A. Simon 的有限理性理论、J. Stiglitz 等人

①　A. S. Eichner and J. A. Kregel，"An Essay on Post - Keynesian Theory：A New Paradigm in Economics"，*Journal of Economic Literature*，vol. 13，no. 4（Dec.），1975，pp. 1293 - 1314.

②　T. Veblen，"Why is Economics Not an Evolutionary Science?"，Reprinted in *The Place of Science in Modern Civilization*，New York：B. W. Huebsch，1919，p. 73.

的不完全信息和不对称信息经济学、V. Smith 等人的实验经济学、O. Williamson 等人的交易成本经济学等。

(四)研究任务、目的和意义的封闭

新古典封闭了经济学范畴、逻辑结构和研究方法，再来决定可以达到的目的和需要完成的任务。因此它认为，经济学"能够达到的最好结果只是建立在对一种约定的事实先接受基础之上的逻辑一致的演绎证明"，因为经济学"关心的问题不是一个理论是否是真的，而是支持该理论的论证在逻辑上是否有效"[1]，即是否与接受的约定在逻辑上一致从而保证研究的有效性。

首先，强调理论的逻辑有效性并不错，但以此决定、封闭经济学任务、目的和意义就本末倒置了。毕竟，经济学的任务与目的首先不是为其具体论证方法中的逻辑有效性而存在的，后者只是一个方法论问题。如果根据新古典的约定，在假设中就蕴含了一个理论，然后来证实这个理论，科学也就失去了其寻找真理的意义。或许因为这个原因，博兰德指出约定主义中含有"信仰主义"（Fideism）成分。这里不是说约定主义方法论本身是宗教，而是说它带有类似宗教的逻辑依据[2]。结果，资本主义市场经济是经济学研究的主要对象、领域这一约定不容讨论；要想进行经济学研究，必须先接受这一"信仰"。很显然，新古典这里用经济学研究的逻辑有效性来代替科学概念在研究中的作用和目的。其次，尽管经济学任务与目的之一是解释经济行为、现象、关系和规律并在此基础上作出预测，但仅因论证的逻辑有效性和与之相匹配的研究方法需要而创造出一个"纯粹经济学"，岂不是用手段决定目的了吗？这正是一些新古典理论与社会实际、实践脱离的原因之一。

三 开放系统方法论下的经济学科学性检验

基于上述对新古典方法论问题的分析，基于整体主义下多元主义和相

---

① 博兰德：《经济学方法论基础：一种普波尔主义视角》，长春出版社 2008 年版，第19页。

② 同上书，第18页。

对主义方法论思想，也基于理论的开放本质属性①，我们认为，为检验关系、寻求规律做条件假设和环境限定进行演绎无可厚非，但从科学角度看，所做假设和演绎必须接受以下模型和标准的衡量检验。

1. 基本模型：理论结果既然受这些条件（co）、环境（su）以及相应使用的定性（ql）、定量（qt）方法制约，其适用性（ap）、价值（va）、意义（sg）因而也是有条件的和相对的，是表现在假设的、限定的时空范围（t）中的；如果我们用 th 来表示理论的适用性、价值和意义，即 $th=(ap,va,sg)$，那么，我们有关于经济理论科学性检验的基本模型：

$$th^t = th^t(co^t, su^t)$$

2. 控制条件：条件假设、环境限定以及相应使用的定性、定量方法在合理性（pl）、可靠性（re）等方面受到不断检验，因而具有被质疑性、非定论性（falsifiable and non-deterministic）；也就是说，存在八个指标：pl_i、re_i，其中 $i=co,su,ql,qt$。这里，pl_i 分别表示这一理论的条件假设、环境设定和所采用的定性、定量方法的合理性程度。re_i 分别表示这一理论在这四个方面的可靠性程度。很显然，由于研究的深入，这里会有一个条件假设、环境限定和定性、定量方法随着时空变化而变化的过程。这种变化很显然是受到了它们各自合理性、可靠性程度的制约。即我们有：

$$co^{t+1} = f(pl_{co}^t, re_{co}^t)\ ,\ su^{t+1} = g(pl_{su}^t, re_{su}^t)\ ,\ ql^{t+1} = h(pl_{ql}^t, re_{ql}^t)\ ,\ qt^{t+1} = w(pl_{qt}^t, re_{qt}^t)$$

其中 co^t 表示时期 t 下的假设条件。其余变量类似。上式表明，（a）一个理论对条件的假设、环境的设定以及定性方法、定量方法的选择会受到这些变量在前面一个时间和空间的合理性和可靠性程度的影响。f,g,h,w 分别表示对应的函数；（b）如果变量的合理性和可靠性程度越高，它们在下一期的变化就越小。值得指出的是，为避免过分复杂化，我们在形式上忽略了公式中四个因变量之间的相互作用。而实际上，条件的合理性和可靠性有时取决于对环境的设定。环境和条件的设定还对定量和定性方法的选择及其发展产生影响。

---

① 有观点错误地认为，唯有模型才是理论。实际上，理论的本质不是数学，而是逻辑。数学函数只是用以表达某种逻辑关系的工具（不排除其他工具，同时数学对逻辑的表达也可能是错的）。若干个函数可形成一个"自洽"的逻辑体系，因为代表着逻辑，所以它们共同构成模型。因而，没有逻辑，就没有理论，没有"模型"，却可以有理论。

3. 即使原来选定的条件假设、环境限定以及定性定量方法合理、可靠、适用，但所选定的条件、环境、方法本身会产生变化，合理性、可靠性、适用性重新受到检验、质疑并可能被推翻，因而具有演进性和发展性；这意味着存在序列：$pl_i^1, pl_i^2, pl_i^3, \cdots, pl_i^n, \cdots$ 和 $re_i^1, re_i^2, re_i^3, \cdots, re_i^n, \cdots$。其中，$i = co, su, ql, qt$。从科学学来看，不妨用 $\| pl_i^m - pl_i^n \|$ 和 $\| re_i^m - re_i^n \|$ 来衡量一个理论在上述合理性和可靠性方面发展变化的程度。不妨假设 $n < m$，那么，上式也成为衡量第 n 期经济理论的条件、环境和方法合理性和可靠性的指标。为了经济学自身的优化，我们可能需要求解如下问题，或者说至少寻找解答以下问题的原则。

$$\min \| pl_i^m - pl_i^n \| \text{ 和 } \min \| re_i^m - re_i^n \|$$

4. 其他任何可以对假设条件和限定环境变化产生影响的因素（ev）的重新组合和发现不仅影响理论结果而且影响研究方法的合理性、可靠性：

$$co^t = co^t(ev) , su^t = su^t(ev)$$

$$pl_{ql}^t = pl_{ql}^t(ev) , re_{ql}^t = re_{ql}^t(ev) , pl_{qt}^t = pl_{qt}^t(ev) , re_{qt}^t = re_{qt}^t(ev)$$

根据定义，ev 指一个元素数量不定的组合（profile）。比如，美国民权运动以及联邦政府法律（如 Executive Order No. 11246 和 No. 11375）根本否定新古典理论经济环境与条件假设的可靠性和合理性。新古典所受这种社会性、法律性、政治性冲击连绵不断。这里我们省略了 ev 的时空上标。

5. 任何其他原来未被包括在关系、规律研究范围内后又被证实是有合理性、可靠性的变量（ep）也可能影响原有理论的合理性、可靠性、适用性；为简单起见，我们只考虑 ep 对理论的直接影响，故公式被修改为：

$$th^t = th^t(co^t, su^t, ep^t)$$

本文分析中所涉及的那些被新古典列为外生的变量都是 ep 的例子。这里，ep 也是一个元素不定的组合。于是，受制于方法论自身的开放系统本质，受制于 ev，受制于 ep，我们就有了一个经济学理论的序列。从性质上看，这种序列是无穷的。理论构建必须进行抽象，但也面临主观忽略现实世界中具有影响力的作用关系。也就是说，为了降低理论抽象与现实世界的差异性，理论构建不应该对现实世界做想象化处理（如封闭），更不能在此基础上设定一个指导演绎的理论。比如，不能把重大现实因素当作可以抽象掉的摩擦因素或视为既定、不变的环境因素，因为它们本身就是作用关系中不可或缺的影响因素，是研究的本体部分。许多新古典理论都违背了这一点。① 这也就意味着，它不可能成为优化问题的解。而基于这里的检验模型，每当构建使用演绎法时，可以一次抽象掉一个因素来检验理论抽象后与现实世界的差异性程度。

6. 任何一种理论，在其产生并应用的社会里，都存在实践指导性（ds）、适用性（ps）的程度问题。而理论目的（at）与实践结果（ri）之一致性程度，即 $\|ri-at\|$ 就形成对这个程度的检验、衡量。理论对社会现实所具有的实际指导性、适用性程度也因此可以在实践中得到检验、肯定、修正，或甚至被推翻。这些性质用以下公式来表示：

$$ds^t = ds^t(\|ri^t - at^t\|), \; ps^t = ps^t(\|ri^t - at^t\|)$$

公式意味着，任何一种理论都需要依据上述函数关系加以实践的科学性检验：分有与没有科学性和科学性高低等不同。但即使具有一定真理性，不仅经济学是随着时间变化而变化的，其指导性和适用性也是随时间变化而变化的。$\|ds^m - ds^n\|$ 和 $\|ps^m - ps^n\|$ 可以用来衡量理论在不同时空的科学性程度的差异。这也说明，世界上没有什么"普世经济学"。

7. 上述 3—6 可视为一个理论在其所产生的社会里运用时的时空条件限制检验。而这个理论运用于其他社会、系统、制度、体制时，更是存在实际指导性、适用性问题，不同社会在实际条件（rco）和实际环境（rsu）上的差异，就会对这个理论的合理性、指导性和适用性产生差异性影响。结果就会如龙斧、王今朝（2012c）所指出的那样，某个社会在某些假定条件和环境设定下所形成的理论可能不适合另一个社会。对此，至少存在如下两种基本事前（priori）检验：

首先，条件和环境差异性检验。这种检验建立在 $\|rco_j^t - co^t\| + \|rsu_j^t - su^t\| \approx 0$ 是否成立的分析基础之上。其中，j 指示这个其他社会。如果它不成立，那么，用 rco 和 rsu 分别替换 co 和 su 代入到公式，则可以推出，$th^t(rco_j^t, rsu_j^t) < th^t(co^t, su^t)$（这是一种向量表达）。如果 $\|rco^t - co^t\| + \|rsu^t - su^t\| \to +\infty$，那么，$th^t(rco^t, rsu^t) - th^t(co^t, su^t) \to -\infty$。也就是说，该理论产生的社会与这个社会的条件、环境差异性决定该理论的适用性程度（参见上述所列举的 17 个重大社会、经济差异性方面）。一个社会的理

---

① 新古典用约定和内生、外生变量划定抽象掉了大量主要影响因素，而其中每一个因素的作用都会导致新古典演绎的合理性、可靠性问题。

论用于一个条件和环境都不同于它的另外一个社会时，其理论的适用性和指导性必定降低，而条件和环境的差异性越大，理论的适用性和指导性降低得就越多。这种检验也是公式的一种具体应用。

理论与结果的一致性检验构成一个理论用于其他社会时的第二检验，这就是如下方程系统：

$$ri_i^t = ri_i^t(rco_i^t, rsu_i^t, at_j^{t-k})$$

当 $i = j$ 时，式表示一个原社会理论对于当地（比如新古典对西方）的实践结果所产生的影响。当 $i \neq j$ 时，式表示一个外来理论对本地（比如新古典对中国）实践所产生的影响。由于外来理论对本地产生影响有一个时间滞后，所以，公式中有一个表示时间滞后期的整数 k。

本文"研究方法、模式的'封闭'"中所列举的中西方 17 个重大社会、经济差异性方面意味着 rco_i^t 与 rco_j^t 的巨大差异和 rsu_i^t 与 rsu_j^t 的巨大差异，这也就意味着 $\| ri_i^t - ri_j^t \| \geq o$。由此推出，

$$\| ri_i^t - At_j^{t-k} \| - \| ri_j^t - at_j^{t-k} \| \geq o$$

如果我们假设一个社会所产生的"主流"理论的目的对实践结果的一致性是最高的，那么，根据公式，我们有 $\| ri_i^t - at_i^t \| \approx 0$，于是，$\| ri_i^t - at_i^{t-k} \|$ 将会随着 k 的增大而增大。则根据公式，某个社会所产生的"主流"理论对其他社会的实践结果的一致性将更加会越来越低。这意味着一个国家产生的理论对于其他国家的合理性、适用性和指导性是极低的。

上述系列公式构成了我们分析经济学方法论科学性检验的基本理论模型。它们是以经济学作为经世致用之学而非封闭性理论为前提的。

四　结论

本文分析表明，西方新古典经济学是封闭系统的方法论产物。它对经济学范畴、逻辑、方法和目的的封闭，使之却无法回避自身方法论上的合理性、可靠性问题。正因此，由约定主义、还原主义、理性主义所孕育的"经济人"从诞生起就受到西方学者的批判。

本文分析还表明，理论的科学性基于方法论的科学性，后者是前者检验的必要机制。事物概念、理论思想的表象可以不同，但方法论本质可能一样。比如，如果割裂、孤立、单纯地强调"经济增长"，那么无论是"工农商学兵一起来炼钢"还是"工农商学兵一起来经商"，都带有同样

的还原主义思想，而"唯 GDP 论"、"唯发展论"、"唯指标论"与新古典"唯市场论"、"唯私有化论"在方法论本质上也是一样的。从开放系统方法论看，现实社会中因事物交叉作用、有机相关而产生的诸多关系与规律打破了新古典"均衡、和谐"的预想 。这样，实践结果与理论预想目的一致性构成对方法论、理论科学性的又一必要检验机制。

本文对新古典的分析不是对其理论和方法的全面否定，也不是对其资本主义微观行为、现象、关系和规律性研究的全面否定，更不是对它在西方经济学发展中的作用的全面否定。但它充分表明，用这种自身带有方法论问题、在时间和空间上与中国社会发展有巨大差异性条件下产生的理论来指导、影响中国社会主义经济发展模式和经济学构建，那就比用俄国十月革命方式来指导中国新民主主义革命还要不合适。因此，方法论及其理论产生的条件、环境差异性构成其科学性检验的另一必要机制。

罗默"不公平对待"思想评析

彭五堂*

一 "不公平对待"的含义

分析马克思主义的代表人物，美国耶鲁大学教授约翰·罗默（John E. Roemer）在重构马克思主义剥削理论时指出，造成不同人群收入差距的原因，除了剥削，还有另外一种情形，罗默称之为不公平对待（unfairly treated）。① 不公平对待与剥削有相似之处，但又不完全相同。罗默运用数理分析方法，对二者的内涵进行了界定和比较。

罗默构想了一个经济体，其中的当事人［即博弈论中的联盟（coalition），可以是一个人，也可以是一个特定人群］拥有一些可用于生产的资源（财产），这些资源可以在当事人中间按不同方式分配，劳动力则属于每个当事人自己。在市场经济条件下，当事人从事生产，并进行交易，最后取得特定的收入。为了确定不同联盟之间的经济关系，需要对一个联盟在当前财产分配格局中所面对的收入和劳动的分配状况与在可供选择的另外一种财产分配格局中将会面对的收入和劳动的分配状况进行比较。如果一个联盟在一种新的财产分配格局中要维持与现在相同的生活水平，必须付出比现在更多的劳动，我们就说该联盟变得比现在更穷；如果一个联盟在一种新的财产分配格局中要维持相同的生活水平，只需要付出比现在更少的劳动，我们就说该联盟变得比现在更富。

---

* 中国社会科学院马克思主义研究院副研究员，经济学博士。

① 参见 Roemer, John E, *A General Theory of Exploitation and Class*, Harvard University Press, 1982. 以及 Roemer, John E., "Property Relations vs. Surplus Value in Marxian Exploitation", *Philosophy and Public Affairs*, Vol. 11, No. 4. （Autumn, 1982）, pp. 281–313.

考虑一个联盟 S，我们把它之外的其他当事人看作是它的补集，称为联盟 S′。在我们讨论的收入分配的情形中，如果满足下面的前两个条件，就可以判定 S 遭受了不公平的对待；如果满足全部三个条件，就可以判定 S 遭受了剥削：

第一，如果联盟 S 带着社会按人平均分配的财产份额和他们自己的劳动力退出该社会，那么他们的状况（根据收入和闲暇）比目前更富。

第二，如果联盟 S′带着社会按人平均分配的财产份额和他们自己的劳动力退出该社会，那么他们的状况比目前更穷。

第三，如果联盟 S 带着他们目前实际拥有的资源（而不是按人均分配的）退出该社会，那么联盟 S′的状况比目前更穷。

罗默构建了几个简单的案例对不公平对待现象作了具体说明。设想一个高度简化的经济体，这个经济体只生产玉米这样一种产品，可供选择的生产技术有两种：农场技术和工厂技术。农场技术只使用劳动力一种投入来生产玉米（假定在农场技术中，不需要种子投入），工厂技术则需要劳动力和玉米种子（资本）两种投入。假定每位生产者的目标都只是维持生存，即每天消费 b 蒲式耳玉米。使用农场技术生产 b 蒲式耳玉米每天需要劳动 16 个小时，使用工厂技术生产同样数量的玉米以及再生产所需要的玉米种子只需要 8 小时。也就是说，在使用农场技术的情况下，体现在 b 蒲式耳玉米中的劳动是 16 小时，使用工厂技术时则为 8 小时。假定全社会玉米种子的数量只有所有人都使用工厂技术进行生产时所需数量的一半，那么就全社会平均而言，每个当事人为维持生存所需要的劳动时间是 12 小时。罗默认为，这 12 小时就是该社会生产 b 蒲式耳玉米的社会必要劳动时间。

为了简化分析，罗默假定所有社会成员具有相同的劳动能力，农场技术和工厂技术的劳动强度相同，社会成员可以在农场生产和工厂生产两种方式间无成本地转换。罗默把使用农场技术的生产者称为农民，把使用工厂技术的生产者称为工人。

设想一个资本主义经济的原型。假定所有的种子被少数人（比如 1% 的当事人）所拥有，其他当事人只拥有自己的劳动力。拥有种子的人可以雇佣不拥有种子的人来从事工厂生产。由于不拥有种子的人如果只使用自己的劳动力从事农场生产，每天必须工作 16 小时才能生产 b 蒲式耳玉米，那些拥有种子的少数人可以用 b 蒲式耳玉米作为报酬，雇佣工人在工厂每天劳动 16 小时，自己则无需劳动。这样每个工人每天可以生产 2b 蒲式耳玉米，其中的一半，即 b 蒲式耳玉米，就成为种子拥有者的利润。根据罗默关于剥削的定义，我们可以判定，工人受到了剥削。因为：第一，如果工人和农民带着平均分配的财产份额退出该经济体，他们每天只需要劳动 12 小时，会比现在更富；第二，作为补集的资本家如果带着平均分配的财产份额退出该经济体，则他们需要每天劳动 12 小时，比现在更穷；第三，如果工人和农民带着他们目前实际拥有的财产退出该经济体，资本家的情况也会变得更穷，由于没有工人可雇用，他们不得不每天劳动 8 小时。这三点完全符合罗默关于剥削的条件。

现在的问题是，农民是否遭到资本家的剥削？根据剥削的定义，农民没有遭到剥削，因为它不满足上述第三个条件，因为如果资本家和工人带着自己的财产退出该经济体，农民的境遇不会变坏，因为资本家和工人对农民没有经济上的依赖。尽管如此，由于农民满足前两个条件，我们可以断定，农民遭受了不公平对待。第一，如果农民带着平均分配的财产份额退出该经济体，他们每天只需要劳动 12 小时，会比现在更富；第二，如果资本家带着平均分配的财产份额退出该经济体，则他们需要每天劳动 12 小时，比现在更穷。由于资本家垄断地占有生产资料，可以不劳而获，农民和工人一样，不得不每天工作 16 小时。

为了更清楚地说明不公平对待现象，罗默进一步设想了以下案例：

假定作为财产的玉米种子采取另一种分配方式：一半的人口拥有所有种子，并且在这一半人口中平均分配。显然最终结果是拥有资产的一半富裕群体每天从事 8 小时的工厂劳动，而另一半贫困群体则需要在农场每天劳动 16 小时。由于这两个群体之间没有发生直接的经济联系，所以二者之间不存在剥削与被剥削的关系。但是，贫困群体遭受了不公平对待。因为如果无论哪一个群体带着平均分配的财产份额退出经济体，其结果都是：富裕群体会变得较穷，而贫困群体则变得较富。

罗默指出，尽管剥削者无偿地占有了被剥削者的劳动，而遭受不公平对待的群体的劳动并没有被其他群体无偿地占有，但这并不意味着遭受不公平对待群体的境遇比遭受剥削群体好。把第一个案例的条件稍作改变，假定工人每天劳动 15 小时，农民每天劳动 16 小时。在这里，工人依然遭受了剥削，农民仍旧遭受不公平对待，然而农民比工人更穷。它表明，剥削与不公平对待的差别并不体现在经济福利上。遭受不公平对待的群体有可能比遭受剥削的群体境遇更差。为了进一步说明这一点，设想一种纯粹资本主义经济的情形。假设只有一种生产技术——工厂生产，工人除了到工厂工作，只有失业一种选择。这里的失业工人类似于前面案例中的农民。根据罗默的定义，失业工人没有遭受剥削，而只是遭受不公平对待。显然，失业工人比在岗工人更穷。这也说明，在某些情况中，不公平对待是比剥削更严重的社会问题，更值得关注。

从罗默的分析中可以看出，不公平对待实质上是由生产性资源分配上的差别所导致的收入差别。这种差别之所以是不公平的，是因为它与劳动者的劳动能力和努力程度无关，是外在地决定的。在罗默看来，公平并不绝对地排斥收入差别。如果这种收入差别是由劳动者的主观条件所导致的，它依然是公平的。相反，不公平对待是由外部生产条件所决定的收入差别，是劳动者自身无法控制的。正因为如此，它容易使劳动者产生无力感和不公平感，激发劳动者的不满情绪。从这个意义上讲，剥削也是一种不公平对待，是不公平对待的一种特殊情形。罗默关于剥削的定义也体现了这一点。罗默的这一观点和马克思关于分配正义的观点是相近的。马克思在批判德国社会民主党《哥达纲领》"公平分配劳动所得"的主张时，提出了在共产主义第一阶段，应该对个人消费品实行按劳分配的分配原则，即根据劳动者的实际劳动贡献分配个人消费品，多劳多得。马克思认为，在生产力还没有发展到能够满足全体社会成员的全部需要的阶段，这一分配原则是公平的。虽然马克思没有明确提出不公平对待这一概念，但他们都认为由生产性资源占有上的差别所导致的收入差别是不公平的。二人的不同之处在于他们的分配观所确立的前提相反。马克思主张在社会成员对生产性资源的共同占有的前提下实行按劳分配，而罗默则把他的结论建立在劳动者平均地占有和使用生产性资源的前提下。

二　不公平对待与剥削的异同

不公平对待和剥削一样，都是特定生产条件下不同社会群体之间形成的一种不平等的经济关系。二者在许多方面表现出相同的特征：

第一，和剥削一样，遭受不公平对待的群体在经济利益上实实在在受到损害。这种损害有3种表现形态：1. 付出同样的劳动和努力，得到比他人较少的回报。拿罗默的案例来说，如果社会中一半人（工人）占有生产资料（玉米种子），另一半人（农民）只拥有自己的劳动力，那么同样 1 小时的劳动，农民得到的玉米只有工人的一半。2. 为了取得同样的回报，付出比他人更多的劳动和努力。在罗默的例子中，如果工人和农民都必须生产 b 蒲式耳玉米，农民就要付出比工人多一倍的劳动。3. 劳动者本人愿意付出劳动和努力来获取回报，但却没有机会来付出劳动，获取回报。农民和工人为了获得维持生存所必需的 b 蒲式耳玉米，必须付出 16 小时的劳动，而资本家却可以凭借对玉米种子（资本）的垄断占有，不付出任何劳动就可以获得 b 蒲式耳玉米。如果种子（资本）这种更好的生产机会在全部社会成员之间平均分配，则每个社会成员都需要付出 12 小时的劳动。由于机会的缺失，农民和工人需要多付出 4 小时劳动，这就是他们的经济损失。因此，无论是不公平对待还是剥削，都不仅仅是伦理学意义上的价值判断，而且是实实在在的经济损失。和遭受剥削一样，遭受不公平对待的人群能够感知到这种损害，并且能够认识到这种损害是外部强加于他们的。当他们感觉到自己被压迫、被剥夺时，就会采取各种方式进行抗争，从而引发多种社会问题。

第二，剥削和不公平对待产生的根源都是生产性资源的不平等分配。由于生产性资源分配的不平等，获得较多生产性资源的群体可以更有效地使用自己的劳动，甚至可以借此支配别人的劳动，而那些得到较少生产性资源或完全得不到生产性资源的群体丧失了较好的生产机会，被迫使用较差的生产技术，或者被迫为别人劳动，因而只能得到较少的收入或付出较多的劳动。如果平均分配生产性资源，遭受剥削或不公平对待的群体本可以得到较多收入或付出较少劳动。正因为如此，马克思主义者认为不公平对待和剥削现象都是"不公平"的社会现象，它所导致的收入不平等是由外部的财产制度强加给劳动者的，与劳动者的主观条件无关，它容易使劳动者产生被压迫感。

由此可见，剥削或不公平对待现象的产生，完全是由外部环境和条件所致。社会对经济资源的不平等分配，改变了不同联盟的选择机会，在有利于一部分人群的同时，损害了另一部分人群的利益。概而言之，无论是剥削，还是不公平对待，都是一种制度现象。在这一点上，罗默的结论是与马克思的分析一致的。与马克思不同的是，罗默并没有深究制度的根源，他把经济资源不平等分配制度作为一个既定的前提。

需要注意的是，不能简单地把所有的收入不平等现象归结为剥削和不公平对待。一个人的财产条件和劳动力禀赋都可以对他在收入分配中的地位产生影响，但二者的意义是完全不同的。由劳动者的劳动能力上的差异造成的劳动产品占有上的差别并不属于不公平对待。只有由于生产条件分配上的差别造成的产品占有差别才属于不公平对待。考虑另一种情况，假定玉米种子在所有劳动者之间平均分配，但劳动者劳动能力或努力程度存在差异，劳动能力较强或努力程度较高的劳动者，其劳动效率是劳动能力较弱或努力程度较低的劳动者的 2 倍，前者生产 b 蒲式耳玉米需要 8 小时劳动，后者需要 16 小时劳动。尽管二者依然存在明显的贫富差别，但根据罗默的定义，这时并不存在剥削或不公平对待现象。因为无论是哪一个联盟带着平均分配的生产资料和自己的劳动力离开，他们自身的状况都不会改变，而且也不会使别的联盟状况有所改变。因此，判断某一个人群是否遭受了不公平对待，不能根据产品的分配结果，而应该根据生产条件的分配结果，特别是外部生产条件的分配。罗默的公平观并不强调结果平等，而是强调机会均等。每一个社会成员把握和利用机会的能力是不同的，由此导致的产品占有上的差距并不构成不公平对待。

不公平对待与剥削也存在着重要区别。

第一，和马克思一样，罗默认为剥削是对他人劳动的无偿占有，剥削者与被剥削者之间存在直接的经济联系，二者是相互依赖的关系。如果剥削者与被剥削者相互分离，实际上二者的利益都将受到损害。例如在资本主义经济中，如果资本家离开工人，他就无法获取剩余价值；如果工人离开资本家，则处于失业状态，二者的利益都受到损害。但不公平对待不会因此受到影响，因为受到不公平对待的联盟与其他联盟不存在经济上的直接联系。在罗默的例子中，无论是资本家，还是工人带着自己的生产资料和劳动力离开，遭受不公平对待的农民其状况都不会改变。事实上，正是由于遭受不公平对待的人群与社会其他人群没有直接的经济关系，造成不公平对待似乎与他人、与社会无关的假象，不公平对待现象往往容易被忽视。

第二，与剥削相比，不公平对待现象中机会缺乏的情况表现得更突出，遭受不公正对待群体的选择余地更小。在剥削现象中，被剥削者通过与剥削者建立直接的经济关系，往往可以间接地利用较好的生产机会。但是遭受不公正对待的群体则被直接排除于较好的机会之外，无法有效地利用自己的劳动力，获得较多的收入和财富。前述案例中的农民和失业者，其选择机会显然比在岗工人更小。因此，在现实中，遭受不公平对待的群体其被限制、被压迫感更强，更容易激发不满情绪，产生反抗行为。从这个意义上说，不公平对待是一个比剥削更为严重，更值得关注的社会问题。

三　罗默的"不公平对待"理论存在的问题

罗默提出不公平对待这一概念揭示了人类社会产生以来一直到今天广泛持久存在的一类经济现象，具有重要的理论价值。同时，他的分析存在重大缺陷。

第一，罗默的分析属于比较静态分析，他对两种经济资源的分配状况及由此产生的产品分配结果进行比较，由此断言在某种分配结构中，部分人群遭受了不公平对待。然而人类社会是一个持续的、动态的发展过程。如果动态地看，即使一个社会的经济资源的初始分配是平等的，随着时间的推移，完全有可能演变出导致不公平对待结果的资源分配结构。考虑下面的例子：

假设一个社会，其生产性资源在劳动者之间平均分配，但劳动者自身的劳动能力不完全相同，因而使用同样数量的生产性资源，每个劳动者生产的劳动产品数量不同。在第一年，每个劳动者使用社会分配给自己的那份资源进行劳动，在相同的劳动时间内，生产出不同数量的产品。按照罗默的定义，此时并不存在不公平对待现象，因为无论哪位劳动者带着平均分配的资源和自己的劳动力离开，都既不会使自己变得更穷或更富，也不会使别人变得更穷或更富。假定劳动能力较强的劳动者由于他的劳动产品数量较多，除了满足自己的消费，还有剩余，并把剩余产品作为生产性资源储备起来。在第二年开始时，该社会的生产性资源的分配结构变得不平等，再加上劳动者劳动能力的差异，到年末，产品分配变得愈加不平等，而且此时产生了不公平对待现象。因为如果第二年年初该社会所有的生产性资源在全部劳动者之间再进行一次平均分配，那么那些劳动能力较弱的劳动者带着平均分配的生产性资源和自己的劳动力离开，他们会变得更富。按照罗默的定义，他们遭受了不公平对待。显然，问题就出在社会剩余产品的分配上。这里面临一个难题。假定该社会存在一个政府，在年末把社会的剩余劳动产品（积累的经济资源）集中起来，然后在社会成员之间进行平均分配，似乎这样可以解决经济资源分配的不平等带来的不公平。但是这样会造成另一种不公平对待，因为那些劳动能力较强的成员带着平均分配的资源和自己的劳动力离开，会变得更富，而那些劳动能力较弱的成员带着平均分配的资源和自己的劳动力离开，会变得更穷。

罗默的问题在于，他始终是在私有制前提下来分析和解决不公平对待问题的。事实上，如果不改变生产性资源的私人占有制度，不公平对待现象是不可能彻底解决的。这一点马克思已经作出了深刻的分析和说明。

第二，罗默假定生产性资源具有可分割性，并通过生产性资源的平均分配，揭示了不公平对待现象。生产性资源可以平均分割的情形，只近似地存在于极为原始和简单的生产活动中。在现实中，大量的生产性资源具有异质性和不可分割性，因而不可能通过其在社会成员间的平均分配使每个人获得相同的生产条件。因此，罗默的这一理论假设削弱了他的分析的现实意义。在这一点上，马克思的分析更具现实意义。马克思虽然没有提出专门分析不公平对待这类现象，但他在分析资本主义剥削现象时，深刻地揭示出资本家对生产性资源的垄断占有是资本主义剥削的前提，进而提出只有实行生产资料的全社会占有，取消生产资料参与产品分配的权利，才能从根本上消灭剥削现象。马克思的结论为共产主义确立了科学的理论依据。同样的，不公平对待现象的彻底消除，不可能通过平均分配生产性资源，而只能通过全社会成员共同占有和使用生产性资源。

四 罗默"不公平对待"理论的现实意义

罗默的不公平对待概念揭示了人类社会经济生活中广泛存在的一类现象。由于经济资源的不平等分配，社会中的一部分人群被剥夺了更有效地使用自己的劳动的机会，成为收入差距形成和拉大的一个重要原因。罗默的分析为我们理解处于转型期的中国面临的众多矛盾和冲突提供了重要的理论工具。

第一，不公平对待是产生社会冲突和不稳定的一个持久性根源。社会冲突的形成，往往不是由于利益差别的存在，而是由于造成利益差别的根源是不公平、不合理的。当人类的生产力水平还不足以满足所有社会成员的全部需求时，任何社会都不可能完全消除利益差别。即使客观条件完全相同，每个人的主观条件也存在差别，这些差别必然会体现在每个人的生产成果以及成果的分配中。这一点是多数人能够理解和接受的，通常不会造成持久的和系统的社会冲突。但如果社会对经济资源的分配是不平等的，使得一部分人群垄断了较好的生产机会，而其他人群则丧失了较好的生产机会，并造成收入上的差距时，后者就会产生被歧视、被压迫和剥夺的感觉，产生不满情绪，并会进行抗争。由此造成的社会冲突是系统的、持久的。除非改变资源分配的不平等状况，或者对遭受不公平对待的人群进行补偿，否则由此产生的冲突不会消失。罗默的分析表明，不公平对待现象不仅是一个伦理问题，更重要的，它还是一个严重的经济问题和社会问题。它使社会中的部分人群不公平地遭受经济损失，产生不满情绪，并且由此产生社会冲突，造成社会整体的福利损失。政府必须正视这类现象，采取措施减少机会分配不均等的情况，对遭受不公平对待的人群给予补偿。

当前中国经济发展的不平衡现象非常突出，城市和农村、东部沿海地区和中西部内陆地区在经济发展水平和人均收入水平等方面都存在着巨大的差距。造成这种差距的主要原因是经济资源配置的不平衡造成的机会不均等，由于东部地区发展起步早，条件好，大量的资本由农村流入城市，由中西部流向东部，使得农村和中西部地区的发展机会远远小于城市和东部地区。对农民和中西部地区的广大人群而言，发展机会的不足使他们付出同样的劳动却得到较低的收入，从而遭受了不公平的对待。这种状况必然会激发这些人群的不满情绪，引发社会冲突。解决这类问题的关键，是政府从宏观上统筹城乡和区域的协调发展，在公共资源的配置上，向农村地区和中西部地区倾斜，并提供优惠的税收政策，鼓励民间资本向中西部流动，为农村地区和中西部地区营造均衡的发展环境和发展机会。

第二，必须正视和解决体制性的资源分配不平等造成的不公平对待。

不公平对待产生的具体原因是多方面的。有的是先天形成的，如由自然资源的不均衡分布造成的不公平对待。这种类型的不公平对待几乎不可能完全消除，只能利用政府政策加以缓解和平衡。但是还有大量的不公平对待现象是由于体制性的资源分配不平等造成的，如行政性的行业和部门垄断。这种类型的不公平对待不仅损害经济效率，而且极容易激发人们的不满情绪，引发社会冲突。

中国目前正处于历史性的社会转型期。一方面，传统计划经济体制的退出在很大程度上废除了对生产性资源和劳动力的行政性分配，消除了由此造成的不公平对待，给了大多数社会成员较多的发展机会。另一方面，由于垄断性的行政权力对经济社会的干预仍然大量存在，一些政策使得城乡之间、部门之间在生产性资源和福利分配方面存在明显的差距，由此造成了不同人群在财富获得方面的巨大差别，产生了众多的不公平对待现象。显而易见，那些获得较少体制性资源和福利的人群如果带着社会平均分配的资源离开，他们会变富；而那些获得较多行政性资源和福利的人群带着平均分配的资源离开则会变穷。当前中国社会处于矛盾和冲突高发期，其原因虽是多方面的，但现行体制造成的不公平对待无疑是其中的一个重要原因。因此，破除政策性垄断形成的利益壁垒，消除体制性的不合理限制，鼓励平等竞争，是当前我国化解社会矛盾，消除社会冲突，维护社会稳定的根本举措。

参考文献

［1］《马克思恩格斯选集》第 2 卷，人民出版社 1995 年版。

［2］马克思：《资本论》第 2 卷，人民出版社 2004 年版。

［3］Roemer, John E. , *A General Theory of Exploitation and Class*, Harvard University Press, 1982.

［4］Roemer, John E. , "Property Relations vs. Surplus Value in Marxian Exploitation", *Philosophy and Public Affairs*, Vol. 11, No. 4. (Autumn, 1982), pp. 281 - 313.

［5］Roemer, John E. , "Exploitation, Alternatives and Socialism", *The Economic Journal*, Vol. 92, No. 365. (Mar. , 1982), pp. 87 - 107.

法兰克福学派的非经济分析及其借鉴:分配、分化和认同

舒　展　杨秋乐*

我国目前正处于传统（阶级）社会向现代（认同感）社会转化的时期，随着改革开放和工业化进程，人们的社会地位、经济收入和文化观念等产生了客观差别，出现了阶层分化。阶层分化本非坏事，但要保证起点公平和过程公平，承认差别，促进阶层流动，形成良性顺畅的向上流动机制。如何消解阶级意识、避免阶层对抗、促进阶层流动，维护社会稳定？这是研究和解决中国当前政治、经济、民生问题必须首先要澄清的问题。笔者认为，鉴于我国当前社会阶层分化的现状，对比欧美国家的现代（认同感）社会，会发现西方马克思主义特别是法兰克福学派关于阶层分化和社会主义战略的批判理论，值得我们思考，抛开制度和意识形态因素，对我国当前的收入分配制度改革以及和谐社会建设有一定的启发意义。

一　当代资本主义国家的阶级消解

在马克思的阶级理论中，阶级意识和阶级对抗是核心内容。马克思在《路易·波拿巴的雾月十八日》一文中对阶级作了如下的著名定义:"既然数百万家庭的经济条件使他们的生活方式、利益和教育程度与其他群体

---

* 舒展，福州大学马克思主义学院教授，马克思主义中国化研究部主任，学科带头人，硕士生导师。主要从事马克思主义政治经济学和马克思主义中国化研究。杨秋乐，福建泉州人，福州大学马克思主义学院，马克思主义基本原理硕士研究生。

的生活方式、利益和教育程度各不相同并互相敌对，所以他们就形成一个阶级。"① 在《哲学的贫困》中马克思对阶级概念作了进一步的说明："经济条件把大批的居民转变成工人。资本的统治为这批人创造了同等的地位和共同的利害关系。所以，这批人对资本来说已经形成一个阶级，但还不是自为的阶级。在斗争（我们仅仅谈到它的某些阶段）中，这批人逐渐团结起来，形成一个自为的阶级。"②

马克思认为，随着资本主义的发展，工人阶级不仅人数增加，经济地位和生活方式也会趋同，从而产生共同的阶级意识，最后全世界工人阶级会联合起来，推翻资本主义政权，建立无产阶级专政的新政权。但是，在资本主义的发展过程中，各国工人的阶级意识没有像马克思所预测的那样逐渐统一，形成各国工人阶级的联合，反而呈现出很大的差别，就连在一国国内发展阶级意识都受到了很大的阻碍。并且二战以后，西方发达国家由于实施福利政策，工人阶级日趋多层次化，出现阶级（意识）消解的现象。

梳理资本主义国家的工人阶级发展史和现状，我们可以发现：

第一，阶级意识被分割，工人阶级内部结构高度分层化。科学技术的不断革新和经济结构的变化，使工人阶级的内部结构发生了显著变化，由于部门和行业差别，造成工人阶级利益和认同感的分割。这些差别导致了工人阶级的内部利益的高度分化。特别是战后资本主义国家在生产关系领域所作的某些调整诸如大力推广福利政策、吸收工人参与管理等，缓和了社会和阶级矛盾，出现了数量日益扩大的阶级界限模糊的中产阶级。在美国中间阶层约占家庭总数的 60.7%，大富豪、大资本家仅占人口的比例的 1%—2%，而贫困阶层不足人口的 5%，社会阶层结构呈现两头小中间大的橄榄型③。工人阶级内部的阶层分化给统一的阶级意识的形成增添了难度。

第二，产业结构的升级和对高技术人才的需求保证了阶层的流动性。西方发达国家不仅通过发展第三产业扩大就业机会，而且通过推动社会良好的技术创新能力，新产品、新技术、新生产方法等层出不穷，使经济体

---

① 《马克思恩格斯选集》第 1 卷，人民出版社 1972 年版，第 693 页。

② 同上书，第 159 页。

③ 赵鼎新：《民粹政治：中国冲突性政治的走向》，《领导者》2008 年第 2 期。

对技术工人保持着旺盛的需求，从而较好地保证了阶层之间的流动性。就业机会多、对社会成员的开放性好，工人从较低的阶层往较高的阶层爬升、迁跃的机会增多。阶层与阶层之间处在不断的流动之中，没有阶层的断裂、隔绝，就不会有阶层的固化和阶层之间的对立。法兰克福学派的经济学家、社会学家桑巴特在《为什么美国没有社会主义》（1906）一书中认为，与欧洲相比，美国较好地实现了机会均等，工人有更多的机会提高自己的地位，说明美国的社会流动性更好，这是美国工人更多倾向于"生产性努力"而不是"分配性努力"的原因，也是社会主义在美国不振的原因之一①。当然阶层流动性好，并不排除贫富两极分化的社会现象，也不会改变工人阶级的本质。

第三，工人阶级运动从阶级斗争转向民主政治斗争，国家统治方式也发生了变化。比如说，英国工会早在第二次工业革命开始时，就已合法化，国家不再动用军队来镇压国内政治活动，警察处理抗议活动的方法趋于成熟，工人有选举权，可以利用英国两党政治为自己谋取利益。可以说，英国阶级属性模糊的政党和非军事化的政府化解了阶级斗争问题。再比如，美国在工人运动兴起之前已经有了民主政治和没有阶级阵线的政党。美国政府对工人运动的镇压活动是以法律为基础的选择性镇压，即专门镇压由共产党或大工业工会组织和领导的罢工或其他政治活动，而不镇压合法的由行业工会组织的以经济为中心目标的罢工。美国政府的这种镇压方式迫使工人运动向政府允许的渠道，即行业工会的道路发展。

从以上三种现象可以得出的直观认识是：战后资本主义国家社会稳定，很难出现阶级对抗形式的社会冲突，其原因不仅仅是以往我们分析的战后资本主义国家调整生产关系、实行福利政策、提高工人工资待遇等的结果；还包括生产力发展客观形成的良好的阶层流动机制；以及包括多元文化主义所培育的宽容开放的政治文化氛围，削弱了阶级对立意识的结果。

从2011年发生在美国华尔街后又影响多个城市的"占领华尔街"运动也可以读到这些信息。这场声势浩大时间持久的"占领"运动，明确反对99%的平民百姓与1%的富豪之间的贫富分化加剧，但它只是一场自发的群众性社会运动，而不是阶级斗争。虽然有教师工会、交通工会等各工会组织的身影，并没有共同的政治经济诉求和严明的组织和领导，因而反而成

---

① 赵鼎新：《民粹政治：中国冲突性政治的走向》，《领导者》2008年第2期。

了民主党和共和党两党竞选中可以利用的棋子。

二 法兰克福学派的非经济分析及其方案

对此，马克思以后的西方马克思主义学者作了种种学理上的解释。他们认为传统马克思主义有许多误区，其中之一就是高估了工人的革命性。一个国家中工人的阶级意识不是资本主义经济发展过程中的自然产物，而是在特定历史背景下建构而成的。他们认为在资本主义制度下资产阶级意识形态在社会上占据着"话语霸权"（葛兰西，Gramsci 1929），给工人们灌输了"虚假意识"（卢卡奇，Lukacs 1923）和"顺从意识形态"（帕金，Parkin 1968），这为工人阶级意识的形成设立了根本性的障碍。

法兰克福学派以马克思、黑格尔、卢卡奇、葛兰西等人的理论为基础，运用马克思主义的辩证法，借助社会学和心理学分析方法，对资本主义的结构矛盾和危机进行了非经济的、人本主义的分析，建立了 20 世纪著名的批判理论。哈贝马斯（Habermas）认为，国家垄断资本主义的出现，使经济活动的政治本质日益公开化，国家干预增长的后果之一是阶级政治瓦解，取而代之的是正式的民主政治观念，虽然阶级冲突和剥削仍然具有基础性价值，但它们被用来表述政治和社会的不稳定，而不仅仅是阶级的不稳定[①]。

冷战结束后，具有鲜明阶级意识的世界社会主义运动进入低谷，甚至进入"沉寂"期，被某些学者称为"后社会主义状况"，而西方马克思主义在新自由主义主导的全球化进程中陷入分裂困境。法兰克福学派第三代代表人物南茜·弗雷泽（Nancy Fraser）突破和超越西方马克思主义各种"后社会主义"理论，针对西方社会阶层分化和阶级消解的状况，指出 20 世纪七八十年代以来，随着全球化背景下多元文化主义思潮和制度改革实践的崛起，各种类型的个体和团体在要求平等对待这一基础上，其正义要求既包括经济上要求再分配，也包括文化诉求上的身份认同。

南茜·弗雷泽看到，1990 年以来，西方国家的工人运动正由阶级斗争转向身份承认，"最突出的社会运动不再是被界定为经济上的'阶级'为捍卫自己的'利益'、结束'剥削'、赢得'再分配'而斗争。相反，

---

① Habermas J, *Legitimastion Crisis*, London：Heinemann，1976.

这些运动被界定为文化上的'群体'或'价值共同体',他们为捍卫自己的'身份'、结束'文化统治'、赢得'承认'而斗争"①。所谓"承认(recognition)",其基本含义是指个体与个体之间、个体与共同体之间、不同的共同体之间在平等基础上的相互认可、认同或确认。南茜·弗雷泽认为,资本主义社会将我们置于这样一种社会形成中,将之区分为专门的经济领域、文化领域和政治领域。事实上当代社会是经济、文化和政治不正义的盘根交织,我们不应该期望改变制度化的文化价值模式本身将克服分配不公,也不应期望改变物质分配的经济机制本身将克服制度性的错误承认②。她提出"经济上的社会主义"加"文化上的解构"加"政治上的代表权"的新社会主义战略③。她认为"承认"(认同)已经成为我们时代的一个关键词,差异族群争取平等身份的文化斗争在当代已不可忽视;新自由主义全球化下经济不平等在增长,分配正义问题同样不可漠视。因此,当今阶层分化下的社会矛盾和冲突表现为:为分配而斗争和为承认而斗争两组关系,这是当今正义诉求的两组关系。

随着经济全球化,多元文化主义在西方国家特别是在美国盛行,常常被认为会挑战传统社会的政治文化认同,并造成社会的分裂与动荡。然而,事实证明,由多元文化主义所培育出的宽容开放的政治文化氛围,非但不会成为凝聚人们爱国力量的障碍和阻力,反而会加强人们的认同感,尤其是对政治文化的认同④。

南茜·弗雷泽的新社会主义战略及其正义理论框架对建设中国特色社会主义提供了有益的理论参考,提请我们重视现代化发展中的各种新的社会矛盾和冲突及其解决方式。我国在经历 30 年的改革开放后,目前正处于阶层分化和社会矛盾高发期。我国社会矛盾的性质和发展阶段明显不同于西方资本主义国家,但是所面对的现代化悖论和相应境遇有相似之处。经济快速发展与社会建设、政治建设的相对滞后存在矛盾。化解社会冲突,发展社会和

① Nancy Fraser, *Justice Interruptus*: *Critical Reflections on the "Postsocialist"* Condition, Routledge, 1997, p. 2.

② 周穗明:《当代西方新马克思主义社会主义战略的新演进》,《国外社会科学前沿》2008年总第 12 辑。

③ 参见南茜·弗雷泽《正义的中断:对"后社会主义"状况的批判性反思》, *Justice Interruptus*: *Critical Reflections on the "Postsocialist" Condition*, Routledge, 1997.

④ 黄璇、任剑涛:《论多元文化主义对政治文化认同的强化——以美国社会为例》,《太平洋学报》2010 年第 3 期。

谐，用制度保障社会公平正义，成为当前我国社会的重要诉求。以南茜·弗雷泽为代表的新一代批判理论倡导的正义理念，对于我们解决现代化发展中的矛盾和问题，促进社会关系的平等和谐，将起到积极的启示作用。

三　我国当前的阶层分化和阶级意识发展现状及对策

从政治制度角度看，新中国成立后，我国已经进入人民社会，剥削阶级已经消灭，阶级斗争已经不是主要矛盾。但从人们的社会地位和经济收入来看，以市场为取向的社会主义经济体制改革的过程，恰是国内社会阶层分化的过程。

（一）客观事实：市场经济会导致阶层分化，但导致我国阶层分化且可能滑向阶层对抗险境的根源不在市场经济本身，而在于改革过程中财富分配的不合理

2001 年 12 月 11 日中国社会科学院发表的《当代中国社会阶层研究报告》指出，我国解放初期的"两个阶级一个阶层"（工人阶级、农民阶级和知识分子阶层）的社会结构，已经变成了十大阶层，各阶层之间的社会、经济、生活方式及利益认同的差异日益明晰化。根据各个阶层对组织资源（政治资源）、经济资源、文化资源的占有情况，可把他们分成五种社会地位等级：即社会上层（高层领导干部、大企业经理人员、高级专业技术人员及大私营企业主）；中上层（中低层领导干部、大企业中层管理人员、中小型企业经理人员、中级专业技术人员及中等企业主）；中中层（初级专业技术人员、小企业主、办事人员、个体工商户）；中下层（个体劳动者、一般商业服务人员、工人、农民）；社会底层（生活处于贫困状态并缺乏就业保障的工人、农民和无业、失业、半失业者）。

改革开放以来，我国在经济增长的同时，社会财富在强弱阶层中急剧断裂，造成两极分化，基尼系数越过警戒线已是不争的事实，且高于所有发达国家和大多数发展中国家。据世界银行的测算，欧洲与日本的基尼系数大多在 0.24—0.36 之间，而中国 2009 年的基尼系数达 0.47，在所公布的 135 个国家中名列第 36 位，这就意味着全部财富分配当中 47% 是不均衡分配。新华社和中国经济网 2010 年 5 月 10 日报道："目前我国的收入差距正呈现全范围多层次的扩大趋势。当前我国城乡居民收入比达到 3.3

倍，国际上最高在 2 倍左右；行业之间职工工资差距也很明显，最高的与最低的相差 15 倍左右；不同群体间的收入差距也在迅速拉大，上市国企高管与一线职工的收入差距在 18 倍左右，国有企业高管与社会平均工资相差 128 倍。"

市场经济会造成阶层分化，在完全自由放任的情况下必然会导致两极分化。但奉行市场经济的西方发达国家的基尼系数没有那么高，这是福利政策、政府干预的结果，也因此可以理解为什么反对政府干预、实行新自由主义政策的美国基尼系数是西方发达国家中最高的。这在某种程度上证明了导致我国基尼系数偏高的主要原因并不在于市场经济，而在于改革过程中财富分配的不合理。换句话说，市场经济是导致我国目前两极分化的充分条件，而分配不公是导致两极分化的必要条件。三十多年的改革开放过程中，财富的重新分配一直处于不稳定、非均衡、非制度化状态，从20 世纪 80 年代的"双轨制"到 90 年代的国企改革，以及房改、教改、医改，由于一些地方政府和有关部门，不合理地将利益地方化、利益部门化，使社会资源的分配有失公正，使本该由更多人分享的成果集中到少数人手里，这才是中国贫富差距迅速扩大的核心原因。

市场机制会导致的阶层分化；改革过程的财富分配不合理也会导致阶层分化；这两种情形伴随着改革过程，交织在一起。在不完善的经济法规和公共服务体系下，代表社会公平公正的政府对国民财富的再分配原则，对于消除阶层对抗、促进阶层流动，调节效果甚微。从 1997 年到 2007年，劳动者报酬占 GDP 的比重从 53.4% 下降到 46%，而且还在继续下降[1]。

值得关注的是，缘于经济体制的财富分配不合理这一客观事实，同时掺杂着公民政治权利和身份认同的巨大落差而产生的主体感受。

（二）主体感受：首先权利不公平感强化了阶层的对立情绪，其次二元身份认同习惯挤压了人的心理承受力，使人们对自身社会经济状况的认同感低于事实上的经济收入和地位

三十年改革开放，取得的成就有目共睹。但人们关注的不是历史的进

---

① 马广海：《存在、认同与冲突：转型期我国社会的阶层意识概览》，《山东社会科学》2011 年第 5 期。

步，而始终是当下的境遇；不是历史纵向轴上的生活水平提高，而是政治权利和身份认同的落差折射出的主体感受。

根据国际比较，我国城乡居民社会经济地位认同出现普遍偏下的情况。"中层"认同群体的比重，不但低于美国、法国、日本等发达国家，也低于巴西、印度等发展中国家。中国社科院社会学所所长李培林认为："2008 年的调查显示，我国认为自己属于中层的还不到 40%，认为自己属于中下层、下层的占了将近 55%，全世界都没有像我国这样的调查结果。"[1] 他认为这种认同偏差的存在，给当前的收入分配制度改革增添了难度。

众所周知，一个健康的现代社会，是"橄榄形"结构，数量庞大的中产阶级队伍是社会稳定和发展的中流砥柱的。当代中国中产阶层存在着认同困境。一是贫富差距日益拉大，"隧道效应"逐渐消失 ["隧道效应"是针对经济发展过程中，人们对于不平等程度的忍耐力大小的一种假说。美国经济学家赫希曼（Hirschman）将此概念引入发展经济学，用于解释收入差距对人们幸福感的影响]；二是中产阶层显露出真实的脆弱性，居高不下的房价、教育及医疗领域不菲的费用，再加上物价压力等诸多原因，导致中产阶层缺少一定的稳固性。这样的现实，与底层向上流通的渠道存在"肠梗阻"结合在一起，使得不少中产者缺少足够的乐观。

从政治权利看，公民的政治权利是其经济要求在政治上的集中表现，包括个人作为社会劳动者参与社会、经济、文化生活方面的权利，如就业、劳动条件、劳动报酬、社会保障、文化教育等权利。它涉及人们的社会地位和生活质量的民生问题，是最具体最普遍最能直观感受到的基本生存权利，而恰恰是这些反映民生的基本政治权利，在市场经济改革过程中，没有相应建立和完善起来。在竞争激烈高风险的市场环境中，作为社会劳动者缺乏起点公平、过程公平的竞争环境，又缺乏必要的保障救助的社会环境、边缘化的处境、对未来的悲观态度，其社会经济地位的自我评价，难免低于实际所处的水平和状况。

从身份认同看，三十年经济的快速发展，生产方式改变的同时，人们的生活方式、文化观念等都发生了很大变化，不仅经济收入水平分层，身份形态也出现多元化倾向。但是，受历史和现实国情的影响，多元的经济

---

① 李培林：《"阶层认同偏下"与社会建设滞后》，《第一财经日报》2012 年 6 月 26 日。

收入分层并没有带来多元的身份认同，整个社会仍处在二元认同时代：非贫即富、非善即恶、非公即私、非好即坏、非成功即失败。但什么是成功，只有一个标准，就是房子、票子，目标物质化、能力金钱化。这种阶层多元化与二元身份认同的挤压效应，使社会经济地位的不公平现象被非理性地强化。

社会底层的主体感受，会强化阶层对立情绪，是促使阶层分化—阶层固化—阶级分化—阶级对抗等一系列转化的催化剂。这应该引起高度警惕，否则将会引发一系列社会问题，进而造成社会动荡，危及社会主义人民政权。

长期以来，我们从主客体对立关系的认识论出发，强调以经济手段为根本，通过生产力的发展来解决民生问题。随着全球性资源环境问题和国内社会问题的出现，发现我们在思维方式上缺失了主体间性这一环，即主体的本质，主体之间的相互影响，包括人与人之间、人与社会之间、人与自然之间的交互关系。以人为本，尊重人的主体感受，也是和谐社会建设中重要一环。甚至可以说，经济建设是直接手段，而政治建设是稳固前提，文化建设是长远保障。亚里士多德说：人性要发展，就应该能够说话。表达和承认，是民主和文化的核心问题。

因此，改变这种社会状况既需要从经济体制上改革收入分配制度，建设覆盖全社会的社会保障和公共服务体系，努力提高劳动报酬在收入分配中的比重；在政治体制上完善法律程序，逐步建立以权利公平、机会公平、规则公平、分配公平为主要内容的社会综合公平体系；同时，还要在文化体制上，在建设社会主义核心价值体系的同时，尊重主体感受的多元化及其认同需求。这是坚持"双百"方针的具体体现，也是文化自觉和自信力的表现。社会主义核心价值体系固然是倡导的主流，在阶层分化背景下，与经济社会地位多元化相适应的多元身份认同，是调适社会群体心理失衡的诉求，也是和谐社会建设的迫切需要。

经济全球化与民族国家

——国外马克思主义研究的理论争鸣

杨　静　陈　亮　陈　霞*

20 世纪 80 年代以来，经济全球化浪潮打破了民族国家自身积累、发展的路径，将不同国家和地区纳入到全球经济分工体系中，导致民族国家经济基础发生显著变化，进而对民族国家的发展提出了一系列的严峻挑战，两者之间的关系日趋复杂。在经济全球化背景下，民族国家是否将逐步丧失力量直至最终消亡，其性质和职能将发生哪些新变化，以及面临怎样的危机与挑战，这一系列问题引发国外众多马克思主义学者、左翼学者对全球化中民族国家的地位、职能及危机等问题的关注和探讨。

一　经济全球化中民族国家的地位

经济全球化中民族国家是逐步丧失力量直至最终消亡，还是在挑战中获得新的发展机遇，成为学者研究的重要问题之一。

一些学者认为，经济全球化进程的迅猛推进对民族国家提出了严峻挑战，削弱了民族国家的主权，为超级霸权和跨国公司的发展创造了便利条件，跨国公司等机构在社会生活中的地位、作用前所未有的增加了。威廉·I. 罗宾逊认为，全球化的快速推进导致了民族国家正被一种新的国家形式——跨国国家所取代。随着跨国市场、金融和生产一体化进程的逐

---

* 杨静，中国社科院马克思主义研究院副研究员，经济学博士，主要从事政治经济学研究。陈亮，中国人民大学中国经济改革与发展研究院副研究员，经济学博士，主要从事政治经济学研究。陈霞，中国人民大学博士研究生，主要从事社会经济发展战略与规划研究。

步推进，跨国或全球空间正在逐步替代国家空间。随着人们之间的有机联系和内部联系变得全球化，民族国家的整套机构也就逐渐被跨国机构所取代。国内的社会关系成为全球性的社会关系①。乌尔里希·贝克从民族国家内部法律实施的角度，指出全球化使得跨国国家应运而生。全球化中单独的国家在执行如互联网、征税和解决失业问题以及打击经济犯罪方面的战略时往往孤掌难鸣，因此只得为了国家法律的贯彻实施进行跨国合作，这使得跨国间法律办事处与法律机构等跨国机构成为各个国家在全球化时代的必需。同时，为了开辟更大的监督空间，民族国家不得不把自己的权力工具让渡给合作的跨国权力机构②。

虽然在经济全球化中民族国家的主权、地位受到了极大的挑战，但一些学者认为民族国家并不会因此消亡，相反它仍将扮演重要的角色和发挥巨大的作用。普兰查斯就曾明确指出，民族国家不会在全球化中消亡，其作用会不断增强。民族国家既不会在"超级大国"的压迫下消失于无形，也不会从无疆域限制的跨国公司的发展中受益。国际化的每一个步骤都要受到国家资本统治的影响，因为民族国家仍然保持了它们在资本扩张中的中心地位③。此后，杰索普指出，虽然全球化使民族国家的政治组织内部发生了三个新变化，即国家的去国家化；政治体系的去政府化；政策制度的国际化④，但并不意味着民族国家正失去作用、逐渐消亡，这是因为还存在着使其不会消失的三个反趋势：一是反国家的去国家化趋势使民族国家力图保留衔接各空间层级的控制权。民族国家努力通过管理不同层级的经济和政治组织之间的关系而重新取回权力。尽管民族国家可能会丧失部分的形式主权，但仍将在衔接层级方面发挥重要的作用。二是与转向治理趋势相反的是政府在元治理（metagovernance）中的作用进一步增强。这一点很明显的体现在欧盟的运作过程中以及它试图克服成员国意见不同而引发的决策陷阱和制度僵局等问题。三是反政策制度国际化趋势是民族国家代表着本国资本和选民的利益，在塑造国际政策制度的发展及运作过程

---

① ［美］威廉·I. 罗宾逊：《全球资本主义论——跨国世界中的生产、阶级与国家》，高明秀译，社会科学文献出版社 2009 年版，第 119 页。

② ［德］乌尔里希·贝克：《应对全球化》，《马克思主义与现实》2008 年第 2 期。

③ ［英］鲍伯·杰索普：《全球化与民族国家》，《逝去的范式：反思国家理论》；［美］史丹利·阿若诺兹彼得·布拉提斯著，李中译，吉林人民出版社 2008 年版，第 181—183 页。

④ Bob Jessop, *The Future of The Capitalist State*, Polity Press, 2002, pp. 195 – 200.

中发挥着日益重要的作用①。此外，全球化并不意味着已经出现一个完全发展成熟的超国家，可以在一个延伸的、阶级分化的超国家社会中进行制度整合并维持社会凝聚。事实上，民族国家仍然维持很多重要的功能，包括中央行政执行权与国家主权以及维持社会凝聚的责任，等等。

威廉·I. 罗宾逊则认为，民族国家既不会保留其卓越地位，也不会消失，而是被变革并纳入到更大的跨国国家的结构之中。他指出，自 20 世纪八九十年代开始，北方国家中的跨国分支已经运用了核心民族国家在全球体系中所实施的强大结构和直接权力，其目的不是在与其他民族国家的竞争中促进自己的"国家利益"，而是要形成跨国结构②，跨国集团逐渐在民族国家内部占据主导地位。但是这并不会造成民族国家的消亡，其重要性也不会衰退，它有可能继续保持强大的实体地位。不过这些国家很容易被将全球资本主义的权威结构国内化的跨国社会力量所影响和控制③。

二　经济全球化中民族国家职能的演变

伴随经济全球化的迅猛推进，民族国家的经济基础发生显著变化，这必然会对国家职能尤其是经济职能提出变化的要求，进而引发国家职能的演变。

许多学者较为一致地认为经济全球化进程使得民族国家的职能、调节方式随之发生变化存在一定的必然性，但是在不同的发展阶段，民族国家职能与调节方式的侧重点是不同的。20 世纪八九十年代，民族国家职能的显著改变主要体现在更多地为资本服务上。对此，威廉·I. 罗宾逊指出 20 世纪 80 年代国家角色发生了从提供社会补贴，即资助公共卫生、教育、福利、交通等有助于劳动及其社会再生产，到资助私人企业的显著转变。国家通过去管制化、再管制化（从"僵硬性"到"灵活性"）远离了社会再生产，私有化了集体需求，以及废除妨碍市场力量的规则和管制等。这些改变都提升了国家对资本的服务和资助，国家在促进私有资本积

① Bob Jessop, *The Future of the Capitalist State*, Polity Press, 2002, pp. 281 – 283.
② ［美］威廉·I. 罗宾逊：《全球资本主义论——跨国世界中的生产、阶级与国家》，高明秀译，社会科学文献出版社 2009 年版，第 143 页。
③ 同上书，第 162 页。

累的过程中扮演了越来越重要的角色①。进入 90 年代，一些民族国家向新自由主义国家转变，成为了跨国议程的传送带和过滤器，并为特定国家领土内的资本提供基础性服务，由此主要承担了三个方面的职能：（1）采用有助于保持宏观经济稳定的财政和货币政策；（2）为全球经济活动提供必要的基础设施；（3）提供社会秩序，也就是保证社会稳定，这需要维持直接压迫的工具和意识形态机器②。

为资本服务的后果不可避免地带来了日益严重的贫富分化，对此，莱斯里·斯克莱尔指出全球资产阶级或跨国资本家阶级这个新型阶级已经形成，这个阶级超越国界追求全球资本的利益，使得贫富两极分化越来越严重③。维克多·基根把这种新的两极分化称作一种新的拦路抢劫④。为调和矛盾，国家只得通过实施限定最低工资、调节高收入者的收入等分配政策来抑制贫富差距不断扩大的趋势。

随着全球化的深入发展，多边合作与体制创新作为国家职能调整的要求日益提上民族国家的日程。托尼·麦克格鲁认为，全球化改变了国家行为和民主治理的状态。全球化动力加强了包括公共与私人权力的再造、国家角色与能力的改变以及治理现代社会的复杂性等因素的结合，而这种结合已经促进了从统治到治理的范式转换，逐渐使国家处于公共与私人、国家内外的各种机构谈判协商秩序之中。全球化在许多方面培育了更积极的国家，部分是因为在更加相互依存的世界中，仅只实现国内目标的国家政府必须进行广泛的多边合作⑤。

乌尔里希·贝克指出，全球化进程使得民族国家调节国内经济的权力受到了限制，从全球角度来看调节和保护经济秩序成为一项重要的任务。他认为，全球化不能意味着一切都听从市场的安排。恰恰相反，全球化的发展对与其息息相关的国际规则的要求、对跨边界互动行为的国际条例与制度的要求都提高了。因此全球化必然伴随着主权国家之间更好的政治协调，对银行和金融机构更有效的国际监控，国家关税壁垒（例如在欧盟

---

① ［美］威廉·I. 罗宾逊：《全球资本主义论——跨国世界中的生产、阶级与国家》，高明秀译，社会科学文献出版社 2009 年版，第 141 页。

② 同上书，第 161 页。

③ Leslie Sklair, *The Transnational Capitalist Class*, Blackwell Publishers, 2000, pp. 6–17.

④ Victor Keegan, *Highway Robbery by the Super Rich*, The Guardian, 1996–07–22.

⑤ ［英］托尼·麦克格鲁：《走向真正的全球治理》，《马克思主义与现实》2002 年第 1 期。

内部）的消除，国际组织之间更加紧密、灵活、有效的合作。因此，在全球化进程中，国家之间必须扩大合作，目的是限制或避免跨国企业为避税和提高国家补贴而一手编导的"黑幕交易"。国家之间要建立起联络网，使跨国企业受到约束，不能再为所欲为①。

民族国家不仅要谋求多边合作与体制创新，还要应对全球化中信息经济、国家安全以及生态环境等方面对国家职能提出的挑战。吉登斯指出信息技术和通信技术是信息经济的动力媒介，但它的承担者是知识工人，即拥有知识和技术却并不直接创造物质产品的新式工人。因为知识经济已经成为现代经济的基础，所以，国家必须培植社会的知识基础来释放信息经济的全部潜力②。这就使得国家一方面要大量增加教育和培训的投资，以培育劳动者为信息经济的发展提供人才；另一方面，要更加注重医疗保健、公共文化设施等公共物品的供给，以满足国内居民的需要。

马丁·阿尔布劳认为，全球化时代意味着以全球性来取代现代性，对于个人和团体来说，这也就意味着一种在行为基础和社会组织方面的全面变革。全球性至少在以下五个方面使人们超越了现代性的种种假设：由全部人类活动形成的全球性的环境后果；由具有全球破坏性的武器导致的安全感的丧失；通信系统的全球性；全球性经济现象的涌现，以及全球主义的反省性③。这意味着国家要承担起保护环境和维护国家安全的重任，加大对改善生态环境的财政投入。此外，全球化意味着生产要素和产品在世界范围内流通，因而，低运输成本和低能耗成本成为全球化发展的基本前提。国家为此要为保障低运输成本而进行补贴，同时为了更好地降低运输成本，还要承担起发展区域产品、服务及劳动市场的职能。

随着全球化在经济、政治、文化和军事等领域的全面深入发展，资本主义从国家垄断资本主义进入到了金融垄断资本主义的新阶段。这一阶段的显著标志是国家要实行金融自由化和放宽管制。正如约翰·贝拉米·福斯特所言，新自由主义全球化、监管的放松、对资本流动管制的

---

①　［德］乌尔里希·贝克：《应对全球化》，《马克思主义与现实》2008 年第 2 期。

②　［英］安东尼·吉登斯：《第三条道路及其批评》，中共中央党校出版社 2002 年版，第 79 页。

③　［英］马丁·阿尔布劳：《全球时代——超越现代性之外的国家和社会》，商务印书馆 2001 年版，第 9 页。

取消、新型复杂的金融结构创新等，被视为是世界经济发展规律的本质①。

在全球化的推动下，金融资本迅速向全球扩张，垄断了世界市场。但是伊藤诚指出，在全球化背景下，资本主义货币金融体系的不稳定性急速加剧，投机的不稳定性因国际投机资金的大规模移动而导致当代汇率和利率波动幅度的增大，对全球资本主义经济产生了不利的影响②。而且在浮动汇率制条件下，高度信息技术的发展和应用成为资本主义世界金融体系的投机性动荡加大、由泡沫膨胀和破灭所引起的对经济打击反复出现的助推器。

倡导经济自由化、放松金融管制等新自由主义的资本主义国家使得国家职能进一步被削弱，引发了 2008 年的西方金融危机。正如英国的希勒尔·蒂克廷所言，国家一系列的调节方式曾稳定了资本主义，但在金融垄断资本主义阶段，这些调节方式都已经被削弱，以至于爆发了当前的危机③。大卫·科茨给出了新自由主义形式资本主义具有的六个重要特征，这些特征使得国家进一步放松金融管制，引发金融市场不稳定，导致金融危机：1. 放松对经济和金融的管制，允许自由市场的存在；2. 政府不再对宏观经济进行积极调控，追求低通胀率而非低失业率；3. 社会福利急剧减少；4. 大型企业和政府打击削弱工会力量，劳动市场格局改变，资方完全控制劳方；5. 自由、残酷的竞争取代了有节制的竞争；6. 商品、服务和资本在不同国家之间相对自由的流动④。

危机爆发后，虽然资本主义国家对经济进行了广泛干预，但是英国学者西恩·塞耶斯指出，2008 年的金融危机使得资本主义经济体系濒于崩溃。这就证明了自由市场是经济生活瘫痪的基础，光靠市场调节是不够的⑤。希勒尔·蒂克廷指出，资本主义国家采取的这些调节措施只是暂时使资本主义表现出稳定的假象，各种调节措施稳定经济

---

①　[美] 约翰·贝拉米·福斯特：《失败的制度：资本主义全球化的世界危机及其对中国的影响》，《马克思主义与现实》2009 年第 3 期。

②　[日] 伊藤诚：《幻想破灭的资本主义》，社会科学文献出版社 2008 年版，第 89 页。

③　[英] 希勒尔·蒂克廷：《关于资本主义不稳定性和当前危机的马克思主义政治经济分析》，《马克思主义与现实》2009 年版第 3 期。

④　[美] 大卫·科茨：《美国此次金融危机的根本原因是新自由主义的资本主义》，《红旗文稿》2008 年第 13 期。

⑤　[英] 西恩·塞耶斯：《马克思主义和资本主义危机》，《哲学动态》2009 年第 5 期。

的作用将会逐渐被削弱，想通过调节的形式来维持经济增长已经快达到极限，资本主义国家始终面临着低增长率、停滞甚至是崩溃的风险①。

三　经济全球化中资本主义国家的危机

经济全球化的迅速发展不仅引发了资本主义国家的上述经济危机，还进一步带来政治、人口、环境等一系列发展问题。可以说，伴随经济全球化浪潮的深入，资本主义国家面临着严重的全面发展危机。

经济全球化使资本主义国家遭遇积累过剩与两极分化危机。对此，威廉·I. 罗宾逊指出，当前全球资本主义体系的正统地位开始动摇，这与以下四个方面的危机相关：1. 过度生产或需求不足，或者换个说法叫做积累过剩；2. 全球社会的两极分化；3. 国家合法性和政治权威面临的危机；4. 可持续发展危机②。罗伯特·布伦纳认为资本主义危机的根本原因是全球生产能力过剩和利润率的长期下降并难以恢复。其实，随着全球化的逐步推进，经济比较容易陷入低迷。这是因为全球化使得利润率不断下滑，全球制造业持续性产能过剩。由于生产过剩，资本投资回报率下降，资本家获得的利润会变得更少。因此，他们只能减少厂房、设备和雇佣，并为了保持利润率而减少对工人的补偿。这会造成总需求的减少，使经济陷入低迷状态③。全球化进程的推进除了引发积累过剩的危机外，还加速了世界范围内社会两极分化的进程，使社会再生产陷入更深的危机中。富人和穷人之间的差距正以现代人类史前所未有的速度变成巨大的鸿沟，这就形成了新的全球性社会分裂。

大卫·科兹从积累的社会结构（SSA）角度阐述了资本主义全球化面临的危机。他认为，当代资本主义全球化，无论是从资本主义世界不断增加的经济一体化意义上，还是从世界资本主义的地理大扩张来看，都给发

---

① ［英］希勒尔·蒂克廷：《关于资本主义不稳定性和当前危机的马克思主义政治经济分析》，《马克思主义与现实》2009 年版第 3 期。

② ［美］威廉·I. 罗宾逊：《全球资本主义论——跨国世界中的生产、阶级与国家》，高明秀译，社会科学文献出版社 2009 年版，第 191 页。

③ 蒋宏达、张露丹译：《布伦纳认为生产能力过剩才是世界金融危机的根本原因》，《国外理论动态》2009 年第 5 期。

展新的调节主义的国家设置了障碍。如果没有调节主义的国家，就很难有新的 SSA 的产生，也没有资本主义快速发展的新阶段。没有新 SSA 的产生，就有可能出现国内外冲突和不稳定升级、不平衡发展加剧的趋势。随着经济增长的放慢或者完全停滞，劳动和资本之间、资本家之间的冲突就具备了零和博弈的特征，并且有加剧的势头。缺乏有效的国家调节将使得经济更容易走进波动甚至危机的状态。从资本主义黄金时代末期以来不断扩大的不同地区、产业和职业之间的利益差别，就有可能进一步地扩大。社会秩序的压力越来越大①。此外，他还指出，当今资本主义采取的全球化新自由主义模式导致一般民众的实际生活条件在各个方面都进一步恶化②。这就在全世界范围内引发了抵抗全球化的运动，使得全球资本主义的发展面临更严峻的危机。

不仅如此，在经济全球化背景下，很多政府都面临越来越多的合法性危机，政治权威受到挑战。全球系统的经济困境导致很多国家内部产生社会不稳、政治紧张和军事冲突。威廉·I.罗宾逊强调，全球资本主义危机引发的政治军事危机将越来越多地表现为跨国资本形成的寡头垄断联盟之间的激烈竞争。跨国资本家联盟可能转而求助于各个民族国家，从而比其他类似联盟占有更大优势。而且，全球化时代最突出的矛盾并不是国家之间的。全球体系的危机将会逐渐扩大升级为普通阶层与精英阶层之间的跨国社会冲突，前者自发地或者有组织地采取各种反抗形式，后者则包括全球资本主义精英和跨国政府的各种代表人物和机构。全球资本主义危机最终演变成一个"社会控制"问题③。

与上述观点类似，中谷岩认为，尽管全球化资本主义带来了世界经济的蓬勃发展，但它包含着很多本质性缺陷，这主要包括：1.造成世界金融和经济的巨大不稳定；2.内含"差距扩大机制"，导致贫富两极分化严重，结果造成健全的"中产阶级消失"；3.加速地球环境污染，成为全球食品污染的远期原因。考虑到当今日趋严重的环境污染、食品污染、贫富

---

① ［美］大卫·科茨：《国家、全球化和资本主义的发展阶段》，载［加］罗伯特·阿尔布里坦，［日］伊藤诚等主编：《资本主义的发展阶段——繁荣、危机和全球化》，张余文主译，经济科学出版社 2003 年版，第 119—120 页。

② ［美］大卫·科茨：《社会主义和全球化新自由资本主义》，《海派经济学》，程恩富、顾海良主编，上海财经大学出版社 2005 年版，第 15 页。

③ ［美］威廉·I.罗宾逊：《全球资本主义论——跨国世界中的生产、阶级与国家》，高明秀译，社会科学文献出版社 2009 年版。

差距扩大等问题，全球化资本主义国家将不可避免地需要进行巨大的修正①。

生态危机也日益成为全球化中资本主义国家面临的严重危机之一。约翰·贝拉米·福斯特则认为，新自由主义全球化、监管的放松等不仅引发了金融危机，使经济停滞不前，而且当前最危险的问题是地球正面临日益严重的生态崩溃威胁。生态崩溃的危害远比全球经济危机更加严重。在全球经济范围内，这些危险来自于物种灭绝、对热带雨林的破坏（以及对森林生态系统的破坏）、对海洋生态的污染和破坏、淡水资源供给的减少、拥挤的城市、大型水坝带来的有害影响、世界饥饿、人口过剩等问题。除此之外，与世界经济危机与生态危机相伴发生的是美国霸权地位的衰落，美国试图通过所谓的恐怖主义战争从军事上恢复其全球霸权的行为可能引起全球不稳定。而导致当前金融危机和经济处于停滞或萧条状态；地球面临着日益严峻的生态崩溃威胁；世界霸权转移和对资源的争夺引起全球不稳定这三大危机的共同因素是失败的资本主义制度，即全球经济和社会秩序在现实与理论之间呈现出越来越多的致命性矛盾②。

贝克和吉登斯认为，全球化使得当代资本主义具有极度的不确定性和高度的风险性，当代西方发达资本主义社会已经成为一个风险社会或进入了风险时代。他们认为，现代的政治和经济制度实际上促成了各种风险的大量产生，这些风险包括自然生态方面的风险和其他已被察觉和认知的风险。与此同时，现代的政治经济制度和其他方面的一些制度和规范仍然在发挥着作用，并继续导致各种风险的形成。此外，由于社会进步所带来的副作用和负面效应，现代社会还将不断产生新的更大的风险③。

吉登斯特别强调全球化对于风险社会的影响。他认为，风险有外在风险和内在风险两种类型。大多数的风险属于内在风险，包括环境和生态的恶化。不过在吉登斯看来，风险也并非全是消极的，它也有积极的一面，它是社会变化的动力之一。它是现代性的产物，是现代资本主义的固有特

---

① ［日］中谷岩：《资本主义为什么会自我崩溃》，郑萍译，社会科学文献出版社 2010 年版，第 4 页。

② ［美］约翰·贝拉米·福斯特：《失败的制度：资本主义全球化的世界危机及其对中国的影响》，《马克思主义与现实》2009 年第 3 期。

③ ［英］斯科特·拉什：《风险社会与风险文化》，王武龙编译，《马克思主义与现实》2002 年第 4 期。

性之一。实际上，如果没有它，资本主义是无法想象的，也是难以运转的。然而，全球化及随之而来的风险社会，带来了其他形式的风险和不确定性，使得所处的这个世界没有越来越受到人类的控制，而似乎是不受人类的控制，成了一个失控的世界①。

综上所述，全球化使得资本主义国家主要面临以下三类危机：首先是经济金融危机；其次是以合法性危机为表征的政治危机；再者是以自然资源短缺、生态环境恶化为主要特征的生态危机。可见，当代资本主义国家已经逐步进入了危机时代。

四　简评

国外马克思主义学者的上述研究表明，伴随经济全球化的进程，民族国家的新特征、新职能、新危机不断涌现。在经济全球化背景下，对民族国家尤其是当代资本主义国家进行深入分析和批判有着积极的意义。

这些学者的研究在一定程度上发展、拓展了经典马克思主义的国家理论，他们提出的新观点和理论有助于我们更为全面、深入地认识经济全球化中民族国家的前途，深化了对当代资本主义国家职能的认识。此外，这些学者抨击了当代资本主义国家的种种弊端，对其多种危机的分析使我们更深刻地意识到资本主义表面繁荣背后隐藏着的无法克服和调和的各种矛盾。

但是，这些学者对全球化中民族国家的新特征、新职能以及各种危机的分析和批判还有待于进一步深化和增强。首先，从经济全球化与民族国家的关系来看，很多学者都积极批判了经济全球化进程的迅猛推进带给民族国家的不利影响，如政治主权衰落、逐步被跨国国家或者机构所取代等，却对民族国家尤其是发展中国家应如何应对经济全球化的挑战，特别是如何在保持相对独立性、维护民族利益的同时寻求各种发展机遇研究不足。其次，很多学者揭露了全球化中当代资本主义国家遭遇到的各种危机，如贫富差距、金融不稳、资源短缺、环境破坏等，却未能深入揭示出经济全球化中的劳动资本、剩余价值等基本理论与现实问题呈现出的新变

---

① ［英］安东尼·吉登斯：《失控的世界：全球化如何重塑我们的生活》，江西人民出版社2002年版，第16、32页。

化，等等。从某种意义上来说，如果不能对资本积累、阶级斗争以及剩余价值等呈现出的新特征进行深入分析，就很难透彻、全面地指出经济全球化中资本主义国家面临危机的实质。再次，这些学者的研究多是从现象入手对全球化中民族国家面临的一系列问题进行了描述和分析，对本质原因分析不足，如西方发达国家对发展中国家宣扬的"全球化时代民族国家终结论"的实质到底是什么，从而无法对民族国家从根本上有效解决问题给出积极、正面的回答，进而导致理论指导发展中国家以及无产阶级实践活动的不足。

新马克思主义视阈下的空间批判
与空间命运

张凤超*

20 世纪 60 年代后期，在"去空间化"思潮使空间批判销声匿迹了将近一个世纪之后，对空间性、空间经验的关注重新回到哲学、社会学、地理学、经济学等诸多领域的学术视野。当今空间批判理论中，以亨利·列斐伏尔（Henri Lefebvre）、戴维·哈维（David Harvey）和爱德华·苏贾（Edward W. Soja）等为主要代表的新马克思主义（Neo‑Marxism）地理学家秉持以人文地理学为基础的空间思维，继承和发扬马克思主义辩证法，将复苏的空间意识和空间秩序植入马克思主义理论体系，提出空间已成为资本主义体系的核心和基础资源，并能动地参与到社会经济体系，从而理应在资本主义经济运行、社会运动和政治关系的基础上理解空间。新马克思主义地理学家构建的独树一帜的空间批判理论，一定程度上发展了马克思主义空间理论遗产，具有积极的学术和社会价值。

新马克思主义地理学家对当代空间实践的批判始于对"空间"的重新审视，其视阈中的空间既不同于近代的"形式空间"（即空间是外在的、先在的、均质的、与物质对象无关的、绝对的"虚空"形态），也不完全等同于现代主义的"实质空间"（即空间是与人的存在直接关联的、具有质的差异的、可以通过对物质的干预实现空间操控的、能动的对象）①，而是一种具有丰富内涵与特征的后现代"地理空间"：其一，认同

---

* 作者张凤超，华南师范大学经济与管理学院马克思主义研究中心，教授，马克思主义理论博士后科研流动站博士后，研究方向：马克思主义经济学 。

① 冯雷：《当代空间批判理论的四个主题——对后现代空间论的批判性重构》，《中国社会科学》2008 年第 3 期。

现代主义空间观一贯强调的空间物质性，认为空间并非僵死的、非辩证的和静止的，反对把空间看作容器且与其中的物体无关的"空盒子"，"空间不再是一种被动的地理环境或空白几何体"①，而是充斥着物质内容的社会过程；其二，摒弃了现代主义以目的—工具模式为导向的"空间的泰勒主义"，提出建立"空间—社会辩证法"，既看到空间的物质属性，又看到空间的社会属性以及空间与社会的辩证关系，并主张通过"空间性实践"，即"感性的空间性活动"这一范畴，将空间的自主力量与秩序表达纳入历史进程。本文认为，新马克思主义视阈下的地理空间是一个包含诸多人化、意向性关系的空间②，其命运轨迹含蕴了从空间形塑、空间成长、空间异化到空间重构的内在演进逻辑。

一　资本积累、城市化与空间形塑

在新马克思主义空间批判理论的重建中，空间作为一个核心概念，是社会的、异质的并与时间性相伴随的维度，正如哈维所言"时间和空间的客观性在各种情况下都是由社会再生产的物质实践活动所赋予的"③，脱离特定的物质内容及其关系的截面式研究无法准确认识和把握它。这种异质化的空间，"它看起来同质，看起来完全像我们所调查的那样是纯客观形式，但它却是社会的产物"④，并且"它真正是一种充斥着各种意识形态的产物"⑤，就此而言，空间从一个背景性概念变为一个社会实体范畴，成为特定社会关系的载体与容器，呈现恒久的地理性和历史性。

列斐伏尔认为，空间是一种特殊的社会关系，"空间里弥漫着社会关系；它不仅被社会关系支持，也生产社会关系和被社会关系所生产"⑥。

①　Peter Saunders, *Social Theory and the Urban Question*, London and New York: Routledge, 1986, pp. 157 – 158.

②　陈忠：《空间批判与发展伦理》，《学术月刊》2010 年第 1 期。

③　戴维·哈维：《后现代的状况》，阎嘉译，商务印书馆 2003 年版，第 255 页。

④　Henri Lefebvre, "Reflections on the Politics of Space", in R. Peet, Radical Geography, Chicago: Maaroufa Press, 1977, p. 34.

⑤　亨利·列斐伏尔：《空间政治学的反思》，载包亚明主编《现代性与空间生产》，上海教育出版社 2003 年版，第 62 页。

⑥　亨利·列斐伏尔：《空间：社会产物与使用价值》，载包亚明主编《现代性与空间生产》，上海教育出版社 2003 年版，第 48 页。

这一方面意味着,"任何一个社会,任何一种生产方式,都会生产出自身的独特空间"①,"每个社会都处于既定的生产模式架构里,内含于这个架构的特殊性质则形塑了空间"②;另一方面,"空间的组织结构不单单产生于社会,同时也能反过来影响各种社会关系"③。正是空间所具有的这种社会意蕴,使"空间的生产"而非"空间中的生产"成为建构和维系特定社会关系的途径,"每个社会形构都建构客观的空间和时间概念,以符合物质与社会再生产的需求和目的,并且根据这些概念来组织物质实践"④。列斐伏尔提出将空间活动划分为物质性空间活动、空间的标识和标识性空间等三种类型,哈维在此基础上增添了可接近性和距离、空间的分配和利用、空间的统治和控制等三项维度内容⑤,这六项指标深深地嵌入社会关系结构,不仅勾勒出社会空间活动的网络格局,描绘了具有细微性和复杂性的空间场景,更为重要的是,提供了关于社会空间活动的微观分析路径,揭示了空间对特定社会关系建构的直接参与。

由此可见,空间不再是一个消极无为、自我存在的地理环境,而是一种"紧缺"的资源和"可计量"的商品,对空间的控制、占有、分配关系必然体现出不同社会的权力结构。在资本主义已经成了一种革命性的生产方式之后⑥,空间被纳入到现代资本主义的商品生产和资本积累轨道,受到资本的控制并屈从于资本的逻辑,通过空间扩张强化资本主义意识形态的统治,彰显了财富和权力的凝聚,俨然成为资本主义生存和发展的重要条件。"资本主义是通过对空间加以征服和整合来维持的"⑦,"由新型资本主义所占领、分割、同质化而零散的空间,成为权力的基座"⑧。事实证明,基于资本主义生产方式的空间性,占有并再生产空间在一定程度

---

① Henri Lefebvre, *The Production of Space*, trans. by Donald Nicholson‐Smith, Oxford (UK), Cambridge, Mass: Blackwell, 1991, p.31.

② 亨利·列斐伏尔:《空间:社会产物与使用价值》,载包亚明主编《现代性与空间生产》,上海教育出版社2003年版,第48页。

③ 爱德华·W. 苏贾:《后现代地理学》,王文斌译,商务印书馆2004年版,第87—88页。

④ 大卫·哈维:《时空之间——关于地理学想象的反思》,包亚明主编《现代性与空间生产》,第377页。

⑤ David Harvey, *The Urban Experience*, Oxford UK & Cambridge USA: Blackwell Publishers, 1989, p.262.

⑥ 戴维·哈维:《后现代的状况》,阎嘉译,商务印书馆2003年版,第256页。

⑦ 亨利·列斐伏尔:《空间与政治》,李春译,上海人民出版社2008年版,第133页。

⑧ Peter Saunders, Social Theory and the Urban Question, p.159.

上化解了资本主义不少的内部矛盾，成为资本主义成功的一个重要工具，"我们能够知道其手段：通过占据空间、生产空间"①，"资本主义的生存就是建基于对一种日显包容性、工具性和从社会角度加以神秘化的空间性的建立，这种空间性隐匿于幻想和意识形态厚厚的面纱中，借以逃避批判视线"②。

空间的形成和表现究竟以何种形式承载呢？置身于西方国家城市化后期进程之中的新马克思主义地理学家的空间化探索始于城市现象研究，提出城市性（城市性是城市化过程的产物，它意味着与农村社会不同的生活方式和行为类型）在空间理论构建上具有特殊意义。城市作为特定区域内生产力、生产关系和上层建筑的聚集体，既是资本积累最为集中的地方，也代表了社会关系的粗暴浓缩③，因此是阐释空间性和表现社会结构的最佳载体。

城市虽然是前资本主义的产物，但是在资本主义的生产方式下急剧扩张并仍在继续变化，自然地代表了马克思的研究对象——工业资本主义的建成形式④。"向城市的集中是资本主义生产的基本条件"⑤，城市成为实现机械化、技术改进和规模经济的一种空间重组形式⑥，可以说工业资本主义发展的空间需要创造了 19 世纪的欧洲工业城市。正如马克思、恩格斯认为任何近代城市现象都应从资本主义生产方式中去寻找原因，基于对"城市生活"的关注和思考，新马克思主义地理学家从城市化角度对现代社会的空间形成与发展进行解释和验证，提出"城市化是对现代性空间化以及对日常生活的战略性'规划'的概括性比喻，而正是这一切才使得资本主义得以延续，得以成功地再生产其基本的生产关系"⑦。

20 世纪 60 年代，作为重申批判社会理论中的空间最强有力的提倡

---

①　Michael Peter Smith, *Cities in Transformation*: *Class*, *Capital and the State*, Beverly Hills, California: Sage Publications inc. , 1984, p. 204.

②　爱德华·W. 苏贾：《后现代地理学》，王文斌译，商务印书馆 2004 年版，第 77 页。

③　Henri Lefebvre, The Production of Space, p. 227.

④　高鉴国：《新马克思主义城市理论》，商务印书馆 2006 年版，第 78 页。

⑤　恩格斯：《反杜林论》，《马克思恩格斯选集》第 3 卷，人民出版社 1995 年版，第 646 页。

⑥　David Harvey, *Social Justice and the City*, Oxford UK: Basil Blackwell Publishers, 1973, p. 305.

⑦　爱德华·W. 苏贾：《后现代地理学》，王文斌译，商务印书馆 2004 年版，第 77 页。

者，列斐伏尔借由"社会空间"的概念及其分析，率先重视"城市进程与资本主义社会空间组织的联系"①，开始"关注意识的城市化、围绕城市权利的斗争以及资本主义发展中的'都市革命'等问题"②。他认为，20世纪资本主义发展的特征在于世界范围内工业社会向都市社会的转变，资本主义工业化进程对都市空间不断进行重构，而都市化则是资本建立其稳固基础的必然要求③。也就是说，城市化作为一种空间性社会结构的表现形式，是资本主义社会关系的产物，符合空间生产的辩证逻辑；反过来，空间又有助于资本主义再生产，"空间作为一个整体，进入了现代资本主义的生产模式：它被利用来生产剩余价值"④。在曼纽尔·卡斯泰尔斯（ManuelCastells）看来，城市空间是劳动力再生产所依托的结构性系统，也是城市社会结构的表达⑤，资本主义经济体系在空间上的组合（即资本主义生产关系）是城市性的最终决定因素。哈维将城市视为资本主义经济活动的产物，"城市是产生于大量社会剩余产品的流动、榨取和地理集中过程的建成形式"⑥，它对生产组织形成了一种统治，反映了资本扩张的物质形态，因此，作为资本主义所有方面的对立统一体，城市建构环境的生产和创建过程直接服从于资本积累的现实要求，资本对利益的追逐直接塑造了资本主义城市的空间面貌。

二　资本循环、空间生产与空间成长

马克思、恩格斯认为资本主义与城市空间发展之间具有交互作用，新马克思主义地理学家在此基础上提出城市空间是资本积累的手段之一，强调城市空间化进程为资本主义机制提供了生产、流通、交换和消费的物质基础，资本主义只有利用近代城市的空间形式才能实现最大程度的资本积

①　高鉴国：《新马克思主义城市理论》，商务印书馆2006年版，第20页。

②　同上书，第19页。

③　亨利·列斐伏尔：《什么是现代性?》，载包亚明主编《现代性与空间生产》，上海教育出版社2003年版，第17页。

④　亨利·列斐伏尔：《空间：社会产物与使用价值》，载包亚明主编《现代性与空间生产》，上海教育出版社2003年版，第49页。

⑤　Manuel Castells, *The Urban Question: A Marxist Approach*, Cambridge, Mass: MIT Press, 1977, p. 126. 高鉴国：《新马克思主义城市理论》，商务印书馆2006年版，第117页。

⑥　高鉴国：《新马克思主义城市理论》，商务印书馆2006年版，第124页。

累，因此，推动城市空间成长成为资本主义不断扩大其"生存空间"的必然要求。

在资本主义条件下，一切有用对象都无可避免地商品化，"城市空间"当然也无法幸免，其成长路径被深深打上"商品化"烙印。在新马克思主义地理学家看来，城市空间成长是剩余资本的第二循环、空间生产、弹性积累、时空压缩以及空间竞争等多种力量使然。

资本主义制度下的城市空间是如何成为一种特殊商品的呢？20 世纪 70 年代，列斐伏尔尝试使批判社会理论空间化，把资本主义城市看作空间政治学的秩序化或利润化过程。他通过资本第一循环和第二循环的形式区分揭示了城市空间的商品化路径：第一循环指资本在商品生产领域的投资；第二循环指资本对土地、道路和建筑物等固定资产的投资。当第一循环出现过度生产和积累时，为了实现资本流通，追求最大的剩余价值，第一循环中的过剩资本就转向第二循环，利用空间的交换价值和使用价值（交换价值优先于使用价值），催生第二种榨取剩余价值和获取财富的方式。哈维受此启发，建立了资本三级循环模型用以阐明资本与城市空间建构之间的关系。他认为，资本在次级循环投资是城市发展和变迁的主要决定因素，城市化过程并不独立于资本主义生产："城市的发展过程就是生产、流通、交换和消费的物质基础设施的创建"[1]，人造环境不断地创造价值的能力，使资本在次级循环中获取利润，于是吸引更多的过剩资本进入次级循环。这就意味着，一方面，城市空间在生产环节扮演特殊的"一种生产资料：构成空间的那些交换网络与原料能源之流，本身亦被空间所决定"[2]，"利用空间如同利用机器一样"[3]，"城市机构对再生产过程的作用似乎就像公司对生产过程的作用一样"[4]，"都是为了使资本的运转更有效、创造出更多的利润"[5]，空间配置的有效性是提升生产力的必要层次；另一方面，城市空间又是资本主义及其国家的空间实践结果，"生

---

[1] David Harvey, *The Urbanization of Capital*：*Studies in the History and Theory of Capitalist Urbanization*, Oxford UK：Basil Blackwell Ltd. , 1985, p. 1.

[2] 亨利·列斐伏尔：《空间：社会产物与使用价值》，载包亚明主编《现代性与空间生产》，上海教育出版社 2003 年版，第 50 页。

[3] 同上。

[4] Manuel Castells, *The Urban Question*：*A Marxist Approach*, p. 237.

[5] David Harvey, *The Urbanization of Capital*：*Studies in the History and Theory of Capitalist Urbanization*, Oxford UK：Basil Blackwell Ltd. , 1985, p. 178.

产资料自身也是产物"，"空间就是产品"①，它与生产力、技术、知识、国际分工以及国家和其他上层结构息息相关，空间被一种处于不断推进中的资本主义所"占有"，并被分裂为各个部分，同质化为离散的商品②，结果就是"空间"的"城市性"标注被逐渐淡化，作为彻彻底底的商品，它"自发"地融入了资本主义生产模式，资本主义空间的直接生产类似于任何同类商品的生产③，处在"可复制和重复的法则"支配之下。如此看来，空间生产被视为一种构造性要素，而空间生产机制无疑为商品化的空间成长创造了基本前提条件。

生产更多空间以满足急剧膨胀的空间需要是资本驱动的结果，"资本主义社会必然要按照自己的设想创造一种物质景观……广泛地适合生产和再生产的目的"④。但如何提高空间生产效率以促进空间成长？新马克思主义地理学家从时空压缩、弹性生产、空间竞争等三个维度予以阐释。

其一，时空压缩弱化了空间生产的决策障碍。科技进步尤其是交通通信业的发展，将资本力量从距离冲突的约束中解放了出来，使扎根于资本积累的逻辑——"通过时间来削弱空间"发生了激进式蜕变，已然"改变了时空关系，迫使我们进入新的物质实践和新的空间再现模式"⑤。哈维针对当代空间化实践，以及人们对全球时间和全球空间的强烈感受，以"时空压缩"描述"空间—时间面向性势不可挡的变化"⑥ 中的体验方式，"资本主义的历史具有在生活步伐方面加速的特征，而同时又克服了空间上的各种障碍，以至世界有时显得是内在地朝着我们崩溃了"⑦。在时空压缩体验的冲击下，空间生产决策的时间范域明显缩短，与之相伴随的是空间关系的激烈重组，以及空间生产决策的空间障碍进一步消除，实现了以资本时间上的周转加速带动资本空间上的一体化流动趋势。

其二，弹性生产催生了空间生产的创新因素。20 世纪 70 年代，原本

---

① Henri Lefebvre, The Production of Space, p. 30.

② 爱德华·W. 苏贾:《后现代地理学》，王文斌译，商务印书馆 2004 年版，第 140 页。

③ Henri Lefebvre, "Reflections on the Politics of Space", in R. Peet, Radical Geography, p. 34.

④ David Harvey, Consciousness and the Urban Experience, Oxford: Blackwell, 1985, p. 3.

⑤ David Harvey, The Condition of Post – modernity: An Enquiry into the Origins of Cultural, Cambridge, MA: Blackwell, 1990, p. 241.

⑥ 大卫·哈维:《时空之间——关于地理学想象的反思》，载包亚明主编《现代性与空间生产》，上海教育出版社 2003 年版，第 391 页。

⑦ 戴维·哈维:《后现代的状况》，阎嘉译，商务印书馆 2003 年版，第 300 页。

为资本主义带来战后经济繁荣，以标准化、集中化的大规模生产为主要特征的"福特主义"，因其累积了过量的生产力引发了世界范围的资源危机和资本危机，逐渐被在地理上分散进行小规模生产的"弹性生产"取代。这种范式的变迁以"全新的生产部门、提供金融服务的各种新方式、新的市场"①的出现为表征，具有"绕过福特主义体制的刻板、满足更大范围的市场需求、包括快速变化的需求的优点"②，由此开创了一个迅速变化、流动和不确定的时期，越来越多的资本、商品、劳动力、信息、知识等通过各种现代媒介灵活转移（有些甚至是空间上的瞬时行为），并被整合嵌入到特定空间，从而为空间生产带来极大强化的商业、技术和组织创新因素③。

其三，竞争法则激发了空间生产的群聚效应。哈维承袭了新古典理论家关于空间秩序的认识，即空间区位的唯一性所带来的排外性使其总是具有某种垄断的优势，"空间体系内的竞争是一种垄断竞争"④。但是随着空间阻碍的消除，"空间中的垄断式竞争元素，已经有系统地随着时间而缩减了"⑤，许多空间丧失了垄断特权，被迫与邻近的然后是那些越来越远的空间竞争。在竞争性外部空间关系主导下，空间生产者必须调整好思维并找到组织方式，在更大的地理规模上进行运作⑥，其主要策略之一便是积极展示空间的特殊竞争优势（如劳动分工优势等）⑦，促进资本和劳动力的自由流通⑧，从而将工业和商业发展、基础设施投资和住宅区划等空间生产过程汇聚在一个开放系统中，并透过特定的空间配置展现某种"结构一致性"⑨，发挥空间生产的群聚效应。

---

①　David Harvey, The Condition of Post‐modernity: An Enquiry into the Origins of Cultural Change, p. 147.

②　戴维·哈维：《后现代的状况》，阎嘉译，商务印书馆 2003 年版，第 201 页。

③　同上书，第 191 页。

④　大卫·哈维：《新帝国主义》，初立忠、沈晓雷译，社会科学文献出版社 2009 年版，第79 页。

⑤　大卫·哈维：《新自由主义化的空间》，王志弘译，群学出版有限公司 2008 年版，第95 页。

⑥　大卫·哈维：《巴黎，现代性之都》，黄煜文译，群学出版有限公司 2007 年版，第114 页。

⑦　David Harvey, The Urbanization of Capital, pp. 45 – 53, 213 – 221, 260.

⑧　大卫·哈维：《巴黎，现代性之都》，群学出版有限公司 2007 年版，第 114 页。

⑨　大卫·哈维：《新自由主义化的空间》，群学出版有限公司 2008 年版，第 97 页。

三 资本流动、非对称性交换与空间异化

作为资本逻辑的产物，空间的形成和成长无时无刻不受到资本的控制。不同空间所拥有的资本力量千差万别，这是因为资本积累向来都是一个深刻的地理事件①，尤其是原始积累如何发生、在何处发生完全取决于当地的条件②。资源禀赋的不平衡分布和地理位置的优劣造成了空间封闭状态下的某种相对性，使不平衡发展逐渐成为资本积累于空间和时间中的规律特质③，由此创造了多样化的空间样态，以及一个嵌套的空间规模的等级制度④。

但是，如果我们稍稍审视某个限定（范围）的空间，就会发现空间构型并不能保持长期稳定，资本流及其主导下的商品流、劳动力流、信息流总是使边界变得可以渗透⑤。新马克思主义地理学家历史地、辩证地分析了资本主义空间差异与资本流动、资本流动与空间影响之间的关系，并主要归结于对三个层面的问题阐释上：资本为什么会向外部空间流动？资本流向呈现怎样的特征？资本流动会造成怎样的空间异化？

第一，在扩大的地理规模上再生产生产关系是资产阶级与生俱来的空间使命。资本主义体系普遍存在着资本无限积累与空间界限束缚之间的矛盾，由于劳动力、市场、资源、技术或其他限制，在空间内部市场接近饱和乃至已经完全饱和、激烈竞争使得盈余资本无法继续找到营利性出口的状况时，经济便陷入停滞，并随之引起大规模失业、资本贬值……为避免资本盈余贬值导致周期性地震撼社会基础的资本危机的爆发，追求资本利润最大化的市场行为必须借由进入新地盘的地理扩张和新空间关系的建构寻找新的盈利手段。这就是哈维所提出的资本主义以"时空修复"方式解决资本危机导致的空间失调（即"空间定位"理论），"作为资本积累动态空间的新地域的开拓，以及资本主义社会关系和制度安排对先前社会

---

① 大卫·哈维：《希望的空间》，胡大平译，南京大学出版社 2006 年版，第 24 页。
② 同上书，第 33 页。
③ 大卫·哈维：《新自由主义化的空间》，群学出版社 2008 年版，第 70 页。
④ 大卫·哈维：《新帝国主义》，社会科学文献出版社 2009 年版，第 72 页。
⑤ 大卫·哈维：《希望的空间》，南京大学出版社 2006 年版，第 34 页。

结构的渗透，都为吸收资本盈余和劳动盈余提供了重要的途径"①。

资本主义开发的吸收盈余资本的方式有很多种：一是发现能够输出剩余商品的市场，当然前提是对方必须拥有黄金或货币储备等可支付的能力②；二是进行商品贸易，盈余商品的市场交换是实现价值地理空间转移的一种渠道③；三是推行信贷交易或国际援助④，使资本盈余为其他供应缺乏的空间所消耗；四是资本输出，尤其是伴随着劳动力输出的资本输出更具有长期性效果⑤，它迎合了新空间发展稳定的物质性和社会性基础设施的投资需求，同时为资本主义系统暂时缓解根本性困境提供了选择。值得注意的是，资本输出的途径已逐步由工业资本向金融资本，乃至投机资本、虚拟资本转移，不仅资本过度流动的局面愈益明显，而且已经成为资本主义新的"掠夺、诈骗和盗窃的重要手段"⑥。

第二，非对称性关系下的资本流动"全球化"。在永不休止地获取利润的资本主义扩张逻辑主导下，资本在网络化的"流动空间"内逐利而动⑦，不仅仅表现为灵活性与易变性⑧，更为重要的是，资本流动并非是平等交换关系下的局部空间交互，而是呈现非对称性和全球化特征。

一方面，盈余资本总是受控于强势空间，通过不公平和不平等交换（即非对称性交换）模式流向那些具有相对竞争优势的空间，并在空间上连为一体的垄断力量，榨取垄断租金，"资本跨越地球表面的自由流动，极大地突出了可能吸引资本的那些空间的独特品质"⑨。资本流动提供了"一种将贬值的剩余资本投入到最薄弱和脆弱的领土和人群中去的手段"⑩。而吸引和推动资本空间流向的因素除了成本或利润之外⑪，工会势

---

① 大卫·哈维：《新帝国主义》，社会科学文献出版社 2009 年版，第 94 页。

② 同上书，第 95 页。

③ 爱德华·W. 苏贾：《后现代地理学》，王文斌译，商务印书馆 2004 年版，第 171 页。

④ 大卫·哈维：《新帝国主义》，社会科学文献出版社 2009 年版，第 96 页。

⑤ 同上书，第 97 页。

⑥ 同上书，第 119 页。

⑦ 曼威·柯司特：《网络社会的崛起》，夏铸九等译，社会科学文献出版社 2006 年版，第 434 页。

⑧ 大卫·哈维：《新帝国主义》，社会科学文献出版社 2009 年版，第 150 页。

⑨ 戴维·哈维：《后现代的状况》，阎嘉译，商务印书馆 2003 年版，第 339 页。

⑩ 大卫·哈维：《新帝国主义》，社会科学文献出版社 2009 年版，第 149 页。

⑪ 同上书，第 78 页。

力、劳动力价格等不容忽视①，甚至是劳动力的空间分工也能指引资本投资到有适合需要的劳动力的地区②。并且，"空间障碍越不重要，资本对空间内部场所的多样性就越敏感，对各个场所以不同的方式吸引资本的刺激就越大"③。

另一方面，正如列斐伏尔所言，资本冲破了血缘、地域、国家、民族、语言、宗教等界限，具有全球化性质。"纵观整个资本主义历史，运输和通讯产业领域的技术创新极大地改变了空间条件，并在资本主义空间经济内部产生了各种各样的不稳定性"④，过去许多限制产业空间位置的不利因素，现在已经由于科学技术而克服，赋予了资本更为积极的流动性。因此，在资本主义"一种永不停息地减少空间障碍的动力"作用下，资本流动内生出不可阻挡的摧毁所有空间壁垒的力量，彰显出"全球化"这种资本主义系统与生俱来的趋向，不断地为资本开辟更大的利润空间。可见，全球化是空间的不平衡发展，是资本过度积累的恶果，是当代资本主义得以延续的微妙法门⑤。

第三，资本空间流动不断加剧空间结构关系的异化。全球空间系统的任何一个空间单元，从来都不是封闭的、固化的，资本自身的空间延伸必然对原有的空间物质、空间活动和空间关系等造成冲击，引发一系列空间结构的被动性变革。哈维提出，资本主义发展不得不在保存空间原有资本投资的交换价值和破坏这些投资的价值以开拓更大积累空间进行两难选择⑥。

异化现象之一：空间物质内容去民族性。资产阶级的利己主义和自私心理早已被马克思所揭露和批判，即便宣扬自由竞争，并采取看似善意的行动，但是将外部空间向着有利于形成垄断竞争的方向改造才是资本流动的真正目的。当资本流入新空间，新一轮的资本积累机制随之开启，这也成为"资本主义为了生存下去而不断创造其自身的'他者'的一种触及

① Mike Savage and Alan Warde, Urban Sociology, Capitalism and Modernity, London：Macmillan, 1993, p. 50.

② D. Massey, "In What Sense a Regional Problem?", *Regional Studies*, vol. 13 （1979）, pp. 233 – 243.

③ 戴维·哈维：《后现代的状况》，阎嘉译，商务印书馆 2003 年版，第 370 页。

④ 大卫·哈维：《新帝国主义》，社会科学文献出版社 2009 年版，第 81 页。

⑤ Henri Lefebvre, The Production of Space, p. 326.

⑥ David Harvey, *The Urbanization of Capital*, p. 15.

手段"①。资本"他者化"过程不断强化发达空间是一个可以仿效的文明标尺和自由灯塔，积极展开消费观、生活方式、价值观、文化形态以及政治和金融制度的优越性的植入、传播和进攻，穷极所能地发挥资本所具有的粉碎、分割及区分的能力，吸收、改造甚至恶化古老文化差异的能力②。"现代工业和雇佣劳动使无产者失去了'任何民族特性'"③，"很容易被资产阶级力量所同化，很容易被新自由主义的市场渗透机制所利用"④。因此，全球化暗示着外部空间在流入资本的征服和操纵下，广泛地经历着被迫消除民族性的过程。

异化现象之二：空间生产活动一体化。资本在不同空间之间的连锁流动"把不同的领土和社会结构非均衡地嵌入资本主义世界市场"⑤，使空间界限趋于模糊，从而创造了新的空间生产范畴。列斐伏尔特别指出，外部空间并没有消失，相反，一旦被整合进资本主义，其作为一个特定因素作用于资本主义扩张的特征，将表现得愈益明显。这一资本扩张是原有资本主义生产关系在新的空间范畴的再生产，它不但必然影响到一切先已存在的空间生产活动，而且将两个或多个不同空间的生产纳入一个生产系统，以发达空间为轮轴，一系列外围空间则通过一根根辐条与其相连，开展高度连接的、协调的一体化生产活动，发动资本积累的新一轮进程。自20世纪末叶以来，国际分工已从产业间分工、产业内分工发展到企业内部同一产品不同工序之间的分工，这正是基于跨国流动资本对国际垂直生产网络化体系的超强控制。

异化现象之三：空间关系结构两极化。资本主义空间扩张的后果被一种对立和矛盾的趋势所困扰：资本流动以空间差异为逻辑起点，空间障碍和差异必须被打破。然而，在这样一个连续的资本流动过程中，通过财富规模变化不仅造就了新的阶级差异，而且又在不断地激化不均衡发展态势。不难发现，与资本流动相伴随的一定是所谓高效的市场私有化和自由化浪潮，这"意味着社会关系的主导模式发生了急剧的变化，资产的重

---

① 大卫·哈维：《新帝国主义》，社会科学文献出版社 2009 年版，第 122 页。

② 同上书，第 39 页。

③ 戴维·哈维：《马克思的空间转移理论——〈共产党宣言〉的地理学》，郁建立译，《马克思主义与现实》2005 年第 4 期。

④ 同上。

⑤ 同上。

新分配日益朝着有利于上层阶级，而非下层阶级的方向发展"①。结果就是造成了在一个高度一体化的全球空间的分裂、失衡、不稳定的发展，"资本主义的生存及其富有特色的空间性的生产，仰仗于将占有的空间区分为过分发展和欠发展的区域"②，这种结构性不平等迅速导致空间体系的两极分化。"地区间及阶级间螺旋式上升的不平等"③，使得世界银行关于一体化加上自由市场的新自由主义的主张显得很空洞。

四 资本霸权、秩序紊乱与空间重构

伴随着资本全球流动和资本重组，权力的再分配过程所扮演的角色，或许要比"全球化"这一总括性词语所暗指的东西重要得多④，因此，资产阶级的历史必然是霸权主义不断扩张和膨胀的历史⑤。尽管霸权主义的逻辑基础分为领土逻辑和资本逻辑，同时领土控制被视为资本积累的必要手段⑥，但使资本主义的帝国主义同其他帝国构想相区别的却恰恰是资本逻辑居于支配地位⑦。尤其是随着资本流动下的空间交互不断增强，全球化空间体系下的霸权主义的领土逻辑已经逐步清晰、固化，更是呈现出向资本霸权方向强化的特征，因此衍生出一些值得关注的关键性问题：资本逻辑是如何支撑霸权的？资本霸权会给空间结构带来怎样的现实影响？它又是如何关乎空间命运的？

其一，维系资本霸权的核心要素已然变化。哈维认为，强制、仿效和通过深化认同而行使领导权是获取霸权的一般性手段，金钱、生产力和军事力量则可能是霸权得以长期维持的物质支柱⑧，然而，这些要素总是不稳定的，不同时期的霸权主义的构成与表现形式都有明显差异。以美国这个发达的、中心性的强势空间为例：第二次世界大战前，推动美国成为霸

---

① 大卫·哈维：《新帝国主义》，社会科学文献出版社2009年版，第129页。
② 爱德华·W. 苏贾：《后现代地理学》，王文斌译，商务印书馆2004年版，第159页。
③ 大卫·哈维：《希望的空间》，南京大学出版社2006年版，第42—43页。
④ 同上书，第32页。
⑤ 同上书，第30页。
⑥ 同上书，第29页。
⑦ 同上书，第27页。
⑧ 大卫·哈维：《新帝国主义》，社会科学文献出版社2009年版，第36页。

主的力量主要是隐性的、非公开的、政治上的，而非资本主义所驱动①；二战后至 20 世纪 70 年代之前，美国逐渐被认为是资本积累的主要发动机，将其他国家纳入自己轨道的资本霸权已经初露峥嵘，但政治权力的领土特征对于维持美国霸权而言仍然至关重要②，这是因为资本外流仍然受到严格限制，美国霸权的首要武器只能延续二战前的特权贸易、经济援助、庇护主义以及隐蔽的强制手段③，在这一时期，由于美国在生产领域的主导地位受到挑战，其他国家在制造业领域不再仿效美国，美国失去了维持霸权的一个关键支柱④；20 世纪 70 年代能源危机之后，随着其全球制造业主导地位逐渐削弱，美国开始将金融力量的触角伸向整个世界，由此而获得了巨大利益，这得益于"新自由主义"政策推动了的外部资本市场缓慢开放，以及便于剥削的廉价劳动力与产品日益增强的地理流动性相结合，为剩余资本进行赢利性投资提供了新的机遇⑤。20 世纪八九十年代以后，美国的金融垄断资本逐步与实体经济脱节，完成了由服务于生产资本向主宰生产资本的异化，也完成了"协助"生产资本"圈地"并分割其部分剩余价值向直接"圈地"的演化⑥。这种新自由主义霸权的资本化的具体表现已由生产和制造业霸权转为金融霸权，"金融资本在这一时期进入了美国霸权的核心舞台，并已经拥有足够的力量对工人阶级运动和国家行为施加决定性的影响，尤其是在那些陷入严重债务危机的国家里"⑦。

其二，资本霸权的新秩序侵占了外部空间的主权。利用无可比拟的力量和影响的优势，强制推行有利于资本流动的开放的国际新秩序，建立和保护不对称的空间交换关系，是美国资本霸权的一项核心规则。在新自由主义化的空间体系中，美国垄断资本在普世主义价值观的名义下，隐藏其明确的资本扩张意图，暗中操纵国际货币基金组织和世界贸易组织等国际经济组织获得了全球资本市场的进入权和适当的安全条件，强迫发展中国家借由将以前抵制资本逻辑的领域私有化、商品化和市场化来解决自身的

---

① 大卫·哈维：《新帝国主义》，社会科学文献出版社 2009 年版，第 41 页。
② 同上书，第 50 页。
③ 同上书，第 46 页。
④ 同上书，第 52 页。
⑤ 同上书，第 53 页。
⑥ 何秉孟：《美国金融危机与国际金融垄断资本主义》，《中国社会科学》2010 年第 2 期。
⑦ 大卫·哈维：《新帝国主义》，社会科学文献出版社 2009 年版，第 53 页。

资本过度积累的危机，从而在全球以金融手段摧毁发展中国家自主发展的能力，并以金融手段接管这些国家，在全球重建以美国为中心的食利经济。这就意味着外部空间在有关自由竞争的强制性合作和协作的虚假框架下，被迫向资本积累的全球势力开放，这种资本势力有时会是竞争性的，但垄断性的情况则更为常见①，从而促使"美国金融机构从中获得特定优势"②。外部空间被资本流动拉拢进入发达空间的资本循环体系，成为剩余资本的接收器——附属空间，这些丧失管理决策自主权的空间"必须采纳与美国一致的制度安排，由此而被迫将自己置于垄断资本所拥有的超级力量的摆布之下"③，导致并加深原有空间体系的制度失序和关系失调。

其三，资本霸权的掠夺性行为引发一轮轮空间危机。哈维认为，剥夺性积累从 20 世纪 70 年代之前的幕后状态走上前台，成为了资本主义霸权的主要特征。1973 年以后所形成的强大的金融化浪潮已经完全展现出了投机性和掠夺性的特征④，全球流动的投机资本通过资产贬值进行世界资源的掠夺和高额利润的攫取，即通过时空分子化过程实现"剥夺性积累"的目的。霸权主义是空间冲突的症结，为了使资本霸权的剥夺性积累体系合理化，有限危机会在精心安排、操纵和控制之下进行⑤，并被强加于某一个空间领域，不止一次地引发全球范围的"偶发"危机事件。如 20 世纪 80 年代金融资本侵入拉丁美洲整个经济并重新获取了它们的资产，使其陷入 20 多年经济发展徘徊的泥沼；1997 年，对冲基金对泰国和印度尼西亚货币的攻击，加上国际货币基金组织要求它们实行严格的通货紧缩政策，导致整个东亚和东南亚地区陷入金融危机；2007 年，由美国虚拟经济的脆弱性和金融资本的贪婪性引爆的次贷危机造成全球性蔓延，并产生持久性经济衰退，等等。由此可见，"空间"在这里发挥着转嫁危机和深化资本积累的双重作用，剥夺性积累/贬值作为一个基本力量被并入了空间⑥。资本霸权作为多维的制度性霸权，尽管不同时空背景下的实现方式

① 大卫·哈维：《新自由主义化的空间》，王志弘译，群学出版有限公司 2008 年版，第22 页。

② 大卫·哈维：《新帝国主义》，社会科学文献出版社 2009 年版，第 28 页。

③ 同上书，第 106 页。

④ 同上书，第 119 页。

⑤ 同上书，第 121 页。

⑥ David Harvey, *Spaces of Global Capitalism*: *Towards a Theory of Uneven Geographical Development*, London and New York: Verso, 2006, pp. 94 – 95.

和表征具有随意性和偶然性，但欺诈、掠夺和危险始终是其固有的法则，势必不断招致遍及世界各地的更为强烈的不满、排斥与抵制。

其四，空间重构是反对资本霸权的必经之路。空间是制度、秩序、文化实现自身，外化、维持自身存在的重要场域①，资本流动不仅是为了在全球范围内牟取盈利，更为重要的是通过生产要素的重新布局建构其空间权力体系。为了瓦解空间壁垒，掠取垄断利润，资本霸权不断地制造空间关系的异化、扭曲，而我们经常耳闻目睹的空间矛盾、空间冲突以及空间危机也正是将独立空间支离、碎片化并采取粗暴试验的霸权意图的现实表象。这些来自霸权主义的强势冲击直接威胁到外部空间的资本权力和领土权力的安全，不断干扰和破坏空间网络体系，使空间关系从有序勾连变为混乱扭结，因此，走向抑制和消除霸权主义的空间重构是空间命运的必然归宿。

空间重构必然受到具有相对永久性特征的空间结构（包括既有物质和制度上）的约束，当今世界处于资本主义的市场、利益、权力和价值强势支配的状况下，即便空间重构的途径和程度似乎有多种方案，但关键还是寻求资本逻辑下的"空间调控"，真正着手从资本家和他们错误的新自由主义意识形态中拯救资本主义，着力解决空间权力和空间政策两大问题。只有掌握资本循环的各个要素和阶段的空间动态，扭转把计划性权力转交给金融机构、债权国和投资者的趋势（垄断组织也已成为超国家资本主义的力量），由国家干预或国际机构控制资源和垄断租金，进行适度的资本管制，才能通过周期性实践的工具化的"空间规划"②，有效阻断资本剥削的空间渠道。

哈维认为，在全球资本主义动态发展中，只有主权国家才能利用其手中的权力最好地架构和保证一系列的制度安排与规则，操纵资本积累的分子化力量③，实现资本积累所必需的基本制度方面的改革。因此，在抵抗资本霸权，重构空间的过程中，应该依赖最初生产然后控制剩余资本分配的核心国家政府，对当前调节世界范围内资本流动的制度安排复合体进行调整，以支撑和维持扩大再生产，避开任何通向危机的道路④，如实行某

① 陈忠：《空间批判与发展伦理》，《学术月刊》2010 年第 1 期。
② 爱德华·W. 苏贾：《后现代地理学》，王文斌译，商务印书馆 2004 年版，第 76 页。
③ 大卫·哈维：《新帝国主义》，社会科学文献出版社 2009 年版，第 108 页。
④ 同上书，第 110 页。

种形式的"新政","将资本循环和资本积累的逻辑从新自由主义的锁链中解放出来，沿着更具干涉主义和重新分配的路线重新部署国家权力，限制金融资本的投机力量，对寡头和垄断集团所掌握的压倒性力量进行分散化和民主化管理"①。当然，在全球化语境下，国家并非唯一重要的空间行为体，超国家空间联盟（既可能是像东亚和东南亚地区那样非正式地联合起来的地区性权力集团，也可能是像欧盟那样比较正式地联合起来的地区性权力集团）也是不容忽视的因素，资本积累的分子化过程溢出了政治国家的边界，确实存在一些引人注目的区域经济体横跨国家间的边界，这些势力的空间范围是彼此重叠和相互渗透而非相互排斥的，资本从这种空间变动性和多变的领土逻辑中获益良多②。可以预知的是，美国霸权地位的削弱及随之产生的不平衡将导致全球空间体系分裂为区域霸权结构，这种结构将使各个空间之间既激烈竞争，又彼此合作③。

　　空间重构是向着最终固定的空间状态持续斗争的过程，而乌托邦正是一种理想空间规划的目标样态，但这里不是以某种幻想的乌托邦模式（永恒空间的乌托邦带有极权主义的特征）来构建，也不是重蹈能解决所有灾难的自由市场的乌托邦之路，因为"嵌入在市场过程的乌托邦理想中的循环和积累关系使得财富和权力在地理差异上越来越大，而并不是朝着同质性和平等性逐步发展"④，而是在激进的批判意识基础上，构建一个更强大的辩证乌托邦理想形式。这种希望的空间所能揭示的关键问题是："如何履行显著提高物质福利和民主形式的诺言而不依赖于自我本位的算计、野蛮的消费主义和资本积累，如何在市场力量和货币权力之外发展自我实现所必需的集体机制和文化形式，如何把社会秩序带入环境和生态更加良好的工作条件之中"⑤，以实现对资本全球化和资本霸权的替代性批判。

---

① 大卫·哈维：《新帝国主义》，社会科学文献出版社 2009 年版，第 167 页。
② 同上书，第 150 页。
③ 大卫·哈维：《美国与中国经济刺激方案比较》，吴铭译，《国外理论动态》2009 年第 7 期。
④ 大卫·哈维：《希望的空间》，胡大平译，南京大学出版社 2006 年版，第 172 页。
⑤ 同上书，第 189 页。

试论劳动力资本化与马克思资本
批判的历史限度

任洲鸿[*]

引　言

　　知识经济的发展和经济全球化进程的不断加快，早已成为经济学家们关注和研究的重要经济现象。然而，从马克思经济学的视角来看，这是资本完成其历史使命的过程中，以追求价值增殖为本质内容的"资本一般"逻辑的历史统治不断扩张和深化的必然结果[①]。科学技术知识等精神生产要素在现代社会化大生产过程的重要作用日益凸显，使掌握和占有科学技术知识的劳动者的主体地位不断增强，从而使发达资本主义国家的社会结构日趋复杂化和多元化，微观的企业管理制度和宏观的经济增长方式也表现出诸多新特征。西方人力资本理论的兴起正是这一系列新现象和新特征的理论反映，并为我国学术界所普遍接受[②]。

　　然而，能否将人力资本概念无批判地直接植入到马克思主义经济学之中[③]？马克思主义经济学能否吸收和包容西方人力资本理论的科学成分？

---

　　* 任洲鸿，山东济宁人，博士，曲阜师范大学经济学院副教授。主要研究方向：马克思主义经济学、社会主义市场经济理论与实践。

　　① 参见拙文《试论马克思的资本历史使命理论及其当代意义》，《当代经济研究》2011 年第 10 期。

　　② 当然，也有部分学者对人力资本理论持否定和批判态度。参见吴宣恭《"人力资本"概念悖论分析》，《经济学动态》2005 年第 10 期；谢富胜、李安：《人力资本理论与劳动力价值》，《马克思主义研究》第 8 期。

　　③ 参见焦斌龙《马克思的人力资本思想》，《当代经济研究》1999 年第 6 期。另外，有学者在谈到马克思所设想的未来社会中"重新建立劳动者个人所有制"思想时认为，这意味着"劳动力和劳动的个人所有制即承认人力资本所有权归劳动者个人所有"（参见吕景春《劳动力产权、劳资冲突与和谐劳动关系构建》，《当代世界与社会主义》2010 年第 6 期）。显然，这种观点严重忽视了人力资本概念的历史性质。

在知识经济时代条件下，马克思的劳动力商品理论、资本积累理论和收入分配理论如何实现创造性转化和发展，进而为建立劳动报酬递增的收入分配制度和实现包容性增长提供马克思主义经济理论指导？这是实现马克思主义经济学中国化进程中不能回避的重大理论问题。本文对此提出一些框架性思考，抛砖引玉，以求方正。

一 "资本—劳动二元对立"模型：马克思资本批判的核心理论成果

众所周知，马克思以"政治经济学批判"作为其凝结一生心血创作的《资本论》的副标题，这一批判过程经过劳动、商品、价值、货币等中介，直至其批判的最高形式即对资本的批判，使这一批判已经达及资本主义社会存在的本质。可以说，马克思的资本批判是其整个政治经济学批判的最高理论成就，也是使社会主义从空想到科学的理论基础。在马克思对资本批判的整个理论过程中，"资本—劳动二元对立"模型[①]可谓是其核心成果。尽管在马克思时代，建立经济模型并没有成为经济研究的主要方法，但并不妨碍我们将马克思对资本与劳动之间交换关系的论述作为经济模型加以理解。同时，经济学家马歇尔（Marshall，Alfred）曾告诫人们，在经济规律所包含的假设的语句，并不是每次都重复说明的，这就要求读者应该具备注意到这种假设的语句的"常识"，"因为，经济学说比其他任何科学的学说，更容易为那些没有科学训练和也许只是间接听到而断章取义的人所引用"[②]。因此，若要准确阐释和把握马克思的"资本与劳动二元对立"模型，进而理解马克思资本批判的历史限度，必须首先考察和揭示这一模型得以成立的理论前提。

马克思的研究对象首先是资本主义生产关系，即雇佣劳动关系。雇佣劳动作为"资本—劳动二元对立"模型的前提基础，马克思对其做了严

---

① 参见拙文《从"对立"到"和谐"——资本—劳动关系历史演变的劳动价值论阐释》，《探索》2008 年第 4 期。笔者现在认识到，所谓资本与劳动之间的"二元对立"关系，本质上与 Buroway 所说的资本与劳动之间的"零和（zero - sum）关系"是一致的。参见 Buroway, M. 1978, Toward a Marxist Theory of the labor process theory：Braverman and Beyond, *Politics & Society*, Vol. 8, No. 3 - 4. pp. 247 - 312。

② ［英］马歇尔：《经济学原理》（上），商务印书馆 1997 年版，第 56 页。

格的理论界定，但是这一点往往为人们所忽略。马克思强调："雇佣劳动，在这里是严格的经济学意义上的雇佣劳动，我们也只是在这个意义上使用这一术语……雇佣劳动是设定资本即生产资本的劳动，也就是说，是这样的活劳动，它不但把它作为活动来实现时所需要的那些物的条件，而且还把它作为劳动能力而存在时所需要的那些客观要素，都作为同它自己相对立的异己的权力生产出来，作为自为存在的、不以它为转移的价值生产出来。"① 而"雇佣劳动的平均价格是最低限度的工资，即工人为维持其工人的生活所必需的生活资料的数额。因此，雇佣工人靠自己的劳动所占有的东西，只够勉强维持他的生命的再生产"②。这个对雇佣劳动的严格界定，一方面，它符合资本主义发展初期，作为"世界工厂"的英国对雇佣工人残酷剥削的历史事实；另一方面，这也意味着工人的劳动力商品的价值总是能够还原，而且也只能还原为一定量的生活资料，因为其工资水平决定了，也只允许他购买"生活所必需的生活资料"。在这一理论前提下，马克思将资本与劳动的交换划分为两个"互相制约但本质上不同的环节"。

第一步，劳动力商品的所有者与货币持有者资本家在市场中相遇并订立劳动契约。"劳动同资本的最初交换是一个形式上的过程，其中资本作为货币出现，劳动能力作为商品出现。"③ 马克思认为，这个"最初交换"是等价交换，劳动能力的出卖表现为一种法律契约关系，至于这个契约在何时能够实现以及实现到何种程度，并不会改变它的等价交换的性质。一方是用作为一般社会形式的物化劳动的货币；另一方是用作为能力存在着的劳动，这里直接被出卖的，不是包含已经物化了的劳动的商品，而是劳动能力本身的使用，实际上是劳动本身，因为劳动能力的使用表现在它的活动上。因此，表现为物化劳动与已经转化为活劳动的劳动能力的交换，从而使劳动能力的价值获得了劳动价格或活劳动的价格的外观。

第二步，实际生产过程是资本同劳动的交换的第二个环节，它是资本对活劳动的占有过程，也是资本吸收剩余劳动的过程。严格地说，这个环

---

① 《马克思恩格斯全集》第46卷（上），人民出版社1979年版，第461页。
② 《马克思恩格斯选集》第1卷，人民出版社1972年版，第266页。
③ 同上书，第48页。

节根本不存在交换。这时的"资本家和工人单纯作为商品所有者相互对立，作为买者和卖者彼此发生关系的那种最初的、形式上的交易，已经是过去的阶段了"①。劳动通过第一个环节的交易已经在形式上被并入资本而且直接转化为资本，因为它为资本创造出剩余价值，实际上是购买劳动能力的货币即一定量的物化劳动与等量活劳动加一个不经过交换而占有的活劳动的追加量相交换。"从资本和雇佣劳动的角度来看，活动的这种物的躯体的创造是在同直接的劳动能力的对立中实现的，这个物化过程实际上从工人方面来说表现为劳动的异化过程，从资本方面来说，则表现为对他人劳动的占有，——就这一点来说，这种错乱和颠倒是真实的，而不单是想象的，不单是存在于工人和资本家的观念中的。"②

可见，在马克思的"资本—劳动二元对立"模型中，劳动与资本是一对矛盾，劳动作为非资本、非价值，作为非物化时的活动，作为价值的活的源泉，同作为物化劳动的资本，作为现实的财富的资本，作为对象化、现实化的价值的资本相对立，即"工人丧失所有权，而物化劳动拥有对劳动的所有权，或者说资本占有他人劳动，——两者只是在对立的两极上表现了同一关系，——这是资产阶级生产方式的基本条件，而决不是同这种生产方式毫不相干的偶然现象"③。劳动与资本的交换结果是设立资本，设立交换价值，而雇佣劳动本身则表现为"非对象化"和"非现实化"，雇佣工人依然除了劳动力商品之外一无所有，并别无选择地遭受与自身相异化的物质资本（资本家则是其人格化代表）的统治和蹂躏。无论雇佣工人的劳动能力如何提高，都只能表现为资本的生产力，"因而也表现为资本的发展，而且，越是这种发展而发生劳动能力的贫乏化，至少是大量劳动能力的贫乏化，就越是表现为资本的发展"④。

正是基于"资本—劳动二元对立"理论模型，马克思认为资本积累的历史趋势必将导致资本主义社会"在一极是财富的积累，同时在另一极，即在把自己的产品作为资本来生产的阶级方面，是贫困、劳动折磨、受奴役、无知、粗野和道德堕落的积累"⑤。从而最终得出"这个外壳就要炸毁了。资本

① 《马克思恩格斯全集》第48卷，人民出版社1985年版，第478页。
② 《马克思恩格斯全集》第46卷（下），人民出版社1980年版，第361页。
③ 同上。
④ 《马克思恩格斯全集》第48卷，人民出版社1985年版，第41页。
⑤ 马克思：《资本论》第1卷，人民出版社1975年版，第708页。

主义私有制的丧钟就要响了。剥夺者就要被剥夺了"① 的革命论断。

二 劳动力价值的演化：知识积累②的政治经济学解读

随着知识经济时代的来临，以科学技术知识为主要内容的精神生产资料日益与劳动者相结合，知识积累使劳动者的劳动力价值日趋复杂化③。尽管马克思明确指出："工人本身的技能和知识（科学力量）的积累是主要的积累。"④ 但是，在"资本—劳动二元对立"模型中，马克思将日益沦为被迫并入机器大工业的"活的附属物"⑤ 的雇佣工人作为其劳动力商品概念的人格化代表，或许这正是马克思将科学与雇佣劳动的"绝对的分裂或分离"⑥ 作为特殊的资本主义生产条件基本特征的原因。正是基于这种劳动力概念，马克思在其劳动力商品理论中"把各种劳动力直接当作简单劳动力"⑦。正如马克思所说："在理论上，价值概念先于资本概念，而另一方面，价值概念的纯粹的发展又要以建立在资本上的生产方式为前提，同样，在实践上也是这种情况。"⑧ 基于这种方法论原则，我们

---

　　①　马克思：《资本论》第 1 卷，人民出版社 1975 年版，第 831—832 页。

　　②　需要说明的是，本文所使用的"知识"概念采用迈克尔·波兰尼的解释，包括言传知识［evplicit knowledge，又译为显性知识或符码化、可编撰（codified）知识］和意会知识（tacit knowledge，又译为暗默知识或默会知识）两种类型。参见迈克尔·波兰尼：《个人知识》，贵州人民出版社 2000 年版。前者是可以通过语言、文字、图表等直接表达和交流的规范的知识，比如各种一般知识和专业化知识；后者是高度个体化的、难以表达、交流和与他人共享的个人体验、感悟和技艺等，比如某种技能、技巧等。对于个人所掌握的知识来说，言传知识和意会知识是一个整体，而言传知识只是知识整体中可见的冰山一角，意会知识则难以估量。参见［美］维娜·艾莉：《知识的进化》，珠海出版社 1998 年版，第 73 页。笔者认为，正是针对知识的这种特性，运用马克思的劳动价值论和演化经济学的双重视角来研究劳动力价值的动态演化是一种可行的方法。

　　③　基于知识要素在现代社会化大生产中的重要作用，笔者将知识理解为精神生产资料，从而与物质生产资料相对应。详细讨论请参见拙文：《西方人力资本概念的劳动价值论阐释》，《当代经济研究》2007 年第 8 期。

　　④　《马克思恩格斯全集》第 26 卷（第 3 册），人民出版社 1974 年版，第 294 页。

　　⑤　马克思：《资本论》第 1 卷，人民出版社 1975 年版，第 463 页。

　　⑥　《马克思恩格斯全集》第 46 卷（上），人民出版社 1979 年版，第 448 页。

　　⑦　马克思：《资本论》第 1 卷，人民出版社 1975 年版，第 58 页。笔者认为，马克思始终坚持严格的"雇佣劳动"概念的理论假设，很可能是西方经济学家将劳动力商品理论理解为一种"生存工资（subsistence wages）"理论的根本原因。参见西奥多·W. 舒尔茨：《报酬递增的源泉》，姚志勇、刘群艺译校，北京大学出版社 2001 年版，第 70 页。

　　⑧　《马克思恩格斯全集》第 46 卷（上），人民出版社 1979 年版，第 205 页。

对知识经济条件下作为精神生产资料的知识的积累与劳动力价值的动态演化机制进行初步探讨。

我们假设符合马克思严格设定的劳动力商品的价值为 V，这部分价值可以完全还原为一定数量的生活资料与必要的教育和培训费用（当然，马克思认为对雇佣工人来说这是"微不足道"[①] 的），再假设劳动者最初的或原始的知识价值为 $KL0$，而 $KL0$ 的价值显然无法还原为生活资料，它是由劳动者在学习劳动过程中付出的抽象劳动凝结或物化所形成的价值，其使用价值表现为劳动者掌握和占有的科学技术知识等精神生产资料。[②] 可见，劳动者最初掌握的知识价值的形成处于实际的生产劳动过程之外，我们将 K_{L0} 的形成过程称为劳动者的知识价值的原始积累阶段。

既然我们着眼于现实的社会生产与再生产过程本身，那么我们的"出发点是从事实际活动的人"[③]，这一点就像"人的存在是有机生命所经历的前一个过程的结果"一样，"一旦人已经存在，人，作为人类历史的经常前提，也是人类历史的经济的产物和结果，而人只有作为自己本身的产物和结果才成为前提"[④]。可以说，"现实的个人"和"从事实际活动的人"所掌握和占有一定量的科学知识要素等精神生产资料，与其他任何生产要素一样，都只表现为社会生产与再生产过程中的一个环节，一个不断变化着的要素。从这个角度来看，实际的社会生产一方面表现为生产着资本商品即包含着剩余价值的劳动产品的过程，另一方面也是作为"现实的个人"的劳动者对自己所掌握和占有的科学知识等精神生产资料运用和积累的过程。对于劳动者来说，知识积累绝不是独立于劳动者之外的物质条件的积累，而是属于自己的精神生产资料的积累，即劳动者所掌握和占有的"知识和技能的积累，社会智慧的一般生产力的积累"[⑤]，同时也是劳动者的劳动力价值的动态演化过程。

---

① 《马克思恩格斯全集》第 26 卷（第 1 册），人民出版社 1972 年版，第 159 页。

② 马克思认为："如果我自己购买，或者别人为我购买一个教师的服务，其目的不是发展我的才智，而是让我学会赚钱的本领，而我又真的学到了一些东西（这件事就它本身来说，完全同对于教师的服务支付报酬无关），那末，这笔学费同我的生活费完全一样，就归入我的劳动能力的生产费用。"（《马克思恩格斯全集》第 26 卷第 1 册，人民出版社 1972 年版，第 437 页）。可见，在马克思看来，劳动者自己的学习劳动本身就是实现劳动者占有和掌握的科学技术知识的重要途径。

③ 《马克思恩格斯选集》第 1 卷，人民出版社 1995 年版，第 73 页。

④ 《马克思恩格斯全集》第 26 卷（第 3 册），人民出版社 1974 年版，第 545 页。

⑤ 《马克思恩格斯全集》第 46 卷（下），人民出版社 1980 年版，第 210 页。

因此，劳动者的知识积累过程也就是劳动力价值的动态演化过程，其形式化表达为：

$$\because KL1 = KL0 + \Delta KL0 = KL0$$

$$KL2 = KL1 + \Delta KL1 = KL0 + \Delta KL1$$

$$KL3 = KL2 + \Delta KL2 = KL0 + \Delta KL1 + \Delta KL2$$

$$KL4 = KL3 + \Delta KL3 = KL0 + \Delta KL1 + \Delta KL2 + \Delta KL3$$

……

$$\therefore KLm = KL(m-1) + \Delta KL(m-1) = KL0 + \Delta KL1 + \Delta KL2 +$$

$$\cdots\cdots \Delta KL(m-1) = KL0 + \sum_{j=0}^{m-1} \Delta KLj$$

$$\text{劳动力的价值} = V + KL0 + \sum_{j=0}^{m-1} \Delta KLj$$

其中：

$j = 0,1,2,3,\cdots m - 1$

V ——符合马克思的劳动力商品概念的劳动力价值；

KLm ——第 m 次实际生产过程中劳动者所掌握和占有并与其劳动力结合在一起的知识即精神生产资料的价值；

$KL0$ ——劳动者在参与第 1 次实际生产过程之前，通过学校正规教育、职业培训等方式掌握和占有的知识即精神生产资料的价值；

ΔKLj ——在第 j 次实际生产过程中"内化"于劳动主体自身的新增知识即精神生产资料的价值，它依劳动者每次实际生产劳动过程中所付出的脑力劳动和体力劳动的量的变化而变化。特别的，当 $j = 0$ 时，劳动者在实际生产过程中通过"干中学"[①]实现知识积累的过程刚刚启动。所以，我们认为 $\Delta KL0 = 0$。

---

① 所谓"干中学"即"learning by doing"，又译为"边干边学"，是由美国经济学家阿罗（Arrow）在研究人力资本积累问题时提出的一个概念。阿罗通过构建"干中学"的人力资本积累模型，强调劳动者的时间全部服务于商品生产，从而其所有的人力资本都能够在"干中学"形成，劳动者的专业化人力资本存量可以提高和积累。另一位美国经济学家卢卡斯（Lucas）继承并发展了阿罗的"干中学"思想，并认为"干中学"本身就是人力资本形成的一种重要途径。在卢卡斯看来，"干中学"者主要是通过自己艰苦的体力劳动与脑力劳动等学习过程而获得的工作能力、经验与技能，而这种通过学习机制来获得和积累人力资本的过程，一般只需要很少甚至根本不需要货币投资。（参见 Arrow, K. J. 1962, The Economics Implication of Learning by Doing, Review of Economic Studies, Vol. 29, pp. 155 – 173; Lucas Robert E, Jr. 1988, On the Mechanics of Economic Development. *Journal of Monetary Economics*, Vol. 22, pp. 3 – 42. ）

需要说明的是，笔者构建的这个劳动力价值的动态演化模型，不仅内在地包含着马克思的劳动力商品概念，而且也包含着符合马克思关于劳动力商品理论假设的劳动力再生产过程。

当 $KL0 = 0$ 时，说明劳动者在参与第一次实际生产过程之前不掌握和占有任何科学技术知识等精神生产资料，这实际上也就相当于马克思"严格的经济学意义上的雇佣劳动"，即与科学知识等精神生产资料处于"绝对的分裂或分离"① 状态的雇佣工人的劳动力，那么 $KL0 \equiv 0$。如果按照马克思的理论假设，即雇佣工人获得的工资只能够维持其劳动力的再生产，而"劳动力的生产就是这个个体本身的再生产或维持"②。那么 $\Delta KLj \equiv 0$（其中 $j = 0,1,2,3,\cdots m - 1$）。

这样，符合马克思的劳动力商品概念的劳动力价值就恒等于 V，即劳动力的生产和再生产过程中，劳动者获得的工资完全可以还原为一定数量的生活资料，以及可还原的那部分"微不足道"的教育费用，从而使"劳动力所有者今天进行了劳动，他应当明天也能够在同样的精力和健康条件下重复同样的过程"③。在马克思看来，劳动力商品的这种特征，"并不比以下的事实具有更多的特征：役畜的价值是由维持役畜所必要的生活资料的价值决定的，从而是由生产这种生活资料所必要的人类劳动量决定的"④。根据这种理论假设，无论劳动者如何努力劳动，劳动者都不可能增加自身劳动力的价值，更不可能为自己创造和积累财富。

尽管马克思曾明确表示："在进行这种一般研究的时候，我们总是假定，各种现实关系是同它们的概念相符合的。"⑤ 然而，通过理论假设可以建立起科学的概念，但概念本身毕竟不等于经济事实。实际上，即使 $KL0 = 0$（即马克思所说的"微不足道"），劳动者仍然能够在生产劳动实践中通过"干中学"来逐步积累生产经验、知识和技巧，因为劳动者在实际生产过程中"同时改变他自身的自然"⑥，从而不断将一定量的生产知识、技巧和经验等以精神生产资料的形式"内化"于自

---

① 《马克思恩格斯全集》第 46 卷（上），人民出版社 1979 年版，第 448 页。
② 马克思：《资本论》第 1 卷，人民出版社 1975 年版，第 193—194 页。
③ 同上书，第 194 页。
④ 马克思：《资本论》第 2 卷，人民出版社 1975 年版，第 424 页。
⑤ 马克思：《资本论》第 3 卷，人民出版社 1975 年版，第 160 页。
⑥ 马克思：《资本论》第 1 卷，人民出版社 1975 年版，第 202 页。

身，从而使其劳动力价值始终处于不断演化的动态过程之中。虽然 ΔKLj 依劳动者每次实际生产劳动过程中所付出的脑力劳动和体力劳动的量的变化会有所不同，但是 $\Delta KLj > 0$ 是确定无疑的。因此，即使是马克思严格设定的雇佣工人，其劳动力价值也必然存在一个不断积累增殖的趋势。

事实上，马克思也曾明确指出："工人本身的技能和知识（科学力量）的积累是主要的积累。"[①] "工人阶级的再生产，同时也包括技能的世代传授和积累。"[②] 也就是说，由于 $\Delta KLj > 0$，那么 $\sum_{j=0}^{m-1} \Delta KLj$ 就是一个不断增加的量，即劳动者所掌握和占有的科学技术知识等精神生产资料的价值具有自我积累的趋势，正如马克思所说，在资本主义生产过程中，"生产者也改变着，炼出新的品质，通过生产而发展和改造着自身，造成新的力量和新的观念，造成新的交往方式，新的需要和新的语言"[③]。从这个意义上来看，马克思所严格设定的雇佣劳动概念实际上是一个随着劳动者的实际劳动过程的不断展开而不断消逝着的概念，因为对科学知识等精神生产资料的掌握和不断积累，"自然要把占有它的人变为另一主体，于是他作为这另一主体又加入直接生产过程"[④]。然而众所周知，马克思进行经济学研究的理论目的在于为无产阶级创立一种革命学说，这就使其始终受到自己"严格的经济学意义上的雇佣劳动"概念的限制，也就没能突破"资本—劳动二元对立"的理论思维，从而使雇佣工人所掌握和占有的劳动力资本在概念上始终都停留在 $KL0 = 0$ 的最初水平上，这也就决定了雇佣工人只能获得自己的劳动力商品价值即工资 V。在这个问题上，意大利学者奈格里的如下判断是正确的，即"工资的概念在《大纲》中与工人阶级的概念紧密相连，而且也与革命的主体性概念紧密相连"[⑤]。

---

① 《马克思恩格斯全集》第 26 卷第 3 册，人民出版社 1974 年版，第 294 页。

② 《资本论》第 1 卷，人民出版社 1975 年版，第 630 页。

③ 《马克思恩格斯全集》第 46 卷（上），人民出版社 1979 年版，第 494 页。

④ 参见《马克思恩格斯全集》第 46 卷（下），人民出版社 1980 年版，第 226 页。

⑤ ［意］奈格里：《〈大纲〉：超越马克思的马克思》，北京师范大学出版社 2011 年版，第 24 页。需要说明的是，马克思"严格的经济学意义上的雇佣劳动"概念正是出自奈格里所说的《大纲》即《政治经济学批判大纲》（《经济学手稿（1857—1858 年）》）。参见《马克思恩格斯全集》第 46 卷（上册），人民出版社 1979 年版，第 461 页。

三　劳动力资本化：马克思资本批判的历史限度

发展已有生产力，不断创造新的生产力，正是资本的历史进步力量之所在。可见，生产性是资本的本质特征，只有生产资本的劳动或实现价值增殖的劳动才是生产性劳动。正如马克思所说："使劳动成为'生产的'或'非生产的'劳动的，既不一定是劳动的这种或那种特殊形式，也不是劳动产品的这种或那种表现形式。同一劳动可以是生产的，只要我作为资本家、作为生产者来购买它，为的是用它来为我增加价值；它也可以是非生产的，只要我作为消费者来购买它，只要我花费收入是为了消费它的（劳动的）使用价值，不管这个使用价值是随着劳动能力本身活动的停止而消失，还是物化、固定在某个物中。"①

在马克思看来，同样的劳动，由于所从属的生产关系不同，可以是，也可以不是生产劳动，因此这种劳动所生产的同一产品可以是资本，也可以不是资本；在同样的生产关系中的劳动，由于劳动量的不同，可以是，也可以不是生产劳动，即这种劳动所生产的同一产品可以是资本，也可以不是资本。这就似乎存在着两种对生产性劳动的判断标准，即一种标准认为，根据生产关系这一"质"的标准来判断劳动的生产性与非生产性，只要是在资本主义生产关系下，即资本家与雇佣工人之间进行的劳动都是生产劳动，而掌握生产资料的资本家与除了劳动力之外一无所有的雇佣工人在资本主义生产方式确立之前已经历史地产生了。另一种标准是根据劳动所创造的价值量是否大于该劳动力本身的价值量，即价值增殖这一"量"的标准来判断劳动的生产性与非生产性。那么，这两种判断标准是相互矛盾的，还是内在一致的？问题在于，马克思在这里实际上存在着一个暗含的假设，即凡是雇佣劳动，与资本相交换的劳动，都创造出大于劳动力自身价值量的劳动，也就是都创造出剩余价值。正是基于这种认识，马克思对雇佣劳动进行了严格的经济学设定（如前所述）。

可见，是否实现价值增殖是马克思判断劳动是否具有生产性的根本标准，并将资本对劳动的雇佣关系作为生产性劳动得以产生的社会历史前提。马克思对两种似乎相互矛盾的判断标准的理论处理，体现了资本发展

① 《马克思恩格斯全集》第26卷第1册，人民出版社1980年版，第156—157页。

过程中所体现的历史的和逻辑的统一，其资本批判理论的历史性质也彰显无疑。马克思甚至设想在资本与雇佣劳动的交换中，"如果一个工作日只够维持一个劳动者的生活，也就是说，只够把他的劳动能力再生产出来，那末，绝对地说，这一劳动是生产的，因为它能够再生产即不断补偿它所消费的价值（这个价值额等于它自己的劳动能力的价值）。但是，从资本主义意义上来说，这种劳动就不是生产的，因为它不生产任何剩余价值"①。这就说明，生产关系的资本主义性质应以是否实现价值增殖作为根本的判断标准。既然一种劳动是否属于生产性劳动，即这种劳动生产的产品是否是资本，本质上取决于"量"的标准，即最终取决于劳动量的变化上，那么我们就完全有理由得出这样的结论：劳动的"量"决定着劳动的"质"，也就是价值的"量"决定价值的"质"②（即是否发生价值增殖而向资本转化），由此就决定了其劳动产品是否是资本。

这样，作为资本主义生产过程的结果的劳动力商品，如果劳动者除了"能够再生产即不断补偿它所消费的价值（这个价值额等于它自己的劳动能力的价值）"（即马克思所说的劳动力商品价值即工资 V）之外，还能够实现科学技术知识等精神生产资料的生产和积累并使其"内化"于自身，那么劳动者的劳动力再生产必然是一种生产性劳动，劳动商品的再生产也就表现为劳动力资本化过程。随着劳动者所掌握的科学知识等精神生产资料的不断积累，劳动者的劳动力的价值构成必然处于一个不断演化的动态过程之中，劳动者所掌握的精神生产资料（或劳动者的知识资本）的价值在其劳动力价值构成中的比例必将逐步提高。随着知识经济的发展和科学技术知识作为独立的精神生产资料日益凸显，劳动力资本化正是每一个劳动主体通过知识积累实现其劳动力价值增殖的理论反映。因此，劳动者日益成为劳动力资本（或知识资本）的所有者本质上是生产关系的一场深刻变革，它必将导致与生产关系相适应的分配关系的深刻变化，从而为我国初次分配领域的制度改革与制度创新奠定坚实的经济基础③。

自"十月革命"以来，世界社会主义建设的曲折历史实践充分表明，

① 《马克思恩格斯全集》第 26 卷第 1 册，人民出版社 1980 年版，第 143 页。
② 这一命题的提出，受到西美尔提出的"货币的质惟独由其量而定"这一命题的启发。参见西美尔：《货币哲学》，华夏出版社 2002 年版，第 189 页。
③ 参见拙文《关于实现"按劳分配"理论创新的思考》，《经济学家》2010 年第 5 期。

现实中的社会主义仍然处于并将长期处于人类"第二大社会形态"的历史过程之中，在此历史条件下建设社会主义既不可能绕过、更不可能跳过市场经济体系的充分发展。中国特色社会主义市场经济的伟大实践表明，社会主义市场经济本质上仍然是"以资本为基础的生产"①，同时也是全球化市场经济体系的有机组成部分，它仍然处于并将长期处于"资本一般"逻辑的历史统治之中②。这也就决定了中国特色社会主义只能通过使资本关系充分发展，才能最终"使人们认识到资本本身就是这种趋势的最大限制，因而驱使人们利用资本本身来消灭资本"③，但是，"如果还没有具备这些实行全面变革的物质因素……那么，正如共产主义的历史所证明的，尽管这种变革的观念已经表述过千百次，但这对于实际发展没有任何意义"④。因此，以追求价值增殖为本质内容的"资本一般"逻辑是现代市场经济的政治经济学本质特征，它并非唯马克思所研究的资本主义社会所独有，而是贯穿于以资本为基础的生产方式所能够容纳的社会生产力得以全部发挥的整个历史时期，而"如果我们在现在这样的社会中没有发现隐蔽地存在着无阶级社会所必需的物质生产条件和与之相适应的交往关系，那么一切炸毁的尝试都是唐·吉诃德的荒唐行为"⑤。

四 劳动者主体化与劳动解放："资本一般" 逻辑统治的历史指向

从马克思主义经济学来看，知识经济的发展本质上就是"资本一般"逻辑统治向科学技术知识等精神生产领域及至向整个社会生活的扩张和深化，价值关系和货币关系"只有在资本的基础上才能得到充分发展，正如一般说来只有在资本的基础上流通才能掌握一切生产要素"⑥。科学技术知识等精神生产要素的商品化、市场化和资本化趋势是社会生产力发展

---

① 《马克思恩格斯全集》第46卷（上），人民出版社1979年版，第391页。

② 详细讨论请参见拙文《试论马克思的经济社会形态理论及其当代意义》，《经济学家》2011年第3期；《试论马克思的资本历史使命理论及其当代意义》，《当代经济研究》2011年第10期。

③ 《马克思恩格斯全集》第46卷（上），人民出版社1979年版，第393—394页。

④ 《马克思恩格斯选集》第1卷，人民出版社1995年版，第93页。

⑤ 《马克思恩格斯全集》第46卷（上），人民出版社1979年版，第106页。

⑥ 《马克思恩格斯全集》第46卷（下），人民出版社1980年版，第299页。

的客观要求，而劳动者作为科学技术知识等精神生产要素的"主人"应当成为政治经济学的重要研究对象，每个知识劳动者"并不真正是可相互替换的，因为每个人都具有独特的知识结构"①。知识经济的发展必然会逐步瓦解和消除以科学知识与劳动者"绝对的分裂或分离"②为前提的"资本—劳动二元对立"的社会基础。

　　然而，正是基于"资本—劳动二元对立"的理论思维，马克思才得出"把劳动能力理解为工人的资本"是一种"谬论"③的理论判断。因为在马克思时代，经过资本原始积累而初步确立的资本主义生产方式，劳动者与生产资料（既包括如土地、生产工具等物质生产资料，也包括与资本主义生产方式相适应的科学技术、经营管理技术等精神生产资料）完全分离，成为"自由"的除了自己的劳动力之外"一无所有"的劳动者，只能在资本（资本家是其人格化代表）的统治下进行劳动来获取必要的生活资料，并日益沦为机器大工业的"活的附属物"。可见，"严格的经济学意义上的雇佣劳动"概念是马克思时代无产阶级劳动状况的科学抽象与理论概括，它本身也就不可避免地被打上深刻的时代烙印。

　　随着知识经济的发展，劳动者与科学技术知识的结合日益成为"资本一般"逻辑统治的内在要求。在发达资本主义国家中，即使是许多"低技能工作"，也同样普遍存在劳动过程中的学习效应和知识积累④。可见，马克思严格设定的雇佣劳动的生产条件本身就在不断被扬弃，因为它日益"成为对于不断前进的人群的发展来说过于狭隘的、正在消灭的前提"⑤。同时，随着作为精神生产资料的知识的积累，劳动者的劳动力价值表现出动态演化的自我增殖特征，劳动力再生产所表现出来的劳动力资本化趋势，必然导致劳动者所处的生产条件的分配状况不断发展变化，而生产条件的分配状况"赋予生产条件本身及其代表以特殊的社会性质。它们决定着生产的全部性质和全部运动"⑥。从这种意义上说，生产条件

　　①　［美］维娜·艾莉：《知识的进化》，珠海出版社 1998 年版，第 50 页。

　　②　《马克思恩格斯全集》第 46 卷（上册），人民出版社 1979 年版，第 448 页。

　　③　《马克思恩格斯全集》第 47 卷，人民出版社 1979 年版，第 179 页。

　　④　参见 Hartmut Hirsch - Kreinsen et al., Low - Skilled industrial Work in Advanced Economies-The Case of the German Manufacturing industry, Paper to be presented at the iLPC-Congress 2010, Rutgers University, March 2010。

　　⑤　《马克思恩格斯全集》第 46 卷（上册），人民出版社 1979 年版，第 497 页。

　　⑥　马克思：《资本论》第 3 卷，人民出版社 1975 年版，第 994 页。

分配的变化源于无产阶级自身的发展变化，二者相互作用，相互推动，这也是当代资本主义国家的社会结构日趋复杂化的重要经济根源①。

马克思曾深刻地指出："社会本身，即处于社会关系中的人本身，总是表现为社会生产过程的最终结果。具有固定形式的一切东西，例如产品等等，在这个运动中只是作为要素，作为转瞬即逝的要素出现。"② 在知识经济时代条件下，劳动者的知识积累和劳动能力发展的政治经济学本质特征集中表现为劳动力资本化，它客观上推进着"多方面的需求以及全面能力"③ 的人、"具有尽可能丰富的属性和联系的人"和"具有高度文明的人"④ 的历史生成，因为知识积累的本质就是"对人本身的一般生产力的占有，是人对自然界的了解和通过人作为社会体的存在来对自然界的统治，总之，是社会个人的发展"⑤。而"个人的充分发展又作为最大的生产力反作用于劳动生产力"⑥，从而使直接劳动时间实现最大限度的节约和自由时间的最大限度的增加，"于是，资本就违背自己的意志，成了为社会可以自由支配的时间创造条件的工具，使整个社会的劳动时间缩减到不断下降的最低限度，从而为全体［社会成员］本身的发展腾出时间"⑦。这也恰恰表明"资本一方面确立它所特有的界限，另一方面又驱使生产超出任何界限，所以资本是一个活生生的矛盾"⑧。而这种矛盾的发展必然导致"生产力的增长再也不能被占有他人的剩余劳动所束缚了，工人群众自己应当占有自己的剩余劳动"⑨。在社会主义市场经济条件下，建立和完善与劳动力资本化趋势相适应的收入分配制度，则是实现"工人群众自己应当占有自己的剩余劳动"的现实选择⑩。可见，全面发展的

---

① 意大利学者奈格里认为，与前福特制（即马克思时代）、福特制和后福特制的资本主义生产方式发展阶段相对应，无产阶级经历了专业工人（即马克思所说的无产阶级）、大众工人和社会工人的历史演变，社会工人成为资本逻辑统治在知识经济社会中的革命主体。参见［意］奈格里《〈大纲〉：超越马克思的马克思》，张梧、孟丹、王巍译，北京师范大学出版社 2011 年版。

② 《马克思恩格斯全集》第 46 卷（下），人民出版社 1980 年版，第 226 页。

③ 《马克思恩格斯全集》第 46 卷（上），人民出版社 1979 年版，第 104 页。

④ 同上书，第 392 页。

⑤ 《马克思恩格斯全集》第 46 卷（下），人民出版社 1980 年版，第 218 页。

⑥ 同上书，第 225 页。

⑦ 同上书，第 221 页。

⑧ 《马克思恩格斯全集》第 46 卷（上），人民出版社 1979 年版，第 408 页。

⑨ 《马克思恩格斯全集》第 46 卷（下），人民出版社 1980 年版，第 221 页。

⑩ 参见拙文：《关于实现"按劳分配"理论创新的思考》，《经济学家》2010 年第 5 期。

"社会个人"只能在"资本一般"逻辑统治的矛盾运动的历史地生成，它客观上推进着向"建立在个人全面发展和他们共同的社会生产能力成为他们的社会财富这一基础上的自由个性"①即人类的"第三大社会形态"的历史演进。

事实上，在建立和完善社会主义市场经济的伟大实践中，劳动力商品向劳动力资本转化的辩证运动过程，不仅表现为一种推动着社会物质财富与精神财富的不断增长与积累的强大社会力量，也表现为一种不可阻挡的历史进步力量和实现劳动者全面发展的解放力量，"因为资本在这里——完全是无意地——使人的劳动，使力量的支出缩减到最低限度。这将有利于解放了的劳动，也是使劳动获得解放的条件"②。可见，尽管劳动力资本化表现为"资本一般"逻辑统治不断扩张过程中取得的最重大的胜利，但本质上却是资本关系发展过程中"所表现出来的极端的异化形式，是一个必然的过渡点，因此，它已经自在地、但还只是以歪曲的头脚倒置的形式，包含着一切狭隘的生产前提的解体，而且它还创造和建立无条件的生产前提，从而为个人生产力的全面的、普遍的发展创造和建立充分的物质条件"③。从这个意义上看，劳动力资本化与劳动者主体化走的是同一条历史道路。劳动力资本化既是"资本一般"逻辑统治的最后一次历史性胜利，也是"资本一般"逻辑统治的最重大的历史性失败，因为它不断为"资本一般"逻辑历史统治的瓦解和终结创造着物质条件和精神条件，从而为实现"社会个人"的自由全面发展即劳动解放铺平道路。

五　余论：简评西方人力资本理论

自从马克思科学的劳动价值论创立以来，国内外许多学者都注意到，将劳动价值论用于马克思的劳动力商品概念时会遇到诸多无法解决的理论难题④。最近，孟捷教授在与荣兆梓教授就劳资"正和关系"等问题的通

---

① 《马克思恩格斯全集》第46卷（上），人民出版社1979年版，第104页。
② 《马克思恩格斯全集》第46卷（下），人民出版社1980年版，第214页。
③ 《马克思恩格斯全集》第46卷（上），人民出版社1979年版，第520页。
④ 参见拙文《国内近年来关于劳动力资本化问题的研究述评》，《经济评论》2010年第6期。

信中再次强调："劳动力价值决定的问题是马克思经济学里的一个薄弱环节。"①

面对马克思主义经济学家们的各种理论困惑，西方人力资本理论为我们提供了不少有益的理论启示，其代表人物舒尔茨明确认为："专业化、人力资本和经济现代化是相伴相随的。的确，我们的经济系统的最突出特点就是人力资本的增长。没有它，除了那些从财产中获得收入的人，就只有艰苦的体力劳动和贫穷。"② 尽管人力资本概念与劳动力资本概念具有本质区别，它本质上是一种适合于资产阶级统治的意识形态，并使之得到进一步强化③，但人力资本概念却紧紧抓住了科学技术知识与劳动者的日趋结合的经济事实，而这恰恰是马克思的劳动力商品概念所无法容纳的经济内容。在此理论局面下，西方人力资本理能够迅速兴起和发展并被国内大多数学者（包括马克思主义经济学界）所接受，也就不足为奇了。

事实表明，随着知识经济时代的来临，即便是在资本主义社会中，也必然会出现一个新的占有者阶级，"这个阶级由新的基本生产资料占有者所组成，而新的基本生产资料就是按词的准确意义来理解的知识和信息"④。马克思曾明确认为："应该把科学称为生产的另一个可变要素，而且不仅指科学不断变化、完善、发展等方面的而言。科学的这种过程或科学的这种运动本身，可以看作积累过程的因素之一。"⑤ 正是由于劳动者对科学技术知识等精神生产资料的掌握和占有，逐渐改变着西方发达资本主义国家的社会结构和收入分配结构，因为"当工人控制了越来越多的知识时，他们也在开始寻求所有权，希望从中获得经济回报"⑥。

可见，我们不应当简单地将西方人力资本理论视为资产阶级的庸俗经

---

① 参见孟捷教授 2011 年 8 月 13 日给荣兆梓教授的回信。中国政治经济学教育科研网（http://www.cpeer.org/html/jiaoxueyukeyandongtai/2011/0818/5207.html）。

② ［美］舒尔茨：《报酬递增的源泉》，北京大学出版社 2001 年版，第 10 页。

③ 关于人力资本与劳动力资本的概念辨析，请参见拙文《国内近年来关于劳动力资本化问题的研究述评》，《经济评论》2010 年第 6 期。

④ 米·戈尔巴乔夫、勃兰特等：《未来的社会主义》，中央编译出版社 1994 年版，第 4 页。

⑤ 《马克思恩格斯全集》第 49 卷，人民出版社 1982 年版，第 495 页。

⑥ ［美］维娜·艾莉：《知识的进化》，珠海出版社 1998 年版，第 69 页。比如，俄裔美国著名经济学家库兹涅茨通过对西方国家长期经济发展状况的考察认为，在国民收入中资本收入所得的份额大约从 45% 下降到 25%，而劳动收入所占的份额却从大约 55% 上升到 75%。到了 1970 年，美国官方公布的国民收入中大约有 75% 的雇员报酬。参见 ［美］舒尔茨《报酬递增的源泉》，北京大学出版社 2001 年版，第 83 页。

济学说而加以完全地否定，而应当充分肯定人力资本概念在知识经济时代的历史必然性和经济合理性。因此，深入挖掘西方人力资本理论中的劳动价值论思想，借鉴和吸收其大量实证研究成果，系统构建马克思主义劳动力资本化理论，实现马克思劳动力商品理论、资本积累理论以及收入分配理论在知识经济时代条件下的创造性转化与发展，是推进马克思主义经济学中国化进程的理论要求和时代要求。

信息革命中发达国家工人阶级的
层级化分裂[*]

孙寿涛[**]

本文围绕"层级"概念，研究 20 世纪 70 年代以来发达资本主义在
信息革命推动下工人阶级演变的层级化特征，揭示工人阶级内部中心—边
缘的层级化区分所造成的职业和技能分布的变化。研究表明，中心—边缘
的层级划分并非新时期资本主义的专有现象，而是资本主义内部逻辑的体
现，区别只是在于不同历史时期工人阶级内部层级化的状况不同。20 世
纪 70 年代以来通过信息化重组，形成了新的中心—边缘群体——标准就
业与非标准就业的层级区分。

结合层级化特征的分析，本文对 20 世纪 90 年代"新经济"中所谓
美国"就业机器"的神话予以揭露。当时大量出现的所谓的非标准就业
形式固然有助于降低失业率，但实质上降低了工人的阶级地位，是以工人
阶级生活水平的下降为代价的。

一 层级化概念的理论渊源及其内涵

所谓层级，包含层次和等级两方面的含义；相应的，层级化（stratifi-
cation/hierarchization）也包含着层次化和等级化两重意思。中心与边缘既
是层次划分，也有等级意味。我们关注的工人阶级的层级化，就是指工人

---

　　* 本文系教育部人文社会科学研究项目"二战后发达资本主义阶级关系研究"（批准号
09YJA710042）的阶段性研究成果。

　　** 孙寿涛，南开大学副教授，主要研究方向：马克思主义发展史、当代资本主义经济。

阶级分裂为中心和边缘这样两个具有等级差别的不同层次的群体。

层级化概念是受依附论及世界体系论"中心—外围"概念的启发，以劳动力市场分割理论为主要理论渊源提出的。

（一）层级化概念的理论渊源

层级化概念，首先是受依附论及世界体系论中"中心—外围"划分的启示而提出来的[①]。

依附理论形成于 20 世纪 60 年代，70 年代是其鼎盛时期。作为依附理论的扬弃、补充和发展的世界体系论则兴起于 70 年代中期。在依附论和世界体系论中，对资本主义的分析从以前发展主义的时间逻辑转向中心国家主导—外围国家依附的空间和地理逻辑，从以国家为分析单位转向对资本主义世界体系整体的关注。巴兰是第一个对当代不发达国家政治经济问题进行深入研究的西方马克思主义经济学家，在其《增长的政治经济学》中最早勾勒了依附理论的轮廓，被称为"依附理论之父"。后来的依附论者发展为各种不同的倾向和派别，它们对不发达国家在国际经济体系中的地位、依附形式、依附和不平等的根源，以及摆脱依附的方针和策略等方面虽然存在诸多分歧，但在一些主要问题上的观点是基本一致的。中心—边缘概念则是他们共同的理论分析工具。"中心—边缘"的划分有多种不同的表述，如中心—外围、宗主国—卫星国等。不管如何措辞，都旨在分析发达国家与不发达国家间不平等的剥削与被剥削、控制与被控制的关系。依附论学者认为，世界资本主义体系中不平等的中心—边缘结构，造成了不发达国家资本积累的不足，从而不断维持和再生产着发达国家和不发达国家间的不平等关系。中心—边缘这一概念的提出富有理论创造性，并被一些学者扩大使用到其他领域中。我们在此提出的工人阶级演变的层级化特征，也是对依附论这一核心概念的借用。

层级化概念的另一个重要的理论渊源，是西方激进学派的劳动市场分割理论。这个理论对于劳动市场中不同工人群体分割的辨识与分析，构成了我们提出工人阶级"中心—边缘"群体层级划分的直接基础。

劳动市场分割理论是由注重制度分析的激进学派在与新古典学派的争论中提出和发展起来的。西方新古典主流经济学有关劳动市场运行的主要

---

① 江华：《世界体系论的马克思主义源流》，《南京社会科学》2005 年第 4 期。

观点是：强调市场机制对于工资水平和劳动力资源配置的决定性作用，而将其他非市场因素予以忽略或者视为既定；虽然承认劳动市场具有某些特殊性，但仍认为劳动市场分析模型与产品市场和其他要素市场的分析模型并无根本差异。由于新古典理论未能很好地解释同质工人的报酬差别、失业和歧视等经济现象，而受到非主流经济学的质疑。激进学派特别强调内部劳动市场等制度性影响，认为产业组织及其他社会因素会导致劳动市场的分割，形成非竞争性群体，阻止劳动力从一些部门和职业向另一些部门和职业的自由流动。

劳动市场分割理论也是多种多样的①。其中由多林格和皮奥里（P. B. Doringer and M. J. Piore）提出的二元劳动市场理论（Dual Labor Market Theory）具有一定的典型性②。他们按照雇佣和报酬支付特征将劳动市场分为主要市场或一级市场（Primary Market）和次要市场或二级市场（Secondary Market）：主要市场员工的工资福利待遇高，工作条件好，就业稳定，晋升和培训机会多；次要市场的工资福利低，工作条件差，劳动力流动性强。主要市场以结构性的内部劳动市场为主，其运行机制是制度规则代替了市场竞争，工会发挥了积极作用；次要劳动市场则与新古典经济学描述的劳动市场一致，企业按照劳动的边际贡献与边际成本的比较及时增减劳动力，并按照劳动的边际贡献或市场工资支付报酬。这两个市场之间的劳动力流动受到严格的限制，流动性很低。关于劳动市场分割的原因，这一理论认为虽然劳动力供给有一定影响，但远不及劳动力的需求因素和社会制度因素更有解释力。政策建议上则主张对雇佣条件不利的工人进行补贴，引入反歧视法，加强最低工资立法，鼓励工会的发展及资助在职培训等。

戈登等"社会积累结构学派"也是较早关注劳动力市场分割现象的经济学者，提出了激进派的二元劳动市场理论③。他们围绕"社会积累结构"这一概念，结合经济的长期波动，界定并分析了美国历史上自1820

---

① 陈广汉、曾奕、李军：《劳动力市场分割理论的发展与辨析》，《经济理论与经济管理》2006年第2期。

② P. B. Doeringer and M. J. Piore, *Internal Labor Markets and Manpower Analysis*, Lexington, Mass.: D. C. Heath, 1971.

③ D. M. Gordon, Theories of poverty and underemployment: orthodox, radical, and dual labor market perspectives. Lexington, Mass.: D. C. Heath, 1972.

年以来的三种"社会积累结构"更替中劳动过程和劳动市场的三次结构性变迁或三个发展阶段，即最初的无产阶级化阶段（1820—1890）、劳动的均质化阶段（1890—二战）和劳动市场及劳动者的分裂阶段（二战以来）[①]。

　　他们认为第三个阶段的劳动市场特征是和整个美国经济日益二元化相适应的劳动市场的二元化[②]。经济的二元化特别表现在制造业中分化为两类完全不同的企业：一类是作为核心企业的大公司，尤其是高集中部门的大公司；另一类是作为边缘企业的广大中小企业，特别是低集中部门的中小企业。与经济的二元化相适应，劳动市场也二元化了，分割为一级劳动市场和二级劳动市场，两者的特征截然不同。一级市场指核心大企业的劳动雇员，他们的技术水平高，非生产雇员对生产工人的比重大，员工的平均收入比较高，福利较好，解雇率低，就业稳定；二级市场指边缘部门的工人，其技术水平和劳动生产率比较低，生产工人尤其是半技术工人的比重较大，平均收入水平低，解雇率和流动率比较高，就业不稳定。这两类市场中，资本对劳动的控制方式也不一样。一级市场，资本采取与工会合作的方式，工会代表工人与公司集体议价，工会放弃了一些权利，资方为换取对劳动过程的控制权而给予工人随生产率增长而增加工资的承诺。而在二级市场，仍然保持着早期的劳动制度即驱赶制度（Drive System），大量使用工头和监工。

　　我们正是在"中心—外围"理论和劳动市场分割理论的启发下，从劳资关系的整体性出发，着眼于工人阶级内部的分化，提出"中心群体"与"边缘群体"的层级化区分，用以揭示工人阶级在经济信息化条件下的演变特征。

（二）层级化概念的内涵

　　对工人阶级内部不同群体的分裂及其后果，马克思主义者早就给予了注意，这种关注给我们的启示就是对工人阶级的演变趋势应进行辩证的理

---

　　① Gordon, David M., Richard Edwards, and Michael Reich, Segmented Work, Divided Workers: The Historical Transformation of Labor in the United States. New York: Cambridge University Press, 1982, p. 12.

　　② 这种在部门/企业方面划分核心和边缘的"二元经济理论"同样值得关注，对于我们提出层级化的思想有着同样的启发意义。

解。例如，恩格斯曾针对英国工人阶级的分裂这样说过："英国所有的工商业中心的工人阶级现在都分裂为英国无产者和爱尔兰无产者这样两个敌对阵营。普通的英国工人憎恨爱尔兰工人，把他们看作会使自己的生活水平降低的竞争者。英国工人觉得自己对爱尔兰工人来说是统治民族的一分子，正因为如此，他们就变成了本民族的贵族和资本家用来反对爱尔兰的工具，从而巩固了贵族和资本家对他们自己的统治。他们对爱尔兰工人怀着宗教、社会和民族的偏见……而爱尔兰人则以同样的态度加倍地报复英国工人。同时他们把英国工人看作英国对爱尔兰的统治的同谋者和盲目的工具……这种对立就是英国工人阶级虽有自己的组织但却没有力量的秘密所在。这就是资本家阶级能够保存它的势力的秘密所在。这一点资本家阶级自己是非常清楚的。"①

现代的马克思主义者对这种分裂也有着同样清醒的认识。如美国左派学者迈克尔·耶茨（Michael D. Yates）在谈到当代美国的工人阶级时指出："资本在积累过程中制造了工人队伍的分裂，同时雇主又千方百计煽动和利用工人的分裂，如资本积累造成技术工人和非技术工人的分裂、就业工人和失业工人的分裂，种族、性别、民族和宗教等的不同又加剧了这种分裂。在美国，最棘手的分裂工人的问题就是种族问题。奴隶制的残余从未被肃清，工会运动从一开始就深受其毒害。此外，直到最近工会运动一直是男人的运动，这也大大阻碍了工会运动去组织并团结整个工人阶级。"② 加拿大左派学者莱博维奇（Michael A. Lebowitz）强调："一旦我们认识到工人的分化程度是一个重要的变量，我们就不能忽视这样一个问题，即工人的分化与竞争给资本带来的利益本身具有分散性趋势；因此，我们不能认为资本的趋势仅仅在于必然形成规模不断扩大的生产工厂（同时无意地加强了工人阶级的集中、联合和组织性）。资本为了追逐剩余价值可能会对生产方式进行具体的改变，即使这样改变会降低生产率也在所不惜，只要能引起工人的分化就好。事实上，资本主义的全球化在很大程度上也是由资本削弱工人力量的欲望所驱使的——为了分散工人的力量，分裂工人的团体，瓦解工人的组织。"③ 在此，工人的分化带来的就

---

① 《马克思恩格斯〈资本论〉书信集》，人民出版社1976年版，第305页。

② ［美］迈克尔·耶茨：《工人阶级仍然是最重要的政治力量》，郭懋安编译，《国外理论动态》2004年第11期。

③ ［加］迈克尔·A. 莱博维奇：《超越〈资本论〉》，经济科学出版社2007年版，第169页。

是工人阶级分裂为不同的群体。

在本文中，我们提出层级化概念，只是着眼于工人阶级内部的分裂，研究工人阶级内部构成的演变，以求得对于工人阶级演变趋势的辩证理解。实质上，这种层级化并不局限于工人阶级内部。正如有学者指出的，"现代资本主义社会是建立在资本和劳动之间固有的利益冲突基础之上，而在资本和劳动内部也分别具有层级的划分"①。正因为整个社会体现为一个等级层次连续划分的整体，从而在某种程度上掩盖了现代资本主义社会最本质的阶级关系。

从概念上讲，与层级化乃至差别化相反的是均质化（Homogenization）。所谓均质化，是指工人阶级在劳动过程内外诸方面如劳动技能、工资、福利待遇乃至文化生活等方面的差别越来越小，而趋向于同一化的过程。在任何一个历史时期，都有不同的力量促成工人阶级的均质化和层级化。工人阶级的统一和分裂是不同社会力量起作用的结果，区别在于不同历史时期占主导趋势的是均质化，还是层级化。

工人阶级的这种层级化是指在不同历史条件下，工人阶级内部或主动或被动地分割为"中心群体"与"边缘群体"，以及这一"中心—边缘"群体的不断重组②。工人阶级内部中心—边缘群体的分裂与重组，造成了工人阶级力量的分散和不统一。中心—边缘层级群体的划分和重组，乃是二战后特别是70年代以来工人阶级演变的主要特征。

工人阶级内部"中心—边缘群体"的层级化，既在微观方面体现为企业内部的劳动等级制，也在宏观方面体现为整个社会中的一级劳动市场与二级劳动市场的分割。20世纪70年代以来工人阶级的层级化与在此以前的层级化的差别在于，新的层级化与信息革命的发展紧密相关，因此我们采用卡斯特的说法，称之为"信息化重组"③。在信息化过程中，工人阶级内部的中心—边缘群体得到了重组，工人阶级的构成发生了很大的变化。

---

① ［英］戴维·李、布赖恩·特纳主编：《关于阶级的冲突——晚期工业主义不平等之辩论》，姜辉译，重庆出版社2005年版，第120页。

② 层级化中心—边缘群体的划分，也有空间和地理维度，这同样值得关注，但在本文中我们不予涉及。

③ 曼纽尔·卡斯特：《网络社会的崛起》（信息时代三部曲 第一卷），夏铸久、王志弘等译，社会科学文献出版社2001年版。

二 中心—边缘工人群体的划分与信息化重组

曼德尔曾针对信息革命（他称为第三次技术革命）的生产力进步强调指出，信息革命使生产、分配、会计和运输等经济活动趋向于电脑化；这包含着削减每周工作时间的趋势，以及大力发展作为社会基本结构的集体协作的趋势。"社会面临着一次重大的选择：要么演化成'二元社会'，其中一部分或多或少受到保护的、在经济扩张阶段甚至会'短缺'的熟练工人，与另一部分在不同程度上缺乏保护的非熟练工人相并存；要么社会使劳动强行同质化，消灭失业，把每周工作时间缩短到30、24、20小时，提高教育、技能培训及再训练在生产者毕生中的作用。"①

然而，在资产阶级主导的资本主义社会中，信息技术革命像前几次技术革命一样，最终只能成为资产阶级牟取高额利润和加强剥削工人的工具，结果必然是形成新的二元社会。劳动市场中出现了"核心工人、边缘化工人和非工人之间的新的划分……这些新的分工引发了这样一种情形：许多新的工作都因之而存在于第三部门，这些部门不仅通常是报酬低、工作安全性差，而且与此同时，由于缺乏充足的工作岗位，使大批个人不断从经济（和作为整体的社会）被边缘化"②。经过三四十年的发展，曼德尔所说的后一种可能性变成了现实。工人阶级内部的中心—边缘结构经历了一轮"信息化重组"后，得到了维持和强化。

本轮信息化重组的物质基础是资本主义生产过程的调整和信息技术的广泛应用。"发达资本主义国家进行生产调整的趋势是弹性和分散，通过以低成本来生产多样化的产品对变动不居的市场需求做出及时的反应，保持资本积累的增殖能力。"③ 这种弹性化和分散化造成发达资本主义国家的生产过程朝着结构化劳动控制网络体系的方向演变④，即通过建立结构化劳动控制网络，在一个大规模生产组织网络中把核心—边缘劳动力结合

① ［比］厄里斯特·曼德尔：《权力与货币：马克思主义的官僚理论》，孟捷译，中央编译出版社2002年版，第291页。
② ［英］阿德里安·里特尔：《论后工业社会主义》，郑一明编译，《马克思主义与现实》2002年第2期。
③ 谢富胜：《马克思主义经济学中生产组织及其变迁理论的演进》，《政治经济学评论》2005年第1期。
④ 参见谢富胜《分工、技术与生产组织变迁》，经济科学出版社2005年版。

起来。其中：创新性研究和资本密集型技术集中在核心生产组织，利用数控的通用性机器和技术熟练的劳动力进行生产；边缘生产组织则负责标准化的劳动密集型生产，它们可能与核心生产组织属于一个公司，也可能是承接外包并依附于核心企业的其他企业。这些生产组织通常采用标准化机器和工资低廉的低技能工人进行生产。

20 世纪 70 年代后在发达资本主义国家特别是美国的劳动市场中形成的新的"中心—边缘"结构，并未彻底改变战后已经出现的"二元"劳动市场，而是以一种全然不同的面貌重新塑造或重组了这个市场。其主要特征如图 1 所示。

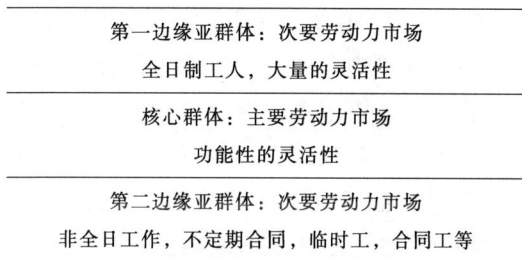

第一边缘亚群体：次要劳动力市场
全日制工人，大量的灵活性

核心群体：主要劳动力市场
功能性的灵活性

第二边缘亚群体：次要劳动力市场
非全日工作，不定期合同，临时工，合同工等

图 1 信息化重组后的劳动力市场结构

资料来源：institute of Personnel Management. Flexible patterns of work. London，1986. 转引自[美] 戴维·哈维：《后现代状况——对文化变迁之缘起的探究》，商务印书馆 2003 年版，第195 页。

核心雇员群体由具有全日工作时间的雇员构成，这些雇员对于"机构的长久未来而言是主要的"[1]。这个群体享有更大的工作保障，良好的晋级与技能再培训的前景，相对丰厚的工资、养老金、保险和其他附加的福利，同时也要求他们有更强的适应性和灵活性，必要时可在不同部门和不同地区调动。目前，一般全时的和"固定的"工作职位在美国所有就业人口中的比例日益缩小，已有四分之一以上的劳工从事的是临时性与非正规的工作——主要是兼职和临时工[2]。

边缘雇员群体包含了两个不同的亚群体。第一个亚群体是具有一定技

[1] [美] 戴维·哈维：《后现代状况——对文化变迁之缘起的探究》，商务印书馆 2003 年版，第 195 页。

[2] Hudson，Ken.，"The Disposable Worker"，*Monthly Review*，April 2001，pp. 43 – 55.

能的全日工作雇员，他们在劳动力市场上易于找到工作，如办事员、秘书、日常的和次要的熟练操作工等。但由于很难得到晋升机会，这个群体具有较高的流动率。第二个亚群体，包括非全日制工人、不定期合同工、临时工和转包合同的受雇工人，等等。这个群体比第一个亚群体的工作保障更少，具有更大的流动性。

当前的美国劳动力市场趋向缩减"核心"雇员的数量，日益依赖在市场上容易雇到又可随时解雇的劳动力，日益依赖不断扩大的转包业务，日益依赖临时工和非全日制工人。工会势力的日趋衰落，业已削弱了白人男性工人在劳动市场上的力量，但并没有使原本地位低下的劳动力如黑人、妇女、少数民族等获得更多机会，他们和一部分传统上拥有特权的白人男性工人一起被边缘化了。新的劳动力市场重新突出了弱势工人群体的脆弱性。

新的劳动市场结构使剥削非全日工作的妇女劳动力变得容易，令越来越多的低工资女工代替了工资较高的男性核心工人。转包和家庭劳动的复兴，也大大强化了在低工资和低保障条件下对妇女劳动力的剥削。这促进了跨国资本在更为广泛的空间范围内采取福特主义大规模生产体制的能力。劳动市场的这种女性化对于工人阶级的意义，一些女权主义者的认识最为深刻。他们指出，随着市场兼职工作和临时工作的增多，男性越来越受制于女性化劳动力市场条件。"当今时代，由于两性受到'女性化'工作大范围重组的不利影响，工人阶级男性和女性的利益仿佛联系更紧密了。为控制女性劳动力在作持久的斗争，在最后一个回合中，大多数的女性和男性都失败了。资本是受益者。"[①] 20 世纪 70 年代以来两性工资差异有所减少，美国 1973 年女性的中位小时工资相当于男性的 63.1%，2003年这一比例上升为 81%。但这种缩减的原因并不是因为女性工资的提高，更大程度上是因为男性工资的减少，1973 年男性中位小时实际工资为15.2 美元，而 2000 年和 2003 年则分别为 14.89 和 15.04 美元[②]。

劳动市场的信息化重组，甚至导致许多落后过时的生产组织再生。例如，有组织的转包不但为小企业的兴起开辟了机会，也在某些条件下使陈

---

① ［美］J. K. 吉布森—格雷汉姆：《资本主义的终结——关于政治经济学的女性主义批判》，社会科学文献出版社 2002 年版，第 60—61 页。

② Mishel, Lawrece, Jared Bernstein, and Sylvia Allegretto, *The State of Working America* 2004/2005, An Economic institute Book. ithaca, New York：ILR Press, an Imprint of Cornell University Press, 2005, pp. 165 – 167.

旧的手工业的、家庭式和家长式的劳动体制得以复活，它们甚至不仅仅是作为生产体制的一种附庸得以繁荣。纽约、洛杉矶、巴黎和伦敦这类城市"血汗工厂"的复活，曾成为 20 世纪 70 年代中期评论关注的事件，但从 20 世纪 80 年代至今不仅没有减少反而不断激增。整个发达资本主义世界都记录了"黑色的"、"非正式的"或"地下的"经济的迅速增加，使得一些评论家认为在"第三世界"与发达资本主义劳动体系之间存在着一种趋同①。

通过信息化重组，发达国家的劳动力市场经历了一次彻底的重构。为应对市场的反复无常和日益加强的竞争和盈利危机，雇主们充分利用工会力量已被削弱和劳动力过剩（失业或未充分就业）的有利条件，力图建立更加灵活的劳动体制和劳动契约。其中最为重要的是从常规或标准就业向着非全日就业、临时工或转包劳动安排等非标准就业形式的转变。

三　非标准就业与弹性工作制度

20 世纪 70 年代以来资本权力的日益增强，也反映在劳动市场和雇佣制度的某些变化上。变化之一就是所谓"弹性"工作制度日益广泛的采用。

（一）工作模式的弹性化趋势

在二战后确立起来的协调型劳资关系中，形成了所谓标准就业模式，主要体现为雇主与受雇者之间的社会契约。这种传统的契约首先以雇主对受雇者的承诺为基础，包括劳工权利的清楚界定、标准化的工作报酬、培训机会、社会福利，以及可预期的职业生涯模式（某些国家是以年薪为基础）；而受雇者则被要求对公司忠诚、恪尽职守，有良好的配合意愿等。

在信息技术革命条件下，资本主义公司组织得以重组，② 加之全球性生产布局和竞争的刺激，工作性质发生了根本性的转变，在劳动过程中出现了劳动日益个体化（Individualization）的趋势。这种个体化趋势在形式上正是上一个历史时期的劳资关系模式中"工作薪资化"（Salarization of

① Selcuk, F., "Dressing the Wound: Organizing Informal Sector Workers", *Monthly Review*, May 2005：pp. 37—44.

② 学者们通过对福特制向后福特制转变的讨论，对此种组织变迁和劳动方式变迁给予了多方面的关注。

work）与生产社会化（Socialization of Production）的逆转①。工人阶级往往不再以有组织劳工的身份而以个体劳动者的身份面对资本，因而在劳动市场上对资本的议价力量大为削弱。

与上述趋势相伴而行的，是更为节约劳动力和资源的精益生产（Lean Production）方法的采用，以及生产转包（Subcontract）、外包或境外生产（Outsourcing）、缩编（Downsizing）、顾客定制（Customizing）等新经营形式的流行。建立在信息技术基础上的社会与经济组织，以分散化管理、个别化工作和顾客（市场）取向等为导向，对工作和劳动进行重新分解与组合。新的信息技术在使生产过程、作业任务分散化的同时（无论是横跨几大洲，或是在同一栋大楼的不同楼层），又即时地在互动式网络里协调整合。结果是在竞争压力和技术推动之下弹性工作模式的出现。按照马丁·卡诺伊的概括，这种工作模式的日益弹性化体现为以下三个要素的变化②。第一，工作时间：弹性工作意味着不受限于每周工作35—40小时的传统的全职工作模式；第二，工作稳定性：弹性工作是任务导向的工作，并不包括对未来就业的承诺；第三，工作地点：虽然大部分劳工仍然在公司的工作场所内劳动，但有越来越多的工人其全部或部分工作是在公司以外的地方进行，包括在家里、旅途中，或在转包或外包出去的另一家企业里。

这种工作的弹性化趋势主要表现为兼职工作者、临时工和自雇者人数和比例的增加上。下面我们分别予以考察。

1. 兼职工作者的增加

根据美国劳工统计局的资料，表1汇总计算了1970—2000年间全职雇员（Full-time）与兼职雇员（Part-time）的人数、比例和增长情况。表1显示，1970—2000年间，兼职雇员占劳动力总数的比例一直在15%以上，1995年达到高点19%，其中，女性兼职雇员占劳动力总数的比例一直在10%以上，1995年高达13%。女性兼职雇员占全部兼职雇员的比例，1970年以来一直在65%以上，1995年高达68%，表明女性兼职雇员已成为兼职雇员的大多数。全职雇员中，女性的数量也有快速的增长，1970—2000年间的年均增长率达3.86%，而男性的年均增长率则为1.5%。由于女性雇

---

① 曼纽尔·卡斯特：《网络社会的崛起》（信息时代三部曲 第一卷），夏铸九、王志弘等译，社会科学文献出版社2001年版，第320页。

② 同上。

员的报酬一直大大低于男性，这一时期女性雇员特别是兼职女性雇员数量的迅速增长，必然会相对降低工人阶级的平均收入水平。

表 1　　1970—2000 年间全职雇员与兼职雇员人数（千人）及比例（%）

年份	雇佣者总数	全职雇员		兼职雇员		
		男性	女性	男性/比例	女性/比例	兼职总数/比例
1970	78678	44825	21929	4166/5	7758/10	11925/15
1975	85846	46988	24598	4870/6	9391/11	14260/17
1980	99303	51717	30845	5471/6	11270/11	16740/17
1985	107150	53862	34672	6028/6	12587/12	18615/17
1990	118793	58501	40165	6604/6	13524/11	20128/17
1995	124900	59936	41743	7441/6	15779/13	23200/19
2000	135208	64938	47353	7355/5	15562/12	22917/17
增长率	71.8	44.9	115.9	76.5	100.6	92.2
年度增长率	2.39	1.5	3.86	2.55	3.35	3.07

注：表中比例数、增长率和年度增长率系笔者计算。

资料来源：U. S. Department of Labor. Report on the American Workforce：2001，Table 11，pp. 132 – 133.

其他发达国家也显示了相同的趋势。据卡斯特提供的资料[1]，在1983—1993 年间，OECD 国家的兼职工作者（大多数是妇女）在各国的数量和比例都有显著增加。在英国、澳大利亚和日本，兼职工作者占劳动力总数的 20% 以上，在荷兰甚至超过 30%。这种弹性化是为人所称道的所谓"荷兰模式"的核心，荷兰是欧洲各国非全日制工作比例最高的国家[2]；部分时间工作制在发达国家是一种较普遍的现象，但发展速度最快的是荷兰[3]。

需要指出的是，兼职工作并不限于工厂和企业，它甚至被广泛应用于高等教育领域和其他高技能工作。各大学为降低劳动成本而加大聘用兼职、"助理"教职的比重，而且伴随着对教学过程的技术控制，这一行业

① 曼纽尔·卡斯特：《网络社会的崛起》（信息时代三部曲 第 1 卷），夏铸久、王志弘等译，社会科学文献出版社 2001 年版，第 321 页。

② 刘军：《荷兰模式简评》，《国外社会科学》2006 年第 2 期。

③ 张东升：《"荷兰模式"中的部分时间工作制》，《欧洲》1999 年第 6 期。

劳动人员的"无产阶级化"日益明显。有论者指出①，所谓的"后福特主义"，更准确地说是把福特主义普及到包括零售业和快餐业，甚至还力图把这种操作方式强行推广到教学和护理等部门，这也就是近二三十年来这些部门频频发生工会行动和罢工的原因。

表2整理了美国高等教育机构中全日制雇员与非全日制雇员在近三十多年的增长情况。可以看出，自1970年以来，非全日制雇员所占比重从22%急剧上升到2007年的49%，接近一半的雇员为非全日制雇员。经理、计算机程序设计师，以及各种各样的专家也都纷纷采用兼职和/或临时方式雇用。

表2　1970—2007年间美国高等教育机构雇员数（千人）和比例（%）

年份	总数	全日制雇员数	非全日制雇员数	非全日制雇员所占比例
1970	474	369	104	22
1975	628	440	188	30
1980	686	450	236	34
1985	715	459	256	36
1987	793	523	270	34
1989	824	524	300	36
1991	826	536	291	35
1993	915	546	370	40
1995	932	551	381	41
1997	990	569	421	43
1999	1028	591	437	43
2001	1113	618	495	44
2003	1174	630	544	46
2005	1290	676	615	48
2007	1371	703	668	49

资料来源：Statistical Abstract of the United States：2001，Table 282，174；Statistical Abstract of the United States：2011，Table 293，186。

2. 临时工

除了兼职工外，临时工也越来越多，使得雇主更容易雇用和解雇劳工。就经合组织成员国而言②，在1983—1993年间，除了荷兰外，临时

①　[美]克力斯·哈曼：《谁来改变这个世界：工人阶级还是大众？》（工力编译），《国外理论动态》2004年第11期。

②　曼纽尔·卡斯特：《网络社会的崛起》（信息时代三部曲第一卷），夏铸久、王志弘等译，社会科学文献出版社2001年版，第321页。

工（Temporary Worker）比例都在上升。西班牙1994年临时就业约占全部劳动力的1/3。就美国而言，虽然临时工所占比例较低，但自20世纪90年代以来得以快速上升。通过临时就业中心①（temporary employment a-gencies）就业的临时工迅速增长，现在大约有400万名劳工，将近非农业私营部门劳工的3%（参见图2）。

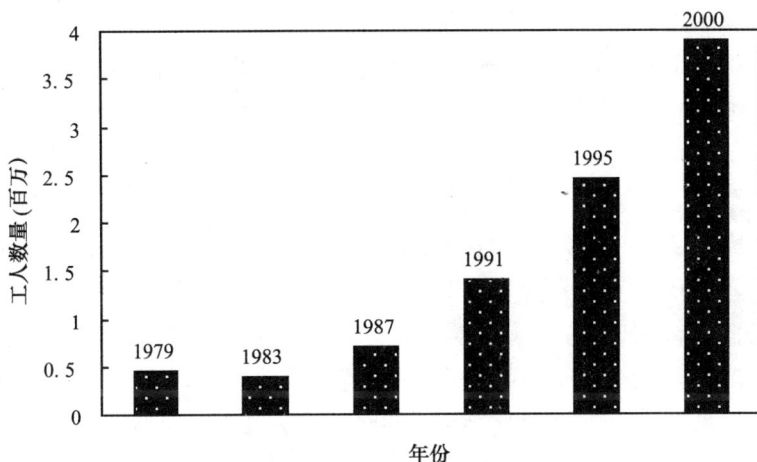

图2　美国临时工人数量

资料来源：D. H. Autor, Outsourcing at will: the contribution of unjust dismissal doctrine to the growth of employment outsourcing, http://web. mit. edu/dautor/www/papers. html. 转引自：Magdoff, Fred and Harry Magodoff. Disposable worker: today's reserve army of labor, *Monthly Review*, April 2004: pp. 19－48。

3. 自雇者

根据卡斯特提供的资料显示②：1983—1993年间，脱离工薪位置的自雇工作者在大部分发达国家都有增加的趋势，这种趋势在20世纪90年代以来进一步加速。这个趋势在意大利（大约占所有劳动力的1/4）与英国特别明显，但美国则稳定在较低的比例上。

综合来看，由于不同国家劳动立法、社会保障与税收体制等的不同，它们在工作安排上采用了不同的弹性形式。将几种弹性形式合并起来测

---

①　这类中心是专门介绍按日、按周或按月的临时工的，即向其他公司提供所谓"合同工"，越来越多的雇佣劳动者失去原有工作后进入"临时就业中心"登记成为合同工和临时工。

②　曼纽尔·卡斯特：《网络社会的崛起》（信息时代三部曲第一卷），夏铸久、王志弘等译，社会科学文献出版社2001年版，第321—322页。

量，将有助于共性的概括和进行国家间比较。卡斯特提供的合并计算结果显示：除了丹麦、美国与日本以外，其他国家（英国、法国、德国、意大利、荷兰、西班牙、澳大利亚）的非标准就业都有显著增加。这几个国家都有超过30%的劳动力属于弹性工作模式。相应地，由于实行劳动力市场的"灵活性"和"弹性"，所谓标准就业的固定工数量大大减少，如英国全日工作的固定工在就业人口中的比重从1976年的56%降至1996年的36%，即只超过就业职工的1/3[①]。

卡斯特针对美国的例外解释道，因为在美国的制度中已经包含了劳动的弹性化，所以非标准化的就业模式就显得不很突出。这种内含于制度的劳动弹性化，可以通过平均单一工作就业年限的比较显示出来[②]：美国的单一工作就业年限比其他大多数发达国家短，1995年美国任职于同一工作的平均年限是7.4年，而加拿大是7.9年，英国是8.3年，法国是10.4年，德国是10.8年，意大利是11.6年，日本是11.3年，荷兰是9.6年，西班牙是9.1年。即使如此，美国的非标准就业仍颇具规模，并日益扩大，劳动市场上大量工人成为可随意支配工人（disposable worker）。从总体上估计[③]，1987年，美国至少有2900万工人在劳动力市场上处于可随意支配地位，占总就业人数的1/4，90年代中期上升到1/3。据美国劳工统计局的调查[④]，只有1/5可随意支配的工人享受雇主提供的健康保险，而在正常就业的雇员中，其比例是54%。可随意支配工人的扩大是许多美国公司采取管理攻势等严厉手段的结果，也在一定程度上造成了美国工人实际工资和生活水平的下降。

（二）美国就业机器的神话

过去三十多年来，发达国家的雇佣关系已经发生了很大的变化，全日制工作越来越少，越来越多的工人从事的是所谓非标准形式工作——兼

---

① ［英］米克·布鲁克斯：《当代英国工人阶级的状况》，郭懋安摘译，《国外理论动态》2006年第7期。

② 曼纽尔·卡斯特：《网络社会的崛起》（信息时代三部曲 第1卷），夏铸久、王志弘等译，社会科学文献出版社2001年版，第324页。

③ Gordon, David M, *Fat and Mean: the Corporate Squeeze of Working Americans and the Myth of Managerial "Downsizing"*, New York: Martin Kessler Books, 1996, p. 225.

④ Spalter - Roth, Robertta and Heidi Hartmann. Contingent work: from Entitlement to Privilege. 1996.

职、临时性、部分时制或合同工作——这类工作工资低、福利少或没有福利、工作缺乏安全保障。从事这类工作的工人很少能受到合法的保护，因为工作保障法和社会保险制度经常明确地把不能被称作雇员的人排除在外。实际上，当今的所有雇主都在或多或少地为工人提供非标准性的工作，许多雇主还表示他们将把这种形式的工作进一步扩大。现在几乎有1/3的劳动力在从事非标准性工作。尽管公司和雇主们大肆宣传"弹性工作"的所谓优越性，实际上从事这类工作的大多数工人仍然是非自愿的。

雇主们把工人称作独立的签约人或临时代理雇员①，其目的是削减这些工人的工资和福利，剥夺他们的工作安全保障。在劳动力中实行非标准性工作制度，损害了曾一度稳定的雇佣关系，造成了工资和福利的下降。虽然这种非标准工作为一些需要在家庭、学校和其他责任之间进行平衡安排的工人就业提供了灵活性，但这种所谓的"灵活性"更多的是在为雇主赚取利益，易于裁减，而工人则付出了沉重的代价。使用兼职工和临时工，以及通过临时就业中心（包工商）雇工，即使用所谓合同工②，都是用来控制劳工和削弱全职雇员地位的雇佣形式。因为兼职工、临时工和合同工的工资通常比全职稳定的劳工要少，往往没有退休金、健康保险或带薪假日等福利。

在20世纪90年代，美国经历了一次较长的"繁荣期"，有关美国"新经济"的讨论非常热烈，其中最引人注目的就是失业率的降低，形成了所谓美国就业机器的神话。但这只是神话而不是现实。实际情况是，伴随着上述弹性工作制度的采用，劳动市场上的一大变化就是上述可随意支配工人数量的扩大。这使得美国公司大大减少了它们的劳动成本，并可根据市场情况有伸缩性地随时利用这种人力。这种劳动力市场雇佣制度的转变大大扭转了劳资双方的力量平衡。据统计，在1979年至1995年间，美国由于弹性工作制度而造成的4300万失业工人中，有2/3的工人被迫重新就职于低报酬和工作条件较差的临时工作岗位。对许多雇员来说，弹性成为容易被雇主解雇或工作时缺乏福利保障的委婉语。针对这种情况，法

---

① 这在某种程度上解释了这一时期自雇者比例的增长。

② 合同工是由为企业提供人力的独立包工商雇用并支付薪水的雇员，合同工可在季节性产业工作，也有可能被较为长期地雇用。包工商专事为其他企业提供顺从、低工资的劳工，使用合同工置劳工于特别不稳定的状态，同时让实际的雇主否认对劳工有任何不当的违反劳动法的行为。

国作家菲利普·拉巴德曾讽刺说，"人们不断赞扬美国开辟就业的能力，而忘记了这种著名的就业机会的一半以上的受益者还生活在贫困线以下"①。

目前在美国上千万的工人仍在从事报酬很低的工作，根本无法发挥其潜力②：近 3000 万工人在从事助教、食品配制和服务员、柜台服务员、收款员、柜台和租赁职员、记账员、顾客服务代表、仓库管理员和填表员、秘书、普通办公室职员、装配工、商品分档员、助手、卡车司机、包装人员和苦力工作。另据美国劳工统计局预计③，在 2002 年到 2012 年期间，增加最大的是以下十种岗位：食品配制和服务员、顾客服务代表、零售店售货员、计算机辅助专家、收款员、普通办公室职员、保安、护士、软件工程师、饭店侍者。其中，护士和软件工程师是仅有的两个明显不错的工作，而连这些工作也正在被成本意识很强的经理们迅速进行所谓的合理化。很难找到哪些工人没有不安全感，不用担心下一步可能被列入公司裁员的名单。而这种不安全感正是雇主提高剥削率的重要条件。

而且，在美国，有相当比例的年轻人被关在监狱中，其中多数为黑人。据统计，2004 年年底，美国监狱犯人总数世界第一，达 226.78 万人。黑人占美国人口的 12.2%，但监狱中关押的超过 1 年刑期的犯人中 41% 是黑人④。这些被监禁的"潜在工人"的人数相当于英国被监禁人数的 4 倍，西欧国家的 6 倍，日本的 14 倍⑤，将这种监禁因素（潜在工人）考虑进来，美国成年男性（25—54 岁）的就业率，并不比其他发达国家高，实际上，在 1992 年到 1993 年间比欧洲国家要低得多。以非标准化就业形式存在的大量可随意支配工人和数量巨大的监狱犯人，暴露了美国"低失业率"的真相。

总之，在我们看来，这种被主流舆论吹嘘为促进经济效率和扩大就业的弹性工作制度，不过意味着可随意支配的工人数量的扩大，以及这些工人的阶级地位的降低，收入和生活水平相对的甚至有时是绝对的下降。

---

① 徐崇温：《世纪之交的社会主义与资本主义》，河南人民出版社 2002 年版，第 36 页。

② 迈克尔·D. 耶茨：《美国工人失业和工会组织现状》，《国外理论动态》2004 年第 12 期，第 30—34 页。

③ U. S. Census Bureau. Statistical Abstract of the United States：2006. Table 606，406.

④ 国务院新闻办公室：《2005 年美国的人权记录》，《人民日报》2006 年 3 月 10 日。

⑤ ［英］戴维·柯茨：《资本主义的模式》，江苏人民出版社 2001 年版，第 289 页。

马克思工人合作工厂理论视阈下的
蒙特拉贡合作公司研究[*]

张嘉昕[**]

工人合作制经济是当前西方世界中与主流的资本主义企业相对立的一种新颖而又古老的企业模式。这一企业模式颠覆了资本主义企业的治理结构与分配原则，劳动者成为企业真正的主人，正在全球产生着愈来愈大的影响力。其实，早在 19 世纪上半叶的工人合作运动伊始，马克思和恩格斯便对合作制经济表现出浓厚的兴趣与明确的支持。马克思把工人合作工厂的创办者称作"勇敢的手"，赞扬了合作运动的历史意义，指出这是"劳动的政治经济学"对"财产的政治经济学"的一次重大胜利，"对这些伟大的社会试验的意义不论给予多么高的评价都是不算过分的"[①]。因为，工人合作工厂消灭了资本主义的雇佣劳动制，使劳动在经济上获得解放。马克思通过对工人合作制企业模式的研究，形成了重要的工人合作工厂理论，对世界工人合作运动具有重要的指导意义。本文在马克思工人合作工厂理论的指导下，对目前世界上规模最大的工人合作制企业——西班牙蒙特拉贡合作集团公司——进行分析，为我国社会主义经济建设提供有益启示。

一 马克思的工人合作工厂理论

工人合作工厂是在社会主义理论与工人合作运动相结合中产生并发展

---

[*] 本文为吉林大学"985"工程项目成果。

[**] 张嘉昕（1981— ），吉林大学经济学院副教授，硕士生导师，经济学博士，工商管理博士后。

① 《马克思恩格斯选集》第 2 卷，人民出版社 1995 年版，第 604 页。

起来的。资本主义制度促进了经济增长，但工人阶级的苦难愈发深重。在资本主义"温和监狱"式的工厂中，工人如兵营式纪律下的雇佣兵，作为机器和资本的附庸。卢德大军运动是工人反抗资本主义工厂统治方式的最初典型。当社会主义理论萌发时，工人阶级对理想社会满怀渴求，平等互助、社会团结是他们追求的目标。正如罗奇代尔先锋社的成立宣言所说，人们为自己的幸福使用资本，"在自己的土地上一起生活，在自己的工厂和车间里一起工作"。此后，关于合作工厂的思想和学说在工人运动中影响日强，并经马克思和恩格斯之手得以完善，形成马克思工人合作工厂理论。

马克思明确支持工人合作运动，他言简意赅地指出，"合作运动是改造以阶级对抗阶级为基础的现代社会的各种力量之一。这个运动的重大功绩在于，它用事实证明了那种专制的、产生赤贫现象的、供劳动附属于资本的现代制度将被共和的、带来繁荣的、自由平等的生产者联合的制度所代替的可能性"①。工人合作工厂的蓬勃发展意味着，"工人们不是在口头上，而是用事实证明：大规模的生产，并且是按照现代科学要求的生产，在没有利用雇佣工人阶级劳动的雇主阶级参加的条件下是能够进行的；他们证明：为了有效地进行生产，劳动工具不应当被垄断起来作为统治和掠夺工人的工具；雇佣劳动，也象奴隶劳动和农奴劳动一样，只是一种暂时的和低级的形式，它注定要让位于带着兴奋愉快心情自愿进行的联合劳动"②。

在《资本论》中，马克思系统阐释了工人合作工厂理论的基本观点。他指出，资本主义社会在经济领域实行专制，工作场所的民主如同天方夜谭③。大工厂的中心机器即为专制君主，工厂成为资本家统治工人的场所④。"资本家和雇佣工人之间的斗争是同资本关系本身一起开始的"⑤，私有制条件下的雇佣关系使劳资对立与对抗愈演愈烈，"资本主义生产本身已经使那种完全同资本所有权分离的指挥劳动比比皆是……合作工厂提供了一个实例，证明资本家作为生产上的管理人员已

① 《马克思恩格斯全集》第 16 卷，人民出版社 1964 年版，第 219 页。
② 《马克思恩格斯选集》第 2 卷，人民出版社 1995 年版，第 605—606 页。
③ 很多国外马克思主义学者认为资本主义的主要矛盾是劳动与资本的对抗，即一个阶级掌握所有的特权而另一个阶级的职责仅仅是被动的执行指令。这个总结详见 Bruno Jossa，Marx，*Marxism and the Cooperative Movement*，*Cambridge Journals of Economics*，2005，29，pp. 3—18.
④ 马克思：《资本论》第 1 卷，人民出版社 1975 年版，第 464—465 页。
⑤ 同上书，第 468 页。

经成为多余的了，就象资本家本人发展到最高阶段，认为大地主是多余的一样"①。事实上，"在合作工厂中，监督劳动的对立性质消失了，因为经理由工人支付报酬，他不再代表资本而同工人相对立"②。通过对资本主义工厂制的批判和对工人合作工厂模式的论述，马克思明确了工人合作工厂的社会主义性质，"工人自己的合作工厂，是在旧形式内对旧形式打开的第一个缺口……资本和劳动之间的对立在这种工厂内已经被扬弃，虽然起初只是在下述形式上被扬弃，即工人作为联合体是他们自己的资本家，也就是说，他们利用生产资料来使他们自己的劳动增殖。这种工厂表明在物质生产力和与之相适应的社会生产形式的一定发展阶段上，一种新的生产方式怎样会自然而然地从一种生产方式中发展并形成起来"③。

可见，马克思将工人合作工厂视为对资本主义生产方式的积极扬弃，是最终实现联合生产的适宜过渡形式。当巴黎公社诞生后，工人推翻了资产阶级的管理特权，将原来用于作为奴役和剥削劳动的工具的生产资料改造为实现自由集体劳动的手段。马克思明确表态，"如果合作制生产不是作为一句空话或一种骗局，如果它要排除资本主义制度，如果联合起来的合作社按照总的计划组织全国生产，从而控制全国生产，制止资本主义生产下不可避免的经常的无政府状态和周期的痉挛现象，那末，请问诸位先生，这不就是共产主义，'可能的'共产主义吗？"④ 马克思和恩格斯还进一步阐释了合作社在实现共产主义社会过渡阶段的形式，"在向完全的共产主义经济过渡时，我们必须大规模地采用合作生产作为中间环节，这一点马克思和我从来没有怀疑过"。同时，也要充分考虑到合作制经济的不成熟与局限，"但事情必须这样来处理，使社会（即首先是国家）保持对生产资料的所有权，这样合作社的特殊利益就不可能压过全社会的利益"⑤。

综上所述，马克思的工人合作工厂理论阐明了工人合作工厂的共产主义性质和基本运作模式。马克思将工人合作工厂看作是在旧的生产方式中出现的代表着新生产方式的萌芽，指出合作制经济可以作为理想社会经济运行中

① 马克思：《资本论》第3卷，人民出版社1975年版，第435页。
② 同上书，第436页。
③ 同上书，第498页。
④ 《马克思恩格斯选集》第3卷，人民出版社1995年版，第59—60页。
⑤ 《马克思恩格斯选集》第4卷，人民出版社1995年版，第675页。

的一种适宜选择。这一企业模式是对资本主义企业模式的颠覆：后者的基本原则是资本雇佣劳动，而工人合作工厂则实行资本从属于劳动的原则。在工人合作工厂，劳动者同时拥有控制权和收入权这两种基本权力，他们不再是资本家决策的被动执行者或一种生产要素，成为企业真正的主人。由此，将导致一系列的变化：首先，全体劳动者具有同等的重要性和平等的权力，这意味着一人一票制的民主决策。但并不是说工人合作制企业漠视经理的专业管理技能，而是要将传统意义上的管理者置于全体企业成员的共同监督之下。其次，企业全体成员以民主决策方式将企业的收益在扩大再生产、储备基金、个人收入和集体福利之间进行分配，个人报酬遵循按劳分配的原则。马克思工人合作工厂理论对全世界工人合作运动产生了巨大影响，一个多世纪以来，全球各种类型的合作社经济组织蓬勃发展，有力地打击了资本主义经济制度和推动着社会主义价值观的广泛实现。

二 蒙特拉贡的企业模式分析

目前，资本主义世界中存在着很多接近于马克思工人合作工厂理论中所阐述的生产者合作社或劳动者管理型企业①。例如，美国西北太平洋胶合板合作社集团（Plywood Cooptives）、意大利拉里戈全国工人合作社（La Lega）、孟加拉农业电力合作社、韩国渔业生产合作社等，它们对资本主义制度形成了不小的冲击。最为典型的当属西班牙蒙特拉贡合作公司（MCC，Mondragon Corporation Cooperativa），它是当今世界上生产规模最大、就业人数最多、经济效益水平出色的以工业产品为主业的合作制企业②。笔者在马克思工人合作工厂理论的指导下，对它的企业模式与企业绩效进行研究。

按照马克思的分析，企业财产的收入权主要由资本的使用原则和收益的分配原则决定。从蒙特拉贡的实践经验看，前者表现为劳动雇佣资本，后者意味着按劳分配。它的企业模式最显著的特性是劳动者既民主参与企业管

---

① 劳动者管理型企业（labor - managed firm）是新古典经济学对生产者合作社的称谓。

② 西方著名马克思主义经济学家，霍尔瓦特将完全的合作社定义为："企业为其所有的成员所有，管理决策时人均有一票。"（《新帕尔格雷夫经济学大辞典》第3卷，经济科学出版社1996年版，第85页）蒙特拉贡实行的新成员加入企业，将缴纳资金并被存入合作银行，建立自己的个人账户，且管理中"一人一票"的制度，是所谓"完全合作社"。

理，又分享和分配企业的净收益。其决策机制建立在一人一票制（one member, one vote）基础上，企业由对全体劳动者负责的"全体成员大会"运营，经理的权威来自全体劳动者的授权，并对他们负责。企业积极参与市场竞争，所得净收入在支付劳动之外的投入要素后，归全体成员，通过集体决策，在工资、分红、再投资，集体福利和公益事业等方面进行分配。

（一）所有制设计与分配模式

按照马克思的思路，合作制经济的按劳分配模式可以概括为：企业总收入－非劳动收入＝劳动收入；以民主方式将企业的劳动收入在个人收入与其他项目之间分配，个人收入依赖于劳动效果。

蒙特拉贡特有的个人资金账户模式是实施按劳分配的重要基础。这一所有制设计使全体合作社成员既是劳动者，又是所有者。每个新加入合作社的劳动者必须提供个人财务状况报告和设立个人资金账户，2011 年的金额约为 1.3 万欧元。相当于蒙特拉贡所处巴斯克地区政府提供一个就业岗位所需资金的 20％，或大约等于蒙特拉贡最低收入成员一年预支酬金的税后所得。一般工人 3 年缴清，技术人员 2 年缴清。如果个人有能力和意愿，也可缴纳更多的资金，多出来的部分相当于合作社向成员的借款。蒙特拉贡的合作制银行向他们支付比商业银行高约 2％ 的利息，这种利息被计入企业成本范畴。如果有意加入合作社的劳动者在经济上有困难，可以向合作制银行申请贷款，入社后逐步偿还。各合作社每年税后的净利润分红存入个人资金账户，不发放现金。个人资金账户额度随合作社利润的提升而增加。个人只有到退休或调离合作社时方可提取现金。若在退休年龄前申请退社，可分 5 年提取个人资金账户的资金。蒙特拉贡的个人资金账户模式使合作社成员的劳动者身份与所有者身份实现统一，使劳动与资本处于平衡状态，又保证了按劳分配的实施。

《蒙特拉贡实践经验基础准则》（以下简称《准则》）① 作为企业制度设计大纲，第三条"生产者主权"（The Sovereignty of Labor）为按劳分配的实施提供了制度约束。合作社成员的收入依据其劳动效果，而不是个人资金账户中的金额。成员收入有两项基本内容：预支酬金（Advance payments）、

---

① 1987 年 10 月，蒙特拉贡召开第一届全体合作社代表大会颁布了《蒙特拉贡实践经验基础准则》（共十条）。

合作社分红（Cooperative dividends）。预支酬金每月获得，由固定部分（各合作社自行规定）和浮动部分（依据成员劳动效果）组成。合作社分红在年终产生，首先被存入成员的个人自资本账户（若亏损则要从个人资本账户中扣除），尔后从账户中实现货币化，限额是净盈余的 35%—70%。"报酬团结"（Payment Solidarity）是《准则》的第四款条文，规定：合作公司全体成员中的最高收入不超过最低收入的 3 倍，合作社的一般收入水平不能低于本地区的同行业资本主义企业，工作时间不能侵占休闲时间等。

（二）治理结构

蒙特拉贡的治理精神是企业的最高控制权由在此工作的全体劳动者所有。这一企业治理原则为全体劳动者民主参与管理提供了真实有效的制度保障。在具体的治理结构设计上，不仅包括公司治理一般范式中通行的企业垂直管理系统，还设计了独特的横向控制与监督系统。在这样一种双向治理模式下，劳动者与管理者之间的利益和谐性提升了垂直管理的效率；同时，由于劳动者与管理者均以民主方式参与管理，横向的激励制约机制提高了工作热情与工作效率。历史上看，蒙特拉贡十分强调全体成员能够平等地享有获得企业运营信息的权力，这是实现民主管理的基本前提，每位成员都可以客观地评价他人的行为。《准则》第五条"参与型管理"（Participatory Management）对此进行了细致规定。总之，垂直的控制及横向的监督发挥合力提升企业管理效力，具体情况见图 1。

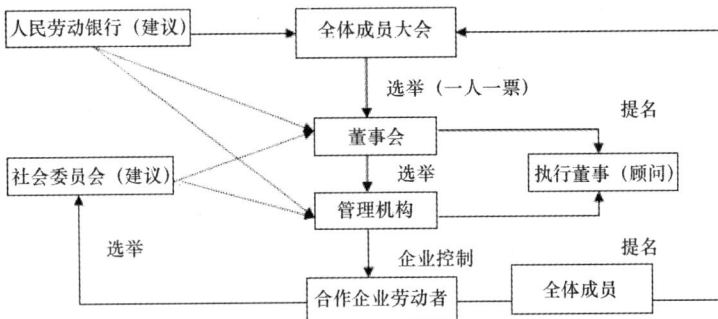

图 1　蒙特拉贡合作公司的治理结构①

① Bradley, keithand: *Motivation and control in the Mondragon Experiment*, Vanek ed. *Producer Cooperatives and Labor Managed Systems*, vol 2, 1996. p. 214.

（1）最高权力组织是"全体成员大会"，采取一人一票的决策原则[1]，决策内容是涉及企业未来发展战略的重大方针政策；（2）董事会对全体成员大会负责，体现民主治理精神，有12名董事，成员实行动态调整，每2年更换半数成员，每4年举行换届选举，董事职位不产生收入；（3）各企业的管理机构成员由董事会任命，对本企业进行管理；（4）社会委员会（Social Council）与董事会、管理机构横向并存，对两者进行监督。这里没有全公司范围的工会联盟代表组织，因为工人是企业的所有者，工会是多余的。传统的工会功能，如公司的社会政策编制、工作条件监督等，由全体成员大会制定，通过社会委员会执行。

按照合作公司的章程，董事会代表全体企业成员的利益，社会委员会保障全体劳动者的权益。在实际操作领域，由于合作社中的成员身份与劳动者身份相同合一[2]，可以保证劳动与资本之间或劳动者与"所有者"之间的利益均衡与目标一致，劳动者对企业管理过程充分控制，实现了劳动关系的和谐与企业效率的提高。

（三）金融系统

由于颠覆了资本主义企业的资本雇佣劳动原则，在蒙特拉贡是劳动而不是资本成为企业控制权、决策权的决定性力量。生产者组成基层工作社团，各工作社团组成具体企业，各个企业联合起来组成合作公司集团。蒙特拉贡对待资本的态度，形成了其独具特色的金融系统。

《准则》第四条规定：资本作为辅助手段（instrumental and Subordinate Nature of Capital），即资本是企业经营必要的但需服从于劳动的辅助性工具；资本可以得到利息，但不能占有净收益。蒙特拉贡建有独立的合作制银行——"劳动者储蓄所"（Caja Laboral）为成员企业融资。合作制银行于1959年首创，原始资金来自各合作社及银行员工，按照合作公司集团的治理原则运行。合作制银行同样设立了全体成员大会作为最高权力机构，包括全体银行员工及各出资的合作社代表。全体成员大会垂直设置董事会、监事会，并行设置社会委员会。当前，董事会包括10位成员，4

---

① 参见《蒙特拉贡实践经验基础准则》第二条"民主的组织"（Democratic Organization）的详细说明。

② 为了和资本主义企业竞争，蒙特拉贡也会与少数高级技术人员实行合同雇佣制，使他们获得较高的工资收入。

人为银行员工代表、6 人来自合作社成员。合作制银行的主要功能有：

（1）资金筹措。个人资本账户是合作制银行资金的基本来源，不仅是成员合作社、全体劳动者开设各类账户，蒙特拉贡的外部成员同样可以在合作制银行开设账户，这丰富了银行的资金来源，进一步提升了它的融资能力。有限度的开放也硬化了银行的预算约束。除对企业性质的偏见外，由于合作社的初始规模普遍较小，以营利为目的的商业银行一般不热衷于向其提供贷款。蒙特拉贡在体制内设立合作制银行，突破了合作社发展的资金瓶颈。至 2010 年，合作制银行在全国建立 210 个分支，辐射所有省或自治区，自有资产 44.78 亿欧元、可管理资金总额达 125 亿欧元。

（2）紧急救援。合作制银行在企业家部（Entrepreneurial Division）设立协调组织机构，当某一成员合作社由于经营困难提出应急救援请求时，它应邀派出专业人员与合作社共同提出具体的应对方案。当双方在调整方案上达成共识后，合作制银行启动特别资金救助。一般情况下，合作制银行提供的是首年免息贷款，第 3 年的利息不超过 8%，第 5 年的利息不超过 15%，这只是同样情况下本国企业工业信贷利率水平的 75% 左右。

（3）国际化进程。在全球经济一体化趋势背景下，西班牙加入 WTO 和欧元货币区，蒙特拉贡也在加快向海外市场扩展的步伐。集团公司的远景规划强调，不仅要加大出口量还应积极提升国外直接生产的能力。2011 年，蒙特拉贡的出口额已占其总销售量的 54%。同年，在 20 个国家进行 70 项投资计划，占工业生产总额的 21%。① 目前，蒙特拉贡已成为在华投资的资金规模最大的西班牙企业。在合作公司海外发展战略中，合作制银行积极为各合作社提供各项服务和资金支持是国际化战略的基本保障。

（4）综合性业务。合作制银行建立伊始便协助各合作社开设医疗保险、养老服务及退休金管理等项目。在集团公司成立后，合作制银行又专门组建了独立的机构即 Lagun–Aro 集团福利合作社，开展更全面的综合性业务，包括对成员合作社提供管理咨询服务、实施财务状况监控和全面监察审计（4 年一次），为打算创建合作社的劳动者提供基本技能及业务

① 蒙特拉贡的海外企业的法律性质主要是公共有限公司（Public Limited Companies）。这是大陆法系国家或地区内的法律规定，由于缺少一些国家没有合作社立法，又由于缺乏合作社文化，故采取此模式。蒙特拉贡所处地区则有《巴斯克合作法》（Basque Co-operative Law），有利于合作银行的业务扩展。

指导。目前，Lagun – Aro 与 Caja Laboral 共同组建合作公司的金融集团①，完善了蒙特拉贡的金融体系。

三　蒙特拉贡的企业绩效

　　蒙特拉贡的组织形态在很大程度上符合马克思关于工人合作工厂基本运作模式设定的主要精神，这使它在 60 年的发展历程中取得了很大的社会经济效益，成为西班牙资产总量排名第七的大型工业合作制企业集团。2010 年合作公司的总资产为 330.99 亿欧元，自有资产为 42.87 亿欧元，总投资为 1.01 亿欧元，总销售额（工业及分销部分）为 139.89 亿欧元，净利润 1.78 亿欧元，公益活动资金 1670 万欧元，合作制银行的自由资产总额为 44.78 亿欧元。合作公司的就业人数 8.8359 万人，工业合作化企业的正式员工入股百分比 83.895%，在工业领域的就业人数超过 50%，创办的教育机构有学生数量 9282 人（包括具有博士授权点的蒙特拉贡大学）。这一系列经济指标说明蒙特拉贡合作公司具有很高的绩效水平。此外，2010 年合作公司取得有效 ISO 14000 证书数量 54 份，用于无工业附加值的研发资源所占百分比 8.1%，新建技术及研发中心数量 14 个，这与资本主义工业企业相比，指标均不落后②。蒙特拉贡在就业量增长、工资间差异以及效率，促进同类性质企业快速发展等方面体现出比资本主义公司更好的绩效。

　　1. 就业量持续增长。1976—1986 年是西班牙经济不景气时期，与巴斯克地区资本主义企业 15 万人失业相对的是，蒙特拉贡吸纳了 4200 名新成员。20 世纪 90 年代初，巴斯克地区的官方失业率一度接近 25%，而蒙特拉贡很少有正式成员失业。受 2008 年世界金融危机的影响，欧洲中等经济体普遍陷入严重的债务危机而影响了各国就业水平，蒙特拉贡 2010 年的总就业人数为 83859，比 2009 年的 85066 人下降了 1.4%。但这与西班牙国内 2010 年高达 20.33% 的官方失业率相比，仍然是一个了不起的成绩。合作公司采取将困境合作社的成员调整至其他合作社工作以及保证退休成员福利的方法，最大限

──────────

　　①　关于合作银行对业务扩展方面对政府法规所作的努力，参见蔡昉等《蒙特拉贡合作公司的发展绩效与制度创新》1999 年第 9 期，第 69 页。

　　②　根据 MCC 公司 2011 年年报整理。

度地抵御失业冲击。这与《准则》的具体机制有很大关系，例如，合作制银行将合作社是否能够扩大就业人数作为金融支持的一项重要指标，促使各合作社优先考虑把扩大就业人数作为企业发展战略的重要内容。

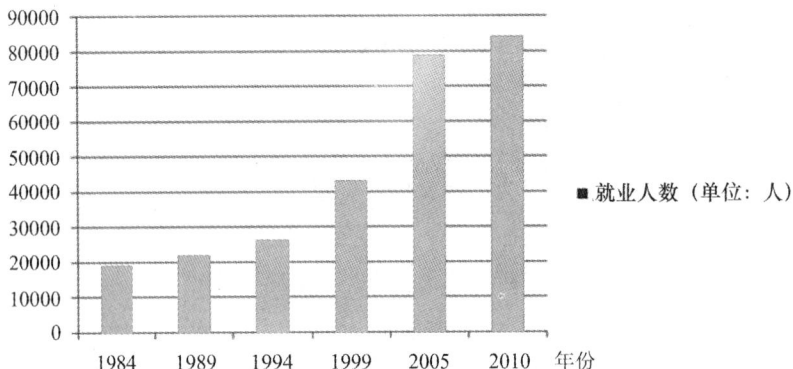

图2 蒙特拉贡 1984 至 2010 年的就业量增长情况

资料来源：根据公司 2005 年、2011 年的年报整理。

2. 工资间差异与 X 效率的平衡。按照报酬团结的精神，蒙特拉贡在创建之初便规定企业成员的最高与最低收入比为 3:1，并长期执行了这一准则。1991 年，合作公司集团成立，面对来自资本主义企业的冲击，为吸引高端人才，收入比例的极限被规定为 6:1。之后，蒙特拉贡的收入差异一直控制在此范围之内，最近五年的平均水平为4.5:1。客观情况是，合作公司中收入最高的专业技术人员毕竟要比西班牙同等条件的工程师少收入近 30%，但让西方资产阶级家们难以理解的是，蒙特拉贡的工作效率并未低于资本主义企业。著名美国人类社会学家卡斯弥鄂（Sharryn Kasmir）在巴斯克进行了一年半的实地调研证明，合作公司集团中管理人员、高级工程师对劳动组织的认同感非常强，各岗位的排斥性在 20% 以内。而在西欧的资本主义企业，高水平劳动者的排斥性一般超过 60%[①]。这说明，高端劳动者的报酬尽管没有在资本主义企业那么高，但工作效率并没有受到损失，民主管理和收入团结方面的收益弥补了他们在货币收入

---

① Kasmir: *The Myth of Mondragon: Cooperatives, Politics and Working Class Life in a Basque Twon*. NY: State University of NY press, 1996, p. 183.

上的损失。卡斯弥鄂结合调研数据对蒙特拉贡的 X 效率进行实证分析，结果是这里的缺勤率很低，仅为西班牙国内企业平均水平的 20%；其工业企业的事故故障率也大大低于国内企业平均水平。可见，蒙特拉贡实现了工资间差异与 X 效率的均衡，颠覆了西方资产阶级经济学所谓劳动收入与生产效率唯一相关的论断①。

3. 促进合作制经济模式的广泛发展。大部分合作社创立之初实力都很弱小，这就需要一个涵盖广泛的合作制经济行业协会进行统筹。蒙特拉贡通过组织"全国合作社协会"的方式，推动了合作社运动的发展。它的主要职责包括：对劳动者进行教育和培训；在投资、企划等方面提供咨询服务；为合作社贷款提供担保支持；在法规条文、税收政策、就业政策等方面与政府进行沟通，为成员合作社争取权益。目前，该协会已经吸纳500 多家独立的合作社。协会的治理模式与合作社一般原则相同，成员代表大会为最高权力机构，民主制定协会章程、工作方案及会费分配等问题，理事会为具体议事机构，理事来自成员合作社的推荐。在全国合作社协会的组织协调下，西班牙的合作运动发展迅速，并对西欧和南欧的合作制经济组织产生了积极的影响。

四　启示

蒙特拉贡合作公司所推行的全体劳动者民主参与管理和分享企业净收益的基本原则，体现了马克思合作工厂理论所提出的使工人阶级成为企业真正主人的精神，证明了马克思主义经济理论的强大生命力与实践气魄。马克思的论证已经充分说明，合作制经济模式所提倡的劳动者参与制与分享制是社会主义价值观的真实反映，合作制经济的发展可以扩大就业，推动国民经济的健康发展，促进社会和谐。

当前，中国社会主义经济建设已取得了举世瞩目的成就，在改革进一步深化的进程中，工人参与管理并分享企业净收益是我国社会主义企业制度的题中应有之义。在企业治理结构方面，国有企业的劳动

① 不少西方学者通过研究证明，即便在资本主义企业制度中，民主决策、联合决定、共同治理这类在将工人引入管理过程的改革，也会在很大程度上减少监督成本，降低消极怠工的程度，激发工人们的劳动热情，从而提高企业生产效率。

者不仅要拥有发言权（低级参与）还应拥有表决权。企业职工代表大会应被赋予更高水平的决策权，以民主程序进行企业的重大决策，管理人员对全体劳动者负责。进一步讲，劳动者还应具有分享企业收益的权利。国有企业的收益分配应更注重国家和社会的利益，尔后通过民主程序在全体企业劳动者之间进行合理分配。参与制和分享制的实施，很可能会进一步提升我国国有经济的社会价值与经济效率，有利于社会经济的繁荣与稳定，为社会主义和谐社会的构建提供真实可靠的基础。

同时，建议政府采取相应措施支持我国合作制经济模式尤其是工业合作社的发展。自首届全国合作社代表大会所颁布的《中华全国供销合作总社章程》（1954），以及改革开放以来，中央和地方政府出台的相关政策有效地促进了合作制经济的发展。但截至目前，我国还没有关于合作制经济的基本法，农业部在对农业合作社发展的有关规定中，未涉及决策方式等关乎合作社特性的具体内容，地方政府部门自然也大多对此领域选择回避；而工业合作社还没有很明确的法律身份。因此，建议尽快出台符合我国国情的合作社基本法，细化相关法规条文。此外，政府应制定相关扶持政策，对合作社在应缴税率、社会保险金缴纳比例、失业救济措施等方面予以支持①。最后，建议成立合作制银行。拥有独立金融系统的蒙特拉贡合作公司只是合作制经济组织中的少数特例，一般情况下，合作社需要从外部融资。但大多数商业银行不热衷于为在资金规模上属于中小企业范畴的合作社贷款，而且，合作制企业如果过分依赖于商业银行很可能会影响企业的性质与基本原则。介于我国城市信用社不发达，无法满足广大合作社发展的资金需求。为此，中央政府颁布《国务院关于组建城市合作银行的通知》（1995），提出将信用社改制为城市合作银行。但很多年之后，城市合作银行的性质依然模糊，许多并没有推行合作制企业模式。因此，政府应颁布有关城市合作银行企业性质的基本规定和具体实施办法，使其按合作制经济原则运行。与此同时，可以考虑允许有条件的合作社进

---

① 合作制经济的发展与政府扶持关系密切。西班牙《巴斯克地区合作社法》共161条，充分考虑和保护了合作社的权益，规范了合作社的运营。西班牙政府使合作制企业的税率保持在较低水平，综合性合作社的税率是20%，工业合作制企业的税率是10%，而一般公司（即主流的资本主义企业）的税率为35%。关于西班牙政府和巴斯克自治区政府在各方面对合作制经济的具体优惠政策。参见张嘉昕《劳动者管理型企业的经济学说述评》，吉林大学博士论文，2010年。

入固定收益债券市场，这既拓宽了合作社的融资渠道又能降低风险；并积极发展各种类型的合作社金融组织，例如，作为社会养老保险补充项目的保险合作社、合作社信贷担保基金等，从而为合作社的发展提供综合性金融服务平台，进一步完善合作制经济组织的融资系统。

参考文献

［1］马克思：《国际工人协会成立宣言》，《马克思恩格斯选集》第2卷，人民出版社1995年版。

［2］马克思：《法兰西内战》，《马克思恩格斯选集》第3卷，人民出版社1995年版，第1—122页。

［3］马克思：《资本论》第1、3卷，人民出版社1975年版。

［4］蔡昉等：《蒙特拉贡合作公司的发展绩效与制度创新》，《中国工业经济》1999年第9期。

［5］Kasmir：*The Myth of Mondragon*：*Cooperatives*，*Politics and Working Class Life in a Basque Twon*，State University of NY Press，1996.

［6］*Mondragon Corportacion Cooperativa*，2010 annual report，MCC Press 2010.

［7］*The Mondragón Co - operative Experiencie 1956 - 2002*，MCC Press 2003.

［8］Hindmoor，"Free Riding off Capitalism：Entrepreneurship and the Mondragon Experiment"，*British Journal of Political Science*，Vol. 29，No. 1.（Jan. 1999）pp. 217 - 224.